In 12 Sitzungen im Karl-Benz-Haus in Ladenburg (bei Mannheim) sowie einer Sitzung in Hamburg wurde der Entwurf aufgrund schriftlicher Vorlagen der jeweiligen Bearbeiter erarbeitet. Der vorgelegte Entwurf wurde mit dem Ziel einer einheitlichen Beschlußfassung gemeinsam beraten und erörtert. Überwiegend wurden die Formulierungen einstimmig angenommen. In begrenzter Zahl kam es zu Mehrheitsmeinungen, in recht seltenen Fällen auch einmal gegen das Votum des Verfassers des jeweiligen Kapitels. Angesichts des äußerst komplexen Beratungsumfanges in relativ begrenzter Zeit konnten die Begründungen im wesentlichen nur recht allgemein beraten werden. Sie liegen daher letztlich in der Fachkompetenz des jeweiligen Bearbeiters.

Besonderen Dank schulden wir den Herren Martin Schulte und Rüdiger Thull für die aufopferungsvolle und sorgfältige technische Bearbeitung des Manuskripts und die Tätigkeit der Geschäftsführung der Arbeitsgruppe, die sie während ihrer damaligen Tätigkeit als wissenschaftliche Assistenten von Herrn Professor Dr. Michael Kloepfer am Institut für Umwelt- und Technikrecht der Universität Trier wahrnahmen.

Nicht zuletzt danken wir der Gottlieb Daimler- und Karl Benz-Stiftung für ihre langjährige Gastfreundschaft in ihrem Haus in Ladenburg.

Berlin, Bochum, Bonn, Frankfurt am Main, Heidelberg, München

Die Verfasser

Vorwort

Die Kodifikation des Umweltrechts gehört zu den großen rechtspolitischen Aufgaben der Gegenwart. In einem auch dem Umweltschutz verpflichteten Rechtsstaat erfährt die umfassende Aufgabe Umweltschutz durch eine Umweltrechtskodifikation ihre adäquate Form.

Der vorliegende wissenschaftliche Entwurf des Besonderen Teils eines Umweltgesetzbuches (UGB-BT) soll diesem Ziel dienen und die Kernbereiche des Besonderen Umweltrechts vereinheitlichen. Zusammen mit dem im Jahre 1990 veröffentlichen Entwurf des Allgemeinen Teils des Umweltgesetzbuches (Kloepfer, Rehbinder, Schmidt-Aßmann unter Mitwirkung von Kunig, Umweltgesetzbuch - Allgemeiner Teil - Berichte des Umweltbundesamtes 7/90, Erich Schmidt-Verlag, Berlin 1990) wird hiermit eine Diskussionsgrundlage für eine künftige umfassende Kodifikation des gesamten Umweltrechts in der Bundesrepublik Deutschland zur Verfügung gestellt. Mit dem Entwurf soll aus wissenschaftlicher Sicht ein Beitrag sowohl zur Harmonisierung und Vereinfachung als auch zur Fortentwicklung des Umweltrechts geleistet werden.

Der Entwurf eines Umweltgesetzbuches - Besonderer Teil - wurde - in umfassender wissenschaftlicher Unabhängigkeit - für das Bundesministerium für Umwelt, Naturschutz und Reaktorsicherheit, vertreten durch den Präsidenten des Umweltbundesamtes, im Zeitraum von Januar 1991 bis August 1993 angefertigt. Mit dem Auftrag waren die Professoren Dr. Michael Kloepfer (Berlin) als Vorsitzender, Dr. Hans D. Jarass (Bochum), Dr. Philip Kunig (Berlin), Dr. Hans-Jürgen Papier (München), Dr. Franz-Joseph Peine (Berlin), Dr. Eckard Rehbinder (Frankfurt am Main), Dr. Jürgen Salzwedel (Bonn), Dr. Eberhard Schmidt-Aßmann (Heidelberg) betraut.

Hierbei wurde in der wissenschaftlichen Arbeitsgruppe folgende Aufgabenverteilung für die Erarbeitung von Vorlagen einschließlich ihrer Endfassung vereinbart:

Gesamtkoordination, Einleitung, Achtes Kapitel, Anhang sowie Schlußredaktion:	Kloepfer
Erstes Kapitel (Naturschutz und Landschaftspflege):	Schmidt-Aßmann
Zweites Kapitel (Gewässerschutz und Wasserwirtschaft):	Salzwedel
Drittes Kapitel (Bodenschutz):	Peine
Viertes Kapitel (Immissionsschutz):	Jarass
Fünftes Kapitel (Kernenergie und Strahlenschutz):	Papier
Sechstes Kapitel (Gefährliche Stoffe):	Rehbinder
Siebentes Kapitel (Abfallwirtschaft und Abfallentsorgung):	Kunig

BERICHTE 4/94

UMWELTFORSCHUNGSPLAN DES
BUNDESMINISTERS FÜR UMWELT,
NATURSCHUTZ UND REAKTORSICHERHEIT
- Umweltplanung, Ökologie -

Forschungsbericht 101 06 044/01-08
UBA-FB 94-041- im Auftrag des Umweltbundesamtes

UMWELTGESETZBUCH
- Besonderer Teil -
(UGB-BT)

von

Prof. Dr. Hans D. Jarass
Universität Bochum

Prof. Dr. Michael Kloepfer
Humboldt-Universität Berlin

Prof. Dr. Philip Kunig
Freie Universität Berlin

Prof. Dr. Hans-Jürgen Papier
Freie Universität Berlin

Prof. Dr. Franz-Joseph Peine
Freie Universität Berlin

Prof. Dr. Eckard Rehbinder
Universität Frankfurt am Main

Prof. Dr. Jürgen Salzwedel
Universität Bonn

Prof. Dr. Eberhard Schmidt-Aßmann
Universität Heidelberg

ERICH SCHMIDT VERLAG BERLIN

Herausgeber: Umweltbundesamt
Postfach 33 00 22
14191 Berlin

Tel: 030/89 03-0
Telex: 183756
Telefax: 030/89 93 22 85

Die Deutsche Bibliothek - CIP-Einheitsaufnahme

Umweltgesetzbuch: besonderer Teil; (UGB-BT);
Forschungsbericht 101 06 044/01-08/[Hrsg.: Umweltbundesamt].
Von Hans D. Jarass ... - Berlin: Erich Schmidt, 1994
(Berichte/Umweltbundesamt; 94,4) (Umweltforschungsplan des Bundesministers für Umwelt, Naturschutz und Reaktorsicherheit: Umweltplanung, Ökologie)
ISBN 3-503-03635-0 Gb.
NE: Jarass, Hans D.; Deutschland/Umweltbundesamt: Berichte

ISBN 3-503-03635-0

Druck: KOMAG Berlin

Inhaltsübersicht

Abkürzungsverzeichnis

a.A.	anderer Ansicht
a.a.O.	am angegebenen Ort
AbfAlG M-V	Abfallwirtschafts- und Altlastengesetz für Mecklenburg-Vorpommern
AbfG	Abfallgesetz
AbfG LSA	Abfallgesetz des Landes Sachsen-Anhalt
abgedr.	abgedruckt
ABl. EG	Amtsblatt der Europäischen Gemeinschaft
Abs.	Absatz
AbwAG	Gesetz über Abgaben für das Einleiten von Abwasser in Gewässer (Abwasserabgabengesetz)
a.D.	außer Dienst
ADR	Accord européen relatif au transport des marchandises dangereuses par route = Europäisches Übereinkommen über die internationale Beförderung gefährlicher Güter auf der Straße
a.E.	am Ende
AEG	Allgemeines Eisenbahngesetz
ÄnderungsV	Änderungsverordnung
a.F.	alte Fassung
AGA	Allgemeine Güteanweisungen für Fließgewässer
AgrarR	Agrarrecht
Alt.	Alternative
a.M.	anderer Meinung
AMG	Gesetz über den Verkehr mit Arzneimitteln (Arzneimittelgesetz)
Amtl. Begr.	Amtliche Begründung
Anh.	Anhang
Anm.	Anmerkung

ARGEBAU	Arbeitsgemeinschaft der für das Bau-, Wohnungs- und Siedlungswesen zuständigen Minister der Länder
ARL	Akademie für Raumforschung und Landesplanung
Art.	Artikel
AT	Allgemeiner Teil
AtDeckV	Verordnung über die Deckungsvorsorge nach dem Atomgesetz (Atomrechtliche Deckungsvorsorge-Verordnung
AtG	Gesetz über die friedliche Verwendung der Kernenergie und den Schutz gegen ihre Gefahren (Atomgesetz)
AtVfV	Verordnung über das Verfahren bei der Genehmigung von Anlagen nach § 7 des Atomgesetzes (Atomrechtliche Verfahrensordnung)
atw	Atomwirtschaft - Atomtechnik
Aufl.	Auflage
AVBWasserV	Verordnung über Allgemeine Bedingungen für die Versorgung mit Wasser
AWD	Außenwirtschaftsdienst
AWG	Außenwirtschaftsgesetz
bad.-württ.	baden-württembergisch
BArtSchV	Verordnung zum Schutz wildlebender Tier- und Pflanzenarten (Bundesartenschutzverordnung)
BauGB	Baugesetzbuch
BauNVO	Verordnung über die bauliche Nutzung der Grundstücke (Baunutzungsverordnung)
BauO NW	Bauordnung für das Land Nordrhein-Westfalen
Bay	Bayern, bayerisch
BayAbfALG	Gesetz zur Vermeidung, Verwertung und sonstigen Entsorgung von Abfällen und zur Erfassung und Überwachung von Altlasten in Bayern (Bayerisches Abfallwirtschafts- und Altlastengesetz)

BayNatSchG	Gesetz über den Schutz der Natur, die Pflege der Landschaft und die Erholung in der freien Natur (Bayerisches Naturschutzgesetz)
BayObLG	Bayerisches Oberstes Landesgericht
BayVBl.	Bayerische Verwaltungsblätter
BayVerfGH	Bayerischer Verfassungsgerichtshof
BayVGH	Bayerischer Verwaltungsgerichtshof
BB	Der Betriebsberater
BBahnG	Bundesbahngesetz
BBergG	Bundesberggesetz
BbgNatSchG	Brandenburgisches Gesetz über Naturschutz- und Landschaftspflege (Brandenburgisches Naturschutzgesetz)
Bd.	Band
BDSG	Gesetz zur Fortentwicklung der Datenverarbeitung und des Datenschutzes (Bundesdatenschutzgesetz)
Beil.	Beilage
Bem.	Bemerkung
ber.	berichtigt
bes.	besonders
BFStrG	Bundesfernstraßengesetz
BGB	Bürgerliches Gesetzbuch
BGBl.	Bundesgesetzblatt
BGH	Bundesgerichtshof
BGHZ	Amtliche Entscheidungssammlung des Bundesgerichtshofes in Zivilsachen
BImSchG	Gesetz zum Schutz vor schädlichen Umwelteinwirkungen durch Luftverunreinigungen, Geräusche, Erschütterungen und ähnliche Vorgänge (Bundes-Immissionsschutzgesetz)
BImSchV	Verordnung zur Durchführung des Bundes-Immissionsschutzgesetzes
BMF	Bundesminister(ium) der Finanzen
BMI	Bundesminister(ium) des Innern
BMU	Bundesminister(ium) für Umwelt, Naturschutz und Reaktorsicherheit
BMWi	Bundesminister(ium) für Wirtschaft

BNatSchG	Gesetz über Naturschutz und Landschaftspflege (Bundesnaturschutzgesetz)
BodSchG	Bodenschutzgesetz
BodSchG-BW	Gesetz zum Schutz des Bodens (Bodenschutzgesetz Baden-Württemberg)
BR-Drs.	Bundesratsdrucksache
BSB_5	Biochemischer Sauerstoffbedarf in 5 Tagen
BSeuchG	Gesetz zur Verhütung und Bekämpfung übertragbarer Krankheiten beim Menschen (Bundes-Seuchengesetz)
BT-Drs.	Bundestagsdrucksache
BVerfGE	Amtliche Entscheidungssammlung des Bundesverfassungsgerichts
BVerwG	Bundesverwaltungsgericht
BVerwGE	Amtliche Entscheidungssammlung des Bundesverwaltungsgerichts
BW	Baden-Württemberg, baden-württembergisch
BWaldG	Gesetz zur Erhaltung des Waldes und zur Förderung der Forstwirtschaft (Bundeswaldgesetz)
BW NatSchG	Gesetz zum Schutz der Natur, zur Pflege der Landschaft und über die Erholungsvorsorge in der freien Landschaft (Naturschutzgesetz Baden-Württemberg)
BWVPr.	Baden-Württembergische Verwaltungspraxis
BzBlG	Gesetz zur Verminderung von Luftverunreinigungen durch Bleiverbindungen in Ottokraftstoffen für Kraftfahrzeugmotore (Benzinbleigesetz)
bzw.	beziehungsweise
ca.	circa
cbm	Kubikmeter
ChemG	Gesetz zum Schutz vor gefährlichen Stoffen (Chemikaliengesetz)
CIM	Convention internationale concernant le transport marchandises par chemins de fer = Internationales Übereinkommen über den Eisenbahnfrachtverkehr

CKW	Chlorkohlenwasserstoffe
COCOM	Coordinating Comittee on Multilateral Export Control = Koordinierungsausschuß für multilaterale Exportbeschränkungen
DBE	Deutschen Gesellschaft zum Bau und zum Betrieb von Endlagern für Abfallstoffe
DDR	Deutsche Demokratische Republik
DDT	Dichlordiphenyltrichloräthan
DDT-Gesetz	Gesetz über den Verkehr mit DDT
ders.	derselbe
d.h.	das heißt
DIN	Deutsches Institut für Normung
Diss.	Dissertation
DMG	Düngemittelgesetz
DÖV	Die Öffentliche Verwaltung
DüngeMV	Düngemittelverordnung
DV	Die Verwaltung
DVBl.	Deutsches Verwaltungsblatt
DVGW	Deutscher Verein der Gas- und Wasserfachleute
EAG	Europäische Atomgemeinschaft
EAGB	Erstes Gesetz zur Abfallwirtschaft und zum Bodenschutz im Freistaat Sachsen
EAGV	Vertrag zur Gründung der Europäischen Atomgemeinschaft
EG	Europäische Gemeinschaft
EGBGB	Einführungsgesetz zum Bürgerlichen Gesetzbuch
EINECS	European Inventory of Existing Commercial Chemical Substances = Europäischer Bestandskatalog vorhandener kommerzieller chemischer Substanzen
Einf.	Einführung
Einl.	Einleitung

EntwSHNatSchG	Entwurf eines Gesetzes über Naturschutz und Landschaftspflege (Landschaftspflegegesetz Schleswig-Holstein)
EnWiG	Gesetz zur Förderung der Energiewirtschaft (Energiewirtschaftsgesetz)
ESVGH	Entscheidungssammlung des Hessischen Verwaltungsgerichtshofes und des Verwaltungsgerichtshofes Baden-Württemberg
et	Energiewirtschaftliche Tagesfragen
etc.	et cetera
EuGH	Gerichtshof der Europäischen Gemeinschaft
EUI	European University Institute, Florence
EURATOM	Europäische Atomgemeinschaft
EWG	Europäische Wirtschaftsgemeinschaft
EWGV	Vertrag zur Gründung der Europäischen Wirtschaftsgemeinschaft
f., ff.	folgende
FAZ	Frankfurter Allgemeine Zeitung
FCKW-Halon-VerbotsV	Verordnung zum Verbot von bestimmten die Ozonschicht abbauenden Halogenkohlenwasserstoffen (FCKW-Halon-Verbots-Verordnung)
FFH-RL	Richtlinie zum Schutz der natürlichen und naturnahen Lebensräume sowie der wildlebenden Tier- und Pflanzenarten
FG	Festgabe
FluglärmG	Gesetz zum Schutz gegen Fluglärm
FlurbG	Flurbereinigungsgesetz
FutMG	Futtermittelgesetz
g	Gramm
GAB	Gesellschaft zur Altlastensanierung in Bayern mbH
GastG	Gaststättengesetz
GBefGG	Gesetz über die Beförderung gefährlicher Güter
GBl.	Gesetzblatt

GBS	Gesellschaft zur Beseitigung von Sonderabfall (Rheinland-Pfalz)
GbV	Verordnung über die Bestellung von Gefahrgutbeauftragten und die Schulung der beauftragten Personen in Unternehmen und Betrieben (Gefahrgutbeauftragtenverordnung)
GefStoffV	Verordnung über gefährliche Stoffe (Gefahrstoffverordnung)
GenStA	Generalstaatsanwaltschaft
GenTG	Gesetz zur Regelung der Gentechnik (Gentechnikgesetz)
GewArch.	Gewerbearchiv
GewO	Gewerbeordnung
g.F.	geltende Fassung
GG	Grundgesetz für die Bundesrepublik Deutschland
ggf.	gegebenenfalls
GGVE	Verordnung über die innerstaatliche und grenzüberschreitende Beförderung gefährlicher Güter mit Eisenbahnen (Gefahrgutverordnung Eisenbahn)
GGVS	Verordnung über die innerstaatliche und grenzüberschreitende Beförderung gefährlicher Güter auf Straßen (Gefahrgutverordnung Straße)
GGVSee	Verordnung über die Beförderung gefährlicher Güter mit Seeschiffen (Gefahrgutverordnung See)
GLP	Gute Laborpraxis
GMBl.	Gemeinsames Ministerialblatt
GS	Gesetzessammlung
GSG	Gesetz über technische Arbeitsmittel (Gerätesicherheitsgesetz)
GVBl.	Gesetz- und Verordnungsblatt
ha	Hektar

HAbfAG	Gesetz über die Vermeidung, Verminderung, Verwertung und Beseitigung von Abfällen und die Sanierung von Altlasten (Hessisches Abfallwirtschafts- und Altlastengesetz)
Halbs.	Halbsatz
HambNatSchG	Hamburgisches Gesetz über Naturschutz und Landschaftspflege (Hamburgisches Naturschutzgesetz)
HdUR	Handwörterbuch des Umweltrechts, hrsg. von Kimminich/v. Lersner/Storm
HENatG	Hessisches Gesetz über Natur und Landschaftspflege (Hessisches Naturschutzgesetz)
HIM-GmbH	Hessische Industriemüll-GmbH
Hrsg.	Herausgeber
hrsg.	herausgegeben
IAEA, IAEO	International Atomic Energy Agency = Internationale Atomenergie-Organisation
ICRP	Internationale Kommission für Strahlenschutz
i.e.S.	im engeren Sinne
i.S.	im Sinne
i.S.d.	im Sinne des/der
i.S.v.	im Sinne von
i.ü.	im übrigen
IUNC	International Union for Conservation of Nature and Natural Resources
IUR	Informationsdienst Umweltrecht (seit 1993 Zeitschrift für Umweltrecht [ZUR])
i.V.m.	in Verbindung mit
JA	Juristische Arbeitsblätter
JbNatursch. u. Landschaftspfl.	Jahrbuch für Naturschutz und Landschaftspflege
JöR n.F.	Jahrbuch des Öffentlichen Rechts der Gegenwart
Jura	Juristische Ausbildung
JZ	Juristenzeitung

kg	Kilogramm
km²	Quadratkilometer
KOM	Dokumente der Kommission der Europäischen Gemeinschaft
KStZ	Kommunale Steuer-Zeitschrift
KTA	Kerntechnischer Ausschuß
LAbfAG	Landesabfallabgabengesetz
LAbfG	Landesabfallgesetz
LAbfG-BW	Gesetz über die Vermeidung und Entsorgung von Abfällen und die Behandlung von Altlasten in Baden-Württemberg
LAbfG-NW	Abfallgesetz für das Land Nordrhein-Westfalen (Landesabfallgesetz)
LAbfVG	Vorschaltgesetz zum Abfallgesetz für das Land Brandenburg (Landesabfallvorschaltgesetz)
LAbfWAG-RP	Landesabfallwirtschafts- und Altlastengesetz (Rheinland-Pfalz)
LANA	Länderarbeitsgemeinschaft für Naturschutz, Landschaftspflege und Erholung
LandschG NW	Gesetz zur Sicherung des Naturhaushalts und zur Entwicklung der Landschaft (Landschaftsgesetz Nordrhein-Westfalen)
LBMG	Gesetz über den Verkehr mit Lebensmitteln, Tabakerzeugnissen, kosmetischen Mitteln und sonstigen Bedarfsgegenständen (Lebensmittel- und Bedarfsgegenständegesetz)
Lfg.	Lieferung
LG	Gesetz zur Sicherung des Naturhaushalts und zur Entwicklung der Landschaft (Landschaftsgesetz Nordrhein-Westfalen)
LLG BW	Landwirtschafts- und Landeskulturgesetz Baden-Württemberg
LPfleG	Gesetz über Naturschutz und Landschaftspflege (Landschaftspflegegesetz Schleswig-Holstein
LT-Drs.	Landtagsdrucksache
LuftVG	Luftverkehrsgesetz

LuftVZO	Luftverkehrs-Zulassungs-Ordnung
LWassG	Landeswassergesetz
LWG NW	Wassergesetz für das Land Nordrhein-Westfalen
m	Meter
m.	mit
m^3	Kubikmeter
m.a.W.	mit anderen Worten
MBl.	Ministerialblatt
MEG	Musterentwurf eines einheitlichen Polizeigesetzes des Bundes und der Länder
Mill.	Milliarde
Mio.	Million
MURL	Minister für Umwelt, Raumordnung und Landwirtschaft des Landes Nordrhein-Westfalen
m.w.N.	mit weiteren Nachweisen
NAbfG	Niedersächsisches Abfallgesetz
Nachw.	Nachweise
NatSchG	Naturschutzgesetz
NatSchGBln	Gesetz über Naturschutz und Landschaftspflege von Berlin (Berliner Naturschutzgesetz)
NatSchG LSA	Naturschutzgesetz des Landes Sachsen-Anhalt
NEA	Nuclear Energy Agency = Europäische Kernenergie-Agentur
NJW	Neue Juristische Wochenschrift
No.	Number
Nr.	Nummer
NuL	Natur und Landschaft
NuR	Natur und Recht
NVwZ	Neue Zeitschrift für Verwaltungsrecht
NVwZ-RR	NVwZ-Rechtsprechungs-Report Verwaltungsrecht

NW	Nordrhein-Westfalen
NWG	Niedersächsisches Wassergesetz
NWVBL	Nordrhein-westfälische Verwaltungsblätter
OECD	Organization for Economic Cooperation and Developement = Organisation für Wirtschaftliche Zusammenarbeit und Entwicklung
OLG	Oberlandesgericht
OVG	Oberverwaltungsgericht
OVGE	Entscheidungen der Oberverwaltungsgerichte für das Land Nordrhein-Westfalen in Münster sowie für die Länder Niedersachsen und Schleswig-Holstein in Lüneburg
OWiG	Gesetz über Ordnungswidrigkeiten
pass.	passim
PBefG	Personenbeförderungsgesetz
PCB	Polychlorierte Biphenyle
PCP	Pentachlorphenol
PCT	Polychlorierte Terphenyle
PflSchAnwV	Verordnung über Anwendungsverbote für Pflanzenschutzmittel (Pflanzenschutz-Anwendungsverordnung)
PflSchG	Gesetz zum Schutz der Kulturpflanzen (Pflanzenschutzgesetz)
PflSchMV	Verordnung über Pflanzenschutzmittel und Pflanzenschutzgeräte (Pflanzenschutzmittelverordnung)
pH-Wert	Maßzahl für die Konzentration der Wasserstoffionen in einer Lösung
prPVG	Preußisches Polizeiverwaltungsgesetz
PrWG	Preußisches Wassergesetz
Rahmen-AbwasserVwV	Allgemeine Rahmen-Verwaltungsvorschrift über Mindestanforderungen an das Einleiten von Abwasser in Gewässer
RdL	Recht der Landwirtschaft
RdWWi.	Recht der Wasserwirtschaft

RegEntw.	Regierungsentwurf
RGBl.	Reichsgesetzblatt
Rn.	Randnummer
RNatSchG	Reichsnaturschutzgesetz
RöV	Verordnung über den Schutz vor Schäden durch Röntgenstrahlen (Röntgenverordnung)
ROG	Raumordnungsgesetz
Rs.	Rechtssache
RSK	Reaktorsicherheitskommission
S.	Satz; Seite
SAbfG	Saarländisches Abfallgesetz
Sächs.	Sächsisch
SächsNatSchG	Sächsisches Gesetz über Naturschutz und Landschaftspflege (Sächsisches Naturschutzgesetz)
SchfG	Gesetz über das Schornsteinfegerwesen (Schornsteinfegergesetz)
schlesw.-holst.	Schleswig-Holsteinisch
scil.	scilicet
SGB	Sozialgesetzbuch
SK-UGB	Unabhängige Sachverständigenkommission zum Umweltgesetzbuch beim Bundesminister für Umwelt, Naturschutz und Reaktorsicherheit
SKK	Sicherheitskriterien für Kernkraftwerke
Slg.	Sammlung
sog.	sogenannte
SOLAS	Final Act of Conference with Annexes including the International Convention for the Safety of Life at Sea = Internationales Übereinkommen von 1974 zum Schutz des menschlichen Lebens auf See
Sp.	Spalte
SprengG	Gesetz über explosionsgefährliche Stoffe (Sprengstoffgesetz)
SRU	Rat von Sachverständigen für Umweltfragen
SSK	Strahlenschutzkommission

StGB	Strafgesetzbuch
StrlSchV	Strahlenschutzverordnung
StrVG	Gesetz zum vorsorgenden Schutz der Bevölkerung gegen Strahlenbelastung (Strahlenschutzvorsorgegesetz)
StuW	Steuer und Wirtschaft
StVG	Straßenverkehrsgesetz
StVO	Straßenverkehrs-Ordnung
TA	Technische Anleitung
TeerölV	Verordnung zur Beschränkung des Herstellens, des Inverkehrbringens und der Verwendung von Teerölen zum Holzschutz (Teerölverordnung)
ThAbfAG	Gesetz über die Vermeidung, Verminderung, Verwertung und Beseitigung von Abfällen und die Sanierung von Altlasten (Thüringer Abfallwirtschafts- und Altlastengesetz)
TKBG	Gesetz über die Beseitigung von Tierkörpern, Tierkörperteilen und tierischen Erzeugnissen (Tierkörperbeseitigungsgesetz)
Tz.	Textziffer
u.a.	unter anderem
u.ä.	und ähnliches
UdSSR	Union der Sozialistischen Sowjetrepubliken
UFP	Umweltfolgenprüfung
UGB	Umweltgesetzbuch
UGB-AT	Allgemeiner Teil des Entwurfs eines Umweltgesetzbuches
UGB-BT	Besonderer Teil des Entwurfes eines Umweltgesetzbuches
UNESCO	United Nations Educational, Scientific und Cultural Organization = Organisation der Vereinten Nationen für Erziehung, Wissenschaft und Kultur
Unterabs.	Unterabsatz
UNTS	United Nations Treaty Series

UPR	Umwelt- und Planungsrecht
USA	Vereinigte Staaten von Amerika
UTR	Schriftenreihe des Instituts für Umwelt- und Technikrecht der Universität Trier
u.U.	unter Umständen
UVP	Umweltverträglichkeitsprüfung
UVPG	Gesetz über die Umweltverträglichkeitsprüfung
V, VO	Verordnung
VAwS	Verordnung über Anlagen zum Lagern, Abfüllen und Umschlagen wassergefährdender Stoffe (Nordrhein-Westfalen)
VBlBW	Verwaltungsblätter für Baden-Württemberg
VC	Vinylchlorid
VerwArch.	Verwaltungsarchiv
VG	Verwaltungsgericht
VGH	Verwaltungsgerichtshof
vgl.	vergleiche
VGS	Ordnungsbehördliche Verordnung über die Genehmigungspflicht für die Einleitung von Abwasser mit gefährlichen Stoffen in öffentliche Abwasseranlagen (Nordrhein-Westfalen)
VO	Verordnung
VorsRiBVerwG	Vorsitzender Richter am Bundesverwaltungsgericht
vr	Verwaltungsrundschau
VRÜ	Verfassung und Recht in Übersee
VVDStRL	Veröffentlichungen der Vereinigung der Deutschen Staatsrechtslehrer
VVG	Gesetz über den Versicherungsvertrag
VwGO	Verwaltungsgerichtsordnung
VwV	Verwaltungsvorschrift
VwVfG	Verwaltungsverfahrensgesetz
w.	weitere

WaffG	Waffengesetz
WHG	Gesetz zur Ordnung des Wasserhaushalts (Wasserhaushaltsgesetz)
WiVerw.	Wirtschaft und Verwaltung
WRMG	Gesetz über die Umweltverträglichkeit von Wasch- und Reinigungsmitteln (Wasch- und Reinigungsmittelgesetz)
WUR	Wirtschaftsverwaltungs- und Umweltrecht
z.B.	zum Beispiel
z.T.	zum Teil
zahlr.	zahlreich
ZAU	Zeitschrift für angewandte Umweltforschung
ZfU	Zeitschrift für Umweltpolitik und Umweltrecht
ZfW	Zeitschrift für Wasserrecht
ZUR	Zeitschrift für Umweltrecht (bis 1992 Informationsdienst Umweltrecht [IUR])

Für weitere Abkürzungen wird verwiesen auf Kirchner, Abkürzungsverzeichnis der Rechtssprache, 4. Aufl., 1993.

A. Einleitung

A. Einleitung

I. ZUR KODIFIKATION DES BESONDEREN TEILS EINES UMWELTGESETZBUCHES

1. Ausgangsposition und Leitgedanken

a) Ergänzung zum Entwurf des Allgemeinen Teils eines Umweltgesetzbuches

Die Umweltrechtskodifikation als Mittel zur ökologischen Fortentwicklung, zur Vereinheitlichung und zur Vereinfachung des Umweltrechts gewinnt erkennbare Gestalt: Der vorliegende Entwurf des Besonderen Teils eines Umweltgesetzbuches versteht sich als Teil einer umfassenden Kodifikation des Umweltrechts. Zusammen mit dem von Kloepfer, Rehbinder, Schmidt-Aßmann und Kunig erarbeiteten Entwurf eines Allgemeinen Teils eines Umweltgesetzbuches (Berichte des Umweltbundesamtes 7/90, 2. Aufl., Erich Schmidt Verlag, Berlin 1991, ISBN 3-503-03270-3) bildet er eine sich ergänzende Einheit. Die Verfasser des Allgemeinen Teils des Umweltgesetzbuches gingen von der Vorstellung aus, daß die dort nicht behandelten bereichsspezifischen Fragen des Umweltrechts noch in einem Besonderen Teil des UGB geregelt werden müßten. Erst damit sei der Prozeß der Erarbeitung des Entwurfs einer umfassenden Umweltrechtskodifikation am Ziel angelangt. Äußerlich wird die Verzahnung der beiden Teile dadurch verdeutlicht, daß die Paragraphenzahlen des vorliegenden Bandes mit § 170 beginnen und damit an die Regelung der §§ 1 bis 169 des UGB-AT anknüpfen.

Die Verfasser des Besonderen Teils legten ihrer Arbeit folgende Ausgangsposition zugrunde: Der UGB-BT geht grundsätzlich von den Vorgaben des oben genannten UGB-AT aus. Er baut auf den vorhandenen Regelungen des AT auf und regelt die bereichsspezifischen Besonderheiten unter Beachtung der Vorgaben des AT. Eine möglichst enge Verzahnung mit dem AT wird angestrebt sowie dessen Entlastungsfunktion genutzt. In Ausnahmefällen schlagen die Verfasser des Besonderen Teils Veränderungen des vorgelegten Entwurfs eines Allgemeinen Teils vor (siehe unten II.1 und D. Anhang).

b) Leitgedanken der Kodifikation

Mit der Vorlage nun auch des Besonderen Teils eines Umweltgesetzbuches neben dem schon veröffentlichten Allgemeinen Teil soll der Nachweis der grundsätzlichen Machbarkeit einer Umweltrechtskodifikation in der heutigen Zeit erbracht werden. Dabei können die hiermit verbundenen Chancen verdeutlicht werden:

Ausgehend von der besonderen Bedeutung des Umweltschutzes auch in Abwägung mit anderen Rechtsgütern wird es möglich, die in verschiedenen historischen Zeiten entstandenen, vorgefundenen Normenbestände des geltenden Umweltrechts von einer einheitlichen Grundwertung aus zu kodifizieren und fortzuentwickeln. Das Umweltrecht aus einem Guß wird möglich, wobei freilich vereinzelte zwingende Besonderheiten der Einzelgebiete nicht eingeebnet werden dürfen. Im Rahmen einer harmonisierenden Umweltrechtskodifikation entstehen wesentliche Vorteile für den Umweltschutz nicht nur durch vielfältige Verbesserungen der einzelnen Vorschriften selbst, sondern auch dadurch, daß relativ alte, umweltrelevante Regelungen (z.B. im Atomgesetz) an neuere Umweltgesetze (z.B. Bundes-Immissionsschutzgesetz) angepaßt werden. Insoweit hat die Vereinheitlichung des Umweltrechts aus der Sicht der Verfasser über den Vereinfachungs- und Systematisierungszweck hinaus eine wesentliche inhaltliche Richtung zum verbesserten Umweltschutz hin, zumal sich für die Arbeitsgruppe eine umweltpolitische Regression von selbst verbot.

Wie keine andere normative Gestaltungsform ermöglicht eine umfassende Umweltrechtskodifikation auch die Verfolgung eines medienübergreifenden Ansatzes des Umweltschutzes. Mit einer Umweltrechtskodifikation wird es in besonderer Weise möglich, eine rechtliche Steuerung und Bewältigung solcher anthropogener Einwirkungen auf Umweltgüter vorzunehmen, deren Folgen sich aufgrund des komplexen ökologischen Wirkungsgefüges - zeitlich häufig versetzt - in unterschiedlichen Umweltmedien zeigen können. Das Umweltgesetzbuch ermöglicht eine erhebliche ökologische Verbesserung des Umweltrechts durch Verstärkung eines die gesamte Umwelt erfassenden Ansatzes. Dabei können auch noch verbleibende Lücken des bisherigen Umweltrechts gefüllt werden (z.B. im Bodenschutz).

Die Vereinheitlichung des Umweltrechts durch Harmonisierung schließt sachlich nicht gerechtfertigte Sonderregelungen in Einzelbereichen aus und führt zur stärkeren durchgängigen Prägekraft übergreifender umweltrechtlicher Instrumente und Rechtsfiguren. Sie ermöglicht vor allem auch eine Vereinfachung des Umweltrechts. Beispielsweise kommt das Umweltgesetzbuch für seinen Geltungsbereich mit nur drei Zulassungstypen aus: der Umweltbewilligung (als komplexe Zulassung raumbezogener Vorhaben), der (im förmlichen Verfahren zu erteilenden) Genehmigung und der (nicht im förmlichen Verfahren zu erteilenden) Zulassung.

Die Vereinfachung des Umweltrechts durch Harmonisierung ermöglicht vor allem auch eine Verbesserung des Vollzuges des Umweltrechts. Diesem Zweck soll ebenfalls der verstärkte Einsatz von stärker qualifizierbaren Qualitätszielen im Sinne einer Verdeutlichung des Anforderungsniveaus dienen.

Hierdurch sowie u.a. durch die bessere Durchschaubarkeit einer harmonisierten und klar aufgebauten Umweltrechtsordnung wird die Rechtssicherheit im Umweltrecht erhöht und dessen Verbindlichkeit verbessert, wenngleich die Vorstellung des Umweltgesetzbuchs als eine Art umweltrechtliches Volks-Lesebuch angesichts der Kompliziertheit der Sachprobleme und ihrer juristischen Bewältigung eine Illusion bleiben wird. Immerhin soll die Normierung von Zwecken, Grundsätzen (aber auch von Umweltpflichten) in den einzelnen Kapiteln der Bevölkerung deutlich darlegen, worum es dem Umweltgesetzbuch im wesentlichen geht. Eine Kodifikation in einer modernen Demokratie kann auf solche Instrumente der normimplantierten Plausibilitätserzeugung und Akzeptanzermöglichung nicht verzichten (ebensowenig wie auf den Kompromiß bei der Ausgestaltung seiner Regelungen). Das Umweltgesetzbuch muß Bürger und Unternehmen nicht nur auf den Umweltschutz verpflichten, sondern sollte diese auch immer wieder für den Umweltschutz gewinnen.

Gerade hierin liegt zugleich eine wesentliche Funktion der auch im Besonderen Teil akzentuierten Verstärkung kooperativer und flexibler Instrumente der Nutzung von Marktmechanismen. Sie ermöglichen die Nutzung der Kooperationsbereitschaft und der Innovationsfähigkeit der Betroffenen für einen verbesserten Umweltschutz (vor allem im weiter zu stärkenden Bereich der Umweltvorsorge). Mehr Umweltschutz durch weniger Zwang (und zu weniger Kosten) ist somit eine wesentliche Leitmaxime des Umweltgesetzbuches für diejenigen Bereiche, in denen das strikte Ordnungsrecht nicht zwingend erforderlich ist.

c) Grundsätze der Kodifikation des Besonderen Teils

Von diesem Grundgedanken ausgehend, ließen sich die Verfasser während der Arbeiten am Besonderen Teil insbesondere von folgenden Gesichtspunkten leiten:

- Beschränkung auf das Umweltrecht i.e.S., d.h. auf umweltspezifisches (und nicht nur umweltrelevantes) Recht
- Rechtsvereinheitlichung zunächst auf der Basis einer registrierenden und systematisierenden Erfassung des geltenden Umweltrechts
- behutsame Weiterentwicklung des umweltrechtlichen Instrumentariums (insbesondere im Hinblick auf kooperative und flexible Instrumente)
- mindestens Erhaltung des gegenwärtigen Standes des Umweltrechts (Regressionsverbot)
- Anpassung der Kodifikation an die innere Rechtsentwicklung
- Zukunftsoffenheit der gefundenen Vorschläge (auch im Hinblick auf neue umweltpolitische Aufgaben und Instrumente)
- grundsätzliche Berücksichtigung der Vorgaben des Allgemeinen Teils
- Einpassung in das sich entwickelnde Europäische Umweltrecht

2. Gegenstand des Entwurfs

a) Bundes-, landes- und europarechtliche Schichten

Gegenstand des Entwurfs ist das Umweltrecht des Bundes, nicht hingegen Landesrecht. Ausgegangen wird dabei von der bestehenden Kompetenzlage des Grundgesetzes. Eine Ausweitung der Kompetenzen des Bundes soll nach Auffassung der Arbeitsgruppe grundsätzlich nicht vorgenommen werden. Nur in Einzelfällen wurden Kompetenzveränderungen erwogen. Die vorgefundene tatsächliche Aufteilung zwischen Regelungen des Bundes und der Länder diente auch als Orientierung für diesen Entwurf. Im Rahmen der vorhandenen Zuständigkeitsordnung werden freilich vereinzelt auch (wechselseitige) Umschichtungen zwischen Bundes- und Landesrecht vorgesehen.

Im Zusammenhang mit der sich fortentwickelnden europäischen Einigung zeichnet sich eine weitere Entwicklung und Ausrichtung des deutschen Umweltrechts ab. Den Vorrang europarechtlicher Vorgaben hat natürlich auch der nationale Kodifikationsentwurf zu beachten. Im Falle eines durch das europäische Umweltrecht vorgegebenen hinreichenden Gestaltungsspielraums des innerstaatlichen Rechts wurde dieses im Wege einer harmonisierenden Einpassung in den Besonderen Teil eingearbeitet.

b) Umfang des Besonderen Teils

Die Gestaltung der systematischen Gliederung des Besonderen Teils war der Arbeitsgruppe zu einem beträchtlichen Teil durch den vertraglichen Rahmen mit dem Umweltbundesamt vorgegeben worden. Diese, dem beim Ministerium für Umwelt, Naturschutz und Reaktorsicherheit bislang bestehenden Abteilungsprinzip angenäherte Aufgliederung der einzelnen Fachgebiete des Umweltrechts, stand mit dem Ziel der Arbeitsgruppe, integrative Ansätze zu verfolgen, in einer gewissen Spannung. Vertraglich vorgegeben war auch der Umfang des Regelungsbereichs des Besonderen Teils, z.B. hinsichtlich der nicht unproblematischen Ausgrenzung des Gentechnikrechts. Hiervon ungeachtet hat der Entwurf nur den Kernbereich des Umweltrechts, also lediglich umweltspezifisches Recht erfaßt, nicht aber nur umweltrelevante Regelungen (z.B. Verkehrs- und Baurecht).

c) Berücksichtigung rechtspolitischer Vorschläge; Stichtag

Der vorliegende Entwurf verfolgt nicht das Ziel, die zum Abschluß seiner Beratungen bestehende rechtspolitische Lage des Jahres 1993 gleichsam schematisch einzufangen und in rechtliche Strukturen zu gießen. Auf der Grundlage des bestehenden Allgemeinen Teils will der Entwurf im Wege einer Binnenharmonisierung des bestehenden Umweltrechts zunächst die Defizite der geltenden Umweltrechtsordnung umfassend und lückenschließend überwinden. Dabei soll allerdings die rechtspolitische Weiterentwicklung des Umweltrechts nicht außer acht gelassen werden.

Der Kodifikationsgedanke schließt keineswegs von vornherein die Einbeziehung aktueller rechtspolitischer Tendenzen in die Kodifikation aus. Begrifflich legt das Wort Kodifikation aber zunächst die Zusammenfassung des bestehenden Rechts nahe. Dennoch kann sie auch verstärkt rechtspolitische Neuerungen einbeziehen und verarbeiten. Hauptaufgabe der Kodifikation in diesem Bereich ist es, diese Reformbestrebungen ohne Wertungswidersprüche und Brüche in ihr System einzugliedern.

Angesichts des Umfangs und der Komplexität der verarbeiteten Materie mußte jedoch für die Arbeit an diesem Entwurf eine zeitliche Grenze für die Aufnahme von Neuerungen des Umweltrechts gefunden werden. Hinsichtlich der Berücksichtigung von Novellierungen bestehender Gesetze, von neuen Gesetzen oder von bekanntgewordenen Gesetzentwürfen, insbesondere neu in Kraft tretenden EG-Verordnungen und EG-Richtlinien wurde von der Arbeitsgruppe eine für alle Kapitel geltende *Stichtagsregelung* beschlossen. Hiernach wird nach dem *1. Februar 1993* in Kraft tretendes Recht im vorliegenden Entwurf grundsätzlich nicht mehr berücksichtigt (z.B. die EG-Verordnung Nr. 259/93 des Rates vom 1. Februar 1993 zur Überwachung und Kontrolle der Verbringung von Abfällen in der, in die und aus der Europäischen Gemeinschaft). Insbesondere im Rahmen von Novellierungsbestrebungen bestand Unsicherheit darüber, ob und gegebenenfalls wie weit diese Vorhaben in der Zukunft tatsächlich verwirklicht würden. In der Regel finden sich insoweit nur redaktionelle Bemerkungen zur Novellierung der gegenwärtigen Rechtslage. Hinsichtlich rechtspolitischer Vorstellungen, die erst in der Mitte oder am Ende der Arbeiten am UGB-BT auftauchten, war angesichts des ausgedehnten Beratungsumfangs eine grundlegende Umstrukturierung der bis dahin schon erarbeiteten Regelungen jedenfalls dann ausgeschlossen, wenn dies eine umfassende Neuberatung des Besonderen Teils notwendigerweise zur Folge gehabt hätte. Dies wäre zum Beispiel bei einer Berücksichtigung des Entwurfs eines Kreislaufwirtschaftsgesetzes im Rahmen der abfallrechtlichen Regelungen des Entwurfs der Fall gewesen. Unberücksichtigt für die Entwurfsformulierung blieben aufgrund der Stichtagsregelung schließlich solche EG-Richtlinien, bei denen die Anpassungsfrist noch läuft (beispielsweise hinsichtlich der sog. Fauna-Flora-Habitat-Richtlinie). Die als primär rechtstechnischer Natur einzustufende Umformulierung nationalen Rechts aufgrund europarechtlicher Vorgaben wurde nicht als Aufgabe der Arbeitsgruppe verstanden. Wo es sich allerdings anbot - wie beispielsweise im Pflanzenschutzrecht -, ging der Entwurf über die getroffene Stichtagsregelung hinaus.

d) Nichtaufnahme wiedervereinigungsspezifischer Regelungen bzw. Sonderregelungen für das Beitrittsgebiet

Wiedervereinigungsspezifische Regelungen sowie Sonderbestimmungen für den Bereich der neuen Bundesländer wurden in den Gesetzestext des Besonderen Teils nicht aufgenommen. Die Arbeitsgruppe ging davon aus, daß zum Zeitpunkt des Inkrafttretens eines Umweltgesetzbuches die Wiedervereinigungsproblematik praktisch keine unmittelbaren Auswirkungen auf bundesdeutsches Umweltrecht mehr besitzen wird und dementsprechend die Notwendigkeit von Übergangsregelungen und Anpassungsvorschriften im Hinblick auf die deutsche Einigung entfallen sein wird.

e) Ausgeschlossene Rechtsgebiete des geltenden Umweltrechts

Der Besondere Teil eines Umweltgesetzbuches umfaßt die Regelungsbereiche der wichtigsten sektoralen Fachgesetze des geltenden bundesrechtlichen Umweltrechts. Neu hingegen ist insbesondere die Kodifizierung der bisher noch nicht bundesrechtlich geregelten Materie des Bodenschutzrechts.

Nicht miteinbezogen wurde - wie erwähnt - aufgrund vertraglicher Vorgaben der Regelungsbereich des Gentechnikgesetzes. Das Verkehrs- und Baurecht, das Arzneimittel-, Lebensmittel- und Futtermittelrecht blieben als umweltunspezifische Regelungen trotz ihrer auch umweltrelevanten Teile weitgehend außer Betracht. Aufgrund der Vorentscheidungen im UGB-AT sind strafrechtliche Bestimmungen nicht aufgenommen worden (wohl aber ordnungswidrigkeitsrechtliche Regelungen). Auch die nachbarrechtlichen Regelungen des BGB wurden nicht in das UGB übernommen.

3. Arbeitsweise und Probleme bei der Erstellung des Besonderen Teils

a) Arbeitsweise

Die durch die einzelnen Mitglieder der Arbeitsgruppe erarbeiteten Gesetzestexte wurden im Plenum Paragraph für Paragraph, Absatz für Absatz beraten und diskutiert. Meist zog sich die Beratung einzelner Regelungen unter mehrmaliger Vorlage über mehrere Arbeitssitzungen hinweg. Dieser gemeinschaftlichen Erarbeitung des Gesetzestextes stand die primär individuelle Erarbeitung der Begründungen gegenüber. Diese lagen regelmäßig zwar jedem Mitglied der Arbeitsgruppe vor. Sie wurden jedoch nur in groben Zügen und nicht in den Einzelheiten beraten. Hieraus ergibt sich, daß die Begründungen der einzelnen Kapitel weitestgehend in die Sachverantwortung des jeweiligen Bearbeiters fallen.

b) Probleme

Aufgrund seines Abstraktionsgrades war die Erarbeitung des Allgemeinen Teils des Umweltgesetzbuches relativ stärker abgeschirmt gegen den Einfluß aktueller politischer Diskussion und Willensentscheidung als der Besondere Teil. Die Kodifikation der sektoralen Fachgesetze des Besonderen Teils eines Umweltgesetzbuches sieht sich intensiver der Schwierigkeit ausgesetzt, gegenüber der vielgestaltigen politischen Diskussion und Entscheidung eine klare dogmatische Strukturierung und Systematik herauszubilden.

Probleme bei der Erstellung des Entwurfs ergaben sich auch einerseits durch die vom Umweltforschungsplan des BMU vorgegebene zeitliche Trennung der Erarbeitung des (zuerst verabschiedeten) Allgemeinen Teils und des (danach erarbeiteten) Besonderen Teils eines Umweltgesetzbuches einerseits sowie aus der fehlenden Kongruenz beider Arbeitsgruppen andererseits. Zwar befand sich die Arbeitsgruppe des UBG-BT in der günstigen Situation, auf den bereits ausgearbeiteten Allgemeinen Teil zurückgreifen zu können. Im Laufe der Beratungen der Regelungen des Besonderen Teils zeigte sich aber, daß nachträglich die vorhandenen Regelungen des Allgemeinen Teils in Einzelfällen ergänzt oder modifiziert werden mußten.

Die Verarbeitung des geltenden bundesrechtlichen Umweltrechts führte zu Problemen, die insbesondere auf den traditionell bedingten Eigenheiten der sektoralen Fachgesetze beruhten. Diskrepanzen bei der Harmonisierung der bestehenden Regelungen zeigten sich insbesondere durch die unterschiedlichen Normierungsebenen in den bestehenden einzelnen Teilbereichen des besonderen Umweltrechts, d.h. in der fehlenden Einheitlichkeit der normativen Schichtung, nämlich auf Gesetzes-, Verordnungs- und Verwaltungsvorschriftenebene in den einzelnen Teilen des geltenden Umweltrechts. Verstärkt wird dieser Befund durch die sektoral sehr unterschiedliche Dichte europarechtlicher Vorgaben.

Der Entwurf versucht, einheitliche Regelungsebenen in allen Kapiteln durchzuhalten. Er ist daher (besonders deutlich z.B. im Atomrecht) den Weg gegangen, wichtige Entscheidungen von der bisherigen Verordnungsebene auf das Gesetz "hochzuzonen", weniger wichtige Regelungen dagegen in die Verordnungsebene "herunterzuzonen".

4. Kodifikationsstrukturen des Besonderen Teils

a) Aufbau und Struktur der einzelnen Kapitel

Angesichts der Eigenheiten der behandelten Bereiche des Besonderen Umweltrechts erklärt sich die trotz der angestrebten Binnenharmonisierung teilweise recht eigenständige Strukturierung der einzelnen Kapitel des Besonderen Teils. Soweit wie möglich wurde jedoch eine sich auch formal zeigende Einheitlichkeit der einzelnen Kapitel angestrebt, wie es insbesondere bei den Eingangs- und Schlußabschnitten der jeweiligen Kapitel der Fall ist:

(1) Allgemeine Vorschriften

Struktur und Gegenstand des Ersten Abschnitts eines Kapitels: Der Erste Abschnitt eines jeden Kapitels des Besonderen Teils enthält neben einer Zweckbestimmung Begriffsbestimmungen und Grundsatzregelungen.

Die Zweckbestimmung besitzt die Funktion, die tragenden materiellen Erwägungen des jeweiligen Kapitels dem Anwender in komprimierter Form vor Augen zu führen. Zudem stellt die nicht selbständige und daher nicht selbständig vollzugsfähige Zweckbestimmung eine Auslegungshilfe der nachfolgenden Regelungen des jeweiligen Kapitels dar.

Ergänzend zu den bereits im Allgemeinen Teil in § 2 getroffenen Begriffsbestimmungen mußten im Besonderen Teil weitere Legaldefinitionen aufgenommen werden. Diese Begriffsbestimmungen definieren verbindlich die kapitelspezifisch verwendeten Begriffe. Vor die Klammer gezogen wurden die jeweils in den einzelnen Kapiteln durchgängig wichtigen Begriffe. Daneben finden sich zum Teil in den einzelnen Abschnitten der Kapitel weitere Legaldefinitionen - zumeist als sogenannte Klammerdefinitionen. Hierbei handelt es sich um Begriffe, die allein im Rahmen einiger weniger Regelungen verwendet werden. Sie sind deshalb aus Gründen der Übersichtlichkeit und Entlastung des definitorischen Teils des jeweils ersten Abschnitts eines Kapitels im Zusammenhang mit den betreffenden Regelungen normiert.

Die Regelung über den Geltungsbereich setzt den sachlichen Geltungsbereich des jeweiligen Kapitels fest. Diese Vorschriften erwiesen sich angesichts der teilweisen inhaltlichen Überschneidungen der einzelnen Kapitel des Besonderen Teils als notwendig, um die Anwendungsbereiche der einzelnen Kapitel des Besonderen Teils voneinander eindeutig zu trennen.

Die Grundsätze sollen die Zielbestimmung der Kapitel konkretisieren. Sie sind ebenso wie die Zweckbestimmungen keine selbständigen und daher als solche ebenfalls nicht vollzugsfähigen Regelungen. Sie sind im Zusammenhang mit den anderen Regelungen der einzelnen Kapitel von Bedeutung, insbesondere im Zusammenhang mit der Zielbestimmung, um die konzeptionellen Grundzüge des jeweiligen Kapitels zu verdeutlichen.

Der Zweck eines jeden Kapitels wird zum Teil durch Regelungen der Umweltpflichtigkeit privaten Verhaltens gefördert. Insbesondere sollen diese Pflichtentatbestände die Appellfunktion der Umweltpflichten verdeutlichen.

Soweit darüber hinaus im jeweiligen ersten Abschnitt auch noch Leitlinien festgelegt sind, geht es um Direktiven für die Träger öffentlicher Gewalt. Sie stellen nicht nur eine Soll-Vorschrift auf, sondern legen einen verbindlichen Pflichtentatbestand fest.

(2) Gemeinsame Vorschriften

Der letzte Abschnitt eines jeden Kapitels enthält jeweils die Ordnungswidrigkeitenregelungen. Daneben finden sich Regelungen über Altanlagen, über die Zusammensetzung und die Organisation von Kommissionen und Ausschüssen sowie weitere alle Abschnitte eines Kapitels betreffende Vorschriften, in erster Linie Verfahrens- und Organisationsvorschriften. Wie der erste Abschnitt so hat auch der Schlußabschnitt eine Klammerfunktion für das jeweilige Kapitel.

b) Gliederung des Besonderen Teils eines Umweltgesetzbuches

Das UGB-BT gliedert sich dementsprechend in folgende acht Kapitel:

Erstes Kapitel:	Naturschutz und Landschaftspflege
Zweites Kapitel:	Gewässerschutz und Wasserwirtschaft
Drittes Kapitel:	Bodenschutz
Viertes Kapitel:	Immissionsschutz
Fünftes Kapitel:	Kernenergie und Strahlenschutz
Sechstes Kapitel:	Gefährliche Stoffe
Siebentes Kapitel:	Abfallwirtschaft und Abfallentsorgung
Achtes Kapitel:	Schlußvorschriften.

5. Übergreifende Regelungen und Gehalte im Besonderen Teil

Eine Reihe allgemeiner, die einzelnen Teile übergreifender Regelungen und Gehalte im Besonderen Teil ist erwähnenswert. Dabei zeigt sich, daß die Harmonisierung des Umweltrechts durch eine Umweltrechtskodifikation nicht nur von dem Allgemeinen Teil geleistet wird, sondern sich gerade auch im Besonderen Teil entfaltet und konkretisiert.

a) Umweltpolitische Grundsätze, Umweltpflichten

Die Kapitel formulieren grundsätzlich konkretere umweltpolitische Grundsätze, um die normative Richtung des Entwurfs zu einer ökologischen Fortentwicklung des Rechts zu verdeutlichen. Die Land- und Forstwirtschaft wird auf umweltschonende Regeln verpflichtet. Umweltpflichten in den einzelnen Kapiteln dienen der Erreichung der jeweils verfolgten umweltpolitischen Zwecke.

b) Planungsregelungen

Auf die Regelungen der Umweltleitplanung (§§ 24 ff. UGB-AT) wurde im Ersten, Zweiten und Vierten Kapitel hingewiesen. Die Umweltleitpläne sollen die für die jeweiligen Kapitel erforderlichen Umweltqualitätsziele entwickeln. Auf die Regelung der Entsorgungsplanung (§ 26 UGB-AT) wird im Zweiten und Siebenten Kapitel Bezug genommen. Für das Gewässerschutzrecht wird darüberhinaus das Institut eines eher informalen Bewirtschaftungskonzepts entwickelt.

c) Regelungen der Eröffnungskontrollen

Die Vorschriften des UGB-AT gelten in den Kapiteln des Besonderen Teils generell, also auch dort, wo sie nicht ausdrücklich für anwendbar erklärt sind. Eine Ausnahme bildet insoweit die Umweltbewilligung, die gemäß der Regelung in § 52 UGB-AT einer ausdrücklichen Geltungsanordnung in den einzelnen Teilen des Besonderen Teils bedarf. Dieser neue Typus einer umweltspezifischen Eröffnungskontrolle ist in den dafür in Betracht kommenden Regelungen der Eröffnungskontrollen des Zweiten, Vierten, Fünften und des Siebenten Kapitels übernommen worden, wodurch die Entlastungsfunktion des Allgemeinen Teils für die Regelungen des Besonderen Teils exemplarisch deutlich wurde.

Unterhalb der Umweltbewilligung wird vorliegend folgende Terminologie verwendet: Unter Genehmigung wird die in einem förmlichen Verfahren ergangene Zulassung verstanden, unter Erlaubnis die nicht in einem förmlichen Verfahren ergangene Zulassung. Der Begriff der Zulassung ist dabei der Oberbegriff, der verwendet wird, wenn eine Einordnung als Erlaubnis oder Genehmigung nicht feststeht. Diese Terminologie gilt grundsätzlich für alle Kapitel des Besonderen Teils. Ausnahmen bestehen insoweit nur aus sprachlichen Gründen. So kann beispielsweise ein Pflanzenschutzmittel traditionellerweise weder genehmigt noch erlaubt, sondern nur zugelassen werden.

d) Regelungen über Behörden

Der im Allgemeinen Teil verfolgte Ansatz, nur solche Bundesoberbehörden in die Regelungen des Umweltgesetzbuches aufzunehmen, die dem Geschäftsbereich des für den Umweltschutz zuständigen Bundesministers zuzuordnen sind, hat zur Folge, daß im Besonderen Teil Regelungen über umweltspezifische Aufgaben und Zuständigkeiten anderer Behörden geregelt werden, die bei einem anderen Ministerium ressortieren.

e) Kostenregelungen

Kostenregelungen sind weder im Allgemeinen Teil noch im Besonderen Teil vorgesehen. Insoweit bleibt es bei den bestehenden allgemeinen Kostenregelungen des Bundes. In den jeweiligen Begründungen der einzelnen Kapitel finden sich gegebenenfalls Ratschläge für eventuelle Modifizierungen und Anpassungen bestehender Regelungen.

f) Regelungen über Altanlagen

Regelungen zum Rechtsstatus von Altanlagen finden sich grundsätzlich in den einzelnen Kapiteln und zwar jeweils im letzten Abschnitt. Ausnahmen von dieser Gesetzessystematik bestehen einerseits für das Zweite Kapitel aus traditionellen Gründen und andererseits für das Sechste Kapitel aus Gründen der Übersichtlichkeit innerhalb dieses recht komplexen Kapitels.

g) Keine Aufnahme von Strafvorschriften in den Besonderen Teil

Wie bereits im Allgemeinen Teil eines Umweltgesetzbuches vorgesehen, sollen - wie erwähnt - umweltspezifische Strafvorschriften nicht in einer Umweltrechtskodifikation geregelt werden. Insbesondere aus systematischen Gründen sollen die bestehenden umweltrechtsrelevanten Strafvorschriften im Strafgesetzbuch ihren Platz behalten. Gleiches gilt für noch zu schaffende Straftatbestände, etwa im Bereich des Bodenschutzes.

h) Ordnungswidrigkeitenregelungen

Dagegen wurden Ordnungswidrigkeitenregelungen in die einzelnen Kapitel des Besonderen Teils aufgenommen. Die Ordnungswidrigkeitentatbestände werden - in einheitlichem Aufbau - in einem eigenständigen Schlußabschnitt des einzelnen Kapitels im Anschluß an die materiellrechtlichen Regelungen aufgeführt. Von der Statuierung eines eigenständigen Kapitels über Ordnungswidrigkeiten wurde insbesondere aus Gründen der Übersichtlichkeit und des Sachzusammenhangs abgesehen.

6. Schwerpunkte der einzelnen Kapitel des Besonderen Teils

Die einzelnen Kapitel enthalten folgende Schwerpunkte, Grundüberlegungen und Reformvorstellungen:

a) Erstes Kapitel: Naturschutz und Landschaftspflege (§§ 170 - 221)

Das Naturschutz- und Landschaftspflegerecht bildet als Recht eines umfassenden Naturhaushaltsschutzes ein Zentralgebiet des Umweltrechts, das aus diesem Grund an den Beginn des Besonderen Teils gestellt wird. Es wird durch das Erste Kapitel zu einem Recht des ganzheitlichen Schutzes des Naturhaushalts fortentwickelt, der nicht nur in einzelnen Schutzgebieten, sondern im gesamten Staatsgebiet zu praktizieren ist. Die Ansätze, die das Bundesnaturschutzgesetz dazu bietet, werden dabei entschieden ausgebaut.

Verlangt ist dabei an erster Stelle eine Intensivierung der *allgemeinen* Vorschriften. Der Entwurf will die Umweltpolitik stärker auf quantifizierbare Vorgaben als auf bloße Abwägungsdirektiven festgelegt wissen. Zu diesem Zwecke werden die Ausarbeitung von Umweltqualitätszielen und die Festlegung von mindestens zehn von Hundert der Landesfläche als Vorrangflächen für den Naturschutz in einem Biotopverbundsystem zur Pflicht gemacht.

Deutlicher als bisher wird ferner die allgemeine Naturschutzpflicht jedes Bürgers herausgestellt, die für einzelne Nutzergruppen, z.B. für die Land- und Forstwirtschaft und für die Erholungsnutzung, danach in konkreteren Pflichtentatbeständen weiter ausgeformt wird. Unter den Instrumenten des allgemeinen Naturhaushaltsschutzes spielen die Umweltleitpläne, in die die Landschaftspläne überkommenen Rechts überführt worden sind, die naturschutzrechtliche Eingriffsregelung und die Tatbestände der Duldungs- und Pflegepflichten Privater eine besondere Rolle. Eingriffe in Natur und Landschaft sind, wenn sie nicht zu vermeiden sind, zu unterlassen, es sei denn, die sie stützenden Belange gehen den betroffenen Belangen des Naturschutzes bei Würdigung aller Umstände im Range vor. Gestärkt worden ist auch die Mitwirkung der Naturschutzbehörden bei der Zulassung des Eingriffs, die jetzt grundsätzlich auf die Form der Zustimmung festgelegt worden ist. Im Verhältnis der Eingriffsregelung zum Baurecht verschärft der Entwurf zugunsten des Naturschutzes die im Investitionserleichterungs- und Wohnbaulandgesetz für bauliche Nutzungen getroffenen Regelungen.

Als umfassende Aufgabe verstanden können Naturschutz und Landschaftspflege freilich nicht nur durch hoheitliche Steuerungsinstrumente verwirklicht werden, sondern sind auf die Mitwirkung des Einzelnen und der Gesellschaft angewiesen. Diese schon in den Naturschutzpflichten verfolgte Überlegung findet ihre Fortsetzung in der Regelung des sogenannten Vertragsnaturschutzes und in der Statuierung einer Pflicht der Länder, eine naturschutzrechtliche Verbandsklage vorzusehen.

Naturschutzrechtliche Eigentumsbeschränkungen bleiben nach ganz herrschender Auffassung als Sozialbindungen grundsätzlich entschädigungslos. Sofern sie jedoch im Einzelfalle zu einer unzumutbaren Belastung führen, bedarf es nach neuerer Auffassung einer besonderen Entschädigungsregelung, wenn anders diese Maßnahmen nicht dem Verdikt der Unzulässigkeit unterfallen sollen. Die Länder werden dazu angehalten, entsprechende Regelungen vorzusehen. Bewirtschaftungsnachteile der ordnungsgemäßen Land- und Forstwirtschaft fallen grundsätzlich nicht unter diesen Tatbestand. Eine bundesrechtliche Entschädigungspflicht wird für sie nicht festgelegt; vielmehr bleibt es den Ländern überlassen, Ausgleichszahlungen etwa aus dem Gedanken des Härteausgleichs oder als Entgelt für umweltpflegende Aufgaben der Land- und Forstwirtschaft vorzusehen.

Unter den Gebieten des *besonderen* Naturschutzrechts wird dem gesetzesunmittelbaren Biotopschutz mit Blick auf den auch europarechtlich vorgesehenen Biotopverbund systematisch ein eigener Platz eingeräumt. Das Schutzgebietskonzept des besonderen Flächenschutzes ist um die Gebietskategorie des Biosphärenparks ergänzt worden, während das Artenschutzrecht in Erwartung weiterer direktwirkender Vorschriften des EG-Rechts steht.

b) Zweites Kapitel: Gewässerschutz und Wasserwirtschaft (§§ 222 - 282)

Das Zweite Kapitel hält prinzipiell an der bisherigen Aufteilung der wasserrechtlichen Materien zwischen Bund und Ländern fest und geht in seinem Regelungsbereich grundsätzlich von den Vorschriften des WHG (und des AbwAG) aus. Schon das Grundgesetz hat mit der Kompetenzzuweisung für den Wasserhaushalt (Art. 75 Nr. 4) dem Rechtsgebiet, das sich mit Gewässerschutz und Wasserwirtschaft befaßt, mittelbar eine moderne Ausrichtung gegeben. Der Bund hat mit dem Wasserhaushaltsgesetz 1957 eine Rahmengesetzgebung für den Wasserhaushalt als Ganzes geschaffen. Dazu gehören die Flüsse und die stehenden Gewässer, die Grundwasservorkommen, das Küstengewässer und - was die zu schützenden Ressourcen angeht - auch die Hohe See.

Von diesem Ansatz her kann eine vielfach überkommene Vorgehensweise korrigiert werden, die ganze Gewässerbereiche wirtschaftlicher Ausbeutung überläßt und nur solche schützt, die hochwertigen Nutzungen wie der Wasserversorgung oder der Erhaltung von Erholungsgebieten dienen. Dennoch unterscheiden sich die Gewässervorkommen voneinander in so hohem Maße, daß sich die Materie für einfache und durchgängige Regelungskonzepte nicht eignet. Welche Gewässer in welcher Weise genutzt werden dürfen und inwieweit der Gewässerschutz jeweils Grenzen zieht, muß dem recht weiten Bewirtschaftungsermessen der Wasserbehörden überlassen bleiben. Dadurch erhält das Rechtsgebiet auch in der Zukunft im Umweltrecht sein ganz eigenes Gepräge. Einerseits geht es darum, dieses Bewirtschaftungsermessen durch allgemeine Regelungen - wie zum Beispiel Mindestanforderungen an Abwasserklärung - einzuschränken, die überall beachtet werden müssen. Andererseits muß ein Spielraum erhalten bleiben, um weitergehende Anforderungen des Gewässerschutzes im Einzelfall durchzusetzen, wo besondere Schutzwürdigkeiten bestehen oder die Belastbarkeit der konkreten Ressource durch zu viele Benutzer überfordert wird. Der Entwurf sucht mit der Regelung von Bewirtschaftungszielen, -plänen und -konzepten das Bewirtschaftungsermessen durch administrative Eigenfestlegungen zu konkretisieren.

Der ganzheitliche Ansatz, dem das moderne Naturschutzrecht in einer umweltrechtlichen Kodifikation folgt, umfaßt in weitem Umfang auch den Gewässerschutz und die Wasserwirtschaft. Sollen die Funktionsfähigkeit des Naturhaushalts und die natürlichen Lebensgrundlagen erhalten werden, muß die Vielfalt der Wirkungsbeziehungen zwischen pflanzlichem und tierischem Leben auf der einen Seite, Oberflächengewässern und Grundwasser auf der anderen Seite ins Auge gefaßt werden. Im Gegensatz zu früheren Anschauungen sind daher Gewässerschutz und Wasserwirtschaft mehr und mehr "fremdbestimmt", weil die in der Umweltplanung vorgegebenen Schutzwürdigkeiten vorab in Betracht gezogen werden müssen, bevor man über eine Nutzung des Gewässervorkommens entscheidet. Strategien zum Schutz des Natur- und des Wasserhaushalts müssen integriert werden; was die Verteilung der verfügbaren Ressourcen angeht, bleiben jedoch die überkommenen Maßstäbe für die Aufteilung auf konkurrierende Bewerber bestimmend.

Dieser starken Gestaltungsposition der Wasserbehörde steht ein gesteigertes Schutzbedürfnis aller derjenigen gegenüber, die - meist unter Einsatz ungewöhnlich hoher Investitionen - Gewässer auf Dauer benutzen wollen und auch müssen. Entsprechend einer überkommenen Rechtstradition müssen hier - ähnlich wie im Bergrecht - alle Rechtsverhältnisse im Zusammenhang gesehen werden, die zwischen Wasserbehörde und Benutzern, aber auch zwischen den Benutzern untereinander bestehen. Öffentliches Wasserrecht und privates Wasserrecht, das die Rechtsbeziehungen der Gewässerbenutzer untereinander betrifft, können nicht auseinandergerissen werden. Die Zulassung von Gewässerbenutzungen muß weithin mit all ihren rechtlichen und faktischen Fernwirkungen erfaßt werden. Das Kapitel hält schließlich auch an der Abwasserabgabe fest, deren Regelung durch teilweise "Herunterzonung" in Rechtsverordnungen gestrafft wird.

Das im Allgemeinen Teil des UGB vorgegebene Instrumentarium ist weitgehend auf Erfahrungen mit aufgebaut, die im Gewässerschutz gemacht worden sind. Die Neustrukturierung des Wasserrechts kann daher von diesem Instrumentarium her unschwer gestaltet werden. Wo sich Anpassungen an die Besonderheiten von Gewässerschutz und Wasserwirtschaft aufdrängen, werden Modifizierungen erforderlich. Eine Durchbrechung des Systems, wie es vom Allgemeinen Teil her vorgegeben ist, stellt dies jedoch an keiner Stelle dar.

c) Drittes Kapitel: Bodenschutz (§§ 283 - 313)

Das Dritte Kapitel enthält eine einheitliche Regelung des gesamten spezifischen Bodenschutzrechts, das nicht erst bei konkreten Gefährdungen der menschlichen Gesundheit, sondern bereits weit davor ansetzt. Es befaßt sich mit der Aufbringung von Stoffen auf den Boden, seiner Sanierung und insbesondere mit der Altlastensanierung. Das Recht der Stoffaufbringung ist in verschiedenen Bundesgesetzen geregelt; es wird zusammengefaßt. Das Recht der Bodensanierung existiert bislang in Landesgesetzen; es ist in den einzelnen Bundesländern mehr oder weniger vollständig. Es findet sich zudem bisher nicht in einem Gesetz, sondern ist auf mehrere Gesetze verteilt: in einem Bodenschutzgesetz (Baden-Württemberg), in Landesabfallgesetzen und in Polizeigesetzen. Ein erster Vorteil des Entwurfs ist folglich darin zu erblikken, daß die bisherige Rechtszersplitterung beendet und ein vollständiges, bundesweit geltendes Recht vorgeschlagen wird.

Inhaltlich enthält der Entwurf eine erste Neuerung für den sogenannten quantitativen Bodenschutz: Es besteht die Pflicht zur Beseitigung von Bodenversiegelungen. Für den qualitativen Bodenschutz wird das Aufbringen von besonderen Stoffen, Dünge- und Pflanzenschutzmitteln geregelt; derzeit schon vorhandene Verbote, z.B. Pflanzenschutzmittel an bestimmten Orten aufzubringen, werden erweitert. Die Bodenüberwachung erfährt eine intensive Regelung. Die Eigenüberwachung ist gefordert. Für die Tragung der Kosten für Probeentnahme und Analyse wird eine abgestufte Regelung in Abhängigkeit von der Verursachung der Bodenverunreinigung vorgeschlagen. Das Recht, Bodenbeeinträchtigungsgebiete auszuweisen, wird geregelt, ebenso die Schaffung von Bodenzustandskatastern, Dauerbeobachtungsflächen und einer Bodenprobenbank. Das Recht der Bodensanierung differenziert zwischen Bodenbelastungen und Altlasten. Das Sanierungsrecht für Bodenbelastungen wird ausführlich geregelt; das Recht der Altlastensanierung verweist auf dieses. Der Vorschlag enthält Aussagen über behördliche Anordnungen, die Verantwortlichkeit, das Recht der Auswahlentscheidung unter mehreren Störern sowie die Eigenvornahme durch Behörden und löst dabei viele bisher außerordentlich umstrittene Fragen. Auch hier finden sich für die Kostentragung differenzierte Regelungen. In bestimmten Fällen soll die Altlastensanierung durch eine Altlastensanierungsgesellschaft geleistet werden; deren Bildung wird geregelt. Die Arbeit der Altlastensanierungsgesellschaft wird durch eine Abfallabgabe finanziert. Zum Erlaß von Grenzwerten für die Sanierung (Risiko- und Gefahrenwerte) durch Rechtsverordnung sind die zuständigen Stellen verpflichtet.

d) Viertes Kapitel: Immissionsschutz (§§ 314 - 376)

Das immissionsschutzrechtliche Kapitel sucht zunächst, seinem Namen entsprechend, die durch Immissionen bedingten Probleme zu bewältigen. Es geht um den Schutz vor Luftverunreinigungen, vor Lärm, vor Erschütterungen, vor nicht ionisierenden Strahlen und ähnlichen Einwirkungen. Was die Emissionsquellen angeht, so wurde ein umfassender Ansatz zugrundegelegt. Erfaßt werden nicht nur Anlagen im weitesten Sinne, sondern auch Fahrzeuge und Verkehrswege. Dazu treten Regelungen des raumbezogenen Immissionsschutzes. Zu den damit umschriebenen Zielsetzungen des Immissionsschutzes tritt im Bereich der genehmigungsbedürftigen Anlagen der Schutz vor Gefahren, auch soweit sie nicht durch Immissionen bedingt sind. In diesem Bereich dient das immissionsschutzrechtliche Kapitel zudem nicht allein dem Umweltschutz, sondern auch dem unmittelbaren Gesundheits- und Sachschutz.

Bei der Kodifizierung des Immissionsschutzrechts wurde in inhaltlicher Hinsicht Wert darauf gelegt, eine allein anthropozentrische Orientierung zu vermeiden. Dementsprechend hat auch der (im Immissionsschutzrecht besonders, aber nicht allein angesprochene) Klimaschutz einen größeren Stellenwert erhalten. Besonderes Gewicht wurde auf den Ausbau und die stärkere Betonung des verkehrsbezogenen Immissionsschutzes gelegt, sowohl bei den Fahrzeugen wie bei den Verkehrswegen. Hier finden sich die meisten Änderungen gegenüber dem geltenden Recht, insbesondere durch Regelungen auch zum Betrieb von Verkehrswegen und durch stärkere Erfassung auch der Abgasproblematik. Die durch Flughäfen und den Flugverkehr verursachten Immissionen sind zum Gegenstand des Kapitels gemacht worden, die bisher im Fluglärmgesetz enthaltenen Regelungen dagegen nicht. Im gebietsbezogenen Immissionsschutz wurden die Vorgaben für Maßnahmen des Immissionsschutzes ausgeweitet.

In systematischer Hinsicht ist besonders hervorzuheben, daß alle anlagenbezogenen Vorschriften des Immissionsschutzes, die bislang über das gesamte Bundes-Immissionsschutzgesetz verstreut waren, in einem Abschnitt zusammengefaßt wurden. Schließlich ergaben sich aus der notwendigen Verknüpfung mit dem Allgemeinen Teil des UGB weitreichende Änderungen. Wie auch in anderen Teilen wurden besonders wichtige untergesetzliche Regelungen (etwa in der TA Luft) "heraufgezont" und weniger wichtige gesetzliche Regelungen (z.B. Benzinbleigesetz) "heruntergezont".

Die bisher im Bundes-Immissionsschutzgesetz enthaltenen stoffrechtlichen Regelungen sind im Kern nunmehr in das Sechste Kapitel aufgenommen worden. Die immissionsrelevanten Vorschriften des BGB wurden aus grundsätzlichen systematischen Gründen nicht in das UGB eingegliedert.

e) Fünftes Kapitel: Kernenergie und Strahlenschutz (§§ 377 - 438)

Das Fünfte Kapitel hat das Kernenergie- und Strahlenschutzrecht zum Regelungsgegenstand, es regelt also die friedliche Nutzung radioaktiver Stoffe und ionisierender Strahlen. Dabei steht die Gewinnung von Kernenergie in Kernkraftwerken im Vordergrund. Ziel des Reformvorschlages ist es, das Kernenergie- und Strahlenschutzrecht an die Entwicklung der modernen Schutzgesetze im technischen Sicherheitsrecht anzupassen. Das geltende Atomgesetz hat seine frühere Vorreiterrolle als fortschrittlichstes Schutz- und Sicherheitsgesetz angesichts der Entwicklungen in anderen Bereichen des Umweltrechts inzwischen eingebüßt. Das Fünfte Kapitel ist weder als Ausstiegs- noch als Fördergesetz für die friedliche Nutzung der Kernenergie konzipiert, es wird vielmehr in erster Linie eine fachliche Verbesserung und eine Anpassung an veränderte normative und technische Entwicklungen angestrebt. Es gilt ferner i.S. eines übergreifenden Ansatzes, mögliche Disharmonien, Diskrepanzen und Defizite mit dem Ziel der Harmonisierung zu erkennen und zu beseitigen.

Es geht aber nicht allein um klare Begriffsfindungen, Systematik und "saubere" dogmatische Strukturierung, sondern in erster Linie auch um politische Entscheide elementarer bzw. essentieller Art, die voraussetzungsgemäß höchst umstritten und möglicherweise nur über Kompromißlösungen durchsetzbar sein werden. Die Ausformulierung des Fünften Kapitels ist ohne eine Entscheidung der in unserer Gesellschaft höchst umstrittenen Frage nicht möglich, ob die Regelungen des Atomrechts - nach wie vor - von der prinzipiellen Nutzbarkeit der Kernenergie zu friedlichen Zwecken oder aber von einer "Ausstiegsprärogative" oder "Ausstiegsoption" getragen sein sollen. Das Kapitel enthält eine Entscheidung für die erste Alternative. Auch gilt es zu klären, ob die atomare Wiederaufarbeitung vor oder neben der (unmittelbaren) Endlagerung als Entsorgungsmöglichkeit aufrechterhalten, ob die Entsorgung im Ausland gleichwertig neben der im Inland möglich sein und ob die atomare Entsorgung nach wie vor unmittelbar zur staatlichen Aufgabe erklärt oder aber privatisiert werden soll.

In Anbetracht der für das geltende Recht charakteristischen, aber wenig übersichtlichen Aufteilung der Genehmigungstatbestände auf verschiedene Regelungsebenen nimmt der Entwurf hier eine deutliche Systematisierung vor. Die bislang von der Strahlenschutzverordnung erfaßten Genehmigungstatbestände werden auf die gesetzliche Ebene "hochgezont", während es lediglich für eventuelle Ausnahmen vom Genehmigungserfordernis im Grundsatz bei der verordnungsrechtlichen Regelungsebene bleiben soll, wofür das Gesetz die entsprechenden Ermächtigungen bereitzuhalten hat. Der Entwurf übernimmt im übrigen das Institut der Umweltbewilligung (§§ 52 ff.) für die Zulassung von Anlagen und die Endlager, deren Stillegung sowie für die wesentliche Änderung der Anlagen. Die normativen Voraussetzungen der Bewilligungs- bzw. Genehmigungserteilung werden stärker systematisiert und präzisiert. Es soll ferner die Pflicht der Kernkraftwerksbetreiber zu periodischer Sicherheitsüberprüfung gesetzlich verankert werden. Bei nachträglichen Auflagen werden staatliche Entschädigungspflichten abweichend vom geltenden Recht nicht mehr vorgesehen. Im Bereich der Entsorgung soll die Möglichkeit für eine direkte Endlagerung radioaktiver Abfälle gesetzlich erweitert und das Verursacherprinzip durch Privatisierung der Endlagerung umfassend durchgesetzt werden. Wiederaufarbeitung und direkte Endlagerung stehen mit anderen Worten gleichrangig nebeneinander. Beim Vollzug des Kernenergie- und Strahlenschutzrechts wird die im geltenden Recht vorgesehene Auftragsverwaltung nicht aufrechterhalten. Stattdessen wird die Möglichkeit vorgesehen, den bundeseigenen Vollzug zu erweitern. Ist eine Bundeszuständigkeit nicht vorgesehen, sollen die Länder das Kernenergie- und Strahlenschutzrecht als eigene Angelegenheit vollziehen. Alles in allem wird eine stärkere Harmonisierung des Kernenergie- und Strahlenschutzrechts mit anderen Bereichen des technischen Sicherheits- und des Umweltrechts, wie z.B. des Immissionsschutzrechts, angestrebt.

Im Bereich des Haftungs- und Deckungsvorsorgerechts werden im wesentlichen folgende Änderungen vorgeschlagen: Die private Deckungsvorsorge sowie die Höchstgrenze der staatlichen Freistellung sind entsprechend den erkennbar gestiegenen Kapazitäten des Versicherungsmarktes auf 5 Milliarden DM anzuheben. Soweit die im Einzelfall festgesetzte Deckungsvorsorge den mit privaten Mitteln erreichbaren Betrag überschreitet, soll der Bund gegen Entgelt Deckungsvorsorge (Bundesdeckung) gewähren. Es wird ferner eine gesetzliche Regelung der Stillegungsvorsorge vorgesehen, die sicherstellen soll, daß jederzeit die erforderlichen finanziellen Mittel für die Stillegung und Beseitigung einer Anlage verfügbar sind, insbesondere dann, wenn die Stillegung ungeplant erfolgt bzw. erfolgen muß.

f) Sechstes Kapitel: Gefährliche Stoffe (§§ 439 - 558)

Das Sechste Kapitel enthält - unter beachtender Umsetzung des gerade hier besonders prägenden Europäischen Gemeinschaftsrechts - eine weitgehend geschlossene Regelung des gesamten Stoffrechts unter Einbeziehung von stoffrechtlichen Vorschriften des Immissionsschutz- und Abfallrechts. Dieser umfassende Regelungsansatz schließt aber im Hinblick auf unterschiedliche Problemstrukturen der einzelnen stoffrechtlichen Materien sinnvolle Einzeldifferenzierungen nicht aus. Medienübergreifende Probleme werden dem Stoffrecht, die Beurteilung der Schutzwürdigkeit einzelner Medien gegenüber stofflichen Einwirkungen werden den medienbezogenen Regelungen zugewiesen. Aus Gründen des Sachzusammenhangs verbleibt allerdings der Verbraucherschutz gegen gefährliche Stoffe weiterhin außerhalb des UGB im Arzneimittel-, Lebensmittel- und Futtermittelrecht.

Da das Kapitel die bisher im Chemikalien-, Pflanzenschutzmittel-, Schädlingsbekämpfungsmittel-, Wasch- und Reinigungsmittel-, Düngemittel- und Gefahrgutbeförderungsrecht verstreuten Regelungen (fortentwickelnd) zusammenfaßt, erlaubt und erfordert dies eine systematische Abgrenzung des Stoffrechts, insbesondere des Pflanzenschutz- und Düngemittelrechts, und des medienbezogenen Rechts (Bodenschutz- und Gewässerschutzrecht). Von der Möglichkeit einer Straffung des Rechtsgebietes durch behutsame "Herabzonung" überdetaillierter Regelungen im bisherigen Gesetzesrecht wurde Gebrauch gemacht.

Inhaltlich werden insbesondere folgende Neuerungen vorgesehen: Das Kapitel enthält Grundsätze der Chemiepolitik, die auf einen Schutz auch vulnerabler Gruppen und besonders empfindlicher Arten, auf die Reduzierung der Gesamtbelastung von Mensch und Umwelt durch Chemikalien und auf die Substitution gefährlicher Stoffe abzielen. Des weiteren werden Verhaltenspflichten und eine Erweiterung der Mitteilungspflichten vorgesehen. Die Verordnungsermächtigungen für Verbote und Beschränkungen werden angereichert, die Befugnisse der Anmeldestelle für Eilmaßnahmen erweitert. Außerdem wird die Möglichkeit der Einführung von Umweltbelastungsanalysen für Produkte durch Verordnung geschaffen, um den gesamten "Produktlebenszyklus" erfassen zu lassen. Das Pflanzenschutzmittelrecht wird unter Berücksichtigung der EG-Pflanzenschutzrichtlinie neu geregelt. Zudem wird die Einführung eines flexiblen Zulassungsverfahrens für Biozide vorgesehen, in dessen Rahmen je nach Art der Biozide eine Stufenprüfung erfolgen kann.

Die Exporte gefährlicher Stoffe sowie von Anlagen zur Herstellung solcher Stoffe werden geregelt und es erfolgt eine Neuregelung des Pflanzenschutzrechts entsprechend der Richtlinie 91/414/EWG. Schließlich wird das Gefahrgutbeförderungsrecht insbesondere durch die Aufnahme materieller Pflichten angereichert.

g) Siebentes Kapitel: Abfallwirtschaft und Abfallentsorgung (§§ 559 - 597)

Das Abfallrecht, dem sich das Siebente Kapitel widmet, ist in den letzten Jahren unter verschiedenen Blickwinkeln grundsätzlich diskutiert worden. Dies betraf vor allem Fragen der Vorsorgeorientierung und Vermeidungsstrategien (Stichwort: Kreislaufwirtschaft), die Ausgestaltung des Anlagenzulassungsrechts (insbesondere im Verhältnis zum Immissionsschutzrecht) und den Einsatz neuartiger Instrumente (Abfallabgabe). Des weiteren haben sich die europarechtlichen und völkerrechtlichen Rahmenbedingungen des innerstaatlichen Abfallrechts teilweise geändert bzw. sind noch im Fluß. Der Entwurf versucht, diese Besonderheiten zu reflektieren, strebt aber nicht an, auf jede rechtspolitische Aktualität nachvollziehend zu reagieren. Das Hauptanliegen des Kapitels war vielmehr, eine Harmonie mit dem Allgemeinen Teil des UGB sowie mit den weiteren Kapiteln des Besonderen Teils zu erreichen und in diesem Rahmen Regelungen vorzuschlagen, welche den international-rechtlichen Bestimmungen genügen und welche die Abfallvermeidung in den Mittelpunkt stellen, aber auch dem Umstand hinreichend Rechnung tragen, daß weiterhin mit der Entstehung relevanter Mengen zur Entsorgung anfallender Abfälle zu rechnen ist.

Der Bereich des sogenannten Stoff-Flusses, insbesondere auch die bisher abfallrechtlich ausgestalteten Rücknahmeverpflichtungen, soll aufgrund einer konzeptionellen Gesamtentscheidung schwerpunktmäßig im stoffrechtlichen Kapitel des Entwurfs des Besonderen Teils ressortieren. Der Bereich der Altlasten wurde dem bodenschutzrechtlichen Kapitel überantwortet. Das abfallrechtliche Regime erhält die Funktion, Lücken zu schließen, welche bereichsspezifische Regelungen in anderen Kapiteln lassen; das gilt insbesondere auch für das Verhältnis zum Immissionsschutzrecht, z.B. im Hinblick auf deren Reststoffregelung.

Vom geltenden Abfallrecht unterscheiden sich die Vorschriften des Entwurfs insbesondere dadurch, daß konturierte und aussagestärkere Zweck- und Grundsatzbestimmungen vorgeschlagen sowie Vermeidungsmechanismen verstärkt werden und das Transportrecht eingehender und mit erhöhten Anforderungen ausgestaltet wird; neu ist ebenfalls die Einführung einer Abfallabgabe auf der Ebene des Bundesrechts.

Insgesamt erwies sich, daß das Abfallrecht - in stärkerem Maße als andere Teilbereiche des Umweltrechts - sich für eine Umsetzung der Harmonisierungsansätze des Entwurfs des Allgemeinen Teils des UGB besonders eignet. So war es vielfach möglich, auf Vorschriften des Allgemeinen Teils zu verweisen bzw. in leicht modifizierender Weise an sie anzuknüpfen, wodurch die normentlastende Funktion des Allgemeinen Teils verdeutlicht wurde. Daß das vorgeschlagene Siebente Kapitel dennoch insgesamt mehr Vorschriften enthält als das gegenwärtige Abfallgesetz des Bundes, erklärt sich daraus, daß das letztere teilweise unvollständig und regelungsschwach ist, sowie auch aus dem Umstand, daß der Entwurf es als sinnvoll ansah, einige bisher ausschließlich landesrechtlich geregelte Fragen bereits auf bundesrechtlicher Ebene zu erfassen.

h) Achtes Kapitel: Schlußvorschriften (§ 598)

Das Achte Kapitel enthält eine (hinsichtlich des Datums noch nicht ausgefüllte) Inkrafttretensregelung. Von der Formulierung etwaig notwendiger Übergangs- und Einpassungsregelungen wurde hingegen abgesehen.

II. PERSPEKTIVEN

1. Notwendige Anpassungen und Modifizierungen des Allgemeinen Teils durch den Besonderen Teil

Wie erwähnt, war nach der Auftragsgestaltung des Gesamtprojekts der Besondere Teil auf der Grundlage des UGB-AT zu erarbeiten. Dabei war freilich klar, daß die Beratungen des Besonderen Teils in einigen Fällen wiederum notwendige Modifizierungen und Ergänzungen des vorgefundenen UGB-AT nach sich ziehen würden. Das Ziel, ein einheitliches Umweltgesetzbuch vorzulegen, erfordert deshalb eine abschließende Abgleichung des Allgemeinen Teils mit dem Besonderen Teil. Die Notwendigkeit einer modifizierenden Koordination hat sich im Laufe der Arbeit am Besonderen Teil an verschiedenen Stellen gezeigt.

Die Arbeitsgruppe für den Besonderen Teil, die nur zur Hälfte aus den Bearbeitern des Allgemeinen Teils bestand, war nicht dazu aufgerufen, Änderungen des UGB-AT selbst vorzunehmen. Sie hat deshalb lediglich Empfehlungen und Prüfaufträge hinsichtlich einer Überarbeitung des Allgemeinen Teils formuliert. Erst nach einer solchen Überarbeitung - gewissermaßen einem "Dritten Durchgang" - wäre die Idee eines Kodifikationsentwurfs vollständig verwirklicht. Darauf kann die Vorlage des Entwurfs des Besonderen Teils, welcher der Fachöffentlichkeit schnell zugänglich gemacht werden soll, nicht warten. Der hier vorgelegte Entwurf eines UGB-BT kennzeichnet jedoch in seinem Text drucktechnisch abgesetzt (in kursiver Schrift) diejenigen Regelungen, die nach Auffassung der Arbeitsgruppe im Allgemeinen Teil getroffen werden sollten. Zudem sind die von der Arbeitsgruppe vorgesehenen Empfehlungen und Vorschläge zur Ergänzung und Modifizierungen des UGB-AT als Anhang (S. 1047 ff.) abgedruckt worden.

2. Weitere Arbeiten am Umweltgesetzbuch

a) Diskussion des Entwurfs des UGB-AT

Wie vorhergesehen und geplant, ist inzwischen eine lebhafte Diskussion um den Entwurf einer Kodifikation des Umweltrechts in der Bundesrepublik in Politik und Wissenschaft entfacht. Die die Bundesregierung tragenden Parteien haben in ihrer Koalitionsvereinbarung vom 16. Januar 1991 die "Harmonisierung des Umweltrechts mit dem Ziel der Entwicklung eines Umweltgesetzbuches" vereinbart (XII. Umweltpolitik Nr. 33). Der Bundeskanzler hat dementsprechend in seiner Regierungserklärung vom 31. Januar 1991 erklärt, daß die Bundesregierung längerfristig das vielfältige Umweltrecht in einem eigenen Umweltgesetzbuch zusammenführen will.

Der 59. Deutsche Juristentag 1992 nahm dieses Thema in seiner umweltrechtlichen Abteilung unter dem Titel auf: "Empfiehlt es sich, ein Umweltgesetzbuch zu schaffen, gegebenenfalls mit welchen Regelungsbereichen?". Die dabei getroffenen Beschlüsse haben sich im Kern für die Schaffung eines Umweltgesetzbuches ausgesprochen. Hinzuweisen ist daneben auf mehrere Tagungen und Kolloquien, welche die Arbeiten an einem Umweltgesetzbuch begleiteten (vgl. z.B. H.-J. Koch [Hrsg.], Symposium über den Entwurf eines AT-UGB, 1992; Aueler Kamingespräch zum Umweltgesetzbuch: stenographische Niederschrift des Aueler Kamingesprächs zum Umweltgesetzbuch am 8. Oktober 1990 auf Schloss Auel, 1991 [Berichte des Umweltbundesamtes 6/91]). Daneben gibt es eine Reihe nicht im Buchhandel erhältlicher Stellungnahmen von Verbänden.

Neben vorwiegend Gesamtdarstellungen des Entwurfes und Übersichtsaufsätzen (Bleicher, JA 1992, 238 ff.; Hauber, vr 1992, 265 ff.; Kloepfer, JZ 1992, 817 ff.; ders./Kunig/Rehbinder/Schmidt-Aßmann, DVBl. 1991, 339 ff.; H.-J. Koch, NVwZ 1991, 953 ff.; Kunig, LKV 1992, 145 ff.; Laufs, ZG 1992, 217 ff.; Papier, DVBl. 1992, 1133 ff.; E.-H. Ritter, ZAU 4 (1991), 294 ff.; Schrader, IUR 1991, 50 ff.; Sendler, DVBl. 1992, 1113 ff.; Storm, ZRP 1992, 346 ff.) finden sich mittlerweile vermehrt auch Stellungnahmen zu einzelnen Regelungskomplexen (vgl. etwa Erbguth, DVBl. 1992, 1122 ff.; Hoppe, NJW 1992, 1993 ff. [beide zur Umweltleitplanung]; Enders/Reiter, VersR 1991, S. 1329 ff. [zur Umwelthaftung]).

Auch im Ausland ist man aufmerksam auf den bundesdeutschen Entwurf geworden (vgl. nur van Buuren, Het Ontwerp-Umweltgesetzbuch over planen, vergunningen en aansprakelijkheid voor milieuschade, Milieu en recht 1992, 322 ff., ders. Codificatie en vernieuwing van milieurecht in Duitsland en in Nederland, NJB 1992, 377 ff.). Mittlerweile finden sich Übersetzungen des Gesetzestextes des Entwurfs in englischer, japanischer und in niederländischer Sprache. In mehreren Ländern werden einschlägige Kodifikationsvorhaben auch an Hand des deutschen wissenschaftlichen Entwurfs eines UGB erörtert.

Auf europäischer Ebene wurde durch den Europarat ebenfalls der Entwurf eines allgemeinen Umweltgesetzes erarbeitet. Auch auf der Ebene der Europäischen Gemeinschaft ist es nicht ausgeschlossen, daß in weiterer Zukunft die Materie des Europäischen Umweltrechts in einer eigenen Kodifikation zusammengefaßt werden wird. Bei diesem Prozeß können die in den Mitgliedstaaten vorhandenen Kodifikationen nationalen Umweltrechts von Nutzen sein.

b) Sachverständigenkommission

Neben dem hier vorgelegten wissenschaftlichen Entwurf eines Umweltgesetzbuches ist unterdessen ein weiterer Weg zur Umweltrechtskodifikation in Deutschland beschritten worden.

Schon frühzeitig, d.h. vor Beginn der ersten Arbeiten am Entwurf eines UGB, war (von Kloepfer, Storm u.a.) vorgeschlagen worden, nach der Erarbeitung eines wissenschaftlichen Entwurfs des UGB, eine Sachverständigenkommission für eine Umweltrechtskodifikation einzuberufen. In dieser sollten Mitglieder aus verschiedenen juristischen Tätigkeitsfeldern und auch mit unterschiedlichen umweltpolitischen Vorverständnissen berufen werden. Dementsprechend hat der Bundesminister für Umwelt, Naturschutz und Reaktorsicherheit am 2. Juli 1992 eine Unabhängige Sachverständigen-Kommission (SK-UGB) eingesetzt. In sie wurden Praktiker aus verschiedenen Lebensbereichen sowie Wissenschaftler berufen. Der Kommission gehören an: Rechtsanwalt Prof. Dr. Manfred Bulling, Regierungspräsident a.D., Stuttgart; Dr. Günter Gaentzsch, VorsRiBVerwG, Berlin; Direktor Prof. Dr. Hubert Peter Johann, Immissionsschutzbeauftragter des Mannesmann-Konzerns; Prof. Dr. Michael Kloepfer, Humboldt-Universität Berlin (stellvertretender Vorsitzender); Rechtsanwalt Dr. Rüdiger Schweikl, Umweltschutzreferent der Stadt München a.D.; Rechtsanwalt Dr. Dieter Sellner, Bonn; Prof. Dr. Horst Sendler, Präsident des BVerwG a.D., Berlin (Vorsitzender); Prof. Dr. Gerd Winter, Universität Bremen.

Schon aufgrund ihrer Zusammensetzung wird die SK-UGB eine Brückenfunktion einnehmen können zwischen einer rein der wissenschaftlichen Erkenntnis verpflichteten Arbeitsgruppe der Professoren einerseits und dem auf Mehrheiten, d.h. auf Konsense und Kompromisse angewiesenen politischen Prozeß andererseits. Die SK-UGB soll voraussichtlich bis 1997 in Kenntnis des Professorenentwurfes den Entwurf eines einheitlichen Umweltgesetzbuches einschließlich Begründung erarbeiten, der wiederum die Grundlage für einen Referentenentwurf werden soll. Die Sachverständigen-Kommission hat ihre Tätigkeit im September 1992 begonnen und soll in einem Zwischenschritt bereits im Jahre 1994 Vorschläge zur Verkürzung und Vereinfachung der Zulassungsverfahren für raumbedeutsame Vorhaben vorlegen.

3. Ausblick

Insgesamt ist mit der Vorlage des Besonderen Teils und der damit verbundenen Vervollständigung des wissenschaftlichen Entwurfs eines Umweltgesetzbuches ein wesentlicher Schritt zur Realisierung einer Umweltrechtskodifikation getan worden. Der wissenschaftliche Entwurf eines Umweltgesetzbuches zeigt die grundsätzliche Machbarkeit einer Umweltrechtskodifikation. Diese scheint insgesamt auf einem guten Wege, der allerdings noch Zeit, Kraft, Ausdauer und Zuversicht fordern wird. Im Interesse der Sache lohnt dies allemal.

B. Gesetzestext UGB-BT

B. Gesetzestext UGB-BT

Gesetzesübersicht

- Schnellübersicht -

Inhaltsverzeichnis

Seite

Gesetzestext

Erstes Kapitel: Naturschutz und Landschaftspflege

Erster Abschnitt: Allgemeine Vorschriften

§ 170 Zweck

Der Zweck des Gesetzes wird in diesem Kapitel vorrangig durch den Schutz, die Pflege, die Wiederherstellung und die Entwicklung von Natur und Landschaft im Sinne einer ganzheitlichen Sicherung des Naturhaushalts angestrebt.

§ 171 Begriffsbestimmungen

(1) [1]Biotope sind ökologisch bedeutsame Lebensstätten und Lebensräume wildlebender Tiere und Pflanzen. [2]Biotopverbundsysteme sind vernetzte Systeme von Biotopen und anderer ökologisch bedeutsamer Flächen.

(2) [1]Landwirtschaft im Sinne dieses Kapitels sind der Ackerbau, die Wiesen- und Weidewirtschaft, die Tierhaltung auf überwiegend eigener Futtergrundlage, der Gartenbau, der Obstbau, der Weinbau und der Hopfenanbau, soweit sie dem Erwerb dienen, sowie die berufsmäßige Imkerei. [2]Die berufsmäßige Binnenfischerei ist der Landwirtschaft gleichgestellt.

§ 172 Grundsätze

(1) Naturschutz und Landschaftspflege sind an Umweltqualitätszielen auszurichten, die in der Regel in Umweltleitplänen nach den §§ 19 bis 25 dargestellt werden.

(2) Ferner sind folgende spezielle Leitlinien beachtlich:

1. Böden sind in ihren ökologischen Funktionen zu erhalten; eine geschlossene Vegetationsdecke ist insbesondere für Wald, Grünland und Uferbereiche zu sichern; für Böden, deren Pflanzendecke beseitigt worden ist, ist eine standortgerechte Vegetationsentwicklung zu ermöglichen; Bodenerosionen sind zu vermeiden.
2. Im besiedelten Bereich sind noch vorhandene Naturbestände wie Waldreste, Bachläufe, Weiher, ökologisch bedeutsame Kleinstrukturen wie Hecken, Wegraine und Saumbiotope zu erhalten und zu entwickeln.

3. Natürliche oder naturnahe Gewässer einschließlich der Uferzonen sind zu erhalten oder wiederherzustellen; Gewässer sind, insbesondere durch die Erhaltung und Anlage natürlicher und naturnaher Uferrandstreifen, vor Verunreinigungen zu schützen, ihre natürliche Selbstreinigungskraft ist zu erhalten oder wiederherzustellen; beim Ausbau von Gewässern sind vorrangig biologische Wasserbaumaßnahmen einzusetzen; den besonderen Schutzbedürfnissen der Küstengewässer und ihrer Randzonen ist Rechnung zu tragen; Grundwasserabsenkungen, die zu erheblichen oder nachhaltigen Beeinträchtigungen natürlicher oder naturnaher Biotope führen können, sind zu vermeiden.
4. Gebiete mit günstiger klimatischer Wirkung sowie Luftaustauschbahnen sind zu erhalten und, soweit möglich, wiederherzustellen.
5. Beim Aufsuchen und bei der Gewinnung von Bodenschätzen, bei Abgrabungen und Aufschüttungen sind dauernde Schäden des Naturhaushalts und Beeinträchtigungen wertvoller Landschaftsteile zu vermeiden; unvermeidbare Beeinträchtigungen von Natur und Landschaft sind durch Förderung natürlicher Artenfolge, Renaturierung, naturnahe Gestaltung oder Rekultivierung auszugleichen oder zu mindern; ausgebeutete Flächen sollen Zwecken des Naturschutzes und der Landschaftspflege zugeführt werden, wenn dieses ökologisch sinnvoll ist.
6. Biotope und sonstige Lebensbedingungen der Tiere und Pflanzen sind zu schützen; dabei ist sicherzustellen, daß die Biotope nach Lage, Größe und Beschaffenheit die Wanderung und Ausbreitung der Tiere und Pflanzen gemäß ihren artspezifischen Bedürfnissen ermöglichen.
7. Bei der Planung von ortsfesten baulichen Anlagen, Verkehrswegen, Energieleitungen und ähnlichen Vorhaben sind die natürlichen Landschaftsstrukturen zu berücksichtigen; infrastrukturelle Anlagen sind, soweit möglich, zusammenzufassen.

(3) Durch Landesrecht können weitere Grundsätze aufgestellt werden.

§ 173 Vorrangflächen für Biotopverbundsysteme

[1]Die Länder sollen mindestens 10 vom Hundert der Landesfläche zur Schaffung, Erhaltung und Entwicklung von Biotopverbundsystemen als Vorrangflächen für den Naturschutz ausweisen. [2]Ein Flächenausgleich, insbesondere der Länder Berlin, Bremen und Hamburg, mit angrenzenden Bundesländern ist zulässig.

§ 174 Naturschutzpflicht

Jeder hat sich so zu verhalten, daß Natur und Landschaft nicht mehr als nach den Umständen unvermeidbar beeinträchtigt werden.

§ 175 Land- und Forstwirtschaft

(1) Land- und Forstwirtschaft tragen für die Erhaltung der natürlichen Bodenbeschaffenheit, für den Gewässerschutz, für den Schutz der Tier und Pflanzenwelt und ihrer Biotope sowie für die Erhaltung und Gestaltung der Kulturlandschaft besondere Verantwortung.

(2) Belastungen dieser Schutzgüter sind so gering wie möglich zu halten, insbesondere durch Schonung von Biotopen und Begrenzung von Emissionen; die nach den Umständen erforderliche Sorgfalt ist anzuwenden, um die Grenzen der ökologischen Verhältnisse nicht zu überschreiten.

(3) [1]Regeln umweltschonender Land- und Forstwirtschaft sowie Grundsätze einer umweltschonenden Düngung und des Einsatzes von Pflanzenschutzmitteln sind einzuhalten. [2]Sie werden durch Rechtsverordnung nach § 146 bestimmt.

(4) Darüberhinaus können Land- und Forstwirtschaft durch Gesetz oder Vertrag auch in den Dienst der Umweltpflege gestellt werden.

§ 176 Naturschutz und Erholung

[1]Natur und Landschaft dienen auch der umweltverträglichen Erholung. [2]Nutzungskonflikten ist durch eine vorausschauende Planung vorzubeugen; Beeinträchtigungen von Biotopen sind zu vermeiden. [3]Nach Beschaffenheit und Lage geeignete Flächen für die Erholung sind in hinreichendem Maße zu erhalten und zur Verfügung zu stellen.

§ 177 Grundflächen der öffentlichen Hand

(1) Bund und Länder sowie sonstige juristische Personen des öffentlichen Rechts haben bei der Bewirtschaftung der in ihrem Eigentum oder Besitz stehenden Grundflächen die Zwecke dieses Gesetzes und die Grundsätze des Naturschutzes und der Landschaftspflege in besonderem Maße zu verwirklichen.

(2) [1]Ökologisch besonders wertvolle Grundflächen der in Absatz 1 genannten juristischen Personen dienen vorrangig den Zwecken des Naturschutzes und der Landschaftspflege. [2]Bestehende andere öffentlichrechtliche Zweckbindungen dieser Flächen bleiben unberührt.

Zweiter Abschnitt: Allgemeiner Naturhaushaltsschutz

Erster Unterabschnitt: Planung

§ 178 Umweltleitpläne, Grünordnungspläne

(1) [1]Die Umweltleitpläne stellen die Entwicklungserfordernisse des Naturhaushaltsschutzes flächendeckend in Umweltqualitätszielen dar. [2]Die Länder können bestimmen, daß unter besonderen Voraussetzungen von der Aufstellung örtlicher Umweltleitpläne abgesehen werden kann.

(2) Ökologische Vorrangflächen, kleinflächige Biotope und extensiv bewirtschaftete Flächen sind zu Biotopverbundsystemen zu verbinden.

(3) [1]Für einzelne Gemeindegebiete können die Erfordernisse und Maßnahmen des Naturhaushaltsschutzes auch in Grünordnungsplänen dargestellt werden. [2]Die Länder bestimmen, ob und inwieweit Darstellungen des Grünordnungsplanes als Festsetzungen in den Bebauungsplan übernommen werden können, auch soweit sie nicht in § 9 des Baugesetzbuches vorgesehen sind.

Zweiter Unterabschnitt: Eingriffe in Natur und Landschaft

§ 179 Begriff

(1) Eingriffe in Natur und Landschaft im Sinne dieses Kapitels sind Veränderungen der Gestalt oder Nutzung von Grundflächen oder Gewässern, durch die der Naturhaushalt, die Tier- und Pflanzenwelt einschließlich ihrer Biotope, das Landschaftsbild oder das Klima erheblich oder nachhaltig beeinträchtigt werden können.

(2) [1]Nicht als Eingriff gilt die Wiederaufnahme einer land- oder forstwirtschaftlichen Nutzung, die aufgrund vertraglicher Bewirtschaftungsbeschränkungen oder der Teilnahme an einem Stillegungsprogramm zeitweise eingeschränkt oder aufgegeben worden war, soweit sie den sich aus § 175 ergebenden Anforderungen entspricht und andere Vorschriften nicht entgegenstehen. [2]Satz 1 gilt nicht, wenn die Wiederaufnahme später als drei Jahre nach Wegfall der Bewirtschaftungsbeschränkung des Stillegungsprogrammes erfolgt.

(3) [1]Die Bundesregierung wird ermächtigt, unter Beachtung der §§ 150 bis 154 durch Rechtsverordnung zu bestimmen, daß Veränderungen der Gestalt oder Nutzung von Grundflächen, die im Regelfall nicht die Voraussetzungen des Absatzes 1 erfüllen, nicht als Eingriffe gelten. [2]Sie

kann gleichfalls bestimmen, daß Veränderungen bestimmter Art als Eingriffe gelten, wenn sie regelmäßig die Voraussetzungen des Absatzes 1 erfüllen. [3]Die Länder können zu dem in § 170 genannten Zweck weitergehende Vorschriften erlassen.

§ 180 Anwendungsbereich

[1]Die §§ 181 und 182 gelten für Eingriffe, die nach anderen Rechtsvorschriften einer Eröffnungskontrolle im Sinne des § 50 Abs. 2 bedürfen oder von einer Behörde oder in ihrem Auftrag durchgeführt werden. [2]Die Länder können zu dem in § 170 genannten Zweck weitergehende Vorschriften erlassen.

§ 181 Verursacherpflichten

(1) Der Verursacher eines Eingriffs ist zu verpflichten, vermeidbare Beeinträchtigungen von Natur und Landschaft zu unterlassen.

(2) [1]Der Eingriff ist zu untersagen, wenn die Beeinträchtigungen nicht zu vermeiden sind, es sei denn, andere Belange gehen in einer Abwägung mit den betroffenen Belangen des Naturschutzes und der Landschaftspflege diesen bei Würdigung aller Umstände im Range vor. [2]Wenn als Folge des Eingriffs Biotope zerstört werden, die für Tiere oder Pflanzen der vom Aussterben bedrohten Arten unersetzbar sind, ist der Eingriff nur zulässig, wenn er aus überwiegenden Gründen des Gemeinwohls erforderlich ist.

(3) [1]Ist der Eingriff zuzulassen, so ist der Verursacher zu verpflichten, die Beeinträchtigungen innerhalb einer zu bestimmenden Frist durch Maßnahmen des Naturschutzes und der Landschaftspflege auszugleichen (Ausgleichsmaßnahmen). [2]Ausgeglichen ist eine Beeinträchtigung, wenn und sobald die beeinträchtigten Funktionen der Schutzgüter des § 179 Abs. 1 in gleichartiger Weise wiederhergestellt oder, soweit dies nicht möglich ist, in gleichwertiger Weise ersetzt sind. [3]Ausgleichsmaßnahmen können auch von einer Behörde, einer juristischen Person des öffentlichen Rechts, einem nach § 131 anerkannten Verein oder einem anderen geeigneten Träger gegen Erstattung der erforderlichen Aufwendungen durchgeführt werden. [4]Art und Umfang müssen den Plänen nach § 178 Rechnung tragen und sollen im räumlichen Zusammenhang mit dem Eingriff stehen.

(4) [1]Soweit die Folgen des Eingriffs nicht nach Absatz 3 ausgleichbar sind, ist der Verursacher zu verpflichten, die verbleibenden Beeinträchtigungen durch eine Zahlung in Geld auszugleichen (Ausgleichszahlung). [2]Die Höhe der Ausgleichszahlung bestimmt sich nach Art und Umfang

der Beeinträchtigung von Natur und Landschaft; dabei ist der Grad der Knappheit der beeinträchtigten Naturgüter zu berücksichtigen. [3]Eine Ausgleichszahlung ist auch für die bis zum Wirksamwerden eines Ausgleichs andauernden Beeinträchtigungen zu entrichten. [4]Die Zahlung steht den Ländern zu. [5]Sie ist für Maßnahmen des Naturschutzes und der Landschaftspflege zu verwenden.

(5) [1]Bei einem Eingriff, der aufgrund eines nach öffentlichem Recht vorgeschriebenen Fachplanes vorgenommen werden soll, hat der Planungsträger die sich aus Absatz 3 ergebenden Maßnahmen im Fachplan oder in einem landschaftspflegerischen Begleitplan in Text und Karte darzustellen. [2]Der Begleitplan ist Bestandteil des Fachplanes. [3]Ein landschaftspflegerischer Begleitplan kann auch bei anderen Eingriffen verlangt werden, wenn dies zur Verwirklichung der Ziele des Naturschutzes und der Landschaftspflege erforderlich ist.

§ 182 Zuständigkeiten und Verfahren

(1) In den Fällen des § 180 Satz 1 treffen die Behörden, die für die nach anderen Rechtsvorschriften erforderlichen Entscheidungen oder Anzeigen zuständig sind oder die Maßnahmen durchführen, zugleich die Entscheidungen nach § 181.

(2) [1]Die Entscheidungen und Maßnahmen bedürfen der Zustimmung der für Naturschutz und Landschaftspflege zuständigen Behörden, soweit sich aus Absatz 3 und aus § 183 nichts anderes ergibt. [2]Wird die Zustimmung nicht erteilt, entscheidet die nächsthöhere gemeinsame Behörde.

(3) [1]In den Fällen des Absatzes 1, in denen eine Bundesbehörde oder im Rahmen der Auftragsverwaltung des Bundes eine Landesbehörde zuständig ist, tritt an die Stelle der Zustimmung das Benehmen mit den für Naturschutz und Landschaftspflege zuständigen Behörden. [2]Will die Bundesbehörde von der Stellungnahme der für Naturschutz und Landschaftspflege zuständigen Behörde abweichen, so entscheidet hierüber unter Rücksichtnahme auf berechtigte Interessen des Landes die fachlich zuständige Behörde des Bundes im Benehmen mit der obersten Landesbehörde für Naturschutz und Landschaftspflege, soweit nicht eine weitergehende Form der Beteiligung vorgeschrieben ist.

(4) Der Verursacher hat auf Verlangen der zuständigen Behörde die zur Beurteilung möglicher Beeinträchtigungen von Natur und Landschaft erforderlichen Angaben zu machen.

(5) Handelt es sich bei dem Eingriff um ein Vorhaben, das nach § 32 einer Umweltfolgenprüfung unterliegt, so muß das Verfahren, in dem Entscheidungen nach § 181 getroffen werden, den Anforderungen der §§ 36 bis 43 entsprechen.

§ 183 Verhältnis zum Baurecht

(1) [1]Sind aufgrund der Aufstellung, Änderung, Ergänzung oder Aufhebung von Bauleitplänen Eingriffe in Natur und Landschaft zu erwarten, ist über die Belange des Naturschutzes und der Landschaftspflege im Rahmen der Bauleitplanung unter entsprechender Anwendung des § 181 Abs. 1 bis 3 zu befinden. [2]Dabei sollen auch Flächen und Maßnahmen vorgesehen werden, die dazu dienen, die Beeinträchtigungen der Schutzgüter des § 179 Abs. 1 auszugleichen. [3]Die Festsetzungen nach Satz 1 und 2 können ergänzend zu § 9 des Baugesetzbuches den Grundstücksflächen, auf denen Eingriffe aufgrund sonstiger Festsetzungen zu erwarten sind, ganz oder teilweise nach der überbaubaren Grundstücksfläche oder der Schwere der zu erwartenden Beeinträchtigungen zugeordnet werden. [4]Satz 1 bis 3 gelten auch für Satzungen nach § 4 Abs. 2 a und § 7 des Maßnahmegesetzes zum Baugesetzbuch.

(2) [1]Die Festsetzungen für Ausgleichsmaßnahmen sind vom Vorhabenträger durchzuführen. [2]Soweit Ausgleichsmaßnahmen nach Absatz 1 Satz 3 den Grundstücken zugeordnet sind, sollen die Gemeinden diese an Stelle und auf Kosten der Vorhabenträger durchführen; die Maßnahmen können bereits vor dem Eingriff durchgeführt werden, wenn dies aus städtebaulichen Gründen oder aus Gründen des Naturschutzes erforderlich ist. [3]Führt die Gemeinde die Maßnahmen durch, so sind die Kosten auf die zugeordneten Grundstücke nach der überbaubaren Grundstücksfläche, der zulässigen Grundstücksfläche oder der Schwere der zu erwartenden Beeinträchtigungen zu erteilen; die Maßstäbe können miteinander verbunden werden. [4]Das Nähere können die Gemeinden durch Satzung regeln.

(3) [1]Auf Vorhaben in Gebieten mit Bebauungsplänen, die nach dem 1. Juli 1987 in Kraft getreten sind, sowie auf Vorhaben während der Planaufstellung nach § 33 des Baugesetzbuches ist § 181 Abs. 1, 3 und 4 anzuwenden, soweit der Bebauungsplan oder der Entwurf des Bebauungsplans entsprechende Festsetzungen auf den Grundstücksflächen oder den Grundstücksflächen zugeordnete Festsetzungen nach Absatz 1 Satz 3 enthält oder solche Festsetzungen vorsieht; im übrigen ist § 181 auf diese Vorhaben nicht anzuwenden. [2]Für Bebauungspläne, die vor dem 1. Mai 1993 in Kraft getreten sind, können die Länder abweichend von Satz 1 Halbsatz 2 vorsehen, daß Eingriffe durch Geldleistungen auszugleichen sind, soweit der Ausgleich nicht bereits Gegenstand der bauleitplanerischen Abwägung war; der Vorhabenträger kann an Stelle der Geldleistung Ausgleichsmaßnahmen durchführen. [3]Die Genehmigung wird in den Fällen des Satzes 1 nach Unterrichtung der für Naturschutz und Landschaftspflege zuständigen Behörde, in den übrigen Fällen des § 30 des Baugesetzbuches im Benehmen mit ihr erteilt.

(4) [1]Die Länder können bestimmen, daß Vorhaben innerhalb der im Zusammenhang bebauten Ortsteile, die Ein- und Zweifamilienhäuser betreffen und nach § 34 des Baugesetzbuches zulässig sind, nicht als Eingriffe in Natur und Landschaft anzusehen sind. [2]Die Genehmigung wird in den Fällen des Satzes 1 nach Unterrichtung der für Naturschutz und Landschaftspflege zuständigen Behörde, in den übrigen Fällen des § 34 des Baugesetzbuches im Benehmen mit ihr erteilt.

(5) Entscheidungen nach § 181 über Vorhaben nach § 35 Abs. 1 Nr. 1 bis 3 und nach Abs. 4 des Baugesetzbuches ergehen im Benehmen mit der für Naturschutz und Landschaftspflege zuständigen Behörde.

(6) Die Geltung der §§ 179 bis 182 für Bebauungspläne, die aufgrund gesetzlicher Vorschriften eine Planfeststellung ersetzen, bleibt unberührt.

Dritter Unterabschnitt: Pflege

§ 184 Duldungspflicht

(1) Die Länder können bestimmen, daß Eigentümer und Nutzungsberechtigte von Grundflächen Maßnahmen des Naturschutzes und der Landschaftspflege aufgrund oder im Rahmen dieses Gesetzes erlassener Rechtsvorschriften zu dulden haben, soweit dadurch die Nutzung der Grundfläche nicht unzumutbar beeinträchtigt wird.

(2) Die Länder können weitergehende Vorschriften erlassen.

§ 185 Instandhaltungspflicht

Eigentümer oder Nutzungsberechtigte, die ein Grundstück nicht ordnungsgemäß instandhalten, können zur standortgemäßen Pflege des Grundstücks verpflichtet werden, sofern die Belange des Naturschutzes und der Landschaftspflege erheblich und nachhaltig beeinträchtigt werden und die Pflege des Grundstücks angemessen und zumutbar ist.

§ 186 Pflege- und Entwicklungsmaßnahmen

(1) [1]Soweit die Belange des Naturschutzes es erfordern, können für Grundstücke Pflege- und Entwicklungsmaßnahmen vorgesehen werden. [2]Die zulässige Nutzbarkeit eines Grundstücks darf dadurch nicht verhindert werden. [3]Eigentümer und Nutzungsberechtigte können zur Durchfüh-

rung der Maßnahmen nach Satz 1 insoweit verpflichtet werden, als der Aufwand hierfür im Einzelfall gering ist.

(2) § 184 Abs. 2 gilt entsprechend.

Dritter Abschnitt: Besonderer Biotop- und Flächenschutz

Erster Unterabschnitt: Gesetzesunmittelbarer Biotopschutz

§ 187 Schützenswerte Biotope

[1]Maßnahmen, die zu einer Zerstörung oder sonstigen erheblichen oder nachhaltigen Beeinträchtigung folgender Biotope führen können, sind unzulässig:

1. natürliche oder naturnahe unverbaute Bereiche fließender und stehender Binnengewässer einschließlich ihrer Ufer und der dazugehörigen uferbegleitenden Vegetation sowie ihrer natürlichen oder naturnahen Verlandungsbereiche und regelmäßig überschwemmten Bereiche,
2. Moore, Sümpfe, Röhrichte, seggen- und binsenreiche Naßwiesen, Quellbereiche,
3. offene Binnendünen, offene natürliche Block- und Geröllhalden, Zwergstrauch- und Wacholderheiden, Borstgrasrasen, Trockenrasen, Wälder und Gebüsche trockenwarmer Standorte,
4. Bruch-, Sumpf- und Auwälder, Block- und Hangschuttwälder,
5. Fels- und Steilküsten, Strandwälle sowie Dünen, Salzwiesen, Seegraswiesen und Wattflächen im Küstenbereich, Boddengewässer,
6. offene Felsbildungen, alpine Rasen sowie Schneetälchen und Krummholzgebüsche im alpinen Bereich.

[2]Die Länder können weitere Biotope den in Satz 1 genannten gleichstellen. [3]Sie sollen Verzeichnisse der Biotope erstellen.

§ 188 Ländermaßnahmen, Befreiungsvorbehalt

(1) Die Länder treffen geeignete Maßnahmen zum Schutz, zur Pflege, zur Entwicklung und zur Wiederherstellung von Biotopen.

(2) [1]Von den Verboten des § 187 können Befreiungen nur vorgesehen werden, wenn sie aus überwiegenden Gründen des Gemeinwohls erforderlich sind. [2]Werden Befreiungen zugelassen, sollen die Länder einen Ausgleich entsprechend § 181 Abs. 3 und 4 vorsehen.

Zweiter Unterabschnitt: Besonderer Flächenschutz

§ 189 Allgemeine Vorschriften

(1) Teile von Natur und Landschaft können rechtsverbindlich zum
1. Naturschutzgebiet, Nationalpark, Biosphärenpark, Landschaftsschutzgebiet, Naturpark oder
2. Naturdenkmal oder geschützten Landschaftsbestandteil

erklärt werden.

(2) [1]Die Erklärung bestimmt den Schutzgegenstand, den Schutzzweck, die zur Erreichung des Zwecks notwendigen Gebote und Verbote und, soweit erforderlich, die Pflege- und Entwicklungs- und Wiederherstellungsmaßnahmen. [2]Die Erklärung kann auch die für den Schutz notwendige Umgebung einbeziehen. [3]Schutzgebiete im Sinne des Absatzes 1 Nr. 1 können in Zonen mit einem dem jeweiligen Schutzzweck entsprechenden abgestuften Schutz gegliedert werden.

(3) Die Länder erlassen insbesondere Vorschriften über
1. das Verfahren nach Absatz 1,
2. die einstweilige Sicherstellung der zu schützenden oder im Hinblick auf den angestrebten Schutzzweck zu entwickelnden Teile von Natur und Landschaft,
3. ihre Registrierung.

(4) Die Pflicht zur Kennzeichnung und der Schutz der Bezeichnungen der nach Absatz 1 festgelegten Teile von Natur und Landschaft werden durch Rechtsverordnung unter Beachtung des § 150 geregelt.

§ 190 Naturschutzgebiete

(1) Naturschutzgebiete sind Gebiete, in denen ein besonderer Schutz von Natur und Landschaft in ihrer Ganzheit oder in einzelnen Teilen
1. zur Erhaltung oder Entwicklung von Biotopen oder von Lebensgemeinschaften bestimmter wildlebender Tier- und Pflanzenarten,
2. aus wissenschaftlichen, naturgeschichtlichen oder landeskundlichen Gründen oder
3. wegen ihrer Seltenheit, besonderen Eigenart oder hervorragenden Schönheit

erforderlich ist.

(2) [1]Alle Handlungen, die zu einer Zerstörung, Beschädigung oder Veränderung des Naturschutzgebietes oder seiner Bestandteile oder zu einer nachhaltigen Störung führen können, sind nach Maßgabe näherer Bestimmungen verboten. [2]Naturschutzgebiete dürfen der Allgemeinheit

nur ausnahmsweise und nur unter strenger Beachtung ihres Schutzzwecks zugänglich gemacht werden.

(3) Eine Aufhebung oder eine mehr als unerhebliche Einschränkung eines Naturschutzgebietes soll nur aus überwiegenden Gründen des Gemeinwohls oder dann erfolgen, wenn durch Ausgleichsmaßnahmen die ökologische Lage insgesamt verbessert wird.

§ 191 Nationalparke

(1) Nationalparke sind einheitlich zu schützende Gebiete, die
1. großräumig und von besonderer Eigenart sind,
2. im überwiegenden Teil ihres Gebietes die Voraussetzungen eines Naturschutzgebietes erfüllen,
3. sich in einem vom Menschen nicht oder wenig beeinflußten Zustand befinden und
4. vornehmlich der Erhaltung des dort heimischen Tier- und Pflanzenbestandes dienen.

(2) [1]Die Länder stellen sicher, daß Nationalparke unter Berücksichtigung der durch die Großräumigkeit und Besiedlung gebotenen Ausnahmen wie Naturschutzgebiete geschützt werden und in einem Kernbereich einem möglichst ungestörten Ablauf der Naturvorgänge dienen. [2]Soweit es der Schutzzweck erlaubt, sollen Nationalparke der Allgemeinheit zugänglich gemacht werden.

§ 192 Biosphärenparke

(1) Biosphärenparke sind einheitlich zu schützende Gebiete, die
1. großräumig und von besonderer Eigenart sind,
2. in wesentlichen Teilen ihres Gebietes die Voraussetzungen eines Naturschutzgebietes, im übrigen überwiegend eines Landschaftsschutzgebietes erfüllen,
3. in Teilen ihres Gebietes eine natürliche oder naturnahe Landschaft aufweisen und
4. vornehmlich der Erhaltung oder Wiederherstellung einer durch traditionelle Nutzung geprägten Landschaft und der darin historisch gewachsenen Arten- und Biotopvielfalt dienen.

(2) Die Länder stellen sicher, daß Biosphärenparke unter Berücksichtigung der durch die Großräumigkeit und Besiedlung gebotenen Ausnahmen wie Naturschutzgebiete oder Landschaftsschutzgebiete geschützt werden.

§ 193 Landschaftsschutzgebiete

(1) Landschaftsschutzgebiete sind Gebiete, in denen ein besonderer Schutz von Natur und Landschaft
1. zur Erhaltung, Wiederherstellung oder Entwicklung der Leistungsfähigkeit des Naturhaushalts oder der Regenerationsfähigkeit und Nutzungsfähigkeit der Naturgüter oder
2. wegen der Vielfalt, Eigenart oder Schönheit des Landschaftsbildes

erforderlich ist.

(2) [1]In einem Landschaftsschutzgebiet sind nach Maßgabe näherer Bestimmungen alle Handlungen verboten, die den Charakter des Gebietes verändern oder dem besonderen Schutzzweck zuwiderlaufen. [2]Beim Erlaß dieser Bestimmungen ist die besondere Bedeutung einer umweltschonenden Land-, Forst- oder Fischereiwirtschaft für die Erhaltung der Kulturlandschaft zu berücksichtigen.

§ 194 Naturparke

(1) Naturparke sind einheitlich zu entwickelnde, zu schützende und zu pflegende Gebiete, die
1. großräumig sind,
2. zu einem erheblichen Teil Landschaftsschutzgebiete oder Naturschutzgebiete sind,
3. sich wegen ihrer landschaftlichen Voraussetzungen für die Erholung besonders eignen und
4. nach den Grundsätzen und Zielen der Raumordnung und Landesplanung für die Erholung vorgesehen sind.

(2) [1]Naturparke sollen entsprechend ihrem Erholungszweck geplant, gegliedert und erschlossen werden. [2]Bei ihrer Gliederung ist den eigenständigen Schutzbedürfnissen der Naturschutzgebiete und der Landschaftsschutzgebiete besonders Rechnung zu tragen.

(3) [1]Die Länder können von § 189 Abs. 3 abweichende Vorschriften erlassen. [2]Einer rechtsverbindlichen Festsetzung bedarf es nicht.

§ 195 Naturdenkmale

(1) Naturdenkmale sind Einzelschöpfungen der Natur, deren besonderer Schutz
1. aus wissenschaftlichen, naturgeschichtlichen oder landeskundlichen Gründen oder
2. wegen ihrer Seltenheit, Eigenart oder Schönheit

erforderlich ist.

(2) Die Beseitigung des Naturdenkmals sowie alle Handlungen, die zu einer Zerstörung, Beschädigung oder Veränderung führen können, sind nach Maßgabe näherer Bestimmungen verboten.

§ 196 Geschützte Landschaftsbestandteile

(1) [1]Geschützte Landschaftsbestandteile sind Teile von Natur und Landschaft, deren besonderer Schutz

1. zur Erhaltung, Wiederherstellung oder Entwicklung der Funktionsfähigkeit des Naturhaushalts,
2. zur Belebung, Gliederung oder Pflege des Orts- und Landschaftsbildes,
3. zur Abwehr schädlicher Einwirkungen oder
4. wegen ihrer Bedeutung als Lebensstätten wildlebender Tier- und Pflanzenarten, insbesondere wegen ihrer Bedeutung für die Schaffung, Erhaltung oder Entwicklung von Biotopverbundsystemen,

erforderlich ist. [2]Der Schutz kann sich in bestimmten Gebieten auf den gesamten Bestand an Bäumen, Hecken oder anderen Landschaftsbestandteilen erstrecken.

(2) [1]Die Beseitigung des geschützten Landschaftsbestandteils sowie alle Handlungen, die zu einer Zerstörung, Beschädigung oder Veränderung des geschützten Landschaftsbestandteils führen können, sind nach Maßgabe näherer Bestimmungen verboten. [2]Die Länder können für den Fall der Bestandsminderung die Verpflichtung zu angemessenen und zumutbaren Ersatzpflanzungen festlegen.

Vierter Abschnitt: Schutz wildlebender Tier- und Pflanzenarten

Erster Unterabschnitt: Aufgabe und Begriffsbestimmungen

§ 197 Aufgaben des Artenschutzes

(1) [1]Die Vorschriften dieses Abschnitts dienen dem Schutz und der Pflege der wildlebenden Tier- und Pflanzenarten in ihrer natürlich und historisch gewordenen Vielfalt (Artenschutz). [2]Der Artenschutz umfaßt

1. den Schutz der Tiere und Pflanzen wildlebender Arten und ihrer Lebensgemeinschaften vor Beeinträchtigungen durch den Menschen, insbesondere durch den menschlichen Zugriff,

2. die Ansiedlung von Tieren und Pflanzen verdrängter wildlebender Arten in geeigneten Biotopen innerhalb ihres natürlichen Verbreitungsgebiets.

(2) [1]Zur Vorbereitung, Durchführung und Überwachung der Aufgaben nach Absatz 1 treffen die Länder geeignete Maßnahmen
1. zur Darstellung und Bewertung der unter dem Gesichtspunkt des Artenschutzes bedeutsamen Populationen und Lebensgemeinschaften wildlebender Tier- und Pflanzenarten, insbesondere der in ihrem Bestand gefährdeten Arten,
2. zur Festlegung von Schutz-, Pflege- und Entwicklungszielen und zu deren Verwirklichung.

[2]Die Länder erlassen zur Verwirklichung des Artenschutzes weitere Vorschriften.

§ 198 Begriffsbestimmungen

(1) Im Sinne dieses Abschnitts sind
1. wildlebende Tiere:
   a) auch gefangene oder gezüchtete und nicht herrenlos gewordene Tiere sowie tote Tiere solcher Arten,
   b) Eier, Larven, Puppen und sonstige Entwicklungsformen von Tieren solcher Arten,
2. wildlebende Pflanzen:
   a) auch durch Anbau gewonnene Pflanzen sowie tote Pflanzen solcher Arten,
   b) Samen, Früchte und sonstige Entwicklungsformen von Pflanzen solcher Arten.

(2) Als wildlebende Tiere und Pflanzen im Sinne dieses Abschnitts gelten auch ohne weiteres erkennbare Teile von Tieren und Pflanzen solcher Arten sowie ohne weiteres erkennbar aus ihnen gewonnene Erzeugnisse.

(3) [1]Für die Abgrenzung einer Tier- oder Pflanzenart im Sinne dieses Abschnitts ist ihre wissenschaftliche Bezeichnung maßgebend. [2]Die Art schließt alle untergeordneten Ordnungsstufen der zoologischen oder botanischen Systematik ein.

(4) [1]Heimisch im Sinne dieses Abschnitts ist eine wildlebende Tier- oder Pflanzenart, die ihr Verbreitungsgebiet oder regelmäßiges Wanderungsgebiet ganz oder teilweise
1. im Inland hat oder in geschichtlicher Zeit hatte oder
2. auf natürliche Weise in das Inland ausdehnt.

[2]Als heimisch gilt eine wildlebende Tier- oder Pflanzenart auch, wenn sich verwilderte oder durch menschlichen Einfluß eingebürgerte Tiere

oder Pflanzen der betreffenden Art im Inland in freier Natur und ohne menschliche Hilfe über mehrere Generationen als Population erhalten.

(5) Population im Sinne dieses Abschnitts ist die sich selbst erhaltende Gemeinschaft wildlebender Tiere oder Pflanzen einer bestimmten Art innerhalb eines bestimmten Raumes.

(6) Im Sinne dieses Abschnitts ist Inverkehrbringen: das Anbieten, Vorrätighalten zur Abgabe und jedes Abgeben an andere.

(7) Der Ein- und Ausfuhr im Sinne dieses Abschnitts steht jedes sonstige Verbringen in das oder aus dem Inland gleich.

Zweiter Unterabschnitt: Allgemeiner und besonderer Schutz

§ 199 Schutz aller wildlebenden Tier- und Pflanzenarten

(1) Es ist verboten, ohne vernünftigen Grund

1. wildlebende Tiere zu beunruhigen, zu fangen, zu verletzen oder zu töten,
2. wildlebende Pflanzen von ihrem Standort zu entnehmen oder zu nutzen oder ihre Bestände niederzuschlagen oder auf sonstige Weise zu verwüsten,
3. Lebensstätten wildlebender Tier- und Pflanzenarten zu beeinträchtigen oder zu zerstören.

(2) [1]Gebietsfremde Tiere und Pflanzen wildlebender und nicht wildlebender Arten dürfen nur mit Erlaubnis der nach Landesrecht zuständigen Behörde ausgesetzt oder in der freien Natur angesiedelt werden. [2]Die Erlaubnis ist zu versagen, wenn die Gefahr einer Verfälschung der heimischen Tier- oder Pflanzenwelt oder eine Gefährdung des Bestandes oder der Verbreitung heimischer wildlebender Tier- oder Pflanzenarten oder von Populationen solcher Arten nicht auszuschließen ist. [3]Satz 1 gilt nicht für den Anbau von Pflanzen in der Land- und Forstwirtschaft; der Anbau kann jedoch unter den Voraussetzungen des Satzes 2 untersagt werden.

(3) Die Länder können weitere Vorschriften erlassen; sie können insbesondere die Voraussetzungen bestimmen, unter denen die Entnahme von Tieren oder Pflanzen wildlebender nicht besonders geschützter Arten aus der Natur zulässig ist.

§ 200 Schädigungsverbote für besonders geschützte Tier- und Pflanzenarten

(1) [1]Es ist verboten,

1. wildlebenden Tieren der besonders geschützten Arten nachzustellen, sie zu fangen, zu verletzen, zu töten oder ihre Entwicklungsformen, Nist-, Brut-, Wohn- oder Zufluchtsstätten der Natur zu entnehmen, zu beschädigen oder zu zerstören,
2. wildlebende Pflanzen der besonders geschützten Arten oder ihre Teile oder Entwicklungsformen abzuschneiden, abzupflücken, aus- oder abzureißen, auszugraben, zu beschädigen oder zu vernichten,
3. wildlebende Tiere der vom Aussterben bedrohten Arten an ihren Nist-, Brut-, Wohn- oder Zufluchtsstätten durch Aufsuchen, Fotografieren, Filmen oder ähnliche Handlungen zu stören,
4. Standorte wildlebender Pflanzen der vom Aussterben bedrohten Arten durch Aufsuchen, Fotografieren oder Filmen der Pflanzen oder ähnliche Handlungen zu beeinträchtigen oder zu zerstören.

[2]Die Vorschriften des Satzes 1 gelten nicht für den Fall, daß die Handlungen bei der Ausführung eines nach § 181 zugelassenen Eingriffs oder einer nach § 188 Abs. 2 zugelassenen Maßnahme vorgenommen werden.

(2) Die Länder können weitere Schädigungsverbote erlassen.

(3) [1]Die nach Landesrecht zuständigen Behörden können im Einzelfall, die Landesregierungen allgemein durch Rechtsverordnung Ausnahmen von den Verboten des Absatzes 1 zulassen, soweit dies

1. zur Abwendung erheblicher land-, forst-, fischerei-, wasser- oder sonstiger gemeinwirtschaftlicher Schäden,
2. zum Schutz der heimischen Tier- und Pflanzenwelt oder
3. für Zwecke der Forschung, Lehre, Zucht, des Anbaus oder der Ansiedlung

erforderlich ist, der Bestand und die Verbreitung der betreffenden Population oder Art dadurch nicht nachteilig beeinflußt wird und sonstige Belange des Artenschutzes nicht entgegenstehen. [2]Satz 1 gilt entsprechend für Beeinträchtigungen besonders geschützter Tier- und Pflanzenarten, die im Rahmen einer umweltschonenden Land- oder Forstwirtschaft unvermeidlich sind. [3]Die Landesregierungen können die Befugnis nach Satz 1 durch Rechtsverordnung auf oberste Landesbehörden übertragen.

§ 201 Besitz- und Verkehrsverbote für besonders geschützte Tier- und Pflanzenarten

(1) Es ist verboten, Tiere und Pflanzen der besonders geschützten Arten

1. in Besitz zu nehmen, zu erwerben, die tatsächliche Gewalt über sie auszuüben oder sie zu be- oder verarbeiten (Besitzverbote),
2. zu verkaufen, zum Verkauf vorrätig zu halten, anzubieten oder zu befördern oder zu wirtschaftliche Zwecken zur Schau zu stellen (Vermarktungsverbote),
3. zu anderen als den in Nummer 2 genannten Zwecken in den Verkehr zu bringen, zu befördern oder zur Schau zu stellen (sonstige Verkehrsverbote).

(2) [1]Von den Verboten des Absatzes 1 sind, soweit sich aus einer Rechtsverordnung nach § 202 Abs. 6 nichts anderes ergibt, ausgenommen
1. Tiere, die im Inland in Übereinstimmung mit den Vorschriften zum Schutz der betreffenden Art gezüchtet worden und nicht herrenlos geworden sind,
2. Pflanzen, die im Inland durch Anbau gewonnen worden sind,
3. Tiere, an denen im Inland in Ausübung des Jagd- oder Fischereirechts Eigentum erworben worden ist,
4. Tiere und Pflanzen, die vor dem 1. Januar 1987 in Übereinstimmung mit den Vorschriften zum Schutz der betreffenden Art oder vor deren Unterschutzstellung im Inland der Natur entnommen worden sind,
5. Tiere und Pflanzen, die in Übereinstimmung mit den Vorschriften zum Schutz der betreffenden Art in das Inland gelangt sind.

[2]Satz 1 gilt nicht, soweit die Tiere und Pflanzen am 31. Dezember 1986 landesrechtlichen Besitz-, Vermarktungs- und sonstigen Verkehrsverboten unterlagen. [3]Für Tiere und Pflanzen der vom Aussterben bedrohten Arten oder der in Anhang C Teil 1 der Verordnung (EWG) Nr. 3626/82 aufgeführten Arten, die der Natur entnommen worden sind, gilt das Verbot des Absatzes 1 Nr. 2, auch wenn die in Satz 1 Nr. 3 bis 5 genannten Voraussetzungen vorliegen.

(3) § 200 Abs. 1 Satz 2 und Abs. 3 Satz 2 gilt entsprechend.

(4) Vorbehaltlich jagd- oder fischereirechtlicher Vorschriften ist es zulässig, tot aufgefundene Tiere und Pflanzen wildlebender Arten der Natur zu entnehmen und an die von der nach Landesrecht zuständigen Behörde bestimmte Stelle abzugeben oder, soweit sie nicht zu den vom Aussterben bedrohten Arten gehören, für Zwecke der Forschung oder Lehre oder zur Präparation für diese Zwecke zu verwenden.

(5) [1]Vorbehaltlich jagdrechtlicher Vorschriften ist es ferner zulässig, kranke Tiere wildlebender Arten aufzunehmen, um sie gesund zu pflegen. [2]Das Nähere regeln die Länder.

(6) Die nach § 208 oder nach Landesrecht zuständigen Behörden können Ausnahmen von den Besitz-, Vermarktungs- und sonstigen Verkehrsverboten zulassen, soweit dies für die Verwertung beschlagnahmter oder eingezogener Tiere und Pflanzen erforderlich ist.

(7) Die Länder können für das Sammeln von Weinbergschnecken sowie für die weitere Verwendung dieser Schnecken durch Rechtsverordnung Ausnahmen von den Verboten des § 200 und des Absatzes 1 dieser Vorschrift zulassen.

§ 202 Verordnungsermächtigungen

(1) [1] Die Bundesregierung wird ermächtigt, unter Beachtung der §§ 150 Abs. 2, 151 bis 154 durch Rechtsverordnung bestimmte wildlebende Tier- und Pflanzenarten oder Populationen solcher Arten als besonders geschützte Arten unter besonderen Schutz zu stellen, soweit dies

1. wegen der Gefährdung des Bestandes heimischer Arten durch den menschlichen Zugriff im Inland oder wegen der Verwechslungsgefahr mit solchen gefährdeten Arten oder
2. wegen der Gefährdung des Bestandes nichtheimischer Arten oder Populationen durch den internationalen Handel oder wegen der Verwechslungsgefahr mit solchen gefährdeten Arten

erforderlich ist. [2]Besonders geschützte Arten, die vom Aussterben bedroht sind, sind in der Rechtsverordnung als solche zu bezeichnen. [3]In Rechtsverordnungen nach Satz 1 können bestimmte besonders geschützte Tier- und Pflanzenarten sowie durch Anbau gewonnene Pflanzen bestimmter besonders geschützter Arten und aus Pflanzen solcher Arten gewonnene Erzeugnisse von Verboten der §§ 200, 202 und 205 Abs. 5 ausgenommen werden, soweit der Schutzzweck dadurch nicht gefährdet wird. [4]In Rechtsverordnungen nach Satz 1 kann auch näher bestimmt werden, welche Teile von Tieren oder Pflanzen oder aus ihnen gewonnene Erzeugnisse als ohne weiteres erkennbar im Sinne des § 198 Abs. 2 anzusehen sind.

(2) Die Ermächtigung nach Absatz 1 erstreckt sich darauf, auch für Tierarten, die dem Jagdrecht unterliegen, besondere artenschutzrechtliche Vorschriften zu treffen.

(3) [1]Besonders geschützte Arten sind auch die in den Anhängen I und II des Washingtoner Artenschutzübereinkommens in der Fassung des Anhangs A der Verordnung (EWG) Nr. 3626/82 sowie in Anhang C dieser Verordnung aufgeführten Arten. [2]Vom Aussterben bedroht sind die in Anhang I des Washingtoner Artenschutzübereinkommens aufgeführten Arten. [3]Die Rechtsverordnung nach Absatz 1 kann weitere Arten im Sinne des Satzes 1 als vom Aussterben bedroht bezeichnen.

(4) [1]Der für den Umweltschutz zuständige Bundesminister wird ermächtigt, zu Zwecken des § 170 durch Rechtsverordnung

1. die Herstellung, die Ein- oder Ausfuhr, das Inverkehrbringen oder die Verwendung bestimmter Geräte, Mittel oder Vorrichtungen, mit

denen wildlebende Tiere oder Pflanzen in Mengen oder wahllos getötet, bekämpft, gefangen oder vernichtet werden können,
2. Handlungen oder Verfahren, die zum Verschwinden oder zu sonstigen erheblichen Beeinträchtigungen von Populationen wildlebender Tier- oder Pflanzenarten führen können,

zu beschränken oder zu verbieten. [2]§ 151 Abs. 2 gilt entsprechend.

(5) [1]Der für den Umweltschutz zuständige Bundesminister wird ermächtigt, im Einvernehmen mit dem Bundesminister für Wirtschaft unter Beachtung des § 151 Abs. 1 durch Rechtsverordnung Vorschriften über Aufzeichnungspflichten derjenigen zu erlassen, die gewerbsmäßig Tiere oder Pflanzen der besonders geschützten Arten oder der in Anhang III des Washingtoner Artenschutzübereinkommens in der Fassung des Anhangs A der Verordnung (EWG) Nr. 3626/82 aufgeführten Arten erwerben, be- oder verarbeiten oder in den Verkehr bringen. [2]Rechtsverordnungen nach Satz 1 können insbesondere Vorschriften enthalten über
1. den Kreis der Aufzeichnungspflichtigen,
2. den Gegenstand und den Umfang der Aufzeichnungspflicht,
3. die Dauer der Aufbewahrungsfrist für die Aufzeichnungen,
4. die Überprüfung der Aufzeichnungen durch die nach Landesrecht zuständigen Behörden.

(6) Der für den Umweltschutz zuständige Bundesminister wird ermächtigt, im Einvernehmen mit dem Bundesminister für Ernährung, Landwirtschaft und Forsten durch Rechtsverordnung unter Beachtung des § 151 Abs. 1
1. die Haltung oder die Zucht von Tieren bestimmter besonders geschützter Arten zu beschränken, insbesondere von einer Anzeige oder dem Nachweis abhängig zu machen, daß der Halter oder Züchter die erforderliche Zuverlässigkeit und ausreichende Kenntnisse über das Halten oder die Zucht der Tiere hat und eine den tierschutzrechtlichen Vorschriften entsprechende Haltung der Tiere gewährleistet ist,
2. das Inverkehrbringen gezüchteter Tiere bestimmter besonders geschützter Arten zu beschränken, insbesondere von einer Erlaubnis abhängig zu machen oder die Vermarktung solcher Tiere zu verbieten.

(7) Der für den Umweltschutz zuständige Bundesminister wird ermächtigt, durch Rechtsverordnung unter Beachtung des § 151 Abs. 1 Vorschriften zu erlassen über
1. die Kennzeichnung wildlebender Tiere zu wissenschaftlichen Zwekken,
2. die Kennzeichnung von Tieren und Pflanzen der besonders geschützten Arten zur Erleichterung der Überwachung der Ein- und Ausfuhr oder für den Nachweis nach § 203,

3. die Erteilung von Bescheinigungen über die Züchtung, den Anbau, die rechtmäßige Entnahme aus der Natur oder den sonstigen rechtmäßigen Erwerb von Tieren und Pflanzen der besonders geschützten Arten für den Nachweis nach § 203,
4. Pflichten zur Anzeige des Besitzes von Tieren und Pflanzen der besonders geschützten Arten zur Erleichterung der Überwachung der Besitz-, Vermarktungs- und sonstigen Verkehrsverbote.

(8) [1]Soweit von einer Ermächtigung nach den Absätzen 4 bis 7 kein Gebrauch gemacht wird, können die Länder entsprechende Regelungen treffen. [2]Regelungen über die Ein- und Ausfuhr sind hiervon ausgenommen.

§ 203 Nachweispflicht, Einziehung, Überwachung

(1) [1]Wer

1. lebende Tiere oder Pflanzen der besonders geschützten Arten, ihre Entwicklungsformen oder im wesentlichen vollständig erhaltene tote Tiere oder Pflanzen der besonders geschützten Arten oder
2. ohne weiteres erkennbare Teile von Tieren oder Pflanzen der vom Aussterben bedrohten Arten oder der in Anhang C Teil 1 der Verordnung (EWG) Nr. 3626/82 aufgeführten Arten oder ohne weiteres erkennbar aus ihnen gewonnene Erzeugnisse

besitzt oder die tatsächliche Gewalt darüber ausübt, kann sich gegenüber den nach Landesrecht zuständigen Behörden auf eine Berechtigung hierzu nur berufen, wenn er auf Verlangen diese Berechtigung nachweist oder nachweist, daß er oder ein Dritter die Tiere oder Pflanzen vor dem 31. August 1980 in Besitz hatte. [2]Auf Erzeugnisse im Sinne des Satzes 1 Nr. 2, die dem persönlichen Gebrauch oder als Hausrat dienen, ist Satz 1 nicht anzuwenden. [3]Für vor dem 1. Januar 1987 erworbene Tiere oder Pflanzen, die dem persönlichen Gebrauch oder Hausrat dienen, genügt anstelle des Nachweises die Glaubhaftmachung. [4]Nachweis oder Glaubhaftmachung wird durch Rechtsverordnung des für den Umweltschutz zuständigen Bundesministers geregelt.

(2) [1]Tiere oder Pflanzen, für die der erforderliche Nachweis oder die erforderliche Glaubhaftmachung nicht erbracht wird, können von den nach Landesrecht zuständigen Behörden eingezogen werden. [2]§ 210 Abs. 2 bis 6 gilt entsprechend.

(3) Für die sonstigen Überwachungsbefugnisse gelten die §§ 65 bis 67 entsprechend.

§ 204 Tiergehege, Bezeichnungsschutz

(1) [1]Die Errichtung, Erweiterung und der Betrieb von Tiergehegen bedürfen der Erlaubnis der nach Landesrecht zuständigen Behörde. [2]Die Erlaubnis darf nur erteilt werden, wenn

1. weder der Naturhaushalt oder das Landschaftsbild beeinträchtigt noch das Betreten von Wald und Flur oder der Zugang zu Gewässern und zu hervorragenden Landschaftsteilen in unangemessener Weise eingeschränkt werden,
2. die Lage, Größe, Gestaltung und die inneren Einrichtungen des Geheges sowie die Ernährung, Pflege und die Betreuung der Tiere den tierschutzrechtlichen Anforderungen genügen und
3. Belange des Artenschutzes nicht entgegenstehen.

[3]Das Nähere regeln die Länder; insbesondere können sie die Erlaubnis von weitergehenden Voraussetzungen abhängig machen, für bestimmte Tiergehege allgemeine Ausnahmen zulassen und Übergangsregelungen treffen.

(2) Die Bezeichnung "Vogelwarte", "Vogelschutzwarte", "Vogelschutzstation", "Zoo", "Zoologischer Garten", "Tiergarten", "Tierpark" oder Bezeichnungen, die ihnen zum Verwechseln ähnlich sind, dürfen nur mit Erlaubnis der nach Landesrecht zuständigen Behörde geführt werden.

Dritter Unterabschnitt: Besondere Vorschriften für Einfuhr und Ausfuhr

§ 205 Einfuhr- und Ausfuhrregelung

(1) Es ist verboten, Tiere und Pflanzen der Arten, die der Verordnung (EWG) Nr. 3626/82 unterliegen, ohne die nach Artikel 5 Abs. 1 oder 2, Artikel 10 oder 12 dieser Verordnung vorgeschriebenen Genehmigungen, Bescheinigungen oder sonstigen Dokumente (Dokumente) aus einem Drittland einzuführen, in ein Drittland auszuführen oder aus dem Meer einzubringen.

(2) [1]Als vorgeschriebene Dokumente im Sinne des Absatzes 1 gelten

1. im Falle der Einfuhr von Tieren und Pflanzen der nicht im Anhang 1 des Washingtoner Artenschutzübereinkommens oder Anhang C der Verordnung (EWG) Nr. 3626/82 aufgeführten Arten auch eine Einfuhrbescheinigung nach Artikel 10 Abs. 2 dieser Verordnung,
2. im Falle der Ausfuhr von Pflanzen, die durch Anbau gewonnen worden sind, auch

a) eine Bescheinigung nach Artikel 22 Buchstabe e der Verordnung (EWG) Nr. 3418/83 mit Bestimmungen für eine einheitliche Erteilung und Verwendung der bei der Anwendung des Übereinkommens über den internationalen Handel mit gefährdeten Arten freilebender Tiere und Pflanzen in der Gemeinschaft erforderlichen Dokumente oder
b) ein Pflanzengesundheitszeugnis.

[2]Die Einfuhrbescheinigung wird erteilt, wenn nachgewiesen wird, daß die Ausfuhr oder Wiederausfuhr in Übereinstimmung mit den Vorschriften des Washingtoner Artenschutzübereinkommens erfolgt. [3]Bei der Wiederausfuhr aus Staaten, die nicht Vertragsparteien des Washingtoner Artenschutzübereinkommens sind, ist zusätzlich die Ausfertigung einer vergleichbaren Ausfuhrerlaubnis des Ursprungsstaates vorzulegen, wenn er nicht Vertragspartei dieses Übereinkommens ist.

(3) Es ist verboten, Tiere und Pflanzen der Arten, die der Verordnung (EWG) Nr. 3626/82 unterliegen, ohne die nach Artikel 29 Abs. 1 der Verordnung (EWG) Nr. 3418/83 vorgeschriebenen Dokumente aus einem Mitgliedstaat einzuführen oder in einen Mitgliedstaat auszuführen.

(4) Die zuständigen Zollstellen sind nicht verpflichtet, Vorerwerbsbescheinigungen nach Artikel 11 Buchstabe a der Verordnung (EWG) Nr. 3626/82 als vorgeschriebene Dokumente im Sinne der Absätze 1 und 3 anzuerkennen, wenn begründete Zweifel bestehen, daß die bescheinigten Tatsachen zutreffen.

(5) [1]Es ist verboten, Tiere und Pflanzen der nicht der Verordnung (EWG) Nr. 3626/82 unterliegenden besonders geschützten Arten ohne Erlaubnis nach § 207 ein- oder auszuführen. [2]Pflanzen, die durch Anbau gewonnen worden sind, dürfen ohne Erlaubnis ausgeführt werden, wenn ein Pflanzengesundheitszeugnis vorgelegt wird.

(6) [1]Abweichend von den Absätzen 1 und 5 dürfen Tiere und Pflanzen zum persönlichen Gebrauch oder als Hausrat ohne die dort genannten Dokumente und Erlaubnisse ein- oder ausgeführt werden, wenn der zuständigen Zollstelle nachgewiesen wird, daß

1. im Falle des Absatzes 1 die in Artikel VII Abs. 3 des Washingtoner Artenschutzübereinkommens genannten Voraussetzungen für eine Ein- oder Ausfuhr ohne Dokumente vorliegen,
2. im Falle des Absatzes 5 die Tiere oder Pflanzen rechtmäßig der Natur entnommen, gezüchtet oder durch Anbau gewonnen worden sind.

[2]Satz 1 gilt nicht für lebende Tiere.

(7) [1]Abweichend von den Absätzen 1 und 5 ist ferner die Durchfuhr durch das Inland ohne die dort genannten Dokumente und Erlaubnisse zulässig, im Falle des Absatzes 1 jedoch nur, wenn ein von der Vollzugsbehörde des Ausfuhrstaates ausgestelltes Ausfuhrdokument vorgelegt oder ein hinreichender Nachweis für sein Vorhandensein erbracht wird. [2]Die

Durchfuhr schließt eine notwendige Umladung unter zollamtlicher Überwachung ohne weiteren als den durch die Beförderung oder die Umladung bedingten Aufenthalt ein.

§ 206 Ermächtigungen zum Erlaß weiterer Ein- und Ausfuhrvorschriften

(1) [1]Der für den Umweltschutz zuständige Bundesminister wird ermächtigt, im Einvernehmen mit dem Bundesminister der Finanzen durch Rechtsverordnung mit Zustimmung des Bundesrates die Ein- oder Ausfuhr

1. von Tieren und Pflanzen bestimmter Arten, die der Verordnung (EWG) Nr. 3626/82 unterliegen, oder bestimmter Populationen solcher Arten abweichend von § 205 Abs. 1 oder 3 allgemein zu verbieten oder zusätzlich von einer Genehmigung nach § 207 abhängig zu machen, soweit dies aus einem der in Artikel 15 Abs. 1 Satz 1 dieser Verordnung genannten Gründe erforderlich ist,
2. von Tieren bestimmter, nicht der Verordnung (EWG) Nr. 3626/82 unterliegenden Arten, die nach § 2 Abs. 1 des Bundesjagdgesetzes dem Jagdrecht unterliegen, oder bestimmter Populationen solcher Arten von einer Erlaubnis nach § 207 abhängig zu machen, soweit dies zum Schutz der betreffenden Art oder Population vor einer Beeinträchtigung ihres Bestandes durch den internationalen Handel erforderlich ist,
3. wildlebender Tiere oder Pflanzen bestimmter, nicht der Verordnung (EWG) Nr. 3626/82 unterliegender nichtheimischer Arten oder Populationen zu verbieten oder von einer Erlaubnis nach § 207 abhängig zu machen, soweit dies wegen der Gefahr einer Verfälschung der heimischen Tier- oder Pflanzenwelt oder der Gefährdung des Bestandes oder der Verbreitung heimischer wildlebender Tier- oder Pflanzenarten oder von Populationen solcher Arten erforderlich ist,
4. von Tieren oder Pflanzen bestimmter Arten, die dem Washingtoner Artenschutzübereinkommen, aber nicht der Verordnung (EWG) Nr. 3626/82 unterliegen, von der Vorlage der nach diesem Übereinkommen vorgeschriebenen Dokumente abhängig zu machen, soweit dies zur Erfüllung der Verpflichtungen aus diesem Übereinkommen erforderlich ist.

[2]§ 202 Abs. 1 Satz 3 und 4 gilt entsprechend. [3]Rechtsverordnungen nach den Sätzen 1 und 2 bedürfen auch des Einvernehmens mit dem Bundesminister für Ernährung, Landwirtschaft und Forsten, soweit sie sich auf Tierarten beziehen, die dem Jagd- oder Fischereirecht unterliegen.

(2) Bei Gefahr im Verzuge kann der für den Umweltschutz zuständige Bundesminister Rechtsverordnungen nach Absatz 1 Satz 1 ohne das Einver-

nehmen mit den Bundesministern der Finanzen und für Ernährung, Landwirtschaft und Forsten und ohne Zustimmung des Bundesrates erlassen; die Rechtsverordnungen treten drei Monate nach ihrem Inkrafttreten außer Kraft.

(3) [1]§ 205 Abs. 7 gilt entsprechend für Rechtsverordnungen nach Absatz 1 Satz 1. [2]Für Rechtsverordnungen nach Absatz 1 Satz 1 Nr. 2 gilt auch § 205 Abs. 6 Satz 1 Nr. 2 und Satz 2 entsprechend.

§ 207 Ein- und Ausfuhrerlaubnis

(1) [1]Eine nach § 205 Abs. 5 oder einer Rechtsverordnung nach § 206 Abs. 1 Satz 1 Nr. 1 bis 3 erforderliche Ein- oder Ausfuhrerlaubnis wird nur für

1. Tiere, die gezüchtet, oder Pflanzen, die durch Anbau gewonnen worden sind,
2. aus Pflanzen gewonnene Erzeugnisse,
3. Tiere oder Pflanzen, die für Zwecke der Forschung oder Lehre bestimmt sind,
4. Tiere oder Pflanzen, die für Zwecke der Zucht, des Anbaus oder der Ansiedlung bestimmt sind,

erteilt. [2]In Rechtsverordnungen nach § 202 Abs. 1 Satz 1 und § 206 Abs. 1 Satz 1 Nr. 1 bis 3 können von Satz 1 abweichende Regelungen getroffen werden.

(2) Die Erteilung der Erlaubnis setzt ferner voraus, daß die Tiere oder Pflanzen rechtmäßig der Natur entnommen, gezüchtet oder durch Anbau gewonnen worden sind und

1. im Falle der Einfuhr
   a) von Tieren oder Pflanzen, die der Natur entnommen worden sind, die Entnahme den Bestand und die Verbreitung der betreffenden Population oder Art nicht nachteilig beeinflußt,
   b) lebender Tiere gewährleistet ist, daß der vorgesehene Empfänger über geeignete Räumlichkeiten und Einrichtungen verfügt, die den tierschutzrechtlichen Anforderungen genügen, und die Tiere fachgerecht betreut und gepflegt werden,
   c) die Ausfuhr in Übereinstimmung mit den Rechtsvorschriften des Herkunftslandes erfolgt und
   d) sonstige Belange des Artenschutzes im Inland, insbesondere die Gefahr einer Verfälschung der heimischen Tier- oder Pflanzenwelt oder eine Gefährdung des Bestandes oder der Verbreitung heimischer wildlebender Tier- oder Pflanzenarten oder von Populationen solcher Arten, sowie Vorschriften einer Rechtsverordnung nach § 202 Abs. 6, Rechtsakte der Europäischen Ge-

meinschaft oder Verpflichtungen aus internationalen Artenschutzübereinkommen nicht entgegenstehen,

2. im Falle der Ausfuhr
   a) lebender Tiere gewährleistet ist, daß die Vorbereitung für den Transport und die Versendung in Übereinstimmung mit den tierschutzrechtlichen Vorschriften erfolgt und
   b) keine Vermarktungs- und sonstigen Verkehrsverbote entgegenstehen.

(3) [1]Der Antragsteller hat nachzuweisen, daß die in den Absätzen 1 und 2 genannten Voraussetzungen erfüllt sind, soweit dies nicht offensichtlich ist; im Falle des Absatzes 2 Nr. 1 Buchstabe a genügt die Glaubhaftmachung. [2]Der für den Umweltschutz zuständige Bundesminister macht im Bundesanzeiger das Muster für einen Vordruck bekannt, auf dem die Ein- oder Ausfuhrerlaubnis zu beantragen ist.

§ 208 Zuständigkeiten

(1) Vollzugsbehörden im Sinne des Artikels 7 der Verordnung (EWG) Nr. 3626/82 und des Artikels IX des Washingtoner Artenschutzübereinkommens sind

1. der für den Umweltschutz zuständige Bundesminister für den Verkehr mit anderen Vertragsparteien und mit dem Sekretariat (Artikel IX Abs. 2 des Washingtoner Artenschutzübereinkommens),
2. das Bundesamt für Naturschutz und das Bundesamt für gewerbliche Wirtschaft (Bundesämter) entsprechend ihren Zuständigkeiten im Warenverkehr mit dem Ausland für die Erteilung von Ein- und Ausfuhrerlaubnissen und Wiederausfuhrbescheinigungen im Sinne des Artikels 10 der Verordnung (EWG) Nr. 3626/82 sowie von sonstigen Dokumenten im Sinne des Artikels IX Abs. 1 Buchstabe a des Washingtoner Artenschutzübereinkommens,
3. die nach Landesrecht zuständigen Behörden oder Stellen für die Ausstellung von Pflanzengesundheitszeugnissen im Sinne des Artikels 19 der Verordnung (EWG) Nr. 3418/83.

(2) Wissenschaftliche Behörde im Sinne des Artikels 7 der Verordnung (EWG) Nr. 3626/82 und des Artikels IX Abs. 1 Buchstabe b des Washingtoner Artenschutzübereinkommens ist das Bundesamt für Naturschutz.

(3) Zuständig sind ferner

1. der für den Umweltschutz zuständige Bundesminister für die in Artikel 7 Satz 1, Artikel 8 Buchstabe e, Artikel 16 bis 19 und 22 der Verordnung (EWG) Nr. 3626/82 genannten Aufgaben,

2. die für die Einfuhrabfertigung zuständige Zollstelle für die Erteilung von Einfuhrbescheinigungen nach Artikel 11 der Verordnung (EWG) Nr. 3418/83,
3. die nach Landesrecht zuständigen Behörden für die in den Artikeln 11 und 12 der Verordnung (EWG) Nr. 3626/82, in Artikel 22 der Verordnung (EWG) Nr. 3418/83 sowie in Artikel VI Abs. 7 und Artikel VII Abs. 2, 3, 5 bis 7 des Washingtoner Artenschutzübereinkommens genannten Aufgaben, soweit sich aus Absatz 1 Nr. 2 nichts anderes ergibt,
4. die Bundesämter entsprechend ihren Zuständigkeiten im Warenverkehr mit dem Ausland für alle übrigen Aufgaben nach den Verordnungen (EWG) Nr. 3626/82 und 3418/83 sowie dem Washingtoner Artenschutzübereinkommen, mit Ausnahme der in Artikel 8 Buchstabe b der Verordnung (EWG) Nr. 3626/82 genannten Aufgaben.

(4) Zuständig für die Erteilung von Ein- und Ausfuhrerlaubnissen nach § 207 oder einer Rechtsverordnung nach § 202 Abs. 4 Nr. 1 und für andere Verwaltungsmaßnahmen im grenzüberschreitenden Verkehr sind die Bundesämter entsprechend ihren Zuständigkeiten im Warenverkehr mit dem Ausland.

(5) [1]Die Mitwirkung des Bundesministers der Finanzen und der von ihm bestimmten Zollbehörden an der Überwachung der Ein- und Ausfuhr nach diesem Abschnitt wird durch Rechtsverordnung geregelt, die der Bundesminister der Finanzen im Einvernehmen mit dem für den Umweltschutz zuständigen Bundesminister ohne Zustimmung des Bundesrates erläßt. [2]Im Einvernehmen mit dem Bundesminister der Finanzen gibt der für den Umweltschutz zuständige Bundesminister im Bundesanzeiger die Zollstellen bekannt, bei denen Tiere und Pflanzen zur Ein- und Ausfuhr abgefertigt werden.

§ 209 Verfahren

(1) [1]Tiere und Pflanzen sind zur Ein- und Ausfuhr unter Vorlage der nach § 205 Abs. 1 oder 5 oder einer Rechtsverordnung nach § 206 Abs. 1 Satz 1 für die Ein- oder Ausfuhr vorgeschriebenen Erlaubnisse oder sonstigen Dokumente bei einer nach § 207 Abs. 5 bekanntgegebenen Zollstelle anzumelden und auf Verlangen vorzuführen. [2]Die nach § 205 Abs. 3 vorgeschriebenen Dokumente sind der zuständigen Zollstelle auf Verlangen vorzulegen.

(2) Die voraussichtliche Ankunftszeit lebender Tiere ist der abfertigenden Zollstelle unter Angabe der Art und Zahl der Tiere mindestens 18 Stunden vorher mitzuteilen.

§ 210 Beschlagnahme und Einziehung durch die Zollstellen

(1) [1]Bestehen bei der Zollstelle Zweifel darüber, ob Tiere oder Pflanzen zu Arten oder Populationen gehören, deren Ein- oder Ausfuhr Beschränkungen aufgrund der Verordnung (EWG) Nr. 3626/82 oder dieses Abschnitts unterliegt, kann sie die Tiere oder Pflanzen auf Kosten des Verfügungsberechtigten bis zur Klärung der Zweifel selbst in Verwahrung nehmen oder einem anderen in Verwahrung geben; sie kann sie auch dem Verfügungsberechtigten unter Auferlegung eines Verfügungsverbotes überlassen. [2]Zur Klärung der Zweifel kann die Zollstelle vom Verfügungsberechtigten die Vorlage einer Bescheinigung einer vom für den Umweltschutz zuständigen Bundesminister anerkannten deutschen unabhängigen sachverständigen Stelle oder Person darüber verlangen, daß die Tiere oder Pflanzen nicht zu den Arten oder Populationen gehören, die einer Ein- oder Ausfuhrregelung aufgrund der Verordnung (EWG) Nr. 3626/82 oder dieses Abschnittes unterliegen. [3]Erweisen sich die Zweifel als unbegründet, hat der Bund dem Verfügungsberechtigten die Kosten für die Beschaffung der Bescheinigung und die zusätzlichen Kosten der Verwahrung zu erstatten.

(2) [1]Wird bei der zollamtlichen Behandlung der Tiere oder Pflanzen festgestellt, daß sie ohne die vorgeschriebenen Erlaubnisse oder sonstigen Dokumente ein- oder ausgeführt werden, so werden sie von der Zollstelle beschlagnahmt. [2]Beschlagnahmte Tiere oder Pflanzen können dem Verfügungsberechtigten unter Auferlegung eines Verfügungsverbotes überlassen werden. [3]Werden die vorgeschriebenen Erlaubnisse oder sonstigen Dokumente nicht innerhalb eines Monats nach der Beschlagnahme vorgelegt, so ordnet die Zollstelle die Einziehung an; die Zollstelle kann die Frist angemessen, längstens bis zu insgesamt sechs Monaten, verlängern. [4]Wird festgestellt, daß es sich um Tiere oder Pflanzen handelt, für die eine Ein- oder Ausfuhrerlaubnis nicht erteilt werden darf, werden sie sofort eingezogen.

(3) Absatz 2 gilt entsprechend, wenn bei der zollamtlichen Behandlung der Tiere oder Pflanzen festgestellt wird, daß der Ein- oder Ausfuhr Vermarktungs- oder sonstige Verkehrsverbote entgegenstehen.

(4) [1]Werden beschlagnahmte oder eingezogene Tiere oder Pflanzen veräußert, wird der Erlös an den Eigentümer ausgezahlt, wenn er nachweist, daß ihm die Umstände, die die Beschlagnahme oder Einziehung veranlaßt haben, ohne sein Verschulden nicht bekannt waren. [2]Dritte, deren Rechte durch die Einziehung oder die Veräußerung erlöschen, werden unter den Voraussetzungen des Satzes 1 aus dem Erlös entschädigt.

(5) Werden Tiere oder Pflanzen beschlagnahmt oder eingezogen, so werden die hierdurch entstandenen Kosten, insbesondere für Pflege, Unterbringung, Beförderung, Rücksendung oder Verwertung dem Ein- oder Ausführer auferlegt; kann er nicht ermittelt werden, werden sie

dem Absender, Beförderer oder Besteller auferlegt, wenn diesem die Umstände, die die Beschlagnahme oder Einziehung veranlaßt haben, bekannt waren oder bekannt sein mußten.

(6) Die Beschlagnahme und die Einziehung nach den Absätzen 2 und 3, die Versagung der Auszahlung des Veräußerungserlöses oder der Entschädigung nach Absatz 4 sowie die Auferlegung von Kosten nach Absatz 5 können mit den Rechtsbehelfen angefochten werden, die in Bußgeldverfahren nach dem Gesetz über Ordnungswidrigkeiten gegen die Beschlagnahme und Einziehung zulässig sind.

Fünfter Abschnitt: Bodenordnung, Entschädigung und Härteausgleich

§ 211 Enteignung, Vorkaufsrecht

Zu Zwecken des § 170 erlassen die Länder Vorschriften über die Enteignung; sie können an Grundstücken Vorkaufsrechte begründen.

§ 212 Besondere Eigentumsbeschränkungen

[1]Die Länder können zu Maßnahmen nach diesem Kapitel oder aufgrund von Rechtsvorschriften nach diesem Kapitel ermächtigen, die sich im Einzelfall als unzumutbare Eigentumsbeeinträchtigungen auswirken, sofern sie dafür eine Entschädigung vorsehen. [2]Bei der Bestimmung der Zumutbarkeit sowie der Art und des Umfanges der Entschädigung ist die Umweltpflichtigkeit des Eigentums zu berücksichtigen.

§ 213 Härteausgleich

Wird durch Maßnahmen des Naturschutzes und der Landschaftspflege, die im Sinne des § 175 ordnungsgemäße land- oder forstwirtschaftliche Nutzung eines Grundstücks beschränkt, so kann für die dadurch verursachten besonderen wirtschaftlichen Nachteile ein angemessener Ausgleich nach Maßgabe des Landesrechts geleistet werden, soweit nicht eine Entschädigungspflicht nach § 212 besteht.

Sechster Abschnitt: Gemeinsame Vorschriften

§ 214 Aufgaben öffentlicher Stellen

(1) Die Durchführung der Vorschriften dieses Kapitels und der im Rahmen oder aufgrund dieses Kapitels erlassenen Rechtsvorschriften obliegt den für Naturschutz und Landschaftspflege zuständigen Behörden, soweit in Rechtsvorschriften nichts anderes bestimmt ist.

(2) [1]Andere Behörden und öffentliche Stellen haben im Rahmen ihrer Zuständigkeit die Verwirklichung der Ziele des Naturschutzes und der Landschaftspflege zu unterstützen. [2]Sie haben die für Naturschutz und Landschaftspflege zuständigen Behörden bereits bei der Vorbereitung aller öffentlichen Planungen und Maßnahmen, die die Belange des Naturschutzes und der Landschaftspflege berühren können, zu unterrichten und ihnen Gelegenheit zur Stellungnahme zu geben, soweit nicht eine weitergehende Form der Beteiligung vorgeschrieben ist.

(3) Die Beteiligungspflicht nach Absatz 2 Satz 2 gilt entsprechend für die für Naturschutz und Landschaftspflege zuständigen Behörden, soweit Planungen und Maßnahmen des Naturschutzes und der Landschaftspflege den Aufgabenbereich anderer Behörden berühren können.

§ 215 Vertragliche Vereinbarungen

Bei Maßnahmen zur Durchführung dieses Kapitels und der im Rahmen oder aufgrund dieses Kapitels erlassenen Rechtsvorschriften sollen die zuständigen Behörden prüfen, ob der Zweck des § 170 auch durch vertragliche Vereinbarungen erreicht werden kann.

§ 216 Verbandsmitwirkung

[1]Die Anerkennung und die Mitwirkung von Verbänden bestimmt sich nach den §§ 131 und 132. [2]Die Mitwirkung erstreckt sich auf die Erteilung von Befreiungen von Verboten und Geboten, die zum Schutz von Naturschutzgebieten, Nationalparken oder Biosphärenparken erlassen sind, sowie auf Entscheidungen nach § 188 Abs. 2.

§ 217 Klagebefugnis von Verbänden

(1) Die Länder sehen vor, daß ein nach § 131 anerkannter Verband bei Maßnahmen nach § 132 Abs. 1 Nr. 1, 2, 4, 6 und 7 sowie im Falle des § 216 Satz 2 Rechtsschutz nach Maßgabe der Verwaltungsgerichtsord-

nung in Anspruch nehmen kann, wenn er geltend macht, Vorschriften dieses Kapitels oder in Ausführung oder aufgrund dieses Kapitels ergangene Vorschriften des Naturschutzes und der Landschaftspflege seien verletzt worden.

(2) Das Verfahren nach Absatz 1 setzt voraus, daß der Verband durch die Maßnahme in seinem für die Anerkennung maßgeblichen satzungsgemäßen Aufgabengebiet berührt ist und sein Recht zur Mitwirkung nach § 216 wahrgenommen hat.

(3) Widerspruch und Anfechtungsklage nach Absatz 1 haben nicht die aufschiebende Wirkung gemäß § 80 Abs. 1 der Verwaltungsgerichtsordnung.

§ 218 Befreiungen

(1) [1]Von den Verboten und Geboten dieses Gesetzes, ausgenommen § 205 Abs. 1 und 3, und den aufgrund dieses Gesetzes erlassenen Rechtsvorschriften kann auf Antrag Befreiung gewährt werden, wenn

1. die Durchführung der Vorschrift im Einzelfall
   a) zu einer nicht beabsichtigten Härte führen würde und die Abweichung auch bei Anlegung strenger Maßstäbe mit den Belangen des Naturschutzes und der Landschaftspflege zu vereinbaren ist oder
   b) zu einer nicht gewollten Beeinträchtigung von Natur und Landschaft führen würde oder
2. überwiegende Gründe des Gemeinwohls die Befreiung erfordern.

[2]Satz 1 gilt entsprechend für die Verbote des Artikels 6 Abs. 1 und 2 der Verordnung (EWG) Nr. 3626/82, sofern zusätzlich einer der dort für die Zulassung von Ausnahmen genannten Gründe vorliegt.

(2) Die Befreiung wird

1. im Falle der Ein- oder Ausfuhr vom Bundesamt für Naturschutz,
2. im übrigen von den für Naturschutz und Landschaftspflege zuständigen Behörden

gewährt.

(3) Durch Landesrecht kann die Befreiungsmöglichkeit nach Absatz 1 Satz 1 Nr. 1 Buchstabe a eingeschränkt werden.

§ 219 Ordnungswidrigkeiten

(1) Ordnungswidrig handelt, wer vorsätzlich oder fahrlässig

1. entgegen § 200 Abs. 1 Nr. 1 wildlebenden Tieren einer besonders geschützten Art nachstellt, sie fängt, verletzt oder tötet oder ihre

Entwicklungsformen, Nist-, Brut-, Wohn- oder Zufluchtstätten der Natur entnimmt, beschädigt oder zerstört,

2. entgegen § 200 Abs. 1 Nr. 2 wildlebende Pflanzen einer besonders geschützten Art oder ihre Teile oder Entwicklungsformen abschneidet, abpflückt, aus- oder abreißt, ausgräbt, beschädigt oder vernichtet,
3. entgegen § 201 Abs. 1 Nr. 1 Tiere oder Pflanzen einer besonders geschützten Art in Besitz nimmt, erwirbt, die tatsächliche Gewalt über sie ausübt oder sie be- oder verarbeitet,
4. entgegen § 201 Abs. 1 Nr. 2 oder Artikel 6 Abs. 1 oder Abs. 2 der Verordnung (EWG) Nr. 3626/82 Tiere oder Pflanzen einer besonders geschützten Art verkauft, sie zum Verkauf vorrätig hält, anbietet oder befördert oder sie zu wirtschaftlichen Zwecken zur Schau stellt,
5. entgegen § 201 Abs. 1 Nr. 3 Tiere oder Pflanzen einer geschützten Art zu anderen als den in § 201 Abs. 1 Nr. 2 genannten Zwecken in den Verkehr bringt, befördert oder zur Schau stellt,
6. entgegen § 205 Abs. 1 Tiere oder Pflanzen einer der Verordnung (EWG) Nr. 3626/82 unterliegenden Art ohne die vorgeschriebenen Dokumente aus dem Drittland einführt, in ein Drittland ausführt oder aus dem Meer einbringt oder
7. entgegen § 205 Abs. 5 Satz 1 Tiere oder Pflanzen einer nicht der Verordnung (EWG) Nr. 3626/82 unterliegenden besonders geschützten Art ohne Erlaubnis nach § 207 ein- oder ausführt,
8. einer Rechtsverordnung nach § 202 Abs. 6 oder § 206 Abs. 1 Satz 1 zuwiderhandelt, wenn die Rechtsverordnung für einen bestimmten Tatbestand auf diesen Absatz verweist.

(2) Ordnungswidrig handelt auch, wer vorsätzlich oder fahrlässig

1. entgegen § 200 Abs. 1 Nr. 3 wildlebende Tiere einer vom Aussterben bedrohten Art an ihren Nist-, Brut-, Wohn- oder Zufluchtstätten durch Aufsuchen, Fotografieren, Filmen oder ähnliche Handlungen stört,
2. entgegen § 200 Abs. 1 Nr. 4 Standorte wildlebender Pflanzen einer vom Aussterben bedrohten Art durch Aufsuchen, Fotografieren oder Filmen der Pflanzen oder ähnliche Handlungen beeinträchtigt oder zerstört,
3. entgegen § 203 Abs. 3 in Verbindung mit § 67 eine Auskunft nicht, nicht richtig oder nicht vollständig erteilt,
4. entgegen § 203 Abs. 3 in Verbindung mit §§ 65 und 66 eine Maßnahme nicht duldet, beauftragte Personen nicht unterstützt oder geschäftliche Unterlagen nicht vorlegt oder
5. entgegen einer in einer Einfuhrerlaubnis nach § 207 oder nach Artikel 10 Abs. 1 der Verordnung (EWG) Nr. 3626/82 enthaltenen vollziehbaren Auflage Tiere oder Pflanzen einer besonders ge-

schützten Art in den Verkehr bringt, befördert oder zur Schau stellt,
6. entgegen § 209 Abs. 1 Satz 1 Tiere oder Pflanzen nicht zur Ein- oder Ausfuhr anmeldet oder nicht auf Verlangen vorführt,
7. entgegen § 209 Abs. 2 die voraussichtliche Ankunftszeit lebender Tiere nicht, nicht richtig, nicht vollständig oder nicht rechtzeitig mitteilt,
8. einer Rechtsverordnung nach
   a) § 202 Abs. 4 Nr. 1 oder 2, Abs. 5 oder 7 Nr. 1 bis 4
   b) § 208 Abs. 5, sofern diese Anzeige-, Auskunfts- oder Anmeldepflichten festlegt,

zuwiderhandelt, soweit sie für einen bestimmten Tatbestand auf diese Bußgeldvorschrift verweist.

(3) Eine Ordnungswidrigkeit nach Absatz 1 kann mit einer Geldbuße bis zu hunderttausend Deutsche Mark, eine Ordnungswidrigkeit nach Absatz 2 mit einer Geldbuße bis zu zwanzigtausend Deutsche Mark geahndet werden.

(4) [1]Gegenstände, auf die sich die Ordnungswidrigkeit bezieht oder die zu ihrer Begehung oder Vorbereitung gebraucht worden oder bestimmt gewesen sind, können eingezogen werden. [2]§ 23 des Gesetzes über Ordnungswidrigkeiten ist anzuwenden.

§ 220 Ermittlungen durch Zollbehörden

(1) [1]Die zuständigen Verwaltungsbehörden können bei Ordnungswidrigkeiten nach diesem Kapitel, die im Zusammenhang mit der Ein- oder Ausfuhr von Tieren und Pflanzen begangen werden, Ermittlungen auch durch die Hauptzollämter oder die Zollfahndungsämter vornehmen lassen. [2]§ 42 Abs. 2 bis 5 des Außenwirtschaftsgesetzes gilt entsprechend.

§ 221 Vorschriften für die Landesgesetzgebung

[1]Die Vorschriften dieses Kapitels sind mit Ausnahme der in Satz 3 genannten Vorschriften Rahmenvorschriften für die Landesgesetzgebung. [2]Die Länder sollen innerhalb von drei Jahren nach Inkrafttreten dieses Gesetzbuches den Bestimmungen dieses Kapitels entsprechende Vorschriften erlassen und bestehende Vorschriften anpassen. [3]Die §§ 170 bis 177, 179 Abs. 3, 182 Abs. 3, 183, 197 Abs. 1, § 198, 200 Abs. 1 und 3, 201 Abs. 1 bis 6, 202, 203, die §§ 205 bis 210, 214, 216, 217 Abs. 3 sowie die §§ 218, 219 gelten unmittelbar.

Zweites Kapitel: Gewässerschutz und Wasserwirtschaft

Erster Abschnitt: Allgemeine Vorschriften

§ 222 Zweck

(1) [1]Der Zweck des Gesetzes wird in diesem Kapitel vorrangig durch den Schutz der Gewässer als Bestandteil des Naturhaushalts angestrebt. [2]Darüber hinaus sind die Gewässer in mengen- und gütewirtschaftlicher Hinsicht nutzbares Gut.

(2) Die Vorschriften dieses Gesetzes sollen auch den Schutz der Meeresumwelt sichern.

§ 223 Begriffsbestimmungen

(1) [1]Im Sinne dieses Kapitels sind Gewässer:
1. das ständig oder zeitweilig in Betten fließende oder stehende oder aus Quellen wild abfließende Wasser (oberirdisches Gewässer),
2. das Meer zwischen der Küstenlinie bei mittlerem Hochwasser oder der seewärtigen Begrenzung der oberirdischen Gewässer und der seewärtigen Begrenzung des Küstenmeeres (Küstengewässer),
3. das Grundwasser.

[2]Die Länder können bestimmen, daß kleine Gewässer von wasserwirtschaftlich untergeordneter Bedeutung sowie Quellen, die zu Heilquellen erklärt worden sind, nicht als Gewässer im Sinne des Satzes 1 gelten; dies gilt nicht für § 114. [3]Die Länder bestimmen die seewärtige Begrenzung derjenigen oberirdischen Gewässer, die nicht Binnenwasserstraßen des Bundes sind.

(2) Anlagen im Sinne dieses Kapitels sind die in § 2 Abs. 7 Nr. 1 und 2 genannten Einrichtungen.

(3) Abwasser ist durch häuslichen, gewerblichen, industriellen oder landwirtschaftlichen Gebrauch oder auf sonstige Weise durch menschlichen Eingriff in seinen physikalischen, chemischen oder biologischen Eigenschaften verändertes Wasser (Schmutzwasser) sowie das von bebauten oder befestigten Flächen abfließende Niederschlagswasser.

(4) Abwasserbehandlungsanlage im Sinne dieses Kapitels ist eine Einrichtung, die dazu dient, die Schädlichkeit des Abwassers zu vermindern oder zu beseitigen.

(5) Abwasserbeseitigung im Sinne dieses Kapitels umfaßt das Sammeln, Fortleiten, Behandeln, Einleiten, Versickern, Verregnen und Verrieseln von Abwasser sowie das Entwässern von Klärschlamm in Zusammenhang mit der Abwasserbeseitigung.

(6) Öffentliche Wasserversorgung im Sinne dieses Kapitels ist die Gewinnung, Aufbereitung, Verteilung und Lieferung von Trink- und Brauchwasser zum allgemeinen Gebrauch.

(7) [1]Benutzungen im Sinne dieses Kapitels sind
1. Entnehmen und Ableiten von Wasser aus oberirdischen Gewässern,
2. Aufstauen und Absenken von oberirdischen Gewässern,
3. Entnehmen fester Stoffe aus oberirdischen Gewässern, soweit dies auf den Zustand des Gewässers oder auf den Wasserabfluß einwirkt,
4. Einbringen und Einleiten von Stoffen in oberirdische Gewässer,
5. Einbringen und Einleiten von Stoffen in Küstengewässer, wenn diese Stoffe
   a) von Land aus oder aus Anlagen, die in Küstengewässer nicht nur vorübergehend errichtet oder festgemacht worden sind, eingebracht oder eingeleitet werden oder
   b) in Küstengewässer verbracht worden sind, um sich ihrer dort zu entledigen,
6. Einleiten von Stoffen in das Grundwasser,
7. Entnehmen, Zutagefördern, Zutageleiten und Ableiten von Grundwasser.

[2]Als Benutzungen gelten auch folgende Einwirkungen:
1. Aufstauen, Absenken und Umleiten von Grundwasser durch Anlagen, die hierzu bestimmt oder hierfür geeignet sind,
2. Maßnahmen, die geeignet sind, dauernd oder in einem nicht nur unerheblichen Ausmaß schädliche Veränderungen der physikalischen, chemischen oder biologischen Beschaffenheit des Wasser herbeizuführen.

[3]Maßnahmen, die dem Ausbau eines oberirdischen Gewässers dienen, sind keine Benutzungen. [4]Dies gilt auch für Maßnahmen der Unterhaltung eines oberirdischen Gewässers, soweit hierbei nicht chemische Mittel verwendet werden.

§ 224 Grundsätze

(1) Der Schutz der Gewässer als Bestandteil des Naturhaushalts ist an Umweltqualitätszielen auszurichten, die in der Regel durch Umweltleitpläne gemäß §§ 19 bis 25 dargestellt werden.

(2) [1]Als nutzbares Gut unterliegen die Gewässer staatlicher Bewirtschaftung. [2]Die Gewässer sind so zu bewirtschaften, daß sie dem Wohl der

Allgemeinheit und im Einklang mit ihm auch dem Nutzen einzelner dienen und daß jede vermeidbare Beeinträchtigung unterbleibt. [3]Das Bewirtschaftungsermessen der Wasserbehörde erstreckt sich darauf, die Schutzwürdigkeit nutzbarer Gewässer zu bestimmen und eine Gefährdungsabschätzung für die jeweiligen Nutzungen, Einwirkungen und mengen- oder gütewirtschaftlich sonst relevanten Verhaltensweisen vorzunehmen. [4]Die Inanspruchnahme eines nutzbaren Gewässers im ganzen soll die Grenzen der Belastbarkeit des Vorkommens in mengen- oder gütewirtschaftlicher Hinsicht nicht übersteigen.

(3) Soweit die Bewirtschaftungsziele für nutzbare Gewässer nicht schon nach Absatz 1 in Umweltleitplänen gemäß §§ 19 bis 25 umschrieben sind, sollen sie in Bewirtschaftungsplänen festgelegt werden oder aus entsprechenden Bewirtschaftungskonzepten begründbar sein.

(4) Soweit in anderen gesetzlichen Vorschriften, insbesondere auf dem Gebiet des Bergbaus, des Immissionsschutzes, des Naturschutzes, des Gewerbe- und Baurechts Maßnahmen zum Gewässerschutz getroffen werden, sind die nach § 225 erlassenen Bewirtschaftungspläne oder entwickelten Bewirtschaftungskonzepte zugrunde zu legen.

§ 225 Bewirtschaftungspläne und Bewirtschaftungskonzepte

(1) [1]Soweit die Ordnung des Wasserhaushalts es erfordert, können die Länder zur Bewirtschaftung der Gewässer Pläne aufstellen, die dem Schutz der Gewässer als Bestandteil des Naturhaushalts, der Schonung der Grundwasservorräte und den Nutzungserfordernissen Rechnung tragen (Bewirtschaftungspläne). [2]Vorgaben in Umweltleitplänen sind zu beachten.

(2) In den Bewirtschaftungsplänen werden unter Berücksichtigung der natürlichen Gegebenheiten festgelegt

1. die Nutzungen, denen das Gewässer dienen soll,
2. die Merkmale, die das Gewässer in seinem Verlauf aufweisen soll,
3. die Maßnahmen, die erforderlich sind, um die festgelegten Merkmale zu erreichen oder zu erhalten, sowie die einzuhaltenden Fristen,
4. sonstige wasserwirtschaftliche Maßnahmen.

(3) Die Bewirtschaftungspläne sind der Entwicklung fortlaufend anzupassen.

(4) [1]Die Bewirtschaftungspläne sind durch die nach diesem Gesetz und nach den Landeswassergesetzen zu treffenden Entscheidungen, insbesondere durch zusätzliche Anforderungen nach § 232, den Widerruf von Umweltbewilligungen nach § 236 Abs. 2, den Widerruf von Erlaubnissen nach § 239, die Beschränkung oder Aufhebung von alten Rechten und alten Befugnissen nach § 241, durch Ausgleichsverfahren nach § 234 oder sonstige im Bewirtschaftungsplan festgelegte Maßnah-

men durchzusetzen. [2]Das Verfahren der Aufstellung bestimmt sich nach Landesrecht.

(5) Bewirtschaftungskonzepte nach § 224 Abs. 3 sind aus amtlichen Verlautbarungen der Wasserbehörde zu Nutzungen, denen das Gewässer dienen soll, und zu Merkmalen, die das Gewässer in seinem Verlauf aufweisen soll, sowie aus der Gesamtheit der mengen- und gütewirtschaftlich relevanten Maßnahmen zu erschließen, die zur Erreichung von greifbaren Bewirtschaftungszielen getroffen oder eingeleitet worden sind.

(6) Bewirtschaftungspläne sind aufzustellen für oberirdische Gewässer oder Gewässerteile oder Grundwasservorkommen,
1. die Nutzungen dienen, die eine zu erhaltende oder künftige öffentliche Wasserversorgung aus diesen Gewässern oder Gewässerteilen beeinträchtigen können,
2. bei denen es zur Erfüllung zwischenstaatlicher Vereinbarungen oder bindender Beschlüsse der Europäischen Gemeinschaft erforderlich ist.

(7) [1]Soweit für ein Gewässer ein Bewirtschaftungsplan nach Absatz 6 noch nicht aufgestellt ist, darf das Einleiten von Stoffen, durch das eine im Hinblick auf die Nutzungserfordernisse nicht nur unerhebliche nachteilige Veränderungen der Beschaffenheit dieses Gewässers oder Gewässerteiles zu erwarten ist, nur erlaubt werden, wenn dies überwiegende Gründe des Wohls der Allgemeinheit erfordern. [2]Satz 1 gilt sinngemäß für sonstige behördliche Entscheidungen über Vorhaben, die zu einem Einleiten von Stoffen in ein oberirdisches Gewässer führen. [3]§ 230 bleibt unberührt.

(8) Die Bundesregierung stellt durch Rechtsverordnung nach § 145 Grundsätze auf über die Kennzeichnung der Merkmale für die Beschaffenheit des Wassers und bestimmt, welche Merkmale in die Bewirtschaftungspläne zwingend aufzunehmen sind und wie diese Merkmale zu ermitteln sind.

§ 226 Gewässerschutzpflichten

(1) Zur Gefahrenverhütung nach § 7 Abs. 1 ist jedermann verpflichtet, bei Maßnahmen, mit denen Einwirkungen auf ein Gewässer verbunden sein können, die nach den Umständen erforderliche Sorgfalt anzuwenden, um eine Verunreinigung des Wassers oder eine sonstige nachteilige Veränderung seiner Eigenschaften zu verhüten und um eine mit Rücksicht auf den Wasserhaushalt gebotene sparsame Verwendung des Wassers zu erreichen.

(2) Wer eine Anlage errichtet oder betreibt, mit Stoffen umgeht oder Tätigkeiten ausübt, die geeignet sind, bei einem Störfall Gewässerverunreini-

gungen oder erhebliche Verluste an Wassermengen zu verursachen, hat zur Gefahrenverhütung nach § 7 Abs. 2 die nach Art und Ausmaß der möglichen Gefahren erforderlichen Vorkehrungen zu treffen, um Störfälle zu verhindern und deren Auswirkungen so gering wie möglich zu halten.

(3) Das Grundeigentum berechtigt nicht
1. zu einer Gewässerbenutzung, die nach diesem Gesetz oder nach den Landeswassergesetzen einer Umweltbewilligung oder Erlaubnis bedarf,
2. zum Ausbau eines oberirdischen Gewässers.

§ 227 Gewässerschutzpflichten der Land- und Forstwirtschaft

(1) Land- und Forstwirtschaft haben die nach den Umständen erforderliche Sorgfalt anzuwenden, um die Grenzen der Belastbarkeit der geologischen und hydrologischen standörtlichen Verhältnisse nicht zu überschreiten.

(2) [1]Regeln gewässerschonender Land- und Forstwirtschaft sowie Grundsätze gewässerschonender Düngung und des Einsatzes von Pflanzenschutzmitteln sind einzuhalten. [2]Sie werden durch Rechtsverordnung nach § 146 näher bestimmt.

§ 228 Eingreifende Maßnahmen

Durch Landesrecht wird sichergestellt, daß die Wasserbehörden Maßnahmen der Gefahrenabwehr gegen Verhaltensstörer nach § 9 Abs. 1 und Zustandsstörer nach § 9 Abs. 2 treffen können, wenn der zum Schutz des Wasserhaushalts gebotene mengen- und gütewirtschaftliche Mindestzustand beeinträchtigt ist.

Zweiter Abschnitt: Eröffnungskontrollen

Erster Unterabschnitt: Gemeinsame Vorschriften für Benutzungen

§ 229 Erfordernis und Inhalt einer wasserrechtlichen Zulassung

(1) Eine Benutzung der Gewässer nach § 223 Abs. 7 bedarf der Umweltbewilligung oder der Erlaubnis, soweit sich nicht aus den Bestimmungen

dieses Gesetzes oder aus den im Rahmen dieses Gesetzes erlassenen landesrechtlichen Bestimmungen etwas anderes ergibt.

(2) Die Umweltbewilligung und die Erlaubnis sind auf einen bestimmten Benutzungszweck beschränkt und nach Maßgabe dieses Benutzungszwecks und der jeweiligen Bewirtschaftungsziele für das Gewässer mengen- oder gütewirtschaftlich zu begrenzen.

(3) Die Zulassung ist als Umweltbewilligung zu erteilen, wenn es sich um ein Vorhaben handelt, das einer Umweltfolgenprüfung bedarf.

(4) [1]Die Zulassung soll als Umweltbewilligung erteilt werden, soweit
1. eine Wassergewinnung der öffentlichen Wasserversorgung dient,
2. Abwasser aus öffentlichen Abwasseranlagen eingeleitet wird,
3. dem Unternehmer die Durchführung seines Vorhabens für die die Benutzung beantragt wird, ohne eine öffentlich-rechtlich oder bürgerlich-rechtlich gesicherte Rechtsstellung nicht zugemutet werden kann.

[2]Das Nähere regeln die Länder.

§ 230 Zulassungsvoraussetzungen

(1) Die Umweltbewilligung und die Erlaubnis dürfen nur erteilt werden, wenn von der beabsichtigten Benutzung eine Beeinträchtigung des Wohls der Allgemeinheit, insbesondere Umweltgefahren nicht hervorgerufen werden können und eine Gefährdung der öffentlichen Wasserversorgung nicht zu erwarten ist.

(2) Die beabsichtigte Benutzung beeinträchtigt das Wohl der Allgemeinheit insbesondere dann, wenn nach Ausübung der beabsichtigten Benutzung die im Umweltleitplan oder im Bewirtschaftungsplan festgelegten oder aus den Bewirtschaftungskonzepten begründbaren Bewirtschaftungsziele im Sinne von § 225 nicht eingehalten werden könnten.

(3) Die öffentliche Wasserversorgung ist insbesondere dann gefährdet, wenn nach Ausübung der beabsichtigten Benutzung die Anforderungen der EG-Richtlinie 80/778/EWG und die Trinkwasserverordnung nicht eingehalten werden könnten.

§ 231 Nebenbestimmungen zur Zulassung

(1) [1]Die Umweltbewilligung und die Erlaubnis können zur Erfüllung der Pflichten des Gewässerbenutzers, die auf Vorschriften dieses Kapitels beruhen, und nach Maßgabe des Bewirtschaftungsermessens der Wasserbehörde unter Festsetzungen von Bedingungen und Auflagen erteilt werden. [2]Auflagen sind auch zulässig, um nachteilige Wirkungen für

andere zu verhüten oder auszugleichen; ein Rechtsanspruch gegen die Wasserbehörde auf Festsetzung besteht nicht.

(2) Durch Auflagen können ferner insbesondere
1. Maßnahmen zur Beobachtung oder zur Feststellung des Zustandes vor der Benutzung und von Beeinträchtigungen und nachteiligen Wirkungen durch die Benutzung angeordnet werden,
2. die Bestellung verantwortlicher Umweltbeauftragter für Gewässerschutz vorgeschrieben werden, soweit die Bestellung nicht schon gesetzlich vorgeschrieben ist,
3. Maßnahmen angeordnet werden, die zum Ausgleich einer auf die Benutzung zurückzuführenden Beeinträchtigung der physikalischen, chemischen oder biologischen Beschaffenheit des Wassers erforderlich sind,
4. dem Unternehmer auferlegt werden, einen angemessenen Anteil der Kosten von Maßnahmen zu tragen, die eine Körperschaft des öffentlichen Rechts trifft oder treffen wird, um eine mit der Benutzung verbundene Beeinträchtigung des Wohls der Allgemeinheit zu verhüten oder auszugleichen,
5. Maßnahmen angeordnet werden, um sicherzustellen, daß auch nach einer Stillegung von der Anlage, die der Benutzung dient oder dem Anlagengrundstück keine Umweltbeeinträchtigungen hervorgerufen werden können; für eine Sicherstellung dieser Verpflichtungen gilt § 128 entsprechend.

§ 232 Nachträgliche Anordnungen

(1) [1]Zur Erfüllung der Pflichten, die sich aufgrund dieses Kapitels ergeben, können gemäß § 73 nach Erteilung der Umweltbewilligung und der Erlaubnis Anordnungen getroffen werden. [2]Drohen Gefahren für das öffentliche Wohl, insbesondere die öffentliche Wasserversorgung, soll die zuständige Behörde nachträglich Anordnungen treffen.

(2) Im übrigen stehen die Umweltbewilligung und die Erlaubnis unter dem Vorbehalt, daß nach Maßgabe des Bewirtschaftungsermessens nachträglich
1. zusätzliche Anforderungen an die Beschaffenheit von Stoffen gestellt werden, die eingebracht oder eingeleitet werden,
2. Maßnahmen der nach § 231 Abs. 2 Nr. 2, 3 und 4 angeordnet,
3. Maßnahmen für die Beobachtung der Wasserbenutzung und ihre Folgen angeordnet,
4. Maßnahmen für eine mit Rücksicht auf den Wasserhaushalt gebotene sparsame Verwendung des Wassers angeordnet werden können,
5. die Bestellung eines oder mehrerer Umweltschutzbeauftragten für Gewässerschutz aufgegeben wird.

(3) [1]Die zuständige Behörde darf eine nachträgliche Anordnung nicht treffen, wenn sie unverhältnismäßig ist, vor allem, wenn der mit der Erfüllung der Anordnung verbundene Aufwand außer Verhältnis zu dem mit der Anordnung erstrebten Erfolg steht; dabei sind insbesondere die mengen- und gütewirtschaftlichen Auswirkungen der Benutzung für die Wasserwirtschaft sowie die Nutzungsdauer sowie die technischen Besonderheiten der der Benutzung dienenden Anlagen zu berücksichtigen. [2]Wird das Wasser aufgrund einer Umweltbewilligung benutzt, so müssen die Maßnahmen nach Absatz 2 Nr. 2 und 4 wirtschaftlich vertretbar und mit der Benutzung vereinbar sein.

(4) Für alte Rechte und alte Befugnisse gilt Absatz 1 entsprechend.

§ 233 Vorzeitiger Beginn

(1) In einen Verfahren auf Erteilung der Umweltbewilligung oder Erlaubnis kann widerruflich gestattet werden, daß bereits vor der Entscheidung mit der Benutzung begonnen wird, wenn

1. hinreichend verläßlich mit einer Umweltbewilligung oder Erlaubnis gerechnet werden kann,
2. an dem vorzeitigen Beginn ein öffentliches Interesse oder ein berechtigtes Interesse des Unternehmers besteht und
3. der Unternehmer sich verpflichtet, alle bis zur Entscheidung durch das Unternehmen verursachten Schäden zu ersetzen und, falls die Benutzung weder bewilligt noch erlaubt wird, den früheren Zustand wiederherzustellen.

(2) Die Gestattung des vorzeitigen Beginns kann unter dem Vorbehalt von Auflagen erteilt oder mit Auflagen verbunden werden.

(3) Die zuständige Behörde kann die Leistung einer Sicherheit verlangen, soweit dies erforderlich ist, um die Erfüllung der Verpflichtung nach Absatz 1 Nr. 3 sicherzustellen.

§ 234 Ausgleich von Rechten und Befugnissen

[1]Art, Maß und Zeiten der Ausübung von Erlaubnissen, Umweltbewilligungen, alten Rechten und alten Befugnissen können auf Antrag eines Beteiligten oder von Amts wegen in einem Ausgleichsverfahren geregelt oder beschränkt werden, wenn das Wasser nach Menge und Beschaffenheit nicht für alle Benutzungen ausreicht oder sich diese beeinträchtigen und wenn das Wohl der Allgemeinheit, insbesondere die öffentliche Wasserversorgung, es erfordert. [2]In diesem Verfahren können auch Ausgleichszahlungen festgesetzt werden.

Zweiter Unterabschnitt: Besondere Vorschriften für die Umweltbewilligung

§ 235 Besondere Zulassungsvoraussetzungen

(1) [1]Ist zu erwarten, daß die Benutzung auf das Recht eines anderen nachteilig einwirkt und erhebt der Betroffene Einwendungen, so darf die Umweltbewilligung nur erteilt werden, wenn die nachteiligen Wirkungen durch Auflagen verhütet oder ausgeglichen werden. [2]Ist dies nicht möglich, so darf die Umweltbewilligung gleichwohl aus Gründen des Wohls der Allgemeinheit erteilt werden; der Betroffene ist zu entschädigen.

(2) [1]Die Länder können weitere Fälle bestimmen, in denen Absatz 1 entsprechend anzuwenden ist. [2]Sie können ferner bestimmen, daß die Umweltbewilligung auch erteilt werden darf, wenn der aus der beabsichtigten Benutzung zu erwartende Nutzen den für die Betroffenen zu erwartenden Nachteil erheblich übersteigt.

§ 236 Bestandskraft der Umweltbewilligung

(1) [1]Die Umweltbewilligung wird für eine bestimmte angemessene Frist erteilt. [2]Sie soll dreißig Jahre nicht überschreiten; in Ausnahmefällen kann die Umweltbewilligung für eine längere Frist erteilt werden, wenn dies wegen der besonderen Höhe der Investitionen geboten erscheint.

(2) Ein Widerruf gemäß § 76 Abs. 3 in Verbindung mit § 49 Abs. 2 Nr. 3 bis 5 Verwaltungsverfahrensgesetz ist nur zulässig, wenn erhebliche Beeinträchtigungen des nach § 230 gebotenen Bewirtschaftungszustands zu erwarten sind.

(3) Unbeschadet von § 56 Abs. 3 kann eine Umweltbewilligung ohne Entschädigung widerrufen werden, wenn
1. der in der Umweltbewilligung vorgesehene Benutzungsumfang drei Jahre lang erheblich unterschritten wurde,
2. der Zweck der Benutzung sich wesentlich geändert hat,
3. trotz eines angedrohten Widerrufs wiederholt die Benutzung über den Rahmen der Umweltbewilligung hinaus erheblich ausgedehnt wurde.

(4) Auf die Rücknahme von Umweltbewilligungen findet § 76 Abs. 1 keine Anwendung.

§ 237 Rechtswirkungen der Umweltbewilligung

(1) Dem Inhaber einer Umweltbewilligung stehen gegenüber anderen Gewässerbenutzern und sonstigen Dritten Ansprüche aus dem Eigentum nach den Vorschriften des bürgerlichen Rechts zu.

(2) [1]Wegen nachteiliger Wirkungen einer bewilligten Benutzung kann der nach § 235 Abs. 1 und 2 Betroffene gegen den Inhaber der Umweltbewilligung über § 55 hinaus auch keine Ansprüche geltend machen, die auf die Beseitigung der Störung, auf die Unterlassung der Benutzung, auf die Herstellung von Schutzeinrichtungen oder auf Schadensersatz gerichtet sind; dies gilt nicht für vertragliche Ansprüche. [2]Hierdurch werden Schadensersatzansprüche wegen nachteiliger Wirkungen nicht ausgeschlossen, die darauf beruhen, daß der Inhaber der Umweltbewilligung angeordnete Auflagen nicht erfüllt hat.

§ 238 Nachträgliche Entscheidungen der Wasserbehörde

(1) Hat ein nach § 235 Abs. 1 und 2 Betroffener gegen die Erteilung der Umweltbewilligung Einwendungen erhoben und läßt sich zur Zeit der Entscheidung nicht feststellen, ob und in welchem Maße nachteilige Wirkungen eintreten werden, so ist die Entscheidung über die deswegen festzusetzenden Auflagen und Entschädigungen einem späteren Verfahren vorzubehalten.

(2) [1]Konnte der Betroffene nachteilige Wirkungen während des Verfahrens nicht voraussehen, so kann er verlangen, daß dem Unternehmer nachträgliche Auflagen gemacht werden. [2]Können die nachteiligen Wirkungen durch nachträgliche Auflagen nicht verhütet oder ausgeglichen werden, so ist der Betroffene zu entschädigen. [3]Der Antrag ist nur innerhalb einer Frist von drei Jahren nach dem Zeitpunkt zulässig, zu dem der Betroffene von den nachteiligen Wirkungen der Benutzung Kenntnis erhalten hat; er ist ausgeschlossen, wenn nach der Herstellung des der Umweltbewilligung entsprechenden Zustandes dreißig Jahre verstrichen sind.

(3) Lehnt die Behörde einen Vorbehalt nach Absatz 1 ab, kann der Betroffene wegen später eintretender nachteiliger Wirkungen Ansprüche nach Absatz 2 geltend machen.

Dritter Unterabschnitt: Besondere Vorschriften für die Erlaubnis

§ 239 Erlaubnis

(1) Die Erlaubnis gewährt das widerrufliche Recht, ein Gewässer zu einem bestimmten Zweck in einer nach Art und Maß bestimmten Weise zu benutzen; sie kann befristet werden.

(2) [1]Die Erlaubnis wird unbeschadet der Rechte Dritter erteilt. [2]Landesrecht kann abweichende Regelungen treffen, insbesondere bestimmen, daß in einem Erlaubnisverfahren § 235 Abs. 1 und 2 sowie hinsichtlich der Rechtswirkungen § 237 und § 238 entsprechend anzuwenden sind.

Vierter Unterabschnitt: Sonstige Rechtsgrundlagen für Benutzungen

§ 240 Planfeststellungen und bergrechtliche Betriebspläne

(1) Wird für ein Vorhaben, mit dem die Benutzung eines Gewässers verbunden ist, ein Planfeststellungsverfahren durchgeführt, so entscheidet die Planfeststellungsbehörde über die Erteilung der Umweltbewilligung oder Erlaubnis.

(2) Sieht ein bergrechtlicher Betriebsplan die Benutzung von Gewässern vor, so entscheidet die Bergbehörde über die Erteilung der Erlaubnis.

(3) Die Entscheidung ist im Einvernehmen mit der für das Wasser zuständigen Behörde zu treffen; bei Planfeststellungen durch Bundesbehörden ist die Wasserbehörde zu hören.

(4) Über die Beschränkung oder Rücknahme einer nach Absatz 1 erteilte Umweltbewilligung oder Erlaubnis entscheidet auf Antrag der Wasserbehörde die Planfeststellungsbehörde; sie trifft auch nachträgliche Entscheidungen nach § 236; Absatz 3 ist entsprechend anzuwenden.

(5) Für die Beschränkung oder den Widerruf einer nach Absatz 2 erteilten Erlaubnis gilt Absatz 4 sinngemäß.

§ 241 Alte Rechte und alte Befugnisse

Alte Rechte und alte Befugnisse und einbezüglich der Regelungen über deren Anmeldung zur Eintragung in das Wasserbuch sowie über andere alte Befugnisse bleiben nach Maßgabe der §§ 15 bis 17 des Wasserhaushaltsgesetzes aufrechterhalten.

Dritter Abschnitt: Bestimmungen für oberirdische Gewässer

Erster Unterabschnitt: Bewirtschaftung oberirdischer Gewässer

§ 242 Bewirtschaftungsziele für Oberflächengewässer

(1) [1]Oberflächengewässer sind entsprechend ihrer Eigenart als Bestandteil des Naturhaushalts zu schützen, zu pflegen und zu erhalten. [2]Art und Ausmaß ihrer Schutzwürdigkeit bestimmen sich insoweit nach den Umweltqualitätszielen, die in Umweltleitplänen oder in Grünordnungsplänen darzustellen sind. [3]Anforderungen der Bewirtschaftung in mengen- und gütewirtschaftlicher Hinsicht ergeben sich insbesondere aus der Funktion des Gewässers im Biotopverbundsystem.

(2) [1]Bewirtschaftungspläne und -konzepte im Sinne von § 225 sollen unabhängig von der jeweiligen Nutzung des Oberflächengewässers mindestens folgende Qualitätsmerkmale berücksichtigen: Güteklasse, Sauerstoffgehalt, Temperatur, biologischer Sauerstoffbedarf 5, chemischer Sauerstoffbedarf; bei stehenden Gewässern sind zusätzlich Gesamtphosphor und Nitrat zu berücksichtigen. [2]Soweit nach zwischenstaatlichen Vereinbarungen, nach bindenden Beschlüssen der Europäischen Gemeinschaft oder nach anderen Rechtsvorschriften Grenzwerte für die Gewässerqualität festgelegt sind, müssen sich die Bewirtschaftungspläne oder -konzepte auch auf diese Qualitätsmerkmale erstrecken.

(3) Wird ein Oberflächengewässer in mehrfacher Hinsicht genutzt und sind für die einzelnen Nutzungen bei gleichen Merkmalen unterschiedliche Qualitätsanforderungen vorgeschrieben, so müssen die Bewirtschaftungsziele an den jeweils strengeren Anforderungen ausgerichtet werden.

(4) [1]Die Länder können Mindestqualitätsanforderungen für alle Oberflächengewässer festlegen, denen in der Regel unabhängig von der Nutzung entsprochen werden muß. [2]Sie sind vor allem an der Aufrechterhaltung des Selbstreinigungsvermögens auszurichten.

(5) Besondere Bewirtschaftungspläne oder -konzepte sind insbesondere festzulegen für

1. Oberflächengewässer, aus denen Trinkwasser unmittelbar abgeleitet wird,
2. Oberflächengewässer, aus denen über Uferfiltration Trinkwasser gewonnen wird,
3. Oberflächengewässer, aus denen über Grundwasseranreicherung Trinkwasser gewonnen wird,
4. Oberflächengewässer, die als Badegewässer dienen,
5. Oberflächengewässer, die als Fischgewässer dienen,
6. Oberflächengewässer, die als Muschelgewässer dienen,

7. Oberflächengewässer, die in erheblichem Umfang zur Ableitung von Sümpfungswasser oder mineralhaltigem Grundwasser dienen,
8. Oberflächengewässer, die ausschließlich oder überwiegend zur Ableitung von Abwasser dienen.

§ 243 Frachtabbaukonzepte und Mindestanforderungen

(1) [1]Die Bundesregierung stellt nach Anhörung der beteiligten Kreise Frachtabbaukonzepte über einen Abbau der Gesamtfrachten an Schad- und Nährstoffen, die mit dem Abwasser in Oberflächengewässer eingeleitet werden, auf. [2]Die Frachtabbaukonzepte müssen langfristig sowie auf eine einheitliche und gleichmäßige Durchführung angelegt sein, den Risiken für den Qualitätszustand für die Meeresumwelt und die Qualität der Oberflächengewässer im Ganzen angemessen sein, denen jeweils entgegengewirkt werden soll; sie sind auch an volkswirtschaftlichen Größenordnungen auszurichten.

(2) [1]Durch Rechtsverordnungen nach § 146 oder durch Verwaltungsvorschriften nach Maßgabe des § 155 sind Mindestanforderungen an das Einleiten von Abwasser festzulegen, die den allgemein anerkannten Regeln der Technik entsprechen; enthält Abwasser bestimmter Herkunft Stoffe oder Stoffgruppen, die wegen der Besorgnis einer Giftigkeit, Langlebigkeit, Anreicherungsfähigkeit oder einer krebserzeugenden, fruchtschädigenden oder erbgutverändernden Wirkung als gefährlich zu bewerten sind, müssen insoweit die Anforderungen dem Stand der Technik entsprechen. [2]Die Bundesregierung bestimmt durch Rechtsverordnung mit Zustimmung des Bundesrates die Herkunftsbereiche von Abwasser, das Stoffe im Sinne des Satzes 1 enthält. [3]Die Mindestanforderungen können auch für den Ort des Anfalls des Abwassers oder für den Ort vor seiner Vermischung festgelegt werden.

(3) [1]Eine Erlaubnis für das Einleiten von Abwasser darf nur erteilt werden, wenn die Schadstoff- oder Nährstofffracht des Abwassers den Mindestanforderungen nach Absatz 2, mindestens aber den allgemein anerkannten Regeln der Technik entspricht. [2]Entsprechen vorhandene Einleitungen von Abwasser noch nicht den Mindestanforderungen, so haben die Länder sicherzustellen, daß die erforderlichen Maßnahmen durchgeführt werden. [3]Die Länder können Fristen festlegen, innerhalb derer die Maßnahmen abgeschlossen sein müssen.

(4) Die Länder stellen auch sicher, daß vor dem Einleiten von Abwasser mit gefährlichen Stoffen in eine öffentliche Abwasseranlage die erforderlichen Maßnahmen durchgeführt werden.

§ 244 Einbringen, Lagern und Befördern von Stoffen

(1) [1]Feste Stoffe dürfen in ein oberirdisches Gewässer nicht zu dem Zweck eingebracht werden, sich ihrer zu entledigen. [2]Schlammige Stoffe rechnen nicht zu den festen Stoffen.

(2) [1]Stoffe dürfen an einem oberirdischen Gewässer nur so gelagert oder abgelagert werden, daß eine Verunreinigung des Wassers oder eine sonstige nachteilige Veränderung seiner Eigenschaften oder des Wasserabflusses nicht zu besorgen ist. [2]Das gleiche gilt für die Beförderung von Flüssigkeiten und Gasen durch Rohrleitungen. [3]Weitergehende Verbotsvorschriften bleiben unberührt.

Zweiter Unterabschnitt: Erlaubnisfreie Benutzungen

§ 245 Gemeingebrauch

[1]Jedermann darf oberirdische Gewässer in einem Umfang benutzen, wie dies nach Landesrecht als Gemeingebrauch gestattet ist, soweit nicht Rechte anderer entgegenstehen und soweit Befugnisse oder der Eigentümer- oder Anliegergebrauch anderer dadurch nicht beeinträchtigt werden. [2]Die §§ 226 und 227 bleiben unberührt.

§ 246 Eigentümer- und Anliegergebrauch

(1) [1]Eine Zulassung ist nicht erforderlich zur Benutzung eines oberirdischen Gewässers durch den Eigentümer oder den durch ihn Berechtigten für den eigenen Bedarf, wenn dadurch andere nicht beeinträchtigt werden, keine nachteilige Veränderung der Eigenschaft des Wassers, keine wesentliche Verminderung der Wasserführung und keine andere Beeinträchtigung des Wasserhaushalts zu erwarten sind. [2]Weitergehende Anforderungen nach den §§ 226 und 227 bleiben unberührt. [3]Die Länder können den Eigentümergebrauch ausschließen, soweit er bisher nicht zugelassen war.

(2) Die Länder können bestimmen, daß die Eigentümer der an oberirdische Gewässer angrenzenden Grundstücke und die zur Nutzung dieser Grundstücke Berechtigten (Anlieger) sowie die Eigentümer der an Anliegergrundstücke angrenzenden Grundstücke und die zur Nutzung dieser Grundstücke Berechtigten (Hinterlieger) oberirdische Gewässer ohne Umweltbewilligung oder Erlaubnis nach Maßgabe des Absatzes 1 benutzen dürfen.

(3) An Gewässern, die der Schiffahrt dienen oder künstlich errichtet sind, findet ein Gebrauch nach Absatz 2 durch die Anlieger und Hinterlieger nicht statt.

§ 247 Benutzung zu Zwecken der Fischerei

Die Länder können bestimmen, daß für das Einbringen von Stoffen in oberirdische Gewässer zu Zwecken der Fischerei eine Umweltbewilligung oder Erlaubnis nicht erforderlich ist.

Dritter Unterabschnitt: Abwasserbeseitigung

§ 248 Abwasserbeseitigungspflicht und Abwasserbeseitigungspläne

(1) Abwasser ist so zu beseitigen, daß der Zweck dieses Kapitels nicht beeinträchtigt wird.
(2) Die Länder stellen Abwasserbeseitigungspläne nach § 26 unter Berücksichtigung der Bewirtschaftungsziele nach § 242 auf.
(3) Weist ein für verbindlich erklärter Abwasserbeseitigungsplan nach § 26 andere Träger aus, so sind diese zur Abwasserbeseitigung verpflichtet.

§ 249 Bau und Betrieb von Abwasseranlagen

(1) [1]Abwasseranlagen sind nach den hierfür jeweils in Betracht kommenden Regeln der Technik zu errichten und zu betreiben. [2]Soweit das Einleiten von Abwasser zugelassen ist, sind die Inhalte der Zulassung und nachträglichen Anordnungen zu beachten.
(2) Entsprechen vorhandene Anlagen nicht den Vorschriften des Absatzes 1, stellen die Länder sicher, daß die erforderlichen Maßnahmen durchgeführt werden.

§ 250 Zulassung von Abwasserbehandlungsanlagen

[1]Der Bau und der Betrieb sowie die wesentliche Änderung einer Abwasserbehandlungsanlage, die für mehr als 3000 kg/BSB_5 (roh) oder für mehr als 1500 Kubikmeter Abwasser in zwei Stunden (ausgenommen Kühlwasser) ausgelegt ist, bedürfen einer behördlichen Zulassung nach Maßgabe des Landesrechts. [2]Die Zulassung kann nur in einem

Verfahren erteilt werden, das den Anforderungen der §§ 31 bis 45 entspricht.

Vierter Unterabschnitt: Ausbau und Unterhaltung

§ 251 Ausbau

(1) [1]Die Herstellung, Beseitigung oder wesentliche Umgestaltung eines oberirdischen Gewässers oder seiner Ufer (Ausbau) bedarf der Umweltbewilligung im Sinne des Zweiten Abschnitts. [2]Deich- und Dammbauten, die den Hochwasserabfluß beeinflussen, stehen dem Ausbau gleich. [3]Ein Ausbau bedarf nur einer Erlaubnis nach § 239, wenn mit Einwendungen nicht zu rechnen ist.

(2) Auf Ausbauvorhaben, die vom Wohl der Allgemeinheit her geboten sind, finden die §§ 230, 232 und 234 keine Anwendung.

(3) Auf Ausbauvorhaben, die allein oder überwiegend im Interesse Privater liegen, sind die §§ 230 bis 238 entsprechend anzuwenden.

(4) In Zweifelsfällen entscheidet die oberste Wasserbehörde, ob eine Umweltbewilligung nach Absatz 2 oder nach Absatz 3 erteilt werden soll.

§ 252 Unterhaltung

(1) [1]Die Unterhaltung eines Gewässers umfaßt die Erhaltung eines ordnungsgemäßen Zustandes für den Wasserabfluß und an schiffbaren Gewässern auch die Erhaltung der Schiffbarkeit. [2]Bei der Unterhaltung ist der Zweck nach § 222 zu berücksichtigen. [3]Die Länder können bestimmen, daß es zur Unterhaltung gehört, das Gewässer und seine Ufer auch in anderer wasserwirtschaftlicher Hinsicht in ordnungsmäßigem Zustand zu erhalten. [4]Das gilt auch für Maßnahmen zur Verbesserung und Erhaltung des Selbstreinigungsvermögens, soweit nicht andere dazu verpflichtet sind; § 231 Abs. 2 Nr. 4 bleibt unberührt.

(2) Für die Unterhaltung ausgebauter Gewässer gelten die Vorschriften über den Umfang der Unterhaltung insoweit, als nicht in einem Verfahren nach § 251 oder in einer anderen Rechtsvorschrift etwas anderes bestimmt ist.

§ 253 Unterhaltungslast

[1]Die Unterhaltung von Gewässern obliegt, soweit sie nicht Aufgabe von Gebietskörperschaften, von Wasser- und Bodenverbänden oder gemeindlichen Zweckverbänden ist, den Eigentümern der Gewässer, den Anliegern und denjenigen Eigentümern von Grundstücken und Anlagen, die aus der Unterhaltung Vorteile haben oder die die Unterhaltung erschweren. [2]Die Länder können bestimmen, daß die Unterhaltung auch anderen Eigentümern von Grundstücken im Einzugsgebiet obliegt. [3]Bestehende Verpflichtungen anderer zur Unterhaltung von Gewässerstrekken oder von Bauwerken im oder am Gewässer werden durch Satz 1 und durch eine nach Satz 2 ergehende Regelung nicht berührt. [4]Die Länder bestimmen, in welcher Weise die Unterhaltungspflicht zu erfüllen ist.

§ 254 Besondere Pflichten im Interesse der Unterhaltung

(1) Soweit es zur ordnungsgemäßen Unterhaltung eines Gewässers erforderlich ist, haben die Anlieger und die Hinterlieger nach vorheriger Ankündigung zu dulden, daß die Unterhaltungspflichtigen oder deren Beauftragte die Grundstücke betreten, vorübergehend benutzen und aus ihnen Bestandteile für die Unterhaltung entnehmen, wenn diese anderweitig nur mit unverhältnismäßig hohen Kosten beschafft werden können.

(2) [1]Die Anlieger haben zu dulden, daß der zur Unterhaltung Verpflichtete die Ufer bepflanzt, soweit es für die Unterhaltung erforderlich ist. [2]Sie können verpflichtet werden, die Ufergrundstücke in erforderlicher Breite so zu bewirtschaften, daß die Unterhaltung nicht beeinträchtigt wird; sie haben bei der Nutzung die Erfordernisse des Uferschutzes zu beachten.

(3) Entstehen durch Handlungen nach Absatz 1 oder 2 Schäden, so hat der Betroffene Anspruch auf Entschädigung.

Vierter Abschnitt: Bestimmungen für Küstengewässer

§ 255 Bewirtschaftungsziele

(1) Küstengewässer sind so zu bewirtschaften und zu unterhalten, daß der beschränkten Selbstreinigungskraft des Salzwassers Rechnung getragen und eine Eutrophierung vermieden wird.

(2) Die wirtschaftliche Nutzung der Ufergrundstücke muß der Funktion der Küstengewässer als Bestandteil des Naturhaushalts Rechnung tragen.

(3) Besondere Bewirtschaftungspläne und -konzepte sind insbesondere festzulegen für:
1. Küstengewässer, die als Badegewässer dienen,
2. Küstengewässer, in denen Fischzucht betrieben wird,
3. Küstengewässer, in die in größerem Umfange Abwasser eingeleitet wird.

(4) Im übrigen sind die §§ 243, 244, 248 bis 250 entsprechend anzuwenden.

§ 256 Erlaubnisfreie Benutzungen

[1]Die Länder können bestimmen, daß eine Erlaubnis oder Umweltbewilligung nicht erforderlich ist
1. für das Einbringen von Stoffen zu Zwecken der Fischerei,
2. für das Einleiten von Grund-, Quell- und Niederschlagswasser,
3. für das Einbringen und Einleiten von anderen Stoffen, wenn dadurch die Eigenschaften eines Küstengewässers nicht oder nur in einem unerheblichen Ausmaß nachteilig verändert werden.

[2]Dabei dürfen die Eigenschaften des Küstengewässers nicht oder nur in einem unerheblichen Ausmaß nachteilig verändert werden.

Fünfter Abschnitt: Bestimmungen für das Grundwasser

§ 257 Bewirtschaftungsziele beim Grundwasserschutz

(1) [1]Grundwasser ist zu schützen, zu pflegen und zu erhalten. [2]Die Förderung von Grundwasser darf langfristig nicht über die Erneuerungsrate hinausgehen.

(2) [1]Nutzbares Grundwasser darf nicht verunreinigt werden. [2]Ist früher nutzbares Grundwasser verunreinigt, sollen Sanierungsmaßnahmen eingeleitet werden, soweit dies mit angemessenem Aufwand möglich ist.

(3) Besondere Bewirtschaftungsziele sind, wenn es der Zweck des § 222 erfordert, entsprechend ihrer Eigenart insbesondere festzulegen für
1. Grundwasser, das nach Absatz 2 Satz 2 saniert werden soll,
2. Grundwasser, in das Wasser eingeleitet wird, das im Rahmen geothermischer Verfahren verwendet wird, von Grubenwasser aus Bergwerken und Steinbrüchen oder von Wasser, das für Bauarbeiten fortgeleitet wird,

3. mineralhaltiges Grundwasser in größeren Tiefen, in das Abwasser versenkt wird.

§ 258 Benutzungsverbote

(1) [1]Das Einleiten besonders wassergefährlicher Stoffe in das Grundwasser ist verboten. [2]Die Stoffe werden durch Rechtsverordnung nach § 146 bestimmt. [3]Das Einleiten von sonstigen Stoffen in das Grundwasser darf nur zugelassen werden, wenn eine schädliche Verunreinigung des Grundwassers oder eine sonstige nachteilige Veränderung seiner Eigenschaften nicht zu besorgen ist.

(2) [1]Stoffe dürfen nur so gelagert oder abgelagert werden, daß eine schädliche Verunreinigung nicht zu besorgen ist. [2]Das gleiche gilt für die Beförderung von Flüssigkeiten und Gasen durch Rohrleitungen.

§ 259 Besondere Grundwasserbenutzungen

(1) Als Benutzungen im Sinne des § 223 Abs. 7 Satz 2 Nr. 2 gelten insbesondere
1. Dungüberschußbetriebe mit einem Wirtschaftsdüngeranfall von mehr als zwei Düngeeinheiten je volles Hektar Aufbringfläche,
2. Intensivkulturen von Mais, Hopfen, Wein, Feldgemüse und Obst im weiteren Einwirkungsbereich von Wassergewinnungsanlagen,
3. intensiver Pflanzenbau auf durchlässigen flachgrundigen Böden,
4. intensiver Pflanzenbau auf Lagen mit geringem Grundwasserflurabstand.

(2) Die Bundesregierung wird ermächtigt, durch Rechtsverordnung mit Zustimmung des Bundesrates nähere Bestimmungen darüber zu treffen, wann eine Benutzung im Sinne des Absatzes 1 vorliegt.

§ 260 Erlaubnisfreie Benutzungen

(1) Eine Zulassung ist nicht erforderlich für das Entnehmen, Zutagefördern, Zutageleiten oder Ableiten von Grundwasser
1. für den Haushalt, für den landwirtschaftlichen Hofbetrieb, für das Tränken von Vieh außerhalb des Hofbetriebes oder in geringen Mengen zu einem vorübergehenden Zweck,
2. zum Zweck der gewöhnlichen Bodenentwässerung landwirtschaftlich, forstwirtschaftlich oder gärtnerisch genutzter Grundstücke.

(2) Die Länder können allgemein oder für einzelne Gebiete bestimmen, daß

1. in den in Absatz 1 aufgeführten Fällen eine Zulassung erforderlich ist,
2. für das Entnehmen, Zutagefördern, Zutageleiten oder Ableiten von Grundwasser in geringen Mengen für gewerbliche Betriebe sowie für die Landwirtschaft, die Forstwirtschaft oder den Gartenbau für die in Absatz 1 bezeichneten Zwecke hinaus eine Zulassung erforderlich ist.

§ 261 Erdaufschlüsse

(1) Soweit es der Zweck des Gesetzes nach § 222 erfordert, haben die Länder zu bestimmen, daß Arbeiten, die über eine bestimmte Tiefe hinaus in den Boden eindringen, zu überwachen sind.

(2) Wird Grundwasser unbefugt erschlossen, so kann die Beseitigung der Erschließung angeordnet werden, wenn Rücksichten auf den Wasserhaushalt es erfordern.

Sechster Abschnitt: Wassergefährdende Anlagen

§ 262 Anlagen zum Umgang mit wassergefährlichen Stoffen

(1) Anlagen zum Umgang mit wassergefährlichen Stoffen müssen so beschaffen sein und betrieben werden, daß
1. wassergefährliche Stoffe nicht austreten können,
2. Undichtheiten aller Anlagenteile, die mit wassergefährlichen Stoffen in Berührung stehen, schnell und zuverlässig erkennbar sind,
3. austretende wassergefährliche Stoffe schnell und zuverlässig erkannt und zurückgehalten werden.

(2) Die zuständige Behörde kann an Anlagen zum Umgang mit wassergefährlichen Stoffen im Einzelfall weitergehende Anforderungen stellen, wenn dies wegen der besonderen Empfindlichkeit der standörtlichen Verhältnisse oder der besonderen Schutzwürdigkeit der jeweiligen Wasservorkommen erforderlich ist.

(3) [1]Durch Rechtsverordnung nach § 146 erläßt die Bundesregierung nähere Vorschriften
1. über Anforderungen an Anlagen zum Umgang mit wassergefährlichen Stoffen,
2. über die Aufstellung von Betriebsanweisungen,
3. über die Abgrenzung von wassergefährlichen Stoffen,
4. über nähere Anforderungen einer Eignungsfeststellung oder Bauart.

[2]Bei der Festlegung der Anforderungen nach Satz 1 Nr. 1 sind die Anforderungen nach dem Gefährdungspotential abzustufen. [3]Das Gefährdungspotential wird einerseits nach der Wassergefährlichkeit der Stoffe, andererseits nach der Art der Anlage bestimmt. [4]Nach der jeweiligen technischen Ausgestaltung und Zweckbestimmung werden Anlagen in verschiedene Gefährdungsstufen eingeteilt.

§ 263 Umweltbewilligungs- oder Erlaubnisvorbehalt für Rohrleitungen zum Befördern wassergefährlicher Stoffe

(1) Die Errichtung und der Betrieb von Rohrleitungsanlagen zum Befördern wassergefährlicher Stoffe gelten als Benutzungen nach § 223 Abs. 7 Satz 2 Nr. 2.

(2) Die Bundesregierung erläßt nach § 146 nähere Bestimmungen über
1. die von dieser Vorschrift erfaßten wassergefährlichen Stoffe,
2. technische Anforderungen an Errichtung und Betrieb der Rohrleitungen,
3. wiederkehrende Prüfungen und Prüfungen aufgrund behördlicher Anordnungen,
4. Regelungen für bestehende Anlagen sowie
5. das Verhältnis der Umweltbewilligung oder Erlaubnis zu anderen behördlichen Entscheidungen.

Siebenter Abschnitt: Gebietsbezogener Gewässerschutz

§ 264 Wasserschutzgebiete

(1) Soweit es der Zweck des Gesetzes nach § 222 erfordert,
1. Gewässer im Interesse der derzeit bestehenden oder künftigen öffentlichen Wasserversorgung vor nachteiligen Einwirkungen zu schützen,
2. das Grundwasser anzureichern oder
3. das schädliche Abfließen oder Niederschlagswasser sowie das Abschwemmen oder den Eintrag von Bodenbestandteilen, Dünge- oder Pflanzenschutzmitteln in Gewässer zu verhüten,

können die Länder Wasserschutzgebiete durch Rechtsverordnung festsetzen.

(2) Wasserschutzgebiete sollen nicht festgesetzt werden, soweit sich die Schutzziele bereits nach den allgemeinen Vorschriften dieses Gesetzes, insbesondere durch Maßnahmen nach § 223 Abs. 7 Satz 2 Nr. 2, auf-

grund des § 262 Abs. 2 oder mittels der Regeln gewässerschonender Land- und Forstwirtschaft nach § 227 Abs. 2 durchsetzen lassen; das gleiche gilt, soweit das Landesrecht weiterreichende allgemeine Anforderungen an den Gewässerschutz stellt.

(3) In den Wasserschutzgebieten können

1. bestimmte Handlungen verboten oder für nur beschränkt zulässig erklärt werden und
2. die Eigentümer und Nutzungsberechtigten von Grundstücken zur Duldung bestimmter Maßnahmen verpflichtet werden, dazu gehören auch Maßnahmen zur Beobachtung des Gewässers und des Bodens.

(4) [1]Wird durch eine Anordnung nach Absatz 3 die ordnungsgemäße Nutzung eines Grundstücks in einer Weise beschränkt, die sich im Einzelfall als unzumutbare Eigentumsbeeinträchtigung auswirkt, ist dafür nach Maßgabe des Landesrechts Entschädigung zu leisten. [2]Bei der Bestimmung der Zumutbarkeit sowie der Art und des Umfangs der Entschädigung ist die Umweltpflichtigkeit des Eigentums zu berücksichtigen.

(5) Setzt eine Anordnung nach Absatz 3 erhöhte Anforderungen fest, die die im Sinne des § 227 dieses Kapitels ordnungsgemäße land- oder forstwirtschaftliche Nutzung eines Grundstücks beschränken, so kann für die dadurch verursachten besonderen wirtschaftlichen Nachteile ein angemessener Ausgleich nach Maßgabe des Landesrechts geleistet werden, soweit nicht eine Entschädigungspflicht nach Absatz 4 besteht.

Achter Abschnitt: Vollzug und Umweltbeauftragte

§ 265 Überwachungspflicht

(1) Die behördliche Überwachung von Benutzungen nach § 223 Abs. 6 dieses Kapitels, von Anlagen, die solchen Benutzungen dienen sowie von Anlagen nach § 262, erfolgt nach den §§ 57 bis 69.

(2) Auf die durch die Überwachung erlangten Kenntnisse und Unterlagen sind die §§ 93, 97, 105 Absatz 1, § 111 Absatz 5 in Verbindung mit § 105 Absatz 1 sowie § 116 Absatz 1 der Abgabenordnung nur anzuwenden, soweit die Finanzbehörden die Kenntnisse für die Durchführung eines Verfahrens wegen einer Steuerstraftat sowie eines damit zusammenhängenden Besteuerungsverfahrens benötigen, an deren Verfolgung ein zwingendes öffentliches Interesse besteht, oder soweit es sich um vorsätzlich falsche Angaben des Auskunftspflichtigen oder der für ihn tätigen Personen handelt.

§ 266 Eigenüberwachung

Die Länder bestimmen, wieweit nach § 265 Überwachungspflichtige laufend oder nach Maßgabe von Anordnungen der Wasserbehörde Maßnahmen der Eigenüberwachung nach § 70 zu treffen haben.

§ 267 Durchsetzung des Wasserrechts

(1) Die Durchführung der Vorschriften dieses Kapitels und der im Rahmen oder aufgrund dieses Kapitels erlassenen Rechtsvorschriften obliegt den für den Gewässerschutz zuständigen Behörden.

(2) [1]Andere Behörden und öffentliche Stellen haben im Rahmen ihrer Zuständigkeiten die Durchführung der Vorschriften dieses Kapitels zu unterstützen. [2]Sie haben die für den Gewässerschutz zuständigen Behörden bereits bei der Vorbereitung aller öffentlichen Planungen und Maßnahmen, die die Belange des Gewässerschutzes berühren können, zu unterrichten und ihnen Gelegenheit zur Stellungnahme zu geben, soweit nicht eine weitergehende Form der Beteiligung vorgeschrieben ist.

§ 268 Vertragliche Vereinbarungen

Bei Maßnahmen zur Durchführung der wasserrechtlichen Vorschriften sollen die für den Gewässerschutz zuständigen Behörden prüfen, ob der Schutzzweck auch durch vertragliche Vereinbarungen erreicht werden kann.

§ 269 Erforderlichkeit eines Umweltbeauftragten für Gewässerschutz

(1) Benutzer von Gewässern, die an einem Tag mehr als 750 cbm Abwasser einleiten dürfen, haben einen oder mehrere Umweltbeauftragte für Gewässerschutz zu bestellen.

(2) Die Wasserbehörde kann anordnen, daß die Einleiter von Abwasser in Gewässer, für die die Bestellung eines Umweltbeauftragten nach Absatz 1 nicht vorgeschrieben ist, und die Einleiter von Abwasser in Abwasseranlagen einen oder mehrere Umweltbeauftragte für Gewässerschutz zu bestellen haben.

§ 270 Aufgaben des Umweltbeauftragten für Gewässerschutz

[1]Der Gewässerschutzbeauftragte hat die Aufgaben nach § 96. [2]Darüber hinaus kann die zuständige Behörde im Einzelfall diese Aufgaben des Umweltbeauftragten für Gewässerschutz
1. näher regeln,
2. erweitern, soweit es die Belange des Gewässerschutzes erfordern,
3. einschränken, wenn dadurch die ordnungsgemäße Eigenüberwachung nicht beeinträchtigt wird.

Neunter Abschnitt: Abwasserabgabe

Erster Unterabschnitt: Allgemeine Vorschriften

§ 271 Abgabepflicht

(1) Für das Einleiten von Abwasser in ein Gewässer im Sinne von § 223 Abs. 1 dieses Kapitels ist eine Abgabe im Sinne des § 77 zu entrichten (Abwasserabgabe).

(2) Nicht abgabepflichtig ist das Einleiten von
1. Schmutzwasser, das vor Gebrauch einem Gewässer entnommen worden ist und über die bei der Entnahme vorhandene Schädlichkeit im Sinne dieses Kapitels hinaus keine weitere Schädlichkeit im Sinne dieses Kapitels aufweist,
2. Schmutzwasser in ein beim Abbau von mineralischen Rohstoffen entstandenes oberirdisches Gewässer, sofern das Wasser nur zum Waschen der dort gewonnenen Erzeugnisse gebraucht wird und keine anderen schädlichen Stoffe als die abgebauten enthält und soweit gewährleistet ist, daß keine schädlichen Stoffe in andere Gewässer gelangen,
3. Schmutzwasser von Wasserfahrzeugen, das auf ihnen anfällt,
4. Niederschlagswasser von bis zu drei Hektar großen befestigten gewerblichen Flächen und von Schienenwegen der Eisenbahnen, wenn es nicht über eine öffentliche Kanalisation vorgenommen wird.

(3) Die Länder können bestimmen, daß das Einleiten von Abwasser in Untergrundschichten, in denen das Grundwasser wegen seiner natürlichen Beschaffenheit für eine Trinkwassergewinnung mit den herkömmlichen Aufbereitungsverfahren nicht geeignet ist, nicht abgabepflichtig ist.

§ 272 Begriffsbestimmungen

(1) Als Schmutzwasser im Sinne von § 223 Abs. 4 gelten in diesem Abschnitt auch die aus Abfallentsorgungsanlagen nach § 560 Abs. 10 von Abfällen austretenden und gesammelten Flüssigkeiten.

(2) [1]Als Einleiten im Sinne dieses Abschnitts gilt auch das unmittelbare Verbringen von Abwasser. [2]Ausgenommen ist hiervon das Verbringen im Rahmen land- und forstwirtschaftlicher Nutzung von Grundstücken, soweit den Anforderungen gemäß § 290 genügt wird.

(3) Als Abwasserbehandlungsanlage im Sinne von § 223 Abs. 4 gilt im Rahmen dieses Abschnitts auch eine Einrichtung, die dazu dient, die Entstehung von Abwasser ganz oder teilweise zu verhindern.

§ 273 Abgabehöhe

(1) Die Höhe der Abgabe richtet sich nach der Schädlichkeit des Abwassers, die unter Zugrundelegung der oxidierbaren Stoffe, des Phosphors, des Stickstoffs und der organischen Halogenverbindungen, der Metalle Quecksilber, Cadmium, Nickel, Blei, Kupfer und ihrer Verbindungen sowie der Giftigkeit des Abwassers gegenüber Fischen nach Maßgabe einer Rechtsverordnung nach § 146 in Schadeinheiten bestimmt wird.

(2) Bei Flußkläranlagen richtet sich die Abgabe nach der Zahl der Schadeinheiten im Gewässer unterhalb der Flußkläranlage.

(3) Die Länder können bestimmen, daß die Schädlichkeit des Abwassers insoweit außer Ansatz bleibt, als sie in Nachklärteichen, die einer Abwasserbehandlungsanlage klärtechnisch unmittelbar zugeordnet sind, beseitigt wird.

Zweiter Unterabschnitt: Ermittlung der Schädlichkeit

§ 274 Bewertungsgrundlage

(1) [1]Die der Ermittlung der Zahl der Schadeinheiten zugrunde zu legende Schadstofffracht errechnet sich außer bei Niederschlagswasser und bei Kleineinleitungen nach den Festlegungen der die Abwassereinleitung zulassenden Umweltbewilligung oder Erlaubnis. [2]Der Bescheid hat hierzu mindestens für die in § 273 Abs. 1 genannten Schadstoffe und Schadstoffgruppen die in einem bestimmten Zeitraum im Abwasser einzuhaltende Konzentration und bei der Giftigkeit gegenüber Fischen den in einem bestimmten Zeitraum einzuhaltenden Verdünnungsfaktor zu

begrenzen (Überwachungswerte) sowie die Jahreschmutzwassermenge festzulegen. [3]Bei Flußkläranlagen gilt Absatz 1 entsprechend.

(2) [1]Weist das aus einem Gewässer unmittelbar entnommene Wasser vor seinem Gebrauch bereits eine Schädlichkeit (Vorbelastung) auf, so ist auf Antrag des Abgabepflichtigen die Vorbelastung für in die in § 273 Abs. 1 genannten Schadstoffe und Schadstoffgruppen zu schätzen und ihm die geschätzte Vorbelastung nicht zuzurechnen. [2]Bei der Schätzung ist von der Schadstoffkonzentration im Mittel mehrerer Jahre auszugehen. [3]Die Länder können für Gewässer oder Teile von ihnen die mittlere Schadstoffkonzentration einheitlich festlegen.

(3) [1]Ergibt die Überwachung durch staatliche oder staatlich anerkannte Stellen der Länder, daß ein der Abgabeberechnung zugrunde zu legender Überwachungswert im Veranlagungszeitraum nicht eingehalten ist und auch nicht als eingehalten gilt, wird die Zahl der Schadeinheiten erhöht. [2]Die Erhöhung richtet sich nach dem Vomhundertsatz, um den der höchste gemessene Einzelwert den Überwachungswert überschreitet. [3]Wird der Überwachungswert einmal nicht eingehalten, so bestimmt sich die Erhöhung nach der Hälfte des Vomhundertsatzes, wird der Überwachungswert mehrfach nicht eingehalten, nach dem vollen Vomhundertsatz. [4]Legt der die Abwassereinleitung zulassende Bescheid einen Überwachungswert nicht fest und ergibt die Überwachung, daß die in der Rechtsverordnung nach § 273 Abs. 1 als Schwellenwert angegebene Konzentration überschritten ist, wird die sich rechnerisch bei Zugrundelegung des Schwellenwertes ergebende Zahl der Schadeinheiten um den Vomhundertsatz erhöht, der sich aus den Sätzen 3 und 4 ergibt. [5]Enthält der Bescheid über die nach Absatz 1 zugrunde zu legenden Überwachungswerte hinaus auch Überwachungswerte für kürzere Zeiträume oder Festlegungen für die in einem bestimmten Zeitraum einzuhaltende Abwassermenge oder Schadstofffracht, so wird die Zahl der Schadeinheiten auch bei Überschreitung dieser Werte erhöht. [6]Wird die festgelegte Abwassermenge nicht eingehalten, so wird die Zahl der Schadeinheiten für alle im Bescheid nach Absatz 1 begrenzten Überwachungswerte erhöht. [7]Werden sowohl ein Überwachungswert nach Absatz 1 als auch ein Überwachungswert oder eine Festlegung nach Satz 6 nicht eingehalten, so bestimmt sich die Erhöhung der Zahl der Schadeinheiten nach dem höchsten anzuwendenden Vomhundertsatz.

(4) [1]Erklärt der Einleiter gegenüber der zuständigen Behörde, daß er im Veranlagungszeitraum während eines bestimmten Zeitraumes, der nicht kürzer als drei Monate sein darf, einen niedrigeren Wert als den im Bescheid nach Absatz 1 festgelegten Überwachungswert oder eine geringere als die im Bescheid festgelegte Abwassermenge einhalten wird, so ist die Zahl der Schadeinheiten für diesen Zeitraum nach dem erklärten Wert zu ermitteln. [2]Die Abweichung muß mindestens 20 vom Hundert betragen. [3]Die Erklärung, in der die Umstände darzulegen sind, auf de-

nen sie beruht, ist mindestens zwei Wochen vor dem beantragten Zeitraum abzugeben. [4]Die Absätze 2 und 3 gelten entsprechend. [5]Ergibt die behördliche Überwachung, daß ein Meßergebnis den erklärten Wert oder einen weiteren im gleichen Verhältnis zu verringernden Überwachungswert oder die Festlegungen nach Absatz 4 Satz 5 übersteigt, sind die Schadeinheiten nach den Absätzen 1 bis 3 zu ermitteln; die Regelung über eine Ermäßigung des Abgabesatzes nach § 278 Abs. 5 bleibt bei Einhaltung des Überwachungswertes unberührt.

§ 275 Ermittlung in sonstigen Fällen

(1) [1]Soweit die zur Ermittlung der Schadeinheiten erforderlichen Festlegungen nicht in einem Bescheid nach § 274 Abs. 1 enthalten sind, hat der Einleiter spätestens einen Monat vor Beginn des Veranlagungszeitraums gegenüber der zuständigen Behörde zu erklären, welche für die Ermittlung der Schadeinheiten maßgebenden Überwachungswerte er im Veranlagungszeitraum einhalten wird. [2]Kommt der Einleiter der Verpflichtung nach Satz 1 nicht nach, ist der Ermittlung der Schadeinheiten jeweils das höchste Meßergebnis aus der behördlichen Überwachung zugrunde zu legen. [3]Liegt kein Ergebnis aus der behördlichen Überwachung vor, hat die zuständige Behörde die Überwachungswerte zu schätzen. [4]Die Jahresschmutzwassermenge wird bei der Ermittlung der Schadeinheiten geschätzt.

(2) § 274 Abs. 2 bis 5 gelten entsprechend.

§ 276 Pauschalierung bei Einleitung von verschmutztem Niederschlagswasser

[1]Die Zahl der Schadeinheiten von Niederschlagswasser, das über eine öffentliche Kanalisation eingeleitet wird, beträgt zwölf vom Hundert der angeschlossenen Einwohner. [2]Wird das Niederschlagswasser von befestigten gewerblichen Flächen über eine nichtöffentliche Kanalisation eingeleitet, sind der Abgabeberechnung achtzehn Schadeinheiten je volles Hektar zugrunde zu legen, wenn die befestigten gewerblichen Flächen größer als drei Hektar sind. [3]Die Zahl der angeschlossenen Einwohner oder die Größe der befestigten Fläche kann geschätzt werden.

§ 277 Pauschalierung bei Kleineinleitungen

(1) [1]Die Zahl der Schadeinheiten von Schmutzwasser aus Haushalten und ähnlichem Schmutzwasser, für das eine Körperschaft des öffentlichen Rechts abgabepflichtig ist, beträgt die Hälfte der Zahl der nicht an die Kanalisation angeschlossenen Einwohner. [2]Ist die Zahl der Einwohner nicht oder nur mit unangemessenem Aufwand zu ermitteln, kann sie geschätzt werden.

(2) Die Länder können durch Rechtsverordnung bestimmen, unter welchen Voraussetzungen die Einleitung abgabefrei bleibt.

Dritter Unterabschnitt: Abgabepflichtiger

§ 278 Abgabepflichtiger, Abgabesatz

(1) Abgabepflichtig im Sinne von § 78 ist, wer Abwässer einleitet (Einleiter).

(2) [1]Die Länder können bestimmen, daß an Stelle der Einleiter Körperschaften des öffentlichen Rechts abgabepflichtig sind. [2]An Stelle von Einleitern, die weniger als acht Kubikmeter je Tag Schmutzwasser aus Haushaltungen und ähnliches Schmutzwasser einleiten, sind von den Ländern zu bestimmende Körperschaften des öffentlichen Rechts abgabepflichtig. [3]Die Länder regeln die Abwälzbarkeit der Abgabe.

(3) [1]Wird das Wasser eines Gewässers in einer Flußkläranlage gereinigt, können die Länder bestimmen, daß an Stelle der Einleiter eines festzulegenden Einzugsbereichs der Betreiber der Flußkläranlage abgabepflichtig ist. [2]Absatz 2 Satz 3 gilt entsprechend.

(4) Der Abgabesatz beträgt für jede Schadeinheit ... im Jahr.

(5) [1]Der Abgabesatz nach Absatz 4 ermäßigt sich außer bei Niederschlagswasser und bei Kleineinleitungen um 75 vom Hundert für die Schadeinheiten, die nicht vermieden werden, obwohl

1. der Inhalt des Bescheides nach § 274 Abs. 1 oder die Erklärung nach § 275 Abs. 1 Satz 1 mindestens den Anforderungen der allgemeinen Verwaltungsvorschriften nach § 243 Abs. 2 entspricht und
2. die Anforderungen der allgemeinen Verwaltungsvorschriften nach § 243 Abs. 2 im Veranlagungszeitraum eingehalten werden, sofern sie nicht entgegen den allgemein anerkannten Regeln der Technik durch Verdünnung oder Vermischung erreicht werden.

[2]Die Ermäßigung beträgt 40 vom Hundert, wenn für die nach § 274 Abs. 1 oder § 275 Abs. 1 Satz 1 der Ermittlung der Schadeinheiten zugrunde zu legenden Überwachungswerte insgesamt vier Jahre die Vor-

aussetzungen des Satzes 1 vorgelegen haben, nach weiteren vier Jahren 20 vom Hundert. [3]Erhöhen sich die Anforderungen der allgemeinen Verwaltungsvorschriften nach § 243 Abs. 2, ermäßigt sich der Abgabesatz erneut nach Maßgabe der Sätze 1 und 2. [4]Sätze 1 und 2 gelten entsprechend, wenn für die im Bescheid nach § 274 Abs. 1 festgesetzten oder nach § 275 Abs. 1 Satz 1 erklärten Überwachungswerte keine Anforderungen in den allgemeinen Verwaltungsvorschriften nach § 243 Abs. 2 gestellt werden.

(6) Im Falle einer Erklärung nach § 274 Abs. 4 berechnet sich die Ermäßigung nach dem erklärten Wert, wenn der Bescheid im Anschluß an die Erklärung an den erklärten Wert angepaßt wird und dieser die Voraussetzungen des Absatzes 5 erfüllt.

§ 279 Verrechnung bei fortschrittlichen Anlagen

[1]Werden Abwasserbehandlungsanlagen errichtet oder erweitert, deren Betrieb eine Minderung eines der der Ermittlung der Schadeinheiten zugrunde zu legenden Werte beim Einleiten in das Gewässer um mindestens 20 vom Hundert und eine entsprechende Verringerung der Schadstofffracht erwarten läßt, so können die für die Errichtung oder Erweiterung der Anlage entstandenen Aufwendungen mit der für die in den drei Jahren vor der vorgesehenen Inbetriebnahme der Anlage insgesamt für diese Einleitung geschuldeten Abgabe verrechnet werden. [2]Dies gilt nicht für den nach § 274 Abs. 4 erhöhten Teil der Abgabe. [3]Ist die Abgabe bereits gezahlt, besteht ein entsprechender Rückzahlungsanspruch; dieser Anspruch ist nicht zu verzinsen. [4]Die Abgabe ist nachzuerheben, wenn die Anlage nicht in Betrieb genommen wird oder eine Minderung um mindestens 20 vom Hundert nicht erreicht wird. [5]Die nacherhobene Abgabe ist rückwirkend vom Zeitpunkt der Fälligkeit an entsprechend § 238 der Abgabenordnung zu verzinsen.

Vierter Unterabschnitt: Festsetzung, Erhebung und Verwendung der Abgabe

§ 280 Erklärungspflicht

(1) [1]Der Abgabepflichtige hat im Falle der Pauschalierung bei Einleitung von verschmutztem Niederschlagswasser und bei Kleineinleitungen von Schmutzwasser aus Haushaltungen und ähnlichem Schmutzwasser die Zahl der Schadeinheiten des Abwassers zu berechnen und die dazuge-

hörigen Unterlagen der zuständigen Behörde vorzulegen. [2]Ist der Abgabepflichtige nicht Einleiter, so hat der Einleiter dem Abgabepflichtigen die notwendigen Daten und Unterlagen zu überlassen.

(2) [1]Die Länder können bestimmen, daß der Abgabepflichtige auch in anderen Fällen die Zahl der Schadeinheiten des Abwassers zu berechnen, die für eine Schätzung erforderlichen Angaben zu machen und die dazugehörigen Unterlagen der zuständigen Behörde vorzulegen hat. [2]Absatz 1 Satz 2 gilt entsprechend.

(3) Kommt der Abgabepflichtige seinen Verpflichtungen nach Absatz 1 Satz 1 und den ergänzenden Vorschriften der Länder nicht nach, so kann die Zahl der Schadeinheiten von der zuständigen Behörde geschätzt werden.

(4) [1]Der Einleiter, der nach § 279 Abs. 2 oder 3 nicht abgabepflichtig ist, kann im Wege der Schätzung zur Abgabe herangezogen werden, wenn er seinen Verpflichtungen nach Absatz 1 Satz 2 und den ergänzenden Vorschriften der Länder nicht nachkommt. [2]In diesem Fall haften der Abgabepflichtige und der Einleiter als Gesamtschuldner.

§ 281 Verwendung der Abwasserabgabe

(1) [1]Das Aufkommen der Abwasserabgabe ist im Rahmen des § 81 zweckgebunden zu verwenden für Maßnahmen, die der Erhaltung oder Verbesserung der Gewässergüte dienen. [2]Diese sind insbesondere

1. der Bau von Abwasserbehandlungsanlagen,
2. der Bau von Regenrückhaltebecken und Anlagen zur Reinigung des Niederschlagswassers,
3. der Bau von Ring- und Auffangkanälen an Talsperren, See- und Meeresufern sowie von Hauptverbindungssammlern, die die Errichtung von Gemeinschaftskläranlagen ermöglichen,
4. der Bau von Anlagen zur Beseitigung des Klärschlamms,
5. Maßnahmen im und am Gewässer zur Beobachtung und Verbesserung der Gewässergüte wie Niedrigwasseraufhöhung oder Sauerstoffanreicherung sowie zur Gewässerunterhaltung,
6. Forschung und Entwicklung von Anlagen oder Verfahren zur Verbesserung der Gewässergüte,
7. Ausbildung und Fortbildung des Betriebspersonals für Abwasserbehandlungsanlagen und andere Anlagen zur Erhaltung und Verbesserung der Gewässergüte.

Zehnter Abschnitt: Ordnungswidrigkeiten

§ 282 Ordnungswidrigkeiten

(1) Ordnungswidrig handelt, wer vorsätzlich oder fahrlässig
1. entgegen § 229 Abs. 1 eine Benutzung ohne Umweltbewilligung oder Erlaubnis ausübt oder einer vollziehbaren Auflage nach § 231 Abs. 1 oder einer vollziehbaren Anordnung nach § 232 Abs. 1 zuwiderhandelt,
2. entgegen § 251 Abs. 1 einen Ausbau ohne einen festgestellten oder genehmigten Plan vornimmt oder bei dem Ausbau vom Plan abweicht,
3. entgegen § 262 Abs. 1 bei Einbau, Aufstellung, Unterhaltung oder Betrieb von Anlagen zum Umgang mit wassergefährlichen Stoffen die allgemein anerkannten Regeln der Technik nicht einhält,
4. entgegen § 262 Abs. 2 eine Anlage, Teile einer Anlage oder technische Schutzvorkehrungen verwendet, deren Eignung nicht festgestellt ist,
5. entgegen § 263 Abs. 1 eine Rohrleitungsanlage ohne Umweltbewilligung oder Erlaubnis errichtet oder betreibt oder eine solche Anlage oder den Betrieb wesentlich ändert oder einer vollziehbaren Auflage oder nachträglichen Anordnung zuwiderhandelt,
6. den Vorschriften der § 244 oder § 258 über das Einbringen, Lagern, Ablagern oder Befördern von Stoffen zuwiderhandelt,
7. entgegen § 264 Abs. 3 Schutzanordnungen in Wasserschutzgebieten zuwiderhandelt, soweit die Rechtsverordnung für einen bestimmten Tatbestand auf diesen Absatz verweist.

(2) Ordnungswidrig handelt ferner, wer vorsätzlich oder fahrlässig
1. entgegen § 262 Abs. 2 die Betriebsanweisung mit Überwachungs-, Instandhaltungs- und Alarmplan nicht einhält,
2. entgegen § 265 Abs. 1 in Verbindung mit § 63 Abs. 2, § 65 die Durchführung von Überwachungsmaßnahmen als Überwachungspflichtiger nicht duldet,
3. entgegen § 265 Abs. 1 in Verbindung mit § 63 Abs. 2, § 65 das Betreten von Grundstücken, Anlagen oder Räumen nicht gestattet, Anlagen oder Einrichtungen nicht zugänglich macht oder technische Ermittlungen oder Prüfungen nicht ermöglicht, die erforderlichen Arbeitskräfte, Unterlagen oder Werkzeuge nicht zur Verfügung stellt oder den Umweltschutzbeauftragten für Gewässerschutz nicht zu Überwachungsmaßnahmen hinzuzieht,
4. entgegen § 265 Abs. 1 in Verbindung mit § 67 eine Auskunft nicht, unrichtig, unvollständig oder nicht rechtzeitig erteilt,

5. entgegen § 269 Abs. 1 oder entgegen einer vollziehbaren Anordnung nach § 269 Abs. 2 einen Umweltschutzbeauftragten für Gewässerschutz nicht bestellt,
6. entgegen § 280 Abs. 2 Satz 1 die Berechnungen oder Unterlagen nicht vollständig vorlegt,
7. entgegen § 280 Abs. 2 Satz 2 dem Abgabepflichtigen die notwendigen Daten oder Unterlagen nicht, nicht richtig oder nicht vollständig überläßt,
8. entgegen § 264 Abs. 3 Schutzanordnungen in Wasserschutzgebieten zuwiderhandelt, soweit die Rechtsverordnung für einen bestimmten Tatbestand auf diesen Absatz verweist.

(3) Eine Ordnungswidrigkeit nach Absatz 1 kann mit einer Geldbuße bis zu hunderttausend Deutsche Mark, eine Ordnungswidrigkeit nach Absatz 2 einer Geldbuße bis zu zwanzigtausend Deutsche Mark geahndet werden.

(4) [1]Gegenstände, auf die sich die Straftat oder die Ordnungswidrigkeit bezieht, oder die zu ihrer Begehung oder Vorbereitung gebraucht worden oder bestimmt gewesen sind, können eingezogen werden. [2]§ 23 des Gesetzes über Ordnungswidrigkeiten ist anzuwenden.

Drittes Kapitel: Bodenschutz

Erster Abschnitt: Allgemeine Vorschriften

§ 283 Zweck

[1]Der Zweck des Gesetzes wird in diesem Kapitel vorrangig durch die Verpflichtung zur Durchführung von Maßnahmen der Bodenerhaltung und der Bodensanierung sowie durch Vorsorge insbesondere gegen drohende Bodenverunreinigungen angestrebt. [2]Die natürlichen Funktionen des Bodens als Lebensraum für Bodenorganismen, Standort für die natürliche Vegetation und Kulturpflanzen, Ausgleichskörper im Wasserkreislauf sowie als Filter und Puffer für Schadstoffe sind zu schützen.

§ 284 Begriffsbestimmungen

(1) Boden sind die obersten Schichten der festen Erdkruste einschließlich des Grundes fließender und stehender Gewässer sowie grundwasserführender Schichten, soweit sie durch menschliche Aktivitäten beeinflußt werden können.

(2) [1]Eine Bodenverunreinigung liegt vor, wenn im Boden bodengefährliche Stoffe vorhanden sind. [2]Eine Bodenverunreinigung ist
1. eine Bodenveränderung, wenn sie unterhalb des Umweltrisikos verbleibt,
2. eine Bodenbeeinträchtigung, wenn sie ein Umweltrisiko darstellt,
3. eine Bodenbelastung, wenn sie eine Umweltgefahr hervorruft.

(3) Ein bodengefährlicher Stoff ist ein Stoff, der allein oder im Zusammenwirken mit anderen Stoffen oder als Zersetzungsprodukt geeignet ist, die natürliche Beschaffenheit des Bodens derart zu verändern, daß die natürlichen Bodenfunktionen nachteilig beeinflußt werden können.

(4) Die Konzentration mindestens eines bodengefährlichen Stoffes im Boden heißt
1. Risikowert, wenn sie ein Umweltrisiko darstellt,
2. Gefahrenwert, wenn sie eine Umweltgefahr hervorruft.

(5) [1]Altlasten sind Altablagerungen oder Altstandorte, soweit auf sie das Abfallrecht des Bundes keine Anwendung fand und sofern von diesen nach den Erkenntnissen einer im einzelnen Fall vorausgegangenen Untersuchung und einer darauf beruhenden Beurteilung durch die zuständige Behörde eine Umweltgefahr ausgeht. [2]Altablagerungen sind

1. stillgelegte Anlagen zum Ablagern von Abfällen,
2. Grundstücke, auf denen Abfälle abgelagert worden sind,
3. sonstige stillgelegte Aufhaldungen und Verfüllungen.

[3]Altstandorte sind

1. Grundstücke stillgelegter Anlagen, in denen mit umweltgefährlichen Stoffen umgegangen worden ist, soweit es sich um Anlagen der gewerblichen Wirtschaft oder im Bereich öffentlicher Einrichtungen gehandelt hat, ausgenommen der Umgang mit Kernbrennstoffen und sonstigen radioaktiven Stoffen im Sinne des Atomgesetzes,
2. Grundstücke, auf denen im Bereich der gewerblichen Wirtschaft und im Bereich öffentlicher Einrichtungen sonst mit umweltgefährlichen Stoffen umgegangen worden ist, ausgenommen der Umgang mit Kernbrennstoffen und sonstigen radioaktiven Stoffen im Sinne des Atomgesetzes, das Aufbringen von Abwasser, Klärschlamm, Fäkalien oder ähnlichen Stoffen und von festen Stoffen, die aus oberirdischen Gewässern entnommen worden sind, sowie das Aufbringen und Anwenden von Pflanzenschutz- und Düngemitteln.

(6) Altlastenverdächtige Flächen sind Altablagerungen und Altstandorte im Sinne von Absatz 5, für die ein begründeter Verdacht einer Umweltgefahr besteht.

§ 285 Geltungsbereich

Die Vorschriften dieses Kapitels finden Anwendung, sofern nicht andere Vorschriften dieses Gesetzes oder sonstiges Bundesrecht inhaltsgleiche oder weitergehende Schutzvorschriften enthalten.

§ 286 Grundsätze

(1) [1]Der Boden als Naturkörper und Lebensgrundlage für Menschen, Tiere und Pflanzen ist vor ungeeigneter Flächennutzung, übermäßigem Verbrauch und gegen Veränderungen und sonstige Beeinträchtigungen zu schützen. [2]Seine Fruchtbarkeit und seine Leistungsfähigkeit sind zu bewahren.

(2) [1]Boden soll für Vorhaben nur in Anspruch genommen werden, wenn sie sich nicht auf bereits versiegelten Flächen verwirklichen lassen. [2]Für die Zulassung von Vorhaben gilt § 28 Abs. 2 entsprechend.

(3) Eingetretene Bodenbelastungen sollen beseitigt, Altlasten sollen saniert werden; wenn die Beseitigung einer Bodenbelastung oder die Sanierung einer Altlast nicht tunlich erscheint, sind schädliche Auswirkungen auf Mensch und Umwelt zu verhindern.

Zweiter Abschnitt: Bodenerhaltung

Erster Unterabschnitt: Quantitativer Bodenschutz

§ 287 Bodenerhaltungs- und Wiederherstellungspflicht

(1) Mutterboden ist in nutzbarem Zustand zu halten und vor Vernichtung oder Vergeudung zu schützen.

(2) [1]Auf Grundstücken der Öffentlichen Hand vorhandene Bodenversiegelungen sollen beseitigt werden, wenn sie dauerhaft funktionslos geworden sind. [2]Gleiches gilt für andere Grundstücke, soweit die Entsiegelung dem Verfügungsberechtigten zumutbar ist.

Zweiter Unterabschnitt: Qualitativer Bodenschutz

§ 288 Verbot vermeidbarer Bodenverunreinigungen

Boden darf nur so genutzt werden, daß Bodenverunreinigungen auf das nach den Umständen unvermeidbare Maß beschränkt werden.

§ 289 Land- und forstwirtschaftliche Bodennutzung

(1) [1]Bei land- und forstwirtschaftlicher Bodennutzung sind die natürliche Bodenfruchtbarkeit und die natürliche Leistungfähigkeit des Bodens durch standortgerechte Bewirtschaftungsmaßnahmen nachhaltig zu sichern. [2]Bei der landwirtschaftlichen Bodennutzung sind

1. Bewirtschaftungsmaßnahmen standortgerecht und unter Berücksichtigung des Bodenzustands so vorzunehmen, daß die Bodenstruktur günstig beeinflußt sowie das Bodenleben geschont und gefördert werden,
2. Anbaumaßnahmen wie Bodenbearbeitung und Fruchtfolgegestaltung entsprechend den natürlichen Standortbedingungen so zu gestalten, daß Bodenerosion und Bodenvernichtung soweit wie möglich vermieden werden.

(2) [1]Regeln bodenschonender Land- und Forstwirtschaft sind einzuhalten. [2]Sie können durch Rechtsverordnung nach § 146 bestimmt werden.

(3) In besonders erosions- oder überschwemmungsgefährdeten Lagen sind Wald und Grünland soweit wie möglich zu belassen.

§ 290 Aufbringen besonderer Stoffe

(1) [1]Abwasser, Klärschlamm, Fäkalien und ähnliche Stoffe dürfen ebenso wie Jauche, Gülle oder Stallmist nur dann auf landwirtschaftlich oder forstwirtschaftlich genutzten Boden aufgebracht oder zu diesem Zweck abgegeben werden, wenn eine Bodenbeeinträchtigung ausgeschlossen ist. [2]Jedes Aufbringen dieser Stoffe ist verboten, soweit es zu einer umweltunverträglichen Düngung führt.

(2) [1]Durch Rechtsverordnung nach § 146 werden zu dem in § 283 genannten Zweck Vorschriften über die Abgabe und über das Aufbringen der in Absatz 1 genannten Stoffe erlassen. [2]Die Rechtsverordnung kann hierbei das Aufbringen

1. bestimmter Stoffe nach Maßgabe von Merkmalen wie Schadstoffgehalt im Stoff und im Boden, Betriebsgröße, Viehbestand, verfügbaren Flächen und ihrer Nutzung, Aufbringungsart und -zeit und natürlichen Standortverhältnissen beschränken oder verbieten,
2. von einer Untersuchung, Desinfektion oder Entgiftung dieser Stoffe, von der Einhaltung bestimmter Qualitätsanforderungen, von einer Untersuchung des Bodens oder einer anderen geeigneten Maßnahme abhängig machen.

(3) Weitergehende Vorschriften des Landesrechts bleiben unberührt.

§ 291 Anwendung von Düngemitteln

[1]Düngemittel dürfen nur nach Maßgabe der Grundsätze bodenschonender Düngung angewandt werden. [2]Diese Grundsätze gewährleisten, daß bei dem Aufbringen von Düngemitteln die natürlichen Funktionen des Bodens nicht nachhaltig beeinträchtigt werden. [3]Durch Rechtsverordnung nach § 146 werden die Grundsätze bodenschonender Düngung näher bestimmt.

§ 292 Anwendung von Pflanzenschutzmitteln

(1) [1]Pflanzenschutzmittel dürfen nur angewandt werden, soweit die §§ 484 bis 490 eingehalten sind. [2]Die bei der Zulassung des Pflanzenschutzmittels ausgesprochenen Anwendungsbestimmungen sind zu befolgen.

(2) [1]Pflanzenschutzmittel dürfen nur nach Maßgabe der Grundsätze bodenschonender Anwendung von Pflanzenschutzmitteln angewandt werden. [2]Diese Grundsätze gewährleisten, daß bei dem Aufbringen von Pflanzenschutzmitteln die natürlichen Funktionen des Bodens nicht nachhaltig beeinträchtigt werden. [3]Durch Rechtsverordnung nach § 146 werden

die Grundsätze bodenschonender Anwendung von Pflanzenschutzmitteln näher bestimmt.

(3) [1]Pflanzenschutzmittel dürfen nicht angewandt werden

1. in Haus- und Ziergärten, auf Ödland, Friedhöfen, Sportplätzen, Parkanlagen sowie auf und an Verkehrswegen, z. B. Böschungen und Mittelstreifen,
2. in oder unmittelbar an oberirdischen Gewässern und Küstengewässern,
3. auf Gewässerrandstreifen nach Maßgabe des Landesrechts oder wenn
4. damit gerechnet werden muß, daß die Anwendung eine Umweltbeeinträchtigung bewirkt.

[2]Ausnahmen können durch Rechtsverordnung nach § 147 oder im Einzelfall vorgesehen werden, wenn überwiegende öffentliche Interessen, insbesondere des Schutzes von Tier- und Pflanzenarten, nicht entgegenstehen.

(4) Über Absatz 2 hinausgehende Vorschriften des Landesrechts bleiben unberührt.

Dritter Unterabschnitt: Bodenüberwachung

§ 293 Besondere Anzeigepflicht

Werden im Zuge von Baumaßnahmen, Baugrundsondierungen, Ausschachtungen oder ähnlichen Eingriffen in den Untergrund Bodenbeeinträchtigungen festgestellt, so gilt § 68 auch für den Bauherrn, den Bauleiter und den Unternehmer.

§ 294 Besondere Eigenüberwachung

(1) [1]Liegen Anhaltspunkte für eine Bodenbeeinträchtigung vor, ist § 70 anwendbar. [2]Die zuständige Behörde kann dem nach § 63 Überwachungspflichtigen die Entnahme und Analyse von Stichproben im angemessenen Umfang aufgeben. [3]Liegt nach dem Ergebnis der Stichproben oder nach anderen hinreichend gesicherten Erkenntnissen eine Bodenbeeinträchtigung vor, so können dem Überwachungspflichtigen flächendeckende Bodenuntersuchungen aufgegeben werden. [4]Die Ergebnisse der Stichproben und der Bodenuntersuchungen sind der zuständigen Behörde unverzüglich mitzuteilen.

(2) Steht aufgrund von Bodenuntersuchungen oder anderen Tatsachen mit hinreichender Wahrscheinlichkeit fest, daß Bodenbeeinträchtigungen vorliegen, so kann die zuständige Behörde den Verantwortlichen verpflichten, in näher zu bestimmenden regelmäßigen Abständen Stichproben zu entnehmen und die Ergebnisse unverzüglich mitzuteilen.

(3) [1]Fehlt es nach dem Ergebnis der Analyse an einer Bodenbeeinträchtigung, trägt die zuständige Behörde die Kosten der Probeentnahme und der Analyse. [2]Liegt eine Bodenbeeinträchtigung vor, kann die zuständige Behörde dem Verursacher sowie demjenigen, der aufgrund gesetzlicher Bestimmungen für das Verhalten anderer einzustehen hat, die Kosten der Probeentnahme und der Analyse auferlegen; das gleiche gilt für seine Rechtsnachfolger. [3]Im Falle einer Bodenbelastung sind dem Verursacher sowie demjenigen, der aufgrund gesetzlicher Bestimmungen für das Verhalten anderer einzustehen hat, die Kosten aufzuerlegen; das gleiche gilt für seine Rechtsnachfolger. [4]Bei einer Bodenbelastung trägt der Zustandsverantwortliche die Kosten für die Probeentnahme und die Analyse, wenn ein Verantwortlicher nach Satz 3 nicht vorhanden oder zahlungsunfähig und dem Zustandsverantwortlichen die Kostentragung zumutbar ist.

(4) [1]Sind mehrere Personen nebeneinander kostentragungspflichtig, so soll die zuständige Behörde ihnen nach Maßgabe der jeweiligen Verantwortlichkeit Anteile der Gesamtkosten aufgeben. [2]Für die Feststellung des Maßes der Verantwortlichkeit gilt § 304 Abs. 1 Satz 3 und 4 entsprechend. [3]Erscheint eine Aufteilung der Kosten untunlich, kann die zuständige Behörde einen von mehreren Verantwortlichen allein heranziehen.

(5) Für das Verhältnis zwischen den Verantwortlichen gilt § 426 des Bürgerlichen Gesetzbuches entsprechend.

§ 295 Vorläufige eingreifende Maßnahmen

[1]Liegen Anhaltspunkte für eine Bodenbelastung vor, kann die zuständige Behörde bereits vor Abschluß der Analyse von Stichproben oder von Bodenuntersuchungen dem nach § 63 Überwachungspflichtigen geeignete Maßnahmen zur Verhinderung weiterer Bodenverunreinigungen oder anderer Umweltbeeinträchtigungen auferlegen. [2]Der Überwachungspflichtige trägt die Kosten zur Durchführung der Maßnahmen.

§ 296 Untersagung von Bodennutzungen

Die zuständige Behörde kann bereits bei Vorliegen einer Bodenveränderung bestimmte Arten der Bodennutzung und den Einsatz bestimmter Stoffe verbieten oder beschränken.

Vierter Unterabschnitt: Bodenbeeinträchtigungsgebiete

§ 297 Festsetzung von Bodenbeeinträchtigungsgebieten

(1) [1]Gebiete, in denen weiträumig Bodenbeeinträchtigungen festgestellt werden, können zur Beseitigung der Bodenbeeinträchtigung, aus Gründen der Vorsorge für die menschliche Gesundheit oder zur Vorsorge gegen erhebliche Beeinträchtigungen der Umwelt als Bodenbeeinträchtigungsgebiete festgesetzt werden. [2]Die Landesregierungen bestimmen Bodenbeeinträchtigungsgebiete durch Rechtsverordnungen nach § 146; sie können das Recht zum Erlaß der Rechtsverordnung ganz oder teilweise auf andere Behörden übertragen. [3]Den betroffenen Grundstückseigentümern und den berührten Gemeinden ist vor Erlaß der Rechtsverordnung Gelegenheit zur Stellungnahme zu geben.

(2) [1]In der Rechtsverordnung sind das Gebiet, der wesentliche Zweck und die erforderlichen Verbote, Beschränkungen und Schutzmaßnahmen zu bestimmen. [2]Insbesondere kann vorgeschrieben werden, daß in dem Gebiet je nach Art und Maß des Umweltrisikos

1. der Boden auf Dauer oder auf bestimmte Zeit nicht oder nur eingeschränkt genutzt werden darf,
2. nur bestimmte Nutzungen zugelassen sind,
3. bestimmte Stoffe nicht eingesetzt werden dürfen,
4. der Grundstückseigentümer oder der Inhaber der tatsächlichen Gewalt über ein Grundstück näher festzulegende Maßnahmen zur Beseitigung oder Verminderung von Bodenbeeinträchtigungen zu dulden oder durchzuführen hat.

(3) [1]Wird durch eine Maßnahme nach Absatz 2 die im Sinne des § 175 ordnungsgemäße land- oder forstwirtschaftliche Nutzung eines Grundstücks unzumutbar beschränkt, so ist dafür nach Maßgabe des Landesrechts Entschädigung zu leisten. [2]Bei der Bestimmung der Zumutbarkeit sowie der Art und des Umfangs der Entschädigung ist die Umweltpflichtigkeit des Eigentums zu berücksichtigen. [3]Wird durch eine Maßnahme nach Absatz 2 die im Sinne des § 175 ordnungsgemäße land- oder forstwirtschaftliche Nutzung eines Grundstücks beschränkt, so kann für die dadurch verursachten besonderen wirtschaftlichen Nachtei-

le ein angemessener Ausgleich nach Maßgabe des Landesrechts geleistet werden, soweit nicht eine Entschädigungspflicht nach Satz 1 besteht.

Fünfter Unterabschnitt: Erfassung und Überwachung der Bodenbeschaffenheit

§ 298 Bodenzustandskataster

(1) [1]Bei der zuständigen Behörde wird ein Bodenzustandskataster geführt. [2]Das Bodenzustandskataster beschreibt die physikalische, chemische und biologische Beschaffenheit des Bodens, die Bodennutzung sowie Nutzungsbeschränkungen aufgrund von Rechtsverordnungen gemäß § 297 Abs. 1 und von Anordnungen nach den §§ 302 und 310 in Verbindung mit § 302. [3]In Verbindung damit können Angaben zu den Grundstücken über Lage, Größe, kartographische Darstellung und Eigentumsverhältnisse aufgenommen werden. [4]Zum Bodenzustandskataster gehören auch Unterlagen, die für die Beurteilung des Bodenzustands und seiner Veränderungen von dauernder Bedeutung sind.

(2) Zur Mitteilung an das Bodenzustandskataster verpflichtet sind die für den Schutz des Bodens zuständigen Behörden für die von ihnen getroffenen Anordnungen über Nutzungsbeschränkungen und die Ausweisung von Bodenbeeinträchtigungsgebieten einschließlich der dort getroffenen Festsetzungen.

§ 299 Dauerbeobachtungsflächen

[1]Um den Zustand und die Veränderung der Beschaffenheit von Böden, die für das Gebiet eines Landes typisch sind, zu erkennen und zu überwachen, wird von der zuständigen Behörde ein Netz von Dauerbeobachtungsflächen eingerichtet und betreut. [2]Die Dauerbeobachtungsflächen sind in Abständen von mehreren Jahren auf Veränderungen der physikalischen, chemischen und biologischen Bodenbeschaffenheit zu untersuchen. [3]In bezug auf die Dauerbeobachtungsflächen werden neben Angaben zur Bodenbeschaffenheit Lage, Größe, Nutzung und Eigentumsverhältnisse festgehalten.

§ 300 Bodenprobenbank

Zur Sicherung von Feststellungen über den Zustand des Bodens und zur Beurteilung von Veränderungen des Bodens kann Material von ausgewählten Bodenproben durch die zuständige Behörde oder Beauftragte unter Bezeichnung von Ort, Zeitpunkt und Verfahren der Bodenprobenentnahme in einer bei der zuständigen Behörde geführten Bodenprobenbank eingelagert werden.

Sechster Unterabschnitt: Mitwirkung der für den Bodenschutz zuständigen Behörde

§ 301 Beteiligung im Gestattungsverfahren

[1]Bedarf ein Vorhaben, das zu Bodenbeeinträchtigungen führen kann, nach anderen gesetzlichen Vorschriften einer behördlichen Gestattung, ergehen die Entscheidungen der für die Gestattung zuständigen Behörde im Benehmen mit der für den Bodenschutz zuständigen Behörde. [2]Die für den Bodenschutz zuständige Behörde ist verpflichtet, ihre Stellungnahme in angemessener Frist, jedenfalls aber innerhalb von sechs Wochen abzugeben. [3]Geht innerhalb der Frist keine Stellungnahme ein, so kann die für die Gestattung zuständige Behörde davon ausgehen, daß keine Bedenken erhoben werden.

Dritter Abschnitt: Bodensanierung und Bodensicherung

Erster Unterabschnitt: Bodenbelastungen

§ 302 Behördliche Anordnungen

Wenn eine Bodenbelastung festgestellt wird, kann die zuständige Behörde verlangen,

1. die Erstellung eines Sanierungsplans, wenn die Erstellung eines solchen Plans aufgrund der mit der Sanierung verbundenen Schwierigkeiten erforderlich ist; der Sanierungsplan enthält
   a) Maßnahmen zur Beseitigung von Bodenbelastungen (Dekontaminationsmaßnahmen),
   b) Maßnahmen zur Wiedereingliederung gereinigter Böden in Natur und Landschaft (Rekultivierungsmaßnahmen),

2. die Verwirklichung des Sanierungsplans oder im Falle seiner Entbehrlichkeit die Beseitigung der Bodenbelastung sowie erforderliche Rekultivierungsmaßnahmen,
3. die Verminderung der Bodenbelastung, wenn die vollständige Beseitigung technisch nicht möglich, unzumutbar oder untunlich ist, sowie erforderliche Überwachungs- und Sicherungsmaßnahmen,
4. Maßnahmen, die zur Überwachung und Sicherung der Bodenbelastung notwendig sind, wenn eine Sanierung oder Minderung der Bodenbelastung technisch nicht möglich, unzumutbar oder untunlich ist.

§ 303 Verantwortlichkeit

(1) Der Verursacher der Bodenbelastung, derjenige, der aufgrund gesetzlicher Bestimmungen für das Verhalten anderer einzustehen hat, sowie seine Rechtsnachfolger sind verpflichtet, Anordnungen nach § 302 zu erfüllen sowie die Kosten zur Durchführung der angeordneten Maßnahmen zu tragen.

(2) Verantwortlicher ist auch derjenige, der im Zeitraum, in dem die Bodenbelastung mutmaßlich entstanden ist, eine Anlage betrieben hat, von der die Bodenbelastung überwiegend wahrscheinlich ausgegangen sein kann, sowie seine Rechtsnachfolger.

(3) [1]Verantwortlicher ist auch, wer Eigentümer des Grundstücks in dem Zeitraum gewesen ist, in dem die Bodenbelastung mutmaßlich entstanden ist. [2]Die Verantwortlichkeit endet 30 Jahre nach Aufgabe des Eigentums.

(4) [1]Verantwortlicher ist weiterhin der jetzige Eigentümer des Grundstücks sowie der Inhaber der tatsächlichen Sachherrschaft. [2]Die Verantwortlichkeit des Eigentümers endet nicht durch Aufgabe des Eigentums im Sinne von § 928 des Bürgerlichen Gesetzbuches.

(5) [1]Die Verantwortlichkeit nach Absatz 1 und 2 entfällt, wenn die Inanspruchnahme unzumutbar ist, weil der Verantwortliche im Hinblick auf rechtmäßiges behördliches Verhalten im Zeitpunkt des Entstehens der Bodenbelastung darauf vertraut hat, daß eine Umweltgefahr nicht entstehen könne und wenn dieses Vertrauen unter Berücksichtigung der Umstände des Einzelfalls in besonderem Maße schutzwürdig ist. [2]Die Verantwortlichkeit nach Absatz 4 entfällt, wenn der Verantwortliche beim Grundstückserwerb oder bei der Übernahme der tatsächlichen Sachherrschaft die Bodenbelastung weder kannte noch kennen mußte. [3]Im übrigen haften der jetzige Eigentümer sowie der Inhaber der tatsächlichen Sachherrschaft nur in dem Umfang, der für einen früheren Eigentümer bestand.

§ 304 Auswahlentscheidung

(1) [1]Die Auswahl unter den Verantwortlichen trifft die zuständige Behörde nach pflichtgemäßem Ermessen. [2]Sind mehrere Personen nebeneinander verantwortlich, so kann die zuständige Behörde ihnen nach Maßgabe der jeweiligen Verantwortlichkeit einzelne Maßnahmen aufgeben, die im Zusammenwirken das Ziel der Maßnahme sicherstellen. [3]Die Feststellung des Maßes der Verantwortlichkeit darf die Behörde nach Maßgabe insbesondere der Nutzungszeit, Menge und Stoffe der Abfälle sowie ihrer Gefährlichkeit schätzen. [4]Kann das Maß der Verantwortlichkeit auch durch Schätzung nicht bestimmt werden, soll die Behörde von einer Verantwortlichkeit zu gleichen Teilen ausgehen. [5]Erscheint es untunlich, mehrere Verantwortliche heranzuziehen, kann die Behörde auch einen von mehreren Verantwortlichen allein heranziehen; der Herangezogene kann von den anderen Verantwortlichen einen Ausgleich in Geld entsprechend dem Maß der Verantwortlichkeit verlangen. [6]Die zuständige Behörde kann auf Antrag die jeweiligen Anteile unter Beachtung der Sätze 2 bis 4 verbindlich festsetzen.

(2) Ein Verantwortlicher nach § 303 Abs. 3 oder 4 soll nur herangezogen werden, wenn ein Verantwortlicher nach § 303 Abs. 1 oder 2 nicht ermittelt werden kann oder aus anderen Gründen, insbesondere wegen mangelnder wirtschaftlicher Leistungsfähigkeit, nicht oder nur teilweise herangezogen werden kann.

(3) [1]Wer in seiner Eigenschaft als Rechtsnachfolger eines Verantwortlichen nach § 303 Abs. 1 und 2 verantwortlich ist, soll nur herangezogen werden, wenn die anderen Verantwortlichen nach § 303 Abs. 1 und 2 nicht zu ermitteln sind oder aus anderen Gründen, insbesondere wegen mangelnder wirtschaftlicher Leistungsfähigkeit, nicht oder nur teilweise herangezogen werden können. [2]Dies gilt nicht, wenn der Rechtsnachfolger im Zeitpunkt des Eintritts der Rechtsnachfolge die Bodenbelastung kannte oder kennen mußte.

(4) [1]Soweit nach Absatz 2 und 3 die wirtschaftliche Leistungsfähigkeit eines Verantwortlichen von Bedeutung ist, kann die zuständige Behörde Auskünfte über Einkommen und Vermögen, etwa durch Vorlage von Geschäftsunterlagen und Steuerbescheiden, verlangen. [2]Kommt der Verantwortliche einem solchen Verlangen nicht in angemessener Frist nach, so kann er sich auf seine mangelnde wirtschaftliche Leistungsfähigkeit nicht berufen.

§ 305 Eigenvornahme

(1) Können die nach § 303 Verpflichteten nicht oder nicht rechtzeitig herangezogen werden, so kann die zuständige Behörde die Bodenbelastung

selbst beseitigen oder vermindern oder durch einen Beauftragten beseitigen oder vermindern lassen.

(2) [1]Die durch Maßnahmen nach Absatz 1 entstandenen Kosten tragen die nach § 303 Verantwortlichen als Gesamtschuldner. [2]§ 304 Abs. 1 Satz 5 und 6 gilt entsprechend.

§ 306 Entbehrlichkeit anderer Zulassungen

[1]Anordnungen nach § 302 schließen nach anderen Rechtsvorschriften erforderliche Zulassungen ein; sie sollen, außer bei Gefahr im Verzuge, im Einvernehmen mit der jeweils zuständigen Behörde ergehen. [2]Verfahren der Umweltbewilligung und der Planfeststellung bleiben unberührt.

Zweiter Unterabschnitt: Altlasten

§ 307 Erfassung von altlastenverdächtigen Flächen

Die zuständige Behörde erfaßt altlastenverdächtige Flächen in einer von ihr geführten Verdachtskartei.

§ 308 Feststellen einer Altlast

[1]Die zuständige Behörde trifft die Entscheidung über das Vorliegen einer Altlast. [2]Sie soll ihrer Entscheidung die Empfehlung einer Bewertungskommission zugrunde legen. [3]Die Bundesregierung regelt Einrichtung, Aufgaben und Zusammensetzung der Bewertungskommission durch eine Rechtsverordnung.

§ 309 Erweiterte Überwachung

Überwachungspflichtig im Sinne des § 63 sind auch

1. ehemalige Inhaber oder deren Rechtsnachfolger der auf altlastenverdächtigen Flächen errichteten Anlagen,
2. ehemalige Grundeigentümer und Nutzungsberechtigte altlastenverdächtiger Flächen,
3. Ablagerer und Erzeuger oder deren Rechtsnachfolger von auf altlastenverdächtigen Flächen lagernden Stoffen.

§ 310 Geltung weiterer Vorschriften

Die §§ 302 bis 306 gelten entsprechend.

§ 311 Altlastensanierungsgesellschaft

(1) [1]In den Fällen, in denen ein Sanierungsverantwortlicher für eine Bodenbelastung oder eine Altlast nicht oder nicht rechtzeitig in Anspruch genommen werden kann, und in den Fällen des § 303 Abs. 5 übernimmt der Träger der Altlastensanierung (Altlastensanierungsgesellschaft) nach Maßgabe der ihm zur Verfügung stehenden Mittel, insbesondere aus dem Aufkommen der Abfallabgabe nach § 595 Abs. 1 Nr. 4, und unter Berücksichtigung der Empfehlungen der Bewertungskommission die Durchführung der Sanierung. [2]Die Übernahme der Durchführung der Sanierung kommt insbesondere dann in Betracht, wenn wegen der Dringlichkeit einer Sanierungsmaßnahme die Unanfechtbarkeit einer Sanierungsanordnung nicht abgewartet werden kann. [3]Die Altlastensanierungsgesellschaft beteiligt sich nach Maßgabe eines Sanierungsprogramms an der Sanierung, wenn bei mehreren Sanierungsverantwortlichen die behördliche Anordnung oder der Ausgleichsanspruch nach § 304 Abs. 1 Satz 5 gegen einen oder mehrere Sanierungsverantwortliche aus tatsächlichen oder rechtlichen Gründen nicht durchgesetzt werden kann.

(2) Die Länder können zum Träger der Altlastensanierung juristische Personen des öffentlichen und privaten Rechts sowie natürliche Personen bestimmen.

Vierter Abschnitt: Gemeinsame Vorschriften

§ 312 Festsetzung von Risiko- und Gefahrenwerten

[1]Risiko- und Gefahrenwerte im Sinne von § 284 Abs. 4 sind durch Rechtsverordnung nach § 145 festzulegen. [2]Im Falle der Ungesichertheit solcher Werte sind diese durch Verwaltungsvorschriften nach § 155 festzulegen. [3]Dabei kann nach Böden unterschiedlicher Beschaffenheit und Nutzung unterschieden werden. [4]Durch Verwaltungsvorschriften werden ferner die Verfahren der Probeentnahme und -aufbereitung (Analyseverfahren) festgelegt.

§ 313 Ordnungswidrigkeiten

(1) Ordnungswidrig handelt, wer vorsätzlich oder fahrlässig
1. entgegen einer behördlichen Anordnung Boden über das unvermeidbare Maß hinaus verunreinigt,
2. entgegen einer behördlichen Anordnung mit den in § 290 Abs. 1 genannten Stoffen eine Bodenbeeinträchtigung hervorruft oder umweltunverträglich düngt,
3. entgegen § 292
   a) zugelassene Pflanzenschutzmittel entgegen den Grundsätzen bodenschonender Anwendung, soweit die Rechtsverordnung für einen bestimmten Tatbestand auf diese Bußgeldvorschrift verweist,
   b) zugelassene Pflanzenschutzmittel an verbotenen Stellen
   anwendet.
4. entgegen § 297 Abs. 2 den in der Rechtsverordnung genannten Maßnahmen nicht, nicht richtig, nicht vollständig oder nicht rechtzeitig nachkommt, soweit die Rechtsverordnung für einen bestimmten Tatbestand auf diese Bußgeldvorschrift verweist,
5. entgegen § 302 der verlangten Maßnahme nicht, nicht richtig, nicht vollständig oder nicht rechtzeitig nachkommt.

(2) Ordnungswidrig handelt ferner, wer vorsätzlich oder fahrlässig
1. entgegen einer behördlichen Anordnung Mutterboden vernichtet,
2. entgegen einer behördlichen Anordnung die Regeln bodenschonender Land- und Forstwirtschaft nicht einhält, soweit die Rechtsverordnung für einen bestimmten Tatbestand auf diese Bußgeldvorschrift verweist,
3. Düngemittel entgegen den Grundsätzen bodenschonender Düngung anwendet, soweit die Rechtsverordnung für einen bestimmten Tatbestand auf diese Bußgeldvorschrift verweist,
4. entgegen § 293 eine Anzeigepflicht nicht, nicht richtig, nicht vollständig oder nicht rechtzeitig erfüllt,
5. entgegen § 294 und § 295 die Pflicht zur Entnahme von Stichproben oder der Vorlage von Analyseergebnissen nicht, nicht richtig, nicht vollständig oder nicht rechtzeitig erfüllt,
6. entgegen § 296 den auferlegten Beschränkungen und Verboten nicht, nicht richtig, nicht vollständig oder nicht rechtzeitig nachkommt.

(3) Eine Ordnungswidrigkeit nach Absatz 1 kann mit einer Geldbuße bis zu hunderttausend Deutsche Mark, eine Ordnungswidrigkeit nach Absatz 2 mit einer Geldbuße bis zu zwanzigtausend Deutsche Mark geahndet werden.

(4) [1]Gegenstände, auf die sich die Ordnungswidrigkeit bezieht oder die zu ihrer Begehung oder Vorbereitung gebraucht worden oder bestimmt ge-

wesen sind, können eingezogen werden. [2]§ 23 des Gesetzes über Ordnungswidrigkeiten ist anzuwenden.

Viertes Kapitel: Immissionsschutz

Erster Abschnitt: Allgemeine Vorschriften

§ 314 Zweck

(1) Der Zweck des Gesetzes wird in diesem Kapitel durch den Schutz der Umwelt vor schädlichen Immissionen und, soweit es um zulassungsbedürftige Anlagen geht, auch vor sonstigen schädlichen Einwirkungen angestrebt.

(2) [1]Darüber hinaus ist es Zweck dieses Kapitels, Menschen und Sachen auch unmittelbar vor Immissionen zu schützen. [2]Im Bereich der zulassungsbedürftigen Anlagen bezweckt das Kapitel zudem den unmittelbaren Schutz von Menschen und Sachen vor sonstigen schädlichen Einwirkungen.

(3) Die Vorschriften des Allgemeinen Teils gelten im Anwendungsbereich dieses Kapitels auch für den unmittelbaren Schutz von Menschen und Sachen.

§ 315 Begriffsbestimmungen

(1) Emissionen im Sinne dieses Kapitels sind die von einer Anlage, einem Fahrzeug, einem Verkehrsweg oder einem Flugplatz ausgehenden Luftverunreinigungen, Geräusche, Erschütterungen, Licht, Wärme, Strahlen und ähnliche Erscheinungen am Ort ihres Austritts.

(2) Luftverunreinigungen sind Veränderungen der natürlichen Zusammensetzung der Luft, insbesondere durch Rauch, Ruß, Staub, Gase, Aerosole, Dämpfe oder Geruchsstoffe.

(3) Immissionen im Sinne dieses Kapitels sind die durch Emissionen im Sinne des Absatzes 1 hervorgerufenen Einwirkungen auf Menschen, Sachen und die Umwelt.

(4) Sonstige Einwirkungen im Sinne dieses Kapitels sind alle anderen, nicht in Immissionen bestehenden, physischen Einwirkungen einer Anlage auf Menschen, Sachen oder die Umwelt.

(5) Immissionen sowie sonstige Einwirkungen sind schädlich, wenn sie nach Art, Ausmaß und Dauer geeignet sind, eine Umweltgefahr oder eine sonstige Gefahr herbeizuführen.

(6) [1]Anlagen im Sinne dieses Kapitels sind die Anlagen des § 2 Abs. 7 unter Einschluß von ortsveränderlichen technischen Einrichtungen sowie

von Fahrzeugen. [2]Ausgenommen sind Fahrzeuge, die der Vorschrift des § 357 unterliegen, sowie Verkehrswege hinsichtlich der durch Fahrzeuge verursachten Emissionen und Immissionen.

(7) [1]Immissionsschutzrechtliche Vorschriften sind alle Vorschriften dieses Kapitels sowie die Vorschriften des Allgemeinen Teils, soweit sie vorrangig dem Zweck des § 314 dienen. [2]Entsprechendes gilt für die aufgrund dieses Kapitels bzw. des Allgemeinen Teils erlassenen Vorschriften.

§ 316 Geltungsbereich

Die Vorschriften dieses Kapitels gelten nicht für Anlagen sowie Kernbrennstoffe und sonstige radioaktive Stoffe, die den Vorschriften des Fünften Kapitels unterliegen, soweit es um den Schutz vor den Gefahren der Kernenergie oder der schädlichen Wirkung ionisierender Strahlen geht.

§ 317 Grundsätze

(1) [1]Maßnahmen, mit denen Emissionen verbunden sind, dürfen nicht zu schädlichen Immissionen führen (Gefahrenabwehr). [2]Dem Entstehen schädlicher Immissionen soll vorgebeugt werden, insbesondere dadurch, daß die Emissionen soweit wie möglich vermindert werden (Vorsorge). [3]Die Vorsorge dient auch dem Schutz empfindlicher Bestandteile des Naturhaushalts sowie dem Aufbau und der Zusammensetzung der Atmosphäre in ihrer natürlichen Form.

(2) [1]Durch Immissionen verursachte Beeinträchtigungen sind umso weniger hinnehmbar, je höher die Gesamtbelastung und je schutzwürdiger das betroffene Gebiet ist. [2]Die Schutzwürdigkeit eines Gebiets hängt insbesondere von seiner bauplanerischen und der sonstigen planerischen Ausweisung, von seiner tatsächlichen Nutzung und seiner etwaigen Prägung durch Immissionen ab. [3]Gesundheitsbeeinträchtigungen sind nicht hinnehmbar; der Schutz besonders empfindlicher Gruppen ist zu gewährleisten.

(3) Bei raumbedeutsamen Maßnahmen und Planungen sind die für eine bestimmte Nutzung vorgesehenen Flächen einander so zuzuordnen, daß schädliche Immissionen für die ausschließlich oder überwiegend dem Wohnen dienenden Gebiete sowie für sonstige schutzbedürftige Gebiete soweit wie möglich vermieden werden.

(4) In besonders belasteten Gebieten sind die Immissionen nachhaltig zu vermindern, ohne dadurch andere Gebiete mehr als geringfügig stärker zu belasten.

Zweiter Abschnitt: Anlagenbezogener Immissionsschutz

Erster Unterabschnitt: Errichtung und Betrieb zulassungsbedürftiger Anlagen

Erster Titel: Sachliche Anforderungen

§ 318 Betriebspflichten

(1) Zulassungsbedürftige Anlagen sind so zu errichten und zu betreiben, daß
1. schädliche Immissionen oder sonstige schädliche Einwirkungen nicht entstehen können,
2. Vorsorge gegen die Risiken schädlicher Immissionen sowie sonstiger, durch Störfälle bedingter schädlicher Einwirkungen getroffen wird, insbesondere durch die dem Stand der Technik entsprechenden Maßnahmen zur Emissionsbegrenzung oder entsprechend allgemeiner Grenz- oder Richtwerte,
3. Reststoffe vermieden oder umweltschonend verwertet oder, soweit die Voraussetzungen nach Absatz 2 vorliegen, unter Beachtung der Vorschriften des Zweiten und des Siebenten Kapitels entsorgt werden, und
4. entstehende Wärme für Anlagen des Betreibers genutzt oder an Dritte, die sich zur Abnahme bereit erklärt haben, abgegeben wird, soweit dies nach Art und Standort der Anlagen technisch möglich und zumutbar sowie mit den Pflichten nach den Nummern 1 bis 3 vereinbar ist.

(2) Eine Vermeidung oder Verwertung von Reststoffen ist nur geboten, wenn sie technisch möglich sowie wirtschaftlich zumutbar ist und die ökologischen Vorteile der Beseitigung als Abfälle nicht nachweislich gegenüber den Nachteilen überwiegen.

(3) Die Bundesregierung bestimmt durch Rechtsverordnung unter Beachtung von §§ 152 bis 154 die Anlagen, bei denen nutzbare Wärme in nicht unerheblichem Umfang entstehen kann und die entsprechend den in der Rechtsverordnung näher zu bestimmenden Anforderungen nach Absatz 1 Nr. 4 errichtet und betrieben werden müssen.

(4) Vorschriften der Länder, die strengere Anforderungen zum Schutz bestimmter Gebiete vor schädlichen Immissionen und vor sonstigen schädlichen Einwirkungen stellen, bleiben unberührt.

§ 319 Nachbetriebspflichten

(1) Der Betreiber hat sicherzustellen, daß auch nach einer Anlagenstilllegung
1. von der Anlage oder dem Anlagengrundstück weder schädliche Immissionen noch sonstige schädliche Einwirkungen hervorgerufen werden können und
2. vorhandene Reststoffe umweltschonend verwertet werden, es sei denn, sie dürfen unter Beachtung der Vorschriften des Zweiten und des Siebenten Kapitels entsorgt werden.

(2) Für die Sicherstellung der Verpflichtungen des Absatzes 1 (Stillegungsvorsorge) gilt § 128 entsprechend.

(3) Für Vorschriften der Länder gilt § 318 Abs. 4 entsprechend.

§ 320 Rechtsverordnung zu Betriebs- und Nachbetriebspflichten

(1) [1]Durch Rechtsverordnung nach den §§ 145, 146 werden die Anforderungen des § 318 und des § 319 näher bestimmt. [2]Dabei können auch Anforderungen an die Eigenüberwachung festgelegt werden.

(2) [1]Die Rechtsverordnung nach Absatz 1 kann eine Kompensation nach Maßgabe der §§ 88, 89 vorsehen, sofern es dadurch nicht zu schädlichen Immissionen oder sonstigen schädlichen Einwirkungen kommen kann. [2]In der Rechtsverordnung kann weiterhin bestimmt werden, inwieweit zur Erfüllung von zwischenstaatlichen Vereinbarungen mit Nachbarstaaten der Bundesrepublik Deutschland Satz 1 auch für die Durchführung technischer Maßnahmen an Anlagen gilt, die in Nachbarstaaten gelegen sind.

(3) Soweit eine Rechtsverordnung nach Absatz 1 Anforderungen zur Vorsorge gegen schädliche Luftverunreinigungen durch Grenzwerte festlegt, gelten sie als nachbarschützend.

(4) [1]Rechtsverordnungen nach Absatz 1 können auf jedermann zugängliche Bekanntmachungen sachverständiger Stellen verweisen. [2]Hierbei ist das Datum der Bekanntmachung anzugeben und die Bezugsquelle zu bezeichnen; des weiteren ist die Bekanntmachung bei dem Deutschen Patentamt archivmäßig gesichert niederzulegen und in der Rechtsverordnung darauf hinzuweisen.

Zweiter Titel: Zulassungs- und Anzeigepflichten

§ 321 Zulassungsbedürftigkeit

(1) [1]Die Errichtung und der Betrieb von Anlagen, die aufgrund ihrer Beschaffenheit oder ihres Betriebs in besonderem Maße geeignet sind, schädliche Immissionen oder sonstige schädliche Einwirkungen hervorzurufen oder die in besonderem Maße Reststoffe oder Abwärme erzeugen, bedürfen einer Zulassung. [2]Anlagen, die nicht gewerblichen Zwecken dienen und nicht im Rahmen wirtschaftlicher Unternehmungen Verwendung finden, bedürfen der Zulassung nur, wenn sie in besonderen Maße geeignet sind, schädliche Luftverunreinigungen oder Geräusche hervorzurufen oder Reststoffe oder Abwärme zu erzeugen. [3]Die Bundesregierung bestimmt unter Beachtung der §§ 152 bis 154 durch Rechtsverordnung die Anlagen, die einer Zulassung bedürfen (zulassungsbedürftige Anlagen).

(2) [1]Wird eine Anlage, die bei Inkrafttreten einer Rechtsverordnung nach Absatz 1 Satz 3 bereits errichtet ist oder mit deren Errichtung bereits begonnen wurde, durch den Erlaß der Verordnung zulassungsbedürftig, muß die Anlage innerhalb eines Zeitraums von drei Monaten nach Inkrafttreten der Verordnung der zuständigen Behörde angezeigt werden. [2]Der zuständigen Behörde sind innerhalb eines Zeitraums von zwei Monaten nach Erstattung der Anzeige Unterlagen, die zur Beurteilung der Zulassungsvoraussetzungen im Zeitpunkt des Inkrafttretens der Rechtsverordnung erforderlich wären, vorzulegen.

§ 322 Zulassungsumfang

Das Zulassungserfordernis erstreckt sich auf alle vorgesehenen

1. Anlagenteile und Verfahrensschritte, die zum Betrieb der Anlage notwendig sind, und
2. Nebeneinrichtungen und Verfahrensschritte, die überwiegend den Anlagenteilen und Verfahrensschritten nach Nummer 1 dienen, mit diesen in einem räumlichen und betriebstechnischen Zusammenhang stehen und für die Erreichung der Zwecke des § 314 von Bedeutung sein können.

§ 323 Zulassungsvoraussetzungen

(1) Die Zulassung ist zu erteilen, wenn
1. sichergestellt ist, daß die sich aus immissionsschutzrechtlichen Vorschriften für den Anlagenbetreiber ergebenden Pflichten erfüllt werden, und
2. andere öffentlich-rechtliche Vorschriften sowie Belange des Arbeitsschutzes der Errichtung und dem Betrieb der Anlage nicht entgegenstehen.

(2) Bei Vorhaben, für die eine Umweltfolgenprüfung vorgeschrieben ist, setzt die Zulassung zudem voraus, daß
1. der Errichtung und dem Betrieb der Anlage aufgrund des Ergebnisses einer Umweltfolgenprüfung keine überwiegenden Umweltbelange entgegenstehen,
2. keine Bedenken im Hinblick auf die Zuverlässigkeit und die Sachkunde im Sinne des § 53 Abs. 1 Nr. 3 und 4 bestehen und
3. die nach § 128 erforderliche Deckungsvorsorge für die Erfüllung gesetzlicher Schadensersatzverpflichtungen sowie die nach § 319 Abs. 2 erforderliche Stillegungsvorsorge getroffen ist.

§ 324 Nebenbestimmungen zur Zulassung

(1) [1]Die Zulassung kann auf Antrag für einen bestimmten Zeitraum erteilt werden. [2]Dies gilt insbesondere dann, wenn durch die Befristung das Entgegenstehen überwiegender Umweltbelange im Sinne des § 323 Abs. 2 Nr. 1 vermieden werden kann. [3]Die Zulassung kann unter dem Vorbehalt des Widerrufs erteilt werden, wenn die zulassungsbedürftige Anlage lediglich Erprobungszwecken dienen soll.

(2) Die Teilzulassung kann für einen bestimmten Zeitraum oder mit dem Vorbehalt erteilt werden, daß sie bis zur Entscheidung über die Zulassung widerrufen oder mit Auflagen verbunden werden kann.

§ 325 Änderung zulassungsbedürftiger Anlagen

(1) [1]Die wesentliche Änderung der Lage, der Beschaffenheit oder des Betriebs einer zulassungsbedürftigen Anlage bedarf der Zulassung. [2]Die Änderung ist unwesentlich, wenn keine Anhaltspunkte dafür vorliegen, daß die Voraussetzungen des § 318 oder des § 319 betroffen sein können.

(2) [1]Über den Zulassungsantrag ist innerhalb einer Frist von sechs Monaten zu entscheiden. [2]Die zuständige Behörde kann die Frist um jeweils

drei Monate verlängern, wenn dies wegen der Schwierigkeit der Prüfung erforderlich ist.

(3) Die zuständige Behörde darf von der Auslegung des Antrags und der Unterlagen sowie von der öffentlichen Bekanntmachung des Vorhabens absehen, wenn nicht zu besorgen ist, daß durch die Änderung zusätzliche oder andere Emissionen oder sonstige Risiken herbeigeführt werden.

(4) § 321 Abs. 2 findet entsprechende Anwendung auf wesentliche Änderungen.

§ 326 Vorzeitiger Beginn

(1) In einem Verfahren zur Erteilung einer Zulassung nach § 325 kann widerruflich gestattet werden, daß bereits vor Erteilung der Zulassung mit der Errichtung der Anlage begonnen wird, wenn

1. hinreichend verläßlich mit einer Zulassung gerechnet werden kann,
2. an der vorzeitigen Errichtung der Anlage wegen der zu erwartenden Verbesserung des Schutzes der Umwelt ein öffentliches Interesse besteht und
3. der Träger des Vorhabens sich verpflichtet, alle bis zur Entscheidung durch die Errichtung der Anlage verursachten Schäden zu ersetzen und, falls das Vorhaben nicht zugelassen wird, den früheren Zustand wiederherzustellen.

(2) Die Gestattung des vorzeitigen Beginns kann unter dem Vorbehalt von Auflagen erteilt oder mit Auflagen verbunden werden.

(3) Die zuständige Behörde kann die Leistung einer Sicherheit verlangen, soweit dies erforderlich ist, um die Erfüllung der Verpflichtung nach Absatz 1 Nr. 3 sicherzustellen.

§ 327 Anzeige von Abweichungen vom Zulassungsbescheid

[1]Unbeschadet des § 325 ist der Betreiber verpflichtet, der zuständigen Behörde nach Ablauf von jeweils zwei Jahren mitzuteilen, ob und welche Abweichungen vom Zulassungsbescheid einschließlich der in bezug genommenen Unterlagen eingetreten sind. [2]Dies gilt nicht für Angaben, die Gegenstand einer Emissionserklärung nach § 342 Abs. 1 sind. [3]Die Sätze 1 und 2 gelten entsprechend für Anlagen, die nach § 321 Abs. 2 anzuzeigen sind. [4]Das Recht auf Auskunftsverweigerung in § 67 Abs. 2 Satz 1 gilt sinngemäß.

§ 328 Anzeige der Anlagenstillegung

[1]Beabsichtigt der Betreiber, eine zulassungsbedürftige Anlage stillzulegen, so hat er dies unter Angabe des Zeitpunkts der Stillegung der zuständigen Behörde unverzüglich anzuzeigen. [2]Der Anzeige sind Unterlagen über die vom Betreiber vorgesehenen Maßnahmen zur Erfüllung der sich aus § 319 ergebenden Pflichten beizufügen.

Dritter Titel: Zulassungsverfahren und Zulassungswirkungen

§ 329 Formen der Zulassung

(1) Die Zulassung von Anlagen erfolgt
1. als Umweltbewilligung,
2. als Genehmigung oder
3. als Erlaubnis.

(2) [1]Eine Umweltbewilligung ist erforderlich, wenn die Anlage einer Umweltfolgenprüfung bedarf. [2]Sonstige Anlagen bedürfen einer Genehmigung, soweit nicht eine Erlaubnis genügt. [3]Als Erlaubnis ergeht die Zulassung, soweit dies nach Art, Ausmaß und Dauer der von diesen Anlagen hervorgerufenen schädlichen Immissionen und sonstigen schädlichen Einwirkungen mit dem Schutz von Menschen, Sachen und der Umwelt vereinbar ist.

(3) [1]Durch Rechtsverordnung nach § 321 Abs. 1 Satz 3 wird bestimmt, welche Anlagen einer Genehmigung oder einer Erlaubnis bedürfen. [2]Die Zulassungsbehörde kann auf Antrag des Trägers des Vorhabens zulassen, daß die Zulassung abweichend von Satz 1 im Verfahren der Genehmigung erteilt wird.

§ 330 Anwendbare Vorschriften

(1) Bei Anlagen, die einer Genehmigung bedürfen, sind für die Unterlagen § 37, mit Ausnahme des Absatzes 2 Nr. 3, 4, 7, 9, für die Beteiligung anderer Behörden und der Öffentlichkeit §§ 38 bis 41, für den Vorbescheid § 53 Abs. 2, für das Zulassungsverfahren § 54, für die Zulassungswirkungen § 55 und für das Erlöschen der Zulassung § 56 Abs. 3 anzuwenden.

(2) Bei Anlagen, die einer Erlaubnis bedürfen, sind für die Vorlage von Unterlagen § 37 Abs. 1 Satz 1, für Beteiligung anderer Behörden § 38 und für das Erlöschen der Zulassung § 56 Abs. 3 anzuwenden.

(3) *Durch Rechtsverordnung der Bundesregierung kann das Verfahren zur Erteilung der Zulassung, insbesondere der Teilzulassung sowie des Vorbescheids geregelt werden.*

(4) *Bei der Bekanntmachung des Antrags auf Umweltbewilligung oder Genehmigung ist darauf zu achten, daß möglichst alle potentiell Betroffenen tatsächlich erreicht werden.*

§ 331 Teilzulassung

Auf Antrag kann eine Umweltbewilligung oder eine Genehmigung für
1. die Errichtung einer Anlage oder eines Teils einer Anlage oder
2. die Errichtung und den Betrieb eines Teils einer Anlage

erteilt werden, wenn eine vorläufige Prüfung ergibt, daß die Voraussetzungen des § 323 im Hinblick auf die Errichtung und den Betrieb der gesamten Anlage vorliegen werden und das Interesse des Antragstellers gegenüber den durch die Zulassungsaufteilung bedingten Nachteilen erheblich überwiegt.

§ 332 Einwendungen Dritter bei Teilzulassung und Vorbescheid

Ist eine Teilzulassung oder ein Vorbescheid erteilt worden, können nach Eintritt ihrer Unanfechtbarkeit im weiteren Verfahren zur Zulassung der Errichtung und des Betriebs der Anlage Einwendungen nicht mehr aufgrund von Tatsachen erhoben werden, die im vorhergehenden Verfahren fristgerecht vorgebracht oder rechtsmißbräuchlich nicht vorgebracht worden sind.

§ 333 Konzentration

(1) [1]Die Umweltbewilligung sowie die Genehmigung schließen andere, die Anlage betreffende Genehmigungen oder sonstige behördliche Zulassungen ein. [2]Die Entscheidung ergeht insoweit im Einvernehmen mit der für diese Zulassungen zuständigen Behörde. [3]Über das Einvernehmen ist innerhalb von drei Monaten zu entscheiden, sofern nicht besondere Umstände entgegenstehen. [4]Hat die Behörde bis zum Ablauf der Frist keine Stellungnahme abgegeben, kann die Genehmigungsbehörde die entsprechenden Voraussetzungen selbst prüfen.

(2) Absatz 1 gilt nicht für Planfeststellungen sowie für Umweltbewilligungen aufgrund des Fünften Kapitels.

(3) Bedarf die Errichtung der Anlage einer Anzeige, die dazu dient, über eine Untersagung oder Beschränkung der Errichtung oder des Betriebs

der Anlage zu entscheiden, so gilt für diese Entscheidung Absatz 1 entsprechend.

(4) [1]Wird die Anlage im Rahmen eines größeren Vorhabens errichtet, werden im Zulassungsverfahren auch alle anderen, für das Vorhaben notwendigen behördlichen Zulassungen erteilt. [2]Absatz 1 Satz 2 bis 4 sowie Absatz 2 gelten entsprechend.

Vierter Titel: Nachträgliche Maßnahmen

§ 334 Nachträgliche Anordnungen

(1) [1]Zur Erfüllung der Pflichten, die auf immissionsschutzrechtlichen Vorschriften beruhen, können gemäß § 73 nach Erteilung der Zulassung Anordnungen getroffen werden. [2]Drohen Gefahren für die in § 314 bezeichneten Rechtsgüter, soll die zuständige Behörde nachträgliche Anordnungen treffen.

(2) [1]Die zuständige Behörde darf eine nachträgliche Anordnung nicht treffen, wenn sie unverhältnismäßig ist, vor allem wenn der mit der Erfüllung der Anordnung verbundene Aufwand außer Verhältnis zu dem mit der Anordnung angestrebten Erfolg steht; dabei sind insbesondere Art, Menge und Gefährlichkeit der von der Anlage ausgehenden Emissionen und der von ihr verursachten Immissionen sowie die Nutzungsdauer und technischen Besonderheiten der Anlage zu berücksichtigen. [2]Darf eine nachträgliche Anordnung wegen Unverhältnismäßigkeit nicht getroffen werden, soll die zuständige Behörde die Zulassung nach § 76 Abs. 3 ganz oder teilweise widerrufen.

(3) Ist es zur Erfüllung der Anordnung erforderlich, die Lage, die Beschaffenheit oder den Betrieb der Anlage wesentlich zu ändern und ist in der Anordnung nicht abschließend bestimmt, in welcher Weise sie zu erfüllen ist, so bedarf die Änderung der Zulassung nach § 325.

(4) [1]Nach der Stillegung der gesamten Anlage können Anordnungen zur Erfüllung der sich aus § 319 Abs. 1 ergebenden Pflichten nur noch während eines Zeitraums von zehn Jahren getroffen werden. [2]Anordnungen nach anderen Vorschriften bleiben unberührt.

(5) Die Absätze 1 bis 4 gelten entsprechend für Anlagen, die nach § 321 Abs. 2 anzuzeigen sind.

§ 335 Verzicht auf nachträgliche Anordnung bei Kompensation

(1) [1]Die zuständige Behörde soll nach den §§ 89, 90 von nachträglichen Anordnungen absehen, soweit in einem vom Betreiber vorgelegten Plan technische Maßnahmen an dessen Anlagen oder an Anlagen Dritter vorgesehen sind, die zu einer deutlich weitergehenden Verringerung der Emissionsfrachten führen als die Summe der Minderungen, die durch den Erlaß künftiger nachträglicher Anordnungen bei den beteiligten Anlagen erreichbar wäre. [2]Dies gilt nicht, soweit der Betreiber bereits zur Emissionsminderung aufgrund einer Auflage zum Zulassungsbescheid verpflichtet ist. [3]Der Ausgleich ist nur zwischen denselben oder in der Wirkung auf Menschen, Sachen und die Umwelt vergleichbaren Stoffen zulässig. [4]Eine Kompensation ist auch möglich, wenn sie zu Verschlechterungen der Immissionssituation im Vorsorgebereich führt, sofern dies im Hinblick auf die erhebliche Reduzierung der Gesamtemissionsfrachten vertretbar ist; eine wesentliche Verschlechterung im Immissionsbereich ist jedoch ausgeschlossen.

(2) Die Durchführung der Maßnahmen des Plans ist durch verbindliche Anordnung sicherzustellen.

(3) Die Absätze 1 und 2 gelten auch für Anlagen, die nach § 321 Abs. 2 anzuzeigen sind, sowie für nicht betriebsbereite Anlagen, für die die Zulassung zur Errichtung und zum Betrieb erteilt ist oder für die in einer Teilzulassung Anforderungen nach § 318 Abs. 1 Nr. 2 festgelegt sind.

§ 336 Untersagung des Anlagenbetriebs

(1) [1]Wird eine Anlage ohne die erforderliche Zulassung betrieben, soll der weitere Anlagenbetrieb untersagt werden. [2]§ 74 Abs. 2 bleibt unberührt.

(2) [1]Die zuständige Behörde kann den weiteren Betrieb einer zulassungsbedürftigen Anlage durch den Betreiber oder einen mit der Leitung des Betriebes Beauftragten untersagen, wenn Tatsachen vorliegen, welche die Unzuverlässigkeit dieser Personen in bezug auf die Einhaltung von immissionsschutzrechtlichen Rechtsvorschriften dartun, und die Untersagung zum Wohl der Allgemeinheit geboten ist. [2]Dem Betreiber der Anlage kann auf Antrag gestattet werden, die Anlage durch eine Person betreiben zu lassen, die die Gewähr für den ordnungsgemäßen Betrieb der Anlage bietet. [3]Die Gestattung kann mit Auflagen verbunden werden.

Zweiter Unterabschnitt: Errichtung und Betrieb nicht zulassungsbedürftiger Anlagen

§ 337 Pflichten der Betreiber nicht zulassungsbedürftiger Anlagen

(1) [1]Nicht zulassungsbedürftige Anlagen sind so zu errichten und zu betreiben, daß

1. schädliche Immissionen nicht entstehen können,
2. Vorsorge gegen die Risiken schädlicher Immissionen getroffen wird, insbesondere durch die dem Stand der Technik entsprechenden Maßnahmen zur Emissionsbegrenzung oder entsprechend allgemeiner Grenz- oder Richtwerte.

[2]Für Anlagen, die nicht gewerblichen Zwecken dienen und nicht im Rahmen wirtschaftlicher Unternehmungen Verwendung finden, gilt die Verpflichtung des Satzes 1 nur, soweit sie auf die Verhinderung oder Beschränkung von schädlichen Luftverunreinigungen oder Geräusche gerichtet ist.

(2) Vorschriften der Länder, die strengere Anforderungen stellen, bleiben unberührt.

§ 338 Rechtsverordnung über Anforderungen an Anlagen

(1) [1]Durch Rechtsverordnung nach den §§ 145, 146 wird bestimmt, daß die Errichtung, die Beschaffenheit, der Betrieb und die betreibereigene Überwachung der Anlage bestimmten Anforderungen genügen müssen. [2]Die Anforderungen dienen der Erfüllung der sich aus § 337 ergebenden Pflichten oder der Reststoffvermeidung oder Reststoffverwertung im Sinne des § 318 Abs. 1 Nr. 3. [3]Die Einschränkung des § 337 Abs. 1 Satz 2 gilt entsprechend. *[4]Im Sinne von § 320 Abs. 4 kann auf die Bekanntmachungen sachverständiger Stellen verwiesen werden.*

(2) [1]Die Rechtsverordnung nach Absatz 1 kann eine Kompensation nach Maßgabe der §§ 88, 89 vorsehen, sofern es dadurch nicht zu schädlichen Immissionen kommen kann. [2]§ 320 Abs. 2 Satz 2 gilt entsprechend.

§ 339 Anordnungen im Einzelfall

Die zuständige Behörde kann im Einzelfall Anordnungen treffen, um die Durchführung des § 337 sowie anderer immissionsschutzrechtlicher Vorschriften zu gewährleisten.

§ 340 Untersagung

(1) Kommt der Betreiber einer Anlage einer vollziehbaren behördlichen Anordnung nach § 339 nicht nach, so kann die zuständige Behörde den Betrieb der Anlage ganz oder teilweise bis zur Erfüllung der Anordnung untersagen.

(2) Wenn die von einer Anlage hervorgerufenen schädlichen Immissionen Menschen, Sachen oder die Umwelt in gewichtiger Weise gefährden, soll die zuständige Behörde die Errichtung oder den Betrieb der Anlage ganz oder teilweise untersagen, soweit die Gefährdung nicht auf andere Weise vermieden werden kann.

(3) Die Möglichkeit der Untersagung aufgrund anderer Vorschriften bleibt unberührt.

Dritter Unterabschnitt: Überwachung und betriebliche Umweltschutzorganisation

Erster Titel: Behördliche Überwachung und Eigenüberwachung von Anlagen

§ 341 Behördliche Überwachung

(1) [1]Die behördliche Überwachung der immissionsschutzrechtlichen Vorschriften erfolgt nach §§ 57 bis 69. [2]Das Betreten von Grundstücken und Räumen nicht überwachungspflichtiger Personen nach § 65 Abs. 2 ist auch zulässig, soweit aus Gründen der Vorsorge Immissionen ermittelt werden.

(2) [1]Die Kosten der Überwachung trägt der Überwachungspflichtige, soweit es um die Überwachung seiner Anlage geht. [2]Für die Kosten der Überwachung einer nicht zulassungsbedürftigen Anlage gilt das nur, soweit immissionsschutzrechtliche Auflagen oder Anordnungen nicht erfüllt wurden oder geboten sind. [3]Bei zulassungsbedürftigen Anlagen kommt Satz 2 zum Tragen, soweit es um die Ermittlung von Emissionen und Immissionen geht. [4]Kosten, die durch Prüfungen im Rahmen des Zulassungsverfahrens entstehen, trägt generell der Antragsteller.

(3) [1]Bei der Ausübung der Befugnisse nach § 65 Abs. 2 ist auf die berechtigten Belange der Eigentümer und Besitzer Rücksicht zu nehmen. [2]Für entstandene Schäden hat das Land Ersatz zu leisten; soweit der Bund aufgrund einer Rechtsverordnung nach § 163 Abs. 2 für die Überwachung zuständig ist, trifft ihn die Verpflichtung. [3]Waren die Schäden unvermeidbare Folgen der Überwachungsmaßnahmen und haben die

Überwachungsmaßnahmen zu Anordnungen der zuständigen Behörden gegen den Betreiber einer Anlage geführt, so hat dieser die Ersatzleistung zu erstatten.

(4) Auf die durch die Überwachung erlangten Kenntnisse und Unterlagen sind die §§ 93, 97, 105 Abs. 1, § 111 Abs. 5 in Verbindung mit § 105 Abs. 1 sowie § 116 Abs. 1 der Abgabenordnung nur anzuwenden, soweit die Finanzbehörden die Kenntnisse für die Durchführung eines Verfahrens wegen einer Steuerstraftat sowie eines damit zusammenhängenden Besteuerungsverfahrens benötigen, an deren Verfolgung ein zwingendes öffentliches Interesse besteht, oder soweit es sich um vorsätzlich falsche Angaben des Auskunftspflichtigen oder der für ihn tätigen Personen handelt.

§ 342 Emissionserklärung

(1) [1]Der Betreiber einer zulassungsbedürftigen Anlage ist verpflichtet, der zuständigen Behörde innerhalb einer von ihr zu setzenden Frist oder zu dem in der Rechtsverordnung nach Absatz 3 festgesetzten Zeitpunkt Angaben zu machen über Art, Menge, räumliche und zeitliche Verteilung der Luftverunreinigungen, die von der Anlage in einem bestimmten Zeitraum ausgegangen sind, sowie über die Austrittsbedingungen (Emissionserklärung); er hat die Emissionserklärung alle zwei Jahre entsprechend dem neuesten Stand zu ergänzen. [2]Satz 1 gilt nicht für Betreiber von Anlagen, von denen nur in geringem Umfang Luftverunreinigungen ausgehen können. [3]Für die Auskunftsverweigerung gilt § 67 Abs. 2 Satz 1.

(2) [1]Die Bundesregierung wird ermächtigt, durch Rechtsverordnung unter Beachtung der §§ 151, 153 Inhalt, Umfang, Form und Zeitpunkt der Abgabe der Emissionserklärung sowie das bei der Ermittlung der Emissionen einzuhaltende Verfahren zu regeln. [2]In der Rechtsverordnung wird auch bestimmt, welche Betreiber zulassungsbedürftiger Anlagen nach Absatz 1 Satz 2 von der Pflicht zur Abgabe einer Emissionserklärung befreit sind.

(3) [1]Eine Anhörung des Anlagenbetreibers vor Veröffentlichung von Angaben der Emissionserklärung ist nicht erforderlich. [2]*§ 341 Abs. 4 gilt entsprechend.*

§ 343 Messungen aus besonderem Anlaß

(1) [1]Die zuständige Behörde kann anordnen, daß der Betreiber einer Anlage Art und Ausmaß der von der Anlage ausgehenden Emissionen sowie die Immissionen im Einwirkungsbereich der Anlage durch eine der von

der zuständigen obersten Landesbehörde bekanntgegebenen Stellen ermitteln läßt, wenn zu befürchten ist, daß beim Betrieb der Anlage immissionsschutzrechtliche Vorschriften nicht eingehalten werden. [2]Die zuständige Behörde ist befugt, Einzelheiten über Art und Umfang der Ermittlungen sowie über die Vorlage der Ermittlungsergebnisse vorzuschreiben. [3]Bei nicht zulassungsbedürftigen Anlagen, die nicht gewerblichen Zwecken dienen und nicht im Rahmen wirtschaftlicher Unternehmungen Verwendung finden, gilt das nur für Luftverunreinigungen und Geräusche.

(2) Die Bundesregierung wird ermächtigt, durch Rechtsverordnung unter Beachtung der §§ 151 bis 153 die Anforderungen zu bestimmen, denen die nach Absatz 1 mit der Ermittlung der Emissionen und Immissionen beauftragten Stellen hinsichtlich ihrer Fachkunde, Zuverlässigkeit und gerätetechnischen Ausstattung genügen müssen.

§ 344 Erstmalige und wiederkehrende Messungen

(1) Die zuständige Behörde kann bei zulassungsbedürftigen Anlagen
1. nach der Inbetriebnahme oder einer wesentlichen Änderung im Sinne des § 325 und sodann
2. nach Ablauf eines Zeitraumes von jeweils drei Jahren

Anordnungen nach § 343 auch ohne die dort genannten Voraussetzungen treffen.

(2) Hält die Behörde wegen Art, Menge und Gefährlichkeit der von der Anlage ausgehenden Emissionen Ermittlungen auch während des in Nummer 2 genannten Zeitraumes für erforderlich, so soll sie auf Antrag des Betreibers zulassen, daß diese Ermittlungen durch den Immissionsschutzbeauftragten durchgeführt werden, wenn dieser hierfür die erforderliche Fachkunde, Zuverlässigkeit und gerätetechnische Ausstattung besitzt.

§ 345 Kontinuierliche Messungen

(1) [1]Die zuständige Behörde kann bei zulassungsbedürftigen Anlagen anordnen, daß statt durch Einzelmessungen nach § 343 oder § 344 oder neben solchen Messungen bestimmte Emissionen oder Immissionen unter Verwendung aufzeichnender Meßgeräte fortlaufend ermittelt werden. [2]Bei Anlagen mit erheblichen Emissionsmassenströmen luftverunreinigender Stoffe oder erheblichen Abgasströmen, insbesondere bei Anlagen mit einem Abgasstrom von mehr als 50.000 m^3 je Stunde, sollen Anordnungen nach Satz 1 getroffen werden, soweit eine Überschreitung der in Rechtsvorschriften, Auflagen oder Anordnungen fest-

gelegten Emissionsbegrenzungen nach der Art der Anlage nicht ausgeschlossen werden kann.

(2) [1]Die zuständige Behörde kann bei nicht zulassungsbedürftigen Anlagen anordnen, daß statt durch Einzelmessungen nach § 343 oder neben solchen Messungen bestimmte Emissionen oder Immissionen unter Verwendung aufzeichnender Meßgeräte fortlaufend ermittelt werden, ob durch die Anlage schädliche Immissionen hervorgerufen werden, wenn dies zur Feststellung erforderlich ist. [2]§ 343 Abs. 1 Satz 2 gilt entsprechend.

§ 346 Sicherheitstechnische Prüfungen

(1) [1]Die zuständige Behörde kann anordnen, daß der Betreiber einer zulassungsbedürftigen Anlage einen von der zuständigen obersten Landesbehörde bekanntgegebenen Sachverständigen mit der Durchführung bestimmter sicherheitstechnischer Prüfungen sowie Prüfungen von sicherheitstechnischen Unterlagen beauftragt. [2]In der Anordnung kann die Durchführung der Prüfung durch den Störfallbeauftragten oder einen anderen Sachverständigen gestattet werden, wenn dieser hierfür die erforderliche Fachkunde, Zuverlässigkeit und gerätetechnische Ausstattung besitzt.

(2) [1]Prüfungen können angeordnet werden für einen Zeitpunkt während der Errichtung oder sonst vor der Inbetriebnahme der Anlage, für einen Zeitpunkt nach deren Inbetriebnahme, in regelmäßigen Abständen, im Falle einer Anlagenstillegung oder wenn Anhaltspunkte dafür bestehen, daß bestimmte sicherheitstechnische Anforderungen nicht erfüllt werden. [2]Satz 1 gilt entsprechend bei einer wesentlichen Änderung im Sinne des § 325.

(3) Die zuständige Behörde ist befugt, Einzelheiten über Art und Umfang der sicherheitstechnischen Prüfungen sowie über die Vorlage des Prüfungsergebnisses vorzuschreiben.

(4) Die Bundesregierung wird ermächtigt, durch Rechtsverordnung unter Beachtung der §§ 151 bis 153 die Anforderungen zu bestimmen, denen die nach Absatz 1 oder 2 mit der Durchführung von sicherheitstechnischen Prüfungen Beauftragten hinsichtlich ihrer Fachkunde, Zuverlässigkeit und gerätetechnischen Ausstattung genügen müssen, sowie Regelungen über die Sammlung und Auswertung der Erfahrungen der Sachverständigen sowie über deren Weiterbildung zu treffen.

§ 347 Weiterleitung der Ergebnisse

(1) [1]Der Betreiber der Anlage hat das Ergebnis der aufgrund einer Anordnung nach §§ 343 bis 346 getroffenen Ermittlungen sowie die Aufzeichnungen der Meßgeräte nach § 345 fünf Jahre lang aufzubewahren und der zuständigen Behörde auf Verlangen mitzuteilen. [2]Die zuständige Behörde kann die Art der Übermittlung der Meßergebnisse vorschreiben.

(2) [1]Der Betreiber hat die Ergebnisse der sicherheitstechnischen Prüfungen nach § 346 der zuständigen Behörde spätestens einen Monat nach Durchführung der Prüfungen vorzulegen. [2]Er hat diese Ergebnisse unverzüglich vorzulegen, sofern dies zur Abwehr gegenwärtiger Gefahren erforderlich ist.

§ 348 Kosten

[1]Die Kosten für die Ermittlungen nach §§ 342 bis 346 trägt der Anlagenbetreiber. [2]Bei nicht zulassungsbedürftigen Anlagen gilt § 341 Abs. 2 Satz 2 entsprechend.

Zweiter Titel: Umweltbeauftragter und Betriebsorganisation

§ 349 Erforderlichkeit eines Umweltbeauftragten für Immissionsschutz und für Störfälle

(1) Betreiber zulassungsbedürftiger Anlagen haben einen oder mehrere Umweltbeauftragte für Immissionsschutz zu bestellen, sofern dies im Hinblick auf die Art oder die Größe der Anlagen wegen der
1. von den Anlagen ausgehenden Emissionen,
2. technischen Probleme der Emissionsbegrenzung oder
3. Eignung der Erzeugnisse, bei bestimmungsgemäßer Verwendung schädliche Luftverunreinigungen, Geräusche oder Erschütterungen hervorzurufen,

erforderlich ist.

(2) Betreiber zulassungsbedürftiger Anlagen haben einen oder mehrere Umweltbeauftragte für Störfälle zu bestellen, sofern dies im Hinblick auf die Art und Größe der Anlage wegen der bei einer Störung des bestimmungsgemäßen Betriebs auftretenden Gefahren erforderlich ist.

(3) Der für den Umweltschutz zuständige Bundesminister bestimmt durch Rechtsverordnung unter Beachtung der §§ 151 bis 154 die zulassungs-

bedürftigen Anlagen, deren Betreiber einen Umweltbeauftragten für Immissionsschutz bzw. für Störfälle zu bestellen haben.

(4) [1]Die zuständige Behörde kann anordnen, daß Betreiber einer Anlage, für die die Bestellung eines Umweltbeauftragten nicht durch Rechtsverordnung vorgeschrieben ist, einen oder mehrere Umweltbeauftragte für Immissionsschutz oder für Störfälle zu bestellen haben, soweit sich im Einzelfall die Notwendigkeit der Bestellung aus den in Absatz 1 bzw. 2 genannten Gründen ergibt. [2]Hinsichtlich des Störfallbeauftragten gilt das nur bei zulassungsbedürftigen Anlagen.

§ 350 Aufgaben der Umweltbeauftragten

(1) Die Aufgaben des Umweltbeauftragten für Immissionsschutz sowie für Störfälle bestimmen sich nach § 96, beschränkt auf die durch Emissionen bzw. durch Störfälle bedingten Gefahren und Risiken.

(2) [1]Der Störfallbeauftragte ist darüber hinaus verpflichtet, die von ihm ergriffenen Maßnahmen zur Erfüllung seiner Aufgaben nach § 96 Abs. 3 Nr. 2 schriftlich aufzuzeichnen. [2]Er muß diese Aufzeichnungen mindestens fünf Jahre aufbewahren.

§ 351 Unterrichtung des Betriebsrats

[1]Der Anlagenbetreiber hat den Betriebs- oder Personalrat vor der Bestellung des Umweltbeauftragten unter Bezeichnung der ihm obliegenden Aufgaben zu unterrichten. [2]Entsprechendes gilt bei Veränderungen im Aufgabenbereich des Umweltbeauftragten und bei dessen Abberufung.

§ 352 Kündigungsverbot

(1) Ist der Umweltbeauftragte Arbeitnehmer des zur Bestellung verpflichteten Betreibers, so ist die Kündigung des Arbeitsverhältnisses unzulässig, es sei denn, daß Tatsachen vorliegen, die den Betreiber zur Kündigung aus wichtigem Grund ohne Einhaltung einer Kündigungsfrist berechtigen.

(2) Nach der Abberufung als Umweltbeauftragter ist die Kündigung innerhalb eines Jahres, vom Zeitpunkt der Beendigung der Bestellung an gerechnet, unzulässig, es sei denn, daß Tatsachen vorliegen, die den Betreiber zur Kündigung aus wichtigem Grund ohne Einhaltung einer Kündigungsfrist berechtigen.

§ 353 Mitteilungspflichten zur Betriebsorganisation

(1) Der Betreiber der zulassungsbedürftigen Anlage hat der zuständigen Behörde mitzuteilen, auf welche Weise sichergestellt ist, daß die dem Schutz vor schädlichen Immissionen und vor sonstigen Beeinträchtigungen von Menschen, Sachen und der Umwelt dienenden Vorschriften und Anordnungen beim Betrieb beachtet werden.

(2) [1]Der Betreiber einer zulassungsbedürftigen Anlage hat sicherzustellen, daß für ihn bestimmte Schriftstücke im Inland zugestellt werden können. [2]Soweit notwendig, ist ein Bevollmächtigter zu bestellen. [3]Der Betreiber hat Namen und Adresse des Zustellungsbevollmächtigten im Inland der zuständigen Behörde zu benennen.

Vierter Unterabschnitt: Herstellen, Inverkehrbringen und Einführen von Anlagen

§ 354 Anforderungen an Anlagen und Anlagenteile

(1) [1]Die Bundesregierung wird ermächtigt, durch Rechtsverordnung unter Beachtung der §§ 151 bis 154 vorzuschreiben, daß serienmäßig hergestellte Anlagenteile oder ortsveränderliche Anlagen gewerbsmäßig oder im Rahmen wirtschaftlicher Unternehmungen nur hergestellt, in Verkehr gebracht oder eingeführt werden dürfen, wenn sie bestimmten Anforderungen zum Schutz vor schädlichen Immissionen genügen. [2]In den Rechtsverordnungen nach Satz 1 kann insbesondere vorgeschrieben werden, daß

1. die Emissionen der Anlagen oder der serienmäßig hergestellten Teile bestimmte Werte nicht überschreiten dürfen,
2. die Anlagen oder die serienmäßig hergestellten Teile bestimmten technischen Anforderungen zur Begrenzung der Emissionen entsprechen müssen,
3. die Anlagen oder die serienmäßig hergestellten Teile mit Angaben über die Höhe ihrer Emissionen gekennzeichnet sind.

(2) [1]Emissionswerte nach Absatz 1 Satz 2 Nr. 1 können unter Berücksichtigung der technischen Entwicklung auch für einen Zeitpunkt nach Inkrafttreten der Rechtsverordnung festgesetzt werden. [2]Für den Verweis auf Bekanntmachungen sachverständiger Stellen gilt § 320 Abs. 4.

(3) Die Rechtsverordnung nach Absatz 1 kann eine Kompensation nach Maßgabe des § 88 vorsehen, sofern es dadurch nicht zu schädlichen Immissionen kommen kann.

§ 355 Bauartzulassung

(1) Die Bundesregierung wird ermächtigt, durch Rechtsverordnung unter Beachtung der §§ 151 bis 154
1. zum Schutz vor schädlichen Immissionen vorzuschreiben, daß serienmäßig hergestellte Teile von ortsfesten Einrichtungen sowie ortsveränderliche Anlagen gewerbsmäßig oder im Rahmen wirtschaftlicher Unternehmungen nur in den Verkehr gebracht oder eingeführt werden dürfen, wenn die Bauart der Anlage oder des serienmäßig hergestellten Teils zugelassen ist und die Anlage oder der serienmäßig hergestellte Teil dem zugelassenen Muster entspricht,
2. das Verfahren der Bauartzulassung zu regeln.

(2) Die Zulassung der Bauart darf nur von der Erfüllung der nach § 354 Abs. 1 Satz 2 Nr. 1 und 2 vorgeschriebenen Anforderungen abhängig gemacht werden.

§ 356 Gemeinsame Vorschriften

(1) [1]Soweit in einer Rechtsverordnung nach den §§ 354, 355 Anforderungen an die Beschaffenheit von Anlagen gestellt werden, ist § 146 Abs. 2 bis 4 zu beachten. [2]Dem Einführen steht das sonstige Verbringen in das Inland gleich.

(2) Für die Umsetzung von Beschlüssen der Europäischen Gemeinschaft gilt § 149.

(3) [1]Für die Kosten der Überwachung ist § 341 Abs. 2 Satz 2 entsprechend anzuwenden. [2]Kosten für Stichproben und deren Untersuchung trägt der Überwachungspflichtige.

Dritter Abschnitt: Verkehrsbezogener Immissionsschutz

Erster Unterabschnitt: Beschaffenheit und Betrieb von Fahrzeugen

§ 357 Grundpflichten

(1) [1]Kraftfahrzeuge und ihre Anhänger, Schienenfahrzeuge, Luftfahrzeuge und Wasserfahrzeuge (Fahrzeuge) dürfen gewerbsmäßig oder im Rahmen wirtschaftlicher Unternehmungen nur hergestellt, in Verkehr gebracht oder eingeführt werden, wenn die Fahrzeuge aufgrund ihrer Beschaffenheit keine schädlichen Immissionen auslösen, die nach dem Stand der Technik vermeidbar sind. [2]Regelungen der Europäischen Ge-

meinschaft, die die Zulassung von Fahrzeugen mit höheren Emissionen vorschreiben, bleiben unberührt. [3]Satz 1 gilt nicht, wenn die Fahrzeuge zur Lieferung in das Ausland bestimmt sind.

(2) [1]Der Führer und der Halter eines Fahrzeugs haben darauf zu achten, daß beim Fahrzeugbetrieb vermeidbare Emissionen verhindert und unvermeidbare Emissionen auf ein Mindestmaß beschränkt bleiben. [2]Satz 1 gilt auch für die Wartung und Unterhaltung des Fahrzeugs.

(3) [1]Die Absätze 1 und 2 gelten nur für die durch die Teilnahme am Verkehr verursachten Emissionen. [2]Im übrigen unterliegen die Fahrzeuge der Anforderungen des Zweiten Abschnitts. [3]Entsprechendes gilt für bewegliche Anlagen, die vorrangig anderen Zwecken als der Fortbewegung dienen. [4]Schwimmkörper und schwimmende Anlagen gelten als Wasserfahrzeuge, soweit sie am Verkehr teilnehmen.

§ 358 Rechtsverordnung zur Beschaffenheit und zum Betrieb

[1]Die Bundesregierung bestimmt durch Rechtsverordnung unter Beachtung der §§ 151 bis 154 die zur Vorsorge vor schädlichen Immissionen erforderlichen Anforderungen an die Beschaffenheit, die Ausrüstung, den Betrieb und die Prüfung von Fahrzeugen, auch soweit diese den verkehrsrechtlichen Vorschriften des Bundes unterliegen. [2]Dabei können Emissionsgrenzwerte unter Berücksichtigung der technischen Entwicklung auch für einen Zeitpunkt nach Inkrafttreten der Rechtsverordnung festgesetzt werden. [3]Wegen der Anforderungen nach Satz 1 und 2 gilt § 320 Abs. 4 entsprechend.

§ 359 Programm zur Reduzierung der Verkehrsemissionen

[1]Die Bundesregierung erstellt alle vier Jahre ein Programm zur Reduzierung der Verkehrsemissionen. [2]In dem Programm werden insbesondere Maßnahmen aufgeführt, die zu einer Senkung der Emissionen von Straßenverkehrsfahrzeugen und von Luftfahrzeugen führen, des weiteren Maßnahmen, die den relativen Anteil des Schienenverkehrs erhöhen.

§ 360 Beschränkungen des Kraftfahrzeugverkehrs

(1) Die für den Immissionsschutz zuständige Behörde kann im Einvernehmen mit der Straßenverkehrsbehörde den Kraftfahrzeugverkehr auf bestimmten Straßen oder in bestimmten Gebieten unter Berücksichtigung der Verkehrsbedürfnisse und der städtebaulichen Belange beschränken

oder verbieten, soweit dies im Hinblick auf die örtlichen Verhältnisse geboten ist, um schädliche Immissionen durch Luftverunreinigungen oder Lärm zu vermindern oder deren Entstehen zu vermeiden.

(2) Die Bundesregierung bestimmt durch Rechtsverordnung unter Beachtung der §§ 151 bis 154 die nach Absatz 1 erheblichen Konzentrationswerte und die anzuwendenden Meß- und Beurteilungsverfahren sowie über die Art und den Umfang der nach Absatz 1 vorgesehenen Maßnahmen.

(3) Soll der Kraftfahrzeugverkehr auf einer Straße oder in einem Gebiet dauerhaft beschränkt oder verboten werden, ist die Absicht der Beschränkung oder des Verbots drei Monate vorher ortsüblich bekanntzumachen.

Zweiter Unterabschnitt: Verkehrswege

§ 361 Bau und Änderung von Verkehrswegen

[1]Bei dem Bau oder der wesentlichen Änderung öffentlicher Straßen, von Schienenwegen, insbesondere Eisenbahnen und Straßenbahnen, von Flugplätzen sowie von Wasserstraßen (Verkehrswegen) ist sicherzustellen, daß keine schädlichen Verkehrsimmissionen hervorgerufen werden können. [2]Dies gilt nicht, soweit der Bau oder die wesentliche Änderung des Verkehrswegs trotz der schädlichen Immissionen durch andere Gründe mit überwiegendem Gewicht zwingend geboten ist. [3]Schutzmaßnahmen sind zu treffen, soweit ihre Kosten nicht außer Verhältnis zu dem angestrebten Schutzzweck stehen.

§ 362 Rechtsverordnung zu den Verkehrsimmissionen

(1) Die Bundesregierung wird ermächtigt, durch Rechtsverordnung unter Beachtung der §§ 151 bis 154 Anforderungen an den Bau von Verkehrswegen zum Schutz vor schädlichen Immissionen zu erlassen, insbesondere über
1. Grenzwerte zum Schutz vor schädlichen Immissionen im Sinne des § 361 sowie über das Verfahren zur Ermittlung der Emissionen oder Immissionen, und
2. bestimmte technische Anforderungen an den Bau von Verkehrswegen zur Vermeidung von schädlichen Immissionen.

(2) [1]In den Rechtsverordnungen nach Absatz 1 ist den Besonderheiten des Schienenverkehrs Rechnung zu tragen. [2]Wegen der Anforderungen nach Absatz 1 gilt § 320 Abs. 4 entsprechend.

§ 363 Entschädigung bei Bau und Änderung von Verkehrswegen

(1) [1]Werden die in der Rechtsverordnung nach § 362 Abs. 1 Satz 1 Nr. 1 festgelegten Immissionsgrenzwerte überschritten, sind dem Eigentümer einer betroffenen baulichen Anlage auf Antrag die angemessenen Aufwendungen für Schallschutzmaßnahmen an den baulichen Anlagen zu ersetzen. [2]Dies gilt auch bei baulichen Anlagen, die bei Auslegung der Pläne im Planfeststellungsverfahren oder bei Auslegung des Entwurfs der Bauleitpläne mit ausgewiesener Wegeplanung bauaufsichtlich genehmigt waren. [3]Der Anspruch entfällt, wenn die Beeinträchtigung wegen der besonderen Nutzung der Anlage zumutbar ist.

(2) Soweit sich im Falle des § 361 Satz 2 die Beeinträchtigung durch angemessene Maßnahmen im Sinne des Absatzes 1 nicht verhindern läßt, hat der Betroffene Anspruch auf angemessene Entschädigung in Geld.

(3) [1]Der Anspruch nach Absatz 1 oder 2 richtet sich gegen den Träger der Baulast bzw. gegen den Flugplatzhalter. [2]Kommt zwischen dem Verpflichteten und dem Betroffenen keine Einigung über die Entschädigung zustande, setzt die nach Landesrecht zuständige Behörde auf Antrag eines der Beteiligten die Entschädigung durch schriftlichen Bescheid fest. [3]Im übrigen gelten für das Verfahren die Enteignungsgesetze der Länder entsprechend.

§ 364 Beachtung des Immissionsschutzes bei Betriebsmaßnahmen

Anordnungen oder sonstige Entscheidungen zum Betrieb von Verkehrswegen dürfen nicht zu schädlichen Immissionen führen, es sei denn, daß dies durch andere Gründe mit überwiegendem Gewicht zwingend geboten ist.

§ 365 Überwachung

(1) Bei Verkehrswegen können Ermittlungen entsprechend den Vorschriften der §§ 343 bis 345 angeordnet werden.

(2) Der Unternehmer eines Flughafens, für den ein Fluglärmbereich festgelegt ist, hat auf dem Flughafen und in dessen Einwirkungsbereich Anlagen zur fortlaufend registrierenden Messung der durch die an- und ab-

fliegenden Luftfahrzeuge entstehenden Geräusche einzurichten und zu betreiben.

(3) Für die Auskunft über ermittelte Emissionen und Immissionen gilt § 347 Abs. 1 entsprechend.

Vierter Abschnitt: Gebietsbezogener Immissionsschutz

§ 366 Untersuchungen in bestimmten Gebieten

(1) Um den Stand und die Entwicklung der Luftverunreinigung im Bundesgebiet zu erkennen und Grundlagen für Abhilfe- und Vorsorgemaßnahmen zu gewinnen, haben die nach Landesrecht zuständigen Behörden in Untersuchungsgebieten Art und Umfang bestimmter Luftverunreinigungen, die schädliche Immissionen hervorrufen können, in der Atmosphäre für einen bestimmten Zeitraum oder fortlaufend festzustellen sowie die für ihre Entstehung und Ausbreitung bedeutsamen Umstände zu untersuchen.

(2) Untersuchungsgebiete nach Absatz 1 sind vor allem Gebiete, in denen

1. Luftverunreinigungen auftreten oder zu erwarten sind, die durch ihre Häufigkeit und Dauer, ihre hohen Konzentrationen oder die Gefahr des Zusammenwirkens verschiedener Luftverunreinigungen schädliche Immissionen hervorrufen können, oder
2. eine Überschreitung von Grenzwerten oder Richtwerten für Luftverunreinigungen festgestellt wird oder zu erwarten ist.

(3) [1]Die nach Landesrecht zuständigen Behörden stellen für die in Absatz 1 genannten Gebiete ein Emissionskataster auf, das Angaben enthält über Art, Menge, räumliche und zeitliche Verteilung und die Austrittsbedingungen von Luftverunreinigungen bestimmter Anlagen und Verkehrswege. [2]Die Landesregierungen werden ermächtigt, durch Rechtsverordnung geeignete Stellen zu bestimmen, die die für die Aufstellung des Emissionskatasters erforderlichen Angaben zu ermitteln und an die zuständige Behörde weiterzuleiten haben; dabei sind auch Regelungen über die Vergütung zu treffen.

(4) In Gebieten, in denen schädliche Geräusche hervorgerufen werden oder zu erwarten sind, haben die Gemeinden oder die nach Landesrecht zuständigen Behörden die Belastung durch die einwirkenden Geräuschquellen zu erfassen und ihre Auswirkungen auf die Umwelt festzustellen.

§ 367 Luftreinhaltepläne

(1) [1]Soweit dies zum Schutz vor schädlichen Luftverunreinigungen in einem bestimmten Gebiet erforderlich ist, erläßt die nach Landesrecht zuständige Behörde einen Luftreinhalteplan. [2]Vorgaben in Umweltleitplänen sind zu beachten.

(2) [1]Der Luftreinhalteplan enthält die Maßnahmen zur Verminderung der Luftverunreinigungen und zur Vorsorge. [2]In der Begründung sollen insbesondere die festgestellten Emissionen und Immissionen sowie die festgestellten Wirkungen auf die in § 314 genannten Schutzgüter angegeben werden.

(3) [1]Die Maßnahmen des Luftreinhalteplans sind durch Anordnungen oder sonstige Entscheidungen der zuständigen Träger öffentlicher Verwaltung nach diesem Gesetz oder nach anderen Rechtsvorschriften durchzusetzen. [2]Sind in dem Luftreinhalteplan planungsrechtliche Festlegungen vorgesehen, haben die zuständigen Planungsträger diese bei ihren Planungen zu berücksichtigen.

§ 368 Lärmminderungspläne

(1) [1]Die Gemeinde oder die nach Landesrecht zuständige Behörde hat für Wohngebiete und andere schutzwürdige Gebiete Lärmminderungspläne aufzustellen, wenn in den Gebieten nicht nur vorübergehend schädliche Geräusche hervorgerufen werden oder zu erwarten sind und die Beseitigung oder Verminderung der schädlichen Immissionen ein abgestimmtes Vorgehen erfordert. [2]Vorgaben in Umweltleitplänen sind zu beachten.

(2) [1]Lärmminderungspläne enthalten die vorgesehenen Maßnahmen zur Lärmminderung oder zur Verhinderung des weiteren Anstiegs der Lärmbelastung. [2]In der Begründung sollen die festgestellten und die zu erwartenden Lärmbelastungen sowie die Quellen der Lärmbelastungen dargestellt werden.

(3) § 367 Abs. 3 gilt entsprechend.

§ 369 Maßnahmen bei austauscharmer Wetterlage und bei Ozonbelastung

(1) [1]Die Landesregierungen werden ermächtigt, durch Rechtsverordnung Gebiete festzulegen, in denen während austauscharmer Wetterlagen oder aufgrund der Ozonbelastung Maßnahmen nach Satz 2 verhängt werden müssen, um ein Anwachsen schädlicher Immissionen durch Luftverunreinigungen zu vermeiden oder zu vermindern; in der Rechts-

verordnung kann auch der zeitliche Umfang der erforderlichen Verkehrsbeschränkungen bestimmt werden. [2]Die Straßenverkehrsbehörden haben in diesen Gebieten den Verkehr der in der Rechtsverordnung genannten Kraftfahrzeuge ganz oder teilweise zu verbieten, sobald eine austauscharme Wetterlage oder eine Ozonlage im Sinne des Satzes 1 von der zuständigen Behörde bekanntgegeben worden ist.

(2) [1]Die Landesregierungen werden ermächtigt, durch Rechtsverordnung Gebiete festzulegen, in denen während austauscharmer Wetterlagen oder aufgrund der Ozonbelastung Maßnahmen nach Satz 2 verhängt werden müssen, um ein Anwachsen schädlicher Immissionen durch Luftverunreinigungen zu vermeiden oder zu vermindern. [2]In der Rechtsverordnung kann vorgeschrieben werden, daß in diesen Gebieten

1. ortsveränderliche oder ortsfeste Anlagen nur zu bestimmten Zeiten betrieben oder
2. Brennstoffe, die in besonderem Maße Luftverunreinigungen hervorrufen, in Anlagen nicht oder nur beschränkt verwendet

werden dürfen, sobald die austauscharme Wetterlage oder die Ozonlage von der zuständigen Behörde bekanntgegeben worden sind.

§ 370 Richtwerte für die Luftqualität

(1) [1]Durch Rechtsverordnung nach § 145 können für die Luftqualität neben Grenzwerten auch Richtwerte festgelegt werden, deren Einhaltung von allen Behörden im Rahmen ihrer Befugnisse anzustreben ist. [2]In der Rechtsverordnung kann geregelt werden, wie die Werte zu ermitteln und die Einhaltung der Werte zu messen und zu überwachen sind und wie die Bevölkerung zu unterrichten ist.

(2) [1]Die Kreise oder die nach Landesrecht zuständigen Behörden können zur Vorsorge gegen Luftverunreinigungen Immissionsrichtwerte festlegen. [2]Das Nähere regelt das Landesrecht.

Fünfter Abschnitt: Gemeinsame Vorschriften

§ 371 Durchsetzung des Immissionsschutzrechts

(1) [1]Die Durchführung der immissionsschutzrechtlichen Vorschriften obliegt den für den Immissionsschutz zuständigen Behörden, soweit in Rechtsvorschriften nichts anderes bestimmt ist. [2]*Will eine Behörde oder Einrichtung der öffentlichen Hand eine Anlage oder einen Verkehrsweg errichten oder betreiben, kann sie nicht gleichzeitig Zulassungsbehörde*

sein. [3]Entsprechendes gilt, wenn eine von der Behörde oder Einrichtung abhängige Gesellschaft des Privatrechts eine Anlage oder einen Verkehrsweg errichten will.

(2) [1]Andere Behörden und öffentliche Stellen haben im Rahmen ihrer Zuständigkeiten die Verwirklichung der immissionsschutzrechtlichen Vorschriften zu unterstützen. [2]Sie haben die für den Immissionsschutz zuständigen Behörden bereits bei der Vorbereitung aller öffentlichen Planungen und Maßnahmen, die die Belange des Immissionsschutzes berühren können, zu unterrichten und ihnen Gelegenheit zur Stellungnahme zu geben, soweit nicht eine weitergehende Form der Beteiligung vorgeschrieben ist.

§ 372 Vertragliche Vereinbarungen

Bei Maßnahmen zur Durchführung der immissionsschutzrechtlichen Vorschriften sollen die nach § 371 Abs. 1 zuständigen Behörden prüfen, ob der Zweck des § 314 auch durch vertragliche Vereinbarungen erreicht werden kann.

§ 373 Störfall-Kommission

(1) [1]Bei dem für den Umweltschutz zuständigen Bundesminister wird zur Beratung der Bundesregierung eine Störfall-Kommission gebildet. [2]In diese Kommission sind der Vorsitzende des Technischen Ausschusses für Anlagensicherheit sowie im Einvernehmen mit dem Bundesminister für Arbeit und Sozialordnung Vertreter der Wissenschaft, der Umweltverbände, der Gewerkschaften, der beteiligten Wirtschaft und der für den Immissions- und Arbeitsschutz zuständigen obersten Landesbehörden zu berufen. [3]Auf eine ausgewogene Zusammensetzung ist zu achten. [4]Die Mitglieder der Kommission sind unabhängig und nicht an Weisungen gebunden.

(2) Die Störfall-Kommission soll in regelmäßigen Zeitabständen sowie aus besonderem Anlaß Möglichkeiten zur Verbesserung der Anlagensicherheit aufzeigen.

(3) [1]Die Störfall-Kommission gibt sich eine Geschäftsordnung, die der Zustimmung des für den Umweltschutz zuständigen Bundesministers im Einvernehmen mit dem Bundesminister für Arbeit und Sozialordnung bedarf. [2]Die Geschäftsordnung muß insbesondere Anforderungen an die erforderliche Fachkunde der Mitglieder, die Bestellung sowie das Verfahren der Kommission und die Veröffentlichung der Ergebnisse ihrer Tätigkeit enthalten.

§ 374 Technischer Ausschuß für Anlagensicherheit

(1) [1]Bei dem für den Umweltschutz zuständige Bundesminister wird ein Technischer Ausschuß für Anlagensicherheit gebildet. [2]In den Technischen Ausschuß für Anlagensicherheit sind neben Vertretern von beteiligten Bundesbehörden und obersten Landesbehörden sowie den Vorsitzenden der Unterausschüsse nach Satz 3 insbesondere Vertreter der Wissenschaft, der Sachverständigen nach § 346, der Betreiber von Anlagen, der Berufsgenossenschaften, die Vorsitzenden der nach § 11 Abs. 2 des Gerätesicherheitsgesetzes und nach § 357 Abs. 1 der Gefahrstoffverordnung eingesetzten Ausschüsse sowie der Vorsitzende der Störfall-Kommission zu berufen. [3]Der Technische Ausschuß für Anlagensicherheit kann Unterausschüsse bilden; diesen können auch Fachleute angehören, die nicht Mitglied des Technischen Ausschusses für Anlagensicherheit sind. [4]§ 373 Abs. 1 Satz 3 und 4 gilt entsprechend.

(2) [1]Der Technische Ausschuß für Anlagensicherheit berät die Bundesregierung oder den zuständigen Bundesminister in sicherheitstechnischen Fragen, die die Verhinderung von Störfällen und die Begrenzung ihrer Auswirkungen betreffen. [2]Er schlägt dem Stand der Sicherheitstechnik entsprechende Regeln (Sicherheitstechnische Regeln) unter Berücksichtigung der für andere Schutzziele vorhandenen Regeln vor. [3]Sicherheitstechnische Regeln können von dem für den Umweltschutz zuständigen Bundesminister nach Anhörung der für die Anlagensicherheit zuständigen Landesbehörden im Bundesanzeiger veröffentlicht werden.

(3) § 373 Abs. 3 gilt entsprechend.

§ 375 Altanlagen

(1) Eine Genehmigung, die vor dem Inkrafttreten des Bundes-Immissionsschutzgesetzes nach § 16 oder § 25 Abs. 1 der Gewerbeordnung oder vor Inkrafttreten dieses Kapitels nach den §§ 4 oder 15 des Bundes-Immissionsschutzgesetzes erteilt worden ist, gilt als Zulassung nach diesem Kapitel fort.

(2) Anlagen, die nach § 16 Abs. 4 der Gewerbeordnung, nach § 67 Abs. 2 oder nach § 67a Abs. 1 des Bundes-Immissionsschutzgesetzes anzuzeigen waren, gelten als Anlagen, die nach § 321 Abs. 2 anzuzeigen sind.

§ 376 Ordnungswidrigkeiten

(1) Ordnungswidrig handelt, wer vorsätzlich oder fahrlässig

1. entgegen § 321 eine Anlage ohne Zulassung errichtet,

2. eine vollziehbare Auflage zum Zulassungsbescheid nicht, nicht richtig, nicht vollständig oder nicht rechtzeitig erfüllt,
3. entgegen § 325 Abs. 1 die Lage, die Beschaffenheit oder den Betrieb einer zulassungsbedürftigen Anlage ohne Zulassung wesentlich ändert,
4. einer vollziehbaren Anordnung nach § 334, § 341, § 343, § 344 und § 345 nicht, nicht richtig, nicht vollständig oder nicht rechtzeitig nachkommt,
5. entgegen einer vollziehbaren Untersagung nach § 340 eine Anlage betreibt,
6. entgegen § 357 Abs. 2 Kraftfahrzeuge und ihre Anhänger, die nicht zum Verkehr auf öffentlichen Straßen zugelassen sind, Schienen-, Luft- oder Wasserfahrzeuge nicht so betreibt, daß vermeidbare Emissionen verhindert oder unvermeidbare Emissionen auf ein Mindestmaß beschränkt bleiben,
7. entgegen einer aufgrund des § 320 erlassenen Rechtsverordnung eine Anlage betreibt, soweit die Rechtsverordnung für einen bestimmten Tatbestand auf diese Bußgeldvorschrift verweist,
8. entgegen einer aufgrund der § 338, § 352, § 353 Abs. 1, § 356, § 373 erlassenen Rechtsverordnung oder entgegen einer aufgrund einer solchen Rechtsverordnung ergangenen vollziehbaren Anordnung handelt, soweit die Rechtsverordnung für einen bestimmten Tatbestand auf diese Bußgeldvorschrift verweist oder
9. entgegen einer Rechtsverordnung nach § 369 Abs. 2 Satz 2 Nr. 1 eine ortsfeste Anlage betreibt, soweit die Rechtsverordnung für einen bestimmten Tatbestand auf diese Bußgeldvorschrift verweist.

(2) Ordnungswidrig handelt ferner, wer vorsätzlich oder fahrlässig
1. entgegen § 327 oder § 328 eine Mitteilung nicht, nicht richtig, nicht vollständig oder nicht rechtzeitig macht,
2. entgegen § 342 Abs. 1 eine Emissionserklärung nicht, nicht richtig, nicht vollständig oder nicht rechtzeitig abgibt oder ergänzt,
3. entgegen § 347 das Ergebnis der Ermittlungen nicht mitteilt oder die Aufzeichnungen der Meßgeräte nicht aufbewahrt,
4. entgegen §§ 63, 66, 67 Auskünfte nicht, nicht richtig, nicht vollständig oder nicht rechtzeitig erteilt, eine Maßnahme nicht duldet, Unterlagen nicht vorlegt, beauftragte Personen nicht hinzuzieht oder einer dort sonst genannten Verpflichtung zuwiderhandelt,
5. eine Anzeige nach § 321 Abs. 2 Satz 1 nicht, nicht richtig, nicht vollständig oder nicht rechtzeitig erstattet oder
6. entgegen § 321 Abs. 2 Satz 2 Unterlagen nicht, nicht richtig, nicht vollständig oder nicht rechtzeitig vorlegt.

(3) Eine Ordnungswidrigkeit nach Absatz 1 kann mit einer Geldbuße bis zu hunderttausend Deutsche Mark, eine Ordnungswidrigkeit nach Absatz 2

mit einer Geldbuße bis zu zwanzigtausend Deutsche Mark geahndet werden.

(4) [1]Gegenstände, auf die sich die Ordnungswidrigkeit bezieht oder die zu ihrer Begehung oder Vorbereitung gebraucht oder bestimmt gewesen sind, können eingezogen werden. [2]§ 23 des Gesetzes über Ordnungswidrigkeiten ist anzuwenden.

Fünftes Kapitel: Kernenergie und Strahlenschutz

Erster Abschnitt: Allgemeine Vorschriften

§ 377 Zweck

(1) Der Zweck des Gesetzes wird in diesem Kapitel vorrangig angestrebt durch
1. den Schutz von Menschen, Sachen und Umwelt vor den Gefahren der Kernenergie und der schädlichen Wirkung ionisierender Strahlen sowie die erforderliche Vorsorge gegen entsprechende Risiken,
2. den Ausgleich der durch Kernenergie oder ionisierende Strahlen verursachten Schäden,
3. die Vermeidung von radioaktiven Reststoffen sowie die Gewährleistung der schadlosen Verwertung radioaktiver Reststoffe und die umweltschonende Beseitigung radioaktiver Abfälle,
4. die Verhinderung von Gefahren der Kernenergie für die innere und äußere Sicherheit der Bundesrepublik Deutschland.

(2) Die Vorschriften des Allgemeinen Teils gelten für dieses Kapitel auch für den unmittelbaren Schutz von Menschen und Sachen.

§ 378 Begriffsbestimmungen

(1) Radioaktive Stoffe im Sinne dieses Kapitels sind Kernbrennstoffe und sonstige radioaktive Stoffe.

(2) [1]Kernbrennstoffe sind besondere spaltbare Stoffe in Form von
1. Plutonium 239 und Plutonium 241,
2. Uran 233 und Uran 235,
3. mit Isotopen 235 oder 233 angereichertem Uran,
4. jedem Erzeugnis, in dem ein oder mehrere der in den Nummern 1 und 2 genannten Isotope enthalten sind, jedoch nicht Erzeugnisse mit einem Anteil von weniger als insgesamt 15 Gramm auf 100 Kilogramm der in den Nummern 1 und 2 genannten Isotope, sowie nicht Uran mit der natürlichen Isotopenverteilung und abgereichertes Uran, sofern eine Rechtsverordnung nach Nummer 5 nichts anderes vorsieht,
5. Stoffen, die in einer Rechtsverordnung bestimmt werden.

[2]Der Ausdruck "mit den Isotopen 235 oder 233 angereichertes Uran" bedeutet Uran, das die Isotope 235 oder 233 oder diese beiden Isotope

in einer solchen Menge enthält, daß das Verhältnis der Summe dieser beiden Isotope zum Isotop 238 größer ist als das in der Natur auftretende Verhältnis des Isotops 235 zum Isotop 238.

(3) Sonstige radioaktive Stoffe sind Stoffe, die, ohne Kernbrennstoffe zu sein, ionisierende Strahlen spontan aussenden.

(4) Nicht als Kernbrennstoffe, sondern als sonstige radioaktive Stoffe gelten Kernbrennstoffe, deren Masse an Uran 233 oder Uran 235 weniger als 15 Gramm, an Plutonium 239 oder Plutonium 241 weniger als 1 Gramm beträgt.

(5) Nicht als radioaktive Stoffe im Sinne dieses Kapitels gelten solche radioaktiven Abfälle, für die wegen ihrer geringfügigen Aktivität keine besondere Beseitigung zum Schutz von Menschen, Sachen und Umwelt vor den Gefahren und Risiken der Kernenergie und der schädlichen Wirkung ionisierender Strahlen nach § 387 Abs. 2 zugelassen worden ist.

(6) [1]Kernenergie- und strahlenschutzrechtliche Vorschriften sind alle Vorschriften dieses Kapitels sowie die Vorschriften des Allgemeinen Teils, soweit sie vorrangig dem Zweck des § 377 dienen. [2]Entsprechendes gilt für die aufgrund dieses Kapitels bzw. des Allgemeinen Teils erlassenen Vorschriften.

(7) Absatz 1 bis 6 gelten nicht für den Vierten Abschnitt dieses Kapitels.

§ 379 Strahlenschutzpflichten

Wer eine Tätigkeit, die von diesem Kapitel erfaßt wird, ausübt oder plant, ist verpflichtet,

1. unnötige Strahlenexpositionen oder Kontaminationen von Menschen, Sachen oder der Umwelt zu vermeiden,
2. Strahlenexpositionen oder Kontaminationen von Menschen, Sachen oder der Umwelt unter Beachtung des Standes von Wissenschaft und Technik und unter Berücksichtigung aller Umstände des Einzelfalles auch unterhalb der in einer Rechtsverordnung zu diesem Kapitel festgesetzten Dosisgrenzwerte so gering wie möglich zu halten,
3. die nach dem Stand von Wissenschaft und Technik gebotene Vorsorge gegen Schäden durch Abwehr von Gefahren für die in § 377 bezeichneten Rechtsgüter und zumutbare Maßnahmen der Risikovorsorge zu treffen.

Zweiter Abschnitt: Eröffnungskontrollen und Überwachung

Erster Unterabschnitt: Errichtung und Betrieb bewilligungsbedürftiger Anlagen

§ 380 Errichtung und Betrieb von Anlagen

(1) [1]Wer eine ortsfeste Anlage zur Erzeugung oder zur Bearbeitung oder Verarbeitung oder zur Spaltung von Kernbrennstoffen oder zur Kernvereinigung oder zur Aufarbeitung bestrahlter Kernbrennstoffe errichtet, betreibt oder sonst innehat, bedarf der Umweltbewilligung. [2]Das Bewilligungserfordernis erstreckt sich auf alle vorgesehenen
1. Anlagenteile, die zur Erreichung des in § 377 Nr. 1 bezeichneten Zwecks sowie des jeweiligen in Satz 1 genannten Betriebszwecks erforderlich sind;
2. Nebeneinrichtungen, die mit den Anlagenteilen nach Nummer 1 in einem räumlichen und betriebstechnischen Zusammenhang stehen und für die Erreichung des in § 377 Nr. 1 bezeichneten Zwecks sowie die Vermeidung oder Entstehung sonstiger schädlicher Umwelteinwirkungen von Bedeutung sein können.

(2) [1]Die Umweltbewilligung ist zu erteilen, wenn
1. die nach dem Stand von Wissenschaft und Technik gebotene Vorsorge gegen Schäden durch die Errichtung und den Betrieb der Anlage gemäß Absatz 3 getroffen ist;
2. andere öffentlich-rechtliche Vorschriften sowie überwiegende Umweltbelange aufgrund des Ergebnisses einer Umweltfolgenprüfung der Errichtung und dem Betrieb der Anlage nicht entgegenstehen;
3. gewährleistet ist, daß radioaktive Reststoffe möglichst vermieden oder vermindert werden oder, soweit dies nicht möglich ist, schadlos verwertet oder als radioaktive Abfälle geordnet beseitigt werden;
4. der erforderliche Schutz gegen Störmaßnahmen oder sonstige Einwirkungen Dritter gewährleistet ist;
5. die Anforderungen an die Zuverlässigkeit und Sachkunde nach § 53 Abs. 1 Nr. 3 und 4 erfüllt sind;
6. die nach § 430 erforderliche Deckungsvorsorge für die Erfüllung gesetzlicher Schadensersatzverpflichtungen sowie die gemäß § 382 Abs. 3 erforderliche Stillegungsvorsorge getroffen sind und
7. die Erfüllung gemeinschaftsrechtlicher und internationaler Verpflichtungen der Bundesrepublik Deutschland auf dem Gebiet der Kernenergie und des Strahlenschutzes gewährleistet ist.

[2]Soweit die Anlage zur Kernvereinigung dient, kann die Umweltbewilligung erteilt werden, wenn die Voraussetzungen des Satzes 1 erfüllt sind.

(3) [1]Die Schadensvorsorge umfaßt die Abwehr von Gefahren für die im § 377 bezeichneten Rechtsgüter sowie die Vorsorge gegen Risiken für die Allgemeinheit. [2]Maßnahmen der Risikovorsorge sind nicht geboten, wenn sie einen praktisch auszuschließenden Schadenseintritt betreffen oder wenn sie unverhältnismäßig sind. [3]Die Vorsorge gegen Risiken ist verhältnismäßig, wenn der damit verbundene Aufwand im Hinblick auf den angestrebten sicherheitstechnischen Nutzen geeignet, erforderlich und angemessen ist. [4]Die über die Gefahrenabwehr hinausreichende Bewilligungsvoraussetzung der allgemeinen Risikovorsorge besteht ausschließlich im öffentlichen Interesse. [5]Dies gilt nicht, wenn Grenzwerte vorhanden sind.

(4) [1]Für ortsveränderliche Anlagen gelten die Absätze 1 und 2 entsprechend. [2]Durch Rechtsverordnung nach § 148 Abs. 2 können Vereinfachungen des Bewilligungsverfahrens vorgesehen werden.

§ 381 Aufbewahrung von Kernbrennstoffen in Anlagen

(1) [1]Wer eine ortsfeste Anlage zur Aufbewahrung von Kernbrennstoffen errichtet, betreibt oder sonst innehat, bedarf der Umweltbewilligung. [2]§ 380 Abs. 1 Satz 2 gilt entsprechend.

(2) Für die Erteilung der Umweltbewilligung gilt § 380 Abs. 2 entsprechend.

(3) Die Bundesregierung kann durch Rechtsverordnung unter Beachtung der §§ 151 bis 153 bestimmen, daß im Falle kurzfristiger Aufbewahrung von Kernbrennstoffen lediglich eine Genehmigung nach § 383 Abs. 1 Satz 1 dieses Kapitels erforderlich ist.

§ 382 Stillegung von Anlagen

(1) [1]Die Stillegung einer Anlage nach § 380 Abs. 1, der sichere Einschluß und der Abbau der Anlage oder von Anlagenteilen bedürfen der Umweltbewilligung. [2]§ 380 Abs. 2 gilt sinngemäß. [3]Eine Umweltbewilligung nach Satz 1 ist nicht erforderlich, soweit die geplanten Maßnahmen bereits Gegenstand einer Umweltbewilligung nach § 380 Abs. 1 oder einer Anordnung nach § 399 gewesen sind.

(2) Der Inhaber einer Anlage nach § 380 Abs. 1 hat insbesondere sicherzustellen, daß die Anlage, soweit sie nicht zu anderen Zwecken weiterverwendet wird, in angemessener Zeit nach der endgültigen Betriebseinstellung ordnungsgemäß und schadlos abgebaut wird.

(3) [1]Für die Sicherstellung der sich aus den Absätzen 1 und 2 ergebenden Pflichten gilt § 430 entsprechend. [2]Soweit die Stillegungskosten zum Zeitpunkt der Entscheidung nicht absehbar sind, kann sich die zuständige Behörde in der Umweltbewilligung die Möglichkeit einer nachträglichen Erhöhung der Sicherheitsleistung vorbehalten.
(4) Die Bewilligungsbehörde kann zum Zweck der Erfüllung der in den Absätzen 2 und 3 genannten Pflichten Auflagen und nachträgliche Anordnungen erlassen.

Zweiter Unterabschnitt: Umgang mit Kernbrennstoffen und sonstigen radioaktiven Stoffen

§ 383 Bearbeitung, Verarbeitung, sonstige Verwendung, Aufbewahrung und Beseitigung außerhalb bewilligungsbedürftiger Anlagen

(1) [1]Wer Kernbrennstoffe außerhalb von Anlagen der in den §§ 380 und 381 bezeichneten Art bearbeitet, verarbeitet, sonst verwendet oder aufbewahrt, bedarf der Genehmigung. [2]Einer Genehmigung bedarf auch, wer mit sonstigen radioaktiven Stoffen umgeht oder diese beseitigt.
(2) Für die Erteilung der Genehmigung gilt § 380 Abs. 2 entsprechend.
(3) Eine Umweltbewilligung nach den §§ 380 und 381 sowie eine Genehmigung nach Absatz 1 Satz 1 oder nach einer aufgrund des § 407 erlassenen Rechtsverordnung können sich auf einen nach Absatz 1 Satz 2 genehmigungsbedürftigen Umgang erstrecken; soweit eine solche Erstrekkung erfolgt, ist eine Genehmigung nach Absatz 1 Satz 2 nicht erforderlich.
(4) Eine Genehmigung nach Absatz 1 ist nicht erforderlich bei dem Aufsuchen, Gewinnen und Aufbereiten von radioaktiven Bodenschätzen, wenn hierauf die Vorschriften des Bundesberggesetzes Anwendung finden.
(5) Die Bundesregierung kann durch Rechtsverordnung unter Beachtung der §§ 151 bis 153 weitere Ausnahmen vom Genehmigungserfordernis nach Absatz 1 Satz 2 bestimmen.

§ 384 Ein- und Ausfuhr

(1) Wer Kernbrennstoffe oder sonstige radioaktive Stoffe und radioaktive oder kernbrennstoffhaltige Abfälle einführt oder ausführt, bedarf der Genehmigung.
(2) Die Genehmigung zur Einfuhr ist zu erteilen, wenn

1. keine Tatsachen vorliegen, aus denen sich gegen die Zuverlässigkeit des Einführers und der für die Durchführung der Einfuhr verantwortlichen Personen Bedenken ergeben,
2. der Einführer gewährleistet, daß die radioaktiven Stoffe nach der Einfuhr erstmals nur von Personen erworben werden, die die für den Umgang erforderliche Genehmigung besitzen und
3. gewährleistet ist, daß Kernbrennstoffe rechtmäßig und nicht in einer wesentliche Belange der Bundesrepublik Deutschland gefährdenden Weise verwendet werden.

(3) Die Genehmigung zur Ausfuhr ist zu erteilen, wenn
1. keine Tatsachen vorliegen, aus denen sich gegen die Zuverlässigkeit des Ausführers und der für die Durchführung der Ausfuhr verantwortlichen Personen Bedenken ergeben und
2. gewährleistet ist, daß die auszuführenden radioaktiven Stoffe nicht in einer die innere oder äußere Sicherheit der Bundesrepublik Deutschland oder ihre internationalen Verpflichtungen gefährdenden Weise verwendet werden.

(4) Die Bundesregierung kann durch Rechtsverordnung unter Beachtung der §§ 151 bis 153 Ausnahmen vom Genehmigungserfordernis für Fälle geringer Risiken bestimmen.

(5) Andere Vorschriften über die Einfuhr und Ausfuhr bleiben unberührt.

(6) Der Einfuhr oder Ausfuhr im Sinne dieses Kapitels steht jede sonstige Verbringung in das oder aus dem Inland gleich.

§ 385 Beförderung

(1) Die Beförderung von Kernbrennstoffen oder sonstigen radioaktiven Stoffen und von radioaktiven oder kernbrennstoffhaltigen Abfällen außerhalb eines abgeschlossenen Betriebsgeländes bedarf der Genehmigung.

(2) Die Genehmigung ist zu erteilen, wenn
1. keine Tatsachen vorliegen, aus denen sich gegen die Zuverlässigkeit des Absenders, des Versenders, des Beförderers sowie der den Transport ausführenden Personen Bedenken ergeben,
2. gewährleistet ist, daß die Beförderung durch Personen ausgeführt wird, die die für die beabsichtigte Art der Beförderung erforderliche Fachkunde hinsichtlich der möglichen Strahlengefährdung und der anzuwendenden Schutzmaßnahmen besitzen,
3. gewährleistet ist, daß die radioaktiven Stoffe unter Beachtung der für den jeweiligen Verkehrsträger geltenden Rechtsvorschriften über die Beförderung gefährlicher Güter befördert werden, oder, soweit solche Vorschriften fehlen, auf andere Weise die nach dem Stand von Wissenschaft und Technik erforderliche Vorsorge gegen

Schäden durch die Beförderung der radioaktiven Stoffe getroffen ist,
4. die nach § 430 erforderliche Deckungsvorsorge für die Erfüllung gesetzlicher Schadensersatzverpflichtungen getroffen ist,
5. der erforderliche Schutz gegen Störmaßnahmen oder sonstige Einwirkungen Dritter gewährleistet ist und
6. überwiegende öffentliche Belange der Wahl, der Art, der Zeit und des Weges der Beförderung nicht entgegenstehen.

(3) Der nach Absatz 2 Nr. 4 erforderlichen Deckungsvorsorge bedarf es nicht für die Beförderung der in § 428 bezeichneten Kernbrennstoffe.

(4) [1]Die Genehmigung kann dem Absender, dem Beförderer oder demjenigen erteilt werden, der es übernimmt, die Versendung oder Beförderung zu besorgen. [2]Sie ist für den einzelnen Beförderungsvorgang zu erteilen, kann jedoch einem Antragsteller allgemein auf längstens drei Jahre erteilt werden, soweit die in § 377 dieses Kapitels bezeichneten Zwecke nicht entgegenstehen.

(5) Die Bestimmungen des Genehmigungsbescheides sind bei der Ausführung der Beförderung auch vom Beförderer, der nicht selbst Inhaber der Genehmigung ist, zu beachten.

(6) Die für die jeweiligen Verkehrsträger geltenden Rechtsvorschriften über die Beförderung gefährlicher Güter bleiben unberührt.

(7) Die Bundesregierung kann durch Rechtsverordnung unter Beachtung der §§ 151 bis 153
1. Ausnahmen vom Genehmigungserfordernis nach Absatz 1 bestimmen,
2. Einzelheiten der für die Beförderung zu benennenden Personen und der von diesen mitzuführenden Bescheinigungen regeln.

Dritter Unterabschnitt: Entsorgung

§ 386 Verwertung radioaktiver Reststoffe und Beseitigung radioaktiver Abfälle

(1) [1]Die Entstehung radioaktiver Reststoffe ist möglichst zu vermeiden, ihre Menge und Schädlichkeit sind möglichst gering zu halten. [2]Radioaktive Reststoffe sowie ausgebaute und abgebaute radioaktive Anlagenteile sind vorrangig entsprechend den in § 377 bezeichneten Zwecken schadlos zu verwerten, soweit dies technisch möglich und wirtschaftlich zumutbar ist und die ökologischen Vorteile der geordneten Beseitigung als radioaktive Abfälle nicht gegenüber den Nachteilen überwiegen. [3]Radioaktive Reststoffe in Form von bestrahlten Kernbrennstoffen sind

1. durch Wiederaufarbeitung und Rückführung in den Brennstoffkreislauf schadlos zu verwerten oder
2. durch Endlagerung als radioaktive Abfälle geordnet zu beseitigen.

[4]Der Besitzer der radioaktiven Reststoffe bzw. der ausgebauten oder abgebauten radioaktiven Anlagenteile kann sich zur Erfüllung dieser Pflichten Dritter bedienen. [5]Die ordnungsgemäße Entsorgung in anderen Mitgliedstaaten der Europäischen Gemeinschaft steht der schadlosen Verwertung bzw. der geordneten Entsorgung im Inland gleich. [6]Entsprechendes gilt für die Entsorgung in Staaten, die nicht Mitgliedstaaten der Europäischen Gemeinschaft sind, wenn eine gleichwertige Sicherheit wie im Inland gewährleistet ist.

(2) Die Regelung des § 93 gilt entsprechend.

§ 387 Ordnung der Entsorgung

(1) Radioaktive Reststoffe dürfen im Inland nur in den dafür zugelassenen Anlagen entsorgt werden.

(2) Ist im Einzelfall eine Entsorgung nach Absatz 1 nicht möglich, kann die zuständige Behörde widerruflich Ausnahmen zulassen, soweit dies im Interesse des allgemeinen Wohls geboten ist und der Zweck des § 377 dieses Kapitels gewahrt bleibt.

§ 388 Endlagerung radioaktiver Abfälle

(1) Die Errichtung und der Betrieb von Anlagen zur Endlagerung radioaktiver Abfälle bedürfen der Umweltbewilligung.

(2) Für die Erteilung der Umweltbewilligung gilt § 380 Abs. 2 entsprechend.

(3) Hinsichtlich der Stillegung von Endlagern gelten die Bestimmungen des § 382 entsprechend.

§ 389 Erkundung von Endlagerstandorten

(1) [1]Eigentümer und Nutzungsberechtigte an Grundstücken haben zu dulden, daß Beauftragte der zuständigen Behörde zum Zwecke der Erkundung geeigneter Standorte für die Errichtung und den Betrieb einer Anlage zur Endlagerung radioaktiver Abfälle Grundstücke mit Ausnahme von Wohnungen betreten und für die Erkundung erforderliche Arbeiten ausführen. [2]Solche Maßnahmen sind den Berechtigten rechtzeitig vorher bekanntzugeben.

(2) [1]Nach Abschluß der Arbeiten ist der vorherige Zustand unverzüglich wiederherzustellen. [2]Die Behörde kann verlangen, daß bei der Erkundung geschaffene Einrichtungen aufrechtzuerhalten sind. [3]Sie sind zu beseitigen, wenn sie nicht mehr benötigt werden oder auf Verlangen des Berechtigten, wenn eine Entscheidung darüber nicht binnen eines Jahres nach Schaffung der Einrichtung getroffen worden ist.

(3) Für Vermögensnachteile, die durch Maßnahmen nach Absatz 1 oder 2 entstehen, ist eine angemessene Entschädigung in Geld zu leisten.

Vierter Unterabschnitt: Umfang und Wirkungen der Bewilligung

§ 390 Teilbewilligung

(1) Eine Umweltbewilligung kann auf Antrag für

1. die Errichtung einer Anlage oder eines Teils einer Anlage oder

2. die Errichtung und den Betrieb eines Teils einer Anlage

erteilt werden, wenn eine vorläufige Prüfung ergibt, daß die Voraussetzungen der Erteilung der Umweltbewilligung im Hinblick auf die gesamte Anlage vorliegen werden und das Interesse des Antragstellers gegenüber den durch die Bewilligungsaufteilung bedingten Nachteilen erheblich überwiegt.

(2) [1]Das Ergebnis der vorläufigen Prüfung nach Absatz 1 bindet die zuständige Behörde in den nachfolgenden Teilbewilligungsverfahren. [2]Die Bindung entfällt, wenn infolge einer Änderung der Sach- und Rechtslage oder neuer Erkenntnisse an die noch nicht bewilligten Anlagenteile neue Anforderungen gestellt werden müssen. [3]Die Bindung entfällt ferner, wenn an noch nicht bewilligte Anlagenteile aufgrund der späteren Einzelprüfungen neue Anforderungen gestellt werden müssen.

§ 391 Einwendungen Dritter

Ist eine Teilbewilligung oder ein Vorbescheid erteilt worden, können nach Eintritt ihrer Unanfechtbarkeit im weiteren Verfahren zur Bewilligung der Errichtung und des Betriebs der Anlage Einwendungen nicht mehr aufgrund von Tatsachen erhoben werden, die im vorhergehenden Verfahren vorgebracht oder rechtsmißbräuchlich nicht vorgebracht worden sind.

§ 392 Nebenbestimmungen

(1) [1]Die Bewilligung kann auf Antrag für einen bestimmten Zeitraum erteilt werden. [2]Betriebsbewilligungen für Anlagen nach § 380 und § 381 dieses Kapitels sollen auf dreißig Jahre ab der ersten Inbetriebnahme befristet werden.

(2) Die Teilbewilligung kann für einen bestimmten Zeitraum oder mit dem Vorbehalt erteilt werden, daß sie bis zur Entscheidung über die Bewilligung widerrufen oder mit Auflagen verbunden werden kann.

§ 393 Andere behördliche Entscheidungen

Die Umweltbewilligung nach den §§ 380, 381 und 388 schließt andere die Anlage betreffende behördliche Entscheidungen ein, insbesondere öffentlich-rechtliche Genehmigungen, Zulassungen, Verleihungen, Erlaubnisse und Bewilligungen; die Entscheidung ergeht insoweit im Einvernehmen mit den für diese Zulassungen zuständigen Behörden.

§ 394 Wesentliche Änderungen

(1) [1]Die wesentliche Änderung der Lage, der Beschaffenheit oder des Betriebs einer Anlage im Sinne der §§ 380, 381 und 388 bedarf der Umweltbewilligung. [2]Eine Änderung ist unwesentlich, wenn keine Anhaltspunkte dafür vorliegen, daß die Voraussetzungen der §§ 380, 381 oder 388 betroffen sein können.

(2) [1]Über den Bewilligungsantrag ist innerhalb einer Frist von sechs Monaten zu entscheiden. [2]Die zuständige Behörde kann die Frist um jeweils drei Monate verlängern, wenn dies wegen der Schwierigkeit der Prüfung erforderlich ist.

(3) Die zuständige Behörde darf von der Auslegung des Antrages und der Unterlagen sowie von der öffentlichen Bekanntmachung absehen, wenn nicht zu besorgen ist, daß durch die Änderung zusätzliche oder andere Risiken herbeigeführt werden.

(4) Absatz 1 gilt entsprechend für die wesentliche Änderung des in der Genehmigung festgelegten Verfahrens hinsichtlich des Umgangs mit Kernbrennstoffen und sonstigen radioaktiven Stoffen nach § 383 oder für die wesentliche Änderung der in der Genehmigung bezeichneten Betriebsstätte oder deren Lage.

§ 395 Widerruf bei mangelnder Deckungsvorsorge

Zulassungen sind zu widerrufen, wenn die Deckungsvorsorge nicht der Festsetzung nach § 430 entspricht und der zur Deckungsvorsorge Verpflichtete eine der Festsetzung entsprechende Deckungsvorsorge nicht binnen einer von der Verwaltungsbehörde festzusetzenden angemessenen Frist nachweist.

§ 396 Rechtsnachfolge

[1]Der Übergang der Inhaberschaft an einer nach diesem Kapitel bewilligten Anlage ist der zuständigen Behörde von dem bisherigen oder dem künftigen Inhaber unverzüglich anzuzeigen. [2]Die Zulassung geht auf den Rechtsnachfolger über, wenn die Behörde verbindlich entschieden hat, daß die Voraussetzungen des § 53 Abs. 1 Nr. 3 und 4 und des § 430 sowie des § 382 Abs. 3 auch nach dem Inhaberwechsel erfüllt sind. [3]Wird spätestens zwei Monate vor Eintritt der Rechtsnachfolge der Übergang der Inhaberschaft angezeigt, kann der neue Inhaber den Betrieb der Anlage weiterführen; er ist dazu auch befugt, wenn die Anzeige unmöglich war und unverzüglich nachgeholt wird. [4]Die zuständige Behörde kann, solange die Entscheidung nach Satz 2 aussteht, vorläufige Maßnahmen treffen.

Fünfter Unterabschnitt: Aufsicht und Überwachung

§ 397 Aufsicht

(1) [1]Die behördliche Überwachung der kernenergie- und strahlenschutzrechtlichen Vorschriften erfolgt nach den §§ 57 bis 69. [2]Die Möglichkeit zu eingreifenden Maßnahmen richtet sich nach den §§ 72 bis 76.

(2) Der Inhaber einer Bewilligung nach den §§ 380, 381 oder 388 ist verpflichtet, nicht wesentliche Änderungen der Lage, der Beschaffenheit oder des Betriebs der Anlage mindestens einen Monat vor deren Durchführung der zuständigen Aufsichtsbehörde anzuzeigen; soweit dies nicht möglich ist, ist die Anzeige unverzüglich nachzuholen.

(3) Im Falle eines Verlustes oder Fundes radioaktiver Stoffe trifft die Aufsichtsbehörde zur Erreichung der in § 377 bezeichneten Zwecke die zur Auffindung, Analyse, Herkunftsbestimmung, Beförderung, Aufbewahrung oder Beseitigung erforderlichen Maßnahmen, wenn und soweit nicht Maßnahmen erforderlich sind, um eine über einen Verstoß gegen

die Vorschriften dieses Kapitels hinausgehende rechtswidrige Tat zu verhindern oder zu erforschen.

(4) Die Aufsichtsbefugnisse nach anderen Rechtsvorschriften und die sich aus den landesrechtlichen Vorschriften ergebenden allgemeinen Befugnisse bleiben unberührt.

§ 398 Periodische Sicherheitsüberprüfung

(1) [1]Spätestens zehn Jahre nach Erteilung der Betriebsbewilligung hat der Inhaber einer Bewilligung nach §§ 380 oder 381 eine Sicherheitsüberprüfung (Ermittlung, Darstellung und Bewertung) vorzunehmen. [2]Dabei hat er den Sicherheitszustand der Anlage und den getroffenen Schutz gegen Störmaßnahmen oder sonstige Einwirkungen Dritter zu ermitteln, darzustellen und zu bewerten. [3]Die Darstellung und Bewertung sind der Aufsichtsbehörde vorzulegen. [4]Erneute Sicherheitsüberprüfungen sind jeweils nach zehn Jahren durchzuführen.

(2) Durch Rechtsverordnung nach § 146 können weitere Einzelheiten und Ausnahmen geregelt werden.

§ 399 Nachträgliche Anordnungen

(1) [1]Zur Erfüllung der Anforderungen, die sich aus diesem Kapitel ergeben, können gemäß § 73 nach Erteilung der Umweltbewilligung Anordnungen getroffen werden. [2]Drohen Menschen, Sachen und Umwelt durch die Kernenergie oder die schädliche Wirkung ionisierender Strahlen Gefahren, soll die zuständige Behörde nachträglich Anordnungen treffen.

(2) [1]Die zuständige Behörde darf eine nachträgliche Anordnung nicht treffen, wenn sie unverhältnismäßig ist, vor allem wenn der mit der Erfüllung der Anordnung verbundene Aufwand außer Verhältnis zu dem mit der Anordnung angestrebten Erfolg steht. [2]Dabei sind insbesondere die von der Anlage ausgehenden Gefahren und Risiken, der sicherheitstechnische Nutzen der Anordnungen sowie die Nutzungsdauer und technischen Besonderheiten der Anlage zu berücksichtigen. [3]Darf eine nachträgliche Anordnung wegen Unverhältnismäßigkeit nicht getroffen werden, soll die zuständige Behörde die Umweltbewilligung gemäß § 76 Abs. 3 ganz oder teilweise widerrufen.

(3) Ist es zur Erfüllung der Anordnung erforderlich, die Lage, die Beschaffenheit oder den Betrieb der Anlage wesentlich zu ändern und ist in der Anordnung nicht abschließend bestimmt, in welcher Weise sie zu erfüllen ist, so bedarf die Änderung der Umweltbewilligung nach § 394.

(4) [1]Nach der Stillegung der gesamten Anlage können Anordnungen nach Absatz 1 nur noch während eines Zeitraums von zwanzig Jahren getroffen werden. [2]Anordnungen nach anderen Vorschriften bleiben unberührt.

Sechster Unterabschnitt: Umweltbeauftragter für Strahlenschutz

§ 400 Erforderlichkeit eines Umweltbeauftragten für Strahlenschutz

(1) [1]Der Strahlenschutzverpflichtete hat für die Leitung oder Beaufsichtigung einer zulassungs- und anzeigebedürftigen Tätigkeit oder für das Aufsuchen, das Gewinnen oder das Aufbereiten radioaktiver Bodenschätze einen oder mehrere Umweltbeauftragte für Strahlenschutz zu bestellen, soweit dies für eine sichere Ausführung dieser Tätigkeiten notwendig ist. [2]Strahlenschutzverpflichteter ist, wer einer Umweltbewilligung nach diesem Kapitel oder einer Genehmigung nach § 383 Abs. 1 oder nach einer aufgrund des § 407 Abs. 1 Satz 1 Nr. 1 ergangenen Rechtsverordnung bedarf oder wer eine Anzeige nach einer aufgrund des § 383 Abs. 5 oder § 407 Abs. 1 Satz 1 Nr. 1 ergangenen Rechtsverordnung zu erstatten hat oder wer nach einer aufgrund des § 383 Abs. 5 ergangenen Rechtsverordnung keiner Genehmigung nach § 383 Abs. 1 Satz 2 bedarf.

(2) Der für den Umweltschutz zuständige Bundesminister bestimmt durch Rechtsverordnung unter Beachtung der §§ 151 bis 153 die Anlagen und Tätigkeiten, bei denen ein Umweltbeauftragter für Strahlenschutz zu bestellen ist.

(3) Die zuständige Behörde kann anordnen, daß der Strahlenschutzverpflichtete, für den die Bestellung eines Umweltbeauftragten für Strahlenschutz nicht durch Rechtsverordnung vorgeschrieben ist, einen oder mehrere Umweltbeauftragte für Strahlenschutz zu bestellen hat.

(4) Sind für das Aufsuchen, das Gewinnen oder das Aufbereiten radioaktiver Bodenschätze Umweltbeauftragte für Strahlenschutz zu bestellen, so müssen sie als verantwortliche Personen zur Leitung oder Beaufsichtigung des Betriebes oder eines Betriebsteiles nach § 58 Abs. 1 Nr. 2 des Bundesberggesetzes bestellt sein, wenn auf diese Tätigkeiten die Vorschriften des Bundesberggesetzes Anwendung finden.

§ 401 Pflichten des Umweltbeauftragten für Strahlenschutz

(1) [1]Der Umweltbeauftragte für Strahlenschutz hat dafür zu sorgen, daß

1. im Rahmen seines innerbetrieblichen Entscheidungsbereichs die Strahlenschutzpflichten des § 379 und die in den aufgrund dieses Kapitels erlassenen Rechtsverordnungen aufgeführten Schutzvorschriften und,
2. soweit ihm deren Durchführung und Erfüllung nach § 400 Abs. 1 Satz 2 übertragen worden sind, die Bestimmungen des Bescheides über die Zulassung und die von der zuständigen Behörde erlassenen Anordnungen und Auflagen

eingehalten werden. [2]Soweit ihm Aufgaben übertragen sind, hat er die Strahlenschutzpflichten des § 379 zu beachten. [3]Im übrigen bestimmen sich die Pflichten des Umweltbeauftragten für Strahlenschutz nach § 96.

(2) § 100 gilt mit der Maßgabe, daß die schriftliche Mitteilung der Ablehnung auch an den Betriebsrat oder den Personalrat und der zuständigen Behörde zu übermitteln ist.

§ 402 Pflichten gegenüber dem Umweltbeauftragten für Strahlenschutz

[1]Der Strahlenschutzverpflichtete hat den Umweltbeauftragten für Strahlenschutz über alle Verwaltungsakte und Maßnahmen, die Aufgaben oder Befugnisse des Umweltbeauftragten betreffen, unverzüglich zu unterrichten. [2]§ 99 bleibt unberührt.

§ 403 Anordnung von Schutzmaßnahmen

[1]Anordnungen, die zur Durchführung der Schutzvorschriften erforderlich sind, die in den aufgrund dieses Kapitels erlassenen Rechtsverordnungen bestimmt sind, können von der zuständigen Behörde in dringenden Fällen auch an die Umweltbeauftragten für Strahlenschutz gerichtet werden. [2]Diese haben die Verpflichteten unverzüglich zu unterrichten.

Siebenter Unterabschnitt: Zuständigkeiten

§ 404 Zuständigkeit für Einfuhr- und Ausfuhrgenehmigungen, Überwachung der Einfuhr und Ausfuhr

(1) Über Anträge auf Erteilung einer Genehmigung nach § 384 sowie über die Rücknahme oder den Widerruf einer erteilten Genehmigung entscheidet das Bundesausfuhramt.

(2) [1]Die Mitwirkung des Bundesministers der Finanzen und der von ihm bestimmten Zollbehörden an der Überwachung der Ein- und Ausfuhr nach diesem Abschnitt wird durch Rechtsverordnung geregelt, die der Bundesminister der Finanzen im Einvernehmen mit dem für den Umweltschutz zuständigen Bundesminister ohne Zustimmung des Bundesrates erläßt. [2]Im Einvernehmen mit dem Bundesminister der Finanzen gibt der für den Umweltschutz zuständige Bundesminister im Bundesanzeiger die Zollstellen bekannt, bei denen Kernbrennstoffe oder sonstige radioaktive Stoffe oder kernbrennstoffhaltige Abfälle zur Einfuhr oder Ausfuhr abgefertigt werden.

(3) Soweit das Bundesausfuhramt aufgrund des Absatzes 1 entscheidet, ist es an die fachlichen Weisungen des für den Umweltschutz zuständigen Bundesministers gebunden.

§ 405 Zuständigkeit des Bundesamtes für Strahlenschutz

(1) [1]Das Bundesamt für Strahlenschutz ist zuständig für

1. die Genehmigung der Beförderung im Sinne von § 385, soweit es um Kernbrennstoffe und Großquellen geht,
2. die Umweltbewilligung nach § 388,
3. die Einrichtung und Führung eines Registers über die Strahlenexpositionen beruflich strahlenexponierter Personen,
4. für die in einer Rechtsverordnung nach Absatz 2 bezeichneten behördlichen Entscheidungen.

[2]Satz 1 gilt auch für die Rücknahme und den Widerruf dieser behördlichen Entscheidungen.

(2) Die Bundesregierung kann mit Zustimmung des Bundesrates durch Rechtsverordnung bestimmen, daß das Bundesamt für Strahlenschutz zuständig ist für Umweltbewilligungen nach den §§ 380, 381, 382, 390 und 394, soweit die Anlagen erhebliche Auswirkungen haben können, die über das Gebiet eines Landes hinausgehen.

(3) Großquellen im Sinne des Absatzes 1 Nr. 1 sind radioaktive Stoffe, deren Aktivität je Beförderungs- oder Versandstück die Werte der Randnummer 2450 Bem. 5 der Anlage A zu dem Europäischen Übereinkommen vom 30. September 1957 über die internationale Beförderung gefährlicher Güter auf der Straße - ADR - übersteigt.

§ 406 Zuständigkeit der Landesbehörden

Die übrigen Verwaltungsaufgaben nach diesem Kapitel und den aufgrund dieses Kapitels ergehenden Rechtsverordnungen werden durch die Länder ausgeführt.

Achter Unterabschnitt: Ermächtigungen

§ 407 Eröffnungskontrollen

(1) [1]Soweit nicht durch dieses Gesetz für Kernbrennstoffe, sonstige radioaktive Stoffe und für Anlagen im Sinne der §§ 380, 381 und 388 eine besondere Regelung getroffen ist, kann die Bundesregierung durch Rechtsverordnung unter Beachtung der §§ 151 bis 154 zur Erreichung der in § 377 bezeichneten Zwecke bestimmen,

1. daß die Errichtung und der Betrieb von Anlagen zur Erzeugung ionisierender Strahlen einer Genehmigung oder Anzeige bedürfen,
2. daß nach einer Bauartprüfung durch eine in der Rechtsverordnung zu bezeichnende Stelle Anlagen, Geräte und Vorrichtungen, die radioaktive Stoffe enthalten oder ionisierende Strahlen erzeugen, allgemein zugelassen werden können und welche Anzeigen die Inhaber solcher Anlagen, Geräte und Vorrichtungen zu erstatten haben,
3. daß sicherheitstechnisch bedeutsame Anlagenteile, mit deren Fertigung bereits vor Antragstellung oder vor Erteilung einer Genehmigung begonnen werden soll, in Anlagen nach § 380 Abs. 1 nur dann eingebaut werden dürfen, wenn für die Vorfertigung ein berechtigtes Interesse besteht und in einem Prüfverfahren nachgewiesen wird, daß Werkstoffe, Auslegung, Konstruktion und Fertigung die Voraussetzungen nach § 380 Abs. 2 Nr. 1 erfüllen, welche Behörde für das Verfahren zuständig ist, welche Unterlagen beizubringen sind und welche Rechtswirkungen der Zulassung der Vorfertigung zukommen sollen,
4. daß radioaktive Stoffe in bestimmter Art und Weise oder für bestimmte Zwecke nicht verwendet werden dürfen, soweit das Verbot zum Schutz von Leben und Gesundheit der Bevölkerung vor den Gefahren radioaktiver Stoffe oder zur Durchsetzung von Beschlüssen internationaler Organisationen, deren Mitglied die Bundesrepublik Deutschland ist, erforderlich ist,
5. auf welche Anlagenteile und Nebeneinrichtungen sich das Bewilligungserfordernis nach § 380 Abs. 1, § 381 Abs. 1 und § 388 Abs. 1 im einzelnen erstreckt.

[2]Die Rechtsverordnung nach Satz 1 kann Genehmigungen und Bauartzulassungen im Rahmen der Zweckbestimmung dieses Kapitels von persönlichen und sachlichen Voraussetzungen abhängig machen sowie das Verfahren regeln.

(2) Die Bundesregierung bestimmt durch Rechtsverordnung unter Beachtung der §§ 151 bis 154 die Einzelheiten des Verfahrens zur Erteilung von Genehmigungen und Bauartzulassungen nach diesem Kapitel.

§ 408 Schutzmaßnahmen

(1) Zum Schutz gegen Umweltgefahren oder zur Vorsorge gegen Umweltrisiken kann die Bundesregierung unbeschadet von den §§ 145 und 146 durch Rechtsverordnung unter Beachtung der §§ 151 bis 153 zur Erreichung der in § 377 bezeichneten Zwecke bestimmen,

1. welche Vorsorge- und Überwachungsmaßnahmen zum Schutz von Menschen, Sachen und Umwelt beim Umgang und Verkehr mit radioaktiven Stoffen, beim Umgang und Verkehr mit Anlagen, Geräten und Vorrichtungen der im § 407 Abs. 1 Satz 1 Nr. 2 bezeichneten Art, bei Tätigkeiten, die eine Gefährdung für Beschäftigte durch ionisierende Strahlen mit sich bringen können sowie bei der Sicherung, Rekultivierung und der Folgenutzung durch radioaktive Stoffe verunreinigter Flächen zu treffen sind; *für die Ermächtigungen des § 146 gilt die Einschränkung nach § 146 Abs. 1 Satz 3 nicht, soweit es sich um Anlagen handelt, in denen mit radioaktiven Stoffen umgegangen wird,*
2. welche Anforderungen an die Beschäftigung von Personen in strahlengefährdeten Bereichen und deren gesundheitliche Überwachung zu stellen sind,
3. daß und auf welche Weise über die Erzeugung, die Gewinnung, den Umgang und den Verbleib von radioaktiven Stoffen und über Messungen von Dosis und Dosisleistungen ionisierender Strahlen Nachweis zu führen ist,
4. daß und in welcher Weise und in welchem Umfang der Aufsichtsbehörde mitzuteilen ist, ob und welche Abweichungen von der Zulassung einschließlich der in Bezug genommenen Unterlagen eingetreten sind,
5. daß sicherheitstechnich bedeutsame Abweichungen vom bestimmungsgemäßen Betrieb, insbesondere Unfälle und sonstige Schadensfälle beim Umgang mit radioaktiven Stoffen, bei Errichtung und beim Betrieb von Anlagen, in denen mit radioaktiven Stoffen umgegangen wird, beim Betrieb von Anlagen im Sinne des § 407 Abs. 1 Satz 1 Nr. 1 sowie beim Umgang mit Anlagen, Geräten und Vorrichtungen der in § 407 Abs. 1 Satz 1 Nr. 2 bezeichneten Art der Aufsichtsbehörde zu melden sind und unter welchen Voraussetzungen und in welcher Weise die gewonnenen Erkenntnisse, ausgenommen Einzelangaben über persönliche Verhältnisse, durch in der Rechtsverordnung zu bezeichnende Stellen veröffentlicht werden dürfen,
6. auf welche Weise die Bevölkerung im Hinblick auf sicherheitstechnisch bedeutsame Abweichungen vom bestimmungsgemäßen Betrieb, insbesondere Unfälle, zu unterrichten ist,

7. welchen Anforderungen die schadlose Verwertung radioaktiver Reststoffe sowie ausgebauter oder abgebauter radioaktiver Anlagenteile zu genügen hat,
8. daß und in welcher Weise radioaktive Abfälle bei der Beförderung nach Menge und Beschaffenheit nachzuweisen sind, wie sie in Anlagen nach § 388 zu lagern sind und wie Anlagen nach § 388 zu überwachen sind,
9. daß bei dem Betrieb von Anlagen nach den §§ 380 und 381 sowie dem Umgang mit radioaktiven Stoffen ein Entsorgungsvorsorge- und Verwertungsnachweis aufzustellen und fortzuschreiben ist,
10. auf welche Weise der Schutz von Anlagen und von radioaktiven Stoffen gegen Störmaßnahmen und sonstige Einwirkungen Dritter zu gewährleisten ist,
11. welche Anforderungen an Sachverständige zu stellen sind und wie weit sie bei behördlichen Verfahren mitwirken,
12. welche Anforderungen an die Personen zu stellen sind, die mit radioaktiven Stoffen in den Anlagen nach diesem Kapitel tätig sind und die mit radioaktiven Stoffen umgehen und sie befördern.

(2) Das Grundrecht auf körperliche Unversehrtheit (Artikel 2 Abs. 2 Satz 1 des Grundgesetzes) wird nach Maßgabe des Absatzes 1 Nr. 2 eingeschränkt.

Dritter Abschnitt: Strahlenschutzvorsorge

§ 409 Zweck

Zur Erreichung des in § 377 Abs. 1 Nr. 1 bezeichneten Zwecks ist
1. die Radioaktivität in der Umwelt zu überwachen,
2. im Falle von Ereignissen mit möglichen nicht unerheblichen radiologischen Auswirkungen die Strahlenexposition der Menschen und die radioaktive Kontamination der Umwelt unter Beachtung des Standes der Wissenschaft so gering wie möglich zu halten.

§ 410 Aufgaben des Bundes

(1) [1]Die großräumige Ermittlung der Radioaktivität in der Luft, in den Niederschlägen sowie in Bundeswasserstraßen und in der Nord- und Ostsee, ferner der Gamma-Ortsdosisleistung sind Aufgaben des Bundes. [2]Zur Erreichung des in § 409 bezeichneten Zwecks können dem Bund

und den Ländern durch Rechtsverordnung mit Zustimmung des Bundesrates weitere Aufgaben übertragen werden.

(2) Die Bundesregierung regelt durch Rechtsverordnung mit Zustimmung des Bundesrates das Verfahren zur Ermittlung der erforderlichen Daten sowie der Bewertung und Übermittlung der erhobenen Daten.

§ 411 Informationssystem des Bundes

(1) Die nach § 410 ermittelten Daten werden von dem für den Umweltschutz zuständigen Bundesminister in einem Informationssystem bei dem Bundesamt für Strahlenschutz zusammengefaßt.

(2) Die zuständigen Behörden des Bundes und der Länder übermitteln dem Bundesamt für Strahlenschutz die von ihnen ermittelten Daten.

(3) Die im Informationssystem des Bundes erfaßten Daten stehen auch den zuständigen Landesbehörden unmittelbar zur Verfügung.

§ 412 Bewertung der Daten

[1]Der für den Umweltschutz zuständige Bundesminister bewertet die Daten der Radioaktivität. [2]Das Bundesamt für Strahlenschutz unterstützt ihn bei der Wahrnehmung dieser Aufgabe, insbesondere durch die Zusammenfassung, Aufbereitung und Dokumentation der Daten.

Vierter Abschnitt: Haftungsvorschriften und Deckungsvorsorge

Erster Unterabschnitt: Allgemeine Vorschriften

§ 413 Begriffsbestimmungen

Für die Anwendung der Vorschriften dieses Abschnitts gelten folgende Begriffsbestimmungen:

1. Nukleares Ereignis ist jedes einen Schaden verursachende Geschehnis oder jede Reihe solcher aufeinanderfolgender Geschehnisse desselben Ursprungs, sofern das Geschehnis oder die Reihe von Geschehnissen oder der Schaden von den radioaktiven Eigenschaften oder einer Verbindung der radioaktiven Eigenschaften mit giftigen, explosiven oder sonstigen gefährlichen Eigenschaften von Kernbrennstoffen oder radioaktiven Erzeugnissen oder Abfällen oder von den von einer anderen Strahlenquelle innerhalb der Kernanlage

ausgehenden ionisierenden Strahlungen herrührt oder sich daraus ergibt;

2. Kernanlagen sind Reaktoren, ausgenommen solche, die Teil eines Beförderungsmittels sind; Fabriken für die Erzeugung oder Bearbeitung von Kernmaterialien, Fabriken zur Trennung der Isotope von Kernbrennstoffen, Fabriken für die Aufarbeitung bestrahlter Kernbrennstoffe; Einrichtungen für die Lagerung von Kernmaterialien, ausgenommen die Lagerung solcher Materialien während der Beförderung; eine Kernanlage kann auch bestehen aus zwei oder mehr Kernanlagen eines einzigen Inhabers, die sich auf demselben Gelände befinden, zusammen mit anderen Anlagen auf diesem Gelände, in denen sich radioaktive Materialien befinden;
3. Kernbrennstoffe sind spaltbare Materialien in Form von Uran als Metall, Legierung oder chemischer Verbindung (einschließlich natürlichen Urans), Plutonium als Metall, Legierung oder chemischer Verbindung;
4. Radioaktive Erzeugnisse und Abfälle sind radioaktive Materialien, die dadurch hergestellt oder radioaktiv gemacht werden, daß sie einer mit dem Vorgang der Herstellung oder Verwendung von Kernbrennstoffen verbundenen Bestrahlung ausgesetzt werden, ausgenommen
   a) Kernbrennstoffe,
   b) Radioisotope außerhalb einer Kernanlage, die das Endstadium der Herstellung erreicht haben, so daß sie für industrielle, kommerzielle, landwirtschaftliche, medizinische, wissenschaftliche Zwecke oder zum Zwecke der Ausbildung verwendet werden können;
5. Kernmaterialien sind Kernbrennstoffe (ausgenommen natürliches und abgereichertes Uran) sowie radioaktive Erzeugnisse und Abfälle;
6. Pariser Übereinkommen ist das Übereinkommen vom 29. Juli 1960 über die Haftung gegenüber Dritten auf dem Gebiet der Kernenergie in der Fassung der Bekanntmachung vom 5. Februar 1976 (BGBl. II S. 310, 311) und des Protokolls vom 16. November 1982 (BGBl. 1985 II S. 690);
7. Brüsseler Zusatzübereinkommen ist das Zusatzübereinkommen vom 31. Januar 1963 zum Pariser Übereinkommen in der Fassung der Bekanntmachung vom 5. Februar 1976 (BGBl. II S. 310, 318) und des Protokolls vom 16. November 1982 (BGBl. 1985 II S. 690).
8. Brüsseler Reaktorschiff-Übereinkommen ist das Übereinkommen vom 25. Mai 1962 in der Fassung der Bekanntmachung vom 12. Juli 1975 (BGBl. II S. 977).

Zweiter Unterabschnitt: Haftung

§ 414 Haftung für Kernanlagen

(1) Beruht ein Schaden auf einem von einer Kernanlage ausgehenden nuklearen Ereignis, so gelten für die Haftung des Inhabers der Kernanlage ergänzend zu den Bestimmungen des Pariser Übereinkommens die Vorschriften dieses Kapitels.

(2) [1]Hat im Falle der Beförderung von Kernmaterialien einschließlich der damit zusammenhängenden Lagerung der Beförderer durch Vertrag die Haftung anstelle des Inhabers einer im Inland gelegenen Kernanlage übernommen, gilt er als Inhaber einer Kernanlage vom Zeitpunkt der Haftungsübernahme an. [2]Der Vertrag bedarf der Schriftform. [3]Die Haftungsübernahme ist nur wirksam, wenn sie vor Beginn der Beförderung oder der damit zusammenhängenden Lagerung von Kernmaterialien durch die nach § 385 zuständige Behörde auf Antrag des Beförderers genehmigt worden ist. [4]Die Genehmigung darf nur erteilt werden, wenn der Beförderer im Inland als Frachtführer zugelassen ist oder als Spediteur im Inland seine geschäftliche Hauptniederlassung hat und der Inhaber der Kernanlage gegenüber der Behörde seine Zustimmung erklärt hat.

(3) [1]Die Bestimmungen des Artikels 9 des Pariser Übereinkommens über den Haftungsausschluß bei Schäden, die auf nuklearen Ereignissen beruhen, die unmittelbar auf Handlungen eines bewaffneten Konfliktes, von Feindseligkeiten, eines Bürgerkrieges, eines Aufstandes oder auf eine schwere Naturkatastrophe außergewöhnlicher Art zurückzuführen sind, sind nicht anzuwenden. [2]Tritt der Schaden in einem anderen Staat ein, so gilt Satz 1 nur, soweit der andere Staat zum Zeitpunkt des nuklearen Ereignisses im Verhältnis zur Bundesrepublik Deutschland eine nach Art, Ausmaß und Höhe gleichwertige Regelung sichergestellt hat.

(4) Der Inhaber einer Kernanlage haftet ohne die in Artikel 2 des Pariser Übereinkommens vorgesehene räumliche Begrenzung.

(5) Der Inhaber einer Kernanlage haftet nicht nach dem Pariser Übereinkommen, sofern der Schaden durch ein nukleares Ereignis verursacht wurde, das auf Kernmaterialien zurückzuführen ist, die in § 428 bezeichnet sind.

§ 415 Haftung für Reaktorschiffe

(1) Auf die Haftung des Inhabers eines Reaktorschiffes finden die Vorschriften dieses Abschnitts entsprechende Anwendung, soweit nicht die Absätze 2 bis 6 Abweichendes regeln.

(2) An die Stelle der Bestimmungen des Pariser Übereinkommens treten die entsprechenden Bestimmungen des Brüsseler Reaktorschiff-Übereinkommens.

(3) [1]Tritt der Schaden in einem anderen Staat ein, so gilt § 419 Abs. 1 Satz 1 hinsichtlich des den Höchstbetrag des Brüsseler Reaktorschiff-Übereinkommens überschreitenden Betrages nur, soweit das Recht dieses Staates zum Zeitpunkt des nuklearen Ereignisses eine auch im Verhältnis zur Bundesrepublik Deutschland anwendbare, nach Art, Ausmaß und Höhe gleichwertige Regelung der Haftung der Inhaber von Reaktorschiffen vorsieht. [2]§ 419 Abs. 2, §§ 423, 425 Abs. 1 und § 427 sind nicht anzuwenden.

(4) [1]§ 422 gilt nur für Reaktorschiffe, die berechtigt sind, die Bundesflagge zu führen. [2]Wird ein Reaktorschiff im Inland für einen anderen Staat oder Personen eines anderen Staates gebaut oder mit einem Reaktor ausgerüstet, so gilt § 422 bis zu dem Zeitpunkt, in dem das Reaktorschiff in dem anderen Staat registriert wird oder das Recht erwirbt, die Flagge eines anderen Staates zu führen. [3]Die sich aus § 422 ergebende Freistellungsverpflichtung ist vom Bund zu tragen.

(5) Bei Reaktorschiffen, die nicht berechtigt sind, die Bundesflagge zu führen, gilt dieser Abschnitt nur, wenn durch das Reaktorschiff verursachte nukleare Schäden im Inland eingetreten sind.

(6) Für Schadensersatzansprüche sind die Gerichte des Staates zuständig, dessen Flagge das Reaktorschiff zu führen berechtigt ist; in den Fällen des Absatzes 5 ist auch das Gericht des Ortes im Inland zuständig, an dem der nukleare Schaden eingetreten ist.

(7) Soweit internationale Verträge über die Haftung für Reaktorschiffe zwingend abweichende Bestimmungen enthalten, haben diese Vorrang vor den Bestimmungen dieses Gesetzes.

§ 416 Haftung in anderen Fällen

(1) [1]Wird in anderen als den in dem Pariser Übereinkommen in Verbindung mit den in § 414 Abs. 1 bis 4 bezeichneten Fällen durch die Wirkung eines Kernspaltungsvorgangs oder der Strahlen eines radioaktiven Stoffes oder durch die von einem Beschleuniger ausgehende Wirkung ionisierender Strahlen ein Mensch getötet oder der Körper oder die Gesundheit eines anderen verletzt oder eine Sache beschädigt, so ist der Besitzer des von der Kernspaltung betroffenen Stoffes, des radioaktiven Stoffes oder des Beschleunigers verpflichtet, den daraus entstehenden Schaden nach den §§ 417 und 418, 419 Abs. 3, § 420 Abs. 1, 4 und 5 und § 421 zu ersetzen. [2]Satz 1 gilt entsprechend in Fällen, in denen ein Schaden der in Satz 1 bezeichneten Art durch die Wirkung eines Kernvereinigungsvorgangs verursacht wird.

(2) [1]Die Ersatzpflicht tritt nicht ein, wenn der Schaden durch ein Ereignis verursacht wird, das der Besitzer und die für ihn im Zusammenhang mit dem Besitz tätigen Personen auch bei Anwendung jeder nach den Umständen gebotenen Sorgfalt nicht vermeiden konnten und das weder auf einem Fehler in der Beschaffenheit der Schutzeinrichtungen noch auf einem Versagen ihrer Verrichtungen beruht. [2]Satz 1 gilt nicht für Schäden, die durch radioaktive Stoffe, radioaktive Erzeugnisse und Abfälle im Sinne des Pariser Übereinkommens oder des Brüsseler Reaktorschiff-Übereinkommens entstehen.

(3) In gleicher Weise wie der Besitzer haftet derjenige, der den Besitz des Stoffes verloren hat, ohne ihn auf eine Person zu übertragen, die nach diesem Kapitel oder nach einer aufgrund dieses Kapitels erlassenen Rechtsverordnung zum Besitz berechtigt ist.

(4) Die Vorschriften der Absätze 1 bis 3 gelten nicht,

1. wenn die radioaktiven Stoffe oder die Beschleuniger gegenüber dem Verletzten von einem Arzt oder Zahnarzt oder unter der Aufsicht eines Arztes oder Zahnarztes bei der Ausübung der Heilkunde angewendet worden sind und die verwendeten Stoffe oder Beschleuniger sowie die notwendigen Meßgeräte dem jeweiligen Stand von Wissenschaft und Technik entsprochen haben und der Schaden nicht darauf zurückzuführen ist, daß die Stoffe, Beschleuniger oder Meßgeräte nicht oder nicht ausreichend gewartet worden sind,
2. wenn zwischen dem Besitzer und dem Verletzten ein Rechtsverhältnis besteht, aufgrund dessen dieser die von dem Stoff oder von dem Beschleuniger ausgehende Gefahr in Kauf genommen hat.

(5) [1]Absatz 2 Satz 1 und Absatz 4 Nr. 2 gelten nicht für die Anwendung radioaktiver Stoffe oder ionisierender Strahlen durch den Betrieb von Beschleunigern am Menschen in der medizinischen Forschung. [2]Bestreitet der Besitzer des radioaktiven Stoffes oder des Beschleunigers den ursächlichen Zusammenhang zwischen der Anwendung der radioaktiven Stoffe oder der ionisierenden Strahlen und einem aufgetretenen Schaden, so hat er zu beweisen, daß nach dem Stand der medizinischen Wissenschaft keine hinreichende Wahrscheinlichkeit eines ursächlichen Zusammenhangs besteht.

(6) [1]Nach den Vorschriften der Absätze 1 bis 3 ist nicht ersatzpflichtig, wer die Stoffe für einen anderen befördert. [2]Die Ersatzpflicht nach diesen Vorschriften trifft, solange nicht der Empfänger die Stoffe übernommen hat, den Absender, ohne Rücksicht darauf, ob er Besitzer der Stoffe ist.

(7) Unberührt bleiben im Anwendungsbereich des Absatzes 1 Satz 1 gesetzliche Vorschriften, nach denen der dort genannte Besitzer und die ihm nach Absatz 3 gleichgestellten Personen in weiterem Umfang haften als nach den Vorschriften dieses Kapitels oder nach denen ein anderer für den Schaden verantwortlich ist.

§ 417 Mitwirkendes Verschulden des Verletzten

Hat bei Entstehung des Schadens ein Verschulden des Verletzten mitgewirkt, so gilt § 254 des Bürgerlichen Gesetzbuches; bei Beschädigung einer Sache steht das Verschulden desjenigen, der die tatsächliche Gewalt über sie ausübt, dem Verschulden des Verletzten gleich.

§ 418 Umfang des Schadensersatzes

(1) Hinsichtlich des Umfanges des Schadensersatzanspruches gelten die §§ 842 bis 844, 846 und 847 Abs. 1 des Bürgerlichen Gesetzbuches entsprechend.

(2) Ist bei der Verurteilung des Verpflichteten zur Entrichtung einer Geldrente nicht auf Sicherheitsleistung erkannt worden, so kann der Berechtigte gleichwohl Sicherheitsleistung verlangen, wenn die Vermögensverhältnisse des Verpflichteten sich erheblich verschlechtert haben; unter der gleichen Voraussetzung kann er eine Erhöhung der in dem Urteil bestimmten Sicherheit verlangen.

§ 419 Haftungshöchstgrenzen

(1) [1]Die Haftung des Inhabers einer Kernanlage nach dem Pariser Übereinkommen in Verbindung mit § 414 Abs. 1, 2 und 4 ist summenmäßig unbegrenzt. [2]In den Fällen des § 414 Abs. 3 wird die Haftung des Inhabers auf den Höchstbetrag der staatlichen Freistellungsverpflichtung begrenzt.

(2) [1]Tritt der Schaden in einem anderen Staat ein, so findet Absatz 1 nur dann und insoweit Anwendung, als der andere Staat zum Zeitpunkt des nuklearen Ereignisses im Verhältnis zur Bundesrepublik Deutschland eine dem Absatz 1 nach Art, Ausmaß und Höhe gleichwertige Regelung sichergestellt hat. [2]Im übrigen ist bei Schäden in einem anderen Staat die Haftung des Inhabers einer Kernanlage auf den Betrag begrenzt, den der andere Staat im Zeitpunkt des nuklearen Ereignisses für die Entschädigung von Schäden infolge nuklearer Ereignisse im Verhältnis zur Bundesrepublik Deutschland vorsieht. [3]Im Verhältnis zu Staaten, auf deren Hoheitsgebiet sich keine Kernanlagen befinden, ist die Haftung des Inhabers einer Kernanlage auf den Höchstbetrag nach dem Brüsseler Zusatzübereinkommen beschränkt.

(3) [1]Der nach dem Pariser Übereinkommen in Verbindung mit § 414 Abs. 1 bis 4 oder der nach § 416 Ersatzpflichtige haftet im Falle der Sachbeschädigung nur bis zur Höhe des gemeinen Wertes der beschädigten Sache zuzüglich der Kosten für die Sicherung gegen die von ihr aus-

gehende Strahlengefahr. [2]Bei einer Haftung nach dem Pariser Übereinkommen in Verbindung mit § 414 Abs. 1 bis 4 ist Ersatz für Schäden am Beförderungsmittel, auf dem sich die Kernmaterialien zur Zeit des nuklearen Ereignisses befunden haben, nur dann zu leisten, wenn die Befriedigung anderer Schadensersatzansprüche in den Fällen des Absatzes 1 aus dem Höchstbetrag der staatlichen Freistellungsverpflichtung, in den Fällen des Absatzes 2 aus der Haftungshöchstsumme sichergestellt ist.

§ 420 Verjährung

(1) Die nach diesem Abschnitt begründeten Ansprüche auf Schadensersatz verjähren in drei Jahren von dem Zeitpunkt an, in welchem der Ersatzberechtigte von dem Schaden und von der Person des Ersatzpflichtigen Kenntnis erlangt hat oder hätte erlangen müssen, ohne Rücksicht darauf in dreißig Jahren von dem schädigenden Ereignis an.

(2) In den Fällen des Artikels 8 Abs. b des Pariser Übereinkommens tritt an die Stelle der dreißigjährigen Verjährungsfrist des Absatzes 1 eine Verjährungsfrist von zwanzig Jahren ab Diebstahl, Verlust, Überbordwerfen oder Besitzaufgabe.

(3) Ansprüche aufgrund des Pariser Übereinkommens, die innerhalb von zehn Jahren nach dem nuklearen Ereignis gegen den Inhaber der Kernanlage wegen der Tötung oder Verletzung eines Menschen gerichtlich geltend gemacht werden, haben Vorrang vor Ansprüchen, die nach Ablauf dieser Frist erhoben werden.

(4) Schweben zwischen dem Ersatzpflichtigen und dem Ersatzberechtigten Verhandlungen über den zu leistenden Schadensersatz, so ist die Verjährung gehemmt, bis der eine oder der andere Teil die Fortsetzung der Verhandlungen verweigert.

(5) Im übrigen finden die Vorschriften des Bürgerlichen Gesetzbuches über die Verjährung Anwendung.

§ 421 Mehrere Ersatzpflichtige

(1) Sind für einen Schaden, der durch ein nukleares Ereignis oder in sonstiger Weise durch die Wirkung eines Kernspaltungsvorgangs oder der Strahlen eines radioaktiven Stoffes oder durch die von einem Beschleuniger ausgehende Wirkung ionisierender Strahlen verursacht ist, mehrere einem Dritten kraft Gesetzes zum Schadensersatz verpflichtet, so haften sie, sofern sich nicht aus Artikel 5 Abs. d des Pariser Übereinkommens etwas anderes ergibt, dem Dritten gegenüber als Gesamtschuldner.

(2) [1]In den Fällen des Absatzes 1 hängt im Verhältnis der Ersatzpflichtigen untereinander die Verpflichtung zum Ersatz von den Umständen, insbesondere davon ab, inwieweit der Schaden vorwiegend von dem einen oder anderen Teil verursacht worden ist, sofern sich aus Artikel 5 Abs. d des Pariser Übereinkommens nicht etwas anderes ergibt. [2]Der Inhaber einer Kernanlage ist jedoch nicht verpflichtet, über die Haftungshöchstbeträge des § 419 Abs. 1 und 2 hinaus Ersatz zu leisten.

§ 422 Freistellungsverpflichtung

(1) [1]Haben sich infolge von Wirkungen eines nuklearen Ereignisses gesetzliche Schadensersatzverpflichtungen des Inhabers einer im Inland gelegenen Kernanlage nach den Bestimmungen des Pariser Übereinkommens in Verbindung mit § 414 Abs. 1 bis 4 oder aufgrund des auf den Schadensfall anwendbaren Rechts eines fremden Staates oder in den Fällen des § 416 Abs. 2 Satz 2 ergeben, so ist der Inhaber der Kernanlage oder der Besitzer radioaktiver Stoffe von Schadensersatzverpflichtungen freizustellen, soweit diese von der Deckungsvorsorge nicht gedeckt sind oder aus ihr nicht erfüllt werden können. [2]Die Freistellungsverpflichtung ist auf die Höchstgrenze der Deckungsvorsorge nach § 430 Abs. 3 Satz 2 begrenzt. [3]Die Freistellungsverpflichtung beschränkt sich auf diesen Höchstbetrag abzüglich des Betrages, in dessen Höhe die entstandenen Schadensersatzverpflichtungen von der Dekkungsvorsorge gedeckt sind und aus ihr erfüllt werden können.

(2) Ist nach dem Eintritt eines schädigenden Ereignisses mit einer Inanspruchnahme der Freistellungsverpflichtung zu rechnen, so ist der Inhaber der Kernanlage verpflichtet,

1. den zuständigen Bundesbehörden und Landesbehörden dieses unverzüglich anzuzeigen,
2. dem zuständigen Bundesminister und den zuständigen Landesbehörden unverzüglich von erhobenen Schadensersatzansprüchen oder eingeleiteten Ermittlungsverfahren Mitteilung zu machen und auf Verlangen jede Auskunft zu erteilen, die zur Prüfung des Sachverhalts und seiner rechtlichen Würdigung erforderlich ist,
3. bei außergerichtlichen oder gerichtlichen Verhandlungen über die erhobenen Schadensersatzansprüche die Weisungen der zuständigen Landesbehörden zu beachten,
4. nicht ohne Zustimmung der zuständigen Landesbehörden einen Schadensersatzanspruch anzuerkennen oder zu befriedigen, es sei denn, daß er die Anerkennung oder Befriedigung ohne offenbare Unbilligkeit nicht verweigern kann.

(3) Im übrigen finden auf die Freistellungsverpflichtung die §§ 62 und 67 sowie die Vorschriften des Sechsten Titels des Zweiten Abschnitts des

Gesetzes über den Versicherungsvertrag mit Ausnahme des § 152 entsprechende Anwendung.

(4) Absätze 2 und 3 gelten für die Bundesdeckung nach § 430 Abs. 4 sinngemäß.

§ 423 Aufteilung der Freistellung zwischen Bund und Ländern

[1]Der Bund trägt die sich aus § 422 ergebende Freistellungsverpflichtung zu 75 vom Hundert. [2]Im übrigen wird sie von dem Land getragen, in dem die Kernanlage, von der das nukleare Ereignis ausgegangen ist, sich befindet.

§ 424 Rückgriff bei der Freistellung

Ist der Inhaber einer Kernanlage nach § 422 von Schadensersatzverpflichtungen freigestellt worden, so kann gegen den Inhaber der Kernanlage in Höhe der erbrachten Leistungen Rückgriff genommen werden, soweit

1. dieser seine sich aus § 422 Abs. 2 oder 3 ergebenden Verpflichtungen verletzt; der Rückgriff ist jedoch insoweit ausgeschlossen, als die Verletzung weder Einfluß auf die Feststellung des Schadens noch auf die Feststellung oder den Umfang der erbrachten Leistungen gehabt hat;
2. dieser oder, falls es sich um eine juristische Person handelt, sein gesetzlicher Vertreter in Ausführung der ihm zustehenden Verrichtungen den Schaden vorsätzlich oder grob fahrlässig herbeigeführt hat;
3. die Leistungen erbracht worden sind, weil die vorhandene Dekkungsvorsorge in Umfang und Höhe nicht der behördlichen Festsetzung entsprochen hat;
4. er kein Deutscher ist und seinen Sitz, Wohnsitz oder ständigen Aufenthalt in einem Staat hat, der weder Vertragsstaat der Verträge über die Europäische Gemeinschaft noch des Pariser Übereinkommens noch eines sonstigen, zum Zeitpunkt des schädigenden Ereignisses in Kraft befindlichen Übereinkommens mit der Bundesrepublik Deutschland über die Haftung für nukleare Schäden ist.

§ 425 Ausgleich durch den Bund

(1) Hat ein durch ein nukleares Ereignis Geschädigter seinen Schaden im Inland erlitten und kann er nach dem auf den Schadensfall anwendbaren

Recht eines anderen Vertragsstaates des Pariser Übereinkommens keinen Ersatz verlangen, weil

1. das nukleare Ereignis im Hoheitsgebiet eines Nichtvertragsstaates des Pariser Übereinkommens eingetreten ist,
2. der Schaden durch ein nukleares Ereignis verursacht worden ist, das unmittelbar auf Handlungen eines bewaffneten Konfliktes, von Feindseligkeiten, eines Bürgerkrieges, eines Aufstandes oder auf eine schwere Naturkatastrophe außergewöhnlicher Art zurückzuführen ist,
3. das anzuwendende Recht eine Haftung für Schäden an dem Beförderungsmittel, auf dem sich die Kernmaterialien zur Zeit des Eintritts des nuklearen Ereignisses befunden haben, nicht vorsieht,
4. das anzuwendende Recht eine Haftung des Inhabers nicht vorsieht, wenn der Schaden durch die ionisierende Strahlung einer sonstigen in der Kernanlage befindlichen Strahlenquelle verursacht worden ist,
5. das anzuwendende Recht eine kürzere Verjährung oder Ausschlußfrist als dieses Kapitel vorsieht oder
6. die zum Schadensersatz zur Verfügung stehenden Mittel hinter dem Höchstbetrag der staatlichen Freistellungsverpflichtung zurückbleiben,

so gewährt der Bund bis zum Höchstbetrag der staatlichen Freistellungsverpflichtung einen Ausgleich.

(2) Der Bund gewährt ferner bis zum Höchstbetrag der staatlichen Freistellungsverpflichtung einen Ausgleich, wenn das auf einen im Inland erlittenen Schaden anwendbare ausländische Recht oder die Bestimmungen eines völkerrechtlichen Vertrages dem Verletzten Ansprüche gewähren, die nach Art, Ausmaß und Umfang des Ersatzes wesentlich hinter dem Schadensersatz zurückbleiben, der dem Geschädigten bei Anwendung dieses Gesetzes zugesprochen worden wäre oder die Rechtsverfolgung in dem Staat, von dessen Hoheitsgebiet das schädigende Ereignis ausgegangen ist, aus anderen als den in Absatz 1 genannten Gründen aussichtslos ist.

(3) Die Absätze 1 und 2 sind auf Geschädigte, die nicht Deutsche im Sinne des Grundgesetzes sind und die ihren gewöhnlichen Aufenthalt nicht im Inland haben, nicht anzuwenden, soweit der Heimatstaat im Zeitpunkt des nuklearen Ereignisses im Verhältnis zur Bundesrepublik Deutschland eine nach Art, Ausmaß und Höhe gleichwertige Regelung nicht sichergestellt hat.

(4) [1]Ansprüche nach den Absätzen 1 und 2 sind bei dem Bundesverwaltungsamt geltend zu machen. [2]Sie erlöschen in drei Jahren von dem Zeitpunkt an, in dem die aufgrund ausländischen oder internationalen Rechts ergangene Entscheidung über den Schadensersatz unanfechtbar

geworden ist oder erkennbar wird, daß die Rechtsverfolgung im Sinne des Absatzes 2 aussichtslos ist.

§ 426 Ausnahmen von den Leistungen des Bundes und der Länder

(1) Bei der Freistellungsverpflichtung nach § 422 und dem Ausgleich nach § 425 sind die nach § 432 Abs. 1 und 2 nachrangig zu befriedigenden Ersatzansprüche nicht zu berücksichtigen.

(2) Entschädigungen nach § 418 Abs. 1 in Verbindung mit § 847 Abs. 1 des Bürgerlichen Gesetzbuches sind in die Freistellungsverpflichtung nach § 422 und den Ausgleich nach § 425 nur miteinzubeziehen, wenn die Leistung einer Entschädigung wegen der besonderen Schwere der Verletzung zur Vermeidung einer groben Unbilligkeit erforderlich ist.

§ 427 Ausländische Kernanlagen

(1) Ist nach den Bestimmungen des Pariser Übereinkommens ein Gericht im Inland für die Entscheidung über die Schadensersatzklage gegen den Inhaber einer in einem anderen Vertragsstaat des Pariser Übereinkommens gelegenen Kernanlage zuständig, so bestimmt sich die Haftung des Inhabers nach den Vorschriften dieses Kapitels.

(2) Abweichend von Absatz 1 bestimmt sich nach dem Recht des Vertragsstaates, in dem die Kernanlage gelegen ist,

1. wer als Inhaber anzusehen ist,
2. ob sich die Ersatzpflicht des Inhabers auch auf nukleare Schäden in einem Staat erstreckt, der nicht Vertragsstaat des Pariser Übereinkommens ist,
3. ob sich die Haftung des Inhabers auf nukleare Schäden erstreckt, die durch die Strahlen einer sonstigen in einer Kernanlage befindlichen Strahlungsquelle verursacht sind,
4. ob und inwieweit sich die Haftung des Inhabers auf Schäden an dem Beförderungsmittel erstreckt, auf dem sich die Kernmaterialien zur Zeit des nuklearen Ereignisses befunden haben,
5. bis zu welchem Höchstbetrag der Inhaber haftet,
6. nach welcher Frist der Anspruch gegen den Inhaber verjährt oder ausgeschlossen ist,
7. ob und inwieweit ein nuklearer Schaden in den Fällen des Artikels 9 des Pariser Übereinkommens ersetzt wird.

§ 428 Haftungs- und Deckungsfreigrenzen

[1]Die §§ 385 Abs. 3 und 414 Abs. 5 betreffen Kernbrennstoffe oder Kernmaterialien, deren Aktivität oder Menge

1. in dem einzelnen Beförderungs- oder Versandstück oder
2. in dem einzelnen Betrieb oder selbständigen Zweigbetrieb, bei Nichtgewerbetreibenden an dem Ort der Ausübung der Tätigkeit des Antragstellers

das 10^5fache der Freigrenze nicht überschreitet und die bei angereichertem Uran nicht mehr als 350 Gramm Uran 235 enthalten. [2]Freigrenze ist die Aktivität oder Menge, bis zu der es für den Umgang einer Zulassung oder Anzeige weder nach diesem Kapitel noch nach einer auf diesem Kapitel beruhenden Rechtsverordnung bedarf.

§ 429 Entscheidungen des Direktionsausschusses

Die Bundesregierung kann durch Rechtsverordnung unter Beachtung der §§ 151 bis 154 Entscheidungen des Direktionsausschusses der Europäischen Kernenergieagentur oder seines Funktionsnachfolgers nach Artikel 1 Abs. a Unterabsatz ii und iii und nach Artikel 1 Abs. b des Pariser Übereinkommens in Kraft setzen und insoweit § 413 Nr. 2 und 3 und § 428 dieses Kapitels ändern oder aufheben, sofern dies zur Erfüllung der in § 377 bezeichneten Zwecke erforderlich ist.

Dritter Unterabschnitt: Deckungsvorsorge

§ 430 Deckungsvorsorge

(1) [1]Der Antragsteller hat Vorsorge für die Erfüllung gesetzlicher Schadensersatzverpflichtungen (Deckungsvorsorge) zu erbringen

1. wenn und soweit dies in diesem Kapitel und den aufgrund dieses Kapitels erlassenen Rechtsverordnungen vorgesehen ist,
2. wenn und soweit nach den Umständen die Sicherstellung der Deckungsvorsorge bereits vor Erteilung der Zulassung oder nach deren Wegfall geboten ist.

[2]Gesetzliche Schadensersatzverpflichtungen sind die aufgrund dieses Abschnitts sowie auf sonstigen gesetzlichen Haftpflichtbestimmungen privatrechtlichen Inhalts beruhenden Schadensersatzverpflichtungen. [3]Nicht dazu gehören Verpflichtungen aus den §§ 640, 641 der Reichsversicherungsordnung, Verpflichtungen zur Schadloshaltung, die sich

nach § 55 Abs. 1 ergeben, sowie ähnliche Entschädigungs- oder Ausgleichsverpflichtungen insoweit, als der Schaden oder die Beeinträchtigung durch Unfall entstanden ist.

(2) [1]Die für die Zulassung zuständige Behörde hat im Zulassungsverfahren Art und Umfang der Deckungsvorsorge festzusetzen. [2]Die Festsetzung ist im Abstand von jeweils zwei Jahren sowie bei erheblicher Änderung der Verhältnisse zu überprüfen und gegebenenfalls erneut vorzunehmen; bei einer Neufestsetzung hat die für die Zulassung zuständige Behörde dem zur Deckungsvorsorge Verpflichteten eine angemessene Frist zu bestimmen, binnen derer die Deckungsvorsorge nachgewiesen werden muß. [3]In den Fällen des Absatzes 1 Nr. 2 setzt die für die Aufsicht zuständige Behörde die Deckungsvorsorge fest.

(3) [1]Die Bundesregierung wird ermächtigt, durch Rechtsverordnung mit Zustimmung des Bundesrates zur Erreichung der in § 377 bezeichneten Zwecke nähere Vorschriften darüber zu erlassen, welche Maßnahmen zur Deckungsvorsorge erforderlich sind. [2]Dabei ist die Höhe der Deckungsvorsorge im Rahmen der Höchstgrenze von fünf Milliarden Deutsche Mark zu regeln. [3]Höchstgrenze und Deckungssummen sind im Abstand von jeweils fünf Jahren mit dem Ziel der Erhaltung des realen Wertes der Deckungsvorsorge zu prüfen.

(4) [1]Soweit die von der für die Zulassung zuständigen Behörde nach Absatz 2 festgesetzte Deckungsvorsorge auf dem Versicherungsmarkt oder in anderer Weise nicht erreicht werden kann, gewährt der Bund Deckungsvorsorge. [2]Für die Deckung nach Satz 1 wird ein Entgelt erhoben, das sich nach den Prämien bemißt, die auf dem privaten Versicherungsmarkt geleistet werden. [3]Das Nähere regelt die Bundesregierung durch Rechtsverordnung mit Zustimmung des Bundesrates.

(5) [1]Der Bund - ausgenommen die Deutsche Bundesbahn - und die Länder sind nicht zur Deckungsvorsorge verpflichtet. [2]Soweit für ein Land eine Haftung nach dem Pariser Übereinkommen in Verbindung mit § 414 Abs. 1 bis 4 oder nach § 415 in Betracht kommt, setzt die für die Zulassung zuständige Behörde in entsprechender Anwendung des Absatzes 2 und der zu Absatz 3 ergehenden Rechtsverordnung fest, in welchem Umfang das Land für die Erfüllung gesetzlicher Schadensersatzverpflichtungen ohne Deckung durch die Freistellungsverpflichtung nach § 422 einzustehen hat. [3]Diese Einstandspflicht steht bei Anwendung dieses Kapitels der Deckungsvorsorge gleich.

(6) Durch Rechtsverordnung der Bundesregierung mit Zustimmung des Bundesrates werden Art und Umfang der Deckungsvorsorge für die grenzüberschreitende Beförderung bestimmt

1. in den Fällen des § 385 Abs. 2 Nr. 4,
2. bei der Beförderung von Kernmaterialien, die nach § 385 Abs. 7 einer Genehmigung nicht bedürfen.

§ 431 Anwendung des Gesetzes über den Versicherungsvertrag

(1) [1]Wird die Deckungsvorsorge bei Anlagen und Tätigkeiten, bei denen eine Haftung nach dem Pariser Übereinkommen in Verbindung mit § 414 Abs. 1 bis 4 oder nach § 415 in Betracht kommt, durch eine Haftpflichtversicherung erbracht, so gelten für diese die §§ 158c bis 158h des Gesetzes über den Versicherungsvertrag sinngemäß mit der Maßgabe, daß die Frist des § 158c Abs. 2 des Gesetzes über den Versicherungsvertrag zwei Monate beträgt und ihr Ablauf bei der Haftung für die Beförderung von Kernmaterialien und radioaktiven Stoffen, die ihnen nach § 416 Abs. 2 Satz 2 gleichgestellt sind, für die Dauer der Beförderung gehemmt ist; bei Anwendung des § 158c Abs. 4 des Gesetzes über den Versicherungsvertrag bleibt die Freistellungsverpflichtung nach § 422 außer Betracht. [2]§ 156 Abs. 3 des Gesetzes über den Versicherungsvertrag ist nicht anzuwenden.

(2) Wird die Deckungsvorsorge anstatt durch eine Haftpflichtversicherung durch eine Freistellungs- oder Gewährleistungsverpflichtung eines Dritten erbracht, so ist auf diese Verpflichtung Absatz 1 entsprechend anzuwenden.

§ 432 Rangfolge der Befriedigung aus der Deckungsvorsorge

(1) [1]Sind der zur Deckungsvorsorge verpflichtete Inhaber einer Kernanlage und ein Geschädigter im Zeitpunkt des Eintritts des nuklearen Ereignisses Konzernunternehmen eines Konzerns im Sinne des § 18 des Aktiengesetzes, so darf die Deckungsvorsorge zur Erfüllung gesetzlicher Schadensersatzansprüche dieses Geschädigten nur herangezogen werden, wenn dadurch nicht die Deckung der Ersatzansprüche sonstiger Geschädigter beeinträchtigt wird. [2]Kernanlagen im Sinne des Satzes 1 sind auch Reaktoren, die Teil eines Beförderungsmittels sind.

(2) Ist ein Schaden an einer industriellen Anlage in der Nähe der Kernanlage eingetreten, so findet Absatz 1 Satz 1 entsprechende Anwendung, wenn der Standort dazu dient, aus der Kernanlage stammende Energie für Produktionsprozesse zu nutzen.

(3) Die nach den Absätzen 1 und 2 nachrangig zu erfüllenden Ersatzansprüche sind untereinander gleichrangig.

Fünfter Abschnitt: Gemeinsame Vorschriften

§ 433 Überprüfung der Zuverlässigkeit zum Schutz gegen Entwendung oder erhebliche Freisetzung radioaktiver Stoffe

(1) [1]Zum Schutz gegen unbefugte Handlungen, die zu einer Entwendung oder einer erheblichen Freisetzung radioaktiver Stoffe führen können, führen die nach den §§ 405 und 406 zuständigen Zulassungs- und Aufsichtsbehörden eine Überprüfung der erforderlichen Zuverlässigkeit der Personen, die beim Umgang mit oder bei der Beförderung von radioaktiven Stoffen sowie bei der Errichtung und dem Betrieb von Anlagen tätig sind, mit deren Einverständnis durch. [2]Hierbei dürfen vorhandene, für die Beurteilung der Zuverlässigkeit bedeutsame Erkenntnisse insbesondere bei den Polizei- und den Verfassungsschutzbehörden abgefragt werden. [3]Die zuständige Zulassungs- oder Aufsichtsbehörde gibt dem Betroffenen nach Maßgabe des Verwaltungsverfahrensgesetzes Gelegenheit, sich hierzu zu äußern, wenn aufgrund der eingeholten Auskünfte Zweifel an der Zuverlässigkeit bestehen. [4]Die im Rahmen dieser Überprüfung erhobenen Daten dürfen nur von den nach den §§ 405 und 406 zuständigen Behörden im erforderlichen Umfang gespeichert, nur für die Zwecke der Überprüfung der Zuverlässigkeit nach dieser Vorschrift verwendet und nicht an andere Stellen übermittelt werden.

(2) Die Bundesregierung bestimmt durch Rechtsverordnung unter Beachtung der §§ 151 bis 153 die Einzelheiten der Überprüfung sowie die Frist, in der Überprüfungen zu wiederholen sind.

§ 434 Strahlenschutzregister

(1) [1]Die aufgrund einer Rechtsverordnung nach § 408 Abs. 1 Nr. 2 erhobenen Daten über die Strahlenexposition beruflich strahlenexponierter Personen werden zum Zweck der Überwachung von Dosisgrenzwerten und der Beachtung der Strahlenschutzgrundsätze in einem beim Bundesamt für Strahlenschutz eingerichteten Register erfaßt. [2]Der Betroffene ist über die Datenspeicherung zu unterrichten.

(2) Zu den vorgenannten Zwecken dürfen aus dem Register im jeweils erforderlichen Umfang Auskünfte an die nach § 406 zuständigen Aufsichtsbehörden sowie an die Stellen und Personen erteilt werden, die für Vorsorge- und Überwachungsmaßnahmen zum Schutz beruflich strahlenexponierter Personen verantwortlich sind.

(3) [1]Für Zwecke der wissenschaftlichen Forschung im Bereich des Strahlenschutzes dürfen personenbezogene Daten mit Einwilligung des Betroffenen an Dritte übermittelt werden. [2]Ohne Einwilligung des Betrof-

fenen dürfen sie übermittelt werden, wenn schutzwürdige Belange des Betroffenen der Übermittlung oder der beabsichtigten Verwendung der Daten nicht entgegenstehen oder wenn das öffentliche Interesse an der Forschungsarbeit das Geheimhaltungsinteresse des Betroffenen erheblich überwiegt. [3]Eine Übermittlung personenbezogener Daten für Zwecke der wissenschaftlichen Forschung ist ausgeschlossen, wenn der Zweck der Forschung mit einem vertretbaren Aufwand durch die Verwendung anonymisierter Daten erreicht werden kann. [4]Weitergehende datenschutzrechtliche Vorschriften über die Verarbeitung und Nutzung personenbezogener Daten für die wissenschaftliche Forschung bleiben unberührt.

(4) [1]Der Empfänger personenbezogener Daten darf diese nur zu dem Zweck verwenden, zu dem sie befugt übermittelt worden sind. [2]Die Bundesregierung bestimmt durch Rechtsverordnung mit Zustimmung des Bundesrates das Nähere über die Voraussetzungen und das Verfahren der Erteilung von Auskünften und der Übermittlung personenbezogener Daten.

§ 435 Informationsübermittlung

(1) Der für den Umweltschutz zuständige Bundesminister kann die ihm von den nach den §§ 404 bis 406 zuständigen Behörden übermittelten Informationen, die auf Verstöße gegen Ein- und Ausfuhrvorschriften dieses Kapitels oder der aufgrund dieses Kapitels erlassenen Rechtsverordnungen, gegen die hierauf beruhenden Anordnungen und Verfügungen der Aufsichtsbehörden oder gegen die Bestimmungen des Bescheids über die Zulassung hinweisen, an den Bundesminister des Innern übermitteln, soweit dies für die Wahrnehmung der Aufgaben des Bundeskriminalamtes bei der Verfolgung von Straftaten im Außenwirtschaftsverkehr erforderlich ist.

(2) [1]Informationen, die in atomrechtlichen Zulassungen der nach den §§ 404 bis 406 zuständigen Behörden enthalten sind (Inhaber, Rechtsgrundlagen, wesentlicher Inhalt), kann er an die für den Außenwirtschaftsverkehr zuständigen obersten Bundesbehörden zur Erfüllung ihrer Aufgaben bei Genehmigungen oder der Überwachung des Außenwirtschaftsverkehrs übermitteln. [2]Die übermittelten Informationen dürfen, soweit gesetzlich nichts anderes bestimmt ist, nur für den Zweck verwendet werden, zu dem sie übermittelt worden sind.

§ 436 Beratungskommissionen

(1) [1]Bei dem für den Umweltschutz zuständigen Bundesminister werden eine Reaktor-Sicherheitskommission, eine Strahlenschutzkommission und ein Kerntechnischer Ausschuß gebildet. [2]Den Kommissionen müssen Vertreter der beteiligten Kreise (§ 152 Abs. 1) angehören. [3]Auf eine ausgewogene Zusammensetzung ist zu achten. [4]Die Mitglieder der Kommissionen sind unabhängig und nicht an Weisungen gebunden.

(2) [1]Die Reaktor-Sicherheitskommission berät den Bundesminister in Angelegenheiten der Sicherheit und Sicherung von Anlagen und Tätigkeiten nach diesem Kapitel, die Strahlenschutzkommission in Angelegenheiten des Schutzes vor den Gefahren ionisierender Strahlen. [2]Der Kerntechnische Ausschuß hat die Aufgabe, dem Stand von Wissenschaft und Technik entsprechende sicherheitstechnische Regeln aufzustellen und deren Anwendung zu fördern.

(3) [1]Die Kommissionen geben sich eine Geschäftsordnung, die der Zustimmung des für den Umweltschutz zuständigen Bundesministers bedarf. [2]Die Geschäftsordnung muß insbesondere Anforderungen an die erforderliche Fachkunde der Mitglieder, die Bestellung sowie das Verfahren der Kommissionen und die Veröffentlichung der Ergebnisse ihrer Tätigkeit enthalten.

§ 437 Bestehende Zulassungen

(1) [1]Eine Genehmigung, die vor Inkrafttreten dieses Kapitels nach den §§ 3, 4, 6, 7, 9 und 9c des Atomgesetzes erteilt worden ist, gilt als Zulassung nach diesem Kapitel fort. [2]Entsprechendes gilt für eine Planfeststellung nach § 9b des Atomgesetzes sowie für eine Genehmigung oder eine allgemeine Zulassung, die nach einer aufgrund des § 11 des Atomgesetzes erlassenen Rechtsverordnung erteilt worden sind.

(2) Anzeigen, die nach einer aufgrund des § 11 des Atomgesetzes erlassenen Rechtsverordnung erstattet worden sind, gelten als Anzeigen fort, die gemäß einer nach § 383 Abs. 5, § 384 Abs. 4, § 385 Abs. 7 Nr. 1 oder § 407 erlassenen Rechtsverordnung zu erstatten sind.

§ 438 Ordnungswidrigkeiten

(1) Ordnungswidrig handelt, wer vorsätzlich oder fahrlässig

1. entgegen § 380 Abs. 1 oder 4 ohne Bewilligung Anlagen zur Erzeugung oder zur Bearbeitung oder Verarbeitung oder zur Spaltung von Kernbrennstoffen oder zur Kernvereinigung oder zur Aufar-

beitung bestrahlter Kernbrennstoffe errichtet, betreibt oder sonst innehat,
2. entgegen § 381 Abs. 1 ohne Bewilligung Anlagen zur Aufbewahrung von Kernbrennstoffen errichtet, betreibt oder sonst innehat,
3. entgegen § 382 Abs. 1 ohne Bewilligung Anlagen nach § 380 Abs. 1 oder § 388 Abs. 1 stillegt,
4. entgegen § 383 Abs. 1 Satz 1 ohne Genehmigung Kernbrennstoffe außerhalb von Anlagen der in den §§ 380 und 381 bezeichneten Art bearbeitet, verarbeitet, sonst verwendet oder aufbewahrt,
5. entgegen § 383 Abs. 1 Satz 2 ohne Genehmigung mit sonstigen radioaktiven Stoffen umgeht oder diese beseitigt,
6. entgegen § 384 Abs. 1 oder 6 ohne Genehmigung Kernbrennstoffe oder sonstige radioaktive Stoffe oder radioaktive oder kernbrennstoffhaltige Abfälle einführt oder ausführt oder sonst in das oder aus dem Inland verbringt,
7. entgegen § 385 Abs. 1 ohne Genehmigung Kernbrennstoffe oder sonstige radioaktive Stoffe oder radioaktive oder kernbrennstoffhaltige Abfälle befördert,
8. entgegen § 388 Abs. 1 ohne Bewilligung Anlagen zur Endlagerung radioaktiver Abfälle errichtet oder betreibt,
9. entgegen § 394 Abs. 1 ohne Bewilligung die Lage, die Beschaffenheit oder den Betrieb einer Anlage im Sinne der §§ 380, 381 und 388 wesentlich ändert,
10. entgegen § 398 Abs. 1 eine Ermittlung, Darstellung und Bewertung des Sicherheitszustands der Anlage und des getroffenen Schutzes gegen Störmaßnahmen oder sonstige Einwirkungen Dritter nicht vorlegt,
11. entgegen §§ 72 ff. und § 399 Abs. 1 den auferlegten Maßnahmen nicht nachkommt,
12. entgegen § 400 Abs. 1 als Strahlenschutzverpflichteter einen Umweltbeauftragten für Strahlenschutz nicht bestellt oder entgegen § 402 seinen Pflichten gegenüber dem Umweltbeauftragten für Strahlenschutz nicht nachkommt,
13. entgegen § 401 Abs. 1 als Umweltbeauftragter für Strahlenschutz seinen Pflichten nicht nachkommt oder entgegen § 401 Abs. 1 Satz 1 Nr. 1 nicht dafür sorgt, daß die Schutzvorschriften eingehalten werden, die in einer aufgrund dieses Kapitels erlassenen Rechtsverordnung bestimmt sind,
14. entgegen § 380 Abs. 2 Nr. 6, § 381 Abs. 2, § 388 Abs. 2, § 390 Abs. 1 und § 394 Abs. 1 Satz 1 nicht die gemäß § 430 Abs. 2 Satz 1 von der zuständigen Behörde festgesetzte Deckungsvorsorge oder die nach § 382 Abs. 3 Satz 1 erforderliche Stillegungsvorsorge getroffen hat,

15. entgegen einer aufgrund des § 430 Abs. 6 erlassenen Rechtsverordnung radioaktive Stoffe oder Kernmaterialien befördert, ohne die erforderliche Deckungsvorsorge getroffen zu haben, soweit die Rechtsverordnung auf diese Bußgeldvorschrift verweist,
16. einer Rechtsverordnung nach § 407 Abs. 1 oder § 408 Abs. 1 zuwiderhandelt, soweit sie für einen bestimmten Tatbestand auf diese Bußgeldvorschrift verweist.

(2) Ordnungswidrig handelt ferner, wer vorsätzlich oder fahrlässig die in einem Zulassungsbescheid oder in einer aufgrund des § 385 Abs. 7 Nr. 2 erlassenen Rechtsverordnung geforderten Bescheinigungen nicht mitführt oder auf Verlangen nicht vorzeigt.

(3) Eine Ordnungswidrigkeit nach Absatz 1 kann mit einer Geldbuße bis zu hunderttausend Deutsche Mark, eine Ordnungswidrigkeit nach Absatz 2 mit einer Geldbuße bis zu zwanzigtausend Deutsche Mark geahndet werden.

(4) [1]Gegenstände, auf die sich die Ordnungswidrigkeit bezieht oder die zu ihrer Begehung oder Vorbereitung gebraucht worden oder bestimmt gewesen sind, können eingezogen werden. [2]§ 23 des Gesetzes über Ordnungswidrigkeiten ist anzuwenden.

Sechstes Kapitel: Gefährliche Stoffe

Erster Abschnitt: Allgemeine Vorschriften

§ 439 Zweck

(1) [1]Der Zweck des Gesetzes wird in diesem Kapitel vorrangig durch die Ermittlung der gefährlichen Eigenschaften, den Schutz der Umwelt vor Gefahren und die Vorsorge gegen Risiken von Stoffen, Zubereitungen und Produkten angestrebt.

(2) [1]Dieses Kapitel dient auch dem unmittelbaren Schutz von Leben und Gesundheit des Menschen einschließlich des Arbeitsschutzes. [2]In bezug auf Stoffe und Zubereitungen nach § 440 Abs. 2 Nr. 1 bis 5 und Produkte, die solche Stoffe oder Zubereitungen enthalten oder freisetzen können, dient dieses Kapitel auch dem unmittelbaren Schutz von Sachen.

(3) Die Vorschriften des Allgemeinen Teils dienen im Anwendungsbereich dieses Kapitels auch dem unmittelbaren Schutz des Menschen und von Sachen.

§ 440 Begriffsbestimmungen

(1) Im Sinne dieses Kapitels sind

1. alte Stoffe:
   Stoffe, die die Bundesregierung durch Rechtsverordnung mit Zustimmung des Bundesrates auf der Grundlage des von der Kommission der Europäischen Gemeinschaft gemäß Artikel 13 der Richtlinie 79/831/EWG zu erstellenden Europäischen Altstoffverzeichnisses EINECS als solche bezeichnet;
2. neue Stoffe:
   Stoffe, die nicht alte Stoffe im Sinne der Nummer 1 sind;
3. Einstufung:
   eine Zuordnung zu einem Gefährlichkeitsmerkmal nach Absatz 2;
4. Herstellen im Sinne dieses Kapitels ist auch das Gewinnen von Stoffen oder Zubereitungen;
5. Einfuhr:
   das Verbringen eines Stoffes, einer Zubereitung oder eines Produkts in das Inland; keine Einfuhr ist der Transitverkehr unter zoll-

amtlicher Überwachung, soweit keine Be- oder Verarbeitung erfolgt;

6. Ausfuhr:
   das Verbringen eines Stoffes, einer Zubereitung oder eines Produkts in einen Staat außerhalb des Inlands;
7. Inverkehrbringen:
   die Abgabe an Dritte oder die Bereitstellung für Dritte; das Verbringen in das Inland gilt als Inverkehrbringen, soweit es sich nicht lediglich um einen Transitverkehr nach Nummer 5 zweiter Halbsatz handelt;
8. stoffrechtliche Vorschriften:
   alle Vorschriften dieses Kapitels sowie die Vorschriften des Allgemeinen Teils, soweit sie vorrangig dem Zweck des § 439 dienen; entsprechendes gilt für die aufgrund dieses Kapitels oder des Allgemeinen Teils erlassenen Vorschriften.

(2) [1]Gefährliche Stoffe oder gefährliche Zubereitungen sind Stoffe oder Zubereitungen, die

1. explosionsgefährlich,
2. brandfördernd,
3. hochentzündlich,
4. leichtentzündlich,
5. entzündlich,
6. sehr giftig,
7. giftig,
8. mindergiftig,
9. ätzend,
10. reizend,
11. sensibilisierend,
12. krebserzeugend,
13. fruchtschädigend oder
14. erbgutverändernd sind oder
15. sonstige chronisch schädigende Eigenschaften besitzen oder
16. umweltgefährlich sind.

(3) [1]Umweltgefährlich sind Stoffe oder Zubereitungen, die selbst oder deren Umwandlungsprodukte geeignet sind, die Beschaffenheit der Umwelt derart zu verändern, daß dadurch sofort oder später Gefahren für die Umwelt herbeigeführt werden können.

(4) Soweit für Stoffe oder Zubereitungen ein begründeter Verdacht dafür besteht, daß sie krebserzeugend, fruchtschädigend oder erbgutverändernd sind, gelten sie als mindergiftig.

(5) Die Bundesregierung wird ermächtigt, durch Rechtsverordnung nähere Vorschriften über die Festlegung der in Absatz 2 genannten Gefährlichkeitsmerkmale zu erlassen.

§ 441 Geltungsbereich

(1) [1]Für
1. Lebensmittel, Tabakerzeugnisse, kosmetische Mittel und Bedarfsgegenstände im Sinne des Lebensmittel- und Bedarfsgegenständegesetzes,
2. Futtermittel und Zusatzstoffe im Sinne des Futtermittelgesetzes,
3. Arzneimittel im Sinne des Arzneimittelgesetzes oder des Tierseuchengesetzes und Stoffe und Zubereitungen, die ausschließlich zur Herstellung solcher Arzneimittel bestimmt sind,

gelten nur die Vorschriften des Fünften Abschnitts sowie Vorschriften nach § 147, soweit nicht die genannten Gesetze auf andere Vorschriften dieses Kapitels verweisen. [2]Die Vorschriften des Fünften Abschnitts sowie Vorschriften nach § 147 gelten nicht für die in Satz 1 Nr. 1 bis 3 genannten Stoffe, soweit Regelungen oder Anordnungen ausschließlich zum Schutz des Verbrauchers getroffen werden. [3] Die §§ 442 und 443, die Vorschriften des Dritten Abschnitts und die §§ 460, 462 bis 464 gelten jedoch für
1. Lebensmittel, die nicht zur Abgabe an den Verbraucher im Sinne des § 6 Abs. 1 des Lebensmittel- und Bedarfsgegenständegesetzes bestimmt sind, sowie Stoffe und Zubereitungen, die ausschließlich zur Herstellung von Tabakerzeugnissen, kosmetischen Mitteln oder Bedarfsgegenständen bestimmt sind,
2. Futtermittel, die dazu bestimmt sind, in zubereitetem, bearbeitetem oder verarbeitetem Zustand verfüttert zu werden, sowie Zusatzstoffe im Sinne des Futtermittelgesetzes,
3. Stoffe und Zubereitungen, die ausschließlich zur Herstellung von Arzneimitteln nach dem Arzneimittelgesetz oder Tierseuchengesetz bestimmt sind.

(2) Die Vorschriften des Dritten und Fünften Abschnitts sowie Vorschriften nach § 147 gelten nicht für Sprengstoffe, soweit Regelungen und Anordnungen nach dem Sprengstoffgesetz oder aufgrund dieses Gesetzes getroffen werden können.

(3) [1]Die Vorschriften dieses Kapitels sowie Vorschriften nach § 147 gelten nicht für
1. radioaktive Stoffe im Sinne des Fünften Kapitels,
2. Abfälle und Altöle sowie Stoffe, Zubereitungen und Erzeugnisse, soweit auf sie die Vorschriften des siebenten Kapitels anwendbar sind (abfallähnliche Stoffe),
3. Abwasser im Sinne des Zweiten Kapitels, soweit es in Gewässer oder Abwasseranlagen eingeleitet wird,
4. Immissionen im Sinne des Vierten Kapitels

[2]§ 465 sowie Vorschriften nach § 147 Abs. 1 Nr. 1 bis 3 sind in den Fällen des Satzes 1 Nr. 2 bis 4 jedoch anwendbar, soweit Regelungen

zur Vermeidung des Anfalls als Abfall, Altöl oder abfallähnlicher Stoff, als Abwasser oder Immissionen verursachender Stoff oder zur Verwertung dieser Stoffe getroffen werden. [3]In den Fällen des Satzes 1 Nr. 2 bis 4 können auch Regelungen nach den §§ 465 oder 471 sowie § 147 zum Schutz von Beschäftigten bei Herstellung oder Verwendung von Gefahrstoffen oder von Dritten in deren Gefahrenbereich getroffen werden.

(4) [1]Die §§ 442 und 443, die Vorschriften des Dritten Abschnitts und die §§ 461, 462, 465 und 479 gelten für das Herstellen, Inverkehrbringen oder Verwenden von Stoffen oder Zubereitungen nach § 440 Abs. 2 Nr. 2 bis 5 und 16 sowie von Erzeugnissen, die solche Stoffe oder Zubereitungen enthalten oder sie freisetzen können, lediglich insoweit, als es gewerbsmäßig, im Rahmen wirtschaftlicher Unternehmungen oder unter Beschäftigung von Arbeitnehmern erfolgt. [2]Diese Beschränkung gilt nicht für

1. Regelungen und Anordnungen zur Abfallentsorgung und Luftreinhaltung,
2. für umweltgefährliche Stoffe und Zubereitungen, wenn Maßnahmen zum Schutz der menschlichen Gesundheit getroffen werden.

§ 442 Grundsätze

(1) [1]Bei Maßnahmen nach diesem Kapitel ist eine wirksame Vorsorge gegen Risiken für Mensch, Umwelt oder Sachen anzustreben. [2]Maßnahmen des Gesundheitsschutzes haben den Schutz besonders empfindlicher Gruppen zu gewährleisten. [3]Beim Schutz der Umwelt ist auf besonders empfindliche Arten Rücksicht zu nehmen.

(2) [1]Maßnahmen nach diesem Kapitel streben an, die Gesamtbelastung von Mensch, Umwelt oder Sachen durch Herstellung, Verwendung und Entsorgung gefährlicher Stoffe, Zubereitungen und Produkte sowie durch die Anwendung von Verfahren, bei denen gefährliche Stoffe anfallen, möglichst niedrig zu halten und fortlaufend zu verringern. [2]Herstellung, Inverkehrbringen und Verwendung besonders gefährlicher Stoffe, Zubereitungen und Produkte und die Anwendung von Verfahren, bei denen besonders gefährliche Stoffe anfallen, sollen untersagt werden, wenn ihre Verwendung oder Anwendung nicht notwendig ist. [3]Es ist darauf hinzuwirken, daß gefährliche Stoffe, Zubereitungen und Produkte sowie Verfahren, bei denen gefährliche Stoffe anfallen, durch solche ersetzt werden, deren Herstellung, Verwendung, Entsorgung oder Anwendung insgesamt mit geringeren Risiken für Mensch oder Umwelt verbunden ist.

(3) [1]Die Bewertung von Stoffen, Zubereitungen und Produkten sowie erlassener Verbote und Beschränkungen sind von den Behörden fortlaufend

zu überprüfen. [2]Alte Stoffe, Zubereitungen und Produkte sind umfassend auf Risiken für Mensch oder Umwelt zu prüfen.

§ 443 Verhaltenspflichten

(1) Herstellung, Inverkehrbringen und Verwendung gefährlicher Stoffe, gefährlicher Zubereitungen oder von Produkten, die solche Stoffe oder Zubereitungen enthalten oder sie freisetzen können, haben zu unterbleiben, wenn sie zu Gefahren für den Menschen, die Umwelt oder Sachen führen können.
(2) Gefährliche Stoffe, gefährliche Zubereitungen oder Produkte, die solche Stoffe oder Zubereitungen enthalten oder sie freisetzen können, dürfen nur nach dem Stand der wissenschaftlichen Erkenntnisse und der Technik hergestellt und nur nach guter fachlicher Praxis verwendet werden.

Zweiter Abschnitt: Anmeldung neuer Stoffe

§ 444 Anmeldepflicht

(1) [1]Der Hersteller darf einen neuen Stoff als solchen oder als Bestandteil einer Zubereitung gewerbsmäßig oder im Rahmen sonstiger wirtschaftlicher Unternehmungen nur in den Verkehr bringen, wenn er ihn spätestens 45 Tage, bevor er ihn erstmalig in einem Mitgliedstaat der Europäischen Gemeinschaft in den Verkehr bringt, bei der Anmeldestelle angemeldet hat. [2]Der Anmeldung bedarf es nicht, wenn der Hersteller den Stoff bereits in einem anderen Mitgliedstaat der Europäischen Gemeinschaft hergestellt und dort in einem gleichwertigen Verfahren angemeldet hat.
(2) [1]Der Einführer darf einen neuen Stoff als solchen oder als Bestandteil einer Zubereitung gewerbsmäßig oder im Rahmen sonstiger wirtschaftlicher Unternehmungen aus einem Staat, der nicht Mitgliedstaat der Europäischen Gemeinschaft ist, nur einführen, wenn er ihn spätestens 45 Tage, bevor er ihn erstmalig in das Inland einführt, bei der Anmeldestelle angemeldet hat. [2]Der Anmeldung bedarf es nicht, wenn der Einführer den Stoff bereits in einem anderen Mitgliedstaat der Europäischen Gemeinschaft eingeführt und dort in einem gleichwertigen Verfahren angemeldet hat.
(3) Wer in keinem Mitgliedstaat der Europäischen Gemeinschaft niedergelassen ist, darf einen neuen Stoff als solchen oder als Bestandteil einer

Zubereitung gewerbsmäßig oder im Rahmen sonstiger wirtschaftlicher Unternehmungen nicht in das Inland einführen.

§ 445 Ausnahmen von der Anmeldepflicht

(1) Eine Anmeldung ist nicht erforderlich für einen Stoff, der
1. als ein Polymerisat, Polykondensat oder Polyaddukt zu weniger als zwei vom Hundert des Massengehalts aus einem Monomer in gebundener Form hergestellt ist, das in der Rechtsverordnung nach § 440 Abs. 1 Nr. 1 nicht bezeichnet ist;
2. zur Ermittlung seiner Eigenschaften im Sinne dieses Gesetzes in den Verkehr gebracht wird;
3. vom Hersteller oder Einführer ausschließlich zur Erforschung oder Erprobung sonstiger Eigenschaften des Stoffes für die Höchstdauer eines Jahres in einer dazu erforderlichen Menge in den Verkehr gebracht wird, wenn die Abgabe nur an eine vom Hersteller oder Einführer nachzuweisende, begrenzte Zahl sachkundiger Personen erfolgt und er sicherstellt, daß der Stoff weder als solcher noch als Bestandteil einer Zubereitung an andere abgegeben wird;
4. in Mengen von weniger als einer Tonne jährlich je Hersteller in den Mitgliedstaaten der Europäischen Gemeinschaft insgesamt in den Verkehr gebracht wird.

(2) Eine Anmeldung ist ferner nicht erforderlich für einen Stoff, der durch einen anderen Hersteller oder Einführer nach diesem Gesetz oder nach einem gleichwertigen Verfahren in einem anderen Mitgliedstaat der Europäischen Gemeinschaft angemeldet ist, wenn seit der erstmaligen Anmeldung mehr als zehn Jahre vergangen sind.

(3) Im Falle des Absatzes 1 Nr. 3 kann die Anmeldestelle untersagen, daß nach Abschluß der Erforschung und Erprobung der Stoff als Bestandteil oder in Form eines Erzeugnisses an andere abgegeben wird, wenn eine Gefahr für den Menschen, die Umwelt oder Sachen zu besorgen ist.

§ 446 Inhalt der Anmeldung

(1) Der Anmeldepflichtige hat der Anmeldestelle schriftlich seinen Namen und seine Anschrift, im Falle der Einfuhr auch den Namen und die Anschrift des Herstellers, sowie
1. die Identitätsmerkmale,
2. Hinweise zur Verwendung,
3. schädliche Wirkungen bei der Verwendung,
4. die Menge des Stoffes, die er jährlich in den Verkehr bringen oder einführen will,

5. Verfahren zur geordneten Entsorgung, zur möglichen Wiederverwendung und Neutralisierung anzugeben sowie
6. die Prüfnachweise nach § 447 (Grundprüfung)

vorzulegen.

(2) Verfügt der Anmeldepflichtige über weitere Erkenntnisse über die Wirkungen des Stoffes auf Mensch oder Umwelt, hat er die entsprechenden Unterlagen zugleich mit der Anmeldung vorzulegen.

(3) Für einen gefährlichen Stoff hat der Anmeldepflichtige ferner Empfehlungen über die Vorsichtsmaßnahmen beim Verwenden und über Sofortmaßnahmen bei Unfällen, die vorgesehene Einstufung entsprechend der Rechtsverordnung nach § 440 Abs. 5, die Verpackung und die Kennzeichnung anzugeben.

(4) Der Anmeldepflichtige braucht die Angaben nach Absatz 1 Nr. 3 nicht mitzuteilen sowie die Empfehlungen und die vorgesehene Einstufung nach Absatz 3 nicht anzugeben, wenn der anzumeldende Stoff in der Rechtsverordnung nach § 455 eingestuft ist.

§ 447 Prüfnachweise der Grundprüfung

Die Prüfnachweise der Grundprüfung müssen sich erstrecken auf:

1. die physikalischen, chemischen und physikalisch-chemischen Eigenschaften, die Art und Gewichtsanteile der Hilfsstoffe, der Hauptverunreinigungen sowie der übrigen dem Hersteller oder Einführer bekannten Verunreinigungen und Zersetzungsprodukte,
2. akute Toxizität,
3. Anhaltspunkte für eine krebserzeugende oder erbgutverändernde Eigenschaft,
4. reizende und ätzende Eigenschaften,
5. sensibilisierende Eigenschaften,
6. subakute Toxizität,
7. abiotische und leichte biologische Abbaubarkeit,
8. Toxizität gegenüber Wasserorganismen nach kurzzeitiger Einwirkung.

§ 448 Verfahren nach Eingang der Anmeldung

(1) Die Anmeldestelle hat dem Anmeldepflichtigen den Eingang der Anmeldung innerhalb von 45 Tagen zu bestätigen.

(2) Verlangt die Anmeldestelle innerhalb von 45 Tagen nach Eingang der Anmeldung eine Berichtigung oder eine Ergänzung nach § 473 Abs. 2, darf der angemeldete Stoff erst 45 Tage nach Eingang der Berichtigung

oder Ergänzung bei der Anmeldestelle in den Verkehr gebracht werden; Absatz 1 gilt entsprechend.

§ 449 Zusatzprüfung 1. Stufe

(1) Erreicht die vom Anmeldepflichtigen innerhalb der Mitgliedstaaten der Europäischen Gemeinschaft in den Verkehr gebrachte Menge eines angemeldeten Stoffes 100 Tonnen jährlich oder insgesamt 500 Tonnen seit dem Beginn der Herstellung des Stoffes oder seiner Einfuhr in diese Staaten, hat der Anmeldepflichtige auf Verlangen der Anmeldestelle innerhalb einer von ihr gesetzten Frist zusätzliche Nachweise über die Prüfung des Stoffes auf

1. subchronische Toxizität,
2. Beeinträchtigung der Fruchtbarkeit,
3. krebserzeugende, erbgutverändernde und fruchtschädigende Eigenschaften,
4. potentielle biologische Abbaubarkeit sowie weitergehende abiotische Abbaubarkeit, soweit sich die Erforderlichkeit aus den Prüfergebnissen der Grundprüfung ergibt,
5. Bioakkumulation,
6. Toxizität gegenüber Bodenorganismen und Pflanzen

vorzulegen.

(2) Auf Verlangen der Anmeldestelle hat der Anmeldepflichtige innerhalb einer von ihr gesetzten Frist die in Absatz 1 genannten Nachweise auch dann vorzulegen, wenn

1. die vom Anmeldepflichtigen innerhalb der Mitgliedstaaten der Europäischen Gemeinschaft in den Verkehr gebrachte Menge eines angemeldeten Stoffes 10 Tonnen jährlich oder seit dem Beginn seiner Herstellung oder seiner Einfuhr in diese Staaten insgesamt 50 Tonnen erreicht hat und
2. die Vorlage der Nachweise unter Berücksichtigung der bisherigen Kenntnisse über den Stoff, seine bekannten oder vorhersehbaren Verwendungszwecke oder der Ergebnisse der nach § 447 durchgeführten Prüfungen erforderlich ist.

(3) Die Absätze 1 und 2 gelten entsprechend für den Hersteller oder Einführer eines Stoffes im Sinne des § 445 Abs. 2.

§ 450 Zusatzprüfung 2. Stufe

(1) Erreicht die vom Anmeldepflichtigen innerhalb der Mitgliedstaaten der Europäischen Gemeinschaft in den Verkehr gebrachte Menge eines angemeldeten Stoffes 1000 Tonnen jährlich oder insgesamt 5000 Tonnen

seit dem Beginn der Herstellung des Stoffes oder seiner Einfuhr in diese Staaten, hat der Anmeldepflichtige auf Verlangen der Anmeldestelle innerhalb einer von ihr gesetzten Frist weitere zusätzliche Nachweise über die Prüfung des Stoffes auf

1. biotransformatorische und toxikokinetische Eigenschaften,
2. chronische Toxizität,
3. krebserzeugende Eigenschaften,
4. akute und subakute Toxizität, soweit sich ihre Erforderlichkeit aus den Prüfungsergebnissen nach § 449 Abs. 1 oder nach Nummer 1 ergibt,
5. verhaltensstörende Eigenschaften,
6. fruchtbarkeitsverändernde und fruchtschädigende Eigenschaften, soweit sich ihre Erforderlichkeit aus den Prüfungsergebnissen nach § 449 Abs. 1 ergibt,
7. Mobilität im Wasser, im Boden und in der Luft,
8. abiotische und biologische Abbaubarkeit, soweit sich die Erforderlichkeit aus den Prüfungsergebnissen nach § 449 Abs. 1 ergibt,
9. Bioakkumulation, soweit sich die Erforderlichkeit aus den Prüfungsergebnissen nach § 449 Abs. 1 ergibt,
10. langfristige Toxizität gegenüber Wasser- und Bodenorganismen,
11. Toxizität gegenüber Vögeln einschließlich der Fortpflanzungsfähigkeit und
12. weitere Eigenschaften, die allein oder im Zusammenwirken mit anderen Eigenschaften des Stoffes umweltgefährlich sind,

vorzulegen.

(2) Absatz 1 gilt entsprechend für den Hersteller oder Einführer eines Stoffes im Sinne des § 445 Abs. 2.

§ 451 Befugnisse der Anmeldestelle

(1) [1]Die Anmeldestelle kann

1. vom Hersteller oder Einführer Prüfnachweise nach § 447, § 449 Abs. 1 oder § 450 Abs. 1 auch für Stoffe im Sinne des § 445 Abs. 1 Nr. 3 und 4 verlangen,
2. vom Anmeldepflichtigen Prüfnachweise nach § 449 Abs. 1 und § 450 Abs. 1 bereits vor Erreichen der dort genannten Mengen verlangen oder
3. anordnen, daß der Hersteller oder Einführer Stoffe im Sinne des § 445 Abs. 1 Nr. 3 und 4
   a) erst nach Eintritt eines zukünftigen Ereignisses,
   b) nur unter Beachtung von Auflagen

   in den Verkehr bringen darf,

wenn ein begründeter Verdacht dafür vorliegt, daß der Stoff gefährlich ist und soweit dies zu dem in § 439 genannten Zweck erforderlich ist. [2]Die Prüfnachweise nach § 449 Abs. 1 und § 450 Abs. 1 sind auf die jeweiligen Verdachtsmomente zu beschränken.

(2) [1]Die Anmeldestelle kann anordnen, daß bestimmte angemeldete Stoffe, bestimmte angemeldete Zubereitungen oder Produkte, die einen solchen Stoff oder eine solche Zubereitung enthalten oder freisetzen können,
1. nur in bestimmter Beschaffenheit oder nur für bestimmte Zwecke in den Verkehr gebracht oder verwendet werden dürfen,
2. nur unter Beachtung von Auflagen in den Verkehr gebracht werden dürfen,
3. nur auf bestimmte Art und Weise verwendet werden dürfen,

wenn ein begründeter Verdacht dafür vorliegt, daß von dem Stoff, der Zubereitung oder dem Produkt Gefahren für den Menschen, die Umwelt oder Sachen ausgehen. [2]Die Anordnung kann für eine Dauer von höchstens drei Monaten erlassen werden. [3]Die Anmeldestelle kann die Anordnung aus wichtigem Grund um bis zu einem Jahr verlängern. [4]Die Anordnung tritt mit dem Inkrafttreten einer Rechtsverordnung nach § 465 außer Kraft.

(3) Die Anmeldestelle hat in bezug auf Stoffe oder Zubereitungen die Befugnisse nach § 74, wenn einem Verlangen nach § 449, § 450 oder Absatz 1 Nr. 1 oder 2 nicht fristgerecht entsprochen oder gegen eine Anordnung nach Absatz 1 Nr. 3 oder Absatz 2 verstoßen wird.

(4) Rechtsbehelfe gegen Anordnungen nach den Absätzen 1 bis 3 haben keine aufschiebende Wirkung.

§ 452 Bewertung

(1) Durch Bewertung von Stoffen, Zubereitungen oder Produkten ist zu bestimmen, ob
1. diese im Sinne des § 440 Abs. 2 gefährlich sind,
2. diese aufgrund ihrer gefährlichen Eigenschaften, ihrer Ausbreitung in der Umwelt und der Exposition von Menschen oder der Umwelt zu Risiken für den Menschen, die Umwelt oder Sachen führen können und
3. diese Risiken hinnehmbar sind.

(2) Die Durchführung der Bewertung wird von der Bundesregierung durch allgemeine Verwaltungsvorschriften bestimmt.

Dritter Abschnitt: Einstufung, Verpackung und Kennzeichnung von gefährlichen Stoffen, Zubereitungen und Produkten

§ 453 Einstufungs-, Verpackungs- und Kennzeichnungspflicht

(1) [1]Wer als Hersteller oder Einführer einen Stoff in den Verkehr bringt, hat ihn entsprechend der Rechtsverordnung nach § 455 zu verpacken und zu kennzeichnen. [2]Sofern der Stoff in der Rechtsverordnung nach § 455 nicht aufgeführt ist, hat er ihn einzustufen, zu verpacken und zu kennzeichnen, wenn der Stoff nach dem Ergebnis einer Prüfung nach § 447, § 449 oder § 450 oder nach gesicherter wissenschaftlicher Erkenntnis als gefährlicher Stoff im Sinne von § 440 Abs. 2 anzusehen ist. [3]Der Stoff ist so zu verpacken und zu kennzeichnen, daß bei seiner bestimmungsgemäßen Verwendung Gefahren für den Menschen, die Umwelt oder Sachen vermieden werden. [4]Soweit dem Hersteller oder Einführer die Eigenschaften eines Stoffes, der nach § 445 Abs. 1 von der Anmeldung ausgenommen ist, oder eines alten Stoffes, der noch nicht durch die Rechtsverordnung nach § 455 eingestuft ist, nicht hinreichend bekannt sind, hat er ihn zusätzlich mit dem Hinweis "Achtung - noch nicht vollständig geprüfter Stoff" zu kennzeichnen.

(2) Absatz 1 gilt entsprechend für Zubereitungen, soweit sie in der Rechtsverordnung nach § 455 als gefährlich eingestuft oder für ihre Einstufung in dieser Rechtsverordnung Berechnungsverfahren vorgeschrieben sind. Einstufungen gefährlicher Zubereitungen, die der Hersteller oder Einführer nach dem Ergebnis von Prüfungen nach § 447, § 449 oder § 450 oder nach gesicherter wissenschaftlicher Erkenntnis im Sinne des Absatzes 1 Satz 2 vornimmt, gehen den Einstufungen aufgrund von Berechnungsverfahren vor.

(3) Wer als Hersteller oder Einführer ein gefährliches Produkt in den Verkehr bringt, hat es entsprechend einer Rechtsverordnung nach § 455 oder § 468 Abs. 1 Nr. 1 zu verpacken und zu kennzeichnen.

(4) Vorschriften über die Kennzeichnung und Verpackung nach anderen Vorschriften bleiben unberührt.

§ 454 Sicherheitsdatenblatt

Wer als Hersteller oder Einführer einen gefährlichen Stoff, eine gefährliche Zubereitung oder ein gefährliches Produkt in den Verkehr bringt, hat dem Erwerber ein Sicherheitsdatenblatt zur Verfügung zu stellen, das die zum Schutz des Menschen, der Umwelt oder von Sachen erforderlichen Angaben enthält.

§ 455 Ermächtigung zu Einstufungs-, Verpackungs- und Kennzeichnungsvorschriften

(1) Die Bundesregierung wird ermächtigt, durch Rechtsverordnung mit Zustimmung des Bundesrates
1. Stoffe oder Zubereitungen als gefährlich einzustufen,
2. Berechnungsverfahren vorzuschreiben, nach denen bestimmte Zubereitungen aufgrund der Einstufung derjenigen Stoffe, die in der Zubereitung enthalten sind, einzustufen sind,
3. zu bestimmen,
   a) wie gefährliche Stoffe und Zubereitungen und daß und wie bestimmte Produkte, die bestimmte gefährliche Stoffe oder Zubereitungen enthalten oder sie freisetzen können, zu verpacken oder zu kennzeichnen sind, damit bei der vorhersehbaren Verwendung Gefahren für den Menschen, die Umwelt oder von Sachen vermieden werden,
   b) daß und wie bestimmte Angaben über Merkmale und Eigenschaften gefährlicher Stoffe und Zubereitungen oder Produkte, die gefährliche Stoffe und Zubereitungen freisetzen können oder enthalten, sowie Empfehlungen über Vorsichtsmaßnahmen beim Verwenden oder über Sofortmaßnahmen bei Unfällen vom Hersteller oder Einführer mitgeliefert werden müssen,
   c) welche Gesichtspunkte der Hersteller oder Einführer bei der Einstufung der Stoffe nach § 453 Abs. 1 Satz 2 mindestens zu beachten hat,
   d) wer die gefährlichen Stoffe, Zubereitungen oder Produkte zu verpacken und zu kennzeichnen hat, wenn sie bereits vor Inkrafttreten der die Kennzeichnungs- oder Verpackungspflicht begründenden Rechtsverordnung in den Verkehr gebracht worden sind,
   e) daß und wie bestimmte Zubereitungen und Erzeugnisse, die bestimmte näher zu bezeichnende gefährliche Stoffe nicht enthalten, zu kennzeichnen sind oder gekennzeichnet werden können, und
   f) welche Angaben das Sicherheitsdatenblatt nach § 454 mindestens enthalten muß.

(2) [1]In der Rechtsverordnung nach Absatz 1 können auch Ausnahmen von der Pflicht zur Verpackung und Kennzeichnung vorgesehen werden, soweit dadurch der Schutzzweck nach Absatz 1 Nr. 3 Buchstabe a nicht beeinträchtigt wird. [2]In der Rechtsverordnung kann auch bestimmt werden, daß bei Erzeugnissen anstelle einer Kennzeichnungspflicht die entsprechenden Angaben in anderer geeigneter Weise mitzuliefern sind.

§ 456 Erneutes Inverkehrbringen

[1]Gefährliche Stoffe, Zubereitungen oder Produkte, die vom Hersteller oder Einführer nach den Vorschriften dieses Gesetzes oder einer aufgrund dieses Gesetzes erlassenen Rechtsverordnung verpackt und gekennzeichnet in den Verkehr gebracht worden sind, dürfen nur dann erneut in den Verkehr gebracht werden, wenn die Verpackung und Kennzeichnung erhalten sind oder wenn der Stoff, die Zubereitung oder das Produkt erneut entsprechend verpackt und gekennzeichnet wird. [2]Ist dem nach Satz 1 zur Verpackung oder Kennzeichnung Verpflichteten bekannt, daß die Verpackung oder Kennzeichnung nicht den Vorschriften dieses Gesetzes entsprochen hat, so ist er zur Verpackung oder Kennzeichnung nach den Vorschriften dieses Gesetzes verpflichtet.

§ 457 Ausfuhr

(1) [1]Die §§ 453 bis 456 gelten auch für gefährliche Stoffe, Zubereitungen und Produkte, die außerhalb der Europäischen Gemeinschaft in den Verkehr gebracht werden, sofern dies mit den Vorschriften des Empfängerlandes vereinbar ist.

(2) [1]Die Bundesregierung bestimmt durch Rechtsverordnung Stoffe oder Gruppen von Stoffen nach § 440 Abs. 2 Nr. 1, 6 bis 8, 12 bis 16, für die als solche oder als Bestandteil von Zubereitungen oder Produkten die §§ 453 bis 456 gelten, und regelt die Einzelheiten der Anwendung dieser Vorschriften. [2]Die Rechtsverordnung kann auch zusätzliche Kennzeichnungen, die Angabe von Verboten und Beschränkungen, die für das Inland erlassen worden sind, und die Beifügung zusätzlicher Gebrauchsanleitungen und Warnhinweise vorschreiben, sofern dies zum Schutz vor Gefahren für den Menschen oder die Umwelt im Empfängerland erforderlich ist. [3]Bei der Regelung sollen internationale Vereinbarungen beachtet werden.

Vierter Abschnitt: Mitteilungspflichten

§ 458 Angemeldete Stoffe

[1]Der Anmeldepflichtige hat der Anmeldestelle

1. Änderungen bestimmter Angaben nach § 446,
2. sonstige für die Beurteilung des Gefährdungspotentials des Stoffes erhebliche Tatsachen,

3. die Aufnahme oder Einstellung der Herstellung oder Einfuhr des Stoffes,
4. die vom Anmeldepflichtigen selbst veranlaßte Veröffentlichung vertraulicher Angaben, und
5. das Erreichen der in den §§ 449 und 450 genannten Mengenschwellen

unverzüglich mitzuteilen. [2]Das Nähere wird durch Rechtsverordnung geregelt.

§ 459 Von der Anmeldepflicht ausgenommene neue Stoffe

(1) [1]Die Bundesregierung wird ermächtigt, durch Rechtsverordnung zu dem in § 439 genannten Zweck, insbesondere zur Ermittlung und Bewertung gefährlicher Eigenschaften des Stoffes, Hersteller und Einführer, die einen neuen Stoff, der nach § 445 von der Anmeldepflicht ausgenommen ist, in den Verkehr bringen, zur Mitteilung bestimmter Angaben oder zur Vorlage bestimmter Prüfnachweise zu verpflichten. [2]Satz 1 gilt auch für Einführer, die einen neuen Stoff in den Verkehr bringen, der in einem Mitgliedstaat der Europäischen Gemeinschaft nach einer § 445 entsprechenden Vorschrift von der Anmeldepflicht ausgenommen ist.

(2) Für sehr giftige oder giftige Stoffe, die nach § 445 Abs. 1 Nr. 1 oder 2 von der Anmeldepflicht ausgenommen sind, soll die Rechtsverordnung die Mitteilung der Empfehlungen nach § 446 Abs. 2 vorschreiben.

(3) [1]Für Stoffe, die nach § 445 Abs. 1 Nr. 3 oder 4 von der Anmeldepflicht ausgenommen sind, soll die Rechtsverordnung die Mitteilung von Angaben nach § 446 Abs. 1 Nr. 1 bis 4, Abs. 2 und, wenn die von Mitteilungspflichtigen innerhalb eines Jahres innerhalb der Mitgliedstaaten der Europäischen Gemeinschaft in den Verkehr gebrachte Menge des Stoffes 100 Kilogramm erreicht, die Vorlage von Prüfnachweisen nach § 447 vorschreiben. [2]Satz 1 gilt nicht für einen neuen Stoff, der für Forschungs- und Analysezwecke in den Verkehr gebracht wird und ausschließlich für Laboratorien bestimmt ist. [3]Im Falle der Erforschung oder Erprobung eines neuen Stoffes kann die Rechtsverordnung Angaben vorschreiben, die erforderlich sind, um die Einhaltung der Anforderungen nach § 445 Abs. 1 Nr. 3 sicherzustellen.

(4) Für Stoffe, die nach § 445 Abs. 2 von der Anmeldepflicht ausgenommen sind, soll die Rechtsverordnung die Mitteilung von Angaben nach § 446 Abs. 1 Nr. 1 bis 5 und von Prüfnachweisen nach § 447 Nr. 1 vorschreiben.

(5) Die Rechtsverordnung nach Absatz 1 kann von den Anforderungen nach den Absätzen 2 bis 4 abweichen, soweit dies mit dem in Absatz 1 genannten Zweck vereinbar ist.

(6) § 458 ist entsprechend anzuwenden.

§ 460 Neue Stoffe, die nicht oder nur außerhalb der Europäischen Gemeinschaft in den Verkehr gebracht werden

(1) [1]Die Bundesregierung wird ermächtigt, durch Rechtsverordnung zu dem in § 439 genannten Zweck, insbesondere zur Ermittlung und Bewertung gefährlicher Eigenschaften des Stoffes den Hersteller eines neuen Stoffes, der einer Anmeldepflicht nach § 444 nicht unterliegt, weil er ihn nicht oder nur außerhalb der Europäischen Gemeinschaft in den Verkehr bringt, zur Mitteilung bestimmter Angaben oder Vorlage bestimmter Prüfnachweise zu verpflichten, wenn die von ihm hergestellte oder gewonnene Menge des Stoffes eine Tonne jährlich erreicht.

(2) Die Rechtsverordnung soll die Mitteilung von Angaben und die Vorlage von Prüfnachweisen nach den §§ 446 und 447 und, wenn die innerhalb eines Jahres hergestellte Menge des Stoffes 10 Tonnen erreicht, die Vorlage zusätzlicher Prüfnachweise über Toxizität gegenüber Wasserorganismen nach kurzzeitiger Einwirkung vorschreiben.

(3) Die Rechtsverordnung kann von den Anforderungen nach Absatz 2 abweichen, soweit dies mit dem in Absatz 1 genannten Zweck vereinbar ist.

(4) Soweit der Hersteller nach anderen Rechtsvorschriften verpflichtet ist, über die Rechtsverordnung nach Absatz 1 hinausgehende Angaben über die Wirkungen des Stoffes auf den Menschen, die Umwelt oder Sachen mitzuteilen, hat er diese Angaben auch der Anmeldestelle zu übermitteln.

(5) § 458 ist entsprechend anzuwenden.

§ 461 Alte Stoffe

(1) [1]Die Bundesregierung wird ermächtigt, zu dem in § 439 genannten Zweck, insbesondere zur Ermittlung und Bewertung gefährlicher Eigenschaften alter Stoffe, Hersteller und Einführer alter Stoffe zur Mitteilung bestimmter Angaben und Vorlage bestimmter Prüfnachweise zu verpflichten.

(2) Wird ein alter Stoff in Mengen von jährlich insgesamt 10 Tonnen in den Verkehr gebracht, soll die Rechtsverordnung die Hersteller und Einführer zur Mitteilung von Angaben nach § 446 sowie des Inhalts eines ihnen verfügbaren Sicherheitsdatenblatts und zur Vorlage von Prüfnachweisen nach § 447 sowie sonstiger ihnen verfügbarer Prüfnachweise und Anhaltspunkte für gefährliche Eigenschaften des Stoffes verpflichten.

(3) Die Bundesregierung wird ermächtigt, durch Rechtsverordnung zu dem in Absatz 1 genannten Zweck bestimmte alte Stoffe zu bezeichnen, für die Hersteller und Einführer der Anmeldestelle bestimmte Angaben und Prüfnachweise nach den §§ 446, 447, 449 und 450 mitzuteilen haben, wenn
1. ein begründeter Verdacht dafür besteht, daß der Stoff eine gefährliche Eigenschaft aufweist und Menschen, die Umwelt oder Sachen dem Stoff ausgesetzt sind, oder
2. unter Berücksichtigung der möglichen Exposition von Menschen, der Umwelt oder Sachen eine Klärung der Frage erforderlich ist, ob der Stoff gefährlich ist.

(5) § 458 ist entsprechend anzuwenden.

§ 462 Zubereitungen und Produkte

(1) Die Bundesregierung wird ermächtigt, durch Rechtsverordnung zu dem in § 439 genannten Zweck, insbesondere zur Ermittlung von Gefahren, die von Zubereitungen oder Produkten ausgehen können, sowie von Art und Umfang der Verwendung gefährlicher Stoffe in Zubereitungen oder Produkten Hersteller, Einführer oder Verwender bestimmter Zubereitungen oder Produkte zur Mitteilung bestimmter Angaben zu verpflichten, wenn ein begründeter Verdacht dafür vorliegt, daß von diesen Zubereitungen oder Produkten Gefahren für den Menschen, die Umwelt oder Sachen ausgehen.

(2) Die Rechtsverordnung kann insbesondere
1. Angaben über die Zusammensetzung,
2. die jährlich hergestellte, eingeführte oder verwendete Menge,
3. die Verwendungsgebiete der Zubereitungen oder Produkte, und
4. die Mitteilung von Prüfnachweisen nach den §§ 447, 449 und 450 vorschreiben, soweit diese dem Mitteilungspflichtigen vorliegen oder von ihm mit vertretbarem Aufwand beschaffbar sind.

(3) Die Mitteilungspflicht kann auf bestimmte Angaben über die Zusammensetzung beschränkt, von der hergestellten, eingeführten oder verwendeten Menge abhängig gemacht und auf spätere Änderungen der Zusammensetzung erstreckt werden.

§ 463 Informations- und Behandlungszentren für Vergiftungen

(1) [1]Die Bundesregierung wird ermächtigt, zu dem in § 439 genannten Zweck Hersteller oder Einführer, die eine für den Verbraucher bestimmte Zubereitung nach § 440 Abs. 2 Nr. 6, 7, 9 und 11 bis 14 in den Verkehr bringen, zur Mitteilung bestimmter Angaben sowie deren

Veränderungen an das Bundesgesundheitsamt zu verpflichten, soweit die Angaben für die Behandlung von Erkrankungen, die auf Einwirkungen einer Zubereitung zurückgehen können, von Bedeutung sein können. [2]Satz 1 gilt auch für Unternehmen, die Zubereitungen unter eigener Handelsmarke in den Verkehr bringen. [3]Die Mitteilungspflicht kann auf andere Zubereitungen, auf Stoffe sowie auf Produkte, die gefährliche Stoffe oder Zubereitungen enthalten oder sie freisetzen können, auch soweit sie nicht für den Verbraucher bestimmt sind, erstreckt werden, wenn dies zum Schutz gegen Gefahren für den Menschen erforderlich ist.

(2) [1]Das Bundesgesundheitsamt übermittelt die Angaben nach der Rechtsverordnung nach Absatz 1, auch soweit ihm diese Angaben aufgrund anderer Rechtsvorschriften übermittelt worden sind, den Informations- und Behandlungszentren der Länder für Vergiftungen. [2]Diese Stellen berichten dem Bundesgesundheitsamt über Erkenntnisse aufgrund ihrer Tätigkeit, die für die Beratung und Behandlung von stoffbezogenen Erkrankungen von allgemeiner Bedeutung sind. [3]Die Angaben sind vertraulich zu behandeln; sie dürfen nur zu medizinischen Zwecken verwendet werden. [4]Das Nähere wird durch die Rechtsverordnung nach Absatz 1 geregelt. [5]Die Rechtsverordnung kann die Pflichten nach Satz 1 und 2 auf andere Stellen erstrecken.

(3) [1]Die Bundesregierung wird ermächtigt, durch Rechtsverordnung zu dem in § 439 genannten Zweck vorzuschreiben, daß Ärzte, die zur Behandlung oder zur Beurteilung der Folgen einer Erkrankung hinzugezogen werden, bei der der Verdacht besteht, daß sie auf Einwirkungen gefährlicher Stoffe, gefährlicher Zubereitungen oder Produkte beruhen, die gefährliche Stoffe oder Zubereitungen enthalten oder sie freisetzen können, verpflichtet sind, dem Bundesgesundheitsamt bestimmte Angaben mitzuteilen, die für die Bewertung der Stoffe, Zubereitungen oder Produkte erforderlich sind. [2]Soweit es sich um personenbezogene Angaben handelt, sind diese vertraulich zu behandeln.

§ 464 Umweltbelastungsanalysen

[1]Die Bundesregierung wird ermächtigt, durch Rechtsverordnung Herstellern und Einführern von Zubereitungen oder Produkten, die an den Verbraucher abgegeben werden, aufzugeben, eine Umweltbelastungsanalyse nach § 10 Abs. 1 durchzuführen und deren Ergebnis der Anmeldestelle mitzuteilen, wenn dies unter Berücksichtigung der möglichen Exposition des Menschen oder der Umwelt zur Klärung der Frage erforderlich ist, ob erhebliche Risiken für den Menschen oder die Umwelt zu besorgen sind. [2]Die Anforderungen können sich auf bestimmte Umweltbeeinträchtigungen, insbesondere bei der Entsorgung, beschrän-

ken. [3]Für die Durchführung der Umweltbelastungsanalyse ist eine angemessene Frist zu setzen.

Fünfter Abschnitt: Ermächtigungen zu Verboten und Beschränkungen sowie Maßnahmen zum Schutz von Beschäftigten

§ 465 Schutz des Menschen, der Umwelt oder von Sachen

(1) [1]Durch Rechtsverordnung nach § 147 Abs. 1 kann auch vorgeschrieben werden, daß

1. bestimmte gefährliche Stoffe, bestimmte gefährliche Zubereitungen oder Produkte, die einen solchen Stoff oder eine solche Zubereitung enthalten oder sie freisetzen können, nur unter bestimmten Voraussetzungen oder an bestimmte Personen abgegeben werden dürfen,
2. derjenige, der bestimmte gefährliche Stoffe, bestimmte gefährliche Zubereitungen oder Produkte, die einen solchen Stoff oder eine solche Zubereitung enthalten oder freisetzen können, herstellt, in den Verkehr bringt oder verwendet,
   a) dies anzuzeigen hat,
   b) bestimmten Anforderungen an seine Zuverlässigkeit und Gesundheit genügen muß oder
   c) seine Sachkunde in einem näher festzulegenden Verfahren nachzuweisen hat.

[2]§ 147 Abs. 1 und Satz 1 gelten auch für solche Stoffe, Zubereitungen oder Produkte, bei denen ein begründeter Verdacht besteht, daß der Stoff, die Zubereitung oder das Produkt gefährlich ist.

(2) Durch Rechtsverordnung nach § 147 und nach Absatz 1 können Verbote und Beschränkungen auch für Gruppen von Stoffen oder Zubereitungen oder von Produkten, die solche Stoffe oder Zubereitungen enthalten oder sie freisetzen können, ausgesprochen werden, wenn diese gleiche oder ähnliche gefährliche Eigenschaften besitzen und die Expositionsbedingungen gleich oder ähnlich sind.

(3) Durch Rechtsverordnung nach § 147 Abs. 1 und nach Absatz 1 können auch Verbote und Beschränkungen unter Berücksichtigung der Entwicklung von Stoffen, Zubereitungen, Produkten oder Verfahren, deren Herstellung, Verwendung, Entsorgung oder Anwendung mit einem geringeren Risiko für den Menschen, die Umwelt oder Sachen verbunden ist, festgesetzt werden.

(4) § 147 Abs. 1 und Absatz 1 gelten auch für Stoffe, Zubereitungen und Erzeugnisse nach § 471 Abs. 2 Nr. 2 bis 4 sowie für Stoffe, Zuberei-

tungen oder Erzeugnisse, deren Umwandlungsprodukte gefährlich im Sinne des § 440 Abs. 2 Nr. 1 bis 15 sind.

(5) Die Bundesregierung kann in den Rechtsverordnungen nach § 147 Abs. 1 und nach Absatz 1 auch Methoden zur Überprüfung ihrer Einhaltung festlegen. Dabei können insbesondere auch die Entnahme von Proben und die hierfür anzuwendenden Verfahren und die zur Bestimmung von einzelnen Stoffen oder Stoffgruppen erforderlichen Analyseverfahren geregelt werden.

§ 466 Beschaffenheit von Brennstoffen, Treibstoffen und Schmierstoffen

(1) [1]Durch Rechtsverordnung nach § 147 Abs. 1 Nr. 1 und 5 kann vorgeschrieben werden, daß Brennstoffe, Treibstoffe, Schmierstoffe oder Zusätze zu diesen Stoffen gewerbsmäßig oder im Rahmen wirtschaftlicher Unternehmungen nicht oder nur hergestellt, in den Verkehr gebracht oder eingeführt werden dürfen, wenn sie bestimmten Anforderungen zum Schutz oder zur Vorsorge gegen Umweltbeeinträchtigungen durch Luftverunreinigungen genügen. [2]In der Rechtsverordnung nach Satz 1 kann insbesondere bestimmt werden, daß

1. natürliche Bestandteile oder Zusätze von Brennstoffen, Treibstoffen oder Schmierstoffen nicht zugesetzt werden oder einen bestimmten Höchstgehalt nicht überschreiten dürfen,
2. Zusätze zu Brennstoffen, Treibstoffen oder Schmierstoffen bestimmte Stoffe nicht oder nur in besonderer Zusammensetzung enthalten dürfen,
3. Brennstoffe, Treibstoffe oder Schmierstoffe bestimmte Zusätze enthalten oder einer bestimmten Behandlung unterworfen werden müssen,
4. derjenige, der gewerbsmäßig oder im Rahmen wirtschaftlicher Unternehmungen flüssige Brennstoffe, Treibstoffe, Schmierstoffe oder Zusätze zu diesen Stoffen herstellt, einführt oder sonst in das Inland verbringt, der zuständigen Bundesoberbehörde
   a) Zusätze zu diesen Stoffen, die in ihrer chemischen Zusammensetzung andere Elemente als Kohlenstoff, Wasserstoff und Sauerstoff enthalten, anzuzeigen hat und
   b) näher zu bestimmende Angaben über die Art und die eingesetzte Menge sowie die möglichen schädlichen Umwelteinwirkungen der Zusätze und deren Verbrennungsprodukte zu machen hat.

[3]Anforderungen nach Satz 2 können unter Berücksichtigung der technischen Entwicklung auch für einen Zeitpunkt nach Inkrafttreten der Rechtsverordnungen festgesetzt werden.

(2) Die Bundesregierung wird ermächtigt, zum Schutz oder zur Vorsorge gegen Umweltbeeinträchtigungen durch Luftverunreinigungen, die durch Brennstoffe, Treibstoffe, Schmierstoffe oder Zusätze, für die Anforderungen nach Absatz 1 Satz 1 festgelegt worden sind, verursacht werden, vorzuschreiben,
1. daß bei der Einfuhr eine Erklärung des Herstellers über deren Beschaffenheit den Zolldienststellen vorzulegen, mitzuführen und verfügbar zu halten ist,
2. daß Stoffe, die in das Inland, ausgenommen in Zollausschlüsse, verbracht werden, bei der Verbringung von dem Einführer den zuständigen Behörden des Bestimmungsortes zu melden sind,
3. daß bei der Lagerung Tankbelegbücher zu führen sind, aus denen sich die Lieferer dieser Stoffe ergeben.

§ 467 Beschaffenheit von anderen Stoffen, Zubereitungen und Produkten zum Schutz gegen Luftverunreinigungen

(1) [1]Durch Rechtsverordnung nach § 147 Abs. 1 Nr. 1 und 5 kann vorgeschrieben werden, daß bestimmte Stoffe, Zubereitungen oder Produkte, die geeignet sind, bei ihrer bestimmungsgemäßen Verwendung oder bei der Verbrennung zum Zwecke der Beseitigung oder der Rückgewinnung einzelner Bestandteile Umweltbeeinträchtigungen durch Luftverunreinigungen hervorzurufen, gewerbsmäßig oder im Rahmen wirtschaftlicher Unternehmungen nicht oder nur hergestellt, eingeführt oder sonst in den Verkehr gebracht werden dürfen, wenn sie zum Schutz oder zur Vorsorge gegen Umweltbeeinträchtigungen durch Luftverunreinigungen bestimmten Anforderungen an ihre Zusammensetzung und das Verfahren zu ihrer Herstellung genügen. [2]Die Ermächtigung des Satzes 1 erstreckt sich nicht auf Anlagen, Brennstoffe, Treibstoffe und Fahrzeuge.

(2) Anforderungen nach Absatz 1 Satz 1 können unter Berücksichtigung der technischen Entwicklung auch für einen Zeitpunkt nach Inkrafttreten der Rechtsverordnung festgesetzt werden.

§ 468 Vermeidung und umweltgerechte Entsorgung von Abfällen

Durch Rechtsverordnung nach § 147 Abs. 1 Nr. 1, 4 und 5 kann zur Vermeidung oder Verringerung von Abfällen aus bestimmten Produkten oder von gefährlichen Stoffen in Abfällen oder zu deren umweltverträglicher Entsorgung bestimmt werden, daß

1. Produkte nur mit einer Kennzeichnung in den Verkehr gebracht werden dürfen, mit der die erforderliche besondere Abfallentsorgung sichergestellt wird (Kennzeichnungspflicht),
2. Abfälle, deren ordnungsgemäße Verwertung oder sonstige Entsorgung wegen ihrer Form oder ihrer Zusammensetzung oder wegen ihres Gehalts an gefährlichen Stoffen eine besondere Behandlung erfordert, von anderen Abfällen getrennt gehalten, eingesammelt, befördert oder behandelt werden müssen und entsprechende Nachweise hierüber zu erbringen sind (Pflicht zu getrennter Entsorgung),
3. Hersteller oder Vertreiber von Produkten, die wegen ihrer Form oder Zusammensetzung am besten vom Hersteller oder Betreiber entsorgt werden oder die wegen ihres Gehalts an gefährlichen Stoffen schwerwiegende Umweltbeeinträchtigungen verursachen, verpflichtet sind, diese nach Gebrauch zurückzunehmen, eine Rückgabemöglichkeit an von diesen bestimmte Dritte zu eröffnen oder die Rückgabe durch geeignete Rücknahme- und Pfandsysteme sicherzustellen,
4. Besitzer von Produkten nach Nummer 3 verpflichtet sind, diese nach Gebrauch dem Hersteller oder Vertreiber oder einem von diesem bestimmten Dritten zurückzugeben;
5. Produkte nur in bestimmter Beschaffenheit, in bestimmter Weise oder für bestimmte Verwendungen, bei denen eine ordnungsgemäße Entsorgung der anfallenden Abfälle gewährleistet ist oder erleichtert wird, in den Verkehr gebracht werden dürfen,
6. Produkte nicht in den Verkehr gebracht werden dürfen, wenn bei ihrer Entsorgung die Freisetzung gefährlicher Stoffe nicht oder nur mit unverhältnismäßig hohem Aufwand verhindert werden könnte.

§ 469 Ausfuhr

(1) [1]Die Bundesregierung wird ermächtigt, die Ausfuhr von bestimmten gefährlichen Stoffen, bestimmten gefährlichen Zubereitungen oder Produkten, die einen solchen Stoff oder eine solche Zubereitung enthalten oder freisetzen können, in einen Staat, der nicht Mitgliedstaat der Europäischen Gemeinschaft ist, zu verbieten oder zu beschränken, insbesondere von einer Anzeige abhängig zu machen, soweit dies zur Abwehr erheblicher, auf andere Weise nicht zu behebender Gefahren für den Menschen oder die Umwelt, insbesondere im Ausland, oder zur Durchführung internationaler Vereinbarungen, die diesem Zweck dienen, erforderlich ist. [2]In der Rechtsverordnung kann diesbezüglich auch der Informationsaustausch mit den Empfängerstaaten sowie den Organen

der Europäischen Gemeinschaft und internationaler Organisationen geregelt werden.

(2) Absatz 1 gilt entsprechend für die Ausfuhr von Anlagen, die zur Produktion gefährlicher Stoffe dienen, oder den Abschluß von Verträgen über die Überlassung von Herstellungs- oder Verwendungsverfahren, bei deren Anwendung gefährliche Stoffe anfallen.

§ 470 Giftige Tiere und Pflanzen

(1) [1]Die Bundesregierung wird ermächtigt, soweit es zum Schutz von Leben oder Gesundheit des Menschen unter Berücksichtigung der Belange des Natur- und Tierschutzes erforderlich ist, durch Rechtsverordnung vorzuschreiben, daß Exemplare

1. bestimmter giftiger Tierarten
   a) nicht eingeführt oder nicht gehalten werden dürfen,
   b) nur eingeführt oder gehalten werden dürfen, wenn geeignete Gegenmittel und Behandlungsempfehlungen vom Einführer oder Tierhalter bereitgehalten werden, oder
   c) nur eingeführt oder gehalten werden dürfen, wenn dies der zuständigen Behörde zuvor angezeigt wird,
2. bestimmter giftiger Pflanzenarten
   a) auf bestimmten Flächen nicht angepflanzt oder
   b) in Katalogen und Warenlisten nur mit einem Hinweis auf ihre Giftigkeit angeboten werden dürfen.

[2]Die Erlaubnis zur Haltung nach Satz 1 Nr. 1 Buchstabe b und c kann mit Auflagen verbunden werden.

(2) Absatz 1 Nr. 1 gilt entsprechend für tote Exemplare giftiger Tierarten oder für Teile von diesen. Absatz 1 Nr. 2 Buchstabe b gilt entsprechend für giftige Samen, giftiges Pflanz- und Vermehrungsgut sowie abgestorbene Exemplare oder Teile giftiger Pflanzenarten.

(3) § 465 Abs. 1 Nr. 1 und 2 Buchstabe b und c gilt entsprechend für die in Absatz 2 Satz 1 genannten Tierkörper oder deren Teile sowie für bestimmte Arten giftiger Samen und abgestorbener Exemplare oder Teile giftiger Pflanzenarten.

§ 471 Maßnahmen zum Schutz von Beschäftigten

(1) [1]Die Bundesregierung wird ermächtigt, durch Rechtsverordnung, soweit es zum Schutz von Leben und Gesundheit des Menschen einschließlich des Schutzes der Arbeitskraft und der menschengerechten Gestaltung der Arbeit erforderlich ist, beim Herstellen oder Verwenden von Gefahrstoffen sowie bei Tätigkeiten in deren Gefahrenbereich be-

stimmte Maßnahmen, insbesondere solche der in Absatz 3 beschriebenen Art, vorzuschreiben. [2]Satz 1 gilt nicht für Maßnahmen nach Absatz 2, soweit entsprechende Vorschriften nach dem Vierten oder Fünften Kapitel oder dem Neunten Abschnitt dieses Kapitels oder Sprengstoffgesetz bestehen.

(2) Gefahrstoffe im Sinne dieser Vorschrift sind
1. gefährliche Stoffe und Zubereitungen nach § 440 Abs. 2,
2. Stoffe, Zubereitungen und Produkte, die explosionsfähig sind,
3. Stoffe, Zubereitungen und Produkte, aus denen bei der Herstellung oder Verwendung gefährliche oder explosionsfähige Stoffe oder Zubereitungen entstehen oder freigesetzt werden können,
4. Stoffe, Zubereitungen und Produkte, die erfahrungsgemäß Krankheitserreger übertragen können.

(3) Durch Rechtsverordnung nach Absatz 1 können insbesondere vorgeschrieben werden
1. Pflichten des Arbeitgebers zur Ermittlung von Gefahrstoffen, zur Durchführung von Gefahrenbeurteilungen und zur Prüfung und Verwendung von Stoffen, Zubereitungen oder Produkten, die mit einem geringeren Risiko für den Menschen verbunden sind,
2. Pflichten des Herstellers und Einführers zu Mitteilungen über gefährliche Inhaltsstoffe von Gefahrstoffen sowie die von ihnen ausgehenden Gefahren und die zu ergreifenden Maßnahmen,
3. Anforderungen an die Beschaffenheit und den Betrieb der Arbeitsstätte einschließlich der technischen Anlagen, der technischen Arbeitsmittel und der Arbeitsverfahren, damit diese den gesicherten sicherheitstechnischen, arbeitsmedizinischen, hygienischen und sonstigen arbeitswissenschaftlichen Erkenntnissen entsprechen, die zum Schutz der Beschäftigten zu beachten sind,
4. Anforderungen an die Regelung des Betriebs, insbesondere
   a) an die innerbetriebliche Verpackung und Kennzeichnung von Arbeitsstoffen,
   b) Grenzwerte oder Richtwerte nach den §§ 145, 146 über die Konzentration gefährlicher Stoffe oder Zubereitungen am Arbeitsplatz,
   c) an die Gestaltung des Herstellungs- oder Verwendungsverfahrens, damit die Beschäftigten nicht gefährdet und die Grenzwerte oder Richtwerte nach dem Stand der Technik unterschritten werden,
   d) an die Vorkehrungen dagegen, daß Gefahrstoffe in die Hände Unbefugter gelangen oder sonst abhanden kommen,
   e) hinsichtlich persönlicher Schutzausrüstungen,
   f) hinsichtlich der Zahl der Beschäftigten, die Gefahrstoffen ausgesetzt werden, und der Dauer einer solchen Beschäftigung.

5. Maßnahmen zur Verhütung von Verstößen gegen die gesetzlichen Vorschriften sowie zur Verhinderung von Betriebsstörungen und Begrenzung ihrer Auswirkungen, einschließlich der Information der Betriebsangehörigen, der Bestellung von Aufsichtspersonen, der Vorlage von Unterlagen und der Prüfung des Betriebs durch Sachverständige,
6. Anforderungen an die gesundheitliche Überwachung von Beschäftigten,
7. Regelungen über die Zusammenarbeit des Arbeitgebers mit dem Betriebs- oder Personalrat,
8. Anzeige- und Erlaubnispflichten für Herstellungs- und Verwendungsverfahren, bei denen besondere Gefahren für Beschäftigte zu besorgen sind, sowie sachliche Anforderungen an Betriebe für die Durchführung von Arbeiten, bei denen gefährliche Stoffe oder Zubereitungen freigesetzt werden können,
9. die Ermächtigung der zuständigen Landesbehörde, zur Durchführung von Rechtsverordnungen Anordnungen nach § 479 Abs. 1 bei Gefahr im Verzug auch gegenüber Aufsichtspersonen und sonstigen Beschäftigten zu erlassen.

Sechster Abschnitt: Gute Laborpraxis

§ 472 Gute Laborpraxis

(1) [1]Nichtklinische experimentelle Prüfungen von Stoffen oder Zubereitungen nach diesem Kapitel sind unter Einhaltung der Grundsätze der Guten Laborpraxis (GLP) durchzuführen. [2]Die Grundsätze der Guten Laborpraxis dienen dazu, die Qualität und Vergleichbarkeit der Prüfungen durch Anforderungen an den organisatorischen Ablauf, an die Bedingungen, unter denen Laborprüfungen geplant, durchgeführt und überwacht werden, sowie an die Aufzeichnung und Berichterstattung über die Prüfung sicherzustellen.

(2) Die Bundesregierung wird ermächtigt, durch Rechtsverordnung nach § 147 unter Beachtung gemeinschaftsrechtlicher und internationaler Regelungen und Vereinbarungen die Einzelheiten zu regeln, insbesondere

1. die Grundsätze der Guten Laborpraxis festzulegen,
2. zu bestimmen, daß der Anmelde- oder Mitteilungspflichtige die Einhaltung der Guten Laborpraxis nachzuweisen hat, und den Inhalt der Nachweise, insbesondere der Bescheinigung über die Einhaltung dieser Grundsätze (GLP-Bescheinigung), zu bestimmen,

3. Pflichten des Anmelde- oder Mitteilungspflichtigen zur Aufbewahrung der Unterlagen vorzusehen,
4. die Bundesregierung zur Abgabe eines jährlichen Berichts über die Anwendung der Grundsätze der Guten Laborpraxis zu verpflichten,
5. die Aufgaben des Bundesgesundheitsamts im Bereich der Guten Laborpraxis zu regeln.

Siebenter Abschnitt: Verfahren und Organisation

§ 473 Vorlage von Prüfnachweisen

(1) Die vom Anmelde- oder Mitteilungspflichtigen vorzulegenden Prüfnachweise und die mit ihnen einzureichenden sonstigen Unterlagen müssen die Beurteilung ermöglichen, ob der Stoff oder die Zubereitung, auf die sie sich beziehen, schädliche Einwirkungen auf den Menschen, die Umwelt oder Sachen hat.

(2) [1]Lassen die Prüfnachweise und sonstigen Unterlagen eine ausreichende Beurteilung nicht zu, weil sie unvollständig oder fehlerhaft sind, oder ist eine Vorlage weiterer Prüfnachweise aufgrund eines Rechtsaktes eines Organs der Europäischen Gemeinschaft erforderlich, hat der Anmelde- oder Mitteilungspflichtige auf Verlangen der Anmeldestelle innerhalb einer von ihr gesetzten Frist die erforderlichen Berichtigungen und Ergänzungen vorzulegen. [2]§ 451 gilt entsprechend. [3]Rechtsbehelfe gegen die Anordnungen nach den Sätzen 1 und 2 haben keine aufschiebende Wirkung.

(3) [1]Lassen die Prüfnachweise und sonstigen Unterlagen eine ausreichende Beurteilung nicht zu, obwohl sie weder unvollständig noch fehlerhaft sind, kann die Anmeldestelle vom Anmelde- oder Mitteilungspflichtigen ergänzende Auskünfte zu den ihr vorgelegten Prüfnachweisen und sonstigen Unterlagen verlangen. [2]Rechtsbehelfe gegen das Auskunftsverlangen nach Satz 1 haben keine aufschiebende Wirkung.

(4) Sofern die Vorlage von Prüfnachweisen nach dem Stand der wissenschaftlichen Erkenntnisse nicht erforderlich oder eine Prüfung technisch nicht möglich ist, ist die Nichtvorlage schriftlich zu begründen.

(5) Wer verpflichtet ist, Anmeldeunterlagen, Prüfnachweise oder Mitteilungsunterlagen nach den §§ 446, 447, 449, 450 und 458 bis 463 vorzulegen, hat je ein Doppelstück dieser Unterlagen oder Nachweise bis zum Ablauf von fünf Jahren nach dem letztmaligen Inverkehrbringen oder Herstellen des Stoffes oder der Zubereitung aufzubewahren.

(6) [1]Die Bundesregierung wird ermächtigt, durch Rechtsverordnung mit Zustimmung des Bundesrates Inhalt und Form der Anmelde- und Mit-

teilungsunterlagen nach den §§ 446 und 458 bis 463 und Art und Umfang der Prüfnachweise nach den §§ 447, 449, 450 und 459 bis 461 näher zu bestimmen. [2]In der Rechtsverordnung ist zu bestimmen, daß Prüfverfahren, bei denen Versuchstiere eingesetzt werden, durch Verfahren zu ersetzen sind, die keinen, einen geringeren oder einen schonenderen Einsatz von Versuchstieren erfordern, soweit dies nach dem Stand der wissenschaftlichen Erkenntnis im Hinblick auf den Versuchszweck vertretbar und mit Rechtsakten von Organen der Europäischen Gemeinschaft vereinbar ist.

§ 474 Verwendung von Prüfnachweisen eines Dritten

(1) Die Anmeldestelle kann zulassen, daß der Anmelde- oder Mitteilungspflichtige auf einen Prüfnachweis eines Dritten mit dessen schriftlicher Zustimmung Bezug nimmt, soweit ihr der Prüfnachweis vorliegt.

(2) [1]Einer Vorlage von Prüfnachweisen, die Tierversuche voraussetzen, bedarf es nicht, soweit der Anmeldestelle ausreichende Erkenntnisse vorliegen. [2]Stammen diese Erkenntnisse aus Prüfnachweisen eines Dritten, deren Vorlage nicht mehr als zehn Jahre zurückliegt, teilt die Anmeldestelle diesem und dem Anmelde- oder Mitteilungspflichtigen mit, welche Prüfnachweise des Dritten sie zugunsten des Anmelde- oder Mitteilungspflichtigen zu bewerten beabsichtigt, sowie jeweils Name und Anschrift des anderen.

(3) [1]Der Dritte kann innerhalb eines Monats nach Zugang der Mitteilung nach Absatz 2 Satz 2 der Verwertung seines Prüfnachweises widersprechen. [2]Im Falle des Widerspruchs verlängert sich die Frist nach § 444 Abs. 1 und 2 um den Zeitraum, den der Anmeldpflichtige für die Beibringung eines eigenen Prüfnachweises benötigen würde. Dieser Zeitraum ist auf Antrag eines Beteiligten von der Anmeldestelle nach Anhörung des Anmeldpflichtigen und des Dritten festzustellen.

(4) [1]Werden Prüfnachweise im Falle des Absatzes 2 Satz 2 vor Ablauf von zehn Jahren nach ihrer Vorlage durch den Dritten von der Anmeldestelle verwertet, hat der Dritte gegen den Anmelde- oder Mitteilungspflichtigen Anspruch auf eine Vergütung in Höhe von 50 vom Hundert der von diesem durch die Verwertung ersparten Aufwendungen. [2]Im Falle der Anmeldung nach § 444 kann der Dritte dem Anmeldepflichtigen das Inverkehrbringen des Stoffes untersagen, solange dieser nicht die Vergütung gezahlt oder für sie in angemessener Höhe Sicherheit geleistet hat.

(5) [1]Sind von mehreren Anmelde- oder Mitteilungspflichtigen gleichzeitig inhaltlich gleiche Prüfnachweise vorzulegen, so teilt die Anmeldestelle den Anmelde- oder Mitteilungspflichtigen, die ihr bekannt sind, mit, welcher Prüfnachweis von ihnen gemeinsam vorzulegen ist, sowie je-

weils Name und Anschrift der anderen Beteiligten. [2]Die Anmeldestelle gibt den beteiligten Anmelde- oder Mitteilungspflichtigen Gelegenheit, sich innerhalb einer von ihr zu bestimmenden Frist zu einigen, wer die Prüfnachweise vorlegt. [3]Kommt eine Einigung nicht zustande, so entscheidet die Anmeldestelle und unterrichtet hiervon unverzüglich alle Beteiligten. [4]Diese sind, sofern sie ihre Anmeldung nicht zurücknehmen oder sonst die Voraussetzungen ihrer Anmelde- oder Mitteilungspflicht entfallen, verpflichtet, sich jeweils mit einem der Zahl der beteiligten Anmelde- oder Mitteilungspflichtigen entsprechenden Bruchteil an den Aufwendungen für die Erstellung der Unterlagen zu beteiligen; sie haften als Gesamtschuldner.

§ 475 Anmeldestelle

Anmeldestelle im Sinne dieses Kapitels ist die Bundesanstalt für Arbeitsschutz, die insoweit der Fachaufsicht des für den Umweltschutz zuständigen Ministers unterliegt.

§ 476 Informationspflichten der Anmeldestelle und der Bewertungsstellen

(1) Die Anmeldestelle hat neben den ihr sonst durch dieses Gesetz zugewiesenen Aufgaben

1. eine Kurzfassung der Unterlagen nach den §§ 446, 447, 449, 450, 458, 459 und 462 sowie Mitteilungen der Kommission der Europäischen Gemeinschaft über Anmeldungen in anderen Mitgliedstaaten an die zuständigen Landesbehörden weiterzuleiten und die zuständigen Landesbehörden vom Ergebnis der Bewertung der Unterlagen und von Anordnungen nach § 451 Abs. 1 bis 3 zu unterrichten,
2. eine Kurzfassung der Unterlagen nach § 460 an die zuständige Behörde des Landes, in dem der Stoff hergestellt wird oder hergestellt werden soll, weiterzuleiten und sie vom Ergebnis der Bewertung der Unterlagen zu unterrichten,
3. die für den Vollzug des § 479 zuständigen Landesbehörden über alle Erkenntnisse zu unterrichten, die für die Wahrnehmung dieser Aufgabe erforderlich sind,
4. dem Hersteller oder Einführer auf Anfrage mitzuteilen, ob ein bestimmter Stoff nach diesem Gesetz oder nach einem entsprechenden Verfahren in einem anderen Mitgliedstaat der Europäischen Gemeinschaft angemeldet oder mitgeteilt ist, soweit der Hersteller oder Einführer ein berechtigtes Interesse an der Auskunft nachweisen kann, und

5. an die Kommission der Europäischen Gemeinschaft eine Kurzfassung der Unterlagen nach den §§ 446, 447, 449, 450, 458 und 459 weiterzuleiten. Auf Anforderung sind der Kommission oder den Anmeldestellen der anderen Mitgliedstaaten vollständige Unterlagen zuzuleiten, wenn sie Vorkehrungen zum Schutze von Geschäfts- und Betriebsgeheimnissen getroffen haben, die den entsprechenden Vorschriften im Inland gleichwertig sind. Vor der Weiterleitung von Unterlagen nach Satz 2, die Geschäfts- oder Betriebsgeheimnisse enthalten, ist der Anmelde- oder Mitteilungspflichtige zu hören.

(2) Nicht unter das Betriebs- oder Geschäftsgeheimnis im Sinne der §§ 18, 139 sowie des Absatzes 1 Nr. 5 fallen
1. die Handelsbezeichnung des Stoffes,
2. seine physikalisch-chemischen Eigenschaften nach § 446 Nr. 1,
3. die nach § 446 Abs. 1 Nr. 5 anzugebenden Verfahren,
4. die Empfehlungen nach § 446 Abs. 2,
5. die Auswertung der toxikologischen oder ökotoxikologischen Versuche sowie
6. der Name der für die Versuche nach Nummer 5 verantwortlichen Stelle.

(3) Die Daten nach Absatz 2 Nr. 1 bis 5 sind von der Anmeldestelle, bei zugelassenen Pflanzenschutzmitteln von der Biologischen Bundesanstalt, auf Anfrage dritter Staaten, in die der Stoff von einem im Inland niedergelassenen Hersteller ausgeführt werden soll, diesen Staaten mitzuteilen.

(4) [1]Die Anmeldestelle und die für die Durchführung der Bewertung im Sinne dieses Gesetzes nach § 452 zu bestimmenden Stellen sind verpflichtet, die Daten, die von ihnen aufgrund dieses Gesetzes und der auf Grundlage dieses Gesetzes ergangenen Rechtsverordnungen erhoben und gespeichert werden, den Behörden des Arbeitsschutzes, des allgemeinen Gesundheitsschutzes, des Umweltschutzes, der allgemeinen Gefahrenabwehr und des Brand- und Katastrophenschutzes der Länder sowie den Trägern der gesetzlichen Unfallversicherung im Wege der Amtshilfe zur Verfügung zu stellen. [2]§ 463 Abs. 3 bleibt unberührt.

§ 477 Ausschüsse

(1) [1]Die Bundesregierung wird ermächtigt, durch Rechtsverordnung unter Beachtung der §§ 150 f. Ausschüsse zu bilden. [2]Den Ausschüssen kann die Aufgabe übertragen werden,
1. die Bundesregierung, die zuständigen Bundesminister, die Anmeldestelle und die Bewertungsstellen zu beraten, insbesondere
   a) bei der Entwicklung von Methoden für Prüfnachweise nach diesem Gesetz,

b) bei der Erarbeitung von Vorschriften für die Einstufung, Kennzeichnung und Verpackung nach den §§ 455, 468 und 479,
c) bei der Bewertung nach § 452,
d) bei der Benennung von Stoffen, Zubereitungen oder Produkten, für die eine Mitteilungspflicht nach den §§ 461, 462 oder 463 begründet werden sollte,
e) beim Erlaß von Verbots-, Beschränkungs- oder Schutzvorschriften nach den §§ 465, 470 oder 471 und
f) bei der Weiterentwicklung der Vorschriften über die Gute Laborpraxis sowie

2.
a) sicherheitstechnische, arbeitsmedizinische und hygienische Regeln sowie sonstige arbeitswissenschaftliche Erkenntnisse zu ermitteln,
b) zum Schutz des Menschen, der Umwelt oder von Sachen Empfehlungen zu erarbeiten, sowie
c) für den Mensch, die Umwelt oder Sachen nicht oder weniger gefährliche Stoffe, Zubereitungen, Erzeugnisse und Verfahren vorzuschlagen,

die der zuständige Bundesminister amtlich bekanntmachen kann.

(2) [1]Den Ausschüssen müssen Vertreter der beteiligten Kreise (§ 152 Abs. 1) angehören. [2]Auf eine ausgewogene Zusammensetzung ist zu achten. [3]Die Mitglieder der Ausschüsse sind an Weisungen nicht gebunden.

(3) In der Rechtsverordnung nach Absatz 1 können die näheren Vorschriften über die Ausschüsse, insbesondere die Geschäftsordnung, erlassen werden.

§ 478 Überwachung

(1) Die zuständigen Landesbehörden haben die Durchführung dieses Gesetzes und der auf dieses Gesetz gestützten Rechtsverordnungen zu überwachen, soweit dieses Gesetz keine andere Regelung trifft.

(2) [1]Absatz 1 gilt auch für Verordnungen der Europäischen Gemeinschaft (EG-Verordnungen), die Sachbereiche dieses Gesetzes betreffen, soweit die Überwachung ihrer Durchführung den Mitgliedstaaten obliegt. [2]Sind für die Durchführung von EG-Verordnungen im Sinne des Satzes 1 die Entgegennahme und die Weiterleitung von Informationen oder sonstige Mitwirkungsakte der Mitgliedstaaten erforderlich, ist hierfür die Anmeldestelle zuständig. [3]Die Bundesregierung wird ermächtigt, durch Rechtsverordnung mit Zustimmung des Bundesrates die einzelnen Tatbestände der Verordnungen und Rechtsakte, die nach Satz 1 als Ordnungswidrigkeiten mit Geldbuße geahndet werden können, zu bezeich-

nen, soweit dies zur Durchführung der Verordnungen und Rechtsakte erforderlich ist.

(3) Durch Rechtsverordnung unter Beachtung der §§ 150 f. kann zur Durchführung dieses Gesetzes, der auf dieses Gesetz gestützten Rechtsverordnungen sowie der in Absatz 2 Satz 1 genannten EG-Verordnungen
1. die Zuständigkeit für bestimmte Genehmigungen und Einvernehmenserklärungen abweichend von Absatz 1 und Absatz 2 Satz 1 einer Bundesoberbehörde übertragen werden, wenn diese Genehmigungen oder Einvernehmenserklärungen bundeseinheitlich zu erfolgen haben oder die Beurteilung von Sachverhalten voraussetzen, die in der Regel räumlich über den Zuständigkeitsbereich eines Landes hinausgehen, sowie
2. in den Fällen des Absatzes 2 Satz 2 eine andere Bundesbehörde bestimmt werden.

(4) [1]Auskünfte nach § 67 können auch zur Durchführung der in Absatz 2 Satz 1 genannten EG-Verordnungen verlangt werden. [2]In den Fällen des Absatzes 2 Satz 2 stehen diese Befugnisse der Anmeldestelle, in den Fällen des Absatzes 3 der in der Rechtsverordnung bezeichneten Bundesoberbehörde zu.

(5) [1]Kann die zuständige Landesbehörde Art und Umfang der bei der Herstellung oder Verwendung der in § 471 Abs. 2 genannten Stoffe, Zubereitungen und Erzeugnisse drohenden oder eingetretenen schädlichen Einwirkungen oder die zu ihrer Abwendung oder Vorbeugung erforderlichen Maßnahmen nicht beurteilen, so kann sie hierzu vom Hersteller oder Verwender verlangen, daß er durch einen von der Behörde zu bestimmenden Sachverständigen auf seine Kosten ein Gutachten erstatten läßt und ihr eine Ausfertigung des Gutachtens vorlegt. [2]Satz 1 gilt nicht, soweit in diesem Gesetz Prüfungen vorgeschrieben oder die Voraussetzungen für die Anordnung von Prüfungen festgelegt sind.

§ 479 Behördliche Anordnungen

(1) Die zuständige Landesbehörde kann Maßnahmen nach den §§ 72, 74 auch zur Beseitigung festgestellter oder Verhütung künftiger Verstöße gegen eine in § 478 Abs. 2 Satz 1 genannte EG-Verordnung treffen.

(2) Wird eine Anordnung nach den §§ 72, 74 oder nach Absatz 1 nicht innerhalb der gesetzten Frist oder eine solche für sofort vollziehbar erklärte Anordnung nicht sofort ausgeführt, kann die zuständige Behörde die von der Anordnung betroffene Arbeit ganz oder teilweise bis zur Erfüllung der Anordnung untersagen, wenn die Untersagung zum Schutz von Leben oder Gesundheit der Beschäftigten erforderlich ist.

(3) [1]Die zuständige Landesbehörde kann für eine Dauer von höchstens drei Monaten anordnen, daß ein gefährlicher Stoff, eine gefährliche Zubereitung oder ein Produkt, das einen gefährlichen Stoff oder eine gefährliche Zubereitung freisetzen kann oder enthält, nicht, nur unter bestimmten Voraussetzungen, nur in bestimmter Beschaffenheit oder nur für bestimmte Zwecke hergestellt, in den Verkehr gebracht oder verwendet werden darf, soweit ein begründeter Verdacht dafür vorliegt, daß von dem Stoff, der Zubereitung oder dem Produkt eine erhebliche Gefahr für den Menschen, die Umwelt oder Sachen ausgeht. [2]Die zuständige Landesbehörde kann diese Anordnung aus wichtigem Grund um bis zu einem Jahr verlängern. [3]Die Sätze 1 und 2 gelten auch dann, wenn ein begründeter Verdacht für die Annahme besteht, daß ein Stoff oder eine Zubereitung gefährlich ist.

(4) Rechtsbehelfe gegen Anordnungen nach den Absätzen 2 und 3 haben keine aufschiebende Wirkung.

Achter Abschnitt: Pflanzenschutzmittel

Erster Unterabschnitt: Allgemeine Vorschriften

§ 480 Zweck

[1]Der Zweck des Gesetzes wird in diesem Abschnitt vorrangig durch den Schutz des Menschen, der Umwelt und von Sachen gegen Gefahren und Risiken durch Inverkehrbringen und Anwendung von Pflanzenschutzmitteln angestrebt. [2]Dieser Abschnitt dient auch dem Pflanzenschutz.

§ 481 Begriffsbestimmungen

Im Sinne dieses Abschnitts sind

1. Pflanzenschutz:
   a) der Schutz der Pflanzen vor Schadorganismen und nichtparasitären Beeinträchtigungen und die Vorbeugung gegen ihre Einwirkung,
   b) der Schutz der Pflanzenerzeugnisse vor Schadorganismen (Vorratsschutz) und die Vorbeugung gegen ihre Einwirkung

   einschließlich der Verwendung und des Schutzes von Tieren, Pflanzen und Mikroorganismen, durch die Schadorganismen bekämpft werden können,

2. integrierter Pflanzenschutz: eine gezielte Kombination von Verfahren, bei denen unter vorrangiger Berücksichtigung biologischer, biotechnischer, chemischer, physikalischer, pflanzenzüchterischer sowie anbau- und kulturtechnischer Maßnahmen die Anwendung chemischer Pflanzenschutzmittel auf das notwendige Maß beschränkt wird, um den Befall mit Schadorganismen so gering zu halten, daß kein wirtschaftlich unzumutbarer Schaden entsteht,
3. Pflanzen: lebende Pflanzen, lebende Teile von Pflanzen, einschließlich frischer Früchte und Samen (Pflanzenteile),
4. Pflanzenerzeugnisse: Erzeugnisse pflanzlichen Ursprungs, die nicht oder nur durch einfache Verfahren wie Mahlen, Trocknen oder Pressen be- oder verarbeitet worden sind, ausgenommen verarbeitetes Holz,
5. Pflanzenarten: Pflanzenarten und Pflanzensorten sowie deren Zusammenfassungen und Unterteilungen,
6. Schadorganismen: Tiere, Pflanzen sowie Mikroorganismen, Viren, Bakterien, Mykoplasmen und andere Krankheitserreger, die erhebliche Schäden an Pflanzen oder Pflanzenerzeugnissen verursachen können,
7. Befallsgegenstände: Pflanzen, Pflanzenerzeugnisse oder sonstige Gegenstände, die Träger bestimmter Schadorganismen sind oder sein können,
8. Pflanzenschutzmittel: Wirkstoffe und Zubereitungen, die einen oder mehrere Wirkstoffe enthalten, in der Form, in der sie an den Anwender geliefert werden und die dazu bestimmt sind,
   a) Pflanzen oder Pflanzenerzeugnisse vor Schadorganismen oder nichtparasitären Beeinträchtigungen zu schützen oder ihrer Einwirkung vorzubeugen,
   b) die Lebensvorgänge von Pflanzen zu beeinflussen, ohne ihrer Ernährung zu dienen, insbesondere Wachstumsregler,
   c) unerwünschte Pflanzen oder Pflanzenteile zu vernichten oder unerwünschtes Wachstum von Pflanzen zu hemmen oder einem solchen Wachstum vorzubeugen,
   d) den in den Buchstaben a bis c aufgeführten Stoffen zugesetzt zu werden, um ihre Eigenschaften oder Wirkungen zu verändern,

   ausgenommen sind Wasser, Düngemittel und Pflanzenstärkungsmittel,
9. Rückstände von Pflanzenschutzmitteln: ein Stoff oder mehrere Stoffe, die in oder auf Pflanzen oder Pflanzenerzeugnissen, eßbaren Erzeugnissen tierischer Herkunft oder anderweitig in der Umwelt vorhanden sind und deren Vorhandensein auf der Anwendung von Pflanzenschutzmitteln beruht, einschließlich ihrer Umwandlungs-, Abbau- oder Reaktionsprodukte,

10. Wirkstoffe: Stoffe oder Mikroorganismen mit allgemeiner oder spezifischer Wirkung gegen Schadorganismen oder auf Pflanzen, Pflanzenteile oder Pflanzenerzeugnisse,
11. Pflanzenstärkungsmittel: Stoffe, die ausschließlich dazu bestimmt sind, die Widerstandsfähigkeit von Pflanzen gegen Schadorganismen zu erhöhen, ohne daß diese Stoffe schädliche Auswirkungen auf die Gesundheit von Mensch und Tier oder auf die Umwelt haben,
12. Pflanzenschutzgeräte: Geräte und Einrichtungen, die zum Ausbringen von Pflanzenschutzmitteln bestimmt sind,
13. Kultursubstrate: Erden und andere Substrate in fester oder flüssiger Form, die Pflanzen als Wurzelraum dienen.

§ 482 Geltungsbereich

(1) [1]Die Vorschriften des Zweiten, Dritten, Vierten und Siebenten Abschnitts gelten nicht für Pflanzenschutzmittel, die einem Zulassungsverfahren nach diesem Abschnitt unterliegen; die §§ 456 und 463 sind anwendbar, die §§ 453 und 455 sind hinsichtlich der Verpackung anwendbar. [2]Die Vorschriften des Fünften Abschnitts sowie § 479 Abs. 2 sind nur anwendbar, sofern keine Regelungen oder Anordnungen nach diesem Abschnitt getroffen werden können. [3]Für Wirkstoffe gelten auch die Vorschriften des Dritten Abschnitts.

(2) Das Lebensmittel- und Bedarfsgegenständegesetz, das Futtermittelgesetz, das Gentechnikgesetz und das Gerätesicherheitsgesetz sowie die auf diese Gesetze gestützten Rechtsverordnungen bleiben unberührt.

§ 483 Grundsätze

Bei der Zulassung und Anwendung von Pflanzenschutzmitteln ist darauf hinzuwirken, daß

1. die Aufwandsmenge und Gefährlichkeit möglichst gering gehalten wird,
2. Umweltrisiken möglichst vermieden werden und
3. vorrangig Maßnahmen des integrierten Pflanzenschutzes getroffen werden.

Zweiter Unterabschnitt: Zulassung von Pflanzenschutzmitteln

§ 484 Zulassungsbedürftigkeit

(1) [1]Pflanzenschutzmittel dürfen nur in den Verkehr gebracht, eingeführt oder angewendet werden, soweit sie von der Zulassungsstelle zugelassen sind. [2]Dies gilt nicht

1. für Pflanzenschutzmittel, die für die Ausfuhr in einen Staat außerhalb der Europäischen Gemeinschaft bestimmt sind oder sich im Falle der Einfuhr in einem Freihafen oder als Zollgut unter zollamtlicher Überwachung befinden,
2. für Wachstumsregler, die für die Anwendung an abgeschnittenen Zierpflanzen außer Anbaumaterial bestimmt sind,
3. für Mittel, die zur Bekämpfung pflanzlicher Mikroorganismen innerhalb geschlossener Räume oder Rohrsysteme in Betrieben und Anlagen, die einer gewerbe-, bergbau-, atom- oder gesundheitsrechtlichen Aufsicht unterliegen, oder in Anlagen des sanitären Bereichs bestimmt sind.

(2) Pflanzenschutzmittel, die aus genetisch veränderten Organismen bestehen oder solche enthalten, dürfen nur zugelassen werden, wenn ihre Freisetzung in die Umwelt nach Bewertung des Umweltrisikos nach den Vorschriften des Gesetzes zur Regelung der Gentechnik genehmigt worden ist.

(3) Die Zulassungsstelle kann das Inverkehrbringen oder die Einfuhr nicht zugelassener Pflanzenschutzmittel erlauben

1. für Forschungs-, Untersuchungs- oder Versuchszwecke,
2. bei Gefahr im Verzuge für die Bekämpfung bestimmter Schadorganismen auf die Dauer von drei Monaten und
3. zur Anwendung an Pflanzen oder Pflanzenerzeugnissen, die für die Ausfuhr in einen Staat außerhalb der Europäischen Gemeinschaft bestimmt sind, außer Lebensmitteln und Futtermitteln.

(4) [1]Saatgut und Kultursubstrate, die Pflanzenschutzmittel enthalten oder denen Pflanzenschutzmittel anhaften, dürfen nur in den Verkehr gebracht oder eingeführt werden, wenn die Pflanzenschutzmittel zugelassen sind oder in ihrer Zusammensetzung und Wirkung einem zugelassenen Pflanzenschutzmittel entsprechen. [2]Absatz 1 Satz 2 und Absatz 3 gelten entsprechend.

§ 485 Zulassungsantrag

(1) Die Zulassung kann beantragen

1. der Hersteller,

2. der Vertriebsunternehmer, wenn er das Pflanzenschutzmittel erstmalig in den Verkehr bringen will, oder
3. der Einführer.

(2) [1]Wer in einem Mitgliedstaat der Europäischen Gemeinschaft weder Wohnsitz noch Niederlassung hat, kann die Zulassung nur beantragen, wenn er einen Vertreter mit Wohnsitz oder Geschäftsraum im Inland bestellt hat. [2]Dieser ist im Zulassungsverfahren zur Vertretung befugt.

(3) Das Nähere über die zum Nachweis der Zulassungsvoraussetzungen erforderlichen Angaben, Unterlagen über die Prüfung des Pflanzenschutzmittels und Proben sowie die Form des Antrags wird durch Rechtsverordnung nach § 147 bestimmt.

§ 486 Verwendung von Unterlagen anderer Antragsteller oder Zulassungsinhaber

(1) Die Zulassungsstelle kann zulassen, daß der Antragsteller bei einer Zulassung nach § 487 Abs. 1 auf Unterlagen nach einer Rechtsverordnung nach § 485 Abs. 3 über Pflanzenschutzmittel oder Wirkstoffe eines Dritten mit dessen schriftlicher Zustimmung Bezug nimmt, soweit ihr die Unterlagen vorliegen und die Pflanzenschutzmittel oder Wirkstoffe keine wesentlichen Unterschiede in der Zusammensetzung und im Reinheitsgrad aufweisen.

(2) Einer Vorlage von Unterlagen nach einer Rechtsverordnung nach § 485 Abs. 3 über Pflanzenschutzmittel oder Wirkstoffe bei einer Zulassung nach § 487 Abs. 1 bedarf es nicht, soweit der Zulassungsstelle ausreichende Erkenntnisse vorliegen und die Pflanzenschutzmittel oder Wirkstoffe keine wesentlichen Unterschiede in der Zusammensetzung und im Reinheitsgrad aufweisen.

(3) [1]Stammen die Erkenntnisse über ein Pflanzenschutzmittel aus Unterlagen eines Dritten, ist die Vorlage erforderlich,
1. wenn die Zulassung des Pflanzenschutzmittels nicht mehr als zehn Jahre zurückliegt,
2. sofern der Wirkstoff bei Zulassung bereits in den Anhang der Richtlinie 91/414/EWG aufgenommen war, wenn die Zulassung des Pflanzenschutzmittels in einem Mitgliedstaat der Europäischen Gemeinschaft nicht mehr als zehn Jahre zurückliegt.

[2]Stammen die Erkenntnisse über das Pflanzenschutzmittel aus Unterlagen eines Dritten, die Wirbeltierversuche voraussetzen, gilt § 474 Abs. 2 bis 4 entsprechend. [3]Satz 1 gilt nicht, wenn Unterlagen verwertet werden, die die Zulassungsstelle nach § 491 Abs. 3 vom Vorantragsteller nachgefordert hat oder die der Vorantragsteller zur erneuten Erteilung der Zulassung erstmals vorgelegt hat.

(4) [1]Stammen die Erkenntnisse über einen Wirkstoff aus Unterlagen eines Dritten, ist die Vorlage erforderlich,

1. wenn der Wirkstoff am 26. Juli 1993 bereits in den Verkehr gebracht war und die Entscheidung über den Wirkstoff nicht mehr als zehn Jahre zurückliegt,
2. wenn der Wirkstoff am 26. Juli 1993 noch nicht in den Verkehr gebracht war und wenn die Aufnahme in den Anhang I der Richtlinie 91/414/EWG nicht mehr als zehn Jahre zurückliegt,
3. im Falle von weiteren Unterlagen, die für die erste Aufnahme in den Anhang I der Richtlinie 91/414/EWG, für die Änderung der Bedingungen für die Aufnahme oder die Beibehaltung eines Wirkstoffes im Anhang I erforderlich sind, wenn die Entscheidung aufgrund der Unterlagen nicht mehr als fünf Jahre zurückliegt, es sei denn, daß der Fünfjahreszeitraum früher endet als der Zeitraum nach Nummer 1 oder 2; in diesem Fall gilt der Zeitraum nach Nummer 1 oder 2.

[2]Absatz 3 Satz 2 sowie § 474 Abs. 5 gelten entsprechend.

(5) Die Absätze 1 bis 4 gelten nicht für Zulassungen nach § 487 Abs. 2 und § 488 Abs. 1.

§ 487 Zulassung

(1) Die Zulassungsstelle erteilt dem Antragsteller die Zulassung, wenn

1. der Antrag den Anforderungen des § 485 entspricht,
2. die Wirkstoffe des Pflanzenschutzmittels im Anhang I der Richtlinie 91/414/EWG aufgeführt und die dort festgelegten Bedingungen erfüllt sind,
3. nach dem jeweiligen Stand der wissenschaftlichen und technischen Kenntnisse sichergestellt ist und die Prüfung der Unterlagen und Proben ergibt, daß das Pflanzenschutzmittel bei bestimmungsgemäßer und sachgerechter Anwendung oder als Folge solcher Anwendung
   a) hinreichend wirksam ist,
   b) keine unvertretbaren Auswirkungen auf Pflanzen oder Pflanzenerzeugnisse hat,
   c) bei den zu bekämpfenden Wirbeltieren keine unnötigen Leiden oder Schmerzen verursacht,
   d) keine unmittelbaren oder mittelbaren schädlichen Auswirkungen auf die Gesundheit von Mensch und Tier oder auf das Grundwasser hat,
   e) keine unvertretbaren Auswirkungen auf die Umwelt hat, insbesondere im Hinblick auf Verbleib und Ausbreitung in der Um-

welt und Auswirkung auf Arten, die nicht bekämpft werden sollen,

4. für die unter die Zulassung fallenden landwirtschaftlichen Erzeugnisse Rückstandshöchstwerte festgelegt sind,
5. die physikalisch-chemischen Eigenschaften des Pflanzenschutzmittels ermittelt sind und den Erfordernissen des Schutzes der Gesundheit von Mensch und Tier bei Anwendung und Lagerung entsprechen,
6. die Art und Menge der im Pflanzenschutzmittel enthaltenen Wirkstoffe und der erheblichen Verunreinigungen sowie der bei zugelassenen Anwendungen entstehenden erheblichen Rückstände nach anerkannten Methoden bestimmt werden können.

(2) Liegen die Voraussetzungen des Absatzes 1 Nr. 2 nicht vor und war der Wirkstoff bis zum 26. Juli 1993 noch nicht in den Verkehr gebracht, kann die Zulassungsstelle das Pflanzenschutzmittel für einen Zeitraum von höchstens drei Jahren zulassen, wenn

1. die Prüfung der Unterlagen und Proben ergibt, daß die Rückstände der im Pflanzenschutzmittel enthaltenen Wirkstoffe, die bei Anwendung nach guter fachlicher Praxis entstehen,
   a) keine schädlichen Auswirkungen auf die Gesundheit von Mensch und Tier, insbesondere im Hinblick auf eine für den Menschen vertretbare Tagesdosis und eine vertretbare Anwenderexposition, oder das Grundwasser haben,
   b) keine unvertretbaren Auswirkungen auf die Umwelt haben, insbesondere im Hinblick auf Verbleib und Verbreitung in der Umwelt und Auswirkung auf Arten, die nicht bekämpft werden sollen,
   c) soweit erheblich, mit allgemein gebräuchlichen Methoden bestimmt werden können,
2. für das Pflanzenschutzmittel die Voraussetzungen nach Absatz 1 Nr. 3 vorliegen.

(3) Bei der Bewertung des Pflanzenschutzmittels oder des Wirkstoffs sind die nach Artikel 18 der Richtlinie 91/414/EWG erlassenen gemeinsamen Bewertungsgrundsätze zugrundezulegen.

(4) Die Zulassungsstelle entscheidet über das Vorliegen der Voraussetzungen

1. nach Absatz 1 Nr. 3 Buchstabe b bis d, Nr. 4 und 5, Absatz 2 Nr. 1 Buchstabe a, Nr. 2 hinsichtlich der Gesundheit im Einvernehmen mit dem Bundesgesundheitsamt,
2. nach Absatz 1 Nr. 3 Buchstabe d und e, Absatz 2 Nr. 1 Buchstabe a und b, Absatz 2 hinsichtlich der Vermeidung von Schäden durch Belastung des Wassers und der Luft sowie durch Abfälle des Pflanzenschutzmittels im Einvernehmen mit dem Umweltbundesamt.

(5) [1]Die Zulassung ist auf das Anwendungsgebiet zu beschränken, für das das Vorliegen der Zulassungsvoraussetzungen nach Absatz 1 Nr. 3, Absatz 2 nachgewiesen ist. [2]Pflanzenschutzmittel dürfen nicht für ein Anwendungsgebiet, das nicht zugelassen ist, in den Verkehr gebracht oder in einem solchen Anwendungsbereich angewandt werden. [3]Die Beschränkung nach Satz 1 ist durch Festsetzung von Anwendungsbestimmungen sicherzustellen, die in die Gebrauchsanleitung unter der Überschrift: "Von der Biologischen Bundesanstalt für Land- und Forstwirtschaft festgesetzte Anwendungsbestimmungen" deutlich getrennt von den übrigen Angaben und sonstigen Aufschriften aufzunehmen und mit einem Hinweis auf Androhung von Geldbuße bei Verstößen zu versehen sind.

(6) [1]Die Zulassungsstelle hat die Zulassung
1. mit den zum Schutz der Gesundheit von Mensch und Tier und den zum Schutz vor sonstigen schädlichen Auswirkungen, insbesondere auf die Umwelt, erforderlichen Auflagen,
2. mit dem Vorbehalt der nachträglichen Aufnahme, Änderung oder Ergänzung von Auflagen nach Nummer 1

zu verbinden. [2]Soweit es für die aufgeführten Schutzzwecke erforderlich ist, kann die Zulassungsstelle Anwendungsbestimmungen entsprechend Absatz 5 Satz 3 festsetzen. [3]Das Nähere regelt eine Rechtsverordnung nach § 147.

§ 488 Zulassung von Pflanzenschutzmitteln, die in einem anderen Mitgliedstaat der Europäischen Gemeinschaft zugelassen sind

(1) Die Zulassungsstelle hat ein Pflanzenschutzmittel, das
1. nur Wirkstoffe des Anhangs I der Richtlinie 91/414/EWG enthält und
2. in einem Mitgliedstaat der Europäischen Gemeinschaft in einem gleichwertigen Verfahren unter Beachtung der Gemeinsamen Bewertungsgrundsätze nach Artikel 18 der Richtlinie 91/414/EWG zugelassen ist, für das Inland oder einen Teil dieses Gebiets zuzulassen, soweit der Antragsteller nachweist, daß die für die Anwendung des Pflanzenschutzmittels erheblichen Bedingungen in bezug auf die Landwirtschaft, den Pflanzenschutz und die Umwelt, einschließlich der Witterungsverhältnisse, vergleichbar sind oder, sofern der Antragsteller dies beantragt, die Auswirkungen der fehlenden Vergleichbarkeit durch Anwendungsbestimmungen nach § 487 Abs. 5 Satz 3 ausgeglichen werden.

(2) Die Zulassung kann mit Anwendungsbestimmungen nach § 487 Abs. 5 Satz 3 oder Auflagen nach § 487 Abs. 6 erteilt werden, soweit dies

zum Schutz des Menschen bei der Arbeit oder gegen Rückstände des Pflanzenschutzmittels in den behandelten Erzeugnissen erforderlich ist.

(3) [1]Die Zulassung für ein Pflanzenschutzmittel nach Absatz 1 ist auch zu erteilen, wenn die Organe der Europäischen Gemeinschaft nach Artikel 10 Abs. 3, 19 der Richtlinie 91/414/EWG entschieden haben, daß die Vergleichbarkeit gegeben ist. [2]Soweit in diesem Verfahren Anwendungsbestimmungen oder Auflagen vorgesehen werden, ist die Zulassung unter Erteilung entsprechender Anwendungsbestimmungen oder Auflagen zu erteilen. [3]Satz 1 gilt entsprechend für Pflanzenschutzmittel nach Absatz 4.

(4) Liegen die Voraussetzungen des Absatzes 1 Nr. 1 und 2 nicht vor, so darf die Zulassungsstelle in bezug auf ein Pflanzenschutzmittel, das in einem Mitgliedstaat der Europäischen Gemeinschaft in einem gleichwertigen Verfahren zugelassen ist, nicht verlangen, daß zum Nachweis der Zulassungsvoraussetzungen nach § 487 Abs. 1 die Versuche und Analysen, die im Zusammenhang mit der Zulassung in dem Mitgliedstaat bereits durchgeführt worden sind, wiederholt werden, soweit der Antragsteller nachweist, daß die für die Anwendung des Pflanzenschutzmittels erheblichen Bedingungen in bezug auf die Landwirtschaft, den Pflanzenschutz und die Umwelt, einschließlich der Witterungsverhältnisse, vergleichbar sind.

(5) Besteht ein begründeter Verdacht, daß ein Pflanzenschutzmittel, das nach den Absätzen 1, 3 oder 4 zugelassen ist, eine Gefahr für die Gesundheit von Mensch oder Tier oder die Umwelt darstellt, so kann die Zulassungsstelle das Inverkehrbringen oder die Anwendung des Pflanzenschutzmittels vorläufig beschränken oder verbieten.

§ 489 Erweiterung des Anwendungsgebiets

(1) [1]Die Zulassungsstelle kann das Anwendungsgebiet eines zugelassenen Pflanzenschutzmittels auf ein neues Anwendungsgebiet erweitern, wenn

1. der Antragsteller die beantragte Erweiterung des Anwendungsgebiets begründet,
2. das beantragte neue Anwendungsgebiet von geringem Umfang ist,
3. der Antragsteller das Vorliegen der Zulassungsvoraussetzung nach § 487 Abs. 1 Nr. 3 Buchstabe a nachweist,
4. die Zulassungsvoraussetzungen nach § 487 Abs. 1 Nr. 3 Buchstabe c bis e vorliegen, und
5. eine gezielte und umfassende Unterrichtung der Anwender, insbesondere durch die Kennzeichnung und die Gebrauchsanleitung, sichergestellt ist.

[2]Der Antragsteller hat die zum Nachweis der Zulassungsvoraussetzungen nach Satz 1 Nr. 3 dienenden Unterlagen und Proben nur vorzule-

gen, wenn dies aufgrund der bisherigen Erfahrungen mit dem Pflanzenschutzmittel nach dem Stand der wissenschaftlichen Erkenntnisse erforderlich ist. [3]Den Antrag können andere Hersteller oder Vertriebsunternehmen, gewerbliche Anwender, landwirtschaftliche Berufsverbände, die Pflanzenschutzdienste der Länder und die für die Landwirtschaft zuständigen Bundes- und obersten Landesbehörden stellen.

(2) [1]Die Zulassungsstelle kann unter den Voraussetzungen des Absatzes 1 das Anwendungsgebiet von Amts wegen erweitern. [2]Die Zulassungsstelle hat unter den Voraussetzungen des Absatzes 1 das Anwendungsgebiet zu erweitern, wenn ein öffentliches Interesse besteht. [3]Sie kann die zum Nachweis der Zulassungsvoraussetzungen nach Absatz 1 Nr. 3 erforderlichen Untersuchungen und Analysen selbst vornehmen oder durch Dritte vornehmen lassen.

(3) § 487 Abs. 5 und 6 gilt entsprechend.

§ 490 Dauer der Zulassung

(1) [1]Die Zulassung endet zehn Jahre nach Ablauf des Jahres, in dem sie erteilt wurde; sie kann erneut erteilt werden, wenn die Zulassungsvoraussetzungen weiterhin vorliegen. [2]Im Einzelfall kann die Zulassungsstelle eine kürzere Zulassungsdauer festsetzen.

(2) [1]Die Zulassung ist außer in den Fällen des § 487 Abs. 2 Satz 1 Nr. 2, 4 und 5 des Verwaltungsverfahrensgesetzes zu widerrufen, wenn sich herausstellt, daß die Voraussetzungen für die Erteilung der Zulassung nicht mehr erfüllt sind. [2]Sie kann widerrufen werden, wenn der Inhaber der Zulassung dies beantragt.

(3) [1]Die Zulassung oder eine dem Inhaber der Zulassung erteilte Anwendungsbestimmung oder Auflage ist zu ändern, wenn sich herausstellt, daß nach dem Stand der wissenschaftlichen und technischen Erkenntnisse die Art der Anwendung und die zu verwendenden Mengen des Pflanzenschutzmittels geändert werden können. [2]Die Zulassung oder eine dem Inhaber der Zulassung erteilte Anwendungsbestimmung oder Auflage kann auf Antrag geändert werden, sofern die Zulassungsvoraussetzungen nach § 487 Abs. 1 weiterhin erfüllt sind.

§ 491 Mitteilungspflichten und Nachforderungen von Angaben, Unterlagen und Proben

(1) Der Inhaber der Zulassung nach § 487 oder § 488 hat der Zulassungsstelle unverzüglich Änderungen gegenüber den Angaben und Unterlagen nach § 485 Abs. 3 anzuzeigen.

(2) Jährlich haben der Zulassungsstelle

1. der Hersteller des Pflanzenschutzmittels,
2. der Vertriebsunternehmer, der das Pflanzenschutzmittel erstmals in den Verkehr gebracht hat,
3. der Einführer

Art und Menge der Wirkstoffe der von ihm an Empfänger im Inland abgegebenen sowie der von ihm ausgeführten Pflanzenschutzmittel einschließlich der Ausfuhrländer zu melden.

(3) Die Zulassungsstelle kann vom Zulassungsinhaber zum Nachweis der Zulassungsvoraussetzungen Angaben, Unterlagen und Proben nachfordern, wenn Anhaltspunkte dafür bestehen, daß eine oder mehrere Zulassungsvoraussetzungen nicht mehr erfüllt sind.

§ 492 Einzelheiten des Verfahrens

(1) [1]Das Verfahren der Zulassung von Pflanzenschutzmitteln, insbesondere Art und Umfang der Unterlagen und Proben nach § 485 Abs. 3 Satz 2, werden durch Rechtsverordnung nach § 147 geregelt. [2]Bei der Regelung sind insbesondere die Anforderungen des Artikels 13 Abs. 1 und 2 sowie der Anhänge II und III der Richtlinie 91/414/EWG zu beachten.

(2) Die Bundesregierung wird ermächtigt, durch Rechtsverordnung nach § 147

1. Näheres über Inhalt und Form der Meldungen nach § 491 Abs. 2 zu regeln,
2. die Meldepflicht von der Überschreitung einer bestimmten Menge abhängig zu machen, soweit dadurch die in § 480 genannten Zwecke nicht beeinträchtigt werden.

(3) Die Zulassungsstelle macht die Zulassung von Pflanzenschutzmitteln und das Ende der Zulassung im Bundesanzeiger bekannt.

(4) [1]Die Bundesregierung wird ermächtigt, durch Rechtsverordnung unter Beachtung der §§ 150 f. das Verfahren der Aufnahme eines Wirkstoffs, der im Inland vor dem 26. Juli 1993 in den Verkehr gebracht worden ist oder nach diesem Zeitpunkt erstmals in den Verkehr gebracht werden soll, in den Anhang I der Richtlinie 91/414/EWG zu regeln. [2]Dabei ist auch vorzuschreiben, daß ein Wirkstoff nach dem 26. Juli 1993 erst in den Verkehr gebracht werden darf, wenn der für das Inverkehrbringen Verantwortliche zuvor der Kommission der Europäischen Gemeinschaft und den Mitgliedstaaten vollständige und ordnungsgemäße Unterlagen nach Artikel 6 der Richtlinie 91/414/EWG mit der Erklärung übermittelt hat, daß der Wirkstoff zur Herstellung eines Pflanzenschutzmittels bestimmt ist; dies gilt nicht für Wirkstoffe, die für Forschungs- und Entwicklungszwecke in den Verkehr gebracht werden.

Dritter Unterabschnitt: Inverkehrbringen von Pflanzenschutzmitteln

§ 493 Verpackung und Kennzeichnung

(1) Die Vorschriften der §§ 453, 455 über die Verpackung und des § 456 über die Verpackung und Kennzeichnung sind auf das Inverkehrbringen von Pflanzenschutzmitteln, die keine Stoffe oder Zubereitungen im Sinne des § 2 Abs. 8 Satz 1 und 2 sind, sowie auf das Inverkehrbringen von Pflanzenschutzmitteln durch Vertriebsunternehmer entsprechend anzuwenden.

(2) Pflanzenschutzmittel dürfen vom Hersteller, Vertriebsunternehmer oder Einführer gewerbsmäßig oder im Rahmen wirtschaftlicher Unternehmen nur in den Verkehr gebracht werden, wenn die Kennzeichnung den Anforderungen einer Rechtsverordnung nach Absatz 3 entspricht.

(3) Die Bundesregierung wird ermächtigt, durch Rechtsverordnung nach § 147 die Kennzeichnung von Pflanzenschutzmitteln zu dem in § 480 genannten Zweck unter Beachtung der Anforderungen der Richtlinie 91/414/EWG zu regeln, insbesondere

1. wie Pflanzenschutzmittel zu kennzeichnen sind, damit beim Inverkehrbringen, bei der Anwendung, Lagerung und Entsorgung Gefahren für die Gesundheit von Mensch oder Tier oder für die Umwelt vermieden werden,
2. daß bestimmte Angaben, insbesondere die Gebrauchsanleitung und Angaben über Wartezeiten, auf einem Merkblatt mitgeliefert werden können, wenn die auf der Verpackung verfügbare Fläche nicht ausreicht,
3. daß anzugeben ist, ob das Pflanzenschutzmittel nach § 495 Abgabebeschränkungen oder nach § 497 Anwendungsbeschränkungen unterliegt,
4. daß bestimmte Angaben nicht gemacht werden dürfen.

(4) [1]Die Absätze 1 bis 3 gelten auch für die Ausfuhr von Pflanzenschutzmitteln außerhalb der Europäischen Gemeinschaft. [2]Näheres regelt die Bundesregierung durch Rechtsverordnung. [3]§ 457 Abs. 2 Satz 2 und 3 gilt entsprechend.

(5) Die Bundesregierung wird ermächtigt, durch Rechtsverordnung nach § 147 die Kennzeichnung nach Absatz 3 auch für das Inverkehrbringen von Kultursubstraten, die Pflanzenschutzmittel enthalten, vorzuschreiben, soweit es zur Erfüllung der in § 480 genannten Zwecke erforderlich ist.

§ 494 Verbotene Angaben

Beim gewerbsmäßigen Inverkehrbringen von Pflanzenschutzmitteln und in der Werbung für Pflanzenschutzmittel dürfen keine Angaben verwendet werden, die darauf hindeuten, daß diese Mittel auch für andere Pflanzen oder Pflanzenerzeugnisse, in größerer Menge, in höherer Konzentration, zu anderer Zeit oder unter Einhaltung kürzerer Wartezeiten angewandt werden können, als sich aus der Gebrauchsanleitung ergibt.

§ 495 Abgabe im Einzelhandel

(1) [1]Pflanzenschutzmittel dürfen im Einzelhandel nicht durch Automaten oder durch andere Formen der Selbstbedienung in den Verkehr gebracht werden. [2]Das gilt nicht für Wachstumsregler, die für die Anwendung an abgeschnittenen Zierpflanzen außer Anbaumaterial bestimmt sind.

(2) Die Abgabe von Pflanzenschutzmitteln im Einzelhandel ist von der zuständigen Behörde ganz oder teilweise zu untersagen, wenn Tatsachen die Annahme rechtfertigen, daß der Gewerbetreibende oder derjenige, der für ihn Pflanzenschutzmittel abgibt, nicht die für eine sachgerechte Unterrichtung des Erwerbers über die Anwendung der Pflanzenschutzmittel und die damit verbundenen Gefahren erforderlichen fachlichen Kenntnisse hat.

(3) [1]Die erforderlichen fachlichen Kenntnisse sind der zuständigen Behörde auf Verlangen nachzuweisen. [2]§ 499 Abs. 3 Satz 2 bis 4 gilt entsprechend.

Vierter Unterabschnitt: Anwendung von Pflanzenschutzmitteln

§ 496 Grundsätze der Anwendung

(1) [1]Pflanzenschutzmittel dürfen nur nach guter fachlicher Praxis angewandt werden. [2]Die gute fachliche Praxis erfordert, daß die der Zulassung beigefügten Anwendungsbestimmungen und Auflagen beachtet werden und die Anwendung des Pflanzenschutzmittels sachgerecht erfolgt und nach Art, Menge und Zeit auf das notwendige Maß beschränkt wird, um den Befall mit Schadorganismen so gering zu halten, daß kein wirtschaftlich unzumutbarer Schaden entsteht. [3]Der guten fachlichen Praxis entspricht die Anwendung eines Pflanzenschutzmittels nur, wenn sie umweltverträglich, insbesondere unter Beachtung der

Grundsätze gewässer- und bodenschonender Anwendung von Pflanzenschutzmitteln nach den §§ 175 Abs. 3, 227 und 292 erfolgt.

(2) Die Grundsätze der guten fachlichen Praxis werden durch Rechtsverordnung nach § 146 näher bestimmt.

§ 497 Anwendungsverbote

(1) Die Bundesregierung wird ermächtigt, soweit dies zum Schutz gegen Gefahren oder Risiken für die Gesundheit von Mensch oder Tier oder für die Umwelt erforderlich ist, durch Rechtsverordnung nach § 147

1. die Anwendung
   a) bestimmter Pflanzenschutzmittel oder von Pflanzenschutzmitteln mit bestimmten Stoffen,
   b) von Pflanzenschutzmitteln unter Verwendung bestimmter Geräte oder Verfahren,
2. die Nutzung von Grundstücken, die mit bestimmten Pflanzenschutzmitteln behandelt worden sind,
3. das Abgeben von Pflanzenschutzmitteln, die unter eine Regelung nach Nummer 1 Buchstabe a fallen,

zu verbieten, zu beschränken oder von einer Erlaubnis oder Anzeige abhängig zu machen; dabei kann vorgesehen werden, daß die Erlaubnis von der Zulassungsstelle zu erteilen und die Anzeige ihr gegenüber zu erstatten ist.

(2) Soweit durch Rechtsverordnung nach Absatz 1 Nr. 1 die Anwendung von Pflanzenschutzmitteln beschränkt wird, können insbesondere Zweck, Art, Zeit, Ort und Verfahren der Anwendung des Pflanzenschutzmittels vorgeschrieben oder verboten sowie die aufzuwendende Menge und nach der Anwendung einzuhaltende Wartezeiten vorgeschrieben werden.

(3) Die Ermächtigung nach Absatz 1 gilt nicht für Pflanzenschutzmittel, die nach den §§ 487 bis 489 zugelassen sind.

(4) [1]Bei Gefahr im Verzuge kann die Bundesregierung Rechtsverordnungen nach Absatz 1 ohne Zustimmung des Bundesrates erlassen; sie treten spätestens sechs Monate nach ihrem Inkrafttreten außer Kraft. [2]Ihre Geltungsdauer kann nur mit Zustimmung des Bundesrates verlängert werden.

(5) Weitergehende Regelungen der Länder nach Absatz 1 Nr. 1 Buchstabe b, Nr. 2 bleiben unberührt.

§ 498 Anzeige

[1]Wer Pflanzenschutzmittel für andere - außer gelegentlicher Nachbarschaftshilfe - anwenden will, hat dies der für den Betriebssitz und der für den Ort der Tätigkeit zuständigen Behörde vor Aufnahme der Tätigkeit anzuzeigen. [2]Die Landesregierungen werden ermächtigt, durch Rechtsverordnung die näheren Vorschriften über die Anzeige und das Anzeigeverfahren zu erlassen. [3]Sie können durch Rechtsverordnung diese Befugnis auf oberste Landesbehörden übertragen.

§ 499 Persönliche Anforderungen

(1) Wer

1. Pflanzenschutzmittel in einem Betrieb der Landwirtschaft, der Forstwirtschaft oder der öffentlichen Verwaltung anwendet,
2. eine nach § 498 anzeigepflichtige Tätigkeit ausübt oder
3. Personen anleitet oder beaufsichtigt, die eine Tätigkeit nach Nummer 1 oder 2 im Rahmen eines Ausbildungsverhältnisses ausüben,

muß die dafür erforderliche Zuverlässigkeit und die dafür erforderlichen fachlichen Kenntnisse und Fertigkeiten haben und dadurch die Gewähr dafür bieten, daß durch die Anwendung von Pflanzenschutzmitteln keine vermeidbaren schädlichen Auswirkungen auf die Gesundheit von Mensch oder Tier oder die Umwelt auftreten.

(2) Die zuständige Behörde kann die in Absatz 1 bezeichneten Tätigkeiten ganz oder teilweise untersagen, wenn Tatsachen die Annahme rechtfertigen, daß derjenige, der diese Tätigkeiten ausübt, die dort genannten Voraussetzungen nicht erfüllt.

(3) [1]Die erforderlichen fachlichen Kenntnisse und Fertigkeiten sind der zuständigen Behörde auf Verlangen nachzuweisen. [2]Die Bundesregierung wird ermächtigt, durch Rechtsverordnung mit Zustimmung des Bundesrates nähere Vorschriften über Art und Umfang der erforderlichen fachlichen Kenntnisse und Fertigkeiten sowie über das Verfahren für deren Nachweis zu erlassen. [3]Die Landesregierungen werden ermächtigt, Rechtsverordnungen nach Satz 2 zu erlassen, soweit die Bundesregierung von ihrer Befugnis keinen Gebrauch macht. [4]Sie können durch Rechtsverordnung ihre Befugnis auf oberste Landesbehörden übertragen.

Fünfter Unterabschnitt: Pflanzenschutzgeräte

§ 500 Inverkehrbringen

(1) Pflanzenschutzgeräte dürfen nur in den Verkehr gebracht werden, wenn sie so beschaffen sind, daß ihre bestimmungsgemäße und sachgerechte Verwendung beim Ausbringen von Pflanzenschutzmitteln keine schädlichen Auswirkungen auf die Gesundheit von Mensch und Tier und auf Grundwasser sowie keine sonstigen schädlichen Auswirkungen, insbesondere auf die Umwelt, hat, die nach dem Stand der Technik vermeidbar sind.

(2) Beim Inverkehrbringen ist eine Gebrauchsanleitung mitzuliefern.

§ 501 Anforderungen an Pflanzenschutzgeräte

Die Bundesregierung wird ermächtigt, durch Rechtsverordnung nach den §§ 147, soweit es zur Erfüllung des in § 480 Satz 1 genannten Zwecks erforderlich ist,

1. die Anforderungen an Pflanzenschutzgeräte und die beim Inverkehrbringen mitzuliefernde Gebrauchsanleitung nach § 500 näher festzusetzen,
2. Hersteller, Vertriebsunternehmer und Einführer von Pflanzenschutzgeräten zu verpflichten, vor ihrem erstmaligen Inverkehrbringen gegenüber der Zulassungsstelle zu erklären, daß der Gerätetyp den Anforderungen nach § 500 und einer Rechtsverordnung nach Nummer 1 entspricht, und Art und Umfang der vorzulegenden Unterlagen vorzuschreiben,
3. die Zulassungsstelle zu ermächtigen, Pflanzenschutzgeräte darauf zu prüfen, ob sie den Anforderungen des § 500 und einer Rechtsverordnung nach Nummer 1 entsprechen, und das Verfahren der Prüfung von Pflanzenschutzgeräten zu regeln,
4. die Verwendung von Pflanzenschutzgeräten zu verbieten, die den Anforderungen nach § 500 und einer Rechtsverordnung nach Nummer 1 nicht entsprechen,
5. Verfügungsberechtigte und Besitzer zu verpflichten, im Gebrauch befindliche Pflanzenschutzgeräte prüfen zu lassen,
6. die Eintragung von Gerätetypen in eine Liste (Pflanzenschutzgeräteliste) vorzuschreiben.

§ 502 Prüfung alter Pflanzenschutzgeräte

[1]Die Landesregierungen werden ermächtigt, durch Rechtsverordnung, soweit es zur Erfüllung des in § 480 Satz 1 genannten Zwecks erforderlich ist, Verfügungsberechtigte und Besitzer zu verpflichten, im Gebrauch befindliche Pflanzenschutzgeräte prüfen zu lassen und das Verfahren hierfür zu regeln, soweit die Bundesregierung von ihrer Befugnis keinen Gebrauch macht. [2]Dabei können sie auch bestimmten, daß die Prüfung durch amtlich anerkannte Kontrollwerkstätten vorgenommen wird, sowie die Anforderungen an die Anerkennung, den Verlust der Anerkennung und das Verfahren zur Anerkennung regeln. [3]Die Landesregierungen können durch Rechtsverordnung diese Befugnis auf oberste Landesbehörden übertragen und dabei bestimmen, daß diese ihre Befugnis durch Rechtsverordnung auf nachgeordnete oder ihrer Aufsicht unterstehende Behörden weiter übertragen können.

Sechster Unterabschnitt: Pflanzenstärkungsmittel

§ 503 Inverkehrbringen

(1) [1]Pflanzenstärkungsmittel dürfen nur in den Verkehr gebracht werden, wenn der Hersteller, Vertriebsunternehmer oder Einführer sie bei der Biologischen Bundesanstalt angemeldet hat. [2]Bei der Anmeldung sind anzugeben:
1. der Name und die Anschrift des Anmelders,
2. die Bezeichnung des Pflanzenstärkungsmittels,
3. Angaben über die Zusammensetzung nach Art und Menge mit den gebräuchlichen wissenschaftlichen Bezeichnungen,
4. die Gebrauchsanleitung und
5. die für die Behältnisse und äußeren Umhüllungen oder für Pakkungsbeilagen vorgesehene Kennzeichnung.

(2) Auf Verlangen der Zulassungsstelle hat der Anmelder die für eine Prüfung des Pflanzenstärkungsmittels erforderlichen Unterlagen und Proben einzureichen.

(3) Für die Abgabe von Pflanzenstärkungsmitteln im Einzelhandel gilt § 495 Abs. 1 Satz 1 entsprechend.

Siebenter Unterabschnitt: Ermächtigung zum Pflanzenschutz

§ 504 Pflanzenschutzmaßnahmen

(1) Die Bundesregierung wird ermächtigt, soweit es zur Erfüllung der in § 480 genannten Zwecke erforderlich ist, durch Rechtsverordnung unter Beachtung der §§ 150 f.

1. anzuordnen, das Auftreten oder den Verdacht des Auftretens bestimmter Schadorganismen, den Anbau oder das Vorkommen bestimmter Pflanzenarten oder sonstige für das Auftreten oder Bekämpfen von Schadorganismen erhebliche Tatsachen der zuständigen Behörde anzuzeigen,
2. Verfügungsberechtigte und Besitzer zu verpflichten, Grundstücke, Gebäude oder Räume auf das Auftreten von Schadorganismen zu überwachen, zu untersuchen oder untersuchen zu lassen, bestimmte Schadorganismen zu bekämpfen oder bekämpfen zu lassen, sowie bestimmte Pflanzenschutzmittel, Pflanzenschutzgeräte oder Verfahren hierfür vorzuschreiben oder zu verbieten,
3. anzuordnen, daß die zuständigen Behörden Pflanzen und Grundstükke auf das Auftreten bestimmter Schadorganismen überwachen und bestimmte Schadorganismen bekämpfen,
4. anzuordnen, daß Befallsgegenstände zu vernichten, zu entseuchen oder zu entwesen sind, daß Boden, Kultursubstrate, Grundstücke, Gebäude, Räume oder Behältnisse zu entseuchen, zu entwesen oder zu reinigen sind, sowie bestimmte Mittel, Geräte oder Verfahren hierfür vorzuschreiben,
5. die Nutzung befallener, befallsverdächtiger oder befallsgefährdeter Grundstücke zu beschränken oder anzuordnen, daß sie von bestimmten Pflanzen freizuhalten oder freizumachen sind,
6. den Anbau bestimmter Pflanzenarten, die Verwendung nicht geeigneten Saat- oder Pflanzguts, nicht geeigneter zur Veredlung bestimmter Pflanzenteile oder bestimmter Kultursubstrate für die Anzucht oder den Anbau bestimmter Pflanzen zu verbieten oder zu beschränken,
7. das Inverkehrbringen bestimmter Pflanzen, die für die Erzeugung oder sonst zum Anbau bestimmt sind (Anbaumaterial),
   a) bei Befall oder Verdacht des Befalls mit bestimmten Schadorganismen zu verbieten oder zu beschränken,
   b) von dem Ergebnis einer Untersuchung auf Befall mit bestimmten Schadorganismen oder auf Resistenz gegen bestimmte Schadorganismen oder von einer Genehmigung abhängig zu machen,

8. das Befördern, das Inverkehrbringen und das Lagern bestimmter Schadorganismen und Befallsgegenstände, das Züchten und das Halten bestimmter Schadorganismen sowie das Arbeiten mit ihnen zu verbieten, zu beschränken oder von einer Genehmigung oder Anzeige abhängig zu machen,
9. Vorschriften zum Schutz von Tieren, Pflanzen oder Mikroorganismen vor ihrer Gefährdung durch Pflanzenschutzmittel oder im Hinblick auf ihren Nutzen für die Bekämpfung von Schadorganismen zu erlassen,
10. Vorschriften über die Verwendung von Tieren, Pflanzen oder Mikroorganismen zur Bekämpfung bestimmter Schadorganismen zu erlassen,
11. zur Unterhaltung oberirdischer Gewässer Verpflichtete sowie zu ihrer Benutzung oder zur Ausübung der Fischerei Berechtigte zu verpflichten, Ufer- und Gewässergrundstücke auf das Auftreten des Bisams zu überwachen, sowie zur Unterhaltung oberirdischer Gewässer Verpflichtete zu verpflichten, den Bisam zu bekämpfen oder bekämpfen zu lassen,
12. die Bekämpfung der Reblaus zu regeln.

(2) [1]Die Landesregierungen werden ermächtigt,
1. Rechtsverordnungen nach Absatz 1 zu erlassen, soweit die Bundesregierung von ihrer Befugnis keinen Gebrauch macht,
2. durch Rechtsverordnung, soweit es zur Erfüllung der in § 480 genannten Zwecke erforderlich ist,
   a) in Gebieten, die für den Anbau bestimmter Pflanzenarten besonders geeignet sind, den Anbau bestimmter Pflanzenarten zu verbieten oder die Verwendung bestimmten Saat- oder Pflanzguts sowie bestimmte Anbaumethoden vorzuschreiben,
   b) vorzuschreiben, daß Pflanzen oder Pflanzenerzeugnisse nur in bestimmter Art und Weise gelagert werden dürfen;
3. im Falle des Absatzes 1 Nr. 12 durch Rechtsverordnung weitergehende Regelungen zu treffen.

[2]Sie können durch Rechtsverordnung diese Befugnis auf oberste Landesbehörden oder andere Behörden übertragen und dabei bestimmen, daß diese ihre Befugnis durch Rechtsverordnung auf nachgeordnete oder ihrer Aufsicht unterstehende Behörden weiter übertragen können.

§ 505 Pflanzenbeschau

[1]Die Bundesregierung wird ermächtigt, soweit es
1. zum Schutz gegen die Gefahr der Einschleppung von Schadorganismen in die Mitgliedstaaten der Europäischen Gemeinschaft oder der

Verschleppung von Schadorganismen innerhalb der Europäischen Gemeinschaft oder in ein Drittland oder
2. zum Schutz bestimmter Gebiete vor Schadorganismen und Befallsgegenständen

erforderlich ist, durch Rechtsverordnung unter Beachtung der §§ 150 f. das Befördern, das Inverkehrbringen, die Einfuhr und die Ausfuhr von Schadorganismen und Befallsgegenständen zu verbieten oder zu beschränken. [2]Sie kann dabei insbesondere

1. das Befördern, das Inverkehrbringen, die Einfuhr und die Ausfuhr von Schadorganismen und Befallsgegenständen
   a) von einer Genehmigung oder Anzeige,
   b) von einer Untersuchung oder vom Nachweis einer durchgeführten Entseuchung, Entwesung oder anderen Behandlung,
   c) von der Begleitung durch bestimmte Bescheinigungen,
   d) von einer bestimmten Verpackung oder Kennzeichnung,
   e) von einer Zulassung oder Registrierung des Betriebs, der die Pflanzen erzeugt oder angebaut hat oder der die Pflanzen, Pflanzenerzeugnisse, Kultursubstrate oder andere Befallsgegenstände in den Verkehr bringt, einführt oder lagert,

   abhängig machen,
2. Vorschriften über
   a) die Beobachtung, Verwendung oder Behandlung einschließlich der Vernichtung der Befallsgegenstände,
   b) die Verpflichtung zu Aufzeichnungen, insbesondere über durchgeführte Untersuchungen, über das Auftreten von Schadorganismen, über deren Bekämpfung sowie über den Verbleib von Befallsgegenständen,
   c) Beschränkungen für zugelassene oder registrierte Betriebe bei der Pflanzenerzeugung, beim Pflanzenanbau und beim Befördern, Inverkehrbringen oder Lagern von Befallsgegenständen sowie die Verarbeitung und Nutzung der in dem Verfahren erhobenen Daten,
   d) die Zulassung von Einrichtungen, die Pflanzen, Pflanzenerzeugnisse oder Kultursubstrate auf den Befall mit Schadorganismen untersuchen, Beschränkungen der Untersuchungstätigkeit sowie der Verarbeitung und Nutzung der in dem Verfahren erhobenen Daten

   erlassen.

§ 506 Eilfälle

(1) Besteht Gefahr im Verzuge oder ist es zur unverzüglichen Durchführung von Rechtsakten der Europäischen Gemeinschaft erforderlich, gilt § 151 Abs. 2 entsprechend.

(2) Die zuständigen Behörden können bei Gefahr im Verzuge Maßnahmen nach § 504 Abs. 1 und § 505 Satz 1 in Verbindung mit Satz 2 Nr. 1 Buchstabe a bis d, Nr. 2 Buchstabe a und b anordnen, soweit ein sofortiges Eingreifen erforderlich ist.

Achter Unterabschnitt: Gemeinsame Vorschriften

§ 507 Biologische Bundesanstalt

(1) Die Biologische Bundesanstalt ist eine selbständige Bundesoberbehörde im Geschäftsbereich des Bundesministers für Ernährung, Landwirtschaft und Forsten.

(2) [1]Die Biologische Bundesanstalt ist Zulassungsstelle im Sinne dieses Abschnitts. [2]Sie hat darüber hinaus folgende Aufgaben:

1. die Unterrichtung und Beratung der Bundesregierung auf dem Gebiet des Pflanzenschutzes,
2. Forschung im Rahmen des Zwecks dieses Gesetzes, einschließlich bibliothekarischer und dokumentarischer Erfassung, Auswertung und Bereitstellung von Informationen,
3. die Zusammenarbeit mit der Kommission der Europäischen Gemeinschaft und den übrigen Mitgliedstaaten aufgrund der Richtlinie 91/414/EWG sowie der Richtlinien der Europäischen Gemeinschaft auf dem Gebiet des Pflanzenschutzes, soweit nicht die Länder nach einer Rechtsverordnung nach § 511 Abs. 5 zuständig sind, insbesondere
   a) die Unterrichtung über Zulassungen von Pflanzenschutzmitteln nach den §§ 487 und 488 sowie die Rücknahme oder den Widerruf der Zulassung, einschließlich der Gewährung von Einsicht in die Unterlagen,
   b) die Unterrichtung über die Ablehnung eines Antrags auf Zulassung nach § 488 Abs. 1 oder über das Verlangen nach Wiederholung eines Versuchs oder einer Analyse nach § 488 Abs. 2,
   c) die Weiterleitung von Anträgen auf Aufnahme eines Wirkstoffs in den Anhang I der Richtlinie 91/414/EWG nach einer Rechtsverordnung nach § 492 Abs. 4,

d) die Unterrichtung über ein vorübergehendes Verbot oder eine solche Beschränkung eines Pflanzenschutzmittels, das nach § 488 zugelassen ist,

e) die Unterrichtung über Maßnahmen des Pflanzenschutzes nach den §§ 505 und 506,

4. Mitwirkung bei der Überwachung zugelassener Pflanzenschutzmittel,
5. Mitwirkung bei der Überwachung der Pflanzenschutzgeräte der in die Pflanzenschutzgeräteliste eingetragenen Gerätetypen,
6. die Prüfung von Pflanzenschutzgeräten,
7. die Prüfung und die Entwicklung von Verfahren des Pflanzenschutzes,
8. die Prüfung von Pflanzen auf ihre Widerstandsfähigkeit gegen Schadorganismen,
9. die Untersuchung von Bienen und anderen Nutzarthropoden auf Schäden durch zugelassene Pflanzenschutzmittel,
10. Mitwirkung bei der Bewertung von Stoffen nach § 452,
11. die Aufgaben, die ihr durch diesen Abschnitt, durch Rechtsverordnungen nach den §§ 492, 497 und 501 oder durch andere Rechtsvorschriften übertragen sind.

(3) Die Biologische Bundesanstalt kann prüfen:

1. Pflanzenschutzmittel, die nicht der Zulassung bedürfen,
2. Pflanzenstärkungsmittel und andere Stoffe, die zur Anwendung im Pflanzenbau bestimmt, aber keine Pflanzenschutzmittel sind,
3. Geräte und Einrichtungen, die im Pflanzenschutz benutzt werden, aber keine Pflanzenschutzgeräte sind.

§ 508 Beschreibende Pflanzenschutzliste

[1]Die Zulassungsstelle veröffentlicht eine beschreibende Liste der zugelassenen Pflanzenschutzmittel und der in die Pflanzenschutzgeräteliste eingetragenen Pflanzenschutzgeräte (Beschreibende Pflanzenschutzliste) mit Angaben über die für die Anwendung der Pflanzenschutzmittel und die Verwendung der Pflanzenschutzgeräte wichtigen Merkmale und Eigenschaften sowie über die Eignung der Pflanzenschutzmittel für bestimmte Anwendungsgebiete, Boden- und Klimaverhältnisse und der Pflanzenschutzgeräte für bestimmte Verwendungsbereiche. [2]In der Beschreibenden Pflanzenschutzliste können Prüfungsergebnisse aus der Praxis des Pflanzenschutzes verwertet werden.

§ 509 Übermittlung von Daten

(1) Die zuständigen Behörden können, soweit es zum Schutz gegen die Gefahr der Einschleppung von Schadorganismen erforderlich oder durch Rechtsakte der Europäischen Gemeinschaft vorgeschrieben ist, Daten, die sie bei der Durchführung dieses Gesetzes gewonnen haben, den zuständigen Behörden anderer Länder, des Bundes oder anderer Mitgliedstaaten sowie der Kommission der Europäischen Gemeinschaft mitteilen.

(2) [1]Nicht unter das Betriebs- und Geschäftsgeheimnis im Sinne der §§ 18 und 139 fallen Angaben des Antragstellers über

1. die Bezeichnung und die Zusammensetzung des Wirkstoffs oder der Wirkstoffe sowie die Bezeichnung des Pflanzenschutzmittels,
2. die Bezeichnung anderer Stoffe, die im Sinne von § 440 Abs. 2 gefährlich sind,
3. physikalisch-chemische Angaben zum Wirkstoff,
4. die Verfahren, mit denen der Wirkstoff oder das Pflanzenschutzmittel unschädlich gemacht werden können,
5. die Zusammenfassung der Ergebnisse von Prüfungen zum Nachweis der Wirksamkeit und Unschädlichkeit für Mensch, Tier, Pflanze und Umwelt,
6. die empfohlenen Verfahren und Vorsichtsmaßnahmen, um Gefahren und Risiken bei Umgang, Lagerung, Beförderung, Bränden und dergleichen gering zu halten,
7. die Analysemethoden nach § 487 Abs. 1 Nr. 6 und Abs. 2 Nr. 1 Buchstabe c, Nr. 2
8. die Verfahren zur Entsorgung des Pflanzenschutzmittels und seiner Verpackung,
9. die im Falle eines versehentlichen Verschüttens oder Auslaufens zu treffenden Dekontaminierungsmaßnahmen,
10. erste Hilfe und medizinische Behandlung im Verletzungsfall.

[2]Nicht unter das Betriebs- oder Geschäftsgeheimnis im Sinne der §§ 18 und 139 fällt auch die Bewertung des Pflanzenschutzmittels oder Wirkstoffs.

(3) Gibt der Antragsteller selbst nachträglich Betriebs- oder Geschäftsgeheimnisse bekannt, die sich auf den Antrag beziehen, ist er verpflichtet, die Zulassungsstelle davon zu unterrichten.

§ 510 Sachverständigenausschuß für Pflanzenschutzmittel

(1) [1]Bei der Biologischen Bundesanstalt wird ein Sachverständigenausschuß für Pflanzenschutzmittel gebildet, dessen Mitglieder von der Bundesregierung berufen werden. [2]Der Sachverständigenausschuß ist zu hören

1. vor der Entscheidung über die Zulassung von Pflanzenschutzmitteln nach den §§ 487 bis 489 und 514,
2. vor der Rücknahme, dem Widerruf oder der Änderung einer Zulassung außer bei Gefahr im Verzuge.

(2) [1]Auf eine ausgewogene Zusammensetzung des Ausschusses ist zu achten. [2]Die Mitglieder des Ausschusses sind an Weisungen nicht gebunden.

(3) Die Bundesregierung wird ermächtigt, durch Rechtsverordnung unter Beachtung der §§ 150 f. die näheren Vorschriften über den Sachverständigenausschuß, insbesondere die Geschäftsordnung, zu erlassen.

§ 511 Durchführung in den Ländern

(1) In den Ländern obliegt die Durchführung dieses Abschnitts einschließlich der Überwachung der Einhaltung seiner Vorschriften sowie der nach diesem Abschnitt erlassenen Rechtsverordnungen und erteilten Auflagen den nach Landesrecht zuständigen Behörden.

(2) Als Pflanzenschutzdienst haben die zuständigen Behörden insbesondere folgende Aufgaben:

1. die Überwachung der Pflanzenbestände sowie der Vorräte von Pflanzen und Pflanzenerzeugnissen auf das Auftreten von Schadorganismen,
2. die Überwachung des Beförderns, des Inverkehrbringens, des Lagerns, der Einfuhr und der Ausfuhr von Pflanzen, Pflanzenerzeugnissen und Kultursubstraten im Rahmen des Pflanzenschutzes sowie die Ausstellung der für diese Tätigkeiten erforderlichen Bescheinigungen,
3. die Beratung, Aufklärung und Schulung auf dem Gebiet des Pflanzenschutzes einschließlich der Durchführung des Warndienstes,
4. die Berichterstattung über das Auftreten und die Verbreitung von Schadorganismen,
5. die Prüfung von Pflanzenschutzmitteln, Pflanzenschutzgeräten und Verfahren des Pflanzenschutzes,
6. die Durchführung der für die Aufgaben nach den Nummern 1 bis 5 erforderlichen Untersuchungen und Versuche.

(3) Die Länder können zur Bekämpfung der Reblaus einen besonderen Rebschutzdienst einrichten und ihm Aufgaben nach Absatz 2 übertragen.

(4) Beim Betreten von Grundstücken und Räumen nach § 65 können die mit der Überwachung beauftragten Personen von Sachverständigen der Kommission der Europäischen Gemeinschaft und anderen Mitgliedstaaten begleitet werden.

(5) [1]Der Bundesminister für Ernährung, Landwirtschaft und Forsten wird ermächtigt, Befugnisse im Bereich des Verkehrs mit den zuständigen Behörden anderer Mitgliedstaaten und der Kommission der Europäischen Gemeinschaft durch Rechtsverordnung mit Zustimmung des Bundesrates auf die zuständigen obersten Landesbehörden übertragen. [2]Die obersten Landesbehörden können die Befugnis nach Satz 3 auf andere Behörden übertragen.

§ 512 Mitwirkung von Zollstellen

[1]Die Mitwirkung des Bundesministers der Finanzen und der von ihm bestimmten Zollbehörden an der Überwachung der Ein- und Ausfuhr nach diesem Abschnitt wird durch Rechtsverordnung geregelt, die der Bundesminister der Finanzen im Einvernehmen mit dem für den Umweltschutz zuständigen Bundesminister ohne Zustimmung des Bundesrates erläßt. [2]Im Einvernehmen mit dem Bundesminister der Finanzen gibt der für den Umweltschutz zuständige Bundesminister im Bundesanzeiger die Zollstellen bekannt, bei denen Sendungen von Schadorganismen sowie Befallsgegenstände zur Einfuhr oder Ausfuhr abgefertigt werden, wenn die Einfuhr oder Ausfuhr durch Rechtsverordnung nach § 504 geregelt ist.

§ 513 Entschädigung

(1) [1]Soweit aufgrund dieses Abschnitts Pflanzen oder Pflanzenerzeugnisse, die weder befallen noch befallsverdächtig sind, oder sonstige Gegenstände, die weder Träger von Schadorganismen sind noch im Verdacht stehen, Träger von Schadorganismen zu sein, vernichtet werden, ist eine angemessene Entschädigung in Geld zu leisten. [2]Die Entschädigung ist unter gerechter Abwägung der Interessen der Allgemeinheit und der Beteiligten festzusetzen.

(2) Wird durch eine Maßnahme aufgrund dieses Abschnitts dem Betroffenen ein Vermögensnachteil zugefügt, der nicht nach Absatz 1 abzugelten ist, so ist eine Entschädigung in Geld zu gewähren, soweit dies zur Abwendung oder zum Ausgleich unbilliger Härten geboten erscheint.

(3) Eine Entschädigung wird nicht gewährt, wenn der vom Eingriff Betroffene oder sein Rechtsvorgänger zu der Maßnahme durch eine Zuwiderhandlung gegen diesen Abschnitt oder gegen eine nach diesem Abschnitt erlassene Rechtsverordnung oder Anordnung Anlaß gegeben hat.

§ 514 Übergangsvorschriften für Pflanzenschutzmittel mit alten Wirkstoffen

(1) [1]Abweichend von § 487 Abs. 1 ist die Zulassung für ein Pflanzenschutzmittel, das einen am 26. Juli 1993 bereits in den Verkehr gebrachten Wirkstoff enthält, auch zu erteilen, wenn der Wirkstoff nicht in den Anhang I der Richtlinie 91/414/EWG aufgenommen ist, sofern die Zulassungsvoraussetzungen nach § 487 Abs. 1 Nr. 3 vorliegen. [2]Die §§ 13 und 14 des Pflanzenschutzgesetzes sind weiterhin anzuwenden. [3]Die Zulassung endet spätestens mit Ablauf des 26. Juli 2003.

(2) Die Zulassung ist zu widerrufen oder zu ändern, wenn die Organe der Europäischen Gemeinschaft im Verfahren nach Artikel 19 der Richtlinie 91/414/EWG entscheiden, daß der Wirkstoff nicht oder nur unter bestimmten Voraussetzungen in den Anhang I der Richtlinie 91/414/EWG aufgenommen wird.

Neunter Abschnitt: Biozide

§ 515 Zweck

Der Zweck des Gesetzes wird in diesem Abschnitt vorrangig durch den Schutz des Menschen, der Umwelt und von Sachen gegen Gefahren und Risiken durch Inverkehrbringen und Anwendung von Bioziden angestrebt.

§ 516 Begriffsbestimmungen

(1) Im Sinne dieses Abschnitts sind Biozide Stoffe und Zubereitungen, die dem Schutz und der Vorbeugung gegen Schadorganismen dienen, die keine Pflanzenschutzmittel sind.

(2) Biozide sind insbesondere:
1. Schädlingsbekämpfungsmittel,
2. Holzschutzmittel,
3. Unterwasseranstriche und sonstige Unterwasserschutzmittel,
4. Konservierungsmittel,
5. Desinfektionsmittel.

§ 517 Geltungsbereich

(1) [1]Die Vorschriften des Zweiten, Vierten und Siebenten Abschnitts gelten nicht für Biozide, die einem Zulassungsverfahren nach diesem Abschnitt unterliegen; § 463 ist anwendbar. [2]Die Vorschriften des Fünften Abschnitts sowie § 479 Abs. 2 sind nur anwendbar, soweit keine Regelungen oder Anordnungen nach diesem Abschnitt getroffen werden können.

(2) Für Wirkstoffe, die als solche in den Verkehr gebracht werden, gelten die Vorschriften des Ersten bis Siebenten Abschnitts.

(3) Dieser Abschnitt gilt nicht für
1. Schädlingsbekämpfungsmittel, die Arzneimittel im Sinne des § 2 Abs. 1 Nr. 4 Arzneimittelgesetz sind,
2. Konservierungsmittel, die Arzneimittel im Sinne des Arzneimittelgesetzes, Lebensmittel oder kosmetische Mittel im Sinne des Lebensmittel- und Bedarfsgegenständegesetzes oder Zusatzstoffe zu Futtermitteln im Sinne des Futtermittelgesetzes sind,
3. natürlich gewonnene Biozide, soweit nicht für diese Biozide dieser Abschnitt durch Rechtsverordnung für anwendbar erklärt worden ist.

§ 518 Grundsätze

Bei der Zulassung und Anwendung von Bioziden ist darauf hinzuwirken, daß
1. die Anwendung von Bioziden nach Aufwandsmenge und Gefährlichkeit möglichst gering gehalten wird,
2. Risiken für die Gesundheit des Menschen, das Grundwasser oder Oberflächengewässer, die der Trinkwasserversorgung dienen, oder erhebliche Risiken für den Naturhaushalt möglichst vermieden werden,
3. Schadorganismen vorrangig mit Mitteln und Verfahren bekämpft werden, die eine Anwendung von Bioziden nicht erfordern.

§ 519 Zulassung von Bioziden

(1) Biozide dürfen nur in den Verkehr gebracht, eingeführt oder angewendet werden, soweit sie von der Zulassungsstelle zugelassen sind.

(2) [1]Die Zulassung kann beantragen
1. der Hersteller,
2. der Vertriebsunternehmer, wenn der das Biozid erstmalig in den Verkehr bringen will, oder

3. der Einführer.

[2]Der Antrag muß die in der Rechtsverordnung nach Absatz 6 Nr. 2 und 3 vorgeschriebenen Angaben, Unterlagen und Proben zum Nachweis der Zulassungsvoraussetzungen enthalten.

(3) [1]Die Zulassungsstelle erteilt dem Antragsteller die Zulassung, wenn
1. der Antrag den Anforderungen der Rechtsverordnung nach Absatz 6 Nr. 2 entspricht,
2. das Biozid keine Wirkstoffe nach § 440 Abs. 2 Nr. 6, 12 bis 14, Abs. 4 enthält,
3. nach dem jeweiligen Stand der wissenschaftlichen und technischen Kenntnisse sichergestellt ist und die Prüfung der Unterlagen und Proben ergibt, daß das Biozid bei bestimmungsgemäßer und sachgerechter Anwendung oder als Folge solcher Anwendung
   a) hinreichend wirksam ist,
   b) keine unvertretbaren Auswirkungen auf die Gegenstände hat, die mit dem Biozid behandelt werden,
   c) keine unmittelbaren oder mittelbaren schädlichen Auswirkungen auf die Gesundheit von Mensch und Tier oder auf das Grundwasser hat,
   d) keine unvertretbaren Auswirkungen auf die Umwelt hat, insbesondere im Hinblick auf Verbleib und Ausbreitung in der Umwelt und unmittelbare und mittelbare Auswirkungen auf Arten, die nicht bekämpft werden sollen,
4. die Art und Menge der im Biozid enthaltenen Wirkstoffe und der erheblichen Hilfsstoffe und Verunreinigungen sowie der bei zugelassenen Anwendungen entstehenden erheblichen Rückstände nach anerkannten Methoden bestimmt werden können.

[2]Die Zulassung ist zu versagen, wenn die Anwendung des Biozids nicht vertretbar ist, weil es nur dem Schutz unerheblicher Rechtsgüter und Interessen dient, oder wenn Mittel oder Verfahren praktisch verfügbar sind, bei denen deutlich geringere Risiken für die Gesundheit von Mensch, die Umwelt und Sachen zu erwarten sind.

(4) [1]Die Zulassung ist auf das Anwendungsgebiet, insbesondere die Schadorganismen, den Ort der Anwendung, die Anwendungsart und die zur Anwendung befugten Personen, zu beschränken, für die das Vorliegen der Zulassungsvoraussetzungen nach Absatz 3 nachgewiesen ist. [2]Biozide dürfen nicht für ein Anwendungsgebiet, das nicht zugelassen ist, in den Verkehr gebracht oder in einem solchen Anwendungsgebiet angewandt werden.

(5) Die §§ 487 Abs. 5 Satz 3, Abs. 6, 488 Abs. 2, 490 und 491 gelten entsprechend.

(6) Die Bundesregierung wird ermächtigt, zu dem in § 515 genannten Zweck durch Rechtsverordnung nach den §§ 147 und 148

1. Biozide, die für die Ausfuhr außerhalb der Europäischen Gemeinschaft, für Forschungs-, Untersuchungs- oder Versuchszwecke oder für die Bekämpfung bestimmter Schadorganismen bei Gefahr im Verzug bestimmt sind, vom Erfordernis einer Zulassung auszunehmen,
2. die Anforderungen an die Antragsunterlagen und die vom Antragsteller durchzuführenden Prüfungen und vorzulegenden Proben zu bestimmen; dabei kann vorgesehen werden, daß bestimmte Prüfungen erst durchgeführt werden müssen, wenn dies unter Berücksichtigung der bisherigen Kenntnisse über das Biozid, seine Verwendungszwecke und das Ergebnis der vor Antragstellung durchgeführten Prüfungen erforderlich ist,
3. bei Konservierungsmitteln und Desinfektionsmitteln vorzusehen, daß bestimmte Prüfungen im Hinblick auf die Umweltauswirkungen des Biozids erst nach Inverkehrbringen einer bestimmten Menge des Biozids seit dem Beginn der Herstellung oder Einfuhr durchgeführt werden müssen, sofern nicht eine Prüfung vor diesem Zeitpunkt unter Berücksichtigung der bisherigen Kenntnisse über das Biozid, seine Verwendungszwecke und das Ergebnis der vor Antragstellung durchgeführten Prüfungen erforderlich ist,
4. unter Berücksichtigung des § 489 die Voraussetzungen und das Verfahren der Erweiterung des Anwendungsgebiets nach Absatz 4 zu regeln,
5. unter Berücksichtigung der §§ 474 und 486 die Verwendung von Unterlagen anderer Antragsteller oder Zulassungsinhaber zu regeln,
6. Übergangsregelungen für bei Inkrafttreten dieses Gesetzes bereits in Verkehr gebrachte Biozide vorzusehen; dabei ist vorzuschreiben, daß diese Biozide bei der Zulassungsstelle anzumelden sind und nach Ablauf von fünf Jahren nach Inkrafttreten dieses Gesetzes der Zulassungspflicht unterliegen und daß die Zulassungsstelle die Vorlage bestimmter Prüfnachweise verlangen kann, wenn ein begründeter Verdacht besteht, daß von dem Biozid Gefahren für den Menschen, die Umwelt oder Sachen ausgehen.

§ 520 Inverkehrbringen von Bioziden

(1) Biozide dürfen vom Hersteller, Vertriebsunternehmer oder Einführer gewerbsmäßig oder im Rahmen wirtschaftlicher Unternehmen nur in den Verkehr gebracht werden, wenn die Verpackung und Kennzeichnung den Anforderungen des Dritten Abschnitts und einer Rechtsverordnung nach Absatz 3 entspricht.

(2) Die Bundesregierung wird ermächtigt, durch Rechtsverordnung nach § 147 zusätzliche Anforderungen an die Verpackung und Kennzeich-

nung von Bioziden zu stellen, soweit dies zum Schutz gegen Gefahren oder Risiken für die Gesundheit von Mensch, die Umwelt oder Sachen erforderlich ist, insbesondere zu regeln,

1. wie die Biozide zu verpacken und zu kennzeichnen sind, damit beim Inverkehrbringen, bei der Anwendung, Lagerung und Entsorgung Gefahren für die Gesundheit von Mensch, die Umwelt oder sachen vermieden werden,
2. daß bestimmte Angaben, insbesondere die Gebrauchsanleitung und Angaben über Wartezeiten, auf einem Merkblatt mitgeliefert werden können, wenn die auf der Verpackung verfügbare Fläche nicht ausreicht,
3. daß anzugeben ist, ob das Biozid Abgabebeschränkungen unterliegt,
4. daß bestimmte Angaben nicht gemacht werden dürfen,
5. wie für den Export außerhalb der Europäischen Gemeinschaft bestimmte Biozide zu verpacken und zu kennzeichnen sind.

(3) [1]Die §§ 494 und 495 Abs. 1 Satz 2, Abs. 2 und Abs. 3 Satz 1 gelten entsprechend. [2]Für die Befugnisse der zuständigen Behörden und den Sachkundenachweis gilt § 521 Abs. 3 Nr. 1 entsprechend.

§ 521 Anwendung von Bioziden und Anforderungen an Geräte zum Ausbringen von Bioziden

(1) [1]Die Bundesregierung wird ermächtigt, soweit dies zum Schutz gegen Gefahren oder Risiken erforderlich ist, durch Rechtsverordnung nach § 147

1. die Anwendung
   a) bestimmter Biozide oder von Bioziden mit bestimmten Wirkstoffen,
   b) von Bioziden unter Verwendung bestimmter Geräte oder Verfahren,
2. die Nutzung von Grundstücken, die mit bestimmten Bioziden behandelt worden sind,
3. das Abgeben von Bioziden, die unter eine Regelung nach Nummer 1 Buchstabe a fallen,

zu verbieten, beschränken oder von einer Erlaubnis oder Anzeige abhängig zu machen. [2]§ 497 Abs. 2 und 4 gilt entsprechend.

(2) Die Bundesregierung wird ermächtigt, soweit dies zum Schutz gegen Gefahren oder Risiken für die Gesundheit von Mensch, die Umwelt oder Sachen erforderlich ist, durch Rechtsverordnung nach § 147

1. Anforderungen an die Sachkunde und Zuverlässigkeit von Personen zu stellen, die Biozide anwenden,
2. die Anwendung von Bioziden für andere von einer Anzeige abhängig zu machen; § 498 gilt entsprechend.

(3) Für das Inverkehrbringen von Geräten für das Ausbringen von Bioziden gelten die §§ 500 bis 502 entsprechend.

§ 522 Behörden und Verfahren

(1) [1]Zulassungsstelle im Sinne dieses Abschnitts ist das Bundesgesundheitsamt. [2]Die Durchführung dieses Abschnitts einschließlich der Überwachung obliegt im übrigen den Ländern.
(2) Das Bundesgesundheitsamt entscheidet über die Zulassung von Bioziden hinsichtlich der Auswirkungen auf die Umwelt nach § 519 Abs. 3 Satz 1 Nr. 3 Buchstabe d, Satz 2 im Einvernehmen mit dem Umweltbundesamt.
(3) Beim Bundesgesundheitsamt wird eine Sachverständigenkommission gebildet, deren Mitglieder von dem für Gesundheit zuständigen Bundesminister berufen werden. § 510 Abs. 1 Satz 2, Absatz 2 gilt entsprechend.
(4) Die §§ 509 und 512 gelten entsprechend.

Zehnter Abschnitt: Wasch- und Reinigungsmittel

§ 523 Zweck

Der Zweck des Gesetzes wird in diesem Abschnitt vorrangig durch Vorsorge gegen die Beeinträchtigung der Beschaffenheit der Gewässer, insbesondere im Hinblick auf den Naturhaushalt und die Trinkwasserversorgung, und gegen eine Beeinträchtigung des Betriebs von Abwasseranlagen durch Wasch- und Reinigungsmittel, angestrebt.

§ 524 Begriffsbestimmungen

Wasch- und Reinigungsmittel im Sinne dieses Abschnitts sind
1. Zubereitungen und Produkte, die zur Reinigung bestimmt sind oder bestimmungsgemäß die Reinigung unterstützen und erfahrungsgemäß nach Gebrauch in Gewässer gelangen können,
2. andere Zubereitungen und Produkte, die grenzflächenaktive Stoffe oder organische Lösemittel enthalten und vom Verbraucher aufgrund der Art und Weise des Produktdargebots unmittelbar zur Reinigung verwendet werden können und erfahrungsgemäß verwendet

werden und erfahrungsgemäß nach Gebrauch in Gewässer gelangen können,

3. Zubereitungen und Produkte, die bestimmungsgemäß auf Oberflächen aufgebracht und bei einer einmaligen Reinigung mit Zubereitungen und Produkten im Sinne der Nummer 1 überwiegend abgelöst werden und erfahrungsgemäß danach in Gewässer gelangen können.

§ 525 Geltungsbereich

(1) [1]Die Vorschriften des Ersten bis Siebenten Abschnitts bleiben unberührt. [2]§ 465 ist nur insoweit anwendbar, als nicht Regelungen nach den §§ 527 bis 529 getroffen werden können.

(2) Die Vorschriften dieses Abschnitts gelten nicht für das Inverkehrbringen von Wasch- und Reinigungsmitteln für Versuchszwecke.

§ 526 Grundsätze

(1) [1]Wasch- und Reinigungsmittel dürfen nur so in den Verkehr gebracht werden, daß nach ihrem Gebrauch jede vermeidbare Beeinträchtigung der Beschaffenheit der Gewässer, insbesondere im Hinblick auf den Naturhaushalt und die Trinkwasserversorgung, und eine Beeinträchtigung des Betriebs von Abwasseranlagen unterbleibt. [2]Wasch- und Reinigungsmittel sollen möglichst biologisch abbaubar sein und keine sonstigen Inhaltsstoffe enthalten, die die Beschaffenheit der Gewässer beeinträchtigen können.

(2) Wasch- und Reinigungsmittel sind bestimmungsgemäß und gewässerschonend, insbesondere unter Einhaltung der Dosierungsempfehlungen des § 530 Abs. 1 Nr. 3 zu verwenden.

(3) Technische Einrichtungen, die der Reinigung mit Wasch- und Reinigungsmitteln dienen, sollen so gestaltet werden, daß bei ihrem ordnungsgemäßen Gebrauch so wenig Wasch- und Reinigungsmittel und so wenig Wasser und Energie wie möglich benötigt werden.

§ 527 Abbaubarkeit von organischen Stoffen

(1) Es ist verboten, Wasch- und Reinigungsmittel in den Verkehr zu bringen, wenn ihre biologische Abbaubarkeit oder die sonstige Eliminierbarkeit der in ihnen enthaltenen grenzflächenaktiven und anderen organischen Stoffe nicht den Anforderungen einer Rechtsverordnung nach Absatz 2 entspricht.

(2) Die Bundesregierung wird ermächtigt, durch Rechtsverordnung nach § 147 zu dem in § 523 genannten Zweck die Anforderungen an die biologische Abbaubarkeit oder die sonstige Eliminierbarkeit von grenzflächenaktiven und anderen organischen in Wasch- und Reinigungsmitteln enthaltenen Stoffen sowie die zur Bestimmung der Abbaubarkeit erforderlichen Meßverfahren festzusetzen.

§ 528 Höchstmengen an Phosphorverbindungen

(1) Es ist verboten, Wasch- und Reinigungsmittel in den Verkehr zu bringen, deren Gehalt an Phosphorverbindungen die in einer Rechtsverordnung nach Absatz 2 festgesetzten Höchstmengen überschreitet.

(2) Die Bundesregierung wird ermächtigt, durch Rechtsverordnung nach § 147 zu dem in § 523 genannten Zweck, soweit geeignete und mit geringerem Risiko für die Umwelt verbundene Ersatzmöglichkeiten zur Verfügung stehen, Höchstmengen für Phosphorverbindungen in Wasch- und Reinigungsmitteln sowie das für die Bestimmung des Gehalts an Phosphorverbindungen erforderliche Verfahren festzusetzen.

§ 529 Weitere Anforderungen an Wasch- und Reinigungsmittel und deren Inhaltsstoffe

Die Bundesregierung wird ermächtigt, durch Rechtsverordnung nach § 147 zu dem in § 523 genannten Zweck über die Regelungen der §§ 527 und 528 hinaus

1. das Inverkehrbringen von bestimmten Inhaltsstoffen in Wasch- und Reinigungsmitteln zu beschränken oder zu verbieten und
2. das Inverkehrbringen von Wasch- und Reinigungsmitteln zu beschränken.

§ 530 Verpackung, Dosierempfehlungen und Angabe von Wasserhärtebereichen

(1) Wasch- und Reinigungsmittel dürfen nur in den Verkehr gebracht werden, wenn auf den zur Abgabe an den Verbraucher bestimmten Verpakkungen mindestens angegeben sind:

1. Wirkstoffgruppen und Inhaltsstoffe des Mittels,
2. Name oder Firma und Ort der gewerblichen Niederlassung des Herstellers, Einführers oder Vertreibers,
3. Dosierempfehlungen, unter Berücksichtigung einer gewässerschonenden Verwendung des Mittels,

4. Angaben über die Menge Trockenwäsche, die bei Beachtung der Dosierungsempfehlungen gewaschen werden kann.

(2) [1]Das Nähere wird durch Rechtsverordnung nach § 147 geregelt. [2]Die Rechtsverordnung kann zu dem in § 523 genannten Zweck über die Vorschriften nach Absatz 1 hinaus Anforderungen an die sonstige Beschaffenheit der Verpackung und hierzu gehörender Dosierempfehlungen oder Dosiervorrichtungen vorschreiben. [3]Die Rechtsverordnung kann Ausnahmen von den Vorschriften des Absatzes 1 vorsehen, soweit dies durch Vorschriften des Rechts der Europäischen Gemeinschaft geboten oder mit dem in § 523 genannten Zweck vereinbar ist.

(3) Durch Rechtsverordnung nach § 147 können die Wasserversorgungsunternehmen verpflichtet werden, dem Verbraucher den Härtebereich des von ihnen abgegebenen Trinkwassers mitzuteilen.

§ 531 Mitteilungen zur Umweltverträglichkeit

(1) Wer gewerbsmäßig im Inland Wasch- und Reinigungsmittel herstellt oder sie in das Inland einführt, hat beim erstmaligen Inverkehrbringen die in einer Rechtsverordnung nach Absatz 2 vorgeschriebenen Angaben zur Umweltverträglichkeit dieser Wasch- und Reinigungsmittel dem Umweltbundesamt mitzuteilen.

(2) [1]Die Bundesregierung wird ermächtigt, durch Rechtsverordnung nach § 147 zur Erkennung und Verhütung der in § 523 genannten nachteiligen Wirkungen Art und Umfang der Angaben zur Umweltverträglichkeit vorzuschreiben. [2]Insbesondere können Angaben über

1. den Namen des Wasch- und Reinigungsmittels und des Inverkehrbringers,
2. die chemische Zusammensetzung des Wasch- und Reinigungsmittels (Rahmenrezeptur),
3. die Schüttdichte von phosphathaltigen Wasch- und Reinigungsmitteln,
4. nach § 530 Abs. 1 Nr. 4 anzugebende Dosierungsempfehlungen,
5. die Einsatzgebiete des Wasch- und Reinigungsmittels,
6. die Produktions- oder Vertriebsmengen,
7. die Umweltverträglichkeit der Inhaltsstoffe, wie die biologische Abbaubarkeit, die sonstige Eliminierbarkeit oder die Giftigkeit gegenüber Wasserorganismen oder sonstige nachteilige Wirkungen auf die Beschaffenheit der Gewässer,

vorgeschrieben werden. [3]Die Rechtsverordnung kann Ausnahmen für bestimmte Wasch- und Reinigungsmittel vorsehen, soweit dies durch Vorschriften des Rechts der Europäischen Gemeinschaft geboten oder mit dem in § 523 genannten Zweck vereinbar ist.

(3) Für bereits im Verkehr befindliche Wasch- und Reinigungsmittel und für Änderungen bei den nach Absatz 2 vorgeschriebenen Angaben zur Umweltverträglichkeit gilt die Mitteilungspflicht nach Absatz 1 in Verbindung mit Absatz 2 entsprechend.

(4) Das Umweltbundesamt unterrichtet die für die Überwachung zuständigen Behörden über den Inhalt der Angaben und, soweit dies für die Erfüllung ihrer wasserwirtschaftlichen Aufgaben von Bedeutung sein kann, über das Ergebnis der Auswertung der Angaben.

Elfter Abschnitt: Düngemittel

§ 532 Zweck

[1]Der Zweck des Gesetzes wird in diesem Abschnitt vorrangig durch Erhaltung und Förderung der Bodenfruchtbarkeit sowie durch Abwehr von Gefahren und Vorsorge gegen Risiken für die Gesundheit von Menschen und Tieren und für den Naturhaushalt, die durch das Inverkehrbringen und die Anwendung von Düngemitteln entstehen können, angestrebt. [2]Weiterhin dient dieser Abschnitt der Förderung der landwirtschaftlichen Erzeugung und der Versorgung der Bevölkerung mit qualitativ hochwertigen Produkten.

§ 533 Begriffsbestimmungen

Im Sinne dieses Abschnitts sind

1. Düngemittel: Stoffe, die dazu bestimmt sind, unmittelbar oder mittelbar Nutzpflanzen zugeführt zu werden, um ihr Wachstum zu fördern, ihren Ertrag zu erhöhen oder ihre Qualität zu verbessern; ausgenommen sind Stoffe, die überwiegend dazu bestimmt sind, Pflanzen vor Schadorganismen und Krankheiten zu schützen oder, ohne zur Ernährung von Pflanzen bestimmt zu sein, die Lebensvorgänge von Pflanzen zu beeinflussen, sowie Bodenhilfsstoffe, Kultursubstrate, Pflanzenhilfsmittel, Kohlendioxid, Torf und Wasser,
2. Wirtschaftsdünger: tierische Ausscheidungen, Stallmist, Gülle, Jauche, Kompost sowie Stroh und ähnliche Reststoffe aus der pflanzlichen Produktion,
3. Bodenhilfsstoffe: Stoffe ohne wesentlichen Nährstoffgehalt, die den Boden biotisch, chemisch oder physikalisch beeinflussen, um seinen Zustand oder die Wirksamkeit von Düngemitteln zu verbessern,

insbesondere Bodenimpfmittel, Bodenkrümler, Bodenstabilisatoren, Gesteinsmehle,

4. Kultursubstrate: Pflanzenerden, Mischungen auf der Grundlage von Torf und andere Substrate, die den Pflanzen als Wurzelraum dienen, auch in flüssiger Form,
5. Pflanzenhilfsmittel: Stoffe ohne wesentlichen Nährstoffgehalt, die dazu bestimmt sind, auf die Pflanzen einzuwirken oder die Aufbereitung organischer Stoffe zu beeinflussen.

§ 534 Geltungsbereich

(1) [1]Die Vorschriften des Zweiten Abschnitts sind nicht auf Stoffe anzuwenden, die ausschließlich für die Herstellung von Düngemitteln, die einer Zulassung nach § 536 unterliegen, in den Verkehr gebracht werden. [2]Die Vorschriften des Dritten Abschnitts sind nicht anzuwenden. [3]§ 465 ist nicht anzuwenden, soweit Regelungen nach diesem Abschnitt getroffen werden können.

(2) Ausgenommen von den Vorschriften dieses Abschnitts sind Abfälle wie Abwasser, Klärschlamm, Fäkalien und ähnliche Stoffe im Sinne des § 290, soweit ihnen keine Stoffe zum Zweck der Anreicherung mit Nährstoffen zugesetzt werden.

§ 535 Grundsätze der Anwendung

(1) [1]Düngemittel dürfen nur nach guter fachlicher Praxis angewandt werden. [2]Die gute fachliche Praxis erfordert, daß die Düngung nach Art, Menge und Zeit auf den Bedarf der Pflanzen und des Bodens unter Berücksichtigung der im Boden verfügbaren Nährstoffe und organischen Substanz sowie der Standort- und Anbaubedingungen ausgerichtet wird. [3]Der guten fachlichen Praxis entspricht eine Düngung nur, wenn sie umweltverträglich, insbesondere unter Beachtung der Grundsätze gewässer- und bodenschonender Düngung nach den §§ 175 Abs. 3, 227 und 292, erfolgt.

(2) Die Grundsätze der guten fachlichen Praxis werden durch Rechtsverordnung nach § 146 näher bestimmt.

§ 536 Zulassung von Düngemitteltypen

(1) Düngemittel dürfen gewerbsmäßig nur in den Verkehr gebracht werden, wenn sie einem Düngemitteltyp entsprechen, der durch Rechtsverordnung zugelassen ist.

(2) [1]Die Bundesregierung wird ermächtigt, durch Rechtsverordnung nach § 147 Typen von Düngemitteln zuzulassen. [2]Die Zulassung darf nur erteilt werden, wenn die Düngemittel bei sachgerechter Anwendung die Fruchtbarkeit des Bodens und die Gesundheit von Menschen und Haustieren nicht schädigen und den Naturhaushalt nicht gefährden können sowie geeignet sind, das Wachstum von Nutzpflanzen wesentlich zu fördern, ihren Ertrag wesentlich zu erhöhen oder ihre Qualität wesentlich zu verbessern. [3]In der Rechtsverordnung können zur Abgrenzung der Düngemitteltypen Vorschriften erlassen werden über

1. die Bezeichnung der Düngemitteltypen,
2. die einen Düngemitteltyp bestimmenden Nährstoffe und sonstigen Bestandteile sowie ihre Mindestgehalte,
3. die Bewertung der Bestandteile, bei Nährstoffen die Bewertung nach ihren Formen und Löslichkeiten,
4. die Zusammensetzung,
5. die Art der Herstellung,
6. äußere Merkmale,
7. Gehalt an Nebenbestandteilen, insbesondere Höchstmengen an gefährlichen Stoffen,
8. andere für die Wirkung oder Anwendung der Düngemittel wichtige Erfordernisse.

(3) Eine Zulassung nach Absatz 1 ist nicht erforderlich für

1. Düngemittel, die zur Lieferung in das Ausland bestimmt sind, ausgenommen Düngemittel, die als EWG-Düngemittel bezeichnet sind,
2. Düngemittel, die unentgeltlich zu Forschungs- oder Untersuchungszwecken in den dafür erforderlichen Mengen abgegeben werden,
3. Wirtschaftsdünger, unvermischt oder miteinander, mit Stoffen ohne wesentlichen Nährstoffgehalt, Abfällen nach § 533 Abs. 2, Torf oder Wasser vermischt.

§ 537 Verpackung und Kennzeichnung

(1) Die Bundesregierung wird ermächtigt, durch Rechtsverordnung nach § 147 zu dem in § 532 genannten Zweck

1. Art und Umfang der Kennzeichnung der Düngemittel zu regeln, die gewerbsmäßig in den Verkehr gebracht werden,
2. vorzuschreiben, daß Düngemittel gewerbsmäßig nur verpackt oder in Packungen oder Behältnissen von bestimmter Art oder mit bestimmtem Verschluß in den Verkehr gebracht werden dürfen.

(2) In der Rechtsverordnung nach Absatz 1 Nr. 1 können insbesondere vorgeschrieben werden

1. bei Düngemitteln, die gewerbsmäßig in den Verkehr gebracht werden dürfen, wenn sie einem durch Rechtsverordnung nach § 536 Abs. 2 zugelassenen Düngemitteltyp entsprechen,
   a) die Angabe der Typenbezeichnung,
   b) die Angabe der Gehalte an den den Düngemitteltyp bestimmenden Bestandteilen, bei Nährstoffen auch die Angabe ihrer Formen und Löslichkeiten,
   c) Angaben über sonstige Eigenschaften,
   d) Angaben über Nebenbestandteile, insbesondere gefährliche Stoffe,
   e) Angaben über sachgerechte Verwendung, Lagerung und Behandlung;
2. bei Düngemitteln nach § 536 Abs. 3
   a) die Angabe der Zusammensetzung,
   b) die Angabe des Anwendungsbereichs,
   c) Angaben nach Nummer 1 Buchstabe d und e.

(3) Absatz 1 Nr. 1 und Absatz 2 Nr. 2 gelten entsprechend für die Kennzeichnung von Torf und von Stoffen nach § 533 Abs. 1 Nr. 3 bis 5.

§ 538 Toleranzen

(1) Die Bundesregierung wird ermächtigt, durch Rechtsverordnung nach § 147 duldbare Abweichungen (Toleranzen) der Gehalte, deren Angabe durch Rechtsverordnung nach § 537 vorgeschrieben oder im Rahmen der vorgeschriebenen Kennzeichnung zulässig ist, von den bei der Überwachung festgestellten Gehalten festzusetzen, um unvermeidbare Unsicherheiten bei der Herstellung, der Probenahme und der Analyse aufzufangen.

(2) Die Toleranzen dürfen nicht planmäßig ausgenutzt werden.

§ 539 Verkehrsbeschränkungen

(1) Die Bundesregierung wird ermächtigt, durch Rechtsverordnung nach § 147 das gewerbsmäßige Inverkehrbringen bestimmter Stoffe nach § 533 Abs. 1 Nr. 3 bis 5 und bestimmter Düngemittel nach § 536 Abs. 3 zu verbieten oder zu beschränken, soweit dies zum Schutz der Fruchtbarkeit des Bodens oder der Gesundheit von Menschen, Tieren oder Nutzpflanzen oder zur Abwehr von Gefahren oder Risiken für den Naturhaushalt erforderlich ist.

(2) Bei Gefahr im Verzuge kann die Bundesregierung Rechtsverordnungen nach Absatz 1 ohne Zustimmung des Bundesrates erlassen; sie treten spätestens sechs Monate nach ihrem Inkrafttreten außer Kraft. Ihre Gel-

tungsdauer kann nur mit Zustimmung des Bundesrates verlängert werden.

§ 540 Probenahmeverfahren, Analysemethoden

[1]Die Bundesregierung wird ermächtigt, durch Rechtsverordnung die Anwendung bestimmter Probenahmeverfahren und Analysemethoden vorzuschreiben, soweit dies zur ordnungsgemäßen Überwachung des Düngemittelverkehrs oder zur Durchführung von Rechtsakten der Organe der Europäischen Gemeinschaft im Bereich des Düngemittelrechts erforderlich ist. [2]In der Rechtsverordnung kann die Beschreibung der Probenahmeverfahren und Analysemethoden durch den Hinweis auf Veröffentlichungen im Amtsblatt der Europäischen Gemeinschaft oder auf Veröffentlichungen allgemein anerkannter Probenahmeverfahren und Analysemethoden unter Angabe der Bezugsquelle ersetzt werden.

§ 541 Sachverständigenausschuß für Düngemittelfragen

(1) [1]Die Bundesregierung wird ermächtigt, durch Rechtsverordnung ohne Zustimmung des Bundesrates einen wissenschaftlichen Beirat zu errichten. [2]Der Beirat berät die Bundesregierung in Düngungsfragen. [3]Er ist vor Erlaß von Rechtsverordnungen nach den §§ 536 und 537 anzuhören.

(2) [1]In dem Beirat sollen die Bereiche der Bodenkunde, der Pflanzenernährung, des Pflanzenbaus und der Toxikologie durch Wissenschaftler vertreten sein, die auf diesen Gebieten tätig sind; auf eine ausgewogene Zusammensetzung ist zu achten. [2]Die Mitglieder des Beirats sind an Weisungen nicht gebunden.

(3) In der Rechtsverordnung nach Absatz 1 können nähere Vorschriften über den Beirat, insbesondere die Geschäftsordnung, erlassen werden.

Zwölfter Abschnitt: Beförderung gefährlicher Güter

§ 542 Zweck

Der Zweck des Gesetzes wird in diesem Abschnitt vorrangig durch den Schutz vor Gefahren und die Vorsorge gegen Risiken für Menschen, Tiere, Sachen und die Umwelt sowie erhebliche Belästigungen, die durch die Beförderung gefährlicher Güter entstehen können, angestrebt.

§ 543 Begriffsbestimmungen

(1) [1]Gefährliche Güter im Sinne dieses Abschnitts sind Stoffe, Zubereitungen, Produkte und Gegenstände, von denen aufgrund ihrer Natur, ihrer Eigenschaften oder ihres Zustandes im Zusammenhang mit der Beförderung Gefahren oder Risiken für Menschen, Tiere, Sachen oder die Umwelt ausgehen können. [2]Gefährliche Güter können durch Rechtsverordnung nach § 553 Nr. 1 in Gefahrenklassen eingeteilt werden.

(2) [1]Die Beförderung im Sinne dieses Abschnitts umfaßt den Vorgang der Ortsveränderung, die Übernahme und die Ablieferung des Gutes sowie zeitweilige Aufenthalte im Verkauf der Beförderung, Vorbereitungs- und Abschlußhandlungen (Verpacken und Auspacken der Güter, Be- und Entladen), auch wenn diese Handlungen nicht vom Beförderer ausgeführt werden. [2]Nicht als Beförderung gilt die Beförderung innerhalb von Betrieben, in denen gefährliche Güter hergestellt, bearbeitet, verarbeitet, gelagert, verwendet oder vernichtet werden, soweit sie auf einem abgeschlossenen Gelände stattfindet.

§ 544 Geltungsbereich

(1) [1]Dieser Abschnitt gilt für die Beförderung gefährlicher Güter mit Eisenbahn-, Straßen-, Wasser- und Luftfahrzeugen. [2]Er findet keine Anwendung auf die Beförderung

1. im grenzüberschreitenden Verkehr, wenn und soweit auf den betreffenden Beförderungsvorgang Vorschriften der Europäischen Gemeinschaft oder zwischenstaatliche Vereinbarungen oder auf solchen Vorschriften oder Vereinbarungen beruhende innerstaatliche Rechtsvorschriften unmittelbar anwendbar sind, es sei denn, diese Vereinbarungen nehmen auf innerstaatliche Rechtsvorschriften Bezug.
2. mit Bergbahnen.

(2) Dieser Abschnitt berührt nicht

1. Rechtsvorschriften über gefährliche Güter, die aus anderen Gründen als aus solchen der Sicherheit im Zusammenhang mit der Beförderung erlassen sind,
2. Rechtsvorschriften des Fünften Kapitels und sprengstoffrechtliche Vorschriften über die Beförderung gefährlicher Güter,
3. auf örtlichen Besonderheiten beruhende Sicherheitsvorschriften des Bundes, der Länder oder der Gemeinden.

(3) Der Erste bis Fünfte und der Sechste und Siebente Abschnitt sind auf die Beförderung gefährlicher Güter nicht anzuwenden.

§ 545 Grundsatz

[1]Die Beförderung gefährlicher Güter ist möglichst mit den Verkehrsmitteln, auf dem Transportweg und zu der Zeit durchzuführen, die mit den geringsten Gefahren und Risiken für Menschen, die Umwelt und Sachen verbunden sind. [2]Unnötige Beförderungen besonders gefährlicher Güter sind möglichst einzuschränken.

§ 546 Pflichten bei der Beförderung

Die an der Beförderung gefährlicher Güter Beteiligten haben die nach Art und Ausmaß der vorhersehbaren Gefahren und Risiken erforderlichen Maßnahmen nach dem Stand von Wissenschaft und Technik zu treffen, um Schadensfälle zu verhindern und bei Eintritt eines Schadens dessen Umfang so gering wie möglich zu halten.

§ 547 Zulassungspflicht für die Beförderung gefährlicher Güter

[1]Gefährliche Güter dürfen nur zur Beförderung übergeben und befördert werden, wenn sie zur Beförderung zugelassen sind. [2]Sie sind zur Beförderung zugelassen, wenn sie als solche und hinsichtlich der Beförderungsart den Anforderungen einer Rechtsverordnung nach § 553 Nr. 1 entsprechen.

§ 548 Fahrzeuge und Beförderungsbehältnisse

Gefährliche Güter dürfen nur zur Beförderung übergeben und befördert werden, wenn die hierfür verwendeten Fahrzeuge und Beförderungsbehältnisse den Anforderungen einer Rechtsverordnung nach § 553 Nr. 4 entsprechen.

§ 549 Verpackung und Kennzeichnung

(1) [1]Verpackungen, Großpackmittel und Beförderungseinheiten für die Beförderung gefährlicher Güter müssen so beschaffen sein, daß sie den zu erwartenden Transportbeanspruchungen gewachsen sind und durch die Beförderung keine Gefahren oder Risiken für Menschen, Tiere, Sachen oder die Umwelt entstehen können. [2]Ein Versandstück, dessen Verpackung beschädigt, insbesondere undicht ist, so daß gefährliches Gut austreten kann, darf nicht zur Beförderung übergeben oder befördert werden. [3]Die an der Beförderung gefährlicher Güter Beteiligten haben für

die Beförderung die in einer Rechtsverordnung nach § 553 Nr. 2 vorgeschriebenen oder zugelassenen Verpackungen, Großpackmittel und Beförderungseinheiten zu verwenden und die Anforderungen der Rechtsverordnung über das Zusammenpacken und Zusammenladen zu beachten.

(2) Die an der Beförderung gefährlicher Güter Beteiligten haben die gefährlichen Verpackungen, Ladungseinheiten, Großpackmittel und Beförderungseinheiten entsprechend einer Rechtsverordnung nach § 553 Nr. 3 zu kennzeichnen.

§ 550 Erforderlichkeit eines Umweltbeauftragten für Gefahrgut

(1) [1]Unternehmer oder Inhaber von Betrieben, die

1. in einem Kalenderjahr mindestens 50 Tonnen netto gefährliche Güter im Sinne der für die Beförderung gefährlicher Güter mit Eisenbahn-, Straßen-, Wasser- und Luftfahrzeugen geltenden Vorschriften, soweit nicht die Beförderung dieser Güter von den Gefahrgutvorschriften ausgenommen ist, oder
2. durch Rechtsverordnung nach § 553 Nr. 1 bezeichnete radioaktive Stoffe oder andere gefährliche Güter

versenden, befördern oder zur Beförderung verpacken oder übergeben, haben einen oder mehrere Umweltbeauftragte für Gefahrgut schriftlich zu bestellen. [2]Zum Umweltbeauftragten kann auch eine nicht zum Unternehmen oder Betrieb gehörige Person bestellt werden. [3]Ist kein Umweltbeauftragter bestellt, gilt der Unternehmer oder Inhaber des Betriebes als Umweltbeauftragter.

(2) Die zuständige Überwachungsbehörde kann die Bestellung eines Umweltbeauftragten im Einzelfall anordnen, wenn

1. von der Art und Menge der gefährlichen Güter besondere Gefahren für Menschen, Tiere, Sachen oder die Umwelt ausgehen können oder
2. im Unternehmen oder Betrieb wiederholt oder schwerwiegend den Verpflichtungen zuwidergehandelt wurde, die nach dem Gesetz über die Beförderung gefährlicher Güter oder nach den aufgrund dieses Gesetzes erlassenen Rechtsvorschriften dem Unternehmer, Inhaber des Betriebes oder Umweltbeauftragten obliegen.

(3) [1]Die zuständige Überwachungsbehörde kann die erforderlichen Anordnungen treffen, um zu gewährleisten, daß die in Absatz 2 Nr. 2 genannten Verpflichtungen eingehalten werden. [2]Sie kann insbesondere die Abberufung des bestellten Umweltbeauftragten und die Bestellung eines anderen Umweltbeauftragten anordnen.

(4) Für Bund, Länder und Gemeinden sowie sonstige juristische Personen des öffentlichen Rechts gelten die Vorschriften des Absatzes 1 und der §§ 551 und 552 sinngemäß.

§ 551 Aufgaben des Umweltbeauftragten für Gefahrgut

(1) Der Umweltbeauftragte hat im Rahmen seiner Überwachungspflicht nach § 96 Abs. 3 Nr. 1 die Einhaltung der Vorschriften über die Beförderung gefährlicher Güter durch Personen, die im Auftrag des Unternehmers oder Inhabers eines Betriebs in eigener Verantwortung deren Pflichten nach diesen Vorschriften erfüllen (beauftragte Personen), und die sonstigen verantwortlichen Personen, insbesondere Fahrzeugführer und Schiffsführer, im Unternehmen oder Betrieb zu überwachen.

(2) Der Umweltbeauftragte hat auf die Verbesserung der Sicherheit bei der Beförderung nach Absatz 1 hinzuwirken.

§ 552 Pflichten der Unternehmer und Inhaber eines Betriebs

Der Unternehmer oder Inhaber des Betriebs hat dem Umweltbeauftragten Gelegenheit zu geben, zu vorgesehenen Anträgen auf Abweichungen von den Gefahrgutvorschriften Stellung zu nehmen.

§ 553 Ermächtigungen

(1) [1]Die Bundesregierung wird ermächtigt, Rechtsverordnungen nach den §§ 146 und 147 über die Beförderung gefährlicher Güter zu erlassen, insbesondere über

1. die Zulassung der Güter zur Beförderung, einschließlich der Festsetzung von Gefahrklassen,
2. die Verpackung, das Zusammenpacken und Zusammenladen,
3. die Kennzeichnung von Versandstücken,
4. den Bau, die Beschaffenheit, Ausrüstung, Prüfung und Kennzeichnung der Fahrzeuge und Beförderungsbehältnisse,
5. das Verhalten während der Beförderung,
6. die Beförderungsgenehmigungen, die Beförderungs- und Begleitpapiere,
7. die Auskunfts-, Aufzeichnungs- und Anzeigepflichten,
8. die Besetzung und Begleitung der Fahrzeuge,
9. die Befähigungsnachweise,
10. die Meß- und Prüfverfahren,
11. die Schutzmaßnahmen für das Beförderungspersonal,

12. das Verhalten und die Schutz- und Hilfsmaßnahmen nach Unfällen mit gefährlichen Gütern,
13. die ärztliche Überwachung und Untersuchung des Fahrpersonals und anderer bei der Beförderung beschäftigter Personen,
14. Umweltbeauftragte in Unternehmen und Betrieben,
15. Bescheinigungen und Meldepflichten für Abfälle, die gefährliche Güter sind,
16. die Anhörung von Sachverständigen vor Erlaß der Rechtsvorschriften nach den Nummern 1 bis 15,

soweit dies zum Schutz gegen die von der Beförderung gefährlicher Güter ausgehenden Gefahren, Risiken und erheblichen Belästigungen erforderlich ist. [2]Das Grundrecht auf die körperliche Unversehrtheit (Artikel 2 Abs. 2 Satz 1 des Grundgesetzes) wird nach Maßgabe des Satzes 1 Nr. 13 eingeschränkt.

(2) [1]Soweit Sicherheitsgründe und die Eigenart des Verkehrsmittels es zulassen, soll die Beförderung gefährlicher Güter mit allen Verkehrsmitteln einheitlich geregelt werden. [2]Internationale Standards sollen bei der Regelung der Beförderung berücksichtigt werden.

(3) In den Rechtsverordnungen nach Absatz 1 Satz 1 kann auch geregelt werden, daß bei der Beförderung gefährlicher Güter eine zusätzliche haftungsrechtliche Versicherung abzuschließen und nachzuweisen ist.

(4) Der Bundesminister für Verkehr kann allgemeine Ausnahmen von den auf diesem Gesetz beruhenden Rechtsverordnungen nach Absatz 1 Satz 1 durch Rechtsverordnung ohne Zustimmung des Bundesrates zulassen; vor ihrem Erlaß sind die zuständigen obersten Landesbehörden zu hören.

(5) [1]Der Bundesminister für Verkehr kann durch Rechtsverordnung nach § 151 Abs. 2 die Beförderung untersagen oder einschränken, wenn sich die geltenden Sicherheitsvorschriften als unzureichend für die Verhütung der von der Beförderung ausgehenden Gefahren herausstellen. [2]Satz 1 gilt entsprechend, wenn sich bei der Beförderung von Gütern, für die bisher dieser Abschnitt nicht anwendbar war, eine Gefährdung im Sinne von § 542 herausstellt.

(6) Der Bundesminister für Verkehr wird ermächtigt, durch Rechtsverordnung ohne Zustimmung des Bundesrats die einzelnen Tatbestände der Rechtsverordnung zu bezeichnen, die nach § 558 Abs. 2 Nr. 17 als Ordnungswidrigkeiten mit Geldbuße geahndet werden können, soweit dies zur Durchführung internationaler Übereinkommen erforderlich ist.

§ 554 Zuständigkeiten

(1) [1]Im Bereich der Bundeseisenbahnen, im Luftverkehr sowie auf dem Gebiet der See- und Binnenschiffahrt auf Bundeswasserstraßen einschließ-

lich der bundeseigenen Häfen obliegt die Wahrnehmung der Aufgaben nach diesem Gesetz und nach den auf ihm beruhenden Rechtsvorschriften dem Bund in bundeseigener Verwaltung. [2]Unberührt bleiben die Zuständigkeiten für die Hafenaufsicht (Hafenpolizei) in den nicht vom Bund betriebenen Stromhäfen an Bundeswasserstraßen.

(2) [1]Die Bundesregierung wird ermächtigt, durch Rechtsverordnung ohne Zustimmung des Bundesrates die für die Ausführung dieses Gesetzes und der auf ihm beruhenden Rechtsvorschriften zuständigen Behörden und Stellen zu bestimmen, soweit es sich um den Bereich der bundeseigenen Verwaltung handelt. [2]Wenn und soweit der Zweck des Gesetzes durch das Verwaltungshandeln der Länder nicht erreicht werden kann, kann die Bundesregierung durch Rechtsverordnung mit Zustimmung des Bundesrates die Bundesanstalt für Materialprüfung, die Physikalisch-Technische Bundesanstalt, das Bundesgesundheitsamt, das Institut für Chemisch-Technische Untersuchungen, das Bundesamt für Strahlenschutz und das Kraftfahrt-Bundesamt auch für den Bereich für zuständig erklären, in dem die Länder dieses Gesetz und die auf ihm beruhenden Rechtsvorschriften auszuführen hätten.

(3) Soweit zwischenstaatliche Vereinbarungen oder Rechtsakte der Europäischen Gemeinschaft auf die zuständigen Behörden der Vertragsstaaten Bezug nehmen, gilt für die Bestimmung dieser Behörden durch Rechtsverordnung Absatz 2 entsprechend.

(4) Die Bundesregierung kann durch Rechtsverordnung ohne Zustimmung des Bundesrates die Ermächtigung nach den Absätzen 2 und 3 ganz oder teilweise auf den Bundesminister für Verkehr übertragen.

(5) Wird eine Zuwiderhandlung nach § 558 Abs. 2 Nr. 17 Buchstabe a oder Nr. 18 Buchstabe a bei der Beförderung gefährlicher Güter auf der Straße in einem Unternehmen begangen, das im Inland weder seinen Sitz noch eine geschäftliche Niederlassung hat, und hat auch der Betroffene im Inland keinen Wohnsitz, so ist Verwaltungsbehörde im Sinne des § 36 Abs. 1 Nr. 1 des Gesetzes über Ordnungswidrigkeiten die Bundesanstalt für den Güterfernverkehr.

(6) § 7 Abs. 2 Satz 2 des Gesetzes über die Aufgaben des Bundes auf dem Gebiet der Binnenschiffahrt vom 15. Februar 1956 (BGBl. II S. 317), zuletzt geändert durch Artikel 4 des Gesetzes vom 22. Januar 1975 zu dem Internationalen Schiffsvermessungs-Übereinkommen vom 23. Juni 1969 (BGBl. 1975 II S. 65), bleibt unberührt.

§ 555 Sofortmaßnahmen

(1) Der Bundesminister für Verkehr kann die Beförderung bestimmter gefährlicher Güter untersagen oder nur unter Bedingungen und Auflagen gestatten, wenn sich die geltenden Sicherheitsvorschriften als unzurei-

chend zur Einschränkung der von der Beförderung ausgehenden Gefahren herausstellen und eine Änderung der Rechtsvorschriften in dem nach § 553 vorgesehenen Verfahren nicht abgewartet werden kann.

(2) Absatz 1 gilt sinngemäß, wenn sich bei der Beförderung von Gütern, für die bisher dieser Abschnitt nicht anwendbar war, eine Gefährdung im Sinne von § 542 herausstellt.

(3) Auf Grund von Absatz 1 und 2 getroffene Anordnungen gelten für höchstens sechs Monate.

§ 556 Sicherungsmaßnahmen, Zurückweisen von Gefahrguttransporten

[1]Wenn ein Fahrzeug, das gefährliche Güter befördert, nicht den jeweils geltenden Vorschriften über die Beförderung gefährlicher Güter entspricht oder die vorgeschriebenen Papiere nicht vorgelegt werden, können die für die Überwachung zuständigen Behörden die zur Behebung des Mangels erforderlichen Maßnahmen treffen. [2]Satz 1 gilt für die Ladung entsprechend.

§ 557 Überwachung

(1) [1]Die Beförderung gefährlicher Güter unterliegt der Überwachung durch die zuständigen Behörden. [2]Satz 1 gilt auch für die Überwachung von Fertigungen von Verpackungen, Behältern und Fahrzeugen, die nach Baumustern hergestellt werden, welche in den Vorschriften für die Beförderung gefährlicher Güter festgelegt sind.

(2) Zur Erteilung von Auskünften nach den §§ 63, 67 verpflichtet ist, wer als Unternehmer oder als Inhaber eines Betriebs

1. gefährliche Güter verpackt, verlädt, versendet, befördert, entlädt, empfängt oder auspackt oder
2. Verpackungen, Behälter (Container) oder Fahrzeuge zur Beförderung gefährlicher Güter herstellt.

Dreizehnter Abschnitt: Ordnungswidrigkeiten

§ 558 Ordnungswidrigkeiten

(1) Ordnungswidrig handelt, wer vorsätzlich oder fahrlässig

1. entgegen § 444 Abs. 1 oder 2 vor Ablauf der dort bezeichneten Frist einen Stoff in den Verkehr bringt oder einführt,

2. entgegen § 448 Abs. 2 einen angemeldeten Stoff vor Ablauf der dort bezeichneten Frist in den Verkehr bringt,
3. einer vollziehbaren Anordnung nach § 451 Abs. 1 Satz 1 Nr. 3 oder Abs. 2 zuwiderhandelt,
4. einer vollziehbaren Anordnung nach § 451 Abs. 3, auch in Verbindung mit § 473 Abs. 2 Satz 1, zuwiderhandelt,
5.
   a) entgegen § 453 Abs. 1, auch in Verbindung mit Absatz 2, einen gefährlichen Stoff oder eine gefährliche Zubereitung nicht oder nicht in der vorgeschriebenen Weise einstuft, verpackt oder kennzeichnet,
   b) entgegen § 456 einen gefährlichen Stoff, eine gefährliche Zubereitung oder ein gefährliches Produkt ohne die vorgeschriebene Verpackung oder Kennzeichnung in den Verkehr bringt oder
   c) einer Rechtsverordnung nach § 455 Abs. 1 Nr. 3 Buchstabe a, d oder e über die Verpackung oder Kennzeichnung, nach § 455 Abs. 1 Nr. 3 Buchstabe b oder Absatz 2 Satz 2 über die Mitlieferung bestimmter Angaben oder Empfehlungen oder nach § 455 Abs. 1 Nr. 3 Buchstabe f über das Sicherheitsdatenblatt zuwiderhandelt, sofern sie für einen bestimmten Tatbestand auf diese Bußgeldvorschrift verweist,
6. entgegen einer Rechtsverordnung nach § 460 Abs. 1 oder 2 eine Mitteilung nicht, nicht richtig, nicht vollständig oder nicht rechtzeitig vornimmt oder entgegen einer Rechtsverordnung nach § 460 Abs. 2 einen Prüfnachweis nicht, nicht vollständig oder nicht rechtzeitig vorlegt, sofern die Rechtsverordnung für einen bestimmten Tatbestand auf diese Bußgeldvorschrift verweist,
7. einer Rechtsverordnung nach § 461 oder § 462 über Mitteilungspflichten bei alten Stoffen oder bei Zubereitungen und Produkten zuwiderhandelt, soweit sie für einen bestimmten Tatbestand auf diese Bußgeldvorschrift verweist,
8. einer Rechtsverordnung nach § 147 Abs. 1 Satz 2 Nr. 3 oder nach § 465 Abs. 1, auch in Verbindung mit Absatz 4, über das Herstellen, das Inverkehrbringen oder das Verwenden dort bezeichneter Stoffe, Zubereitungen oder Produkte zuwiderhandelt, sofern die Rechtsverordnung für einen bestimmten Tatbestand auf diese Bußgeldvorschrift verweist,
9. einer Rechtsverordnung nach § 466 oder 467 über das Herstellen, das Inverkehrbringen oder die Einfuhr von Brennstoffen, Treibstoffen und Schmierstoffen sowie bestimmter anderer Stoffe, Zubereitungen und Produkte zuwiderhandelt, soweit die Rechtsverordnung für einen bestimmten Tatbestand auf diese Bußgeldvorschrift verweist,

10. einer Rechtsverordnung nach § 468 über Verbote und Beschränkungen zur Vermeidung und umweltgerechten Entsorgung von gefährlichen Abfällen zuwiderhandelt, soweit die Rechtsverordnung für einen bestimmten Tatbestand auf diese Bußgeldvorschrift verweist,
11. einer vollziehbaren Anordnung
    a) nach § 479 Abs. 1 oder 2 oder
    b) nach § 479 Abs. 3 Satz 3 in Verbindung mit Satz 1 über das Herstellen, das Inverkehrbringen oder das Verwenden von Stoffen, Zubereitungen oder Produkten

    zuwiderhandelt,
12. entgegen § 484 Abs. 1 Satz 1 ein nicht zugelassenes Pflanzenschutzmittel oder entgegen § 484 Abs. 4 Satz 1 Saatgut oder ein Kultursubstrat in den Verkehr bringt, einführt oder anwendet,
13. entgegen § 487 Abs. 5 Satz 2 ein Pflanzenschutzmittel unter Verstoß gegen die festgesetzten Anwendungsbestimmungen in den Verkehr bringt,
14. einer mit einer Erlaubnis nach § 484 Abs. 3 verbundenen vollziehbaren Auflage oder einer vollziehbaren Auflage nach § 487 Abs. 6 zuwiderhandelt,
15. einer Rechtsverordnung nach § 493 Abs. 3 oder 4, § 493 Abs. 1 in Verbindung mit § 455 oder § 456, § 498 Satz 2, § 501 Abs. 1 Nr. 4 oder den §§ 504, 505, 506 Abs. 1 zuwiderhandelt, soweit sie für einen bestimmten Tatbestand auf diese Bußgeldvorschrift verweist,
16. einer vollziehbaren Anordnung nach § 499 Abs. 2, § 506 Abs. 2 oder aufgrund einer Rechtsverordnung nach § 497 Abs. 1 oder 4, nach § 506 Abs. 1, soweit die Rechtsverordnung für einen bestimmten Tatbestand auf diese Bußgeldvorschrift verweist, zuwiderhandelt,
17. einer Rechtsverordnung nach § 497 zuwiderhandelt, soweit sie für einen bestimmten Tatbestand auf diese Bußgeldvorschrift verweist,
18. der Vorschrift des § 494 Satz 1 über verbotene Angaben zuwiderhandelt,
19. entgegen § 519 Abs. 1 ein nicht zugelassenes Biozid in den Verkehr bringt, einführt oder anwendet,
20. entgegen § 519 Abs. 4 Satz 2 in Verbindung mit Absatz 5, § 487 Abs. 5 Satz 3 ein Biozid unter Verstoß gegen die festgesetzten Anwendungsbestimmungen in den Verkehr bringt oder anwendet,
21. einer vollziehbaren Auflage nach § 519 Abs. 5 in Verbindung mit § 487 Abs. 6 zuwiderhandelt,
22. entgegen § 520 Abs. 1 in Verbindung mit §§ 453 Abs. 1 bis 3, 456 oder einer Rechtsverordnung nach § 455 ein Biozid nicht oder nicht ordnungsgemäß verpackt oder einer Rechtsverordnung nach § 520 Abs. 2 über die Kennzeichnung und Verpackung von Bioziden,

auch in Verbindung mit Absatz 3, soweit sie für einen bestimmten Tatbestand auf diese Bußgeldvorschrift verweist, zuwiderhandelt,

23. einer Rechtsverordnung nach § 521 Abs. 1, 3 oder 4 in Verbindung mit § 501 Nr. 4 zuwiderhandelt, soweit die Rechtsverordnung für einen bestimmten Tatbestand auf diese Bußgeldvorschrift verweist,
24. einer vollziehbaren Anordnung aufgrund einer Rechtsverordnung nach § 521 Abs. 1, 3 oder 4 in Verbindung mit § 501 Nr. 4 zuwiderhandelt, soweit die Rechtsverordnung für einen bestimmten Tatbestand auf diese Bußgeldvorschrift verweist,
25. der Vorschrift des § 520 Abs. 3 in Verbindung mit § 494 über verbotene Angaben zuwiderhandelt
26. entgegen § 527 Abs. 1 Wasch- oder Reinigungsmittel in den Verkehr bringt, die den Anforderungen einer Rechtsverordnung nach § 527 Abs. 2 nicht entsprechen.
27. entgegen § 528 Abs. 1 Wasch- oder Reinigungsmittel in den Verkehr bringt, deren Gehalt an Phosphorverbindungen die in einer Rechtsverordnung nach § 528 Abs. 2 festgesetzten Höchstmengen überschreitet,
28. entgegen § 530 Abs. 1 in Verbindung mit einer Rechtsverordnung nach § 530 Abs. 2 Wasch- oder Reinigungsmittel in den Verkehr bringt, deren Verpackungen oder Umhüllungen nicht, nicht richtig oder nicht vollständig gekennzeichnet sind,
29. entgegen § 531 Abs. 1 in Verbindung mit Absatz 2 Satz 1 die dort vorgeschriebenen Angaben nicht, nicht richtig oder nicht vollständig mitteilt,
30. einer Rechtsverordnung nach § 529 Abs. 1 oder § 530 Abs. 2 Satz 2 zuwiderhandelt, soweit sie für einen bestimmten Tatbestand auf diese Bußgeldvorschrift verweist.
31. entgegen § 536 Abs. 1 in Verbindung mit einer Rechtsverordnung nach § 536 Abs. 2 Nr. 7 Düngemittel gewerbsmäßig in den Verkehr bringt,
32. einer Rechtsverordnung nach § 537 Abs. 2 Nr. 1 Buchstabe d zuwiderhandelt, soweit sie für einen bestimmten Tatbestand auf diese Bußgeldvorschrift verweist,
33. einer Rechtsverordnung nach § 553 Abs. 1 Satz 2 Nr. 1 bis 6, 8, 11 bis 13 oder Abs. 5 zuwiderhandelt, soweit sie für einen bestimmten Tatbestand auf diese Bußgeldvorschrift verweist,
34. einer vollziehbaren Untersagung oder Auflage nach § 555 Abs. 1 Satz 1 oder § 555 Abs. 2 in Verbindung mit § 555 Abs. 1 Satz 1 zuwiderhandelt.

(2) Ordnungswidrig handelt, wer vorsätzlich oder fahrlässig

1. entgegen § 458 oder entgegen einer Rechtsverordnung nach § 459 Abs. 1, 2, 3 Satz 1, 4 und 6 oder § 463 Abs. 1 oder 3, soweit sie für einen bestimmten Tatbestand auf diese Bußgeldvorschrift ver-

weist, eine Mitteilung oder entgegen einer Rechtsverordnung nach § 459 Abs. 3 Satz 3, soweit sie für einen bestimmten Tatbestand auf diese Bußgeldvorschrift verweist, eine Angabe nicht, nicht richtig, nicht vollständig oder nicht rechtzeitig vornimmt oder macht,

2. einer Rechtsverordnung nach
   a) § 469 über die Ausfuhr gefährlicher Stoffe, Zubereitungen oder Produkte und von Anlagen sowie über die Überlassung von Herstellungs- und Verwendungsverfahren,
   b) § 470 Abs. 1 über giftige Tiere und Pflanzen,
   c) § 471 Abs. 1 in Verbindung mit Absatz 3 über Maßnahmen zum Schutz von Beschäftigten

   zuwiderhandelt, soweit die Rechtsverordnung für einen bestimmten Tatbestand auf diese Bußgeldvorschrift verweist,
3. entgegen § 478 Abs. 1, 2 oder 4, § 511 oder § 522 Abs. 1 Satz 2 in Verbindung mit § 67 eine Auskunft trotz Anmahnung nicht richtig, nicht vollständig oder nicht rechtzeitig erteilt oder Unterlagen nicht vorlegt oder einer Pflicht nach § 478 Abs. 1, 2 oder 4, § 511 oder § 522 Abs. 1 Satz 2 in Verbindung mit §§ 63 Abs. 2, 65 nicht nachkommt,
4. Verordnungen der Europäischen Gemeinschaft im Sinne des § 478 Abs. 2 Satz 1 oder Rechtsakten der Kommission oder des Rates der Europäischen Gemeinschaft zur Durchführung derartiger Verordnungen zuwiderhandelt, soweit eine Rechtsverordnung nach § 478 Abs. 2 Satz 3 für einen bestimmten Tatbestand auf diese Bußgeldvorschrift verweist.
5. entgegen § 491 Abs. 1 eine Anzeige oder entgegen § 491 Abs. 2 eine Meldung nicht, nicht richtig, nicht vollständig oder nicht rechtzeitig erstattet,
6. entgegen § 498 Satz 1 eine Anzeige nicht oder nicht rechtzeitig erstattet,
7. entgegen § 495 Abs. 1 Satz 1 ein Pflanzenschutzmittel oder ein Pflanzenstärkungsmittel durch einen Automaten oder eine andere Form der Selbstbedienung in den Verkehr bringt,
8. entgegen § 500 ein Pflanzenschutzgerät in den Verkehr bringt, das einer Rechtsverordnung nach § 501 Abs. 1 Nr. 1 nicht entspricht, oder einer Rechtsverordnung nach § 501 Nr. 2, 3 oder 5 zuwiderhandelt, soweit die Rechtsverordnung für einen bestimmten Tatbestand auf diese Bußgeldvorschrift verweist,
9. entgegen § 503 Abs. 1 Satz 1 ein nicht angemeldetes Pflanzenstärkungsmittel in den Verkehr bringt,
10. entgegen § 519 Abs. 5 in Verbindung mit § 491 Abs. 1 eine Anzeige oder entgegen § 519 Abs. 5 in Verbindung mit § 491 Abs. 2 eine Meldung nicht, nicht richtig, nicht vollständig oder nicht rechtzeitig erstattet,

11. entgegen einer Rechtsverordnung nach § 521 Abs. 1 Nr. 3 oder Abs. 3 eine Anzeige nicht oder nicht rechtzeitig abgibt,
12. entgegen § 521 Abs. 4 in Verbindung mit § 500 und einer Rechtsverordnung nach § 501 Nr. 1 ein Gerät zum Ausbringen von Bioziden in den Verkehr bringt oder einer Rechtsverordnung nach § 521 Abs. 4 in Verbindung mit § 501 Nr. 2, 3 oder 5, soweit die Rechtsverordnung für einen bestimmten Tatbestand auf diese Bußgeldvorschrift verweist, zuwiderhandelt,
13. vorsätzlich oder fahrlässig entgegen § 536 Abs. 1 in Verbindung mit einer Rechtsverordnung nach § 536 Abs. 2 Düngemittel gewerbsmäßig in den Verkehr bringt,
14. entgegen § 538 Abs. 2 eine festgesetzte Toleranz planmäßig ausnutzt,
15. einer Rechtsverordnung nach § 539 zuwiderhandelt, soweit sie für einen bestimmten Tatbestand auf diese Bußgeldvorschrift verweist.
16. einer Rechtsverordnung nach § 553 Abs. 1 Satz 2 Nr. 7, 9, 10, 14 oder 15 zuwiderhandelt, soweit sie für einen bestimmten Tatbestand auf diese Bußgeldvorschrift verweist, oder entgegen § 550 einen Umweltbeauftragten für Gefahrgut nicht bestellt,
17. den Vorschriften über die Beförderung gefährlicher Güter
    a) der Anlagen A und B zum Europäischen Übereinkommen vom 30. September 1957 über die internationale Beförderung gefährlicher Güter auf der Straße (ADR) in der Fassung vom 29. Juli 1968, zuletzt geändert durch die 5. ADR-ÄnderungsV vom 8. Juli 1974,
    b) der Anlage I zum Internationalen Übereinkommen über den Eisenbahnfrachtverkehr (CIM) vom 7. Februar 1970

    zuwiderhandelt, soweit eine Rechtsverordnung für einen bestimmten Tatbestand auf diese Bußgeldvorschrift verweist.
18.
    a) einer Rechtsverordnung nach Artikel 2 des Gesetzes zu dem Europäischen Übereinkommen vom 30. September 1957 über die internationale Beförderung gefährlicher Güter auf der Straße (ADR) vom 18. August 1969 oder
    b) einer Rechtsverordnung nach Artikel 2 des Gesetzes zu dem Zusatzübereinkommen vom 26. Februar 1966 zum Internationalen Übereinkommen über den Eisenbahn-Personen- und -Gepäckverkehr vom 25. Februar 1961 über die Haftung der Eisenbahn für Tötung und Verletzung von Reisenden sowie zu den Internationalen Übereinkommen vom 7. Februar 1970 über den Eisenbahnfrachtverkehr und den Eisenbahn-Personen- und -Gepäckverkehr vom 26. April 1974

    zuwiderhandelt, soweit sie für einen bestimmten Tatbestand auf diese Bußgeldvorschrift verweist.

(3) Eine Ordnungswidrigkeit nach Absatz 1 kann mit einer Geldbuße bis zu hunderttausend Deutsche Mark, eine Ordnungswidrigkeit nach Absatz 2 mit einer Geldbuße bis zu zwanzigtausend Deutsche Mark geahndet werden.

(4) [1]Gegenstände, auf die sich die Ordnungswidrigkeit bezieht oder die zu ihrer Begehung oder Vorbereitung gebraucht worden oder bestimmt gewesen sind, können eingezogen werden. [2]§ 23 des Gesetzes über Ordnungswidrigkeiten ist anzuwenden.

(5) Wird eine Zuwiderhandlung nach Absatz 2 Nr. 17 Buchstabe a oder Nr. 18 Buchstabe a bei der Beförderung gefährlicher Güter auf der Straße in einem Unternehmen begangen, das im Inland weder seinen Sitz noch eine geschäftliche Niederlassung hat, und hat auch der Betroffene im Inland keinen Wohnsitz, so ist Verwaltungsbehörde im Sinne des § 36 Abs. 1 Nr. 1 des Gesetzes über Ordnungswidrigkeiten die Bundesanstalt für den Güterfernverkehr.

(6) § 7 Abs. 2 Satz 2 des Gesetzes über die Aufgaben des Bundes auf dem Gebiet der Binnenschiffahrt vom 15. Februar 1956 (BGBl. II S. 317), zuletzt geändert durch Artikel 4 des Gesetzes vom 22. Januar 1975 zu dem Internationalen Schiffsvermessungs-Übereinkommen vom 23. Juni 1969 (BGBl. 1975 II S. 65) bleibt unberührt.

Siebentes Kapitel: Abfallwirtschaft und Abfallentsorgung

Erster Abschnitt: Allgemeine Vorschriften

§ 559 Zweck

Der Zweck des Gesetzes wird in diesem Kapitel vorrangig durch die Vermeidung von Abfällen, darüber hinaus durch eine umweltschonende und auf die Wiedergewinnung von Stoffen gerichtete Abfallentsorgung angestrebt.

§ 560 Begriffsbestimmungen

(1) Die Abfallentsorgung umfaßt die Verwertung und die Beseitigung von Abfällen einschließlich der hierauf bezogenen vorbereitenden Maßnahmen.

(2) Abfallverwertung ist die Gewinnung von Stoffen oder Energie aus Abfällen oder ihre Nutzung zu Zwecken, die nicht vorrangig der Abfallbeseitigung dienen und mit diesem Gesetz vereinbar sind.

(3) Abfallbeseitigung ist jede sonstige Vernichtung, Verschließung oder Ablagerung von Abfällen.

(4) [1]Dem Begriff des Abfalls im Sinne dieses Kapitels unterfallen Zwangsabfälle nach Absatz 5 und gewillkürte Abfälle nach Absatz 6. [2]Wesentliche Bestandteile einer Sache, die die Voraussetzungen des Satzes 1 erfüllt, sind nur Abfall, wenn der Zweck des § 559 dies erfordert.

(5) [1]Zwangsabfälle sind bewegliche körperliche Sachen, die Umweltgefahren im Sinne von § 2 Abs. 6 Satz 2 begründen, welche nur durch Entsorgung verhütet werden können, sowie Produkte, deren Herstellung verboten ist. [2]Werden Zwangsabfälle verwertet, verlieren sie diese Eigenschaft mit der Zuführung der aus ihnen gewonnenen Stoffe oder Energie zum Wirtschaftskreislauf.

(6) [1]Gewillkürte Abfälle sind bewegliche körperliche Sachen, derer sich ihr Besitzer mit dem Ziel der Entsorgung entledigt oder entledigen will, wenn hieraus Umweltrisiken im Sinne von § 2 Abs. 6 Satz 1 entstehen können; im Falle des Besitzwechsels kommt es auf den jeweiligen Besitzer an. [2]Verwendbare oder verwertbare Sachen werden nicht dadurch zu gewillkürtem Abfall, daß der Besitzer sie einem gewerblichen oder

gemeinnützigen Sammler zu Zwecken der Verwertung übergibt. [3]Im übrigen gilt Absatz 5 Satz 2 entsprechend.

(7) [1]Gefährliche Abfälle sind Zwangsabfälle, die in besonderem Maße den Zweck des § 559 gefährden. [2]Sie sind in einer Rechtsverordnung nach den §§ 147, 148 zu bestimmen.

(8) Siedlungsabfälle sind Abfälle im Sinne von Absatz 5 oder 6, die in der Regel in Haushaltungen anfallen.

(9) Reststoffe sind - ungeachtet einer etwaigen Abfalleigenschaft nach Absatz 5 oder 6 - solche Rückstände, die bei der Herstellung, Behandlung oder Verarbeitung von Gütern anfallen, ohne daß ein solcher Vorgang ihre Entstehung bezweckt.

(10) [1]Abfallentsorgungsanlagen sind Anlagen im Sinne von § 2 Abs. 7 Satz 1 Nr. 1 bis 3, die der Durchführung der Abfallentsorgung dienen. [2]Sie sind umweltgefährliche Anlagen im Sinne von § 2 Abs. 7 Satz 3, soweit nichts anderes bestimmt ist.

§ 561 Geltungsbereich

(1) [1]Die Vorschriften dieses Kapitels finden keine Anwendung, soweit die Entsorgung von Abfällen im Fünften oder Sechsten Kapitel oder im Tierseuchengesetz geregelt ist. [2]Auf den Umgang mit Reststoffen sind die Vorschriften dieses Kapitels nur anwendbar, soweit ihre Vermeidung oder Verwertung nicht im Vierten Kapitel geregelt ist.

(2) Unabhängig von einer Eigenschaft als Abfall gelten die Vorschriften dieses Kapitels auch für gebrauchte halbflüssige oder flüssige Stoffe, die ganz oder teilweise aus Mineralöl oder synthetischem Öl bestehen (einschließlich ölhaltiger Rückstände aus Behältern) sowie Emulsionen und Wasser-Öl-Gemische (Altöl), soweit im folgenden nichts anderes bestimmt ist.

(3) Wird Altöl im Sinne von Absatz 2 verwertet oder behandelt, so finden die §§ 581, 582 und 584 Anwendung, sofern die Bestimmungen des Vierten Kapitels nicht etwas anderes bestimmen oder zulassen.

§ 562 Grundsätze

(1) [1]Die Entstehung von Abfällen ist möglichst zu vermeiden, ihre Menge und Schädlichkeit sind möglichst gering zu halten. [2]Sachen, die noch zu ihrem bestimmungsgemäßen Gebrauch geeignet sind, sollen weiterhin verwendet oder einer anderen umweltschonenden Nutzung zugeführt werden.

(2) [1]Die Verwertung von Abfällen hat Vorrang vor ihrer Beseitigung, soweit dies technisch möglich und wirtschaftlich zumutbar ist und die

ökologischen Vorteile der Beseitigung nicht nachweislich gegenüber den Nachteilen überwiegen. [2]Darf die Verwertung unterbleiben, so sind Abfälle so umweltschonend wie möglich zu beseitigen.

(3) Die stoffliche Verwertung von Abfällen hat Vorrang vor ihrer thermischen Verwertung, soweit nicht nach dem Stand von Wissenschaft und Technik eine thermische Verwertung den Zwecken des § 559 besser dient.

(4) [1]Die Transportwege bei der Abfallentsorgung sind möglichst gering zu halten. [2]Eine Abfallentsorgung durch Einleitung oder Einbringung in die Hohe See oder durch Verbrennung auf See ist verboten, soweit nicht für bei dem Betrieb von Schiffen anfallende Abfälle etwas anderes gesetzlich bestimmt ist. [3]Die Ausfuhr von Abfällen in Staaten, die nicht Mitgliedstaaten der Europäischen Gemeinschaft sind, soll unbeschadet internationaler Verpflichtungen der Bundesrepublik Deutschland unterbleiben.

§ 563 Leitlinien

[1]Die Träger öffentlicher Gewalt setzen die Grundsätze des § 562 insbesondere um

1. durch die Förderung wiederverwertbarer Erzeugnisse, soweit sie umweltschonend hergestellt werden,
2. durch Umweltinformationen, die auf Vermeidung und Verwertung von Abfällen zielen,
3. durch planerische und sonstige Vorkehrungen für geordnete Entsorgungsstrukturen,
4. bei der Erfüllung von Entsorgungspflichten und bei ihrem sonstigen Handeln, insbesondere im Beschaffungs- und Auftragswesen und bei Bauvorhaben.

[2]Die Träger von öffentlichen Einrichtungen der Abfallentsorgung bemessen ihre Tarif- und Preisgestaltung derart, daß die Beachtung der Grundsätze des § 562 gefördert wird. [3]Soweit Träger öffentlicher Gewalt an Unternehmen beteiligt sind, wirken sie auch dort auf die Beachtung der Sätze 1 und 2 hin.

Zweiter Abschnitt: Entsorgungspflicht und Entsorgungsordnung

§ 564 Entsorgungspflichtigkeit

(1) [1]Entsorgungspflichtig sind Körperschaften des öffentlichen Rechts, soweit im folgenden nichts anderes bestimmt oder zugelassen ist. [2]Die jeweils entsorgungspflichtige Körperschaft wird durch die Länder gesetzlich bestimmt.

(2) [1]Die entsorgungspflichtige Körperschaft kann mit Zustimmung der zuständigen Behörde Abfälle, die keine Siedlungsabfälle im Sinne von § 560 Abs. 8 sind, von der Entsorgung ausschließen, soweit ihr nach Art oder Menge eine Entsorgung gemeinsam mit Siedlungsabfällen nicht möglich ist und dadurch der Zweck des § 559 nicht gefährdet wird. [2]Landesrecht kann die Befugnis zum Ausschluß einschränken. [3]Im Falle des zulässigen Ausschlusses ist der Besitzer der betreffenden Abfälle entsorgungspflichtig, wenn nicht durch dieses Gesetz oder aufgrund dieses Gesetzes etwas anderes bestimmt ist.

(3) Wer gemäß einer Rechtsverordnung nach § 147 zur Rücknahme von Abfällen verpflichtet ist, wird entsorgungspflichtig, sobald er Abfallbesitzer ist.

(4) Für Abfälle aus dem Bereich der Bundeswehr ist der Bund entsorgungspflichtig, sofern dies Gründe der Verteidigung zwingend erfordern.

§ 565 Überlassungspflicht

[1]Der Besitzer von Abfällen hat diese dem Entsorgungspflichtigen zu überlassen, wenn er nicht selbst zu ihrer Verwertung oder Beseitigung befugt oder verpflichtet ist. [2]Zwangsabfälle dürfen zum Befördern nur dem hierzu Berechtigten überlassen werden; ihr weiterer Entsorgungsweg muß entsprechend den in der Rechtsverordnung nach § 581 Abs. 3 Satz 3 bestimmten Anforderungen dokumentiert sein. [3]Die Art und Weise der Überlassung, insbesondere ihre Vorbereitung durch das getrennte Sammeln von Abfällen, unterliegt im übrigen landesrechtlicher Festlegung.

§ 566 Auskunftsanspruch des Entsorgungspflichtigen

Wer entsorgungspflichtig ist, hat gegenüber der zuständigen Behörde einen Auskunftsanspruch bezüglich geeigneter Entsorgungsanlagen.

§ 567 Erfüllung der Entsorgungspflicht

(1) [1]Entsorgungspflichten sind nach den Grundsätzen des § 562 zu erfüllen. [2]Die Anforderungen an die Art und Weise der Entsorgung werden in allgemeinen Verwaltungsvorschriften nach § 155 festgelegt, soweit sie sich nicht aus diesem Gesetz oder aufgrund dieses Gesetzes ergeben.

(2) Der Entsorgungspflichtige kann sich zur Erfüllung der Entsorgungspflicht Dritter bedienen.

(3) § 93 gilt auch für die Betreiber von Abfallentsorgungsanlagen in privater Hand.

§ 568 Ordnung der Entsorgung

(1) Die Entsorgung von Abfällen ist nur in dafür gemäß § 574, § 575 oder § 576 zugelassenen Abfallentsorgungsanlagen zulässig, soweit sich nicht aus den Absätzen 2 und 3 etwas anderes ergibt.

(2) [1]Die Verwertung oder Behandlung von Abfällen ist in Anlagen zulässig, die überwiegend einem anderen Zweck als dem der Abfallentsorgung dienen und nach § 321 zugelassen sind. [2]Durch Rechtsverordnung nach § 147 werden bestimmte Abfälle von einer derartigen Entsorgung ausgeschlossen, wenn die Grundsätze des § 562 dies erfordern. [3]Werden Abfälle nach Satz 1 verwertet oder behandelt, so finden die Vorschriften des Dritten, Fünften und Sechsten Abschnitts dieses Kapitels Anwendung.

(3) [1]Ausnahmen von Absatz 1 können durch Landesrecht für Bauschutt, Straßenaushub, pflanzliche Abfälle sowie ähnliche Sachen geregelt werden, wenn dies mit den Grundsätzen des § 562 vereinbar ist. [2]Im Einzelfall darf widerruflich eine Ausnahme von Absatz 1 gestattet werden, wenn Art und Menge der Abfälle überschaubar sind, der Zweck des § 559 gewahrt bleibt und die Versagung der Gestattung zu einer unbilligen Härte führen würde.

Dritter Abschnitt: Abfallentsorgungsplanung

§ 569 Inhalt

(1) [1]Die nach § 26 aufzustellenden Abfallentsorgungspläne formen die Grundsätze des § 562 aus. [2]Sie stellen auch das Abfallaufkommen dar und berücksichtigen sämtliche Anlagen, in denen gemäß § 568 Abs. 1 oder 2 die Entsorgung von Abfällen zulässig ist.

(2) Bei der Abfallentsorgungsplanung sind gefährliche Abfälle im Sinne von § 560 Abs. 7 besonders zu berücksichtigen.

§ 570 Verfahren

(1) [1]Die Beteiligung der Öffentlichkeit bei der Abfallentsorgungsplanung erfolgt im Rahmen der Umweltfolgenprüfung, soweit sie nach § 49 erforderlich ist. [2]Weitergehendes Landesrecht bleibt unberührt.

(2) [1]An den Grenzen des Bundesgebiets gelegene Länder sollen bei der Abfallentsorgungsplanung die Abstimmung mit den zuständigen Stellen des Nachbarstaates suchen, wenn nach den natürlichen oder wirtschaftlichen Gegebenheiten eine die Staatsgrenzen überschreitende Planung naheliegt. [2]Weitergehende Verpflichtungen aufgrund internationaler Vereinbarungen bleiben unberührt.

Vierter Abschnitt: Zulassung und Stillegung von Abfallentsorgungsanlagen

§ 571 Standortsuche

(1) [1]Eigentümer und Nutzungsberechtigte an Grundstücken haben zu dulden, daß Beauftragte der zuständigen Behörde zum Zwecke der Erkundung geeigneter Standorte Grundstücke mit Ausnahme von Wohnungen betreten und für die Erkundung erforderliche Arbeiten ausführen. [2]Solche Maßnahmen sind den Berechtigten rechtzeitig vorher bekanntzugeben.

(2) [1]Nach Abschluß der Arbeiten ist der vorherige Zustand unverzüglich wiederherzustellen. [2]Die Behörde kann verlangen, daß bei der Erkundung geschaffene Einrichtungen aufrechtzuerhalten sind. [3]Sie sind zu beseitigen, wenn sie nicht mehr benötigt werden oder auf Verlangen des Berechtigten, wenn eine Entscheidung darüber nicht binnen eines Jahres nach Schaffung der Einrichtung getroffen worden ist.

(3) Für Vermögensnachteile, die durch Maßnahmen nach Absatz 1 oder 2 entstehen, kann eine angemessene Entschädigung in Geld verlangt werden.

§ 572 Bewilligungsbedürftigkeit

Die Errichtung und der Betrieb einer Abfallentsorgungsanlage bedürfen der Umweltbewilligung, sofern sie einer Umweltfolgenprüfung unterliegen und die Anlage nicht in Übereinstimmung mit § 561 anderen Zulassungsregelungen unterliegt.

§ 573 Bewilligungsumfang, Konzentrationswirkung

(1) Das Bewilligungserfordernis erstreckt sich auf alle vorgesehenen
1. Anlagenteile und Verfahrensschritte, die zu dem Betrieb der Anlage notwendig sind (Anlagenkern) und
2. auf Nebeneinrichtungen und Verfahrensschritte, die überwiegend dem Anlagenkern dienen, mit diesem in einem räumlichen und betriebstechnischen Zusammenhang stehen und für die Erreichung der Zwecke des § 559 von Bedeutung sein können.

(2) [1]Neben der Bewilligung sind weitere behördliche Zulassungen im Sinne von § 50 Abs. 2 nicht erforderlich; die Entscheidung ergeht insoweit im Einvernehmen mit den für solche Zulassungen zuständigen Behörden. [2]Satz 1 gilt nicht für Planfeststellungen. [3]Über das Einvernehmen ist innerhalb von drei Monaten zu entscheiden, sofern nicht besondere Umstände entgegenstehen. [4]Hat die Behörde bis zum Ablauf der Frist keine Stellungnahme abgegeben, kann die Bewilligungsbehörde die entsprechenden Voraussetzungen selbst prüfen.

§ 574 Voraussetzungen der Bewilligung

(1) Die Umweltbewilligung ist zu erteilen, wenn
1. die Voraussetzungen des § 53 Abs. 1 erfüllt sind,
2. das Vorhaben für verbindlich erklärten Feststellungen eines Abfallentsorgungsplans nicht zuwiderläuft,
3. zwingende Erfordernisse einer geordneten Entsorgungsstruktur nicht entgegenstehen,
4. überwiegende Umweltbelange aufgrund des Ergebnisses einer Umweltfolgenprüfung sowie Belange des Arbeitsschutzes der Errichtung und dem Betrieb der Anlage nicht entgegenstehen,
5. rechtlich zulässige oder rechtmäßig ausgeübte Nutzungen von Nachbargrundstücken oder Gewässern nicht in einer Weise nachteilig beeinträchtigt werden, die durch Auflagen oder Bedingungen weder verhütet noch ausgeglichen werden können.

(2) [1]Eine Umweltbewilligung nach Absatz 1 kann auch erteilt werden, wenn die Voraussetzungen des Absatzes 1 Nr. 1 bis 4 erfüllt sind und

das Vorhaben zur Sicherstellung einer geordneten Entsorgung zwingend erforderlich ist. [2]Die Inhaber durch das Vorhaben beeinträchtigter Nutzungsrechte nach Absatz 1 Nr. 5 sind für eingetretene Vermögensnachteile in Geld zu entschädigen.

(3) Die Bundesregierung wird ermächtigt, durch Rechtsverordnung nach den §§ 145, 146 die Anforderungen nach Absatz 1 Nr. 4 festzulegen.

(4) Die Umweltbewilligung kann befristet und auch nach ihrer Erteilung mit Auflagen versehen werden, soweit dies zur Sicherstellung der Anforderungen des Absatzes 1 erforderlich ist.

(5) [1]Die zuständige Behörde kann unbeschadet des § 128 in der Umweltbewilligung verlangen, daß für die Rekultivierung und für Sicherungsanforderungen nach Stillegung der Anlage Sicherheit geleistet wird. [2]Soweit die Kosten zum Zeitpunkt der Entscheidung nicht absehbar sind, kann die Möglichkeit einer nachträglichen Erhöhung der Sicherheitsleistung vorbehalten werden.

§ 575 Änderung bewilligungsbedürftiger Anlagen

(1) [1]Die wesentliche Änderung der Lage, der Beschaffenheit oder des Betriebes einer gemäß § 572 bewilligungsbedürftigen Anlage bedarf - vorbehaltlich des § 576 Abs. 2 - der Bewilligung. [2]Eine Änderung ist unwesentlich, wenn keine Anhaltspunkte dafür vorliegen, daß die Voraussetzungen des § 574 Abs. 1 betroffen sein können.

(2) [1]Über den Zulassungsantrag ist innerhalb einer Frist von sechs Monaten zu entscheiden. [2]Die zuständige Behörde kann die Frist um jeweils drei Monate verlängern, wenn dies wegen der Schwierigkeit der Prüfung erforderlich ist.

(3) Die zuständige Behörde darf von der Auslegung des Antrags und der Unterlagen sowie von der öffentlichen Bekanntmachung des Vorhabens absehen, wenn nicht zu besorgen ist, daß durch die Änderung zusätzliche oder andere Emissionen oder sonstige Risiken herbeigeführt werden.

§ 576 Erlaubnis von Abfallentsorgungsanlagen

(1) Die Errichtung, der Betrieb und die wesentliche Änderung einer Abfallentsorgungsanlage, die einer Bewilligung nach § 572 nicht bedarf, weil sie keiner Umweltfolgenprüfung unterliegt, bedarf einer Erlaubnis.

(2) Bei der wesentlichen Änderung von Abfallentsorgungsanlagen, die § 572 unterfallen, soll die zuständige Behörde in der Regel ein Erlaubnisfahren durchführen, wenn der Zweck der Änderung auf eine Verbesserung des Umweltschutzes gerichtet ist.

(3) Für den Umfang und die Voraussetzungen der Erlaubniserteilung gelten § 573 Abs. 1 sowie § 574 entsprechend.

§ 577 Teilbewilligung

(1) Eine Bewilligung oder eine Erlaubnis einer Abfallentsorgungsanlage kann auf Antrag für
1. die Errichtung einer Anlage oder eines Teils einer Anlage oder
2. die Errichtung und den Betrieb eines Teils einer Anlage

erteilt werden, wenn eine vorläufige Prüfung ergibt, daß die Voraussetzungen der Erteilung der Bewilligung oder Erlaubnis im Hinblick auf die gesamte Anlage vorliegen werden und das Interesse des Antragstellers gegenüber den durch die Bewilligungserteilung bedingten Nachteilen erheblich überwiegt.

(2) [1]Das Ergebnis der vorläufigen Prüfung nach Absatz 1 bindet die zuständige Behörde in den nachfolgenden Teilbewilligungsverfahren. [2]Die Bindung entfällt, soweit infolge einer Änderung der Sach- und Rechtslage oder neuer Erkenntnisse an die noch nicht bewilligten Anlagenteile neue Anforderungen gestellt werden müssen. [3]Die Bindung entfällt ferner, wenn an noch nicht bewilligte Anlagenteile aufgrund späterer Einzelprüfungen neue Anforderungen gestellt werden müssen.

§ 578 Vorzeitiger Beginn

(1) In einem Bewilligungs- oder Erlaubnisverfahren kann widerruflich gestattet werden, daß bereits vor der Erteilung der Bewilligung oder der Erlaubnis mit der Ausführung des Vorhabens begonnen wird, wenn
1. hinreichend verläßlich mit einer Entscheidung zugunsten des Antragstellers gerechnet werden kann,
2. das öffentliche Interesse an einer ordnungsgemäßen Abfallentsorgung die vorzeitige Ausführung erfordert,
3. der Antragsteller sich verpflichtet, alle bis zur Entscheidung über den Antrag durch die Ausführung verursachten Schäden zu ersetzen und - falls das Vorhaben nicht zugelassen wird - den ursprünglichen Zustand des in Anspruch genommenen Geländes wiederherzustellen.

(2) Die Gestattung des vorzeitigen Beginns kann unter dem Vorbehalt von Auflagen erteilt oder mit Auflagen verbunden werden.

(3) Die zuständige Behörde kann die Leistung einer Sicherheit verlangen, soweit dies erforderlich ist, um die Erfüllung der Verpflichtung nach Absatz 1 Nr. 3 sicherzustellen.

§ 579 Rechtsnachfolge

[1]Der Übergang der Inhaberschaft an einer bewilligten oder erlaubten Abfallentsorgungsanlage ist der zuständigen Behörde von dem bisherigen oder dem künftigen Inhaber unverzüglich anzuzeigen. [2]Die Zulassung geht auf den Rechtsnachfolger über, wenn die Behörde verbindlich entschieden hat, daß die Voraussetzungen des § 53 Abs. 1 Nr. 3 und 4 und des § 574 Abs. 5 auch nach dem Inhaberwechsel erfüllt sind. [3]Wird spätestens zwei Monate vor Eintritt der Rechtsnachfolge der Übergang der Inhaberschaft angezeigt, kann der neue Inhaber den Betrieb weiterführen; er ist dazu auch befugt, wenn die Anzeige unmöglich war und unverzüglich nachgeholt wird. [4]Die zuständige Behörde kann, solange die Entscheidung nach Satz 2 aussteht, vorläufige Maßnahmen treffen.

§ 580 Stillegung

(1) [1]Der Inhaber einer bewilligten oder erlaubten Abfallentsorgungsanlage hat deren beabsichtigte Stillegung der zuständigen Behörde unverzüglich anzuzeigen. [2]Er ist nach Maßgabe behördlicher Anordnung verpflichtet, das Gelände auf seine Kosten durch Rekultivierungsmaßnahmen an seine natürliche Umgebung anzupassen und Sicherheitsvorkehrungen zu treffen, die zum Schutz der Umwelt geboten sind.

(2) [1]Für die Sicherstellung der sich aus Absatz 1 Satz 2 ergebenden Pflicht gilt § 128 entsprechend. [2]Soweit die Stillegungskosten zum Zeitpunkt der Entscheidung nicht absehbar sind, kann sich die zuständige Behörde in der Umweltbewilligung die Möglichkeit einer nachträglichen Erhöhung der Sicherheitsleistung vorbehalten.

(3) Die Behörde kann zum Zweck der Erfüllung der aus Absatz 1 Satz 2 und Absatz 2 folgenden Pflichten Auflagen und nachträgliche Anordnungen erlassen.

Fünfter Abschnitt: Überwachung und Umweltbeauftragte

§ 581 Behördliche und Eigenüberwachung

(1) [1]Die Einhaltung der Vorschriften dieses Kapitels wird fortlaufend und aus besonderem Anlaß nach den §§ 57 bis 71 überwacht. [2]Überwachungsmaßnahmen im Sinne von § 60 sind auch auf stillgelegte Abfallentsorgungsanlagen und auf Grundstücke zu erstrecken, auf denen vor

dem 11. Juni 1972 Abfälle angefallen oder Maßnahmen der Abfallentsorgung durchgeführt worden sind, wenn dies zum Schutz der Umwelt erforderlich ist.

(2) Auf die durch die Überwachung erlangten Kenntnisse und Unterlagen sind die §§ 93, 97, 105 Abs. 1, § 111 Abs. 5 in Verbindung mit § 105 Abs. 1 sowie § 116 Abs. 1 der Abgabenordnung nur anzuwenden, soweit die Finanzbehörden die Kenntnisse für die Durchführung eines Verfahrens wegen einer Steuerstraftat sowie eines damit zusammenhängenden Besteuerungsverfahrens benötigen, an deren Verfolgung ein zwingendes öffentliches Interesse besteht, oder soweit es sich um vorsätzlich falsche Angaben des Auskunftspflichtigen oder der für ihn tätigen Personen handelt.

(3) [1]Die Betreiber von Abfallentsorgungsanlagen, die Betreiber von Anlagen, in denen gefährliche Abfälle anfallen, und die Beförderer gefährlicher Abfälle sind verpflichtet, Nachweis über die Art, die Menge und den Weg einer beabsichtigten oder erfolgten Entsorgung gefährlicher Abfälle zu führen. 2Die Besitzer von Abfällen, die keine Siedlungsabfälle sind, können durch die zuständige Behörde zur Nachweisführung verpflichtet werden, wenn der Zweck dieses Gesetzes es gebietet. [3]Das Nähere über die Führung des Nachweises wird durch Rechtsverordnung nach den §§ 146, 147 bestimmt. [4]Die Rechtsverordnung kann vorsehen, daß die Behörde von der Verpflichtung nach Satz 1 widerruflich freistellen kann, wenn dadurch Umweltrisiken nicht begründet worden.

(4) Derzeitige und frühere Inhaber, Eigentümer und Nutzungsberechtigte der von Absatz 1 Satz 2 erfaßten Abfallentsorgungsanlagen und Grundstücke unterliegen der Überwachungspflichtigkeit nach § 63 Abs. 1.

(5) [1]Eigentümer und Nutzungsberechtigte von Grundstücken im Einwirkungsbereich einer Abfallentsorgungsanlage sind verpflichtet, das Betreten zu Zwecken behördlicher oder dem Betreiber gesetzlich oder im Einzelfall auferlegter Messungen zu dulden. [2]Das Betreten von Grundstücken und Räumen nicht überwachungspflichtiger Personen gemäß § 65 Abs. 2 ist auch zulässig, soweit Umweltauswirkungen aus Gründen der Vorsorge ermittelt werden.

§ 582 Erforderlichkeit eines Umweltbeauftragten für Abfälle

(1) [1]Die Betreiber von Abfallentsorgungsanlagen und von Anlagen, in denen regelmäßig gefährliche Abfälle im Sinne des § 560 Abs. 7 anfallen, sind verpflichtet, einen oder mehrere Umweltbeauftragte für Abfälle zu bestellen, soweit dies durch Rechtsverordnung nach § 147 bestimmt ist. [2]Der Umweltbeauftragte für Abfälle hat im Rahmen des § 96 auch die Aufgabe, auf die Verwirklichung der Grundsätze des § 562 im Betrieb hinzuwirken.

(2) Von der Bestellungspflicht ist der Pflichtige auf seinen Antrag von der zuständigen Behörde zu befreien, wenn dies wegen der Art und Menge der zu entsorgenden oder anfallenden Abfälle keine Beeinträchtigung der Zwecke dieses Gesetzes besorgen läßt.

(3) Die Bestellung eines nicht dem Betrieb angehörenden Umweltbeauftragten oder die Bestellung eines gemeinsamen Umweltbeauftragten durch den Betreiber mehrerer der in Absatz 1 Satz 1 bezeichneten Anlagen ist durch die zuständige Behörde zu gestatten, sofern dadurch die Erfüllung der Aufgaben nach § 96 nicht beeinträchtigt wird.

Sechster Abschnitt: Abfalltransporte

§ 583 Allgemeines

(1) Die Beförderung von Abfällen im Inland sowie die Einfuhr, Ausfuhr oder Durchfuhr von Abfällen unterliegen der Eröffnungskontrolle nach den Bestimmungen dieses Abschnitts.

(2) Rechtsvorschriften, die der Sicherheit im Zusammenhang mit der Beförderung gefährlicher Güter dienen, bleiben unberührt.

(3) Das Nähere über die Antragsunterlagen, die Form des Antrags, die Erfüllung von Anzeigepflichten (Notifizierung) sowie die Verpackung und Kennzeichnung wird durch Rechtsverordnung nach § 146 bestimmt.

§ 584 Inländische Abfallbeförderung

(1) Wer gewerbsmäßig oder im Rahmen wirtschaftlicher Unternehmen im Inland Abfälle befördert, bedarf der Erlaubnis, sofern im folgenden nichts anderes bestimmt oder zugelassen ist.

(2) Absatz 1 gilt nicht für nach § 564 Abs. 1 entsorgungspflichtige Körperschaften und für Dritte, derer sie sich gemäß § 567 Abs. 2 bedienen, soweit es sich nicht um Zwangsabfälle handelt und die Beförderung innerhalb des Zuständigkeitsbereichs der Körperschaft erfolgt.

(3) Durch Rechtsverordnung nach § 148 Abs. 1 kann bestimmt werden, daß Abfälle, von denen nach ihrer Herkunft, Zusammensetzung oder Menge Umweltgefahren nicht ausgehen, keiner Erlaubnis nach Absatz 1 bedürfen.

(4) Die zuständige Behörde kann auf Antrag oder von Amts wegen die Beförderung von Abfällen, die nur in geringfügiger Menge in wirtschaftlichen Unternehmen anfallen, von der Erlaubnispflicht nach Absatz 1 freistellen.

(5) Die Erlaubnis nach Absatz 1 ist zu erteilen, wenn,

1. keine Tatsachen vorliegen, aus denen sich Bedenken gegen die Zuverlässigkeit des Antragstellers oder der für die Leitung und Beaufsichtigung des Betriebes verantwortlichen Personen ergeben,
2. die vorgesehene Entsorgung verbindlichen Abfallentsorgungsplänen gemäß § 26 Abs. 3 nicht widerspricht,
3. der Nachweis erbracht ist, daß und wie die Abfälle einer gemäß den §§ 567, 568 zulässigen Entsorgung zugeführt werden,
4. überwiegende öffentliche Belange der Wahl, der Art, der Zeit und des Weges der Beförderung nicht entgegenstehen.

(6) Zuständig für die Erteilung der Erlaubnis nach Absatz 1 ist die Behörde des Landes, in dessen Bereich die Beförderung beginnt; sie hat dem Land, in das die Abfälle zur Entsorgung verbracht werden, Gelegenheit zur Stellungnahme zu geben.

§ 585 Grenzüberschreitende Verbringung im Gebiet der Europäischen Gemeinschaft

(1) [1]Die Durchfuhr von Abfällen aus einem Mitgliedsstaat in einen anderen Mitgliedsstaat ist der zuständigen Behörde anzuzeigen. [2]Ihre Untersagung richtet sich nach § 74 Abs. 1 und 2.

(2) Die Erlaubnis zur Einfuhr von Abfällen aus einem Mitgliedsstaat ist zu erteilen, wenn

1. eine den Anforderungen der nach § 583 Abs. 3 zu erlassenden Rechtsverordnung genügende Notifizierung stattgefunden hat,
2. keine aufgrund von Rechtsakten der Gemeinschaft erhobenen Einwände des Herkunftsstaates sowie etwaiger Durchfuhrstaaten erhoben worden sind,
3. Festlegungen eines Abfallentsorgungsplans nicht entgegenstehen, insbesondere hinsichtlich der regionalen Eingrenzung der Entsorgungszusammenarbeit der Mitgliedstaaten,
4. die Voraussetzungen von § 584 Abs. 5 Nr. 1, 3 und 4 erfüllt sind.

(3) Die Erlaubnis zur Ausfuhr von Abfällen in einen Mitgliedsstaat ist zu erteilen, wenn

1. die Voraussetzungen von Absatz 2 Nr. 1, 3 und 4 erfüllt sind,
2. keine Tatsachen bekannt sind, die unter Berücksichtigung des Gemeinschaftsrechts über die Durchführung der Entsorgung Umweltgefahren am Bestimmungsort besorgen lassen.

(4) Sind seit der Notifizierung (Absatz 2 Nr. 1) 30 Tage vergangen, so gilt die Erlaubnis als erteilt, falls die zuständige Behörde ihre Erteilung nicht ausdrücklich gegenüber dem Antragsteller abgelehnt hat.

(5) [1]Zuständig für die Erteilung der Erlaubnis zur Einfuhr ist die Behörde des Landes, in dem die Abfälle erstmals behandelt, gelagert oder abge-

lagert werden sollen. [2]Zuständig für die Erteilung einer Erlaubnis zur Ausfuhr und die Entgegennahme der Anzeige einer Durchfuhr ist die Behörde des Landes, in dem die Beförderung der Abfälle beginnt. [3]Die obersten Landesbehörden der Länder, durch deren Gebiet Abfälle verbracht werden sollen, erhalten durch die Erlaubnisbehörden vor Beginn der Beförderung jeweils eine Ausfertigung der Erlaubnis bzw. Durchfuhranzeige.

§ 586 Grenzüberschreitende Verbringung unter Beteiligung von Nichtmitgliedstaaten

(1) Die Erlaubnis einer Durchfuhr von Abfällen aus einem Staat oder in einen Staat, der nicht Mitglied der Europäischen Gemeinschaft ist, setzt voraus, daß
1. die Zustimmung der zuständigen Behörde des Empfangsstaates nachgewiesen ist,
2. der Nachweis einer ausreichenden Versicherung für den Fall einer Rückführung grenzüberschreitend verbrachter Abfälle in den Herkunftsstaat nach § 587 erbracht ist,
3. die Voraussetzungen von § 584 Abs. 5 Nr. 1 und 4 erfüllt sind.

(2) Die Erlaubnis zur Einfuhr aus einem Staat, der nicht Mitglied der Europäischen Gemeinschaft ist, setzt voraus, daß
1. die beabsichtigte Verbringung Festlegungen eines Abfallentsorgungsplans entspricht,
2. zwischen der Bundesrepublik Deutschland und dem betreffenden Herkunftsstaat eine völkerrechtliche Vereinbarung über grenzüberschreitende Abfallverbringungen besteht,
3. der Antragsteller die amtliche Erklärung des Herkunftsstaates erbringt, daß dort eine ordnungsgemäße Entsorgung nicht möglich ist, obwohl nachweislich Maßnahmen zur Verminderung von Abfallausfuhren ergriffen wurden,
4. die Voraussetzungen von Absatz 1 Nr. 3 erfüllt sind.

(3) [1]Die Erlaubnis zur Ausfuhr in einen Staat, der nicht Mitglied der Europäischen Gemeinschaft ist, setzt voraus, daß
1. die Ausfuhr sich unter Berücksichtigung des § 562 Abs. 4 Satz 3 als ausnahmsweise vertretbar darstellt,
2. vom Antragsteller der Nachweis über eine ausreichende Informationsübermittlung an die zuständige Behörde des Empfängerstaates und gegebenenfalls von Durchfuhrstaaten sowie über deren Zustimmung zu der beabsichtigten Verbringung erbracht ist,
3. amtliche Erklärungen des Empfängerstaates erwarten lassen, daß die Abfälle ordnungsgemäß entsorgt werden und dem Tatsachen, die der Erlaubnisbehörde bekannt sind, nicht entgegenstehen.

[2]Absatz 2 Nr. 1, 2 und 4 gilt entsprechend.

(4) Für die Zuständigkeit gilt § 585 Abs. 5 entsprechend.

§ 587 Rückführung

Der Beförderer grenzüberschreitend verbrachter Abfälle hat diese in den Herkunftsstaat zurückzuführen, wenn die zum Zeitpunkt der Erlaubniserteilung vorgesehene Entsorgung im Empfängerstaat nicht durchgeführt werden kann, die Verbringung entgegen den Vorschriften dieses Gesetzes durchgeführt wurde oder wenn der Erteilung der Erlaubnis falsche Tatsachenangaben zugrunde lagen.

§ 588 Berichtspflichten der Länder

Die Länder berichten der Bundesregierung jährlich über Art und Menge grenzüberschreitend verbrachter Abfälle sowie über Herkunfts- und Empfängerstaaten von ihnen erlaubter Verbringungen.

§ 589 Mitwirkung der Zollstellen

(1) [1]Die Zollstellen wirken in Zusammenarbeit mit den zuständigen Behörden der Länder bei der Überwachung von grenzüberschreitenden Abfallverbringungen mit. [2]Besteht der Verdacht eines Verstoßes gegen Bestimmungen dieses Gesetzes, unterrichten die Zollstellen die zuständigen Behörden. [3]Sie können Abfälle, deren Beförderungsmittel und Verpackungen auf Kosten und Gefahr des Verfügungsberechtigten zurückweisen und bis zur Behebung der festgestellten Mängel sicherstellen oder anordnen, daß sie den zuständigen Behörden vorgeführt werden.

(2) [1]Die Mitwirkung des Bundesministers der Finanzen und der von ihm bestimmten Zollbehörden an der Überwachung der Ein- und Ausfuhr nach diesem Abschnitt wird durch Rechtsverordnung geregelt, die der Bundesminister der Finanzen im Einvernehmen mit dem für den Umweltschutz zuständigen Bundesminister ohne Zustimmung des Bundesrates erläßt. [2]Im Einvernehmen mit dem Bundesminister der Finanzen gibt der für den Umweltschutz zuständige Bundesminister im Bundesanzeiger die Zollstellen bekannt, bei denen Abfälle zur Einfuhr, Durchfuhr oder Ausfuhr abgefertigt werden.

Siebenter Abschnitt: Abfallabgabe

§ 590 Grundsatz

(1) Der Erzeuger von Abfällen hat nach Maßgabe dieses Kapitels eine Abgabe im Sinne des § 77 Abs. 1 zu entrichten (Abfallabgabe).

(2) Erzeuger von Abfällen sind

1. die Betreiber gewerblicher oder sonstiger wirtschaftlicher Unternehmen oder öffentlicher Einrichtungen, in denen Abfälle anfallen,
2. die Besitzer von Abfällen, sofern diese bei ihnen erstmalig anfallen oder von ihnen in das Inland verbracht worden sind.

§ 591 Abfälle, die der Abgabepflicht unterliegen

(1) [1]Der Abgabepflicht unterliegen solche Abfälle, die wegen ihrer Art, Beschaffenheit oder Menge sowie der Schwierigkeit einer umweltschonenden Entsorgung und der von ihnen verursachten Umweltgefahren und Umweltrisiken in besonderem Maße vermieden oder verringert werden müssen. [2]Die Bundesregierung bestimmt durch Rechtsverordnung nach § 146, welche Abfälle der Abgabepflicht unterliegen, um den Zweck dieses Kapitels und insbesondere des § 562 Abs. 1 zu fördern. [3]Zum Zweck der gestuften Bemessung der Abgabehöhe sind die Abfälle, welche der Abgabepflicht unterliegen, im Hinblick auf den Zweck der Abgabe in drei Kategorien einzuteilen.

(2) Die Rechtsverordnung nach Absatz 1 kann für Abfälle, die der Abgabepflicht unterliegen, vorsehen, daß die Abgabepflicht erst bei Überschreitung einer Mindestmenge des Anfalles bei dem jeweiligen Erzeuger entsteht.

(3) Der Abgabepflichtigkeit unterliegen nicht

1. Abfälle, die bei der Bodensanierung oder im Zusammenhang mit dem Abbruch oder der Sanierung baulicher Anlagen unvermeidlich anfallen,
2. Abfälle, die im Rahmen der Entsorgung in einer nach dem Dritten Abschnitt dieses Kapitels zugelassenen Abfallentsorgungsanlage anfallen,
3. Abfälle, die nachweislich einer stofflichen Verwertung oder im Einklang mit § 562 Abs. 3 einer thermischen Verwertung zugeführt werden,
4. Siedlungsabfälle im Sinne von § 560 Abs. 8.

§ 592 Entstehung der Abgabepflicht

Die Abgabepflicht des Erzeugers nach § 590 Abs. 2 entsteht mit der Überlassungspflicht nach § 565 Abs. 1 Satz 1 oder mit der Entsorgung von Abfällen in eigenen Anlagen gemäß § 568 Abs. 1.

§ 593 Abgabesatz

(1) Der Abgabesatz beträgt je angefangene Tonne
   1. für Abfälle der Kategorie 1 ...
   2. für Abfälle der Kategorie 2 ...
   3. für Abfälle der Kategorie 3 ...

(2) Nach zwei Jahren erhöht sich der Abgabesatz je Kategorie um x von Hundert bis die doppelten Werte von Absatz 1 erreicht sind.

§ 594 Abgabeerklärung, Festsetzung

(1) [1]Die Abgabeerklärung nach § 80 Abs. 2 Satz 1 hat die zur Festsetzung der Abgabe erforderlichen Angaben über die Erzeugung von Abfällen, die der Abgabepflicht unterliegen, nach Kategorien gemäß § 591 Abs. 1 Satz 3 aufgeschlüsselt zu enthalten. [2]Die Erklärung ist spätestens bis zum 31. März des auf den Veranlagungszeitraum folgenden Jahres abzugeben.

(2) Für die Festsetzung darf auf im Zuge der Überwachung gemäß § 581 erlangte Daten im erforderlichen Umfang zurückgegriffen werden.

§ 595 Verwendung

(1) Das Aufkommen der Abfallabgabe ist im Rahmen des § 81 zweckgebunden zu verwenden für
   1. Maßnahmen zur Förderung der Abfallvermeidung und - unter Beachtung des § 562 Abs. 3 - der Abfallverwertung,
   2. die Erforschung, Überwachung und Bewältigung von Umweltgefahren und Umweltrisiken, welche durch die Ablagerung von Abfällen entstanden sind,
   3. Umweltsubventionen, wenn eine Maßnahme oder ein Vorhaben deshalb förderungswürdig gemäß § 83 ist, weil es den Grundsätzen des § 562 in besonderem Maße dient,
   4. Maßnahmen für die Erfüllung der Aufgaben der Altlastensanierungsgesellschaft nach § 311.

(2) [1]Die Länder können vorsehen, daß für die Unterbreitung von Empfehlungen zur Verwendung des ihnen zufließenden Abgabeaufkommens

Beiräte gebildet werden. [2]Sie regeln die Zusammensetzung solcher Beiräte.

Achter Abschnitt: Gemeinsame Vorschriften

§ 596 Altanlagen

(1) Für ortsfeste Abfallentsorgungsanlagen, die vor dem 11. Juni 1972 betrieben wurden oder mit deren Errichtung begonnen war, gelten die §§ 9 und 10 des Abfallgesetzes fort.

(2) Vor Inkrafttreten dieses Gesetzes nach § 7 Abs. 1 des Abfallgesetzes erteilte Planfeststellungen gelten als Bewilligungen, nach § 7 Abs. 2 erteilte Plangenehmigungen gelten als Erlaubnisse nach den Vorschriften des Vierten Abschnitts dieses Kapitels fort.

§ 597 Ordnungswidrigkeiten

(1) Ordnungswidrig handelt, wer vorsätzlich oder fahrlässig
1. entgegen § 568 Abs. 1 Abfälle außerhalb dafür zugelassener Abfallentsorgungsanlagen entsorgt,
2. entgegen § 565 Satz 2 Zwangsabfälle im Sinne des § 560 Abs. 7 einem Nichtberechtigten überläßt,
3. entgegen § 572, § 575 oder § 576 eine Abfallentsorgungsanlage ohne die erforderliche Zulassung errichtet, betreibt oder wesentlich ändert,
4. einer vollziehbaren Auflage zu einer Bewilligung oder Erlaubnis nach § 574 Abs. 4 oder zu der Gestattung des vorzeitigen Beginns nach § 578 Abs. 2 zuwiderhandelt, oder unter Verstoß gegen § 579 den Betrieb einer Anlage fortführt,
5. ohne die nach § 584 Abs. 1, § 585 Abs. 2 oder 3, § 586 Abs. 1, 2 oder 3 erforderliche Erlaubnis Abfälle befördert oder verbringt oder einer mit einer solchen Erlaubnis verbundenen vollziehbaren Auflage zuwiderhandelt,
6. einer Rechtsverordnung nach § 568 Abs. 2 Satz 2 zuwiderhandelt, soweit sie für einen bestimmten Tatbestand auf diese Bußgeldvorschrift verweist.

(2) Ordnungswidrig handelt ferner, wer vorsätzlich oder fahrlässig
1. einer Anzeigepflicht nach § 580 Abs. 1 Satz 1 zuwiderhandelt,
2. seinen Nachweispflichten nach § 581 Abs. 2 zuwiderhandelt,

3. entgegen § 582 Abs. 1 Satz 1 einen Umweltbeauftragten für Abfälle nicht bestellt,
4. einer Rechtsverordnung nach § 581 Abs. 2 Satz 3 oder § 583 Abs. 3 zuwiderhandelt, soweit sie für einen bestimmten Tatbestand auf diesen Absatz verweist.

(3) Eine Ordnungswidrigkeit nach Absatz 1 kann mit einer Geldbuße bis zu hunderttausend Deutsche Mark, eine Ordnungswidrigkeit nach Absatz 2 mit einer Geldbuße bis zu zwanzigtausend Deutsche Mark geahndet werden.

(4) [1]Die zuständigen Verwaltungsbehörden können bei Ordnungswidrigkeiten nach diesem Kapitel, die in Zusammenhang mit der Verbringung von Abfällen begangen werden, Ermittlungen auch durch die Hauptzollämter oder die Zollfahndungsämter vornehmen lassen. [2]§ 42 Abs. 2 bis 5 des Außenwirtschaftsgesetzes gilt entsprechend.

(5) [1]Gegenstände, auf die sich die Ordnungswidrigkeit bezieht oder die zu ihrer Regelung oder Vorbereitung gebraucht worden oder bestimmt gewesen sind, können eingezogen werden. [2]§ 23 des Gesetzes über Ordnungswidrigkeiten ist anzuwenden.

Achtes Kapitel: Schlußvorschriften

§ 598 Inkrafttreten

Dieses Gesetz tritt am … in Kraft.

C. Gesetzesbegründung UGB-BT

C. Gesetzesbegründung UGB-BT

Inhaltsverzeichnis zur Gesetzesbegründung

- Schnellübersicht -

Seite

Gesetzesbegründung

Gesetzesbegründung

Erstes Kapitel: Naturschutz und Landschaftspflege

Vorbemerkungen zur Ausgangssituation und zu den Grundlinien des Vorschlages

I. AUSGANGSLAGE

1. Gegenstand des Regelungsbereichs

Naturschutz und Landschaftspflege, in ihren Wortbedeutungen zu einem einheitlichen Begriff integriert, beschäftigen sich damit, die Tier- und Pflanzenwelt in ihren natürlichen Lebensbedingungen, die Vielfalt, Eigenart und Schönheit der Landschaft sowie die Funktionsfähigkeit des Naturhaushalts zu schützen, zu pflegen und zu entwickeln (Kolodziecjok/Recken, Naturschutz, Landschaftspflege, 1977 ff., Stand: Juli 1992, § 1 BNatSchG Rn. 3 bis 11; Soell, in: Salzwedel [Hrsg.], Grundzüge des Umweltrechts, 1982, S. 481 ff., 487; die Gebiete stärker trennend Plachter, Naturschutz, 1991, S. 6 f.). Sie sind eine öffentliche Aufgabe nicht nur im unbesiedelten, sondern auch im besiedelten Bereich. Die Zentralbegriffe des Umweltschutzes, wie sie § 1 Abs. 1 und 2 festlegt, sind auch die konstituierenden Begriffe des Naturschutzes und der Landschaftspflege. Bereits hierin wird deutlich, daß das Recht des Naturschutzes und der Landschaftspflege im Gesamtzusammenhang des Umweltrechts eines seiner Kerngebiete darstellt.

2. Bisherige Rechtslage

Das bisherige Naturschutz- und Landschaftspflegerecht ist durch eine spezifische Mehrschichtigkeit seiner Rechtsgrundlagen und Steuerungsansätze gekennzeichnet (vgl. Stich, HdUR, Bd. 2, 1988, Sp. 28 ff.). In den Rechtsgrundlagen finden sich die Schichten des Bundesrahmenrechts und des rahmenausfüllenden Landesrechts, die zusammen den eigenständigen Kern des Rechtsgebietes ausmachen. Dazu sind zunächst speziell für den Artenschutz, in jüngerer Zeit vermehrt auch allgemein Regelungen des Rechts der Europäischen Gemeinschaft getreten. Außerdem sind in zahlreichen anderen Fachgesetzen des Bundes und der Länder, insbesondere im Bau- und Raumordnungsrecht, zahlreiche Einzelvorschriften naturschutzrechtlichen Gehalts anzutreffen. Von den Steuerungsansätzen her finden sich im Kernbereich Schichten einer allgemeinen Steuerung, die naturschutzrechtliche Belange flächendeckend sicherstellen sollen, und solche einer besonderen Steuerung, in der es nur um den Schutz bestimmter Gebiete, Objekte oder Arten geht. Das komplementäre Fachrecht wählt teils dieselben, insbesondere raumbezogene Steuerungsansätze, kennt aber auch bewirtschaftungs- und stoffrechtliche Instrumente.

Die das Gebiet kennzeichnende Mehrschichtigkeit ist das Ergebnis einer mehr als hundertjährigen Geschichte des Naturschutzes und der Landschaftspflege. Gerade dieses Gebiet wird stark von seinen Rechtstraditionen geprägt. Ohne Überblick über die historische Entwicklung sind die derzeitige Regelungssystematik und die Aufgaben ihrer Fortentwicklung nicht zu verstehen. Auf Grundzüge zurückgeführt, lassen sich drei Entwicklungsphasen ausmachen:

In seiner ersten Entwicklungsphase wurde der Naturschutz als ein vor allem an ästhetischen Interessen ausgerichteter Heimatschutz verstanden. Er konzentrierte sich folglich auf bestimmte, besonders schützenswerte Objekte und wurde oft nicht eigentlich als Behördenaufgabe angesehen, sondern war von vornherein auf eine dem zeitgenössischen Verwaltungsverständnis sonst eher ungewohnte Laienbeteiligung angewiesen. Außerhalb der klassischen gefahrenabwehrenden Aufgaben des Staates liegend, bedurfte er, um auch eingriffsweise durchgesetzt werden zu können, spezieller gesetzlicher Ermächtigung. Das preußische "Gesetz gegen die Verunstaltung landschaftlich hervorragender Gegenden" vom 2. Juni 1902 (GS S. 159) charakterisierte diese erste Phase zutreffend: Es ging im Naturschutz um einen Objekts- oder Gebietsschutz aus ästhetischen Gesichtspunkten.

In seine zweite Entwicklungsphase trat der Naturschutz in der Weimarer Zeit. Art. 150 der Reichsverfassung von 1919 bestimmte: "Die Denkmäler der Kunst, der Geschichte und der Natur sowie die Landschaft genießen den Schutz und die Pflege des Staates". Die Erweiterung des Gebietes vom Naturdenkmalschutz zum Schutz der Landschaft war damit klar zum Ausdruck gebracht. Herausgestellt wurde außerdem, daß es sich um eine Staatsaufgabe handelte, die neben dem Schutz- auch das Pflegeprinzip beachten muß. Insofern fanden sich hier Vorformen des umfassenden Umweltschutzauftrages, wie sie in anderen Bereichen des Umweltschutzes mit vergleichbar langer Tradition, z.B. im Immissionsschutz- oder im Gewässerschutzrecht, so nicht anzutreffen sind. 1922 erging in Preußen das "Gesetz zur Erhaltung des Baumbestandes und Erhaltung und Freigabe von Uferwegen im Interesse der Volksgesundheit" (GS S. 213). Das in seinen Vorarbeiten in die Weimarer

Zeit zurückreichende Reichsnaturschutzgesetz vom 26. Juni 1935 (RGBl. I S. 821) nahm diese Dimensionserweiterungen auf: Der Objektschutz wurde zu einem gestuften Gebietsschutz ausgebaut. Neben den Gedanken des Verunstaltungsschutzes traten Schutzbedürfnisse der Tierwelt und der "Natur in ihrer Ganzheit" (§ 4 Abs. 1 RNatSchG). In der Kommentarliteratur wurden neben der Landespflege und der Wissenschaft als Interessengruppierungen des Naturschutzes nun auch Land- und Forstwirtschaft genannt (Weber/Schoenichen, Das Reichsnaturschutzgesetz, 1936, § 1 RNatSchG Anm. 5).

Die dritte Entwicklungsphase des Naturschutzrechts begann erst in den sechziger Jahren, nachdem die Aufnahme des Gebietes in den Katalog der Rahmengesetzgebungskompetenzen gemäß Art. 75 Nr. 3 GG im Parlamentarischen Rat 1949 eher unscheinbar, ohne weitere Entwicklungsimpulse zu geben, vonstatten gegangen war (vgl. JöR n.F. Bd. 1 [1951], S. 560). Das Reichsnaturschutzgesetz galt zunächst als Landesrecht fort (BVerfGE 8, 186 [193]; vgl. auch BVerwG DÖV 1954, 186). Mehr und mehr zeigte sich jedoch, daß der Naturschutz ein nicht auf bestimmte Gebiete begrenzter, sondern ein umfassender, die Wirkungszusammenhänge des Naturhaushalts beachtender integraler Naturgüterschutz zu sein habe. Die ab 1973 ergehenden Landesgesetze hoben diesen Aspekt bereits hervor. Im Bundesnaturschutzgesetz vom 20. Dezember 1976 (BGBl. I S. 3574) fand die Aufgabenerweiterung darin ihren Ausdruck, daß die Regelungen des traditionellen Flächen- und Artenschutzes die Funktion eines "besonderen" Teils übernahmen, denen vor allem in den Grundsätzen (§ 2 BNatSchG), in der Landschaftsplanung (§§ 5, 6 BNatSchG) und der Eingriffsregelung gebiets- und artenübergreifende Steuerungsansätze als ein "allgemeiner" Teil vorangestellt wurden. Dabei übernahm die Zielbeschreibung des § 1 BNatSchG die Funktion, der Staatsaufgabe Umweltschutz eine normative Basis zu geben. In der sehr unterschiedlichen Dichte der allgemeinen und der besonderen Regelungen wirkte allerdings das engere Aufgabenverständnis der voraufgehenden Entwicklungsphasen nach.

a) Rechtslage

Das Recht des Naturschutzes und der Landschaftspflege findet sich derzeit im Bundesnaturschutzgesetz (aa), in den Naturschutz- und Landschaftspflegegesetzen der Länder (bb) und als Teilregelungen im Zusammenhang mit anderen Verwaltungsaufgaben in den jeweiligen Fachgesetzen (cc und dd).

aa) Das Bundesnaturschutzgesetz von 1976 in der Fassung der Bekanntmachung vom 12. März 1987 (BGBl. I S. 889) ist ein Rahmengesetz, das sich gemäß § 4 BNatSchG mit den meisten seiner Regelungen an den Landesgesetzgeber richtet und nur für einige Tatbestände eine unmittelbare Geltung vorschreibt. Das Gesetz wählt primär einen materiellen Steuerungsansatz, indem es Ziele und Grundsätze des Naturschutzes formuliert (vgl. zu den Handlungsformen Schink, Naturschutz- und Landschaftspflegerecht Nordrhein-Westfalen, 1989, Rn. 39 ff.). Diese Richtpunkte sind vor allem bei Ermessensentscheidungen öffentlicher Stellen beachtlich. Sie stehen dabei freilich unter einem allgemeinen Abwägungsvorbehalt mit den sonstigen Anforderungen der Allgemeinheit an Natur und Landschaft (§ 1 Abs. 2 BNatSchG). Der ordnungsgemäßen Land- und Forstwirtschaft wird für die Erhaltung der Kultur- und Erholungslandschaft eine zentrale Bedeutung zuerkannt. Sie dient, wie es die Landwirtschaftsklausel des § 1 Abs. 3 BNatSchG festlegt, in der Regel den Zielen des Gesetzes; ihre Maßnahmen sind nicht als Eingriff in Natur und Landschaft anzusehen (§ 8 Abs. 7 BNatSchG). Neben den materiellen finden sich aber auch verfahrensmäßige Regelungen. Hierher zählen die gegenseitigen Unterstützungs- und Informationspflichten der Naturschutzbehörden und der anderen Fachbehörden (§ 3 BNatSchG, ferner §§ 7, 8 Abs. 5, 9 BNatSchG) sowie die Regeln über die Mitwirkung anerkannter Naturschutzverbände an Verwaltungsverfahren (§ 29 BNatSchG). Eine Verbandsklage ist bundesgesetzlich nicht eingeführt, aber einigen Landesnaturschutzgesetzen bekannt.

Materielle und formelle Steuerungsansätze sind zusammengeführt im Institut der Landschaftsplanung. In ihr vor allem sollen die Ziele und Grundsätze des Naturschutzes nach den Vorstellungen des Gesetzes konkretere Gestalt erhalten. §§ 5, 6 BNatSchG geben allerdings nur einen sehr weitgespannten Rahmen für eine landesrechtliche Ausgestaltung. Über den Inhalt der Landschaftspläne und über die Wirkungsweise dieser Pläne, insbesondere über ihre Integration in die integrale Rahmenplanung, ist von Bundes wegen wenig gesagt. Eine ähnliche Kombination materieller und prozeduraler Regelungsansätze bildet die naturschutzrechtliche Eingriffsregelung (§ 8 BNatSchG). Sie sieht für Eingriffe in Natur und Landschaft rahmenrechtlich ein am Verhältnismäßigkeitsprinzip ausgerichtetes Vermeidungs-, Minimierungs- und Ausgleichsmodell vor. Zu Duldungs- und Pflegepflichten der Eigentümer und Nutzungsberechtigten sagt das Gesetz nur, daß sie landesrechtlich vorgesehen werden können (§§ 10, 11 BNatSchG). Zu Entschädigungsfragen gibt § 4 S. 2 BNatSchG den Ländern einen nicht näher spezifizierten Regelungsauftrag.

Die Erholungsfunktion der Landschaft ist in den Zielen und Grundsätzen (§ 1 Abs. 1, § 2 Abs. 1 Nr. 11, 12 BNatSchG) angesprochen. § 27 BNatSchG legt diesbezüglich ein landesrechtlich auszuformendes allgemeines Betretungsrecht fest. Gebietskörperschaften werden zudem verpflichtet, Grundstücke aus ihrem Besitz für die Erholung zur Verfügung zu stellen (§ 28 BNatSchG). Eine genauere Rangbestimmung der mit den sonstigen Belangen des Naturschutzes oft kollidierenden Erholungsfunktion erfolgt nur für den besonderen Gebietsschutz (§§ 12 ff. BNatSchG). Dieser und der Artenschutz (§§ 20 ff. BNatSchG) sind mit sehr viel genaueren Regelungen bedacht. Auf die entwicklungsgeschichtlichen Ursachen dieser auffallenden Diskrepanz in der Instrumentierungsdichte wurde bereits hingewiesen.

bb) Die Landesnaturschutzgesetze füllen die bundesrechtlichen Rahmenvorgaben aus und halten zusätzliche Steuerungsansätze für den Naturschutz bereit. Sie sind teilweise vor dem Bundesnaturschutzgesetz erlassen worden. Ihre Eigenständigkeit macht sich, unbeschadet zwischenzeitlich vorgenommener Anpassungen, in einem großen Variantenreichtum der Begriffe und Institute bemerkbar. Regelungsschwerpunkte sind zum einen Ausformungen des Bundesrechts in materieller und in verfahrensmäßiger Hinsicht. Das gilt für die Landschaftsplanung, die Eingriffsregelungen und für den besonderen Gebietsschutz. Der Grundsätzekatalog des § 2 BNatSchG erfährt manche Ergänzungen, die allerdings eher begrifflicher denn substantieller Art sind. Am allgemeinen Abwägungsvorbehalt (§ 1 Abs. 2 BNatSchG) halten auch die Landesgesetze fest. Eigenständige Regelungsschwerpunkte sind u.a.:

- die Regelung konkreter Nutzungskollisionen bei der Wahrnehmung der Erholungsfunktion, insbesondere bei der Ausübung von Betretungsrechten in freier Landschaft (z.B. §§ 35 bis 45 BW NatSchG);
- der Schutz bestimmter Grünbestände sowie die Ermächtigung zum Erlaß von Baumschutzsatzungen;
- Entschädigungs- und Ausgleichsregelungen für Maßnahmen des Naturschutzes;
- weitere Formen der Laien- und Verbandsbeteiligung im Naturschutz, z.B. durch Beiräte oder einen ehrenamtlichen Naturschutzdienst (§§ 49 ff. BW NatSchG);
- die Anerkennung der naturschutzrechtlichen Verbandsklage;
- Fördermaßnahmen, Fonds und Instrumente einer aktiven Bodenpolitik für Zwecke des Naturschutzes (z.B. §§ 46, 50, 65 BW NatSchG).

Das Naturschutzrecht der Länder ist in jüngerer Zeit vor allem durch die Naturschutzgesetze der neuen Bundesländer fortentwickelt worden, die den Rahmen des BNatSchG mit sehr ausdifferenzierten Rechtsinstituten ausfüllen und neue Lösungen anbieten. Insgesamt zeichnet sich hier eine neue Entwicklungsphase des Naturschutzrechts ab. Sie wird auch durch den 1992 vorgelegten Entwurf eines neuen Landesnaturschutzgesetzes für Schleswig-Holstein mit repräsentiert (LT-Drs. 13/27).

cc) Naturschutzrecht im weiteren Sinne findet sich in mehreren speziellen Schutzgesetzen:

α) Von anderen Ansätzen ausgehend, den Naturschutz in ihre Zwecke gleichwohl einbeziehend, wirken das Tier- und Pflanzenschutzrecht. Das Tierschutzgesetz in der Fassung der Bekanntmachung vom 17. Februar 1993 (BGBl. I S. 254) stellt den Schutz von Leben und Wohlbefinden des einzelnen Tieres als Mitgeschöpf des Menschen in den Mittelpunkt; von diesem Ansatz aus ergibt sich eine freilich nicht immer trennscharfe Abgrenzung zum Artenschutz. Das Pflanzenschutzgesetz vom 15. September 1986 (BGBl. I S. 1505) wählt einen stoffrechtlichen Ansatz. Es nennt den Schutz des Naturhaushalts gegen Gefahren aus der Anwendung von Pflanzenschutzmitteln ausdrücklich unter seinen Zwecksetzungen, gibt aber für Kollisionen zwischen Schutz- und Förderzweck keine klare Rangfolge (Rehbinder, NuR 1987, 68 ff.). Immerhin sind die Verwendungsbeschränkungen für Pflanzenschutzmittel für den Naturschutz wichtige Instrumente.

ß) Einzelne Sektoren des Naturschutzes werden durch das Forst-, Jagd- und Fischereirecht eigenständig ausgeformt (vgl. Kloepfer, Umweltrecht, 1989, § 10 Rn. 104 ff.). Man kann in diesen Rechtsgebieten, unbeschadet ihrer ausgreifenderen Zielsetzung, Bereiche eines komplementären Naturschutzrechts ausmachen. Hierher gehören die forstliche Rahmenplanung (dazu v. Bülow, Rechtsfragen der forstlichen Rahmenplanung nach §§ 6 und 7 Bundeswaldgesetz, 1992), die Walderhaltungs- und Bewirtschaftungspflichten und das Institut der Rodungsgenehmigung (vgl. Schmidt-Aßmann, NuR 1986, 98 ff.) sowie die Pflege- und Hegepflichten, die in diesen Gebieten zu den traditionellen Eigentumsbindungen zählen. Auch staatliche Förderungsmaßnahmen sind teilweise gesetzlich geregelt (z.B. §§ 41 ff. BWaldG). Andere Regelungen, die sich ähnlich im Naturschutzrecht finden, werden wiederholt, ohne daß stets klar wäre, ob solche gesetzgeberischen Aktivitäten einen spezifizierenden Sinn haben oder einfach Doppelregelungen sind (z.B. die Regelung des Waldbetretungsrechts in § 14 BWaldG).

dd) Belange des Naturschutzes sind ferner auch Gegenstand anderer Fachgesetze:

α) Breiteren Raum nehmen sie in den Gesetzen ein, welche die Materien der integralen Raumplanung regeln. Unter den Raumordnungsgrundsätzen des Raumordnungsgesetzes von 1965 in der Fassung der Bekanntmachung vom 25. Juli 1991 (BGBl. I S. 1726) haben Schutz, Pflege und Entwicklung von Natur und Landschaft einen eigenen Programmpunkt erhalten (§ 2 Abs. 1 Nr. 8 ROG), der in den Landesplanungsgesetzen und in den nach § 5 ROG in umfassender Abwägung zu erstellenden Raumordnungsplänen der Länder weiter entfaltet worden ist. Zumal in den Regionalplänen finden sich vielfältige naturschutzrechtliche Aussagen, die nicht nur die Ausweisungen des besonderen Gebietsschutzes nachrichtlich wiedergeben, sondern mit der Festlegung von regionalen Grünzügen, Grünzäsuren und ökologischen Vorrangbereichen eigenständige Regelungen darstellen (Schmidt-Aßmann, in: Salzwedel [Hrsg.], Umweltrecht, 1982, S. 117 ff., bes. 151 ff.; ders., DÖV 1986, 985 ff.; Hoppe/Beckmann, Umweltrecht, 1989, § 7 Rn. 17 ff.).

ß) Das Baugesetzbuch in der Fassung der Bekanntmachung vom 8. Dezember 1986 (BGBl. I S. 2253) nennt den Schutz und die Sicherung der natürlichen Lebensgrundlagen bereits unter den städtebaulichen Hauptzielen und sodann noch einmal unter den Richtpunkten, die bei der Aufstellung der Bauleitpläne zu berücksichtigen sind (§ 1 Abs. 5 S. 1 und S. 2 Nr. 7

BauGB). Die neugefaßte Baunutzungsverordnung in der Fassung der Bekanntmachung vom 23. Januar 1990 (BGBl. I S. 132) verweist auf diese Vorschriften ausdrücklich und zeigt, daß Baugebiete künftig stärker als Lebensräume denn als Ansammlung baulicher Anlagen begriffen werden sollen (vgl. § 15 Abs. 2 BauNVO). Im Flächennutzungsplan können Grünflächen sowie Flächen für Maßnahmen zum Schutz, zur Pflege und zur Entwicklung von Natur und Landschaft dargestellt (§ 5 Abs. 2 Nr. 5, 10 BauGB), im Bebauungsplan können sie verbindlich festgesetzt werden (§ 9 Abs. 1 Nr. 15, 20 BauGB). Auch Anpflanzungs- und Erhaltungspflichten können planerisch begründet (§ 9 Abs. 1 Nr. 25 BauGB) und mittels eines Pflanzgebots durchgesetzt werden (§ 178 BauGB); ein Entschädigungsausgleich für den belasteten Eigentümer ist vorgesehen (§§ 40, 41 BauGB). Naturschutzrechtliche Schutzgebietsausweisungen in Form einer Rechtsverordnung gehen den als Satzungen erlassenen Bebauungsplänen nach herrschender Ansicht vor (Battis/Krautzberger/Löhr, Baugesetzbuch, 3. Aufl., 1991, § 38 BauGB Rn. 3). Über die Berücksichtigung des Naturschutzes bei der Planung hinaus trägt § 35 Abs. 3 BauGB dafür Sorge, daß Naturschutz und Landschaftspflege, das Landschaftsbild sowie die natürliche Eigenart der Landschaft auch bei der Genehmigung von Einzelvorhaben im Außenbereich beachtet werden (vgl. Gaentzsch, NuR 1990, 1 ff.; Söfker, UPR 1989, 170 ff.).

τ) Vergleichbare Naturschutzklauseln finden sich in einigen anderen Gesetzen, insbesondere im Zusammenhang mit der Fachplanung für Infrastrukturmaßnahmen (z.B. § 2 Abs. 1 Nr. 5 AbfG). Ein besonders diffiziles Entscheidungsprogramm, das Aspekte des Naturschutzes in unterschiedlichen Relationen vorstellt, sieht § 37 FlurbG für Flurbereinigungsmaßnahmen vor. Im übrigen sind die Gesetze wenig systematisch (vgl. z.B. § 36 Abs. 1 BBahnG). Eine gewisse Vereinheitlichung hat § 2 Abs. 1 des Gesetzes über die Umweltverträglichkeitsprüfung vom 12. Februar 1990 (BGBl. I S. 205) gebracht. In der Sache gehören die Belange des Naturschutzes aber auch bisher schon zu denjenigen Richtpunkten, die in generellen Gemeinwohlklauseln als "öffentliche Belange" zu berücksichtigen sind, freilich - wie alle anderen Belange auch - unter Abwägungsvorbehalt stehen.

Bedeutung als komplementäres Naturschutzrecht können auch einzelne Teile des Agrarrechts erlangen. Neben dem Flurbereinigungsrecht (dazu Dippold, NuR 1990, 58 ff.) sind hier vor allem die Landwirtschafts- und Agrarstrukturgesetze der Länder zu nennen. Die meisten dieser Gesetze verharren freilich noch bei ihrem ursprünglich vorrangig auf Förderung der landwirtschaftlichen Produktion ausgerichteten Zweck (Kloepfer, Umweltrecht, 1989, § 10 Rn. 116). Doch finden sich auch Ansätze, die heute mehr und mehr Gestaltungs- und Pflegeaufgaben der Landwirtschaft zur Erhaltung und Verbesserung der natürlichen Lebensgrundlagen betonen (z.B. § 2 S. 2 Nr. 2, 3 bad.-württ. Landwirtschafts- und LandeskulturG - LLG BW): So soll die Förderung der Landwirtschaft die Belange des Umweltschutzes berücksichtigen (§ 5 Abs. 4 LLG BW), und Fördermaßnahmen für den Bodenschutz sind nicht nur auf Produktionsziele auszurichten (§ 17 LLG BW).

b) Erfahrungen mit dem bisherigen Recht

Erfahrungen mit einem so vielschichtigen und breit angelegten Recht wie dem Naturschutzrecht zusammenfassend darzustellen, fällt nicht leicht: Auf der einen Seite ist über Erfahrungen gerade auf diesem Gebiete nur in einem sehr allgemeinen Sinne zu sprechen, denn, der Stellung dieses Rechtsgebietes im Zentrum des Umweltrechts entsprechend, sind Erfahrungen hier eben diejenigen, die häufig stellvertretend für den Zustand und die Wirksamkeitsmängel des Umweltrechts überhaupt genannt werden. Mit dem Umweltgutachten des Rates von Sachverständigen für Umweltfragen 1987 (SRU-Gutachten 1987, Tz. 334 ff.) lassen sich insoweit als negative Einflußfaktoren nennen: die Unübersichtlichkeit der Rechtsgrundlagen, eine zu geringe technisch-personelle Ausstattung und eine zu schwache politische Stellung der mit dem Vollzug betrauten Behörden, ein deutliches Mißgewicht der beteiligten Interessen durch eine herausgehobene Position mächtiger Nutzergruppen, die schlechte Darstellbarkeit und folglich ein mangelhaftes öffentliches Bewußtsein für die spezifischen Bedürfnisse des Umweltschutzes, schließlich eine zu gering ausgebildete Fähigkeit öffentlicher Entscheidungsträger zu systemarem Denken, wie es gerade im Umweltrecht verlangt wird. Dieses alles sind Erfahrungen auch mit dem Naturschutzrecht. Sie werden in der Literatur aber weniger als ein Spezifikum gerade dieses Rechtsgebietes, sondern als allgemeine Grundlage für die Forderung nach einer Rechtserneuerung des Umweltrechts genommen. Besonders deutlich wird das bei der Begründung eines ökozentrischen Ansatzes des Umweltrechts und bei der Forderung, neue Klagerechte in das Umweltschutzrecht einzuführen (vgl. nur Bosselmann, NuR 1987, 1 ff.; Frank, DVBl. 1989, 693 ff.; Soell, in: Akademie für Naturschutz und Landschaftspflege [Hrsg.], Hat die Natur ein Eigenrecht auf Existenz?, 1989, S. 20 ff.). Auf der anderen Seite werden Erfahrungen mitgeteilt, die sich nur auf den Umgang mit einzelnen naturschutzrechtlichen Regelungen, z.B. mit der Eingriffsregelung des § 8 BNatSchG, stützen.

So wichtig konkrete Erfahrungen für die Abfassung der einzelnen Tatbestände des Gesetzes und so bedeutsam der allgemeine Hintergrund für die richtige gesetzessystematische Verortung der Reformvorschläge in einem Besonderen Teil oder aber im Allgemeinen Teil des UGB sind (vgl. dazu unter II), so kann es doch bei diesen Erfahrungen nicht bewenden. Vielmehr müssen, wenn es wie im vorliegenden Zusammenhang um die Ausrichtung des Rechtsgebietes als solche geht, diejenigen Beobachtungen herangezogen werden, die auf einer "mittleren Ebene" zwar gebietsspezifisch gewonnen sind, gleichwohl aber über den einzelnen Gesetzestatbestand oder das einzelne Rechtsinstitut hinaus die strukturelle Eigenheit des Gebiets herausstellen.

Dabei sollen auch positive Erfahrungen durchaus genannt werden: So hat die Zahl der ausgewiesenen Naturschutzgebiete, Nationalparke und Naturparke zwischen 1977 und 1987 nicht unerheblich zugenommen (SRU-Gutachten 1987, Tz. 441). Auch der früher vielfach beklagte Mangel an zureichenden Fachkenntnissen ökologischer Wirkungszusammenhänge und konkreter Belastungssituationen ist nach und nach ausgeglichen worden. Insbesondere Biotopkartierungen und andere Bestandsaufnahmen haben hier wichtige Grundlagen für einen besseren Vollzug des verfügbaren Rechtsinstrumentariums gelegt (vgl. Buchreiter-Schulz/Kreitmayer, NuR 1991, 107 ff.).

Dennoch werden die Bilanzen gerade des Naturschutzes und der Landschaftspflege nach wie vor ungewöhnlich negativ eingestuft. "Die gegenwärtige Situation des Naturschutzes und der Landschaftspflege ist durch einen immer noch größer werdenden Gegensatz zwischen den in § 1 Abs. 1 BNatSchG festgelegten allgemeinen Zielen und dem tatsächlichen ökologischen Zustand von Natur und Landschaft gekennzeichnet", sagt der Rat von Sachverständigen für Umweltfragen (SRU-Gutachten 1987, Tz. 335); der Gedanke der Erfolglosigkeit von Naturschutz und Landschaftspflege liege nicht fern (a.a.O., Tz. 336). In der Fachwissenschaft werden diese Bewertungen vielfach geteilt (vgl. m.w.N. Hübler, DÖV 1991, 85 ff.; ferner Gassner/Piest, in: Integration der Landschaftsplanung in die Raumplanung, Forschungs- und Sitzungsberichte der Akademie für Raumforschung und Landesplanung, 1988, S. 11 ff.). Die Länderarbeitsgemeinschaft für Naturschutz, Landschaftspflege und Erholung (LANA) stellt in ihren 1991 verabschiedeten "Lübecker Grundsätzen" fest: "Der Zustand von Natur und Landschaft in der Bundesrepublik Deutschland ist fast flächendeckend gekennzeichnet durch intensive Nutzungen und damit einhergehende massive Beeinträchtigungen der natürlichen Grundlagen des Lebens. Sie sieht diese Beeinträchtigungen insbesondere in einer Änderung der Stoff- und Energieflüsse, dem Verbrauch und der Verschmutzung von Boden, Wasser und Luft, der Vernichtung oder Gefährdung vieler heimischer Tier- und Pflanzenarten sowie in einer Verringerung des Erholungswertes der Landschaft."

Folgende strukturelle Mängel des einschlägigen Rechts werden dafür verantwortlich gemacht:

- Das Naturschutzrecht ist bisher nicht hinreichend über seine historischen Wurzeln als Recht eines besonderen Flächen- oder Artenschutzes hinaus zu einem allgemeinen Recht eines umfassenden Naturhaushaltsschutzes entwickelt worden. Die für den allgemeinen Schutz verfügbaren Instrumente sind daher noch zu wenig entfaltet und noch zu wenig mit den anderen Bereichen des Umweltschutzes abgestimmt (SRU-Gutachten 1987, Tz. 357).
- Das Rechtsgebiet leidet besonders unter einer rahmengesetzlich bisher nicht bewältigten Rechtszersplitterung (Stich, HdUR, Bd. 2, 1988, Sp. 32).

- Die in §§ 1, 2 BNatSchG festgelegten Ziele und Grundsätze bieten als Abwägungsgesichtspunkte der Verwaltung in der jeweiligen Entscheidungssituation nicht genügend Halt, um Naturschutzbelange gegenüber anderen Raumnutzungsansprüchen durchzusetzen (SRU-Gutachten 1987, Tz. 359). Das Recht anderer Politikbereiche, z.B. das Agrarrecht, das Energie- und das Verkehrsrecht, kann auf die Eigendynamik der in ihm wirksamen Kräfte bauen, die sich ihren Rang in der Abwägung sichern. Für die Belange des Naturschutzes gilt das nicht in vergleichbarem Maße, so daß ihre Abwägungsabhängigkeit nur zu leicht in einen Abwägungsnachrang ausmündet.
- Kritisiert wird ferner, daß die Grundsätze des § 2 BNatSchG zusammenhanglos nebeneinander stehen und nicht einmal die nach bisherigem Verständnis innerhalb des Naturschutzrechts auftretenden Konflikte, z.B. solche zwischen einem ungestörten Erhalt von Biotopen und der Erholungsfunktion der Landschaft, darin abgearbeitet sind.
- Die Instrumente des Naturschutzrechts heben nach wie vor überwiegend auf Nachsorge ab. Eingriffsregelungen und Ausgleichsleistungen setzen nicht bei der Vermeidung von Umweltschäden an, sondern versuchen nur ihre Minimierung (Hübler, DÖV 1991, 85 ff., 89). Flächenschutz und Artenschutz aber gewinnen erst von einer bestimmten Quantität ihrer Schutzausweisungen an Vorsorgecharakter.
- Auch die Landschaftsplanung habe, so wird geltend gemacht, die in sie gesetzten Erwartungen nicht erfüllt (SRU-Gutachten 1987, Tz. 410). Das liegt zum einen an der gerade hier hinderlichen Rechtszersplitterung zwischen den Bundesländern. Darüber hinaus hat die Diskussion um die richtige Art der Primär- oder Sekundärintegration den Blick dafür verstellt, daß die Landschaftsplanung zunächst einmal ein eigenes Selbstverständnis entwickeln muß, um den von ihr dargestellten Belangen in einer späteren integrativen Fassung das notwendige politische Gewicht zu geben.

c) Reformdiskussion

In der Reformdiskussion wird die Notwendigkeit einer tiefergreifenden Änderung des Naturschutz- und Landschaftspflegerechts herausgearbeitet. So sagt der Umweltbericht 1990 (BT-Drs. 11/7168, S. 178): "Es gilt daher, von isolierten Ansätzen wegzukommen und eine Trendwende in der Artengefährdung und Landschaftszerstörung zu erreichen." Ähnlich hieß es schon im Gutachten des Rates der Sachverständigen für Umweltfragen 1987 (Tz. 548): "Die Naturschutz- und Landschaftspflegepolitik erfordert eine grundsätzliche Verstärkung und teilweise Neuorientierung, die mit mehr Entschlossenheit als bisher verwirklicht werden müssen." Diese Gedanken weiterführend sagt die Amtliche Begründung des Regierungsentwurfs eines Landesnaturschutzgesetzes für Schleswig-Holstein (LT-Drs. 13/27, S. 94): "Statt des selektiven, punktuellen Schutzes von Naturstücken müssen ganzheitliche flächenhaft ausgerichtete Schutzstrategien mit den ökologischen Ansprüchen der Natur auf Verbund der Lebensräume und Vernetzung der Arten im Vordergrund stehen". Zu einer solchen Neuorientierung werden globale Maßnahmen für notwendig gehalten (vgl. Plachter, Naturschutz, 1991, S. 12). Sie lassen sich zwar nicht allein durch eine Änderung des einschlägigen Rechts bewirken, sondern setzen eine Änderung des politischen Entscheidungsverhaltens und der gesellschaftlichen Präferenzordnung voraus. Gerade deshalb sind Umweltinformation, Umweltbeobachtung und Umweltaufklärung, wie sie in §§ 103 bis 109 besonders angesprochen sind, wichtige Rahmenbedingungen für eine erfolgreiche Reform des Naturschutzrechts. Dessenungeachtet bedarf aber auch das einschlägige Recht erheblicher Änderungen (vgl. die Auflistung bei Schomerus, Defizite im Naturschutzrecht, Diss. Göttingen 1987, S. 102 ff.). Soweit dabei der Bundesgesetzgeber für das Naturschutzrecht verantwortlich ist, werden u.a. folgende gesetzgeberische Schritte vorgeschlagen:

- Ein weiterer Ausbau des im BNatSchG zugrundegelegten Konzepts zu einem die ganze Landesfläche abdeckenden ganzheitlichen Naturhaushaltsschutz (SRU-Gutachten 1987, Tz. 458).
- Ein Übergang zu einem ökozentrischen Ansatz des gesamten Rechtsgebietes, wie er in § 1 Abs. 1 Halbs. 2 BNatSchG bisher nicht hinreichend ausgedrückt ist.
- Eine Ausrichtung des Naturhaushaltsschutzes an einem räumlich bezogenen Leitbild für Natur- und Landschaft (Hübler, DÖV 1991, 85 ff., 90).
- Die Schaffung von Biotopverbundsystemen nach bundeseinheitlichen Kriterien, die Erarbeitung griffiger Schutzwürdigkeitsprofile für die einzelnen Lebensräume und die Festlegung von Umweltqualitätszielen mit einem bestimmten Zeithorizont (SRU-Gutachten 1987, Tz. 460 und 492 ff.; ausführlich schon Rat von Sachverständigen für Umweltfragen, Umweltprobleme der Landwirtschaft, 1985, Tz. 1223 ff.).
- Eine Neubestimmung der Rolle der dominierenden Nutzergruppen, insbesondere der Landwirtschaft, durch eine Streichung oder grundlegende Änderung der sogenannten Landwirtschaftsklauseln (SRU-Gutachten 1987, Tz. 466, 469) und durch eine deutlichere Herausarbeitung von Pflegepflichten.
- Eine Verbesserung der Rechtsgrundlagen der Landschaftsplanung.
- Eine Strukturierung und Verschärfung der bundesgesetzlichen Vorgaben für die naturschutzrechtliche Eingriffsregelung (SRU-Gutachten 1987, Tz. 462 ff.).

- Die Schaffung klarerer gesetzlicher Vorgaben für den Nutzungskonflikt des Naturschutzes mit der Erholungsfunktion der Landschaft (SRU-Gutachten 1987, Tz. 476 ff. und Tz. 2161 ff.).
- Ein Ausbau des Instrumentariums für den allgemeinen Naturschutz unter Einbeziehung neuer Formen der Kooperation zwischen Staat und Gesellschaft sowie unter Ausnutzung der Bedeutung informierender Staatstätigkeit, z.B. Landschaftsberichte, Ressourcen-Kartierungen (SRU-Gutachten 1987, Tz. 473).
- Eine Erweiterung der Mitwirkungs- und Klagemöglichkeiten anerkannter Naturschutzverbände.
- Eine Ausschöpfung der Rahmenkompetenz des Bundes (Art. 75 Nr. 3 GG), um zu einer stärkeren Vereinheitlichung des Naturschutzrechts und zu einer besseren Organisation der zuständigen Behörden zu gelangen (SRU-Gutachten 1987, Tz. 472 ff. und 505 ff.).

Während der 11. Legislaturperiode des Deutschen Bundestages hatte die SPD-Bundestagsfraktion einen Novellierungsentwurf zum Bundesnaturschutzgesetz vorgelegt (BT-Drs. 11/7355). In der 12. Legislaturperiode hat sie erneut einen solchen Entwurf eingebracht (BT-Drs. 12/3487; zitiert: SPD-Entwurf). In ihm ist neben zahlreichen an späterer Stelle zu prüfenden Rechtsänderungen eine generelle Regelung enthalten, die die Länder künftig dazu verpflichten soll, auf mindestens 10% der Landesfläche, insbesondere durch die Ausweisung von Naturschutzgebieten, dem Naturschutz Vorrang vor allen Nutzungsansprüchen einzuräumen. Verschärft werden sollen auch die Anforderungen an eine umweltschonende Landwirtschaft. Auch die Gruppe Bündnis 90/DIE GRÜNEN hat einen Entwurf zur Änderung des Bundesnaturschutzgesetzes im Bundestag eingebracht (BT-Drs. 12/4105; zitiert: Bündnis-Entwurf). Dieser Entwurf will das Bundesnaturschutzgesetz, das er als Nachsorgegesetz einstuft, zu einem Recht fortentwickeln, das dem Vorsorge-, Vorbeuge- und Nachhaltigkeitsprinzip verpflichtet ist. Dazu soll die Zielbestimmung des Gesetzes biozentrisch umformuliert werden; außerdem sollen die Pflichten der land- und forstwirtschaftlichen Naturnutzung neu festgelegt, die Landschaftsplanung in ihrer Stellung gegenüber anderen Raumplanungen gestärkt und die naturschutzrechtliche Verbandsklage eingeführt werden.

Im Bundesministerium für Umwelt, Naturschutz und Reaktorsicherheit sind von 1989 an mehrere Referentenentwürfe einer Novelle zum BNatSchG ausgearbeitet worden (im folgenden zitiert: BMU-Entwurf, Jahr). Der derzeit jüngste Entwurf vom Februar 1993 betont die Verantwortung des Menschen für die natürliche Umwelt und versucht, den medienübergreifenden Charakter des Naturschutzes herauszustellen. Neben Änderungen im Recht der Landschaftsplanung soll eine Pflicht zur ökologischen Umweltbeobachtung eingeführt werden. Die naturschutzrechtliche Eingriffsregelung soll von Bundes wegen, insbesondere auch hinsichtlich der Ersatzzahlungen, eine klarere Struktur erhalten. Ein zentrales Thema ist eine neue Verhältnisbestimmung des Naturschutzes zur Landwirtschaft: Die Landwirtschaftsklausel des § 1 Abs. 3 BNatSchG soll gestrichen werden. Noch unsicher ist, inwieweit für Bewirtschaftungserschwernisse infolge von Nutzungsbeschränkungen ein Geldausgleich vorgesehen werden soll.

Eine wichtige Vorentscheidung für naturschutzrechtliche Rechtsänderungen ist mit dem Investitionserleichterungs- und Wohnbaulandgesetz vom 22. April 1993 (BGBl. I S. 466) getroffen worden, indem das Verhältnis der naturschutzrechtlichen Eingriffsregelung zur kommunalen Bauleitplanung und zur Zulassung von Bauvorhaben dort vorab geregelt worden ist.

3. Rahmenbedingungen

Rahmenbedingungen für die Gestaltung des Naturschutz- und Landschaftspflegerechts ergeben sich aus den Vorgaben des Rechts der Europäischen Gemeinschaft (a) und aus dem Verfassungsrecht, insbesondere aus der grundgesetzlichen Kompetenzlage (b).

a) EG-Recht

Wichtige Vorgaben für die nationale Gesetzgebung enthalten das Washingtoner Artenschutzübereinkommen vom 3. März 1973 (BGBl. II 1975, S. 773) und die die Anwendung dieses Abkommens in den EG-Mitgliedstaaten regelnde Verordnung (EWG) Nr. 3626/82 des Rates vom 3. Dezember 1982 (ABl. Nr. L 384 vom 31. Dezember 1982, S. 1) sowie die zu deren Durchführung erlassene Verordnung (EWG) Nr. 3418/83 der Kommission vom 28. November 1983 (ABl. Nr. L 344 vom 7. Dezember 1983, S. 1). Das Artenschutzrecht (§§ 20 ff. BNatSchG) ist im Blick auf diese internationalen und supranationalen Rechtsakte durch die Novelle vom 10. Dezember 1986 (BGBl. I S. 2349) grundlegend umgestaltet worden. Speziell für dieses Rechtsgebiet sind weiter eine Reihe besonderer internationaler Abkommen, z.B. die Ramsar-Konvention sowie die Berner und die Bonner Konvention bedeutsam (vgl. Schmidt-Räntsch, Leitfaden zum Artenschutzrecht, 1990, S. 13 ff.).

Als zunehmend wichtig hat sich ferner die Richtlinie des Rates vom 2. April 1979 über die Erhaltung der wildlebenden Vogelarten (79/409/EWG, ABl. EG Nr. L 103 vom 25. April 1979, S. 1) erwiesen. Diese Vogelschutz-Richtlinie verpflichtet die Mitgliedstaaten, für die von ihr geschützten Vogelarten ausreichende Lebensräume, insbesondere durch die Einrichtung von Schutzgebieten, bereitzustellen (Art. 3). Die EG-Kommission ist über die entsprechenden Aktivitäten der Mitgliedstaaten zu informieren, so daß sie die erforderlichen Koordinationsmaßnahmen ergreifen kann, damit die ausgewiesenen Gebiete ein zusammenliegendes Netz darstellen (Art. 4). Die Richtlinie hat auch zu einer Reihe gerichtlicher Auseinandersetzungen geführt: Im Urteil vom 17. September 1987 (Rs. 412/85, Slg. 1987, 3503 ff.) stellte der Europäische Gerichtshof in einem Vertragsverletzungsverfahren nach Art. 169 EWGV fest, daß die Bundesrepublik dadurch gegen diese Richtlinie verstoßen habe, daß sie in § 22 Abs. 3 BNatSchG in der Fassung von 1976 Ausnahmen von Erhaltungsbestimmungen für wildlebende Vogelarten zuließ. In einem noch bedeutsameren Urteil vom 28. Februar 1991 (Rs. 57/89; Slg. 1991, I, 883 ff., 924) schränkte der EuGH die Möglichkeit der Mitgliedstaaten, einmal getroffene Schutzgebietsausweisungen i.S. des Art. 4 der Vogelschutzrichtlinie später wieder zu verkleinern, erheblich ein. Nur außerordentliche Gründe des Gemeinwohls sollen solche Verkürzungen gestatten. Man wird in diesem Urteil einen Schritt zu einem europäischen Biotopverbundsystem zu sehen haben, dessen Schutz schlichten wirtschaftlichen Erwägungen nicht zu weichen braucht.

Diese Entwicklung wird sich intensivieren, nachdem die Umweltpolitik besonders durch Art. 130r bis 130t des durch die Einheitliche Europäische Akte vom 17./28. Februar 1986 (BGBl. II S. 1102) ergänzten EWG-Vertrages zu einem eigenständigen Politikbereich der Gemeinschaft erklärt und mit speziellen Kompetenzen versehen worden ist (vgl. dazu Pernice, DV 22 [1989], 1 ff.; Grabitz/Zacker, NVwZ 1989, 297 ff.; Krämer, in: Groeben/Thiesing/Ehlermann, Kommentar zum EWG-Vertrag, 1991, Vorbemerkungen zu den Artikeln 130 r bis 130 t, Rn. 32 ff.; ausführlich jüngst Kahl, Umweltprinzip und Gemeinschaftsrecht, 1993). Im 4. Aktionsprogramm der Kommission für den Umweltschutz (1987 bis 1992) vom 19. Oktober 1987 (ABl. Nr. C 328) heißt es (Tz. 5.1.4): "Was die Gemeinschaft vor allem braucht, ist ein Instrument zum Schutz nicht nur der Vögel, sondern aller wildlebenden Pflanzen und Tierarten". Das Programm der Kommission "Für eine dauerhafte und umweltgerechte Entwicklung" 1992 betont die Rolle des Natur- und Artenschutzes als Element für die Bewahrung des ökologischen Gleichgewichts insgesamt (S. 52 f.). Im Jahre 1992 ist mit einer zweijährigen Umsetzungsfrist die Richtlinie des Rates vom 21. Mai 1992 zur Erhaltung der natürlichen Lebensräume sowie der wildlebenden Tiere und Pflanzen (92/43/EWG, ABl. EG Nr. L 206 vom 22. Juli 1992, S. 7: Flora, Fauna, Habitat-Richtlinie, im folgenden FFH-RL) in Kraft getreten. Kern dieser Richtlinie ist die Pflicht der Mitgliedstaaten, innerhalb festliegender Fristen im Zusammenwirken mit der Kommission Schutzgebiete von gemeinschaftlicher Bedeutung auszuweisen (Art. 4). Auf diese Weise soll ein europäisches Netz besonderer Schutzgebiete entstehen (Art. 3), das die Bezeichnung "Natura 2000" trägt und nach den Vorstellungen der Kommission ca. 10 bis 20% der Fläche der Gemeinschaft umfassen soll (vgl. Wagner, NuR 1990, 396 ff.). Das Netz wird auch die schon ausgewiesenen besonderen Schutzgebiete der Vogelschutzrichtlinie einbeziehen. In Vorbereitung ist außerdem eine neue EG-Artenschutzverordnung, die vor allem den Handel mit besonders geschützten Tier- und Pflanzenarten noch weiter als bisher vereinheitlichen und eigenständiges Recht der Mitgliedstaaten ersetzen wird (vgl. den Vorschlag der Kommission von 1991, ABl. Nr. C 26, S. 1 ff.).

b) Verfassungsrecht

Naturschutz und Landschaftspflege sind nach derzeitigem Verfassungsrecht einer bundesgesetzlichen Vollregelung nicht zugänglich. Die Gesetzgebungskompetenz für dieses Gebiet ist im Kern eine Rahmenkompetenz nach Art. 75 Nr. 3 GG (vgl. Erbguth/Rapsch, NuR 1990, 433 ff.; Henneke, Landwirtschaft und Naturschutz, 1986, S. 61 ff.). Für die flankierenden Materien des Jagdwesens, des Wasserhaushalts und der Raumordnung gilt nichts anderes. Ergänzend treten Kompetenzen zu einer vollständigen Regelung der städtebaulichen Planung und des Bodenrechts gemäß Art. 74 Nr. 18 und Nr. 14 GG hinzu.

Weitere Kompetenzen für Infrastrukturplanungen für Flughäfen (Art. 73 Nr. 6 GG), Bundesfernstraßen (Art. 74 Nr. 22 GG), Bundeswasserstraßen (Art. 74 Nr. 23 GG) gestatten es dem Bunde festzulegen, ob, inwieweit und mit welchem Rang der Naturschutz im Rahmen dieser Planungen ein abwägungserheblicher Belang sein soll. Inhalt und Bestimmungsverfahren der naturschutzrechtlichen Belange jedoch können nur als Gegenstand des Naturschutzes selbst nach Art. 75 Nr. 3 GG geregelt werden (Maunz, in: Maunz/Dürig, Grundgesetz, 1958 ff., Stand: Sept. 1991, Art. 75 GG Rn. 127).

Die Förderung land- und forstwirtschaftlicher Erzeugung nach Art. 74 Nr. 17 GG gestattet keine unbegrenzte Bindung der Land- und Forstwirtschaft an naturschutzrechtliche Ziele. Die Kommentarliteratur stellt darauf ab, wodurch die Regelung im Schwerpunkt veranlaßt ist (Maunz, in: Maunz/Dürig, Grundgesetz, 1958 ff., Stand: Sept. 1991, Art. 75 GG Rn. 129). So sollen z.B. Regelungen zum Schutz der Wälder und Moore gegen Brände nur auf Art. 75 Nr. 3, nicht auf Art. 74 Nr. 17 GG gestützt werden können. Von einer "Förderung" der landwirtschaftlichen "Erzeugung" auch dort noch zu sprechen, wo der Landwirtschaft Bewirtschaftungsbegrenzungen auferlegt werden und sie zunehmend stärker in den Dienst landespflegerischer Aufgaben genommen wird, erscheint angesichts der für die Auslegung von Kompetenzvorschriften besonders zu beachtenden historischen Komponente (dazu: BVerfGE 33, 125 [152]; 61, 149 [175]) kaum angängig. Bedeutung auch im Zusammenhang mit der Finanzierung von Naturschutzmaßnahmen gewinnen aber die Bundeskompetenzen für Verbesserungen der regionalen Wirtschaftsstruktur und der Agrarstruktur, sofern sie als Gemeinschaftsaufgaben von Bund und Ländern wahrgenommen werden (Art. 91a GG). Nach herrschender Anschauung dürfen die Gemeinschaftsaufgaben zwar nicht ohne naturschutzrechtliche Implikationen gesehen werden, sind aber andererseits kein Instrument, um damit vorrangig Naturschutz zu betreiben (Maunz, in: Maunz/Dürig, Grundgesetz, 1958 ff., Stand: Sept. 1991, Art. 75 GG Rn. 128). Da diese Begriffe aber historisch wenig vorgeprägt werden, ist hier eine Umorientierung land- und forstwirtschaftlicher Förderziele i.S. einer stärker ökologischen Ausrichtung eher denkbar als bei Art. 74 Nr. 17 GG. Allerdings sind bundesgesetzliche Regelungen für die Erfüllung der Gemeinschaftsaufgabe nur als Regelungen allgemeiner Grundsätze zulässig, die den einzelnen Bürger nicht binden können (vgl. Maunz, in: Maunz/Dürig, Grundgesetz, 1958 ff., Stand: Sept. 1991, Art. 75 GG Rn. 7; Rengeling, in: Isensee/Kirchhof [Hrsg.], Handbuch des Staatsrechts, Bd. 4, 1990, § 100 Rn. 286).

Rahmenkompetenzen beschränken den Bundesgesetzgeber zwar nicht auf Vorschriften von grundlegender Bedeutung. Rahmengesetze müssen den Landesgesetzgebern jedoch die Möglichkeit belassen, eigenständige Regelungen von substantiellem Gewicht zu erlassen (Rengeling, in: Isensee/Kirchhof [Hrsg.], Handbuch des Staatsrechts, Bd. 4, 1990, § 100 Rn. 253). Für einzelne Teile der Materie kann das Bundesgesetz eine Vollregelung treffen, wenn an einer größeren Einheitlichkeit ein besonders starkes Interesse besteht (BVerfGE 66, 270 [285]; Rengeling, a.a.O., Rn. 255). Einem solchen "Mischsystem" folgt das Bundesnaturschutzgesetz. § 4 S. 3 BNatSchG bezeichnet die Ziele und Grundsätze, eine Reihe von Verfahrensvorschriften, insbesondere solche der Behördenkooperation sowie wichtige Bestimmungen des Artenschutzes als unmittelbar geltendes Recht. Alle anderen Vorschriften wenden sich an die Landesgesetzgebung. Dieser ist bisher z.B. bei der Landschaftsplanung, der Eingriffsregelung, bei den Pflegepflichten und bei der Ausgestaltung der Schutzgebiete ein erheblicher Spielraum verblieben. Daß der Bundesgesetzgeber nach Art und Umfang seiner Regelungen die Grenze dessen erreicht hätte, was eine Rahmenkompetenz verfassungsrechtlich zuläßt, wird man nicht sagen können. Ebensowenig wird man ihn "kompensatorisch" zu einer Ausdünnung seiner eigenen Vorgaben deshalb für veranlaßt halten müssen, weil das EG-Recht mit seinen Detailregelungen des Artenschutzes den Ländern einen Teil ihrer Gestaltungsfreiheit im Naturschutz genommen hat. Auf der anderen Seite sollte es der Bundesgesetzgeber angesichts der neueren Naturschutzgesetzgebung in den Bundesländern, die Eigenständigkeit und Phantasie belegt, nicht darauf anlegen, möglichst alle neuen Ansätze sogleich bundesrechtlich zu verallgemeinern oder einzuschränken. Rahmengesetzgebung ist vielmehr auch dazu da, dem Entwicklungs- und Experimentierpotential des Landesrechts in dem für die Rechtseinheit notwendigen Rahmen des Erprobten Bewegungsspielraum zu belassen. Besondere Zurückhaltung muß sich der Bundesgesetzgeber bei der Schaffung von Verfahrensrecht auferlegen. Verfahrensrecht ist kein bloßer Annex der Sachmaterie. Bundesgesetzliche Verfahrensregelungen gründen vielmehr auf nur begrenzten eigenen Kompetenztiteln in Art. 84 ff. GG, die vollzugsfähige Bundesgesetze voraussetzen. Für Sachmaterien, die nur rahmenrechtlich normiert werden dürfen, existiert eine Verfahrenskompetenz nur, soweit es ausnahmsweise um direkt vollziehbare Normen geht (vgl. die Begründung zum Allgemeinen Teil des UGB, S. 194 ff. und 230 ff.). Gerade hier hat § 4 S. 3 BNatSchG schon einen erheblichen Zugriff auf originäre Landesangelegenheiten gebracht, der nur noch in Randbereichen vertieft werden sollte.

Unter den grundrechtlichen Positionen, mit denen der Naturschutz zu rechnen hat, nimmt der Schutz des Eigentums einen besonderen Rang ein (vgl. Weyreuther, Die Situationsgebundenheit des Grundeigentums, 1983; Kimminich, HdUR, Bd. 1, 1986, Sp. 379 ff. m.w.N.; Parodi, Eigentumsbindung und Enteignung in Natur- und Denkmalschutz, 1984; Papier, in: Maunz/Dürig, Grundgesetz, 1958 ff., Stand: Sept. 1991, Art. 14 GG Rn. 366 ff.; Kloepfer, Umweltrecht, 1989, § 10 Rn. 52 ff.; Engelhardt, NuR 1991, 101 ff.). Anerkannt ist heute immerhin, daß der Eigentümer Beschränkungen des Eigentumsgebrauchs und der Eigentumsnutzbarkeit - anders als die vollständigen oder teilweisen Substanzentziehungen - grundsätzlich dulden muß, ohne durch Art. 14 GG entschädigungsrechtlich abgesichert zu sein (Papier, a.a.O., Rn. 366). Die Grenze zwischen der Sozialbindung und einem ohne Entschädigung nicht mehr zulässigen Zugriff bestimmt sich nach der Eingriffsintensität, die bisher vor allem durch richterrechtliche Topoi wie die Situationsgebundenheit und den Bestandsschutz konkretisiert wird (Ossenbühl, Staatshaftungsrecht, 4. Aufl., 1991, S. 146 ff.). Eine "gleichsam vorgegebene Baufreiheit" ist verfassungsrechtlich nicht indiziert (Hahn, DVBl. 1992, 1408 ff., 1409). In der Literatur wird zutreffend darauf hingewiesen, daß naturschutzrechtliche Nutzungsbeschränkungen normalerweise nur einige, nicht aber alle privatnützigen Verwendungsarten auszuschließen pflegen. Die Grenze der Sozialbindung sei überschritten, wenn so viele Verwendungsmöglichkeiten genommen würden, daß das Eigentumsobjekt künftig nicht mehr nur "zugleich", sondern "nur noch" dem Wohl der Allgemeinheit diene (Engelhardt, NuR 1991, 101 ff., 105 unter Bezugnahme auf Papier, a.a.O., Rn. 368; vgl. auch OVG Münster, NuR 1989, 188 f.). Auf der anderen Seite ist der Gesetzgeber nicht darauf beschränkt, nur für die Fälle der Enteignung eine Entschädigung vorzusehen. Ausgleichsleistungen können auch für die Beeinträchtigung solcher mit dem Eigentum verbundener Nutzungsmöglichkeiten vorgesehen werden, die sich nicht als Eigentumsentzug darstellen. Unter Umständen ist der Gesetzgeber sogar verpflichtet, einen solchen Ausgleich vorzusehen, wenn er anders nicht Gefahr laufen will, daß eine von ihm für notwendig gehaltene eigentumsinhaltsbestimmende Maßnahme am Verhältnismäßigkeitsprinzip scheitert (BVerfGE 58, 137 [145 f.]; 79, 174 [192]; BVerwGE 84, 361 [368]). Neben Art. 14 Abs. 3 GG kann also auch Art. 14 Abs. 1 S. 2 GG zu Ausgleichsregelungen veranlassen. Daß die von naturschutzrechtlichen Regelungen betroffenen Nutzungsmöglichkeiten und Verhaltensweisen generell nicht zum Schutzbereich des Art. 14 GG zu zählen wären, wie das für grundwasserbezogene Maßnahmen im Gewässerrecht anzunehmen ist (BVerfGE 58, 300), läßt sich nach derzeitigem Eigentumsverständnis nicht sagen (Engelhardt, NuR 1991, 101 ff., 104 f.). Eine Erhöhung der gesetzlichen Maßstäbe für ein naturschutzpflichtiges, umweltgerechtes Verhalten ist bei der hohen Bedeutung des Naturschutzes dagegen gemäß Art. 14 Abs. 2 GG durchaus zulässig.

II. VORSCHLAG

Das Naturschutz- und Landschaftspflegerecht ist zum Recht eines die ganze Landesfläche einbeziehenden, ganzheitlichen Naturhaushaltsschutzes auszugestalten. Die Ansätze, die das Bundesnaturschutzgesetz dazu bietet, sind auszubauen. Entwicklungsrückstände, wie sie sich aus dem auf besondere Situationen beschränkten früheren Schutzkonzept erklären, müssen ausgeglichen werden. Folgende Regelungsziele sind anzustreben:

- die Einpassung des Naturschutzrechts in das Umweltrecht des Allgemeinen Teils dieses Gesetzes und die Nutzung der Entlastungsfunktion einer systematisch aufgebauten Kodifikation;
- die Harmonisierung des Naturschutzrechts mit den anderen Gebieten des Besonderen Umweltrechts, insbesondere mit dem Boden- und dem Gewässerschutzrecht;
- die Verbesserung des Regelungsinhalts durch die Entwicklung von Schutzstandards und Rangzuweisungen für kollidierende Nutzungsansprüche;
- Ausbau der Instrumente des allgemeinen Naturschutzes zu einem flächendeckenden Steuerungsgefüge;
- eine verstärkte Einbeziehung der Nutzer durch flexible, insbesondere vertragliche Regelungsinstrumente, und der Öffentlichkeit durch einen Ausbau der Verbandsmitwirkung und der Verbandsklagemöglichkeiten.

1. Zur Konzeption des Naturschutzrechts im Besonderen Teil

Als Recht eines umfassenden und ganzheitlichen Naturhaushaltsschutzes ist das Recht des Naturschutzes und der Landschaftspflege ein Kerngebiet des Umweltrechts. Seine Konzeption wird daher in besonderer Weise durch die Struktur des allgemeinen Umweltrechts, wie es im Allgemeinen Teil dieses Gesetzes formuliert worden ist, geprägt. Hervorzuheben sind drei Gesichtspunkte:

Zum einen muß gerade das Naturschutz- und Landschaftspflegerecht die Entlastungsfunktionen, die eine Normierung allgemeiner Lehren im Rechtssystem bietet, intensiv nutzen. Überkommene Besonderheiten sind daraufhin zu überprüfen, ob sich Abweichungen nach wie vor rechtfertigen lassen oder ob sie eher auf historischen Sonderentwicklungen oder Zufälligkeiten der Formulierung beruhen. Was an grundlegenden Fragen im Allgemeinen Teil aus einer alle Gebiete vereinenden Sicht entschieden worden ist, ist im Kerngebiet des Besonderen Teils nur dann anders zu beantworten, wenn dafür wichtige Gründe vorliegen.

Zum anderen müssen die Grundannahmen und die Schlüsselinstitute, die die Eckpfeiler des Allgemeinen Teils ausmachen, im Kerngebiet wieder aufgenommen werden: man kann hier von einem Gebot struktureller Homogenität sprechen. Das heißt nicht, daß es für alle Institute des Allgemeinen Teils eine vergleichbare Regelung im Naturschutz- und Landschaftspflegerecht geben müßte. Wohl aber muß ein Kerngebiet die Regelungsdimensionen des Allgemeinen Teils aufnehmen. Insbesondere die Leitlinien, Prinzipien und Pflichten, die wichtigsten Instrumente direkter und indirekter Steuerung, die Vorschriften über Umweltinformationen und über eine umweltfreundliche Verfahrensgestaltung müssen thematisch im Kerngebiet wiederkehren.

2. Zum Aufbau des den Naturschutz betreffenden Kapitels

Das das erste Kapitel des Besonderen Teils darstellende Naturschutz- und Landschaftspflegerecht nimmt den im Bundesnaturschutzgesetz zugrundegelegten Aufbau auf und führt ihn fort. Es gliedert sich in sechs Abschnitte:

Erster Abschnitt: Allgemeine Vorschriften

Zweck des Gesetzes, Begriffsbestimmungen, Grundsätze, Mindestfestsetzung von Schutzflächen, allgemeine Naturschutzpflicht, Verhältnis zur Land- und Forstwirtschaft, Naturschutz und Erholung, Grundflächen der öffentlichen Hand.

Zweiter Abschnitt: Allgemeiner Naturhaushaltsschutz

Umweltqualitätsziele und Planung, Eingriffsregelung, Duldungs- und Pflegepflichten.

Dritter Abschnitt: Besonderer Biotop- und Flächenschutz

Besonderer Biotopschutz, Naturschutzgebiete, Nationalparke, Biosphärenparke, Landschaftsschutzgebiete, Naturparke, Naturdenkmale und geschützte Landschaftsbestandteile.

Vierter Abschnitt: Schutz wildlebender Tier- und Pflanzenarten

Allgemeiner Artenschutz, besonders geschützte Tier- und Pflanzenarten, Einfuhr- und Ausfuhrbeschränkungen.

Fünfter Abschnitt: Bodenordnung, Entschädigung und Härteausgleich

Enteignung, Vorkaufsrecht, Entschädigung in Fällen unzumutbarer Beschränkungen, Härteausgleich.

Sechster Abschnitt: Gemeinsame Vorschriften

Aufgaben der Behörden, Vertragsnaturschutz, Verbandsbeteiligung und Verbandsklage, Ordnungswidrigkeiten, Befreiungen, Vorschriften für die Landesgesetzgebung.

III. THESEN ZU DEN HAUPTREGELUNGSGEGENSTÄNDEN

1. Der Zweck des Naturschutzrechts wird unter Bezugnahme auf § 1 normiert. Die dort getroffenen Aussagen zum Konzept des UGB als Ganzes gelten auch für den Naturschutz und werden nicht noch einmal genannt.
2. Die Grundsätze des Naturschutzes sind zu einem Teil durch die Leitlinien des Umweltschutzes in § 3 abgedeckt. Die dort genannten Gesichtspunkte werden nicht noch einmal aufgenommen; es werden nur ergänzende Grundsätze normiert.
3. Eine allgemeine naturschutzrechtliche Abwägungsklausel, die zur Berücksichtigung auch anderer Anforderungen der Allgemeinheit an die Naturgüter veranlaßt, ist nicht vorgesehen. Es gilt die allgemeine Klausel des § 1 Abs. 3.
4. Naturschutz wird stärker auf quantifizierbare Vorgaben festgelegt. Zu diesem Zwecke wird gesetzlich die Pflicht der Länder begründet, mindestens 10% der Landesfläche als Vorrangflächen zur Schaffung und Erhaltung von Biotopverbundsystemen auszuweisen.
5. Es wird besonders hervorgehoben, daß sich jedermann im Rahmen der Umweltpflichten der §§ 7 bis 14 so zu verhalten hat, daß Natur und Landschaft nicht mehr als nach den Umständen unvermeidbar beeinträchtigt werden.
6. Von hieraus wird auch die Stellung der Land- und Forstwirtschaft neu bestimmt:
   a) Die bisherigen Landwirtschaftsklauseln entfallen.
   b) Es werden besondere Beschränkungen in der Verwendung von Pflanzenschutzmitteln und für die Düngung sowie Pflichten zur Vermeidung von Bodenerosionen und Bodenverdichtungen festgelegt (Drittes Kapitel, §§ 289 ff.).
   c) Ein allgemeiner Ausgleich für solchermaßen verursachte Bewirtschaftungserschwernisse wird bundesgesetzlich nicht vorgesehen.
   d) Den Ländern bleibt es überlassen, Härteausgleichsregelungen zu erlassen.
7. Die Erholungsfunktion der Landschaft wird nicht mehr als integraler Teil des Naturschutzes und der Landschaftspflege definiert. Sie steht folglich nicht gleichrangig neben anderen Belangen des Naturschutzes, sondern muß ihren Rang als externer Belang gesondert darlegen. Eine

besondere Regelung des Betretungsrechts für Wald und Flur wird nicht vorgesehen; § 17 deckt dieses naturschutzrechtliche Thema (vgl. § 28 BNatSchG) ab.

8. Für die Umweltbeobachtung bewendet es bei der allgemeinen Regelung des § 104.

9. Die Landschaftsplanung ist in der Umweltleitplanung (§§ 19 bis 25) aufgegangen. Die Umweltleitplanung ist planungssystematisch aus der Landschaftsplanung heraus entwickelt worden. Die Planungsgrundsätze (§ 20), das ökologische Abwägungsgebot (§ 21) und der Ausweisungskatalog für regionale Umweltleitpläne (§ 24) sind Antworten auf die Hauptpunkte der Kritik, die bisher an der Landschaftsplanung geäußert worden sind. Diese Problematik ist also bereits im Allgemeinen Teil abgearbeitet. Die Regelung im Naturschutzrecht wird beschränkt auf
   - eine Klausel, die die zentrale Bedeutung der Umweltleitplanung gerade für das Naturschutzrecht, z.B. zur Herausarbeitung von Umweltqualitätszielen, herausstellt,
   - einen Verweis auf das Institut des Grünordnungsplanes und seine Integration in den Bebauungsplan.

10. Die naturschutzrechtliche Eingriffsregelung wird präzisiert und verschärft:
    a) Die Befugnis der Länder zur Ausformung einer Negativliste wird eingeschränkt.
    b) Die Abwägungsklausel für unvermeidbare Eingriffe (§ 8 Abs. 3 BNatSchG) wird verschärft.
    c) Bei Entscheidungen anderer Behörden ist künftig grundsätzlich die Zustimmung der Naturschutzbehörden erforderlich.
    d) Das Verhältnis der Eingriffsregelung zur Bauleitplanung und zum Baugenehmigungsverfahren wird präziser bestimmt.

11. Für die Grundflächen der öffentlichen Hand wird eine besondere Verpflichtung zur Verwirklichung der Grundsätze des Naturschutzes festgelegt.

12. Die Normierung allgemeiner Pflege- und Duldungspflichten (§§ 10, 11 BNatSchG) wird angereichert, um diesen Instituten mehr Gewicht im Rahmen eines allgemeinen Naturschutzrechts zu geben.

13. Die Biotopschutzregelung (§ 20c BNatSchG) wird aus ihrem Zusammenhang mit dem Artenschutz gelöst und als selbständiger Gegenstand des Gebietsschutzes ausgewiesen.

14. Die bisherigen Regelungen über den besonderen Flächenschutz, die Typik der Schutzgebiete sowie die Regelungen zum Artenschutz erfahren einzelne Ergänzungen.

15. Die Umwelthaftung für erhebliche Beeinträchtigungen des Naturhaushalts infolge schwerwiegender Verstöße gegen öffentlich-rechtliche Pflichten ergibt sich allgemein aus § 118 und bedarf daher keiner besonderen Regelung im Naturschutzrecht.
16. Die Regelungen der Verbandsbeteiligung finden sich schon in §§ 131 ff. Zusätzlich wird den Ländern bundesrechtlich die Einführung der naturschutzrechtlichen Verbandsklage zur Pflicht gemacht.
17. Akzentuiert wird das umweltrechtliche Kooperationsprinzip (§ 6) durch Einführung einer Prüfungspflicht der Behörden, die einem verstärkten Einsatz vertraglicher Gestaltungsformen den Weg ebnen soll.

Zum Ersten Abschnitt: Allgemeine Vorschriften

I. AUSGANGSLAGE

1. Gegenstand des Regelungsbereichs

Gegenstand des ersten Abschnitts sind allgemeine Vorschriften, die die Stellung des Naturschutz- und Landschaftspflegerechts im Gesamtzusammenhang des Umweltschutzauftrages bestimmen. Dazu ist die Herausarbeitung eines Pflichten- und Auftragsgehalts wichtig. Die Pflichten werden allgemein und sodann für einzelne Nutzergruppen formuliert. Eine bedeutsame Vermittlungsaufgabe hat dabei das Grundeigentum. Die behördlichen Instrumente des allgemeinen Naturschutzes sind dagegen noch nicht Gegenstand dieses Abschnitts. Ihnen ist, um ihr eigenständiges Gewicht gegenüber dem besonderen Flächen- und Artenschutz hervorzuheben, ein eigener Abschnitt, der zweite Abschnitt dieses Kapitels, vorbehalten.

2. Bisherige Rechtslage

Auch das bisherige Recht kennt einen vergleichbaren Einleitungsabschnitt (§§ 1 bis 4 BNatSchG), in dem neben rechtstechnischen Aussagen grundlegende Regelungen getroffen werden. Für das Bundesnaturschutzgesetz sind das vor allem die Zielaussagen (§ 1 BNatSchG) und der Grundsätzekatalog (§ 2 BNatSchG). Die spezifischen Erfahrungen mit diesen Regelungen sind in der Vorbemerkung dargestellt worden. Wichtige Reformvorschläge ergeben sich aus den "Lübecker Grundsätzen" (1991) der Länderarbeitsgemeinschaft für Naturschutz, Landschaftspflege und Erholung - LANA - (bes. 86 ff.) und aus den zitierten Entwürfen zur Novellierung des Bundesnaturschutzgesetzes.

II. VORSCHLAG

1. Leitvorstellungen

Die Leitvorstellungen des ersten Abschnitts ergeben sich aus dem, was oben zu den Leitvorstellungen des gesamten Kapitels "Naturschutz und Landschaftspflege" gesagt worden ist: Es geht darum, dieses Gebiet nach dem Konzept eines umfassenden Naturhaushaltsschutzes einzurichten (SRU-Gutachten 1987, Tz. 458; Plachter, Naturschutz, 1991, S. 12 ff.). Die ihm damit zufallende Funktion eines Kerngebiets des Umweltrechts verlangt gesetzessystematisch eine sehr genaue Einpassung des Naturschutz- und Landschaftspflegerechts in die allgemeinen Ziele, Grundsätze und Begriffe des Umweltrechts, wie sie im Allgemeinen Teil normiert worden sind. Das zeigt sich schon bei der Normierung des Zwecks dieses Kapitels (§ 170), die unter Bezugnahme auf den Zweck der Gesamtkodifikation (§ 1) knapp ausfallen kann. Es gilt auch für die zunehmend wichtigere internationale Dimension des Naturschutzes, die in § 1 Abs. 4 gesondert herausgestellt ist. Die Bezugnahme auf die Vorschriften des Allgemeinen Teils verändert auch die Struktur der Grundsätze des Naturschutzes. Dieses klassische Thema naturschutzrechtlicher Gesetze (vgl. § 2 BNatSchG) ist in seinem Kern bereits durch die Leitlinien des Umweltschutzes in § 3 abgedeckt. Festzulegen sind folglich nur noch Leitlinien für besondere Situationen.

Der Entwurf möchte das Schwergewicht von den Ziel- und Leitlinienvorgaben, die sich in der Abwägung häufig als zu schwach erwiesen haben, auf substantielle Rangzuweisungen verlagern. Daher werden in § 172 der zentrale Gedanke der Qualitätsziele herausgestellt und in § 173 statt eines ausgreifenden Katalogs von Zielpunkten konkrete Handlungsgebote normiert, die die Länder zur Ausweisung einer Mindestfläche als Vorranggebiete für den Naturschutz veranlassen sollen. Damit nimmt der Entwurf Empfehlungen des Sachverständigenrates für Umweltfragen und Vorgaben der FFH-RL der EG auf. Herausgestellt wird in § 174 ferner die Pflicht für jedermann, sich so zu verhalten, daß die Natur nicht mehr als unvermeidbar beeinträchtigt wird. Besonderen Pflichtenbindungen werden die Nutzungsansprüche der Land- und Forstwirtschaft (§ 175) und der Erholung (§ 176) unterworfen. Ebenfalls in Pflicht genommen wird in § 177 das Eigentum der öffentlichen Hand. Insgesamt soll durch diese materiellen Pflichten ins Bewußtsein gehoben werden, daß Belange des Naturschutzes nicht nur Abwägungsgesichtspunkte sind, sondern einen festen Rang besitzen, dem die Rechtsordnung durch Zuweisung fester Positionen Rechnung trägt.

2. Zur Regelung im einzelnen

Zu § 170 Zweck

§ 170 nennt den Zweck des dem Naturschutz und der Landschaftspflege gewidmeten ersten Kapitels des Besonderen Teils des UGB. Die Normierung ist kurz gefaßt, weil sie die umfassende Zwecksetzung in § 1 voraussetzen kann. § 170 ist folglich auch wesentlich knapper als die vergleichbare Vorschrift des § 1 BNatSchG. Begrifflich ist die dort gebrauchte Bezeichnung "Ziele" vermieden worden, weil der Zielbegriff im Zusammenhang mit raumplanerischen Entscheidungen, wie sie auch für das Naturschutzrecht kennzeichnend sind, einen spezifischen rechtstechnischen Bedeutungsgehalt hat (vgl. z.B. § 5 Abs. 4 ROG: "Ziele der Raumordnung und Landesplanung"). Der Zielbegriff sollte dieser Bezeichnung vorbehalten bleiben.

Kernpunkt des eigenständigen Aussagegehalts des § 170 ist die Hervorhebung des Naturschutzes und der Landschaftspflege als "ganzheitlicher Naturhaushaltsschutz". Der Gedanke ist aus dem SRU-Gutachten 1987 (Tz. 485) übernommen worden. Ein solches ganzheitliches Konzept liegt ansatzweise zwar auch schon den §§ 1, 2 BNatSchG zugrunde, ist aber instrumentell nicht hinreichend ausgebildet. Der vorliegende Entwurf will diesen Mangel dadurch beheben, daß er vor allen Dingen den allgemeinen Naturhaushaltsschutz ausbaut: Umweltqualitätsziele, Biotopverbundsystem, Verhaltensanforderungen. Daß ein solcher Schutz neben dem unbesiedelten auch den besiedelten Bereich zu erfassen hat, entspricht schon bisherigem Recht und bedarf nicht mehr der Hervorhebung. Naturschutz und Landschaftspflege haben auch als "Stadtökologie" bei der Schaffung und Sanierung von Baugebieten wichtige Aufgaben.

Die oben genannten Novellierungsentwürfe zum Bundesnaturschutzgesetz sehen Änderungen der als anthropozentrisch verstandenen Formulierung des § 1 Abs. 1 BNatSchG vor. Der BMU-Entwurf 1992 betont die Verantwortung des Menschen gegenüber der natürlichen Umwelt. Der SPD-Entwurf und der Bündnis-Entwurf wollen einen Schutz der Natur "um ihrer selbst willen" gesetzlich festgelegt wissen. Der Entwurf des vorliegenden Kapitels nimmt dazu selbst nicht Stellung. Die materielle Aussage zum Problem eines stärker ökozentrischen Umweltschutzes ist in § 1 Abs. 1 S. 2 getroffen. Es heißt dort: Maßnahmen zum Schutz der Umwelt dienen auch der Gesundheit und dem Wohlbefinden des Menschen. Die Verfasser haben sich, wie in der Begründung ausgeführt ist, zu einem mittleren Weg im Streit um die genannten Umweltschutzkonzepte entschieden.

Anders als § 1 BNatSchG enthält die vorliegende Bestimmung keine Klausel, derzufolge die Zwecksetzungen des Naturschutzes mit den sonstigen Anforderungen der Allgemeinheit an Natur und Landschaft abzuwägen sind. Die allgemeine Verpflichtung jedes öffentlichen oder privaten Belangs, sich einer Abwägung mit anderen Rechtsgütern zu stellen, wie sie auch für den Umweltschutz gilt, ist in § 1 Abs. 3 festgelegt. Es heißt dort allgemein: Der Schutz der Umwelt erfolgt unter Abwägung mit anderen Rechtsgütern im Rahmen der Rechtsordnung. Ein solcher Abwägungsvorbehalt ist unter den Geboten einer rechtsstaatlichen, pluralistischen und der Vielfalt von Zielen verpflichteten Verfassung unvermeidbar. § 1 Abs. 3 stellt das hinreichend klar und ist auch im Rahmen der vorliegenden Bestimmung beachtlich. Im übrigen aber ist das Abwägungsproblem wesentlich differenzierter, als daß es mit einer allgemeinen Klausel im Rahmen der Zwecksetzung des § 1 bewältigt werden könnte. Die bereichsspezifischen Abwägungsdimensionen und die dabei zu beachtenden Rangzuweisungen ergeben sich aus den jeweiligen Instrumenten, mit denen der Zweck und die Leitlinien umgesetzt werden. Zwei Bestimmungen des Allgemeinen Teils sind hierfür beachtlich: In § 21 Abs. 1 ist speziell für die Umweltleitplanung ein ökologisches Abwägungsgebot festgelegt worden, das es bei dieser Planung gestattet, zunächst einmal Schutz-, Pflege- und Entwicklungsziele so zu formulieren, daß sie noch nicht durch eine Abwägung mit anderen Belangen verkürzt worden sind. Beachtlich ist ferner § 29. Nach dieser Vorschrift haben alle Behörden und öffentliche Stellen bei ihren raumbedeutsamen Planungen die Belange des Umweltschutzes mit einem ihrer herausgehobenen Bedeutung entsprechenden Gewicht bei der Abwägung zu berücksichtigen. Bei Zielkonflikten ist diesen Belangen dann ein absoluter Vorrang einzuräumen, wenn eine schwere und langfristige Störung der natürlichen Lebensgrundlagen droht. Der Entwurf nimmt diesen auf Spezifizierung gerichteten Ansatz auf, indem er im Rahmen bestimmter Instrumente Vorrangklauseln für den Naturschutz festlegt; bedeutsam sind vor allem der Abwägungsvorrang bei der Eingriffsregelung (§ 181 Abs. 2) und die Klauseln gegen Änderungen des Gebietsschutzes (§§ 188 Abs. 2, 190 Abs. 3).

Zu § 171 Begriffsbestimmungen

In § 171 werden einige im vorliegenden Kapitel wiederholt verwendete Begriffe definiert. Ergänzend gelten die allgemeinen Begriffsbestimmungen des § 2. Einige speziellere Begriffe, die sich nur auf den engeren Regelungsbereich des Artenschutzrechts beziehen, sind gesetzessystematisch erst dort definiert worden (vgl. § 198).

Der in Absatz 1 festgelegte Begriff des Biotops ist durch die Klammerdefinition des § 2 Abs. 1 Nr. 10 BNatSchG dem bisherigen Recht vertraut. Zur Bezeichnung eines Instruments des besonderen Naturschutzes kehrt er in § 20c BNatSchG wieder. Biotopverbundsysteme werden als vernetzte Systeme bezeichnet; der Begriff der Vernetzung umfaßt dabei, anders als in Teilen der Literatur vorgeschlagen (vgl. Jedicke, Biotopverbund, 1990, S. 69), auch einen gewissen räumlichen Zusammenhang. Eine wichtige Aufgabe des Naturschutzes ist es künftig, solche Verbundsysteme rechtlich zu sichern, um die "ökologische Kohärenz" zu gewährleisten (vgl. Art. 3 Abs. 3 der FFH-RL).

Notwendig erscheint auch eine Definition der Landwirtschaft (Absatz 2). In der derzeitigen Gesetzessprache finden sich zahlreiche Begriffsbestimmungen, die um einen einheitlichen Begriffskern weitere Ein- oder Ausgrenzungen legen (vgl. Henneke, Landwirtschaft und Naturschutz, 1986, S. 238 ff.). Die Definition im einzelnen wird vom Schutzzweck des jeweiligen Gesetzes geleitet. Für das Naturschutz- und Landschaftspflegerecht steht dabei der Wirkungszusammenhang zwischen der Bodenbewirtschaftung und der Gewinnung tierischer oder pflanzlicher Erzeugnisse im Vordergrund. Die hiervon ausgehenden Umweltbeeinträchtigungen, aber auch die hierbei geleisteten Umweltpflegemaßnahmen sind zu erfassen. Da es insgesamt um boden- und raumwirksames Handeln geht, kann sich die Definition der Landwirtschaft an § 201 BauGB orientieren. Naturschutzrecht und Baurecht verfolgen zwar nicht durchgängig die selben Ziele. Gleichwohl ist der vor allem am Außenbereichsschutz des § 35 BauGB ausgerichtete Begriff der Landwirtschaft im baurechtlichen Sinne in seinen Hauptelementen auch für das Naturschutzrecht brauchbar. Die Einbeziehung der gartenbaulichen Erzeugung, des Obst- und Weinbaus sowie der Imkerei und der Binnenfischerei, soweit alle diese Tätigkeiten berufsmäßig betrieben werden, entspricht schon bisherigem Naturschutzrecht (vgl. zur Fischereiwirtschaft BVerwG, NVwZ-RR 1989, 288 f.). Soweit die Tierhaltung nicht überwiegend auf eigener Futtergrundlage betrieben wird, fehlt es an dem bezeichneten Wirkungszusammenhang zur Bodenbewirtschaftung. Ebensowenig wäre die Forellenproduktion in Mastbehältnissen und gemauerten Abfischbassins zur Binnenfischerei i.S. dieser Bestimmung zu rechnen. Es liegt vielmehr ein Gewerbebetrieb vor (Henneke, Landwirtschaft und Naturschutz, 1986, S. 242 f.), dessen Umweltprobleme im Immissionsschutz-, Gewässerschutz-, Stoff- oder Abfallrecht zu regeln sind.

Zu § 172 Grundsätze

Zu Absatz 1

Als wichtigster, das gesamte Kapitel durchziehender Grundsatz eines ganzheitlichen Naturhaushaltsschutzes wird die Ausrichtung an Umweltqualitätszielen herausgestellt. Umweltqualitätsziele sind substantielle Angaben zu Schutzwürdigkeitsprofilen der Umweltmedien und zu den anzustrebenden Entwicklungs- oder Wiederherstellungszielen von Natur und Landschaft. Sie können flächen-, medien- oder stoffbezogen formuliert werden (Gassner/ Winkelbrandt, Umweltqualitätsprüfung in der Praxis, 1990, S. 189). Eine strenge Quantifizierung kann angesichts der Komplexität des Sachbereichs und der Regelungsaufgabe freilich nicht verlangt werden (vgl. auch Summerer, HdUR, Bd. 2, 1988, Sp. 735 ff., 743). Qualitätsziele sind planerisch, d.h. vor allem durch eine vorausschauende Umweltleitplanung i.S. der §§ 19 bis 25 herauszuarbeiten. Entsprechendes gilt für den Gewässerschutz (vgl. § 224). Insofern setzt der Grundsatz bei einem Handlungs- und Gestaltungsauftrag der öffentlichen Hand an. Er erschöpft sich jedoch nicht darin, sondern wirkt über die einzelnen Instrumente, insbesondere über die Eingriffsregelung und die Steuerungsmittel des Gebietsschutzes auch auf privates Verhalten ein. Insofern diese Instrumente mit dem Planmäßigkeitsprinzip verbunden werden, Planung aber ein Ermessen voraussetzt (BVerwGE 34, 301), kann man davon sprechen, daß sich das Naturschutz- und Landschaftspflegerecht einem "Bewirtschaftungsermessen" öffnet.

Zu Absatz 2

Absatz 2 nennt - vor allem für Planungsentscheidungen - Leitlinien. Die wichtigsten Leitlinien für den Naturschutz und die Landschaftspflege sind bereits in § 3 und für die Umweltleitplanung in § 20 festgelegt. Sie hier zu wiederholen besteht keine Veranlassung. Ob neben den in § 3 normierten allgemeinen Leitlinien des Umweltschutzes überhaupt noch besondere Leitlinien für den Naturschutz und die Landschaftspflege aufgestellt werden sollten, ist nicht zweifelsfrei. In der Vergangenheit haben sich solche Leitlinienkataloge, die letztlich bloße Abwägungsgesichtspunkte waren, als wenig wirksam erwiesen. Gleichwohl verwenden die Novellierungsentwürfe zum BNatSchG erhebliche Mühe auf eine ausgefeilte Formulierung weiterer Leitlinien, mit der die bisherigen Grundsätze ergänzt und ausdifferenziert werden sollen. Auch der vorliegende Entwurf läßt es daher nicht bei den Aussagen des § 3 bewenden, sondern nennt in Absatz 2 zusätzliche Leitlinien speziell für den Naturschutz und die Landschaftspflege. Dabei wird jedoch keine möglichst detaillierte Regelung angestrebt. Vielmehr sind nur einige besonders typische Raum- und Beeinträchtigungssituationen hervorgehoben. Zugleich soll auf die Verbindungen des Naturschutzes zu den anderen Kapiteln des Besonderen Teils, insbesondere zum Boden- und Gewässerschutz, aufmerksam gemacht werden. Unbeschadet ihrer gesetzessystematischen Selbständigkeit formen diese Kapitel erst in ihrem Zusammenwirken das Bild eines ganzheitlichen Naturhaushaltsschutzes.

Nummer 1 betrifft den Bodenschutz. Die Formulierung nimmt Ansätze des § 2 Abs. 1 Nr. 3 des BMU-Entwurfs von 1993 auf. In der Sache sind die hier zusammengefaßten Gesichtspunkte schon in § 2 Abs. 1 Nr. 4 und Nr. 9 BNatSchG enthalten. Herausgestellt werden nur einige typisch naturschutzrechtliche Aspekte des Bodenschutzes, während der umfassende Schutz des Bodens den Regelungen des dritten Kapitels überlassen bleibt. Wichtig ist auf der Ebene der Grundsätze § 286.

Nummer 2 konkretisiert den Gedanken der Nummer 1 für den besiedelten Bereich und gibt für mögliche Maßnahmen Anschauungsmaterial. Die Regelung entspricht § 2 Abs. 1 Nr. 9 des BMU-Entwurfs.

Nummer 3 beschäftigt sich mit der besonderen Situation des naturschutzrechtlichen Gewässerschutzes. Die Begründung des in wesentlichen Punkten vergleichbaren § 2 Abs. 1 Nr. 6 des BMU-Entwurfs sagt zur Konzentration auf natürliche und naturnahe Gewässer (a.a.O., S. 56): "Natürlich ist ein Gewässer, das vom Menschen nicht verändert ist. Als naturnah ist ein vom Menschen nicht wesentlich verändertes Gewässer anzusehen. Die bloße Vermehrung von (künstlichen) Gewässern, etwa bei der Gestaltung von Freizeitlandschaften, ist kein Ziel des Naturschutzes. Als bedeutsame Maßnahme zum Schutz vor Gewässerverunreinigungen wird die Erhaltung und Anlage natürlicher und naturnaher Uferrandstreifen, die etwa als Pufferzonen zwischen landwirtschaftlich genutzten Flächen und Gewässern den Eintrag von abgeschwemmten Dünge- und Pflanzenschutzmitteln reduzieren, ausdrücklich erwähnt." Halbsatz 4 hebt die besondere Schutzbedürftigkeit der Küstengewässer und ihrer Randzonen hervor; ergänzend gelten die Vorschriften der §§ 255, 256 über den Schutz der Küstengewässer. Halbsatz 5 verpflichtet zur Vermeidung von Grundwasserabsenkungen, vor allem mit Rücksicht auf den Biotopschutz.

In Nummer 4 wird der in § 3 Abs. 2 Nr. 2 und § 20 Abs. 1 Nr. 6 genannte Klimaschutz auf einige konkrete Maßnahmen zugeführt.

Das prekäre Verhältnis des Naturschutzes zum Abbau von Bodenschätzen ist in Nummer 5 angesprochen, der auf § 2 Abs. 1 Nr. 5 BNatSchG zurückgeht. Die vorgeschlagene Formulierung des Satzes 1 verschärft aber die Sorgfaltspflicht dahin, daß schon Beeinträchtigungen wertvoller Landschaftsteile zu vermeiden sind; sie findet sich wortgleich in § 2 Abs. 1 Nr. 7 des BMU-Entwurfs von 1993. Der letzte Halbsatz ist aus § 2 Abs. 1 Nr. 7 des SPD-Entwurfs übernommen.

Nummer 6 hebt den Biotopschutz, der ein wichtiges Instrument auch des EG-Naturschutzrechts darstellt, hervor. Für besonders schützenswerte Biotope legt § 187 einen intensiveren Schutz fest. Halbsatz 2 ist ein Vorgriff auf das in § 173 normierte Gebot, Biotopverbundsysteme zu schaffen.

Nummer 7 richtet sich vor allem an andere Fachplanungsträger. Er hat aber auch Bedeutung für die Stellungnahmen der Naturschutzbehörden in fremden Planungsverfahren. Die in Halbsatz 1 normierte Berücksichtigungspflicht kann unter den Bedingungen des § 29 Abs. 2 zu einer Planungssperre führen. Mit Halbsatz 2 wird eine dem raumordnerischen Konzentrationsgrundsatz entsprechende Leitlinie für die Zusammenfassung von Infrastrukturanlagen normiert. In § 2 Abs. 1 BNatSchG ist sie bisher nicht enthalten, wohl aber in § 2 Abs. 1 Nr. 11 des BMU-Entwurfs. Die hier getroffene Leitlinie dient der Ressourcenschonung. Sie ist aber kein Freibrief dafür, daß es in den Zusammenfassungsbereichen zu diffusen Umweltbeeinträchtigungen kommen darf.

Bundesgesetzlich nicht vorgeschlagen wird ein Leitsatz, der sich mit der Erholungsfunktion von Natur und Landschaft beschäftigt (vgl. aber § 2 Abs.

1 Nr. 11, 12 BNatSchG, § 2 Abs. 1 Nr. 12 des BMU-Entwurfs 1993). Der Aufgabenbereich der Erholung ist mit den Belangen des Naturschutzes nicht leichthin zu harmonisieren. Die Erholungsfunktion ist insbesondere kein Unterfall der vom Naturschutz sonst erfaßten Funktionen von Natur und Landschaft, so daß Konflikte nicht als eine inner-naturschutzrechtliche Frage abgetan werden können. Die Rangbestimmung zwischen Erholung und Naturschutz ist einer besonderen Bestimmung, dem § 176, vorbehalten.

Nicht aufgenommen ist in den vorliegenden Vorschlag die bisherige Abwägungsklausel des § 2 Abs. 1 BNatSchG. Die Normierung einer weiteren Abwägungsklausel über die in § 1 Abs. 3 festgelegte allgemeine Abwägung hinaus könnte als eine zu starke Relativierung der naturschutzrechtlichen Belange mißdeutet werden. Im übrigen hat sich der Entwurf entschlossen, die Abwägungsproblematik innerhalb der einzelnen Belange des Umweltschutzes (interne Abwägung) und dieser Belange mit anderen Anforderungen (externe Abwägung) differenziert abzuarbeiten. Die entscheidenden Regelungen sind in § 21 für die Umweltleitplanung und in § 29 für andere Planungen getroffen.

Durch Landesrecht können gemäß Abs. 3 weitere Grundsätze aufgestellt werden.

Zu § 173 Vorrangflächen für Biotopverbundsysteme

§ 173 greift über eine Steuerung durch die Aufstellung von Grundsätzen hinaus in den Bereich der Handlungsanweisungen. Er legt die Pflicht der Länder fest, mindestens 10% ihrer Fläche als Vorrangflächen für Biotopverbundsysteme auszuweisen. Damit soll der Schritt vom traditionellen zu einem durch den Vorsorgegedanken bestimmten Naturschutz besonders deutlich herausgestellt werden (vgl. Schink, Naturschutz- und Landschaftspflegerecht Nordrhein-Westfalen, 1989, Rn. 43 ff.; ferner Soell, in: Breuer/Kloepfer/Marburger/Schröder [Hrsg.], Naturschutz- und Landschaftspflegerecht im Wandel [UTR 20], 1993, S. 133 ff., 176 f.). Die Regelung stellt für die Gesetzgebung des Bundes Neuland dar. Sie ist ein Kernstück der Reform, denn sie soll dazu beitragen, den Belangen des Naturschutzes einen konkreten und möglichst quantifizierbaren Rang im Rahmen staatlicher Entscheidungsprozesse zuzuweisen. Der Sachverständigenrat für Umweltfragen hat auf die Notwendigkeit eines solchen Verbundsystems bereits 1985 in seinem Sondergutachten zur Landwirtschaft (Abschnitt 5.2.2.) hingewiesen. Im Umweltgutachten von 1987 (Tz. 492) heißt es: "Es handelt sich um eine Aufgabe umfassender Landschaftsgestaltung. Sie besteht darin, die gesamte Landschaft kleinräumig mit einem ausreichenden Bestand netzartig miteinander verflochtener naturbetonter Biotope und Landschaftsstrukturen auszustatten. Dieser Bestand muß im Durchschnitt einen Anteil von 10% der Landesfläche ausmachen, kann aber in den verschiedenen Naturräumen von 5 - über 20% schwanken. Der Rat betont, daß es sich hierbei um eine Minimalforderung handelt, die nicht unterschritten werden darf. Ihre Erfüllung ist außerordentlich dringlich." Die Entwicklungen im EG-Recht zielen in die gleiche Richtung: Schon die Vogelschutzrichtlinie von 1979 verfolgte diesen Weg. Die FFH-RL von 1992 setzt ihn nunmehr fort. Der SPD-Entwurf nennt eine entsprechende Pflicht unter den Grundsätzen des § 2 Abs. 1 Nr. 10. Landesrechtlich findet sich eine vergleichbare Klausel auch im Grundsätzekatalog des Entwurfs des neuen Naturschutzgesetzes für Schleswig-Holstein. Mit diesem Instrument soll den negativen Folgen der "Verinselung" der Landschaft konsequent entgegengewirkt werden (dazu Jedicke, Biotopverbund, 1990, S. 34 ff. und 69 ff.).

Der vorgelegte Entwurf schließt sich dem an, löst die Pflicht aber aus dem Zusammenhang mit den unter Abwägungsvorbehalt stehenden Grundsätzen des § 2 Abs. 1 BNatSchG heraus und macht sie zu einem eigenen Regelungsgegenstand. Es wird daran deutlich, daß es sich hier nicht um einen dem Abwägungsspielraum der Länder unterstellten Programmsatz, sondern im Regelfall um eine strikte Verpflichtung handelt. Der abwägungsbestimmte Naturschutz wird zum rangbestimmenden Naturschutz. Verfassungsrechtlich dürften der Einführung einer solchen Pflicht durch Bundesgesetz keine Bedenken entgegenstehen. Die Gebietshoheit der Länder wird angesichts des verbindlichen Flächenmaßes von nur 10% der Landesfläche nicht nachhaltig beschränkt. Gewisse Eingriffe des Bundes in die Gebietshoheit der Länder sind im Bundesstaat dagegen unvermeidlich. Das zeigen die in ihrer Zulässigkeit unbestrittenen Zugriffe bestimmter Bundesverwaltungen auf Teile eines Landesgebietes, wie sie z.B. für Infrastrukturmaßnahmen und Verteidigungsmaßnahmen charakteristisch sind. Gegenüber diesen direkten Zugriffen beläßt § 173 den Ländern die Auswahl der Flächen. Außerdem ist die Möglichkeit eines Flächenausgleichs insbesondere für die Stadtstaaten vorgesehen (Satz 2). Darüber hinaus ist der Grundtatbestand bisher nur als Soll-Vorschrift ausgestaltet, so daß bei begründeten Ausnahmefällen eine Unterschreitung des Mindestsatzes nicht von vornherein ausgeschlossen ist.

Das "Vorranggebiet für den Naturschutz" ist keine weitere Kategorie i.S. der Gebietsschutztypen der §§ 189 ff. Es löst daher als solche auch keine Entschädigungspflichten aus (Soell, in: Breuer/Kloepfer/Marburger/Schröder [Hrsg.], Naturschutz- und Landschaftspflegerecht im Wandel [UTR 20], 1993, S. 133 ff., 177 f.). Die Art der Sicherung bleibt den Ländern überlassen. Der Sachverständigenrat für Umweltfragen nennt im Gutachten 1987 (Tz. 494 ff.) drei Elemente, aus denen sich die Verbundsysteme zusammensetzen: die ökologischen Vorrangflächen (Kategorie 1), die kleinflächigen linien- und fleckenförmigen naturbetonten Biotope als Verknüpfungselemente (Kategorie 2) und die Randstreifen von Feldern und Wiesen (ca. 3 bis 5 m), auf denen keine Dünge- und Pflanzenschutzmittel verwendet werden dürfen. Künftig wird auch der gesetzesunmittelbare Biotopschutz (vgl. § 187) ein wichtiges Element des Verbundsystems sein. Das Gesamtkonzept (vgl. Plachter, Naturschutz, 1991, S. 343 ff.) zu entfalten, ist nach bisherigem

Verständnis Aufgabe der Landschaftsplanung (Tz. 492), nach den Vorstellungen des UGB Aufgabe der Umweltleitplanung. Als Durchführungsinstrumente stehen für die Flächen der Kategorie 1 das Naturschutzgebiet und u.U. das Landschaftsschutzgebiet, für die Flächen der Kategorie 2 die Institute des geschützten Landschaftsbestandteils und des flächenhaften Naturdenkmals zur Verfügung. Auch der Landerwerb der öffentlichen Hand gewinnt für ein umgreifendes Konzept eines Verbundsystems Bedeutung. Zu seiner Durchführung kann auch ein gegebenenfalls zu ergänzendes Flurbereinigungsrecht eine Grundlage bieten (vgl. Hoecht, RdL 1989, 1 ff. und 141 ff.; Heider, NuR 1989, 117 ff.).

Zu § 174 Naturschutzpflicht

Die Zwecke des Naturschutzes und der Landschaftspflege können durch staatliche Maßnahmen allein nicht erreicht werden. Auch das Verhalten und die Einstellung der privaten Nutzer der Naturgüter bedarf rechtlicher Beeinflussung und Steuerung. Demgemäß ist es schon aus systematischen Gründen erforderlich, den Zweck des § 170 nicht nur durch die an das Entscheidungsverhalten staatlicher Stellen gerichteten Leitlinien und Gebote der §§ 172, 173, sondern auch durch die Festlegung einer Naturschutzpflichtigkeit privaten Verhaltens zu fördern. Solche Pflichtentatbestände haben im Naturschutzrecht Tradition. Nach derzeitigem Recht normieren die Naturschutz- und Landschaftspflegegesetze nahezu aller alten Bundesländer einen entsprechenden allgemeinen Pflichtentatbestand; bei den neuen Bundesländern zeichnet sich eine ähnliche Entwicklung ab (z.B. § 1 Abs. 3 BbgNatSchG, § 3 NatSchG LSA, § 2 Abs. 1 SächsNatSchG). Auch die Novellierungsentwürfe zum Bundesnaturschutzgesetz sehen eine entsprechende Regelung vor (§ 2a des BMU-Entwurfs 1993, § 2a Abs. 1 des SPD-Entwurfs, § 4 Bündnis-Entwurf). Es mag zwar eingewandt werden, daß solche allgemeinen Tatbestände ohne rechtlich exakt bestimmte Sanktionen verbleiben; doch müßte ein Verzicht auf eine Normierung im Naturschutzrecht als Rückschritt angesehen werden. Vor allem aber entspricht die Normierung einer Naturschutzpflichtigkeit der im Allgemeinen Teil zugrundegelegten Konzeption, neben Rechten für jedermann und für besondere Nutzergruppen auch Pflichten vorzusehen. Der vorgeschlagene § 174 knüpft daran an. Er soll vor allem die Appellfunktion der Umweltpflichten verdeutlichen und ins öffentliche Bewußtsein heben, daß nachhaltige Verbesserungen des Naturschutzes und der Landschaftspflege nur zu erreichen sind, wenn sich jeder naturschutzgerecht verhält.

Die vorgeschlagene Formulierung geht - anders als § 2a des BMU-Entwurfs - nicht von einer Soll-Vorschrift aus, sondern legt einen verbindlichen Pflichtentatbestand fest. Sie entspricht damit dem in § 7 für die Gefahrenverhütung und in § 8 dieses Gesetzes für die Vorsorge zugrundegelegten Konzept. Eine davon abweichende weichere Formulierung müßte als Relativierung der naturschutzrechtlichen Pflicht mißverstanden werden. Gleichwohl besteht Einigkeit darüber, daß die solchermaßen in Bezug genommenen Pflichten zu weit sind, als daß sie Grundlage für direkte administrative Vollzugs- und Durchsetzungsmaßnahmen sein könnten. Neben ihrer edukatorischen Bedeutung gewinnen allgemeine Pflichtentatbestände aber als leges imperfectae Bedeutung für die administrative Ermessensausübung und für die Auslegung wertausfüllungsbedürftiger Rechtsbegriffe, z.B. der Sozialpflichtigkeit des Eigentums oder der Zumutbarkeit von Beschränkungen der allgemeinen Handlungsfreiheit (vgl. Begründung zu §§ 7 ff. des Allgemeinen Teils, S. 171 ff.).

Verzichtet worden ist darauf, über die Schonungspflicht hinaus auch noch eine allgemeine Förderungspflicht festzulegen. Inwieweit jeder auch zur Verwirklichung der Ziele des Naturschutzes aktiv beizutragen hat, läßt sich allgemein nicht sagen, ohne den gesamten Pflichtentatbestand weiter zu relativieren. Der Entwurf bringt den Gedanken der Positivpflichten erst in § 175 im Blick auf die Nutzergruppe der Land- und Forstwirtschaft ins Spiel, stellt aber auch dort heraus, daß es zur Konkretisierung zusätzlicher Rechtsakte bedarf. Die mit § 174 angestrebte Appellfunktion wird mit der Schonungspflicht hinreichend ausgedrückt. Der Vorschrift kommt eine Verbindungsaufgabe zwischen den Pflichtentatbeständen der §§ 7 bis 14 und den speziellen Pflichtentatbeständen zu, die sich in den Maßstäben einer umweltschonenden Landwirtschaft (§ 175), in den Rücksichtnahmepflichten des Erholungssektors (§ 176), in der naturschutzrechtlichen Eingriffsregelung (§§ 179 ff.) und in den Duldungs- und Pflegepflichtentatbeständen (§§ 184 ff.) finden. Gesetzessystematisch werden die §§ 7 bis 14 durch § 174 nicht verdrängt, sondern im Blick auf die Beeinträchtigungen von Natur und Landschaft konkretisiert.

Zu § 175 Land- und Forstwirtschaft

§ 175 ist die Grundnorm für die Verhältnisbestimmung zwischen dem Naturschutz und der land- und forstwirtschaftlichen Bodennutzung. Da über 80% der Wirtschaftsfläche in Deutschland land- oder forstwirtschaftlich genutzt werden, ist dieser Regelungsgegenstand für das gesamte Naturschutzrecht ein zentraler Punkt (vgl. zur Umweltpolitik in der Landwirtschaft das Sondergutachten des Rates von Sachverständigen für Umweltfragen "Umweltprobleme der Landwirtschaft", 1985; Henneke, Landwirtschaft und Naturschutz, 1986, pass., bes. S. 45 ff.; ferner Scheele, ZfU 1987, 267 ff.; Storm, HdUR, Bd. 1, 1986, Sp. 72 ff.). Dabei geht es keineswegs ausschließlich um gegensätzliche Ziele beider Sektoren. Es gibt schon nach herkömmlichen Verständnis durchaus auch gemeinsame Ziele des Naturschutzes und der Land- und Forstwirtschaft (vgl. Henneke, Landwirtschaft und Naturschutz, 1986, S. 52 f.; Storm, HdUR, Bd. 1, 1986, Sp. 72 f.). In jüngerer Zeit haben aber die Konflikte, d.h. die Umweltbeeinträchtigungen, im

Vordergrund des Interesses gestanden (Plachter, Naturschutz, 1991, S. 74 ff.; Burmeister, in: Breuer/Kloepfer/Marburger/Schröder [Hrsg.], Jahrbuch des Umwelt- und Technikrechts 1992 [UTR 17], 1992, S. 91 ff. m.w.N.).

Der Sachverständigenrat für Umweltfragen hat in seinem Sondergutachten diese Beeinträchtigungen analysiert. Er nennt als Ursachen insbesondere die strukturellen Umstellungen in der Nutzung und Bewirtschaftung des Landes, neue Formen der Bodenbearbeitung, den Einsatz von Handels- und Wirtschaftsdünger sowie von Pflanzenschutzmitteln (a.a.O., Tz. 278 ff., 335 ff., 395 ff. und 473 ff.). Die Boden-, Gewässer- und Luftqualitäten werden so erheblich beeinträchtigt, Naturhaushalt und Lebensräume wildlebender Pflanzen und Tiere gefährdet. Abschließend heißt es: "Eine Fülle von geradezu revolutionären Maßnahmen zur Steigerung der Arbeits- und Flächenproduktivität in der pflanzlichen und tierischen Produktion haben dieses Verhältnis (scil. zwischen Landwirtschaft und Umwelt) in den letzten drei Jahrzehnten weitgehend aus dem Gleichgewicht gebracht" (Tz. 1187). Um hier Abhilfe zu schaffen, wird vom Sachverständigenrat ein Gesamtkonzept vorgeschlagen, das aus flächenbezogenen und betriebsbezogenen Komponenten bestehen soll: Sicherung von Flächen für naturnahe Biotope einerseits (Tz. 1193 ff.), andererseits Emissionsbegrenzungen (Tz. 1196 ff.), Steuerung von Produktionsweisen (Tz. 1199), Informations- und Überwachungssystem für die Landwirtschaft (Tz. 1200) und Abbau ökonomischer Anreize zur weiteren Nutzungsintensivierung (Tz. 1202). Nicht alle diese Maßnahmen sind Regelungsgegenstände des Naturschutzrechts. Zu dessen Novellierung werden vor allem eine Änderung des anthropozentrischen Ansatzes in § 1 Abs. 1 BNatSchG, eine Verschärfung der Eingriffsregelung des § 8 BNatSchG, ein verstärkter Biotopschutz und eine Revision der Landwirtschaftsklauseln verlangt (vgl. Henneke, Landwirtschaft und Naturschutz, 1986, S. 503 ff.). Das wiederum setzt eine Neubestimmung des Verhältnisses der Land- und Forstwirtschaft zur Umwelt voraus. Dieses Verhältnis neu zu definieren ist ein am ganzheitlichen Naturhaushaltsschutz ausgerichtetes Naturschutz- und Landschaftspflegerecht der richtige Platz. Die Grundnorm hierzu stellt der vorliegende § 175 dar.

§ 175 bricht mit der Tradition der Landwirtschaftsklauseln. Eine Aussage, derzufolge die ordnungsgemäße Land- und Forstwirtschaft in der Regel den Zielen dieses Gesetzes dient, wie sie in § 1 Abs. 3 Halbs. 2 BNatSchG enthalten ist, wird nicht vorgeschlagen. Diese Regelung ist zu lange als eine Privilegierung der Land- und Forstwirtschaft und als Möglichkeit mißverstanden worden, diese Nutzungsformen gegenüber den Bedürfnissen des Naturschutzes zu immunisieren (vgl. Henneke, Landwirtschaft und Naturschutz, 1986, S. 206 ff.; Kloepfer, Umweltrecht, 1989, § 10 Rn. 9 f.; Schomerus, Defizite im Naturschutzrecht, Diss. Göttingen 1987, S. 108 ff.). Der Sachverständigenrat für Umweltfragen hat daher bereits 1985 die Streichung der Landwirtschaftsklauseln und eine Orientierung am Konzept einer umweltschonenden Landwirtschaft empfohlen (a.a.O., Tz. 1201 und 1356 ff.).

Selbst wenn in der Zwischenzeit höchstrichterlich geklärt ist, daß eine ausschließlich ökonomisch verstandene Auslegung der Landwirtschaftsklauseln schon dem geltenden Naturschutzgesetz nicht entspricht (BVerwG NVwZ-RR 1989, 288 f. = NuR 1989, 257 f.; Burmeister, in: Breuer/Kloepfer/Marburger/Schröder [Hrsg.], Jahrbuch des Umwelt- und Technikrechts 1992 [UTR 17], 1992, S. 91 ff., 103), so ist die in § 1 Abs. 3 Halbs. 2 BNatSchG getroffene Vermutungsregel doch zu pauschal, um das diffizile Verhältnis der Land- und Forstwirtschaft zum Naturschutz zu erfassen. Mit ungewöhnlicher Schärfe schreibt ein mit Naturschutzfragen befaßter Richter jüngst: "Es ist heute schlechterdings ein Unding, den Umgang mit Kunstdünger, Herbiziden, Insektiziden, Pestiziden als angewandten Naturschutz zu bezeichnen oder gar die landwirtschaftliche Bodennutzung von vornherein nicht als Eingriff in die Natur zu qualifizieren" (J. Schmidt, NVwZ 1991, 31 ff.). Demgemäß sehen auch die Novellierungsentwürfe zum BNatSchG eine Streichung des "Agrarprivilegs" vor und ersetzen die pauschale Vermutung durch differenzierende Nutzungsregelungen. Der vorgeschlagene § 175 folgt diesem Ansatz und entwickelt ihn in den Begriffen der umweltschonenden (Absatz 2 und 3) und der umweltpflegenden (Absatz 4) Landwirtschaft fort.

Zu Absatz 1

Positiv hebt Absatz 1 als Grundnorm die besondere Verantwortung der Land- und Forstwirtschaft für den Naturschutz hervor. Auf die zentrale Bedeutung der genannten Nutzungsarten stellt auch § 1 Abs. 3 Halbs. 1 BNatSchG ab. Der vorgeschlagene § 175 verändert jedoch den Bezugspunkt, indem er die Position der land- und forstwirtschaftlichen Nutzung wie die jeder anderen Nutzung auf der Grundlage ihrer grundlegenden Naturschutzpflichtigkeit (§ 174) bestimmt. Ein effektiver Naturschutz kann nur erreicht werden, wenn für die Land- und Forstwirtschaft ebenso wie für andere Nutzergruppen vorrangig das Element der Pflichtigkeit herausgearbeitet wird. Eine gleichsam vorgegebene Zugriffsbefugnis auf Naturgüter, der durch eine Vermutungsregel die Harmonie mit den Interessen des Naturschutzes gesetzlich bescheinigt würde, kann es nicht geben. Sie ist auch durch den verfassungsrechtlichen Schutz des Eigentums an land- und forstwirtschaftlichen Flächen nicht geboten. Die in Absatz 1 zugrundegelegte Pflichtigkeit der Land- und Forstwirtschaft ist vielmehr durch die Sozialbindung des Art. 14 Abs. 2 GG legitimiert. Das Bundesverfassungsgericht hat wiederholt ausgesprochen, daß die Gewährleistung des Eigentums nicht angetastet wird, wenn für die Allgemeinheit lebensnotwendige Güter zur Sicherung überragender Gemeinwohlbelange und zur Abwehr von Gefahren nicht der Privatrechtsordnung, sondern einer öffentlich-rechtlichen Ordnung unterstellt werden (vgl. BVerfGE 24, 367 [389 f.]; 58, 300 [339]). Auf der anderen Seite legt § 175 kein einseitiges Pflichtenverhältnis fest. Indem auf die besondere

Verantwortung der Land- und Forstwirtschaft verwiesen wird, soll auch der Rang dieser Nutzungsform herausgestellt werden. Auch die ökonomischen Interessen der Land- und Forstwirtschaft können im Rahmen der durch § 1 Abs. 3 bestimmten allgemeinen Abwägung folglich Berücksichtigung verlangen. Abgelehnt wird nur, die ökonomischen Interessen der Land- und Forstwirtschaft vorschnell mit den Naturschutzinteressen durch eine Vermutungsregelung zu harmonisieren.

Absatz 1 weicht von § 1 Abs. 3 BNatSchG ferner dadurch ab, daß als Schutzobjekt nicht allein die Kultur- und Erholungslandschaft, sondern primär die natürliche Bodenbeschaffenheit, der Gewässerschutz und der Schutz von Tieren und Pflanzen genannt werden. Damit soll verdeutlicht werden, daß zunächst einmal nicht die ihrerseits schon landwirtschaftlich gestaltete Kulturlandschaft, sondern die einzelnen Schutzgüter im Blick der Naturschutzpflichtigkeit liegen. Die Kulturlandschaft wird erst an letzter Stelle genannt. Die Bedeutung der Land- und Forstwirtschaft erstreckt sich bei ihr nicht nur auf die Erhaltung, sondern auch auf die Gestaltung; dieser Gedanke wird in Absatz 4 wieder aufgenommen. Auf das in § 1 Abs. 3 BNatSchG enthaltene Tatbestandsmerkmal der Erholungslandschaft ist verzichtet worden, weil das Verhältnis des Naturschutzes zur Erholung seinerseits nicht in einem einzigen Begriff zu bestimmen, sondern in § 176 einer eigenständigen Regelung zuzuführen ist.

Zu Absatz 2 und 3

Absatz 2 verdeutlicht die allgemeine Pflichtigkeit nochmals und hebt zwei besonders wichtige Gesichtspunkte, den Biotopschutz und die Emissionsbegrenzung, besonders hervor. Die Formulierung geht auf einen Vorschlag des Sachverständigenrates im Sondergutachten "Landwirtschaft" (Tz. 1364) zurück. Absatz 3 konkretisiert die in Absatz 1 festgelegte Naturschutzpflicht durch das Tatbestandsmerkmal "Regeln einer umweltschonenden Land- und Forstwirtschaft". Der Begriff der umweltschonenden Landwirtschaft findet sich bereits im Sondergutachten "Landwirtschaft" (Tz. 1201 und zu den Regeln dort Tz. 1365 ff.). Seine Ausrichtung an bestimmten Bewirtschaftungsregeln zeigt, daß es, wie in anderen Berufen, so auch in der Land- und Forstwirtschaft nicht um ein beliebiges "Darauflоswirtschaften", sondern um Regeln praktischer Vernunft geht, die Rücksichtnahme und Selbstbeschränkungen schon aus wohlverstandenem Eigeninteresse kennen. Gefragt sind hier die Regeln über den schonenden Einsatz von Pflanzenschutzmitteln, über Düngungsmaßnahmen, den Erhalt natürlicher Landschaftselemente, um standortgerechte Bewirtschaftungsmaßnahmen sowie um die Vermeidung von Bodenerosionen und Bodenverdichtung. § 175 nennt diese Maßnahmen nicht im einzelnen, sondern setzt entsprechende Vorgaben anderer Kapitel des vorliegenden Gesetzbuchs voraus. Die Leitfunktion kommt hier dem Bodenschutzrecht zu (vgl. bei §§ 289 bis 292). Die Begründung zu jenem Kapitel stellt auch die derzeitige Rechtslage und die Erfahrungen in den für die Land- und Forstwirtschaft wichtigen Bereichen des Düngemittel- und des Pflanzenschutzrechts ausführlich dar (vgl. dort Vorbemerkung I 2 a bb unter (1); zur Frage möglicher staatlicher Ausgleichsleistungen für Bewirtschaftungseinbußen, die aus der Einhaltung solcher Regeln folgen können, vgl. unten bei § 213).

Zu Absatz 4

Absatz 4 sieht die Möglichkeiten vor, Land- und Forstwirtschaft auch in den Dienst der Umweltpflege zu stellen. Damit wird ein bisher nur in manchen Landwirtschaftsgesetzen und in Landschaftspflegerichtlinien ausgeprägter Ansatz zum Gegenstand des Naturschutzes gemacht. Anders als die umweltschonende Land- und Forstwirtschaft ist die umweltpflegende Seite allerdings bisher kein integraler Bestandteil der entsprechenden Nutzungsformen. Umweltpflege kann folglich auch nicht als eine vorgegebene Pflicht dieser Wirtschaftszweige verstanden werden. Die vorgeschlagene Fassung bringt das dadurch zum Ausdruck, daß sie eine gesetzliche oder vereinbarungsmäßige Grundlage für die Festlegung entsprechender Pflichten verlangt. Hier gewinnen die bisher vorrangig dem Landesrecht zu normieren vorbehaltenen Pflegepflichten (vgl. § 11 Abs. 2 BNatSchG) Bedeutung. Der vorliegende Entwurf formt sie in § 186 bundesgesetzlich genauer aus. Neben der gesetzlichen Inpflichtnahme wird die Begründung entsprechender Pflegepflichten durch Vereinbarung ausdrücklich hervorgehoben. Dieses entspricht dem in § 6 zugrundegelegten Kooperationsprinzip im Umweltrecht, das in § 215 zum Vertragsnaturschutz fortgebildet wird. Gerade auf diesem Wege sollten Aufgabenänderungen, wie sie mit dem Funktionswandel der Landwirtschaft ohnehin verbunden sind, einvernehmlich vorgenommen werden.

Zu § 176 Naturschutz und Erholung

§ 176 beschäftigt sich mit dem Verhältnis des Naturschutzes zur Erholungsfunktion der Landschaft. Lange Zeit wurde diese Funktion der Landschaft als integraler Teil des Naturschutzes angesehen. Zumal der ästhetische Naturschutz ging von einer gleichsam vorgegebenen Harmonie der Nutzungsformen aus. Allenfalls auf örtlicher Ebene wurden Zielkonflikte deutlich, die in der Regel als leichthin lösbar erschienen (Plachter, Naturschutz, 1991, S. 160 f.). Erst in jüngerer Zeit ist deutlich geworden, daß zwischen den Zielen des Naturschutzes und den Erholungsansprüchen der Bevölkerung an Natur und Landschaft vielfältige Interessenkollisionen denkbar sind (vgl. die Auflistung bei Plachter, a.a.O., S. 163). Zutreffend spricht Soell von einer Ambivalenz, die die Erholungsfunktion von Natur und Landschaft zeige (in: Freizeit und Erholung, Schriftenreihe des Deutschen Rates für Landespflege, Bd. 57, 1990, S. 673 ff.). Häufigkeit und Intensität der Konflikte werden zunehmen, je mehr Freizeitansprüche und Tourismus wachsen. Die Abnahme der Arbeitszeit, die Zunahme der Lebenserwartung und technisch immer anspruchsvollerer Sportarten weisen in diese Richtung.

Der Sachverständigenrat für Umweltfragen hat dem Thema "Umwelt, Freizeit und Fremdenverkehr" im Gutachten von 1987 daher zutreffend einen eigenen Abschnitt gewidmet (Tz. 2161 ff.), der von dem dem Naturschutz gewidmeten Abschnitt deutlich abgesetzt ist. Der Rat systematisiert die Belastungswirkungen der Freizeitaktivitäten und des Fremdenverkehrs für die Umwelt, insbesondere für Natur und Landschaft, und unterscheidet danach Belastungen durch die Freizeitaktivitäten selbst (Tz. 2186 ff.) und die als Folgen oder Voraussetzungen von Freizeitaktivitäten zu betrachtenden Belastungen durch bauliche Anlagen für Fremdenverkehrseinrichtungen, Freizeitwohnsitze, Verkehrstrassen u.ä. (Tz. 2176 ff.). Daneben werden als besondere Gruppe die Belastungen für die Gewässer hervorgehoben (Tz. 2205 ff.). Ein Charakteristikum der durch Freizeit- und Erholungsaktivitäten bewirkten Umweltbeeinträchtigungen und Umweltschäden ist es, daß sie sich oft erst in einem langfristigen, schleichenden Prozeß einzustellen pflegen, der in seinen ersten Phasen weder von den Besuchern noch von der ortsansässigen Bevölkerung, die häufig einseitig an einer Steigerung des Fremdenverkehrs interessiert ist, wahrgenommen wird (Tz. 2254).

Nach alledem kann ein künftiges Naturschutz- und Landschaftspflegerecht nicht mehr davon ausgehen, daß sich die Erholungsansprüche der Gesellschaft in seine Schutzinteressen konfliktfrei einfügen lassen. Auf der anderen Seite kann es jedoch nicht darum gehen, die zwischen Naturschutz und Erholungsfunktion der Landschaft traditionell bestehenden Verbindungen radikal zu durchtrennen und die Erholungsfunktion der Natur gänzlich aus dem Naturschutzrecht auszuklammern (dagegen auch Soell, in: Breuer/Kloepfer/Marburger/Schröder [Hrsg.], Naturschutz- und Landschaftspflegerecht im Wandel [UTR 20], 1993, S. 133 ff., 159 f.). Gerade ein sensibles Rechtsgebiet wie das Naturschutz- und Landschaftspflegerecht ist auf die Unterstützung im gesellschaftlichen Bewußtsein angewiesen. Naturverständnis und Identifikation mit den Zielen des Naturschutzes aber können sich nur bilden, wenn der Kontakt der Bevölkerung zur Natur erhalten bleibt (vgl. Plachter, Naturschutz, 1991, S. 161; vgl. auch Klockow, ZfU 1991, 217 ff.).

Die in § 176 vorgeschlagene Regelung will den gebotenen Mittelweg auf der im Allgemeinen Teil gelegten Grundlage fortsetzen (vgl. § 24 Abs. 3): Sie löst das Thema sowohl aus dem Grundsatzkatalog (§ 2 Abs. 1 Nr. 11 BNatSchG) als auch aus einer Verengung auf spezielle Fragestellungen, z.B. solche der Betretungsrechte (vgl. § 27 BNatSchG), in der es gesetzlich bisher behandelt worden ist. Satz 1 trifft eine allgemeine, eigenständige Rangregelung der beteiligten Schutz- und Nutzungsinteressen: Naturschutz und Erholung werden dabei einander gegenübergestellt, um dadurch die Konfliktanfälligkeit ihres Verhältnisses zu unterstreichen. Naturschutz und Landschaftspflege haben eigene Interessen. Die ihnen zugeordneten Instrumente müssen folglich vorrangig der Darstellung und Durchsetzung dieser Interessen vorbehalten bleiben; sie können nicht zugleich in den Dienst der Erholungsvorsorge gestellt werden. Die Erholung und ihre vielfältigen Ansprüche an Natur und Landschaft werden vielmehr als eigenständige Formen der Nutzung der Naturgüter definiert. Es handelt sich um eine der die Umwelt beanspruchenden Nutzungsarten, für die § 174 unter Bezugnahme auf §§ 7 ff. eine Naturschutzpflichtigkeit festlegt. Zugleich wird die Erholungsfunktion jedoch aus dem Kreis der anderen Nutzungsarten insofern herausgehoben, als Satz 1 positiv ihre Zuordnung zu Natur und Landschaft feststellt. Damit soll das traditionelle und zur Förderung des Naturverständnisses nach wie vor wichtige Band zwischen Naturschutz und Erholung gewahrt werden. Die Formulierung "dient auch" nimmt den in § 1 Abs. 1 S. 2 ausgedrückten allgemeinen Gedanken wieder auf, demzufolge Maßnahmen zum Schutz der Umwelt auch der Gesundheit und dem Wohlbefinden des Menschen dienen.

Die besondere Beziehung zwischen Natur und Erholung besteht allerdings nur für solche Formen der Erholung, die als "umweltverträglich" bezeichnet werden können. Dagegen bestehen zwischen Abenteuertourismus, alpinem Gletscherskilaufen oder dem Motorsport zu Lande, zu Wasser und in der Luft und dem Schutz von Natur und Landschaft klare Nutzungskonflikte. § 174 und § 176 S. 1 verbieten solche Freizeitaktivitäten zwar nicht schlechthin. Wenn für sie Raum und Freizeiteinrichtungen vorgesehen werden sollen, müssen sie jedoch so gewichtig sein, daß sie sich gegenüber entgegenstehenden Umweltbelangen durchsetzen können. Das ist besonders zu prüfen.

Weder in § 176 noch sonst enthält der vorliegende Entwurf eine vollständige Regelung der für die Gestaltung der Erholungsfunktion notwendigen administrativen Instrumente. In Übereinstimmung mit dem Gutachten des Sachverständigenrates für Umweltfragen von 1987 (Tz. 2227 ff.) geht der Entwurf davon aus, daß die Ausformung der Erholungsfunktion von Natur und Landschaft und die Lösung hier auftretender Nutzungskonflikte Aufgabe mehrerer Rechtsgebiete und zahlreicher Behörden und öffentlicher Planungsträger, nicht nur der mit dem Naturschutz befaßten Verwaltungseinheiten ist. Eine herausragende Bedeutung kommt dabei der öffentlichen Planung zu. Dieses wird in Satz 2 herausgestellt. Als vorausschauende Planung angesprochen ist hier vor allem die integrale Raumplanung auf Landes-, Regional- und Gemeindeebene. Demgemäß findet sich der Belang der Erholung unter den Raumordnungsgrundsätzen, welche die zentralen Raumplanungsinstanzen bei allen ihren Maßnahmen zu berücksichtigen haben (§ 2 Abs. 1 Nr. 12 ROG). Die typisch naturschutzrechtliche Planung wird nach den Vorstellungen des Entwurfs demgegenüber auf die Darstellung der naturschutzrechtlichen Interessen beschränkt. Während die überkommene Landschaftsplanung auch als Fachplanung für die Erholung galt (Hoppe/Beckmann, Umweltrecht, 1989, § 18 Rn. 30), ist die Umweltleitplanung des UGB bewußt nicht mit dieser Aufgabe betraut worden. Das wird in § 24 deutlich, wenn dort in Absatz 2 die spezifisch umweltrechtlichen Ausweisungen, die konstitutive Wirkung für den Plan haben, von denjenigen Funktionszuweisungen abgehoben werden, die nach Absatz 3 im Plan nur bezeichnet werden sollen. Letztere Planaussagen, zu denen auch geeignete Gebiete zur Naherholung, Ferienerholung und zur sonstigen Freizeitgestaltung gehören, sind Zusatzaussagen des Umweltleitplanes, die nicht eigentlich seine Substanz ausmachen. Die in § 24 zugrundegelegte Systematik des Planinhalts entspricht der in Satz 1 der vorliegenden Bestimmung getroffenen differenzierten Zuordnung von Naturschutz und Erholungsfunktion. Bedeutung gewinnt die Umweltleitplanung darüber hinaus für die Erholung insofern, als sie die Folgeprobleme getroffener Ausweisungen von Erholungsfunktionen zu verarbeiten hat.

Von den weiteren spezifisch naturschutzrechtlichen Mitteln zur Ausgestaltung der Erholungsfunktion nennt § 176 S. 3 den Auftrag an öffentliche Maßnahmenträger, geeignete Flächen für die Erholungsaufgaben zu erhalten und zur Verfügung zu stellen. Eine entsprechende Verpflichtung ist in § 28 BNatSchG festgelegt. Weitere Instrumente des Naturschutzrechts auf diesem Felde sind die Regelungen des besonderen Gebietsschutzes, insbesondere die Ausweisung von Naturparks (§ 27). Außerdem muß die Umweltfolgenprüfung auf weitere Projekte der Freizeitfunktionen erstreckt werden, als das nach bisherigem Recht der Fall ist (vgl. UVPG Anlage zu § 3 Nr. 15); entsprechende Erweiterungen sind in der in § 35 S. 2 vorgesehenen Rechtsverordnung vorzunehmen (vgl. SRU-Gutachten 1987 Tz. 2228).

Gesetzlich bereits an anderer Stelle (§ 17) geregelt ist das in den Themenbereich fallende Betretungsrecht an Natur und Landschaft. Das dort (Absatz 1 Satz 1) zugrundegelegte Konzept eines solchen Rechts erfährt durch § 176 S. 1 insofern eine Verdeutlichung, als es stets nur um eine umweltverträgliche Erholung gehen kann. Für besondere Situationen, z.B. für jagdrechtlich veranlaßte Beschränkungen, bestehen bundesrechtliche Spezialvorschriften (vgl. § 19a BJagdG), die in ihrem jeweiligen Regelungszusammenhang verbleiben sollten. Im übrigen ist die Ausgestaltung den Ländern überlassen. Die Länder können dabei auch zu Einschränkungen der Betretungsrechte vor allem aus Gründen des Naturschutzes schreiten und haben das bisher auch schon getan (vgl. Carlsen, HdUR, Bd. 1, 1986, Sp. 240 ff.). Für die Ausübung dieser Rechte wie überhaupt für die Entwicklung neuer Formen eines umweltschonenden "sanften" Tourismus (vgl. SRU-Gutachten 1987 Tz. 2245 ff.) spielen die Instrumente der Umweltinformation, insbesondere die Umweltaufklärung (§ 109), eine wichtige Rolle.

Zu § 177 Grundflächen der öffentlichen Hand

§ 177 sieht, unbeschadet der in § 169 festgelegten allgemeinen Umweltpflichtigkeit der öffentlichen Hand, eine besondere Naturschutzpflichtigkeit für die Grundflächen der öffentlichen Hand vor. Es geht um einen Teilbereich der staatlichen Eigenvornahme von Umweltschutzmaßnahmen. Der Staat kann sich nicht auf die direkte oder indirekte Steuerung privaten Verhaltens beschränken, sondern muß durch eigene Umweltschutzmaßnahmen die Zwecke dieses Gesetzes fördern (vgl. Kloepfer, Umweltrecht, 1989, § 4 Rn. 271). Für das Naturschutzrecht zeigt sich der Gedanke der Eigenvornahme vor allem am Verhalten des Staates als Eigentümer oder Besitzer eines erheblichen Teils der Grundflächen. § 177 will also gerade den fiskalischen Bereich erfassen, ist aber auf diesen nicht beschränkt. Insgesamt geht es auch darum, durch staatliches Verhalten eine Vorbildwirkung auszulösen (vgl. "Lübecker Grundsätze" der LANA, 1991, S. 72 ff.). Die in § 177 Abs. 1 normierte Pflicht aller Körperschaften des öffentlichen Rechts (mit Ausnahme der Kirchen) findet sich in ähnlichen Formulierungen auch in § 3b des BMU-Entwurfs von 1993 und in § 3a des SPD-Entwurfs. Sie ist im vorliegenden Entwurf nicht als eine der Abwägung unterliegende Leitlinie im Sinne des § 172, sondern als Pflichtentatbestand ausgestaltet. Freilich wird die Pflicht weder aufsichtsbehördlich noch durch eine Vollzugsklage privater Dritter zwangsweise durchgesetzt werden können.

Neben der in Absatz 1 festgelegten Standardverpflichtung legt Absatz 2 für ökologisch besonders wertvolle Grundflächen fest, daß sie vorrangig Zwecken des Naturschutzes und der Landschaftspflege dienen sollen. Das wird oft entsprechende Schutzgebietsfestsetzungen zur Konsequenz haben. Insofern ergänzt Absatz 2 die in § 173 normierte allgemeine Ausweisungspflicht. Satz 2 stellt sicher, daß bestehende andere öffentlich-rechtliche Zweckbindungen, z.B. solche der Verteidigung, unberührt bleiben. Eine Umwidmungspflicht wird folglich nicht begründet. Unter Umständen können sich naturschutzrechtliche jedoch mit anderen öffentlich-rechtlichen Zweckbindungen durchaus vereinbaren lassen (vgl. zur naturschutzrechtlichen Bedeutung militärischer Übungsplätze SRU-Gutachten 1987, Tz. 500 ff.). Eine allgemeine Freistellung besonders gewidmeter Flächen der öffentlichen Hand von den Anforderungen des Naturschutzes, wie sie derzeit in § 38 BNatSchG angelegt ist, entspricht dagegen nicht den Vorstellungen dieses Gesetzes (§ 169). Eine dem § 38 BNatSchG folgende Exemtionsklausel wird daher weder an dieser Stelle noch sonst in diesem Kapitel vorgeschlagen. Eine zusätzliche Pflicht der öffentlichen Hand in bezug auf ihre Grundflächen ist in § 176 S. 3 mit der Pflicht zur Bereitstellung erholungsgeeigneter Flächen festgelegt.

Zum Zweiten Abschnitt: Allgemeiner Naturhaushaltsschutz

Gegenstand des zweiten Abschnitts sind die Instrumente des allgemeinen Naturschutz- und Landschaftspflegerechts. Auch das Bundesnaturschutzgesetz kennt in seinen Abschnitten 2 und 3 vergleichbare Ansätze, die jedoch noch zu wenig ausgeformt sind. Wenn der Naturschutz aber zu einem umfassenden, integralen Naturhaushaltsschutz fortentwickelt werden soll, dann gilt es, gerade die Instrumente des allgemeinen Schutzes und folglich das allgemeine, überall einsetzbare Recht stärker am Gedanken gestalterischer Umweltpflege auszurichten. Dabei sind allerdings die Grenzen der Rahmengesetzgebungskompetenz (Art. 75 Nr. 3 GG) zu beachten. Die Länder haben gerade in diesem Bereich eine breite gesetzgeberische Arbeit entfaltet. Neben den verfassungsrechtlichen Schranken bundesgesetzlicher Regelungsintensität sollte daher auch aus wohlverstandenen Überlegungen unterschiedlicher Verwaltungstraditionen in den Bundesländern eine zu weit gehende Vereinheitlichung unterbleiben, obwohl sie, z.B. für den Inhalt von Landschaftsplänen und für das Eingriffsrecht, im Schrifttum häufiger gefordert worden ist.

Der Abschnitt besteht aus drei Unterabschnitten, welche die vorgesehenen Instrumente zu Gruppen zusammenfassen:

- Erster Unterabschnitt: Planung
- Zweiter Unterabschnitt: Eingriffe in Natur und Landschaft
- Dritter Unterabschnitt: Pflege

Ergänzt werden die allgemeinen Regelungen durch die Verfahrens- und Sanktionsbestimmungen des sechsten Abschnitts. Die im BMU-Entwurf im Zusammenhang mit den Planungsbestimmungen vorgeschlagene ökologische Umweltbeobachtung (§ 4a) findet sich im vorliegenden Gesetzentwurf bereits im Allgemeinen Teil (§ 104) normiert, so daß es einer gesonderten Verankerung im naturschutzrechtlichen Kapitel nicht bedarf.

Zum Ersten Unterabschnitt: Planung

I. AUSGANGSLAGE

1. Gegenstand des Regelungsbereichs

Dieser Unterabschnitt behandelt das für den Naturhaushaltsschutz wichtige Planungsrecht. Es ist um die Umweltleitplanung, wie sie im Allgemeinen Teil normiert worden ist, zentriert und bringt Ergänzungen nur im Hinblick auf typische naturschutzrechtliche Planungselemente sowie in der Hervorhebung des Grünordnungsplanes.

2. Bisherige Rechtslage

Das bisherige Naturschutzrecht kennt in der Landschaftsplanung ein eigenständiges Planungsinstrument. Die Vorschriften der §§ 5, 6 BNatSchG geben einen bundesgesetzlichen Rahmen vor, der durch die Landesgesetze unterschiedlich intensiv ausgefüllt worden ist (vgl. Stich, HdUR, Bd. 1, 1986, Sp. 974 ff.; ferner Hahn, Das Recht der Landschaftsplanung, 1991, S. 15 ff.; speziell zur Rechtslage in Nordrhein-Westfalen Schink, Naturschutz- und Landschaftspflegerecht in Nordrhein-Westfalen, 1989, S. 220 ff.). Die Landschaftsplanung hat die Aufgabe, die Erfordernisse und Maßnahmen zur Verwirklichung der Ziele des Naturschutzes und der Landschaftspflege darzustellen. Sie erfüllt nach überkommenem Konzept drei Teilfunktionen als sektorale Fachplanung für den Umweltschutz, als sektorale Fachplanung für die freiraumbezogene Erholung sowie als querschnittorientierte Darstellung der medialen und vitalen umweltspezifischen Belange gegenüber raumbeanspruchenden Fachplanungen (vgl. mit weiteren Nachweisen die Begründung zum Allgemeinen Teil zu §§ 19 ff., dort S. 186 f.).

Die praktische Wirksamkeit der Landschaftsplanung ist in der Vergangenheit oft schlecht beurteilt worden (mit Nachweisen Hahn, Das Recht der Landschaftsplanung, 1991, S. 199 ff.): Genannt werden Defizite des gesetzlichen Planungsauftrags, der Planinhalte und der Planungspraxis. 1987 sagte der Sachverständigenrat für Umweltfragen in seinem Umweltgutachten (Tz. 410 f.): "Die Bilanz der bisherigen Aktivitäten in der Landschaftsplanung ist trotz der vorstehend geschilderten aufwendigen Bestimmungen insgesamt enttäuschend." In der jüngsten Diskussion wird allerdings darauf hingewiesen, daß es bisher an empirisch abgesicherten Belegen über die Ursachen der derzeitigen Planungsdefizite fehle (vgl. Hübler, DÖV 1991, 85 ff., 92 f.). Herausgestellt wird außerdem, daß eine Steigerung der Wirksamkeit dieses Planungsinstruments wesentlich auch von Rahmenbedingungen abhängt, die nicht rechtlicher, sondern finanzieller Art sind, z.B. die Personalausstattung der zuständigen Behörden (vgl. Heidtmann, NuR 1993, 68 ff.). Soweit Mängel erkennbar sind, die durch Änderungen des Bundesrechts behoben werden können, lassen sich als Gegenmaßnahmen nennen (vgl. "Lübecker Grundsätze" der LANA, 1991, S. 16 ff.; Hahn, Das Recht der Landschaftsplanung, 1991, S. 231 ff.; Ramsauer, in: Ramsauer/Gassner, Naturschutz durch Landschaftsplanung, 1992, S. 1 ff.):

- eine klarere Formulierung des Planungsauftrages,
- eine klarere Fixierung der Planelemente,
- die planungssystematisch richtige Bestimmung des Verhältnisses der Landschaftsplanung zur räumlichen Gesamtplanung, insbesondere zur Regionalplanung und zur Bauleitplanung (Problem der primären oder sekundären Integration),
- eine bessere Ausstattung mit Vollzugsinstrumenten.

Die bisherigen Diskussionen wären falsch verstanden, wenn sie dahin gedeutet würden, daß auf ein Planungsinstrument im Naturschutz- und Landschaftspflegerecht ganz verzichtet werden sollte. Vielmehr besteht auch angesichts der bisherigen Wirkungsmängel der Landschaftsplanung weitgehend Einigkeit darüber, daß ein Planungsinstrument gerade in diesem Bereiche des Umweltschutzes unverzichtbar ist (mit Nachweisen Hahn, Das Recht der Landschaftsplanung, 1991, S. 210 ff.). Bei aller Kritik darf nämlich nicht übersehen werden, daß die defizitären Befunde häufig auf Berichten und Erfahrungen beruhen, die fünf oder sogar zehn und mehr Jahre zurückliegen. In der Zwischenzeit ist z.B. auf dem Gebiete der Biokartierungen als Grundlage der Landschaftsplanung ein erheblicher Nachholbedarf abgedeckt worden. Nach einer Realanalyse von Planungsbeispielen aus der Landschaftsrahmenplanung kommt Erbguth zu dem Ergebnis, daß Pläne neueren Datums quantitative und qualitative Verbesserungen im Sinne einer integrativen Vorgehensweise zeigen (Erbguth, Ausschöpfung der Möglichkeiten der Landschaftsplanung im Sinne einer Umweltleitplanung, Gutachten im Auftrage des Bundesministers für Umwelt, Naturschutz und Reaktorsicherheit, Typoskript, 1992, S. 56 f.). Gerade in jüngster Zeit mehren sich daher die Stellungnahmen, die der Landschaftsplanung nach wie vor und künftig eher noch deutlicher eine zentrale Rolle bei der Gestaltung des Naturschutzes zuweisen (Gassner, in: Ramsauer/Gassner, Naturschutz durch Landschaftsplanung, 1992, S. 41). Auch der Sachverständigenrat für Umweltfragen hatte in seinem 1985 publizierten Sondergutachten "Umweltprobleme der Landwirtschaft" im Blick auf das anzustrebende Biotopverbundsystem die Rolle der Landschaftsplanung klar herausgestellt (Tz. 1223): "Die Herstellung eines Biotopverbundsystems erschöpft sich nicht in der Unterschutzstellung bestimmter Landschaftsteile und in der Anordnung von vereinzelten Nutzungsbeschränkungen. Die Aufgabe ist gestalterischer Natur: Die angestrebten Ziele des Arten- und Biotopschutzes, des Schutzes von Boden und Gewässern und der Erhaltung des Landschaftsbildes sowie die Forderungen des integrierten Pflanzenschutzes können nur im Zuge einer umfassenden Landschaftsplanung verwirklicht werden." Dieses aufnehmend machte der Sachverständigenrat in seinem Gutachten von 1987 einige Verbesserungsvorschläge für eine Novellierung des Bundesnaturschutzgesetzes. Auf eine Novellierung zielen auch die von einem Arbeitskreis der Akademie für Raumforschung und Landesplanung unterbreiteten Vorschläge (vgl. "Integration der Landschaftsplanung in die Raumplanung", Forschungs- und Sitzungsberichte der ARL, Bd. 180, 1988) und die "Lübecker Grundsätze" der LANA, S. 18 ff.

Die Novellierungsentwürfe zum Bundesnaturschutzgesetz gehen ebenfalls von der Verbesserungsbedürftigkeit und Verbesserungsfähigkeit eines dreistufig aufgebauten flächendeckenden Landschaftsplanungssystems aus. Sie legen insbesondere die planerisch notwendigen Verfahrensschritte und die inhaltlichen Mindestanforderungen bundeseinheitlich fest. Klarer als bisher wird dabei die eigentliche Aufgabe der Landschaftsplanung herausgearbeitet (§ 4b des BMU-Entwurfs 1992): An erster Stelle steht der Auftrag, die Erfordernisse und Maßnahmen des Naturschutzes darzustellen. Dazu hat die Landschaftsplanung, wie es in der Begründung des BMU-Entwurfs von 1992 (S. 69) heißt, nach den Zielen des § 1 und den Grundsätzen des § 2 optimierende Aussagen aus der Sicht des Naturschutzes zu erarbeiten. Unbeschadet ihrer Aufnahme in die Pläne der Raumordnung sollen die Landschaftspläne vorab als eigenständiges, in sich geschlossenes Fachplanungswerk, bzw. als in sich geschlossene Fachbeiträge erstellt werden (Begründung S. 70; ähnlich der Entwurf eines Naturschutzgesetzes für Schleswig-Holstein, LT-Drs. 13/27, S. 97, 116 f.). Den in der Literatur geäußerten Zweifeln an der Isolierbarkeit der naturschutzrechtlichen Abwägungsdeterminanten (vgl. Hoppe, DVBl. 1992, 1381 ff., 1384 f.) ist der BMU-Entwurf mit diesem Konzept nicht gefolgt. Es ist gerade ein wichtiger Auftrag der Landschaftsplanung, die Erfordernisse und Maßnahmen des Naturschutzes eigenständig formulieren und darstellen zu können, ohne in ihrer Abwägung von Anfang an durch Rücksichtnahmen auf die Raumnutzungsansprüche anderer Fachplanungsträger beschränkt zu sein (im Ergebnis auch Gassner, in: Ramsauer/Gassner, Naturschutz durch Landschaftsplanung, 1992, S. 28 f.). Sehr klar stellt auch Erbguth in seinen Reformvorschlägen diese Aufgabe einer eigenständigen Darstellung der Belange des Naturschutzes heraus; dabei sind, wie ausdrücklich gesagt wird, die Umweltbelange zu einem internen Ausgleich zu bringen (Ausschöpfung der Möglichkeiten der Landschaftsplanung im Sinne einer Umweltleitplanung, Gutachten im Auftrage des Bundesministers für Umwelt, Naturschutz und Reaktorsicherheit, Typoskript, 1992, Ergänzung, S. 3). Mit Konfliktsituationen anderer Nutzungen soll sich die Landschaftsplanung auseinandersetzen; sie tut das aber mit dem Ziel, den Naturschutzanforderungen möglichst wirkungsvoll zu einer Darstellung zu verhelfen.

II. VORSCHLAG

1. Leitvorstellungen

Der vorgelegte Entwurf betont wie alle Novellierungsentwürfe zum Bundesnaturschutzgesetz die zentrale Bedeutung planerischer Instrumente für den Umweltschutz. Bereits in der Begründung des Allgemeinen Teils ist dazu ausgeführt worden (S. 198): "Planung ist ein notwendiges Instrument staatlichen Umweltschutzes. Eine vorausschauende, Ziele und Maßnahmen abstimmende Handlungsmöglichkeit ist gerade für Querschnittsaufgaben unverzichtbar". Nach der Systematik des Entwurfs ist die Planung ein so wesentliches und umgreifendes Instrument des Umweltschutzes, daß sie im Allgemeinen Teil zu regeln war. Demgemäß normieren die §§ 19 bis 25 das Modell einer dreistufigen Umweltleitplanung. Dieses Modell ist vor allem aus Planungsstufen und Planungselementen der Landschaftsplanung entwikkelt worden. Es umgreift diese und führt sie mit anderen umweltspezifischen Plänen zusammen. Dabei sind auch die wesentlichen Vorschläge für eine gesetzlich bessere Ausgestaltung der Landschaftsplanung verarbeitet worden. Insbesondere die Fragen des Planungsauftrages, der Planungsinhalte und des Integrationskonzepts sind dort beantwortet worden. Der jetzt vorgelegte § 178 kann die Entlastungsaufgaben der allgemeinen Regeln nutzen und folglich auf die Schaffung eines auf den Naturschutz und die Landschaftspflege begrenzten Planungstyps verzichten. Das gilt auch für Regelungen für das Zusammenwirken der Planungsträger (§ 7 BNatSchG), die ebenfalls bereits im Allgemeinen Teil (§ 22 Abs. 2) getroffen worden sind. Die nicht auf den engeren Bereich einer naturschutzrechtlichen Fachplanung älteren Typs beschränkte Umweltleitplanung trägt dem über die Belange dieses Kapitels hinausgreifenden integrativen Ansatz des Umweltschutzes Rechnung. Entsprechende Verzahnungen mit einzelnen Maßnahmeplanungen finden sich in den Kapiteln zum Gewässerschutz (§ 226) und zum Immissionsschutz (§ 370).

2. Zur Regelung im einzelnen

Zu § 178 Umweltleitpläne, Grünordnungspläne

Die in einem einzigen Paragraphen - dem vorgeschlagenen § 178 - zusammengefaßten Regelungen knüpfen an der Existenz der Umweltleitplanung (§§ 19 ff.) an und beschränken sich auf einige naturschutzspezifische Ergänzungen.

Zu Absatz 1

In Satz 1 wird die Aufgabe der Umweltleitplanung, wie sie in § 19 allgemein umschrieben ist, unter naturschutzrechtlichen Aspekten präzisiert. Die Kennzeichnung der Erfordernisse als "Entwicklungserfordernisse" soll unterstreichen, daß es der Gesetzgebungspolitik im Naturschutzrecht derzeit darum zu gehen hat, ein eher reaktives Schutzkonzept in ein Entwicklungs- und Gestaltungskonzept umzuformen. Gerade die Planung soll für den Naturschutz nicht nur ein Minimum im Konflikt mit anderen Nutzungsinteressen retten, sondern es sollen durch Vorgaben von ökologischen Eckwerten und anderer Standards operationalisierbare Aussagen in Form von Umweltqualitätszielen getroffen werden (vgl. BMU-Entwurf 1992, Begründung S. 71; zu den Begriffen vgl. Kiemstedt, Forschungs- und Sitzungsberichte der ARL, Bd. 180, 1988, S. 153 ff.; ferner oben zu § 172).

Eine solche Ausrichtung verlangt, daß die Umweltleitpläne die regionale und die lokale Ebene im Regelfall flächendeckend erfassen. Dieses wird in Satz 1 festgelegt. Die so fundierte Planungspflicht läßt zwar die Befugnis zur

Aufstellung räumlicher und sachlicher Teilpläne nach § 23 Abs. 1 S. 2, § 24 Abs. 1 S. 3 unberührt; denn den Planungsinstanzen muß es aus praktischen Gründen möglich sein, im Einsatz ihrer Planungsressourcen Prioritäten zu setzen. Die Pflicht zur flächendeckenden Formulierung von Umweltqualitätszielen verwehrt es ihnen aber, Umweltleitpläne schon von vornherein überhaupt nur für bestimmte Bereiche einer Region oder einer Gemeinde vorzusehen. Für die örtlichen Umweltleitpläne erhalten die Länder in Satz 2 die Möglichkeit, von einer flächendeckenden Aufstellung unter besonderen Voraussetzungen freizustellen. Eine solche Möglichkeit sehen auch alle Novellierungsentwürfe zum Bundesnaturschutzgesetz vor. Grund für diese Durchbrechung sind verwaltungspraktische Erwägungen. Von der Möglichkeit der Dispensation soll aber nur in begründeten Einzelfällen Gebrauch gemacht werden.

Zu Absatz 2

Umweltqualitätsziele können in unterschiedlichen Formen dargestellt werden. Für die regionalen Umweltleitpläne, die im Gesamtsystem eine herausragende Rolle haben, sind in § 24 Abs. 2 als Planelemente Gütestandards für Gewässer (Nummer 4), Merkmale für Böden (Nummer 5), Mindestflächenanteile für Bodenfunktionen (Nummer 1) sowie besondere Gebietstypen, nämlich Vorranggebiete, Maßnahmengebiete und regionale Grünzüge genannt worden. Hiermit sind wesentliche planerische Ausdrucksformen angegeben, ohne daß der Kreis der Aussagen dadurch geschlossen wäre. Den Ländern bleibt es überlassen, weitere Planelemente einzuführen. Eine gewisse Vereinheitlichung ist von der Rechtsverordnung der Bundesregierung gemäß § 148 Abs. 3 zu erwarten, in der der Inhalt der Umweltleitpläne, insbesondere die Planzeichen und ihre Bedeutung, festgelegt werden können.

Zur Konkretisierung hervorgehoben wird in Absatz 2 das Biotopverbundsystem. Die Pflicht der Länder zur Schaffung solcher Systeme ist in § 173 festgelegt. Die vorliegende Regelung beschäftigt sich mit der planerischen Seite des Problems. Sie greift die Vorschläge des Sachverständigenrates für Umweltfragen in seinen Gutachten von 1985 und 1987 auf (1985, Tz. 1215 ff.; 1987, Tz. 492 ff.; ferner Jedicke, Biotopverbund, 1990, S. 148 ff. und 177 ff.):

- Ökologische Vorrangflächen werden vor allem regional ausgewiesen werden müssen. Als Darstellungsform eignet sich insbesondere das in § 24 Abs. 2 Nr. 1 genannte Vorranggebiet. Im Vollzug des Umweltleitplans sind die vorgesehenen Flächen dann als Naturschutzgebiete und u.U. auch als Landschaftsschutzgebiete auszuweisen (SRU-Gutachten 1987, Tz. 495 f.).

- Kleinflächige naturbetonte Biotope sind als Verknüpfungselemente notwendig. Ihrer Sicherung dienen vor allen die geschützten Landschaftsbestandteile. Darüber hinaus ist an privatrechtlich vereinbarte Nutzungsbeschränkungen zu denken (vgl. SRU-Gutachten 1987, Tz. 497; ferner oben zu § 9).
- Extensiv bewirtschaftete, von der Anwendung von Dünge- und Pflanzenschutzmitteln ausgesparte Randstreifen von Feldern und Wiesen von ca. 3 bis 5 m Breite lassen sich als Planelemente abstrakt formulieren. Für die Umsetzung ist neben den vorstehend genannten Regelungen auch an eine entsprechende Ausgestaltung des Flurbereinigungsrechts zu denken (vgl. Hoecht, RdL 1989, 1 ff. und 143 ff.; Heider, NuR 1989, 117 ff.; Dippold, NuR 1990, 58 ff.; "Lübecker Grundsätze" der LANA, S. 40; Jedicke, Biotopverbund, 1990, S. 99 ff.).

Der Sicherung dient außerdem die in § 189 Abs. 3 Nr. 2 vorgesehene vorläufige Unterschutzstellung, die auf eine Empfehlung des Sachverständigenrats für Umweltfragen (Gutachten 1985, Tz. 1228) zurückgeht.

Zu Absatz 3

Die örtliche Umweltleitplanung liegt planungssystematisch auf der Ebene der Flächennutzungsplanung (vgl. § 25 Abs. 2). Sie ist von einem gesamtgemeindlichen Ansatz her zu konzipieren. Das schließt einzelne Aussagen eines parzellenscharfen Zuschnitts nicht aus. Als medienübergreifende, auch die Luftreinhaltung und den Gewässerschutz erfassende Planungsart ist die Ortsebene aber die unterste Ebene für Standardaussagen der Umweltleitpläne. Auf der anderen Seite ist unverkennbar, daß auch kleinere Bezugsräume zu naturschutzrechtlichen Regelungssituationen führen, die planerisch bewältigt werden sollten. Das Bauplanungsrecht sieht deshalb naturschutzrechtliche Festsetzungsmöglichkeiten auch für den Bebauungsplan, besonders in § 9 Abs. 1 Nr. 20 und 25 BauGB, vor (vgl. Hahn, Das Recht der Landschaftsplanung, 1991, S. 64 ff.; Baumeister, Die Integration der örtlichen Landschaftsplanung in die Bauleitplanung, 1992). Als naturschutzspezifische Planungsform kennen die Landesnaturschutzgesetze einiger Bundesländer außerdem das Institut des Grünordnungsplanes (vgl. z.B. § 9 Abs. 1 BW NatSchG, Art. 3 Abs. 3 BayNatSchG; § 7 BbgNatSchG, § 7 NatSchG LSA, § 7 SächsNatSchG). Absatz 3 knüpft daran an. Der hier genannte Grünordnungsplan soll die naturschutzrechtlichen Interessen bei der Entwicklung einzelner Baugebiete durchgängig parzellenscharf zunächst eigenständig darstellen, ohne daß diese sogleich in den Abwägungsprozeß der Bauleitplanung eingeschmolzen werden. Soweit ihre Aussagen später in den Bebauungsplan übernommen werden sollen, gilt das, was zur allgemeinen Abwägungsnotwendigkeit bei der Integration der Umweltleitpläne in die räumliche Gesamtplanung gesagt worden ist (vgl. Begründung des Allgemeinen Teils, S. 202 ff.). Den Ländern wird darstellungsmäßig außerdem die Möglichkeit eröffnet, auch solche Aussagen in den Bebauungsplan zu übernehmen, für die nach § 9 BauGB keine typisierten Festsetzungsmöglichkeiten vorgesehen sind. Das gilt z.B. für Grünvolumen- und Bodenfunktionszahlen (vgl. dazu Erbguth, NuR 1990, 433 ff.). Eine entsprechende Erweiterung der landesgesetzlichen Festlegungsbefugnis gegenüber der Sperrwirkung von Bundesgesetzen findet sich in § 6 Abs. 4 S. 3 BNatSchG und bei der Integration baugestalterischer Vorschriften in den Bebauungsplan.

Weitergehende Vorschriften für die Umweltleitplanung werden nicht vorgeschlagen. Vielmehr gelten die allgemeinen Regeln der §§ 19 bis 25. Die wichtige Frage der Integration ist dort insoweit in ihrer Beantwortung vorgeformt, als die Umweltleitplanung als eigenständige Planungsart konzipiert ist. Das schließt eine Primärintegration aus (kritisch zu dieser Integrationsform auch Ramsauer, in: Ramsauer/Gassner, Naturschutz durch Landschaftsplanung, 1992, S. 17 m.w.N.). Der Entwurf geht von einer partiellen Sekundärintegration aus. Die Einzelausgestaltung bleibt, wie im Allgemeinen Teil festgelegt, den Ländern überlassen. Darüber hinaus haben Umweltleitpläne auch ohne Aufnahme in die Planwerke der integralen Raumplanung im Rahmen anderer administrativer Entscheidungsverfahren Bedeutung. Sie enthalten vor allem Maßstäbe für die Umweltfolgenprüfung nach §§ 31 ff. und die Eingriffsregelung nach §§ 179 ff. Ihre Aussagen sind folglich auch in anderen Verwaltungsverfahren zu berücksichtigen; die Einzelheiten ergeben sich aus dem jeweiligen fachgesetzlichen Entscheidungsprogramm. Die Novellierungsentwürfe zum Bundesnaturschutzgesetz normieren in diesem Zusammenhang die Pflicht anderer Maßnahmeträger, Abweichungen von den Inhalten der Landschaftsplanung zu begründen. Eine solche Begründungspflicht entspricht ganz dem Konzept der Umweltleitplanung als einer neuen Form argumentativen Verwaltungshandelns (vgl. Schmidt-Aßmann, DÖV 1990, 169 ff., 175 f.); von einer ausdrücklichen bundesgesetzlichen Normierung einer solchen Verfahrensvorschrift ist jedoch mit Rücksicht auf die grundsätzliche Landeszuständigkeit für die Regelung von Verwaltungsverfahren abgesehen worden.

Zum Zweiten Unterabschnitt: Eingriffe in Natur und Landschaft

I. AUSGANGSLAGE

1. Gegenstand des Regelungsbereichs

Hier geht es um ein naturschutztypisches Regelungssystem von Vermeidungs-, Ausgleichs-, Unterlassungs- und Ersatzpflichten, um Eingriffe in

Natur und Landschaft soweit wie möglich einzuschränken. Das System verbindet Elemente des Verursacher- und des Vorsorgeprinzips. Es ist ein Kernstück des Naturschutzrechts, weil es die Belange des Naturschutzes gegenüber der raumbeanspruchenden Fachplanungs- und Genehmigungspraxis zur Geltung bringt. Die vorgeschlagenen Bestimmungen sind mit Ausnahme der §§ 179 Abs. 3, 183 Rahmenvorschriften für die Landesgesetzgebung.

2. Bisherige Rechtslage

Im bisherigen Recht findet sich das entsprechende Regelungssystem in den Rahmenvorschriften der §§ 8, 9 BNatSchG und in den Naturschutz- und Landschaftspflegegesetzen der Länder (Nachweise bei Lorz, Naturschutzrecht, 1985, § 8 Anhang; Schmidt-Aßmann, HdUR, Bd. 1, 1986, Sp. 401 ff.). Es indiziert eine Abkehr vom Reservatdenken und gilt als eine der wichtigsten Fortentwicklungen gegenüber dem älteren Naturschutzrecht (Schink, Naturschutz und Landschaftspflegerecht Nordrhein-Westfalen, 1989, Rn. 238; ders., DVBl. 1992, 1390 ff.; Kolodziejcok, NuR 1992, 309 ff.).

a) Elemente des § 8 BNatSchG

Die naturschutzrechtliche Eingriffsregelung ist ein materielles Pflichten- und ein verfahrensmäßiges Prüfungssystem, dessen Hauptpunkte rahmenrechtlich festgelegt sind (systematisch Schink, Naturschutz- und Landschaftspflegerecht Nordrhein-Westfalen, 1989, Rn. 239 ff.; Kuchler, Naturschutzrechtliche Eingriffsregelung und Bauplanungsrecht, 1989, S. 155 ff.; Kolodziejcok, NuR 1992, 309 ff., 310 f.; Berkemann, NuR 1993, 97 ff.). Eingriffe sind nach § 8 Abs. 1 BNatSchG Veränderungen der Gestalt oder Nutzung von Grundflächen, welche die Leistungsfähigkeit des Naturhaushalts oder das Landschaftsbild erheblich oder nachhaltig beeinträchtigen können. Die Landesregelungen konkretisieren diesen Begriff teilweise durch die Umschreibung herausgehobener Eingriffsobjekte oder Eingriffsvorgänge, aber auch durch Ausklammerungen bestimmter Vorgänge aus der Eingriffsregelung. Dieses ist die Grundlage für die sogenannten Positiv- und Negativlisten. Die Rechtsprechung hat die Möglichkeiten der Länder zu eigenständiger Konkretisierung in jüngerer Zeit allerdings eingeschränkt (BVerwGE 85, 348 [357]). Die ordnungsgemäße land-, forst- und fischereiwirtschaftliche Bodennutzung ist nach § 8 Abs. 7 BNatSchG nicht als Eingriff in Natur und Landschaft anzusehen. Das eingriffsrechtliche Pflichtensystem veranlaßt den Verursacher des Eingriffs, vermeidbare Beeinträchtungen zu unterlassen und unvermeidbare Beeinträchtigungen auszugleichen (§ 8 Abs. 2 BNatSchG). Ein Eingriff, der nicht zu vermeiden und auch nicht im erforderlichen Maße auszugleichen ist, ist zu untersagen, wenn die Belange des Naturschutzes bei einer Abwägung aller Anforderungen an Natur und Landschaft im Range vorgehen (§ 8 Abs. 3 BNatSchG). Diese Abwägung steht der fachplanerischen Abwägung nahe; sie ist gerichtlich nur auf Abwägungsfehler hin zu überprüfen (BVerwGE 85, 348 [362]). Die Länder können für nicht ausgleichbare, aber vorrangige Eingriffe weitere Regelungen, insbesondere über Ersatzmaßnahmen treffen (§ 8 Abs. 9 BNatSchG). Sie haben das in einem großen Variantenreichtum getan. Neben der Pflicht zu realen Ersatzmaßnahmen bestehen Pflichten zu Ersatzzahlungen, die landesrechtlich wiederum unterschiedlich teilweise als alternative, teilweise als subsidiäre Formen des Ersatzes ausgestaltet, sind: naturschutzrechtliche Ausgleichsabgaben (vgl. Kloepfer, Umweltrecht, 1989, § 10 Rn. 37 ff.). Verfahrensrechtlich ist die Eingriffsregelung an bestehende Genehmigungs-, Planfeststellungs- oder sonstige Zulassungsverfahren angebunden. Die erforderlichen eingriffsrechtlichen Entscheidungen werden von der jeweiligen Fachbehörde im Benehmen mit der für Naturschutz und Landschaftspflege zuständigen Behörde getroffen (§ 8 Abs. 5 BNatSchG); in einigen Ländern ist diese Mitwirkungsform zu einem Einvernehmen fortentwickelt.

b) Erfahrungen und Reformdiskussion

Die Eingriffsregelung hat sich als ein unverzichtbares Instrument des Naturschutzes erwiesen. Sie hat zu einer "Überformung" des fachgesetzlichen Zulassungsrechts geführt. Sie stellt dort dem Rechte nach sicher, daß die Belange des Naturschutzes auch dann in das Entscheidungsprogramm einzustellen sind, wenn dieses bisher ausschließlich oder vorrangig von anderen Zielen bestimmt ist.

aa) Allerdings ist die Anwendungspraxis der Regelung erheblicher Kritik ausgesetzt. Insbesondere wird hervorgehoben, daß sich die Belange des Naturschutzes sowohl substantiell als auch in ihrer verfahrensmäßigen Absicherung vielfach nicht als hinreichend durchsetzungsfähig gegenüber den Interessen der betreffenden Fachverwaltungen erweisen, so daß Eingriffe nicht vermieden und auch nicht hinreichend, sondern allenfalls optisch oder "kosmetisch" ausgeglichen werden. Hingewiesen wird auch auf die Schwierigkeiten, für Eingriff und Ausgleich hinreichend eindeutige Qualitätsaussagen treffen zu können (vgl. SRU-Gutachten 1987, Tz. 462 ff.; Kuchler, Naturschutzrechtliche Eingriffsregelung und Bauplanungsrecht, 1989, bes. S. 143 ff. und S. 206; Burmeister, Der Schutz von Natur und Landschaft vor Zerstörung, 1988; Uebersohn, NuR 1990, S. 114 ff.; Ehrlein, VBlBW 1990, 121 ff., 129 f.; Franz/Laufs und Arbeitsgruppe der Akademie für Raumforschung und Landesplanung, ZAU 1991, 229 ff.; Schink, DVBl. 1992, 1390 ff.; m.w.N. Berkemann, NuR 1993, 97 ff.). Auf Hauptpunkte zurückgeführt lassen sich Kritik und Reformdiskussion folgendermaßen zusammenfassen (vgl. "Lübecker Grundsätze" der LANA, 1991, S. 28 ff.):

- mangelnde Präzision des bundesgesetzlichen Eingriffsbegriffs und zu großer Spielraum der Länder, in Negativlisten Eingriffe aus der Regelung auszuklammern;
- Beschränkung auf ein Ausgleichskonzept, statt ein "Eingriffsverhinderungsinstrument" zu sein;
- Inadäquanz der eingriffsrechtlichen Landwirtschaftsklausel angesichts der Tatsache, daß der Artenrückgang zu einem erheblichem Maße auf landschaftwirtschaftliche Einwirkungen zurückgeführt wird;
- mangelnde Erfassung stofflicher Umweltbeeinträchtigungen;
- Unzulänglichkeit der verfahrensmäßigen Anbindung der Eingriffsregelung an anderweitig normierte Kontrollverfahren, insofern die naturschutzrechtlichen Interessen innerhalb dieser Verfahren nicht gleichrangig in das Bewußtsein treten und die Naturschutzbehörden mit der Benehmens-Regelung des § 8 Abs. 5 BNatSchG eine zu geringe verfahrensrechtliche Position zu ihrer Durchsetzung besitzen;
- unübersichtliche und systematisch nicht hinreichend ausgeformte Pflichtensystematik im Tatbestand des § 8 BNatSchG, die insbesondere die Wirkung der Ausgleichspflicht minimiert;
- Unsicherheiten in den rechtlichen Grundlagen der Ersatzmaßnahmen, insbesondere soweit es um Ausgleichsabgaben geht, und entsprechende Unstimmigkeiten in der Verwaltungspraxis der Länder.

bb) Als schwierig hat sich das Verhältnis der Eingriffsregelung zum Baurecht erwiesen (vgl. Kolodziejcok, NuR 1992, 309 ff., 311 f.; Krautzberger, WiVerw. 1992, 131 ff.; J. Schmidt, UPR 1992, 361 ff.; Koch, Die naturschutzrechtliche Eingriffsregelung in der Bauleitplanung, Typoskript 1992, S. 53 ff.; ausführlich Kuchler, Naturschutzrechtliche Eingriffsregelung und Bauplanungsrecht, 1989). Nur in den Grundlinien anerkannt ist folgende Systematik: Bauleitpläne selbst bewirken zwar, von Ausnahmefällen (vgl. § 17 Abs. 3 BFStrG) abgesehen, noch keinen Eingriff. Sie stellen auch keine Fachpläne i.S. des § 8 Abs. 4 BNatSchG dar (Gaentzsch, NuR 1986, 89 ff., 97; Koch, Die naturschutzrechtliche Eingriffsregelung in der Bauleitplanung, Typoskript 1992, S. 41). Sie bereiten die Eingriffe jedoch vor. Daß sie folglich auf eine intensive Beachtung der Belange des Naturschutzes festgelegt sind (vgl. auch OVG Koblenz, NuR 1992, 290), folgt schon aus § 1 Abs. 5 S. 2 Nr. 7 und S. 3 BauGB.

Unbeschadet dieser planerischen Seite ist die Eingriffsregelung aber auch in den einzelnen Baugenehmigungsverfahren abzuarbeiten. Dabei sind die Konsequenzen allerdings nach den bebauungsrechtlichen Zulassungstatbeständen der §§ 30 ff. BauGB unterschiedlich (Kolodziejcok, NuR 1992, 309 ff., 311 f.; Koch, Die naturschutzrechtliche Eingriffsregelung in der Bauleitplanung, Typoskript 1992, S. 59 ff.). Noch am leichtesten ist die Pflichtensystematik des § 8 BNatSchG dem § 35 BauGB zu implantieren. Tatsächliche und rechtliche Schwierigkeiten bereitet ihre Umsetzung dagegen in den Fällen des § 34 BauGB. Bei der Schließung kleinerer Baulücken durch kleinere Baumaßnahmen wird oft schon unsicher sein, ob die Maßnahme die Erheblichkeitsschwelle des § 8 Abs. 1 BNatSchG überhaupt erreicht. Solche praktischen Schwierigkeiten können aber zu Verzögerungen entsprechender Genehmigungsverfahren führen. Zudem werden reale Ausgleichsmaßnahmen schon vom Flächenzuschnitt des Baugrundstücks her oft nicht möglich sein. Ob eine vollständige Versagung der Baugenehmigung angesichts des verdichteten Bauanspruchs, den § 34 BauGB bietet, zulässig ist, wird in der Literatur unterschiedlich, überwiegend ablehnend beantwortet (vgl. die Nachweise bei Koch, Die naturschutzrechtliche Eingriffsregelung in der Bauleitplanung, Typoskript 1992, S. 61 f.). In der Praxis werden die Bauwilligen landesrechtlich unterschiedlich zu Ersatzzahlungen herangezogen.

Im Bereich des § 30 BauGB sind primär die Festsetzungen des Bebauungsplanes maßgebend. Eine klare Abschichtungsregelung fehlt im Gesetz allerdings. Trotzdem wird man für die Praxis von der Grundregel auszugehen haben, daß es dann, wenn der Plan entsprechende Ausgleichs- und Ersatzregelungen enthält, nur noch um deren Umsetzung und Übertragung auf das einzelne Bauvorhaben gehen soll. Dabei können sich allerdings Schwierigkeiten der Zuordnung der Ausgleichsflächen zu den Grundstücken, auf denen der Eingriff erfolgt, ergeben. Scheitern kann ein Vorhaben, das auf einem seinerseits ordnungsgemäß zustandegekommenen Bebauungsplan beruht, an der Eingriffsregelung nach überwiegender Ansicht nicht (Gaentzsch, NuR 1990, 1 ff., 6; Kolodziejcok, NuR 1992, 309 ff., 311; a.M. Koch, Die naturschutzrechtliche Eingriffsregelung in der Bauleitplanung, Typoskript 1992, S. 61). Unsicher wiederum sind die Konsequenzen dann, wenn Grundlage ein alter Bebauungsplan ist, der sich über Ausgleich und Ersatz keine Gedanken gemacht hat. Einer Mitwirkung der Naturschutzbehörde in der Form des Benehmens bedarf es gemäß § 8 Abs. 5 S. 2 BNatSchG in den Fällen des § 30 BauGB nicht. Einige Länder beteiligen die Naturschutzbehörden trotzdem. Auch in Einzelpunkten bestehen vielfältige Unsicherheiten. Kritisiert wird zum einen, daß die Bezüge zwischen Bauleitplanung, Baugenehmigung und Eingriffsregelung rechtsdogmatisch nicht klar genug entfaltet sind, so daß Überlappungen und Doppelprüfungen die Verwaltungspraxis erschwerten und Bauwillige mit kaum vorhersehbaren Rechtsfolgen konfrontierten. Von naturschutzrechtlicher Seite wird aber auch kritisiert, daß das Baurecht sich mehr und mehr von den Konsequenzen der Eingriffsregelung zu befreien versuche.

Die BMU-Entwürfe von 1992 und 1993 sahen eine Neufassung des § 9 BNatSchG vor, der das Verhältnis der Eingriffsregelung zum Baurecht bundesrechtlich abschließend regeln sollte. Dabei wurde davon ausgegangen, daß die Belange des Naturschutzes in der konkretisierten Form der Eingriffsregelung aus Gründen der Verwaltungsvereinfachung grundsätzlich nur auf einer Ebene geprüft werden soll, der Ebene der Bauleitplanung (so Begründung S. 91 f.). Dieses als sogenannter Baurechtskompromiß bezeichnete Lösungsmodell einer exklusiv planerischen Bewältigung ist durch das Investitionserleichterungs- und Wohnbaulandgesetz vom 22. April 1993 (BGBl. I S. 466) zeitlich vorgezogen und in den neuen §§ 8a bis 8c dem BNatSchG bei im übrigen unveränderter Eingriffsregelung eingefügt worden. Dabei ist der Vorrang der baurechtlichen Lösung während des Gesetzgebungsverfahrens verstärkt worden (vgl. den Entwurf BT-Drs. 12/3944 und den Ausschußbericht BT-Drs. 12/4340). Die Novellierung war wegen ihrer naturschutzverkürzenden Regelung freilich während der parlamentarischen Beratungen außerordentlich umstritten (vgl. BR-Drs. 82/93 und 197/93). Der Bundesrat rief u.a. wegen dieser Vorschriften den Vermittlungsausschuß an. In diesem Gremium, dessen Vorschläge dann Gesetz geworden sind, haben sich die naturschutzrechtlichen Änderungsinteressen allerdings nur begrenzt durchzusetzen vermocht.

Der neue § 8a Abs. 1 BNatSchG legt fest, daß dann, wenn auf Grund von Bauleitplänen Eingriffe zu erwarten sind, über die Belange des Naturschutzes im Plan unter entsprechender Anwendung des § 8 Abs. 2 S. 1 BNatSchG und der Vorschriften über Ersatzmaßnahmen nach den Abwägungsregeln des § 1 BauGB zu entscheiden ist (vgl. Gassner, NuR 1993, 252 ff.) und nicht nach dem eingriffsrechtlichen Optimierungsgebot vorzugehen ist. Zum planerischen Arsenal sollen Darstellungen bzw. Feststellungen gemäß §§ 5, 9 BauGB gehören, die dazu dienen, zu erwartende Eingriffe auf den Baugrundstücken selbst oder auf sonstigen Grundstücken im Planbereich auszugleichen, zu ersetzen oder zu mindern. Über § 9 BauGB hinausreichend können Festsetzungen auf anderen Grundstücken den Grundstücksflächen, auf denen Eingriffe zu erwarten sind, "zugeordnet" werden. Die Festsetzungen für Ausgleichs- und Ersatzmaßnahmen sind primär vom Vorhabenträger, u.U. aber auch von der Gemeinde auf dessen Kosten durchzuführen (§ 8a Abs. 3 BNatSchG). Einzelheiten der Kostenermittlung und -verteilung sind von den Gemeinden im Rahmen gesetzlicher Vorgaben zu regeln.

Im Baugenehmigungsverfahren soll die Eingriffsregelung in Gebieten des § 30 BauGB dann nur Anwendung finden, soweit der Plan entsprechende Festsetzungen enthält; im übrigen ist sie ausgeschlossen (§ 8a Abs. 2 BNatSchG). Das ist deshalb bedenklich, weil diese Verkürzung naturschutzrechtlicher Belange nach der bundesrechtlichen Grundsatzregelung auch in Gebieten mit alten Bebauungsplänen, die vor Erlaß des BauGB und seiner stärker ökologisch akzentuierten Planungsvorschriften ergangen sind, zum Tragen kommen soll (§ 8c BNatSchG). Vorhaben im Innenbereich des § 34 BauGB sind nach § 8a Abs. 6 BNatSchG überhaupt nicht mehr als Eingriffe anzusehen; erhalten geblieben ist allerdings eine Beteiligung der Naturschutzbehörde am Genehmigungsverfahren zur Errichtung baulicher Anlagen; sie ist bundesgesetzlich einheitlich aber auf die Form des Benehmens begrenzt und mit einer Präklusionsfrist von einem Monat versehen (§ 8a Abs. 7 BNatSchG). Allein für den Außenbereich des § 35 BauGB bewendet es materiell bei der unverkürzten Eingriffsregelung; verfahrensmäßig wird bei privilegierten Vorhaben die Mitwirkung der Naturschutzbehörde auf ein Benehmen begrenzt. Für eine Übergangszeit bis zum 30. April 1998 können die Länder entsprechend der Ermächtigung des § 8b BNatSchG Vorhaben im Planbereich noch weiter von der Eingriffsregelung ausnehmen (Absatz 1). Die Länder sind allerdings auch ermächtigt zu bestimmen, daß Eingriffe im Innenbereich (§ 34 BauGB) durch Geldleistungen auszugleichen sind (Absatz 2 Nr. 1). Gleiches gilt für Gebiete mit Bebauungsplänen, die vor dem 1. Mai 1993 in Kraft getreten sind, soweit die Pflichtensystematik der Eingriffsregelung nicht bereits Gegenstand der bauleitplanerischen Abwägung war (Absatz 2 Nr. 2).

II. VORSCHLAG

1. Leitvorstellungen

Der nachfolgende Vorschlag geht von einer hohen Bedeutsamkeit der Eingriffsregelung für das Naturschutzrecht aus (Gassner, NuR 1988, 67 ff., 68: § 8 BNatSchG als "Kernstück des modernen Naturschutzrechts"; ähnlich Berkemann, NuR 1993, 97 ff., 98). Der Kern des Instituts knüpft an die umweltrechtliche Verursacherhaftung gemäß § 5 an (vgl. BVerwGE 81, 220 [225]). Auf dieser Grundlage muß es darum gehen, die Schwachstellen der bisherigen Regelung zu verbessern. Dieses ist auch das Konzept des SPD-Entwurfs, des Bündnis-Entwurfs und der BMU-Entwürfe; letztere variieren allerdings untereinander gerade in diesem Punkte nicht unerheblich.

Gesetzessystematisch gliedert der Vorschlag die in § 8 BNatSchG zusammengezogenen und verschränkten Regelungsgegenstände in folgender Weise auf: Eingriffsbegriff (§ 179), Anwendungsbereich (§ 180), Pflichtensystematik (§ 181), Verfahren (§ 182). Der Eingriffsbegriff wird bundesgesetzlich nach wie vor in einer Generalklausel umschrieben, die jedoch durch herausgehobene Beispiele eine Konkretisierung erfährt und mit einer Bestimmungsermächtigung an die Bundesregierung verbunden wird. Die eingriffsrechtliche Landwirtschaftsklausel bisherigen Rechts dagegen wird aufgegeben. Die Vermeidungspflicht ist klar von den Kompensationsvorgängen auf den weiteren Stufen des Pflichtensystems getrennt. An die Legitimationsbedürftigkeit des unvermeidbaren Eingriffs in der Abwägung werden erhöhte Anforderungen gestellt. Dadurch soll das naturschutzrechtliche Interesse an einer Verhinderung oder Minimierung des Eingriffs gegenüber allen sekundären Mechanismen herausgestellt werden. Verfahrensrechtlich wird die Stellung des Naturschutzes dadurch verbessert, daß Eingriffsentscheidungen grundsätzlich an die Zustimmung der für den Naturschutz zuständigen Behörden gebunden werden. Eine gänzliche Herauslösung der naturschutzrechtlichen Eingriffsregelung aus den vorhandenen Kontrollverfahren und die Einführung eines eigenständigen zusätzlichen Verfahrens werden dagegen nicht vorgeschlagen. Die genannten Verschärfungen der Eingriffsregelung machen es allerdings erforderlich, dem baurechtlichen Instrumentarium eine erhöhte Bestimmungsfunktion zuzuerkennen (vgl. Begründung zu § 183).

Erhalten geblieben ist die Beschränkung der bundesrechtlichen Vorgaben auf den Charakter von Rahmenrecht. Den Landesgesetzgebern muß ein Ausgestaltungsspielraum belassen werden. Die gesamte Eingriffsregelung einer bundesgesetzlichen Vollregelung zu unterstellen hieße, die Rahmenkompetenz nach Art. 75 Abs. 3 GG zu überziehen. Die Rechtsvereinheitlichung hat hier Grenzen. Schon das wird in der Kritik zuweilen als ein Vollzugsdefizit angesehen; es ist aber von der Verfassung bewußt in Kauf genommen. Darüber hinaus ist durch die jüngste höchstrichterliche Rechtsprechung der Bindungsgehalt einiger Schlüsselbegriffe der bundesgesetzlichen Regelung gestärkt worden (vgl. BVerwGE 85, 348 [357]). Unmittelbar geltendes Bundesrecht findet sich im Grenzbereich zum Baurecht (§ 183) und in der Verordnungsermächtigung des § 179 Abs. 3 S. 1.

2. Zur Regelung im einzelnen

Zu § 179 Begriff des Eingriffs

§ 179 zeichnet den bundesgesetzlichen Rahmen, innerhalb dessen sich die Ausformung des Eingriffsbegriffs im Verordnungs- und im Länderrecht zu bewegen hat. Absatz 1 bestimmt den Eingriff in den allgemeinen Tatbestandsmerkmalen einer Generalklausel. Absatz 2 nimmt eine Ausklammerung vor, welche die Länder nicht ändern können. Absatz 3 legt die Konkretisierungskompetenz fest.

Zu Absatz 1

Absatz 1 knüpft an die bisherige Definitionstechnik einer allgemein gehaltenen Bestimmung an, wie sie auch § 8 Abs. 1 BNatSchG zugrundeliegt. Trotz der gegen Formulierungen generalklauselartiger Weite erhobenen Einwendungen (vgl. Berkemann, NuR 1993, 97 ff., 98 f.) läßt sich angesichts der Komplexität des Naturhaushalts und der Vielfalt seiner Beeinträchtigungsmöglichkeiten auf eine solche Definitionsmöglichkeit nicht verzichten. Zur Klärung von Abgrenzungsschwierigkeiten soll die Verordnungsermächtigung in Absatz 3 beitragen. Eingriffe werden zunächst von den Eingriffsobjekten her bestimmt. Neben den schon im bisherigen Recht genannten Grundflächen werden jetzt auch Gewässer aufgeführt, deren Einbeziehung in den Tatbestand bisher unsicher war. Die den Eingriff begründenden Vorgänge bestehen in einer Gestalt- oder Nutzungsänderung der Schutzobjekte. Rein stoffliche Einwirkungen, wie sie sich z.B. durch Luftverunreinigungen ergeben können, fallen nicht unter Absatz 1. Der Vorschlag folgt nicht den

Anregungen des Sachverständigenrats in seinem Umweltgutachten von 1987 (Tz. 462) sowie den Novellierungsentwürfen der SPD und des Bündnis 90, die auch alle stofflichen Einwirkungen dem Eingriffsbegriff unterstellt wissen wollen. Die Eingriffsregelung ist ein raumbezogenes Steuerungsinstrument. Verhinderung oder Verringerung rein stofflicher Umweltbelastungen folgen anderen Systemgedanken und gehören in einen anderen Zusammenhang des UGB. Für besonders geschützte Biotope besteht insofern im Rahmen des § 187 ein erweiterter Schutz, als der dortige Maßnahmenbegriff anders als der Eingriffsbegriff des § 179 auch mittelbare Beeinträchtigungen erfaßt.

Eingriffe sind nur solche Veränderungen, die erhebliche oder nachhaltige Beeinträchtigungen der im einzelnen aufgeführten Schutzgüter bewirken können. Verlangt wird eine hinreichende Wahrscheinlichkeit. Daß die genannten Beeinträchtigungen tatsächlich eintreten, wird nicht vorausgesetzt. In der Intensität ihrer Beeinträchtigungswirkungen liegen die Eingriffe i.S. der vorliegenden Bestimmung höher, als das für die Begriffe der umwelterheblichen Handlung und der Umweltbeeinträchtigung i.S. des § 2 Abs. 2 und 3 gilt. Genauer als im bisherigen Recht sind die Schutzgüter der Eingriffsregelung formuliert. Teilweise handelt es sich nur um Klarstellungen; dieses gilt für die ausdrückliche Nennung der Tier- und Pflanzenwelt sowie ihrer Biotope. Eine inhaltliche Änderung ist insofern angestrebt, als für die Beeinträchtigung des Naturhaushalts nicht mehr auf dessen "Leistungsfähigkeit" abgehoben werden soll. Die Änderung verfolgt den Zweck, eine einseitig anthropozentrische Auslegung, wie sie dem § 8 Abs. 1 BNatSchG zuweilen unterlegt worden ist (vgl. die Nachweise bei Schink, Naturschutz- und Landschaftspflegerecht Nordrhein-Westfalen, 1989, Rn. 260), entgegenzuwirken. Neben dem Naturhaushalt als Schutzgut ausdrücklich zu nennen war das Klima.

Zu Absatz 2

Absatz 2 trifft eine Sonderregelung für einen speziellen Fall land- oder forstwirtschaftlicher Nutzung. Die Regelung ist auf dem Hintergrund des allgemeinen Konzepts zu sehen, auch die land- und forstwirtschaftliche Nutzung nicht generell von der Eingriffsregelung freizustellen. Eine solche Freistellungsregelung, wie sie der Landwirtschaftsklausel des § 8 Abs. 7 BNatSchG zugrundelag, ist vielfältig auf Kritik gestoßen. Der Sachverständigenrat für Umweltfragen (a.a.O., Tz. 466) hat ihre ersatzlose Streichung verlangt. Wie zu § 175 ausgeführt, entsprechen Freistellungsregelungen nach Art eines Agrarprivilegs nicht den Anforderungen an ein modernes Naturschutzrecht. Der Entwurf hält demgemäß, insofern vom BMU-Entwurf von 1992 abweichend, § 8 Abs. 7 BNatSchG nicht aufrecht. Angesichts des Fortfalls der eingriffsrechtlichen Landwirtschaftsklausel erweist es sich allerdings als geboten, den Sonderfall der Wiederaufnahme einer zeitweise freiwillig eingeschränkten oder ganz aufgegebenen landwirtschaftlichen Nutzung von Eingriffsregelungen auszunehmen. Vertragliche Bewirtschaftungsbeschränkungen oder die Teilnahme an einem Stillegungsprogramm werden Landwirten dann wenig attraktiv erscheinen, wenn nach Ablauf der für eine bestimmte Zeit vorgesehenen Beschränkungen die Wiederaufnahme als Eingriffsvorgang behandelt und gegebenenfalls mit Ausgleichszahlungen belegt wird. Es sind also vor allem verwaltungspolitische Gründe, die zu den vorgeschlagenen Sonderregelungen veranlassen.

Zu Absatz 3

Absatz 3 legt die Kompetenzen zur näheren Ausformung des Eingriffsbegriffs fest. Die bisherige begrenzte Ausformungsermächtigung, die § 8 Abs. 8 BNatSchG den Ländern erteilte, ist von diesen teilweise extensiv gehandhabt worden (vgl. Berkemann, NuR 1993, 97 ff., 99 ff.). Diese Praxis ist wiederholt auf Kritik gestoßen. Beanstandet wurden die in sogenannten Negativlisten vorgenommenen Verkürzungen. Der vorliegende Vorschlag nimmt eine Überlegung auf, die im BMU-Entwurf 1991 enthalten war, sich im Entwurf von 1993 allerdings nicht wiederfindet. Die genauere Festlegung und praktikable Ausformung des Begriffs wird danach primär einer Rechtsverordnung der Bundesregierung zugewiesen. Es ist auch möglich, eine solche Regelung auf Grund einer bloßen Rahmengesetzgebungskompetenz (Art. 75 Nr. 3 GG) durch Bundesgesetz zu treffen. Sie schafft die notwendige Einheitlichkeit (zu diesem Gesichtspunkt vgl. auch BVerwGE 85, 348 [357]), ohne das Gesetz selbst mit Details zu überlasten. Die Länder können die bundesrechtlichen Regelungen gemäß Satz 3 nach ihren spezifischen Bedürfnissen, z.B. für Vorgänge im Bereich des Küstenschutzes oder des Hafenausbaus, zugunsten des Naturschutzes erweitern, nicht aber verkürzen. Der landesrechtliche Ausschluß der Eingriffsregelung für bestimmte Gebiete oder ihre Beschränkung überhaupt nur auf den Außenbereich, wie sie im derzeitigen Landesrecht anzutreffen sind, sind nicht mehr zulässig (zur Verfassungswidrigkeit des derzeitigen Landesrechts vgl. Kuchler, Naturschutzrechtliche Eingriffsregelung und Bauplanungsrecht, 1989, S. 143 ff.; differenzierend Schink, DVBl. 1992, 1390 ff., 1396).

Zu § 180 Anwendungsbereich der Eingriffsregelung

Im § 180 ist die Frage des Anwendungsbereichs der Eingriffsregelung einer eigenständigen, zusammengefaßten Normierung unterzogen worden. Absatz 1 Satz 1 stellt in Übereinstimmung mit dem bisherigen Recht (§ 8 Abs. 2 S. 2 BNatSchG) heraus, daß die Eingriffsregelung nur dort greift, wo der Eingriff selbst nach anderen Rechtsvorschriften einer Eröffnungskontrolle unterliegt. Der Vorschlag verzichtet darauf, ein eigenständiges Verfahren zur Eingriffsregelung vorzusehen. Die §§ 179 ff. sind an andere Eröffnungskontrollverfahren "angeseilt". Eröffnungskontrollen sind Genehmigungen,

Erlaubnisse und andere Zulassungsverfahren unter Einschluß von Planfeststellungen und Umweltbewilligungen. Der Text konnte unter Bezugnahme auf § 50 Abs. 2 vereinfacht werden. Während raumbeanspruchende Projekte privater Träger regelmäßig einer Eröffnungskontrolle bedürfen, ist dieses bei Projekten des Staates nicht immer der Fall. So kann man etwa die Bezeichnung der Vorhaben nach § 1 Abs. 3 des Landbeschaffungsgesetzes oder die Schutzbereichserklärung nach § 2 des Schutzbereichsgesetzes nicht als Eröffnungskontrollen bezeichnen. Gleichwohl stellen sie aus der Sicht des Naturschutzes raumbeanspruchende Maßnahmen dar, die in der Regel mit Eingriffen in Natur und Landschaft verbunden sind. Für sie sieht Satz 1 Halbsatz 2 in Übernahme der in § 8 Abs. 6 BNatSchG getroffenen Regelung die Geltung des materiellen Eingriffsrechts vor. Satz 2 ermächtigt die Länder darüber hinaus, entsprechende Eröffnungskontrollen gegenüber naturschutzrechtlichen Eingriffen dort vorzusehen, wo das bisher nicht geschehen ist. Die Länder dürfen dabei auch auf Gebieten tätig werden, die an sich in die ausschließliche oder konkurrierende Kompetenz des Bundesgesetzgebers fallen. Der bundesgesetzlichen Schaffung eines eigenen naturschutzrechtlichen subsidiären Eingriffstatbestandes bedarf es nicht.

Zu § 181 Verursacherpflichten, Unzulässigkeit von Eingriffen

§ 181 enthält den Kern der naturschutzrechtlichen Eingriffsregelung: das Pflichtensystem in der Folge von Vermeidung, Unterlassung und Ausgleich. Die Grundzüge entsprechen § 8 BNatSchG (dazu Schink, DVBl. 1992, 1390 ff., 1397 f.; Berkemann, NuR 1993, 97 ff., 101 ff.). Die dort anzutreffende unübersichtliche Systematik wird jedoch zu einer klaren Stufenfolge gestrafft. Die Position des Naturschutzes wird dabei insbesondere im Rahmen des Absatzes 2 gestärkt, insofern die Ausgleichsfähigkeit eines Eingriffs nicht mehr automatisch zu seiner Zulässigkeit führt. Vielmehr muß sich jeder nicht vermeidbare Eingriff der Abwägung des Absatzes 2 stellen. Reale Ausgleichsmaßnahmen oder Ausgleichszahlungen kommen nur in Betracht, wenn sich das Projekt in der Abwägung als durchsetzungsfähig erwiesen hat.

Zu Absatz 1

Satz 1 verpflichtet den Verursacher eines Eingriffs, vermeidbare Beeinträchtigungen von Natur und Landschaft zu unterlassen. Diese Grundbestimmung der Eingriffsregelung folgt dem Gedanken der Vorsorge. Die Formulierung entspricht § 8 Abs. 2 S. 1 BNatSchG in der ersten Satzhälfte. Durch die Abkoppelung von der folgenden Stufe der Ausgleichspflicht soll die Bedeutung der Vermeidungspflicht hervorgehoben werden. Sie ist als strikte Rechtspflicht zu interpretieren, nicht als ein durch Abwägung überwindbares Optimierungsgebot (für das geltende Recht streitig vgl. Schink, DVBl. 1992, 1390 ff., 1392 f.; Berkemann, NuR 1993, 97 ff., 101 ff.; jeweils m.w.N.).

Die Vermeidungspflicht bezieht sich auf die durch das Vorhaben ausgelösten Umweltbeeinträchtigungen. Inwieweit sie dadurch auch zur Überprüfung von Standortalternativen oder sogar zu einer Bedarfsprüfung des Projekts selbst veranlaßt, kann durch das Rahmenrecht des Naturschutzes allerdings nicht festgelegt werden; es richtet sich vielmehr nach dem jeweiligen fachgesetzlichen Tatbestand. Für Planfeststellungsverfahren darf aber davon ausgegangen werden, daß die Frage der Vermeidung auch in die Stufe der Planrechtfertigung hineinreicht (vgl. zum Streitstand Schink, Naturschutz- und Landschaftspflegerecht Nordrhein-Westfalen, 1989, Rn. 279). Anders wäre der Rang des Naturschutzes gegenüber den fachplanerischen Interessen an einer Projektdurchsetzung von vornherein gemindert.

Zu Absatz 2

Absatz 2 normiert das Abwägungs- und Untersagungsgebot in Fällen nicht vermeidbarer Eingriffe. Die diesbezügliche Regelung des § 8 Abs. 3 BNatSchG ist in mehrfacher Hinsicht zugunsten des Naturschutzes verschärft worden:

In Übernahme eines Gedankens aus dem BMU-Entwurf 1991, der sich im Entwurf von 1992 allerdings nicht mehr findet, wird darauf verzichtet, einen ausgleichsfähigen Eingriff anzuerkennen, der ohne Abwägung sogleich als zulässig anerkannt werden müßte. Die Abgrenzung zwischen Ausgleich und Ersatz hat sich im geltenden Recht als außerordentlich kompliziert erwiesen (anschaulich Berkemann, NuR 1993, 97 ff., 101 ff.). Es hat sich gezeigt, daß ökologische Schäden streng genommen nicht voll ausgleichbar sind; in aller Regel bleibt vielmehr auch nach einer Eingriffsgestaltung mit Ausgleichsauflagen "eine mehr oder minder große Restbeeinträchtigung bestehen" (Kolodziejcok, NuR 1992, 309 ff., 310; vgl. auch Schink, DVBl. 1992, 1390 ff., 1398). Außerdem treten angestrebte Ausgleichswirkungen üblicherweise erst später, u.U. erst nach Jahren ein; auch dieser "Verzögerungsschaden" veranlaßt dazu, von der Annahme eines realen Vollausgleichs und eines danach unproblematischen Eingriffs abzugehen. Alle Eingriffe, sofern sie nicht als vermeidbare bereits an der Unterlassungspflicht des Absatzes 1 scheitern, müssen sich nach der neuen Stufenfolge des § 181 künftig einer Abwägung stellen.

Die Abwägung selbst ist ebenfalls zugunsten des Naturschutzes verändert worden. Satz 1 stellt durch die Formulierung ("es sei denn") heraus, daß unvermeidbare Eingriffe grundsätzlich zu unterbleiben haben und im Rahmen der freilich stets erforderlichen Abwägung nur dann eine Realisierungschance erhalten, wenn die für sie sprechenden öffentlichen und privaten Belange den Interessen des Naturschutzes vorgehen. In Übereinstimmung mit dem SPD-Entwurf (§ 8a Abs. 2) und dem neueren Landesnaturschutzrecht (vgl. § 13 Abs. 1 BbgNatSchG) begründet die neue Formulierung eine "Abwägungspriorität" zugunsten der Belange des Naturschutzes und der Landschaftspflege. Ist das Überwiegen der projektbezogenen Belange nicht nachweisbar, ist der Eingriff unzulässig. Eine solche Darlegungs- und Beweislast ist auch in der hier normierten Breite mit der rechtsstaatlich gebotenen Offenheit der Abwägung vereinbar. Der Gesetzgeber ist befugt, die nach bisherigen Erfahrungen schwachen Abwägungspositionen naturschutzrechtlicher Belange durch diese Gewichtungsregel zu stärken; anders ist dem fortgesetzten Verlust naturschutzrechtlicher Schutzgüter nicht beizukommen. Eine ähnliche Regelung wird in § 10 des Bündnis-Entwurfs vorgeschlagen.

Satz 2 steigert in Übereinstimmung mit dem SPD-Entwurf (§ 8a Abs. 2 S. 2) und dem Bündnis-Entwurf (§ 10 Abs. 5 S. 2) den Vorrang des Naturschutzes für Fälle einer drohenden Zerstörung unersetzbarer Biotope für vom Aussterben bedrohte Tier- und Pflanzenarten noch, indem die Projektausführung hier an das Vorliegen überwiegender Gründe des Gemeinwohls gebunden wird; das entspricht dem Schutzstandard der gesetzesunmittelbar geschützten Biotope gemäß § 188 Abs. 2. Da § 188 Abs. 2 nur einen bundesgesetzlichen Rahmen vorgibt, sind die Landesgesetzgeber befugt, für den Biotopschutz noch strengere Regelungen vorzusehen. Außerdem ist die allgemeine Gewichtungsregel des § 29 Abs. 2 beachtlich, wenn schwere und langfristige Zerstörungen der natürlichen Lebensgrundlagen drohen. Insgesamt sollen diese Vorkehrungen sicherstellen, daß künftig Naturschutz gegenüber umweltbeanspruchenden Fachprojekten nicht nur als Randkorrektur oder als Ausgleich wirksam wird.

Zu Absatz 3

Absatz 3 befaßt sich mit den erforderlichen Ausgleichsmaßnahmen für zulässige Eingriffe. Ausgleich ist hier der reale Ausgleich, während Absatz 4 den monetären Ausgleich regelt. Zwischen ihnen und der vorausgehenden Stufe der Unterlassung besteht die in Absatz 2 verdeutlichte Zäsur. Zu Ausgleichsmaßnahmen kann es nur dort kommen, wo sich das Projekt nach Maßgabe der Abwägungsregel gegenüber den Belangen des Naturschutzes durchgesetzt hat. Die Zäsur soll verhindern, daß der Ausgleich "zum Naturschutz kleiner Münze" wird.

Absatz 3 regelt Einzelheiten für Ausgleichsmaßnahmen. Der weite Ausgleichsbegriff, der eine Ersetzung "in gleichartiger Weise" umfaßt (Satz 2), ist die Grundlage auch für die Praxis mancher Länder, für die Versiegelung bestimmter Flächen zu verlangen, daß an anderer Stelle naturhaft zu belassende Ausgleichsflächen verfügbar gemacht werden. Zutreffend geht das Bundesverwaltungsgericht schon zu § 8 Abs. 9 BNatSchG in der derzeitigen Fassung davon aus, daß es auch zur Verantwortung des Verursachers gehöre, daß "jedenfalls an anderer Stelle Werte oder Funktionen des Naturschutzes oder des Landschaftsbildes hergestellt oder in ihrem Bestand gesichert werden" (BVerwGE 81, 220 [225]).

Ausgleichsmaßnahmen schließen die Sicherung des angestrebten Erfolges ein, sind also u.U. mit Pflegeauflagen zu verbinden. Satz 3 ermöglicht es, solche Maßnahmen auch von anderen Stellen als vom Verursacher durchführen zu lassen. Die Zulassungsbehörde erhält hierdurch ein gewisses Auswahlrecht, ohne daß der Verursacher ein Recht auf eine solche Substitution hätte. Die gerichtliche Überprüfung der Behördenentscheidung ist nach Maßgabe planerischer Prognosekontrollen beschränkt (ähnlich Schink, DVBl. 1992, 1390 ff., 1399). Art und Umfang der Maßnahmen müssen bestehenden Umweltleitplänen einschließlich vorhandener Grünordnungspläne Rechnung tragen (vgl. Hahn, Das Recht der Landschaftsplanung, 1991, S. 167). Nach Satz 4 sollen die Maßnahmen im räumlichen Zusammenhang mit dem Eingriff stehen.

Zu Absatz 4

Absatz 4 legt den an letzter Stelle in Betracht zu ziehenden finanziellen Ausgleich fest. Der bisherige § 8 Abs. 9 BNatSchG, der nur eine allgemeine Ermächtigung zum Erlaß weitergehender Maßnahmen enthielt, wird zu einem Institut mit klareren Konturen ausgebaut. Schon auf Grund der bisherigen Regelungen hatten die Landesnaturschutzgesetze Ersatzzahlungen vorgesehen, waren im Konzept solcher Zahlungen jedoch von erheblichen Unterschieden bestimmt (vgl. Kloepfer, Umweltrecht, 1989, § 10 Rn. 39). Die Neufassung strebt ein Mindestmaß an Vereinheitlichung an: Die Zahlung ist vor allem als "Wiedergutmachung" für einen Natur und Landschaft zugefügten Schaden zu sehen (vgl. BVerwGE 74, 308; 81, 220 [225]). Die Vorschriften über Umweltabgaben, die vor allem Lenkungszwecke verfolgen (§§ 77 ff.), sind nicht anwendbar. Die Erhebung wird den Ländern zur Pflicht gemacht. Bemessungsgrundlage ist die Beeinträchtigung von Natur und Landschaft; dabei soll auch der Knappheitsgrad des beeinträchtigten Naturgutes in Ansatz gebracht werden. Das Aufkommen steht den Ländern zu (Satz 4). Es ist für Maßnahmen des Naturschutzes und der Landschaftspflege zu verwenden (Satz 5). Insgesamt soll Absatz 4 die kostenrechtlichen Konsequenzen des Verursacherprinzips konkretisieren und sicherstellen, daß Eingriffe, bei denen reale Ausgleichsmaßnahmen unmöglich oder aus anderen Gründen nicht sachgerecht sind, nicht sanktionslos hingenommen werden müssen. Eine ähnliche Regelung findet sich in § 8a Abs. 6 des BMU-Entwurfs von 1993. Auch der SPD-Entwurf (§ 8a Abs. 5) und der Bündnis-Entwurf (§ 10 Abs. 9) sehen Geldzahlungen vor, die sie an dem der Natur zugefügten Schaden orientieren wollen.

Zu Absatz 5

Die hier geregelten planerischen Formen der Ausgleichsmaßnahmen, insbesondere das Institut des landschaftspflegerischen Begleitplans, entsprechen dem bisherigen Recht und haben sich dort bewährt. Satz 1 und 2 sind wortgleich mit § 8 Abs. 4 BNatSchG. Satz 3 ermöglicht es den Ländern, landschaftspflegerische Begleitpläne auch bei solchen Eingriffen zu verlangen, die nicht auf Grund eines Fachplanes vorgenommen werden (vgl. dazu OVG Lüneburg, NuR 1992, 388). Ein ähnlicher Vorschlag findet sich in § 8b Abs. 4 des BMU-Entwurfs 1993, in § 8b Abs. 4 des SPD-Entwurfs und in § 11 Abs. 6 S. 2 des Bündnis-Entwurfs.

Zu § 182 Zuständigkeiten und Verfahren

§ 182 regelt einige Verfahrens- und Zuständigkeitsfragen. Im übrigen gelten die sonstigen Verfahrensvorschriften, insbesondere die Verfahrensregelungen der jeweiligen Gestattungsverfahren, sowie z.B. die Regeln der Verbandsbeteiligung nach § 132 und § 216.

Zu Absatz 1

Der in § 180 getroffenen Entscheidung für eine Prüfung der Eingriffsregelung im Rahmen vorhandener Eröffnungskontrollverfahren entspricht es, daß die dort verfahrensleitende Behörde auch die nach § 181 erforderlichen Entscheidungen trifft. Dieses wird in § 182 Abs. 1 festgelegt, der insofern eine Ausnahme vom Grundsatz des § 214 Abs. 1 ist.

Zu Absatz 2

An der Entscheidungsbefugnis der jeweiligen Fachbehörde ist wiederholt Kritik geübt worden. Der Entwurf nimmt diese Kritik insofern auf, als er in Absatz 2 die Fachbehörde grundsätzlich an die Zustimmung der für den Naturschutz und die Landschaftspflege zuständigen Behörden bindet. Einige Länder haben schon jetzt eine solche Regelung getroffen (vgl. z.B. § 17 Abs. 2 BbgNatSchG; § 10 Abs. 1 HambNatSchG; § 7 Abs. 1 HENatG). Der SPD-Entwurf (§ 8b Abs. 1 S. 2) und der Bündnis-Entwurf (§ 11 Abs. 1 S. 3) verlangen grundsätzlich das Einvernehmen der Naturschutzbehörden. Damit ist gegenüber der bisherigen Benehmens-Regelung in § 8 Abs. 5 BNatSchG eine wesentliche Steigerung des Einflusses naturschutzrechtlicher Interessen verfahrensmäßig abgesichert. Zustimmung und Einvernehmen verlangen einen positiven Rechtsakt und lassen es nicht beim Versuch einer Verständigung mit den Naturschutzbehörden bewenden. Damit Verfahren durch unterschiedliche Auffassungen der beteiligten Behörden nicht blockiert werden, ist in Satz 2 allerdings eine Entscheidung der nächsthöheren gemeinsamen Behörde dann vorgesehen, wenn die Naturschutzbehörde ihre Zustimmung nicht erteilt. Für baurechtliche Genehmigungen gilt allerdings unmittelbar die Sonderregelung des § 183.

Zu Absatz 3

Eine Ausnahme von der Zustimmungsregelung enthält Absatz 3 für Projekte der bundeseigenen Verwaltung und der Auftragsverwaltung des Bundes. Hier bewendet es bei der Mitwirkungsform des Benehmens. Vorläufer dieser Ausnahme ist § 9 BNatSchG. Die Wirkungen der vorgeschlagenen Fassung reichen allerdings weiter, insofern die Ausnahme den mit der neuen Zustimmungsregelung des Absatzes 2 sonst zugunsten des Naturschutzes erreichten Stand durchbricht. Eine gewisse Einschränkung der Bundeskompetenz soll durch die Verpflichtung auf berechtigte Belange des betroffenen Landes erzielt werden, die im Text ausdrücklich genannt ist. Gegebenenfalls kann darüber eine gerichtliche Auseinandersetzung geführt werden. Auch das will der Text anzeigen (anders zum geltenden Recht BVerwGE 82, 17; für Klagemöglichkeiten der Länder aber Gassner, UPR 1991, 254 ff.).

Zu Absätzen 4 und 5

Die Absätze 4 und 5 enthalten verfahrensrechtliche Detailregelungen: Absatz 4 verpflichtet den Verursacher, auf Verlangen der Behörde die zur Beurteilung möglicher Beeinträchtigungen erforderlichen Angaben zu machen. Für die Umweltbewilligung und andere komplexe Zulassungsverfahren sind die darüber hinausreichenden schärferen Beibringungspflichten beachtlich. Absatz 5 entspricht § 8 Abs. 10 BNatSchG. Er stellt klar, daß dort, wo ein Eingriff der Umweltfolgenprüfung unterliegt, die für dieses qualifizierte Verfahren vorgesehenen Regelungen auch für alle nach § 181 zu treffenden Entscheidungen gelten. Der Erlaß weiterer Verfahrensregelungen, z.B. über ein Flächenkataster für Ausgleichsmaßnahmen, bleibt den Ländern vorbehalten.

Zu § 183 Verhältnis zum Baurecht

In § 183 wird das Verhältnis der Eingriffsregelung zum Baurecht durch unmittelbar verbindliches Bundesrecht geregelt. Der Vorschlag anerkennt ein Bedürfnis nach Vereinheitlichung und Verwaltungsvereinfachung. Demgemäß wird die Schutzsystematik der Eingriffsregelung zu einem erheblichen Teil in die Phase der Bauleitplanung vorverlagert. Der Vorschlag folgt allerdings nicht § 8a BNatSchG in der Fassung des Investitionserleichterungs- und Wohnbaulandgesetzes, insofern dort die Eingriffsregelung zum Bestandteil der normalen bauleitplanerischen Abwägung gemacht wird. Auch die verfahrensmäßige Beteiligung der für den Naturschutz zuständigen Behörden wird nicht in dem Umfang zurückgeführt, wie es das jetzt in Kraft gesetzte Recht vorsieht. § 183 ist eine unmittelbar anwendbare Vorschrift, nicht Rahmenrecht (vgl. § 221 S. 3). Als Vollregelung mußte § 183 angesichts des sehr komplexen Regelungsgegenstandes sehr detailliert und umfangreich ausfallen. Einzelpunkte, z.B. die zeitbezogenen Regelungen des Absatzes 3, haben praktisch den Charakter von Überleitungsrecht.

Zu Absatz 1

Absatz 1 enthält die tragenden planerischen Aussagen. In der Literatur wird schon bisher von einer "Vorwirkung" der Eingriffsregelung auf die Bauleitplanung gesprochen. Unsicher ist allerdings die Intensität, mit der sich die differenzierten Gebote des § 8 BNatSchG dabei zur Geltung bringen. Bereits im Plan sind schon nach bisherigem Verständnis auch Ausgleichsmaßnahmen vorzusehen (Louis, UPR 1990, 208 f.; Kuchler, Naturschutzrechtliche Eingriffsregelung und Bauplanungsrecht, 1989, S. 59 ff.; OVG Lüneburg, NuR 1989, 443 f.). Man kann das einen "Gesamtausgleich" nennen (so Gaentzsch, NuR 1990, 1 ff., 7). Dafür stehen speziell dem Bebauungsplan die Beschränkungen der baulichen Nutzung nach § 9 Abs. 1 Nr. 1 BauGB und Festsetzungen nach Nummer 15, 16, 18, 20, 25 dieser Vorschrift zur Verfügung (vgl. die Hinweise der ARGEBAU vom 9. Oktober 1991, UPR 1992, 96 ff.). Auch die Festsetzung von Gemeinschaftsanlagen nach § 9 Abs. 1 Nr. 22 kommt in Betracht (Gaentzsch, NuR 1990, 1 ff., 7). Gegebenenfalls kann der Geltungsbereich eines Bebauungsplans zu erweitern sein, um Grünflächen- und Bepflanzungsfestsetzungen treffen zu können (Gaentzsch, NuR 1986, 89 ff., 98).

Die Ansätze des bisherigen Rechts aufnehmend, sieht der Vorschlag die Einbeziehung der Pflichtensystematik des § 181 in die Bauleitplanung vor. In Übereinstimmung mit dem BMU-Entwurf 1992 und dem Entwurf des Investitionserleichterungs- und Wohnbaulandgesetzes werden die bei der Bauleitplanung zu beachtenden Pflichten ausdrücklich spezifiziert. Eine Relativierung dieser Pflichten, wie sie im Gesetzgebungsverfahren zum Investitionserleichterungs- und Wohnbaulandgesetz im federführenden Bundestagsausschuß vorgesehen wurden (vgl. BT-Drs. 12/4340 zu Art. 5 § 8a), hält der Vorschlag nicht für vertretbar. Die Gemeinde hat im Rahmen der Bauleitplanung breite Gestaltungsmöglichkeiten. Es erscheint daher nicht unangemessen, sie dann auch zur Beachtung der besonderen Abwägungspräferenzen und Optimierungsgebote zu verpflichten, die zum Schutz der Natur unverzichtbar sind. Andernfalls besteht die Gefahr, daß sich bodenbeanspruchende Flächenausweisungen auf Kosten des Naturschutzes in einer allgemeinen Abwägung des § 1 Abs. 6 BauGB zu leicht durchsetzen. Satz 2 akzentuiert die planerische Pflicht, für Eingriffe soweit wie irgend möglich Flächen und Maßnahmen für den Ausgleich vorzusehen. Das entspricht einem Vorschlag des Umweltausschusses des Bundesrates während des Gesetzgebungsverfahrens zum Investitionserleichterungs- und Wohnbaulandgesetz (BR-Drs. 868/1/92, S. 57 ff.). Satz 3 bringt eine Erweiterung der Festsetzungsmöglichkeiten. Wichtig ist dabei, daß den Flächen, auf denen

Eingriffe zu erwarten sind, Ausgleichsfestsetzungen konkret zugeordnet werden können.

Zu Absatz 2

Absatz 2 geht vom Grundsatz aus, daß der Vorhabenträger die Ausgleichsmaßnahmen selbst durchzuführen hat. Das entspricht dem Verursacherprinzip. Soweit die Gemeinden Ausgleichsmaßnahmen durchführen, wie das vor allem dort der Regelfall sein wird, wo solche Maßnahmen auf anderen Grundstücken vorgesehen sind, sind die Verursacher nach Satz 2 zu den Kosten heranzuziehen. Satz 3 nennt die Maßstäbe der Kostenverteilung. Die Vorschrift entspricht § 8a Abs. 3 und 4 BNatSchG in der Fassung des Investitionserleichterungs- und Wohnbaulandgesetzes. Satz 4 überläßt es den Gemeinden, durch Satzung das Nähere zu regeln. Das entspricht in der Sache § 8a Abs. 5 BNatSchG. Allerdings ist darauf verzichtet worden, die einzelnen Regelungsgegenstände der Satzungen gesetzlich vorzugeben. Das erscheint angesichts der eigenständigen Legitimation des kommunalen Satzungsrechts zulässig. Gegenstand der Satzungen werden insbesondere Grundsätze für die Ausgestaltung von Ausgleichsmaßnahmen, der Umfang der Kostenerstattung, die Art der Kostenermittlung und die Kostenverteilung sein.

Zu Absatz 3

Absatz 3 beschäftigt sich mit der Umsetzung der Eingriffsregelung auf Vorhaben im Planbereich (§ 30 BauGB) oder während der Planaufstellung (§ 33 BauGB). Vorgeschlagen wird eine differenzierende Regelung, die sich daran orientiert, inwieweit von Bebauungsplänen eine hinreichende planerische Bewältigung der Eingriffsfolgen erwartet werden darf. Ein wichtiges Datum in diesem Zusammenhang ist das Inkrafttreten des Baugesetzbuchs am 1. Juli 1987. Die Gemeinden waren zwar auch schon vorher nach Maßgabe des Bundesbaugesetzes gehalten, Umweltaspekte bei der Planung zu berücksichtigen. Mit dem Inkrafttreten des Baugesetzbuchs jedoch trat die ökologische Orientierung der Bauleitplanung stärker in das Bewußtsein. Satz 1 konzentriert für Vorhaben in Bereichen, für die ein solchermaßen "jüngerer" Bebauungsplan besteht, die Anwendung der Eingriffsregelungen auf das, was der Bebauungsplan an Festsetzungen enthält. Im übrigen ist die Pflichtensystematik des § 181 in diesen Fällen, vorbehaltlich abweichender Länderregelungen nach Satz 2, von Bundesgesetzes wegen nicht anzuwenden. Das entspricht im Grundsatz dem neuen § 8a Abs. 2 BNatSchG in der Fassung des Investitionserleichterungs- und Wohnbaulandgesetzes.

Allerdings erfährt dieser Grundsatz eine wesentliche Einschränkung: Abweichend von dieser Vorschrift bewendet es nämlich für Bebauungspläne, die vor dem 1. Juli 1987 in Kraft getreten sind, bei dem bisher geltenden

Recht. Bei der Genehmigung solcher Vorhaben ist die Eingriffsregelung folglich im Genehmigungsverfahren im bisherigen Umfange abzuarbeiten. Sie wird in diesen Fällen zwar nicht zur Versagung des Vorhabens, wohl aber zu einer ressourcenökonomischen Gestaltung desselben und gegebenenfalls zu Ausgleichsmaßnahmen oder Ausgleichszahlungen führen können. Die im Zusammenhang mit der Novellierung des BNatSchG vertretene Auffassung, ältere Pläne seien ohnehin vollzogen und die zulässigen Nutzungen genössen Bestandsschutz, sprechen nicht gegen die hier getroffene Regelung. Sofern verfassungsmäßig verfestigte Eigentumspositionen wirklich anzuerkennen sein sollten, kann dem durch eine verfassungskonforme Auslegung der Pflichtensystematik Rechnung getragen werden.

Für Bebauungspläne, die seit dem 1. Juli 1987 unter der Geltung des Baugesetzbuches in Kraft getreten sind, kann mit höherer Wahrscheinlichkeit davon ausgegangen werden, daß ihre Abwägung auch eingriffsrechtlich durchdacht ist. Sicher ist das allerdings gleichwohl nicht. Im Vermittlungsverfahren des Investitionserleichterungs- und Wohnbaulandgesetzes ist deshalb § 8b Abs. 2 Nr. 2 BNatSchG so ausgestaltet worden, daß für vor dem 1. Mai 1993 in Kraft getretene Bebauungspläne, unbeschadet der Freistellung der in ihrem Geltungsbereich ergehenden Baugenehmigungen von der Eingriffsregelung im übrigen, landesrechtlich unter bestimmten Voraussetzungen gleichwohl ein Geldausgleich verlangt werden kann. Der vorliegende Entwurf übernimmt diese Regelung in Satz 2; sie hat hier allerdings einen eingeschränkteren Geltungsraum, insofern sie nur Pläne aus der Zeit vom 1. Juli 1987 bis zum 30. April 1993, nicht aber ältere Bebauungspläne betrifft, für die eine abschichtende Lösung nicht in Betracht gezogen ist.

Satz 3 betrifft die Mitwirkung der für den Naturschutz zuständigen Behörden am Baugenehmigungsverfahren in den genannten Fällen. Der Vorschlag geht aus Praktikabilitätsgründen davon aus, daß das in § 182 Abs. 2 vorgesehene Zustimmungserfordernis hier zurückgenommen werden sollte. Differenziert wird dabei wiederum nach alten und jüngeren Bebauungsplänen. Während für erstere die Erteilung der Baugenehmigung an das Benehmen der Naturschutzbehörden gebunden wird und diesen dadurch eine Einflußnahme auf die Anwendung der Eingriffsregelung ermöglichen soll, kann es angesichts der planerisch deutlicher vorgezeichneten Regelung bei Vorhaben nach Satz 1 bei einer Unterrichtung der für den Naturschutz zuständigen Behörde bewenden.

Zu Absatz 4

Nach der Neuregelung des § 8a Abs. 6 BNatSchG sind Vorhaben innerhalb der im Zusammenhang bebauten Ortsteile, die nach § 34 BauGB zulässig sind, nicht als Eingriffe anzusehen. Diese Regelung war im Gesetzgebungsverfahren sehr umstritten. Der generelle Ausschluß der Pflichtensystematik der Eingriffsregelungen bei der Genehmigung von Innenbereichvorhaben ist naturschutzrechtlich nicht vertretbar. Der Innenbereich umfaßt u.U. größere ökologisch wertvolle Flächen, auf denen Vorhaben größeren Ausmaßes, vor allem gewerbliche Nutzungen, nicht ohne Beachtung der Pflichtensystematik zugelassen werden können. Auf der anderen Seite werden kleinere Vorhaben im Innenbereich häufig schon gar nicht die Voraussetzungen des Eingriffsbegriffs im Sinne des § 179 erfüllen (vgl. Kolodziejcok, NuR 1992, 309 ff., 311). Freilich kann das im Einzelfalle zu bestimmen zeitaufwendig und für den Bauwilligen belastend sein. Der vorliegende Vorschlag läßt es daher zu, daß die Länder - im Ergebnis oft nur deklaratorisch - bestimmte Typen kleinerer Vorhaben, nämlich solche, die Ein- und Zweifamilienhäuser betreffen, von der Eingriffsregelung ausnehmen. Im übrigen aber bewendet es dabei, daß die Eingriffsregelung im Baugenehmigungsverfahren selbständig geprüft werden muß. Satz 2 betrifft Verfahrenserleichterungen; es gelten die zu Absatz 3 Satz 3 dargelegten Erwägungen.

Zu Absatz 5

Bauvorhaben im Außenbereich unterfallen im vollen Umfange der Eingriffsregelung. Für sie gilt auch die Zuständigkeitsregelung des § 182 Abs. 2, d.h. es bedarf der Zustimmung der für den Naturschutz zuständigen Behörde. Hiervon macht Absatz 5 für bestimmte einfachere privilegierte Vorhaben nach § 35 Abs. 1 und 4 BauGB insofern eine Ausnahme, als die Genehmigung nur des Benehmens der Naturschutzbehörde bedarf. Eine vergleichbare, in ihrem Umfang allerdings darüber hinausreichende und alle privilegierten Vorhaben einbeziehende Regelung enthält § 8a Abs. 7 S. 1 BNatSchG.

Zu Absatz 6

Die Vorschrift stellt sicher, daß Bebauungspläne, die Planfeststellungen ersetzen (z.B. § 17 Abs. 3 BFStrG), der Eingriffsregelung unterworfen bleiben. Eine vergleichbare Vorschrift enthält § 8a Abs. 8 BNatSchG.

Zum Dritten Unterabschnitt: Pflege

I. AUSGANGSLAGE

1. Gegenstand des Regelungsbereichs

Der dritte Unterabschnitt beschäftigt sich unter der Bezeichnung "Pflege" mit dem administrativen Steuerungsinstrumentarium, das den in § 170 gleichfalls genannten Entwicklungs- und Pflegeauftrag des Naturhaushaltsschutzes zu erfüllen helfen soll. Der Kern der Normierung sind bestimmte Pflegepflichten der Eigentümer und Nutzungsberechtigten sowie darüber hinausreichende Pflegeaufträge der Verwaltung, die sie ohne hoheitlichen Zwang durch Abstimmung mit den Eigentümern ausführen muß.

2. Bisherige Rechtslage

Unterhaltungs- und Pflegepflichten sind ein dem Boden-, Landwirtschafts- und Umweltrecht nicht unvertrautes Instrumentarium (vgl. Ebersbach, HdUR, Bd. 2, 1988, Sp. 162 ff.). Auch das Bundesnaturschutzgesetz kennt in gewissem Umfang Pflichtentatbestände: Nach § 11 BNatSchG können im besiedelten Bereich Eigentümer und Nutzungsberechtigte, die ein Grundstück nicht ordnungsgemäß instand halten, unter bestimmten Voraussetzungen zur Pflege des Grundstücks hoheitlich verpflichtet werden. Darüber hinaus begründet § 10 BNatSchG die Möglichkeit, Duldungspflichten für behördliche Maßnahmen des Naturschutzes vorzusehen. Beide Bestimmungen sind als Rahmenrecht an die Landesgesetzgeber gerichtet. Diese sind bundesrechtlich ermächtigt, auch weitergehende Vorschriften zu erlassen (vgl. Henneke, Landwirtschaft und Naturschutz, 1986, S. 196 ff.; zur eigentumsrechtlichen Seite H. Schulte, VerwArch. 77 [1986], 372 ff., 385 f.).

Die entsprechenden Landesregelungen bieten ein außerordentlich unterschiedliches Bild: Die meisten Länder begrenzen die Pflegepflichten nicht auf den Siedlungsbereich, sondern sehen sie auch für den Außenbereich i.S. des § 35 BauGB vor. Meistens ist die Pflegepflicht gemäß der bundesrechtlichen Formulierung auf den Tatbestand einer ordnungsgemäßen Instandhaltung des Grundstücks begrenzt. Was ordnungsgemäß heißt, wird durch den Zweck, dem das Grundstück dient, bestimmt; eine spezielle Ausrichtung an § 1 BNatSchG ist dem Begriff in seiner derzeitigen Interpretation nicht immanent (Henneke, Landwirtschaft und Naturschutz, 1986, S. 198 f.). Eine vorsichtige Erweiterung findet sich im baden-württembergischen Recht. Die dort in § 26 Landwirtschaftsgesetz für landwirtschaftlich nutzbare Flächen begründete Pflege- und Bewirtschaftungspflicht verlangt auch eine Rücksichtnahme auf die Nutzung benachbarter Grundstücke. Es gibt jedoch auch Landesgesetze, die Pflegepflichten in weiterem Umfange entsprechend den Entwicklungsbedürfnissen der Landschaft formulieren. So kann ein Eigentümer nach § 38 des nordrhein-westfälischen LG verpflichtet werden, im Landschaftsplan festgesetzte Anpflanzungen von Flurgehölzen u.ä. vorzunehmen, wenn der Aufwand hierfür im einzelnen Fall gering ist (vgl. Schink, Naturschutz und Landschaftspflegerecht Nordrhein-Westfalen, 1989, Rn. 500 ff.). Ähnliches gilt in Berlin (§ 17 NatSchGBln) und in Brandenburg (§ 9 Abs. 4 S. 1 BbgNatSchG). In Niedersachsen können nach den 1990 neu eingeführten §§ 29a, 30 NatSchG Maßnahmen der Pflege und Entwicklung durch Schutzgebietsverordnungen festgelegt werden. Die Durchführung und Finanzierung bleibt der Naturschutzbehörde überlassen. Die Eigentümer trifft aber eine Duldungspflicht. Das Gesetz verweist die Naturschutzbehörde vor allem auf das Gestaltungsmittel öffentlich-rechtlicher Vereinbarungen.

Über Erfahrungen mit dem eigentlichen Zwangsinstrumentarium der Pflichtendurchsetzung ist in der Literatur nichts berichtet. Nimmt man aber die vertraglichen Gestaltungen hinzu, so wird deutlich, daß die Pflegeaufträge der Verwaltung weitgehend nicht durch hoheitliche Anordnungen, sondern durch Förderungsmaßnahmen wahrgenommen werden. Eine Vielzahl von besonderen Pflege-und Extensivierungsprogrammen für die Landwirtschaft bestimmt mittlerweile die Praxis (vgl. die Übersichten bei H. Schulte, JbNatursch. u. Landschaftspfl. 43 [1990], S. 107 ff.; zum Gewässerrecht auch Schink, UPR 1985, 157 ff.). Der Bündnis-Entwurf schlägt eine Intensivierung der gesetzlichen Duldungspflichten, insbesondere in Schutzgebieten (§ 13), und der Pflegepflicht im besiedelten Bereich vor.

II. VORSCHLAG

1. Leitvorstellungen

Der nachfolgende Vorschlag geht davon aus, daß, unbeschadet der Bedeutung und der Wirksamkeit der bezeichneten Förderprogramme und ihrer konsensualen Umsetzung, die Pflichtentatbestände der §§ 10, 11 BNatSchG erhalten bleiben und in vorsichtiger Form ausgebaut werden sollten. Die Hervorhebung der pflegerischen Seite des Naturschutzes entspricht dem in § 170 umrissenen Ziel dieses Kapitels. Selbst wenn ein wesentlicher Teil dieses Auftrages in der Praxis nicht durch hoheitliche Gebote, sondern durch Zusammenarbeit zwischen Eigentümern und Behörden erfüllt wird (vgl. § 215), ist die Verfügbarkeit eines im besonderen Fall einzusetzenden hoheitlichen Instrumentariums wichtig. Die Erfahrungen mit den Baugeboten des Städtebaurechts zeigen, daß von der Häufigkeit ihrer Anwendung nicht auf ihre Bedeutsamkeit im Kontext der anderen Instrumente geschlossen werden kann. Zutreffend sieht das Bundesverwaltungsgericht die Bedeutung solcher Gebotsinstrumente auch darin, das Ziel zunächst in wechselseitiger Kooperation anzustreben (BVerwGE 84, 335 [341]).

In ihrer eigentumsrechtlichen Einstufung sind Pflegepflichten Pflichten zu positivem Tun, die im allgemeinen öffentlichen Raumrecht zwar selten, gerade in den hier einschlägigen Rechtsgebieten aber nicht ohne Tradition sind. Es erscheint daher auch nicht notwendig, sie in jedem Falle mit einem Entschädigungsausgleich zu verbinden (vgl. zum Baugebot BVerwGE 7, 297 [299]; 84, 335 [340]). Im Lichte des Art. 14 Abs. 2 GG ist es auch nicht generell verwehrt, über die derzeitige Pflichtenintensität hinauszugehen (Papier, in: Maunz/Dürig, Grundgesetz, 1958 ff., Stand: Sept. 1991, Art. 14 GG Rn. 408). Gerade wenn ein modernes Naturschutzrecht sich der Entwicklungsnotwendigkeiten dieses Sachgebiets bewußt wird, kann der Gesetzgeber auch zu neuen Wertungen der Sozialbindung schreiten (Ebersbach, Festschrift für W. Weber, 1974, S. 703 ff.; ders., AgrarR 1976, 333 ff.; Soell, DVBl. 1983, 241 ff., 245).

Die vorgeschlagenen Vorschriften sind Rahmenregelungen. Sie bedürfen der Umsetzung durch den Landesgesetzgeber. Diesem sollte der bisherige breite Spielraum erhalten bleiben. Es geht bundesrechtlich eher darum, durch gewisse Akzente Entwicklungen in bestimmte Richtungen anzuregen. Indem einige Einschränkungen des Bundesrechts entfallen, soll der Landesgesetzgeber darüber hinaus darauf hingewiesen werden, vom Institut der Pflegepflichten künftig einen umfassenderen Gebrauch machen zu können. Der wichtigste Punkt der Neuregelung ist die Aufspaltung der Pflegepflicht in einen stärker abwehrrechtlichen, auf Maßnahmen der Instandhaltung beschränkten Tatbestand (§ 185) und einen Tatbestand für positive Pflegepflichten (§ 186).

§§ 184 bis 186 regeln die naturschutzrechtlichen Pflichten, die Eigentümer oder Nutzungsberechtigte treffen können, nicht abschließend. Unberührt bleiben die schärferen Pflichten und ihre Umsetzung durch selbständige Verwaltungsakte oder durch Auflagen, die z.B. aus Beeinträchtigungen des Naturhaushalts gemäß § 118 oder aus der Eingriffsregelung des § 181 folgen.

2. Zur Regelung im einzelnen

Zu § 184 Duldungspflicht

Diese Vorschrift entspricht wörtlich § 10 BNatSchG. Die Duldungspflicht bildet den Grundtatbestand aller von der Behörde durchzuführenden Maßnahmen; sie bezieht sich z.B. auf die Duldung von Unterhaltungsarbeiten, die Einrichtung von Futterständen oder die Anlegung von Lehrpfaden (Bernatzky/Böhm, Bundesnaturschutzrecht, 1977 ff., Stand: Mai 1992, § 10 BNatSchG Rn. 2). Im Rahmen der Pflegepflichten hat § 184 Annexcharakter. Die Nutzung der Grundstücke darf jedoch nicht unzumutbar eingeschränkt werden (vgl. H. Schulte, VerwArch. 77 [1986], 372 ff., 386). Die Länder können allerdings weitergehende Duldungspflichten festlegen. Diese Ermächtigung ist im Zusammenhang mit der in § 212 vorgesehenen Möglichkeit zu sehen, auch für unzumutbare Eigentumsbeeinträchtigungen durch eine Kompensationsregelung eine Rechtsgrundlage zu schaffen. Unberührt bleibt ferner die Befugnis der Länder, für Flächen, die z.B. als Lebensstätten bedrohter Arten von besonderer Bedeutung sind, gemäß § 211 Halbs. 1 die Möglichkeit einer förmlichen Enteignung vorzusehen (vg. § 13 Abs. 3 des Bündnis-Entwurfs).

Zu § 185 Instandhaltungspflicht

Diese Vorschrift ist aus § 11 BNatSchG hervorgegangen. Entfallen ist jedoch die bundesgesetzliche Begrenzung auf den Siedlungsbereich. Das entspricht schon der Rechtslage in den meisten Landesnaturschutzgesetzen. Es hat sich herausgestellt, daß gerade auch außerhalb des Siedlungsbereichs, z.B. im Zusammenhang mit landwirtschaftlich genutzten, aber aufgegebenen Grundstücken (Sozialbrache) und bei Grundstücken, die nach einer ursprünglich gewerblichen Nutzung ohne Rekultivierung verlassen worden sind, Pflegepflichten vorzusehen sind (vgl. Lorz, Naturschutzrecht, 1985, § 11 BNatSchG Anm. 2). Die Pflicht zur Instandhaltung geht über Pflichten, die aus Gründen der Gefahrenabwehr nach dem allgemeinen oder besonderen Polizeirecht angeordnet werden könnten, hinaus. Das entspricht schon bisherigem Recht. Neu ist aber der Begriff der "standortgemäßen Pflege". Damit soll über den grundstückseigenen Zweck hinaus auf die Umwelt verwiesen werden. Die Pflichtenintensität einer "standortgemäßen Pflege" liegt auch noch jenseits der Bewirtschaftungs- und Pflegepflicht nach § 26 des baden-württembergischen. Landwirtschaftsgesetzes. Die Pflichten des § 185 treffen den Eigentümer oder den Nutzungsberechtigten ohne Entschädigungsausgleich. Sie sind allerdings auf den Rahmen der Angemessenheit und Zumutbarkeit begrenzt, die auch in § 11 Abs. 1 BNatSchG ausdrücklich zum pflichtenbeschränkenden Merkmal gemacht worden sind.

Zu § 186 Pflege- und Entwicklungsmaßnahmen

§ 186 erweitert die bisherigen bundesgesetzlichen Pflichtentatbestände des Naturschutzrechts. Pflege- und Entwicklungsmaßnahmen können hier ganz allgemein dann vorgesehen werden, soweit die Belange des Naturschutzes es erfordern. Wie dieses normativ zu geschehen hat, bleibt bundesgesetzlich offen. Wichtige Vorgaben sind den Schutzgebietsausweisungen zu entnehmen.

Absatz 1 Satz 3 formuliert eine Beschränkung der Pflicht, soweit sie von Eigentümern und Nutzungsberechtigten selbst zu erfüllen ist. In Anlehnung an eine Formulierung des nordrhein-westfälischen Landschaftsgesetzes werden diese aber nur zu Maßnahmen verpflichtet, deren Aufwand im Einzelfall gering ist. Zu denken ist etwa an Pflanzungen geringeren Umfangs oder gewisse Vorkehrungen zur Vernetzung kleinräumiger Biotope. Die zulässige Nutzbarkeit des Grundstücks darf, wie Absatz 1 Satz 2 festlegt, nicht aufgehoben werden. Im übrigen bleibt die Pflege Aufgabe der Behörde, die hier gegebenenfalls die Mittel des Vertragsnaturschutzes einzusetzen hat (§ 215). Darüber hinaus kommt die Schaffung einer Ausgleichsregelung, die es ermöglicht, den Pflichtentatbestand des Absatzes 1 Satz 1 mit Hoheitsmitteln durchzusetzen, als Mittel einer landesgesetzlichen Ausgestaltung gemäß § 212 in Betracht. Auch hierfür bietet das nordrhein-westfälische Landschaftsgesetz in § 38 Abs. 3 S. 2 ein Beispiel (vgl. Schink, Naturschutz- und Landschaftspflegerecht Nordrhein-Westfalen, 1989, Rn. 502). Soweit die Behörde selbst oder von ihr beauftragte Dritte die Pflegearbeiten ausführen, sind die Grundstückseigentümer zur Duldung nach § 184 zu verpflichten; über den dort genannten Rahmen hinausgehende Duldungspflichten müssen gegebenenfalls landesrechtlich ebenfalls durch eine Entschädigungsklausel gemildert werden.

Zum Dritten Abschnitt: Besonderer Biotop- und Flächenschutz

Gegenstand des dritten Abschnitts sind die gebietsbezogenen Instrumente des besonderen Naturschutz- und Landschaftspflegerechts. Hier geht es um Schutz, Entwicklung und Pflege bestimmter Teile von Natur und Landschaft. Das Bundesnaturschutzgesetz regelt diese Materie in seinem vierten Abschnitt als traditionellen Bereich des Naturschutzrechts, der durch die Novelle von 1986 um einen spezifischen Biotopschutz ergänzt worden ist, der bisher zum Artenschutz zugeordnet ist (§ 20c BNatSchG). Der vorliegende Abschnitt faßt den Gebiets- und den Biotopschutz zusammen, um sie als "besonderen" Naturhaushaltsschutz dem "allgemeinen" Naturhaushaltsschutz gegenüberzustellen. Der BMU-Entwurf von 1993 verfolgt denselben Gliederungsgedanken (§ 18a). Der vorliegende Vorschlag weist dem gesetzesunmittelbaren Biotopschutz einen eigenen Unterabschnitt zu. Dazu tritt der Artenschutz, der im vierten Abschnitt geregelt ist. Die dadurch unterstrichene systematische Eigenständigkeit dieser Instrumentengruppen ändert nichts daran, daß die Praxis die Schutzaufträge oft übergreifend wahrzunehmen hat. Dabei sind Überlappungen z.B. zwischen gesetzesunmittelbarem Biotopschutz und ausweisungsabhängigem Gebietsschutz unvermeidbar. In solchen Fällen gilt der Grundsatz eines kumulativ zu bestimmenden Schutzniveaus.

Der besondere Biotop- und Flächenschutz ist für den Naturschutz von zentraler Bedeutung; insbesondere die Verminderung des Artenrückganges und der Wiederherstellungs- und Pflegeauftrag des § 170 sind ohne die hier zusammengefaßten Steuerungsmöglichkeiten nicht zu erreichen (anschaulich Soell, in: Breuer/Kloepfer/Marburger/Schröder [Hrsg.], Naturschutz- und Landschaftspflegerecht im Wandel [UTR 20], 1993, S. 133 ff.). Die in § 173 begründete Pflicht der Länder, mindestens 10% der Landesfläche als Vorrangflächen für den Naturschutz auszuweisen, erhält hier ihre rechtsinstrumentelle Absicherung.

Eine Intensivierung wird der Gebietsschutz auch durch die FFH-RL der Europäischen Gemeinschaft erfahren. Das danach anzustrebende Netzwerk von besonderen Schutzgebieten unter der Bezeichnung "Natura 2000" hebt einen engeren Kreis von Lebensräumen von gemeinschaftlichem Interesse, der nach bestimmten Kriterien zu ermitteln und in einem Zusammenwirken von Mitgliedstaaten und EG-Kommission zu bestimmen ist, hervor und verlangt ihre Sicherung als "besondere Schutzgebiete" durch eine förmliche mitgliedstaatliche Ausweisung. Zur Erhaltung der ökologischen Kohärenz der Gebiete sind die Mitgliedstaaten verpflichtet, verbindende Landschaftselemente zu sichern. Die Umsetzung der Richtlinie fordert vor allem praktisches Verwaltungshandeln. Soweit für den Schutz der bezeichneten Gebiete oder Landschaftselemente regulatorische Vorkehrungen getroffen werden müssen, kann an den überkommenen Gebietsschutz angeknüpft werden, weil sich die gemeinschaftsrechtlichen Schutzbestimmungen weitgehend mit den in Deutschland geltenden Maßstäben decken (Soell, in: Breuer/ Kloepfer/ Marburger/Schröder [Hrsg.], Naturschutz- und Landschaftspflegerecht im Wandel [UTR 20], 1993, S. 133 ff., 134). Für die von der Richtlinie vorgesehene besondere Verträglichkeitsprüfung solcher Pläne und Projekte, die ein besonderes Schutzgebiet beeinträchtigen können, kann sich eine Aufnahme in die Regeln über die Umweltfolgenprüfung empfehlen (§§ 31 ff.).

Zum Ersten Unterabschnitt: Gesetzesunmittelbarer Biotopschutz

I. AUSGANGSLAGE

1. Gegenstand des Regelungsbereichs

Der erste Unterabschnitt beschäftigt sich mit dem gesetzesunmittelbaren Biotopschutz. Systematisch geht es um eine Steigerung der Unterlassungs- und Minimierungsgebote der Eingriffsregelung (§§ 179 ff.) zu einem weitgehenden Veränderungsverbot. Die Vorschriften enthalten mit Ausnahme des § 188 Abs. 2 Rahmenrecht, das auf die Ausfüllung durch die Landesgesetzgebung angewiesen bleibt. Sobald diese Ausfüllung erfolgt, sind die tatbestandlich bezeichneten Biotope automatisch kraft Gesetzes geschützt. Einer besonderen Schutzanordnung bedarf es nicht. Soweit in Landesgesetzen die Erfassung der geschützten Biotope in Kartierungen oder Listen vorgesehen ist (vgl. z.B. § 24a Abs. 6 BWNatSchG, § 32 Abs. 3 BbgNatSchG), haben diese Akte nur deklaratorische Bedeutung.

2. Bisherige Rechtslage

Ein gesetzesunmittelbarer Biotopschutz war in Ansätzen schon dem älteren Landesnaturschutzrecht bekannt (vgl. Gienandt, JbNatursch. u. Landschaftspfl. 43 [1990], S. 74 ff.). In das Bundesnaturschutzgesetz gelangte er mit der Novelle von 1986. Der Regierungsentwurf hatte ihn zunächst im

Rahmen der Eingriffsregelung des § 8 BNatSchG vorsehen wollen (vgl. BT-Drs. 10/5064, S. 17). In den Ausschußberatungen wurde er als § 20c BNatSchG zu einem eigenständigen Instrument des besonderen Naturhaushaltsschutzes umgestaltet (BT-Drs. 10/6341, S. 42; vgl. Apfelbacher, NuR 1987, 241 ff., 248).

Der gesetzesunmittelbare Schutz hat den Vorteil, daß er auf besondere Gebietsausweisungen nicht angewiesen ist. Er gewährt besonders schützenswerten Gebieten und Beständen zunächst einmal den Erhalt des status quo. Besondere Gebietsausweisungen mögen später hinzutreten, doch ist das keineswegs notwendig. Der unmittelbare Biotopschutz ist kein nur vorläufiger Schutz; er bewährt sich insbesondere dort als eigenständiges Institut, wo besondere Gebietsausweisungen an politischen Gegenkräften zu scheitern drohen (vgl. Ebersbach, Rechtliche Aspekte des Landverbrauchs am ökologisch falschen Platz, 1985, S. 74 f.). Ausweisungsabhängiger Gebietsschutz und gesetzesunmittelbarer Biotopschutz sind folglich komplementäre Instrumente. Auf der anderen Seite ist unübersehbar, daß die abstrakten Tatbestandsmerkmale des § 20c BNatSchG die Anwendung in der Praxis erschweren. Eine exakte Bestimmung, ob ein bestimmter Bereich den gesetzlichen Tatbestandsmerkmalen unterfällt, kann schwierig sein (vgl. zu den Vor- und Nachteilen dieser Regelungstechnik Fischer-Hüftle, DÖV 1990, 1011 ff., 1012; zur Umsetzung in Genehmigungsverfahren Louis, NuR 1992, 24 ff.).

Um so wichtiger ist es, daß die Landesgesetzgeber den bundesgesetzlichen Rahmen durch genauere Kriterien ausfüllen, welche die Handhabung erleichtern. Das Biotopschutzgesetz Baden-Württembergs vom 19. November 1991 (GVBl S. 701) belegt, daß solche Konkretisierungen gesetzestechnisch möglich sind. In einer Anlage zum Gesetz werden hier genaue Definitionen der geschützten Biotoptypen gegeben. Die Typen werden anhand der Standortverhältnisse, der Vegetation und sonstiger Eigenschaften beschrieben. Bei manchen Biotoptypen, z.B. Streuwiesen und Magerrasen, sind zusätzliche Kenn- und Trennarten gekennzeichnet (vgl. Amtl. Begr. LT-Drs. 10/5340, S. 45). Die Biotope werden (deklaratorisch) in Listen und Karten erfaßt, die bei den Naturschutzbehörden und den Gemeinden zur Einsicht für jedermann ausliegen. Die Naturschutzbehörde teilt Eigentümern und sonstigen Nutzungsberechtigten auf Anfrage mit, ob sich auf ihrem Grundstück ein besonders geschütztes Biotop befindet oder ob eine bestimmte Handlung verboten ist. Andere Landesrechte lassen es bei einer Wiederholung oder eher marginalen Ergänzung der bundesgesetzlichen Tatbestandsmerkmale bewenden. Einige Länder haben § 20c BNatSchG noch gar nicht umgesetzt (vgl. in Überblick bei Kolodziejcok/Recken, Naturschutz und Landschaftspflege, 1977 ff., Stand: Juli 1992, § 20c BNatSchG Rn. 5).

In der Schutzintensität kommt der gesetzesunmittelbare Biotopschutz dem Standard der Naturschutzgebiete nahe. Maßnahmen i.S. des § 20c BNatSchG können neben direkten Zugriffen auch Beeinträchtigungen sein, die nicht den

Eingriffsbegriff des § 8 BNatSchG erfüllen, z.B. stoffliche Einwirkungen oder mittelbare Beeinträchtigungen durch Veränderungen der Grundwasserverhältnisse (vgl. Apfelbacher, NuR 1987, 241 ff., 248). Auf der anderen Seite gestattet es § 20c BNatSchG den Ländern, Ausnahmen für solche biotopbeeinträchtigenden Maßnahmen zuzulassen, die ausgeglichen werden können oder aus überwiegenden Gründen des Gemeinwohls notwendig sind. Solche Ausnahmeregelungen können abstrakt getroffen oder von einer behördlichen Entscheidung abhängig gemacht werden. So stellen einige Länder z.B. die land- und forstwirtschaftliche Nutzung, Pflege- und Unterhaltungsmaßnahmen oder bestimmte privilegierte Bauvorhaben gemäß § 35 Abs. 1 BauGB überhaupt von den Beschränkungen des Biotopschutzes frei (vgl. § 24a Abs. 3 BW NatSchG).

Im naturschutzrechtlichen Schrifttum gilt der gesetzesunmittelbare Biotopschutz als eine notwendige Ergänzung des überkommenen Schutzgebiets-Konzepts (vgl. Fischer-Hüftle, DÖV 1990, 1011 ff., 1012). Der BMU-Entwurf 1993 sieht daher Erweiterungen und Verschärfungen des § 20c BNatSchG vor (§ 18a). So soll der Ausnahmevorbehalt des § 20c S. 2 BNatSchG gestrichen werden, so daß in geschützte Biotope nur unter den strengen Voraussetzungen einer Befreiung nach § 31 BNatSchG eingegriffen werden darf. Darüber hinaus werden die Länder gesetzlich verpflichtet, durch geeignete Maßnahmen die räumliche Ausdehnung und die ökologische Beschaffenheit geschützter Biotope sicherzustellen. Die gleichen Vorschläge macht der SPD-Entwurf (§ 20c). Der Bündnis-Entwurf verschärft die Länderpflichten durch eine Zeitangabe und eine zusätzliche Berichtspflicht (§ 27).

II. VORSCHLAG

Der gesetzesunmittelbare Biotopschutz wird in einem eigenen Unterabschnitt (§§ 187, 188) auf der Basis des § 20c BNatSchG und der Änderungsvorschläge der Novellierungsentwürfe geregelt. Der Biotopschutz ist als Instrument des Artenschutzes entwickelt worden, und in der Tat hat er hier seine wichtigste Bedeutung. Die Verselbständigung gegenüber dem bisherigen Kontext soll jedoch anzeigen, daß Biotope auch ohne einen spezifischen oder konkret nachweisbaren Bezug zum Artenschutz Elemente des besonderen Naturhaushalts decken können.

Zu § 187 Schützenswerte Biotope

§ 187 enthält die bundesgesetzliche Auflistung besonders schützenswerter Biotope und die Grundaussage zu ihrem Schutzstandard. Dieser besteht in einem weitgehenden Veränderungsverbot. Der Katalog der Biotope ist um eine Variante ergänzt (Nummer 1), in der weitere Gewässer- und Feuchtzonen als Schutzobjekte ausgewiesen werden; Nummer 2 ist gegenüber § 20c Abs. 1 Nr. 1 BNatSchG textlich entsprechend entlastet. Die Auflistung entspricht im übrigen dem § 20c BNatSchG. Weitere Ergänzungen um einzelne Varianten von Biotoptypen, wie sie in der Novellierungsdiskussion angeregt werden, werden nicht empfohlen. Die Grundtypen der Biotope (Feucht-, Trocken-, Wald-, Küsten- und Gebirgsbiotope) sind schon durch das bisherige Recht bundesgesetzlich hinreichend abgedeckt. Die Länder haben diesen Rahmen ausgefüllt und um landestypische Biotope ergänzt (vgl. z.B. §§ 31 ff. BbgNatSchG). Dabei soll es auch künftig bewenden. Eine entsprechende Ergänzungsermächtigung ist in Satz 2 vorgesehen. Satz 3 verpflichtet die Länder, Biotopverzeichnisse anzulegen, wie das schon bisher in einigen Landesrechten vorgesehen ist. Die Aufnahme der Biotope in solche Verzeichnisse hat zwar nur deklaratorische Bedeutung. Die damit erreichte förmliche Dokumentation ist aber im Blick auf Biotopverbundkonzepte sinnvoll.

Zu § 188 Ländermaßnahmen, Befreiungsvorbehalt

§ 188 bringt ein erweitertes Handlungsprogramm für Biotope und schafft Möglichkeiten einer ausnahmsweise zulässigen Einschränkung des Biotopschutzes. In Absatz 1 werden die Länder verpflichtet, über den schon nach § 187 gebotenen Schutzstandard des abwehrenden Biotopschutzes hinaus Pflege-, Entwicklungs- und Wiederherstellungsmaßnahmen vorzusehen. Die Vorschrift konkretisiert den Entwicklungsauftrag des § 170 und steht systematisch im Zusammenhang mit den Pflichten zur Schaffung eines Biotopverbundsystems nach § 173.

Absatz 2 gestattet es den Ländern, durch Rechtssatz Befreiungen vom Veränderungsverbot des § 187 vorzusehen. Entgegen dem bisherigen Recht sind solche Vorbehalte allerdings nur noch unter den erschwerten Voraussetzungen, unter denen eine Befreiung nach § 218 BNatSchG erteilt werden kann, zulässig. Generelle Ausnahmen für die Landwirtschaft, wie sie heute in einigen Landesrechten vorgesehen sind, sind mit § 187 nicht vereinbar. Eine umweltschonende Landwirtschaft nach Maßgabe des § 175 dieses Kapitels ist allerdings schon aus sich heraus dazu verpflichtet, die in § 187 genannten besonders schutzwürdigen Biotope zu respektieren. Ähnlich wird eine Überplanung dieser Biotope schon vor den Maßstäben einer an § 1 Abs. 5 Nr. 7 und Abs. 6 BauGB ausgerichteten Abwägung kaum in Betracht kommen; auch hier sind Befreiungen aber nicht ganz undenkbar (vgl. Louis, NuR 1992, 24 ff., 26 f.).

Zum Zweiten Unterabschnitt: Besonderer Flächenschutz

I. AUSGANGSLAGE

1. Gegenstand des Regelungsbereichs

Der zweite Unterabschnitt beschäftigt sich mit dem besonderen Flächenschutz durch Gebietsausweisungen. Es handelt sich bei ihnen um klassische Instrumente des Naturschutzrechts.

2. Bisherige Rechtslage

Regelungen über Naturschutzgebiete, geschützte Naturdenkmale und die Unterschutzstellung sonstiger Landschaftsteile enthielten schon die §§ 3 ff. RNatSchG (dazu Weber/Schoenichen, Das Reichsnaturschutzgesetz, 1936, S. 18 ff.). Das derzeitige Bundesrecht trifft entsprechende rahmenrechtliche Vorschriften in §§ 12 bis 19 BNatSchG (vgl. Soell, in: Salzwedel [Hrsg.], Umweltrecht, 1982, S. 481 ff., 535 ff.; Ebersbach, Rechtliche Aspekte des Landverbrauchs am ökologisch falschen Platz, 1985, S. 44 ff.; Stich, HdUR, Bd. 2, 1988, Sp. 39 f.). Bundesgesetzlich sind vor allem die Schutzziele und die Maßnahmentypen festgelegt. Die Länder haben diese ausgeformt und um Verfahrensregelungen ergänzt. Die meisten Flächenausweisungen werden durch Rechtsverordnung getroffen. Dem planerischen Charakter dieser Rechtsakte entspricht es, daß sie ähnlich wie Bauleitpläne in einem förmlichen Beteiligungsverfahren ergehen (vgl. Kloepfer, Umweltrecht, 1989, § 10 Rn. 50 und 68 f.). In Nordrhein-Westfalen sind Schutzgebietsausweisungen weitgehend in die Landschaftsplanung integriert (Schink, Naturschutz- und Landschaftspflegerecht Nordrhein-Westfalen, 1989, Rn. 575 ff.). Die naturschutzrechtlichen Regelungen werden ergänzt durch Gebietsausweisungen des Wasserrechts (§ 19 WHG), des Waldrechts (§§ 12, 13 BWaldG) und einiger weiterer fachgesetzlicher Regelungen (systematisch Ebersbach, Rechtliche Aspekte des Landverbrauchs am ökologisch falschen Platz, 1985, S. 55 ff.).

Der besondere Gebietsschutz setzt ein Tätigwerden der zuständigen Behörden voraus, bei dem schon wegen der mit der Festlegung verbundenen Einschränkung der Verfügungsbefugnis der Eigentümer der entsprechenden Grundflächen die Schutzbedürftigkeit und die Schutzwürdigkeit der entsprechenden Flächen vorher genau ermittelt werden müssen (vgl. Ebersbach, Rechtliche Aspekte des Landverbrauchs am ökologisch falschen Platz, 1985, S. 74 f., 142). Das erfordert einen erheblichen Verwaltungsaufwand und ist im Einzelfall oft mit starken gegenwirkenden Interessen konfrontiert (anschaulich Soell, in: Breuer/Kloepfer/Marburger/Schröder [Hrsg.], Natur- schutz- und Landschaftspflegerecht im Wandel [UTR 20], 1993, S. 133 ff.,

143 ff.). Trotzdem ist die Ausweisung entsprechender Schutzgebiete in den letzten Jahren vorangekommen. Für 1991 ergibt sich folgendes Bild: Als Naturschutzgebiete sind ca. 2% der Gesamtfläche der Bundesrepublik (680.000 ha), als Landschaftsschutzgebiete etwa 22,5% der Gesamtfläche (8 Mill. ha) ausgewiesen. Naturparke machen eine Fläche von 5,5 Mill. ha, Nationalparke eine solche von 700.000 ha aus (Quelle: Bundesumweltministerium [Hrsg.], Umweltschutz in Deutschland, 1992, S. 58 ff.; Raumordnungsbericht 1991, BT-Drs. 12/1098, S. 117 ff.; zur älteren Entwicklung vgl. SRU-Gutachten 1987, Tz. 441).

Soweit gleichwohl Defizite festzustellen sind, werden dafür eher die allgemeinen rechtlichen Rahmenbedingungen, insbesondere die Landwirtschaftsklausel des § 1 Abs. 3 BNatSchG, und eine mangelnde Durchsetzungsbereitschaft der Naturschutzbehörden als das Schutzgebietsrecht i.e.S. verantwortlich gemacht (vgl. Soell, in: Breuer/Kloepfer/Marburger/Schröder [Hrsg.], Naturschutz- und Landschaftspflegerecht im Wandel [UTR 20], 1993, S. 133., 166 ff.).

Die zugrundeliegenden gesetzlichen Regelungen dagegen haben sich in den Grundlinien ihres Konzepts bewährt. Kritisiert werden allerdings Einzelpunkte der Ausgestaltung (Ebersbach, Rechtliche Aspekte des Landverbrauchs am ökologisch falschen Platz, 1985, S. 66 ff.). Unter ihnen ist der Mangel eines hinreichend eindeutigen Schutzprofils der Gebietstypen der Hauptpunkt: So weist das SRU-Gutachten 1987 auf den Mißstand hin, daß sich selbst in Naturschutzgebieten konträre Nutzungsinteressen (Jagen, Angeln, Tourismus) oft aus politischen Gründen nicht verdrängen lassen (a.a.O., Tz. 442 ff.). An der Ausweisung von Landschaftsschutzgebieten beanstanden ältere Stimmen eine zu starke Orientierung an ästhetischen statt an ökologischen Zielen. Ein grundlegender Umbau des gesamten Schutzgebietskonzepts und seiner Instrumente wird jedoch nicht für geboten gehalten (vgl. Fischer-Hüftle, DÖV 1990, 1011 ff., 1015). Die Novellierungsdiskussion zum BNatSchG läßt es daher bei einzelnen Korrekturvorschlägen bewenden, ohne das System grundsätzlich in Frage zu stellen. Der BMU-Entwurf 1993 und der SPD-Entwurf folgen dieser Linie. Der Bündnis-Entwurf will stärker zwischen eigentlichen Schutzkategorien und den großräumigen, aus mehreren Schutzkategorien zusammengesetzten Schutztypen (Nationalpark, Biosphärenreservat, Naturpark) trennen. Entscheidend bleibt jedoch auch bei einer solchen Trennung die konkrete gesetzliche Gebietsbestimmung. Literatur und Rechtsprechung haben den Rechtsgehalt der einzelnen aus sich heraus oft schwer handhabbaren Tatbestandsmerkmale des Bundes- und des Landesrechts in wichtigen Punkten konkretisiert (Überblick bei Louis, DVBl. 1990, 800 ff.). Die Naturschutzgesetze der neuen Bundesländer haben das Schutzkonzept um den Gebietstyp des "Biosphärenreservats" und um spezielle Instrumente, wie Pflegepläne, ergänzt. Auch das neue Naturschutzrecht Schleswig-Holsteins will den Schutz durch die Normierung von Kontroll- und Pflegemaßnahmen abrunden. Für die Wirksamkeit des Gebietsschutzes ist in der Tat eine Strukturierung von Dauerrechtsverhältnissen wichtig (vgl. § 184). Dazu bedarf es jedoch nicht notwendig weiterer regulatorischer Instrumente; vielmehr ist auch an vertragliche Vereinbarungen zu denken (§ 215).

II. VORSCHLAG

Der hier vorgelegte Vorschlag geht von den §§ 12 bis 19 BNatSchG aus und nimmt Änderungsvorschläge der Novellierungsdiskussion auf. Seine wesentlichen Punkte sind:

- eine Verdeutlichung der Schutzprofile,
- die Erstreckung der Gebietsausweisungsmöglichkeiten auf die für den Schutz notwendige Umgebung,
- die Erweiterung der einstweiligen Sicherstellung,
- die Aufnahme der Gebietskategorie "Biosphärenpark".

Zu § 189 Allgemeine Vorschriften

§ 189 entspricht mit einigen Ergänzungen § 12 BNatSchG. Absatz 1 nennt die in Betracht kommenden Flächenausweisungen, insbesondere die Schutzgebietstypen: Naturschutzgebiet, Nationalpark, Biosphärenpark, Landschaftsschutzgebiet, Naturpark sowie die geschützten Objekte, Naturdenkmale und geschützte Landschaftsbestandteile und legt die Struktur des Gebietsschutzes bundesgesetzlich fest. Die Vorschrift entspricht weitgehend § 12 BNatSchG, erweitert um die Gebietskategorie des Biosphärenparks (vgl. § 192).

Absatz 2 ist in zweifacher Weise ergänzt: Zum einen wird bundesrechtlich der Rahmen dafür geschaffen, daß Gebietserklärungen künftig bei allen Typen und nicht wie bisher nur bei Naturdenkmalen (§ 17 Abs. 1 S. 2 BNatSchG) die für den Schutz notwendige Umgebung einbeziehen können. Diese Regelung ist erforderlich, weil die Rechtslage nach Bundesrecht nicht eindeutig ist (Fischer-Hüftle, DÖV 1990, 1011 ff., 1015 f.). Das Landesrecht kennt teilweise gestufte Ausweisungen mit verminderter Schutzintensität. So sind nach § 21 Abs. 5 BWNatSchG die an ein Naturschutzgebiet angrenzenden Gebiete u.U. als Landschaftsschutzgebiete auszuweisen. Der neu eingefügte Satz 3 gestattet es außerdem, jeden Gebietstyp in Zonen mit unterschiedlichen Schutzzwecken zu gliedern. Gebietsinterne Gliederungen haben sich auch in anderen Bereichen des Planungsrechts als Instrumente eines zunehmend differenzierten Gebietsschutzes als sinnvoll erwiesen.

In Absatz 3 Nr. 2 werden die Möglichkeiten einer einstweiligen Sicherstellung von Gebieten erweitert. Die einstweilige Sicherstellung ist gemäß

§ 12 Abs. 3 Nr. 2 BNatSchG auch bisher schon zulässig. Die Landesgesetze enthalten dazu in den Grundzügen einheitliche, in Einzelpunkten abweichende Regelungen (vgl. Fischer-Hüftle, NuR 1988, 11 ff.). Die Ergänzung in Nummer 2 der vorgeschlagenen Fassung stellt die einstweilige Sicherstellung auch in den Dienst von Entwicklungsmaßnahmen. Die gesetzliche Erweiterung ist notwendig, weil solche Gebiete im Zeitpunkt ihrer Unterschutzstellung für sich genommen die erforderliche Schutzwürdigkeit oft noch nicht aufweisen. Vor allem für die Schaffung von Biotopverbundsystemen (§ 173) erscheint eine solche Erweiterung, die bisher nur in einigen Landesrechten vorgesehen ist (vgl. Fischer-Hüftle, DÖV 1990, 1011 ff., 1016 Fn. 24), sinnvoll.

Absatz 4 weist den Regelungsgehalt des § 19 BNatSchG, der die Kennzeichnung der in Abs. 1 genannten Gebiete und Flächen sowie deren Schutz im Verkehr betrifft, als Materie von geringerem Gewicht einer Rechtsverordnung zu.

Über die Verwaltung der Schutzgebiete trifft der Vorschlag keine Regelung. Fragen der Verwaltung und des Managements dieser Gebiete sind zwar wichtige Themen des Gebietsschutzes. Sie sollten aber dem Landesrecht zu beantworten vorbehalten bleiben, weil sie in engem Zusammenhang mit der sonstigen Verwaltungsorganisation der Bundesländer stehen (vgl. zu einzelnen Modellen z.B. §§ 25 Abs. 3, 58 BbgNatSchG; §§ 17 Abs. 6, 18 Abs. 3 SächsNatSchG; § 21d EntwSHNatSchG).

Zu § 190 Naturschutzgebiete

Naturschutzgebiete sind die für den besonderen Gebietsschutz zentrale Gebietskategorie. Für sie können die strengsten Nutzungsbeschränkungen und Rücksichtnahmepflichten festgelegt werden (zu einzelnen Verbotsnormen anschaulich Schink, Naturschutz- und Landschaftspflegerecht Nordrhein-Westfalen, 1989, Rn. 589). Auch für sie ist freilich das verfassungsrechtliche Verhältnismäßigkeitsprinzip maßgebend. Das gilt sowohl aus eigentumsrechtlichen Gründen (Art. 14 GG) als auch unter Berücksichtigung der durch Naturschutzgebiete u.U. bewirkten Einschränkungen der kommunalen Planungshoheit (Art. 28 Abs. 2 GG). Die Bedeutung dieses Gebietstyps wird in Zukunft noch zunehmen. Naturschutzgebiete sind die erste Kategorie von Schutzelementen, aus denen Biotopverbundsysteme nach § 173 aufgebaut werden sollen.

Rahmenrechtliche Regelungen für die Gestaltung des Schutzes von Naturschutzgebieten enthält § 13 BNatSchG. Der vorliegende Vorschlag knüpft hieran an, will das Schutzniveau dieser Gebiete jedoch generell besser absichern. In der Literatur ist gegen die Wirksamkeit dieses Schutzinstruments nämlich eingewandt worden, § 13 BNatSchG lasse kein einheitliches Schutzprofil erkennen. Entsprechende Ausweisungen würden nur selten als "Vollnaturschutzgebiete" (zur Unterscheidung vgl. Hoppe/Beckmann, Umweltrecht, 1989, § 18 Rn. 79), sehr viel häufiger aber als "Teilnaturschutzgebiete" vorgenommen; dadurch seien zu viele störende Nutzungen nach wie vor gestattet. Die Kritik setzt sich fort an der Ausweisungspraxis der Naturschutzbehörden, die jeden nur denklichen Rahmen für Ausnahmen nutzten, um politischem Druck anderer Nutzergruppen auszuweichen. Kritisiert wird vor allem die Zulassung von Erholungsnutzungen (vgl. SRU-Gutachten 1987, Tz. 443 ff.; Ebersbach, Rechtliche Aspekte des Landverbrauchs am ökologisch falschen Platz, 1985, S. 72 ff.; Fritz, NuL 1977, 191 ff.; Brahms/Haaren/Langner, Naturschutzansprüche und ihre Durchsetzung, 1986). Der SPD-Entwurf (§ 13 Abs. 3) und der Bündnis-Entwurf (§ 16 Abs. 2) haben aus dieser Kritik die Konsequenz gezogen, bestimmte für die Naturschutzgebiete vorzusehende Verbote bundesgesetzlich zwingend vorzugeben. Der BMU-Entwurf 1993 enthält demgegenüber keine Änderungsvorschläge zu § 13 BNatSchG. Der vorliegende Vorschlag wählt einen Mittelweg: Er beläßt es bei der Möglichkeit, neben Vollschutzgebieten auch Teilschutzgebiete auszuweisen. Eine Fixierung der Behörden auf das "Vollnaturschutzgebiet" müßte zu einer Steigerung der behördlichen Darlegungslasten auch unter dem Aspekt des Verhältnismäßigkeitsprinzips und zu einer Verschärfung des Widerstandes gegen Gebietsausweisungen führen. Den Landesgesetzgebern und den Naturschutzbehörden soll hier bundesrechtlich ein hinreichender Spielraum erhalten bleiben. Daher ist auch davon abgesehen worden, einige zentrale Verbotstatbestände unmittelbar durch Bundesgesetz vorzuschreiben. Bei dieser gesetzgeberischen Entscheidung ist zu berücksichtigen, daß nach §§ 187, 188 der komplementäre gesetzesunmittelbare Biotopschutz weiter verschärft worden ist. Während Absatz 1 danach mit § 13 Absatz 1 BNatSchG identisch ist, wird das Problem der kollidierenden Nutzungen und ihrer Zulassung in Absatz 2 Satz 2 strenger als im bisherigen Recht geregelt. Danach dürfen Naturschutzgebiete der Allgemeinheit nur noch ausnahmsweise und nur unter strenger Beachtung ihres Schutzzwecks zugänglich gemacht werden. Die Regelung ist im bisherigen Recht zwar in der Grundtendenz angelegt (vgl. Bernatzky/Böhm, Bundesnaturschutzgesetz, 1977 ff., Stand: Mai 1992, § 13 BNatSchG Rn. 1; Kolodziejcok/Recken, Naturschutz und Landschaftspflege, Naturschutz, Landschaftspflege, 1977 ff., Stand: Juli 1992, § 13 BNatSchG Rn. 31), erscheint in der Formulierung aber zu blaß. Die Neuregelung zielt vor allem auf den Hauptfall kollidierender Nutzung, die Erholungsnutzung. Sie umfaßt aber auch die Nutzung durch andere Nutzergruppen, z.B. zu Zwecken des Fischfangs.

Absatz 3 beschäftigt sich mit dem bisher nicht geregelten Problem einer nachträglichen Aufhebung oder Einschränkung von Naturschutzgebieten. Nach bisherigem Rechtsverständnis ist ein Normsetzer befugt, die von ihm erlassenen Rechtssätze unter Beachtung der Regeln über das Aufhebungsverfahren zu ändern oder aufzuheben, sofern nicht aus besonderen Gründen das Vertrauen in den Bestand der Norm schützenswert ist (vgl. § 2 Abs. 4,

§§ 39 ff. BauGB). Darüber hinausreichende materielle Änderungsschranken bestehen nicht (zu Ansätzen vgl. BVerwG NuR 1989, 32 f.). Wenn aber Naturschutzgebiete das Kernelement von Biotopverbundsystemen sein sollen, so müssen sie in weiterem Umfang gegen Änderungswünsche geschützt werden. Das Problem ist durch die Leybucht-Entscheidung des Europäischen Gerichtshofs bekannt geworden. Den in dieser Entscheidung entwickelten Schranken für eine Aufhebung oder Einschränkung von Schutzgebieten (Winter, NuR 1992, 21 ff.) ist die vorliegende Regelung nachgebildet. Danach ist eine Aufhebung oder eine nicht unerhebliche Einschränkung eines Naturschutzgebietes nur aus überwiegenden Gründen des Gemeinwohls oder nur dann zulässig, wenn durch Ausgleichsmaßnahmen die ökologische Lage insgesamt verbessert wird. Die Einschränkungen sind allerdings nur als Soll-Vorschrift formuliert. Eine noch striktere Aufhebungsschranke wäre verwaltungspolitisch von zweifelhaftem Wert, weil sie die Widerstände gegen die Ausweisung von Schutzgebieten erhöhen müßte. Bei Gebieten, die in Erfüllung europarechtlicher Pflichten geschaffen worden sind, ist die Aufhebung nur unter den in der FFH-RL aufgestellten zusätzlichen materiellen und verfahrensrechtlichen Sicherungen möglich.

Zu § 191 Nationalparke

Nationalparke sind im Grundkonzept großräumige Naturschutzgebiete (vgl. Louis, Niedersächsisches Naturschutzrecht, Kommentar Teil 1, 1990, § 25 Rn. 2). Diese Gebietskategorie geht auf Empfehlungen der International Union for Conservation of Nature and Natural Resources (IUNC) zurück. Der überwiegende Teil des Gebietes muß die Voraussetzung eines Naturschutzgebietes erfüllen. Allerdings ist angesichts ihrer Großräumigkeit das Gewicht anderer Nutzungen, insbesondere durch Besiedlung von Teilen der Nationalparke, wesentlich höher als in Naturschutzgebieten. Nationalparke nehmen derzeit eine Fläche von 700.000 ha ein; darunter befinden sich 5 Nationalparke, die 1990 auf dem Gebiet der ehemaligen DDR unter Schutz gestellt wurden (vgl. Bundesumweltministerium [Hrsg.], Umweltschutz in Deutschland, 1992, S. 60 f.).

Der vorliegende Regelungsvorschlag entspricht weitgehend dem bisherigen Recht. Die Konzentration auf den im Gebiet selbst vorhandenen heimischen Tier- und Pflanzenbestand (Absatz 1 Nr. 4) soll stärker als bisher die ursprüngliche, vom Menschen noch nicht veränderte Situation schützen. Die gegenüber Naturschutzgebieten (vgl. § 190 Abs. 2 S. 2) großzügigere Zulassung des Zugangs der Allgemeinheit zu Nationalparken ist trotz gewisser Bedenken beibehalten worden.

Zu § 192 Biosphärenparke

Die neue Schutzkategorie des Biosphärenparks ist den Nationalparken verwandt. Sie weicht von diesem Schutzgebietstyp allerdings darin ab, daß es nicht um Gebiete geht, die bisher vom Menschen nicht oder nur wenig beeinflußt sind. Sinn der Biosphärenparke ist es vielmehr, der Erhaltung oder Wiederherstellung einer durch traditionelle Nutzung geprägten Landschaft und der darin historisch gewachsenen Arten- und Biotopvielfalt zu dienen. Biosphärenparke sollen also modellhaft naturverträgliche Landnutzungen erhalten oder wiederherstellen (vgl. Bundesumweltministerium [Hrsg.], Umweltschutz in Deutschland, S. 62.; Soell, in: Breuer/Kloepfer/Marburger/Schröder [Hrsg.], Naturschutz- und Landschaftspflegerecht im Wandel [UTR 20], 1993, S. 133 ff., 175 f.). Sie gehen auf die Schutzkategorie der "Biosphärenreservate" der UNESCO zurück (vgl. Richtlinien, abgedr. in NuL 1990, 479 ff.). Als eigener Gebietstyp findet sich das Reservat in den Naturschutzgesetzen von Brandenburg (§ 25), Sachsen (§ 18) und Sachsen-Anhalt (§ 19). Derzeit gibt es in Deutschland 9 Reservate dieses Typs mit einer Fläche von 727.000 ha (Bundesumweltministerium [Hrsg.], Umweltschutz in Deutschland, 192, S. 62). Die Hervorhebung dieser Gebiete als begrifflich eigenständig faßbare Kategorie ist sinnvoll, weil die in einem Punkte voneinander abweichenden Schutzzwecke dadurch klarer hervortreten. Alle Novellierungsentwürfe schlagen eine entsprechende Ergänzung des BNatSchG um eine neue Bestimmung vor. § 192 des vorliegenden Vorschlags nimmt diesen Gedanken auf. Die Abweichungen von § 191 sind durch die Funktion dieses Gebietstyps veranlaßt. Zur historisch gewachsenen Arten- und Biotopvielfalt gehören auch Wild- und frühe Kulturformen wirtschaftlich genutzter oder nutzbarer Tier- und Pflanzenarten (so § 14a Abs. 1 Halbs. 2 des BMU-Entwurfs 1993). Zur Sicherung wird hier häufiger als bei Nationalparken auch die Ausweisung von Landschaftsschutzgebieten in Betracht kommen. Eine weitere Gliederungssystematik (vgl. § 14a Abs. 1 SPD-Entwurf; § 21 Bündnis-Entwurf) wird, da es um Rahmenrecht geht, bundesgesetzlich nicht vorgeschlagen.

Zu § 193 Landschaftsschutzgebiete

Landschaftsschutzgebiete sind der zweite traditionelle Gebietstyp des Naturschutzrechts. Gegenüber Naturschutzgebieten ist der Flächenschutz wesentlich abgeschwächt; denn es sind hier neben ökologischen Funktionen auch ökonomische und sonstige Nutzungen nicht ausgeschlossen. Das zentrale Schutzinstrument ist das relative Veränderungsverbot mit Erlaubnisvorbehalt (vgl. Kloepfer, Umweltrecht, 1989, § 10 Rn. 60; Hoppe/Beckmann, Umweltrecht, 1989, § 18 Rn. 84). Die Literatur kritisiert an diesem Gebietstyp, daß er weniger zu ökologischen Zwecken als dazu eingesetzt wird, bestimmte Flächen als Reserveflächen für Verkehrswege, Baugebiete u.ä. vorläufig sicherzustellen (SRU-Gutachten 1978, Tz. 1218 f.; 1273; Ebersbach, Rechtliche Aspekte des Landverbrauchs am ökologisch falschen Platz, 1985, S. 78 ff.); statt dessen wäre es notwendig, gerade diesen Typus zur Ausweisung der notwendigen "Pufferzonen" im Kontext mit Naturschutzgebieten zu nutzen.

Der vorliegende Vorschlag sieht deshalb davon ab, Landschaftsschutzgebiete gezielt auch in Dienst der Erholungsvorsorge zu stellen, wie das durch § 15 Abs. 1 Nr. 3 BNatSchG geschieht. Das entspricht der in § 176 getroffenen Entscheidung, die Erholung künftig nicht mehr als einen integralen Auftrag des Naturschutzes anzusehen. Es schließt es nicht aus, in Landschaftsschutzgebieten auch Erholung zu suchen. Anders als Naturschutzgebiete müssen sie nicht erst ausdrücklich und ausnahmsweise der Allgemeinheit zugänglich gemacht werden. Es gelten hier z.B. die allgemeinen Betretungsrechte.

Eine weitere Verbesserung der Schutzmöglichkeiten dieses Gebietstyps tritt dadurch ein, daß eine Bezugnahme auf die Landwirtschaftsklausel, wie sie in § 15 Abs. 2 BNatSchG enthalten war, durch den Wegfall dieses Privilegs nicht mehr in Betracht kommt. Das Landschaftsschutzgebiet kann folglich auch dazu benutzt werden, die allgemeinen Anforderungen an eine umweltverträgliche Landwirtschaft nach § 175 durch Sonderregelungen zu erhöhen. Eine Erstarkung der ökologischen Funktion dieses Gebietstyps tritt schließlich dadurch ein, daß die zentralen Leitbegriffe in Absatz 1 Nr. 1, die aus dem bisherigen Recht übernommen und nur um den Entwicklungsauftrag ergänzt worden sind, immanent einen geänderten Sinn erhalten, weil nach den Vorstellungen des § 1 eine einseitig anthropozentrische Sicht des Umweltschutzes nicht dem Konzept dieses Gesetzbuches entspricht. Folglich sind auch die Begriffe der Leistungsfähigkeit und der Nutzungsfähigkeit der Naturgüter und des Naturhaushaltes nicht mehr von dem Interesse, durch die Ausweisung von Schutzgebieten Reserveflächen zu erhalten, geprägt. Einer Änderung des Gesetzestextes in § 193 bedurfte es daher nicht.

Der allgemeine Verbotstatbestand des Absatzes 2 Satz 1 ist auf Ausformung im Landesrecht und durch die entsprechenden Schutzgebietsverordnungen angelegt. Bundesrechtlich sind die Verbote nicht weiter zu spezifizieren. Die Berücksichtigungspflicht des Satzes 2 findet sich im SPD-Entwurf und ähnlich im BMU-Entwurf; auch der Bündnis-Entwurf weist auf diesen Regelungsaspekt hin (§ 17 Abs. 2 S. 3).

Zu § 194 Naturparke

Naturparke sind im bisherigen Recht (§ 16 BNatSchG) wesentlich von ihren Erholungsaufgaben her bestimmt (Hoppe/Beckmann, Umweltrecht, 1989, § 18 Rn. 87). Ihre Sonderstellung im Gefüge des Gebietsschutzes wird auch dadurch deutlich, daß es bei ihnen einer rechtsverbindlichen Festsetzung nach Bundesrecht nicht zwingend bedarf. Gemäß der in § 176 getroffenen Entscheidung für eine deutliche Abschwächung der Erholungsfunktion im Schutzauftrag des Naturhaushaltsrechts stellt die Gebietskategorie des Naturparks folglich in der Systematik des vorliegenden Vorschlages eine Grenz- und Übergangserscheinung dar. Der Entwurf hat sich dazu entschlossen, sie im Kontext des besonderen Gebietsschutzes zu belassen, dabei aber deutlich zu machen, daß die Interessen der in Naturparken belegenen ökologisch bestimmten Schutzgebietstypen (Naturschutz- und Landschaftsschutzgebiete) Vorrang genießen. In Absatz 1 Nr. 2 ist demgemäß die Ausweisung von Naturparken insofern an veränderte Voraussetzungen geknüpft worden, als Landschaftsschutzgebiete und Naturschutzgebiete nicht mehr den überwiegenden Teil, sondern nur noch einen erheblichen Teil der Naturparke ausmachen müssen. In Absatz 1 Nr. 4 ist der Fremdenverkehr als Ausweisungsgrund nicht mehr aufgenommen (ebenso BMU-Entwurf 1993, § 16). Es mag sich anbieten, in die Naturparke künftig in weiterem Umfange sonst nicht geschützte Flächen einzubeziehen und der Erholungsnutzung zu erschließen, demgegenüber aber vor allem Naturschutzgebiete selbständig zu belassen. Soweit Naturschutzgebiete und Landschaftsschutzgebiete Bestandteile von Naturparken sind, ist in Absatz 2 Satz 2 vorgesehen, daß ihrem eigenständigen, d.h. ökologischen Schutzbedürfnis besonders Rechnung zu tragen ist. Einen ähnlichen Gedanken zur Begrenzung des Erholungszwecks formuliert der SPD-Entwurf schon unter den Schutzvoraussetzungen. Der in § 189 Abs. 3 vorgesehene Vorbehalt für abweichende Landesregelungen bezieht sich auf Fragen des Verfahrens und der Form der Festlegung, nicht auf den materiellen Gehalt des Gebietstypus.

Zu § 195 Naturdenkmale

Naturdenkmale sind als Einzelschöpfungen der Natur eigentlich nicht Gegenstand eines Flächen-, sondern eines Objektschutzes (Kloepfer, Umweltrecht, 1989, § 10 Rn. 63). Da aber auch flächenhafte Naturdenkmale mit dieser Schutzkategorie erfaßt werden können, bietet es sich an, die Regelung im Unterabschnitt über den besonderen Gebietsschutz zu belassen. Vorbild der Regelung ist § 17 BNatSchG, der zum einen redaktionell geändert worden ist. So konnte die Vorschrift über die Einbeziehung der Umgebung in Absatz 1 Satz 2 dieser Vorschrift gestrichen werden, weil eine entsprechende Klarstellung für alle Schutzkategorien in § 189 Abs. 2 S. 2 erfolgt ist. Absatz 2 ist textlich gestrafft, ohne am Modell eines absoluten Veränderungsverbots etwas zu ändern. Die verbotenen Handlungen umfassen nicht nur optisch wahrnehmbare, sondern auch sonstige Beeinträchtigungen des Wirkungsgefüges.

Zu § 196 Geschützte Landschaftsbestandteile

Der bundesgesetzliche Rahmen für geschützte Landschaftsbestandteile ist bisher in § 18 BNatSchG festgelegt. Die Länder haben diesen Rahmen zum Schutz vor allem von Grünbeständen genutzt, wie er z.B. durch Baumschutzverordnungen oder Baumschutzsatzungen angestrebt wird (vgl. Kloepfer, Umweltrecht, 1989, § 10 Rn. 64 f.; dazu Bartholomäi, UPR 1988, 241 ff.; Einzelheiten bei Rosenzweig, NuR 1987, 313 ff.). Geschützte Landschaftsbestandteile besitzen im Regelfalle keinen Denkmalcharakter (zur Abgrenzung vgl. VGH München, NuR 1983, 70 f.), so daß sie nicht nach § 195 geschützt werden können. Ihr weniger intensiver Schutz kann dafür aber in bestimmten Gebieten den gesamten Bestand an Bäumen oder Hecken erfassen (vgl. Hoppe/Beckmann, Umweltrecht, 1989, § 18 Rn. 89). Das Institut des geschützten Landschaftsbestandteils steht nicht allein, u.U. nicht einmal vorrangig im Dienst des Naturschutzes. Wie sich aus Absatz 1 Nr. 2 und 3 ergibt, ist es auch zur Belebung des Orts- und Landschaftsbildes und zum passiven Immissionsschutz einsetzbar (vgl. Ebersbach, Rechtliche Aspekte des Landverbrauchs am ökologisch falschen Platz, 1985, S. 54). Der vorliegende Entwurf beseitigt diese Möglichkeiten nicht, erweitert aber die Einsatzfähigkeit des Schutzinstruments zu Zwecken des Naturschutzes. In Übereinstimmung mit dem BMU-Entwurf 1993 werden deshalb die ökologischen Schutzziele von der Sicherstellung auf die Erhaltung, Wiederherstellung und Entwicklung der Funktionsfähigkeit des Naturhaushalts umgestellt (Nummer 1); dieses entspricht § 170. Neu ist zudem Absatz 1 Nr. 4, demzufolge geschützte Landschaftsbestandteile insbesondere für die Schaffung, Erhaltung oder Entwicklung von Biotopverbundsystemen eingesetzt werden können (vgl. § 173). Auch das entspricht den Novellierungsentwürfen.

Zum Vierten Abschnitt: Schutz wildlebender Tier- und Pflanzenarten

I. AUSGANGSLAGE

1. Gegenstand des Regelungsbereichs

Der vierte Abschnitt beschäftigt sich mit dem Schutz und der Pflege wildlebender Tier- und Pflanzenarten in ihrer natürlichen und historisch gewachsenen Vielfalt. Er regelt eine Reihe von Instrumenten der direkten Verhaltenssteuerung, insbesondere Störungs-, Besitz- und Vermarktungsverbote sowie Regelungen der Einfuhr und Ausfuhr. Es ist dieses der klassische Bereich des Artenschutzes. Die Vorschriften müssen in engem Zusammenhang mit dem Biotopschutz, mit der Ausweisung von Schutzgebieten und mit den allgemeinen Regelungen, insbesondere mit der Verpflichtung zu einem umweltschonenden Verhalten in der Land- und Forstwirtschaft (§ 175), gesehen werden.

2. Bisherige Rechtslage

Die Regelungen des Artenschutzes entstammen drei großen Rechtsschichten (vgl. Schmidt-Räntsch, Leitfaden zum Artenschutzrecht, 1990, S. 13 ff.).

- Völkerrecht und Europarecht: Hier ist vor allem das Washingtoner Artenschutzübereinkommen (vgl. Gesetz vom 22. Mai 1975, BGBl. II S. 773) zu nennen; daneben sind für spezielle Gefährdungsvorgänge die Ramsar-Konvention (BGBl. II 1976, S. 1266), die Berner Konvention (BGBl. II 1984, S. 618) und die Bonner Konvention (BGBl. II 1984, S. 571) beachtlich. Hinzu treten Rechtsakte der Europäischen Gemeinschaft; unter ihnen kommt der EG-Artenschutzverordnung (Verordnung [EWG] Nr. 3626/82 des Rates vom 3. Dezember 1982 zur Anwendung des Übereinkommens über den internationalen Handel mit gefährdeten Arten freilebender Tiere und Pflanzen in der Gemeinschaft [ABl. Nr. L 384 vom 31. Dezember 1982, S. 1, zuletzt geändert durch Verordnung [EWG] Nr. 1970/92 der Kommission vom 30. Juni 1992 [ABl. Nr. L 201 vom 20. Juli 1992, S. 1]) besondere Bedeutung zu.
- Bundesrecht: Den Kern bilden die §§ 20 bis 26c BNatSchG und die Verordnung zum Schutz wildlebender Tier- und Pflanzenarten in der Fassung der Bekanntmachung vom 18. September 1989 (BGBl. I S. 1678) - Bundesartenschutzverordnung, BArtSchV.
- Landesrecht: Die Naturschutz- und Landschaftspflegegesetze der Bundesländer enthalten eigenständige Regelungen zum Artenschutz, in denen die bundesrechtlichen Rahmenbestimmungen ausgeformt und die in diesem Bereiche besonders häufig anzutreffenden direkt wirkenden Bestimmungen des Bundesrechts (§ 4 BNatSchG) oft nochmals aufgeführt sind, so daß ein einheitlicher Kontext entstanden ist.

Der Schwerpunkt der rechtlichen Regelungen liegt bei regulatorischen Instrumenten, die den Schutz durch eine Reihe von Verboten, wildlebende Tiere und Pflanzen zu stören und zu schädigen oder sie zu vermarkten, sichern wollen. Innerhalb dieses Systems stellen die Vorschriften über den internationalen Handel mit ihren Begrenzungen der Einfuhr- und Ausfuhr wiederum ein eigenes Subsystem der Handelsbeschränkungen dar, das vom Prinzip der kumulativen Genehmigungspflicht bestimmt ist (dazu ausführlich Schmidt-Räntsch, Leitfaden zum Artenschutzrecht, 1990, S. 47 ff.).

Das Artenschutzrecht dient heute dem Schutz einheimischer und nichteinheimischer Arten. Die Regelungssystematik orientiert sich an der Intensität der Schutzbedürftigkeit: Neben einem allgemeinen Schutz aller wildlebenden

Pflanzen- und Tierarten steht ein besonderer Schutz für listenmäßig erfaßte Arten, die besonders bedroht sind. Innerhalb der letzteren Gruppe wird, z.B. nach Tierarten, die vom Aussterben bedroht sind, weiter differenziert. Die Verfassungskonformität des gesetzgeberischen Schutzzieles ist, auch soweit es um damit verbundene Eingriffe in Grundrechte der Art. 12, 14 GG geht, anerkannt (BVerfGE 61, 291 [307 f.]).

Das so umschriebene Artenschutzrecht bildet den Kern, d.h. die klassische Ausprägung eines Rechtsgebietes, dessen Einbindung in die größeren Zusammenhänge des Umweltschutzes, wie die Entwicklung des Biotopschutzes zeigt, zunehmend erkannt worden ist. Das Bundesnaturschutzgesetz hat diesen Schutz in das Gefüge des klassischen Artenschutzrechts einbezogen (§ 20 Abs. 1 Nr. 2, § 20c BNatSchG). Ebenso ist anerkannt, daß mit Verboten allein nicht auszukommen ist. Neben den repressiven Schutz ist die Pflege getreten, welche die Wiederansiedlung verdrängter Arten umgreift (§ 20 Abs. 1 Nr. 3 BNatSchG). Pflegeaufgaben werden im übrigen durch Förderprogramme unterstützt. Das Landesrecht kennt das Institut der Artenschutzprogramme. Daß ein richtig verstandener Artenschutz in einen umfassenden Ökosystemschutz ausmünden muß, der Populationsschutz und Lebensraumschutz umfaßt, ist zunehmend erkannt geworden (vgl. Plachter, Naturschutz, 1991, S. 255 ff.).

Rechtlich wird der Artenschutz heute mehr und mehr von Vorgaben des EG-Rechts gesteuert. Hier sind neben den eigentlich artenschutzrechtlichen Vorschriften als Rahmenbedingungen auch die Vorschriften über den freien Warenverkehr beachtlich (Art. 30 bis 37 EWGV). Diese Vorschriften gestatten den Mitgliedstaaten nicht beliebig, höhere Anforderungen für den grenzüberschreitenden Handel mit geschützten Tier- und Pflanzenarten festzulegen (vgl. Schmidt-Räntsch, Leitfaden zum Artenschutzrecht, 1990, S. 46). Der Wegfall der Zollgrenzen im Binnenbereich der EG muß zudem notwendigerweise zu einer Umstellung der Kontrollsysteme führen. Die Europäische Gemeinschaft plant daher eine neue Artenschutzverordnung (vgl. Vorschlag der Kommission ABl. Nr. C 26/1 vom 3. Februar 1992) Diese Verordnung wird die bisherige EG-Artenschutzverordnung ablösen. Sie soll durch ihre unmittelbare Geltung die aus dem Nebeneinander von nationalem und europäischem Recht folgenden Vollzugsschwierigkeiten abbauen. Zugleich schränkt der Vorschlag der Verordnung die Möglichkeiten der Mitgliedstaaten zu einer strengeren eigenen Gesetzgebung deutlich ein (vgl. Schmidt-Räntsch, NuR 1992, 49 ff.).

EG-Recht ist aber nicht nur für den internationalen Handel, sondern auch für den Schutz heimischer Arten und solcher Arten, die von europäischem Interesse sind, beachtlich. So wird bereits seit der Richtlinie des Rates vom 2. April 1979 über die Erhaltung der wildlebenden Vogelarten (79/409/ EWG, ABl. EG Nr. L 103 vom 25. April 1979, S. 1) - Vogelschutzrichtlinie - ein Konzept verfolgt, das die Mitgliedstaaten zur Ausweisung besonderer Schutzgebiete anhalten soll. Die FFH-RL von 1992 verbindet ein Schutzgebietskonzept zur Erhaltung der natürlichen Lebensräume und Habitate (Art. 3 bis 11) mit Vorgaben für eine Verschärfung der klassischen Instrumente des Artenschutzes (Art. 12 bis 16).

3. Reformüberlegungen

Trotz beachtlicher Aktivitäten zum Artenschutz auf internationaler und nationaler Ebene ist der durch menschliche Einwirkungen veranlaßte Rückgang wildlebender Pflanzen- und Tierarten bisher nicht aufgehalten worden. Er hat sich eher noch beschleunigt (SRU-Gutachten 1987, Tz. 425 ff.; Schink, Naturschutz- und Landschaftspflegerecht Nordrhein-Westfalen, 1989, Rn. 23). Von den vielfältigen Ursachen sind allerdings nur einige durch die nationale Gesetzgebung steuerbar. Vieles hängt von außerrechtlichen Bestimmungsfaktoren ab oder ist in einem so weitreichenden Maße mit globalen Optionen der Umweltpolitik verbunden, daß es über das Artenschutzrecht im engeren Sinne hinausgeht.

Im eigentlichen Bereich des Artenschutzrechts werden für die Wirkungsmängel artenschutzrechtlicher Vorkehrungen vor allem Mängel und Restriktionen des administrativen Vollzuges verantwortlich gemacht. Als solche Vollzugsmängel werden u.a. genannt (vgl. die "Lübecker Grundsätze" der Länderarbeitsgemeinschaft für Naturschutz, Landschaftspflege und Erholung - LANA, 1991, S. 36 ff.; ferner Bericht NuR 1992, 226 f.): Eine zu geringe Zahl des Überwachungspersonals bei Naturschutzbehörden, Polizei und Zoll, ein zu geringer Spezialisierungsgrad dieses Personals angesichts immer raffinierter werdender Methoden des internationalen Tier- und Pflanzenhandels sowie das Fehlen verwaltungstechnischer Hilfsmittel bei den Zollbehörden zur Erkennung der gehandelten Arten. Beklagt wird ferner die Unübersichtlichkeit der rechtlichen Grundlagen. Hier sind es zum einen die Überschneidungen mit anderen Rechtsgebieten, z.B. dem Jagd- und Fischereirecht, vor allem aber die schwierige Verzahnung zwischen nationalem Recht und EG-Recht, die Sorge bereiten. Dadurch wird die Praxis der sogenannten Negativlisten mit ihren ohnehin unvermeidbaren vielfältigen Ausnahmen noch wesentlich komplizierter. Die Forderung nach einer stärkeren Rechtsvereinheitlichung steht an vorderer Stelle. In diesem Sinne schlägt der Bündnis-Entwurf vor, grundsätzlich alle wildlebenden Tier- und Pflanzenarten als geschützt anzusehen und in einer neuen Bundesartenschutzverordnung nur noch für bestimmte Arten Ausnahmen vorzusehen (§ 26). Für den Schutz heimischer Tier- und Pflanzenarten wird außerdem auf den Schutz der Rahmenbedingungen, der Biotope und Lebensräume sowie deren Wiederherstellung abgehoben (§ 27 Bündnis-Entwurf).

II. VORSCHLAG

1. Leitvorstellungen

Die nachfolgenden Bestimmungen gehen von der Vorstellung aus, daß heute ein wirksamer Artenschutz vor allem durch den Lebensraumschutz gewährleistet werden muß. Ihm dient die in § 173 getroffene Entscheidung für die Schaffung eines Biotopverbundsystems. Die Vorschriften über den Biotopschutz und über besondere Schutzgebiete nehmen dieses auf. Die gebietsbezogenen Teile der FFH-RL werden diese Schutzrichtung fortsetzen. Die artenschutzrechtlichen Störungs-, Besitz- und Handelsverbote dieser Richtlinie sind instrumentell in den bisherigen Vorschriften des BNatSchG abgesichert. Hier bedarf es nur einer entsprechenden Ergänzung der BArtSchV. Im übrigen hat es in diesem Bereich angesichts zu erwartender unmittelbar wirkender Vorschriften des EG-Verordnungsrechts im nationalen Recht eher darum zu gehen, die vorhandenen Rechtsgrundlagen für einen wirksamen Vollzug übersichtlicher zu gestalten. Eine generelle Umstellung des Regelungssystems auf einen einheitlichen globalen Schutz aller wildlebenden Arten mit einem durch eine neue Artenschutzverordnung zu aktualisierenden Ausnahmevorbehalt, wie sie im Bündnis-Entwurf vorgeschlagen wird, erscheint dagegen zur Zeit nicht angezeigt. Eine solche Umstellung hat zwar Vorteile für einen wirksameren Vollzug; wie sie sich in den gemeinschaftsrechtlichen Artenschutz eingliedert, läßt sich jedoch erst beurteilen, nachdem das neue EG-Recht erlassen und mit diesem Erfahrungen gesammelt sind.

Der nachfolgende Vorschlag richtet sich an den entsprechenden Vorschriften des BNatSchG aus. Er nutzt die entlastenden Wirkungen des Allgemeinen Teils und gliedert sich in drei Unterabschnitte: (1.) Aufgaben und Definitionen, (2.) Standardinstrumente des allgemeinen und des besonderen Artenschutzes und (3.) Regelungen der Ein- und Ausfuhr. Der letztere Bereich, der schon im bisherigen Recht durch seinen hohen Grad rein technischer Vorschriften, die in Ergänzung zu den einschlägigen EG-Verordnungen ergangen sind, auffiel, ist an den Schluß des Abschnitts gestellt worden, da seine Regelungen durch die zu erwartende neue Artenschutzverordnung der Europäischen Gemeinschaft ganz umgestaltet und teilweise überflüssig gemacht werden.

2. Zur Regelung im einzelnen

Zu § 197 Aufgaben des Artenschutzes

§ 197 umschreibt die Aufgaben des Artenschutzes: Schutz und Pflege. Der Schutzgedanke ist in Absatz 1 Satz 2 Nr. 1 näher ausgeformt: Es geht um die Abwehr von Beeinträchtigungen durch den Menschen. Neben dem direkten Zugriff, der im Text ausdrücklich genannt ist, zählen auch indirekte

Beeinträchtigungen, z.B. anthropogene Veränderungen der ökologischen oder biologischen Verhältnisse, hierher (Bernatzky/Böhm, Bundesnaturschutzrecht, 1977 ff., Stand: Mai 1992, § 20 BNatSchG Rn. 4). Der Pflegeauftrag wird in Nummer 2 am Beispiel der Wiederansiedlung verdrängter Arten innerhalb ihres natürlichen Verbreitungsgebietes hervorgehoben; er hat, ohne daß das textlich gesondert herausgestellt würde (anders § 20 Abs. 1 des SPD-Entwurfs), also auch Entwicklungsaufgaben. Denselben Gedanken verfolgt Art. 22 Buchstabe a FFH-RL. Die Ansiedlung gebietsfremder Tier- und Pflanzenarten dagegen gehört nicht hierher, sondern kann umgekehrt zu einer Beeinträchtigung der Artenschutzziele führen (vgl. § 199 Abs. 2). Anders als in § 20 Abs. 1 BNatSchG ist der Biotopschutz nicht in diesem Zusammenhang, sondern als Gebietsschutz behandelt (§§ 187 f.). Seine Bedeutung auch für die Vorkehrungen des vorliegenden Abschnitts wird dadurch nicht in Zweifel gezogen.

In Absatz 2 werden wichtige Aufgaben der Bundesländer im Zusammenhang mit dem Artenschutz genannt. Satz 1 bezieht sich auf konzeptionelle Maßnahmen der Darstellung und Bewertung der vorhandenen Situation und der Festlegung von Zielen. Einige Landesgesetze nennen in diesem Zusammenhang vor allem Artenschutzprogramme (§ 58 BWNatSchG, § 28 NatSchGBln, § 42 BbgNatSchG). Planerische Maßnahmen können auch in Umweltleitplänen ausgedrückt werden (vgl. § 24 Abs. 2 Nr. 7). Weitere Vorschriften im Sinne des Satzes 2 sind nicht nur die den bundesgesetzlichen Rahmen im einzelnen ausfüllenden Gesetzesbestimmungen, sondern auch Zusatzregelungen. Im Landesnaturschutzrecht finden sich hierzu Vorschriften z.B. über Vogelwarten, Beringungsverbote u.ä.

In Abweichung von § 20 Abs. 2 BNatSchG ist eine Klausel, derzufolge das Tier- und Pflanzenschutzrecht sowie das Jagd- und Fischereirecht unberührt bleiben, nicht aufgenommen worden. Eine solche Klausel kann von der gebotenen Einzelauslegung der miteinander konkurrierenden Vorschriften der unterschiedlichen Rechtskreise nicht entbinden (vgl. dazu Lorz, NuR 1982, 167 ff.; Heider, Der Tierartenschutz im Naturschutzrecht und artverwandten Gebieten, Diss. Köln 1990, S. 100 ff.). Für einzelne Kollisionslagen sind auch bisher schon detailliertere Regelungen vorgesehen (z.B. § 20e Abs. 2, § 20g Abs. 3 und 4 BNatSchG); daran ist festgehalten worden.

Zu § 198 Begriffsbestimmungen

Die Definitionen der Begriffe "Tiere" und "Pflanzen" i.S. des Artenschutzrechts in Absatz 1 entsprechen inhaltlich weitgehend § 20a Abs. 1 BNatSchG. In Abweichung von dieser Vorschrift sind allerdings die Begriffe "Tier" und "Pflanze" nicht schon per definitionem den wildlebenden Arten vorbehalten worden. Wo es zum Verständnis des Geltungsumfangs der nachfolgenden Bestimmungen notwendig ist, war folglich ein entsprechender Zusatz zu machen und ausdrücklich von wildlebenden Tieren und Pflanzen zu sprechen.

Absatz 2 bezieht in den Schutz auch Teile von Tieren und Pflanzen ein. Die entsprechenden Kontrollaufgaben sind in der Praxis allerdings mit vielen Schwierigkeiten behaftet, insbesondere was die Erkennbarkeit der Herkunft angeht. Was in diesem Sinne als Teil "ohne weiteres erkennbar" ist, ergibt sich z.B. aus § 7 BArtSchV. Zur übersichtlicheren Gestaltung der vorliegenden Vorschrift ist darauf verzichtet worden, den Bezug zum EG-Recht ausdrücklich zu formulieren. Der Exemplarbegriff des Europarechts und der des deutschen Rechts decken sich im großen und ganzen (Schmidt-Räntsch, Leitfaden des Artenschutzrechts, 1990, S. 49). Soweit europarechtlich gewisse Einschränkungen veranlaßt sind (vgl. § 20a Abs. 2 S. 2 BNatSchG), kann dem durch eine europarechtskonforme Definition Rechnung getragen werden, ohne daß es einer ausdrücklichen textlichen Hervorhebung bedarf.

Die Absätze 3 bis 7 entsprechen in der Sache denselben Absätzen des § 20a BNatSchG.

Zu § 199 Schutz aller wildlebenden Tier- und Pflanzenarten

In § 199 ist der allgemeine Artenschutz geregelt. In seinem Kern geht es um ein Eingriffsverbot, das Schädigungen wildlebender Tiere und Pflanzen sowie ihrer Lebensstätten verhindern soll (vgl. Kloepfer, Umweltrecht, 1989, § 10 Rn. 76). Der sachliche Geltungsbereich ist auf heimische Arten beschränkt. Diese müssen aber nicht konkret gefährdet sein (G. Schmidt, HdUR, Bd. 1, 1986, Sp. 121 ff., 124). Der Grundtatbestand ist Absatz 1. Er entspricht § 20d Abs. 1 BNatSchG, der eine Rahmenvorschrift ist. Die Länder haben den bundesgesetzlichen Rahmen durch Detailregelungen ausgefüllt, z.B. Verbote über das Abbrennen von Gebüschen, die Verwendung von Pflanzenschutzmitteln u.ä. Sie können weiter Regelungen erlassen (Absatz 3), die den Schutz verschärfen, ihn aber auch mindern dürfen, z.B. durch Einräumung eines Handstraußrechts. Ferner sind dem allgemeinen Schutzrecht die Verordnungsermächtigungen in § 202 Abs. 4 bis 7 (bisher § 20d Abs. 4 bis 6 BNatSchG) zuzurechnen.

Die Aussetzung oder Ansiedlung gebietsfremder Tiere und Pflanzen kann zu einer Verfälschung der heimischen Flora und Fauna führen. Absatz 2 sieht deshalb für entsprechende Vorgänge eine Erlaubnispflicht vor. Eine entsprechende Verpflichtung begründet auch Art. 22 Buchstabe b FFH-RL. Die entsprechenden Handlungen müssen sich aber auf die freie Natur beziehen; nicht erfaßt werden z.B. Pflanzungen in Gärten oder Parks (Bernatzky/Böhm, Bundesnaturschutzrecht, 1977 ff., Stand: Mai 1992, § 20d BNatSchG Rn. 6). § 20d Abs. 2 BNatSchG nimmt auch den Anbau von Pflanzen in der Land- und Forstwirtschaft generell von der Erlaubnispflicht aus. Das erscheint angesichts der Vielzahl denkbarer zulassungsbedürftiger Anbauvorgänge aus praktischen Gründen gerechtfertigt. Es sollte jedoch sichergestellt sein, daß in einzelnen Fällen, in denen der materielle Gefährdungstatbestand des Satzes 2 vorliegt, der Anbau im Einzelfalle untersagt werden kann. Eine entsprechende Regelung ist in Satz 3 getroffen.

Zu § 200 Schädigungsverbote für besonders geschützte Tier- und Pflanzenarten

Mit § 200 beginnen die Vorschriften über den besonderen Artenschutz. Er umfaßt nur herausgehobene, durch Rechtssatz förmlich bezeichnete Tier- und Pflanzenarten. Derzeit finden sich entsprechende Festlegungen in der BArtSchV und ihren Anlagen, sowie in den in § 202 Abs. 3 genannten Rechtsakten. Systematisch gliedern sich die Instrumente des besonderen Naturschutzes in Verbote störender Zugriffe einerseits und Besitz- und Verkehrsverbote andererseits. § 200 betrifft nur den ersten Typ von Verboten, während der zweite Typ in § 201 geregelt wird. Die zur Anwendung unverzichtbare Rechtsverordnung nach § 202 Abs. 1 kann die in §§ 200 f. genannten Verbotstatbestände je nach der Schutzbedürftigkeit der entsprechenden Tier- bzw. Pflanzenart unterschiedlich intensiv ausgestalten.

Absatz 1 Satz 1 normiert die Standardverbote. Die Vorschrift entspricht § 20f Abs. 1 BNatSchG. Sie differenziert zwischen dem allgemeinen Tatbestand besonders geschützter Arten (Nummer 1 und 2) und der herausgehobenen Gruppe der vom Aussterben bedrohten Tier- und Pflanzenarten. Für letztere sind in Nummer 3 und 4 zusätzliche Verbote festgelegt, die Beeinträchtigungen bereits im Vorfeld unterbinden wollen. So ist schon das Filmen und Fotografieren der Tiere an ihren Nist- oder Zufluchtsstätten untersagt, weil die Tiere zumal während der Aufzuchtszeit auf Beunruhigung besonders empfindlich reagieren (vgl. Heider, Der Tierartenschutz im Naturschutzrecht und artverwandten Gebieten, Diss. Köln 1990, S. 37). Verboten sind nach dem Gesetzestext zielgerichtete Störungshandlungen. Im Anschluß an eine erweiternde Auslegung der Nummer 3 (OVG Münster, NuR 1989, 401) ist gefragt worden, ob nicht durch eine Gesetzeskorrektur der Tatbestand auch auf andere, d.h. nicht-finale Störungsmaßnahmen, z.B. Motorsportveranstaltungen, ausgedehnt werden sollte (so im Ergebnis verneinend Beckmann, NuR 1990, 300 ff.). Das ist jedoch schon deshalb nicht angängig, weil die Verbote des § 200 (§ 20f BNatSchG) Grundtatbestände von Ordnungswidrigkeitensanktionen sind (§ 30 Abs. 2 Nr. 2 BNatSchG; § 219 Abs. 1) und deshalb den Bestimmtheitsanforderungen des Art. 103 Abs. 2 GG entsprechen müssen (ebenso Beckmann, NuR 1990, 300 ff., 302).

In Satz 2 werden Eingriffe nach §§ 179 ff. und § 188 Abs. 2 von den Verboten freigestellt. Das entspricht § 20f Abs. 3 S. 1 BNatSchG. Soweit sich die Schädigungen im Zusammenhang mit einem zugelassenen Eingriff in Natur und Landschaft vollziehen, ist eine Einschränkung des Verbotstatbestandes zu tolerieren, da die potentielle Schädigung bereits in der nach § 181 Abs. 2 vorzunehmenden Abwägung Berücksichtigung gefunden hat.

§ 200 ist eine direkt geltende Verbotsnorm; einer landesgesetzlichen Umsetzung bedarf es nicht. Die Länder können aber zusätzliche Verbote vorsehen und dabei die Tatbestände des Bundesrechts auch wiederholen, so daß im jeweiligen Landesgesetz ein einheitlicher Schutzstandard formuliert wird. Einen entsprechenden Vorbehalt legt Absatz 2 fest.

Absatz 3 führt zwei Einschränkungstatbestände zusammen: Satz 1 läßt den Zugriff auf besonders geschützte Tiere und Pflanzen unter bestimmten Voraussetzungen dann zu, wenn dieser notwendig ist, um seinerseits erhebliche Schädigungen anderer Schutzgüter abzuwenden oder zu Forschungs- und ähnlichen Zwecken zu dienen. Die Vorschrift entspricht § 20g Abs. 6 BNatSchG. Vergleichbare Vorbehalte finden sich in Art. 16 der FFH-RL.

Satz 2 geht, von § 20f Abs. 3 S. 1 BNatSchG abweichend, davon aus, daß Schädigungen im Rahmen land-, forst- oder fischereiwirtschaftlicher Nutzungen grundsätzlich den Verboten des Absatzes 1 unterfallen. Er läßt es aber zu, für bestimmte Arten geschützter Pflanzen oder Tiere hiervon Ausnahmen festzulegen. Grund für diese Möglichkeit einer begrenzten Ausnahme ist die Überlegung, daß z.B. im Rahmen von Erntevorgängen Schädigungen u.U. nur schwer zu vermeiden sind, daß aber der Kreis der besonders geschützten Arten, wie er in der entsprechenden Verordnung nach § 34 abstrakt festgelegt ist, u.U. noch zu undifferenziert ist, um es angemessen erscheinen zu lassen, für alle aufgeführten Arten in jeder Situation alle Verbotstatbestände als zwingende Folge festzulegen.

Zu § 201 Besitz- und Verkehrsverbote für besonders geschützte Tier- und Pflanzenarten

Diese Vorschrift regelt die zweite Gruppe von Verboten des besonderen Artenschutzes. Von ihnen werden, anders als in den Fällen des § 200, nicht nur einheimische Arten, sondern gemäß den Regelungen des § 202 und der darauf gestützten Rechtsverordnungen auch nichteinheimische Arten erfaßt. Die praktischen Schwierigkeiten, die aus der Anwendung unterschiedlicher Rechtsgrundlagen des europäischen Rechts einerseits und des Bundes- und des Landesrechts andererseits folgen, sind in diesem Bereiche besonders groß. Das folgt zum einen aus der Unübersichtlichkeit unterschiedlicher Listen der geschützten Arten. Zum anderen hat es der nationale Gesetzgeber hier nicht in der Hand, den Schutz beliebig auszudehnen; denn Verkehrsverbote können Handelshemmnisse im Sinne der Art. 30 ff. EWG-Vertrag sein und müssen sich folglich der Grenzziehungen der Ausnahmeregelung des Art. 36 EWGV bewußt bleiben. Demgemäß gestattet Art. 15 EG-Artenschutzverordnung den Mitgliedstaaten eine strengere nationale Gesetzgebung nur im begrenzten Umfange, so daß die Vorschriften des Bundes- bzw. Landesrechts neben dem erforderlichen Mindestmaß an Schutz auch dessen europarechtliche Höchstgrenze beachten müssen. Das führt zu zahlreichen Verschränkungen, Ausnahmen und wiederum Ausnahmen von Ausnahmen, wie häufig beklagt worden ist. Erschwerend kommt hinzu, daß das EG-Recht bisher die Besitzverbote anders als die Verkehrsverbote nur partiell erfaßt, so daß auch insofern nur verschränkte Regelungen des nationalen Rechts und des Europarechts vorliegen. Die wesentliche Rechtsvereinfachung muß hier vom EG-Recht ausgehen. Diesem Ziel dient das Projekt einer neuen EG-Artenschutzverordnung (dazu Schmidt-Räntsch, NuR 1992, 49 ff). Nach dem derzeitig erkennbaren Konzept einer solchen Verordnung sollen die europarechtlichen Anforderungen erweitert, dem nationalen Gesetzgeber dagegen soll weniger Spielraum belassen werden.

§ 201 faßt die bisherigen Regelungen in § 20f Abs. 2 und § 20g BNatSchG zusammen und normiert sie knapper. Dabei wird auf wiederholte Verweise auf den Vorrang des EG-Rechts verzichtet. Auch können Einzelheiten auf ihren Kerngehalt reduziert und der Regelung durch Rechtsverordnung des Bundes oder der Länder überlassen werden. Die Reihenfolge der Regelungen innerhalb des § 201 ist von folgender Gliederung bestimmt: Absatz 1 enthält den Grundtatbestand der Besitz- und Verkehrsverbote. Absatz 2 nennt generelle Ausnahmen. Absatz 3 enthält die Ermächtigung an die Bundesländer, weitere Ausnahmen unter bestimmten Voraussetzungen vorzusehen. Absatz 4 regelt einige besondere Situationen und Fragestellungen.

Die in Absatz 1 genannten Besitz- und Verkehrsverbote stellen flankierende Maßnahmen zu den Schädigungsverboten des § 200 dar. Die Einschränkung der Verwertbarkeit soll den Anreiz zu Fang oder Tötung der geschützten Arten mindern (vgl. Heider, Der Tierartenschutz im Naturschutzrecht und artverwandten Gebieten, Diss. Köln 1990, S. 39; vgl. auch BVerfGE 61, 291 [313 f.]). Die Verbote umgreifen auch Vorbereitungshandlungen, z.B. das Anbieten, Befördern oder Zurschaustellen. Dadurch sollen z.B. der Inseratenhandel und die Vorführung geschützter Arten bei Veranstaltungen unterbunden werden. Der Kern dieses Tatbestandes, das Vermarktungsverbot, ist zu einem wesentlichen Teil schon durch Art. 6 der EG-Artenschutzverordnung abgedeckt. Die deutsche Regelung umfaßt andere als die durch EG-Recht geschützten Arten und enthält neben Vermarktungs- auch Besitz- und sonstige Verkehrsverbote.

In Absatz 2 Satz 1 werden gezüchtete oder in Ausübung des Jagdrechts zu Eigentum erworbene Tiere sowie durch Anbau gewonnene Pflanzen von den Besitz- und Verkehrsverboten kraft Gesetzes ausgenommen. Davon werden für einen engeren Kreis von Tieren und Pflanzen in Satz 2 und 3 wiederum Ausnahmen gemacht. Die Vorschriften entsprechen § 20g Abs. 1 und 2 BNatSchG.

Für die Ausnahmeklausel in Absatz 3 gilt die zu § 200 Abs. 1 S. 2 und Abs. 3 S. 2 gegebene Begründung. Die weiteren Ausnahmeregelungen für den Umgang mit toten Exemplaren (Absatz 4), mit kranken Tieren (Absatz 5) und über die Verwertung beschlagnahmter oder eingezogener Tiere und Pflanzen (Absatz 6) sowie die Ländervorbehalte für das Sammeln von Weinbergschnecken (Absatz 7) entsprechen inhaltlich § 20g Abs. 3 bis 5 und Abs. 7 BNatSchG. Sie sind allerdings von Regelungsdetails entlastet worden.

Zu § 202 Verordnungsermächtigungen

§ 202 bringt die erforderlichen Verordnungsermächtigungen, um die gesetzlichen Bestimmungen des Artenschutzes vollziehbar zu gestalten und die gebotene Abgleichung mit dem EG-Recht vorzunehmen. Auch das bisherige Recht enthält entsprechende Klauseln. Sie sind allerdings in unterschiedlicher Weise an einzelne Bundesminister, in der Regel an den für den Umweltschutz zuständigen Bundesminister gerichtet, der wiederum, für den Einzeltatbestand unterschiedlich, an die Zustimmung des Bundesrates und an die Mitwirkung anderer Bundesminister gebunden wird. Die vorgeschlagene Fassung sieht insofern eine Vereinheitlichung vor, als für die zentral bedeutsamen Verordnungsentscheidungen durch die Bezugnahme auf die §§ 150 bis 154 die für alle Rechtsverordnungen nach diesem Gesetz geltende Grundregel gilt, derzufolge eine Verordnung von der Bundesregierung zu erlassen ist, sofern nichts anderes bestimmt ist (§ 150 Abs. 1). Die Zuständigkeit der Bundesregierung als Kollegium empfiehlt sich nicht nur aus Gründen gesetzestechnischer Übersichtlichkeit; sondern auf diese Weise wird auch leichter sichergestellt, daß der Erlaß oder die Ergänzung einer Verordnung nicht durch die Weigerung eines zur Zustimmung befugten Ministers erschwert wird.

Absatz 1 enthält den bisher in § 20e Abs. 1 BNatSchG geregelten Grundtatbestand des besonderen Artenschutzes: Welche Tier- und Pflanzenarten diesem Schutz unterfallen, ist in einer Rechtsverordnung nach dieser Vorschrift festzulegen. Die Ermächtigung umfaßt heimische und nichtheimische Arten. Vom Aussterben bedrohte Arten sind als solche zu kennzeichnen; für sie gelten besondere Schutzvorschriften einschließlich solcher des Ordnungswidrigkeiten- und des Strafrechts.

Absatz 2 beschäftigt sich mit den Tierarten, die nach § 2 Abs. 1 BJagdG dem Jagdrecht unterliegen. Diese Tiere können gemäß § 20e Abs. 2 BNatSchG bisher nicht durch Rechtsverordnung dem besonderen Artenschutz unterstellt werden. Diese überkommene Abgrenzungsklausel trägt dem Umstand Rechnung, daß auch das Jagdrecht artenschutzrechtliche Ziele mitverfolgt (§ 1 Abs. 2 BJagdG). Die Ausgrenzung der solchermaßen jagdbaren Tiere aus den besonderen und detailliert geregelten Schutzauflagen des Artenschutzrechts und seiner speziellen Regelungsinstrumente ist jedoch zu weit. Es mag sich durchaus als notwendig erweisen, einige besondere artenschutzrechtliche Vorkehrungen auch auf bestimmte sonst gemäß § 2 Abs. 1

BJagdG dem Jagdrecht unterliegende Tierarten zu erstrecken. Die gegenüber § 20e Abs. 2 BNatSchG geänderte Verhältnisbestimmung in Absatz 2 stellt dieses sicher.

Absatz 3 entspricht § 20e Abs. 3 BNatSchG.

Absatz 4 betrifft ein Instrument des vorbeugenden Artenschutzes, nämlich die Beschränkung bzw. das Verbot bestimmter Geräte oder Verfahren, durch die wildlebende Tiere oder Pflanzen wahllos geschädigt werden können. Betroffen sind sowohl technische Einrichtungen und Waffen als auch bestimmte Arten des Zugriffs, z.B. die Jagd aus Kraftwagen und Luftfahrzeugen. Auf der entsprechenden Ermächtigung des § 20d Abs. 4 BNatSchG beruht § 13 BArtSchV. Eine Verpflichtung, den Gebrauch nicht selektiver Fanggeräte zu unterbinden, ist auch in Art. 15 FFH-RL vorgesehen. Die Ermächtigung ist anders als im geltenden Recht dem für den Umweltschutz zuständigen Bundesminister allein erteilt. Das Erfordernis des Einvernehmens weiterer Minister entfällt. Der Verweis auf § 170 hat deklaratorische Bedeutung; er soll den zuständigen Minister anhalten, sich auf Belange des Naturschutzes zu konzentrieren; auch die beschränkende Klausel des § 20d Abs. 4 S. 2 BNatSchG soll damit abgedeckt werden. Die Ermächtigung zum Erlaß von Rechtsverordnungen bei Gefahr im Verzug, wie sie § 20d Abs. 5 BNatSchG enthält, ist durch den Verweis auf § 151 ersetzt. Der Landesvorbehalt zugunsten weiterer Regelungen (§ 20d Abs. 6 BNatSchG), der auch heute aktuelle Bedeutung hat, weil § 13 Abs. 1 S. 1 BArtSchV entsprechende Geräte und Verhaltensweisen gegenüber nicht besonders geschützten Arten nur unvollständig erfaßt (vgl. Bernatzky/Böhm, Bundesnaturschutzgesetz, 1977 ff., Stand: Mai 1992, § 20b BNatSchG Rn. 8), findet sich in Absatz 8.

Die Absätze 5 bis 8 entsprechen sachlich den Verordnungsermächtigungen in § 26 BNatSchG, sind aber in der Frage des Ermächtigungsadressaten stärker auf den für den Umweltschutz zuständigen Bundesminister konzentriert. Von diesen Ermächtigungen ist hinsichtlich der Aufzeichnungspflicht in § 8, hinsichtlich der Haltung gezüchteter Tiere in §§ 10 bis 12 und hinsichtlich der Kennzeichnungspflicht in § 9 BArtSchV Gebrauch gemacht worden.

Zu § 203 Nachweispflicht, Einziehung, Überwachung

Diese den §§ 22, 23 BNatSchG entsprechende Vorschrift enthält annexe Befugnisse zu den Besitzverboten, die für besonders geschützte Arten gemäß § 201 bestehen. In Absatz 1 geht es um die Führung des Berechigungsnachweises. Die in Absatz 2 geregelte Einziehung von Exemplaren, für die der erforderliche Nachweis nicht erbracht worden ist, stellt eine besondere Sanktionsmaßnahme im Rahmen des Artenschutzes dar. Für die in § 23 BNatSchG genannten weiteren Befugnisse der Behörden ist in Absatz 3 die entsprechende Anwendung der §§ 65 und 67 vorgesehen. Einer eigenständigen naturschutzrechtlichen Regelung bedarf es nicht.

Zu § 204 Tiergehege, Bezeichnungsschutz

In Absatz 1 wird der bundesrechtliche Rahmen für eine Erlaubnispflicht für Tiergehege festgelegt. Die Länder haben nach Satz 2 die Befugnis zur Ausgestaltung. Sie haben von der Regelung dieser Materie, in der Artenschutz, Tierschutz, Landschaftsschutz und sonstige planerische Belange zusammenkommen, überwiegend Gebrauch gemacht. Absatz 2 dient dem Schutz bestimmter Bezeichnungen, die vor irreführender Verwendung bewahrt werden sollen. Es geht hier darum, im Vorstellungsbild der Bevölkerung mit den entsprechenden Begriffen eine bestimmte Qualität des Tier- und Artenschutzes sicherzustellen.

Zu §§ 205 bis 210 Einfuhr- und Ausfuhrregelungen

Diese Bestimmungen enthalten besondere Vorschriften für die Ein- und Ausfuhr. Sie sind zum überwiegenden Teil Ausführungs- und Ergänzungsregeln zu den Verordnungen (EWG) Nr. 3626/82 und Nr. 3418/83 sowie zum Washingtoner Artenschutzübereinkommen. Die demnächst zu erwartende Umgestaltung der betreffenden EG-Rechtsakte und die dabei vorgesehene Ausweitung unmittelbar geltender EG-Regelungen (vgl. Schmidt-Räntsch, NuR 1992, 49 ff.) werden die §§ 205 bis 210, die den §§ 21 bis 21f BNatSchG entsprechen, zum Teil überflüssig machen, zum Teil in ihren Strukturen verändern. Die bisherigen Vorschriften haben folglich nur noch für eine kurze Übergangszeit Bedeutung. Sie werden hier in ihrer derzeit geltenden Fassung wiedergegeben. In den Zuständigkeitsbestimmungen ist das neue Bundesamt für Naturschutz an die Stelle des Bundesamtes für Ernährung und Forstwirtschaft getreten. §§ 21c und d BNatSchG sind in § 208 zusammengefaßt und knapper formuliert worden.

Zum Fünften Abschnitt: Bodenordnung, Entschädigung und Härteausgleich

I. AUSGANGSLAGE

1. Gegenstand des Regelungsbereichs

Der fünfte Abschnitt faßt zwei Regelungsgegenstände des Naturschutzrechts zusammen: Zum einen geht es um die Aufgabe einer Bodenpolitik zur Verfolgung naturschutzrechtlicher Ziele; zum anderen werden Entschädigungs- und Ausgleichsregelungen getroffen. Beide Gegenstände sind insofern miteinander verbunden, als für das bodenpolitische Instrument der Enteignung auf jeden Fall, und für andere Maßnahmen gegebenenfalls nach unterschiedlichen Systemgedanken, teils rechtlich notwendig, teils nur nach den rechtspolitischen Vorstellungen des Landesgesetzgebers Ausgleichs- und Entschädigungszahlungen vorzusehen sind bzw. vorgesehen werden können.

2. Bisherige Rechtslage

Das bisherige Bundesrecht enthält vergleichbare Regelungen, von § 4 S. 2 BNatSchG abgesehen, nicht. Vor allem die Instrumente einer aktiven Bodenpolitik zu Zwecken des Naturschutzes sind bisher allein im Landesrecht zu finden. Der BMU-Entwurf 1993 sieht künftig eine Pflicht der Länder, Regelungen für die Enteignung zu treffen, vor. Gleiches gilt für die Regelung der Entschädigungsfrage bei Enteignungen und solchen Maßnahmen, die unterhalb der Enteignungsschwelle gleichwohl die Sozialpflichtigkeit überschreiten (§ 29c). Außerdem werden ein Ausgleich für Nutzungsbeschränkungen in der Land- und Forstwirtschaft (§ 29d BMU-Entwurf) sowie ein Härteausgleich vorgeschlagen (§ 29e BMU-Entwurf). Der Bündnis-Entwurf verpflichtet die Länder zu Härtefallregelungen für die Land- und Forstwirtschaft und Bestimmungen einer Bodenneuordnung für besonders betroffene Betriebe (§ 24). Die Regelungen müssen sich gemäß der Kompetenzlage auf eine Rahmensetzung beschränken; zur Vollregelung des Enteignungsrechts ist der Bund arg. Art. 74 Nr. 14 GG nicht befugt. Dem Landesrecht ist die Enteignung zu Zwecken des Naturschutzes als Handlungsinstrument durchgängig vertraut. Die meisten Länder kennen auch Vorkaufsrechte zu diesen Zwecken. Landesrechtlich geregelt sind auch die Entschädigungsfragen. Neuere Naturschutzgesetze differenzieren dabei zwischen Enteignungsentschädigung, Entschädigung für Nutzungsbeschränkungen und einem Härteausgleich (so z.B. §§ 37, 38 SächsNatSchG; §§ 41 bis 43 NatSchG LSA, vgl. auch §§ 70, 71 BbgNatSchG). Die meisten Naturschutzgesetze lassen es dagegen bei sehr allgemein gehaltenen Entschädigungsklauseln bewenden.

II. VORSCHLAG

1. Leitvorstellungen

Der fünfte Abschnitt will zwei Leitvorstellungen verwirklichen: Zum einen soll die Bedeutung einer aktiven Bodenpolitik für den Naturschutz hervorgehoben werden; und zum anderen erscheint es notwendig, die Fragen der Entschädigungs- und Ausgleichsregelungen systematischer zu erfassen. Anlaß dazu ist nicht zuletzt die jüngere Rechtsprechung zu den sogenannten salvatorischen Entschädigungsregelungen (BVerwGE 84, 361). Die Länder sollen durch die bundesgesetzlichen Vorgaben dazu angehalten werden, vorhandene Ansätze systematisch genauer zu entfalten. Negativ wird mit dem vorgelegten Entwurf zugleich gegen eine bundesrechtliche Einführung einer besonderen Ausgleichsregelung für Bewirtschaftungserschwernisse der Landwirtschaft entschieden. Der Vorschlag läßt sich von der Überlegung leiten, daß anders als bei § 19 Abs. 4 WHG Bewirtschaftungsschranken im Rahmen des Naturschutzes nicht durch die konkreten Interessen eines anderen Nutzers, z.B. eines Wasserversorgungsunternehmens, sondern allgemein aus der Pflicht der Landwirtschaft zu einer umweltschonenden Bewirtschaftungsweise und zur Berücksichtigung der Standortverhältnisse (vgl. § 175) veranlaßt sind. Im einzelnen sind folgende Überlegungen maßgebend.

a) Zur Instrumentenfrage: Neben den ordnungsrechtlichen Instrumenten kommt denjenigen Handlungsmöglichkeiten, die an das Grundeigentum der öffentlichen Hand anknüpfen, im Umweltschutz eine nicht unerhebliche Bedeutung zu. Der vorliegende Entwurf sieht in § 177 besondere Pflichtenbindungen für dieses Eigentum vor. Im Bundesnaturschutzgesetz ist dieser Aspekt allerdings wenig ausgeprägt; zusätzliche Maßnahmen werden dort nur im Zusammenhang mit der Zurverfügungstellung von Grundstücken der öffentlichen Hand für Erholungszwecke vorgesehen (§ 28 BNatSchG). Von einer aktiven Bodenpolitik der mit dem Naturschutz und der Landespflege befaßten Stellen nimmt das Gesetz bisher keine Kenntnis. Der vorliegende Entwurf möchte das ändern. Er beschränkt sich allerdings darauf, die beiden zentralen Institute, die Enteignung und das Vorkaufsrecht, rahmenrechtlich aufzuführen. Der darüber hinausreichende wichtige Bereich des normalen Grundstücksverkehrs zwischen Hoheitsträgern und Privaten und die Fragen der Finanzierung des Ankaufs von Grundstücken zu Zwecken des Naturschutzes können und sollen hier nicht geregelt werden. Im Landesrecht finden sich dazu z.B. Fondslösungen, durch die Mittel für diese Zwecke gebunden zur Verfügung gestellt werden (z.B. § 50 Abs. 4 Nr. 5 BWNatSchG, § 59 Abs. 2 Nr. 3 BbgNatSchG, § 47 SächsNatSchG). Eine Bodenvorratspolitik der öffentlichen Hand, wie sie den Gemeinden unter städtebaulichen Gesichtspunkten seit Jahrzehnten vertraut ist, erscheint zumal angesichts des Strukturwandels in der Landwirtschaft ein sinnvolles Aufgabenfeld des Naturschutzes, das gegebenenfalls im Rahmen der Gemeinschaftsaufgabe der Agrarstrukturförderung (Art. 91a GG) finanziell abgesichert werden sollte.

b) Zur Kompensationsfrage: Bundesgesetzlich stärkeres Gewicht soll auch auf die Entschädigungs- und Ausgleichsfragen im Zusammenhang mit belastenden naturschutzrechtlichen Maßnahmen gelegt werden. Veranlassung besteht hierzu zum einem aus rechtssystematischen Gründen im Gefolge der neueren Rechtsprechung des Bundesverfassungs- und des Bundesverwaltungsgerichts, zum anderen aber umweltpolitisch im Zusammenhang mit der Diskussion um besondere Entschädigungsleistungen für Bewirtschaftungserschwernisse der Landwirtschaft. In letzterem Punkte spricht sich der Entwurf gegen eine bundesrechtlich festgelegte Verpflichtung zu solchen Ausgleichsleistungen aus. Das nach Bundesrecht von den Ländern zu schaffende Entschädigungs- und Ausgleichsrecht umfaßt danach bundesrahmenrechtlich notwendig zwei Kompensationstypen: Die Enteignungsentschädigung (§ 211) und eine Entschädigung für solche nichtenteignenden Maßnahmen, die oberhalb der Sozialbindungsschwelle liegen sollen (§ 212). Außerdem kann von den Ländern die Zahlung eines Härteausgleichs für besondere Belastungssituationen vorgesehen werden. Dazu gehören standardmäßig eintretende Bewirtschaftungserschwernisse nach bundesrechtlichem Konzept nicht. Inwieweit die Länder das Institut über den bundesrechtlichen Anwendungsbereich hinaus auch auf die letzteren Fälle ausdehnen wollen, bleibt ihnen überlassen.

2. Zur Regelung im einzelnen

Zu § 211 Enteignung, Vorkaufsrecht

Der Grundstücksverkehr der öffentlichen Hand wickelt sich zwar im wesentlichen auf privatrechtlicher Grundlage ab. Gleichwohl ist es notwendig, daß die Gesetze auch Eingriffsinstrumente vorsehen. Halbsatz 1 legt demgemäß fest, daß die Länder eine Enteignung auch zu Zwecken des Naturschutzes und der Landschaftspflege ermöglichen müssen. In den meisten Ländern ist das in den Naturschutzgesetzen geschehen. Aber auch eine Ermächtigung in einem allgemeinen Landesenteignungsgesetz reicht aus (z.B. § 2 Nr. 2 d BWLEntG). Einige Gesetze spezifizieren die Gemeinwohlzwecke des Naturschutzes noch genauer, indem sie die Enteignung z.B. nur für Grundstücke in Naturschutzgebieten oder für solche Grundstücke vorsehen, auf denen sich Naturdenkmale befinden. Den Umfang im einzelnen festzulegen, bleibt dem Landesgesetzgeber überlassen. Gleiches gilt für die gemäß Art. 14 Abs. 3 S. 2 GG gebotenen Entschädigungsregelungen.

Nach Halbsatz 2 können die Länder das Institut des Vorkaufsrechts einführen. Das ist in einer Reihe von Ländern bereits geschehen. Die Einzelausgestaltungen variieren auch hier stark. Die vorgeschlagene Fassung verzichtet auf eine Harmonisierung. Sie will vielmehr diejenigen Landesgesetzgeber, die entsprechende Vorkehrungen nicht getroffen haben, auf das Institut hinweisen und insofern eine Anregung geben. Vorkaufsrechte sind gegenüber der Enteignung ein flexibleres und leichter einsetzbares Instrument.

Zu § 212 Besondere Eigentumsbeschränkungen

Satz 1 geht von der Grundüberlegung aus, daß Maßnahmen des Naturschutzes und der Landschaftspflege sich normalerweise im Rahmen der gesetzlichen Inhalts- und Schrankenbestimmung nach Maßgabe der Sozialpflichtigkeit des Grundeigentums halten (Papier, in: Maunz/Dürig, Grundgesetz, 1958 ff., Stand: Sept. 1991, Art. 14 GG Rn. 366). Die Rechtsprechung ist in den letzten Jahren dazu übergegangen, die Sozialpflichtigkeit im Naturschutzrecht auszudehnen (vgl. Kloepfer, Umweltrecht, 1989, § 10 Rn. 53 ff.; BayVerfGH, NuR 1992, 220 ff.; OVG Koblenz, NuR 1992, 133; zu Grenzen dieser Entwicklung Burmeister, in: Breuer/Kloepfer/Marburger/Schröder [Hrsg.], Jahrbuch des Umwelt- und Technikrechts 1992 [UTR 17], 1992, S. 91 ff., 93 ff., 106 f.). Das gilt nicht nur für die Nutzungsbeschränkungen, sondern auch für Schäden, die z.B. aus der Wiederansiedlung von Tieren auf benachbarten Grundstücken entstehen können (vgl. BGH NuR 1989, 55 f.; aber auch OLG München, NuR 1991, 501 f.; Gerauer und Tausch, NuR 1991, 478 f., 480 f.). Es sind jedoch Fälle denkbar, in denen z.B. zum Schutze hochwertiger Biotope oder seltener Tier- und Pflanzenarten einschneidende Maßnahmen auch in eine bisher ausgeübte Nutzung notwendig erscheinen. In diesen Fällen kann die Anordnung einer Sicherungsmaßnahme ohne einen Entschädigungsausgleich als unzumutbar zu qualifizieren und damit unzulässig sein (vgl. Burmeister, in: Breuer/Kloepfer/Marburger/Schröder [Hrsg.], Jahrbuch des Umwelt- und Technikrechts 1992 [UTR 17], 1992, S. 91 ff., 107 f. m.w.N.). Um entsprechende Maßnahmen trotzdem durchführen zu können, muß folglich gesetzlich ein Ausgleich vorgesehen werden.

Rechtskonstruktiv wurde dieser Ausgleich früher dem Institut des enteignenden Eingriffs zugerechnet, während heute zunehmend von einem im Rahmen des Art. 14 Abs. 1 GG vorzusehenden Ausgleich ausgegangen wird (BVerwGE 84, 361 [367]; Bryde, in: v. Münch/Kunig, Grundgesetz-Kommentar, 4. Aufl., 1992, Art. 14 GG Rn. 65; Pietzcker, JuS 1991, 369 ff.; Heinz/Schmitt, NVwZ 1992, 513 ff.; a.M. Papier, in: Maunz/Dürig, Grundgesetz, 1958 ff., Stand: Sept. 1991, Art. 14 GG Rn. 283 ff.). Die Naturschutzgesetze der Länder behandeln Ausgleichsleistungen dieser Art unterschiedlich (vgl. Engelhardt, NuR 1991, 101 ff., 103): Teilweise wird für sie eine sehr globale Klausel vorgesehen, derzufolge Entschädigung dann zu leisten ist, wenn Maßnahmen "enteignende Wirkung" haben (so z.B. § 47 Abs. 2 BWNatSchG) oder einer Enteignung "gleichkommen" (so Art. 36 Abs. 1 BayNatSchG). Das Bundesverwaltungsgericht hat im Urteil vom 15. Februar 1990 die entsprechend formulierte Entschädigungsvorschrift des § 7 S. 1 NWLandschaftsgesetz als taugliche Rechtsgrundlage zwar nicht für Enteignungen, wohl aber - jedenfalls für eine Übergangszeit - für einen solchen Ausgleichsanspruch angesehen. In der Literatur wird zutreffend hervorgehoben, daß ähnliche Überlegungen, wie sie für eine strenge Fassung der Junktimklausel im Rahmen des Art. 14 Abs. 3 GG von der Rechtsprechung angeführt worden sind, auch dafür sprechen, Entschädigungsklauseln im Rahmen des Art. 14 Abs. 1 GG auf bestimmte inhaltliche Kriterien festzulegen (Pietzcker, JuS 1991, 369 ff., 372; Heinz/Schmitt, NVwZ 1992, 513 ff., 521). Andere Naturschutzgesetze, z.B. Niedersachsens (§ 50), Brandenburgs (§ 71), Sachsens (§ 38 Abs. 2) und Sachsen-Anhalts (§ 42), belegen, daß sich gesetzlich in der Tat Kriterien formulieren lassen, die - wenn sie auch keinen abgeschlossenen Katalog bilden - so doch typenmäßig die Tatbestände erfassen, in denen ein Eingriff nur gegen einen Entschädigungsausgleich zulässig sein soll.

Der vorliegende Entwurf nimmt diese Rechtsentwicklung auf und verpflichtet alle Landesgesetzgeber dazu, entsprechend konkretisierte Regelungen vorzusehen, wenn sie Maßnahmen mit entsprechend weitreichenden Belastungsfolgen als gleichwohl zulässige naturschutzrechtliche Instrumente anerkennen wollen. Dadurch soll Rechtsunsicherheiten, die sich aus der weiteren Entwicklung der entschädigungsrechtlichen Dogmatik ergeben können, vorgebeugt werden. Außerdem können die Länder eine solche Ausgleichsregelung nutzen, um die in § 186 vorgesehene Pflegepflicht über den bundesgesetzlich bezeichneten Rahmen, der die Grenze der Sozialpflichtigkeit nicht überschreitet (vgl. auch Engelhardt, NuR 1991, 101 ff., 106), auf intensivere Pflegemaßnahmen zu erstrecken. Bei der landesrechtlichen Bestimmung der Entschädigung ist die Umweltpflichtigkeit des Eigentums, wie Satz 2 vorschreibt, von Bundesgesetzes wegen zwingend zu berücksichtigen. Neben oder anstelle einer Geldzahlung können auch Übernahmeansprüche, wie sie z.B. in § 40 Abs. 2 BauGB oder sonst im Enteignungsrecht anzutreffen sind, als verfassungsmäßige Entschädigungsleistung vorgesehen werden (vgl. Schmidt-Aßmann, BauR 1976, 145 ff.).

Nicht unter den verfassungsgebotenen Ausgleich fallen Ausgleichsregelungen für Bewirtschaftungsnachteile der Land- und Forstwirtschaft. Solche Regelungen sind heute vielfach in der Diskussion. Sie waren und sind einer der Hauptstreitpunkte bei der Novellierung des Bundesnaturschutzgesetzes. So sieht § 29d des BMU-Entwurfs 1993 einen angemessenen Geldausgleich für diejenigen Fälle vor, in denen "standortbedingt erhöhte Anforderungen" auf Grund des untergesetzlichen Naturschutzrechts festgesetzt werden und die ausgeübte land-, forst- oder fischereiwirtschaftliche Bodennutzung dadurch über die Anforderungen hinaus beschränkt wird, die nach den Vorschriften des Rechts der Land- und Forstwirtschaft gelten. Klar gesagt wird in der Begründung dazu, daß es sich hier - anders als in den Fällen des § 212 - um Nachteile handelt, welche die Schwelle des eigentumsrechtlich noch Zumutbaren, d.h. die Schwelle der Sozialpflichtigkeit des Eigentums noch nicht überschreiten. Inwieweit ein Eigenanteil des Berechtigten in Abzug zu bringen ist, ist politisch noch umstritten. Zur Legitimierung eines solchen Bewirtschaftungserschwernisausgleichs wird auf § 19 Abs. 4 WHG verwiesen. Auch für jene Vorschrift ist anerkannt, daß sie nicht eine verfassungsgebotene Entschädigung, sondern einen Billigkeitsausgleich darstellt (Kloepfer, Umweltrecht, 1989, § 11 Rn. 166; Pietzcker, NVwZ 1991, 418 ff., 425; Breuer, in: v. Münch/Schmidt-Aßmann, Besonderes Verwaltungsrecht, 9. Auflage, 1992, 5. Abschnitt, Rn. 161).

Gegen eine Ausgleichsregelung nach Art des § 19 Abs. 4 WHG wird geltend gemacht, daß sie eine Durchbrechung des Verursacherprinzips darstelle (Kloepfer, Umweltrecht, 1989, § 11 Rn. 164; zur restriktiven Interpretation der Vorschrift Murswiek, NuR 1990, 289 ff.; krit. Stemmler, NuR 1991, 366 ff.). Das ist, obwohl die Trennung von Nutzungszugriff und Grundeigentumsbefugnis im Wasserrecht strenger durchgeführt ist als im Naturschutzrecht, ähnlich auch für Bewirtschaftungserschwernisse durch Ausweisung naturschutzrechtlicher Schutzgebiete anzunehmen. Bewirtschaftungserschwernisse aus naturschutzrechtlichen Gründen mit einer Ausgleichsregelung zu kompensieren, entspricht nicht dem in § 175 dieses Kapitels zugrundegelegten Nutzungskonzepts für die Land- und Forstwirtschaft (im Ergebnis ähnlich Soell, in: Breuer/Kloepfer/Marburger/Schröder [Hrsg.], Naturschutz- und Landschaftspflegerecht im Wandel [UTR 20], 1993, S. 133 ff., 149, der sich auch gegen Härteklauseln ausspricht). Das rechtspolitische Ziel einer höheren Akzeptanz naturschutzrechtlicher Ausweisungen bei entsprechender Kompensation veranlaßt nicht dazu, bundesrechtlich einen entsprechenden Ausgleich vorzusehen. Soweit die Länder von dieser Grundlinie abweichen wollen, wird es ihnen durch die hier getroffene Regelung nicht verwehrt. Das gilt auch für die Ausgestaltung eines solchen Ausgleichs als Rechtsanspruch oder Härtefallentschädigung (vgl. § 213). Die Länder werden aber auch insoweit, analog Satz 2 der vorliegenden Vorschrift, die Umweltpflichtigkeit des Grundeigentums in Ansatz zu bringen haben. Beispiele finden sich schon im bisherigen Landesnaturschutzrecht. Im übrigen besteht neben den gesetzlichen Vorschriften eine breite Praxis der Extensivierungsprogramme. Für die über den Rahmen der umweltschonenden Land- und Forstwirtschaft hinausreichende Übernahme umweltpflegerischer Aufgaben sind besondere gesetzliche oder vertragliche Regelungen erforderlich (§ 175 Abs. 4).

Zu § 213 Härteausgleich

Nach dieser Vorschrift kann landesrechtlich für Nachteile, die nicht nach Maßgabe des § 212 zu entschädigen sind, ein Härteausgleich vorgesehen werden. Das Institut des Härteausgleichs ist im Zusammenhang mit Planungsmaßnahmen z.B. im Städtebaurecht bekannt (§ 181 BauGB). Auch in den Naturschutzgesetzen einiger Länder finden sich ähnliche Regelungen. Teilweise wird bei den Voraussetzungen auf die persönlichen Lebensumstände des Betroffenen abgehoben (so z.B. § 46 schlesw.-holst. LPfleG). In anderen Ländern wird der Begriff der besonderen Härte nicht weiter definiert, so daß es denkbar erscheint, einen Härteausgleich auch für Beeinträchtigungen zu gewähren, die mit der Person des Eigentümers nichts zu tun haben, sondern rein betriebsbezogen sind. Das dürfte auch der Sinn des § 24 Abs. 1 des Bündnis-Entwurfs sein, der die Länder zu einem solchen Härteausgleich verpflichtet. Übergänge zu einem pauschalierten Erschwernisausgleich erscheinen denkbar (vgl. § 43 NatSchG LSA). Die vorgeschlagene Regelung überläßt es den Ländern, einen solchen Ausgleich einzuführen und zu bestimmen, nach welchen Kriterien er geleistet werden soll. Der Vorschlag entspricht insoweit § 29e des BMU-Entwurfs von 1993. Die Maßstäbe ordnungsgemäßer land- oder forstwirtschaftlicher Nutzung ergeben sich insbesondere aus § 175, aber auch aus §§ 227, 496, 535 und aus bodenschutzrechtlichen Bestimmungen.

Zum Sechsten Abschnitt: Gemeinsame Vorschriften

I. AUSGANGSLAGE

1. Gegenstand des Regelungsbereichs

Der sechste Abschnitt faßt verschiedene Regelungsgegenstände zusammen: Zum einen geht es um die Durchführung des Naturschutzrechts durch die zuständigen Behörden, ihr Zusammenwirken untereinander und die Kooperation zwischen Bürgern und Staat. Besondere Bedeutung kommt daher den Vorschriften über die Mitwirkung und die prozessuale Stellung anerkannter Umweltschutzverbände zu. Zum anderen sind Ordnungswidrigkeitentatbestände festgelegt und eine Bestimmung über die Erteilung von Befreiungen von naturschutzrechtlichen Verboten oder Geboten getroffen.

2. Bisherige Rechtslage

Soweit es in §§ 214 ff. um die Umsetzung und Durchsetzung des Naturschutzrechts ganz allgemein geht, fehlt es bisher an einer einheitlichen und systematischen Regelung im Bundesrecht. Die einschlägigen Vorschriften sind verstreut und lückenhaft: Über Behördenaufgaben finden sich Aussagen in § 3 BNatSchG. Zu vertraglichen Gestaltungsmöglichkeiten sagt das derzeitige Recht nichts. Einige der entsprechenden Vorschriften des geltenden Rechts finden sich im siebenten Abschnitt des Bundesnaturschutzgesetzes. Von besonderer Bedeutung ist dabei § 29 BNatSchG. Die Einbeziehung des Sachverstandes und des Engagements von Bürgern und Bürgergruppen spielen im Naturschutzrecht traditionell eine besondere Rolle (vgl. Soell, in: Salzwedel [Hrsg.], Grundzüge des Umweltrechts, 1982, S. 481 ff., 560 ff.; Gassner, NuR 1991, 211 ff.). Das Naturschutzrecht der Länder kennt neben der Mitwirkung anerkannter Naturschutzverbände weitere Formen solcher Einbeziehung, z.B. in der Organisation von Naturschutzbeiräten (dazu Schink, NuR 1992, 113 ff.; auch Schomerus, Defizite im Naturschutzrecht, Diss. Göttingen 1987, S. 154 ff.). Die Beteiligung von Naturschutzverbänden an der Vorbereitung naturschutzrechtlicher Verwaltungsentscheidungen und unterschiedliche Formen von Verbandsklagen spielen, wie neuere rechtsvergleichende Untersuchungen deutlich gemacht haben, auch in anderen Staaten eine erhebliche Rolle (vgl. Führ/Roller [Hrsg.], Participation and Litigation Rights of Environmental Associations in Europe, 1991; Bizer/Ormond/Riedel, Die Verbandsklage im Naturschutzrecht, 1990, S. 31 ff.; Winkelmann, Untersuchung der Verbandsklage im Umweltrecht im internationalen Vergleich, Typoskript 1992).

Einigkeit besteht darüber, daß die Mitwirkung solcher Verbände in Verwaltungsverfahren notwendig und auf der Basis des geltenden Rechts insgesamt positiv zu bewerten ist (vgl. Gassner, NuR 1991, 211 ff.). Grundlegende Änderungen des einschlägigen Rechts werden insofern nicht für notwendig gehalten. Die Vorschläge beschränken sich auf punktuelle Erweiterungen der Verbandsbeteiligung (vgl. Waskow, Mitwirkung von Naturschutzverbänden in Verwaltungsverfahren, 1990, S. 88 f., der im übrigen kompetenzrechtliche Probleme in den Vordergrund rückt). Der BMU-Entwurf nimmt einige dieser Vorschläge auf (§ 29a); er faßt außerdem die Voraussetzungen für die amtliche Anerkennung eines Verbandes strikter und weist sie einer eigenen Bestimmung (§ 29 n.F.) zu. Hinsichtlich der Praxis der Verbandsbeteiligung wird im übrigen auf die Notwendigkeit einer besseren finanziellen Absicherung solcher Verbände hingewiesen (vgl. den Bericht über eine internationale Fachtagung von Bizer, NVwZ 1990, 1053 f.).

Ausführliche Behandlung hat auch in jüngster Zeit erneut die Frage eines Klagerechts anerkannter Naturschutzverbände erfahren. Auch hierbei spielt der Rechtsvergleich eine erhebliche Rolle. Das Fehlen einer bundesgesetzlichen Regelung einer Verbandsklagebefugnis wird in diesem Rahmen als ungewöhnlich angesehen: Der Rechtsvergleich zeige - so wird geltend gemacht -, daß die Verbandsklage zur Durchsetzung umweltrechtlicher Interessen durchaus geeignet sei (vgl. Winkelmann, Untersuchung der Verbandsklage im Umweltrecht im internationalen Vergleich, Typoskript 1992, S. 55) und daß die von der Einführung einer solchen Klage befürchtete Überlastung der Gerichte und der Verwaltungspraxis in denjenigen Staaten und Bundesländern, die sich zu ihrer gesetzlichen Verankerung entschlossen hätten, nicht eingetreten sei (Bizer/Ormond/Riedel, Die Verbandsklage im Naturschutzrecht, 1990, S. 54 und 81 ff.). Hingewiesen wird auch auf funktionale Äquivalente zur Verbandsklage, z.B. die Institute des Umweltanwalts und des Ombudsmanns (vgl. Winkelmann, Untersuchung der Verbandsklage im Umweltrecht im internationalen Vergleich, Typoskript 1992, S. 466 ff.; Schomerus, Defizite im Naturschutzrecht, Diss. Göttingen 1987, S. 222 ff.).

Im Naturschutzrecht der deutschen Bundesländer ist die Zahl derjenigen Länder, die eine Klagebefugnis von Naturschutzverbänden vorsehen, jüngst nicht unerheblich angewachsen. Neben fünf alten Bundesländern erkennen nunmehr auch die Naturschutzgesetze von Brandenburg (§ 65), Sachsen (§ 58) und Sachsen-Anhalt (§ 52) dieses Institut an. Es findet sich ebenso im

Entwurf eines neuen Naturschutzgesetzes für Schleswig-Holstein (LT-Drs. 13/27, § 51c; Begründung dort S. 139 f.). Auch die "Lübecker Grundsätze" der LANA sprechen sich (S. 77) in einer freilich nicht von allen Beteiligten getragenen Erklärung für die Einführung einer naturschutzrechtlichen Verbandsklage aus. Der BMU-Entwurf von 1993 bringt in der Frage der Verbandsklage gegenüber dem derzeitigen Recht keine Änderungen. Erneut vorgeschlagen wird eine solche Klage dagegen im SPD-Entwurf (§ 29b) und im Bündnis-Entwurf (§ 47). Das Bundesverwaltungsgericht hat in einer Entscheidung vom 31. Oktober 1990 (BVerwGE 87, 62 [69 f.]; auch OVG Lüneburg, NVwZ 1992, 903 f.) die bestehende Mitwirkungsmöglichkeit von Naturschutzverbänden an Verwaltungsverfahren gemäß § 29 Abs. 1 BNatSchG in ihrer rechtlichen Substanz erheblich aufgewertet, indem es einen verfahrensmäßig nicht ordnungsgemäß beteiligten Verband für befugt ansieht, diesen Mangel auch gegenüber der betreffenden Sachentscheidung gerichtlich geltend zu machen (zustimmend Krüger, NVwZ 1992, 552 f.; krit. dagegen Dolde, NVwZ 1991, 960 ff.).

Bußgeld- und Strafvorschriften finden sich in §§ 30 bis 30c BNatSchG. Sie gehören zum überkommenen Standard des Naturschutzrechts, ohne die die vielfältigen Verbotstatbestände des Naturschutzrechts nicht auskommen können. Das zeigt auch das EG-Recht; so verlangt der Vorschlag der Kommission für eine neue EG-Artenschutzverordnung (ABl. vom 3. Februar 1992, Nr. C 26) in Art. 26 von den Mitgliedstaaten sehr detailliert die Vorhaltung umfangreicher Sanktionsbestimmungen, wie das EG-Recht überhaupt zunehmend stärkeren Einfluß auf das nationale Straf- und Ordnungswidrigkeitenrecht nimmt (vgl. Tiedemann, NJW 1993, 23 ff., 25 f.). Der Bündnis-Entwurf strebt eine drastische Erhöhung des Bußgeldrahmens an (§ 48 Abs. 2).

II. VORSCHLAG

1. Leitvorstellungen

Der Vorschlag führt Behördenzuständigkeiten, Regelungen des staatlich-gesellschaftlichen Kooperationsbereichs und Sanktionsbestimmungen in einem gemeinsamen Schlußabschnitt zusammen, in dem es um die Umsetzung des Naturschutzrechts geht. Im Zentrum der Überlegungen steht dabei eine Intensivierung der Verbandsbeteiligung. Dabei kann sich der Entwurf in erheblichem Umfang auf die Entlastungsfunktion des Allgemeinen Teils stützen; denn hinsichtlich der Stellung der Verbände im Verwaltungsverfahren und hinsichtlich ihrer Anerkennung sind die entscheidenden Neuerungen schon in den §§ 131, 132 enthalten, die nur punktueller Ergänzung bedürfen. Eine über die dort getroffenen Entscheidungen hinausgehende wichtige Neuerung wird allerdings auf dem Felde der Verbandsklage vorgeschlagen

(§ 217). Wichtig ist ferner die Regelung des sogenannten Vertragsnaturschutzes (§ 215).

2. Zur Regelung im einzelnen

Zu § 214 Aufgaben öffentlicher Stellen

§ 214 trifft einige verfahrens- und organisationsrechtliche Regelungen zur Umsetzung des Naturschutzrechts durch Behörden. Die Kompetenzen zur Bundesgesetzgebung sind wegen des rahmenrechtlichen Basistitels (Art. 75 Nr. 3 GG) begrenzt. Die Frage eines Bundesamtes für Naturschutz ist in § 166a gesondert geregelt.

Absatz 1 bis 3 entsprechen § 3 BNatSchG. Die Pflicht öffentlicher Planungsträger, über ihre Planungen die für den Umweltschutz zuständigen Behörden zu unterrichten und zur Stellungnahme aufzufordern, ist allgemein in der Planungsrechtsvorschrift des § 30 festgelegt. Da die Belange des Naturschutzes jedoch nicht nur durch Planungen, sondern auch durch sonstige Maßnahmen öffentlicher Stellen berührt werden können, empfiehlt es sich, in Absatz 2 Satz 2 eine entsprechend weitgefaßte Unterrichtungspflicht gesondert festzulegen.

Zu § 215 Vertragliche Vereinbarungen

In dieser Vorschrift geht es um Gestaltungsmöglichkeiten, die unter dem Stichwort des "Vertragsnaturschutzes" zusammengefaßt werden (dazu § 3a BMU-Entwurf, § 2 BbgNatSchG, § 39 SächsNatSchG; Gellermann/Middeke, NuR 1991, 457 ff.). Das allgemeine umweltrechtliche Kooperationsprinzip, das die Möglichkeit von Vereinbarungen zum Schutze der Umwelt als eine denkbare Gestaltungsform in § 6 Abs. 1 S. 4 nennt, erfährt für das Naturschutz- und Landschaftspflegerecht durch die hier vorgeschlagene Regelung eine Akzentuierung. Das von § 170 umrissene breite Aufgabenfeld läßt sich nur dann wirkungsvoll bestellen, wenn ein möglichst breites Handlungsinstrumentarium unter Einschluß flexibler Instrumente (vgl. §§ 87 ff.) genutzt wird. Das trifft z.B. die stärkere Einbeziehung der Landwirtschaft in Aufgaben der Umweltpflege (vgl. § 175 Abs. 4).

Inwieweit vertragliche Vereinbarungen Verwaltungsakten vorzuziehen sind, wird, anders als in § 3a des BMU-Entwurfs von 1993, nicht ausdrücklich festgelegt. Es gilt die Grundregel des § 6 Abs. 3. Eine strikte Subsidiarität des Hoheitsinstrumentariums ist damit nicht gemeint. Die die Auswahl der Instrumente bestimmenden Rechtspflichten ergeben sich aus dem Verhältnismäßigkeitsprinzip, insbesondere aus dem Gebot der Erforderlichkeit. § 6 Abs. 3 formuliert insofern nur eine verwaltungspolitische Direktive des Auswahlermessens. Bei der Bewertung, inwieweit ein "gleichwertiger Schutz der Umwelt" durch vertragliche Gestaltungen erreicht werden kann, sind auch die Verzögerungsschäden zu berücksichtigen, die durch eine intensive Ausnutzung der gegen hoheitliche Maßnahmen verfügbaren Klagemöglichkeiten entstehen.

In der behördlichen Praxis, z.B. bei der Umsetzung von Extensivierungsprogrammen, hat sich der Vertrag längst seinen Platz erobert (vgl. H. Schulte, JbNatursch. u. Landschaftspfl. 43 [1990], S. 107 ff.). Hier läßt sich auch an die Rolle des Vertrages im Subventionsrecht anknüpfen. Entsprechende Vereinbarungen sind im Regelfall als öffentlich-rechtliche Verträge zu qualifizieren. Sie sind nicht nur dort zulässig, wo andernfalls durch Verwaltungsakt gehandelt werden müßte (§ 54 S. 2 VwVfG). Denkbar erscheint es vielmehr, auch die normativen Akte der Schutzgebietsausweisungen vertraglich abzusichern. Jedenfalls wird man für diesen Bereich von einem Handlungsformverbot, wie es für Verträge zur Aufstellung von Bebauungsplänen überwiegend angenommen wird (vgl. Schmidt-Aßmann/Krebs, Rechtsfragen städtebaulicher Verträge, 2. Aufl., 1992, S. 92 ff.), nicht auszugehen haben. Daneben erscheint auch der Einsatz des privatrechtlichen Vertrages, je nach der Regelungssituation und der Rechtsnatur der einschlägigen Normen, die das vertragliche Umfeld bestimmen, nicht ausgeschlossen. Das gilt zumal für eine wichtiger werdende aktive Bodenpolitik der öffentlichen Hand im Naturschutzrecht (vgl. "Lübecker Grundsätze" der LANA 1991, S. 24 ff.).

Zu § 216 Verbandsmitwirkung

Die Vorschrift beschäftigt sich mit der Anerkennung und der Mitwirkung von Verbänden in Verwaltungsverfahren. Der Hinweis auf §§ 131 und 132 hat klarstellende Funktion und dient zugleich der Anknüpfung einer in Satz 2 festzulegenden naturschutzrechtlichen Besonderheit. Die neueren Reformvorschläge, die zu § 29 BNatSchG gemacht worden sind, finden sich in den genannten Bestimmungen des Allgemeinen Teils bereits verarbeitet. Das gilt sowohl hinsichtlich der Gesetzessystematik, welche die Frage der Anerkennung (§ 131) von der Frage der Mitwirkung (§ 132) trennt. Es gilt im wesentlichen aber auch inhaltlich. Die Anerkennung eines Vereins verlangt danach in Übereinstimmung mit dem BMU-Entwurf von 1993 (§ 29a Abs. 1 Nr. 1) und dem Bündnis-Entwurf (§ 46 Abs. 3 Nr. 1) nicht nur, daß der Verein die Ziele des Umweltschutzes nach seiner Satzung fördern will, sondern daß er dieses auch in seiner bisherigen Tätigkeit getan hat. Nicht erforderlich erscheint es allerdings, dafür zwingend eine 3-Jahresfrist vorzusehen, wie das § 29a Abs. 1 Nr. 3 des BMU-Entwurfs und § 46 Abs. 3 Nr. 4 des Bündnis-Entwurfs für notwendig halten.

Der Katalog der mitwirkungsberechtigenden Verwaltungsentscheidungen ist in § 132 Abs. 1 umfangreicher, als es § 29 des BMU-Entwurfs entspricht. Nur in einem einzigen Punkte, bei der Beteiligung anerkannter Verbände an der Vorbereitung von Umweltleitplänen bzw. Landschaftsplänen, ist § 132 Abs. 1 Nr. 6 gegenüber § 29 Abs. 1 Nr. 2 BMU-Entwurf enger, insofern er eine Beteiligung nur bei Planungen vorsieht, die dem einzelnen gegenüber verbindlich sind. Angesichts der Komplexität solcher Pläne wird an dieser einschränkenden Voraussetzung nicht festgehalten. Eine gegenüber § 132 eigenständige Regelungsaussage der vorliegenden Vorschrift trifft Satz 2. Er schreibt eine Mitwirkung anerkannter Verbände auch bei Befreiungen vor, wie sie von Verboten oder Geboten naturschutzrechtlicher Art nach § 218 erteilt werden können. Diese Ergänzung muß im naturschutzrechtlichen Kapitel getroffen werden; sie eignet sich nicht für eine Aufnahme in § 132. In der Sache entspricht der Vorschlag dem geltenden Recht (vgl. § 29 Abs. 1 Nr. 3 BNatSchG; dazu Waskow, Mitwirkung von Naturschutzverbänden im Verwaltungsverfahren, 1990, S. 54 f.).

Zu § 217 Klagebefugnis von Verbänden

§ 217 bringt eine über § 133 hinausreichende Regelung zur Klagebefugnis anerkannter Verbände. Zu Verbandsklagen im Umweltschutzrecht ist in der Begründung zum Allgemeinen Teil ausführlich Stellung genommen worden (vgl. dort S. 435 f., 438 ff., 448 ff.). Angesichts der gegen die Verbandsklage gerichteten verfassungs- und rechtspolitischen Einwände ist dort von einer das Umweltrecht in ganzer Breite erfassenden bundesrechtlichen Einführung der Verbandsklage abgesehen worden. § 133 beschränkt sich darauf, den Ländern die Ermächtigung zur Einführung einer solchen Klage zu erteilen und ihnen außerdem freizustellen, anstelle der Verbandsklage z.B. einen Umweltbeauftragten, einen Umweltombudsmann oder einen Vertreter des öffentlichen Interesses mit Klagebefugnissen zum Schutz öffentlicher Interessen auszustatten (zur Begründung dort auch S. 444 und 448).

Die dort getroffene Entscheidung veranlaßt außerdem dazu, die Rechtsentwicklung im Bereiche der Verbandsklage weiter zu beobachten und von Bundes wegen gegebenenfalls in einzelnen Sektoren des Umweltrechts weitere Schritte zu ihrem Ausbau zu tun. Das Recht des Naturschutzes und der Landschaftspflege legt dieses besonders nahe, weil die hier wirksamen öffentlichen Interessen, anders als z.B. im Immissionsschutzrecht, von privaten Rechtsträgern nur in geringem Umfange als eigene Interessen geltend gemacht und nach Maßgabe subjektiven Individualrechtsschutzes zur gerichtlichen Kontrolle gestellt werden können. Der vorliegende Vorschlag will hier weitere Abhilfe schaffen. Er sieht sich dazu zum einen durch die Rechtsentwicklung in den Bundesländern veranlaßt, unter denen eine Verbandsklage im Bereich des Naturschutzrechts zunehmend Anerkennung findet. In die gleiche Richtung zielen Beobachtungen des Rechtsvergleichs. Ältere Arbeiten auf diesem Gebiete sind zwar zuweilen zu oberflächlich vorgegangen, indem sie die Besonderheiten des in Deutschland extensiv ausgebauten Individualrechtschutzes nicht hinreichend berücksichtigt haben (gründlich zum Individualrechtsschutz rechtsvergleichend aber jetzt Ehlers, VerwArch. 84 [1993], 139 ff.). Jüngere Studien zeigen jedoch, daß von einer Verbandsklage auch in einer schon traditionell stark gerichtsgeprägten Rechtsordnung wie der deutschen zusätzliche positive Umwelteffekte erwartet werden können (dazu Winkelmann, Untersuchung der Verbandsklage im Umweltrecht im internationalen Vergleich, Typoskript 1992, besonders S. 47 ff.). Auch die hohe Zahl erfolgreicher Verbandsklagen, wie sie in anderen Ländern beobachtet worden ist (dazu Winkelmann, a.a.O., S. 40), legt es nahe, das Instrument auch im deutschen Recht intensiver zu nutzen. Dogmatisch ist eine solche Verbandsklage freilich nicht als Fortsetzung des in Art. 19 Abs. 4 GG verankerten Individualrechtsschutzes, sondern bewußt eigenständig zu begründen. Es geht mit ihr darum, eine zusätzliche, neben den Individualrechtsschutz tretende Systemfunktion der Gerichtsbarkeit zu erschließen.

Regelungssystematisch knüpft § 217 an § 133 an: Er führt bundesgesetzlich nicht ein eigenständiges Verbandsklagemodell ein, sondern formuliert eine Gesetzgebungspflicht der Länder, eine solche Klage in dem von § 133 Abs. 1 umrissenen Umfange zu schaffen. Absatz 1 der vorliegenden Vorschrift ist dabei im Verhältnis zu § 133 Abs. 1 insofern die speziellere Vorschrift, als es den Ländern im Bereiche des Naturschutzes - anders als für die anderen Bereiche des Umweltrechts - nicht freigestellt bleibt, eine Verbandsklage vorzuhalten oder nicht, sondern sie zu ihrer Einführung verpflichtet werden. Insofern ist den Ländern auch die in § 133 Abs. 1 vorgesehene Möglichkeit, statt der Verbandsklage besondere Klagebefugnisse anderer öffentlicher oder halböffentlicher Stellen einzuführen, verschlossen. Zulässig bleiben darüber hinausreichende Regelungen sowohl hinsichtlich einer breiteren Ausgestaltung der Verbandsklage als auch hinsichtlich der Klagen anderer Stellen. Das ist in § 133 Abs. 2 ausdrücklich gesagt; es gilt auch im Bereiche der vorliegenden Vorschrift.

§ 217 beschränkt sich allerdings darauf, Grundlinien einer Landesregelung vorzuzeichnen. In diesem Sinne schreibt Absatz 1 nur vor, bei welchen Verwaltungsmaßnahmen die Verbandsklage obligatorisch sein soll. Dieses sind in Übereinstimmung mit § 133 Abs. 1 zum einen Zulassungsverfahren und Planfeststellungsverfahren bedeutenderen Ausmaßes sowie bestimmte umweltschützende Planungen und Gebietsfestlegungen, wie sie gerade für das Naturschutzrecht kennzeichnend sind. Die vorzusehende Verbandsklage ist nicht auf die Form der Anfechtungsklage begrenzt. Je nach der Rechtsnatur der bezeichneten Verwaltungsentscheidung wird auch an die Einräumung einer Antragsbefugnis im Rahmen des § 47 VwGO oder an die Möglichkeit eines Verbandsrechtsschutzes durch eine Feststellungsklage nach § 43 VwGO zu denken sein. Obligatorisch von Bundes wegen sind die Rechtsschutzmöglichkeiten anerkannter Verbände nur, soweit die Verletzung naturschutzrechtlicher Vorschriften geltend gemacht wird. Die Einzelheiten können der Landesgesetzgebung und der Fortentwicklung durch Richterrecht überlassen bleiben.

In Absatz 2 wird einschränkend festgelegt, daß - wiederum bezogen auf die bundesgesetzlich obligatorische Kerngarantie - der klagebefugte Verband durch die konkret anzugreifende Maßnahme in seinem satzungsgemäßen Aufgabengebiet berührt sein muß und daß er sein Mitwirkungsrecht nach § 132 bzw. den einschlägigen Bestimmungen des Landesnaturschutzrechts wahrgenommen haben muß. Entsprechende Einschränkungen finden sich auch bei den bisher schon in den Landesnaturschutzgesetzen normierten Verbandsklagen (z.B. § 36 Hessen, § 41 Hamburg, § 65 Brandenburg, § 33b Saarland, § 58 Sachsen, § 52 Sachsen-Anhalt).

Mit der Bezugnahme auf einen "Rechtsschutz nach Maßgabe der Verwaltungsgerichtsordnung" wird klargestellt, daß über weitere Sonderformen z.B. eines verbandlichen Verfahrensrechtsschutzes, wie er im Zusammenhang mit Verbandsklagen ebenfalls diskutiert wird, für diese aber keineswegs als solche typisch ist, mit dem vorliegenden Vorschlag nicht entschieden wird. Inwieweit z.B. eine Partizipationserzwingungsklage geboten ist, bleibt zu entscheiden dem einschlägigen Fach- und Prozeßrecht überlassen. Ebensowenig wird zu den Fragen Stellung genommen, ob Verfahrensfehler, die der Verwaltung im Zusammenhang mit der Beteiligung des Verbandes unterlaufen sind, für sich allein schon eine Aufhebung der betroffenen Sachentscheidung verlangen (vgl. dazu z.B. Waskow, Mitwirkung von Naturschutzverbänden in Verwaltungsverfahren, 1990, S. 68 ff.). Der Entwurf sieht grundsätzlich auch davon ab, verwaltungsprozessuale Folgefragen zu entscheiden oder Änderungen der Verwaltungsgerichtsordnung vorzuschlagen. Er ist vielmehr der Überzeugung, daß die Einpassung der Verbandsklage in die prozessuale Dogmatik im einzelnen am besten richterrechtlich vorgenommen wird (dazu z.B. OVG Berlin, NuR 1992, 285 ff.; VGH Kassel, NuR 1992, 382 ff.), jedenfalls angesichts des Variantenreichtums möglicher landesgesetzlicher Ausgestaltungen bundesgesetzlich nicht festgelegt werden sollte. Kompetenzrechtlich ist den Landesgesetzgebern durch die vorliegende Vorschrift und durch § 133 ein hinreichender Spielraum eröffnet, prozessuale Probleme gegebenenfalls mitzuregeln.

Eine Ausnahme von seiner prozeßrechtlichen Abstinenz macht der vorliegende Entwurf nur in Absatz 3. Hier wird festgelegt, daß Widerspruch und Anfechtungsklage von Verbänden nicht die aufschiebende Wirkung des § 80 Abs. 1 der VwGO haben. Diese Vorschrift ist nicht Rahmenrecht, sondern eine unmittelbar geltende Regelung des gerichtlichen Verfahrens (Art. 74 Nr. 1 GG). Die in § 80 Abs. 1 VwGO für den Anfechtungswiderspruch und die Anfechtungsklage normalerweise vorgesehene aufschiebende Wirkung, die auch für Verwaltungsakte mit Doppelwirkung gilt, steht in enger Verbindung zu dem in Art. 19 Abs. 4 GG festgelegten Gebot eines wirksamen Individualrechtschutzes (vgl. Schmidt-Aßmann, in: Maunz/Dürig, Grundgesetz, 1958 ff., Stand: Sept. 1991, Art. 19 IV GG Rn. 273 f.; Schoch, Vorläufiger Rechtsschutz und Risikoverteilung im Verwaltungsprozeß, 1988, bes. S. 1310 ff.). Dieses erklärt die auch im internationalen Rechtsvergleich ungewöhnlich großzügige Art, in der § 80 Abs. 1 VwGO den Interessen desjenigen, der den Status quo erhalten sehen möchte, Vorrang vor öffentlichen Interessen und Interessen anderer Beteiligter einräumt. Im Schutzbereich des Art. 19 Abs. 4 GG liegen die hier behandelten Verbandsklagen aber gerade nicht. Eine verfassungsrechtliche Pflicht, auch für sie im Regelfalle die aufschiebende Wirkung des § 80 Abs. 1 VwGO vorzusehen, existiert folglich nicht. Es ist bei der Ausgestaltung der Verbandsklage im Gegenteil besonders sorgfältig auch auf die Belange derjenigen Rücksicht zu nehmen, die durch die Inanspruchnahme von Grund und Boden oder von anderen Umweltmedien ihre rechtlich abgesicherten Positionen nutzen wollen und dazu auf eben jene Entscheidungen der Verwaltung angewiesen sind, die der Verbandsklage unterworfen werden. Das veranlaßt dazu, im Sinne einer Ausgewogenheit des Rechtsschutzes von dem automatischen Eintritt der aufschiebenden Wirkung der Anfechtungsklage abzusehen. Dem klagenden Verband ist durch Absatz 3 der vorläufige Rechtsschutz nicht abgeschnitten. Der Verband bleibt jedoch darauf angewiesen, ihn besonders zu beantragen. In welcher Rechtsschutzform das zu geschehen hat, hängt von der Form der jeweils zu erhebenden Verbandsklage ab. Die Einpassung in die Systematik der § 47 Abs. 8, §§ 80, 80a und § 123 VwGO kann der richterlichen Rechtsfortbildung überlassen bleiben.

Zu § 218 Befreiungen

Die Regelung geht auf § 31 BNatSchG zurück: Auch ein strenges Recht des Naturschutzes und der Landschaftspflege kann ohne das Institut der Befreiung nicht ganz auskommen, weil die abstrakten Formulierungen der naturschutzrechtlichen Schutzgebiete bzw. der Einfuhr- und Ausfuhrregelungen im Einzelfalle zu einer nicht beabsichtigten Härte führen oder mit einer Situation konfrontiert werden können, in der überwiegende Gründe des Gemeinwohls ein Abweichen erfordern. § 218 ist allerdings gegenüber dem bisherigen Recht insofern verschärft, als von einem Härtefall nur "bei Anlegung strenger Maßstäbe" ausgegangen werden darf. Die Vorschrift ist folglich restriktiv auszulegen; sie darf nicht zur leichten Münze einer Durchbrechung des Geltungsanspruchs des einschlägigen Rechts werden. Für Befreiungen vom gesetzlichen Biotopschutz gelten die erhöhten Voraussetzungen des § 188 Abs. 2.

Darüber hinaus erhalten die Länder in Absatz 3 die Möglichkeit, den als unmittelbares Bundesrecht geltenden Absatz 1 teilweise einzuschränken, wenn sie es bei einem höheren Schutz ihrer naturschutzrechtlichen Regelungen gegenüber dem Härtefalldispens belassen wollen. Sofern naturschutzrechtliche Ge- oder Verbote dadurch eine Wirkung erlangen, die über die Zumutbarkeitsschwelle hinausreicht, ist der ausgleichsrechtliche Regelungsauftrag des § 212 beachtlich.

Zu § 219 Ordnungswidrigkeiten

In Übereinstimmung mit dem bisherigen Recht (§ 30 BNatSchG) bezieht sich § 219 nur auf solche Gebots- oder Verbotsvorschriften, die unmittelbar kraft Bundesrechts gelten (§ 221). Die Sanktionierung des im bundesgesetzlichen Rahmen geschaffenen Landesrechts regeln die Landesnaturschutzgesetze selbständig. In der Formulierung der Ordnungswidrigkeitentatbestände und in der Festlegung des Sanktionsrahmens entspricht der vorliegende Vorschlag der zitierten Vorschrift des BNatSchG. Für die Höhe des Bußgeldes ist auf die nach § 17 Abs. 4 OWiG bestehende Möglichkeit, den wirtschaftlichen Vorteil mit abzuschöpfen, hinzuweisen; hiervon sollte insbesondere bei Verstößen gegen artenschutzrechtliche Vermarktungsverbote u.ä. durchgängig Gebrauch gemacht werden. Ähnliches gilt für die Einziehung nach §§ 22 ff. OWiG, deren Regelung durch Absatz 4 in Übereinstimmung mit dem geltenden Recht erweitert wird.

Nicht übernommen ist die Strafbestimmung des § 30a BNatSchG. Die Ausgliederung hat die in der Begründung zum Allgemeinen Teil dargelegten systematischen Gründe (vgl. dort S. 25 ff.). Das Umweltstrafrecht muß danach um eine entsprechende Strafnorm für gewerbs- oder gewohnheitsmäßig begangene Verstöße gegen das Artenschutzrecht erweitert werden.

Zu § 220 Ermittlungen durch Zollbehörden

Diese Zuständigkeitsregelung entspricht dem geltenden Recht (§ 30c BNatSchG).

Zu § 221 Vorschriften für die Landesgesetzgebung

§ 221 folgt der bisherigen Systematik des § 4 BNatSchG: Grundsätzlich gelten die Vorschriften dieses Kapitels nur für die Landesgesetzgebung, während die ohne Vermittlung der Landesgesetzgebung geltenden Vorschriften gesondert aufgeführt werden. Ihr Kreis ist gegenüber dem bisherigen Rechtszustand in einigen Punkten, insbesondere bei der Eingriffsregelung der §§ 179 ff., erweitert worden. Im übrigen sollte nicht jeder Abstimmungsmangel im föderalen Gefüge zu einer Steigerung des Einflusses der Bundesgesetzgebung führen. Gerade das Naturschutzrecht zeigt, daß das Landesrecht über erhebliche Reserven verfügt. Beispiele dafür bieten in jüngerer Zeit vor allem die Naturschutzgesetze der neuen Bundesländer. Unbeschadet aller verfassungsrechtlichen Grenzen hat es folglich seinen guten praktischen Sinn, die unmittelbare Wirkung des Rahmenrechts im Naturschutzrecht auf Sonderfälle beschränkt zu lassen. Die für das Rahmenrecht erforderliche Anpassungspflicht für die Landesgesetzgebung ist in Satz 2 festgelegt.

Zweites Kapitel: Gewässerschutz und Wasserwirtschaft

Vorbemerkungen zur Ausgangssituation und zu den Grundlinien des Vorschlages

I. AUSGANGSLAGE

1. Gegenstand des Regelungsbereichs

Das Wasserrecht im weiteren Sinne umfaßt das Recht der Wasserwirtschaft und das Wasserwegerecht. Das Recht der Wasserwirtschaft beschäftigt sich mit dem Schutz der natürlichen Funktionen der Gewässer als Bestandteil von Natur und Landschaft, mit dem Schutz vor Hochwasser und der geordneten Nutzung der Gewässer für die Wasserversorgung, die Industrie und die Landwirtschaft. Beim Wasserwegerecht geht es darum, die Verkehrs- und Transportfunktionen der schiffbaren Gewässer herzustellen und aufrechtzuerhalten (Salzwedel, in: ders. [Hrsg.], Grundzüge des Umweltrechts 1982, S. 569 ff., 573 f.; Kloepfer, Umweltrecht, 1989, § 11 Rn. 3). Als Teil des Umweltrechts kommt nur das Recht der Wasserwirtschaft unmittelbar in Betracht.

Soweit das Recht der Wasserwirtschaft die Gewässer als Bestandteil von Natur und Landschaft schützt, werden die Schutzziele im wesentlichen vom Naturschutzrecht vorgegeben. In dem Maße, in dem das moderne Naturschutzrecht auf einen umfassenden, die Wirkungszusammenhänge des Naturhaushalts beachtenden integralen Naturgüterschutz abzielt, verdichten sich auch die ökologischen Vorgaben dafür mehr und mehr, ob und in welchem Umfang die Gewässer mengen- und gütewirtschaftlich für Wasserversorgung, Industrie und Landwirtschaft verfügbar sind. Vor allem durch die Landschaftsplanung wird den Oberflächengewässern und jedenfalls den bodennahen Grundwasservorkommen ein flächendeckendes Schutzzielraster vorgegeben. Ähnlich wie der Wege- und Gewässerplan bei der Flurbereinigung umschreibt der Landschaftsplan die natürlichen Bedingungen, die im wesentlichen gewahrt bleiben müssen, um die Zielvorstellungen für die Aufrechterhaltung und Fortentwicklung der natürlichen Lebensgrundlagen für pflanzliches und tierisches Leben zu sichern. Vor allem die wachsende Bedeutung eines Biotopverbundsystems und der Wiederherstellung und Pflege größerer Feuchtgebiete lassen die enge Verknüpfung von Naturschutz und

Gewässerschutz immer deutlicher hervortreten. Bei der mengen- und gütewirtschaftlichen Nutzung der großen Gewässer gewinnen die ökologischen Zielvorstellungen ebenfalls immer mehr an Gewicht. So werden viele Wasserkraftnutzungen, die an sich als umweltverträgliche Form der Stromerzeugung betrachtet werden, dennoch erheblichen Beschränkungen unterworfen, um durch höhere Mindestabflüsse eine bessere Mindestwasserführung zu gewährleisten und damit einen größeren Artenreichtum in der äquatischen und amphibischen Zone zu ermöglichen.

Gegenstand des Wasserwirtschaftsrechts ist der Wasserhaushalt als Ganzes. Dazu gehören die Flüsse und die stehenden Gewässer, die Grundwasservorkommen, das Küstengewässer und schließlich die Hohe See. Obwohl alle wasserrechtlichen Regelungen auch darauf abzielen, die Nutzungen der Gewässer in mengen- und gütewirtschaftlicher Hinsicht auf einen hinreichenden Schutz der Meeresumwelt auszurichten, umfaßt das Wasserrecht nicht selbst die direkten Nutzungen der Hohen See; das Seerecht bleibt hier ausgeklammert.

Die Bewirtschaftung der Gewässer unterliegt dem Zugriff der Wasserbehörden der Länder in vollem Umfang. Von den Bewirtschaftungszielen her ebenso wie von der Ordnung der Gewässerbenutzungen müssen Oberflächengewässer, Grundwasservorkommen und Küstengewässer aber von ihrer jeweiligen wasserwirtschaftlichen Eigenheit her erfaßt werden. Sowohl von den Schutzwürdigkeitsprofilen als auch von den Gefährdungsprofilen ergeben sich ganz unterschiedliche Bewirtschaftungsziele und Regelungsbedürfnisse.

Im Mittelpunkt der wasserrechtlichen Bewirtschaftungsordnung steht die Festlegung der in mengen- und gütewirtschaftlicher Hinsicht verfügbaren Ressourcen und die Verteilung dieser Ressourcen auf konkurrierende Nutzungswerber. Dabei wird der Spielraum für die Gewässerbewirtschaftung - abgesehen von den naturschutzrechtlichen Vorgaben - weitgehend von der Landesplanung und der kommunalen Bauleitplanung eingeschränkt. Wo Siedlungsgebiete vorhanden sind oder neue Baugebiete entstehen, sind vor allem die Abflüsse von Abwasser und damit auch kontinuierlich anfallende Abwasserfrachten mit in Kauf zu nehmen. Auch die Möglichkeiten, industrielle und gewerbliche Produktionen aus wasserwirtschaftlichen Gründen zurückzufahren, sind beschränkt. Anstrengungen zur Abwasservermeidung und zur Abwasserbehandlung stoßen überall auch auf Grenzen. In landwirtschaftlich genutzten Gebieten müssen je nach dem Intensitätsgrad der landwirtschaftlichen Erzeugung bestimmte Nährstofffrachten in Rechnung gestellt werden. Aufgabe der Bewirtschaftung der Gewässer ist es, im Rahmen der verfügbaren Ressourcen Nutzungskonflikte zu lösen und dabei Prioritäten und Posterioritäten festzulegen.

2. Bisherige Rechtslage

Nach Art. 75 Nr. 4 GG steht dem Bund eine Rahmengesetzgebungskompetenz für den Wasserhaushalt zu. Davon ist mit Erlaß des Wasserhaushaltsgesetzes vom 27. Juli 1957 (BGBl. I S. 1110) Gebrauch gemacht worden. Das zunächst nur für Oberflächengewässer und Grundwasser geltende Bewirtschaftungssystem wurde durch das Dritte Änderungsgesetz vom 15. August 1967 (BGBl. I S. 909) auf die Küstengewässer erstreckt. Das Wasserhaushaltsgesetz ist zum 1. Januar 1960 in Kraft getreten. Es enthält nicht Rahmenvorschriften für die Landesgesetzgebung, sondern durchweg bürgeradressierte Rechtsnormen. Damit ist es auf eine Ausfüllung durch Landeswassergesetze angelegt. Die Landeswassergesetze in den alten Bundesländern sind zu Beginn der sechziger Jahre erlassen worden. In den neuen Bundesländern ist die rahmenausfüllende Landesgesetzgebung inzwischen nachgeholt worden oder steht vor ihrem Abschluß. Der Versuch des Bundes, sich durch das Gesetz zur Reinhaltung der Bundeswasserstraßen vom 17. August 1960 (BGBl. II S. 2125) wasserrechtliche Vollzugshoheit für den Bereich der Bundeswasserstraßen zu verschaffen, ist mit dem Urteil des Bundesverfassungsgerichts vom 30. Oktober 1962 (BVerfGE 15, 1) gescheitert. Auch politische Bestrebungen, die Rahmenkompetenz - ähnlich wie Art. 74 Nr. 24 GG dies für die Abfallbeseitigung, die Luftreinhaltung und die Lärmbekämpfung vorsieht - zu einer konkurrierenden Gesetzgebungskompetenz aufzustufen, blieben erfolglos. Eine Reihe von grundsätzlichen Novellierungen des Wasserhaushaltsgesetzes und das Abwasserabgabengesetz haben aber dazu geführt, daß die rahmenrechtlichen Vorschriften den Spielraum für Gestaltungen des Rechts der Wasserwirtschaft durch den Landesgesetzgeber erheblich eingeengt haben. Das gilt vor allem für die Ordnung der Abwasserbeseitigung (§§ 7a, 18a, 18b, 18c WHG), aber weitgehend auch für das Recht der wassergefährdenden Stoffe (§§ 19g ff. WHG).

3. Rahmenbedingungen

Gewässerschutz und Wasserwirtschaft befinden sich in einem vielfältigen Überschneidungsbereich mit anderen Rechtsgebieten.

In vertikaler Hinsicht greifen Regelungen ineinander, die innerhalb der Europäischen Gemeinschaft, auf Bundesebene, auf Landesebene und nicht zuletzt auf kommunaler Ebene erlassen werden.

In horizontaler Hinsicht wird der Gewässerschutz dadurch, daß die Gewässer als Bestandteil von Natur und Landschaft erhalten bleiben sollen, vom Naturschutzrecht überlagert, das auch bereits auf allen vier genannten Regelungsebenen Impulse erteilt oder Schutzwürdigkeiten hervorbringt. Das Überschneidungsfeld ist fachlich aber noch wesentlich breiter angelegt. Hierbei lassen sich der medienspezifische Ansatz, der frachtabbauspezifische

Ansatz, der anlagenspezifische Ansatz, der stoffrechtliche Ansatz und der allgemein polizeirechtliche Ansatz voneinander unterscheiden.

Hinzu kommen Regelungen, welche die Wasserwirtschaft als Unternehmensbereich (water industry) ansprechen.

Um die Überschneidungsdichte zu belegen, können nur einige Beispiele angeführt werden, insbesondere solche, die den wachsenden europarechtlichen Einfluß auf das nationale Wasserrecht sichtbar machen.

a) Vom medienspezifischen Ansatz her greift das EG-Recht durch Qualitätsrichtlinien in die Bewirtschaftung der Gewässer ein. Solche Qualitätsrichtlinien sind erlassen worden für Oberflächenwasser für die Trinkwassergewinnung in den Mitgliedstaaten (Richtlinie des Rates vom 16. Juni 1975 über die Qualitätsanforderungen an Oberflächengewässer für die Trinkwassergewinnung in den Mitgliedstaaten [75/440/EWG], ABl. EG Nr. L 194 vom 25. Juli 1975, S. 34; geändert durch Art. 12 der Richtlinie vom 9. Oktober 1979 [79/869/EWG]), für Badegewässer (Richtlinie des Rates vom 8. Dezember 1975 über die Qualität der Badegewässer [76/160/EWG], ABl. EG Nr. L 31 vom 5. Februar 1976, S. 1), für Fischgewässer (Richtlinie des Rates vom 18. Juli 1978 über die Qualität von Süßwasser, das schutz- oder verbesserungswürdig ist, um das Leben von Fischen zu erhalten [78/659/EWG], ABl. EG Nr. L 222 vom 14. August 1978, S. 1) und für Muschelgewässer (Richtlinie des Rates vom 30. Oktober 1979 über die Qualitätsanforderungen an Muschelgewässer [79/923/EWG], ABl. EG Nr. L 281 vom 10. November 1979, S. 47) (vgl. Begründung zu § 242 Abs. 2). Auch die EG-Richtlinie über den Schutz des Grundwassers gegen Verschmutzung durch bestimmte gefährliche Stoffe (Richtlinie des Rates vom 17. Dezember 1979 über den Schutz des Grundwassers gegen Verschmutzung durch bestimmte gefährliche Stoffe [80/68/EWG], ABl. EG Nr. L 20 vom 26. Januar 1980, S. 43) verfolgt einen primär medienspezifischen Ansatz, trotz der Verengung des Schutzanspruchs auf bestimmte gefährliche Stoffe und der weitgehenden Anknüpfung an das Anlagenrecht. Neben die bundes- und landesrechtlichen Bewirtschaftungsregelungen treten auf der vierten Regelungsebene satzungsrechtliche Vorgaben hinzu, die Einfluß auf Gewässerschutz und Wasserwirtschaft haben. So entscheiden die Gemeinden damit, daß sie sich für eine Eigenversorgung aus gemeindenahen Wasservorkommen entscheiden oder für eine Fremdversorgung aus entfernteren Wassergewinnungen, auch darüber, mit welcher Intensität der Gewässerschutz in der Umgebung betrieben werden muß. Wo die Gemeinden Bachentwicklungspläne verfolgen, die der Qualität der kleineren Wasserläufe eine höhere Schutzwürdigkeit verleihen, werden die Aussichten konkurrierender Bewerber, die Gewässer mengen- oder gütewirtschaftlich in Anspruch zu nehmen, deutlich beeinflußt.

In diesem Zusammenhang ist auch die große Bedeutung der EG-Richtlinie über die Umweltverträglichkeitsprüfung bei bestimmten öffentlichen und privaten Projekten (Richtlinie des Rates vom 27. Juni 1985 über die

Umweltverträglichkeitsprüfung bei bestimmten öffentlichen und privaten Projekten [85/337/EWG], ABl. EG Nr. L 175 vom 5. Juli 1985, S. 40) zu erwähnen. Obwohl sie einen überwiegend anlagenspezifischen Ansatz verfolgt, liegt die eigentliche Bedeutung der Umweltverträglichkeitsprüfung darin, Schutzwürdigkeitsprofile und Gefährdungsprofile sichtbar zu machen, die ohne ein solches Verfahren übersehen oder untergewichtet werden könnten. Durch frühzeitige Beteiligung der Öffentlichkeit wird die Aussicht verbessert, daß Schutz- und Nutzungsansprüche vorgetragen und konkretisiert werden, die dem Vorhaben entweder entgegenstehen oder zumindest weitreichende Rücksichtnahmen und Schutzvorkehrungen erheischen. Das daraufhin erlassene Bundesgesetz über die Umweltverträglichkeitsprüfung wird vor allem auch den Schutz der Grundwasservorkommen verbessern, die bei einer Vielzahl solcher Projekte in Mitleidenschaft gezogen werden können. Beim Bau von Fernstraßen, Eisenbahnlinien, Abfalldeponien und Kläranlagen werden Standortwahl und Trassierung mehr als früher davon bestimmt, welcher Stellenwert dem schutzwürdigen Grundwasservorkommen im Rahmen langfristig angelegter Bewirtschaftungsstrategien zugeordnet werden muß (Salzwedel/ Reinhardt, NVwZ 1991, 946 ff., 951 f.).

b) Vom frachtabbauspezifischen Ansatz her hat die EG-Richtlinie betreffend die Verschmutzung infolge der Ableitung bestimmter gefährlicher Stoffe in die Gewässer der Gemeinschaft (Richtlinie des Rates vom 4. Mai 1976 betreffend die Verschmutzung infolge der Ableitung bestimmter gefährlicher Stoffe in die Gewässer der Gemeinschaft [76/464/EWG], ABl. EG Nr. L 129 vom 18. Mai 1976, S. 23) den Rahmen dafür abgesteckt, in welchem Ausmaß Schadstoff- und Nährstoffmengen, die jährlich in die Gewässer gelangen und in das Meer transportiert werden, durch Vermeidungs- oder Reinigungsanstrengungen schrittweise reduziert werden müssen. Typisches Kennzeichen für diese Regelungen sind quantitative Zielvorstellungen für Vermeidungs- und Reinigungsanstrengungen. Es geht weder um Anwendung von Technik um ihrer bloßen Verfügbarkeit willen noch letztlich um ein Streben nach "Null-Emission" oder Nicht-Nachweisbarkeit im Gewässer. Eine Reihe von Folgerichtlinien wie zum Beispiel für Quecksilber (Richtlinie des Rates vom 22. März 1982 betreffend Grenzwerte und Qualitätsziele für Quecksilberableitungen aus dem Industriezweig Alkalichloridelektrolyse (82/176/EWG, ABl. EG Nr. L 81 vom 27. März 1982, S. 29), Hexachlorcyclohexan (Richtlinie des Rates vom 9. Oktober 1984 betreffend Grenzwerte und Qualitätsziele für Ableitungen von Hexachlorcyclohexan (84/491/EWG), ABl. EG Nr. L 274 vom 17. Oktober 1984, S. 11 mit Berichtigungen ABl. EG Nr. L 296, S. 11), Kadmium (Richtlinie des Rates vom 26. September 1983 betreffend Grenzwerte und Qualitätsziele für Cadmiumanleitungen (83/513/EWG), ABl. EG Nr. L 291 vom 24. Oktober 1983, S. 1) und Asbest (Richtlinie des Rates vom 19. März 1987 zur Verhütung und Verringerung der Umweltverschmutzung durch Asbest (87/217/EWG), ABl. EG Nr. L 85 vom 28. März 1987, S. 40) schränken das Bewirtschaftungsermessen der

Wasserbehörden ein und führen zu anlagenspezifischen Maßgaben im Einzelfall. Damit werden die nationalen Frachtabbaukonzepte und Mindestanforderungen (vgl. unten Begründung zu § 243) EG-rechtlich überlagert.

Aber auch außerhalb des Wasserrechts finden sich EG-rechtliche und bundesrechtliche Frachtabbauregelungen, die dem Gewässerschutz zugute kommen. So zielen die EG-rechtlichen Vorschriften über die Reduzierung der Schwefeldioxid-Emissionen (Richtlinie des Rates vom 15. Juli 1980 über Grenzwerte und Leitwerte der Luftqualität für Schwefeldioxid und Schwebstaub [80/779/EWG], ABl. EG Nr. L 229 vom 30. August 1980, S. 30) sowie die Regelungen der Großfeuerungsanlagen-Verordnung (Dreizehnte Verordnung zur Durchführung des Bundes-Immissionsschutzgesetzes (Verordnung über Großfeuerungsanlagen - 13. BImSchV) vom 22. Juni 1983, BGBl. I S. 719) und der TA Luft (Erste Allgemeine Verwaltungsvorschrift zum Bundes-Immissionsschutzgesetz [Technische Anleitung zur Reinhaltung der Luft - TA Luft] vom 27. Februar 1986, GMBl. S. 95), welche die wichtigsten Säurebildner betreffen, auch darauf ab, der zunehmenden Versauerung der Quellgewässer, Seen und Bäche sowie des Bodens entgegenzuwirken. Der Schadstoff- und Nährstoffeintrag über trockene und nasse Depositionen ist sogar im Hinblick auf den Schutz der Meeresumwelt schon recht hoch zu veranschlagen. Auch EG-rechtliche und bundesrechtliche Instrumente des Abfallrechts, die darauf abzielen, die Entstehung von Abfall zu vermeiden und Abfallströme zu steuern, haben oft auch Schutzziele mit im Auge, die sich auf Gewässer und Böden beziehen.

c) Vom anlagenspezifischen Ansatz her greifen besonders viele Regelungen zumindest auch zum Schutz der Gewässer ein, teilweise ungezielt, teilweise auf bestimmte besonders gefährliche Punktverschmutzungen bezogen. Hier ist in erster Linie die Richtlinie des Rates zur Angleichung der Rechtsvorschriften der Mitgliedstaaten über Bauprodukte (Richtlinie des Rates vom 21. Dezember 1988 zur Angleichung der Rechts- und Verwaltungsvorschriften der Mitgliedstaaten über Bauprodukte [89/106/EWG], ABl. EG Nr. L 40 vom 11. Februar 1989, S. 12) richtungsweisend, die als Leitbild einer neuen Generation von Umweltschutzrichtlinien schlechthin verstanden werden soll. Die Bauproduktenrichtlinie errichtet ein prozedurales System der Normschöpfung. Sie ist anwendbar auf sämtliche Produkte, die zum Zweck des dauerhaften Einbaus in Bauwerke des Hoch- und Tiefbaus hergestellt werden. Darin sind alle vorgefertigten Bauwerke mit einbezogen. In erster Linie geht es dabei um den Schutz des freien Warenverkehrs gegen nichttarifäre Handelshindernisse; das Verhältnis zu umweltbezogenen Richtlinien, insbesondere zur Grundwasserrichtlinie ist noch ungeklärt. Alle nationalen Regelungen zum Umfang mit wassergefährdenden Stoffen müssen aber künftig Bauproduktenrichtlinienkonform ausgelegt werden. Entscheidend ist, daß auf der Grundlage der Bauproduktenrichtlinie Grundlagendokumente und technische Normsysteme entwickelt werden. Dabei sind die Anforderungen nach verschiedenen Klassen zu differenzieren, wobei besondere Schutzwürdigkeiten und besondere Gefährdungsintensitäten einstufungsrelevant sein können. Stellt man die Anforderung in den Vordergrund, daß im Interesse des Schutzes der Oberflächengewässer und des Grundwassers Anlagen dicht sein müssen, zeigt sich bereits die überragende Bedeutung für das gesamte Baurecht, aber auch für die auf der Grundlage früher des § 24 GewO, jetzt des Gerätesicherheitsgesetzes, erlassenen technischen Normen. Von dort her ergeben sich entscheidende Vorgaben dafür, mit welcher Intensität Grundwasserschutz flächendeckend gegenüber der Besorgnis von Undichtigkeiten bei baurechtlich oder gewerberechtlich geprüften Anlagen betrieben wird (Krieger, ZfW 1993, 9 ff.).

Eine Schlüsselstellung kommt dem Recht der genehmigungsbedürftigen Anlagen nach §§ 4 ff. BImSchG auch für den Gewässerschutz zu. Obwohl bisher die Konzentrationswirkung des § 13 BImSchG nicht auf die Entscheidung der Wasserbehörde über die Benutzung der Gewässer ausgedehnt wurde, erstreckt sich die Prüfung im Genehmigungsverfahren doch auf viele technische Bereiche, die unmittelbar oder mittelbar dem Gewässerschutz dienen. Insbesondere ersetzt die Genehmigung alle baurechtlichen Zulassungen sowie Eignungsfeststellungen nach §§ 19g ff. WHG (Ule/Laubinger, Bundes-Immissionsschutzgesetz, 1978 ff., Stand: April 1993, § 13 BImSchG Rn. D 1 ff.). Obwohl es nicht Sache des Immissionsschutzrechts ist, eigenständige Maßstäbe für den Gewässerschutz zu setzen, werden doch im Genehmigungsverfahren erhebliche Beurteilungsspielräume ausgeschöpft, die sich bei der Anwendung anderswo definierter medienspezifischer, frachtabbauspezifischer oder anlagenspezifischer Normen ergeben.

Besondere Bedeutung kommt den Vorschriften zum Schutz vor großen Unfällen zu, die geeignet sind, die Ziele des Gewässerschutzes drastisch zu durchkreuzen. Hier ist bereits die EG-Richtlinie über die Gefahren schwerer Unfälle bei bestimmten Industrietätigkeiten (Richtlinie des Rates vom 24. Juni 1982 über die Gefahren schwerer Unfälle bei bestimmten Industrietätigkeiten [82/501/EWG], ABl. EG Nr. L 230 vom 5. August 1982, S. 1) einschlägig. Die Umsetzung im Rahmen des Bundes-Immissionsschutzgesetzes wird insbesondere durch die Störfall-Verordnung (Zwölfte Verordnung zur Durchführung des Bundes-Immissionsschutzgesetzes (Störfall-Verordnung - 12. BImSchV) in der Fassung der Bekanntmachung vom 20. September 1991, BGBl. I S. 1891) gewährleistet, die, ausgelöst durch den Sandoz-Unfall in der Schweiz, jetzt auch unmittelbare Gewässerschutzaufgaben übernimmt. Die Spaltung des Gewässerschutzes danach, ob großräumige oder besonders schwerwiegende Gewässerverunreinigungen durch Unfälle oder durch die Kumulation zahlloser Undichtigkeiten ausgelöst werden, ist vom medienspezifischen Ansatz her nicht einleuchtend; sie hat sich aber verfestigt. Daraufhin entscheiden nicht zuletzt die Maßstäbe, die an die Sicherheitsanalysen gestellt werden, darüber, ob die Gewässer gegenüber großen Unfällen hinreichend geschützt sind oder nicht.

d) Vom stoffrechtlichen Ansatz her wirkt die EG-Richtlinie für die Einstufung, Verpackung und Kennzeichnung gefährlicher Stoffe (Richtlinie des Rates vom 27. Juni 1967 zur Angleichung der Rechts- und Verwaltungsvorschriften für die Einstufung, Verpackung und Kennzeichnung gefährlicher Stoffe [67/548/EWG], ABl. EG Nr. 196 vom 16. August 1967, S. 1) in des Gewässerschutzrecht vielfältig hinein. In der Zwölften Anpassungsrichtlinie (Richtlinie des Rates vom 1. März 1991 zur zwölften Anpassung an den technischen Fortschritt der Richtlinie 67/548/EWG zur Angleichung der Rechts- und Verwaltungsvorschriften für die Einstufung, Verpackung und Kennzeichnung gefährlicher Stoffe (91/325/EWG), ABl. EG Nr. L 180 vom 8. Juli 1991, S. 1) Anhang VI Teil II sind die Sätze R 50 bis 53 eingeführt worden, die Anforderungen definieren für Stoffe mit den Indikationen: sehr giftige Wasserorganismen (R 50), giftige Wasserorganismen (R 51), schädliche Wasserorganismen (R 52), in Gewässern langfristig schädliche Wirkungen auslösend (R 53). Hinzu kommt die Richtlinie des Rates über das Inverkehrbringen von Pflanzenschutzmitteln, die eine europaweit harmonisierte Handhabung des Zulassungsverfahrens anstrebt. Die Zulassungskriterien sollen Daten berücksichtigen über Verbleib und Verhalten im Boden, Verbleib und Verhalten im Wasser und in der Luft sowie über Auswirkungen auf Wasserorganismen wie Fische, Algen und Daphnien. Im Bundesrecht sind es das Chemikaliengesetz (Gesetz zum Schutz vor gefährlichen Stoffen (Chemikaliengesetz - ChemG) in der Fassung der Bekanntmachung vom 14. März 1990, BGBl. I S. 521), das Pflanzenschutzgesetz (Gesetz zum Schutz der Kulturpflanzen (Pflanzenschutzgesetz - PflSchG) vom 15. September 1986, BGBl. I S. 1505) und Düngemittelgesetz (vom 15. November 1977, BGBl. I S. 2134) sowie das Waschmittelgesetz (Gesetz über Umweltverträglichkeit von Wasch- und Reinigungsmitteln (Wasch- und Reinigungsmittelgesetz - WRMG) in der Fassung der Bekanntmachung vom 5. März 1987, BGBl. I S. 875), die ein stoffrechtliches Kontrollinstrumentarium bereithalten mit dem Ziel, bestimmte Wirkstoffe im Interesse des Gewässerschutzes zu eliminieren oder zumindest deren Einsatz zu begrenzen. Für den Bereich der landwirtschaftlichen Produktion setzen die Pflanzenschutzmittel-Anwendungsverordnung (Verordnung über Anwendungsverbote für Pflanzenschutzmittel (Pflanzenschutz-Anwendungsverordnung, vom 27. Juli 1988, BGBl. I S. 1196) und die Düngemittel-Anwendungsverordnung (von der Verordnungsermächtigung ist bislang kein Gebrauch gemacht worden, ein Entwurf befindet sich im Vorbereitungsstadium, BT-Drs. 11/6146, S. 33; Möker, Gewässerbelastungen durch Agrarstoffe, 1993, S. 75 f.) entscheidende Weichen dafür, was flächendeckend zum Schutz der Oberflächengewässer und insbesondere des Grundwassers geschieht. Auch das Landesrecht kann hier noch erhebliche Spielräume ausschöpfen; im Anwendungsbereich des § 15 AbfG spielen insbesondere die Gülleverordnungen einiger Länder eine wichtige Rolle. Entscheidend ist hier der Wasserrechtsvorbehalt, wie er beispielhaft in § 15 Abs. 6 AbfG formuliert ist: "Die Vorschriften des Wasserrechts bleiben unberührt". Bisher hat im Kollisionsbereich zwischen Landwirtschaft und Gewässerschutz insgesamt der Wasserrechtsvorbehalt gegolten, so daß strengere Anforderungen an besonders schutzwürdigen oder an besonders gefährdeten Standorten stets durchgesetzt werden konnten.

e) Vom polizeirechtlichen Ansatz her stellt das Landesrecht eine Art Auffangschutzinstrumentarium zum Schutz der Gewässer zur Verfügung. Die Wasserbehörden sind wie andere für den Schutz der Umwelt zuständige Behörden auch in allen Bundesländern mit der Befugnis ausgestattet, zur Abwehr von Gefahren für die öffentliche Sicherheit Verordnungen zu erlassen oder Ge- oder Verbotsverfügungen von Fall zu Fall. Das Polizeirecht liefert nicht eigene Maßstäbe dafür, was im Bereich des Gewässerschutzes den unbestimmten Rechtsbegriff "öffentliche Sicherheit" und den der "Gefahr" jeweils ausfüllt (Salzwedel, RdWWi. 13 [1964], S. 35 ff.). Insofern verweisen die Landesrechte auf das einschlägige Wasserrecht, insbesondere auf die Bewirtschaftungspläne oder Bewirtschaftungskonzepte, die auf der Grundlage der Wassergesetze von Bund und Ländern aufgestellt sind. Das gilt insbesondere für den bedeutsamen Bereich der Sanierung von Altlasten. Soweit es dabei um den Schutz der Oberflächengewässer und des Grundwassers geht, sind die Wasserbehörden primär zuständig, Polizeiverfügungen gegen Handlungs- und Zustandsstörer zu erlassen (Reinhardt, Die Eingriffsbefugnisse der Wasserbehörden bei der Sanierung von Altlasten, 1989, S. 62 ff.), und darüber hinaus maßgeblich dafür, die jeweiligen Schutz- und Gefährdungsstandards verbindlich zu definieren.

f) Nicht zuletzt gehört zu den Rahmenbedingungen für Gewässerschutz und Wasserwirtschaft auch, welche Vorgaben für Struktur und Markt der deutschen Wasserversorgungswirtschaft vorgegeben sind. Die EG-Richtlinie über die Qualität von Wasser für den menschlichen Gebrauch (sogenannte Trinkwasser-Richtlinie) (Richtlinie des Rates vom 15. Juli 1980 über die Qualität von Wasser für den menschlichen Gebrauch [80/778/EWG], ABl. EG Nr. L 229 vom 30. August 1980, S. 1) spiegelt sich in der Trinkwasserverordnung wider, die auf nationaler Ebene sowohl auf § 11 BSeuchG als auch auf das Lebensmittelgesetz gestützt ist (Kolkmann, Die EG-Trinkwasserrichtlinie, 1991, S. 160 ff.). Sie enthält die rechtlich verbindlichen Anforderungen an die Beschaffenheit des Wassers für den menschlichen Gebrauch, die Pflichten des Wasserversorgungsunternehmens zur Untersuchung und Überwachung der Versorgungsanlagen sowie Art und Umfang der Überwachung durch das Gesundheitsamt. Ergänzend tritt die Verordnung über Allgemeine Bedingungen für die Versorgung mit Wasser (AVBWasserV) vom 20. Juni 1980 (BGBl. I S. 750) hinzu: sie regelt die vertraglichen Beziehungen zwischen dem Wasserversorgungsunternehmen und seinen Kunden mit Ausnahme der Großabnehmer und gilt auch für kommunale Abwasserabgabesatzungen. Hier wird auch wieder die Verknüpfung mit der vierten Regelungsebene des Umweltrechts, nämlich dem kommunalen Satzungsrecht sichtbar.

Die Vernetzung aller Rechtsmaterien, die unmittelbar oder mittelbar dem Schutz der Gewässer dienen, ist damit nur überschlägig und beispielhaft dargestellt. Von daher ist es aber bereits verständlich, daß die Rolle von Gewässerschutz und Wasserwirtschaft schicksalhaft bestimmt wird dadurch, wieweit Schutzwürdigkeits- und Gefährdungsprofile fremdbestimmt und vorgegeben sind oder autonom aus der Eigenständigkeit und Eigengesetzlichkeit der Rechtsmaterie entwickelt werden. Im ersteren Fall ist Gewässerschutz das, was an mengen- und gütewirtschaftlichen Zielen übrig bleibt, wenn man allen fremdgesetzten Rahmenbedingungen und Standards entsprochen hat. Im letzteren Fall stehen umgekehrt alle diese Rahmenbedingungen und Standards unter dem Vorbehalt, daß nicht im Einzelfall Bewirtschaftungsziele, die für Oberflächengewässer und Grundwasservorkommen gesetzt sind, ein weiteres umweltrelevantes Vorhaben ausschließen oder zumindest strengere (sogenannte "weitergehende") Anforderungen erforderlich machen.

II. VORSCHLAG

1. Zur Konzeption des Wasserrechts im Besonderen Teil

a) Soweit die Gewässer als Bestandteil des Naturhaushalts zu schützen sind, ordnet sich das Wasserrecht in den Rahmen des umfassenderen Naturschutzrechts ein. Die Schutzziele zur Entwicklung von Natur und Landschaft und zur Schaffung von ausreichenden Lebensstätten für eine Vielfalt von Arten, die gesetzt werden müssen, werden jeweils in die wasserwirtschaftliche Planung übernommen. Die spezifisch wasserrechtlichen Instrumente, die in diesem Kapitel darzustellen sind, werden zugleich in den Dienst naturhaushaltsbezogener Zielvorstellungen gestellt. Naturschutzrecht und Wasserrecht sind damit vom Ansatz her in besonderer Weise miteinander verzahnt.

Das neu hinzutretende Bodenschutzrecht geht davon aus, daß es eigenständige Bodenschutzziele gibt, die auch mit einem eigenständigen bodenschutzrechtlichen Instrumentarium verwirklicht werden sollen. Da der Boden als Bestandteil des Naturhaushalts bereits in den Schutzbereich des Naturschutzrechts, mit seinen vielfältigen Funktionen zur Abschirmung der Grundwasservorkommen in den Schutzbereich des Wasserrechts einbezogen ist, können Überschneidungsbereiche auftreten.

Die in den drei medialen Bereichen Natur, Wasser und Boden entwickelten Schutzziele geben schließlich wichtige Signale dafür, wie die Instrumente in den nachfolgenden Kapiteln genutzt werden müssen. So sind zum Beispiel in immissionsschutzrechtlichen Genehmigungsverfahren, in denen die Frage beantwortet werden muß, ob eine Anlage schädliche Umwelteinwirkungen in bezug auf Natur, Wasser oder Boden mit sich bringt, in der Regel die Schutzwürdigkeitsprofile und Gefährdungsprofile zugrunde zu legen, die im

Rahmen der Willensbildungsmechanismen der ersten drei Kapitel festgelegt worden sind.

Daraus ergeben sich zwei Folgerungen:

- Überall dort, wo schon im Allgemeinen Teil der Schutz der Gewässer besonders hervorgehoben worden ist, sind die damit umschriebenen Sollzustände in mengen- und gütewirtschaftlicher Hinsicht im Lichte von Bewirtschaftungsplänen und Bewirtschaftungskonzepten des Zweiten Kapitels zu deuten.
- Das Wasserrecht als zweites Kerngebiet des Umweltrechts soll möglichst weitgehend den Strukturvorgaben des Allgemeinen Teils folgen. Darüber hinaus liegt es nahe, wegen der medialen Vernetzung von Natur- und Gewässerschutz auch die Systematik des Ersten Kapitels möglichst weitgehend zu übernehmen.

b) Eine Reihe von Besonderheiten ergeben sich aber daraus, daß das Wasserrecht gleichgewichtig den Schutz der Gewässer zu gewährleisten und ihre wirtschaftliche Nutzung zu regeln hat. Eine Aufsplitterung des Wasserrechts in einen umweltrechtlichen und einen wirtschaftsverwaltungsrechtlichen Komplex würde Zusammengehöriges auseinanderreißen und Entscheidungslagen verdunkeln.

c) Ferner werden im Wasserrecht auch die Rechtsbeziehungen der Gewässerbenutzer untereinander mit erfaßt, die ihrer Natur nach bürgerlichrechtlich sind. Da ein mehr oder weniger ausgeprägter Investitionsschutz für Nutzungen und Anlagen, die mit einer Inanspruchnahme der Gewässer verbunden sind, sowohl gegenüber der Wasserbehörde als auch gegenüber den wasserrechtlichen Nachbarn gewährleistet werden muß, führt die Komplexität der Materie in Regelungsbereiche hinein, die vom Allgemeinen Teil her nicht indiziert sind und dort nicht vorstrukturiert zu werden brauchten. Das Wasserrecht ist - ähnlich wie etwa das Bergrecht - auch künftig umweltrechtlich, wirtschaftsverwaltungsrechtlich und bürgerlich-rechtlich zugleich angelegt. Daraus erklärt sich bereits der Aufbau der Abschnitte und Unterabschnitte des Kapitels.

d) Eine weitere Besonderheit hängt damit zusammen, daß das Wasserhaushaltsgesetz entsprechend dem Auftrag des Art. 75 Nr. 4 GG ein Rahmenrecht für alle Gewässer gesetzt hat, woran das Zweite Kapitel anknüpft, daß aber zugleich Sonderregelungen für bestimmte Kategorien von Gewässern wie für Oberflächengewässer, Küstengewässer und Grundwasservorkommen erforderlich werden. Bei genauerem Zusehen stellt sich sogar heraus, daß innerhalb dieser Gruppen noch ganz unterschiedliche Gewässerarten vorkommen, die sowohl von ihren Schutzwürdigkeiten als auch von ihren Gefährdungen nicht über einen Leisten geschlagen werden können. Damit hängt es auch zusammen, daß die Gliederung nicht wie im Naturschutzrecht ganz allgemein einen flächendeckenden Gewässerschutz dem nur in Wasserschutzgebieten geltenden strengeren gegenüberstellt. Schon der flächendekkende Gewässerschutz ist vielfältig differenziert; am nächsten kommt die Rechtslage der vom Naturschutzrecht her sich anbietenden Gegenüberstellung nur dort, wo Bodennutzungen überall und flächendeckend Rücksicht auf strikten Schutz der Grundwasservorkommen nehmen müssen. An diese Rücksichtnahmepflichten der Betreiber oder Eigentümer knüpfen die weitergehenden Schutzanordnungen an, die in Wasserschutzgebieten je nach der Schutzzone darüber hinausreichende Beschränkungen festlegen.

e) Die Regelungen des Bundesrahmenrechts sollen auch künftig folgende Hauptgegenstände des Rechts der Wasserwirtschaft erfassen:

- die Umschreibung des Bewirtschaftungsauftrags der Wasserbehörde sowie von Inhalt und Grenzen des Bewirtschaftungsermessens,
- den Katalog von Benutzungen, die einer wasserrechtlichen Zulassung bedürfen,
- die Unterscheidung der wasserrechtlichen Zulassungen danach, ob sie grundsätzlich Bestandsschutz gewähren (Bewilligung) oder nicht (Erlaubnis); dem entspricht bei überkommenen Zulassungen die Unterscheidung zwischen alten Rechten und alten Befugnissen,
- die Steuerung der Abwasserfrachten durch Mindestanforderungen an die Behandlung von Abwässern,
- die Begründung der Abwasserbeseitigungspflicht für Körperschaften des öffentlichen Rechts,
- die Regelung von Bau und Betrieb von Abwasseranlagen,
- die Regelung von Rohrleitungsanlagen zum Befördern und allgemein von Anlagen zum Umgang mit wassergefährdenden Stoffen,
- die Überwachung von Anlagen, Einrichtungen und Vorgängen, die für die Gewässerbenutzung von Bedeutung sind,
- die Einführung von Betriebsbeauftragten für Gewässerschutz,
- Vorschriften über Unterhaltung und Ausbau oberirdischer Gewässer,
- die Erhebung einer Abwasserabgabe. Bundesrechtliche Regelungen über die wasserwirtschaftliche Rahmenplanung nach § 36 WHG werden durch die Planungsvorschriften der §§ 19 ff. entbehrlich; nähere Bestimmungen dazu sind den Landeswassergesetzen zu entnehmen. Die Bedeutung der Wasserbücher macht bundesrechtliche Vorgaben nicht mehr zwingend erforderlich. Auch hier sollen die Länder wieder freie Hand erhalten, ob und wie sie die Einrichtung fortführen.

Die wichtigsten Regelungen der Landeswassergesetze betreffen auch künftig:

- den Aufbau der Wasserbehörden,
- die Bereitstellung der wasserpolizeilichen Generalklausel zum Einschreiten gegen nicht zugelassene Benutzungen der Gewässer, aber auch gegen Anlagen, Bodennutzungen oder andere Verhaltensweisen, die eine Ge-

fahr für den jeweils angestrebten Bewirtschaftungszustand der Gewässer darstellen,
- Vorschriften über das Verfahren bei Erteilung wasserrechtlicher Zulassungen,
- sonstige die bundesrechtlichen Rahmenregelungen ausfüllende Bestimmungen.

Darüber hinaus werden sich in den Landeswassergesetzen Regelungen folgender Art finden:
- zur Ordnung der öffentlichen Wasserversorgung,
- zur Organisation der Abwasserbeseitigung,
- Bestimmungen über Wasserverbände,
- Genehmigungsvorbehalte für Anlagen im und am Gewässer,
- Vorschriften über Talsperren und Rückhaltebecken,
- Vorschriften über Deichbau und Überschwemmungsgebiete,
- Vorschriften über wild abfließendes Wasser,
- die Einführung von Zwangsrechten,
- Vorschriften über Bau und Betrieb von Häfen und Fähren,
- Vorschriften über die Ausübung der Fischerei und Muschelzucht.

Besondere Hervorhebung verdienen nach wie vor Vorschriften des bürgerlichen Rechts, welche die Benutzung der Gewässer betreffen. Nach Art. 74 Nr. 1 GG hat der Bund eine konkurrierende Gesetzgebungskompetenz dafür, das privatrechtliche Wasserrecht zu vereinheitlichen. Davon ist jedoch kein Gebrauch gemacht worden. Nach wie vor gilt Art. 65 EGBGB, der es den Ländern überläßt, die vom Bewirtschaftungssystem ausgesparten privatrechtlichen Regelungen zu erlassen (Breuer, Öffentliches und privates Wasserrecht, 2. Aufl., 1987, Rn. 729; Salzwedel, in: ders. [Hrsg.], Grundzüge des Umweltrechts, 1982, S. 569 ff., 574). Nach wie vor findet sich dieses bürgerlich-rechtliche Wasserrecht in den Landeswassergesetzen, teilweise im Sinne einer offenen Regelung, teilweise in öffentlich-rechtlichen Gestaltungen gewissermaßen versteckt. Zunächst geht es um die Bestimmung, wem das Eigentum am Gewässer zusteht. Abgesehen davon, daß nach Art. 89 Abs. 1 GG der Bund Eigentümer der Bundeswasserstraßen ist, bestimmt sich die Eigentumsfrage bei allen anderen Gewässern nach den Landeswassergesetzen. Bürgerlich-rechtlicher Natur sind ferner alle Rechtsbeziehungen des wasserrechtlichen Nachbarrechts, also etwa zwischen Unternehmern, die das Gewässer mengen- oder gütewirtschaftlich stromauf und stromab benutzen und sich dabei möglicherweise stören. Das Wasserhaushaltsgesetz hat die Bewilligung als privatrechtsgestaltenden Zulassungsakt ausgestaltet; sie führt insbesondere zum Erlöschen von Ansprüchen, die auf Unterlassung der Benutzung, auf Herstellung von Schutzeinrichtungen oder auf Schadensersatz gerichtet sind, und greift somit in das wasserrechtliche Nachbarrecht unmittelbar ein. Aber auch hier verbleibt den Ländern ein gewisser Gestaltungsspielraum, insbesondere für einen abgestuften Investitionsschutz zugunsten dessen, der seine Benutzung jeweils früher aufgenommen hatte.

Die Haftung für Gewässerverunreinigungen ist in §§ 110 ff. bundeseinheitlich geregelt. Für Landesrecht bleibt kein Raum mehr.

2. Zum Aufbau des den Gewässerschutz und die Wasserwirtschaft betreffenden Kapitels

Das im Zweiten Kapitel darzustellende Wasserrecht knüpft an den Aufbau des Wasserhaushaltsgesetzes an, ordnet aber Sonderregelungen, die durch eine Reihe von Novellierungen geschaffen worden sind, systematisch neu ein. Ferner wird die Abwasserabgabe als Instrument zur Durchsetzung eines spezifischen Abwasserrechts in das Rahmenrecht mit einbezogen.

Das Kapitel gliedert sich dementsprechend in zehn Abschnitte:

Erster Abschnitt: Allgemeine Vorschriften

Zweck des Gesetzes, Begriffsbestimmungen, Grundsätze, Bewirtschaftungspläne und Bewirtschaftungskonzepte, Gewässerschutzpflichten, Gewässerschutzpflichten der Land- und Forstwirtschaft, eingreifende Maßnahmen.

Zweiter Abschnitt: Eröffnungskontrollen

Erfordernis und Inhalt einer wasserrechtlichen Zulassung, Zulassungsvoraussetzungen, Nebenbestimmungen zur Zulassung, nachträgliche Anordnungen, vorzeitiger Beginn, Ausgleich von Rechten und Befugnissen; besondere Zulassungsvoraussetzungen für die Umweltbewilligung, Bestandskraft der Umweltbewilligung, Rechtswirkungen der Umweltbewilligung, nachträgliche Entscheidungen der Wasserbehörde; Erlaubnis; Planfeststellungen und bergrechtliche Betriebspläne, Alte Rechte und alte Befugnisse.

Dritter Abschnitt: Bestimmungen für oberirdische Gewässer

Bewirtschaftungsziele für Oberflächengewässer, Frachtabbaukonzepte und Mindestanforderungen, Einbringen, Lagern und Befördern von Stoffen; Gemeingebrauch, Eigentümer- und Anliegergebrauch, Benutzung zu Zwecken der Fischerei; Abwasserbeseitigungspflicht und Abwasserbeseitigungspläne, Bau und Betrieb von Abwasseranlagen, Zulassung von Abwasserbehandlungsanlagen; Ausbau, Unterhaltung, Unterhaltungslast, besondere Pflichten im Interesse der Unterhaltung.

Vierter Abschnitt: Bestimmungen für Küstengewässer

Bewirtschaftungsziele, erlaubnisfreie Benutzungen von Küstengewässern.

Fünfter Abschnitt: Bestimmungen für das Grundwasser

Bewirtschaftungsziele beim Grundwasserschutz, Benutzungsverbote, besondere Grundwasserbenutzungen, erlaubnisfreie Benutzungen, Erdaufschlüsse.

Sechster Abschnitt: Wassergefährdende Anlagen

Anlagen zum Umgang mit wassergefährlichen Stoffen, Umweltbewilligungs- und Erlaubnisvorbehalt für Rohrleitungen zum Befördern wassergefährlicher Stoffe.

Siebenter Abschnitt: Gebietsbezogener Gewässerschutz

Wasserschutzgebiete.

Achter Abschnitt: Vollzug und Umweltbeauftragte

Überwachungspflicht, Eigenüberwachung, Durchsetzung des Wasserrechts, vertragliche Vereinbarungen, Erforderlichkeit eines Umweltbeauftragten für Gewässerschutz, Aufgaben des Umweltbeauftragten für Gewässerschutz.

Neunter Abschnitt: Abwasserabgabe

Abgabepflicht, Begriffsbestimmungen, Abgabehöhe; Bewertungsgrundlage, Ermittlung in sonstigen Fällen, Pauschalierung bei Einleitung von verschmutztem Niederschlagswasser, Pauschalierung bei Kleineinleitungen; Abgabepflichtiger, Abgabesatz, Verrechnung bei fortschrittlichen Anlagen; Erklärungspflicht, Verwendung der Abwasserabgabe.

Zehnter Abschnitt: Ordnungswidrigkeiten.

Zum Ersten Abschnitt: Allgemeine Vorschriften

I. AUSGANGSLAGE

1. Gegenstand des Regelungsbereichs

Während der erste Teil des Wasserhaushaltsgesetzes alle gemeinsamen Bestimmungen für alle Gewässer enthielt, soll der erste Abschnitt in den Allgemeinen Vorschriften die Grundlagen der Wasserwirtschaftspolitik und das Instrumentarium zur Kontrolle der Gewässerbenutzungen vorstellen. Das Recht der Wasserwirtschaft geht von der staatlichen Bewirtschaftung aller Gewässer durch die Länder aus. Die Grundsätze der Gewässerbewirtschaftung sind in § 224, die Formen der Bewirtschaftung in § 225 verdeutlicht.

Im Mittelpunkt steht die Aussage, daß das Bundesrahmenrecht keine positiven Modelle dafür entwickelt, wie die einzelnen Gewässer in mengen- und gütewirtschaftlicher Hinsicht benutzt werden sollen. Der Bewirtschaftungsauftrag an die Wasserbehörden der Länder wird durch die Grundsätze näher erläutert, wonach die Gewässer sowohl als Bestandteil des Naturhaushalts zu schützen als auch im Rahmen ihrer Belastbarkeit wirtschaftlich zu nutzen sind. Maßstab für richtiges Verwaltungshandeln ist also nicht unmittelbar das Bundesrecht; vielmehr verweist es auf Bewirtschaftungspläne und Bewirtschaftungskonzepte, welche die Länder zu verantworten haben.

Entsprechend der Strategie schon des Allgemeinen Teils sind Gewässerschutzpflichten für alle diejenigen formuliert, die Gewässer benutzen oder auf sie einwirken. Dabei ist zu verdeutlichen, daß weder das Gewässer noch das Grundstückseigentum dem Bewirtschaftungsermessen der Wasserbehörden vorgeordnet sind; allein was sich in den Rahmen von Bewirtschaftungsplänen oder Bewirtschaftungskonzepten für die einzelnen Gewässer einordnen läßt, rechtfertigt die Inanspruchnahme in mengen- oder gütewirtschaftlicher Hinsicht. Im Hinblick auf die nahezu flächendeckend zu beobachtende Konfliktsituation zwischen Land- und Forstwirtschaft auf der einen, Wasserwirtschaft auf der anderen Seite werden die Betreiberpflichten in diesem Bereich besonders ausgeformt.

In weitem Umfang können die Ziele der Wasserwirtschaft nur mit dem Gefahrenabwehrinstrumentarium durchgesetzt werden, das das Landesrecht bereitstellt. In allen Bundesländern ist nach Inkrafttreten des Wasserhaushaltsgesetzes die überkommene Regelung beibehalten worden, daß die Wasserbehörden die Befugnisse der Polizeibehörden zur Abwehr von Gefahren haben, die der Wasserwirtschaft drohen. Auch die Landeswassergesetze in den neuen Bundesländern haben diese Tradition fortgeführt. Für das Bundesrahmenrecht ist es aber unerläßlich sicherzustellen, daß das Landesrecht den Wasserbehörden dieses Gefahrenabwehrinstrumentarium auch künftig stets bereitstellt. Damit können alle Ursachen für Störungen der Wasserwirtschaft bekämpft werden, die nicht Benutzung im Sinne des § 223 Abs. 7 und damit nicht der Eröffnungskontrolle nach § 229 unterworfen sind.

2. Bisherige Rechtslage

Der Bewirtschaftungsauftrag der Länder ist in § 1a Abs. 1 WHG umschrieben. Der Inhalt der Bewirtschaftungspläne hat § 36b WHG vorstrukturiert; das Verfahren zu ihrer Aufstellung und Fortschreibung ist in den Landeswassergesetzen weiter ausgestaltet. Da die Länder aber davon absehen, förmliche Bewirtschaftungspläne zur Erfüllung ihres Bewirtschaftungsauftrages zu entwickeln, beruht das System der Gewässerbenutzungen allenthalben auf informellen Bewirtschaftungskonzepten. Dazu findet sich im Rahmenrecht ausdrücklich nichts.

Die Gewässerschutzpflichten von jedermann, mit dessen Maßnahmen Einwirkungen auf ein Gewässer verbunden sein können, sind in § 1a Abs. 2

WHG erstmalig formuliert worden. Dies hat auch die Regelung des Allgemeinen Teils mit beeinflußt.

Die Abkopplung der Gewässerbenutzung vom Grundeigentum war vom Bundesgerichtshof zunächst in Frage gestellt worden. § 1a Abs. 3 WHG hat dann ausdrücklich klargestellt, daß das Grundeigentum weder zu einer Gewässerbenutzung noch zum Ausbau eines oberirdischen Gewässers berechtigt. Auf Vorlagebeschluß des Bundesgerichtshofs - 3. Zivilsenat vom 13. Juli 1978 - hat das Bundesverfassungsgericht in einem Grundsatzurteil die gesetzliche Regelung in vollem Umfang bestätigt. Zweifel an der Vereinbarkeit mit der Eigentumsgarantie des Art. 14 Abs. 3 GG sind damit ausgeräumt.

Die Verfügbarkeit des polizeirechtlichen Gefahrenabwehrinstrumentariums zur Durchsetzung der Bewirtschaftungsziele ist bisher bundesrechtlich nicht gesichert. Das Wasserhaushaltsgesetz baut aber von der Sache her auf der Möglichkeit der Gefahrenabwehr nach diesen Grundsätzen auf.

II. VORSCHLAG

1. Leitvorstellungen

Das mit dem Wasserhaushaltsgesetz begründete System der Gewässerbewirtschaftung wird beibehalten. Mittels der Allgemeinen Vorschriften werden aber eine Reihe von Klarstellungen und Ergänzungen vorgenommen, die den Gesetzestext näher an das heranführen, was in den Ländern wirklich geschieht. So treten als Formen der Erfüllung des Bewirtschaftungsauftrages die Bewirtschaftungskonzepte gleichberechtigt neben förmliche Bewirtschaftungspläne.

Die Gewässerschutzpflichten werden in den umfassenden Regelungszusammenhang der Grundpflichten nach § 7 Abs. 1 und 2 eingefügt.

Die Gewässerschutzpflichten der Land- und Forstwirtschaft werden verknüpft mit den Rücksichtnahmepflichten, die im Ersten Kapitel zum Schutz des Naturhaushalts und im Dritten Kapitel zum Schutz des Bodens vorgesehen sind.

Wo bisher der Eindruck aufkommen konnte, daß die Wasserbehörden nur aufgrund der freien Entscheidung des Landesrechts polizeiliche Befugnisse ausüben können, wird die de facto bestehende Rechtslage nunmehr bundesrechtlich abgesichert. Die Länder sind verpflichtet, in ihren Landeswassergesetzen Möglichkeiten repressiven Einschreitens überall dort zu schaffen, wo wasserwirtschaftliche Ziele durch andere Maßnahmen als durch Gewässerbenutzungen durchkreuzt werden oder wo Benutzungen der Gewässer ohne die erforderlichen Eröffnungskontrollen stattfinden.

2. Zur Regelung im einzelnen

Zu § 222 Zweck

Zu Absatz 1

Das Wasserhaushaltsgesetz definiert seinen Zweck nicht. Nach der Entstehungsgeschichte wollte der Gesetzgeber vor allem von der in Art. 75 Nr. 4 GG geschaffenen Möglichkeit Gebrauch machen, Rahmenvorschriften für den Wasserhaushalt zu erlassen, die der Ausfüllung durch Wassergesetze der Länder bedurften (JöR n.F. Bd. 1 [1951], S. 561). Das Bundesverfassungsgericht hat dazu festgestellt, der Verfassungsgeber habe in Art. 75 Nr. 4 GG zum Ausdruck gebracht, daß - über das vorhandene Wasserrecht hinaus - der Erlaß von Vorschriften notwendig sei, die eine geordnete Bewirtschaftung der vorhandenen Wasservorräte sicherstellen (BVerfGE 58, 300). Zunächst zielte das Wasserhaushaltsgesetz auch nur darauf ab, die Bewirtschaftung der Oberflächengewässer und des Grundwassers als nutzbares Gut in mengen- und gütewirtschaftlicher Hinsicht hervorzuheben. Mit dem Vierten Änderungsgesetz 1976 zum WHG (vom 26. April 1976, BGBl. I S. 1109) ist der Schutz der Gewässer als Bestandteil des Naturhaushalts als gleichwertiges nationales Anliegen hinzugetreten. Die vorgeschlagene Definition des Gesetzeszwecks (Satz 1), die sich an den Bewirtschaftungsauftrag in § 1a Abs. 1 WHG anlehnt, bringt die doppelte, sich teilweise überschneidende, aber auch wechselseitig ergänzende Zielrichtung zum Ausdruck.

Zu Absatz 1 Satz 2

Daß Zweck des Wasserhaushaltsgesetzes nach wie vor gleichermaßen der Schutz wie die Nutzung der Gewässer ist, bedarf besonderer Hervorhebung (Satz 2). Im Strafrecht hat sich die Auffassung durchgesetzt, daß § 324 StGB das Gewässer in seinem realen Istzustand, in seinem ökologischen Status quo, in seinem jeweiligen relativen Gütezustand schütze. Seit der tatbestandlichen Kupierung des früheren Erfolgsdelikts der Gewässerverunreinigung in § 38 WHG a.F. stimmen die Schutzgüter des Wasserhaushaltsgesetzes und des heutigen § 324 StGB nicht mehr voll überein. Da die Strafbarkeit eine unbefugte Gewässerverunreinigung voraussetzt, braucht sich dies für die Betreiber im Ergebnis nicht immer störend auszuwirken, weil eine gültige wasserrechtliche Zulassung - auch im Fall der Rechtswidrigkeit - sie jedenfalls entlastet. Aber für die Strafbarkeit der Amtsträger spielt dies doch eine Rolle. Die Erteilung einer rechtswidrigen Erlaubnis durch die Wasserbehörde kann strafbare Gewässerverunreinigung sein (GenStA Celle, ZfW 1989, 53 ff., 56 f.; Gieseke/Wiedemann/Czychowski, Wasserhaushaltsgesetz, 6. Aufl., 1992, § 324 StGB Rn. 25 m.w.N.). Die Betonung der Nutzbarkeit der Gewässer stellt klar, daß eine Strafbarkeit der Amtsträger jedenfalls nicht in Betracht kommen kann, soweit sie sich bei der Zulassung von Benutzungen im Rahmen des Bewirtschaftungsauftrages halten.

Zu Absatz 2

Obwohl der räumliche Geltungsbereich des Wasserhaushaltsgesetzes an der seewärtigen Begrenzung des Küstenmeeres endet, zielen zahlreiche Vorschriften auf den Schutz der Hohen See, insbesondere auf den Schutz der Meeresumwelt ab. Das gilt in besonderer Weise für die Mindestanforderungen an die Einleitung von Abwasser, welche die Bundesregierung mit Zustimmung des Bundesrates zum Abbau der Nähr- und Schadstofffrachten erläßt. Damit dient das Wasserhaushaltsgesetz auch der Erfüllung völkerrechtlicher und EG-rechtlicher Verpflichtungen der Bundesrepublik, die sich auf den Schutz der Meeresumwelt beziehen.

Zu § 223 Begriffsbestimmungen

Zu Absatz 1

Der Gewässerbegriff nach § 1 WHG bleibt unverändert. Es bleibt auch dabei, daß Gewässer im Rechtssinne unmittelbar kraft Gesetzes entstehen und zu bestehen aufhören. Zwar bedürfen die Herstellung, Beseitigung oder wesentliche Umgestaltung eines Gewässers oder seiner Ufer der vorherigen Durchführung eines wasserrechtlichen Verfahrens. Die rechtswidrige Herstellung oder Beseitigung des Gewässers bleibt aber jedenfalls zunächst wirksam; das wasserrechtliche Bewirtschaftungs- und Benutzungsregime greift ein.

Zu Absatz 2

Der Begriff der Anlagen im Sinne dieses Kapitels umfaßt Betriebsstätten und sonstige ortsfeste Einrichtungen sowie ortsveränderliche technische Einrichtungen, soweit sie im Allgemeinen Teil als Anlage bezeichnet werden. Soweit § 2 Abs. 7 den Anlagenbegriff auf Grundstücke erweitert, von denen Umweltbeeinträchtigungen ausgehen können, sowie auf Verkehrswege, geht dies über den bisher praktizierten Anwendungsbereich hinaus. Schon im bisherigen Bundesrecht (zum Beispiel §§ 15, 18b, 19g WHG) sind die verwendeten Begriffe nicht völlig deckungsgleich, aber jedenfalls enger als in § 2 Abs. 7. Eine Ausweitung würde erst recht Unsicherheiten im Landesrecht und bei der Anwendung technischer Regelwerke auslösen. Soweit § 2 Abs. 7 S. 2 darüber hinaus erhebliche oder nachhaltige Veränderungen der Gestalt oder der Nutzung von Grundflächen den Anlagen gleichstellt, soweit von ihnen Umweltbeeinträchtigungen ausgehen können, sind mit solchen Maßnahmen bisher ebenfalls keine Rechtsfolgen verknüpft.

Zu Absatz 3

Ein einheitlicher Abwasserbegriff hat sich bisher nicht durchsetzen können (siehe Nachweise bei Gieseke/Wiedemann/Czychowski, Wasserhaushaltsgesetz, 6. Aufl., 1992, § 7a WHG Rn. 4; Sieder/Zeitler/Dahme, Wasserhaushaltsgesetz, 2. Aufl., 1990, Stand: April 1990, § 7a WHG Rn. 5 ff.). Schon im Bundesrecht sind die Begriffe nicht deckungsgleich; das gilt vor allem im Verhältnis des Wasserhaushaltsgesetzes zum Abwasserabgabengesetz. Erst recht weichen die in den Ländern definierten oder praktizierten Abwasserbegriffe stark voneinander ab. Das Wasserrecht verlangt angesichts seiner besonderen Zielsetzung eine eigenständige, seinen Sinn und Zweck und damit die wasserwirtschaftlichen Belange berücksichtigende Auslegung des Abwasserbegriffs. Seine Aufgabe ist es, als besonderes Ordnungsrecht die Allgemeinheit und einzelne vor Gefahren zu schützen, die erfahrungsgemäß von Abwassereinleitungen ausgehen können und darüber hinaus eine allen Anforderungen entsprechende Bewirtschaftung der Gewässer zu ermöglichen (Gieseke/Wiedemann/Czychowski, Wasserhaushaltsgesetz, 6. Aufl., 1992, § 7a WHG Rn. 4). Die hier gewählte Definition dürfte am ehesten geeignet sein, diesem Anspruch zu genügen.

Zu Absatz 4

Die Begriffsbestimmung folgt landesrechtlichen Vorbildern (zum Beispiel § 51 Abs. 3 LWG NW). Die besondere Erwähnung der Aufbereitung von Klärschlamm erscheint entbehrlich. Für die Erhebung der Abwasserabgabe vgl. § 272 Abs. 3.

Zu Absatz 5

Die Vorschrift ist aus § 18a Abs. 1 S. 2 WHG übernommen.

Zu Absatz 6

Für den Begriff der öffentlichen Wasserversorgung hat sich bisher noch keine Definition durchgesetzt, die im Wasserrecht durchgängig angewendet würde. Für die Bewirtschaftung von Oberflächengewässern oder Grundwasser in mengen- und gütewirtschaftlicher Hinsicht im Sinne dieses Kapitels kann die öffentliche Wasserversorgung aber so, wie hier vorgeschlagen, definiert werden. Obwohl die Sicherung der öffentlichen Wasserversorgung in dem Bewirtschaftungsauftrag des § 1a Abs. 1 WHG nicht besonders hervorgehoben ist und auch keinen durchgängigen Vorrang beanspruchen kann, hat das Wasserhaushaltsgesetz ihr doch eine eigene Rechtsstellung verliehen. Sowohl bei der Bewirtschaftungsschranke des § 230 Abs. 3 als auch beim Erlaß von Bewirtschaftungsplänen nach § 225 Abs. 6 oder der Festsetzung von

Wasserschutzgebieten nach § 264 Abs. 1 ist die öffentliche Wasserversorgung so, wie hier vorgeschlagen, begrifflich zu umschreiben (siehe die Nachweise bei Gieseke/Wiedemann/Czychowski, Wasserhaushaltsgesetz, 6. Aufl., 1992, § 6 WHG Rn. 38 ff.; Sieder/Zeitler/Dahme, Wasserhaushaltsgesetz, 2. Aufl., 1990, Stand: April 1990, § 6 WHG Rn. 14 ff.).

Zu Absatz 7

Die Vorschrift entspricht § 3 WHG.

Zu § 224 Grundsätze

Zu Absatz 1

Nach § 172 Abs. 1 sind Naturschutz und Landschaftspflege an Umweltqualitätszielen auszurichten, die in der Regel durch Umweltleitpläne gemäß §§ 19 bis 25 dargestellt werden. Daraus ergeben sich die Schutzwürdigkeitsprofile, die für Oberflächengewässer, Küstengewässer und Grundwasservorkommen vorgegeben sind. § 172 Abs. 2 Nr. 2 und 3 enthält dafür konkrete Aussagen. Danach sind natürliche oder naturnahe Gewässer einschließlich der Uferzonen zu erhalten oder wiederherzustellen. Gewässer sind insbesondere durch die Erhaltung und Anlage natürlicher und naturnaher Uferrandstreifen vor Verunreinigung zu schützen, ihre natürliche Selbstreinigungskraft ist zu erhalten oder wiederherzustellen; beim Ausbau von Gewässern sind vorrangig biologische Wasserbaumaßnahmen einzusetzen. Auch im besiedelten Bereich sind Bachläufe und Weiher zu erhalten und zu entwickeln. Die ökologischen Schutzwürdigkeitsprofile geben den Rahmen an, innerhalb dessen das Gewässer als nutzbares Gut bewirtschaftet werden kann, und zwar sowohl mengen- als auch gütewirtschaftlich. Soweit die Darstellung der Umweltqualitätsziele den Gewässerausbau und die Bewirtschaftung bereits konkret genug begrenzt, ist für eine parallele wasserrechtliche Planung kein Raum mehr.

Zu Absatz 2

Gegenstand der Bewirtschaftung kann danach nicht mehr der Wasserkreislauf im ganzen oder die Gesamtheit der verfügbaren Wasserressourcen in einem Einzugsgebiet sein, sondern nur noch das, was mengenwirtschaftlich an Förderkapazität und gütewirtschaftlich an Belastungskapazität für ein bestimmtes Gewässer veranschlagt werden kann. Die Bewirtschaftung umfaßt vor allem die Ermittlung oder Abschätzung des Wasserdargebots, die Ermittlung oder Abschätzung des gegenwärtigen und künftigen Nutzungsbedarfs, die Notwendigkeiten zur Sicherung des Wasserdargebots, die Veranschlagung von Vorrats- und Pufferkapazitäten, die Festlegung von Prioritàten für gegenwärtige und künftige Nutzungsansprüche, schließlich die zeitliche Staffelung der verschiedenen Inanspruchnahmen, woraus sich die künftige Verfügbarkeit von Fördermengen und Belastungskapazitäten ablesen läßt.

Der Wasserbehörde kommt ein recht umfassendes Bewirtschaftungsermessen zu (Salzwedel, in: ders. [Hrsg.], Grundzüge des Umweltrechts, 1982, S. 569 ff., 576 ff., 611 ff.; ["Bewirtschaftungsermessen"]; Kloepfer, Umweltrecht, 1989, § 11 Rn. 29). Das erstreckt sich darauf, welchen Nutzungen das Gewässer dienen soll, wie konkurrierende Ansprüche der verschiedenen Nutzungen zu regeln sind, aber eben nicht nur dies. Unabhängig von den ökologischen Vorgaben nach Absatz 1 wird der Bewirtschaftungsspielraum durch wertende Einstufung des Gewässers in eine höhere oder niedrigere Schutzwürdigkeitsstufe begrenzt. Auch für die Gefährdungsabschätzung, die für die Nutzungen veranschlagt werden, steht der Wasserbehörde Ermessen zu. Schließlich können die Grenzen der Förderung oder Belastbarkeit des Vorkommens im ganzen danach mengen- und gütewirtschaftlich eher konservativ oder eher großzügig festgelegt sein.

Der Bewirtschaftungsauftrag schließt die Aussage ein, daß Gewässer nicht schlechthin als "Opferstrecken" behandelt werden dürfen. Wenn dennoch die Verpflichtung, die Inanspruchnahme eines nutzbaren Gewässers im ganzen an den Grenzen der Nutzbarkeit oder Belastbarkeit des Vorkommens in mengen- oder gütewirtschaftlicher Hinsicht zu orientieren, nur mit einer Sollvorschrift umschrieben ist, hängt dies damit zusammen, daß mengenwirtschaftlich unerwünschte Knappheitszustände und gütewirtschaftlich unerwünschte Gewässerqualitäten nicht immer verhindert werden können. Die Wasserbehörden müssen in einem gewissen Umfang auch Freiräume für Bewirtschaftungsentscheidungen behalten, die eigentlich hinter den sonst gebotenen Mindestanforderungen an eine gebotene wasserwirtschaftliche Ordnung zurückbleiben.

Zu Absatz 3

Das den Wasserbehörden zustehende Bewirtschaftungsermessen soll entweder in Bewirtschaftungsplänen nach § 224 festgelegt werden oder aus entsprechenden informellen Bewirtschaftungskonzepten begründbar sein. In welchem Verfahren Bewirtschaftungspläne aufgestellt werden und wie stark sie das Bewirtschaftungsermessen für den Einzelfall programmieren, ist dem Landesrecht überlassen. Insofern können auch die Grenzen zwischen einem Bewirtschaftungsplan, der mit einem Minimum an Verwaltungsaufwand umrissen wird, und einem informellen Bewirtschaftungskonzept fließend sein, das aus Anlaß einer bestimmten Entscheidung im Einzelfall von einer kontinuierlich und konsequent geübten Verwaltungspraxis her schlüssig begründet werden kann. Der Begriff des Bewirtschaftungskonzepts ist dem Wasserrecht nicht neu; § 53 LWG NW hat zum Beispiel den Begriff des Abwasserbeseitigungskonzepts in der Weise eingeführt, daß daraus eine Übersicht über den

Stand der öffentlichen Abwasserbeseitigung sowie über die zeitliche Abfolge und die geschätzten Kosten der Maßnahmen ableitbar sein soll (Nisipeanu, NWVBL 1992, 348 ff.).

Zu Absatz 4

Die Vorschrift knüpft an die ständige Rechtsprechung des Bundesverwaltungsgerichts an, wonach es bei einer Zuständigkeitskonkurrenz darauf ankommt, zu welchem in die originäre Zuständigkeit der beteiligten Behörden fallenden Regelungsgegenstand der stärkere Bezug besteht. Hat die Bergbehörde über die immissionsschutzrechtliche Zulässigkeit des Verladens und Beförderns von Bodenschätzen und Nebengestein zu entscheiden, ist die Bauaufsichtsbehörde nicht befugt, im Gegensatz zu ihr die Nutzung der baulichen Anlage für die spätere Gewinnung als unzumutbare Immission für die Nachbarschaft einzustufen (BVerwGE 74, 315 [325]). Stuft die Baubehörde die von einer Gaststätte typischerweise zu erwartenden Belästigungen nach der Art des Baugebietes als zumutbar ein, so können gaststättenrechtlich keine strengeren Anforderungen gestellt werden (BVerwGE 80, 259 [262]). Soweit die Wasserbehörde in Ausschöpfung ihres Bewirtschaftungsermessen die Schutzwürdigkeit eines Vorkommens eingestuft und eine Gefährdungsabschätzung vorgenommen hat, ist grundsätzlich davon auszugehen, daß in anderen Umweltrechtsgebieten, in denen es auf den Schutz des Gewässers ankommt, die gleichen Beurteilungsmaßstäbe herangezogen werden. Die jeweiligen maßgeblichen Bewirtschaftungskonzepte können, sofern keine detaillierteren planerischen Entscheidungen vorgegeben sind, in der Regel aus der bisherigen Verwaltungspraxis und dem mengen- und gütewirtschaftlichen Status quo erschlossen werden.

Zu § 225 Bewirtschaftungspläne und Bewirtschaftungskonzepte

Zu Absatz 1

Bewirtschaftungspläne sind den Umweltleitplänen gemäß §§ 19 bis 25 nachgeordnet. Die Länder haben von dem Instrumentarium bisher nur vereinzelt Gebrauch gemacht. Der Grund dafür liegt in dem großen verfahrensrechtlichen Aufwand, den die Landeswassergesetze für die Aufstellung vorsehen; dabei braucht es aber nicht zu bleiben.

Der bisherige Text des § 36b Abs. 1 WHG ist nicht eindeutig (Gieseke/Wiedemann/Czychowski, Wasserhaushaltsgesetz, 6. Aufl., 1992, § 36b WHG Rn. 10; Schmidt-Aßmann, DÖV 1986, 985, 989). Daraus könnte auch in Ausnahmefällen eine Verpflichtung der Länder abgeleitet werden, förmliche Bewirtschaftungspläne zu erlassen. Der Übergang zu einer Kannvorschrift in Absatz 1 verdeutlicht jetzt den Gegensatz zu Absatz 5: nur unter den dort genannten Voraussetzungen müssen Bewirtschaftungspläne aufgestellt werden.

Gegenüber der bisherigen Fassung des § 36b Abs. 6 WHG stellt die Vorschrift jetzt klar, wann eine Erlaubnissperre für das Einleiten von Stoffen einsetzt. Bisher kommt nicht hinreichend deutlich zum Ausdruck, daß die Vorschrift an § 36b Abs. 2 anknüpft, nämlich an die Fälle, in denen Bewirtschaftungspläne aufgestellt werden müssen. Beabsichtigt ist, durch die Erlaubnissperre einen Anreiz dafür zu geben, den Bewirtschaftungsplan in solchen Fällen so schnell wie möglich zu verabschieden.

Zu Absatz 2 bis 5

Absatz 2 entspricht § 36b Abs. 2 WHG, Absatz 3 entspricht § 36 Abs. 4 WHG und Absatz 4 entspricht § 36 Abs. 5 WHG.

Zu Absatz 5

Die Vorschrift verdeutlicht, wie der Inhalt von informellen Bewirtschaftungskonzepten festzustellen ist. Die Vorgehensweise entspricht der Praxis der Verwaltungsgerichte, die wasserrechtlichen Entscheidungen auf Ermessensfehler zu überprüfen. Entscheidende Anhaltspunkte sind amtliche Verlautbarungen der Wasserbehörde (zum Beispiel Gewässerzustandsberichte) und die gewässerspezifischen Vorentscheidungen von Fall zu Fall, die einen Rückschluß auf greifbare und einschlägige Bewirtschaftungsziele ermöglichen.

Zu Absatz 6 bis 8

Absatz 6 entspricht § 36b Abs. 2 WHG, Absatz 7 entspricht § 36b Abs. 6 WHG und Absatz 8 entspricht § 36b Abs. 7 WHG.

Zu § 226 Gewässerschutzpflichten

Zu Absatz 1

Die Vorschrift konkretisiert den § 7 Abs. 1, der wiederum vom bisherigen § 1a Abs. 1 WHG beeinflußt worden ist. Die Sozialpflichtigkeit des Bürgers wird dahin angespannt, daß er vermeidbare Gewässerverunreinigungen und unnötige Wasserverbräuche unterläßt.

Die Verletzung solcher Grundpflichten löst in der Regel noch nicht unmittelbar behördliches Einschreiten aus. Vielmehr sind Grundpflichten auf weitere Konkretisierung angelegt. § 226 Abs. 1 dürfte in eindeutigen Fällen mißbräuchlichen Umgangs mit der Ressource Wasser jedoch bereits geeignet sein, den Tatbestand der polizeilichen Generalklausel - im Sinne einer Gefahr für die öffentliche Sicherheit - auszufüllen. In diesem Sinne hat § 1a Abs. 2 WHG bereits als Grundlage für ordnungsbehördliche Verfügungen gedient; die Rechtsprechung hat dies bestätigt (vgl. Nachweise bei Gieseke/ Wiedemann/Czychowski, Wasserhaushaltsgesetz, 6. Aufl., 1992, § 1a WHG Rn. 25). Daran ist auch für die Zukunft anzuknüpfen.

Zu Absatz 2

Die Vorschrift übernimmt die in § 7 Abs. 2 umschriebene Umweltpflicht zur Gefahrenverhütung. Die Verpflichtung zur Verhinderung von Störfällen und zur präventiven Begrenzung ihrer Auswirkungen wird dahin konkretisiert, daß hier sowohl Art und Ausmaß der Gewässerverunreinigung als auch der Verluste an Wassermengen veranschlagt werden müssen.

Zu Absatz 3

Die Vorschrift übernimmt den bisherigen § 1a Abs. 3 WHG, der durch die Rechtsprechung des Bundesverfassungsgerichts (BVerfGE 58, 300) ausdrücklich bestätigt worden ist. Fest steht danach vor allem, daß die Privatnützigkeit des Grundstückseigentums den Zugriff auf das Grundwasser nicht mit umfaßt. Offen bleibt, ob der Grundstückseigentümer daraufhin jeden grundrechtlichen Anhalt dafür verloren hat, sich in die Frage der wirtschaftlichen Ausnützung des Grundwasservorkommens einzuschalten, oder ob bei der Ausschöpfung der öffentlich-rechtlichen Bindungen des Grundstückseigentums auch insoweit noch auf ihn Rücksicht genommen werden muß. Unter beiden Prämissen läßt sich die Beschränkung der Rechte des Grundstückseigentümers aber als Anspannung der Sozialpflichtigkeit nach Art. 14 Abs. 2 GG deuten. Systematisch steht die Vorschrift damit an der richtigen Stelle.

Zu § 227 Gewässerschutzpflichten der Land- und Forstwirtschaft

Ebenso wie beim Naturschutz (§ 174) empfiehlt es sich auch beim Gewässerschutz, den Konfliktbereich Landwirtschaft besonders anzusprechen. Ebenso wie beim Naturschutz ergibt sich beim Gewässerschutz ein flächendeckender Sicherungsbedarf, insbesondere im Hinblick auf die Gefährdung des Grundwassers. Die Vorstellung, daß die Landwirte schon von ihrem eigenen Interesse an der Erhaltung der Bodenfruchtbarkeit her hinreichend Rücksicht auf die Belastbarkeit der Gewässer nehmen würden, hat sich nicht bestätigt.

Die Vorschriften knüpfen an die Vorschläge des Rates von Sachverständigen für Umweltfragen im Sondergutachten Umweltprobleme der Landwirtschaft (1985, Rn. 866 ff.) an. Dabei geht es gerade nicht darum, nur sicherzustellen, daß der Landwirt im Sinne des § 226 Abs. 1 die nach den Umständen erforderliche Sorgfalt anwendet, um auch von seiner wirtschaftlichen Betrachtung her durchaus vermeidbare Verunreinigungen auszuschließen. Vielmehr ist die Sozialpflichtigkeit dahin anzuspannen, daß er Pflanzenbau und Tierhaltung nicht über die Grenzen hinaus intensiviert, die von der Belastbarkeit der jeweiligen geologischen und hydrologischen standörtlichen Verhältnisse unter Berücksichtigung vorhandener Vorbelastungen im Boden gezogen werden müssen. Das ist auch weitaus mehr als eine bloße Beschränkung auf pflanzenbedarfsgerechte Düngung und wirtschaftlichen Pflanzenschutz. Vielfach sehen sich die Landwirte unter dem Gesichtspunkt einer Optimierung der Ertragssicherheit dazu veranlaßt, größere Mengen an Handels- und Wirtschaftsdünger aufzubringen oder Pflanzenschutzmittel nach Spritzplänen einzusetzen, weil nur auf diese Weise längerfristig ein gleichbleibend hoher Ertrag auch unter ungünstigsten meteorologischen Bedingungen sichergestellt werden könne. Die Sozialpflichtigkeit erstreckt sich gerade darauf, solche Erwägungen optimaler Ertragssicherheit zurückzustellen. Sonst können Durchbrüche von Nitrat in das Grundwasser und steigende Belastungen mit Pestiziden im Grundwasser nicht verhindert werden.

Absatz 1 bringt damit die allgemeine Grundpflicht des Landwirts zum Ausdruck, die Belastbarkeit der geologischen und hydrologischen standörtlichen Verhältnisse als produktionsbegrenzenden Faktor mit in Rechnung zu stellen.

Absatz 2 knüpft an die Forderung des Rates von Sachverständigen für Umweltfragen an, Regeln umweltschonender Landwirtschaft zu entwickeln (Umweltprobleme der Landwirtschaft, 1985, Rn. 1367, 1368). Soweit solche Regeln umweltschonender Landwirtschaft formuliert sind, sei es in einer Technischen Anleitung Landwirtschaft, sei es in Regelwerken landwirtschaftlicher Fachvereinigungen, ist der Landwirt zu verpflichten, sie zu beachten. Die Grundpflicht des Absatzes 1 wird dadurch konkretisiert. Sobald sich der Inhalt der Regeln durch Erfahrungen im praktischen Vollzug hinreichend verdichtet hat, ist eine Rechtsverordnung nach § 146 zu erlassen.

Ebenso wie im Naturschutzrecht (vgl. oben § 175, § 213) haben die Grundpflichten Auswirkungen auf die Entschädigungs- und Ausgleichszahlungen. So ist in Wasserschutzgebieten nach § 264 Abs. 4 und 5 weder eine Entschädigung noch ein Ausgleich zu leisten, solange es nur darum geht, die Produktionsweise auf noch ordnungsgemäße land- oder forstwirtschaftliche Nutzungen zurückzuführen.

Zu § 228 Eingreifende Maßnahmen

In der Vergangenheit ist gelegentlich der falsche Eindruck entstanden, als ob die bundesrechtliche Ordnung der Wasserwirtschaft sich auf die Durchsetzung des Bewilligungs- und Erlaubnisvorbehalts gemäß § 2 WHG für Benutzungen beschränkte. In Wahrheit hat der Bundesgesetzgeber nur mit

Rücksicht darauf, daß Polizeirecht Ländersache ist, auf die Einführung einer wasserpolizeilichen Generalklausel verzichtet. Dafür besteht auch kein Bedürfnis, da alle Landeswassergesetze die Wasserbehörde mit den gebotenen polizei- oder ordnungsrechtlichen Befugnissen ausgestattet haben. Rechtssystematisch ist es aber unbefriedigend, daß der Eindruck entstehen könnte, diese Bewehrung bundesrechtlicher Vorschriften zum Schutz der Gewässer beruhe nur auf einer freiwilligen Zusatzleistung des Landesgesetzgebers und sei jederzeit disponibel.

Die vorgeschlagene Vorschrift stellt sicher, daß die Wasserbehörden aufgrund bundesrechtlich gebotenen Landesrechts Maßnahmen der Gefahrenabwehr gegen Verhaltensstörer nach § 9 Abs. 1 und Zustandsstörer nach § 9 Abs. 2 treffen können, wenn der zum Schutz des Wasserhaushalts gebotene mengen- und gütewirtschaftliche Mindestzustand beeinträchtigt ist. Das ist zunächst der Fall, soweit es sich um ein Einschreiten gegen unerlaubte Benutzungen handelt. Darüber hinaus müssen die Länder die Wasserbehörden auch mit der Befugnis ausstatten, gegen eindeutige Störungen des bewirtschaftungsrechtlich jeweils gebotenen mengen- und gütewirtschaftlichen Mindestzustands einzuschreiten oder gegen erhebliche Gefährdungen dieses Zustands. Damit sind auch wasserwirtschaftliche Krisenlagen abgedeckt, die keinen Benutzungstatbestand nach § 223 Abs. 7 erfüllen (Salzwedel, RdWWi. 13 [1964], S. 35, 39 ff.).

Zum Zweiten Abschnitt: Eröffnungskontrollen - Vorbemerkungen

I. AUSGANGSLAGE

1. Gegenstand des Regelungsbereichs

Während im ersten Abschnitt der Auftrag der Wasserbehörden näher definiert worden ist, wie sie die Gewässer zu bewirtschaften haben, wendet sich der zweite Abschnitt der Gewährung von Wasserbenutzungsrechten zu. Ebensowenig wie der Gesetzgeber selbst den Versuch unternommen hat, bestimmte Bewirtschaftungsziele für die Gewässer und ihre Nutzbarkeit abstrakt vorzugeben, kommt eine Verteilung der Wassernutzungsrechte unmittelbar nach gesetzlichen Modellvorstellungen in Betracht. Zu regeln ist zunächst, in welchem Umfang Eröffnungskontrollen vorgeschrieben sind und in welchem Umfang etwa ein freier Zugang zu Gewässerbenutzungen gewährt wird. Ferner muß die Rechtsstellung dessen definiert werden, der sich um eine Benutzung des Gewässers bewirbt. Schließlich ist es Aufgabe des

Wasserrechts, die Rechtsstellung zu bestimmen, die ein Benutzer für die Dauer des ihm eingeräumten Rechts innehaben soll.

In letzterer Hinsicht weist das Wasserrecht innerhalb der Umweltrechtsgebiete eine Sonderstellung auf. Es stellt eine Nutzungsordnung zweier Ebenen dar, wobei einerseits das Rechtsverhältnis zwischen Wasserbehörde und Benutzer, andererseits das Rechtsverhältnis der Benutzer im Verhältnis zueinander bestimmt werden muß. Das gewinnt hier besondere Bedeutung, wenn und soweit den Benutzern für ihre Investitionen ein größerer oder geringerer Investitionsschutz verschafft werden soll. Anders als im Baurecht sind hier nämlich nicht nur Beziehungen zu räumlich näher gelegenen Nachbargrundstücken erfaßt. Anders als im Immissionsschutzrecht, wo die weiträumige Verfrachtung von Luftschadstoffen eine große Rolle spielt, aber selten über größere Entfernungen verfolgt werden kann, lassen sich die Ursache-Wirkungsbeziehungen bei mengen- und gütewirtschaftlichen Eingriffen in das Gewässer oft über Hunderte von Kilometern verfolgen. Nicht nur beim Ausbau der Gewässer, sondern auch bei der Ausschöpfung von Wasserbenutzungsrechten ist daher die Rechtslage gegenüber einer Vielzahl potentieller wasserrechtlicher Nachbarn stromauf und stromab in Betracht zu ziehen und verbindlich zu gestalten. Dabei geht es auch nicht nur um die Auswirkungen auf bereits vorher aufgenommene und ausgeübte Benutzungen, sondern auch darum, welche Zugangsmöglichkeiten in der Zukunft neuen Benutzungsbewerbern stromauf und stromab noch offengehalten werden sollen. Das Gesetz muß auch eine Regelung treffen, ob Investitionsschutz nur im Rahmen des Status quo bereits aufgenommener und ausgeübter Benutzungen gewährt werden soll oder darüber hinaus im Umfang des verbrieften Rechts schlechthin, also auch dann, wenn die Kapazitäten in mengen- oder gütewirtschaftlicher Hinsicht bisher noch nicht ausgeschöpft worden waren.

2. Bisherige Rechtslage

Schon Art. 75 Nr. 4 GG zielte mit einer Rahmengesetzgebungskompetenz des Bundes für den Wasserhaushalt auf eine gegenüber dem früheren Recht viel umfassendere Kontrolle der Inanspruchnahmen von Gewässern in mengen- und gütewirtschaftlicher Hinsicht ab. Mit dem Wasserhaushaltsgesetz sind alle wasserwirtschaftlich überhaupt relevanten Inanspruchnahmen der Gewässer in mengen- oder gütewirtschaftlicher Hinsicht von vorheriger behördlicher Erlaubnis oder Bewilligung abhängig gemacht worden. Vor allem wurde der Zugriff des Staates auf das Grundwasser gegenüber früherem Recht erweitert. Ergänzend zu den echten Benutzungen nach § 3 Abs. 1 Nr. 6 - Entnehmen, Zutagefördern, Zutageleiten und Ableiten von Grundwasser - und Nr. 5 WHG - Einleiten von Stoffen in das Grundwasser - sind Zulassungsvorbehalte für unechte Benutzungen eingeführt worden, die als Gefährdungstatbestände im Vorfeld einer direkten Inanspruchnahme des Gewässers liegen. Danach gelten als Benutzungen nach § 3 Abs. 2 Nrn. 1 und 2 WHG das Aufstauen, Absenken und Umleiten von Grundwasser durch Anlagen, die hierzu bestimmt oder hierfür geeignet sind, sowie alle Maßnahmen, die geeignet sind, dauernd oder in einem nicht nur unerheblichen Ausmaß schädliche Veränderungen der physikalischen, chemischen oder biologischen Beschaffenheit des Wassers herbeizuführen.

Bei dem umfassenden Zulassungsvorbehalt für Gewässerbenutzungen tritt als entscheidender Fortschritt des modernen Wasserrechts hervor, daß niemand einen Rechtsanspruch auf eine bestimmte Gewässerbenutzung geltend machen kann, auch nicht gestützt auf das Eigentum am Gewässer oder das Eigentum am Grund und Boden, unter dem sich Grundwasser befindet (Salzwedel, in: ders. [Hrsg.], Grundzüge des Umweltrechts, 1982, S. 569 ff., 577). Damit hat das Wasserhaushaltsgesetz den Schutz des Grundwassers auch materiell-rechtlich gegenüber früherem Recht weiter ausgebaut. Verfassungsrechtliche Bedenken gegen eine so weit gehende staatliche Kontrolle von Bodennutzungen, die mit Gewässerbenutzungen Hand in Hand gehen, hat das Bundesverfassungsgericht in dem eigentumsrechtliche Maßstäbe setzenden Naßauskiesungsbeschluß (BVerfGE 58, 300) mit Entschiedenheit zurückgewiesen. Auf der anderen Seite hat der Gesetzgeber indes kein staatliches Monopol für Gewässerbenutzungen begründet, private Benutzungsbewerber also nicht in eine volle Abhängigkeit von der Bereitschaft der Wasserbehörde gebracht, ihnen Zugang zu einer Gewässerbenutzung zu öffnen. Aus §§ 2, 3, 6 WHG ergibt sich, daß jeder Antragsteller einen Rechtsanspruch auf fehlerfreie Ermessensausübung geltend machen kann (Breuer, Öffentliches und privates Wasserrecht, 2. Aufl., 1987, Rn. 187 ff.). Jede volle oder teilweise Zurückweisung des Antrags muß auf Erwägungen gestützt sein, die vom Bewirtschaftungsauftrag der Wasserbehörde nach § 1a WHG gedeckt sind.

Entsprechend der Nutzungsordnung zweier Ebenen stellt das Wasserhaushaltsgesetz mit der Bewilligung und der einfachen Erlaubnis zwei Rechtsstellungen zur Verfügung, die dem Benutzer einerseits gegenüber der Wasserbehörde, andererseits gegenüber potentiell betroffenen wasserrechtlichen Nachbarn Bestandsschutz gewähren oder nicht. Die Bewilligung ist für die Wasserbehörde auf die Dauer der jeweils eingeräumten Benutzungszeit grundsätzlich unwiderruflich; als privatrechtsgestaltender Verwaltungsakt verleiht sie dem Bewilligungsinhaber ein eigentumsähnliches Recht, das vor den ordentlichen Gerichten mit Unterlassungsklagen nach § 1004 BGB, in nachfolgenden Bewilligungsverfahren nach § 8 Abs. 3 WHG geltend gemacht werden kann. Dagegen bleibt die einfache Erlaubnis für die Wasserbehörde widerruflich, auch im Fall der Befristung; im übrigen wird sie unbeschadet entgegenstehender bürgerlich-rechtlicher Ansprüche der wasserrechtlichen Nachbarn gewährt. Die Landeswassergesetze haben eine Reihe von mittleren Rechtspositionen vorgesehen, die auch für Erlaubnisinhaber zum Teil einen begrenzten Bestandsschutz gegenüber wasserrechtlichen Nachbarn begründen

(Breuer, Öffentliches und privates Wasserrecht, 2. Aufl., 1987, Rn. 88 ff.; Salzwedel, RdWWi. 19 [1975], S. 41 ff.).

II. VORSCHLAG

1. Leitvorstellungen

Das Rechtsinstitut der Umweltbewilligung nach §§ 52 ff. ist zunächst nicht darauf angelegt, das im geltenden Wasserrecht eingeführte Modell der Bewilligung fortzuführen und zu verallgemeinern. Eine Rezeption des wasserrechtlichen Sprachgebrauchs war nicht beabsichtigt. Das Vorstellungsbild, für das die Umweltbewilligung ein sachadäquates Regelungsmodell bieten soll, orientiert sich an raumbezogenen Vorhaben, nämlich der Errichtung und dem Betrieb baulicher und sonstiger Anlagen sowie deren wesentlicher Änderung und auch an sonstigen Eingriffen in Natur und Landschaft, die nach den einschlägigen Rechtsvorschriften im Rahmen ihrer Eröffnungskontrolle einer Umweltfolgenprüfung unterliegen (Begründung zum Allgemeinen Teil, S. 270 ff.). Damit wird die Verwendung des Rechtsinstituts für Wassernutzungsrechte, die Bestandsschutz einschließen, weder von vornherein nahegelegt noch im Endergebnis ausgeschlossen.

Es wird vorgeschlagen, für bestandsschutzgewährende Wassernutzungsrechte auch an die Regelung über die Umweltbewilligung nach §§ 52 ff. anzuknüpfen. Gleichzeitig ist aber den Besonderheiten des vorbezeichneten Regelungskomplexes dadurch Rechnung zu tragen, daß die Umweltbewilligung im Wasserrecht eine Reihe von Abweichungen aufweist.

Unter den Gründen, die für eine Anknüpfung an das Regelungsmodell der Umweltbewilligung in §§ 52 ff. sprechen, sind folgende herauszuheben:

- Auch bei der Umweltbewilligung im Wasserrecht handelt es sich in weitem Umfang darum, Vorhaben zuzulassen, die größere bauliche Anlagen erforderlich machen, oft mit schwerwiegenden Umweltbeeinträchtigungen verbunden sind und besondere materielle und verfahrensmäßige Sicherungen der Umweltbelange erforderlich machen. Es besteht auch ein Bedürfnis nach einem ausgeprägten Bestandsschutz.
- Daß der Regelfall der umweltrechtlichen Bewilligung als gebundene Kontrollerlaubnis strukturiert ist, die wasserrechtliche Umweltbewilligung dagegen nach Bewirtschaftungsermessen der Wasserbehörde erteilt oder versagt wird, schließt eine dogmatische Annäherung nicht aus. Wenn schon die strikt gesetzesgebundene Kontrollerlaubnis zahlreiche Tatbestandsmerkmale, Abwägungselemente und Gestaltungsermächtigungen enthält, die sich einer uneingeschränkten verwaltungsgerichtlichen Nachprüfung entziehen, kann das Bewirtschaftungsermessen bei der Umweltbewilligung im Wasserrecht die Dogmatik des Rechtsinstituts nicht

völlig sprengen. Bei raumbezogenen Vorhaben ist die Entscheidungsstruktur durch den Gesetzgeber stärker vorgeprägt, als dies bei wasserwirtschaftlichen Vorhaben möglich und sinnvoll ist. Dem hat der Gesetzgeber Rechnung getragen, indem er den umfassenden Bewirtschaftungsauftrag für alle Gewässervorkommen an die Exekutive weitergegeben hat. Dies spiegelt sich in einigen Besonderheiten der wasserrechtlichen Umweltbewilligung wider.

- Die typische wasserrechtliche Umweltbewilligung für wasserwirtschaftliche Benutzungen wird dadurch geprägt, daß einerseits das Bewirtschaftungsermessen anders als das Planungsermessen strukturiert ist, andererseits aus den genannten Gründen eine strikte Gesetzesbindung nicht in Betracht kommt. Zwischen Ausbau und Benutzung muß auch künftig unterschieden werden, ebenso wie nach wie vor Überschneidungsflächen zwischen den Begriffsfeldern in Kauf genommen werden müssen. Das gilt insbesondere für die privatnützigen Ausbauvorhaben, für die schon in der Begründung des Allgemeinen Teils eine Sonderstellung erwogen worden ist.

Abweichungen der wasserrechtlichen Umweltbewilligung von dem Modell der §§ 52 ff. ergeben sich vor allem in folgender Hinsicht:

- Auch künftig soll das Wasserrecht durch die Nutzungsordnung zweier Ebenen gekennzeichnet sein, öffentlich-rechtlich, was das Verhältnis zu den Wasserbehörden angeht, bürgerlich-rechtlich hinsichtlich der Rechtsbeziehungen der Gewässerbenutzer zueinander. Die Bedeutung der Umweltbewilligung als privatrechtsgestaltender Verwaltungsakt macht Sonderregelungen erforderlich, weil Investitionsschutz gegen Ansprüche von wasserrechtlichen Nachbarn über größere Entfernungen hinweg und in größerem Umfang begründet werden muß.
- Das Bewirtschaftungsermessen räumt der Wasserbehörde die Möglichkeit ein, die Bewirtschaftungsziele politisch immer wieder neu zu definieren und Nutzungen der Gewässer in größerem oder geringerem Umfang zu ermöglichen oder auszuschließen. Dieser umfassenden politischen Gestaltungsmöglichkeit entspricht ein größeres Schutzbedürfnis derjenigen, die für benutzungsabhängige Vorhaben große Investitionen gemacht haben und auf die Amortisation ihrer Aufwendungen in bestimmten Zeiträumen angewiesen sind. Bestandsschutz und Bestandskraft sind daher gegenüber den in §§ 56 und 76 getroffenen Maßstäben erhöht.

2. Zur Regelung im einzelnen

Zum Ersten Unterabschnitt: Gemeinsame Vorschriften für Benutzungen

Zu § 229 Erfordernis und Inhalt einer wasserrechtlichen Zulassung

Der Zulassungsvorbehalt des § 229 Abs. 1 führt die mit dem Wasserhaushaltsgesetz eingeführte Rechtslage fort. In den Bestimmungen für das Grundwasser im fünften Abschnitt wird der Zulassungsvorbehalt für bestimmte unechte Benutzungen im Bereich der landwirtschaftlichen Intensivproduktion konkretisiert (§ 259). Im sechsten Abschnitt über wassergefährdende Anlagen werden die Errichtung und der Betrieb von Rohrleitungsanlagen zum Befördern wassergefährlicher Stoffe in entsprechender Weise als unechte Benutzungen qualifiziert (§ 263).

Nach geltendem Recht sind Erlaubnis und Bewilligung auf einen bestimmten Benutzungszweck zu beschränken (§§ 7 Abs. 1 S. 1, 8 Abs. 1 S. 1 WHG); dabei sind Art und Maß der Benutzung näher zu bestimmen. In Absatz 2 wird hervorgehoben, daß die Begrenzungen einerseits vom Benutzungszweck her zu definieren sind, der sich aus den Antragsunterlagen ergibt, andererseits von den jeweiligen Bewirtschaftungszielen, die in mengen- oder gütewirtschaftlicher Hinsicht für das betreffende Gewässer jeweils in Bewirtschaftungsplänen oder Bewirtschaftungskonzepten festgelegt sind.

Nach § 8 Abs. 2 S. 1 Nr. 2 WHG ist vorgesehen, daß die Bewilligung im Gegensatz zur Erlaubnis nur für eine Benutzung erteilt werden darf, die einem bestimmten Zweck dient, welcher nach einem bestimmten Plan verfolgt wird. Auf diese Differenzierung kann künftig verzichtet werden. Die Bestimmung des Benutzungszwecks und von Art und Ausmaß der Benutzung wird bei größeren Vorhaben von der Natur der Sache her die Größenordnung eines Benutzungsplans erhalten, wie auch immer man die Grenze begrifflich ziehen will. Letztlich hängt es auch von den Auswirkungen auf die wasserwirtschaftlichen Verhältnisse ab, welchen Detailliertheitsgrad die Wasserbehörde und gegebenenfalls auch wasserrechtliche Nachbarn verlangen, die im Verfahren Einwendungen erheben.

Vorhaben, die einer Umweltfolgenprüfung unterliegen, sind nach § 35 S. 1 solche, die erhebliche Auswirkungen auf die Umwelt haben können. Schon nach § 9 S. 2 WHG muß das Bewilligungsverfahren für Vorhaben, die einer Umweltverträglichkeitsprüfung unterliegen, den Anforderungen genügen, die jeweils für die Umweltfolgenprüfung festgelegt sind. Mit der Regelung des Absatzes 3 ist dies sichergestellt. Darüber hinaus ist aber immer dann, wenn eine Umweltfolgenprüfung vorgeschrieben war und stattgefunden hat, auch eine Umweltbewilligung zu erteilen, nicht eine bloße Erlaubnis. Die Erfahrung lehrt, daß Bedenken gegen die Umweltverträglichkeit eines wasserwirtschaftlichen Vorhabens eher untergewichtet und dann zurückgestellt werden, wenn dafür nur eine widerrufliche Rechtsstellung begründet wird. Es zeigt sich aber, daß auch dann, wenn die Folgen für die Umwelt sich später als gravierender herausstellen als ursprünglich angenommen, von der Widerrufsmöglichkeit kein Gebrauch gemacht wird. Daher erscheint es überzeugend, daß die Behörde immer dann, wenn eine umfassende Umweltfolgenprüfung abgeschlossen ist, auch in die Lage gebracht wird, daß Vorhaben entweder für eine bestimmte Dauer voll zu verantworten oder im Hinblick auf die im Verfahren offenbar gewordenen Bedenken abzulehnen.

Zu Absatz 4

Während für Vorhaben, die einer Umweltfolgenprüfung unterliegen, überhaupt nur eine Umweltbewilligung vorgesehen ist, soll die Zulassung ferner in der Regel in der Form der Umweltbewilligung erteilt werden (also nicht als einfache Erlaubnis), soweit es sich um Vorhaben der öffentlichen Wasserversorgung, der öffentlichen Abwasserbeseitigung oder um wirtschaftliche Vorhaben handelt, für die ein besonderes Investitionsschutzinteresse geltend gemacht werden kann. Dabei geht es gleichermaßen darum, die Träger des Vorhabens gegenüber einem Widerruf der Wasserbehörde abzusichern und auch gegenüber zivilrechtlichen Ansprüchen von wasserrechtlichen Nachbarn. Darin liegt eine Abweichung vom geltenden Recht in mehrfacher Hinsicht.

Das geltende Recht überläßt es dem Bewirtschaftungsermessen der Wasserbehörde, ob sie eine Bewilligung oder eine Erlaubnis erteilen will. § 8 Abs. 2 Nr. 1 WHG schließt die Bewilligung nur schlechthin aus, wenn dem Unternehmer die Durchführung seines Vorhabens auch ohne eine gesicherte Rechtsstellung zugemutet werden kann. Daß bei Vorliegen eines solchen besonderen Investitionsschutzinteresses die Bewilligung in der Regel erteilt werden sollte, war daraus nicht ohne weiteres zu entnehmen. Die Praxis der Wasserbehörden hat sich gegenüber dem Rechtsinstitut der Bewilligung immer restriktiver entwickelt.

Diese unbefriedigende Rechtslage wird durch die neue Sollvorschrift abgelöst: wenn es um Investitionen einer besonderen Größenordnung geht, die man auf der Grundlage widerruflicher Rechtspositionen und ohne Absicherung gegenüber wasserrechtlichen Nachbarn kaum verantworten könnte, wird die Zulassung in der Regel in der Form der Bewilligung erteilt werden müssen. Das schließt freilich nicht aus, daß aus Gründen der wasserwirtschaftlichen Ordnung von hinreichendem Gewicht auch hier einmal eine Entscheidung ohne Ermessensfehler getroffen werden könnte, die den Unternehmer auf eine einfache Erlaubnis verweist.

Vorhaben der öffentlichen Wasserversorgung sind in der Vergangenheit am häufigsten bewilligt worden. In Ländern, in denen qualifizierte Erlaubnisse eingeführt wurden, die zwar widerruflich bleiben, aber vollen Nachbarrechtsschutz genießen, haben die Wasserversorgungsunternehmen zumindest diese Rechtsposition erhalten. Darin kommt auch das besondere Gewicht zum Ausdruck, das man bei der Regelung des Bewirtschaftungsermessen in § 6 WHG auf die Sicherung der öffentlichen Wasserversorgung gelegt hat. Es ist nur folgerichtig, den Wasserversorgungsunternehmen dann auch im Regelfall vollen Bestandsschutz in öffentlich-rechtlicher und privatrechtlicher Hinsicht zu gewähren, wenn es um große Investitionen geht.

Seit der Vierten Novelle zum WHG 1976 darf für das Einbringen und Einleiten von Stoffen in ein Gewässer sowie für unechte Benutzungen im Sinne des § 3 Abs. 2 Nr. 2 WHG eine Bewilligung nicht mehr erteilt werden; ausgenommen sind nur Fälle des Wiedereinleitens von nicht nachteilig verändertem Triebwasser bei Ausleitungskraftwerken. Diese Regelung bestätigte nur die Verwaltungspraxis der Länder, für das Einleiten von Abwasser in Gewässer grundsätzlich nur Erlaubnisse zu erteilen (kritisch zu dieser Einstellung Salzwedel, RdWWi. 19 [1975], S. 41 ff.). Eine Wende in der Umweltpolitik lag darin nicht. Das zeigt sich daran, daß die relative Bestandskraft von Erlaubnisbescheiden auch in der Folgezeit nicht angetastet worden ist. Weder sind Fälle eines Widerrufs von Erlaubnissen bekannt geworden, noch hat sich der Abbau des Bestandsschutzes gegenüber den wasserrechtlichen Nachbarn in größerem Umfang bemerkbar gemacht. Tendenzen zur Geltendmachung von Unterlassungsansprüchen gegen Abwassereinleiter stromauf vor den ordentlichen Gerichten verstärken sich aber in jüngster Zeit. Es besteht Veranlassung, den Ausschluß der Bewilligung für Abwassereinleitungen zu überdenken.

In erster Linie stand hinter dem Bewilligungsverbot für Abwassereinleitungen die Sorge, daß der für die Bewilligung und die Erlaubnis gleichermaßen geltende Vorbehalt nachträglicher zusätzlicher Anforderungen an die Beschaffenheit einzubringender oder einzuleitender Stoffe nicht ausreichen könnte, um stets verschärfte Anforderungen an die Abwasserreinigung und die Abwasservermeidung durchsetzen zu können. Dies war der Grund, warum die Länder in einer Zeit, in der sowohl die Abwasserbehandlungstechnologie als auch die Technologie der Produktionsweisen von stürmischen Fortschritten geprägt war, alles vermeiden wollten, was ihnen die Durchsetzung der neuen Möglichkeiten im Vollzug erschweren konnte. Vor allem ging es um die ebenfalls mit dem Vierten Änderungsgesetz 1976 eingeführten Mindestanforderungen nach § 7a WHG, die darauf abzielten, mit immer fortschrittlicheren Anlagen und Betriebsweisen nach den allgemein anerkannten Regeln der Technik nicht nur einem weiteren Anstieg von Schadstoff- und Nährstofffrachten zu begegnen, sondern die bis dahin hingenommenen Frachten drastisch zu reduzieren. Hier konnte zunächst die Vorstellung aufkommen, daß man nach § 5 WHG zwar erhebliche nachträgliche

Anforderungen durchsetzen könne, um die Belastung eines konkret gefährdeten Vorfluters zu beschränken, nicht aber, um das allgemeine Ziel eines Frachtabbaus auf nationaler Ebene zu erreichen. Schon die Durchsetzung gegenüber Erlaubnisinhabern, die entsprechende nachgeschobene Reinigungs- oder Vermeidungsanforderungen als unverhältnismäßig betrachten könnten, wurde vielfach als problematisch empfunden.

Spätestens mit dem Urteil des Bundesverwaltungsgerichts (BVerwGE 69, 37) im Fall des Heidelberger Kraftwerks zur Rauchgasentschwefelung ist die Vorsorgepolitik jedoch gegen solche Angriffe allgemein abgesichert. Was für den Frachtabbau beim Immissionsschutz gilt, muß auch beim Gewässerschutz gelten. Der Abwassereinleiter, der seinen Beitrag zum nationalen Frachtabbau leisten muß, kann sich nicht darauf berufen, daß sich das aufnehmende Gewässer in bezug auf den jeweils maßgebenden Schadstoff in keinem kritischen Zustand befände. Die Anwendung des Vorbehalts nachträglicher zusätzlicher Anforderungen an die Beschaffenheit einzubringender oder einzuleitender Stoffe hat daher auch bei der Durchsetzung strengster Verwaltungsvorschriften nach § 7a WHG nirgendwo nennenswerte Schwierigkeiten bereitet, selbst nicht in den Fällen, in denen die bisherige Abwassereinleitung durch alte Rechte oder durch Bewilligungen gedeckt war. Das gilt auch für Maßnahmen, die innerhalb des kommunalen Entwässerungssystems und innerhalb des Betriebszusammenhangs industrieller Einleiter mit dem Ziel der Vermeidung des Abwasseranfalls getroffen werden mußten, zum Beispiel für Teilstromregelungen, Vorbehandlungen oder die Vorhaltung von Rückhaltekapazitäten. Selbst die Durchsetzung von Abwasserbehandlungs- oder -vermeidungsmaßnahmen, die als technologischer Durchbruch empfunden worden sind, ist nicht in beachtlichem Umfang auf den Einwand der Unverhältnismäßigkeit gestoßen. Besonders bemerkenswert ist in jüngster Zeit die Durchsetzung der neuen Mindestanforderungen, die sich auf die Nährstofffrachten, insbesondere Phosphate und Nitrate bezieht.

Allerdings ist der völlige Widerruf der Bewilligung einer Abwassereinleitung grundsätzlich ausgeschlossen, der einer Erlaubnis nicht. Dem kommt aber bei der Durchsetzung von Bewirtschaftungszielen keine praktische Bedeutung zu. Für die Abwasserbeseitigung durch Körperschaften des öffentlichen Rechts, die nach § 18a WHG abwasserbeseitigungspflichtig sind, spielt dies von vornherein keine Rolle. Insbesondere die Abwasserbeseitigung der Gemeinden steht als Wahrnehmung einer öffentlichen Aufgabe nicht zur Disposition, auch nicht im Fall einer Erlaubnis. Hier ist es gegebenenfalls Sache der Abwasserbeseitigungspläne, neue Vorgaben für den Abwasseranfall, die Fortleitung des Abwassers und die Abwassereinleitung zu setzen. Gegenüber industriellen oder gewerblichen Abwassereinleitungen ist zu berücksichtigen, daß die Möglichkeiten des völligen Widerrufs einer Erlaubnis rechtsstaatlich beschränkt sind. Widerruflichkeit bedeutet nicht, daß die Investitionen ohne jeden Schutz wären, die aufgrund des Erlaubnisbescheides geleistet worden sind. Vor allem ist das Verhältnismäßigkeitsprinzip zu beachten. Die Schließung bedeutender Betriebsstätten mit der Begründung, früher habe man die Einleitung des Abwassers dort in Kauf genommen, künftig sei man dazu nicht mehr bereit, ist zwar als ultima ratio nicht ausgeschlossen, stellt aber einen Ausnahmefall dar, der die wasserwirtschaftliche Praxis nicht prägt. Hier zeigen sich sogar Durchsetzungsschwächen der Wasserbehörde, die im Falle einer auf unbestimmte Zeit erteilten Erlaubnis größer sind als bei einer Bewilligung, die schon von Gesetzes wegen nur für eine bestimmte angemessene Frist erteilt werden kann, von Ausnahmefällen abgesehen jedenfalls nicht über 30 Jahre hinaus (Salzwedel, in: Festschrift für Sendler, 1991, S. 321 ff.; Brodale, Die Rücknahme von Verwaltungsakten im Industriezulassungsverfahren im weitesten Sinne, 1993).

Sowohl bei den abwasserbeseitigungspflichtigen Städten und Gemeinden als auch bei industriellen und gewerblichen Unternehmern stehen große Investitionen auf dem Spiel. Das gilt einerseits für die Kanalisationen und Werksleitungen, andererseits für die Kläranlagen und Einleitungsbauwerke. Darüber hinaus ist zu berücksichtigen, daß die weitaus meisten Produktionsstätten davon abhängig sind, daß Abwasser eingeleitet werden kann. Ein Widerruf der Erlaubnis für eine städtische Abwassereinleitung ist auch an den Folgen zu messen, die sich daraus für industrielle und gewerbliche Indirekteinleiter ergeben. Bei Unternehmern, deren Produktionsanlage immissionsschutzrechtlich durch eine Genehmigung, künftig eine Umweltbewilligung, abgesichert ist, muß die Frage, ob der Widerruf der wasserrechtlichen Zulassung noch verhältnismäßig ist, auch an der volkswirtschaftlichen und regionalpolitischen Bedeutung der Betriebsstätten, dem Interesse an der Erhaltung der Arbeitsplätze sowie der Bedeutung für die gesamte Infrastruktur gemessen werden; keineswegs geht es allein um ein betriebswirtschaftliches Kalkül oder die Dividenden von Aktionären. Es würde nicht einleuchten, mit der Anerkennung der Umweltbewilligung im immissionsschutzrechtlichen Verfahren zu signalisieren, daß man Investoren gewinnen und Investitionsschutz gewähren wolle, dagegen im wasserrechtlichen Verfahren den Eindruck zu erwecken, als bliebe die politische Entscheidung über die Hinnehmbarkeit des Abwasseranfalls und der Abwassereinleitung für die Zukunft völlig offen.

Auch eine scharfe Trennung zwischen Wassermengen- und Wassergütewirtschaft überzeugt für die Zulassungspraxis nicht. Es erscheint formalistisch, eine Bewilligung für die Entnahme von Kühlwasser vorzusehen, für die Wiedereinleitung in das Gewässer dagegen nicht. Soweit die öffentliche Wasserversorgung Brauchwasser für gewerbliche Betriebe und die Industrie liefert, müssen die entsprechenden Produktionswässer im allgemeinen auch wieder als Abwassermengen mit veranschlagt werden; der Auftrag zur Gewässerbewirtschaftung erstreckt sich auf das eine wie auf das andere. Es drängt sich daher auf, das rechtliche Instrumentarium von Umweltbewilligung und widerruflicher Erlaubnis wieder für den gesamten Bereich der Benutzungen zu öffnen.

Zu § 230 Zulassungsvoraussetzungen

Zu Absatz 1

Die Umweltbewilligung ist in § 52 als gebundener Verwaltungsakt konzipiert. § 53 enthält deshalb ein vollständiges Entscheidungsprogramm. Sind die dort genannten Voraussetzungen erfüllt, ist die Umweltbewilligung zu erteilen; fehlt es an einer der Voraussetzungen, ist sie zu versagen. Im Rahmen des wasserwirtschaftlichen Bewirtschaftungssystems kann der Katalog des § 53 zwar auch als Prüfraster herangezogen werden. Die Erteilung der Umweltbewilligung ist aber einerseits nicht immer davon abhängig, daß jede dieser Voraussetzungen vorliegen müßte. Andererseits besteht auch bei Vorliegen aller dieser Voraussetzungen nur ein Anspruch auf fehlerfreie Ermessensausübung, den die Wasserbehörde zu berücksichtigen hat.

Die Mannigfaltigkeit und unterschiedliche wasserwirtschaftliche Relevanz der Gewässerbenutzungen läßt es unzweckmäßig erscheinen, in jedem Fall der Umweltbewilligung jede der Voraussetzungen des § 53 Abs. 1 zu verlangen. Einheitliche Maßstäbe für die Prüfung der Zuverlässigkeit des Antragstellers und die Eignung der im Betrieb tätigen Personen lassen sich kaum formulieren. Es liegt im Wesen des Bewirtschaftungsauftrags, daß Anträge nur dann positiv beschieden werden können, wenn auch von der Seite der Zuverlässigkeit und Fachkunde der Betreiber jeweils keine Bedenken bestehen. Dabei ist aber kein allgemeiner Standard anzuwenden, sondern eine Einzelprüfung durchzuführen.

Vor allem folgt daraus, daß etwa die Voraussetzungen des § 53 Abs. 1 im Einzelfall erfüllt sind, noch keineswegs, daß die Umweltbewilligung erteilt werden müßte. Hier setzt gerade das Bewirtschaftungsermessen ein, das der jeweiligen wasserwirtschaftlichen Situation angepaßte Mehranforderungen oder auch eine grundsätzliche Ablehnung rechtfertigt. Schon zu § 53 Abs. 1 Nr. 1 ist hervorzuheben, daß es mit dem Ausschluß von Umweltgefahren nicht getan ist; § 230 Abs. 1 stellt in der Regel auf ein höheres Schutzniveau und dabei jeweils auf das Schutzwürdigkeits- und Gefährdungsprofil ab, das die Wasserbehörde zugrundelegt. Aber auch bei den anderen Kriterien des § 53 Abs. 1 kann der Ermessensspielraum ausgeschöpft werden; zum Beispiel Abwasserreinigung über die Mindestanforderungen hinaus, besondere Anforderungen an Zuverlässigkeit und Fachkunde der bei der Benutzung tätigen Personen, Deckungsvorsorge für Schadensfälle u.ä.

Die Vorschrift des Absatzes 1 schränkt den Spielraum der Wasserbehörden der Länder für die Bewirtschaftung der Gewässer ein. Das gilt sowohl für förmliche Bewirtschaftungspläne als auch für die Entwicklung von Bewirtschaftungskonzepten, welche die Wasserbehörden bei Entscheidungen über Benutzungsanträge von Fall zu Fall zugrunde legen. Drei Wirkungsbereiche dieser Vorschrift sind auseinanderzuhalten. Zunächst sind die

Landeswassergesetze bundesrechtskonform, d.h. hier so auszulegen, daß die bundesrechtlich umschriebenen Belange des allgemeinen Wohls, insbesondere der öffentlichen Wasserversorgung hinreichend beachtet werden. Da die wasserrechtlichen Rahmenvorschriften unmittelbar gelten, sind die Wasserbehörden ferner verpflichtet, die Bewirtschaftungsschranken bei der Aufstellung von Bewirtschaftungsplänen oder der Entwicklung von Bewirtschaftungskonzepten sowie bei der plan- oder konzeptgerechten Entscheidung im wasserrechtlichen Verfahren von Fall zu Fall zu beachten. Daraus ergeben sich auch Maßstäbe für die Anwendung des Gewässerstrafrechts nach § 324 StGB; die Beamten der Wasserbehörden werden wegen offenbarer Verstöße gegen § 230 gegebenenfalls strafrechtlich belangt. Schließlich wirken die Bewirtschaftungsschranken in die wasserrechtlichen Verfahren und die verwaltungsgerichtliche Überprüfung hinein; eine Klage auf Erteilung einer Umweltbewilligung oder Erlaubnis ist von vornherein als unbegründet abzuweisen, wenn die Benutzung mit § 230 unvereinbar wäre, ohne daß es auf mögliche Ermessensfehler der Wasserbehörde noch ankäme.

Die Vorschrift gilt für Oberflächengewässer, Küstengewässer und für das Grundwasser gleichermaßen. Die engeren Benutzungsschranken des § 34 WHG unterwerfen nur das gezielte Einleiten von Stoffen in das Grundwasser sowie das Lagern oder Ablagern von Stoffen und die Beförderung von Flüssigkeiten und Gasen durch Rohrleitungen dem strengen Besorgnisprinzip. Im übrigen gelten auch für die Benutzung des Grundwassers die allgemeinen Bewirtschaftungsschranken. § 230 bleibt auch künftig Grundnorm für die Bewirtschaftung der Grundwasservorkommen.

Zu Absatz 2

Mit dieser Regelung wird der Versuch unternommen, die Generalklausel für die Gewässerbewirtschaftung, soweit es um eine mögliche Beeinträchtigung des Wohls der Allgemeinheit geht, deutlicher zu strukturieren. Angesichts der außerordentlich unterschiedlichen wasserwirtschaftlichen Gegebenheiten, von denen die Bewirtschaftung auszugehen hat, und den unterschiedlichen Bedürfnissen, die in mengen- oder gütewirtschaftlicher Hinsicht zu berücksichtigen sind, kann es keine allgemeingültigen Standards dafür geben, was jeweils mit dem Wohl der Allgemeinheit vereinbar ist, was nicht. Vor allem führt die von der herrschenden Lehre zum Gewässerstrafrecht in § 324 StGB vertretene Schutzgutvorstellung - "sauberes Wasser" - (beispielhaft Cramer, in: Schönke/Schröder, Strafgesetzbuch, 24. Aufl., 1991, § 324 StGB Rn. 8 m.w.N.) für das Recht der Wasserwirtschaft nicht weiter. Ist die Konkretisierung der Schutzwürdigkeitsprofile für die einzelnen Gewässer in förmlichen Bewirtschaftungsplänen oder informellen Bewirtschaftungskonzepten verdeutlicht, ergibt sich erst daraus, welche Schranken der Wasserbehörde bei der Entscheidung über Umweltbewilligungen und Erlaubnisse gezogen sind. Die "Widmung" eines Gewässers für bestimmte Benutzungen und auch der Ausschluß von Nutzungen können zwar revidiert werden. Solange aber die klar umrissenen und in der Verwaltungspraxis von Fall zu Fall beachteten Bewirtschaftungsziele nicht verändert werden, sind sie in jedem neuen wasserrechtlichen Verfahren verbindliche Entscheidungsgrundlage. Die Vorschrift hebt also auf Selbstbindung der Verwaltung und konzeptgerechte Abwicklung wasserrechtlicher Verfahren ab.

Zu Absatz 3

Wann eine Benutzung eine Gefährdung der öffentlichen Wasserversorgung erwarten läßt, bedarf ebenfalls der Klarstellung. Zur Sicherung der öffentlichen Wasserversorgung sind eine ganze Reihe von Kontrollmechanismen hintereinander geschaltet, von stoffrechtlichen Verboten über Emissionsbegrenzungen beim Abwasser bis hin zu Mindestqualitätsnormen für Rohwasser, das für die öffentliche Wasserversorgung genutzt werden soll. Die Vielfalt dieser Regelungen kann in die allgemeine Bewirtschaftungsklausel zugunsten der öffentlichen Wasserversorgung nicht übernommen werden. Wichtig erscheint aber die Hervorhebung, daß die öffentliche Wasserversorgung auf Lieferung eines Trinkwassers von solcher Qualität verpflichtet ist, das der EG-Richtlinie betreffend die Qualität von Trinkwasser für den menschlichen Gebrauch und der Trinkwasserverordnung entspricht. Daraus läßt sich die Bewirtschaftungsschranke ableiten, daß jedenfalls solche Benutzungen nicht zugelassen werden können, welche die sichere Einhaltung der trinkwasserrechtlich verbindlichen Grenzwerte gefährden könnte. Auch eine sichere Einhaltung von Richtwerten muß zur Ablehnung von Benutzungen herangezogen werden können, wenn die zuständigen Gesundheitsbehörden die Verbesserung der Trinkwasserqualität bei den betreffenden Parametern verlangen. Schließlich wird eine Gefährdung der öffentlichen Wasserversorgung auch anzunehmen sein, wenn Rohwasser trotz der zu erwartenden zusätzlichen Verunreinigung zwar mit erheblichem aufbereitungstechnischem Aufwand oder durch Verdünnungsmaßnahmen noch zu Trinkwasser von hinreichender Qualität verändert werden könnte, aber jedenfalls nicht unter Beibehaltung der bisherigen Versorgungsstruktur, in der mittlere und kleinere Unternehmen ihren festen Platz haben. Die Vorschrift bietet also eine nützliche Entscheidungsgrundlage für die unterschiedlichsten Verhältnisse in der Wassergewinnung und die unterschiedlichsten Wasserversorgungsstrukturen.

Zu § 231 Nebenbestimmungen zur Zulassung

Zu Absatz 1

Die Vorschrift knüpft an § 72 und § 36 VwVfG an. Der bisherige § 4 Abs. 1 S. 1 WHG wird dahin ergänzt, daß Benutzungsbedingungen und Auflagen nach Maßgabe des Bewirtschaftungsermessen der Wasserbehörde festgelegt werden. Ebenso wie in § 8 Abs. 2 WHG für den Inhalt der Benutzung wird hier für Nebenbestimmungen noch einmal hervorgehoben, daß die Wasserbehörde über die unmittelbar kraft Gesetzes geregelten Zulassungsvoraussetzungen hinaus Anforderungen und Beschränkungen festlegen kann, wenn sie dies will.

Absatz 1 Satz 2 entspricht dem § 4 Abs. 1 S. 2 WHG, wird aber durch einen Zusatz ergänzt, der aus § 24 Abs. 2 S. 2 LWG NW übernommen ist. Damit hat es folgende Bewandtnis:

Die Rechtsbeziehungen der Gewässerbenutzer untereinander bestimmen sich nach bürgerlichem Recht. Die Umweltbewilligung greift mit ihrer privatrechtsgestaltenden Wirkung in die bürgerlich-rechtliche Rechtslage ein; insoweit gilt für die immissionsschutzrechtliche und die wasserrechtliche Umweltbewilligung das gleiche (vgl. Begründung zum Allgemeinen Teil zu § 55, S. 276 ff.). Die Erlaubnis wird dagegen, soweit landesrechtlich nichts Abweichendes bestimmt ist, unbeschadet der Rechte Dritter erteilt, wie es zum Beispiel § 24 Abs. 1 S. 2 LWG NW entsprechend dem baurechtlichen Sprachgebrauch formuliert. Bürgerlich-rechtliche Ansprüche der Unterlieger gegen Benutzungen der Oberlieger, die nicht im wasserrechtlichen Verfahren ausgeschlossen oder beschränkt worden sind, müssen vor den Zivilgerichten geltend gemacht werden. Ein Rechtsanspruch auf Festsetzung von Auflagen steht dem Dritten nicht zu, weder im Umfang der bürgerlich-rechtlichen Ansprüche, die er vor dem Zivilgericht geltend machen könnte, noch darüber hinaus. Die Rechtsprechung des Bundesverwaltungsgerichts (BVerwGE 78, 43), wonach sich unmittelbar aus § 4 Abs. 1 S. 2 WHG ein Anspruch der betroffenen Dritten auf fehlerfreie Ermessensausübung ergeben kann, bleibt unberührt. Daraufhin nimmt man heute überwiegend an, daß Dritte, etwa von der Benutzung nachteilig betroffene Unterlieger, nach § 42 Abs. 2 VwGO ganz generell klagebefugt sind. Das Verwaltungsgericht kann die Wasserbehörde insbesondere verpflichten, im Erlaubnisverfahren über die Aufnahme einer drittschützenden Auflage zugunsten des Klägers erneut zu befinden. Unter welchen Voraussetzungen solche Klagen in der Sache Erfolg haben können, ist freilich noch nicht abzuschätzen. Insoweit bleibt die Rechtsfortbildung in der Rechtsprechung der Verwaltungsgerichte abzuwarten. Ebensowenig wie das Bundesverwaltungsgericht § 24 Abs. 2 S. 2 LWG NW für unvereinbar mit § 4 WHG gehalten hat - anderenfalls wäre ein Vorlageverfahren nach Art. 100 Abs. 1 GG geboten gewesen -, berührt die hier übernommene Vorschrift den kraft Bundesrechts geltenden Anspruch auf fehlerfreie Ermessensausübung, der dem Dritten neben dem bürgerlich-rechtlichen Nachbarrecht oder auch darüber hinaus zustehen kann. Ausgeschlossen wird nur, daß aus bürgerlich-rechtlichen oder öffentlich-rechtlichen Vorschriften der Landeswassergesetze ein Recht abgeleitet wird, daß eine drittschützende Auflage in den Bescheid aufgenommen werden müsse.

Zu Absatz 2

Der Katalog der Auflagen, die im wasserrechtlichen Bescheid am häufigsten vorkommen, wird aus dem bisherigen § 4 Abs. 2 WHG übernommen. Ergänzend tritt unter Buchstabe e noch eine Auflage zur Einstellungsvorsorge hinzu. Für solche Auflagen ist auch schon nach der bisherigen wasserwirtschaftlichen Praxis gelegentlich eine Deckungsvorsorge getroffen worden. Unter Anknüpfung an § 128 kommt dies auch künftig in Betracht.

Zu § 232 Nachträgliche Anordnungen

Die Vorschrift knüpft an § 73 an und übernimmt dabei den bisherigen § 5 WHG inhaltlich in vollem Umfang. Auch künftig können nachträgliche Anordnungen unabhängig davon erlassen werden, ob der Unternehmer eine Umweltbewilligung oder einer Erlaubnis innehat. Es gehört zum Bewirtschaftungsauftrag der Wasserbehörde, bei der Fortschreibung von Bewirtschaftungsplänen oder Bewirtschaftungskonzepten nach § 225 auch die Möglichkeit nachträglicher Anordnungen auszuschöpfen. Absatz 1 Satz 2 schränkt das Bewirtschaftungsermessen der Wasserbehörde ein, sobald eine nach § 230 umschriebene Gefahrenlage eingetreten ist. Solchenfalls soll die Wasserbehörde nachträgliche Anordnungen zur Sanierung treffen.

Schon nach geltendem Recht ist der Spielraum für nachträgliche Anordnungen aus Gründen des Investitions- und Vertrauensschutzes unterschiedlich begrenzt je nachdem, ob es sich um mengen- oder gütewirtschaftliche Inanspruchnahmen des Gewässers handelte. So sah § 5 Abs. 1 Nr. 1 WHG für zusätzliche Anforderungen an die Beschaffenheit einzubringender oder einzuleitender Stoffe, also praktisch für den gesamten Bereich der Einleitung von Abwässern keine Beschränkungen vor. Das bedeutete freilich, daß nur die jeweiligen verfassungsrechtlichen Grenzen beachtet werden mußten, die sich aus dem Verhältnismäßigkeitsprinzip ergeben. Anders ist es bei Maßnahmen, die sich auf die Entnahme von Wasser aus Oberflächengewässern oder die Förderung von Grundwasser für die öffentliche Wasserversorgung oder auf Wasserkraftnutzungen beziehen. Solche Maßnahmen dürfen nur angeordnet werden, soweit sie wirtschaftlich gerechtfertigt und mit der Benutzung vereinbar sind. Diese Unterscheidung ist wasserwirtschaftlich nach wie vor sinnvoll und folgerichtig.

Besondere Bedeutung erlangt sie dadurch, daß künftig auch wieder Bewilligungen für den Bereich der Einleitung von Abwasser zugelassen werden. Hier kommt es nicht darauf an, ob die nachträglichen Anordnungen wirtschaftlich vertretbar sind, sondern ob sie noch mit den verfassungsrechtlichen Maßstäben des Verhältnismäßigkeitsprinzips zu vereinbaren sind. Die Formulierung des Absatzes 2 knüpft hier an die Neufassung des § 17 Abs. 2 BImSchG an, welche die verfassungsrechtlichen Maßstäbe konkretisiert.

Zu § 233 Vorzeitiger Beginn

Die Regelung ist ursprünglich im Landesrecht entwickelt und erst durch das Vierte Änderungsgesetz zum Wasserhaushaltsgesetz 1976 in § 9a WHG übernommen worden. Im Hinblick darauf, daß der Benutzungswerber nur einen Anspruch auf fehlerfreie Ermessensausübung geltend machen kann und sich dementsprechend auch mit einer extrem schwachen Rechtsposition begnügen muß, erscheint das Bedürfnis nach einer solchen Regelung eigentlich nicht unabweisbar. Die einfache Erlaubnis ist ohnehin widerruflich und läßt bürgerlich-rechtliche Unterlassungsansprüche unberührt. Soll eine Benutzung bei noch weithin ungeklärten wasserwirtschaftlichen Verhältnissen in Angriff genommen werden, bietet es sich an, die Widerrufsmöglichkeiten im Erlaubnisverfahren schon im vorhinein zu strukturieren und daraufhin auch eine Reihe von die Rückabwicklung sichernden Benutzungsbedingungen oder Auflagen festzulegen. Die Amtliche Begründung, wonach bei umfangreichen oder in Einzelheiten schwer zu beurteilenden Vorhaben ein dringendes Interesse daran bestehen könne, mit dem Bau geeigneter Anlagen oder mit der Benutzung selbst schon zu beginnen (BT-Drs. VII/888, S. 16 und VII/1088, S. 15), läßt außer Betracht, daß gerade für solche Fälle die Möglichkeit einer gewissermaßen vorläufigen Erlaubnis schon im Gesetz angelegt ist. Dementsprechend könnte in einem Bewilligungsverfahren dem Bedürfnis nach einem vorzeitigen Beginn durch eine vorgezogene vorläufige Erlaubnis entsprochen werden.

Das Rechtsinstitut der vorläufigen Zulassung hat sich aber in der Verwaltungspraxis einen festen Platz erobert (zuletzt Scheier, NVwZ 1993, 529 ff.). Darin kommt zum Ausdruck, daß auch im Erlaubnisverfahren im allgemeinen subjektiv-öffentliche Rechte begründet werden, die dem Bedürfnis nach einem gewissen Investitionsschutz für den Antragsteller Rechnung tragen. Die Unterscheidung zwischen eher auf Vorläufigkeit angelegten und relativ bestandsschützenden Erlaubnissen könnte leicht zu Mißverständnissen führen. Deshalb soll die Regelung beibehalten werden. Das schließt nicht aus, daß bei noch nicht völlig aufgeklärten wasserwirtschaftlichen Verhältnissen auch tendenziell vorläufige Erlaubnisse erteilt werden, die sich dann deutlich von der "jederzeit" widerruflichen Zulassung des vorzeitigen Beginns abheben, wobei alles auf eine uneingeschränkte Risikoübernahme durch den Unternehmer abgestellt ist. Freilich lassen sich in der Verwaltungspraxis auch Fehlentwicklungen beobachten, bei denen Entscheidungen über die Zulassung vorzeitigen Beginns auf Jahrzehnte hinaus dafür herhalten müssen, Benutzungen zu legitimieren, ohne daß sich die Wasserbehörde zur Erteilung einer Bewilligung oder Erlaubnis durchringt. In solchen Fällen wird man den Widerruf, obwohl er ursprünglich jederzeit möglich sein sollte, unter Umständen ebenso sorgfältig überprüfen müssen, als ob eine Erlaubnis erteilt worden wäre.

Die Regelung in Absatz 2 folgt an sich bereits aus § 231. Im Rahmen des Bewirtschaftungsermessens sind danach auch bereits Sicherheitsleistungen nach Absatz 3 zulässig. Die Vorschrift dient nur der Klarstellung.

Zu § 234 Ausgleich von Rechten und Befugnissen

Das Ausgleichsverfahren hat in der Verwaltungspraxis nie eine besondere Rolle gespielt (Breuer, Öffentliches und privates Wasserrecht, 2. Aufl., 1987, Rn. 442; Salzwedel, in: v. Münch [Hrsg.], Besonderes Verwaltungsrecht, 8. Aufl., 1988, S. 760; Kloepfer, Umweltrecht, 1989, § 11 Rn. 127). Dennoch spiegelt sich in ihm der nach wie vor tragende Gedanke wider, daß alle Benutzer an einem Gewässer, wie auch immer das ihnen eingeräumte subjektiv-öffentliche Recht beschaffen sein mag, in einer gewissen Verantwortungsgemeinschaft stehen, die auch Verpflichtungen zur Rücksichtnahme aufeinander mit einschließen. Zweifellos läßt sich das, was im Ausgleichsverfahren zusammenfassend geregelt wird, auch durch eine Vielzahl aufeinander abgestimmter Einzelmaßnahmen erreichen, wie zum Beispiel eine Reihe nachträglicher Anordnungen oder Widerrufe. Größere Bedeutung könnte die Kopplung von Bewirtschaftungsplänen nach § 225 mit Ausgleichsverfahren gewinnen. Vor allem für Sanierungspläne, die auf eine schrittweise Aufstufung des Gewässerzustandes in mengen- oder gütewirtschaftlicher Hinsicht abzielen, bietet sich eine Bündelung und zeitliche Staffelung von Einzelmaßnahmen an. Im übrigen ist eine förmliche Bewirtschaftungsplanung dafür nicht einmal erforderlich; auch informelle Bewirtschaftungskonzepte nach § 225 Abs. 5 lassen sich unmittelbar im Wege des Ausgleichsverfahrens verwirklichen. Damit tritt dann der eigentliche Vorteil des Ausgleichsverfahrens besonders in Erscheinung: das Sanierungskonzept wird sich um so überzeugender darstellen und gegenüber Inhabern von Umweltbewilligungen und Erlaubnissen durchsetzen lassen, als im Ausgleichsverfahren aufeinander abgestimmte Schritte zur Realisierung vorgezeichnet sind.

Besondere Bedeutung gewinnt das Ausgleichsverfahren dadurch, daß das Umweltbewilligungsverfahren auch für Abwassereinleitungen wieder in Betracht gezogen wird. Auch unterhalb der Schwelle des Widerrufs gegen Entschädigung nach § 236 Abs. 2 lassen sich in gewissem Umfang Beschränkungen durchsetzen, weil immer dann, wenn alle Benutzer in angemessenem Umfang zu Beiträgen im Interesse eines aufgestuften Bewirtschaftungszustands herangezogen werden, auch die Zumutbarkeitsschwelle für jeden von ihnen davon mit beeinflußt wird.

Zum Zweiten Unterabschnitt: Besondere Vorschriften für die Umweltbewilligung

Zu § 235 Besondere Zulassungsvoraussetzungen

Die Vorschrift entspricht im wesentlichen § 8 Abs. 3 und 4 WHG. Bedeutsam ist insbesondere die Verknüpfung der hoheitlichen Gewässerbewirtschaftung mit dem wasserrechtlichen Nachbarrecht.

Absatz 1 verweist wie bisher auf bürgerlich-rechtliche Rechtspositionen, die ein Recht auf Zufluß von Wasser bestimmter Menge und Beschaffenheit geben. Der bisherige § 2 Abs. 2 WHG, wonach die Erlaubnis und Bewilligung selbst kein Recht auf Zufluß von Wasser bestimmter Menge und Beschaffenheit gewähren, brachte dies ebenfalls zum Ausdruck, freilich in einer Weise, die zu Mißverständnissen Anlaß geben konnte; darauf kann künftig verzichtet werden (Salzwedel, RdWWi. 21 [1978], S. 65 ff.).

Solche Rechte auf Zufluß von Wasser einer bestimmten Menge und Beschaffenheit sind vielfach als alte Rechte erhalten, zum Beispiel aus Verleihungen nach dem Preußischen Wassergesetz 1913 (dazu grundsätzlich Salzwedel, Bürgerlich-rechtliche Unterlassungsansprüche gegen Gewässerbenutzer - Rechtsgrundlagen und Umfang, Kongreß und Ausstellung Wasser, Berlin 1968 - Vorträge, S. 133, Zweitabdruck in: RdWWi. 18 [1973], S.93; BVerwGE 36, 250), aber auch aus späteren Bewilligungen, die dem Inhaber nach Landesrecht eine eigentümergleiche Rechtsstellung einräumten. Rechte auf Zufluß von Wasser einer bestimmten Menge und Beschaffenheit können sich aber auch aus dem Recht am eingerichteten und ausgeübten Gewerbebetrieb ergeben, woraufhin den Unternehmern der Schutz aus § 823 Abs. 1 BGB zuwächst. Während aber verliehene oder bewilligte Rechte eine Rechtsposition in mengen- oder gütewirtschaftlicher Hinsicht gewähren, die sich aus dem jeweils verbrieften Umfang ergibt, können sich die Rechte des Benutzers, der sich auf die früher aufgenommene Nutzung und seinen Besitzstand sonst beruft, nur an dem bisher de facto ausgeübten Umfang orientieren. Alle diese Rechtspositionen werden in Umweltbewilligungsverfahren eingebracht und sind dort nach Maßgabe des Absatzes 1 Satz 2 voll zu berücksichtigen.

Die Vorschrift des Absatzes 2 verweist auf Landesrecht, das weitere Rechtspositionen auf Zufluß von Wasser bestimmter Menge und Beschaffenheit schafft, als sie vom Bundesrecht her vorgegeben sind. Die Landeswassergesetze haben dabei im wesentlichen übereinstimmende bürgerlich-rechtliche Befugnisse begründet; als Beispiel kann § 27 Abs. 1 LWG NW in Bezug genommen werden:

"(1) Gegen die Erteilung einer Bewilligung kann auch Einwendungen erheben, wer dadurch Nachteile zu erwarten hat, daß durch die Benutzung

1. der Wasserabfluß verändert oder das Wasser verunreinigt oder sonst in seinen Eigenschaften verändert,
2. der Wasserstand verändert,
3. die bisherige Benutzung seines Grundstücks beeinträchtigt,
4. seiner Wassergewinnungsanlage das Wasser entzogen oder geschmälert,
5. die ihm obliegende Gewässerunterhaltung erschwert wird, ohne daß dadurch ein Recht beeinträchtigt wird. Geringfügige und solche Nachteile, die vermieden worden wären, wenn der Betroffene die ihm obliegende Gewässerunterhaltung ordnungsgemäß durchgeführt hätte, bleiben außer Betracht."

Diese Regelungen haben eine weit über ihren Wortlaut hinausreichende Rechtswirkung.

Erstens begründen sie Rechte auf Zufluß von Wasser bestimmter Menge oder Beschaffenheit für denjenigen, der dadurch Nachteile zu erwarten hat, daß der Status quo der vorgegebenen wasserwirtschaftlichen Nutzungen nachhaltig verändert wird. Daraus ergeben sich nachbarrechtliche Abwehransprüche nach § 823 Abs. 2 BGB; die Wirkung der jeweiligen landesrechtlichen Bestimmungen als Schutzgesetz ist in der Rechtsprechung der Zivilgerichte anerkannt (BGHZ 69, 1). In dieser Hinsicht sind folgende Ausführungen maßgebend (S. 21 f.):

"Die genannten §§ 8 Abs. 3 und 4 WHG, 17 LWassG NW regeln nach Ansicht des erkennenden Senats nicht allein das bei der Erteilung einer Bewilligung zu beobachtende Verfahren, sondern enthalten auch materielle Vorschriften zum Schutz des betroffenen Dritten. Das ergibt die Bedeutung, die diese Vorschriften den Einwendungen des Dritten beilegen. Anders als das OLG München in dem vom Berufungsgericht herangezogenen Urteil vom 20. Oktober 1967 offenbar gemeint hat, darf sich die Wasserbehörde über diese Einwendungen nicht nach ihrem Ermessen hinwegsetzen. Nicht nur für die auf Rechte gestützten Einwendungen ist - in § 8 Abs. 3 S. 1 WHG - bestimmt, daß die Bewilligung nur erteilt werden darf, wenn die nachteiligen Wirkungen der beabsichtigten Benutzung durch Auflagen verhütet oder ausgeglichen werden. Dasselbe gilt nach § 17 LWassG NW vielmehr zunächst auch für Einwendungen, die auf bestimmte Nachteile gestützt werden, durch die ein Recht nicht beeinträchtigt wird. Wenn § 17 Abs. 2 LWassG NW den Wasserbehörden in diesen Fällen darüber hinaus die Befugnis beilegt, zwischen dem Nachteil und dem aus der beabsichtigten Benutzung zu erwartenden Nutzen abzuwägen, so wird ihnen auch insoweit kein Ermessensspielraum zu Lasten des Betroffenen eingeräumt. Vielmehr wird auch hier die Erteilung der Bewilligung von gesetzlich bestimmten Voraussetzungen abhängig gemacht. Von einer 'Aushöhlung' des zivilrechtlichen Rechtsschutzes durch die Befugnisse der Wasserbehörde kann auch nicht im Hinblick auf den Ausschluß zivilrechtlicher Ansprüche in § 11 WHG entsprochen werden; denn dieser Ausschluß tritt nur als Folge der Bewilligung ein, die eben nur unter bestimmten Voraussetzungen erteilt werden darf. Das Gesetz gewährt dem Betroffenen, dem durch die beabsichtigte Benutzung Nachteile drohen, demnach eine Rechtsstellung, die er nach eigenem Willen durch seine Einwendungen zur Geltung bringen kann. Das rechtfertigt den Schluß, daß ihm diese Rechtsstellung gegenüber der beabsichtigten Benutzung in seinem eigenen Interesse verschafft wird. Sie wäre aber unvollkommen, wenn sie ihn nur berechtigen würde, im Bewilligungsverfahren Einwendungen geltend zu machen. Das zeigt gerade der vorliegende Fall, in dem der Beklagte es bisher unterlassen hat, eine Bewilligung zu beantragen, ohne daß die Wasserbehörde nachhaltig gegen seine unbefugte Gewässerbenutzung eingeschritten wäre. Daher muß angenommen werden, daß der Betroffene aus dieser Rechtsstellung auch ohne Bewilligungsverfahren gegenüber einer ihn benachteiligenden Gewässerbenutzung Ansprüche herleiten kann.

Soweit die §§ 8 Abs. 3 und 4 WHG, 17 LWassG dem Betroffenen eine materielle Rechtsstellung einräumen, sind sie daher als Schutzgesetze im Sinne des § 823 Abs. 2 BGB anzusehen. Mit dieser Auffassung befindet der erkennende Senat sich in Einklang mit der in Rechtsprechung und Schrifttum weithin vertretenen Meinung (BGH V. Zivilsenat Urteil vom 5. November 1976 aaO; BVerwGE 41, 58 [64]; wohl auch BayObLG NJW 1965, 973; Gieseke, ZfW 1968, 175 , 177; Salzwedel, in: v. Münch, Besonderes Verwaltungsrecht, 2. Aufl., S. 504; Dellian NJW 1967, 520 und BayVBl 1966, 337; Breuer, aaO Rdn. 257)."

Wer danach im Bewilligungsverfahren Einwendungen erheben kann, erhält von Landesrechts wegen auf der bürgerlich-rechtlichen Nutzungsebene in diesem Umfang eine geschützte Rechtsposition. Dabei ergeben sich aus den Ausfüllungsvorschriften zu § 235 Abs. 2 auch weiterhin Ansprüche auf Unterlassung, auf Beseitigung, auf weitere Schutzvorkehrungen oder auf Schadensersatz.

Zweitens werden diese durch Landesrecht geschaffenen bürgerlich-rechtlichen Befugnisse in das Bewilligungsverfahren einbezogen, wenn auch in etwas abgeschwächtem Umfang gegenüber bundesrechtlich vorgegebenen Rechten nach Absatz 1.

Drittens werden diese bürgerlich-rechtlichen Befugnisse auch im Erlaubnisverfahren relevant, soweit die Länder von der Ermächtigung Gebrauch gemacht haben, auch dieser Zulassung eine gewisse, wenn auch beschränkte privatrechtsgestaltende Wirkung zuzuerkennen; dies fand seinen Ausdruck gegebenenfalls darin, daß jeweils im Erlaubnisverfahren § 8 Abs. 3 und 4 WHG, zusätzlich auch § 10 WHG oder vereinzelt sogar § 11 WHG in Bezug genommen waren. Entsprechend ist in den Landeswassergesetzen künftig auf § 235 Abs. 1 und 2, § 237 und § 238 zu verweisen.

An diesem Rechtszustand wird festgehalten. Die Rahmengesetzgebung des Bundes dürfte auch kaum soweit reichen, das Verhältnis zwischen öffentlichem und privatem Wasserrecht abschließend zu regeln. Zwar kann der Bund die Rechtsbeziehungen der Gewässerbenutzer untereinander, gerade weil sie dem bürgerlichen Recht angehören, nach Art. 74 Nr. 1 GG an sich auch umfassend regeln; Art. 65 EGBGB wäre dann ganz oder teilweise aufzuheben. Aber dazu bestand bisher niemals Veranlassung; das UGB braucht auf diesem Gebiet nicht mit zusätzlichen Aufgaben befrachtet zu werden.

An der Nutzungsordnung zweier Ebenen ist auch deshalb festzuhalten, weil sie mit dem in den europäischen Nachbarstaaten geltenden Wasserrecht im wesentlichen übereinstimmt. Überall sind die Beziehungen der Wasserbenutzer untereinander bürgerlich-rechtlicher Natur, wenn auch in unterschiedlichem Umfang beeinflußt durch öffentlich-rechtliche Zulassungen. Frühere gedankliche Ansätze, schon aus dem Wasserhaushaltsgesetz eine umfassend öffentlich-rechtliche Nutzungsordnung herauszulesen, sind auch in der rechtspolitischen Diskussion allgemein verworfen worden (vgl. Sievers, DVBl. 1962, 193 ff.; Salzwedel, RdWWi. 12 [1962], S. 50 ff.). Allerdings könnten Schwierigkeiten entstehen, wenn die Länder bei der Ausgestaltung des wasserrechtlichen Nachbarrechts nach § 235 Abs. 2 ganz unterschiedliche Wege gingen. Schon im Hinblick auf die große Zahl der Landesgrenzen überschreitenden Gewässer wäre dies nicht hinnehmbar. Aber dann wäre immer noch Gelegenheit für den Bundesgesetzgeber, mittels einer Neugestaltung des wasserrechtlichen Nachbarrechts auf der Grundlage des Art. 74 Nr. 1 GG einzugreifen. Auch in den neuen Bundesländern hat man beim Erlaß von Landeswassergesetzen bisher die Anlehnung an Modelle gesucht, die zu § 8 Abs. 4 WHG entwickelt worden waren.

Wenn es Anstöße für eine bundesgesetzliche Neuregelung geben sollte, so wäre sie nicht durch die Unterschiedlichkeit der landesrechtlichen Ausfüllungsregelungen zu § 8 Abs. 4 WHG veranlaßt, sondern durch deren Unbestimmtheit. Die Formulierungen der Landeswassergesetze vermitteln den Eindruck, als ob das Prioritätsprinzip allgemein zu beachten sei, wonach neue Benutzungen auf früher aufgenommene und ausgeübte Benutzungen ohne Einschränkungen Rücksicht zu nehmen hätten. Wollte man daraus eine Zementierung des jeweiligen Status quo der Benutzungen an Oberflächengewässern oder an Grundwasservorkommen ableiten, müßte dies den Ländern die Erfüllung des Bewirtschaftungsauftrags nach § 224 erheblich erschweren.

Die Rechtsprechung der Zivilgerichte begegnet indes einer übertriebenen Festschreibung etablierter Altbenutzungen durch Interessenabwägung nach dem Grundsatz der Gemeinverträglichkeit in der rechtlichen Ordnung der Gewässerbenutzungen. Dazu heißt es in BGHZ 88, 42:

"Das Wasserrecht ist von Gesichtspunkten des Ausgleichs beherrscht. Dem Grundsatz der Gemeinverträglichkeit kommt in der rechtlichen Ordnung der Gewässerbenutzungen besondere Bedeutung zu. Nach diesem Grundsatz sind die Gewässer so zu benutzen, daß alle Benutzer den größtmöglichen Vorteil aus dem Wasser ziehen können und eine Beeinträchtigung des Wohls der Allgemeinheit sowie jede vermeidbare Beeinträchtigung anderer unterbleibt (vgl. Bender/Dohle, Nachbarschutz im Zivil- und Verwaltungsrecht, 1972, Rdn. 304). Es können hier (öffentlich-rechtlich) auch Gesichtspunkte zum Tragen kommen, wie sie im Baurecht (§§ 34, 35 BBauG) zum sogenannten Gebot der nachbarlichen Rücksichtnahme entwickelt worden sind (vgl. insbesondere BVerwGE 52, 122; Weyreuther, BauR 1975, 1 ff.; krit. Breuer, DVBl. 1982, 1065 ff.): Dem Bauherrn soll alles gestattet sein, was aus seiner Interessenlage heraus verständlich und unabweisbar ist, der Nachbar soll vor unzumutbaren und vermeidbaren Beeinträchtigungen und Benachteiligungen geschützt sein. Je verständlicher und unabweisbarer die mit dem Vorhaben verfolgten Interessen sind, um so weniger, je unzumutbarer und vermeidbarer die Auswirkungen des Vorhabens auf den Nachbarn sind, um so mehr kann an Rücksichtnahme verlangt werden. Eine Gewässerbenutzung kollidiert, wenn nicht mit dem Gemeinwohl, so doch nicht selten mit den Rechten und Interessen anderer Gewässerbenutzer. Ein Ausgleich der einander widerstreitenden wassernachbarlichen Belange muß in jedem Fall gewährleistet sein, unabhängig davon, ob der Unternehmer eine Bewilligung oder eine Erlaubnis beantragt oder eine wasserrechtliche Gestattung gar nicht anstrebt."

Im Hinblick auf diese Entwicklung dürfte auch künftig eine unerwünschte Zementierung von Benutzungsrechten auf der bürgerlich-rechtlichen Nutzungsebene nicht zu besorgen sein.

Zu § 236 Bestandskraft der Umweltbewilligung

Absatz 1 entspricht dem geltenden Recht. Aus dem Zusammenhang von Satz 1 und 2 wird deutlich, daß eine Fristsetzung angemessen ist, wenn sie dem Bedürfnis nach hinreichendem zeitlichem Schutz der Investition Rechnung trägt. Dabei kommt es auf den Kapitalaufwand für das Vorhaben an. In diesem Zusammenhang sind nicht nur die Kosten der Gewässerbenutzung selbst und der dazu erforderlichen Anlagen, sondern die Gesamtkosten des von der Benutzung abhängigen Vorhabens zu veranschlagen. Bei einer Wasserkraftnutzung sind der Staudamm und die Generatoren, bei einem Kraftwerk das Entnahme- und das Einleitungsbauwerk für das Kühlwasser sowie die Stromerzeugungsanlagen, bei Produktionsanlagen die Aufwendungen für die Entnahme von Brauchwasser und die eigentlichen Fabrikationseinrichtungen zu kalkulieren. Es kommt auch darauf an, ob das Vorhaben aus Eigen- oder Fremdmitteln finanziert wird und innerhalb welchen Zeitraums daraufhin die Aufwendungen aus den Erträgen als getilgt oder abgeschrieben gelten können (BVerwGE 20, 220). Oft ist auch die dem Antragsteller gewährte Benutzungsdauer ausschlaggebend für die Beleihungsfähigkeit des Vorhabens.

Absatz 2 regelt den Widerruf der Umweltbewilligung gegen Entschädigung. Durch die Bezugnahme auf wasserwirtschaftliche Grenzsituationen nach § 230, in denen keine Umweltbewilligungen oder Erlaubnisse mehr erteilt werden dürften, wird verdeutlicht, welche Widerrufsfälle im Wasserrecht in Betracht kommen. Das bedeutet nicht, daß immer dann, wenn die Benutzungskapazitäten in mengen- oder gütewirtschaftlicher Hinsicht erschöpft sind, auch schon Umweltbewilligungen widerrufen werden dürften. Hinzukommen muß, daß eine erhebliche Beeinträchtigung des Bewirtschaftungszustandes, den die Wasserbehörde legitimerweise anstrebt, ohne einschneidende Eingriffe in den Bestandsschutz bewilligter und bereits aufgenommener Benutzungen nicht beseitigt werden könnte. Kommt es zu einem Widerruf nach Absatz 2, dürfte die gegenüber dem bisherigen Recht vorgesehene Verschärfung der Rechtsfolgen in § 56 Abs. 2 in der Regel nicht eingreifen. Danach soll im Widerrufsfall eine Entschädigung nicht gewährt werden, wenn der Widerruf wegen einer nachträglich eingetretenen, in der bewilligten Anlage oder Tätigkeit begründeten erheblichen Gefährdung der Allgemeinheit, der Nachbarschaft oder der Beschäftigten ausgesprochen werden mußte. Für das Wasserrecht dürfte es im wesentlichen dabei bleiben, daß der Widerruf der Umweltbewilligung einen Anspruch auf volle Entschädigung auslöst. Zwei Fallgruppen sind hier zu unterscheiden.

Handelt es sich um eine nachträglich eingetretene erhebliche Gefährdung oder Schädigung der wasserrechtlichen Nachbarn, ist § 238 Abs. 2 einschlägig. Konnte der Betroffene während des Verfahrens der Umweltbewilligung nachteilige Wirkungen nicht voraussehen, so kann er, ohne daß es eines Widerrufs bedürfte, verlangen, daß dem Unternehmer nachträgliche Auflagen gemacht werden. Können die nachteiligen Wirkungen durch nachträgliche Auflagen nicht verhütet oder ausgeglichen werden, so ist der Betroffene zu entschädigen. Allerdings ist die Ausschlußfrist von drei Jahren bei der Geltendmachung zu beachten. Diese Sonderregelung, die aus dem Planfeststellungsrecht herrührt, im Wasserrecht aber gerade nicht nur für Ausbauvorhaben, sondern auch für bewilligte Benutzungen gilt, regelt diese Fallgruppe abschließend.

Wird die Umweltbewilligung wegen einer nachträglich eingetretenen erheblichen Gefährdung der Allgemeinheit ausgesprochen, ohne daß gleichzeitig etwa Unterlieger nachteilig betroffen wären, und ließ sich dies im Verfahren noch nicht vorhersehen, muß sich gerade die Risikoverteilung bewähren, die im Verfahren der Erteilung der Umweltbewiligung Gegenstand der Ermessensausübung und Interessenabwägung war. Jede Inanspruchnahme des Gewässers in mengen- oder gütewirtschaftlicher Hinsicht begründet Umweltrisiken, die in dem Betrieb der Anlage oder in der Tätigkeit ihren Ursprung haben; in einem gewissen Umfang werden sie mit der Bewirtschaftungsentscheidung in Kauf genommen. Wollte man sie nicht in Kauf nehmen, hätte man die Umweltbewilligung versagt. Es würde dem Sinn der Bewirtschaftungsentscheidung widersprechen, das volle Investitionsrisiko letztlich doch wieder dem Unternehmer aufzubürden. Dabei ist zu berücksichtigen, daß aus der Sicht des Allgemeinwohls außerordentlich weiträumig verteilte wasserwirtschaftliche Folgen herangezogen werden könnten, um einen Widerrufsfall zu begründen. Wegen der Ländergrenzen überschreitenden Wirkung der Benutzung in mengen- oder gütewirtschaftlicher Hinsicht sind Wahrscheinlichkeit und Ausmaß solcher Widerrufsfälle auch aus der Sicht der Unternehmers kaum zu veranschlagen. Deshalb werden Widerruf und Entschädigung in vollem Umfange miteinander verknüpft bleiben.

Besonders betont werden muß, daß kein Fall des § 56 Abs. 2 vorläge, wenn die wasserwirtschaftlichen Folgen im Verfahren der Erteilung der Umweltbewilligung völlig richtig veranschlagt worden sind, später aber politisch anders bewertet werden. Ein Widerruf, der auf eine erhebliche Gefährdung der Allgemeinheit gestützt werden sollte, könnte dann ohnehin nur ausnahmsweise begründet sein; die Wasserbehörde hätte einer gesteigerten Darlegungslast zu genügen. In jedem Fall wäre dann aber eine Reduzierung der Entschädigung unter Berufung auf § 56 Abs. 2 ausgeschlossen (Salzwedel, in: Festschrift für Sendler, 1991, S. 321 ff., 325 ff.).

Absatz 3 knüpft an den bisherigen § 12 Abs. 2 WHG an. Im Hinblick auf die in § 56 Abs. 3 aufgenommen Fälle des Erlöschens einer Umweltbewilligung ist der Katalog der wasserwirtschaftlichen Situationen aber zu modifizieren, in denen ein Widerruf ohne Entschädigung in Betracht kommt. Dabei werden drei Widerrufsgründe aufgeführt, die in der Verwaltungspraxis eine größere Rolle spielen. Allen drei Fällen ist gemeinsam, daß der Vertrauensschutz des Unternehmers hier ohne Beeinträchtigung seiner rechtlichen Investitionsinteressen eingeschränkt werden kann.

Wird der Benutzungszweck wesentlich geändert und ist dies offensichtlich, kann sich der Unternehmer ohnehin nicht auf die Umweltbewilligung berufen; die Benutzung wird unzulässig. Hier bildet sich aber jeweils eine erhebliche Grauzone heraus, in der zumindest unterschiedliche Standpunkte dazu vertretbar sind, ob das geänderte Vorhaben noch von der Umweltbewilligung umfaßt ist oder nicht. Aus Gründen der Rechtsstaatlichkeit muß dann ein Widerruf der Umweltbewilligung ausgesprochen werden können.

Nimmt der Unternehmer in mengen- oder gütewirtschaftlicher Hinsicht das Gewässer nicht so in Anspruch, wie er es ursprünglich beantragt hatte, erweist sich im nachhinein, daß sein Bedürfnis nach einer gesicherten Rechtsstellung überschätzt worden ist. Auch hier ist eine Zurückführung auf das, was vom wirklichen Investitionsschutzinteresse her geboten erscheint, gerechtfertigt, ohne daß eine Entschädigung in Betracht kommen sollte.

Wird umgekehrt die Inanspruchnahme des Gewässers in mengen- oder gütewirtschaftlicher Hinsicht über das bewilligte Maß hinaus ausgedehnt, kann die Wasserbehörde dagegen von Fall zu Fall einschreiten. Sie soll aber auch die Möglichkeit haben, dem Unternehmer das Benutzungsprivileg vorzeitig zu entziehen, weil er sich nicht an die Betreiberpflichten gehalten hat.

Im Absatz 4 wird nicht die Rücknahme von Umweltbewilligungen nach § 76 Abs. 3 an sich ausgeschlossen, jedoch die Einschränkung des Rücknahmeermessens, die § 76 Abs. 1 für die Umweltbewilligung sonst vorsieht. Damit hat es folgende Bewandtnis:

Die Erteilung einer Umweltbewilligung kann vor allem insofern gegen Vorschriften verstoßen, die dem Schutz der Umwelt zu dienen bestimmt sind, als der Behörde eine Fehleinschätzung der gesetzlichen Schranken des Bewirtschaftungsermessens unterläuft, die in § 230 allgemein für alle Gewässer, in § 258 für das Grundwasser umschrieben sind. In beiden Fällen handelt es sich um unbestimmte Rechtsbegriffe, mit deren Auslegung und Anwendung die von einer Umweltbewilligung gedeckten, mit großen Investitionen verbundenen Benutzungen nicht über die gesamte Benutzungsdauer hinweg belastet bleiben können. Hinzu kommt, daß eine absolute oder auch nur relative ("soll") Rücknahmepflicht der Behörde eine Amtsträgerhaftung nach § 324 StGB auslösen könnte. Das ist im Allgemeinen Teil bei der Einführung einer Steuerung des Rücknahmeermessens im Interesse der Umwelt nicht mit veranschlagt worden. Es besteht aber keine Aussicht, daß sich das Gewässerstrafrecht in dieser Hinsicht in absehbarer Zeit ändern wird.

Wollte man aus § 230 Rücknahmepflichten der Wasserbehörde konstruieren, würde sich im übrigen bei der Handhabung der unbestimmten Rechtsbegriffe "Wohl der Allgemeinheit", "Umweltgefahren" und "Gefährdung der öffentlichen Wasserversorgung" eine besondere Schwierigkeit einstellen. Daraus ist nämlich kein aus sich selbst heraus konkretisierbares gesetzgeberisches Schutzprogramm ableitbar, sondern nur der Auftrag an die Wasserbehörde, daß sie ein bestimmtes Bewirtschaftungskonzept zu entwickeln und - vorbehaltlich einer grundsätzlichen Neuorientierung - folgerichtig durchzuführen hat. Im Vordergrund steht also die Funktion des § 230, die Selbstbindung der Wasserbehörde an ihre eigenen Bewirtschaftungskonzepte zu operationalisieren. Wann danach aber bestimmte wasserwirtschaftliche Lösungen vom Bewirtschaftungskonzept her geboten, wann Abweichungen als Ansätze für eine Neuorientierung sinnvoll sein können, läßt sich nicht in konkretisierbaren Rücknahmepflichten ausdrücken, die mit bestimmten Sanktionen gekoppelt sind. Das gilt gleichermaßen für aufsichtsrechtliche, disziplinarrechtliche, strafrechtliche und auch haftungsrechtliche Rechtsfolgen (Salzwedel, in: ders. [Hrsg.], Grundzüge des Umweltrechts, 1982, S. 569 ff., 579 f.)

Zu § 237 Rechtswirkungen der Umweltbewilligung

Absatz 1 bringt zum Ausdruck, daß die Umweltbewilligung als privatrechtsgestaltender Verwaltungsakt bürgerlich-rechtliche Abwehransprüche gegenüber anderen wasserrechtlichen Nachbarn begründet. Bisher findet sich der Hinweis auf Ansprüche aus dem Eigentum in einer Reihe von Landeswassergesetzen; in der Formulierung kommt die bürgerlich-rechtliche Natur des Abwehranspruchs entsprechend der Tradition der früheren Wassergesetze treffend zur Geltung. Die Kompetenz des Bundesgesetzgebers, den privatrechtsgestaltenden Verwaltungsakt so auszuformen, ergibt sich aus Art. 74 Nr. 1 GG.

Ebenfalls der wasserrechtlichen Tradition entspricht § 11 WHG, der in Absatz 2 voll übernommen ist. Damit, daß im Verfahren nur Ansprüche auf Unterlassung und Beseitigung ausgeschlossen werden, wie dies schon aus § 55 Abs. 1 folgt, Ansprüche auf Schutzvorkehrungen und Schadensersatz aber aufrechterhalten bleiben, kann es bei der wasserrechtlichen Umweltbewilligung sein Bewenden nicht haben. Bei der Wasserkraftnutzung wird zum Beispiel einem Unternehmer die Inanspruchnahme einer bestimmten Wassermenge für die Stromerzeugung zugewiesen, welche die Wasserführung gegenüber allen anderen am Gewässer Beteiligten über weite Gewässerstrecken bestimmt. Der Investitionsschutz muß die Rechtslage gegenüber allen konkurrierenden Benutzern und Benutzungsbewerbern stromab verläßlich festschreiben. Ökonomisch gesehen würde die Kalkulationsbasis auch durch Schutzvorkehrungen und Schadensersatz in Frage gestellt werden können.

Zu § 238 Nachträgliche Entscheidungen der Wasserbehörde

Die Vorschrift übernimmt im wesentlichen die Rechtslage nach § 10 WHG. Die Ergänzung durch Absatz 3 soll einer Rechtsunsicherheit begegnen, die in der wasserrechtlichen Praxis vereinzelt aufgetreten ist. § 14 Abs. 1 bringt denjenigen, der gegen die Erteilung einer Umweltbewilligung erfolglos Einwendungen erhoben hat, in die Lage, daß er gegen den Bewilligungsbescheid notfalls Klage erheben muß, um den beantragten Vorbehalt späterer Auflagen und Entschädigung rechtzeitig durchzusetzen. Läßt er nämlich den Bescheid ohne Vorbehalt bestandskräftig werden, setzt er sich dem Einwand aus, daß die nachteiligen Wirkungen, die er dann geltend machen will, nicht nur offenbar voraussehbar waren, sondern sogar von ihm selbst vorausgesehen worden sind. Ob die Berufung darauf, daß die Behörde offenbar danach selbst den Eintritt der nachteiligen Wirkungen für allzu unwahrscheinlich gehalten hatte, schon ausreicht, um den Voraussetzungen des Absatzes 2 zu genügen, kann zweifelhaft sein. Jedenfalls neigen die Betroffenen dazu, für den Fall, daß ihnen der Vorbehalt nach Absatz 1 versagt wird, vorsorglich den Klageweg zu beschreiten. Diese verwaltungsgerichtlichen Verfahren werden durch die Ergänzung des Absatzes

3 entbehrlich. Klagen gegen einen Bewilligungsentscheid allein mit der Begründung, daß dem Antrag auf einen Vorbehalt nach Absatz 1 nicht entsprochen worden sei, werden unzulässig.

Zum Dritten Unterabschnitt: Besondere Vorschriften für die Erlaubnis

Zu § 239 Erlaubnis

Das Rechtsinstitut der Erlaubnis umfaßt eine große Bandbreite von sehr unterschiedlichen Rechtspositionen. Das gilt für die öffentlich-rechtliche wie für die bürgerlich-rechtliche Nutzungsebene.

Im Verhältnis zur Behörde kann die Erlaubnis je nachdem Ablauf des Erlaubnisverfahrens und der darin bezeichneten wasserwirtschaftlichen Situation nahezu "frei" widerruflich sein. Bei Vorhaben, die weitgehend im öffentlichen Interesse liegen oder bei denen große Investitionen auf dem Spiel stehen, kann sich dagegen die Rechtsstellung des Unternehmers in geradezu bewilligungsähnlicher Weise verstärken. Im Rahmen des Bewirtschaftungsermessens findet eine Abwägung statt, die solchenfalls auf einen weitgehend verläßlichen Ausgleich zwischen staatlichen und unternehmerischen Interessen abzielt. Die Erlaubnis kann nur vorläufiger Art sein oder auf ein einmaliges Vorkommnis bezogen. Sie kann aber auch letztlich auf Dauer angelegt sein, wie dies etwa bisher bei Abwassereinleitungen der Gemeinden der Fall ist. Unbeschadet nachträglicher Anordnungen, die ja immer möglich bleiben, wird die Steuerung der Abwasserströme kaum jemals wesentlich verändert.

Dennoch erscheint es ebensowenig wie im geltenden Recht sinnvoll, die verschiedenen wasserrechtlichen Lagen, die alle unter dem Begriff der Erlaubnis zusammengefaßt sind, im Gesetz näher zu differenzieren. Vor allem würde es Schwierigkeiten bereiten, in diesem Zusammenhang bestimmte Erlaubnistypen zu umschreiben. In der Verwaltungspraxis gibt zwischen ihnen immer wieder fließende Übergänge.

Im Verhältnis des Erlaubnisinhabers zu den wasserrechtlichen Nachbarn, die von seiner Benutzung unter Umständen über Hunderte von Kilometern hinweg in mengen- oder gütewirtschaftlicher Hinsicht betroffen sein können, ist ebenfalls eine große Bandbreite von Rechtspositionen festzustellen. Grundsätzlich handelt es sich dabei um bürgerlich-rechtliche Rechtspositionen, wie sie bundesrechtlich zum Beispiel nach § 235 Abs. 1 mit der Erteilung der Umweltbewilligung entstehen oder landesrechtlich durch die Ausfüllungsvorschriften zu § 235 Abs. 2. Dabei werden die Abwehrpositionen der wasserrechtlichen Nachbarn im Bewilligungsverfahren in unterschiedlicher Weise relevant je nachdem, ob nur die Möglichkeit der Erhebung von Einwendungen vorgesehen ist oder auch Rechtswirkungen nach § 237 oder

§ 238 geltend gemacht werden können. Schließlich bestimmen die Länder auch, wieweit diese bürgerlich-rechtlichen Rechtspositionen im Erlaubnisverfahren zu berücksichtigen sind. Besondere Hervorhebung verdient, daß nicht nur die Ausfüllungsvorschriften der Länder zu § 235 Abs. 2 Schutzgesetze im Sinne des § 823 Abs. 2 BGB sind, sondern gegebenenfalls auch Nebenbestimmungen im Zulassungsbescheid nach § 231 oder in einer nachträglichen Anordnung nach § 232, soweit sie zumindest auch in qualifizierter und individualisierbarer Weise auf den Schutz bestimmter wasserrechtlicher Nachbarn abzielen. Im Rahmen ihres Bewirtschaftungsermessens nach § 231 Abs. 1 S. 2 hat die Behörde es in der Hand, ob sie im Verfahren der Erteilung der Umweltbewilligung oder der Erlaubnis solche nachbarrechtlichen Rechtspositionen konstitutiv begründen will. Es besteht aber kein Bedürfnis danach, diese Möglichkeit im Gesetzestext besonders zum Ausdruck zu bringen.

Zum Vierten Unterabschnitt: Sonstige Rechtsgrundlagen für Benutzungen

Zu § 240 Planfeststellungen und bergrechtliche Betriebspläne

Die Vorschrift des bisherigen § 14 WHG hat im Bewirtschaftungssystem ihren festen Platz und ist beizubehalten. Auch für die bisherigen Planfeststellungen von Bundesbehörden oder anderen Landesbehörden als denjenigen, die für den Gewässerschutz zuständig sind, ist künftig eine Umweltbewilligung oder Erlaubnis erforderlich. Das gleiche gilt für bergrechtliche Betriebspläne. Die Zuständigkeit für die Erteilung der Umweltbewilligung oder Erlaubnis wird aber auf die Planfeststellungsbehörde bzw. die Bergbehörde verlagert. Damit die Bewirtschaftungsziele der Wasserbehörde nicht durchkreuzt werden, geschieht hier aber ohne ihr Einvernehmen nichts.

Das Privileg der Bundesbehörden, ihre Planfeststellungen zwar nach Anhörung, aber notfalls auch gegen den Willen der Wasserbehörde zu treffen, ist freilich weder verfassungsrechtlich geboten, noch ohne weiteres einleuchtend. Das Bundesverwaltungsgericht (BVerwGE 29, 52) hat die Bundesbehörden ganz generell auf die Beachtung des Landesrechts verpflichtet; dazu gehören auch die von der zuständigen Behörde festgelegten Bewirtschaftungsziele. Nur in beschränktem Umfang kann ein Abwägungsvorrang für bundeshoheitliche Belange geltend gemacht werden. § 240 Abs. 3 zweiter Halbsatz geht darüber weit hinaus. Die zu § 14 WHG ursprünglich gegebene Begründung, daß bei einem Einvernehmen eine verfassungsrechtlich bedenkliche "Mischverwaltung" entstehen könnte, ist durch die Entwicklung der Rechtsprechung überholt. Es ist aber einzuräumen, daß erhebliche verfahrensrechtliche Schwierigkeiten bestehen, über ein verweigertes Einvernehmen hinwegzukommen, selbst in Fällen, in denen ein bundeshoheitlicher Abwägungsvorrang geltend gemacht werden kann. Eine gemeinsame Oberbehörde kann es nicht geben. Immerhin hat auch das Bundesverwaltungsgericht (BVerwGE 31, 266) betont, daß die bloße Anhörung nicht bedeute, daß wasserwirtschaftlich gerechtfertigte Belange in geringerem Maße zu berücksichtigen wären als beim Einvernehmen. Vielmehr ist die Anhörung so zu gestalten, daß der für das Wasser zuständigen Behörde ein vollständiges Bild von dem Sachverhalt und der beabsichtigten Entscheidung vermittelt wird und daß ihr für die Äußerung eine angemessene Frist zur Verfügung steht (vgl. Gieseke/Wiedemann/Czychowski, Wasserhaushaltsgesetz, 6. Aufl., 1992, § 14 WHG Rn. 4 b). Die Stellungnahme wird also auch ohne Einvernehmensklausel großes Gewicht behalten.

Die Regelungen in Absatz 4 und 5 über Beschränkung oder Rücknahme einer Umweltbewilligung oder Erlaubnis knüpfen an die Zuständigkeitsverlagerung an. Änderungen gegenüber dem geltenden Recht drängen sich nicht auf.

Zu § 241 Alte Rechte und alte Befugnisse

Im Hinblick darauf, daß viele wasserrechtliche Benutzungen auf Dauer angelegt sind, spielen die alten Rechte und alten Befugnisse aus früheren Partikularrechten, früherem Landesrecht oder aus der Zeit nach Inkrafttreten des Wasserhaushaltsgesetzes auch künftig eine wichtige Rolle. Vor allem haben die Übergangsregelungen nach § 379 PrWG oder nach vergleichbaren landesrechtlichen Bestimmungen sowie nach §§ 15 bis 17 WHG eine auch für die Folgezeit weiterhin Benutzungen legalisierende Wirkung. Während das Wasserhaushaltsgesetz die Übergangsregelungen zunächst so ausgestaltet hatte, daß alte Rechte und alte Befugnisse in relativ weitem Umfang aufrechterhalten blieben, hat der Bundesgesetzgeber mit der Vierten Novelle zum WHG vom 26. April 1976 versucht, die Rechtspositionen weiter einzuschränken. Von den damit geschaffenen Widerrufsmöglichkeiten ist in den Ländern aber nur ein zurückhaltender Gebrauch gemacht worden. Es drängt sich der Eindruck auf, daß die Gewässermengen- und -gütewirtschaft von vielen dieser Altrechte deshalb nicht betroffen ist, weil diese ohnehin nicht voll ausgeschöpft werden. Der daraufhin immer mögliche Widerruf ohne Entschädigung kann auch in Zukunft ausgeübt werden. Ein Bedürfnis nach weiterer gesetzgeberischer Einschränkung des Altrechtsbestandes ist daher gegenwärtig nicht erkennbar. Daher brauchen auch die Grenzen nicht abgesteckt zu werden, die hier etwa von Verfassungs wegen gezogen sein könnten.

Zum Dritten Abschnitt: Bestimmungen für oberirdische Gewässer

I. AUSGANGSLAGE

1. Gegenstand des Regelungsbereichs

Obwohl das moderne Wasserrecht darauf angelegt ist, den Wasserhaushalt im ganzen zu erfassen, kommt der Unterscheidung zwischen der Bewirtschaftung von Oberflächengewässern, von Grundwasser und von Küstengewässern große Bedeutung zu. Als Bestandteil des Naturhaushalts kommt den unterschiedlichen Gewässerarten jeweils auch eine unterschiedliche Funktion zu. Schon die objektiven Nutzungsmöglichkeiten an sich, aber auch die Art der gesellschaftspolitisch im Vordergrund stehenden Bedürfnisse nach Benutzungen der Gewässer sind sehr verschieden. Die mengen- und gütewirtschaftlichen Voraussetzungen der Inanspruchnahme des Gewässers müssen je nach Gewässerart jeweils ganz unterschiedlich beurteilt werden. Die Gefährdungen, denen die Gewässerarten dadurch ausgesetzt sind, lassen sich kaum allgemein umschreiben; das gilt auch wieder in mengen- und in gütewirtschaftlicher Hinsicht. Schließlich sind auch die Maßnahmen, um eine Inanspruchnahme der verschiedenen Gewässerarten möglichst zu vermeiden, sowie die Technologien, die zur Verfügung stehen, um die wasserwirtschaftlichen Folgen zu vermindern oder auszugleichen, außerordentlich differenziert zu sehen. Deshalb müssen die Bewirtschaftungsvorstellungen für die einzelnen Gewässerarten unterschiedlich ausgestaltet sein.

Mit dem Vierten Änderungsgesetz zum Wasserhaushaltsgesetz 1976 ist das Bewirtschaftungsrecht durch ein Abwasserrecht ergänzt worden (dazu Salzwedel, RdWWi. 23, S. 12, 18 ff.), das im Zusammenhang mit dem UGB besser in das Bewirtschaftungssystem integriert werden kann. Zwei Strategien zum Schutz der Gewässer haben sich nebeneinander entwickelt, die im Verfahren der Zulassung von Benutzungen oder der Kontrolle von Anlagen zum Umgang mit wassergefährlichen Stoffen ineinander greifen. Auf den ersten Blick drängt sich der Eindruck auf, daß im Bereich der Abwasserbeseitigung zunächst Emissionsstandards festgesetzt werden, die der Durchsetzung von allgemein anerkannten Regeln der Technik oder des Standes der Technik dienen, und daß ergänzend Immissionsstandards hinzutreten, um das jeweilige aufnehmende Gewässer konkret zu schützen. Damit wird der Zusammenhang der beiden Schutzstrategien zum Schutz der Gewässer aber nicht hinreichend deutlich. Was das Bundesverwaltungsgericht in der prägenden Heidelberger Kraftwerks-Entscheidung (BVerwGE 69, 37) für die Emissionsstandards nach der TA Luft im Bereich des Immissionsschutzrechts geäußert hat, gilt in gleicher Weise auch für das Wasserrecht.

Emissionsstandards werden nie allein deshalb verbindlich gemacht, weil eine entsprechende Vermeidungs- oder Behandlungstechnik für Abgas oder Abwasser verfügbar ist. Das jeweils verbindlich gemachte Maß der Vorsorge muß dem Risikopotential entsprechen, dem sie begegnen soll, und auf einem Konzept beruhen, das auf eine einheitliche, gleichmäßige Durchführung angelegt ist. Die Jahresfrachten an bestimmten Schadstoffen oder Nährstoffen sollen jeweils so weit vermindert werden, daß auch beim Transport über größere Entfernungen hinweg und bei der Einwirkung über längere Zeiträume hinweg der Grad der Umweltbelastungen überall wieder auf ein erträgliches Maß zurückgeführt wird. Daher kommt es bei der Anwendung des Verhältnismäßigkeitsprinzips auch nicht darauf an, ob in der Umgebung der emittierenden Anlage schädliche Umwelteinwirkungen beobachtet werden oder drohen. Jeder Verursacher hat von vornherein und grundsätzlich an jedem Standort seinen Beitrag dazu zu leisten, daß die jeweiligen Jahresschadstofffrachten entsprechend den Frachtabbauzielen der Bundesregierung reduziert werden. Die Verhältnismäßigkeit der Maßnahmen ist, wie das Bundesverwaltungsgericht hervorhebt, an volkswirtschaftlichen, nicht an betriebswirtschaftlichen Kategorien zu messen.

Alles dies trifft für die Schadstoff- und Nährstofffrachten, die mit dem Abwasser in die Oberflächengewässer, in die Küstengewässer und die Hohe See gelangen, in besonderer Weise zu. Die Frachtabbauziele sind dabei besser zu bestimmen als im Bereich der Luftreinhaltung, weil sich die Schadstoffe und Nährstoffe nicht in vergleichbarer Weise weiträumig verteilen; der Weg ist über die Messung der Schadstoffgehalte auf den Flußstrecken sehr verläßlich zu verfolgen.

Daher bietet es sich an, die Planung und Durchsetzung der Emissionsbegrenzung als einen integralen Bestandteil einer gezielten Gewässerbewirtschaftung zu begreifen, nicht als ein systemfremd hinzutretendes Regelungsmuster, das sich allein an technischen Entwicklungen orientierte. Vielmehr ergänzen sich eine großräumige Gewässerbewirtschaftung, die über die Durchsetzung der Mindestanforderungen an Abwasservermeidung und -behandlung durchgesetzt wird, und eine regionale und kleinräumige Gewässerbewirtschaftung, die weitergehende Anforderungen im Interesse der jeweils angestrebten mengen- und gütewirtschaftlichen Verhältnisse im aufnehmenden Gewässer definiert. Dabei handelt es sich entweder um die Begrenzung von Parametern, für die eine Frachtabbaupolitik nicht formuliert ist und daher Mindestanforderungen nicht festgesetzt sind, oder darum, die Anforderungen an Abwasservermeidung oder -behandlung bei den gleichen Parametern noch weiter anzuspannen, als es den allgemein anerkannten Regeln der Technik oder dem Stand der Technik entspricht.

2. Bisherige Rechtslage

Auch das Wasserhaushaltsgesetz enthält bereits Gemeinsame Bestimmungen für alle Gewässer und Bestimmungen für einzelne Gewässerarten. Aus dem Gesetzestext ist aber kaum ein Anhaltspunkt dafür unmittelbar zu gewinnen, in welcher Weise sich die Bewirtschaftungsziele für die verschiedenen Gewässerarten voneinander unterscheiden. In dieser Hinsicht soll die Aussagekraft der bundesrechtlichen Normen gesteigert werden.

Bei Einführung eines gewissermaßen überlagernden Abwasserrechts in das System des Wasserhaushaltsgesetzes konnte eine systematische Einordnung, etwa der §§ 7a, 18a, 18b, 19a ff., §§ 19g ff. WHG, nicht geleistet werden. Das kann jetzt unter Berücksichtigung der Vorbemerkungen über die systematische Einheit des Bewirtschaftungsauftrags nachgeholt werden. Entwicklungen im Recht der Europäischen Gemeinschaft, die Erarbeitung von Verwaltungsvorschriften auf Bundes- und Landesebene und auch praktische Erfahrungen mit der Erhebung der Abwasserabgabe erleichtern es jetzt auch, dieser Aufgabe gerecht zu werden.

II. VORSCHLAG

Der dritte Abschnitt gliedert sich in vier Unterabschnitte auf.

Im ersten Unterabschnitt werden die Besonderheiten der Bewirtschaftung oberirdischer Gewässer hervorgehoben. Dabei ist vor allem darzustellen, wie der einheitliche Bewirtschaftungsauftrag mittels der Frachtabbaukonzepte und Mindestanforderungen sowie gewässerspezifisch hinzukommender weitergehender Anforderungen erfüllt wird. Das Verbot des Einbringens fester Stoffe grenzt den Spielraum nach § 230 weiter ein.

Im zweiten Unterabschnitt sind die erlaubnisfreien Benutzungen darzustellen.

Im dritten Unterabschnitt sind rahmenrechtliche Regelungen über die Abwasserbeseitigungspflicht der Gebietskörperschaften, Abwasserverbände, Unternehmen und Haushalte sowie über Bau und Betrieb von Abwasseranlagen zusammengefaßt.

Im vierten Unterabschnitt sind Ausbau und Unterhaltung zu behandeln. Der Standort dieser Vorschriften könnte insofern einer Erklärung bedürfen, als es sich bei der Festlegung des Ausbauzustandes im Ausbauverfahren und der auf Beibehaltung und Wiederherstellung des Ausbauzustandes gerichteten Unterhaltung um Vorgaben für die Gewässerbewirtschaftung handelt; was nicht vom Ausbauzustand gedeckt ist, kommt als Gewässerbenutzung oder sonstige gewässerbezogene Maßnahme nicht in Betracht. Dennoch gibt es gute Gründe dafür, die Regelung über Ausbau und Unterhaltung an den Schluß des Abschnitts über die Oberflächengewässer zu rücken.

Den Ausschlag gibt, daß nach § 223 Abs. 1 Gewässer nicht - wie im Straßenrecht - durch einen Rechtsakt der Exekutive, sondern unmittelbar kraft Gesetzes entstehen und untergehen. Das Ausbauverfahren schafft keine Fakten für den Gewässerschutz, sondern dient dazu, sie zu legitimieren. Damit hängt es zusammen, daß die Gewässerbewirtschaftung vom realen Ausbauzustand her konzipiert wird, ohne ständigen Rückgriff auf regelmäßig weit zurückliegende Planfeststellungsbeschlüsse. Erst wenn der reale Ausbauzustand verändert werden soll, wird im Planfeststellungsverfahren möglicherweise ein neuer Rahmen für die künftige Benutzungsordnung gesetzt.

Zum Ersten Unterabschnitt: Bewirtschaftung oberirdischer Gewässer

Zu § 242 Bewirtschaftungsziele für Oberflächengewässer

Im Absatz 1 wird der Bewirtschaftungsauftrag der Wasserbehörde für Oberflächengewässer vor dem Hintergrund der allgemeinen Vorschriften in § 224 und § 225 noch konkreter definiert. Soweit es darauf ankommt, die Oberflächengewässer als Bestandteil des Naturhaushalts zu schützen, zu pflegen und zu unterhalten, kommt es auf die jeweilige Eigenart des Gewässers an. Art und Ausmaß der jeweiligen Schutzwürdigkeit eines Oberflächengewässers bestimmen sich nach den Umweltqualitätszielen, die in Umweltleitplänen oder in Grünordnungsplänen darzustellen sind. Besondere Erwähnung findet, daß die Anforderungen an die Bewirtschaftung in mengen- und gütewirtschaftlicher Hinsicht insbesondere aus der Funktion des Gewässers in Biotopverbundsystemen abzuleiten sind. Der Kampf gegen den weiteren Verlust von Arten gerade im Uferbereich der Gewässer sowie in der amphibischen und der äquatischen Zone muß auch die Vorgaben bestimmen, die schon der Naturschutz verdeutlichen muß, bevor man auf seiten der Wasserbehörde die eigentlichen Bewirtschaftungsziele festlegt sowie mengen- und gütewirtschaftliche Nutzungskapazitäten veranschlagt.

Im Absatz 2 wird verdeutlicht, in welcher Weise Bewirtschaftungsziele für bestimmte Gewässer festgelegt werden müssen. In dieser Hinsicht kann kein Unterschied zwischen förmlichen Bewirtschaftungsplänen und informellen Bewirtschaftungskonzepten gemacht werden; die dort aufgeführten qualitätsbestimmenden Parameter sind die Grundlage für die Beurteilung, ob ein Gewässer sinnvoll genutzt oder überlastet ist. Dabei muß zwischen Fließgewässern und stehenden Gewässern unterschieden werden. Die Merkmale entsprechen der von der Bundesregierung nach § 36b Abs. 7 WHG erlassenen Allgemeinen Verwaltungsvorschrift für den Mindestinhalt von Bewirtschaftungsplänen vom 19. September 1978 (GMBl. S. 466). Je nach der natürlichen Eigenheit eines Gewässers oder den Belastungen, die mit seiner

Benutzung verbunden sind, werden im Rahmen des Bewirtschaftungsauftrages darüber hinaus jeweils weitere qualitätsbestimmende Merkmale festgelegt, begrenzt und überprüft werden müssen.

Unter den sogenannten Qualitätsrichtlinien der Europäischen Gemeinschaft sind vor allem die folgenden mit ihren teilweise weitergehenden Bewirtschaftungsanforderungen zu beachten:

- Richtlinie des Rates vom 16. Juni 1975 über die Qualitätsanforderungen an Oberflächenwasser für die Trinkwassergewinnung in den Mitgliedstaaten (75/440/EWG, ABl. EG Nr. L 194 vom 25. Juli 1975, S. 34), geändert durch Art. 12 der Richtlinie des Rates vom 9. Oktober 1979 über die Meßmethoden sowie über die Häufigkeit der Probenahmen und der Analysen des Oberflächenwassers für die Trinkwassergewinnung in den Mitgliedstaaten (79/869/EWG, ABl. EG Nr. L 271 vom 29. Oktober 1979, S. 44).
- Richtlinie des Rates vom 8. Dezember 1975 über die Qualität der Badegewässer (76/160/EWG, ABl. EG Nr. L 31 vom 5. Februar 1976, S. 1).
- Richtlinie des Rates vom 18. Juli 1978 über die Qualität von Süßwasser, das schutz- oder verbesserungsbedürftig ist, um das Leben von Fischen zu erhalten (78/659/EWG, ABl. EG Nr. L 222 vom 14. August 1978, S. 1).
- Richtlinie des Rates vom 30. Oktober 1979 über die Qualitätsanforderungen an Muschelgewässer (79/923/EWG, ABl. EG Nr. 281 vom 10. November 1979, S. 47).

In Absatz 3 wird verdeutlicht, daß bei konkurrierenden Nutzungen eines Gewässers, für die jeweils unterschiedliche Mindestqualitätsnormen festgelegt sind, die Bewirtschaftungsziele in mengen- und gütewirtschaftlicher Hinsicht an den jeweils strengsten Anforderungen ausgerichtet sein müssen.

Die Länder können Mindestqualitätsanforderungen für alle Oberflächengewässer festlegen. Vor allem die Allgemeinen Güteanforderungen für Fließgewässer (Allgemeine Güteanforderungen für Fließgewässer (AGA), Entscheidungshilfe für die Wasserbehörden in wasserrechtlichen Erlaubnisverfahren, Runderlaß des Ministeriums für Umwelt, Raumordnung und Landwirtschaft des Landes Nordrhein-Westfalen vom 14. Mai 1991, MBl. NW S. 863) haben sich bewährt. Damit sollen einerseits neben der Vorgabe der Güteklasse II zusätzliche und verschärfte Zielvorgaben für Sauerstoffgehalt, organische Belastungen, Nährstoffe, Schwermetalle und organische Halogenverbindungen definiert werden. Andererseits sollen die konkreten Schwellenwerte zugleich den Beurteilungsmaßstab für den jeweiligen Zustand der nordrhein-westfälischen Fließgewässer abgeben. Wichtigste Orientierungsgröße ist das Selbstreinigungsvermögen, das bei allen Oberflächengewässern aufrechtzuerhalten ist.

In Absatz 5 werden die Länder verpflichtet, besondere Bewirtschaftungspläne oder -konzepte für Oberflächengewässer zu entwickeln, wenn diese entweder Nutzungen dienen, für die EG-rechtliche Qualitätsrichtlinien erlassen sind, oder für die sonst ein Bedürfnis nach einer Festlegung von Entnahme- und Belastungskapazitäten besteht.

Abgesehen von den EG-Qualitätsrichtlinien, die bereits erlassen sind (Nr. 1, Nr. 4 bis 6) gibt es zumindest europarechtliche Anstöße dafür, entsprechende Maßstäbe für Oberflächengewässer zu erarbeiten, aus denen über Uferfiltration (Nr. 2) oder aus denen über Grundwasseranreicherung (Nr. 3) Trinkwasser gewonnen wird. Die Richtlinie des Rates vom 16. Juni 1975 über die Qualitätsanforderungen an Oberflächenwasser für die Trinkwassergewinnung in den Mitgliedstaaten (75/440/EWG, ABl. EG Nr. Nr. L 194 vom 25. Juli 1975, S. 34), geändert durch Art. 12 der Richtlinie vom 9. 10. 1979 (79/869/EWG, ABl. EG Nr. Nr. L 271 vom 29. Oktober 1979, S. 44), ist auf diese besonderen Formen der Wassergewinnung nämlich nicht zugeschnitten. Die Erarbeitung besonderer Qualitätsrichtlinien hat sich aber verzögert. Hier müssen spezifische Qualitätsmerkmale definiert werden, um einer Inanspruchnahme für die öffentliche Wasserversorgung ungeeigneter Oberflächenwässer auf längere Sicht zu begegnen.

Eine besondere wasserwirtschaftliche Situation ergibt sich für Oberflächengewässer, die in erheblichem Umfang zur Ableitung von Sümpfungswasser oder mineralhaltigem Grundwasser dienen. Damit sind insbesondere bergbauspezifische Problemlagen angesprochen.

Schließlich sind Oberflächengewässer, die überwiegend zur Ableitung von Abwasser dienen, keinesweges als Opferstrecken aus der Bewirtschaftung auszusondern. Sieht man von den gegenwärtigen Bemühungen ab, die Emscher auf weiten Strecken wieder zu renaturieren, bestand selbst dort immer ein Bedürfnis danach, Belastbarkeitsparameter aufzustellen, die nicht ohne weiteres überschritten werden dürfen. So soll es in keinem Fall zu Geruchsbelästigungen kommen. Das Regelungsbedürfnis ist keineswegs auf die Emscher beschränkt. Gerade eine Vielzahl von kleineren Bächen in Gemeinden dienen im wesentlichen dem Transport von Abwasser. Streckenweise sind sie verrohrt, treten aber dann auch immer wieder an die Oberfläche. Es hat keinen Sinn, Maßstäbe des allgemeinen Gewässerschutzes für solche Gewässer und Gewässerstrecken heranzuziehen, obwohl auf sie auch auf Dauer nicht verzichtet werden kann. Hier müssen spezifische auf die Abwassertransportfunktion zugeschnittene Bewirtschaftungsziele bestimmt werden.

Zu § 243 Frachtabbaukonzepte und Mindestanforderungen

Die Vorschrift knüpft an § 7a WHG an, stellt die Bestimmung von Frachtabbauzielen aber, wie in den Vorbemerkungen zu diesem Abschnitt dargelegt, in den Dienst einer großräumigen Gewässerbewirtschaftung. Das bisherige Recht geht zunächst davon aus, daß neue Einleitungen von Abwasser nur zugelassen werden dürfen, wenn die Mindestanforderungen in den Bescheid übernommen sind, ermächtigt dann die Bundesregierung, mit Zustimmung des Bundesrates Verwaltungsvorschriften über diese Mindestanforderungen zu erlassen und läßt die Maßstäbe großräumiger Gewässerbewirtschaftung ganz unerwähnt, wonach die Anforderungen nach den allgemein anerkannten Regeln der Technik oder nach dem Stand der Technik jeweils stärker oder schwächer angespannt werden. § 243 Abs. 1 stellt dagegen die von der Bundesregierung aufzustellenden Konzepte über einen großräumig gezielten Abbau der Gesamtfrachten an Schad- und Nährstoffen, die mit dem Abwasser in Oberflächengewässer eingeleitet werden, in den Mittelpunkt. Die Anforderungen an dieses Instrument großräumiger Gewässerbewirtschaftung spiegeln die Grundsätze der Rechtsprechung des Bundesverwaltungsgerichts (BVerwGE 69, 37) zur Vorsorge wider, die zwar für das Immissionsschutzrecht entwickelt worden sind, aber für das Wasserrecht gleichermaßen gelten. Aus diesen Frachtabbaukonzepten leiten sich die allgemein formulierten Mindestanforderungen an das Einleiten der verschiedenen Abwasserarten ab, die entweder nach den allgemein anerkannten Regeln der Technik oder nach dem Stand der Technik definiert werden. In Absatz 2 wird offengelassen, ob diese Festlegung durch Rechtsverordnungen nach § 146 oder durch Verwaltungsvorschriften nach § 155 erfolgt. Erst im Absatz 3 werden dann aus dem Frachtabbaukonzept und seiner Umsetzung in Rechts- oder Verwaltungsvorschriften die Folgerungen für die einzelnen Verfahren der wasserrechtlichen Zulassung gezogen: eine Umweltbewilligung oder Erlaubnis für das Einleiten von Abwasser darf auch künftig nur erteilt werden, wenn die Schadstoff- oder Nährstofffracht des Abwassers den Mindestanforderungen entspricht.

Gegenüber dem geltenden Recht könnte die Verordnungslösung nach Absatz 2 eine erhebliche Verschärfung mit sich bringen, wenn sich nämlich die Ermächtigung auch darauf erstreckte, für Erlaubnisinhaber, ohne daß es einer nachträglichen Anordnung nach § 232 bedürfte, normativ unmittelbar schärfere Maßnahmen der Abwasservermeidung oder -behandlung festzusetzen. Davon kann indes keine Rede sein. An der Notwendigkeit der Bescheidanpassung wird festgehalten. Der Erlaß einer Verordnung könnte sich allerdings nach EG-rechtlichen Grundsätzen als notwendig erweisen, wenn für die Umsetzung von Emissionsnormen der Europäischen Gemeinschaft nach der Rechtsprechung des EuGH künftig Verwaltungsvorschriften generell nicht mehr ausreichen sollten (EuGH, Rs. C-131/88, DVBl. 1991, 863; Rs. C-361/88, DVBl. 1991, 869 ff.; Rs. C-59/89, NVwZ 1991, 868 f.). Die Regelung in Absatz 2 ermöglicht es jedenfalls, die bisherigen Abwasserverwaltungsvorschriften (Allgemeine Rahmen-Verwaltungsvorschrift über Mindestanforderungen an das Einleiten von Abwasser in Gewässer (Rahmen-AbwasserVwV) vom 8. September 1989, GMBl. S. 518) in modifizierter Form auch als Verordnung zu verabschieden. Ob dies auch sonst ratsam sein könnte, muß bezweifelt werden (Reinhardt, DÖV 1992, 102 ff., 106 ff.). Die Vorschriften versuchen, für eine Vielzahl von ganz unterschiedlich zusammengesetzten kommunalen und gewerblichen Arten von Abwasser sinnvolle Techniken der Abwasservermeidung und der Abwasserbehandlung zu umschreiben. Dabei geht es politisch darum, den jährlich angestrebten Abbau der Schadstoff- und Nährstofffrachten auf die verschiedenen Gruppen von Abwassereinleitern so aufzuschlüsseln, daß weder die Volkswirtschaft im ganzen überfordert wird noch die Unternehmen in den einzelnen Branchen ihre Wettbewerbsfähigkeit auf nationaler und internationaler Ebene verlieren. Dem Charakter der Abwasserverwaltungsvorschrift, die auf typische Sachverhalte zugeschnitten ist, entspricht es, daß in den Zulassungsverfahren sowohl Abweichungen zu Gunsten als auch zu Lasten der Verursacher in gewissem Umfange möglich bleiben. Werden mehrere Abwässer zusammengeführt, kann es sich als notwendig erweisen, die Maßstäbe mehrerer Abwasserverwaltungsvorschriften miteinander so zu verschneiden, daß ein angemessenes Reinigungsergebnis erzielt wird. Eine solche Flexibilität kann im Verordnungswege nicht ohne weiteres aufrechterhalten werden. Gegebenenfalls müßten besondere Befreiungs- oder Ausnahmelösungen mit eingeführt werden. In jedem Fall bleibt es dabei, daß sich die Maßstäbe für unternehmerisches Handeln im Einzelfall allein aus dem Erlaubnisbescheid ergeben, nicht unmittelbar aus Verordnungen oder Verwaltungsvorschriften. Bei Neuzulassungen sieht das Gesetz freilich keine Ermessensspielräume vor.

Die Abwasserverwaltungsvorschriften nach Absatz 2 werden in steigendem Umfang von internationalem und EG-rechtlichem Abwasserrecht überlagert.

Das Übereinkommen zur Verhütung der Meeresverschmutzung vom Lande aus (Übereinkommen zur Verhütung der Meeresverschmutzung vom Lande aus vom 4. Juni 1974 (Pariser Konvention); ratifiziert von der Bundesrepublik Deutschland durch Gesetz vom 18. September 1981, BGBl. II S. 870; völkerrechtlich in Kraft getreten am 6. Mai 1978) verpflichtet die Bundesrepublik als Unterzeichnerstaat, der Meeresverschmutzung über die Großflüsse, insbesondere Elbe, Weser und Rhein zu begegnen. Nach Art. 4 Abs. 2 sind Programme und Maßnahmen zur vordringlichen Beseitigung der Verschmutzung des Meeres durch Stoffe der sogenannten Schwarzen Liste sowie zur Verringerung der Verschmutzung durch Stoffe der sogenannten Grauen Liste durchzuführen. Die Schwarze Liste umfaßt Stoffamilien und Stoffgruppen, die im Hinblick auf Toxizität, Langlebigkeit oder Bioakkumulation auf Dauer eine Gefahr für die Meeresumwelt bilden. Dazu gehören organische Halogenverbindungen, organische Phosphorverbindungen, organische Zinnverbindungen, Quecksilber und Quecksilberverbindungen, Kadmium und Kadmiumverbindungen, Mineralöle und Kohlenwasserstoffe, Cyanide und in einer Generalklausel Stoffe, die im oder durch Wasser krebserregende, mutagene oder teratogene Wirkungen haben. In der Grauen Liste sind Stoffe aufgeführt, die eine geringere Schädlichkeit aufweisen oder rascher durch natürliche Vorgänge unschädlich gemacht werden (Salzwedel, in: ders. [Hrsg.], Grundzüge des Umweltrechts, 1982, S. 569 ff., 590 ff.).

Im Vorfeld der Erfüllung der Pariser Konvention ist einerseits die EG-Richtlinie betreffend die Verschmutzung infolge der Ableitung bestimmter gefährlicher Stoffe in die Gewässer der Gemeinschaft vom 4. Mai 1976, andererseits das Übereinkommen zum Schutz des Rheins gegen chemische Verunreinigungen vom 3. Dezember 1976 (siehe das Gesetz zu den Übereinkommen vom 3. Dezember 1976 zum Schutz des Rheins gegen chemische Verunreinigung und zum Schutz des Rhein gegen Verunreinigung durch Chloride (Gesetz zum Chemieübereinkommen/Rhein und Chloridübereinkommen/Rhein) vom 11. August 1978, BGBl. II S. 1053) wirksam. Die Regelungen verstehen sich als Instrument zur Umsetzung der Pariser Konvention, sie nehmen insbesondere die Verpflichtungen zur Beseitigung von Schadstoffen der Schwarzen Liste und zur Verringerung der Schadstoffe der Grauen Liste auf.

Die sogenannte Nulloption für Stoffe der Schwarzen Liste ist eine bloße politische Demonstration. Diese Forderung ist unerfüllbar. Daher kommt nur eine Emissionsbegrenzung über Grenzwerte für bestimmte Schadstoffe in Betracht, die vom Rat der Europäischen Gemeinschaft, der Rheinschutzkommission, unter Umständen auch der Pariser Kommission festgelegt werden. Die Festlegung erfolgt in Folgerichtlinien bzw. Folgeabkommen für die einzelnen Schadstoffe. Die Europäische Gemeinschaft hat zum Beispiel Folgerichtlinien für die Schadstoffe Aldrin, Eldrin und Dieldrin sowie für Quecksilber aus der Chlor-Alkalielektrolyse erarbeitet. Für Schadstoffe der Grauen Liste sind vergleichbare Emissionsbegrenzungen nicht vorgesehen; insoweit wird die Durchführung von Verringerungsprogrammen ins Auge gefaßt, die sich auch an Gewässergütezielen ausrichten. So ist im Rahmen des Chemie-Abkommens ein Chrom-Abkommen zustande gekommen.

Bei der Umsetzung der Zielvorgaben für Schadstoffe der Schwarzen Liste ist zu bedenken, daß die Gewässerschutzrichtlinie und das Chemie-Abkommen grundsätzlich einen strengeren Maßstab als den der allgemein anerkannten Regeln der Technik zugrunde legen ("best available means"). Allerdings muß bezweifelt werden, ob bei einer Einigung auf den geringsten gemeinsamen Nenner nicht doch Grenzwerte supranational oder international zustande kommen, die eher hinter den Mindestanforderungen zurückbleiben. Unterstellt man eine strengere Handhabung des Maßstabs der best available means, müssen die Länder sicherstellen, daß die Umsetzung in wasserrechtliche Bescheide für die zuständigen Wasserbehörden nicht nur zulässig, sondern geboten ist. Einige Landeswassergesetze, wie § 52 Abs. 1 d LWG NW, schreiben vor, daß Abwassereinleitungen in ein Gewässer nicht erlaubt werden dürfen, wenn und soweit sie gegen verbindliche zwischenstaatliche Vereinbarungen oder bindende Beschlüsse der Europäischen Gemeinschaft über die Beschaffenheit von Abwassereinleitungen verstoßen. In anderen Ländern ist man der Auffassung, den Bestimmungen durch den Erlaß von Verwaltungsvorschriften an die Wasserbehörden genügen zu können, weil das Bewirtschaftungsermessen auch eine möglichst weitgehende Verringerung der Belastung mit Stoffen der Schwarzen Liste umfaßt. Nach anderer Auffassung soll bereits § 6 WHG gewährleisten, daß das Minimierungsgebot befolgt wird. Beide Begründungen sind kaum stichhaltig; da die Gefährdung des aufnehmenden Gewässers zweifellos konzentrationsabhängig ist, lassen sich absolute Aussagen zur Verringerung der Schadstofffracht, sofern eine spezifische Umsetzungsklausel fehlt, nur mit gewässerbezogener Begründung treffen (Salzwedel, in: Dokumentation zur wissenschaftlichen Fachtagung der Gesellschaft für Umweltrecht, Berlin 1979, S. 139 ff.).

Im Gegensatz zur flexiblen Regelung des § 7a Abs. 2 WHG über die Sanierung von Altbenutzungen schreibt Art. 3 Nr. 3 Gewässerschutzrichtlinie eine strikte Befristung der Sanierungsanstrengungen vor. Die vorliegenden Folgerichtlinien bzw. Abkommen sehen ein stufenweises Vorgehen vor. Hier müssen die Länder künftig sicherstellen, daß eine Umsetzung ohne gewässerspezifische Begründung durchsetzbar ist.

Auch die EG-Richtlinie über die Behandlung von kommunalem Abwasser (Richtlinie des Rates vom 21. Mai 1991 über die Behandlung von kommunalem Abwasser [91/271/EWG], ABl. EG Nr. L 135 vom 30. Mai 1991, S. 40) enthält in weitem Umfange Befristungen für Bau und Nachrüstung kommunaler Behandlungsanlagen. Da die Richtlinie u.a. der Eutrophierung der Oberflächengewässer, der Küstengewässers und der Hohen See entgegenwirken soll, müssen bei größeren Städten auch kostspielige Anlagen der Denitrifikation und der Phosphateliminierung gebaut werden. Auch hier wird § 243 Abs. 3 S. 2 und 3, der den Ländern einen weiten Anpassungsspielraum eröffnet, durch die jeweils strengere Nachrüstungspflicht abgelöst.

In Absatz 4 wird der Rahmen für das immer bedeutsamer werdende Recht der Indirekteinleiterkontrolle abgesteckt. Nach Maßgabe des Landesrechts werden die Wasserbehörden der Länder auf der Grundlage von Indirekteinleiterverordnungen (zum Beispiel in Nordrhein-Westfalen die Ordnungsbehördliche Verordnung über die Genehmigungspflicht für die Einleitung von Abwasser mit gefährlichen Stoffen in öffentliche Abwasseranlagen (VGS) vom 25. September 1989, GV NW S. 564; Engelhardt, ZfW 1990, 319 ff.) mit der Befugnis ausgestattet, bestimmte Gruppen von Benutzern der städtischen Kanalisation zu Maßnahmen der Abwasservermeidung oder Abwasserbehandlung zu verpflichten. Dieses Recht tritt ergänzend zu den kommunalen Entwässerungssatzungen hinzu, in denen die Gemeinden sich bereits bestimmte Kontrollbefugnisse gegenüber den Indirekteinleitern vorbehalten haben, um zu verhindern, daß der Wirkungsgrad der kommunalen Kläranlage beeinträchtigt wird oder daß aus dem Gemeindehaushalt erhöhte Abwasserabgaben gezahlt werden müssen. Da die Länder unterschiedliche Wege bei der Erfassung und Kontrolle der Indirekteinleiter gehen, empfiehlt es sich nicht, eine bundesrechtliche Regelung vorzugeben, die über die in Absatz 4 formulierte Anpassungspflicht hinausgeht.

Wieweit die Länder die Indirekteinleiter zu kontrollieren haben, wird im wesentlichen durch die einzelnen Abwasserverwaltungsvorschriften bestimmt. Die Regelungen können eher allgemein gehalten sein, aber auch den Wasserbehörden der Länder schon recht detailliert vorgeben, welche Maßnahmen der Abwasservermeidung oder -behandlung sie den Indirekteinleitern aufgeben müssen. Teilweise erstreckte sich die Regelung der Emissionsbegrenzung, die von der Rheinschutzkommission oder der Europäischen Gemeinschaft aufgestellt wird, auch auf Schadstofffrachten aus dem Indirekteinleiterbereich. In solchen Fällen wird den Vorgaben, denen mindestens genügt werden muß, bereits bei Erlaß der Verordnung oder Verwaltungsvorschrift nach Absatz 3 Rechnung zu tragen sein.

Zu § 244 Einbringen, Lagern und Befördern von Stoffen

Die Vorschrift übernimmt die bisherige Regelung des § 26 WHG. Die Regelung fügt sich auch in die Systematik des Zweiten Kapitels bruchlos ein. Das Einbringen fester Stoffe in oberirdische Gewässer ist eine Benutzung nach § 223 Abs. 7 Nr. 4. Die Lagerung oder Ablagerung von Stoffen an einem Gewässer wird jedenfalls oft auch den Tatbestand einer unechten Benutzung nach § 223 Abs. 7 S. 2 Nr. 2 erfüllen; damit wird sie zulassungspflichtig. Darauf beziehen sich die strikten Verbotsvorschriften der Absätze 1 und 2.

Unabhängig von dem Bewirtschaftungsgrundsatz des § 230 darf für das Einbringen von festen Stoffen in ein Gewässer weder eine Umweltbewilligung noch eine Erlaubnis erteilt werden, wenn es darum geht, sich der festen Stoffe zu entledigen.

Unabhängig von dem Bewirtschaftungsgrundsatz des § 230 darf die Lagerung oder Ablagerung von Stoffen an einem oberirdischen Gewässer nicht zugelassen werden, soweit eine Verunreinigung des Wassers oder eine sonstige nachteilige Veränderung seiner Eigenschaften oder des Wasserabflusses zu besorgen ist.

Da solche Maßnahmen nicht zulassungsfähig sind, handelt es sich dabei zugleich um Verbotstatbestände, die nach Landesrecht gegebenenfalls polizeiliche Maßnahmen der Gefahrenabwehr auslösen. Der Tatbestand einer Gefährdung der öffentlichen Sicherheit ist damit jedenfalls erfüllt. Das gewinnt für Fallgruppen Bedeutung, die ausnahmsweise noch keiner Eröffnungskontrolle unterliegen.

Zum Zweiten Unterabschnitt: Erlaubnisfreie Benutzungen

Zu §§ 245 bis 247 Gemeingebrauch, Eigentümer- und Anliegergebrauch, Benutzung zu Zwecken der Fischerei

Den erlaubnisfreien Benutzungen kommt keine große wasserwirtschaftliche Bedeutung mehr zu. Die rahmenrechtlichen Regelungen zielen darauf ab, den Spielraum des Landesgesetzgebers für eine Lockerung der Eröffnungskontrollen einzuengen. Ob es erlaubnisfreie Benutzungen geben soll und in welchem Umfang, muß in den Landeswassergesetzen zunächst positiv geregelt werden. Der Bund hat kein Interesse daran, daß dies geschieht.

Anders könnte die Rechtslage nur beim Eigentümergebrauch gesehen werden. § 24 Abs. 1 WHG begründet selbst die Benutzungsbefugnis des Eigentümers für die Benutzung eines oberirdischen Gewässers, wenn dadurch andere nicht beeinträchtigt werden, keine nachteilige Veränderung der Eigenschaft des Wassers, keine wesentliche Verminderung der Wasserführung, keine andere Beeinträchtigung des Wasserhaushalts zu erwarten ist. Das Bundesverfassungsgericht spricht davon, daß es sich beim Eigentümergebrauch um eine Ausnahme von der sonstigen Benutzungsordnung des Wasserhaushaltsgesetzes handelt (BVerfGE 58, 300 [337]). Daß der Bund auch hier kein eigentliches Interesse daran hat, das Eigentum am Gewässer mit einem als Ausnahme gewährten Benutzungsvorrang zu verknüpfen, zeigt sich daran, daß die Länder den Eigentümergebrauch ausschließen können. Die Einschränkung, daß dies nur möglich sein soll, soweit der Gemeingebrauch bisher nicht zugelassen war, deutet darauf hin, daß der Bundesgesetzgeber anderenfalls mit verfassungsrechtlichen Einwendungen rechnete. Daran konnte man in den fünfziger Jahren denken; seit dem Naßauskiesungsbeschluß des Bundesverfassungsgerichts (BVerfGE 58, 300) dürfte sich dies aber erledigt haben. Außerdem ist die Klarstellung des § 1a Abs. 3 WHG zu Lasten des Grundeigentümers nicht recht damit in Einklang zu bringen, daß man etwa verfassungsrechtliche Einwendungen des Eigentümers oberirdischer Gewässer fürchten müßte.

Das Zusammenspiel der bisherigen §§ 23 bis 25 WHG mit ausfüllenden Regelungen der Landeswassergesetze bietet aber keine Veranlassung, aus gesetzessystematischen oder wasserwirtschaftlichen Gründen davon abzuweichen. Die rahmenrechtlichen Regelungen des Bundes fügen sich in das System des Zweiten Kapitels ein. Wegen der geringen wasserwirtschaftlichen Substanz braucht man die Vorschriften jedenfalls nicht zu verschärfen. Eine Lockerung des Benutzungsregimes auf Länderseite ist nicht zu befürchten.

Zum Dritten Unterabschnitt: Abwasserbeseitigung

Zu § 248 Abwasserbeseitigungspflicht und Abwasserbeseitigungspläne

Die Vorschrift übernimmt drei Grundaussagen, die aus dem Abfallrecht stammen. Unter den Abfallbegriff würde auch Abwasser fallen; § 1 Abs. 3 Nr. 5 AbfG schließt die Anwendung des Abfallrechts auf Stoffe freilich aus, die in Gewässer oder Abwasseranlagen eingeleitet oder eingebracht werden. Dem steht die Übernahme abfallwirtschaftlicher Prinzipien in das Wasserrecht nicht entgegen.

Absatz 1 bringt zum Ausdruck, daß Abwasser - ebenso wie Abfälle - so zu beseitigen ist, daß der Zweck des Kapitels (§ 222) nicht beeinträchtigt wird. Die Regelung bezieht sich auf kommunale und auf industrielle Abwässer.

Absatz 2 knüpft an die Entsorgungsplanung nach § 26 an. Bei der Aufstellung der Abwasserbeseitigungspläne kommt es darauf an, daß die Bewirtschaftungsziele für die oberirdischen Gewässer nach § 242 jeweils auch neben den Vorgaben des § 26 berücksichtigt werden. Nach Absatz 3 hat derjenige das Abwasser zu beseitigen, bei dem es anfällt. Soweit die Gemeinden das Abwasser nach § 223 Abs. 5 sammeln, sind sie Träger der Abwasserbeseitigung, sonst der industrielle oder gewerbliche Betrieb oder der einzelne Haushalt. Durch Landesrecht wird die Abwasserbeseitigungspflicht von Körperschaften des öffentlichen Rechts näher geregelt; die Körperschaften sind dann jeweils verpflichtet, das Abwasser von den betreffenden industriellen oder gewerblichen Unternehmen und Haushalten zu übernehmen. Hier spielen die Abwasserverbände die größte Rolle. Absatz 3 stellt klar, daß nicht jeder Abwasserbeseitigungsplan nach § 26 schon die vorgegebene Trägerschaft für die Abwasserbeseitigung verändert. Das geschieht erst durch Verbindlicherklärung; das Verfahren wird landesrechtlich näher geregelt. Gleichzeitig ist durch Bundesrecht sichergestellt, daß es in allen Ländern möglich bleibt, durch Abwasserbeseitigungspläne von Fall zu Fall auch andere als die sonst vorgegebenen Träger zur Abwasserbeseitigung zu verpflichten.

Zu § 249 Bau und Betrieb von Abwasseranlagen

Die Vorschrift entspricht § 18b WHG. Allerdings wird in Absatz 1 Satz 1 und 2 das Verhältnis der jeweils einschlägigen technischen Standards zu den durch Bescheid festgelegten Benutzungsbedingungen verdeutlicht. Sind die Regeln der Technik durch Bescheid auf die einzelnen zugelassenen Benutzungen zugeschnitten worden, ist ein Rückgriff auf die Standards zunächst nicht möglich. Sowohl nachträgliche Lockerungen als auch nachträgliche Verschärfungen können nur über nachträgliche Anordnungen nach § 232 verfügt werden.

Erweist sich eine Nachrüstung der Abwasseranlagen als erforderlich, steht den Ländern Ermessen zu, wann und wie sie die Nachrüstung durchsetzen. Diese Regelung entspricht § 243 Abs. 3 S. 2. Anders als dort in Absatz 3 bedarf es keiner Hervorhebung, daß die Länder Fristen für die Nachrüstung setzen können. Das versteht sich hier von selbst; nur als wünschenswertes Instrument zur Gewährleistung dessen, daß die jeweiligen Frachtabbauziele zügig erreicht werden, war der ergänzende Hinweis im Bundesrecht dort sinnvoll.

Zu § 250 Zulassung von Abwasserbehandlungsanlagen

Die Vorschrift entspricht dem bisherigen § 18c WHG. An der Festlegung der Zulassungsschwelle wird festgehalten. Die UVP-Pflichtigkeit eines entsprechenden Kläranlagenbaus ergibt sich bereits aus der EG-UVP-Richtlinie (vgl. dazu im einzelnen Gieseke/Wiedemann/Czychowski, Wasserhaushaltsgesetz, 6. Aufl., 1992, WHG § 18c Rn. 2 und 4).

Zum Vierten Unterabschnitt: Ausbau und Unterhaltung

I. AUSGANGSLAGE

1. Gegenstand des Regelungsbereichs

Ausbau und Unterhaltung sind im Wasserwegerecht und im Wasserwirtschaftsrecht im wesentlichen übereinstimmend geregelt. Ein Ausbau nach dem Bundeswasserstraßengesetz wird freilich von der Bundeswasserstraßenverwaltung durchgeführt; wasserwirtschaftliche Ausbauvorhaben unterliegen der Planfeststellung oder Plangenehmigung durch Landesbehörden. Unter einem Ausbau versteht man die Herstellung, Beseitigung oder wesentliche Umgestaltung des Gewässers selbst oder seiner Ufer (grundlegend dazu Dahme, ZfW 1973, 141 ff. mit Diskussionsbeiträgen). Das Ausbauverfahren muß so beschaffen sein, daß es den Ausbauzustand nach öffentlichem Recht bestandskräftig feststellt, aber auch die Rechtslage gegenüber den räumlich unmittelbar benachbarten Eigentümern und gegenüber den wasserrechtlichen Nachbarn stromauf und stromab, auch über weite Strecken hinweg absichert. Der Begriff des Ausbaus bedarf der Abgrenzung einerseits gegenüber Benutzungen des Gewässers, andererseits gegenüber Maßnahmen der Unterhaltung (Gieseke/Wiedemann/Czychowski, Wasserhaushaltsgesetz, 6. Aufl., 1992,

§ 31 WHG Rn. 9 ff., 14; Sieder/Zeitler/Dahme, Wasserhaushaltsgesetz, 2. Aufl., 1990, Stand: April 1990, § 3 WHG Rn. 11, 24).

Planungsermessen bei der Entscheidung über einen Ausbau und Bewirtschaftungsermessen bei der Entscheidung über Benutzungen sind voneinander verschieden. Dem Ausbau liegt die Bestimmung der künftigen Gestalt und Funktion (Nutzbarkeit) des Gewässers zugrunde, wobei die Grundzüge der Raumordnung und Landesplanung einzubeziehen und alle öffentlichen und privaten Belange untereinander und gegeneinander abzuwägen sind. Die Grundsätze einer rechtsstaatlichen Planung, wie sie zum Wasserstraßenrecht entwickelt worden sind, müssen berücksichtigt werden. Erst auf der Grundlage der durch Gestalt und Zustand des Gewässers vorgegebenen wasserwirtschaftlichen Verhältnisse und damit der abstrakten Nutzbarkeit wird Bewirtschaftungsermessen ausgeübt, zunächst bei der Aufstellung von Bewirtschaftungsplänen und -konzepten, insbesondere der Entscheidung über die jeweils möglichen Nutzungen, dann bei der Vergabe von Benutzungsrechten.

Die Abgrenzung des Ausbaus von der Benutzung ist in erster Linie danach vorzunehmen, daß der Ausbau für den Gegenstand der Bewirtschaftung, nämlich für das Gewässer eine neue wasserwirtschaftliche Ausgangslage auf Dauer schafft, während Bewirtschaftungsplan und -konzeption sowie die jeweils zugelassenen Benutzungen sich nach Art, Zweck und Ausmaß an dem damit vorgegebenen mengen- und gütewirtschaftlichen Ausbauzustand des Gewässers orientieren müssen. Von dieser Verschiedenheit her erklärt es sich, daß Maßnahmen, die dem Ausbau eines oberirdischen Gewässers dienen, ihrem Wesen nach nicht selbst Benutzungen sein können (Salzwedel, in: ders. [Hrsg.], Grundzüge des Umweltrechts, 1982, S. 569 ff., 608).

Die Abgrenzung des Ausbaus zur Unterhaltung ergibt sich daraus, daß die danach gebotenen Maßnahmen zur Erhaltung eines ordnungsgemäßen Zustandes für den Wasserabfluß und an schiffbaren Gewässern auch für die Erhaltung der Schiffbarkeit unterhalb der Schwelle einer wesentlichen Umgestaltung des Gewässers oder seiner Ufer bleiben müssen. Unterhaltungsmaßnahmen zielen also darauf ab, den Ausbauzustand so aufrechtzuerhalten, wie er sich bei Inbetriebnahme oder Verkehrseröffnung dargestellt hatte (Salzwedel, in: ders. [Hrsg.], Grundzüge des Umweltrechts, 1982, S. 569 ff., 608).

2. Bisherige Rechtslage

Nach bisherigem Recht bedarf der Ausbau eines Gewässers, gleichviel ob er aus wasserwege- oder wasserwirtschaftsrechtlichen Gründen erfolgt, stets der Planfeststellung, zumindest der Plangenehmigung. Für Benutzungen stehen die Bewilligung oder die einfache Erlaubnis oder Zwischenformen zur Verfügung. Unterhaltungsmaßnahmen sind dagegen überhaupt nicht zulassungsbedürftig, weil sich das, was danach geschehen muß, aus dem Planfeststellungsbeschluß oder der Plangenehmigung und dem damit definierten Ausbauzustand, den es aufrechtzuerhalten gilt, verläßlich ablesen läßt.

So verschieden Ausbau und Benutzung von der Ausgangslage her sind, so wenig lassen sich Grauzonen ausschließen, in denen eine Inanspruchnahme des Gewässers schon als Ausbau oder noch als Benutzung eingestuft werden könnte. Gelegentlich entscheidet nicht der technische Zuschnitt des Vorhabens, sondern die wirtschaftliche Zweckbestimmung über die Zuordnung. Die Schaffung eines Hafens kann Ausbau, aber auch Benutzung sein. Bauwerke zum Aufstau eines Gewässers können der Steuerung des Wasserabflusses ganz allgemein dienen, aber auch gewerblich für die Stromerzeugung ausgenutzt werden. Hafenbecken können Ausbauvorhaben sein, wenn es zumindest auch um die Rückhaltung von Wasser für Zeiten schlechter Wasserführung geht, aber auch ein rein wirtschaftliches Vorhaben darstellen. Da nach der Rechtsprechung des Bundesverwaltungsgerichts zum Beispiel auch eine Auskiesung durch Ausbaggerung und Freilegung des Grundwassers, die zur Neuanlage oder erheblicher Erweiterung eines Baggersees führt, jedenfalls dann ein Gewässerausbau ist, wenn die oberirdische Wasserfläche auf Dauer bestehen bleiben soll (BVerwGE 85, 155; Gieseke/Wiedemann/Czychowski, Wasserhaushaltsgesetz, 6. Aufl., 1992, § 31 WHG Rn. 4 m.w.N.), kann der Kreis der Ausbauvorhaben recht weit in den Kreis der Benutzungen hinein vorgeschoben werden.

Das Bundesverwaltungsgericht (BVerwGE 55, 220) hat deshalb auch die Unterscheidung zwischen der Planung eines gemeinnützigen Gewässerausbaus und der Zulassung eines privatnützigen Ausbauvorhabens eingeführt. Der Gewässerausbau aus Gründen des Wohls der Allgemeinheit folgt in mehrfacher Hinsicht Eigengesetzlichkeiten, die für privatnützige Ausbauvorhaben nicht gelten. Ein typischer Hoheitsausbau wie bei der Schiffbarmachung großer Flüsse in vergangenen Jahrhunderten hat nichts mit Investitionsschutz zu tun. Dagegen wird man beim privatnützigen Ausbau davon ausgehen müssen, daß dem Unternehmer ein subjektiv-öffentliches Recht zur Durchführung des Gewässerausbaus und zur Beibehaltung des herbeigeführten Gewässerzustandes auf Dauer eingeräumt wird. Das Bedürfnis nach Investitionsschutz ist nämlich mindestens ebenso groß wie bei einer klassischen Benutzung. Andererseits hat das Bundesverwaltungsgericht mit Recht dahin erkannt, daß eine privatnützige Planfeststellung nicht zugelassen werden kann, wenn einer entsprechenden Benutzung § 6 WHG entgegenstünde. Nur gemeinnützige Ausbauvorhaben, denen ein planerisches Ermessen zugrunde liegt, können sich unter Umständen über Beschränkungen hinwegsetzen, die sich für Benutzungen aus § 6 WHG ergäben.

Aber auch die Grenzziehung zwischen gemeinnützigen und privatnützigen Ausbauvorhaben ist bis zu einem gewissen Grade beliebig. Zahlreiche Ausbauvorhaben sind nicht zwingend vom öffentlichen Wohl her geboten, aber von einem protektionistischen öffentlichen Interesse her gerechtfertigt, das sich mit dem privatnützigen in glücklicher Weise verbinden läßt. So kann die Anlegung von Wasserrückhaltebecken, die zunächst rein gewerblich motiviert ist, weil man Löschwasser bereitzustellen hat, sich auch mit dem Interesse der Allgemeinheit darin decken, daß man notfalls in Zeiten der Mindestwasserführung den Wasserstand erhöhen kann.

II. VORSCHLAG

1. Leitvorstellungen

Im Hinblick darauf, daß es von der Motivation des Unternehmers her, vom technischen Zuschnitt der Anlage her und von dem Zweck, der mit dem Ausbauzustand erreicht werden soll, her sehr viele Spielarten des Ausbaus und der Benutzung gibt, die sich auch in mannigfaltiger Weise überschneiden, wird vorgeschlagen, das Rechtsinstrument der Umweltbewilligung nach §§ 52 ff. in der spezifisch wasserrechtlichen Ausgestaltung für beide Vorhabentypen bereitzustellen. Es muß sich aus dem jeweiligen Inhalt der Umweltbewilligung ergeben, ob man sich eher am Prototyp des hoheitlichen Ausbauvorhabens oder dem eines Benutzungsvorhabens orientiert hat oder ob - etwa wie bei dem privatnützigen Ausbauvorhaben - Bau und Betrieb in der Grauzone anzusiedeln sind. Da die Wasserbehörde in allen Fällen Ermessen hat, ob sie das Vorhaben zuläßt oder nicht, bieten sich auch viele Inhaltsbestimmungen und Nebenbestimmungen an, um etwa den Besonderheiten eines Vorhabens innerhalb der Gemengelagen gerecht zu werden.

2. Zur Regelung im einzelnen

Zu § 251 Ausbau

In Absatz 1 werden Planfeststellungen und Plangenehmigungen nach bisherigem Recht für alle Ausbauvorhaben durch die Umweltbewilligung oder die Erlaubnis nach § 239 ersetzt. Die Grenzziehung zwischen Vorhaben, die bewilligt werden müssen, und solchen, für die eine Erlaubnis genügt, entspricht dabei dem bisherigen Recht. Auch das Auswahlermessen der Behörde bei Vorhaben, die keine Einwendungen erwarten lassen, wird übernommen (dazu Gieseke/Wiedemann/Czychowski, Wasserhaushaltsgesetz, 6. Aufl., 1992, § 31 WHG Rn. 83).

In den Absätzen 2 bis 4 wird der mit dem bisherigen Recht überkommene scharfe Gegensatz zwischen Ausbau und Benutzung verfahrensrechtlich aufgehoben. Ebenso wie im geltenden Recht Gemengelagen zwischen beiden Rechtsinstituten bestanden, lassen sie sich auch für die Zukunft nicht durch neue oder schärfere Begriffsbildung ausschließen. Das Planfeststellungserfordernis war auf den Typus des vom Allgemeinwohl her gebotenen Vorhabens zugeschnitten, umfaßte dabei aber die privatnützigen Ausbauvorhaben mit, die eine besondere rechtliche Behandlung erforderlich machten. Künftig deckt das Erfordernis der Umweltbewilligung ähnlich unterschiedliche Vorhabenstypen ab. Von der Systematik her ist die Umweltbewilligung umgekehrt gerade auf die privatnützigen Ausbauvorhaben zugeschnitten, bietet aber auch zugleich ein brauchbares rechtliches Instrumentarium, um große Hoheitsvorhaben abzusichern, soweit diese nicht bei den großen schiffbaren Gewässern ohnehin nach dem Bundeswasserstraßengesetz planfestgestellt werden. Es liegt aber auf der Hand, daß nun für die Gruppe der vom Allgemeinwohl gebotenen Ausbauvorhaben Abweichungen vom Grundtypus der Umweltbewilligung nach dem zweiten Abschnitt vorgesehen werden müssen.

Die gemeinnützigen Ausbauvorhaben des Absatzes 2 können sich zunächst über die Sperrwirkung des § 230 hinwegsetzen. Da ihre Funktion darin besteht, den Rahmen für die künftige Bewirtschaftung des Gewässers neu zu definieren, ist die Vorschrift nicht eigentlich einschlägig; sie steckt auf der Grundlage des neuen Ausbauzustands den Spielraum für Bewirtschaftungspläne und -konzepte, also für die Bestimmung der nutzbaren mengen- und gütewirtschaftlichen Kapazitäten und das Verteilungsregime ab. Ebensowenig ist auf gemeinnützige Ausbauvorhaben § 232 anzuwenden. Die Regelung über nachträgliche Anordnungen soll die Bestandskraft der Umweltbewilligung relativieren, die für eine mengen- oder gütewirtschaftliche Benutzung auf Zeit eingeräumt wird. Darum geht es hier nicht. Schließlich ist § 234 unanwendbar. Das Ausgleichsverfahren ist darauf zugeschnitten, ein Bewirtschaftungs- und Benutzungsregime, das auf einem bestimmten Ausbauzu- stand beruht, ohne Infragestellung dieses Ausbauzustandes selbst zu modifizieren. Die Umweltbewilligung für gemeinnützige Ausbauvorhaben, die den Bewirtschaftungsrahmen neu definieren, steht in Ausgleichsverfahren nicht zur Disposition.

Die Umweltbewilligung für gemeinnützige Ausbauvorhaben bedarf im übrigen keiner grundsätzlichen Modifikation. Die Befristung nach § 236 Abs. 1 kann bei hoheitlichen Ausbauvorhaben, die einen Ausbauzustand auf Dauer herstellen sollen, gelegentlich unzweckmäßig sein. Eine Überprüfung der Rechtslage nach Jahrzehnten kann jedoch durchaus einen Sinn haben. Besteht ein grundsätzliches Bedürfnis für eine Neuordnung, kann die Umweltbewilligung neu erteilt werden. Die volle Bestandskraft, die § 237 gegenüber bürgerlich-rechtlichen Abwehransprüchen verleiht, ist für gemeinnützige Ausbauvorhaben besonders angemessen. Dem entspricht aber auch ein Bedürfnis, daß im Verfahren entgegenstehende bürgerlich-rechtliche Ansprüche nach § 235 Abs. 1 und 2 geltend gemacht werden können. Nachträgliche Entscheidungen der Wasserbehörde nach § 238 sind im geltenden Planfeststellungsrecht vorgesehen und bleiben für gemeinnützige Ausbauvorhaben systemgerecht. Schließlich ist der vorzeitige Beginn von Bauarbeiten für gemeinnützige Ausbauvorhaben nach § 233 weiterhin sinnvoll.

Im Absatz 3 werden demgegenüber alle Vorschriften der wasserrechtlichen Umweltbewilligung, die für Benutzungen gelten, auch auf privatnützige Ausbauvorhaben mit erstreckt. Sofern es sich dabei nicht um eine Inanspruchnahme des Gewässers in mengen- oder gütewirtschaftlicher Hinsicht handelt, kann durch eine entsprechende Anwendung der Vorschriften gewährleistet werden, daß der jeweilige Sinngehalt richtig zum Tragen kommt.

Der Absatz 4 trifft eine Regelung für Zweifelsfälle, in denen sowohl eine Anwendung der Vorschriften über gemeinnützige als auch eine Anwendung der Vorschriften über privatnützige Ausbauvorhaben in Betracht kommen könnte. Hier ist es in die Entscheidung der jeweiligen für den Gewässerschutz zuständigen obersten Behörde in den Ländern gelegt, welche Zuordnung sie für das Ausbauvorhaben nach Absatz 2 oder nach Absatz 3 treffen wollen.

Zu § 252 Unterhaltung

Die Vorschrift entspricht § 28 WHG. Der Hinweis darauf, daß auf Bild und Erholungswert der Gewässerlandschaft Rücksicht zu nehmen sei, ist entbehrlich, weil er sich schon aus § 222 ergibt.

Maßnahmen zur Verbesserung der Erhaltung des Selbstreinigungsvermögens bedürfen keiner besonderen Erwähnung, weil sie einerseits geeignet sein können, der Erhaltung eines ordnungsgemäßen Gewässerzustandes in wasserwirtschaftlicher Hinsicht zu dienen, andererseits nicht als wesentliche Umgestaltung eines Gewässers oder seiner Ufer nach § 251 mißdeutbar sind.

Zu § 253 Unterhaltungslast

Die Vorschrift entspricht § 29 Abs. 1 WHG. Der Hinweis in Satz 4, wonach die Länder bestimmen, in welcher Weise die Unterhaltungspflicht zu erfüllen ist, legt es nahe, auf den bisherigen § 29 Abs. 2 WHG zu verzichten.

Zu § 254 Besondere Pflichten im Interesse der Unterhaltung

Die Vorschrift entspricht § 30 WHG.

§ 65 Abs. 2 ff. begründet bereits Duldungspflichten von nicht selbst überwachungspflichtigen Personen, soweit dies zur Feststellung von Umweltgefahren oder zur Verhütung dringender Gefahren für die öffentliche Sicherheit erforderlich ist. Die Bedeutung der Vorschrift liegt hier darin, daß nicht nur die für die Überwachung zuständige Behörde, sondern auch die Unterhaltungspflichtigen und deren Beauftragte die Befugnisse zum Betreten oder zum Benutzen fremder Grundstücke erhalten müssen. Ferner wird das Ausmaß der besonderen Duldungspflichten umschrieben, die Anlieger und

Hinterlieger im Hinblick auf die Situationsbedingtheit der Grundstücke und die Rücksichtnahme im nachbarschaftlichen Gemeinschaftsverhältnis auf sich zu nehmen haben.

Auch die überkommenen Schadensersatzansprüche sind unverändert beizubehalten.

Zum Vierten Abschnitt: Bestimmungen für Küstengewässer

I. AUSGANGSLAGE

1. Gegenstand des Regelungsbereichs

Küstengewässer sind nach § 233 Abs. 1 S. 1 Nr. 2 die Meeresgebiete zwischen der Küstenlinie bei mittlerem Hochwasser und der seewärtigen Begrenzung der oberirdischen Gewässer und der seewärtigen Begrenzung des Küstenmeeres. Im Hinblick auf die ständige und intensive landseitige Beeinflussung dieser Meeresteile sind sie besonders schutzbedürftig. Zur Erhaltung des Naturhaushalts in den küstennahen Landschaften und an der Küste selbst muß die Gewässerqualität in Küstengewässern ferner gewissen Mindestanforderungen entsprechen. Daher bedarf es eines besonderen Bewirtschaftungsregimes für diese Meeresteile. Auch besondere Nutzungen der Küstengewässer wie Fischerei, Fischzucht und Muschelzucht machen es erforderlich, daß bestimmte Qualitätsziele definiert werden.

2. Bisherige Rechtslage

Der dritte Teil des Wasserhaushaltsgesetzes "Bestimmungen für die Küstengewässer" mit den §§ 32a und 32b ist erst durch das Dritte Änderungsgesetz zum Wasserhaushaltsgesetz eingeführt worden und am 1. Januar 1968 in Kraft getreten (Gieseke/Wiedemann/Czychowski, Wasserhaushaltsgesetz, 6. Aufl., 1992, § 32a WHG Rn. 1). Damit sind die Küstengewässer dem Bewirtschaftungsregime des Wasserhaushaltsgesetzes unterstellt worden. Allerdings beschränkt sich die rahmenrechtliche Regelung bisher darauf, daß die Verbotsvorschrift des § 26 Abs. 1 WHG für das Lagern oder Ablagern von Stoffen übertragen worden ist. Ferner können bestimmte erlaubnisfreie Benutzungen über die §§ 23 ff. WHG hinaus landesrechtlich eingeführt werden. Alles andere ist Sache der Bewirtschaftungspläne, die nach § 36b Abs. 1 WHG auch für Küstengewässer aufgestellt werden können; das ist freilich bisher nicht geschehen.

II. VORSCHLAG

1. Leitvorstellungen

Im vierten Abschnitt sollen die Bewirtschaftungsziele für Küstengewässer deutlicher als bisher umschrieben werden. Auch sind eine Reihe von Regelungen vorzugeben, die der Brückenfunktion der Küstengewässer zwischen Festland und Hoher See und der Fülle der gegenseitigen Abhängigkeiten Rechnung tragen.

2. Zur Regelung im einzelnen

Zu § 255 Bewirtschaftungsziele

Im Absatz 1 werden die Bewirtschaftungsziele für Küstengewässer konkretisiert. Zunächst ist zu berücksichtigen, daß salzhaltiges Wasser nur ein beschränktes Selbstreinigungsvermögen aufweist. Auch verteilen sich Abwasserfrachten in Küstengewässern anders, als sie etwa in großen Flüssen transportiert werden. Diesen Besonderheiten ist Rechnung zu tragen. Als weitere große Gefährdung der Küstengewässer hat sich die Eutrophierung herausgestellt. Nährstofffrachten, die über die großen Flüsse in die Küstengewässer geraten, werden auch noch durch Abschwemmungen von Nitrat und Phosphat vom Lande aus verstärkt. Dadurch sind immer wieder Küstengewässer in eine kritische Eutrophierungslage geraten, deren Ursache bald beim Minimumfaktor Stickstoff, bald beim Minimumfaktor Phosphor festgestellt wurde. Alle Bewirtschaftungsmaßnahmen sind darauf auszurichten, daß diese spezifische Gefahrenlage, mit der man früher nicht gerechnet hatte, bei der Aufstellung von Bewirtschaftungsplänen oder -konzepten mit in Rechnung zu stellen ist.

Die Regelung in Absatz 2 knüpft an die Erfahrung an, daß bei der industriellen oder gewerblichen Nutzung von Ufergrundstücken häufig ökologische Belange hintangestellt worden sind. Auch Küstengewässer sind aber als Bestandteil von Natur und Landschaft zu erhalten. Der landschaftliche Reiz, aber auch die ökologische Wertigkeit der Küstenlandschaften muß dort mit vollem Gewicht in die planerische Abwägung eingebracht werden, wo große wirtschaftliche Interessen auf dem Spiel stehen und Gesichtspunkte der Industrieansiedelung leicht in den Vordergrund treten.

Ein einheitliches Bewirtschaftungskonzept kann auch für Küstengewässer nicht entwickelt werden. Bewirtschaftungspläne oder -konzepte der Wasserbehörden müssen ganz unterschiedliche Vorgaben berücksichtigen und Schwerpunkte setzen. Die Erfahrung zeigt aber, daß für typische Nutzungen an Küstengewässern Bewirtschaftungsziele definiert werden können, die aussagekräftig sind und auch Bindungswirkung von Fall zu Fall entfalten. Besondere Bewirtschaftungspläne oder -konzepte sollen daher aufgestellt werden, wo Küstengewässer entweder als Badegewässer, für die Fischzucht oder für die Aufnahme von Abwasserfrachten in besonderem Umfang in Anspruch genommen werden. Soweit die EG-Richtlinie über Badegewässer einschlägig ist, muß der Bewirtschaftungsplan oder das Bewirtschaftungskonzept die vorgeschriebene Gewässerqualität sicherstellen. Im übrigen kommt es darauf an, jeweils gewässerspezifische Bewirtschaftungsschranken zu definieren, an denen sich die Gewässeraufsicht und die Überwachung zu orientieren hat.

Im Absatz 4 werden eine Reihe von Vorschriften des dritten Abschnitts für entsprechend anwendbar erklärt. Vor allem gilt dies für die Vorschriften über Mindestanforderungen, die auch an Abwassereinleitungen in Küstengewässer gestellt werden müssen.

Zu § 256 Erlaubnisfreie Benutzungen

§ 256 entspricht im wesentlichen § 32a WHG. Die Vorschrift ermächtigt die Länder, den Anwendungsbereich des § 223 Abs. 7 Nr. 5 a einzuschränken.

Zum Fünften Abschnitt: Bestimmungen für das Grundwasser

I. AUSGANGSLAGE

1. Gegenstand des Regelungsbereichs

Unter Grundwasser wird hier das die Hohlräume der Erdrinde zusammenhängend ausfüllende unterirdische Wasser verstanden (DIN 4049), das durch die Versickerung von Niederschlägen entstanden ist. In den Regelungsbereich einbezogen wird aber auch uferfiltriertes und angereichertes Grundwasser, das aus Oberflächengewässern stammt, aber wenn es benutzt wird, als Grundwasser im Rechtssinne zu qualifizieren ist.

Anthropogen unbeeinflußtes Grundwasser ist in der Regel bakteriologisch einwandfrei, von weitgehend konstanter Temperatur; es kann bei günstigen hydrologischen Verhältnissen wegen seiner überwiegend natürlichen Zusammensetzung meist ohne Aufbereitung als Trinkwasser an den Verbraucher abgegeben werden. In Deutschland, das im ganzen gesehen als grundwasserreiches Land gelten kann, stellt Grundwasser den wichtigsten Rohstoff für die Versorgung der Bevölkerung mit Trinkwasser dar. Allein das aus Versickerung von Niederschlägen stammende Grundwasser deckt rund zwei Drittel der für die öffentliche Wasserversorgung verbrauchten Wassermengen. Große Wassermengen, die aus Grundwasser stammen, werden auch für die industrielle Produktion benötigt (Bernhardt/Schmidt, Zielkriterien und Bewertung des Gewässerzustandes und der zustandsverändernden Eingriffe für den Bereich der Wasserversorgung, 1988, S. 158 ff.).

Die Sorge um die Erhaltung der Ressource Wasser, die in den fünfziger Jahren dazu geführt hat, mit dem Wasserhaushaltsgesetz eine nahezu lückenlose staatliche Kontrolle aller Benutzungen der Gewässer einzuführen, hat auch die Vorstellung bestimmt, daß die Verfügung über das Grundwasser nicht länger der Eigentümerdisposition überlassen bleiben konnte. Die Hoffnungen, die mit dem Wasserhaushaltsgesetz verbunden waren, haben sich jedoch nicht erfüllt. Während die Bemühungen um eine Verbesserung der Qualität der Oberflächengewässer nach und nach Erfolge gezeigt haben, hat sich die Qualität der Grundwässer in der Bundesrepublik ständig verschlechtert. Anthropogen unbeeinflußtes Grundwasser ist nur noch in größeren Tiefen anzutreffen. Hauptursache für die Verschmutzung des Grundwassers sind der Umgang mit wassergefährlichen Stoffen und die Intensivierung der Landwirtschaft. Dabei handelt es sich praktisch um flächendeckende Belastungen (non-point pollution). Hinzu treten als Verschmutzungsursachen die Lagerung von Abfällen, die Freisetzung von Schadstoffen aus Altlasten, die Straßenabwässer, undichte Abwasserkanäle und unsachgemäße Baumaßnahmen.

Unter den mehr oder weniger flächendeckend beobachtbaren Belastungen des Grundwassers treten im Bereich der landwirtschaftlichen Erzeugung Nährstoffe (Nitrat, Phosphate) und Pestizide, im Bereich des Umgangs mit wassergefährlichen Stoffen in Industrie, Gewerbe und Haushalt Chlorkohlenwasserstoffe und Schwermetalle besonders hervor. Die Bemühungen, Grundwasser in Zukunft besser als bisher zu schützen, müssen daher gerade bei diesen Belastungen und deren Ursachen ansetzen. Damit ergibt sich ein Handlungsbedarf in zweifacher Hinsicht. Im Bereich der landwirtschaftlichen Erzeugung muß der Überdüngung und der nicht mehr bodenverträglichen Aufbringung von Pestiziden Einhalt geboten werden, besonders deshalb, weil es sich dabei um alljährlich wiederholte und im Fall mehrerer Ernten sogar noch häufigere planmäßige stoffliche Eingriffe in das System von Boden und Grundwasser handelt. Im Bereich des Umgangs mit wassergefährlichen Stoffen müssen einerseits die Anforderungen an die Dichtigkeit der Lagerstätten, Behälter und Geräte erhöht werden, andererseits die Anforderungen an die Zuverlässigkeit und Fachkunde der Personen, die mit wassergefährlichen Stoffen umgehen, und an die Sorgfalt dieser Beteiligten in jeder Phase des Betriebs. Als allgemeiner Engpaß stellt sich dabei die Überwachungskapazität heraus, die in den staatlichen und kommunalen Behörden zur Verfügung steht. Daher sollen künftig neue Wege der überbetrieblichen Überwachung zwischen staatlicher Kontrolle und betriebseigenem Management eingeführt werden.

2. Bisherige Rechtslage

Mit dem in § 34 Abs. 1 und 2 WHG verankerten strikten Besorgnisprinzips ist ein anspruchsvoller Verbotstatbestand geschaffen worden. Dabei geht es nach ständiger Rechtsprechung nicht um Gefahrenabwehr, sondern schon um die Abwehr von Kontaminationen, für die eine wesentlich geringere Eintrittswahrscheinlichkeit zu veranschlagen ist (Gieseke/Wiedemann/Czychowski, Wasserhaushaltsgesetz, 6. Aufl., 1992, § 26 WHG Rn. 25 f.). Mit § 34 WHG werden jedoch die Bewirtschaftungsziele für das Grundwasser nicht unmittelbar bestimmt. Das strikte Besorgnisprinzip gilt einerseits für das gezielte Einleiten von Stoffen in das Grundwasser, andererseits für alle Maßnahmen der Lagerung oder Ablagerung von Stoffen, die eine schädliche Verunreinigung des Grundwassers oder eine sonstige nachteilige Veränderung seiner Eigenschaften mit sich bringen könnten. Das gleiche gilt für die Beförderung von Flüssigkeiten und Gasen durch Rohrleitungen. Im übrigen gelten die allgemeinen Bewirtschaftungsschranken des § 6 WHG, die auf die unbestimmten Rechtsbegriffe der "Beeinträchtigung des Wohls der Allgemeinheit" und der "Gefährdung der öffentlichen Wasserversorgung" verweisen. Allerdings ist der Bewirtschaftungsspielraum dadurch eingeengt, daß der Eigenart des Grundwassers Rechnung zu tragen ist, insbesondere dem nahezu völligen Fehlen eines Selbstreinigungsvermögens. Die großen volkswirtschaftlichen Aufwendungen, die mit den Verboten des § 34 WHG verbunden sind, würden im übrigen entwertet, wenn man die Belastung des Grundwassers auf anderen Pfaden zur Disposition stellen würde. Aber greifbare Restriktionen, die für eine Vielzahl von Nutzungen des Bodens mit dem Ziel abgeleitet werden könnten, zumindest steigende Belastungen des Grundwassers zu verhindern, lassen sich aus dem Gesetz selbst damit noch nicht gewinnen.

§ 36b Abs. 1 WHG sieht daher auch die Möglichkeit vor, Bewirtschaftungspläne für Grundwasservorkommen aufzustellen. Damit könnten einerseits die unterschiedlichen Schutzwürdigkeiten der Grundwasservorkommen zum Ausdruck gebracht werden, andererseits die unterschiedlichen Verschmutzungspfade näher bezeichnet werden, die jeweils einer Überwachung bedürfen. Vor allem als Sanierungspläne könnten Bewirtschaftungspläne hilfreich sein, damit bereits eingetretene Belastungen, etwa Nitrat- oder Pestizidpools, die sich im Boden befinden, nach und nach abgebaut werden. Bisher haben die Länder aber dieses rechtliche Instrumentarium nicht genutzt.

Dennoch lassen sich entsprechende Bewirtschaftungskonzeptionen durchaus ermitteln, die der Praxis der Erteilung von Erlaubnissen oder des repressiven Einschreitens gegen Quellen der Grundwasserverschmutzung offenbar zugrunde liegen. Die wachsende Bedrohung der Qualitätszustände von immer mehr Grundwasservorkommen zeigt aber, daß diese Bewirtschaftungskonzepte nicht ausreichen oder nur unzulänglich durchsetzbar sind.

Im Bereich der landwirtschaftlichen Erzeugung ist es nicht gelungen, ein Instrumentarium zur Eindämmung der Überdüngung und der Überanwendung von Pestiziden zu entwickeln. Von Ausnahmefällen abgesehen, haben die Länder die Erlaubnispflicht von landwirtschaftlichen Benutzungen nach § 3 Abs. 2 Nr. 2 WHG, die geeignet sind, dauernd oder in einem nicht nur unerheblichen Ausmaß schädliche Veränderungen der physikalischen, chemischen oder biologischen Beschaffenheit des Wassers herbeizuführen, nicht durchgesetzt, selbst nicht bei Intensivkulturen und an extrem empfindlichen Standorten, wo sich die alljährlich oder darüber hinaus ständig wiederholende eigentlich schon gezielte Verunreinigung des Grundwassers mit Händen greifen ließ. Nur bei der genehmigungspflichtigen Massentierhaltung und in Baugenehmigungsverfahren für Viehställe finden sich Auflagen, die den höheren Viehbesatz an den Nachweis ausreichender Aufbringungsflächen koppeln.

Dagegen hat der Gesetzgeber ein immer dichteres Regelungssystem für den Umgang mit wassergefährlichen Stoffen in Industrie, Gewerbe und Haushalt entwickelt. Nach §§ 19a ff. WHG sind Rohrleitungsanlagen genehmigungspflichtig. Die §§ 19g ff. WHG bilden die Grundlage für die - wiederum auf ergänzender landesrechtlicher Ermächtigung beruhenden - Verordnungen über den Umgang mit wassergefährdenden Stoffen, die zunächst Anlagen zum Lagern, Abfüllen und Umschlagen erfaßten, dann auch Anlagen zum Herstellen, Behandeln und Verwenden wassergefährdender Stoffe im Bereich der gewerblichen Wirtschaft und im Bereich öffentlicher Einrichtungen. Soweit es sich nicht um Anlagen einfacher oder herkömmlicher Art handelt, bedürfen sie einer Eignungsfeststellung oder Bauartzulassung. Im übrigen werden die Anforderungsprofile an den verschiedenen Arten von Anlagen unter Berücksichtigung der jeweiligen standörtlichen Verhältnisse, wo sie aufgestellt und betrieben werden, bis ins Detail festgelegt.

Wie schon in den Vorbemerkungen zur Ausgangssituation und zu den Grundlinien des Zweiten Kapitels dargelegt wurde, greifen immer mehr EG-Richtlinien in das System des nationalen Wasserrechts ein. Das gilt in besonderem Maße für das Grundwasser. Hervorzuheben ist vor allem die Richtlinie des Rates über den Schutz des Grundwassers gegen Verschmutzung durch bestimmte gefährliche Stoffe (80/68/EWG). Wichtigere Anstöße gehen auf diesem Gebiet jetzt von der Nitrat-Richtlinie (91/676/EWG), der Bauprodukten-Richtlinie (89/106/EWG) sowie der Richtlinie für die Einstufung, Verpackung und Kennzeichnung gefährlicher Stoffe (67/548/EWG) aus.

Mit der Richtlinie vom 12. Dezember 1991 zum Schutz der Gewässer vor Verunreinigungen durch Nitrat aus landwirtschaftlichen Quellen (91/676/EWG) ist im Konflikt zwischen Landwirtschaft und Wasserwirtschaft ein Durchbruch erzielt worden. Alle Mitgliedstaaten werden verpflichtet, in Überlastungsgebieten Maßnahmen gegen den weiteren Eintrag von Handels- und Wirtschaftsdünger zu treffen. Dazu gehören alle Gebiete, in denen das

Grundwasser bereits eine Verunreinigung von 50 Milligramm pro Liter aufweist oder in denen der beobachtete Nitratanstieg sich dieser Schwelle nähert. Die Bundesregierung hat angekündigt, daß das gesamte Bundesgebiet in diesem Sinne zum Sanierungsgebiet erklärt werden müsse. Bemerkenswert ist, daß die 50 Milligramm pro Liter-Schwelle zwar aus der Trinkwasser-Richtlinie (80/778/EWG) übernommen worden ist, die Verpflichtung der Mitgliedstaaten sich aber auch auf Überlastungsgebiete erstreckt, in denen Wassergewinnung nicht betrieben wird oder künftig zugunsten einer Fernwasserversorgung aufgegeben werden soll. Der Belastungsschwelle wird also eine ökologische Relevanz zugeschrieben. Ungeachtet dessen, daß diese Regelung zum Schutz des Denitrifizierungsvermögens des Unterbodens keineswegs überall ausreichen dürfte, zwingt die Richtlinie künftig zu einer verstärkten Rücksichtnahme auf die Belastbarkeit an den jeweiligen standörtlichen Verhältnissen. Eine Desintensivierung der landwirtschaftlichen Produktion in weiten Landesteilen wird unerläßlich. Damit wird vieles, was im Zweiten Kapitel zur weiteren Anspannung der Grundpflichten des Landwirts vorgesehen ist, von zwingendem Europarecht überlagert.

Auf dem Gebiet des Schutzes des Grundwassers vor wassergefährlichen Stoffen hat die Bauprodukten-Richtlinie (89/106/EWG) mit ihrer neuen Konzeption neue Wege beschritten. Dabei geht es vor allem darum, Dichtigkeitsanforderungen an Anlagen zum Lagern, Ablagern und Umfüllen von wassergefährlichen Stoffen zu gewährleisten. Zwar enthält die Richtlinie selbst keine technischen Maßstäbe. Vielmehr verweist sie auf eine Checkliste für die von den Grundlagendokumenten her jeweils abzuprüfenden Schutzgüter. In Grundlagendokumenten und Normen sollen die künftigen technischen Anforderungen nach Klassen differenziert werden. Zwar ist zu besorgen, daß im Zuge der Entwicklung europaweiter technischer Standards der Gesichtspunkt des freien Warenverkehrs mehr Durchschlagskraft erhalten wird als der eines perfekten Grundwasserschutzes. Aber jedenfalls werden die nationalen Anforderungen, die im Tiefbau gestellt werden, davon einschneidend erfaßt. Vor allem ergeben sich schwer lösbare Gemengelagen zwischen den EG-rechtlichen Anforderungen und den sicherheitstechnischen Vorschriften, die im Gewerberecht (bisher zu § 24 GewO, künftig auf der Grundlage des § 10 Gerätesicherheitsgesetz) sowie im Baupolizeirecht entwickelt werden. Eine Harmonisierung in vertikaler Hinsicht, also im Verhältnis von Europarecht zu Bundesrecht und Landesrecht, als auch in horizontaler Hinsicht, nämlich was die Zusammenschau der Regelungen im Wasserrecht, Gewerberecht und Baurecht angeht, scheint unausweichlich.

Die Richtlinie zur Einstufung, Verpackung und Kennzeichnung gefährlicher Stoffe in der Fassung der Zwölften Anpassungsrichtlinie (Anhang VI Teil II) (91/325/EWG) hat die R-Sätze 50 bis 52 eingeführt

- sehr giftig für Wasserorganismen (R 50),
- giftig für Wasserorganismen (R 51),

- schädlich für Wasserorganismen (R 52),
- möglicherweise in Gewässern langfristig schädliche Wirkungen verursachend (R 53). Damit ist die Aussicht eröffnet, sie über den Gesundheits-, Brand- und Explosionsschutz hinaus auch für Zwecke des Grundwasserschutzes in den Dienst zu nehmen. Bisher geht es freilich nur darum, die Prüferfordernisse auf der Basis der Fisch-, Daphnien- und Algentoxizität zu präzisieren. Aber daraus könnten sich Bewertungsmaßstäbe entwikkeln, welche die Kontrolle des Umgangs mit wassergefährlichen Stoffen berühren.

II. VORSCHLAG

1. Leitvorstellungen

Für das künftige Recht wird vorgeschlagen, folgende neue Wege zur Verbesserung des Schutzes des Grundwassers einzuschlagen:

- Die für die verschiedenen Arten der Grundwasservorkommen maßgeblichen Bewirtschaftungsziele sind zu verdeutlichen.
- Um der Belastung des Grundwassers aus der landwirtschaftlichen Intensivwirtschaft Einhalt zu gebieten, wird die bisher ungenutzt gebliebene Erlaubnispflicht für typische grundwassergefährdende Anbausysteme und Betriebsweisen konkretisiert.
- Die bisherigen inhaltlich übereinstimmenden Verordnungen der Länder über Anlagen zum Umgang mit wassergefährdenden Stoffen (zum Beispiel in Nordrhein-Westfalen die Verordnung über Anlagen zum Lagern, Abfüllen und Umschlagen wassergefährdenden Stoffe (VAwS) vom 31. Juli 1981, GV NW S. 490; dazu Holtmeier, Umgang mit wassergefährdenden Stoffen in Nordrhein-Westfalen, 1982; Holtmeier, in: MURL [Hrsg.] Das neue Wasserrecht, Umweltrechtstage 1990, 1990, S. 97 ff.) werden durch eine Rechtsverordnung nach § 146 abgelöst, die sowohl die vielfachen EG-rechtlichen Vorschriften umsetzt, die auf diesem Gebiet zu beachten sind, als auch die Überschneidungsfelder mit gewerberechtlichen und baurechtlichen Vorschriften bereinigt.
- Die Vorschriften über Errichtung und Betrieb von Rohrleitungsanlagen zum Befördern wassergefährdender Stoffe werden durch eine Regelung abgelöst, die sie als unechte Benutzungen nach § 223 Abs. 7 S. 2 Nr. 2 erfaßt und damit in das allgemeine wasserrechtliche Zulassungssystem eingliedert.
- Im gebietsbezogenen Gewässerschutz werden die Anforderungen, die überall und von jedermann im Interesse eines flächendeckenden Grundwasserschutzes beachtet werden müssen, deutlicher von denjenigen abge-

hoben, die darüber hinaus in Wasserschutzgebieten festgesetzt werden, um der besonderen Schutzwürdigkeit bestimmter Vorkommen Rechnung zu tragen oder die Versorgungssicherheit für die Bereitstellung von Trinkwasser an die Bevölkerung weiter zu erhöhen.

2. Zur Regelung im einzelnen

Zu § 257 Bewirtschaftungsziele beim Grundwasserschutz

In Absatz 1 und Absatz 2 werden einige Grundsätze für die Bewirtschaftung des Grundwassers zusammengefaßt, die für alle Grundwasservorkommen (Absatz 1) oder zumindest für nutzbare Grundwasservorkommen (Absatz 2) Geltung beanspruchen.

Sie greifen eine Reihe von Leitlinien des Umweltschutzes des § 3 auf und konkretisieren sie für den hier einschlägigen Schutzbereich.

Daß Grundwasser zu schützen, zu pflegen und zu erhalten ist (Absatz 1 Satz 1), hat besondere Bedeutung für diejenigen Grundwasservorkommen, die entweder nicht nutzbar sind oder deren Nutzung nach menschlicher Voraussicht auch künftig überhaupt nicht Erwägung gezogen werden wird. Das gilt für Grundwasservorkommen in größeren Tiefen, für stark mineralisierte Grundwässer, für salzhaltiges Grundwasser und auch für erheblich verunreinigtes Grundwasser. Lediglich die Bewirtschaftungsziele, die den Maßstab für Schutz, Pflege und Erhaltung abgeben, werden der Eigenart des Vorkommens angepaßt. Grundwasservorkommen sind also niemals Opferstrekken in dem Sinne, daß ihnen jede Schutzwürdigkeit abgesprochen würde.

In Absatz 1 Satz 2 ist der Grundsatz der Nachhaltigkeit der Grundwassernutzung verankert. Die Förderung darf langfristig nicht über die Erneuerungsrate hinausgehen. Damit ist ein Raubbau an diesen Ressourcen ausgeschlossen, der zum Trockenfallen ganzer Regionen führen könnte.

Die wichtigste Bedrohung der Grundwasservorkommen liegt in der Verunreinigung durch Schadstoffe oder Nährstoffe. Absatz 2 Satz 1 beschränkt sich nicht allein darauf, die Zulassung von Benutzungen zu steuern; in erster Linie wird damit ein Grundsatz aufgestellt, der bei allen Bodennutzungen zu berücksichtigen ist.

Daß verunreinigtes Grundwasser saniert werden soll (Absatz 2 Satz 2), soweit dies mit angemessenem Aufwand möglich ist, wird in der Regel auch Maßnahmen auslösen, die sich auf Nutzung und Behandlung des Boden beziehen. In dieser Hinsicht bietet sich die Ausschöpfung des Instrumentariums an, das im Bodenschutzrecht bereitgestellt wird.

Die außerordentliche Vielfalt der Grundwasservorkommen führt dazu, daß nur wenige Aussagen für alle diese Gewässerarten Geltung beanspruchen können. Daher müssen die Bewirtschaftungspläne oder -konzepte die jeweils der Eigenart des Vorkommens entsprechenden Zielvorstellungen präzisieren. Es bietet sich aber an, abstrakt besondere Bewirtschaftungsziele für bestimmte Gewässerarten zu definieren, die dann auf die jeweiligen hydrogeologischen Verhältnisse und Nutzungsbedingungen angewendet werden. Im Absatz 3 werden solche Bewirtschaftungsziele für Grundwasserarten gefordert, bei denen ein besonderer Regelungsbedarf offenkundig ist. In allen Fällen handelt es sich um Grundwasser, das einer besonderen Festlegung des Schutzwürdigkeitsprofils bedarf, gerade weil es leicht als Opferstrecke abgeschrieben werden könnte.

Zu § 258 Benutzungsverbote

Die Vorschrift entspricht im wesentlichen § 34 WHG. Absatz 1 Satz 1 und 2 ist zur erleichterten Umsetzung der Grundwasserrichtlinie (Richtlinie des Rates vom 17. Dezember 1979 über den Schutz des Grundwassers gegen Verschmutzung durch bestimmte gefährliche Stoffe [80/68/EWG], ABl. EG Nr. 1980 Nr. L 20 vom 26. Januar 1986, S. 43) eingefügt worden. Die Vorschrift zielt aber nicht darauf ab, das strikte Einleitungsverbot für Stoffe zu relativieren, die nicht als besonders wassergefährlich gelten.

Zu § 259 Besondere Grundwasserbenutzungen

Die Vorschrift greift den Vorschlag des Rates von Sachverständigen für Umweltfragen im Sondergutachten Umweltprobleme der Landwirtschaft, 1985, Rn. 1280, 1281 auf, der darauf abzielt, den Ländern die Ausschöpfung der Kontrollmöglichkeiten des § 3 Abs. 2 Nr. 2 WHG gegenüber landwirtschaftlichen Intensivnutzungen nahezulegen. Bestimmte Gefährdungslagen, die nach aller Erfahrung mit steigenden Nitrat-, Phosphat- oder Pestizidfrachten im Grundwasser verbunden sind, werden der Erlaubnispflicht unterstellt. Durch Rechtsverordnung sind die jeweils erlaubnispflichtigen landwirtschaftlichen Produktionsweisen näher bestimmt. Die Vorschrift gibt der Wasserbehörde die Möglichkeit, im Rahmen ihres Bewirtschaftungsermessens bestimmte Produktionen, etwa Anbausysteme, ganz zu verbieten, den Viehbesatz in Grenzen zu halten, ferner Beschränkungen für die Aufbringung von Handels- und Wirtschaftsdünger sowie die Anwendung von Pestiziden vorzusehen, die der Belastbarkeit der standörtlichen Verhältnisse und den schon vorhandenen Bodenlastungen angepaßt sind.

Zu § 260 Erlaubnisfreie Benutzungen

Die Vorschrift entspricht § 33 WHG. Angesichts der nahezu flächendekkenden Belastung der Grundwasservorkommen mit Schadstoffen und Nährstoffen und der bisher wenig erfolgreichen Bemühungen, dem mit dem Instrumentarium des Wasserrechts zu begegnen, drängt sich die Frage auf, ob erlaubnisfreie Benutzungen des Grundwassers rahmenrechtlich überhaupt noch verantwortet werden können. Es muß aber berücksichtigt werden, daß die Ursachen für die flächendeckende Grundwasserbelastung nicht bei den erlaubnisfreien Benutzungen liegen. Dafür sind vielmehr drei Defizite verantwortlich zu machen. Erstens werden Bodennutzungen, die typische Gefährdungstatbestände für das Grundwasser darstellen und damit schon nach dem bisherigen § 3 Abs. 2 Nr. 2 WHG erlaubnispflichtig sein müßten, wasserbehördlich nicht unter Erlaubnispflicht gestellt. Zweitens schreitet man auch nicht aufgrund der wasserbehördlich verfügbaren polizeilichen Generalklausel durch Polizeiverfügung in Fällen steigender Nitratbelastungen des Grundwassers ein, obwohl damit - ganz unabhängig von der Erlaubnispflicht - ein Verstoß gegen die öffentliche Sicherheit dargetan ist. Drittens findet eine flächendeckende Überwachung der landwirtschaftlichen Produktionsweisen praktisch nicht statt. Bisher setzt man allein auf die Überzeugungskraft der landwirtschaftlichen Offizialberatung, soweit sie organisiert ist.

Die erlaubnisfreien Benutzungen des § 33 WHG berühren die Grundwassergütewirtschaft auch allenfalls mittelbar. Die erlaubnisfreie Förderung von Grundwasser für den Haushalt und den landwirtschaftlichen Hofbetrieb hat auch mengenwirtschaftlich keine Bedeutung. Wo Engpässe auftreten, ist ein Einschreiten stets möglich.

Maßnahmen der Bodenentwässerung sind für die ökologischen Wertverluste bei Biotopen und in der Artenvielfalt verantwortlich zu machen. Hier kommt es aber auf ein Einschreiten der Naturschutzbehörden an, nicht auf eine Intensivierung der Eingriffsbefugnisse der Wasserbehörden.

Zu § 261 Erdaufschlüsse

Die Vorschrift entspricht im wesentlichen § 35 WHG. Arbeiten, die über eine bestimmte Tiefe hinaus in den Boden eindringen, sind in der Regel typische Gefährdungstatbestände nach § 3 Abs. 2 Nr. 2 WHG, künftig § 223 Abs. 7 S. 2 Nr. 2. Unabhängig davon, ob sie einer Zulassung bedürfen, sollten sie rahmenrechtlich einer Überwachung unterstellt werden, um zu verhindern, daß bei Wegfall der schützenden Deckschicht Grundwasser verunreinigt wird. Die Regelung ist daher beizubehalten.

In Absatz 2 werden die zahlreichen Fälle in Bezug genommen, in denen Grundwasser unbefugt - manchmal zugleich unbeabsichtigt - erschlossen wurde und dadurch eine Verunreinigung des Grundwassers zu besorgen ist. Es entspricht den grundsätzlichen Regelungen der §§ 74, 75, daß die Länder in diesen Fällen verpflichtet werden, auf die Wiederherstellung des früheren Zustandes zu drängen.

Zum Sechsten Abschnitt: Wassergefährdende Anlagen

Zu § 262 Anlagen zum Umgang mit wassergefährlichen Stoffen

§ 262 tritt an die Stelle der §§ 19g ff. WHG, die bisher die bundesrechtliche Grundlage für die Verordnungen der Länder über Anlagen zum Umgang mit wassergefährdenden Stoffen gebildet haben. Mit dieser Regelung werden zwei Zielsetzungen verfolgt. Einerseits sollen die wesentlichen Anforderungen, die zum Schutz der Gewässer, insbesondere zum flächendekkenden Schutz des Grundwassers vor wassergefährlichen Stoffen notwendig sind, schon im Bundesgesetz selbst umschrieben werden. Deshalb werden die wesentlichen Sicherheitsmaßstäbe und -anforderungen der inhaltlich übereinstimmenden Verordnungen über Anlagen zum Umgang mit wassergefährdenden Stoffen in Absatz 1 zusammengefaßt. Andererseits kann zur Entlastung des Bundesrechts auf eine ganze Reihe von Details verzichtet werden, mit denen die §§ 19a ff. WHG bisher befrachtet waren. Es wird Aufgabe der Verordnungsgebung nach § 146 Abs. 3 sein, diese Regelungen entweder zu übernehmen oder sie auch der näheren Ausgestaltung durch Landesrecht zu überlassen. Auch hier bringt das Bundesgesetz selbst aber als Vorgabe für die Bundesregierung zum Ausdruck, worauf es ankommt: auf eine Differenzierung der Anforderungen nach dem Gefährdungspotential. Das Gefährdungspotential ist dabei einerseits nach der Wassergefährlichkeit der Stoffe, andererseits nach der Art der Anlage abzustufen.

Besondere Bedeutung kommt dem Absatz 2 zu. Er bringt ein zentrales Anliegen des Gewässerschutzsystems zum Ausdruck. Über alle Standardisierungen des technischen Sicherheitsrechts hinaus, die dem Schutz des Gewässers vor Verunreinigungen durch wassergefährliche Stoffe dienen, bleibt der Auftrag der Wasserbehörde bestehen, im Einzelfall nach ihrem Bewirtschaftungsermessen gegebenenfalls weitergehende Anforderungen an die Anlage oder die Betriebsweisen zu stellen, wenn dies wegen der besonderen Empfindlichkeit der standörtlichen Verhältnisse oder der besonderen Schutzwürdigkeit der jeweiligen Wasservorkommen erforderlich ist.

Zu § 263 Umweltbewilligungs- und Erlaubnisvorbehalt für Rohrleitungen zum Befördern wassergefährlicher Stoffe

Die Vorschrift tritt an die Stelle der §§ 19a ff. WHG. Die Errichtung und der Betrieb von Rohrleitungsanlagen zur Beförderung wassergefährlicher Stoffe sind der Sache nach in den meisten Fällen auch unter den unechten Benutzungstatbestand des § 3 Abs. 2 Nr. 2 WHG zu subsumieren, wonach Maßnahmen, die geeignet sind, dauernd oder in einem nicht nur unerheblichen Ausmaß schädliche Veränderungen der physikalischen, chemischen oder biologischen Beschaffenheit des Wassers herbeizuführen, einer wasserrechtlichen Zulassung bedürfen. Bisher sind die Rohrleitungsgenehmigungen nach § 19a ff. WHG gewerberechtlich strukturiert; der Antragsteller kann einen Rechtsanspruch auf Genehmigung geltend machen (Horster, Die Zulassung von Mineralöl-Pipelines, Diss. Bonn 1969). Stellt man auf das abstrakt typische Gefährdungspotential ab, liegt es aber näher, die Rohrleitungen rechtlich als unechten Benutzungstatbestand zu behandeln und sie damit dem Bewirtschaftungsregime zu unterstellen. Der Benutzungsbewerber kann sich dann wie auch sonst nur auf einen Rechtsanspruch auf fehlerfreie Ermessensausübung bei der Entscheidung über die Zulassung berufen. Damit wird klargestellt, daß die Wasserbehörde über die Durchsetzung von Anforderungen hinaus, die das strikte Besorgnisprinzip nach § 258 beachten, auch Gesichtspunkte der besonderen Schutzwürdigkeit der potentiell betroffenen Grundwasservorkommen oder der besonderen Angespanntheit der jeweiligen wasserwirtschaftlichen Situation Rechnung tragen. Damit wird auch die Ablehnung bestimmter vom Antragsteller vorgeschlagener Standorte oder Trassenführungen erleichtert.

Durch eine Verordnung der Bundesregierung nach § 146 sollen viele Detailregelungen abgelöst werden, mit denen das Bundesrecht in §§ 19a ff. WHG bisher befrachtet war. Die darin zusammengefaßten Vorgaben für die Verordnungsgebung geben auch die wesentlichen Sicherheitsmaßstäbe und -anforderungen des bisherigen Rechts wieder.

Zum Siebenten Abschnitt: Gebietsbezogener Gewässerschutz

Zu § 264 Wasserschutzgebiete

Die Vorschrift entspricht im wesentlichen § 19 WHG. Der weitaus größte praktische Anwendungsbereich betrifft die Festsetzung von Wasserschutzgebieten für die Förderung von Grundwasser zur öffentlichen Wasserversorgung. In dieser Hinsicht kann auf das jetzt überarbeitete Merkblatt W 101 des Deutschen Vereins der Gas- und Wasserfachleute "Schutzgebiete für Grundwasser" verwiesen werden, ferner auf das DVGW-Merkblatt W 104 "Richtlinien für Wasserschutzgebiete - Bodennutzung und Düngung" (Salzwedel, ZfW 1992, 397 ff.).

Die vielfach abgestuften Verbote und Beschränkungen für die Nutzung von Grundstücken in den drei voneinander geschiedenen Schutzzonen zielen auf eine Verschärfung der Regelungen ab, die allgemein und flächendeckend zum Schutz des Grundwassers in §§ 257 ff. getroffen sind. Der gebietsbezogene Gewässerschutz bringt also ein Sonderrecht hervor, das nicht originär und nicht erstmalig Beschränkungen der Grundstücksnutzung im Interesse des Grundwasserschutzes einführt, sondern auf den allgemein geltenden Beschränkungen aufbaut, diese teilweise konkretisiert, teilweise weiter verdichtet. Für die Verbindlichkeit der Gewässerschutzpflichten nach § 226 und -

soweit es um Pflanzenbau und Tierhaltung geht - nach § 227 spielt es zwar keine Rolle, ob sie sich jeweils schon aus allgemeinen und flächendeckend geltenden Rücksichtnahmepflichten ergeben oder aus weitergehenden Schutzanordnungen, die erst durch die Verordnung für das Wasserschutzgebiet konstitutiv festgesetzt worden sind. Die Unterscheidung ist aber für das Ausmaß der Entschädigungspflicht nach Absatz 4 oder der Ausgleichspflicht nach Absatz 5 bedeutsam.

In Absatz 2 kommt der Charakter des Wasserschutzgebiets als Sonderrechtsgebiet zum Ausdruck. Soweit sich die Schutzziele bereits nach den allgemeinen Vorschriften durchsetzen lassen, insbesondere auch durch Handhabung der neu hinzugekommenen Kontrollinstrumente der §§ 262 Abs. 2 und 227 Abs. 2, soll man sowohl von der Festsetzung von Wasserschutzgebieten als auch von Schutzanordnungen absehen. Die Maßnahmen des flächendekkenden Gewässerschutzes haben Vorrang vor denen, die § 264 Abs. 1 und 3 zusätzlich bietet. Das gleiche gilt für weitergehende Kontrollmöglichkeiten des allgemeinen und flächendeckend geltenden Gewässerschutzes, die das Landesrecht bereitstellt.

Andererseits wäre es bedenklich, die Gültigkeit von Schutzgebietsverordnungen in vollem Umfang davon abhängig zu machen, daß sich darin keine Schutzanordnungen finden, die eigentlich im allgemeinen flächendeckend geltenden Gewässerschutz schon "leerlaufen". Sowohl in Normenkontrollverfahren, die jeweils nach Landesrecht durchgeführt werden können, als auch bei der Anfechtung von einzelnen Maßnahmen aufgrund der Verordnung könnte oft darüber gestritten werden, ob eine Festsetzung des Wasserschutzgebietes überhaupt, ob eine Ausweisung der Schutzzonen in größerem oder geringerem Umfang oder ob einzelne Schutzanordnungen wirklich noch im Sinne des § 264 Abs. 1 erforderlich sind; die Folgen wären für den Gewässerschutz eher bedenklich. Mit der Sollvorschrift wird es im wesentlichen den Aufsichtsbehörden übertragen, überflüssige Ausweisungen oder Schutzanordnungen zu verhindern, welche die Glaubwürdigkeit des allgemeinen und flächendeckend geltenden Gewässerschutzes in Frage stellen könnten.

Absatz 4 tritt an die Stelle des bisherigen § 19 Abs. 3 WHG. Der Wortlaut stimmt mit § 211 überein. Auf die Begründung zu dieser Vorschrift wird verwiesen. Beschränkungen im Rahmen dessen, was noch ordnungsgemäße Nutzung eines Grundstücks ist, ergeben sich hier insbesondere aus den Gewässerschutzpflichten der Land- und Forstwirtschaft nach § 227 Abs. 1 und 2. Es genügt nicht, daß die Nutzung nur in wasserwirtschaftlicher Hinsicht ordnungsgemäß ist, insbesondere die Belastbarkeit der standörtlichen Verhältnisse berücksichtigt. Auch in naturschutzrechtlicher und bodenschutzrechtlicher Hinsicht ordnungswidrige Nutzungen können nicht zur Grundlage hypothetischer Ertragsberechnungen gemacht werden.

Absatz 5 tritt an die Stelle des bisherigen § 19 Abs. 4 WHG. Der Wortlaut stimmt mit § 213 überein. Auf die Begründung wird auch hier verwiesen. Auch hier ist der Begriff der ordnungsgemäßen Landwirtschaft dahin zu verstehen, daß in wasserwirtschaftlicher, naturschutzrechtlicher und bodenschutzrechtlicher Hinsicht Umweltverträglichkeit gewährleistet sein muß.

Allerdings bedarf es hier des Hinweises darauf, daß nach bisherigem Bundesrecht ein Ausgleich durch Landesrecht bereitgestellt werden mußte. Diese Regelung wird durch eine Kannbestimmung abgelöst. Es besteht keine Veranlassung, in einem Umweltgesetzbuch des Bundes dem Landesgesetzgeber verbindliche Vorgaben zu machen, die sich als Durchbrechung des Verursacherprinzips darstellen. § 224 Abs. 1 verpflichtet Landwirte dazu, bei Pflanzenbau und Tierhaltung die nach den Umständen erforderliche Sorgfalt anzuwenden, um die Grenzen der Belastbarkeit der geologischen und hydrologischen standörtlichen Verhältnisse nicht zu überschreiten. Damit wird Landwirten eine Betreiberpflicht auferlegt, bei der Wahl des Anbausystems und in der Produktionsweise steigende Belastungen mit Nitrat oder Pestiziden zu vermeiden. Soweit nach Landesrecht darüber hinaus Beschränkungen vorgesehen sind, ist es Sache des Landesrechts, zu entscheiden, ob diese stärkere Anspannung der ökologischen Mitverantwortung als für die Landwirte im Rahmen der Sozialpflichtigkeit des Grundstückseigentums zumutbar betrachtet wird oder ob dafür ein Ausgleich geleistet werden muß. In allen Bundesländern werden die Ausgleichszahlungen von den Wasserversorgungsunternehmen finanziert. Damit tragen die Wasserverbraucher die Kosten einer hochintensiven landwirtschaftlichen Erzeugung mit. Die Länder sind in keinem Fall bereit, Ausgleichszahlungen aus allgemeinen Deckungsmitteln zu finanzieren. Die jeweils gefundene Lösung im Spannungsfeld zwischen landwirtschaftlicher Intensivproduktion und Wasserverbrauchern muß landespolitisch verantwortet werden. Innerhalb des UGB kommt es nur darauf an sicherzustellen, daß keine Ausgleichszahlungen geleistet werden, wenn es lediglich darum geht, im Einzelfall Mindestanforderungen der im Sinne des § 227 ordnungsgemäßen land- oder forstwirtschaftlichen Nutzung durchzusetzen.

Zum Achten Abschnitt: Vollzug und Umweltbeauftragte

Zu §§ 265 bis 267 Überwachungspflicht, Eigenüberwachung, Durchsetzung des Wasserrechts

Das Wasserhaushaltsgesetz hat schon bisher Zurückhaltung geübt, soweit es um den Erlaß von bundesrechtlichen Überwachungsregelungen geht; den Vollzug des Rahmenrechts sicherzustellen ist an sich Sache der ausfüllenden Landesgesetzgebung. Das Minimalprogramm des § 21 WHG wird durch die §§ 57 bis 69 im wesentlichen abgelöst. § 266 verdeutlicht, daß der Vorbehalt näherer gesetzlicher Regelung der Eigenüberwachung zunächst vom Landesrecht ausgeschöpft werden muß. § 267 Abs. 2 zielt darauf ab zu verhindern, daß die für den Gewässerschutz zuständigen Behörden der Länder bei der Vorbereitung öffentlicher Planungen und bei Maßnahmen, die Belange des Gewässerschutzes berühren können, vor vollendete Tatsachen gestellt werden. Sofern nicht Einvernehmen vorgeschrieben ist, muß ihnen mindestens rechtzeitig Gelegenheit zur Stellungnahme gegeben werden.

Zu § 268 Vertragliche Vereinbarungen

Während im Naturschutz vertragliche Regelungen zur Erreichung der Ziele des Gesetzes schon heute häufig praktiziert werden (vgl. § 215), stellen sie beim Vollzug der Wassergesetze eher eine Ausnahme dar. Es besteht daher Veranlassung, das Kooperationsprinzip auch stärker im Interesse des Gewässerschutzes zu nutzen. Nach § 6 Abs. 1 S. 4 soll die Möglichkeit von Vereinbarungen zum Schutz der Umwelt berücksichtigt werden. Dem trägt § 268 damit Rechnung, daß die Behörden prüfen sollen, ob die Bewirtschaftungsziele von Fall zu Fall nicht auch durch vertragliche Vereinbarungen erreicht werden können.

Zu § 269 Erforderlichkeit eines Umweltbeauftragten für Gewässerschutz

Die Vorschriften der §§ 21a bis g WHG über Betriebsbeauftragte für Gewässerschutz werden durch §§ 95 ff. abgelöst, soweit die näheren Bestimmungen nicht vom Landesgesetzgeber zu treffen sind.

Absatz 1 setzt die Grenze, von der ab Abwassereinleiter einen Umweltbeauftragten für Gewässerschutz zu bestellen haben, entsprechend dem bisherigen § 21a Abs. 1 WHG bei 750 Kubikmeter/Tag fest. Die Wasserbehörde kann aber auch unterhalb dieser Relevanzschwelle im Rahmen ihres Bewirtschaftungsermessens anordnen, daß ein Umweltbeauftragter für Gewässerschutz zu bestellen ist.

Zu § 270 Aufgaben des Umweltbeauftragten für Gewässerschutz

Die Vorschrift stellt sicher, daß die Wasserbehörde auch künftig nach ihrem Bewirtschaftungsermessen Anordnungen über den Umweltbeauftragten für Gewässerschutz treffen kann, die über das gesetzlich vorgeschriebene Maß hinausgehen oder auch in gewissem Umfang dahinter zurückbleiben.

Zum Neunten Abschnitt: Abwasserabgabe

I. AUSGANGSLAGE

1. Gegenstand des Regelungsbereichs

Schon im Umweltprogramm 1971 (BT-Drs. VI/2710) hatte die Bundesregierung die Erhebung einer Abwasserabgabe angekündigt. Im Anschluß daran sind eine Vielzahl von Abgabenlösungen gesetzgeberisch in Betracht gezogen worden, die der Definition des § 77 entsprochen hätten. Danach werden Abgaben für umwelterhebliche Handlungen, insbesondere für die Verursachung von Emissionen nach Maßgabe gesetzlicher Regelung erhoben. Sie werden durch die Länder erhoben und fließen ihnen zu.

Die mit dem Abwasserabgabengesetz (Gesetz für das Einleiten von Abwasser in Gewässer (Abwasserabgabengesetz - AbwAG) in der Fassung der Bekanntmachung vom 6. November 1990, BGBl. I S. 2432) gewählte Lösung zielt nicht in erster Linie darauf ab, durch ökonomische Anreize Maßnahmen zur Abwasservermeidung oder -behandlung zu veranlassen, die vom geltenden Wasserrecht nicht verbindlich gefordert werden. Sie entsprechen nicht in erster Linie dem Leitbild eines ökonomischen Hebels, der Maßnahmen durch Anordnung, Überwachung und Sanktionen im Einzelfall ersetzen könnte. Vielmehr ging es darum, die Durchsetzung des Wasserrechts in den Ländern dadurch zu erleichtern, daß man die erheblichen wirtschaftlichen Vorteile abschöpfte, die den Gemeinden und industriellen Direkteinleitern mit dem verzögerten Bau von Kläranlagen oder mit deren kostensparendem Betrieb zufielen. Die moderate Bemessung des Abgabesatzes und Schwächen in der Überwachung führten zwar auch in der Folgezeit dazu, daß es kostengünstiger war, Kläranlagen nicht zu bauen und dafür Abwasserabgaben zu zahlen; aber immerhin war ein Teil der wirtschaftlichen Vorteile fortdauernder Gewässerverschmutzung abgeschöpft. Zudem führte die Halbierungsregelung sowohl bei Gemeinden als auch in der Industrie doch sehr bald dazu, daß bei Nichteinhaltung der Mindestanforderungen nach § 7a Abs. 1 S. 3 WHG durchaus spürbare ökonomische Sanktionen einsetzten, nämlich eine Verdoppelung der Abgabe, auf die man sich sonst hätte einstellen können. Gerade diese Sanktion erwies sich als durchaus taugliches Mittel, um den Widerstand gegen den Kläranlagenbau auf seiten der Gemeinden und der Industrie nach und nach zu überwinden.

Auch heute ist die Diskussion um Sinn und Effizienz des Abwasserabgabensystems noch nicht abgeschlossen (siehe zuletzt etwa: Umweltdiskussion: Abschied von der Abwasserabgabe?, ZAU 1993, 153 ff. mit Beiträgen von Ewringmann, Hulpke, Schendel, Dedy und Landsberg). In Zusammenhang mit der anstehenden Novellierung des Abwasserabgabengesetzes hat der

Bundestag ein Hearing veranstaltet, in dem auch die Möglichkeit offengehalten wird, daß man - ganz unabhängig von dem regierungsseitig erarbeiteten Text der Novelle - andere Abgabenlösungen in Betracht ziehen könnte. Darauf ist hier indes nicht einzugehen. Eine grundsätzliche Neuordnung mit dem Ziel, die Abgabe als ökonomischen Hebel zu strukturieren und auf ordnungsrechtliche Instrumentarien mehr und mehr zu verzichten, ist ohnehin nicht zu erwarten. Dies würde eine Lockerung der Politik der Mindestanforderungen voraussetzen, die politisch kaum durchsetzbar erscheint. Denn nur, wenn ordnungsrechtlich größere Spielräume für unternehmerische Entscheidungen für oder gegen kostspielige Maßnahmen der Abwasservermeidung und -behandlung wiedergewonnen würden, könnte der Hebel ökonomisch so steuern, wie dies den Befürwortern aus Kreisen der Wirtschaftswissenschaft vorschwebt. Danach sollten nämlich diejenigen Kläranlagen bauen, bei denen dies kostengünstig möglich ist, und diejenigen Abgaben zahlen, bei denen dies sich nicht rechnet. Bleibt die Abwasserabgabe in erster Linie Sanktion für die Nichteinhaltung der im wasserrechtlichen Bescheid festgelegten Mindestanforderungen oder auch von weitergehenden Anforderungen, muß freilich die Frage beantwortet werden, ob sie sich denn wenigstens in dieser Hinsicht bewährt hat. Das ist sicherlich der Fall. Zunächst haben die Länder auch künftig noch einen erheblichen Ermessensspielraum für die Entscheidung, wann sie Gemeinden oder Industriebetriebe mit Gewässerbenutzungen, die vor 1976 schon bestanden haben, zum Bau und Betrieb von Kläranlagen nach Maßgabe der gesetzlichen Mindestanforderungen heranziehen. Die Ermäßigungsregelung in § 9 Abs. 5 AbwAG, die jetzt an die Stelle der ursprünglichen Halbierungsregelung getreten ist, wirkt sich durchaus dahin aus, daß man sich leichter zur Anpassung an das bereitfindet, was das Gesetz schon vorschreibt, als wenn man die vollen wirtschaftlichen Vorteile fortdauernder Gewässerverunreinigung weiterhin ausschöpfen könnte.

Entscheidende Bedeutung hat die Erhebung der Abwasserabgabe aber für den wasserrechtlichen Vollzug. Die Durchsetzung wasserrechtlicher Anforderungen in einer Vielzahl von gemeindlichen Entwässerungsanlagen und industriellen Betriebsstätten stellt ein kaum lösbares Überwachungsproblem dar. Hat das Überschreiten von Überwachungswerten ohne Rücksicht auf das Verschulden von Personen zur Folge, daß der Direkteinleiter entgegen der Kalkulation des Kämmerers oder des kaufmännischen Leiters mit drastisch erhöhten Abgaben zu rechnen hat, muß dies den innergemeindlichen oder unternehmensinternen Druck auf genaue Einhaltung der Betriebsanweisungen von Tag zu Tag notwendigerweise erhöhen. Ohne diese drastischen Sanktionen blieben festgestellte Ordnungs- und Sorgfaltsverstöße weithin unbeachtet und folgenlos.

2. Bisherige Rechtslage

Das Gesetz über Abgaben für das Einleiten von Abwasser in Gewässer (Abwasserabgabengesetz - AbwAG) gilt in der Fassung von 6. November 1990. Die jetzt im Bundestag beratene Novelle berührt die Grundzüge des Abgabensystems nicht; ob in dieser Legislaturperiode noch mit einer Verabschiedung zu rechnen ist, erscheint ungewiß.

II. VORSCHLAG

Zu §§ 271 bis 281

Es wird vorgeschlagen, am geltenden Rechtszustand festzuhalten. Da die §§ 77 ff. nur wenige allgemein gehaltene Rahmenbestimmungen enthalten, muß der neunte Abschnitt über die Erhebung der Abwasserabgabe nähere Bestimmungen treffen. Zwar handelt es sich auch beim Abwasserabgabengesetz um Rahmenrecht, das der Ausfüllung durch die Landeswassergesetze zugänglich ist. Im Interesse eines wirksamen Gewässerschutzes in allen Bundesländern und einer möglichst gleichmäßigen Abgabenbelastung der Gemeinden und der Industrie muß das Bundesrecht die Abgabetatbestände jedoch im wesentlichen abschließend regeln.

Zur Entlastung des UGB verweist der Vorschlag allerdings in erheblichem Umfang auf eine Rechtsverordnung nach § 146, was die Berechnung der Abgabe nach der Jahresschmutzwassermenge und der Schädlichkeit des Abwassers angeht. Außerdem wird darauf verzichtet, die einzelnen Abgabeparameter in einer Anlage zum Gesetz festzuschreiben. Auch insoweit werden die bisher geltenden Regelungen der Verordnungsgebung übertragen.

Zum Zehnten Abschnitt: Ordnungswidrigkeiten

I. AUSGANGSLAGE

1. Gegenstand des Regelungsbereichs

Im Wasserrecht kommt den Ordnungswidrigkeiten im ganzen eine deutlich geringere Bedeutung zu als in anderen Umweltrechtsgebieten. Zunächst ist der Straftatbestand der Gewässerverunreinigung in § 324 StGB außerordentlich weit gefaßt, so daß Strafverfahren die Bußgeldverfahren verdrängen. Ferner führt das System der Abwasserabgabenerhebung dazu, daß Ordnungsverstöße, die zur Gewässerverunreinigung führen, ohne Rücksicht auf

Verschulden der verantwortlichen Personen wirtschaftlich deutlich spürbare Sanktionen auslösen. Das Bedürfnis, unabhängig davon Bußgeldbescheide gegenüber einzelnen Personen zu erlassen, ist weniger ausgeprägt.

Dennoch sollte es dabei bleiben, daß alle wichtigen Betreiberpflichten, die im Interesse des Gewässerschutzes in Gesetz oder Verordnung festgelegt sind, auch Ordnungswidrigkeiten bleiben.

2. Bisherige Rechtslage

Im geltenden Recht faßt § 41 WHG die für das Wasserrecht von Bundesrechts wegen geltenden Ordnungswidrigkeiten zusammen. Hinzu treten Bußgeldvorschriften in den Landeswassergesetzen, die als Sanktionen für Ge- und Verbote über das Bundesrecht hinaus vorgesehen sind.

II. VORSCHLAG

Zu § 282 Ordnungswidrigkeiten

§ 41 WHG ist im wesentlichen zu übernehmen. Allerdings ist die Gliederung der Bußgeldtatbestände für die einzelnen Kapitel des UGB zu harmonisieren (vgl. §§ 219, 313, 376, 438, 558 und 597).

Für die Strukturierung des Ordnungswidrigkeitenkatalogs sind folgende Gesichtspunkte maßgeblich:

- Im Absatz 1 werden diejenigen Gebote und Verbote mit Bußgeld bewehrt, die eine Beeinträchtigung des jeweils angestrebten Bewirtschaftungszustandes in mengen- oder gütewirtschaftlicher Hinsicht oder eine Gefährdung dieses Zustandes ausschließen sollen.
- Im Absatz 2 sind Ge- und Verbote bußgeldbewehrt, die nicht Tatbestände zum unmittelbaren Schutz der Gewässer betreffen.
- Dementsprechend wird in Absatz 3 für Ordnungswidrigkeiten nach Absatz 1 eine Geldbuße bis zu hunderttausend Deutsche Mark, für Ordnungswidrigkeiten nach Absatz 2 eine Geldbuße bis zu zwanzigtausend Deutsche Mark vorgesehen.
- Daraus erklärt es sich auch, daß die Schutzanordnungen in Wasserschutzgebieten sowohl in Absatz 1 als auch in Absatz 2 bußgeldbewehrt sind. Es kommt jeweils darauf an, auf welchen dieser Tatbestände die Verordnung verweist. Dabei wird vorausgesetzt, daß Ge- und Verbote nach Absatz 1 bußgeldbewehrt werden, die unmittelbar auf die Einhaltung des angestrebten Bewirtschaftungszustandes des Gewässers zielen, alle übrigen auf Absatz 2.

- Absatz 4 regelt ergänzend die Einziehung von Gegenständen unter Bezugnahme auf § 23 des Gesetzes über Ordnungswidrigkeiten.

Drittes Kapitel: Bodenschutz

Vorbemerkungen zur Ausgangssituation und zu den Grundlinien des Vorschlages

I. AUSGANGSLAGE

1. Gegenstand des Regelungsbereichs

Das Bodenschutzrecht befaßt sich mit drei unterschiedlichen Aufgaben: dem Schutz des Bodens vor Verbrauch (quantitativer Bodenschutz), vor Stoffeintrag (qualitativer Bodenschutz) sowie der Sanierung belasteter Böden. Bei belasteten Böden ist zwischen (generellen) Bodenverunreinigungen und (speziellen) Altlasten zu trennen.

Dem Bodenschutzrecht die quantitative und die qualitative Komponente zuzurechnen, ist heute üblich (vgl. statt vieler Kloepfer, Umweltrecht, 1989, § 14 Rn. 4). Diesen Ansatz greift auch § 3 Abs. 1 S. 3 Nr. 1 auf, wenn er als Leitlinie des Umweltschutzes herausstellt, es sei sicherzustellen, daß der Boden vor ungeeigneter Flächennutzung geschützt sowie ein übermäßiger Verbrauch vermieden werde. Nicht üblich ist es hingegen, die Sanierung belasteter Böden, insbesondere die Sanierung von Altlasten, im Zusammenhang mit dem Bodenschutz zu regeln. Altlastensanierungsrecht - soweit es als solches spezialgesetzlich geregelt existiert; dazu sogleich unter 2. - findet sich im landesrechtlichen Abfallrecht. Freilich ist es dort systematisch am falschen Ort plaziert; für die bislang vorgenommene Plazierung spricht wohl nur das Fehlen einer Alternative. Sachlich gehört das Altlastensanierungsrecht zum Bodenschutz; diesem Bereich ist es in der Literatur immer zugerechnet worden (Kloepfer, Umweltrecht, 1989, § 14 Rn. 5; Peine, in: Breuer/Kloepfer/Marburger/Schröder [Hrsg.], Jahrbuch des Umwelt- und Technikrechts 1987 [UTR 3], 1987, S. 201 ff., 206). Diese Zuordnung wird hier aufgegriffen. Die Abfallabgabe, deren Aufkommen für die Altlastensanierung teilweise verwandt wird (§ 595 Abs. 1 Nr. 4), findet aus Gründen des Sachzusammenhangs im Kapitel Abfallentsorgung ihren Regelungsort (§§ 590 bis 595).

Den Boden unter den genannten Aspekten zu schützen bzw. als ein schützenswertes Objekt wieder "herzustellen", darf als eine der wichtigsten Aufgaben des Umweltschutzes betrachtet werden. Die Bedeutung dieser Aufgabe belegen die Zuordnung des Bodenschutzes zu den Leitlinien des Umweltschutzes in § 3 sowie seine indirekte Erwähnung in § 1 Abs. 1 und 2: als Teil des Naturhaushalts ist der Boden zu schützen bzw. seine Funktions- und Leistungsfähigkeit sind wiederherzustellen.

Den folgenden Ausführungen sind voranzustellen Überlegungen zur Definition des Begriffs "Boden" und zu den schützenswerten Funktionen des Bodens. Es geht darum, sich des Bezugspunkts der Regelungen zu vergewissern.

Eine rechtlich allgemein verbindliche Begriffsbestimmung für den Begriff "Boden" fehlt. Die Begriffsbestimmung hat die Erkenntnisse der Bodenkunde (Pädologie) zu berücksichtigen. Diese Wissenschaft untersucht die Entstehung, Entwicklung und Eigenschaften der Böden, ihre räumliche Verbreitung sowie ihre Nutzung für die Land- und Forstwirtschaft (Scheffer/Schachtschabel, Lehrbuch der Bodenkunde, 11. Aufl., erster durchgesehener Nachdruck, 1984, S. 1). Entsprechend den Erkenntnissen dieser Wissenschaft kann "Boden" strukturell oder entwicklungsgeschichtlich oder auch funktionell definiert werden. Von Interesse ist hier die funktionelle Betrachtungsweise. Danach ist "Boden" die oberste Schicht der Erdkruste, der Lebensraum für die auf oder in ihm lebenden Organismen (Scheffer/Schachtschabel, a.a.O., S. 1). Diese Sichtweise bildet auch den Ausgangspunkt der einschlägigen rechtswissenschaftlichen Literatur (Peine, in: Breuer/Kloepfer/Marburger/Schröder [Hrsg.], Jahrbuch des Umwelt- und Technikrechts 1987 [UTR 3], 1987, S. 201 ff., S. 203 f.; Storm, HdUR, Bd. 1, 1986, Sp. 266 - jeweils m.w.N.). Diese versteht Boden als die oberste, von Menschen, Tieren, Pflanzen und anderen Organismen belebte Verwitterungsschicht der Erdkruste. - In diesem Sinne expliziert jetzt auch § 8 Abs. 1 des Ersten Gesetzes zur Abfallwirtschaft und zum Bodenschutz im Freistaat Sachsen vom 12. August 1991 (Sächs. GVBl. S. 306) den Boden: "Boden im Sinne dieses Gesetzes ist die obere überbaute und nicht überbaute Schicht der festen Erdkruste einschließlich des Grundes fließender und stehender Gewässer, soweit sie durch menschliche Aktivitäten beeinflußt werden kann." Nahezu wortgleich: § 2 Abs. 1 des Bodenschutzgesetzes von Baden-Württemberg vom 24. Juni 1991 (GBl. S. 434).

Der Boden in diesem Sinne besitzt im wesentlichen folgende Funktionen:

- er fungiert als Produktionsgrundlage für die Erzeugung von Biomasse, also für die Erzeugung von Nahrungs- und Futtermitteln, regenerierbaren Stoffen wie Holz, Baumwolle, Seide etc.;
- er fungiert als Filter, Speicher, Transformator und Puffer für den natürlichen Stoffhaushalt, z.B. entfernt er Staub und andere Teile aus der Luft, die durch den Regen auf und in den Boden gelangen, aber vom Grundwasser ferngehalten werden;
- er fungiert als Lebensraum und -grundlage für Menschen, Tiere, Pflanzen und Mikroorganismen;

- er fungiert als Baugrund;
- er fungiert als Rohstofflager.

Die erste Funktion wird als Regenerationsfunktion bezeichnet, die zweite als Regelungsfunktion.

Die Bundesregierung nennt in ihrer Bodenschutzkonzeption von 1985 (BT-Drs. 10/2977, S. 5) und in ihrem Bericht an den Bundestag ("Maßnahmen zum Bodenschutz") von 1988 (BT-Drs. 11/1625, S. 6) als weitere Funktionen des Bodens: Teil des Naturhaushalts mit seinen Wasser- und Stoffkreisläufen; prägendes Element der Natur und Landschaft; Erholungsraum; Archiv der Natur- und Kulturgeschichte; Entsorgungsfläche für Abfälle. - Entsprechend dem Umweltbericht 1990 des Bundesministers für Umwelt (S. 210) sind dem Boden als Bestandteil des Naturhaushalts drei zentrale ökologische Funktionen zuzuordnen, nämlich die Regelungsfunktion, die Produktionsfunktion (Regenerationsfunktion) und die Lebensraumfunktion (in diesem Sinne auch schon das Umweltgutachten 1987 des Rates von Sachverständigen für Umweltfragen, 1987, Tz. 548 ff.; ders., Umweltprobleme der Landwirtschaft, 1985, Tz. 672 ff.).

Es ist eine Frage der Wertung, welche Bodenfunktionen das Bodenschutzrecht erfassen soll. Dieser Ansatz ist generell akzeptiert. - In der rechtswissenschaftlichen Literatur herrscht ein ökologisch beeinflußter anthropozentrischer Ansatz mit Blick auf die i.S.d. Bodenschutzrechts schützenswerten Funktionen des Bodens vor (Erbguth, UPR 1984, 241 ff., 242; Draeger, in: Bückmann/Cebulla/Draeger/Patzak/Voegele, Theoretische Aspekte des Bodenschutzes unter besonderer Berücksichtigung der Bodenschutzkonzeption der Bundesregierung, 1986, S. 134; Peine, in: Breuer/Kloepfer/Marburger/Schröder [Hrsg.], Jahrbuch des Umwelt- und Technikrechts 1987 [UTR 3], 1987, S. 201 ff., S. 206; Book, Bodenschutz durch räumliche Planung, 1987, S. 11; Smollich, JA 1988, 592 ff., 593; Ziegler, BWVPr. 1987, 145 ff., 146). Diese Auffassung begreift Bodenschutz als die Erhaltung der natürlichen, ökologischen Funktionen des Bodens im Naturhaushalt. Dazu zählen im einzelnen die:

- Regelungsfunktion;
- Regenerationsfunktion;
- Lebensraumfunktion;
- Klimastabilisierungsfunktion.

Die genannten Funktionen des Bodenschutzes werden nicht nur i.S.v. Erhaltung, d.h. Abwehr von Beeinträchtigungen der Qualität des Bodens, verstanden, sondern auch i.S.v. Pflege und Entwicklung durch Gestalten, Verbessern, Wiederherstellen und Vorsorge, damit Beeinträchtigungen von vornherein nicht entstehen können (siehe Storm, HdUR, Bd. 1 1986, Sp. 269; ders., AgrarR 1983, 233 ff., 233; Smollich, JA 1987, 592 ff., 593). - Die Nutzung des Bodens als Baugrund sowie als Rohstofflager besitzt in unserem Zusammenhang keine Bedeutung. Diese Bodenfunktionen erfahren Schutz durch andere rechtliche Regelungen.

2. Bisherige Rechtslage

Die bisherige Rechtslage des Bodenschutzes ist durch das Fehlen eines bundeseinheitlichen Bodenschutzgesetzes auf der einen Seite (für das Jahr 1992 war der Entwurf eines Bodenschutzgesetzes durch den Bundesminister für Umwelt in Aussicht gestellt worden; eine Veröffentlichung des Entwurfs ist bis zum Abschluß der Arbeiten an diesem Kapitel nicht erfolgt) sowie durch ein "Regelungsmosaik" (Kloepfer, Umweltrecht, 1989, § 14 Rn. 2) auf der anderen Seite gekennzeichnet. Dieses Regelungsmosaik erklärt sich aus Folgendem: Die Aktivitäten zum Schutze der Umwelt konzentrierten sich zunächst auf die Umweltmedien Luft und Wasser. Erst in jüngster Zeit ist die Problematik des Bodenschutzes erkannt worden. Als unrichtig hat sich die Vermutung herausgestellt, daß derjenige, der den Boden nutzt, ihn auch schützen, pflegen und erhalten werde. Ferner hat man feststellen müssen, daß die Erneuerungsfähigkeit des Bodens nachläßt. Schließlich sind Art und Ausmaß der Bodenbelastung erst in jüngster Zeit zutreffend erkannt worden (vgl. statt vieler Kloepfer, Umweltrecht, 1989, § 14 Rn. 4; Peine, in: Breuer/Kloepfer/Marburger/Schröder [Hrsg.], Jahrbuch des Umwelt- und Technikrechts 1987 [UTR 3], 1987, S. 201 ff.).

a) Rechtslage

aa) Quantitativer Bodenschutz. Den Boden vor Verbrauch zu schützen findet sich als Gesetzesziel in unserer Rechtsordnung mehrfach. § 1 BNatSchG spricht vom Bodenschutz, freilich nicht direkt, sondern als Teilziel des Naturschutzes und der Landschaftspflege; ausdrücklich spricht § 2 Abs. 1 Nr. 4 BNatSchG den Boden an: er ist zu erhalten - darin kann ein quantitatives Element des Bodenschutzes gesehen werden. § 2 Abs. 1 Nr. 8 ROG in der Fassung der Bekanntmachung vom 19. Juli 1989 (BGBl. I S. 1461) spricht den Boden mehrfach als Schutzobjekt an: Zunächst als Teil des Naturhaushalts, für dessen Schutz, Pflege und Entwicklung zu sorgen ist; sodann direkt, indem das Gesetz zur Sorge für den Bodenschutz verpflichtet; schließlich dadurch, daß es fordert, für die sparsame und schonende Inanspruchnahme von Grund und Boden zu sorgen. Eine mehrfache Erwähnung des Bodenschutzes ist ebenfalls für das Bauplanungsrecht zu konstatieren: Zunächst als Planungsleitlinie, gemäß § 1 Abs. 5 S. 2 Nr. 7 BauGB sind bei der Aufstellung der Bauleitpläne insbesondere die Belange des Bodens zu berücksichtigen; Bodenschutz gibt es im BauGB ferner als Bodenschutzklausel gemäß § 1 Abs. 5 S. 3 sowie als Gebot der geringmöglichsten Inanspruchnahme von Boden gemäß § 35 Abs. 5 BauGB; schließlich in Form des Schutzes des Mutterbodens gemäß § 202 BauGB.

bb) Qualitativer Bodenschutz. Die Zahl der Normen, die den Boden vor Stoffeintrag schützen, ist wesentlich größer als die Zahl der Normen des quantitativen Bodenschutzes.

Instrumente zum Schutz des Bodens vor Stoffeintrag können Instrumente der Planung, der staatlichen Eigenvornahme, der indirekten und der direkten Verhaltenssteuerung sein. Positiv-rechtlich ergiebig ist in unserem Zusammenhang die Kategorie "direkte Verhaltenssteuerung"; ihr läßt sich eine Vielzahl von Regelungen zuordnen. In tatsächlicher Hinsicht sind mehrere Problemkomplexe zu unterscheiden. Die vorhandenen Regeln lassen sich danach trennen, ob sie den Boden vor Kontaminationen mit Schadstoffen schützen

- als Folge direkten Auftrags auf den Boden,
- als Folge von Luftverunreinigungen,
- als Folge des Umgangs mit Stoffen (vgl. zu dieser Differenzierung Heiermann, Der Schutz des Bodens vor Schadstoffeintrag, 1992, S. 78 ff.).

Eine Analyse der Normen, die den Boden davor schützen sollen, als Folge von Luftverunreinigungen sowie als Folge des Umgangs mit Stoffen kontaminiert zu werden, entfällt in diesem Kapitel. Den einschlägigen Normen widmen sich die Kapitel Luftreinhaltung und Gefahrstoffe. Die im folgenden relevante Gruppe - direkter Stoffauftrag - läßt sich in folgende Fallgestaltungen ausdifferenzieren:

- (Ab-)Lagerung von schadstoffhaltigen Abfällen und (Rest-)Stoffen,
- Störungen bei Herstellungs-, Bearbeitungs- und Verarbeitungsprozessen,
- Beförderung bodengefährdender Stoffe,
- Einsatz von Düngemitteln,
- Einsatz von Pflanzenschutzmitteln,
- Altlasten (vgl. Heiermann, Der Schutz des Bodens vor Schadstoffeintrag, 1992, S. 78 ff.).

Die Untergruppe "Altlasten" wird an späterer Stelle analysiert, im Zusammenhang mit der Problematik des Umgangs mit kontaminierten Böden.

(1) Ablagerung von Schadstoffen. Für die Lösung des Problems Schutz des Bodens vor Ablagerungen etc. (erste Untergruppe) hält zunächst das Abfallgesetz vom 27. August 1986 einschlägige Regeln bereit. Gemäß § 2 Abs. 1 S. 2 AbfG sind Abfälle so zu entsorgen, daß das Wohl der Allgemeinheit nicht beeinträchtigt wird, insbesondere nicht dadurch, daß der Boden schädlich beeinflußt wird. Das Kriterium "Wohl der Allgemeinheit" bildet den entscheidenden Maßstab für nahezu alle Maßnahmen, die das Gesetz erlaubt (vgl. Hösel/v. Lersner, Recht der Abfallbeseitigung des Bundes und der Länder, Kommentar zum Abfallgesetz, Loseblatt, Stand: Mai 1991, § 2 AbfG Rn. 4); der Bodenschutz ist eine beispielhafte Konkretisierung (Kunig,

in: Kunig/Schwermer/Versteyl, Abfallgesetz, 1988, § 2 Rn. 23 f.; Franßen, in: Salzwedel [Hrsg.], Grundzüge des Umweltrechts, 1982, S. 399 ff., 423). Die Vermeidung schädlicher Beeinflussung aller Schutzgüter, nicht nur des Bodens, wird in tatsächlicher Hinsicht dadurch erreicht, daß Abfälle gemäß § 4 Abs. 1 S. 1 AbfG nur in den dafür zugelassenen Anlagen behandelt, gelagert und abgelagert werden dürfen; Ausnahmen gibt es gemäß § 4 Abs. 1 S. 2, Abs. 2 und 4, auch im Ausnahmefall darf das Wohl der Allgemeinheit nicht gefährdet werden. Abfallentsorgungsanlagen müssen gemäß § 7 AbfG zugelassen werden (durch Planfeststellungsbeschluß oder durch Genehmigung); Voraussetzung für die Zulassung ist die Beachtung des § 2 Abs. 1 S. 2 AbfG (Hinweis: Die Änderungen durch das Gesetz zur Erleichterung von Investitionen und der Ausweisung und Bereitstellung von Wohnbauland vom 22. April 1993, BGBl. I S. 466, konnten nicht mehr berücksichtigt werden). - Konkret bedeutet diese Beachtungspflicht, den Bodenverbrauch - die Belastung des Bodens mit Schadstoffen - auch unter der Anlage zu minimieren (siehe Kunig, in: Kunig/Schwermer/Versteyl, Abfallgesetz, 1988, § 2 AbfG Rn. 31; Hoschützky/Kreft, Recht der Abfallwirtschaft, Kommentar, Stand: 1989, § 2 AbfG, Anm. 1.2.4). - "Schädliche Bodenbeeinflussung" i.S.d. Abfallgesetzes bedeutet nach allgemeiner Auffassung die Herabsetzung des Gebrauchs- und Verbrauchswertes des Bodens (VGH Mannheim, UPR 1987, 235 ff., 237; Hösel/v. Lersner, Recht der Abfallbeseitigung des Bundes und der Länder, Kommentar zum Abfallgesetz, Loseblatt, Stand: Mai 1991, § 2 AbfG Rn. 16; Kunig, in: Kunig/Schwermer/Versteyl, Abfallgesetz, 1988, § 2 AbfG Rn. 29). - Ausführlich zum Problem Bodenschutz durch Abfallrecht Kunig, ZfW 1992, 469 ff.

Neben dem Abfallgesetz existiert eine Reihe weiterer Normenkomplexe, die den "Schutz des Bodens vor Ablagerungen" zum Ziel haben. Das Bundes-Immissionsschutzgesetz in der Fassung vom 14. Mai 1990 dient dem Boden, siehe § 1 BImSchG. Ablagerung ist in einem weiteren Sinn zu verstehen: direkte Belastung des Mediums Boden, aber auch seine indirekte Belastung, nämlich durch "Zwischenschaltung" des Mediums Luft. - Wichtigstes Instrument zugunsten des Bodenschutzes ist die Betreiberpflicht gemäß § 5 Abs. 1 Nr. 2 BImSchG; durch die Pflicht, die dem Stand der Technik entsprechenden Maßnahmen zur Emissionsbegrenzung zu ergreifen, werden Schadstoffe in der Anlage zurückgehalten und können nicht über den Luftpfad auf den Boden gelangen und sich in diesem ablagern. Für die Lagerung von Reststoffen mit dem Ziel ihrer weiteren Verwertung bzw. späteren Beseitigung ist die Betreiberpflicht gemäß § 5 Abs. 1 Nr. 3 BImSchG einschlägig; die ordnungsgemäße und schadlose Verwertung von Reststoffen - das sind die bei der Produktion nicht angestrebten Nebenprodukte (siehe Hansmann, NVwZ 1990, 409 ff., 410) - muß ohne Schädigung der Umwelt erfolgen; dasselbe gilt für die Beseitigung der Reststoffe als Abfall.

Das Wasserhaushaltsgesetz in der Fassung der Bekanntmachung vom 23. September 1986 schützt den Boden mittelbar (Storm, AgrarR 1983, 233 ff.,

235; Ziegler, BWVPr. 1987, 145 ff., 149; Kloepfer, Umweltrecht, 1989, § 14 Rn. 22). Seine Regelungen zugunsten des Schutzes des Wasserhaushalts spielen für den Schutz des Bodens vor Schadstoffverunreinigungen eine große Rolle. Das Grundwasserschutzrecht stellt sich deshalb praktisch als Bodenschutzrecht dar (Salzwedel, HdUR, Bd. 1, 1986, Sp. 717; ausführliche Darstellung bei Heiermann, Der Schutz des Bodens vor Schadstoffeintrag, 1992, S. 142 - 160). Direkt bodenschützende Wirkung entfaltet hingegen das Tierkörperbeseitigungsgesetz vom 2. September 1970. Gemäß seinem § 3 Abs. 1 Nr. 2 sind Tierkörper, Tierkörperteile und -erzeugnisse (Legaldefinitionen finden sich in § 1 Abs. 1 Nr. 1 bis 3 TKBG) so zu beseitigen, daß der Boden nicht verunreinigt wird (zur Legaldefinition siehe Fertig, DÖV 1987, 533 ff.). Dem Bodenschutz mittelbar dient wiederum die Verordnung über Anlagen zur Lagerung, Abfüllung und Beförderung brennbarer Flüssigkeiten zu Lande vom 27. Februar 1980; unmittelbar fördert diese Verordnung den Arbeitsschutz.

Direkt bodenschützende Wirkung entfaltet die Gefahrstoffverordnung vom 26. August 1986. Gemäß ihrem § 1 zielt sie darauf ab, durch besondere Regelungen über das Inverkehrbringen von gefährlichen Stoffen und Zubereitungen und über den Umgang mit Gefahrstoffen einschließlich ihrer Aufbewahrung, Lagerung und Vernichtung den Menschen vor arbeitsbedingten und sonstigen Gesundheitsgefahren und die Umwelt vor schadstoffbedingten Schädigungen zu schützen, soweit nicht andere Rechtsvorschriften besondere Regelungen enthalten. Relevant ist in diesem Zusammenhang der Begriff "Umwelt". Eine Inhaltsbestimmung findet sich weder in der Verordnung noch im Chemikaliengesetz, welches die Ermächtigungsgrundlage für die Gefahrstoffverordnung enthält. Mittelbar ergibt sich der Inhalt des Umweltbegriffs im Chemikalienrecht allerdings aus dem Gefahrenmerkmal des § 3a Abs. 2 ChemG. Als Umwelt ist danach die natürliche Beschaffenheit von Wasser, Boden oder Luft, von Pflanzen, Tieren oder Mikroorganismen sowie des Naturhaushalts anzusehen. Der Boden ist folglich ausdrückliches Schutzgut des Chemikaliengesetzes und damit auch der Gefahrstoffverordnung. Die Gefahrstoffverordnung zählt deshalb zum unmittelbaren Bodenschutzrecht (siehe Heiermann, Der Schutz des Bodens vor Schadstoffeintrag, 1992, S. 169 f.).

Ebenso schützt das Bundesberggesetz vom 13. August 1980 den Boden direkt. Es ist gemäß § 1 Nr. 1 BBergG Zweck des Gesetzes, zur Sicherung der Rohstoffversorgung das Aufsuchen, Gewinnen und Aufbereiten von Bodenschätzen unter Berücksichtigung ihrer Standortgebundenheit und des Lagerstättenschutzes bei sparsamem und schonendem Umgang mit Grund und Boden zu ordnen und zu fördern. Das Bundesberggesetz verpflichtet demnach ausdrücklich zum sparsamen und schonenden Umgang mit Grund und Boden und ist folglich dem unmittelbaren Bodenschutzrecht zuzuordnen. Für die Lagerung und Ablagerung anfallender Abfälle ist § 55 Abs. 1 Nr. 6 einschlägig. Die Zulassung eines Betriebsplans i.S.d. § 52 ist zu erteilen, wenn die anfallenden Abfälle ordnungsgemäß beseitigt werden (Piens/Schulte/Graf Vitzthum, Bundesberggesetz, 1983, § 56 BBergG Anm. 8).

Auch das Atomgesetz schützt den Boden direkt. Der Schutzzweck des § 1 AtG besteht u.a. darin, Sachgüter vor den Gefahren der Kernenergie und der schädlichen Wirkung ionisierender Strahlen zu schützen. In der Literatur ist streitig, ob Sachgut i.S.d. Gesetzes auch der Boden ist. Es wird zum einen die Auffassung vertreten, Sachgüter der Allgemeinheit, wie etwa Luft und Wasser, seien vom Schutzzweck des Gesetzes nicht erfaßt, da der Gesetzgeber den Begriff "Gemeinschäden" nicht in das Gesetz aufgenommen habe und es auch nirgends von "Sach- oder Rechtsgütern der Allgemeinheit" spreche (Fischerhof, Deutsches Atomgesetz und Strahlenschutzrecht, Kommentar, Bd. 1, 2. Aufl., 1978, § 1 AtG Anm. 9). Demgegenüber ergibt die Entstehungsgeschichte des Gesetzes, daß die Bundesregierung bei der Vorlage des Entwurfs des Atomgesetzes davon ausging, der Schutz der Sachgüter beziehe sich auch auf die Sachgüter der Allgemeinheit, da sie die vom Bundesrat in seiner Stellungnahme zu dem Gesetzentwurf geforderte Einbeziehung von Vorschriften über den Schutz der Allgemeinheit vor Gemeinschäden in den Entwurf mit der Begründung ablehnte, bei richtiger Auslegung beziehe sich der Schutz der Sachgüter auch auf Sachgüter der Allgemeinheit (BT-Drs. 3/759, S. 58; ebenso Mattern/Raisch, Atomgesetz, Kommentar, 1961, § 1 AtG Rn. 7). Die Entstehungsgeschichte läßt sich somit als Indiz für die Richtigkeit der These heranziehen, Schutzzweck des Atomgesetzes sei es auch, die Sachgüter der Allgemeinheit zu schützen. Für die Richtigkeit dieser These spricht ferner § 7 Abs. 2 Nr. 6 AtG; diese Vorschrift macht eine Anlagengenehmigung davon abhängig, daß überwiegende öffentliche Interessen, insbesondere im Hinblick auf die Auswirkungen auf die Umwelt, der Wahl des Standorts nicht entgegenstehen. Das Gesetz soll folglich die Lebensgrundlagen des Menschen, die natürliche Umwelt schützen; der Sachgüterschutz ist daher nicht nur als Eigentumsschutz zu verstehen. Zu den Sachgütern zählt auch der Boden.

Wie schon dargestellt, schützt das BNatSchG den Boden vor Verbrauch. Es schützt ihn aber auch vor Stoffeintrag, und zwar über die naturschutzrechtliche Eingriffsregelung. Ein Eingriff gemäß § 8 Abs. 1 BNatSchG kann auch in der Nutzung der Grundstücke gesehen werden. Eine Veränderung der Nutzung von Grundflächen liegt vor, wenn der Rahmen der bisherigen Nutzungsart verlassen, z.B. ein bisher landwirtschaftlich genutztes Grundstück der Nutzung als Campingplatz oder Sportgelände zugeführt oder eine unbebaute Grünfläche bebaut wird (Bernatzky/Böhm, § 8 BNatSchG Rn. 4; Pielow, NuR 1979, 15 ff., 15). Veränderungen der Nutzung eines Grundstücks sind aber nur dann i.S.d. Bundesnaturschutzgesetzes relevant, wenn sie die Leistungsfähigkeit des Naturhaushalts oder das Landschaftsbild erheblich oder nachhaltig beeinträchtigen können; nur dann handelt es sich um einen Eingriff. Der Begriff der Leistungsfähigkeit des Naturhaushalts wird überwiegend ökologisch interpretiert und bedeutet die Funktionsfähigkeit der

Vielzahl von jeweils voneinander abhängigen Ökosystemen und Teilökosystemen, die durch Wechselwirkungen zwischen Lebensraum und Besiedlung geprägt sind (BayVGH, NuR 1980, 25 f.; Lorz, Naturschutzrecht, 1985, § 1 BNatSchG, Anm. 2a; Burmeister, Der Schutz von Natur und Landschaft vor Zerstörung, 1988, S. 47 m.w.N. - Anders Pielow, NuR 1979, 15 ff., 15 und Breuer, NuR 1980, 89 ff., 92). Zu diesen Ökosystemen zählt auch der Boden. Eine Störung des Naturhaushalts liegt vor, wenn die Veränderung nach Art, Umfang oder Schwere nicht als völlig unwesentlich angesehen werden kann (VGH Mannheim, NuR 1981, 132 f., 133). Diese Auffassung ist freilich nicht unbestritten. Teilweise wird eine Störung des Naturhaushalts erst dann angenommen, wenn diese ohne weiteres und ohne komplizierte Untersuchungen feststellbar ist (Kolodziejcok/Recken, § 8 BNatSchG Rn. 9). Diese Auslegung läßt sich aber nicht mit dem Grundsatz der Bodenerhaltung in § 2 Abs. 1 Nr. 4 BNatSchG vereinbaren, wonach ein Verlust der natürlichen Fruchtbarkeit zu vermeiden ist. An dieser Norm muß ebenfalls eine Auffassung scheitern, die eine Beeinträchtigung erst dann als erheblich ansieht, wenn die Funktionen von Natur und Landschaft als Lebensgrundlage für den Menschen und seine Erholung in nicht unwesentlichem Ausmaß gestört oder gefährdet werden (Breuer, NuR 1980, 89 ff., 92; Fickert, BayVBl. 1978, 681 ff., 681, kritisch zu dieser Auffassung Burmeister, Der Schutz von Natur und Landschaft vor Zerstörung, 1988, S. 73).

(2) Störungen des Produktionsprozesses. Die zweite Untergruppe umfaßt den Schutz des Bodens vor Störungen bei Herstellungs-, Bearbeitungs- und Verarbeitungsprozessen. Es geht um das Austreten bodengefährdender Stoffe aus Betriebsvorrichtungen, die zu Verunreinigungen des Bodens führen können.

Regelungen, die für die Störfallvorsorge und Störfallabwehr bei Herstellungs-, Bearbeitungs- und Verarbeitungsprozessen relevant sein können, finden sich im Bundes-Immissionsschutzgesetz, im Wasserhaushaltsgesetz, in der Gefahrstoffverordnung, im Bundesberggesetz und im Atomgesetz. Die entscheidenden Normen gelangten zuvor zur Darstellung. Herstellungs- und/ oder Be- und Verarbeitungsprozesse werden von diesen Normen als Teil des "Betriebs" angesehen oder werden vom Begriff "Umgang" erfaßt bzw. zusammen mit Lagerung und Ablagerung aufgeführt.

Speziell einschlägig und bislang nicht analysiert ist die Störfallverordnung (12. Verordnung zur Durchführung des Bundes-Immissionsschutzgesetzes in der Fassung der Bekanntmachung vom 20. September 1991). Ihr Zweck ist es vorrangig, Störfälle, die nach der Definition des § 2 Abs. 1 Gemeingefahren hervorrufen, zu verhindern bzw. ihre Folgen zu minimieren. § 2 Abs. 2 definiert eine Gemeingefahr. Es wird ausdrücklich auch eine Schädigung von Böden mit einbezogen, falls durch eine Änderung ihrer Nutzbarkeit das Gemeinwohl beeinträchtigt würde. Die Störfallverordnung dient deshalb dem unmittelbaren Bodenschutz.

Ferner ist die Strahlenschutzverordnung (Verordnung über den Schutz vor Schäden durch ionisierende Strahlen in der Fassung der Bekanntmachung vom 30. Juni 1989) einschlägig. Die Bestimmungen der Strahlenschutzverordnung dienen, wie sich aus dem Verweis auf die Zwecke des § 1 AtG ergibt, auch dem Schutz der Sachgüter und damit dem Schutz des Bodens. Die Störfallverordnung dient deshalb dem unmittelbaren Bodenschutz.

(3) Beförderung bodengefährdender Stoffe. Die dritte Untergruppe erfaßt den Schutz des Bodens bei der Beförderung bodengefährdender Stoffe. Für diesen Tatbestand sind einschlägig das Gesetz über die Beförderung gefährlicher Güter vom 6. August 1975 sowie zwei Verordnungen, die auf seiner Basis erlassen wurden: die Verordnung über die innerstaatliche und grenzüberschreitende Beförderung gefährlicher Güter auf Straßen vom 22. Juli 1985 und die Verordnung über innerstaatliche und grenzüberschreitende Beförderung gefährlicher Güter mit Eisenbahnen in der Fassung der Bekanntmachung vom 10. Juni 1991. Zweck des Gesetzes wie auch der Zweck der auf ihm beruhenden Gefahrgutverordnungen Straße und Eisenbahn ist es, das mit Gefahrguttransporten verbundene Risiko so gering wie möglich zu halten, um nicht zuletzt die Umwelt vor dem Freiwerden gefährlicher Güter bei Unfällen zu schützen (BT-Drs. 7/2517, S. 9). Gemäß § 2 Abs. 1 des angesprochenen Gesetzes ist Schutzgut u.a. die öffentliche Sicherheit. Zur öffentlichen Sicherheit zählt auch die Erhaltung, Reinheit und Leistungsfähigkeit des Bodens (siehe Peine, in: Breuer/Kloepfer/Marburger/Schröder [Hrsg.], Jahrbuch des Umwelt- und Technikrechts 1987 [UTR 3], 1987, S. 201 ff., S. 219). Die Gesetzesbegründung (BT-Drs. 7/2517, S. 10) nennt als Schutzgut ausdrücklich das Wasser. Abhängig von dem zuvor vorgetragenen Argument ist der Boden vom Schutzbereich des Gesetzes umfaßt, da sein Schutz vor Verunreinigungen angesichts seiner wichtigen ökologischen Funktionen ebenfalls im Interesse des Lebens der Gemeinschaft dringend erforderlich ist; wegen der schwachen Selbstreinigungskraft des Bodens und der grundsätzlichen Geeignetheit von Bodenverunreinigungen, die Lebensgrundlage des Menschen zu gefährden, ist seine Reinhaltung ebenso geboten wie die des Wassers. Deshalb schützt das Gefahrgutbeförderungsgesetz den Boden unmittelbar. Diese Einordnung gilt dann auch für die beiden angesprochenen Verordnungen.

Beförderungsvorschriften gibt es ferner im Atomgesetz und in der Strahlenschutzverordnung. Gemäß § 4 Abs. 1 AtG ist die Beförderung von Kernbrennstoffen unter bestimmten Voraussetzungen eine genehmigungsbedürftige Tätigkeit. Die Voraussetzungen für die Erteilung einer Genehmigung regelt § 4 Abs. 2 AtG abschließend. Gemäß Nummer 3 muß gewährleistet sein, daß die Kernbrennstoffe unter Beachtung der für den jeweiligen Verkehrsträger geltenden Rechtsvorschriften über die Beförderung gefährlicher Güter befördert werden oder, soweit solche Vorschriften fehlen, auf andere Weise die nach dem Stand von Wissenschaft und Technik erforderliche Vorsorge gegen Schäden durch die Beförderung von Kernbrennstoffen getroffen ist. Da das Atomgesetz auch den Boden schützt, sind die Beförderungsvorschriften des Atomgesetzes unmittelbar bodenschützend. Dasselbe gilt für die Beförderungsvorschriften, die die Strahlenschutzverordnung enthält (§§ 8 Abs. 1 und 10).

Beförderungsvorschriften gibt es schließlich im Abfallgesetz. Es statuiert in seinen §§ 12 und 13 Genehmigungspflichten für die Beförderung von Abfällen. Da das Abfallgesetz unmittelbar bodenschützenden Charakter hat, läßt sich festhalten, daß die Beförderungsvorschriften des Abfallgesetzes ebenfalls unmittelbar dem Bodenschutz dienen.

Hingewiesen sei auf die Regelung der Beförderung durch die Verordnung über brennbare Flüssigkeiten zu Lande vom 27. Februar 1980. Mittelbar bodenschützenden Charakter haben die Regelungen über die Beförderung gefährlicher Stoffe nach dem Wasserhaushaltsgesetz. Als insoweit allgemeine Vorschriften dürfen die §§ 26 Abs. 2, 32 b, 34 Abs. 2 WHG hervorgehoben werden. Sie werden verdrängt durch die besonderen Pipeline-Bestimmungen der §§ 19a ff. WHG; bei ihrer Beachtung kommt auch die Vorschrift des § 3 Abs. 2 Nr. 2 WHG nicht in Betracht.

Abschließend sei auf das Problem der Beförderung von Abwasser durch das Abwasserkanalnetz aufmerksam gemacht. Dieses Kanalnetz gilt als sanierungsbedürftig. Undichte Kanalisationen verstoßen gegen §§ 18a Abs. 1, 1a Abs. 2 WHG und gegen entsprechende landesrechtliche Vorschriften. Ferner ist das auf einen effektiven Grundwasserschutz zielende strenge Besorgnisprinzip des § 34 Abs. 2 WHG verletzt. Die Wasserbehörden sind zum repressiven Einschreiten gegen schadhafte Leitungsnetze berechtigt und können auf diese Art und Weise einen Beitrag zum Bodenschutz leisten (zum Gesamtproblem siehe Depner, Kanalsanierung und Grundwasserschutz - ein Beitrag zum Umfang von Betreiber- und Sanierungspflichten bei schadhaften Kanalisationen, 1992).

(4) Einsatz von Düngemitteln. Die vierte Untergruppe erfaßt den Schutz des Bodens vor dem Einsatz von Düngemitteln. Düngemittel dienen zwar in erster Linie dazu, landwirtschaftlich genutzte Böden, denen durch die Pflanzenproduktion ständig Nährstoffe entzogen werden, langfristig fruchtbar zu erhalten; insofern ist die Düngung auch ökologisch wichtig. Häufig dient aber die Düngung nicht diesem Ziel, sondern der Entsorgung von landwirtschaftlich nicht benötigtem Wirtschaftsdünger bei sogenannten Dungüberschußbetrieben - in Gebieten mit Massentierhaltung - (Überdüngung im ökologischen Sinn); manchmal erfolgt die Düngung auch unsachgemäß (Überdüngung im landwirtschaftlichen Sinn). Die Überdüngung bewirkt häufig eine Überforderung des Regelungsvermögens, d.h. der Filter-, Speicher-, Transformations- und Pufferkapazität des Bodens; die Folgen sind Auswaschungen von Nitrat und anderen schädlichen Stoffen in das Grundwasser sowie generell ein Rückgang der früheren ökologischen Vielfalt der Böden und der auf sie angewiesenen Tier- und Pflanzenarten.

Nach geltendem Recht und in der Praxis ist zwischen Handelsdünger und Wirtschaftsdünger zu unterscheiden. § 1 Abs. 1 Nr. 2 DMG definiert als Wirtschaftsdünger tierische Ausscheidungen, Stallmist, Gülle, Jauche, Kompost sowie Stroh und ähnliche Reststoffe aus der pflanzlichen Produktion. Als Handelsdünger betrachtet das Gesetz solche Dünger, die gewerblich zum Zweck der Düngung hergestellt und durch Erwerb dem landwirtschaftlichen Betrieb zugeführt werden. Neben Handels- und Wirtschaftsdüngern werden in der Landwirtschaft auch Klärschlämme zur Düngung eingesetzt.

Düngemittel dürfen gemäß § 2 Abs. 1 DMG gewerbsmäßig nur in den Verkehr gebracht werden, wenn sie einem durch Rechtsverordnung (Düngemittelverordnung vom 19. Dezember 1977) zugelassenen Düngemitteltyp entsprechen. Voraussetzung für die Zulassung eines Düngemitteltyps ist gemäß § 2 Abs. 2 DMG insbesondere, daß die jeweiligen Dünger eines Typs bei sachgerechter Anwendung u.a. die Fruchtbarkeit des Bodens nicht schädigen und den Naturhaushalt nicht gefährden. Daraus ergibt sich die Zugehörigkeit des Düngemittelrechts zum unmittelbaren Bodenschutzrecht.

Das Aufbringen von Wirtschaftsdünger normiert § 15 AbfG i.V.m. der Klärschlammverordnung. § 15 Abs. 1 S. 1 AbfG erklärt die Vorschriften des § 2 Abs. 1 und des § 11 AbfG für entsprechend anwendbar, wenn Abwasser, Klärschlamm, Fäkalien oder ähnliche Stoffe auch aus anderen als den in § 1 Abs. 1 AbfG genannten Gründen - also zur Düngung - auf landwirtschaftlich, forstwirtschaftlich oder gärtnerisch genutzte Böden aufgebracht oder zu diesem Zweck abgegeben werden. Dies gilt nach § 15 Abs. 1 S. 2 AbfG auch für Jauche, Gülle oder Stallmist insoweit, als das übliche Maß der landwirtschaftlichen Düngung überschritten wird. Das Aufbringen dieser Stoffe fällt erst dann aus dem Anwendungsbereich des § 15 Abs. 1 AbfG heraus, wenn es ausschließlich mit Entledigungswillen erfolgt (subjektiver Abfallbegriff) oder der objektive Abfallbegriff erfüllt ist, z.B. bei Klärschlamm, der die Grenzwerte der Klärschlammverordnung überschreitet; in diesen Fällen gelten die abfallrechtlichen Vorschriften unmittelbar. - Keine Anwendung findet § 15 AbfG auf Handelsdünger, da diese keinem der tatbestandlichen Stoffbegriffe subsumierbar sind (Rösgen, AgrarR 1983, 141 ff., 144).

Für Jauche, Gülle und Stallmist gelten die Anordnungen des § 15 Abs. 1 S. 1 AbfG nach § 15 Abs. 1 Satz 2 AbfG insoweit, als das übliche Maß der landwirtschaftlichen Düngung nicht überschritten wird. Nach dieser Regelung fällt die landwirtschaftliche Düngung mit Wirtschaftsdünger in diesem Rahmen also überhaupt nicht unter die Vorschriften des Abfallgesetzes, auch nicht in analoger Anwendung.

(5) Einsatz von Pflanzenschutzmitteln. Die fünfte Untergruppe behandelt den Schutz des Bodens vor dem Einsatz von Pflanzenschutzmitteln. Das sind bodenfremde Stoffe, die dazu dienen, Schadorganismen an Kulturpflanzen

oder nicht nutzbaren Konkurrenten der angebauten Pflanzen in ihrer Entwicklung zu hemmen oder zu vernichten (Umweltbericht 1990, S. 214).

Als Spezialgesetz verbietet § 1 DDT-Gesetz vom 7. August 1972 DDT und Erzeugnisse, die unter Zusatz von DDT als Wirkstoff hergestellt werden (DDT-Zubereitungen), herzustellen, einzuführen, auszuführen und in den Verkehr zu bringen, zu erwerben und anzuwenden.

Das Pflanzenschutzgesetz (Gesetz zum Schutze der Kulturpflanzen (PflSchG) vom 15. September 1986) enthält einschlägige Bestimmungen. Gemäß seinem § 1 Nr. 4 ist es u.a. Zweck des Gesetzes, Gefahren abzuwenden, die durch die Anwendung von Pflanzenschutzmitteln für den Naturhaushalt entstehen können. Zum Naturhaushalt zählt nach der ausdrücklichen Begriffsbestimmung des § 2 Abs. 1 Nr. 6 PflSchG auch der Boden. Das Gesetz ist also unmittelbar bodenschützend.

Die vom Pflanzenschutzgesetz verfolgten Ziele werden mit Blick auf den Einsatz bestimmter Pflanzenschutzmittel zunächst dadurch erreicht, daß die Anwendung bestimmter Mittel vollständig oder eingeschränkt verboten ist. Einschlägig ist die Verordnung über Anwendungsverbote für Pflanzenschutzmittel vom 27. Juli 1988 (BGBl. I S. 1196).

Der Schutz des Bodens soll ferner durch das Zulassungsverfahren von Pflanzenschutzmitteln gewährleistet werden. Durch die Biologische Bundesanstalt ist dem Antragsteller - das ist der Hersteller oder Importeur - die Zulassung zu erteilen, wenn der Antrag den formellen Anforderungen des § 12 PflSchG entspricht und die Prüfung des Pflanzenschutzmittels ergibt, daß es u.a. bei bestimmungsgemäßer und sachgerechter Anwendung und als Folge einer solchen Anwendung keine schädlichen Auswirkungen auf die Gesundheit von Mensch und Tier und auf das Grundwasser und keine sonstigen Auswirkungen, insbesondere auf den Naturhaushalt hat, die nach dem Stand der wissenschaftlichen Erkenntnisse nicht vertretbar sind. Die Anwendung eines Pflanzenschutzmittels ist als bestimmungsgemäß anzusehen, wenn sie u.a. sachgerecht, also guter fachlicher Praxis entsprechend, erfolgt. Zur guten fachlichen Praxis gehört gemäß § 6 Abs. 1 S. 2 PflSchG die Berücksichtigung der Grundsätze des integrierten Pflanzenschutzes i.S.d. Definition des § 2 Abs. 1 Nr. 2 PflSchG.

Ein flächenbezogenes Anwendungsverbot normiert § 6 Abs. 2 PflSchG. Danach dürfen Pflanzenschutzmittel auf Freiflächen generell nicht, speziell nur dann angewandt werden, wenn diese landwirtschaftlich, forstwirtschaftlich oder gärtnerisch genutzt werden.

§ 8 Nr. 1 PflSchG läßt die Befugnis der Länder unberührt, über § 6 Abs. 2 PflSchG hinausgehende Verbote betreffend den Einsatz von Pflanzenschutzmitteln zu erlassen. Ein solches Verbot enthält § 91a Abs. 4 NWG in der Fassung vom 1. April 1990 (Bekanntmachung der Neufassung vom 20. August 1990, GVBl. S. 371). Die Wasserbehörde kann die Verwendung von Pflanzenschutzmitteln auf Gewässerrandstreifen untersagen.

cc) Kontaminierte Böden. Mit giftigen Stoffen belastete Böden gibt es in der Bundesrepublik in einer bislang unbekannten Größenordnung. Für die "alten" Bundesländer darf beispielhaft die Dioxinproblematik genannt werden: In Rastatt ist außerhalb eines Betriebsgeländes eine Dioxinkonzentration gemessen worden, die die Ortspolizeibehörde veranlaßte, den Aushub des Bodens zu verlangen; dieser Fall ist zum Gegenstand einer Entscheidung des VGH Mannheim (NVwZ 1990, 781 ff. = UPR 1990, 310 ff.) geworden. 1991 wurde bekannt, daß stark dioxinbelastetes "Kieselrot" aus einer Produktion in Marsberg (Sauerland) als Belag für Sportplätze verwandt wurde; daraufhin wurden in Nordrhein-Westfalen Sportplätze geschlossen; weitere Maßnahmen sind noch offen. - Für die neuen Bundesländer darf auf die stark belasteten Böden in der Region Bitterfeld hingewiesen werden.

Den Umgang mit belasteten Böden regelt in den neuen Bundesländern das Erste Gesetz zur Abfallwirtschaft und zum Bodenschutz im Freistaat Sachsen vom 12. August 1991 (Sächs. GVBl. S. 306). Einschlägig sind die §§ 8 bis 12. Neben der schon erwähnten Explikation des Begriffs "Boden" in § 8 Abs. 1 regelt dieses Gesetz in § 8 Abs. 2, 3 die "Bodenbelastung". Es versteht unter einer "Bodenbelastung" Veränderungen der Beschaffenheit des Bodens, insbesondere durch stoffliche Einwirkungen, bei denen die Besorgnis besteht, daß die Funktion des Bodens als Naturkörper oder als Lebensgrundlage für Menschen, Tiere und Pflanzen erheblich oder nachteilig beeinträchtigt wird. Das Gesetz befaßt sich sodann in § 9 mit Maßnahmen des Bodenschutzes. Zum Schutze des Bodens kann die zuständige Behörde insbesondere 1. Untersuchungs- und Sicherungsmaßnahmen anordnen, 2. die Erstellung von Sanierungsplänen verlangen, 3. Maßnahmen zur Beseitigung, Verminderung und Überwachung einer Bodenbelastung anordnen, 4. Maßnahmen zur Verhütung, Verhinderung oder Beseitigung von Beeinträchtigungen des Wohls der Allgemeinheit, die durch eine Bodenbelastung hervorgerufen werden, anordnen, 5. bestimmte Arten der Bodennutzung und den Einsatz bestimmter Stoffe bei der Bodennutzung verbieten oder beschränken. Ferner kann die zuständige Behörde zum Schutz oder zur Sanierung des Bodens oder aus Gründen der Vorsorge für die menschliche Gesundheit oder zur Vorsorge gegen erhebliche Beeinträchtigungen des Naturhaushalts durch Rechtsverordnung Bodenbelastungsgebiete festlegen für Flächen, auf denen erhebliche Bodenbelastungen festgestellt werden; in der Rechtsverordnung sind der räumliche Bereich festzulegen und die erforderlichen Verbote, Beschränkungen und Schutzmaßnahmen zu bestimmen. § 10 bestimmt die Verpflichteten. Zur Durchführung von angeordneten Maßnahmen sind verpflichtet 1. der Verursacher, 2. der Grundstückseigentümer und der Inhaber der tatsächlichen Gewalt über ein Grundstück. Die zuständige Behörde entscheidet nach pflichtgemäßem Ermessen. Absatz 2 regelt den Selbsteintritt der zuständigen Behörde. Den Fall des Bekanntwerdens von Bodenbelastungen regelt Absatz 3. Absatz 4 regelt weitere Pflichten der Verpflichteten. Sie haben der zuständigen Behörde und deren Beauftragten zur Wahrnehmung der

Aufgaben u.a. das Betreten von Grundstücken zu gestatten. Absatz 5 regelt Kostenrecht. Die Kosten für Maßnahmen trägt der Verpflichtete. Kosten für Maßnahmen sowie für sonstige Untersuchungen können dem Verpflichteten auferlegt werden, soweit sie zur Feststellung einer Bodenbelastung geführt haben. Mehrere Verpflichtete haften als Gesamtschuldner. § 11 regelt die geologische Landesaufnahme. § 12 normiert die Überwachung.

Baden-Württemberg hat am 24. Juni 1991 ein "Gesetz zum Schutz des Bodens (Bodenschutzgesetz - BodSchG)" erlassen, GBl. 1991 S. 434 ff. (kommentiert von Spilok, 1992). Die Grundzüge des baden-württembergischen Gesetzes sind folgende: § 1 normiert den Zweck des Gesetzes; es geht im wesentlichen darum, den Boden als Naturkörper und Lebensgrundlage für Menschen und Tiere, insbesondere in seinen Funktionen als Lebensraum für Bodenorganismen, als Standort für die natürliche Vegetation und Standort für Kulturpflanzen, als Ausgleichskörper im Wasserkreislauf, als Filter und Puffer für Schadstoffe sowie als landschaftsgeschichtliche Urkunde zu erhalten und vor Belastungen zu schützen, eingetretene Belastungen zu beseitigen und ihre Auswirkungen auf den Menschen und die Umwelt zu verhindern oder zu vermindern. § 2 enthält Begriffsbestimmungen; Absatz 1 definiert den Boden als die oberste überbaute und nicht überbaute Schicht der festen Erdkruste einschließlich des Grundes fließender und stehender Gewässer, soweit sie durch menschliche Aktivitäten beeinflußt werden kann; Absatz 2 definiert Bodenbelastungen als Veränderungen der physikalischen, chemischen oder biologischen Beschaffenheit des Bodens, bei denen die Besorgnis besteht, daß die in § 1 genannten Funktionen aufgehoben oder erheblich oder nachhaltig beeinträchtigt werden. § 3 normiert den Vorrang anderer Rechtsvorschriften. § 4 formuliert die Verpflichtung zum Bodenschutz; Absatz 1 enthält eine Generalklausel, ihr entsprechend hat sich jeder so zu verhalten, daß Bodenbelastungen auf das nach den Umständen unvermeidbare Maß beschränkt werden; Absatz 2 bezieht sich auf die Planung und Ausführung von Baumaßnahmen. § 5 regelt die Aufgaben der Behörden und Planungsträger. § 6 stellt fest, daß die Bodenschutzbehörde einzuschalten ist bei einem Vorhaben, welches zu Bodenbelastungen führen kann. § 7 regelt die Mitwirkungspflichten von Grundstückseigentümern und der Inhaber der tatsächlichen Gewalt über ein Grundstück. Sie müssen eine Bodenbelastung, bei der Gefahren für das Leben oder für die Gesundheit von Menschen oder für bedeutende Sachwerte oder erhebliche Beeinträchtigungen des Naturhaushalts nicht ausgeschlossen werden können, oder den Verdacht auf eine solche Bodenbelastung unverzüglich der Bodenschutzbehörde oder der technischen Fachbehörde mitteilen; dieselben Personen haben gemäß Absatz 2 der Bodenschutzbehörde und der technischen Fachbehörde alle Auskünfte zu erteilen und die Unterlagen vorzulegen, die diese zur Erfüllung der Aufgaben nach dem Bodenschutzgesetz benötigen; ein Zutrittsrecht zu Grundstücken und Wohnungen wird gemäß Absatz 3 eingeräumt. § 8 regelt die Aufgabe der Bodenschutzbehörden und der technischen Fachbehörden; diese haben gemäß Absatz 1 darüber zu wachen, daß die Vorschriften des Gesetzes eingehalten und auferlegte Verpflichtungen erfüllt werden; sie haben die Aufgabe der Abwehr von Gefahren, die von Bodenbelastungen ausgehen; Absatz 2 räumt ihnen ein pflichtgemäßes Ermessen ein. § 9 regelt die Maßnahmen zum Schutz und zur Sanierung des Bodens; insbesondere können Untersuchungsmaßnahmen angeordnet werden, es kann eine Verminderung der Bodenbelastung durch geeignete Maßnahmen verlangt werden, soweit die Sanierung technisch nicht möglich ist. Es können bestimmte Arten der Bodennutzung und der Einsatz bestimmter Stoffe verboten oder beschränkt, es kann die Erstellung eines Sanierungsplans verlangt werden, es können dann, wenn die Beseitigung der Bodenbelastung nicht möglich oder unzumutbar ist, die zur Überwachung und Sicherung erforderlichen Maßnahmen angeordnet werden. § 10 regelt die Verpflichteten; gemäß Absatz 1 ist zur Duldung oder Erfüllung von Anordnungen verpflichtet der Verursacher oder derjenige, der auf Grund gesetzlicher Vorschriften für das Verhalten des Verursachers einzustehen hat, sowie der Grundstückseigentümer und der Inhaber der tatsächlichen Gewalt über ein Grundstück; die Auswahl bei der Heranziehung von Verpflichteten liegt im pflichtgemäßen Ermessen der zuständigen Behörde; es sind unbillige Härten zu vermeiden; Absatz 2 regelt ein Selbsteintrittsrecht der Behörde, wenn nach Absatz 1 Verpflichtete nicht oder nicht rechtzeitig herangezogen werden können; Absatz 3 enthält eine Kostentragungsregelung. § 11 formuliert spezielle Vorschriften für die Landwirtschaft; die Bodenfruchtbarkeit und die Leistungsfähigkeit des Bodens als natürliche Ressourcen sind durch standortgerechte Bewirtschaftungsmaßnahmen nachhaltig zu sichern, dieser Grundsatz wird im einzelnen ausdifferenziert; Absatz 2 räumt der Bodenschutzbehörde ein Recht zur Anordnung von Maßnahmen ein, die zur Erfüllung der in Absatz 1 genannten Anforderungen erforderlich sind. § 12 richtet sich an die Forstwirtschaft und stellt fest, daß für die Waldbewirtschaftung die Vorschriften des Landeswaldgesetzes gelten. Die §§ 13 und 14 befassen sich mit der Festsetzung von Bodenbelastungsgebieten; durch Rechtsverordnung können zur Sanierung des Bodens und aus Gründen der Vorsorge für die menschliche Gesundheit oder zur Vorsorge gegen erhebliche Beeinträchtigungen des Naturhaushalts Bodenbelastungsgebiete festgesetzt werden; den Gegenstand der Rechtsverordnung sowie die erforderlichen Verbote, Beschränkungen und Schutzmaßnahmen regelt Absatz 2; § 14 normiert die Zuständigkeit und das Verfahren für den Erlaß der Rechtsverordnung. Die §§ 15 bis 18 regeln die Erfassung und Überwachung der Bodenbeschaffenheit; geregelt wird die Einrichtung eines Bodenzustandskatasters, die Einrichtung von Dauerbeobachtungsflächen, die Einrichtung einer Bodenprobenbank sowie einer Bodendatenbank. § 19 erlaubt den Erlaß von Verwaltungsvorschriften insbesondere über die Probeentnahme und -aufbereitung, Analyseverfahren, Belastungswerte, bei deren Überschreitung von einer Bodenbelastung auszugehen ist, Art und Ausmaß der Maßnahmen zur Beseitigung oder Verminderung von Bodenbelastungen sowie nähere Anforderungen für die landwirtschaftliche Bodenbewirtschaftung. Ab § 20 folgen Schlußvorschriften; geregelt werden die Zuständigkeit, die Einrichtung einer Bodenschutzkommission, Ordnungswidrigkeiten sowie die Änderung von Gesetzen und das Inkrafttreten des Gesetzes. - Ausführliche Vorstellung des Gesetzes unter Berücksichtigung der Ausgangslage und der speziellen landesrechtlichen Entwicklung durch Ziegler, NVwZ 1991, 1154 ff.

dd) Altlasten. Über die tatsächliche Problematik der Altlasten ist nicht näher zu berichten; es darf davon ausgegangen werden, daß sie allgemein bekannt ist. Hingewiesen sei lediglich auf eine Untersuchung des Städtebauinstituts Bonn von Ende 1991 (hier zitiert nach dem Bericht der FAZ vom 3. Januar 1992, S. 25). Das Institut berichtet, daß Ende 1991 mehr als 77.000 kontaminierte Standorte erfaßt seien (die mögliche Zahl noch nicht erfaßter vergifteter Standorte wird auf über 100.000 geschätzt); 48.400 liegen in den alten, 26.600 in den neuen Bundesländern. Die katastermäßige Erfassung ist in Hamburg und Berlin am weitesten fortgeschritten, infolgedessen halten diese Stadtstaaten auch die Spitzenposition: Hamburg hat 2,5 Altlasten pro Quadratkilometer, Berlin 2,2. - Das Institut schätzt die Kosten für die Sanierung einschließlich der Rekultivierung für die kommenden 10 Jahre auf ca. 30 Milliarden DM. - Altlasten betreffen vor allem die Regelungsfunktion des Bodens und in der Folge die Reinheit des Grundwassers. Die Überbeanspruchung der Regelungsfunktion führt zu Umweltveränderungen, die je nach örtlicher Situation und Exposition eine Gefährdung für den Menschen und für die belebte und unbelebte Umwelt darstellen (siehe SRU-Gutachten Altlasten, 1990, Tz. 12).

(1) Altlastenbegriff. Es fehlt eine bundeseinheitliche Legaldefinition des Begriffs "Altlast". Deshalb sind seit Beginn der Altlastendiskussion in den frühen 80er Jahren unterschiedliche Versuche einer Bestimmung dieses Begriffs unternommen worden (Literatur zur Altlastenproblematik zusammengestellt bei Heiermann, Der Schutz des Bodens vor Schadstoffeintrag, 1992, S. 229 Fn. 323). Die Bemühungen waren dabei im wesentlichen nicht von dem Zweck einer Eingrenzung des Problems getragen, sondern vielmehr von der Suche nach deskriptiven Kriterien geprägt. Dementsprechend stellen die verschiedenen Definitionen auf folgende Kriterien ab (siehe zusammenfassend Heiermann, Der Schutz des Bodens vor Schadstoffeintrag, 1992, S. 229):

- frühere einschlägige Sachverhalte (handlungsbezogen: z.B. Kippen, Lagern, Ablagern, Aufhaldungen),
- ehemalige Standorte (ortsbezogen: z.B. Ablagerungsplätze, Gewerbe- bzw. Industriegrundstücke)
- die erfolgte Verunreinigung mit ihren belastenden Nebenwirkungen (wirkungsbezogen: z.B. Schadstoffanreicherungen im Boden und im Grundwasser; siehe auch SRU-Gutachten Altlasten, 1990, Tz. 53).

Es sind zwei Eingrenzungen des Begriffs "Altlast" zu verzeichnen: Mit dem Begriff wird zum einen nur eine räumlich eng begrenzte schadstoffkontaminierte Fläche umschrieben; es werden ferner nur solche Sachverhalte erfaßt, die in der Vergangenheit liegen, also zeitlich bereits abgeschlossen sind (ebenso Heiermann, Der Schutz des Bodens vor Schadstoffeintrag, 1992, S. 298). Nicht vom Begriff "Altlast" umfaßt werden deshalb großräumige und diffuse Belastungen, also Belastungen, die etwa durch die allgemeine Luftverschmutzung hervorgerufen werden; diese Belastungen werden dem Begriff "belastete Böden" subsumiert; ihre rechtliche Behandlung gelangte zuvor unter cc) zur Darstellung. Dem Begriff "Altlast" werden deshalb auch nicht diejenigen Fälle subsumiert, die auf der Basis des Abfallgesetzes des Bundes zu lösen sind (siehe oben bei (1) (aa) Ablagerungen von Schadstoffen).

In Äußerungen der Verwaltung, Literatur und Rechtsprechung ist ein unterschiedlicher Gebrauch des Begriffs "Altlast" zu beobachten; man kann zwischen einem engen und einem weiten Begriffsgebrauch unterscheiden. Im Sinne dieses Sprachgebrauchs meint Altlast im weiteren Sinne jede in der Vergangenheit begründete Umweltbelastung (Ministerialblatt Nordrhein-Westfalen 1980, S. 769; siehe des Näheren Papier, Jura 1989, 505 ff., 505); Altlast im engeren Sinne sei eine Boden- und Gewässerschädigung oder Boden- und Gewässergefährdung auf Grund früherer menschlicher Aktivitäten (Papier, Jura 1989, 505 ff., 505). Den engen Begriff der "Altlast" verwenden Landesgesetze; Art. 26 Abs. 1 BayAbfALG, § 16 Abs. 2 HAbfAG, § 28 Abs. 1 bis 3 LAbfG-NW, § 25 Abs. 1 LAbfWAG-RP, § 16 Abs. 3 i.V.m. Abs. 2 ThAbfAG. Das Gesetz zur Abfallwirtschaft und zum Bodenschutz im Freistaat Sachsen faßt die Altlasten begrifflich unter den Terminus "Bodenbelastung", siehe § 8 Abs. 3 Nr. 3 i.V.m. § 8 Abs. 2 Sächs. EGAB. In aller Regel verstehen die Gesetzgeber den Begriff "Altlast" als Altablagerungen in Deponien und frühere Abfallablagerungen außerhalb von Abfallentsorgungsanlagen. Ausführlicher - und letztlich am genauesten ist die nordrhein-westfälische Regelung. Auf die Zitierung der nordrhein-westfälischen Norm wird hier verzichtet, da sie - von einer Einschränkung abgesehen - als Legaldefinition für den Begriff "Altlast" vorgeschlagen wird, siehe § 284 Abs. 5.

Für die Altlasten stellt sich die Frage ihrer "Sanierung". "Sanierung" wird in einem weiten, umfassenden Sinne verstanden, nämlich alle Maßnahmen erfassend, die im Zusammenhang mit einer Altlast notwendig erscheinen: Untersuchung, Beobachtung, Beurteilung, Gefahrenbeseitigung und Rekultivierung.

Bundesrecht entfällt weitestgehend als Grundlage für die Durchführung eines Sanierungsprogramms im zuvor dargestellten Sinne (a.A. Paetow, NVwZ 1990, 510 ff., 512).

(2) Allgemeines Polizei- und Ordnungsrecht als Sanierungsrecht. Diese Rechtsmaterie enthält die Basis für die Anordnung von Sanierungsmaßnahmen, soweit nicht Normen der Landesabfallgesetze als leges speciales vorgehen sind. Das ist nur selten der Fall.

Das Sanierungsrecht auf der Basis des Polizeirechts ist schon außerordentlich häufig dargestellt worden; als zusammenfassende Darstellung sei auf Heiermann, Der Schutz des Bodens vor Schadstoffeintrag, 1992, S. 239 ff. verwiesen; eine Teildarstellung bei Peine, in: Blaurock (Hrsg.), Verantwortlichkeit für Abfall in Deutschland und Frankreich, 1992, S. 79 ff. Dieses Recht ist - im Einzelfall - außerordentlich umstritten. Davon abgesehen, daß die Generalklausel bzw. ihr Tatbestandsmerkmal "Öffentliche Sicherheit" den Boden erfaßt, was unstreitig ist, sind streitbefangen die Kostentragung bei Gefahrerforschungsmaßnahmen, die Haftung der Störer, Haftungsgrenzen (Verursachung, Legalisierungswirkung, Stand der wissenschaftlichen Erkenntnis, Rechtsnachfolge). Einzelfragen sind Gegenstand umfassender Monographien geworden. Unbestritten ist freilich der Umfang der Sanierungspflicht.

Von den Maßnahmen, die eine Totalsanierung erfaßt, können auf Grund des Polizeirechts nur diejenigen Handlungen verlangt werden, die zur Gefahrenbeseitigung unbedingt erforderlich sind. Damit entfallen die Rekultivierung des gereinigten Bodens sowie Maßnahmen umweltrechtlicher Vorsorge als durch das Polizeirecht abgedeckt. Das Polizeirecht kann also einen optimalen Beitrag zur Altlastensanierung nicht leisten. Für eine optimale Altlastensanierung ist der Erlaß spezieller Normen notwendig (mit dem Vorstehenden ist lediglich ein Teil der im Altlastenrecht relevanten Probleme angesprochen, ausführliche Problemübersicht bei Kloepfer, Umweltrecht, 1989, § 12 Rn. 132 ff.).

(3) Landesabfallrecht als Sanierungsrecht. In insgesamt acht der alten Bundesländer (Berlin, Bremen und Hamburg haben ein modernes Abfallgesetz bislang nicht erlassen; es gibt lediglich Ausführungsgesetze - Baden-Württemberg: Gesetz über die Vermeidung und Entsorgung von Abfällen und die Behandlung von Altlasten in Baden-Württemberg (Landesabfallgesetz - LAbfG) vom 8. Januar 1990, GBl. S. 1; Bayern: Gesetz zur Vermeidung, Verwertung und sonstigen Entsorgung von Abfällen und zur Erfassung und Überwachung von Altlasten in Bayern - BayAbfALG - vom 27. Februar 1991, BayGVBl. S. 64 ff.; Gesetz über die Vermeidung, Verminderung, Verwertung und Beseitigung von Abfällen und die Sanierung von Altlasten (Hessisches Abfallwirtschafts und Altlastengesetz - HAbfAG) in der Fassung vom 26. Februar 1991, GVBl. S. 106; Niedersachsen: Niedersächsisches Abfallgesetz vom 21. März 1990, GVBl. S. 91; Nordrhein-Westfalen: Abfallgesetz für das Land Nordrhein-Westfalen vom 21. Juni 1988, GVBl. S. 250, und das Gesetz über die Gründung des Abfallentsorgungs- und Altlastensanierungsverbandes Nordrhein-Westfalen vom 21. Juni

1988, GVBl. S. 268; Rheinland-Pfalz: Landesabfallwirtschafts- und Altlastengesetz (LAbfWAG) in der Fassung vom 30. April 1991, GVBl. S. 251; Saarland: Saarländisches Abfallgesetz vom 3. Juni 1987, Amtsblatt S. 849; Schleswig-Holstein: Abfallwirtschaftsgesetz für das Land Schleswig-Holstein vom 6. Dezember 1991, GVBl. S. 640) sowie in allen neuen Bundesländern (Brandenburg: Vorschaltgesetz zum Abfallgesetz für das Land Brandenburg - LAbfVG vom 20. Januar 1992, GVBl. S. 16; Mecklenburg-Vorpommern: Abfallwirtschafts- und Altlastengesetz für Mecklenburg-Vorpommern (AbfAlG M-V) vom 4. August 1992, GVBl. S. 45O; Sachsen: Erstes Gesetz zur Abfallwirtschaft und zum Bodenschutz im Freistaat Sachsen vom 12. August 1991, GVBl. S. 306; Sachsen-Anhalt: Landesabfallgesetz vom 14. November 1991, GVBl. S. 422; Thüringen: Gesetz über die Vermeidung, Verringerung, Verwertung und Beseitigung von Abfällen und die Sanierung von Altlasten (Thüringer Abfallwirtschafts- und Altlastengesetz - ThAbfAG) vom 31. Juli 1991, GVBl. S. 273) gibt es ein modernes Landesabfallrecht, welches das Bundesabfallrecht, soweit nötig, landesrechtlich umsetzt und die Lücken schließt, die das Bundesrecht läßt. Teilweise haben die Länder die Pflicht zur Anpassung des Landesrechts zum Anlaß genommen, ein eigenständiges Altlastensanierungsrecht zu erlassen; dieses Recht besitzen die Länder Baden-Württemberg (§§ 22 bis 27), Hessen (§§ 16 bis 24), Nordrhein-Westfalen (§§ 28 bis 33 LAbfG), Rheinland-Pfalz (§§ 24 bis 32), Sachsen (§§ 8 bis 10) und Thüringen (§§ 16 bis 22). Zum Teil enthalten andere Landesgesetze partielle Regelungen der Altlastenproblematik (Bremen, Saarland; aus jüngster Zeit beispielhaft für einen unvollständigen Zugriff: Bayern: Art. 26 bis 28 und Sachsen-Anhalt: § 29 bis 31).

(aa) Erfassung von Altlasten. Die Erfassung von Altlasten, also die Gefahrerforschung, Bewertung und katastermäßige Erfassung der gefährlichen oder gefahrverdächtigen Flächen, regeln einige Landesgesetze. Die Regelungsintensität ist unterschiedlich dicht. Diejenigen Länder, die ein vollständiges Altlastensanierungsrecht kennen, regeln dieses Problem vollständig. Im übrigen ist die Frage unterschiedlich beantwortet. So wird z.B. in einem Land ein Verfahren zur Erfassung vorgeschrieben (§§ 23 f. LAbfG-BW), in einem anderen Land lediglich die Führung von Altlastenkatastern (§ 16 SAbfG). Vorgestellt seien die entscheidenden Passagen aus dem hessischen Gesetz (§§ 17 bis 19). Altlastenverdächtige Flächen werden in einer bei der hessischen Landesanstalt für Umwelt geführten Verdachtskartei erfaßt; die zuständige Behörde ordnet im erforderlichen Umfang Maßnahmen zur Untersuchung über Art, Umfang und Ausmaß der Verunreinigungen an; als Untersuchungsmaßnahmen können insbesondere die Entnahme und Untersuchung von Luft-, Wasser- und Bodenproben sowie die Errichtung und der Betrieb von Kontrollstellen angeordnet werden; die zuständige Behörde trifft die Entscheidung über eine Altlast; festgestellte Altlasten unterliegen der Überwachung durch die zuständige Behörde. - Ähnliche Regelungen gibt es im baden-württembergischen und im nordrhein-westfälischen Landesrecht.

(bb) Sanierungspflicht durch Störer. Eine ausführliche Regelung, die die polizeirechtliche Generalklausel ersetzt, enthalten das hessische (§ 21), sächsische (§ 10) und thüringische (§ 20) Recht. Rheinland-Pfalz verweist auf die Generalklausel des Landespolizeigesetzes (§ 28 Abs. 1 S. 1). Trotz der Existenz von Landesabfallgesetzen gilt also für die Feststellung des Sanierungspflichtigen überwiegend das allgemeine Polizeirecht bis auf diese Ausnahmen und zwei weitere Fälle, die aber nur wenig interessant sind: Eine relativ knappe Regelung enthält das bremische Recht, diese gilt allein für alte Abfallentsorgungsanlagen, sie erfaßt also das Altlastenproblem nicht vollständig, siehe § 13 Abs. 1; das baden-württembergische Recht normiert in § 25 Abs. 2 LAbfG-BW: "Die Wasserbehörde kann die zur Sanierung und Überwachung einer Altlast erforderlichen Maßnahmen anordnen." - Die hessische Regelung, die wohl als Vorlage für die Regelungen in Thüringen gedient haben dürfte, ist hochgradig interessant, weil sie alle Fragen, die oben im Zusammenhang mit der polizeirechtlichen Generalklausel angesprochen wurden, beantwortet. Das Gesetz stellt, soweit hier von Interesse, in § 21 fest: "(1) Zur Durchführung der Sanierung sind verpflichtet: 1. Inhaber sowie ehemalige Inhaber oder deren Rechtsnachfolger von Anlagen auf Altablagerungen und Altstandorten (im Original: Altlasten i.S.d. § 16 Abs. 3), soweit die Verunreinigungen durch diese Anlagen verursacht worden sind; 2. der Ablagerer, der Abfallerzeuger oder deren Rechtsnachfolger bei Altablagerungen (im Original: Flächen nach § 16 Abs. 2 Nr. 1; siehe vorigen Einschub) 3. sonstige Verursacher der Verunreinigungen, wenn von ihnen wesentliche Beeinträchtigungen des Wohls der Allgemeinheit ausgehen; 4. sonstige Personen, die auf Grund anderer Rechtsvorschriften eine Verantwortung für die Verunreinigungen oder hiervon ausgehende Beeinträchtigungen des Wohls der Allgemeinheit trifft; 5. der Grundeigentümer, es sei denn, daß er eine bestehende Verunreinigung beim Erwerb weder kannte noch kennen mußte. Dies gilt nicht für den Erwerb sanierter Flächen; 6. der ehemalige Grundeigentümer, es sei denn, daß ihm eine bestehende Verunreinigung während der Zeit des Eigentums oder des Besitzes nicht bekannt wurde. Die Auswahl bei der Heranziehung von Sanierungsverantwortlichen nach Satz 1 Nr. 1 bis 6 trifft die zuständige Behörde nach pflichtgemäßem Ermessen; sie kann auch mehrere Sanierungsverantwortliche heranziehen und die Kosten anteilmäßig geltend machen. Mehrere Sanierungsverantwortliche haben untereinander einen Ausgleichsanspruch. Dabei hängt die Verpflichtung zum Ersatz untereinander von den Umständen ab, inwieweit der Schaden vorwiegend von dem einen oder anderen verursacht worden ist. (2) Die Sanierungsverantwortlichkeit nach Absatz 1 entfällt, wenn der Verantwortliche im Zeitpunkt des Entstehens der Verunreinigung darauf vertraut hat, daß eine Beeinträchtigung der Umwelt nicht entstehen könne, und wenn dieses Vertrauen unter Berücksichtigung der Umstände des einzelnen Falles schutzwürdig ist."

Diese Regelungen haben nach richtiger Ansicht rückwirkende Kraft, da sie nichts anderes festlegen als das schon bislang nach allgemeinem Polizeirecht Geltende. Sie haben aber im Verhältnis zum allgemeinen Polizeirecht den Vorteil der Rechtsklarheit für sich.

Zum Umfang der Sanierungspflicht enthält das hessische Recht ebenso wie das einschlägige der anderen Bundesländer keine Aussagen. § 20 Abs. 1 S. 1 stellt lediglich fest, daß die zuständige Behörde den Sanierungsumfang der festgestellten Altlast festlegt; dasselbe sagen § 19 Abs. 1 S. 1 ThAbfAG und § 28 Abs. 1 S. 2 LAbfWAG-RP.

(cc) Sanierung durch Nichtstörer. Mehrere Landesgesetze ermöglichen die Altlastensanierung durch Nichtstörer (Hessen: § 22; Nordrhein-Westfalen: § 2 Abs. 2 S. 1 Verbandsgesetz; Rheinland-Pfalz: § 29 Abs. 1); teilweise darf die Sanierung erst dann in Angriff genommen werden, wenn ein Sanierungsverantwortlicher nicht oder nicht rechtzeitig in Anspruch genommen werden kann (Hessen, Rheinland-Pfalz), teilweise ist sie freigestellt (Nordrhein-Westfalen). Mit Blick auf die Organisation der Sanierungsträger lassen sich zwei Modelle unterscheiden: öffentlich-rechtliche und privatrechtliche Sanierungsträger.

Einen öffentlich-rechtlichen Sanierungsträger kennt das nordrhein-westfälische Recht (Gesetz über die Gründung des Abfallentsorgungs- und Altlastensanierungsverbandes Nordrhein-Westfalen vom 21. Juni 1988, GVBl. S. 268). Es schließt die öffentliche Hand und private Abfallentsorger zu einem Zwangsverband zusammen. Ihm gehören die kreisfreien Städte, Kreise und kreisangehörigen Gemeinden an (siehe § 5). Es bleibt indes nicht bei dieser Mitgliedschaft, sondern Mitglieder des Verbandes sind ebenfalls die Fremd- und Eigenentsorger von Sonderabfall, also die in § 3 Abs. 4 AbfG Erwähnten - soweit sie eine Lizenz für die Fremd- oder Eigenentsorgung erhalten haben: Damit ist ein besonderes Element des nordrhein-westfälischen Modells erwähnt: Die Sonderabfallentsorgung durch Fremd- oder Eigenentsorger bedarf der Lizensierung (siehe § 10 Abs. 1 S. 1 LAbfG). Es ist ein "Lizenzentgelt" zu entrichten (siehe § 11 Abs. 1 LAbfG). Das nordrhein-westfälische Modell zeichnet sich demnach durch zwei Elemente aus: durch das "Verbandselement" und durch das "Lizenzelement", letzteres besteht aus Lizenzvergabe und Lizenzentgelt (ausführliche Beschreibung bei Peine, NWVBL 1988, 193 ff.; Salzwedel, Sonderabfall und Altlastensanierung, 1987).

Kooperationslösungen gibt es in Rheinland-Pfalz, Bayern und Hessen.

Die rheinland-pfälzische Lösung ist die älteste; sie besteht seit November 1986 (neuerdings wird gemäß § 29 Abs. 7 S. 1 LAbfWAG vom 30. April 1991 durch Rechtsverordnung der Träger der Altlastensanierung bestimmt; der Minister für Umwelt und Gesundheit regelt das Nähere; die Verordnung fehlt bislang). Sie beschränkt sich auf die Sanierung bestehender und künftiger Sondermüllablagerungen (Darstellung dieses Modells bei Wagener,

WUR 1990, 137 ff.). Die Lösung basiert auf einem Vertrag, der zwischen den fünf Gesellschaftern der bereits seit 1977 als GmbH bestehenden "Gesellschaft zur Beseitigung von Sonderabfall" (GBS), nämlich dem Land, dem Landkreistag und dem Städtetag Rheinland-Pfalz einerseits sowie der rheinland-pfälzischen Industrie- und Handelskammer und der Landesvereinigung rheinland-pfälzischer Unternehmerverbände andererseits geschlossen wurde und der sie zu einer entsprechenden Erweiterung der GBS-Satzung verpflichtet. Entsprechend dieser Satzung führt die GBS die Sanierungen grundsätzlich im Auftrage von Sanierungsverantwortlichen durch; sie handelt indessen auch dann, wenn sich ein Verantwortlicher aus tatsächlichen oder rechtlichen Gründen nicht mehr finden läßt. Sie kann "Dritte" mit der Durchführung der Sanierung beauftragen. Die GBS richtet eine Sanierungskommission ein, die über Mittelverteilung, Art des Vorgehens und Rangfolge der Sanierungsvorhaben entscheidet. - Nach dem Grundvertrag sollen Verantwortliche, die zur Sanierung eines Objekts Zahlungen leisten, zu keiner weiteren Zahlung herangezogen werden. Deshalb geben die rheinland-pfälzischen Behörden bei freiwilliger Zahlung Freistellungserklärungen ab.

Seit September 1989 besteht in Bayern eine zivilrechtlich konstruierte Altlastensanierungsgesellschaft, die "Gesellschaft zur Altlastensanierung in Bayern mbH" (GAB). Gesellschafter sind der Freistaat Bayern zu 50% und ein Verein, dem jedes Unternehmen beitreten kann. Zu den Aufgaben der Gesellschaft gehört neben der Altlastensanierung auch die Gefahrenabschätzung altlastenverdächtiger Flächen. Die Gesellschaft führt die Sanierung nicht selbst durch, sondern läßt Dritte tätig werden. Sie trägt die Kosten nur dann, wenn ein Verantwortlicher nicht feststeht. Der Vertrag sieht vor, daß die Rechte und Pflichten der zuständigen Behörden zum Erlaß von Anordnungen unberührt bleiben (Darstellung der GAB bei Wagener, WUR 1990, 137 ff., 140 f.).

In Hessen gibt es seit 1990 eine privatrechtliche Gesellschaft für die Altlastensanierung (zum Folgenden Wagener, WUR 1990, 137 ff., 139 f.). Der Gesellschaftsvertrag basiert auf dem neugefaßten Abfallgesetz (§ 22 Abs. 1 HAbfAG). Gesellschafter sind das Land Hessen, der hessische Landkreistag, der Städtetag sowie der Städte- und Gemeindebund einerseits und der Hessische Handwerkertag, die Arbeitsgemeinschaft hessischer Industrie- und Handelskammern, die Vereinigung hessischer Unternehmerverbände andererseits, hinzu kommt noch die Hessische Industriemüll GmbH (HIM-GmbH). Die hessische Lösung ist weitgehend an der rheinland-pfälzischen orientiert. Träger der Altlastensanierung ist gemäß § 22 Abs. 2 HAbfAG i.V.m. § 1 der Verordnung vom 30. Oktober 1989 (Verordnung zur Bestimmung des Trägers der Altlastensanierung vom 30. Oktober 1989, GVBl. S. 436) die HIM-GmbH, die die Sanierung jedoch nicht selbst durchführt, sondern an Dritte Sanierungsaufträge vergibt. Die Vereinbarung erstreckt sich auf die Sanierung von Ablagerungen, in Einzelfällen auch von Altstandorten; zu den Aufgaben der HIM-GmbH gehört auch die Untersuchung von Verdachtsflächen. Die HIM-GmbH arbeitet im Auftrag des Landes; sie ist gemäß § 22 Abs. 1 HAbfAG in den Fällen, in denen ein Sanierungsverantwortlicher nicht rechtzeitig in Anspruch genommen werden kann, zur Sanierung verpflichtet.

ee) Finanzierung der Altlastensanierung. Das geltende Recht unterscheidet drei Fälle der Finanzierung der Altlastensanierung: die polizeirechtliche Lösung, die private Finanzierung von Sanierungsgesellschaften sowie Abgabenlösungen.

(1) Polizeirechtliche Lösung. Nach geltendem Recht hat der für eine polizeiliche Gefahr Verantwortliche die Kosten der Gefahrenbeseitigung zu tragen (vgl. statt vieler Gusy, Polizeirecht, 1993, Rn. 367). Derjenige, der für die Beseitigung einer Altlast nach allgemeinem Polizeirecht verantwortlich ist, hat demnach diejenigen Kosten zu tragen, die zur Beseitigung erforderlich sind; da, wie dargelegt, auf Grund des Polizeirechts eine Sanierung im dargestellten Sinne nicht verlangt werden kann, sind die vollständigen Sanierungskosten nicht aufzubringen, sondern nur diejenigen, die zur Gefahrenbeseitigung erforderlich sind.

Existieren mehrere Sanierungsverantwortliche, so haften sie als Gesamtschuldner (z.B. Kormann, UPR 1983, 281 ff. m.w.N.).

Nach § 21 Abs. 1 S. 2 bis 4 HAbfAG kann die Behörde mehrere Sanierungsverantwortliche heranziehen und die Kosten anteilmäßig geltend machen; mehrere Sanierungsverantwortliche haben untereinander einen Ausgleichsanspruch; dabei hängt die Verpflichtung zum Ersatz untereinander von den Umständen ab, inwieweit der Schaden vorwiegend von dem einen oder anderen verursacht worden ist. Diese Regelungen greifen andere Landesgesetze auf, z.B. das thüringische Abfallgesetz (§ 20 Abs. 1 S. 2 bis 5).

(2) "Private" Lösung. Für die drei privatrechtlichen Gesellschaften GBS, GAB und HIM-GmbH gilt: Der GBS stehen höchstens 50 Mio. DM für Sanierungsvorhaben zur Verfügung. Die Industrie bringt ihre Beiträge über einen Zuschlag auf die Entsorgungspreise für die Sonderabfallbeseitigung sowie durch freiwillige Zahlungen auf. Die verbleibenden Kosten tragen je zur Hälfte das Land und die GBS. - Die GAB finanziert ihre Tätigkeit neben Einnahmen aus der Beratung von Sanierungsverantwortlichen und der Abschöpfung von Wertsteigerungen sanierter Grundstücke in erster Linie aus den Beiträgen ihrer Gesellschafter. Der Gesellschaft stehen jährlich 60 Mio. DM zur Verfügung. - Der HIM-GmbH steht für die ersten drei Jahre ein Etat von 50 Mio. DM zur Verfügung, der je zur Hälfte vom Land Hessen und von den Sonderabfallerzeugern aufgebracht wird (Zahlen nach Wagener, WUR 1990, 137 ff.).

(3) Abgabelösungen. Das geltende Recht kennt drei Varianten von Abgaben, die für die Finanzierung von Altlastensanierungen eingesetzt werden: das nordrhein-westfälische Lizenzentgelt, die hessische und sachsen-anhaltinische Altlastenfinanzierungsumlage sowie die baden-württembergische, hes-

sische sowie niedersächsische Sonderabfallabgabe. - Gemäß § 21 ThAbfAG ist die Landesregierung ermächtigt, durch Rechtsverordnung von den Entsorgungspflichtigen sowie von dem Träger der Sonderabfallentsorgung eine Abfallabgabe zu erheben; als Bemessungsgrundlage ist auf die Menge der erzeugten Abfälle abzustellen, wobei der Abgabesatz nach der Schwierigkeit der umweltverträglichen Entsorgung, der Vermeidbarkeit sowie der Verwertbarkeit der Abfälle zu differenzieren ist. Auf diese Abgabe kann nicht näher eingegangen werden, da die Rechtsverordnung bislang fehlt.

Das nordrhein-westfälische Lizenzentgelt läßt sich folgendermaßen beschreiben (zu dieser Abgabe näher Kloepfer/Follmann, DÖV 1988, 573 ff.; Salzwedel, Sonderabfall und Altlastensanierung, 1987): Wer als Fremd- oder Eigenentsorger Sonderabfall entsorgen will, bedarf der "Lizenz"; das ist der Sache nach eine Erlaubnis, §§ 10, 11 LAbfG-NW. Für die Nutzung der Lizenz muß der Entsorger ein "Lizenzentgelt" entsprechend der Verordnung über die Festsetzung der Lizenzentgelte nach dem Landesabfallgesetz vom 8. Juni 1989, GVBl. S. 223, entrichten. Die Berechnung des Entgelts ist relativ kompliziert, siehe §§ 1 bis 4 der gerade genannten Verordnung. Eine einheitliche Aussage über die Höhe läßt sich nicht treffen; für die Ablagerung einer Tonne gefährlichen Abfalls durch einen Fremdentsorger sind z.B. 5,50 DM zu entrichten. Das Aufkommen des Lizenzentgelts ist mit Blick auf seine Verwendung zweckgebunden: Gemäß § 15 Abs. 1 LAbfG-NW ist es ausschließlich zu verwenden für 1. Maßnahmen zur Abwehr von Gefahren aus Altlasten, die von der zuständigen Behörde im Wege der Ersatzvornahme oder im Vorgriff auf die spätere Feststellung einer Ordnungspflicht durchgeführt werden, und 2. für die Entwicklung neuer Technologien zur Vermeidung und Entsorgung von Abfällen, die nach § 3 Abs. 3 AbfG ausgeschlossen sind, sowie für die Planung und Errichtung von Entsorgungsanlagen für solche Abfälle, die in § 2 Abs. 1 Nr. 2 des Gesetzes über die Gründung des Abfallentsorgungs- und Altlastensanierungsverbandes Nordrhein-Westfalen genannten Vorlaufkosten (das sind Kosten, die mittelständischen Unternehmen bei der Errichtung von Entsorgungsanlagen entstehen).

Für die hessische Altlastenfinanzierungsumlage dürfen folgende Feststellungen getroffen werden (nähere Vorstellung der einschlägigen Normen bei Böhm, NVwZ 1990, 340 ff.): Gemäß § 22a Abs. 1 S. 1 HAbfAG erhebt das Land von den Entsorgungspflichtigen eine Altlastenfinanzierungsabgabe. Mit "Entsorgungspflichtigen" sind die Erzeuger von Hausmüll gemeint; die Menge des zu entsorgenden Hausmülls bildet die "Umlagegrundlage", § 22a Abs. 3 S. 1 HAbfAG. Hessen setzt also, und das darf wegen des Zwecks der "Abgabe": der Altlastensanierung, als erstaunlich bezeichnet werden, an der Erzeugung von Hausmüll an, obwohl diese Abfallfraktion den wohl geringsten Anteil an der Entstehung von Altlasten hat. Die Höhe der Umlage legt das für die Altlastensanierung zuständige Ministerium im Benehmen mit den kommunalen Spitzenverbänden fest; sie bemißt sich nach dem vorgesehenen Untersuchungs- und Sanierungsaufwand für Altlasten, § 22a Abs. 2 S. 1 und 2. Das Aufkommen der Umlage ist zweckgebunden für die Untersuchung und Sanierung von Altlasten, § 22a Abs. 1 S. 2. - Gemäß § 22a Abs. 3 S. 3 besteht daneben ein Eigenanteil der Kommunen am Sanierungsaufwand von 10 bis 30%. Sowohl der Eigenanteil der Kommunen als auch die Umlage werden im Rahmen der Erhebung von Abfallgebühren gemäß § 2 Abs. 2 HAbfAG auf die Benutzer der öffentlichen Abfallentsorgungseinrichtungen abgewälzt. Eine nähere Normierung soll durch Verwaltungsvorschriften getroffen werden. - § 6 Abs. 3 AbfG LSA rechnet zu den Kosten der kommunalen Abfallentsorgung, für die Gebühren erhoben werden dürfen, alle Aufwendungen für die von der entsorgungspflichtigen Körperschaft selbst oder in ihrem Auftrag wahrgenommenen wirtschaftlichen Aufgaben; hierzu gehören insbesondere Aufwendungen für die Rekultivierung und Renaturierung von Entsorgungsanlagen, einschließlich der Aufwendungen für Maßnahmen zum Ausgleich oder Ersatz oder zur Beseitigung von Eingriffen in Natur und Landschaft. Nach dem Recht des Landes Sachsen-Anhalt dürfen deshalb Kosten für die Sanierung von Altlasten, soweit es sich um ehemalige Entsorgungsanlagen handelt, mit Hilfe von Gebühren auf den Bürger abgewälzt werden.

Eine Regelung über die Erhebung einer Abfallabgabe enthält das Landesabfallabgabengesetz von Baden-Württemberg (LAbfAG) vom 11. März 1991, GBl. S. 133 ff. (ausführliche Vorstellung des Gesetzes durch Kühner, VBlBW 1991, 201 ff.). Erstmalig wird auf Länderebene der Versuch unternommen, durch den Einsatz eines ökonomischen Anreizsystems das Sonderabfallaufkommen mengenmäßig zu begrenzen. Das Gesetz regelt in § 1 Abs. 1, daß für das Erzeugen besonders überwachungsbedürftiger Abfälle eine Abfallabgabe zu entrichten ist; gemäß § 2 Abs. 2 sind besonders überwachungsbedürftige Abfälle in einer Anlage zum Gesetz abschließend aufgezählt, die Anlage kennt insoweit drei Kategorien von Abfällen. Abgabepflichtig ist gemäß § 3 Abs. 1 der Abfallerzeuger; Erzeuger sind die Betreiber gewerblicher oder sonstiger wirtschaftlicher Unternehmen oder öffentlicher Einrichtungen, in denen besonders überwachungsbedürftige Abfälle anfallen, § 2 Abs. 1. Die Höhe der Abgabe bestimmt § 4 Abs. 2; sie beträgt für besonders überwachungsbedürftige Abfälle der Kategorie 1: 50,-- DM, der Kategorie 2: 100,-- DM, der Kategorie 3: 150,-- DM je angefangene Tonne; ab dem 1. Januar 1993 beträgt der Abgabesatz für besonders überwachungsbedürftige Abfälle der Kategorie 1: 100,-- DM, der Kategorie 2: 200,-- DM und der Kategorie 3: 300,-- DM je angefangene Tonne, § 4 Abs. 3. Das Gesetz enthält dann weitere Einzelheiten wie die Bemessungsgrundlage, Veranlagungszeitraum, Erklärungspflicht, Festsetzung, Vorauszahlungen, Fälligkeit. Gemäß § 10 ist die Abgabe vom Land zweckgebunden zu verwenden für Maßnahmen, die 1. der Beratung auf dem Gebiet der Vermeidung und Verwertung besonders überwachungsbedürftiger Abfälle, 2. der Erforschung und Entwicklung von Vermeidungs- und Verwertungstechniken für besonders überwachungsbedürftige Abfälle, 3. der Förderung von Vorhaben einschließlich Pilotvorhaben zur Vermeidung und Verwertung von besonders überwachungsbedürftigen Abfällen, 4. der Erkundung und Bewältigung ökologischer Gefahren, Schäden und Folgelasten, die durch besonders überwachungsbedürftige Abfälle oder durch den Umgang mit gefährlichen, insbesondere wassergefährdenden Stoffen entstanden sind, dienen. - Eine ähnliche Regelung enthält das Niedersächsische Abfallabgabengesetz vom 17. Dezember 1991 (GVBl. S. 373), sowie das hessische Sonderabfallabgabengesetz vom 26. Juni 1991 (GVBl. S. 218).

b) Erfahrungen mit dem bisherigen Recht

Das bisherige Bodenschutzrecht wird als zu schwach für einen dauerhaften Bodenschutz betrachtet. Die Bundesregierung hat deshalb in ihrer Bodenschutzkonzeption vom 6. Februar 1985 (BT-Drs. 10/2977) eine Vielzahl von Einzelverbesserungen vorgeschlagen. Ähnlich hat die Literatur votiert (vgl. Peine, in: Breuer/Kloepfer/Marburger/Schröder [Hrsg.], Jahrbuch des Umwelt- und Technikrechts 1987 [UTR 3], 1987, S. 201 ff.). Der Rat von Sachverständigen für Umweltfragen (Umweltgutachten 1987, 1987, Tz. 641) hält die Vorschläge der Bundesregierung insgesamt für eine "sehr gute Grundlage" für die Verbesserung des Bodenschutzes. In BT-Drs. 11/1625 ist die Bundesregierung weiterhin davon ausgegangen, daß eine Vielzahl von Normen zu verbessern sei sowie weitere Maßnahmen zu ergreifen seien. Teilweise sind diese Pläne realisiert.

Trotz Änderungen am Normenbestand wird in der Literatur festgestellt, daß das Recht einen effektiven Bodenschutz nicht ermögliche (Heiermann, Der Schutz des Bodens vor Schadstoffeintrag, 1992, S. 293), der Handlungsbedarf sei dringlich. Dieser ergebe sich insbesondere aus der

- Zersplitterung des Rechts,
- der daraus folgenden mangelhaften Harmonisierung der Regelungen,
- dem Fehlen von handhabbaren Schadensschwellen hinsichtlich stofflicher Belastungen des Bodens (Bodenstandards).

c) Reformdiskussion

In den zuvor aufgeführten Stellungnahmen war die Schaffung eines einheitlichen Bodenschutzgesetzes abgelehnt worden. Dieser Auffassung stimmte ein großer Teil der Literatur zu (Storm, DVBl. 1985, 317 ff., 321; Brugger, BWVPr. 1986, 98 ff., 103; Ziegler, BWVPr. 1987, 145 ff., 151; Ebersbach, Rechtliche Aspekte des Landschaftsverbrauchs am ökologisch falschen Platz; Umweltbundesamt, 1985, S. 37 ff., 42; Smollich, JA 1988, 592 ff., 601). Diese Auffassung entspricht heute nicht mehr der des zuständigen Bundesministers; er hält ein Bodenschutz-Vollgesetz für notwendig.

Jüngere Äußerungen in der Literatur schlagen ein Rahmengesetz Bodenschutz vor (Heiermann, Der Schutz des Bodens vor Schadstoffeintrag, 1992, S. 308).

Neben der Diskussion der "Form" der bodenschutzregelnden Vorschriften gibt es zum Teil eine inhaltliche Diskussion.

Für die Normen des quantitativen Bodenschutzes darf das Fehlen einer über Einzelprobleme hinausgreifenden Reformdiskussion hervorgehoben werden. Der Landschaftsverbrauch wird zwar häufig beklagt; es werden auch Rechtsmaterien untersucht, mit deren Hilfe ein "Freiraumschutz" zu erreichen ist - in dieser Hinsicht wird das Landesplanungsrecht bemüht. Ferner wird gefordert, die anläßlich der Inkraftsetzung des Baugesetzbuchs erfolgten "Lockerungen" wieder rückgängig zu machen - eine erfolglose Forderung, wie jüngere Maßnahmen des Gesetzgebers zeigen.

§ 2 Abs. 1 Nr. 8 ROG ist selbst Ausdruck einer Reformanstrengung des Gesetzgebers. Insoweit findet eine weitere Diskussion nicht statt.

Über eine Reform des § 15 AbfG zwecks Unterbindung der landwirtschaftlichen Überdüngung wird seit langem diskutiert. Die hinsichtlich der gartenbaulichen und forstwirtschaftlichen Bodennutzung vorhandene Lücke wird durch eine erweiternde Interpretation geschlossen; eine ausdrückliche Klarstellung wird gefordert. Das Fehlen einer über die Klärschlammverordnung hinausgehenden Verordnung wird beklagt, die nur selten vorhandenen Gülleverordnungen werden als nicht ausreichender Ersatz empfunden. Formeln wie das "übliche Maß der landwirtschaftlichen Düngung" werden als unpraktikabel und nicht weiterführend angesehen, da sie keine konkrete Anweisung für das Handeln des Landwirts enthalten. - Hingewiesen sei auf die Empfehlungen des Rates von Sachverständigen für Umweltfragen (Umweltprobleme der Landwirtschaft, BT-Drs. 10/3613): Er geht davon aus, daß ein wirksamer Vollzug des Abfallrechts unter dem Aspekt der Düngeraufbringung nicht festgestellt werden kann; neben Hinweisen auf das Wasserrecht und solchen eher praktischer Art (umweltschonende Düngung, Gülleaufbereitung als Ausweg, siehe S. 323 - 325) schlägt er die Einführung einer Stickstoffabgabe mit Ausgleichszahlung vor (siehe S. 360 - 365). Wie so häufig glaubt man auch in diesem Fall, daß erst der Einsatz ökonomischer Instrumente das Handeln des Einzelnen in Einklang mit umweltpolitischen Forderungen bringen könne.

§ 1a Abs. 1 DMG ist selbst Ausdruck gesetzgeberischer Reformanstrengungen. Diese Reform wird freilich als unzureichend beurteilt.

Für das Pflanzenschutzgesetz wird das Fehlen einer Verordnung betreffend die gute fachliche Praxis beklagt und der Erlaß einer entsprechenden Verordnung gefordert. Die einzelnen Tatbestände dieses Gesetzes werden zum Teil als lückenhaft, zum Teil als unpraktikabel betrachtet; eine Klarheit schaffende Formulierung des Gesetzes wird für notwendig gehalten. Die mit diesem Gesetz vollzogene Reform wird alles in allem als unzureichend angesehen.

Die vorhandenen Bodenschutzgesetze sind die (zum Teil unzureichende) Antwort auf die gesetzliche Lage, die als nicht hinreichend für eine qualitativ gehaltvolle Problemlösung angesehen wird. Es werden entsprechende Gesetze sowie die Festlegung von Grenzwerten gefordert, um eine sicherere Rechtsgrundlage für Sanierungsverfügungen zu erhalten.

Die vorhandenen Altlastensanierungsgesetze sind die gesetzgeberische Antwort auf die Unzulänglichkeiten des Polizeirechts als Altlastensanierungsrecht. Diese gesetzgeberische Reform wird indes als nur teilweise gelungen betrachtet; es werden "vollständige" Gesetze verlangt, da die vorhandenen Normen zum Teil viele bedeutsame Fragen unbeantwortet ließen. - Das vorhandene Polizeirecht wird wegen seiner Unbestimmtheit in Details als nicht genügend gerüstet für Problemlösungen betrachtet.

Für die einen wirksamen Bodenschutz in qualitativer Hinsicht erst ermöglichenden Bodenstandards sei die Arbeit von Heiermann (Der Schutz des Bodens vor Schadstoffeintrag, 1992, S. 297) zitiert:

"- Bodenstandards müssen die unterschiedliche Belastbarkeit der einzelnen Bodentypen an den unterschiedlichen Standorten berücksichtigen, d.h. es kann nicht für einen bestimmten Schadstoff einen allgemein gültigen Grenzwert in allen Böden an allen Orten geben.

- Aufgrund der teilweise bestehenden wissenschaftlichen Kenntnisdefizite über bodenverändernde Wirkungen von Belastungen und der schwierigen Prognostizierbarkeit möglicher Auswirkungen von Bodenveränderungen auf die Ökosysteme, muß von 'hinreichend konservativen Annahmen', also für das Schutzgut ungünstigen Alternativen ausgegangen werden. Der dabei anzulegende Maßstab hängt vom Gewicht des Schutzgutes ab, das im Fall des Bodenschutzes als sehr hoch anzusehen ist.

- Die Festlegung von Bodenstandards muß mit der Normierung von entsprechenden Probeentnahme- und Meßverfahren verbunden werden, um die Nachprüfbarkeit ermittelter Werte zu gewährleisten.

- Die Bestimmung der Bodenstandards muß auf dem Stand der gegenwärtigen wissenschaftlichen Erkenntnis aufbauen. Die bestehende Informationsbasis ist für effektive Bodenschutzmaßnahmen bereits als ausreichend anzusehen. Weitergehend ist jedoch eine wirksame Vorsorge nur bei genauer Kenntnis der Boden- und Standortverhältnisse möglich. Es ist daher ein möglichst großmaßstäbiges Bodenkataster erforderlich, das flächendeckend unter anderen Kriterien der unterschiedlichen Schadstoffbelastbarkeit, der Filter- und sonstigen Eigenschaften darstellt. Entsprechend der Reichsbodenschätzung in den 30er Jahren, die der ökonomisch richtigen Bewertung der Böden galt, müßten Dauerbeobachtungsflächen eingerichtet werden, um standorttypische Entwicklungen etwa von

Schadstoffanreicherungen, deren Langzeitverhalten, von möglichen Metabolisierungen, Immobilisierungen und Mobilisierungen beweissichernd zu verfolgen. Zusätzlich ist eine Bodenprobenbank für Referenzproben zu bisher nicht erkannten Belastungsfaktoren erforderlich.

- Bodenstandards müssen so normiert werden, daß sie zügig neuen wissenschaftlichen Erkenntnissen angepaßt werden können, daß atypische Sachverhalte berücksichtigt und während des Anpassungszeitraums bereits die neuen Erkenntnisse berücksichtigt werden können. Um dies zu gewährleisten, bietet sich die Normierung in einer als normkonkretisierende Verwaltungsvorschrift auszugestaltenden TA-Boden an, da sie im Gegensatz zu einer auch in Frage kommenden Rechtsverordnung, die voll rechtlich verbindlich wäre, diese Möglichkeiten bietet und einer spezifischen, sachlich begrenzten und differenzierten Richtigkeitskontrolle durch die Gerichte unterworfen bleibt.
- Bodenschutz bedeutet im wesentlichen die Vorsorge gegen die Erschöpfung der natürlichen Kapazitäten der Böden und die Gefahrenabwehr in dieser Hinsicht. Ist ein Schaden, d.h. die Erschöpfung der Kapazitäten, eingetreten, muß entschieden werden, ob aus Gründen der Abwehr von Gefahren für andere Schutzgüter, eine Bodensanierung durchzuführen ist oder Nutzungsbeschränkungen ausgesprochen werden müssen. Bodenstandards sollten daher - unter Beachtung der bereits genannten Anforderungen - in dreifacher Hinsicht festgelegt werden:
  1. Es müssen auf der obersten Stufe Werte bestimmt werden, bei deren Erreichen Maßnahmen (Sanierung etc.) erforderlich werden, um Gefahren für die menschliche Gesundheit oder andere Schutzgüter als den Boden abzuwehren bzw. um einen Schadensverlauf zu unterbrechen (Sanierungswerte).
  2. Auf einer mittleren Stufe müssen Werte festgelegt werden, die die Grenze der wissenschaftlich jedenfalls tolerierbaren Belastung (Gefahrengrenze) des Filter-, Speicher-, Puffer- und Transformationsvermögens der unterschiedlichen Böden markieren (Belastungswerte).
  3. Schließlich sind auf der untersten Stufe Werte zu bestimmen, bei deren Beachtung die spezifischen Eigenschaften der Böden erhalten bleiben, also ihre natürlichen Kapazitäten nicht grundsätzlich verändert werden (Vorsorgewerte).

Die Bodenstandards auf der ersten Stufe bieten danach im wesentlichen die Basis für das Vorgehen im Problemfeld Altlastensanierung, während die Standards der zweiten und der dritten Stufe vor allem auf der Zulassungsebene bei Anlagen sowie bei der Produktion und dem Einsatz potentiell bodengefährdender Stoffe von Bedeutung sind. Die Verhinderung der Verlagerung bodengefährdender Betriebe in Gegenden, deren Bodenzustand noch Spielraum in bezug auf Bodenstandards bieten würde, könnte durch das planungsrechtliche Instrumentarium gewährleistet werden."

3. Rahmenbedingungen

a) EG-Recht

EG-rechtliche Vorschriften sind nur in zwei Fällen vorhanden. Für die Aufbringung von Klärschlamm existiert die Richtlinie des Rates vom 12. Juni 1986 über den Schutz der Umwelt und insbesondere der Böden bei der Verwendung von Klärschlämmen in der Landwirtschaft (86/278/EWG, ABl. EG Nr. L 181 vom 4. Juli 1986, S. 6). In dieser Richtlinie fehlen Grenzwerte für Chrom. Die Kommission hat in einem Änderungsvorschlag vom 18. November 1988 diesbezügliche Grenzwerte vorgelegt (Vorschlag für eine Richtlinie des Rates zur Änderung der Richtlinie 86/278/EWG über den Schutz der Umwelt und insbesondere der Böden bei der Verwendung von Klärschlämmen in der Landwirtschaft - in bezug auf Chrom - KOM (88) 624 endg., ABl. EG Nr. C 307, S. 9); sie hat in einem Vorschlag vom 2. April 1990 die Grenzwerte verschärft (Änderung zum Vorschlag für eine Richtlinie des Rates zur Änderung der Richtlinie 86/278/EWG über den Schutz der Umwelt und insbesondere der Böden bei der Verwendung von Klärschlämmen in der Landwirtschaft - in bezug auf Chrom - KOM (90) 85 endg., ABl. EG Nr. C 114, S. 9). - Ein Verordnungsvorschlag der Kommission vom 3. August 1990 sieht eine Beihilferegelung für die Landwirte vor, die einen Anreiz liefern soll, den Dünge- und Pflanzenschutzmitteleinsatz zu reduzieren; ferner soll die Flächenstillegung extensiviert werden (Vorschlag für eine Verordnung (EWG) des Rates zur Einführung oder Beibehaltung landwirtschaftlicher Erzeugungspraktiken, die den Erfordernissen des Schutzes der Umwelt und der Erhaltung der natürlichen Lebensräume gerecht werden - KOM (90) 366 endg., ABl. C 267, S. 11).

Das Inverkehrbringen von Pflanzenschutzmitteln regelt die Richtlinie des Rates vom 15. Juli 1991 (91/414/EWG, ABl. EG Nr. L 230 vom 19. August 1991, S. 1). Zu dieser Richtlinie siehe Petzold, EG-Harmonisierung der Zulassung von Pflanzenschutzmitteln, gesunde Pflanzen, 1991, S. 350 ff.

b) Verfassungsrecht

aa) Die Kompetenz des Bundes zum Erlaß eines Bodenschutzgesetzes. Der Bundesgesetzgeber ist zum Erlaß eines vollständigen Bodenschutzgesetzes kompetent, vgl. dazu Peine, in: MURL [Hrsg.] Probleme des Bodenschutzes, Umweltrechtstage 1992, 1992, S. 56 = NuR 1992, 353 ff.

bb) Sonstiges Verfassungsrecht. Verfassungsrechtliche Grenzen werden im Zusammenhang mit den jeweiligen Bestimmungen erörtert.

II. VORSCHLAG

1. Leitvorstellungen

Der Vorschlag orientiert sich an folgenden Leitvorstellungen:

- Das bisherige Vorgehen des Gesetzgebers, das Medium Boden nur in einzelnen Aspekten zu schützen, wird aufgegeben; der Boden wird unmittelbar unter gesetzlichen Schutz gestellt - damit wird hinsichtlich seines Schutzes seine Gleichrangigkeit mit den Umweltmedien Luft und Wasser herausgestellt. Er wird insbesondere nicht erst dann geschützt, wenn konkrete Gefahren für die menschliche Gesundheit bestehen - er wird um seiner selbst willen geschützt.
- Das Bodenschutzgesetz ist zu einem Vollgesetz auszugestalten. Diese Leitvorstellung darf freilich nicht dazu führen, jede Regelung, die "irgendwie" bodenschützende Relevanz besitzt, in das Kapitel Bodenschutz aufzunehmen. Diese Einschränkung wird von der Überlegung geleitet, daß solche Normen, die einem speziellen Regelungskomplex zugehören, und deren weitere Zugehörigkeit zu diesem Komplex sich als sinnvoll erwiesen hat - sei es aus Gründen der Tradition oder aus sachimmanenten Erwägungen -, an ihrem angestammten Ort verbleiben sollen. Der Gesetzesvorschlag möchte nicht allein um einer inhaltlichen Auffüllung der neuen Materie "Bodenschutz" willen überlieferte und bewährte Regelungsstrukturen zerreißen. In der Konsequenz dieser Absicht liegt es, diejenigen bodenschützenden Normen, die an ihrem angestammten Ort verbleiben sollen, in den einschlägigen Kapiteln näher zu analysieren und weitere Entscheidungen über sie dort zu treffen.
- Das Kapitel Bodenschutz nutzt soweit wie möglich die Aussagen des Allgemeinen Teils des UGB. Lediglich soweit es im Einzelfall über dessen Festlegungen hinausgeht, findet sich eine Regelung, die freilich die des Allgemeinen Teils des UGB einschließt.
- Die im geltenden Recht vorhandenen Lücken werden geschlossen sowie Unsicherheiten durch klare Regelungen beseitigt.
- Akzeptable Ergebnisse der Reformdiskussion werden umgesetzt.

2. Zum Aufbau des den Bodenschutz betreffenden Kapitels

Der Aufbau des Gesetzesvorschlags setzt zunächst die für alle Teilentwürfe geltende Beschlußlage um; der Gesetzesvorschlag enthält deshalb in seinem ersten Abschnitt allgemeine Vorschriften sowie in seinem letzten, dem vierten Abschnitt, gemeinsame Vorschriften. Entsprechend den dargestellten Gegenständen, mit denen sich das Bodenschutzrecht befaßt, behandelt der zweite Abschnitt das Bodenerhaltungsrecht, der dritte Abschnitt den Umgang mit belasteten Böden, also die Bodensanierung und Bodensicherung. Der zweite Abschnitt ist in sechs Unterabschnitte ausdifferenziert; die Unterteilung ist orientiert an den verschiedenen Maßnahmen, die der Bodenerhaltung dienen: quantitativer und qualitativer Bodenschutz, Bodenüberwachung, Bodenbeeinträchtigungsgebiete, Erfassung und Überwachung der Bodenbeschaffenheit sowie die Mitwirkung der für den Bodenschutz zuständigen Behörde bei Gestattungsverfahren. Der dritte Abschnitt trennt zwischen Bodenbelastungen einerseits und den Altlasten andererseits; er nimmt damit die heute übliche Separierung auf, die zwischen (großflächigen) diffusen Belastungen des Bodens und den sogenannten Altlasten unterscheidet.

Zum Ersten Abschnitt: Allgemeine Vorschriften

I. AUSGANGSLAGE

1. Gegenstand des Regelungsbereichs

Der erste Abschnitt regelt den Zweck des Gesetzes, definiert bereichsspezifische Begriffe, klärt den Anwendungsbereich und normiert die Grundsätze, die für die Nutzung des Bodens und für den Umgang mit ihm leitend sind. Damit werden der Pflichten- und Auftragsgehalt des Bodenschutzrechts herausgestellt, nicht hingegen bereits die einzelnen Ver- und Gebote zur Durchsetzung dieser Grundsätze.

2. Bisherige Rechtslage

Das bisherige Recht kennt einen vergleichbaren Einleitungsabschnitt nicht, da es an einer Kodifikation des Bodenschutzrechts fehlt - von Baden-Württemberg abgesehen: Das Bodenschutzgesetz dieses Landes (vom 24. Juni 1991, GBl. S. 434) entspricht in seinen ersten vier Paragraphen weitgehend dem Gesetzesvorschlag.

II. VORSCHLAG

1. Leitvorstellungen

Die dargelegte allgemeine Leitvorstellung, den Boden um seiner selbst willen vor Umweltbeeinträchtigungen zu schützen, d.h. die natürlichen Bodenfunktionen zu erhalten, ist zu verankern. Da § 3 Abs. 1 diese Leitlinie bereits normiert, geschieht die Umsetzung knapp durch Hinweis auf die in Betracht kommenden Mittel, soweit dieses nicht ebenfalls schon durch die Grundsätze des Allgemeinen Teils (§§ 3 bis 6) geschehen ist. Ferner sind die für das Bodenschutzrecht bedeutsamen Begriffe zu definieren. Schließlich ist der Anwendungsbereich des Gesetzes festzulegen. Der Vorschlag erfaßt nicht sämtliche denkbaren bodenschutzregelnden Vorschriften; er läßt bestimmte Bereiche unberührt. Insoweit ist eine Aussage zum Verhältnis der unberührt bleibenden Teile der Rechtsordnung zu treffen.

2. Zur Regelung im einzelnen

Zu § 283 Zweck

Den Zweck des UGB nennt § 1. Dieser Zweck ist auch der des dritten Kapitels: des Bodenschutzrechts. Satz 1 verweist deshalb durch seine Formulierung ("der Zweck des Gesetzes") auf § 1 und nennt lediglich vorrangige Mittel zur Zweckerreichung. Die Norm geht von den bekannten Tatsachen aus, daß eine Verschlechterung der Qualität des Bodens durch Stoffeintrag - sei es direkt, sei es indirekt - nahezu überall zu beobachten ist und daß in vielen Fällen Sanierungen notwendig sind, weil der Boden die ihm im Naturhaushalt zukommenden Funktionen nicht mehr erfüllt oder weil die in ihm oder auf ihm abgelagerten Stoffe das Grundwasser gefährden oder bereits kontaminieren. Deshalb werden drei Mittel zur Zweckerreichung vorrangig betont: die Verpflichtung zur Durchführung von Maßnahmen der Bodenerhaltung, damit eine weitere quantitative und qualitative Verschlechterung gestoppt wird; die Verpflichtung zur Durchführung von Maßnahmen der Bodensanierung, damit die natürliche Bodenfunktionen wieder hergestellt werden; die Verpflichtung zum Ergreifen von Vorsorgemaßnahmen, damit eine in der Zukunft drohende weitere Bodenverschmutzung unterbleibt.

Die schützenswerten Funktionen des Bodens nennt Satz 2. Geschützt werden ausdrücklich die Regelungsfunktion, die Produktionsfunktion und die Lebensraumfunktion. Dieses entspricht dem Umweltbericht 1990 des Bundesministers für Umwelt, Naturschutz und Reaktorsicherheit und den Vorstellungen des Rates von Sachverständigen für Umweltfragen. Wenn diese Funktionen erfüllt werden, erfährt auch das Klima Schutz; es ist deshalb nicht eigens als schützenswertes Gut aufzuführen. Andere Funktionen, z.B. die des Bodens als Archiv der Natur und Kulturgeschichte, sind in einem Umweltgesetzbuch bedeutungslos und werden deshalb nicht aufgeführt.

Abgesehen von dem Zweck Schutz des Bodens als "landschaftsgeschichtliche Urkunde" entspricht die vorgenommene Zweckbestimmung § 1 des baden-württembergischen Bodenschutzgesetzes. Diese Norm ist freilich anders formuliert. Die hier vorgeschlagene Fassung beruht auf der Möglichkeit, § 1 in Bezug zu nehmen. Sie muß deshalb zwingend formal anders ausfallen.

Zu § 284 Begriffsbestimmungen

Die Definition des Bodens weicht von der baden-württembergischen Fassung (§ 2 Abs. 1) in zweifacher Hinsicht ab. Diese Fassung spricht zunächst von der obersten überbauten und nicht überbauten Schicht der festen Erdkruste; der Gesetzesvorschlag verzichtet auf die Zusätze "überbaut" und "nicht überbaut" - sie erscheinen überflüssig. Aus dem Vorschlag ergibt sich eindeutig, daß auch die überbaute Schicht Boden im Sinne des Vorschlags ist; ferner spricht der Vorschlag von "Schichten" - dieses entspricht dem naturwissenschaftlichen Tatbestand, weil von einer Schicht im Sinne eines einheitlichen Aufbaus des Bodens nicht gesprochen werden kann. Ferner erfaßt der Vorschlag auch den Grund von grundwasserführenden Bodenschichten; er kann durch menschliche Aktivitäten, z.B. durch das Abpumpen von Grundwasser, beeinträchtigt werden - insoweit füllt die hier vorgeschlagenen Definition eine Lücke des baden-württembergischen Gesetzes.

Einerseits ist durch die Definition der Boden räumlich umfassend erfaßt, andererseits ist sein Schutz auf die Bereiche beschränkt, die menschliche Aktivitäten beeinflussen können. Nur insoweit ist sein Schutz denkbar: Dort, wo der Mensch nicht "hinkommt", kann er weder zerstören noch schützen.

Die vorgeschlagene Begriffsbestimmung ist die weiteste, die sich in Gesetzen und Abhandlungen findet. Dem Anliegen des Vorschlags, den Schutz des Bodens möglichst umfassend zu sichern, wird damit Rechnung getragen.

Absatz 2 befaßt sich mit drei unterschiedlichen "Qualitätsstufen" der Verunreinigung des Bodens. Verunreinigungen des Bodens sind Veränderungen der natürlichen Beschaffenheit des Bodens durch Deposition bodengefährlicher Stoffe im Boden. Es werden drei Begriffe eingeführt, die die Verunreinigung des Bodens in Abhängigkeit vom Gefährdungspotential erfassen; "Verunreinigung" fungiert als Oberbegriff, dem die drei eingeführten Begriffe unterfallen, insoweit wird auf die Begriffe "Umweltrisiko" und "Umweltgefahr", die § 2 Abs. 2 Nr. 6 definiert, zurückgegriffen. Unter Berücksichtigung von § 2 Abs. 2 Nr. 3 ist deshalb eine Bodenbeeinträchtigung die Veränderung der natürlichen Beschaffenheit des Bodens durch bodengefährdende Stoffe, die geeignet ist, den Boden nicht nur geringfügig nachteilig zu verändern. Diese Definition entspricht dem Begriff "Bodenbelastung" des baden-württembergischen Gesetzes. Der hier gewählte Sprachgebrauch ist vorzugswürdig, weil in der deutschen Sprache ein Wort fehlt, welches eine stärkere Verschmutzung des Bodens ausdrückt, als das Wort Bodenbelastung leistet. Der Begriff Bodenbelastung ist deshalb für die stärkste Verschmutzungsstufe zu reservieren. Für die mittlere Stufe ist Beeinträchtigung gewählt worden, um den Einklang mit § 2 Abs. 2 Nr. 3 herzustellen.

Notwendig erscheint auch eine Definition des Begriffs "bodengefährlicher Stoff". Auf den Boden werden direkt und indirekt viele Stoffe aufgebracht, von denen nicht alle die natürlichen Funktionen des Bodens nachteilig beeinflussen; zu den in diesem Sinne "positiven" Stoffen gehört der Wirtschaftsdünger, weil er die Fruchtbarkeit des Bodens erhält oder steigert, wenn dieses Aufbringen in dem Rahmen geschieht, den die "natürlichen Gesetze" des Bodens vorgeben. Um die "positiven" von den "negativen" Stoffen abzugrenzen, ist die Definition erfolgt. Sie basiert auf dem Umstand, daß schon ein Stoff allein negative Einflüsse entfalten kann, aber auch erst in Zusammenwirken mit anderen Stoffen oder als Zersetzungsprodukt. Alle drei Varianten von negativer Wirkung sind aufgenommen worden.

Für den Vollzug des Bodenschutzrechts ist die Existenz von Grenzwerten entscheidend. Dieses ist ein immer wieder hervorgehobenes Faktum. Diese Grenzwerte kann der Vorschlag nicht selbst liefern, sondern er kann lediglich die "Kategorien" schaffen sowie die Verpflichtung, den Kategorien entsprechende Grenzwerte festzusetzen. Die beiden Kategorien Risikowert und Gefahrenwert folgen den im Allgemeinen Teil definierten Begriffen Umweltrisiko und Umweltgefahr. Eine Bodenbeeinträchtigung im Sinne des Vorschlags ist deshalb gegeben, wenn der Risikowert eines bodenbeeinträchtigenden Stoffes erreicht ist. Damit ist eine unproblematisch handhabbare Grundlage für den Vollzug des Bodenschutzrechts geschaffen. - Der Vorschlag verzichtet auf die Kategorie "Sanierungswert". Sanierungswert - verstanden in dem Sinne, daß sein "Erreichen" eine Sanierung des Bodens erfordert - ist identisch mit dem hier verwandten Begriff Gefahrenwert. Ferner ist darauf hinzuweisen, daß die in der Literatur geforderten "Belastungswerte" solche sind, die unterhalb der Risikowerte verbleiben. "Vorsorgewerte" kennt der Vorschlag nicht, weil er an diesen Begriff keine Rechtspflicht knüpft und deshalb auf diesen Begriff verzichtet werden kann. Wie noch darzulegen wird, gilt eine Bodenbelastung als beseitigt, wenn die einschlägigen Risikowerte unterschritten werden. Die im Rahmen einer Sanierung zu erzielenden Werte sind folglich identisch mit den hier eingeführten Risikowerten.

Die vorgeschlagene Definition des Begriffs "Altlasten" entspricht dem nordrhein-westfälischen Recht. Dieses enthält freilich das Datum 11. Juni 1972, also den Tag des Inkrafttretens des ersten Abfallgesetzes des Bundes. Dieses Datum nimmt der Vorschlag auf, indem er erklärt, daß Altlasten solche Altablagerungen oder Altstandorte seien, auf die das Abfallrecht des Bundes keine Anwendung findet. Der Vorschlag verzichtet freilich auf die ausdrückliche Nennung dieses Datums; darin liegt folgender Vorteil: Altlasten im Beitrittsgebiet sind diejenigen Altablagerungen und Altstandorte, die vor dem 1. Juli 1990 abgeschlossen bzw. außer Betrieb waren und auf die das Abfallgesetz des Bundes deshalb keine Anwendung findet. Die im Vorschlag gewählte "neutrale" Formulierung nimmt beide Daten in sich auf. - Von Land zu Land bestehen erhebliche Unterschiede in der Reichweite des Altlastenbegriffs. Der nordrhein-westfälische Begriff ist der umfassendste. Er erfaßt auch solche Altstandorte, auf denen mit umweltgefährlichen Stoffen umgegangen worden ist, wenn die betreffenden Anlagen noch betrieben werden (siehe Lübbe-Wolff, Grundwasserbelastung durch CKW, 1991, S. 26). Die Definition geht in Satz 1 davon aus, daß eine Altlast nur dann vorliegt, wenn die zuständige Behörde eine "Bodenverschmutzung" nach Untersuchung und Beurteilung zu einer Altlast erklärt. Eine ausdrückliche Bestimmung dieser Art enthält ebenfalls § 16 Abs. 3 HAbfAG. Um hinter den erreichten Rechtszustand nicht zurückzufallen, orientiert sich die Definition an diesen gesetzlichen Aussagen. Damit ist eine eindeutige Grundlage für den Vollzug des Altlastenrechts geschaffen. Der Begriff Altlast kann in rechtlichen Zusammenhängen nicht mehr beliebig eingesetzt werden.

Zu § 285 Geltungsbereich

Vorschriften, die den Boden direkt oder indirekt schützen, finden sich in vielen Gesetzen und im UGB an anderen Stellen. § 3 stellt fest, daß diese Vorschriften als speziellere Normen dem Kapitel Bodenschutzrecht vorgehen, soweit sie im Verhältnis zu den Aussagen des Bodenschutzrechts inhaltsgleich oder weitergehend sind. Soweit die Normen inhaltsgleich sind, z.B. § 5 Abs. 1 und § 202 BauGB, könnten die in den anderen Gesetzen enthaltenen gleichlautenden Normen, in unserem Beispiel also § 202 BauGB entfallen; das Streichen gleichlautender Normen in anderen Gesetzen wird hier vorgeschlagen, es sei denn, die Fortsetzung einer Tradition gebietet das Verbleiben der Norm. Im UGB-BT selbst sind bodenschützende Normen in den Kapiteln Naturschutz- und Landschaftspflege, Gewässerschutz und Wasserwirtschaft sowie Abfallentsorgung enthalten. Diese Bereiche enthielten schon immer bodenschützende Normen. Sie sollen in Aufrechterhaltung der Tradition dort verbleiben und auch weiterhin zur Anwendung gelangen.

Zu § 286 Grundsätze

Die Grundsätze sind verbindliche Vorgaben für alle Maßnahmen, die das Kapitel Bodenschutz ermöglicht. Grundsätze sind keine vollzugsfähigen Regelungen (siehe des näheren Begründung zum Allgemeinen Teil, S. 131), sondern die hier genannten Grundsätze erlangen Bedeutung im Zusammenhang mit den speziellen Vorschriften dieses Kapitels.

Absatz 1 Satz 1 knüpft an die verschiedenen Gefährdungen an, denen der Boden ausgesetzt ist, und stellt fest, für welche Zwecke er vor Gefährdungen zu bewahren ist. Als Zweck nennt die Norm die Erhaltung des Naturkörpers und der Lebensgrundlage der Menschen, Tiere und Pflanzen. Damit sind die wesentlichen Funktionen des Bodens hervorgehoben. Die Norm hebt ferner vier Handlungen hervor, vor denen der Boden zu schützen ist: die ungeeignete Flächennutzung, den übermäßigen Verbrauch (insoweit wird § 3 Abs. 1 S. 3 Nr. 1 wiederholt, auf das zu dieser Norm Gesagte darf verwiesen werden); die beiden weiteren Handlungen, vor denen das Gesetz den Boden schützt, sind Bodenveränderungen - also gemäß § 284 Abs. 2 die schwächste Form der Bodenverunreinigung - und sonstige Beeinträchtigungen: dieses ist ein Auffangtatbestand, der z.B. die Verdichtung des Bodens als Folge seines Befahrens mit schweren Ackergeräten erfaßt. Im Gegensatz zu der gerade behandelten Abwehraufgabe formuliert Absatz 1 S. 2 eine Verpflichtung, zugunsten des Bodens aktiv tätig zu werden: Seine Fruchtbarkeit und seine Leistungsfähigkeit sind zu bewahren. Das Gesetz nennt konkrete Handlungsmittel nicht; damit soll ausgedrückt sein, daß alles, was der Zielerreichung förderlich ist, eingesetzt werden darf. Sachlich muß die Frage nach den Mitteln die Agrarwissenschaft beantworten.

Der Bodenverbrauch ist heute ein wesentliches Problem: Vorhaben für die Verbesserung der Infrastruktur und für den Wohnungsbau, die Industrie und den tertiären Sektor beanspruchen immer mehr des nichtvermehrbaren Gutes Boden. Dieses muß gestoppt werden. Ein Mittel, um wenigstens insoweit teilweise Erfolge zu erzielen, ist die Bebauung von Boden, der bereits versiegelt ist. Dieses schreibt Absatz 2 Satz 1 vor, wenn die versiegelte Fläche für das Vorhaben geeignet ist. Das ist jedenfalls anzunehmen bei der Ansiedlung von Gewerbe- und Industriebetrieben auf Flächen, die früher durch ebensolche Betriebe genutzt wurden. Vorstellbar ist auch, "Ruinengrundstücke" abzuräumen und sie für eine Folgenutzung vorzubereiten, anstatt unbebautes Gelände zu bebauen. - Für die Zulassung von Vorhaben - dieser Begriff ist umfassend zu verstehen; erfaßt ist jede raumbeanspruchende "Genehmigung" - verweist Absatz 2 Satz 2 auf § 28 Abs. 2. Diese Norm enthält einen anerkannten Grundsatz des Bodenrechts (vgl. die Begründung des Allgemeinen Teils, S. 220).

Absatz 3 befaßt sich mit Bodenbelastungen und Altlasten. Die Norm fordert nicht in jedem Fall die Beseitigung bzw. Sanierung, sondern nur im Regelfall - deshalb die Verwendung des Wortes "soll". Die Sanierung bzw. Beseitigung in jedem Fall vorzuschreiben erscheint unangemessen angesichts der nicht einmal im Ansatz überschaubaren Kosten, die eine solche Rechtspflicht auslösen würde. Deshalb soll den zur Sanierung verpflichteten Behörden (auf die die wesentlichen Sanierungsfälle zukommen werden angesichts nicht greifbarer oder zahlungsfähiger Privater) ein gewisses Ermessen bleiben mit Blick auf die Art der zu treffenden Maßnahmen. In jedem Fall sind schädliche Auswirkungen auf Mensch und Umwelt zu verhindern; dieses kann geschehen durch weniger kostenträchtige Maßnahmen, als eine Sanierung sie darstellt.

Zum Zweiten Abschnitt: Bodenerhaltung

I. AUSGANGSLAGE

1. Gegenstand des Regelungsbereichs

Der zweite Abschnitt befaßt sich mit insgesamt sechs verschiedenen Gegenständen: dem quantitativen und dem qualitativen Bodenschutz, der Bodenüberwachung, den Bodenbeeinträchtigungsgebieten, der Erfassung und Überwachung der Bodenbeschaffenheit sowie der Mitwirkung der für den Bodenschutz zuständigen Behörden in anderen gesetzlichen Gestattungsverfahren. Es werden die Instrumente, die für die Erreichung der jeweiligen Ziele notwendig sind, bereitgestellt.

2. Bisherige Rechtslage

Normen ähnlichen Inhalts finden sich bereits im geltenden Recht, freilich ist der Anwendungsbereich des geltenden Rechts in der Regel schmaler oder das geltende Recht ist weniger "hart". Z.B. findet sich die in § 287 Abs. 1 vorgeschlagene Regelung in § 202 BauGB, ihr Anwendungsbereich ist aber auf das Bauplanungsrecht begrenzt; die Regelung in § 292 Abs. 3 über das Verbot des Einsatzes von erlaubten Pflanzenschutzmitteln geht über das jetzt in §§ 6, 7 PflSchG vorhandene Recht hinaus; die Regelung über Bodenbeeinträchtigungsgebiete findet sich lediglich im baden-württembergischen und sächsischen Landesrecht: im Bodenschutzgesetz von Baden-Württemberg und in § 9 Abs. 2 Sächs. EGAB.

II. VORSCHLAG

1. Leitvorstellungen

Das Instrumentarium des vorhandenen Rechts zur Erhaltung des Bodens ist aus seinen Regelungszusammenhängen (freilich begrenzt; s.o.) zu lösen und zu einem allgemein geltenden Recht zu entwickeln. Dieses Recht ist zu verschärfen, wenn das bisherige Recht erkannten Notwendigkeiten nicht genügt. Es sind neue Instrumente zu schaffen, soweit das geltende Recht Regelungsdefizite enthält.

2. Zur Regelung im einzelnen

Zum Ersten Unterabschnitt: Quantitativer Bodenschutz

Zu § 287 Bodenerhaltungs- und Wiederherstellungspflicht

Absatz 1 findet sich im geltenden Recht in § 202 BauGB. Auf die Kommentierung zu dieser Norm darf verwiesen werden (z.B. Fislake, in: Berliner Kommentar zum Baugesetzbuch, hrsg. von Schlichter/Stich, 1988). Der nutzbare Zustand wird erhalten, wenn der Mutterboden im Rahmen von Erdarbeiten lebend bleibt; Vernichtung meint die Beimengung von bodenfremden Stoffen, Vergeudung die Nichtnutzung zur Bedeckung der Erdoberfläche, z.B. die Verfüllung einer Baugrube. Absatz 1 greift bei jeder Form von Einwirkung auf den Boden ein, nicht nur bei Vorhaben gemäß dem Baugesetzbuch. Ein Einwirken auf den Boden liegt z.B. auch dann vor, wenn ein Hausgarten umgegraben oder ein Feld von schweren Militärfahrzeugen im Rahmen eines Manövers befahren wird. Bei diesen Vorgängen ist darauf zu achten, daß der Boden nicht verdichtet oder weggetragen wird, z.B. auf die Straße durch Panzerketten.

§ 287 Abs. 1 schränkt das in § 72 Abs. 2 eingeräumte Ermessen ein.

Absatz 2 enthält eine Pflicht, die das geltende Recht bislang nicht kennt. Wenn Straßen oder Eisenbahntrassen stillgelegt werden oder die Nutzung von Fabrikgebäuden aufgegeben wird, dann darf nach geltendem Recht die einmal vorgenommene Versiegelung des Bodens bestehen bleiben, es sei denn, die Entsiegelung ist die einzige Möglichkeit zur Abwehr einer konkreten Gefahr. In der Praxis führt das z.B. beim Bau von neuen Autobahnabfahrten an den Autobahnen in den neuen Bundesländern dazu, daß die alten, engen Abfahrten bestehen bleiben, aber für die Benutzung gesperrt werden, und neue Abfahrten errichtet werden. Die Norm will diese Zustände, die nicht nur wenig ästhetisch sind, verhindern. Satz 1 macht es der öffentlichen Hand im Regelfall ("soll") zur Pflicht, daß den Boden versiegelnde Material (Teer, Steine etc.) zu beseitigen, wenn das Grundstück für den ursprünglichen Zweck nicht mehr gebraucht wird, z.B. im Falle einer endgültigen Stillegung einer Eisenbahnstrecke. Der Vorschlag sieht eine ausnahmslose Rechtspflicht zum Entsiegeln nicht vor, weil im Einzelfall vorstellbar ist, daß die Entsiegelung durch andere Gründe im Interesse des Umweltschutzes nicht sinnvoll erscheint, beispielsweise kann sich an einer Trasse ein schützenswertes Biotop gebildet haben.

Für natürliche Personen und juristische Personen des Privatrechts gilt die Pflicht nur dann, wenn ihnen die Entsiegelung zumutbar ist. Das ist der Fall, wenn sie ihnen finanziell zumutbar ist. Bereits jetzt gilt gemäß § 5 Abs. 3 BImSchG eine Überwachungspflicht der Anlage für die Zeit nach der

Betriebseinstellung. Ist zu erwarten, daß der Betrieb dauerhaft eingestellt bleibt und vorhandene Gebäude nicht mehr genutzt werden, dann kann es für den Verfügungsberechtigten billiger sein, durch Abriß etc. den Boden zu entsiegeln anstatt weiter zu überwachen. In diesem Fall darf von einer Zumutbarkeit der Entsiegelung ausgegangen werden.

Zum Zweiten Unterabschnitt: Qualitativer Bodenschutz

Zu § 288 Verbot vermeidbarer Bodenverunreinigungen

Daß durch menschliche Aktivitäten im Rahmen von Bodennutzungen Bodenverunreinigungen möglich sind, liegt auf der Hand. Jede Bodenverunreinigung zu verbieten hätte aber wahrscheinlich ein Verbot jeder Bodennutzung zur Folge. Soweit darf der Umweltschutz nicht gehen, will er nicht einen Teil der überkommenen Kultur zerstören. Gefordert wird, Bodenverunreinigungen auf das nach den Umständen unvermeidbare Maß zu beschränken. Was unvermeidbar ist, ist eine Frage des Einzelfalls und kann nicht generell entschieden werden.

Zu § 289 Land- und forstwirtschaftliche Bodennutzung

§ 289 spezifiziert die in § 288 enthaltene allgemeine Klausel für die land- und forstwirtschaftliche Bodennutzung. Der Begriff der Landwirtschaft ist weit zu verstehen, der Begriff entspricht § 171 Abs. 2 sowie § 201 BauGB. Dieses Verständnis ist in den Definitionen dieses Kapitels nicht ausdrücklich niedergelegt worden; die Definition gehört in den Allgemeinen Teil. Das gleiche würde für den Begriff "Forstwirtschaft" gelten, wenn sich verschiedene Bewirtschaftungsarten des Waldes ausdifferenzieren ließen. Diese Differenzierung kann hier nicht versucht werden. "Forstwirtschaft" werde wie folgt expliziert: "Forstwirtschaft im Sinne dieses Gesetzbuchs ist die durch den Waldbesitzer erfolgende Nutzung des Waldes, die sowohl seinem Interesse an ökonomisch sinnvoller Nutzung des Waldes als auch dem öffentlichen Interesse an einer ökologisch vertretbaren Bodennutzung und an der Erhaltung des Waldbestandes wegen dessen Bedeutung für die Umwelt Rechnung trägt." - § 289 Abs. 1 und 3 entspricht weitestgehend § 11 Abs. 1 BodSchG-BW.

Die Aussagen der beiden zuvor genannten Absätze basieren auf der Erkenntnis, daß die Land- und Forstwirtschaft durch ihre Art der Bodenbearbeitung der Bodenqualität schaden kann und deshalb Aussagen zum produktionsbezogenen Bodenschutz notwendig sind. Diese beziehen sich auf Ziel und Mittel: Ziel ist die Sicherung der natürlichen Bodenfruchtbarkeit und die natürliche Leistungsfähigkeit des Bodens; Mittel ist die standortgerechte Bewirtschaftungsmaßnahme. § 289 Abs. 1 S. 2 spezifiziert für die landwirtschaftliche Bodennutzung die Bewirtschaftungsmaßnahmen und die Ausbaumaßnahmen noch einmal mit Blick auf bestimmte Ziele (wodurch zugleich bestimmte Handlungsweisen verboten werden): a) Bewirtschaftungsmaßnahmen sind zum einen immer standortgerecht, also Klima und Bodenart angepaßt, sowie zum anderen unter Berücksichtigung des Bodenzustands vorzunehmen; die Berücksichtigung des Bodenzustands muß im Ergebnis zu einer günstigen Beeinflussung der Bodenstruktur sowie zur Schonung und Förderung des Bodenlebens führen. Alle Maßnahmen der Bodenbearbeitung, die diese Modalitäten nicht beachten und die die angestrebten Erfolge nicht erzielen, sind unzulässig. b) Anbaumaßnahmen, beispielhaft nennt der Vorschlag die Bodenbearbeitung und die Fruchtfolgegestaltung, sind zum einen immer den natürlichen Standortbedingungen (insoweit handelt es sich um eine sprachliche Variierung von standortgerecht) sowie zum anderen mit dem Ziel vorzunehmen, Bodenerosion und Bodenvernichtung soweit wie möglich zu vermeiden; es geht im wesentlichen darum, Kulturpflanzenstandorte zu erhalten und sie nicht durch Monokulturen zu vernichten. - Absatz 3 enthält ein Verbot des Wechsels von Bodennutzungen in bestimmten Lagen. Es wird davon ausgegangen, daß in diesen Situationen Wald- und Grünland diejenigen Nutzungsarten sind, die den Boden am besten vor Vernichtung schützen. Das Verbot gilt nicht absolut; wenn es in tatsächlicher Hinsicht als möglich erscheint, daß eine andere Nutzungsart den gleichen bodenschützenden Effekt erzeugt, soll ein Nutzungswechsel nicht ausgeschlossen sein.

Die Vorschrift des Absatzes 2 gründet auf der Annahme, daß es Regeln bodenschonender Land- und Forstwirtschaft gibt, die den in der Praxis tätigen Land- und Forstwirten auch bekannt sind. Die Norm zieht eine Parallele zu vielen Normen des Technikrechts, die vorschreiben, daß die allgemein anerkannten Regeln der Technik (z.B. § 3 Abs. 1 Satz 2 GSG) oder deren qualitative Steigerungsstufen einzuhalten sind. Es wird in diesen Fällen immer unterstellt, daß die "Regeln" bekannt sind, unabhängig davon, ob sie schriftlich fixiert sind, z.B. durch eine Normungsorganisation. Dasjenige, was in der Technik gilt, unterstellt der Vorschlag auch für die Land- und Forstwirtschaft. - Die Norm ermöglicht die Fixierung der Regeln bodenschonender Land- und Forstwirtschaft in einer Rechtsverordnung. Die Formulierung räumt dem Verordnungsgeber Ermessen mit Blick auf den Erlaß ein; eine Rechtspflicht zum Erlaß der Verordnung besteht deshalb nicht.

Zu § 290 Aufbringen besonderer Stoffe

§ 290 spezifiziert die in § 288 enthaltene allgemeine Klausel für das Aufbringen besonderer Stoffe auf landwirtschaftlich oder forstwirtschaftlich genutzten Boden.

§ 290 Abs. 1 ist § 15 Abs. 1 AbfG nachgebildet, geht aber über dessen Anwendungsbereich hinaus und faßt die Norm klarer, vermeidet also die mit

§ 15 Abs. 1 AbfG verbundenen Probleme. Zunächst gilt das weitgehende Verbot des Aufbringens und Abgebens für alle im Text genannten Stoffe; für Jauche, Gülle oder Stallmist wird folglich kein Sondertatbestand geschaffen, den die Landwirtschaft für ihre Entsorgungszwecke mißbrauchen könnte (bzw. durch vernebelnde Interpretation betreffend die Tatbestandsvoraussetzungen für ihre Zwecke aufbereiten könnte). Wann eine Bodenbeeinträchtigung vorliegt, ergibt sich aus § 284 Abs. 2 Nr. 2 i.V.m. der zu erlassenden Rechtsverordnung, die Grenzwerte enthält. Insoweit ist allgemein und nach Vornahme von Analysen auch im Einzelfall klar, welche Quantitäten der genannten Stoffe auf den Boden aufgebracht oder zu diesem Zweck abgegeben werden dürfen.

§ 290 Abs. 1 S. 2 löst § 15 Abs. 1 S. 2 AbfG ab. Damit entfällt der Streit um den Begriff "übliches Maß der landwirtschaftlichen Düngung". Das Aufbringen aller in § 290 Abs. 1 S. 1 genannten Stoffe zum Zweck der Düngung ist verboten, wenn die Düngung umweltunverträglich erfolgt; das ist der Fall, wenn von der Düngung eine Wirkung ausgeht, die geeignet ist, die Umwelt nicht nur geringfügig nachteilig zu verändern, siehe § 2 Abs. 3. Satz 2 wiederholt im Prinzip lediglich in Satz 1 Geregeltes; seine Aufnahme in den Text in dieser Form beruht auf erzieherischen Erwägungen.

Absatz 2 ist bereits in § 15 Abs. 2 AbfG enthalten; eine Erweiterung ist insoweit vorgenommen worden, als noch einmal der in § 283 genannte Zweck "angerufen" wurde: Es geht um Bodenschutz und nicht um die Schaffung von Entsorgungsmöglichkeiten. Bislang hat der Verordnungsgeber von § 15 Abs. 2 AbfG lediglich durch den Erlaß der Klärschlammverordnung Gebrauch gemacht, alles weitere hat er den Ländern überlassen, was wegen § 15 Abs. 3 AbfG möglich war - einige Länder haben sogenannte Gülleverordnungen geschaffen. Diesen "Ausweg" verschließt der Entwurf, indem § 15 Abs. 3 AbfG entfällt. Der Bund soll eine vollständige Regelung über das Aufbringen und Abgeben der in Absatz 1 genannten Stoffe verbindlich machen, weil eine bundeseinheitliche Normierung dieser Tatbestände notwendig ist.

§ 290 Abs. 3 erlaubt weitergehendes Landesrecht. Dieses kann z.B. Regelungen enthalten, die im Einzelfall ein vollständiges Verbot der Stoffabgabe oder des Stoffaufbringens ermöglichen; der jetzige § 15 Abs. 5 AbfG kann in das Landesrecht übernommen werden.

Zu § 291 Anwendung von Düngemitteln

Der in § 291 verwandte Begriff des Düngemittels entspricht dem des gefahrstoffrechtlichen Kapitels des UGB (§ 533 Nr. 1). Dieser Düngemittelbegriff ist identisch mit dem in § 1 des Düngemittelgesetzes normierten.

§ 1a DMG regelt die Anwendung von Düngemitteln. § 1a Abs. 1 DMG bestimmt, daß Düngemittel nur nach guter fachlicher Praxis angewandt werden dürfen. Die Funktion der Düngung nach guter fachlicher Praxis legt § 1a Abs. 1 S. 2 DMG fest; § 1a Abs. 2 DMG bestimmt Näheres. Ersichtlich ist, daß das Gesetz mit Blick auf die Anwendung differenziert zwischen dem Schutz des Bodens einerseits und der Versorgung der Pflanzen mit notwendigen Nährstoffen andererseits. Diese bereits im geltenden Recht vorhandene Trennung nimmt der Vorschlag auf. Das Kapitel Bodenschutz regelt die Anwendung von Düngemitteln unter dem Aspekt des Bodenschutzes, das Kapitel Gefahrstoffrecht befaßt sich mit dem Einsatz von Düngemitteln unter dem Gesichtspunkt Pflanzenversorgung.

§ 291 S. 1 erfaßt die bodenschützende Seite der guten fachlichen Praxis mit dem Begriff "bodenschonende Düngung". Die Norm unterstellt, daß es in der Praxis Erkenntnisse gibt, die die bodenschonende Düngung betreffen und bezeichnet die Summe dieser Erkenntnisse als "Grundsätze". Diesen Grundsätzen entsprechend ist zu düngen, wenn sie - wie Satz 2 es fordert - gewährleisten, daß bei dem Aufbringen von Düngemitteln die natürlichen Funktionen nicht nachhaltig beeinträchtigt werden. Es ist folglich zulässig, durch die Düngung eine kurzfristige Beeinträchtigung der natürlichen Bodenfunktionen zu bewirken - soweit dieses die weitere Funktion der Düngung, die Versorgung der Pflanzen mit Nährstoffen, rechtfertigt.

Der Norm entsprechendes Handeln verhindert eine Überdüngung des Bodens und damit eine Belastung des Grundwassers. Die Vorschrift soll dazu beitragen, eines der großen Umweltprobleme zu entschärfen.

Um für den Anwender von Düngemitteln Rechtssicherheit zu schaffen, werden die Grundsätze bodenschonender Düngung durch Rechtsverordnung näher bestimmt. Insoweit entspricht der Vorschlag § 1a Abs. 3 DMG.

Einige Landeswassergesetze, z.B. § 91a NWG kennen das Institut des Gewässerrandstreifens. Gemäß § 91a Abs. 3 NWG kann die Wasserbehörde die Verwendung von Dünger auf Gewässerrandstreifen untersagen. Dieses sowie ein Verbot des Einsatzes von Düngemitteln an Gewässern, unabhängig von der rechtlichen Ausweisung von Gewässerrandstreifen, überläßt der Entwurf dem Landesrecht. Für einen Verzicht auf eine bundeseinheitliche Regelung spricht, daß ein generelles Verbot wohl nicht angemessen ist; der Vorschlag müßte also eine Vielzahl von Details regeln. Diese Regelungen sind in einem Landesgesetz besser aufgehoben.

Zu § 292 Anwendung von Pflanzenschutzmitteln

Der in § 292 verwandte Begriff des Pflanzenschutzmittels entspricht dem des gefahrstoffrechtlichen Kapitels des UGB (§ 481 Nr. 8). Dieses nimmt die Begriffsbestimmung des geltenden Pflanzenschutzrechts auf.

Im gefahrstoffrechtlichen Kapitel finden sich ebenfalls anwendungsbezogene Vorschriften. Die Aufteilung der anwendungsbezogenen Vorschriften auf das Bodenschutzrecht einerseits und das Gefahrstoffrecht andererseits folgt dem Kriterium, im Kapitel Bodenschutz den Schutz des Bodens vor zugelassenen Pflanzenschutzmitteln, im Kapitel Gefahrstoffe die Zulassung von Pflanzenschutzmitteln als solche sowie weiteres Anwendungsrecht zu regeln. Das bislang einheitlich in §§ 6 bis 8 PflSchG normierte Anwendungsrecht wird deshalb zwar auf zwei Normenkomplexe verteilt, diese Verteilung ist aber nicht nachteilig, sondern enthält den Vorteil, daß sich die einschlägigen Regelungen an der sachlich richtigen Stelle finden.

§ 292 Abs. 1 S. 1 normiert durch den Verweis auf die §§ 484 bis 490, daß nur zugelassene Pflanzenschutzmittel zum Einsatz kommen dürfen. Diese Aussage entspricht geltendem Recht, vgl. § 11 Abs. 1 PflSchG. Das Prinzip, daß nur zugelassene Pflanzenschutzmittel eingesetzt werden dürfen, ist jetzt auch durch das EG-Recht vorgeschrieben, siehe die Richtlinie des Rates vom 15. Juli 1991 (91/414/EWG, ABl. EG Nr. L 230 vom 19. August 1991, S. 1). Geltendem Recht entspricht ebenfalls § 292 Abs. 1 S. 2 (vgl. § 6 Abs. 1 S. 4 PflSchG). An der Sinnhaftigkeit dieser Regelung ist nicht zu zweifeln, so daß sie ohne weiteres in das Gesetz übernommen werden kann.

Gemäß § 6 Abs. 1 S. 1 PflSchG dürfen Pflanzenschutzmittel nur nach guter fachlicher Praxis angewandt werden. Gemäß Satz 3 dieser Vorschrift entspricht es guter fachlicher Praxis nicht, Pflanzenschutzmittel anzuwenden, wenn mit schädlichen Auswirkungen u.a. auf den Naturhaushalt zu rechnen ist. Zum Naturhaushalt zählt der Boden. Diesen bodenschützenden Teil der guten fachlichen Praxis greift § 292 Abs. 2 auf und regelt ihn parallel zu § 291. Auf das zu dieser Norm insoweit Gesagte darf deshalb verwiesen werden.

Die Verpflichtung zum Erlaß der Rechtsverordnung ist neu. Diese Pflicht einzuführen erscheint zwingend, um eine sichere Grundlage für die Praxis des Einsatzes von Pflanzenschutzmitteln zu erhalten.

Der Vorschlag enthält in Absatz 3 Anwendungsverbote für Pflanzenschutzmittel. Diese kennt partiell bereits das geltende Recht (auch das Landesrecht: Gesetz des Landes Baden-Württemberg über die Einschränkung der Anwendung von Pflanzenschutzmitteln vom 17. Dezember 1990 [GBl. S. 426]), indes geht der Vorschlag über dieses hinaus. In Nummer 1 ist geregelt, daß Pflanzenschutzmittel außerhalb der Nutzung eines Grundstücks für land- und forstwirtschaftliche Zwecke nicht angewandt werden dürfen. Eine ähnliche Regelung kennt bereits § 6 Abs. 2 S. 1 PflSchG; diese Norm erlaubt freilich den Einsatz im Rahmen gärtnerischer Nutzung. Dieses verbietet der Vorschlag, insoweit geht er über das geltende Recht hinaus. Das Verbot des Einsatzes von Pflanzenschutzmitteln auf Ödland entspricht geltendem Recht. Über das geltende Recht hinaus geht das Verbot, Pflanzenschutzmitteln auf Friedhöfen, Sportplätzen, Parkanlagen sowie auf und an Verkehrswegen zu benutzen. So wird z.B. den deutschen Eisenbahnen durch diese Vorschrift untersagt, ihr Schienennetz mit Wachstumsreglern (§ 2 Abs. 1 Nr. 9 d PflSchG) zu besprühen.

Dieses weitgehende Verbot ist verfassungsrechtlich zulässig. Die Hersteller von Pflanzenschutzmitteln sind in ihrem Recht aus Art. 14 Abs. 1 S. 1 GG (eingerichteter und ausgeübter Gewerbebetrieb, soweit man ihn zum Schutzbereich des Art. 14 Abs. 1 S. 1 GG zählt; vorsichtig jedenfalls das Bundesverfassungsgericht: BVerfGE 51, 193 [221 f.]; 68, 193 [222 f.]; siehe zum Problem Bryde, in: v. Münch/Kunig [Hrsg.], Grundgesetzkommentar Bd. 1, 4. Aufl., 1992, Art. 14 GG Rn. 18) nicht verletzt: Niemand hat einen Anspruch auf eine unveränderte Rechtslage; schützenswertes Vertrauen auf einen unveränderten Normenbestand, welches enttäuscht wird, ist zu entschädigen; daß aber schützenswertes Vertrauen auf ein Unterlassen von Veränderungen im Bereich des Pflanzenschutzmittel-Rechts entstanden ist oder entstehen könnte, ist nicht ersichtlich (siehe nochmals Bryde, a.a.O., Art. 14 GG Rn. 20). Die Einschränkung von Eigentumsrechten (an Haus- und Ziergärten) ist durch den Gedanken des Umweltschutzes gedeckt; das Recht am Eigentum ist kein Hindernis für eine wirksame staatliche Umweltpolitik (Sendler, UPR 1983, 33 ff., 33; Bryde, a.a.O., Art. 14 GG Rn. 66; Papier, in: Maunz/Dürig [Hrsg.], Grundgesetz, 7. Aufl., 1991, Stand: Sept. 1991, Art. 14 GG Rn. 109 f.). Der Schutz des Eigentümers ist reduziert auf die Berücksichtigung seiner Interessen bei gebotenen Abwägungen. Eine solche Abwägungsmöglichkeit sieht im Einzelfall Absatz 3 Satz 2 des Entwurfs vor. Auch der Grundsatz der Verhältnismäßigkeit steht dem Vorschlag nicht entgegen.

Absatz 3 Nr. 2 und 4 entspricht geltendem Recht (vgl. § 6 Abs. 2 S. 2 und § 6 Abs. 1 S. 3 PflSchG). Die letzte Norm enthält zunächst ein Anwendungsverbot, wenn schädliche Auswirkungen auf die Gesundheit von Menschen zu befürchten sind; dieser Passus fehlt im Vorschlag, weil er keinen bodenschützenden Bezug aufweist. Die weiteren in dieser Norm genannten Schutzgüter erfaßt der Begriff "Umweltbeeinträchtigung" (siehe § 2 Abs. 1).

Für die in Nummer 3 getroffene Regelung ist neben Nummer 2 noch Raum. Gewässerrandstreifen können breiter sein als der Raum, der sich "unmittelbar" an ein oberirdisches Gewässer anschließt. Das Recht zur Regelung der Anwendung von Pflanzenschutzmitteln soll in dieser speziellen Situation ebenso wie das Recht der Anwendung von Düngemitteln den Ländern überlassen bleiben.

Das Recht der Ausnahmeregelung in Absatz 3 Satz 2 entspricht § 6 Abs. 3 PflSchG. Absatz 4 entspricht § 8 PflSchG. Diese Regelungen sind sinnvoll. Verbesserungen scheiden aus. Die Tradierung dieser Vorschriften ist deshalb angezeigt.

Zum Dritten Unterabschnitt: Bodenüberwachung

Zu § 293 Besondere Anzeigepflicht

Der dritte Unterabschnitt: Bodenüberwachung, ist durch Regelungen im Allgemeinen Teil entlastet. §§ 57 bis 71 enthalten ein nahezu vollständiges Recht der Überwachung, §§ 72 bis 76 enthalten ein nahezu vollständiges Recht der eingreifenden Maßnahmen. Die in §§ 293 bis 296 enthaltenen Vorschläge ergänzen die genannten Normen des Allgemeinen Teils; es handelt sich in der Regel um Fälle, die spezifisch für den Bodenschutz sind.

§ 68 regelt die Anzeigepflicht von Personen, die die Sachherrschaft über Gegenstände oder Stoffe ausüben. Bodenbeeinträchtigungen werden häufig erkannt im Zuge von Baumaßnahmen; der Sachherr, in der Regel der Eigentümer des Grundstücks, ist aber häufig nicht anwesend und kann deshalb die Bodenbeeinträchtigung der zuständigen Behörde nicht anzeigen. § 293 nennt deshalb weitere Personen, die anzeigepflichtig sind. Damit dürfte umfassend gesichert sein, daß die zuständige Behörde von Bodenbeeinträchtigungen erfährt.

Zu § 294 Besondere Eigenüberwachung

§ 294 Abs. 1 S. 1 verweist auf § 70; diese Norm bestimmt, daß der Überwachungspflichtige "nach Maßgabe näherer gesetzlicher Regelungen" selbst verpflichtet werden kann, Messungen und Untersuchungen durchzuführen. Diese näheren gesetzlichen Regelungen enthalten § 294 Abs. 1 S. 2 bis 4 und Abs. 2. Geregelt ist mithin über den Allgemeinen Teil hinaus, welches die behördliche Überwachung normiert, die Eigenüberwachung.

§ 294 Abs. 1 S. 2 bis 4 regelt die Gefahrerforschung, die der Überwachungspflichtige selbst vorzunehmen hat. Die Behörde besitzt gemäß Satz 2 Ermessen, die Gefahrerforschungsmaßnahme anzuordnen; sie darf das nur, wenn die für das Gefahrenabwehrrecht generell erarbeiteten Zulässigkeitsvoraussetzungen vorliegen. Satz 3 erlaubt eine Steigerung mit Blick auf die Intensität der Überwachungstätigkeit. Absatz 2 betrifft die laufende Überwachung bei festgestellten Bodenbeeinträchtigungen.

Absatz 3 enthält eine Kostenregelung, die gemäß § 71 angezeigt ist. Nach dieser Norm kann derjenige, der eine Überwachungsmaßnahme auf behördliche Anordnung hin durchführt, die Kosten nach Maßgabe eines Gesetzes erstattet bekommen. Sie gilt auch für den Fall, daß die Behörde die Überwachungsmaßnahme selbst vornimmt. Diesen Fall regelt unter Kostenaspekten der Allgemeine Teil nicht; der Allgemeine Teil geht davon aus, daß im Falle der behördlichen Durchführung von Überwachungsmaßnahmen der Überwachungspflichtige die Kosten trägt. Es kann nun aber kein Unterschied im Hinblick auf die Kostentragungspflicht bestehen in Abhängigkeit davon, ob der Bürger oder die Behörde die Überwachungsmaßnahme durchführt. Absatz 3 regelt deshalb beide Fälle. Die Vorschrift ist aus der Perspektive der Behörde formuliert: Sie kann festsetzen. Die Norm regelt aber, wie gesagt, auch Erstattungsansprüche des Bürgers gegen die Behörde, wenn er die Überwachung durchgeführt hat und ihm Kosten entstanden sind.

Die Regelung weicht jedenfalls z.T. von den vorhandenen Urteilen über die Kostentragungspflicht bei Gefahrerforschungseingriffen ab (Zusammenstellung der Entscheidungen bei Kunig/Schwermer/Versteyl, Abfallgesetz, 2. Aufl., 1992, Anh. zu §§ 10/10a AbfG Rn. 17). Gemäß Satz 1 entfällt die Kostentragungspflicht des Bürgers bei Fehlen einer Bodenbeeinträchtigung. Diese Aussage entspricht jedenfalls z.T. der Rechtsprechung. Die folgenden Regelungen orientieren sich an der Schwere der Bodenverschmutzung. Nach Satz 2 kann die Behörde dem Verursacher sowie dem Rechtsnachfolger die Kosten im Falle einer Bodenbeeinträchtigung auferlegen; eine Kostentragungspflicht des Zustandsverantwortlichen entfällt in diesem Fall. Nimmt er die Untersuchung vor, so besitzt er einen Erstattungsanspruch gegen die Behörde. Im Falle der Bodenbelastung ist der Verursacher sowie sein Rechtsnachfolger kostentragungspflichtig; ein behördliches Ermessen fehlt. Neben dem Verursacher haftet der Zustandsverantwortliche in Abänderung polizeirechtlicher Grundsätze nicht vollständig, sondern nur in den genannten Fällen. Die in der Literatur oft beklagte unbegrenzte Haftung des Zustandsstörers für die Kosten (Nachweise bei Götz, Allgemeines Polizei- und Ordnungsrecht, 11. Aufl., 1993, Rn. 212 ff.) ist durch diese Regelung eingeschränkt. Die Haftungsbeschränkung folgt Gerechtigkeitserwägungen, die heute durchweg anerkannt werden (vgl. Götz, a.a.O.): Der Zustandsstörer soll jenseits der Zumutbarkeit unbelastet bleiben. Dieses muß auch dann gelten, wenn als Folge des "Ausfalls" des Verhaltensstörers die Allgemeinheit die Kosten zu tragen hat - dem Gedanken, daß es im Polizeirecht immer jemanden außerhalb der staatlichen Organisation geben muß, der die Kosten trägt, damit die Allgemeinheit entlastet wird, wird demnach nicht gefolgt.

Absatz 4 regelt die Verteilung der Kosten auf mehrere Verantwortliche. Ausgangspunkt ist die Verteilung der Kosten nach Maßgabe der Verantwortlichkeit. Es soll ausgeschlossen sein, daß die Behörde einen Verursacher, der lediglich zu einem geringen Teil zu der Gefahr beigetragen hat, mit den Gesamtkosten belastet wird (damit er sich den zuviel geleisteten Betrag privatrechtlich von den anderen Gefahrverursachern zurückholt). Für die Bestimmung des Maßes der Verantwortung verweist das Gesetz auf § 304 Abs. 1 S. 3 und 4. Nach diesen Aussagen darf das Maß der Verantwortlichkeit geschätzt werden; entfällt diese Möglichkeit, gilt die Kostentragungspflicht zu gleichen Teilen. Erst dann, wenn dieses "untunlich" erscheint, weil das Resultat z.B. ein offensichtlich mit der realen Lage nicht übereinstimmendes Ergebnis darstellt, kann die Behörde einen von mehreren Verantwortlichen zur Tragung der Gesamtkosten heranziehen. Herangezogen soll derjenige werden, der den größten (aber nicht endgültig bestimmbaren) Anteil an der Gefahrverursachung geleistet hat.

Das Beispiel für den Begriff "untunlich" zeigt, daß es sich um einen "offenen" Begriff handelt, der der Konkretisierung anhand von Wertungen zugänglich ist.

Zu § 295 Vorläufige eingreifende Maßnahmen

§ 72 Abs. 1 regelt verschiedene Typen von Maßnahmen gegen umweltpflichtige Personen, wenn ein Umweltrisiko oder eine Umweltgefahr vorliegt. §§ 74 bis 76 enthalten Ermächtigungsgrundlagen für Eingriffe. Es fehlt im Allgemeinen Teil eine Norm, die einen behördlichen Eingriff bereits dann erlaubt, wenn lediglich Anhaltspunkte für eine Umweltgefahr bzw. - mit Blick auf das Bodenschutzrecht - für eine Bodenbelastung vorliegen. Liegen solche Anhaltspunkte vor und sind weitere Bodenverunreinigungen oder andere Umweltbeeinträchtigungen zu befürchten, z.B. eine Kontaminierung des Grundwassers, so ist ein Zuwarten der Behörde bis zum Vorliegen eines abgesicherten Befunds nicht zu verantworten. § 295 erlaubt ein Eingreifen; eine weitere Verschlechterung der Umweltsituation ist mit Hilfe geeigneter Maßnahmen zu verhindern. - Die Kostenregelung folgt dem in § 294 Abs. 3 S. 3 niedergelegten Grundsatz. Es wird davon ausgegangen, daß der Überwachungspflichtige zugleich der Verursacher der potentiellen Bodenbelastung ist, die die Gefahr weiterer Umweltbeeinträchtigungen bedingt. § 295 dürfte seinen regelmäßigen Anwendungsbereich im Rahmen der Gefahrenabwehr bei Unglücksfällen finden, nicht hingegen bei Altfällen von Bodenbelastungen. Für diese ist ein schnelles behördliches Eingreifen zur Verhinderung weiterer Umweltbeeinträchtigungen schwer vorstellbar.

Zu § 296 Untersagung von Bodennutzungen

Eine Möglichkeit für einen behördlichen Eingriff unterhalb der Schwelle des Umweltrisikos kennt der Allgemeine Teil nicht. Es ist aber möglich, daß sich durch menschliches Tun eine Bodenveränderung zu einer Bodenbeeinträchtigung "auswächst". § 296 erlaubt, dieses Tun zu untersagen, um eine Bodenbeeinträchtigung zu verhindern. § 296 realisiert somit das Vorsorgeprinzip.

Zum Vierten Unterabschnitt: Bodenbeeinträchtigungsgebiete

Zu § 297 Festsetzung von Bodenbeeinträchtigungsgebieten

§ 297 regelt einen neuen Typ von Gebietsfestsetzungen. Das Bodenbeeinträchtigungsgebiet ist dem Wasserschutzgebiet oder dem Naturschutzgebiet nicht vergleichbar, weil Zweck der Festsetzung nicht vorbeugender Umweltschutz ist, sondern es um die "Reparatur" vorhandener Umweltbelastungen geht. § 297 des Vorschlags entspricht den §§ 13 und 14 BodSchG-BW. Er übernimmt diese Regelungen, freilich mit einer anderen Bezeichnung. Das baden-württembergische Recht spricht von Bodenbelastungsgebieten. Den Begriff der Bodenbelastung reserviert das UGB für die stärkste Form der Bodenverunreinigung. Die Ausweisung des Gebiets soll aber bereits dann erlaubt sein, wenn ein Umweltrisiko vorliegt. Sachlich liegt ein Unterschied nicht vor, siehe § 2 Abs. 2 BodSchG-BW, der den Begriff Bodenbelastung definiert entsprechend dem hier vorgeschlagenen Inhalt von Bodenbeeinträchtigung (von der Ausnahme abgesehen, daß das baden-württembergische Recht den "Besorgnisgrundsatz" des Wasserrechts auf das Bodenschutzrecht überträgt).

§ 297 Abs. 1 S. 1 legt die Voraussetzungen fest, bei deren Vorliegen ein Bodenbeeinträchtigungsgebiet festgesetzt werden kann. Es muß eine Bodenbeeinträchtigung vorhanden sein, diesen Begriff definiert § 284 Abs. 2 Nr. 2. Die Bodenbeeinträchtigung muß weiträumig sein; davon ist auszugehen, um diesen Typ von Festsetzung nicht zu einer kleinen Münze herabsinken zu lassen, ab einer Größe von mindestens 1 km^2. Erst ab dieser Größe lohnt wohl auch der Aufwand, der mit der Festsetzung eines Bodenbeeinträchtigungsgebiets verbunden ist. Kleinere Bodenbeeinträchtigungen können durch Individualverfügung beseitigt werden.

§ 297 Abs. 1 S. 1 des Vorschlags räumt der zuständigen Behörde (Satz 2) Ermessen ein, ob sie eine Rechtsverordnung (§ 297 Abs. 1 S. 2) erläßt. Es besteht demnach keine Pflicht zum Erlaß einer Rechtsverordnung; dem Ermessen korrespondiert auch kein Anspruch Dritter auf ihren Erlaß.

Ein Bodenbeeinträchtigungsgebiet kann aus drei Gründen festgesetzt werden: zur Bodensanierung, aus Gründen der Gesundheitsvorsorge sowie aus Vorsorge gegen erhebliche Umweltbeeinträchtigungen. Das Bodenbeeinträchtigungsgebiet dient deshalb zum einen der Gefahrenabwehr, zum anderen der Vorsorge.

Das Instrument zur Festsetzung des Bodenbeeinträchtigungsgebiets ist die Rechtsverordnung. Zuständig sind die Landesregierungen; sie können die Zuständigkeit übertragen auf ein einzelnes Ministerium oder auf eine nachgeordnete Behörde, z.B. auf die Mittelinstanz der Verwaltung. Im Rahmen eines Rechtssetzungsverfahrens gibt es normalerweise ein Anhörungsrecht von potentiell durch die Verordnung Betroffenen nicht. Bei der Festsetzung von Wasserschutzgebieten, die ebenfalls im Verordnungswege erfolgt, ist freilich die Anhörung der Grundstückseigentümer bzw. -nutzer bekannt, siehe z.B. § 48 Abs. 2 S. 2 NWG. Dieses Anhörungsrecht ist indes nicht zwingend, so daß es möglich erscheint, daß einzelne Länder auf es verzichten. Dem arbeitet der Vorschlag durch die zwingende Verpflichtung zur Anhörung entgegen. Die Anhörung wird vorgeschrieben, weil sie wegen der mit der Festsetzung eines Bodenbeeinträchtigungsgebiets verbundenen weitgehenden Beschränkung der Eigentumsnutzung durchgeführt werden muß, um die Eigentümer aufzuklären; ferner ist die Durchführung von Anhörungsverfahren eine Form der Beteiligung der Bürger an staatlichen Entscheidungsprozessen, auf die nicht verzichtet werden sollte.

§ 297 Abs. 2 des Vorschlags entspricht nahezu wortwörtlich § 13 Abs. 2 BodSchG-BW. Das Gebiet ist parzellenscharf festzusetzen, der wesentliche Zweck - also Sanierung oder Vorsorge - ist zu bestimmen, ebenso sind die Mittel zur Zweckerreichung festzulegen; insoweit enthält Satz 2 einige Beispiele.

§ 297 Abs. 3 des Vorschlags normiert eine Entschädigungsregelung. Eine solche Regelung fehlt im baden-württembergischen Recht mit der Begründung, sie sei überflüssig, weil die Festsetzung eines Bodenbeeinträchtigungsgebiets sich im Rahmen zulässiger Inhalts- und Schrankenbestimmung des Eigentums halte und deshalb keine Enteignung darstelle (siehe LT-Drs. 10/4437 sowie Spilok, Bodenschutzgesetz Baden-Württemberg, 1992, S. 85). Diese Auffassung entspricht nicht der jüngeren Entwicklung in der Judikatur. Auch dann, wenn eine Regelung sich im Rahmen der Inhalts- und Schrankenbestimmung hält, kann eine Pflicht zur Zahlung einer Entschädigung bestehen und nicht nur im Falle einer Enteignung bzw. eines enteignungsgleichen Eingriffs - siehe BVerfGE 58, 137 (Pflichtexemplarentscheidung) sowie zusammenfassend Maurer, Allgemeines Verwaltungsrecht, 8. Aufl., 1992, § 26 Rn. 67 ff. Eine Entschädigung ist in den Fällen der Inhaltsbestimmung des Eigentums geboten, wenn die Inhaltsbestimmung eine unzumutbare Eigentumsbeeinträchtigung darstellt. Dieses stellt § 297 Abs. 3 S. 1 heraus. Er entspricht § 212 Abs. 1 S. 1. Er überläßt die nähere Festlegung dem Landesrecht und gibt für die Festsetzung Maßstäbe in Satz 2 vor. Satz 2 entspricht § 212 Abs. 1 S. 2. Satz 3 enthält eine Ausgleichsregelung, die sich in dieser Form sowohl im naturschutzrechtlichen als auch im wasserrechtlichen Kapitel des Gesetzes findet, siehe §§ 213 und 264. Für nähere Einzelheiten sei auf die Begründung zu §§ 212 und 213 verwiesen.

Zum Fünften Unterabschnitt: Erfassung und Überwachung der Bodenbeschaffenheit

Zu § 298 Bodenzustandskataster

Die im fünften Unterabschnitt enthaltenen Regelungen haben zum Ziel, Informationen über den Bodenzustand und die Bodenbeschaffenheit zu gewinnen und zu speichern. Diese Informationen werden benötigt als Grundlage für Planungen, den Umgang mit Bodenbelastungen und für Gefahrenabwehr- sowie Vorsorgemaßnahmen.

Instrumente zur Gewinnung der Daten sind das Bodenzustandskataster, die Einrichtung von Dauerbeobachtungsflächen sowie die Bodenprobenbank. Das baden-württembergische Recht kennt diese Instrumente ebenfalls und faßt sie darüber hinaus zu einer Bodendatenbank zusammen, siehe § 18 BodSchG-BW. Auf diese Regelung kann der Vorschlag verzichten, weil gemäß § 136 die gewonnenen Daten umweltbezogene Daten in Umweltakten sind und gemäß § 137 Abs. 1 jedermann das Recht auf Einsicht in die bei einer Behörde geführten Umweltakten hat.

§ 298 Abs. 1 enthält die in das Bodenzustandskataster aufzunehmenden Daten. - Parameter der "Beschaffenheit" sind z.B. Raumgewicht, pH-Wert, Gehalte an Schwermetallen und organischen Schadstoffen. Die Nutzungsbeschränkungen in Bodenbeeinträchtigungsgebieten sowie die Verfügungen, die Bodenbelastungen und Altlasten betreffen, sind wichtige Details, die in einem Kataster nicht fehlen dürfen. - Unterlagen von dauernder Bedeutung sind z.B. den Boden eines Gebiets betreffende Gutachten.

Zur Mitteilung an das Bodenschutzkataster sind alle nach Landesrecht für zuständig erklärte Behörden verpflichtet.

Zu § 299 Dauerbeobachtungsflächen

Böden verändern sich ständig auf Grund vielfältiger natürlicher und anthropogener Einflüsse. Dauerbeobachtungsflächen ermöglichen Momentaufnahmen des Bodenzustands. Periodische Beobachtungen erlauben es, längerfristige Veränderungen der Bodenbeschaffenheit zu erkennen. Auf der Grundlage dieser Erkenntnisse kann nicht gewollten Veränderungen entgegengewirkt werden.

Der Vorschlag überläßt die Festlegung der Zahl der Meßstellen und der Häufigkeit der Messungen den zuständigen Behörden. Es wird davon ausgegangen, daß standortspezifische Faktoren unterschiedliche Folgen mit Blick auf die Meßstellen und Messungen zur Folge haben können. Es ist deshalb nicht sinnvoll, den behördlichen Entscheidungsspielraum einzuengen. Dem trägt der "weitgefaßte" Rahmen des Vorschlags Rechnung.

Zu § 300 Bodenprobenbank

Die Bodenprobenbank soll dazu dienen, Feststellungen und somit auch Beweise zu sichern. Sie soll ferner in der Zukunft Untersuchungen ermöglichen, die neuen Methoden folgen oder sich auf weitere Inhaltsstoffe richten. Dieses ist von Bedeutung, um erst in der Zukunft bekannt werdende Schadstoffe noch untersuchen oder den Nachweis ihrer Existenz belegen zu können.

Zum Sechsten Unterabschnitt: Mitwirkung der für den Bodenschutz zuständigen Behörde

Zu § 301 Beteiligung im Gestattungsverfahren

Der Vorschlag legt eine Mitwirkungsbefugnis der Bodenschutzbehörde in Gestattungsverfahren fest. Erlaubnisse, Bewilligungen etc. ergehen im Benehmen mit ihr, wenn ein "Vorhaben" zu einer Bodenverunreinigung führen kann. Solche "Vorhaben" können z.B. Herstellung und Betrieb von Anlagen nach dem vierten Kapitel sein, letztlich wohl alle Vorhaben, die einer Umweltfolgenprüfung gemäß § 32 Abs. 2 unterliegen (vgl. auch Spilok, Bodenschutzgesetz Baden-Württemberg, 1992, § 6 Rn. 4). Die Mitwirkung der Bodenschutzbehörde dient dem vorbeugenden Umweltschutz: Ihre Fachkenntnis soll dazu beitragen, Vorhaben in der Weise zu errichten und zu betreiben, daß Bodenbelastungen ausgeschlossen sind.

Die Aussagen in den Sätzen 2 und 3 dienen der Verfahrensbeschleunigung. Die Anordnung einer 6-Wochen-Frist erscheint akzeptabel; sie entspricht § 6 BodSchG-BW. Es handelt sich um eine "Verschweigungsfrist", an deren Ablauf eine bestimmte Rechtsfolge geknüpft ist.

Zum Dritten Abschnitt: Bodensanierung und Bodensicherung

I. AUSGANGSLAGE

1. Gegenstand des Regelungsbereichs

Der dritte Abschnitt befaßt sich mit dem Umgang mit belasteten Böden. Er differenziert mit Blick auf die belasteten Böden in sogenannte "Bodenbelastungen", in der Literatur auch Bodenverunreinigungen genannt (Heiermann, Der Schutz des Bodens vor Schadstoffeintrag, 1992, S. 229), womit großräumige, diffuse Bodenverunreinigungen gemeint sind, die eine Umweltgefahr hervorrufen - siehe § 284 Abs. 2 Nr. 3, und "Altlasten", womit kleine, spezifisch kontaminierte Flächen gemeint sind, siehe § 284 Abs. 5. Der Abschnitt enthält, in Verbindung mit den einschlägigen Aussagen des Allgemeinen Teils, ein vollständiges Sanierungsrecht für Bodenbelastungen und Altlasten.

2. Bisherige Rechtslage

Ein Recht zur Sanierung der sogenannten Bodenbelastungen enthält das Bundesrecht bislang nicht, auf Landesebene finden sich Vorschriften im Bodenschutzgesetz des Landes Baden-Württemberg (§§ 9 und 10) und in Sachsen, Erstes Gesetz zur Abfallwirtschaft und zum Bodenschutz im Freistaat Sachsen (§§ 8 bis 12). Diese Vorschriften gelangten oben zur Darstellung.

Altlastensanierungsrecht findet sich in vielen Landesabfallgesetzen. Es wurde oben dargestellt. Dieses Recht ist selten vollständig, so daß neben ihm häufig auf das allgemeine Polizeirecht der Länder zurückgegriffen werden muß, womit die Schwierigkeiten, die dieses Recht in sich birgt, für das Altlastenrecht ebenfalls wirksam werden.

II. VORSCHLAG

1. Leitvorstellungen

Es ist ein vollständiges Recht der Sanierung belasteter Böden zu entwerfen. Dieses Recht ist vollständig, wenn es den Umfang der Sanierungspflicht, den Sanierungsverantwortlichen, die Kostentragung, das Recht der Auswahl bei einer Mehrheit von Störern, das Recht der Eigenvornahme der Behörde sowie die Kostentragungspflicht in diesem Fall regelt.

Ausgangspunkt der Regelung ist die Annahme, daß alle Versuche, die sich in der Literatur finden und die zum Ziel haben, zu einer Haftungsbeschränkung des Störers zu gelangen, fehlgeschlagen sind; im Grunde genommen ist davon auszugehen, daß - von der Rekultivierung abgesehen - das landesrechtliche Polizeirecht alle Probleme lösen könnte. Aus diesem Grunde werden zum Teil Haftungsbeschränkungen vorgeschlagen, die das geltende Polizeirecht nicht leistet.

Der Vorschlag ist inhaltlich am hessischen Altlastensanierungsrecht orientiert. Dieses Recht ist, gemessen am zuvor dargelegten Maßstab, das vollständigste Landesrecht (vgl. Lübbe-Wolff, Grundwasserbelastung durch CKW, 1991, S. 27). Soweit Regelungen in anderen Landesgesetzen vorhanden sind, haben sie einen ähnlichen Inhalt. Es läßt sich das Fehlen von wirklich tiefgreifenden Differenzen feststellen. Über die zu treffenden Sachaussagen kann deshalb kaum Streit bestehen.

Der Vorschlag verzichtet auf eine Regelung, die den Ausgleich des Wertzuwachses von sanierten Böden zum Gegenstand hat. Eine solche Regelung findet sich z.B. in § 25 HAbfAG und in § 32 LAbfWAG-RP. Der hessischen Regelung wird vorgeworfen, sie sei in mehrfacher Hinsicht verfassungswidrig; sie verstoße gegen Art. 14 GG sowie gegen das Rückwirkungsverbot: ihr Regelungsgehalt lasse sich nicht ermitteln (Bickel, Hessisches

Abfallwirtschafts- und Altlastengesetz, Kommentar, 3. Aufl., 1992, § 25 Rdnr. 1). Dieser Auffassung ist nicht zu folgen; das Gesetz regelt die Pflicht zur Zahlung eines Ausgleichsbetrags durch den Grundeigentümer, wenn durch Sanierungsmaßnahmen, die ein Dritter auf seine Kosten vornimmt, der Wert des Grundstücks steigt. Dieses Ergebnis bezeichnet Bickel (a.a.O.) als unsinnig. Ob dem so ist und ob daraus die Verfassungswidrigkeit folgt, mag dahinstehen; jedenfalls regelt das Recht häufig, z.B. im Wasserrecht, daß dann, wenn Maßnahmen eines Dritten einem Eigentümer einen besonderen Vorteil verschaffen, der Eigentümer ausgleichspflichtig wird. Deshalb kann sehr wohl, wie einige Landesgesetzgeber es auch getan haben, an die Regelung eines Vorteilsausgleichs gedacht werden.

Gegen eine solche Regelung spricht letztlich aber wohl folgendes: An einem Eingriff in das durch Art. 14 GG geschützte Grundeigentum wird es bei Zahlung des Wertausgleichs nur dann fehlen, wenn es dem Eigentümer ohne Veräußerung des Grundstücks möglich ist, ihn auch tatsächlich zu realisieren (siehe Ziehm, Die Störerverantwortlichkeit für Boden- und Wasserverunreinigungen, 1989, S. 103). Die Differenz zwischen dem Wert des Grundstücks vor Sanierung und Rekultivierung und dem aktuellen Wert muß sich daher an dem orientieren, was der Eigentümer bei üblicher Nutzung des Grundstücks an laufenden Einnahmen mehr erzielen kann als vor der Sanierung. Wird nicht die Ertragswertsteigerung als Obergrenze des möglichen Wertausgleichs festgelegt, so könnte im Einzelfall der Eigentümer gezwungen sein, zur Erfüllung des Anspruchs das Grundstück zu veräußern, um die auszugleichende Wertsteigerung auch zu realisieren. Das dürfte kaum noch verfassungsmäßig sein.

Mit Blick auf die Ertragswertsteigerung stellen sich ferner große Ermittlungsprobleme. Es erscheint nicht sinnvoll, insoweit eine weitere Streitquelle zu schaffen. Dieses auch deshalb, weil der praktische Ertrag von Regelungen des Ausgleichs des Wertzuwachses bislang wohl eher gering ist.

Das Fehlen eines Vorschlags soll ein entsprechendes Landesgesetz nicht ausschließen. Dieses Landesgesetz könnte folgenden Wortlaut haben: "Der Grundstückseigentümer ist zur Zahlung eines Ausgleichsbetrags verpflichtet, wenn Maßnahmen auf Grund dieses Gesetzes, die der Grundstückseigentümer nicht oder nicht allein zu tragen hat, zu einer Erhöhung des Verkehrswerts des Grundstücks führen, die einen unbilligen Vermögensvorteil darstellt." Bei Erlaß einer solchen Regelung müßte das Landesrecht Normen enthalten, die sich mit der Ermittlung der Höhe des Ausgleichsbetrags, der Festsetzung des Ausgleichsbetrags und die Bestimmung der Begünstigten für die auszuzahlenden Beträge befaßt. - Sollte eine entsprechende Regelung bundesrechtlich eingeführt werden, etwa durch einen § 312a, so hätte diese Norm folgenden Wortlaut: "Die Länder können bestimmen, daß der Grundstückseigentümer zur Zahlung eines Ausgleichsbetrags verpflichtet ist, wenn Maßnahmen auf Grund dieses Abschnitts, die der Grundstückseigentümer nicht oder nicht allein zu tragen hat, zu einer Erhöhung des Verkehrswerts des Grundstücks führen, die einen unbilligen Vermögensvorteil darstellt. Nach Maßgabe des Landesrechts erfolgt die Ermittlung der Höhe des Ausgleichsbetrags, seine Festsetzung und die Bestimmung der Begünstigten für die zu zahlenden Beträge."

Inhaltlich sieht sich das hessische Recht dem Vorwurf ausgesetzt, es sei, weil es über das allgemeine Polizeirecht Hinausgehendes regele, wegen Verstoßes gegen das Verbot, rückwirkende Regelungen zu erlassen, verfassungswidrig. Diesem Vorwurf ist nachzugehen, weil seine Richtigkeit erhebliche Auswirkungen auf die Vorbildfunktion des hessischen Rechts hätte. Neben dem Ziel, für die Altlastensanierung Rechtssicherheit mit Blick auf das anzuwendende Recht zu schaffen (weil der Inhalt des allgemeinen Polizeirechts durch eine Vielzahl differenter Interpretationen insoweit nicht mehr klar ist bzw. für unklar gehalten wird), wollten die Länder auch den sachlichen Umfang von Sanierungsverfügungen erweitern: Die Rekultivierung des gesäuberten Bodens soll auch von Verhaltensstörern und ihren Rechtsnachfolgern gefordert werden können (§ 27 LAbfG-BW; § 20 Abs. 1 HAbfAG; § 21 AbfALG M-V; § 28 Abs. 2 LAbfWAG-RP; § 19 Abs. 1 ThAbfAG). Wenn die Landesgesetze genau deshalb verfassungswidrig wären, erschiene eine paradoxe Situation nicht als ausgeschlossen: Einer der Gründe für die Schaffung von Altlastensanierungsgesetzen könnte entfallen, weil seine gesetzliche Umsetzung immer zu verfassungswidrigen Gesetzen führte. Bei Richtigkeit dieser Annahme würde die gesamte Altlastengesetzgebung fragwürdig: Wenn diese Gesetze nicht mehr an Inhalt als das allgemeine Polizeirecht enthalten könnten, hätten sie zunächst klarstellende Bedeutung. Da nach der allgemein und auch hier (§ 284 Abs. 5) verwandten Definition des Begriffs "Altlast" diese in der Zukunft nicht neu entstehen, könnte ein Altlastensanierungsrecht in der Zukunft einen über das Polizeirecht hinausgreifenden Anwendungsbereich nicht besitzen. Der Sinn der Gesetze erschöpfte sich damit in ihrer klarstellenden Bedeutung. Solche Gesetze sind wohl nicht überflüssig, verfehlen aber den ursprünglich beabsichtigten Zweck. Sie täuschen ferner - mit Blick auf die Verhaltenshaftung - eine Rechtslage vor, die bei der gebotenen verfassungskonformen Interpretation nicht besteht. Deshalb müßten die Gesetze so formuliert werden, daß diese Haftung nicht gewollt ist, um Mißverständnisse auszuschließen.

Zu erarbeiten ist, ob ein Bodensanierungsrecht die Rekultivierungspflicht ohne Verstoß gegen das Rückwirkungsgebot anordnen kann: für die Verhaltensstörer und ihre Rechtsnachfolger. Daß für (neue) Zustandsstörer die in Frage stehende Pflicht ausgesprochen werden kann, ist unproblematisch, da die Pflicht des Zustandsstörers bei jedem Wechsel der Verantwortung neu entsteht; der Inhalt der Pflicht kann deshalb, ohne Rückwirkungsprobleme auszulösen, geändert werden.

Das Rekultivierungsgebot der Altlastengesetze muß vor dem Bundesverfassungsgericht bestehen. Seine Rechtsprechung zum Schutz vor rückwirkenden Gesetzen ist deshalb der entscheidende Maßstab. Er gelangt zur Darstellung. An ihm wird das Gebot überprüft.

Die Judikatur des Bundesverfassungsgerichts hat in der Literatur heftige Kritik erfahren (siehe die Zusammenstellung bei Maurer, in: Isensee/Kirchhof [Hrsg.], Handbuch des Staatsrechts, Bd. 3, 1988, S. 220). Die Kritik betrifft Einzelentscheidungen, Widersprüche in der Judikatur, schließlich den insgesamt verfolgten Ansatz. Sie gipfelt in der Forderung nach Modifikation der Rechtsprechung (Stern, Das Staatsrecht der Bundesrepublik Deutschland, Bd. 2, 1984, S. 836). Wie diese Modifikation aussehen sollte, wird nicht sichtbar - von einem Vorschlag abgesehen, der die Aufgabe der Unterscheidung zwischen "echter" und "unechter" Rückwirkung sowie ihre Ersetzung durch eine Einzelfalljudikatur zum Gegenstand hat (Friauf, Gesetzesankündigung und rückwirkende Gesetzgebung im Steuer- und Wirtschaftsrecht, BB 1972, 669 ff., 675). Da diesem Vorschlag nicht gefolgt und eine eigene Problemlösung hier nicht erarbeitet werden kann, bleibt auch deshalb die Judikatur des Bundesverfassungsgerichts der relevante Maßstab.

Die Rechtsprechung des Bundesverfassungsgericht zur Rückwirkungsproblematik ist gespalten. Die Spaltung zwischen den beiden Senaten bezieht sich auf den Rückwirkungsbegriff, nicht aber auf die materiellen Kriterien zur Beurteilung der Zulässigkeit einer Rückwirkung (siehe dazu Maurer, a.a.O., S. 221).

Unstreitig hat ein Gesetz rückwirkenden Charakter, wenn nach seiner eigenen Feststellung seine Rechtsfolgen für einen Zeitpunkt gelten sollen, der vor der Verkündung des Gesetzes liegt; Mittel zur Zielerreichung ist die Vordatierung seines Inkrafttretens (Götz, FG BVerfG, Bd. 2, 1976, S. 425 ff.; Maurer, a.a.O., S. 218; BVerfGE 63, 343 [353]). Dieses ist der enge Rückwirkungsbegriff. Ihn vertritt der Zweite Senat des Bundesverfassungsgerichts (BVerfGE 72, 200 [242]; 77, 370 [377]). Er ist vorliegend bedeutungslos.

Vielfach wird angenommen, eine Rückwirkung liege ferner vor, wenn das Gesetz an Sachverhalte anknüpft, die in der Vergangenheit entstanden sind, sogenannte tatbestandliche Rückanknüpfung (Pieroth, Rückwirkung und Übergangsrecht, 1981, S. 161 ff.; Hans Schneider, Gesetzgebung, 1982, S. 265 ff., jeweils m.w.N.). Dieses ist der weite Rückwirkungsbegriff. Ihn vertritt heute noch der Erste Senat des Bundesverfassungsgerichts (BVerfGE 72, 141 [154]; 72, 175 [196]; 74, 129 [155]; DVBl. 1988, 93 ff., 97). Früher ging das ganze Gericht von ihm aus (siehe die Nachweise bei Maurer, a.a.O., S. 219 m. Anm. 31). Nur dieser Fall ist hier von Interesse.

Die begriffliche Neuorientierung des Zweiten Senats hat keine sachlichen Folgen. Das Problem, wie es zu beurteilen ist, wenn ein Gesetz nur für die Zukunft gilt, aber an einen in der Vergangenheit liegenden Sachverhalt anknüpft, bleibt bestehen (Maurer, a.a.O., S. 221). Der Zweite Senat vermeidet für diese Fälle den Begriff "unechte Rückwirkung" (er spricht von tatbestandlicher Rückanknüpfung) - im Gegensatz zum Ersten Senat, der insoweit zwischen "echter" und "unechter" Rückwirkung differenziert. Eine "echte" Rückwirkung liege vor, "wenn das Gesetz nachträglich ändernd in abgewickelte, der Vergangenheit angehörende Tatbestände eingreift" (BVerfGE 11, 139 [145 f.]; auf diese Aussage des Gerichts wird immer wieder Bezug genommen), eine "unechte" Rückwirkung sei gegeben, wenn das Gesetz "auf gegenwärtige, noch nicht abgeschlossene Sachverhalte ... für die Zukunft einwirkt" (ebenda). Die echte Rückwirkung ist prinzipiell verboten, die unechte prinzipiell erlaubt. Entscheidend ist, ob der Vertrauensschutz die Rückwirkung verbietet (BVerfGE 45, 142 [167 f.]). Auch der Zweite Senat beurteilt Gesetze, die betroffene Rechtspositionen nachträglich entwerten, nach den Grundsätzen des Vertrauensschutzes (BVerfGE 72, 200 [242]).

Nach der Judikatur des Ersten Senats kommt es zunächst darauf an, ob die Rekultivierungspflicht eine echte oder unechte Rückwirkung darstellt, sodann ist das Vertrauensschutzproblem zu lösen. Die für den Ersten Senat bedeutsame Zuordnungsfrage stellt sich dem Zweiten Senat nicht.

Das Kriterium "abgewickelter Sachverhalt" ist erfüllt, wenn - soweit hier von Interesse - alle mit dem Sachverhalt verbundenen öffentlich-rechtlichen Pflichten erfüllt sind - die Sache sich unter öffentlich-rechtlichen Aspekten "erledigt" hat. Dieses folgt aus dem vom Gericht verwandten Begriff der unechten Rückwirkung: Sie liegt vor, wenn ein Gesetz auf "gegenwärtige, noch nicht abgeschlossene Sachverhalte" (BVerfGE 11, 139 [145 f.]) einwirkt. Beispielhaft sei erwähnt: Für einen bestimmten Veranlagungszeitraum sind alle Steuern bezahlt; dieser Sachverhalt ist abgewickelt.

Der Vorgang des Entstehens einer Altlast ist abgeschlossen. Zum Zeitpunkt des Abschlusses entstand (spätestens) die Pflicht zu ihrer Beseitigung als Gefahrenbeseitigungspflicht kraft der materiellen Polizeipflicht (Griesbeck, Die materielle Polizeipflicht des Zustandsstörers und die Kostentragungspflicht nach unmittelbarer Ausführung und Ersatzvornahme - dargestellt am Beispiel der Altlasten-Problematik, 1991, S. 82; Czeczatka, Der Einfluß privatrechtlicher Rechtsverhältnisse auf Erlaß und Inhalt polizeilicher Hoheitsakte, 1978, S. 58; Peine, DVBl. 1980, 941 ff., 948 ff.). Mit Blick auf die Gefahrenbeseitigung sind zwei Fälle zu unterscheiden: Diese Pflicht kann bis zum Inkrafttreten des jeweils einschlägigen Landesabfallgesetzes erfüllt worden sein - diese Pflicht kann aber auch bis zu diesem Zeitpunkt noch nicht erfüllt worden sein (möglicherweise ist ihre Erfüllung noch nicht einmal in Angriff genommen worden).

a) Für den ersten Fall ist festzuhalten: Der Umfang der Sanierung richtet sich nach dem zum Zeitpunkt ihrer Vornahme geltenden Polizeirecht. Die Sanierung ist abgeschlossen. Die echte Rückwirkung besteht darin, daß das Gesetz eine bis zu seinem Inkrafttreten bestehende Rechtslage mit Wirkung für die Vergangenheit durch neues Recht ordnet. Wenn die Rekultivierungspflicht auch für diese Fälle gilt, wird der Umfang der alten Rechtspflichten erweitert; somit wird die alte Rechtslage neu geordnet. Es handelt sich um eine echte Rückwirkung. Die alte Rechtslage wird für den Sanierungspflichtigen in belastender Weise geordnet. Belastende Gesetze sind alle Gesetze, die Ge- oder Verbote enthalten sowie alle Gesetze, die eine bestehende Rechtsposition verschlechtern (BVerfGE 30, 367 [386]). Von einer Verschlechterung ist hier auszugehen, weil Zusätzliches geleistet werden soll. "Belastende Gesetze, die ... echte Rückwirkung entfalten, sind wegen Verstoßes gegen das im Rechtsstaatsprinzip enthaltene Gebot der Rechtssicherheit und des Vertrauensschutzes regelmäßig verfassungswidrig" (BVerfGE 30, 392 [401]). Ein Ausnahmefall liegt nicht vor (siehe zu den Ausnahmefällen Maurer, a.a.O., S. 228 ff.).

Um die Konsequenz einer verfassungswidrigen Anordnung der Rekultivierungspflicht zu vermeiden, ist diese verfassungskonform dahingehend zu interpretieren, daß der beschriebene Fall aus dem Anwendungsbereich des Gesetzes herausfällt.

b) Für den zweiten Fall gilt: Die Gefahrenbeseitigung ist noch nicht beendet. Damit ist dieser Sachverhalt nicht abgeschlossen. Der Umfang der Sanierungspflicht wird erweitert. Es wird die für einen nicht abgeschlossenen Sachverhalt bestehende Rechtslage zu Lasten des Sanierungspflichtigen ausgeweitet. Eine Norm entfaltet unechte Rückwirkung, wenn sie auf gegenwärtige, noch nicht abgeschlossene Sachverhalte für die Zukunft einwirkt. Es handelt sich demnach um eine unechte Rückwirkung. Diese ist grundsätzlich zulässig. "Es ist seit jeher unbestritten das Recht des Gesetzgebers, bestehende Sachverhalte, Rechte und Rechtsbeziehungen durch eine Gesetzesänderung einer neuen Rechtslage zu unterwerfen. Denn die Möglichkeit, durch neue Gesetze auf bestehende Rechtslagen und Rechtsverhältnisse einzuwirken, ist jeder Gesetzgebung immanent" (BVerfGE 48, 403 [415]).

Ohne auf die Frage des abgewickelten oder nicht abgeschlossenen Sachverhalts einzugehen, wird in der Literatur (Bickel, Hessisches Abfallwirtschafts- und Altlastengesetz, Kommentar, 3. Aufl., 1992, § 20 Rn. 8) behauptet, das Rekultivierungsgebot sei immer eine verbotene Rückwirkung. Zur Begründung wird vorgetragen: Das Rückwirkungsverbot verbiete eine Verschlechterung der Lage des Pflichtigen. Deshalb sei zu prüfen, welche öffentlich-rechtliche Pflicht zur Zeit des den Schaden verursachenden Verhaltens tatsächlich bestand. War der Pflichtige nur dazu verpflichtet, die Störung der damaligen Sicherheit zu beseitigen, so könne diese Lage im nachhinein nicht dahingehend verändert werden, daß er nunmehr auch unter Beachtung der heute geltenden, den Vorsorgegesichtspunkt einschließenden Maßstäben sanierungspflichtig wäre. Nach dieser Auffassung ist der Sachverhalt mit der Vollendung des Entstehens der Altlast und damit des Entstehens der Sanierungspflicht abgewickelt (ebenso: Knopp, DÖV 1990, 683 ff., 687; vorsichtiger: Schrader, Altlastensanierung nach dem Verursacherprinzip, 1988, S. 98). Diese Auffassung betrachtet jede Anordnung der Rekultivierungspflicht als Fall der echten Rückwirkung und somit als verfassungswidrig.

Dieser Auffassung ist nicht zu folgen. Sie verkennt zunächst den Sachverhalt, auf den sich das veränderte Recht bezieht: Der Sachverhalt, um den es geht, ist die zu sanierende Altlast und nicht der Zeitpunkt des Entstehens der Sanierungspflicht (ebenso: VGH Kassel, NVwZ 1990, S. 381 ff.; Paetow, NVwZ 1990, 510 ff., 517). Für diesen Zeitpunkt (sowie für jeden anderen Zeit-"punkt" - im Gegensatz zum Zeit-"raum") ist eine Differenzierung nach den Kategorien des Ersten Senats des Bundesverfassungsgerichts überhaupt nicht vorstellbar: Er ist immer vergangen; damit gibt es immer nur abgeschlossene Sachverhalte; damit gibt es immer nur eine "echte" Rückwirkung; damit wäre die von der Rechtsprechung getroffene Differenzierung (auch die des Zweiten Senats) letztlich ausgeschlossen. Das ist, bei aller berechtigten Kritik an der Judikatur im Einzelfall, eine inakzeptable Konsequenz. - Ferner ist nach der dargestellten Auffassung der Zeitpunkt des Entstehens der Gefahrenbeseitigungspflicht identisch mit dem Zeitpunkt, in dem der Sachverhalt abgewickelt ist. Das ist schlechthin unmöglich, denn eine Abwicklung benötigt Zeit: Diese Zeit beginnt zu laufen, nachdem die Rechtspflicht entstanden ist; nach der zuvor genannten Ansicht wäre sie aber genau zu dem Zeitpunkt abgelaufen, in dem die Rechtspflicht entsteht. Dazu ist nichts zu sagen: Diese absurde Konsequenz muß zur Unhaltbarkeit der These führen.

Bei einer noch nicht abgeschlossenen Sanierung handelt es sich bei der Anordnung des Rekultivierungsgebots um einen Fall der unechten Rückwirkung. Der Fall der unechten Rückwirkung (im Sinne des Ersten Senats) bzw. der tatbestandlichen Rückanknüpfung (im Sinne des Zweiten Senats) ist prinzipiell verfassungsrechtlich zulässig. Jedoch gelten folgende Maßstäbe, deren Anwendung zu einer Verfassungswidrigkeit des Gesetzes im Einzelfall führen kann (BVerfGE 72, 200 [242 f.]): Es sind die Grundrechte berührt, die mit der Verwirklichung des jeweiligen Tatbestandsmerkmals vor Verkündung der Norm "ins Werk gesetzt" worden sind. In die grundrechtliche Bewertung fließen die allgemeinen Grundsätze des Vertrauensschutzes, der Rechtssicherheit, aber auch der Verhältnismäßigkeit in der Weise ein, wie dies allgemein bei der Auslegung und Anwendung von Grundrechten im Hinblick auf die Fragen des materiellen Rechts geschieht.

Der Bürger müßte durch die Grundrechte davor geschützt sein, daß der Umfang seiner öffentlich-rechtlichen Pflichtenstellung nicht erweitert wird. Das ist generell möglich, da die Erweiterung dieser Pflicht den Freiheitsraum des Bürgers verkürzt. Mit Blick auf die Rekultivierungspflicht sind als einschlägige Grundrechte Art. 14 Abs. 1 und Art. 2 Abs. 1 GG vorstellbar.

Vollkommen unabhängig davon, ob die Schutzbereiche dieser Grundrechte berührt sind, darf jedenfalls festgehalten werden, daß sie nicht verletzt sind: Die überragende Bedeutung des Umweltschutzes rechtfertigt Eingriffe in Freiheitsrechte (BVerfGE 58, 300 [329]; Sendler, UPR 1983, 33; Bryde, in: v. Münch/Kunig [Hrsg.], Grundgesetz-Kommentar, 4. Aufl., 1992, Art. 14 GG Rn. 66; Papier, in: Maunz/Dürig, Grundgesetz, 7. Aufl., 1991, Stand: Sept. 1991, Art. 14 GG Rn. 109 - alle zu Art. 14 GG. Gleiches gilt für Art. 2 Abs. 1 GG). - Daß der Sanierungspflichtige im Zeitpunkt des Entstehens der Sanierungspflicht darauf vertraut hat, nur in bestimmtem Umfang sanieren zu müssen, erscheint fernliegend: Er hat sein Tun, falls es genehmigt wurde und er den Rahmen der Genehmigung einhielt, als rechtmäßig betrachtet und ist davon ausgegangen, niemals haften zu müssen. Deshalb ist die Annahme naheliegend, daß der Genehmigungsinhaber Erwägungen über den Umfang einer potentiellen Sanierungspflicht überhaupt nicht angestellt hat. Dieses Vertrauen, niemals haften zu müssen, schützt die Rechtsordnung nicht. Insbesondere gibt es nicht die Legalisierungswirkung von Genehmigungen, die eine spätere Inanspruchnahme ausschließen soll (Peine, JZ 1990, 201 ff.; ebenso z.B. Ossenbühl, DVBl. 1990, 963 ff., 968). Falls der Sanierungspflichtige rechtswidrig handelte, erscheint es ausgeschlossen anzunehmen, daß er über den Sanierungsumfang Vorstellungen entwickelt hat. Wenn das gleichwohl der Fall sein sollte, erscheinen diese Vorstellungen wohl kaum schützenswert. - Die Erweiterung des Sanierungsumfangs ist auch nicht unverhältnismäßig. Die Rekultivierung ist im Interesse des Bodenschutzes geeignet, erforderlich und zumutbar.

Die Rekultivierungspflicht ist verfassungsmäßig, soweit sie sich auf zum Zeitpunkt ihres Entstehens noch nicht abgeschlossene Fälle bezieht.

Das Bundesabfallgesetz gilt für die neuen Bundesländer seit dem 1. Juli 1990. Unter dem Aspekt der Rekultivierung von Altlasten dürfte es angemessen sein, diejenigen Abfallentsorgungsanlagen, die nach diesem Zeitpunkt noch betrieben wurden, nicht als Altlasten zu bezeichnen. Dieser Verzicht führt zu einer gleichsinnigen Verwendung des Begriffs: Es kommt bei Altlasten im Zusammenhang mit Abfallentsorgungsanlagen auf den Zeitpunkt des Inkrafttretens des Gesetzes an.

§ 10 Abs. 2 AbfG enthält eine Rekultivierungspflicht des Betreibers einer Anlage, die dieser stillgelegt hat. Diese Rekultivierungspflicht gilt für in den neuen Bundesländern gelegene Anlagen nicht, die vor dem 1. Juli 1990 stillgelegt wurden. Dieses Ergebnis folgt aus § 10a Abs. 4 S. 1 AbfG. Er schreibt vor, daß für vor dem 1. Juli 1990 stillgelegte Anlagen § 9a Abs. 2 AbfG entsprechend gilt, also eine Anzeigepflicht besteht. Auf die Rekultivierungspflicht verweist die Norm nicht. Damit entfällt ein Rückwirkungsproblem.

Alle neuen Bundesländer haben in der Zwischenzeit Landesabfallgesetze erlassen. Einige enthalten Bestimmungen für die Altlasten. Thüringen (§ 19

Abs. 1 ThAbfAG) und Mecklenburg-Vorpommern (§ 21 Abs. 1 S. 1 AbfAlG M-V) fordern ihre Rekultivierung. In beiden Fällen stellt sich das Rückwirkungsproblem. Die Rekultivierungspflicht bestünde ohne weiteres, wenn es nach dem Recht der ehemaligen DDR eine entsprechende Pflicht für stillgelegte Deponien gegeben hätte. § 9 Abs. 4 der 6. Durchführungsverordnung zum Landeskulturgesetz (GBl. 1983, S. 257) ordnete eine Rekultivierungspflicht an. Mit der Pflicht des § 10 Abs. 2 AbfG war diese Pflicht aber nicht vergleichbar (Ramsauer, IUR 1991, 137 ff.). Gemäß § 4 Abs. 1 der Rekultivierungsverordnung (GBl. II 1971, S. 245) bestand sie nicht für den Veranlasser, sondern für den Folgenutzer. Den Veranlasser traf mithin insoweit keine Haftung. Diese wird deshalb durch die angesprochenen Gesetze neu begründet.

Die Verfassungsmäßigkeit der genannten Normen könnte sich daraus ergeben, daß die Verursacher der Altlasten zur Sanierung bereits nach dem Polizeirecht der DDR verpflichtet waren. Das zu lösende Problem wäre dann ein dem Problem der alten Bundesrepublik paralleles. Das Polizeirecht der ehemaligen DDR stand in der Tradition des alten preußischen Polizeirechts; es war deshalb dem der Länder der Bundesrepublik im wesentlichen gleich. Für es gibt es deshalb kein Rückwirkungsproblem. Auf es gestützt hätten (theoretisch) Sanierungsverfügungen gegen die Verursacher von Altlasten ergehen können, freilich keine Rekultivierungsanordnungen: Sie gab es auf der Grundlage der Rekultivierungsverordnung nur an Folgenutzer adressiert. Dieses Recht ist nunmehr zu Lasten der Verursacher geändert. Damit gibt es insoweit keinen Unterschied in der Rechtslage zwischen alten und neuen Bundesländern.

Dieser Unterschied existiert jedoch in der entscheidenden Antwort auf die Frage nach der "Legalisierungswirkung" bzw. Tatbestandswirkung (siehe Michael/Thull, BB 1990, Beilage 30, S. 1 ff., 7; Rehbinder, Die Freistellung von Anlageerwerbern von der Verantwortlichkeit für die Sanierung von Altlasten in den neuen Bundesländern, DVBl. 1991, 421 ff.). Standortentscheidungen entfalteten nach DDR-Recht zwar keine Drittbindung, es wäre also (theoretisch) möglich gewesen, durch die zentrale Wirtschaftsplanung Umweltschutzmaßnahmen anzuordnen, die über den Inhalt der Standortgenehmigungen hinausgingen. Die Standortgenehmigungen haben aber Tatbestandswirkung durch den Einigungsvertrag enthalten. Das kann hier nicht näher ausgeführt werden (siehe ebenda). Wenn somit Sanierungsverfügungen gegen Verursacher von Altlasten nicht (mehr) möglich sind, weil die Inanspruchnahme der Wirtschaftsunternehmen oder ihrer Rechtsnachfolger der früheren Feststellung der DDR-Behörden widerspräche, daß von einem Investitionsvorhaben keine Umweltbeeinträchtigung ausgehe, dann muß dieses auch gelten für Verfügungen, die Rekultivierungsmaßnahmen zum Inhalt haben: Ist die Inanspruchnahme zur Gefahrenbeseitigung nicht möglich, dann erst recht nicht die Inanspruchnahme für die Erfüllung über sie hinausgehender Pflichten. Insoweit fehlt ein Rückwirkungsproblem.

Das gleiche Ergebnis gilt für die Haftungsfreistellung auf Grund der sogenannten Freistellungsklausel (dazu Kloepfer/Kröger, Das Umweltrecht in der deutschen Einigung, 1991, S. 142).

Daß die Rekultivierungspflicht für die Länder oder Kommunen als Rechtsnachfolger ehemaliger staatlich betriebener Deponien gilt, ist unproblematisch. Die Beschränkungen, die oben diskutiert wurden, gelten für sie nicht.

Diejenigen landesrechtlichen Abfallgesetze, die eine Rekultivierungspflicht für sanierte Altlasten anordnen, gelten auf Grund einer verfassungskonformen Interpretation nur für solche Sachverhalte, die noch nicht abgeschlossen sind. Die Gesetze entfalten lediglich unechte Rückwirkung. Sie sind verfassungsrechtlich zulässig, weil sie Grundrechtspositionen sowie Vertrauen von Sanierungspflichtigen nicht verletzen. - In den neuen Bundesländern entfällt die Rekultivierungspflicht, soweit sie für Unternehmen und ihre Rechtsnachfolger als Verursacher angeordnet ist, weil es bereits an der Sanierungspflicht der Verursacher fehlt. Insoweit stellt sich ein Rückwirkungsproblem nicht.

Im erarbeiteten Umfang kann nach alledem auch durch Bundesrecht rückwirkendes Bodensanierungsrecht angeordnet werden. In diesem Sinne ist der Anwendungsbereich der vorgeschlagenen Regelungen zu verstehen.

Der Vorschlag regelt das Recht der Bodenbelastung detailliert, das Recht der sogenannten Altlasten enthält im wesentlichen Verweise auf diese detaillierten Bestimmungen. Der Grund für diese Regelungstechnik ist in folgendem zu sehen: Ein Sanierungsrecht für Bodenbelastungen wird auch in Zukunft notwendig sein, nicht hingegen ein Altlastensanierungsrecht. Bodenbelastungen werden in der Zukunft noch entstehen können, nicht aber Altlasten - schon kraft der für sie erarbeiteten Definition nicht: es handelt sich um Fälle der Vergangenheit. Sie werden einmal gelöst sein, so daß - rein zeitlich betrachtet - das Altlastensanierungsrecht ein Übergangsrecht darstellt. Diese Charakterisierung trifft für das Recht der Bodenbelastungen nicht zu. Es ist deshalb sinnvoll, es ausführlich zu regeln. Das Altlastenrecht ist irgendwann einmal wegen Überflüssigkeit zu streichen.

2. Zur Regelung im einzelnen

Zum Ersten Unterabschnitt: Bodenbelastungen

Zu § 302 Behördliche Anordnungen

§ 302 regelt den Inhalt behördlicher Anordnungen im Falle der Feststellung einer Bodenbelastung. Die Regelung ist notwendig, weil im Allgemeinen Teil ein abgestuftes Eingriffssystem, wie es der Vorschlag enthält, fehlt. Das Gesetz ist partiell an § 20 Abs. 1 HAbfAG orientiert.

§ 302 hebt die materielle Polizeipflicht des Störers nicht auf. Die Pflicht zur Sanierung von Bodenbelastungen besteht unabhängig von § 302 für den oder die Störer. § 302 legt lediglich die Modalität der Erfüllung der Polizeipflicht zur Sanierung fest.

Mit der zuvor angeführten "materiellen Polizeipflicht" ist folgendes gemeint: Die Pflicht zur Beseitigung von Schäden an durch das Polizeirecht geschützten Rechtsgütern entfiele, wenn Voraussetzung für rechtswidriges Handeln eine Ordnungsverfügung der zuständigen Behörde wäre, die die gesetzliche Pflicht konkretisierte - mit anderen Worten: Ein gesetzwidriger Zustand wird nicht schon bei einem Verstoß gegen das abstrakt-generelle Handlungsgebot angenommen, sondern erst bei einem Verstoß gegen einen Verwaltungsakt, der das Gesetz konkretisiert und somit Bestimmtes gebietet. Diesem Ansatz ist nicht zu folgen. Er ist mit der Lehre von der materiellen Polizeipflicht unvereinbar. Unter materieller Polizeipflicht ist die bereits aus den Polizeigesetzen folgende Pflicht zu verstehen, Störungen zu beseitigen, ohne daß es eines diese Pflicht begründenden Verwaltungsakts bedarf (so die Literatur, zusammenfassend Griesbeck, Die materielle Polizeipflicht des Zustandsstörers und die Kostentragungspflicht nach unmittelbarer Ausführung und Ersatzvornahme - dargestellt am Beispiel der Altlasten-Problematik, 1991, S. 82). Ein Verwaltungsakt legt nach dieser Auffassung bei Vorliegen eines Verstoßes gegen das Polizeirecht nur die Modalität der Störungsbeseitigung fest - nicht hingegen die Pflicht als solche.

Die Lehre von der materiellen Polizeipflicht findet in der Literatur Gegner und Anhänger. In jüngster Zeit überwiegen eindeutig die Anhänger. Dieses zu Recht; die Lehre von der materiellen Polizeipflicht findet sich schon lange in der Rechtsprechung des preußischen Oberverwaltungsgerichts (Nachweise bei Czeczatka, Der Einfluß privatrechtlicher Rechtsverhältnisse auf Erlaß und Inhalt polizeilicher Hoheitsakte, 1978, S. 55 ff.) und Gründe, sich von ihr abzuwenden, sind nicht ersichtlich.

Die Ablehnung einer Pflicht des einzelnen zu polizeigemäßem Handeln ohne Inanspruchnahme durch die Polizei begründet ein Teil der Literatur mit rechtshistorischen wie dogmatischen Überlegungen (z.B. Wagner, Die Polizeipflicht von Hoheitsträgern, 1971, S. 24 ff.). Diese Überlegungen tragen die These jedoch nicht. Es wird argumentiert, das moderne Polizeirecht sei vom Gedanken der Gefahrenabwehr getragen, was zu seiner Ausdifferenzierung in einer differenzierten Gesellschaft führe; angesichts dieser Ausdifferenzierung könne der einzelne die zahllosen Gefahrenherde nicht mehr erkennen; es bedürfe deshalb der Spezialisten. Das spreche gegen die Annahme einer materiellen Polizeipflicht. Diese Annahme bestätige, so wird weiter vorgetragen, das das Polizeirecht beherrschende Opportunitätsprinzip; ferner streite aus rechtstheoretischer Sicht das Argument, die Möglichkeit der

Kenntnis einer Pflicht sei Voraussetzung ihres Bestehens. Daran mangele es des öfteren, mithin müsse die materielle Polizeipflicht entfallen. - Gegen das erste Argument spricht die Unhaltbarkeit der ihm zugrunde liegenden Erkenntnis, die auf ein "Weniger an Pflichten bei einem Mehr an Gefahren" hinausläuft. Der Hinweis auf das Opportunitätsprinzip enthält kein Gegenargument, weil dieses Rechtspflichten voraussetzt, nicht aber schafft oder verhindert, und weil eine bestehende materielle Pflicht des Bürgers die Polizei nicht zum Einschreiten zwingt, sie läßt das Opportunitätsprinzip also nicht leerlaufen. Schließlich setzt eine Pflicht nicht ihre positive Kenntnis voraus, weil das Entstehen von Rechtswirkungen in einer Vielzahl von Fällen nicht von der Kenntnis des sie bewirkenden Ereignisses abhängt (vgl. zum Vorstehenden ausführlich Peine, DVBl. 1980, 941 ff., 948 ff.).

Ausgangspunkt für die Begründung der materiellen Polizeipflicht muß das geltende Polizeirecht sein. Dieses legt die Annahme einer ex lege bestehenden Pflicht nahe. Die Annahme ergibt sich aus folgendem: Das preußische Oberverwaltungsgericht ist bis zum Jahre 1931 in einer Reihe von Entscheidungen von der materiellen Polizeipflicht ausgegangen. Seine Rechtsprechung hat im preußischen Polizeiverwaltungsgesetz gesetzlichen Niederschlag gefunden. Dessen wesentliche materielle Bestimmungen führen wiederum die heutigen Polizeigesetze fort. Die Existenz der materiellen Polizeipflicht hat sich somit bis in das geltende Recht fortgesetzt. Es kann deshalb mit Recht festgestellt werden, daß die Annahme einer materiellen Polizeipflicht seit nahezu 100 Jahren den jeweils geltenden Polizeigesetzen zugrunde liegt. Der überwiegende Teil der älteren Literatur erkennt diese ex lege geltende Pflicht an. Da sich die Gesetze materiellrechtlich kaum geändert haben, kann sich an der Anerkennung dieser Pflicht nichts ändern. Daneben belegt auch folgende Erwägung die Richtigkeit der aufgestellten These: Immer dort, wo Gesetze ein konkretes Verhalten ge- oder verbieten, z.B. im Strafrecht, gibt es die entsprechende Verhaltenspflicht unmittelbar aus der Natur der Sache heraus, weil Funktion dieser Tatbestände die Regelung jenes Minimums an Verhaltensregeln ist, das unabdingbare Voraussetzung menschlichen Zusammenlebens ist. Nichts anderes ist aber auch die Funktion des Polizeirechts: Es dient der Durchsetzung dieses Minimums, wie die Definition des Begriffs der öffentlichen Ordnung zeigt.

Gegenstand der materiellen Polizeipflicht ist die Störungsbeseitigungspflicht. Diese Pflicht ist konkret. Ein auf eine Störungsbeseitigung gerichteter Verwaltungsakt konkretisiert also nicht diese Pflicht, sondern legt lediglich die Modalität ihrer Erfüllung durch ein bestimmtes Mittel fest. Zusammenfassend sei die Arbeit von Griesbeck (Die materielle Polizeipflicht des Zustandsstörers und die Kostentragungspflicht nach unmittelbarer Ausführung und Ersatzvornahme - dargestellt am Beispiel der Altlasten-Problematik, 1991, S. 89) zitiert: "Die materielle Polizeipflicht ist ... eine Pflicht zur Mitwirkung bei der Gefahrenabwehr. Sie realisiert sich beim Störer meist als Beseitigungspflicht, die beim Eigentümer in dem Augenblick auftritt, in dem eine Gefahr vom Zustand seiner Sachen ausgeht. Sie besteht schon vor Erlaß des Polizeiverwaltungsakts, nicht jedoch vor Eintritt der Gefahr. Die materielle Polizeipflicht muß unter der Geltung des Grundgesetzes als die jeden Rechtsgenossen treffende Verpflichtung, sein Verhalten und den Zustand seiner Sachen nach Auftreten einer Gefahr gefahrenfrei einzurichten, verstanden werden."

Nach alledem ergibt sich die Verpflichtung der Störer, eine Bodenbelastung zu beseitigen, zumindest in dem Umfang, wie § 302 ihn festlegt, ohne daß es entsprechender Verfügungen bedürfte.

Die gemäß § 302 denkbaren Maßnahmen stehen in einem Stufenverhältnis. Regelungsgehalt der ersten Stufe ist die vollständige Beseitigung der Bodenbelastung einschließlich der Rekultivierung des betroffenen Geländes, die Vorschriften finden sich unter Nummer 1 und 2. Insoweit sieht der Vorschlag zwei unterschiedliche Möglichkeiten behördlichen Vorgehens vor: Zum einen kann die Behörde die Erstellung eines Sanierungsplans sowie für den Fall, daß die Behörde mit dem erstellten Plan einverstanden ist, seine Verwirklichung verlangen; zum anderen kann die Behörde, wenn ein solcher Sanierungsplan entbehrlich ist, die Beseitigung der Bodenbelastung sowie die erforderlichen Rekultivierungsmaßnahmen fordern. Ob mit oder ohne Sanierungsplan vorzugehen ist, ist Tatfrage; die Antwort ist abhängig von der Schwere der Bodenbelastung und der Einschätzung der Bodensanierer: Halten sie nach den Regeln der Technik einen Sanierungsplan für erforderlich, so ist er zu fordern. - Gesetzlich nicht gefordert ist die förmliche Genehmigung des Sanierungsplans durch die Behörde. Dieses erscheint nicht notwendig: Zum einen deshalb, weil die Behörde einen unzureichenden Sanierungsplan zurückweisen und die Erstellung eines neuen Plans verlangen kann; über die rechtliche Zulässigkeit eines derartigen behördlichen Vorgehens mag gestritten werden. Zum anderen fehlt die Genehmigung deshalb, weil sich im Laufe der Sanierung Änderungen ergeben können; auf diese Situation flexibel zu reagieren muß die Behörde durch Forderung von Anpassungen in der Lage sein, ohne daß frühere Entscheidungen sie binden.

Die zweite Stufe ist in Nummer 3 geregelt. Sie geht nicht von einer vollständigen Bodensanierung aus, sondern erlaubt eine Verminderung der Bodenbelastung. Dekontaminationsmaßnahmen gemäß Nummer 1a bestehen in einer Reinigung des Bodens unter Zuhilfenahme der existierenden technischen Verfahren; eine Verminderung der Bodenbelastung bleibt hinter diesem Optimum zurück. Dieses Zurückbleiben hinter dem Optimum soll aus drei Gründen möglich sein: Zunächst aus technischen Gründen; es ist vorstellbar, daß eine optimale Dekontamination nicht möglich ist; wenn das der Fall ist, kann sie auch rechtlich nicht gefordert werden; ein Verwaltungsakt, den aus tatsächlichen Gründen niemand ausführen kann, ist zudem nichtig gemäß § 44 Abs. 2 Nr. 4 VwVfG. Sodann entfällt die vollständige Dekontamination, wenn sie unzumutbar ist; das ist der Fall, wenn die Kosten für die

Dekontamination einer Restverschmutzung zu dem zu erreichenden Umweltschutz außer Verhältnis stehen; wann von dieser Situation auszugehen ist, ist eine Frage des Einzelfalls und kann nicht abstrakt beantwortet werden; die in den Vorschlag aufgenommene Grenze ist verfassungsrechtlich gefordert. In einem dritten Fall darf von der vollständigen Dekontamination abgesehen werden, wenn deren Durchführung untunlich ist. Ein Beispiel für die Untunlichkeit bildet die geringe Dringlichkeit der Sanierung, etwa das Fehlen einer möglichen Vergiftung des Grundwassers. Keinen Beispielsfall für "untunlich" bilden finanzielle Fragen: "untunlich" oder "tunlich" ist beschränkt auf Probleme, die sich aus der Durchführung der Sanierung als solche ergeben; diese Begriffe haben mit den finanziellen Möglichkeiten des zur Sanierung Verpflichteten nichts zu tun (hiervon ist zu trennen das Problem, daß die Sanierungsgesellschaft nach Maßgabe eines Finanzierungsplans Sanierungen vornimmt).

Soweit eine vollständige Dekontamination entfällt, kann die Behörde die in Ansetzung der Restvergiftung des Bodens erforderlichen Überwachungs- und Sicherungsmaßnahmen anordnen.

Auf der dritten Stufe entfallen Sanierungsmaßnahmen oder Maßnahmen zur Minderung der Bodenbelastung vollständig. Die Gründe, die das Entfallen der Maßnahmen rechtfertigen können, sind identisch mit den auf der zweiten Stufe relevanten Gründen. Es können auf dieser Stufe die notwendigen Überwachungs- und Sicherungsmaßnahmen angeordnet werden, um z.B. eine Gefährdung des Grundwassers zu verhindern.

Die potentiellen Adressaten einer behördlichen Anordnung, also die auf Grund der materiellen Polizeipflicht Verpflichteten, regelt § 303.

Es versteht sich von selbst, daß die Behörde in ihrer Verfügung den sachlichen Umfang des zu Erreichenden festlegt. Sie wird insbesondere festlegen, daß die in der TA-Boden festzulegenden Risikowerte unterschritten werden. Ist diese Qualität der Kontamination erreicht, dann mag der Boden immer noch verändert und damit verschmutzt im Sinne der Definition des § 284 Abs. 2 Nr. 1 sein, eine wie auch immer geartete weitere Haftung entfällt dann für die Zukunft. Der Boden ist somit - unter dem Aspekt seiner Verschmutzung - unbeschränkt verkehrsfähig. - Nach allgemeiner polizeirechtlicher Lehre muß die Behörde das Mittel zur Zielerreichung nicht bestimmen; die Auswahl der Sanierungsmethode etc. bleibt dem Verantwortlichen vorbehalten.

Eine förmliche Erklärung einer Bodenbelastung zu einer solchen kennt das Gesetz nicht. Sie wird nicht für notwendig gehalten. Das Bodenschutzrecht des Landes Baden-Württemberg kennt eine solche Förmlichkeit ebenfalls nicht.

Zu § 303 Verantwortlichkeit

§ 303 regelt, wer als Adressat von Anordnungen gemäß § 302 sowie als Kostenträger in Betracht kommt. Ähnliche Regelungen finden sich in einigen Landesabfallgesetzen.

Absatz 1 enthält die Grundaussage, daß der Verursacher einer Bodenbelastung sanierungspflichtig ist; die Norm regelt mithin die Haftung des Handlungsstörers. Daß der Handlungsstörer haften muß, entspricht dem allgemeinen Polizeirecht. Zur Haftung des Handlungsstörers im allgemeinen wird auf das polizeirechtliche Schrifttum verwiesen; der Vorschlag geht von den im polizeirechtlichen Schrifttum vorhandenen Erkenntnissen aus. Verursacher einer Bodenbelastung ist folglich derjenige, der in polizeirechtlich zurechenbarer Weise einen Beitrag "geleistet" hat, der (mit)ursächlich für die Bodenbelastung ist.

Daß derjenige, der auf Grund gesetzlicher Vorschriften für das Verhalten des Verursachers einzustehen hat, ebenfalls Verursacher ist, entspricht geltendem Polizeirecht. Insbesondere ist der Geschäftsherr für den Verrichtungsgehilfen verantwortlich, vgl. §§ 19 prPVG, 4 Abs. 3 MEG. Im geltenden Recht findet sich eine ausdrückliche Regelung der Zusatzverantwortlichkeit des Geschäftsherrn in § 10 Abs. 1 Nr. 1 BodSchG-BW.

Verpflichtet sind ebenfalls die Rechtsnachfolger des Verursachers bzw. desjenigen, den eine Zusatzverantwortlichkeit trifft. Soweit im Schrifttum im Falle der Verhaltenshaftung für den Eintritt der Rechtsnachfolge eine gesetzliche Anordnung gefordert wird, liefert der Vorschlag diese Anordnung. Wann eine Rechtsnachfolge materiell-rechtlich vorliegt, ist eine Frage des bürgerlichen Rechts und muß hier nicht beantwortet werden. Die Norm umfaßt alle denkbaren Rechtsnachfolgetatbestände.

Absatz 2 erfaßt die Haftung bestimmter Anlagenbetreiber, wenn in starkem Maße zu vermuten ist, daß der Betrieb der Anlage Ausgangspunkt der Bodenbelastung ist. Die Haftung des Anlagenbetreibers entfällt, wenn er den Nachweis führt, daß der Betrieb der Anlage nicht zu der Bodenbelastung geführt hat. Der Vorschlag enthält folglich insoweit eine Beweislastumkehr.

Absatz 3 regelt die Zustandshaftung eines früheren Grundstückseigentümers. Die Haftung ist nicht daran geknüpft, daß der definitive Nachweis geführt wird, daß die Bodenbelastung während der Zeit des Bestehens der Eigentumsposition entstanden ist; insoweit reicht, daß sie "mutmaßlich" entstanden ist (es spricht alles dafür, kann nur nicht hundertprozentig im Sinne der Naturwissenschaften bewiesen werden). Diese dem geltenden Recht fremde Zustandshaftung (der Vorschlag entfaltet keine Rückwirkung und gilt nur für diejenigen Eigentümer, die ihr kontaminiertes Eigentum nach Inkrafttreten des Vorschlags aufgeben) zeitlich begrenzt sein muß. So wie nach bürgerlichem Recht die Haftung nach 30 Jahren verjährt, muß auch die öffentlich-rechtliche Haftung enden.

Absatz 4 regelt die Zustandshaftung. Der Vorschlag entspricht geltendem Recht.

Absatz 5 regelt Haftungsbeschränkungen. Das geltende Polizeirecht kennt keine Haftungsbeschränkungen. Dieser Zustand wird in der Literatur oft beklagt. Der Vorschlag geht davon aus, daß die unbegrenzte polizeiliche Haftung im Einzelfall ungerecht sein kann. Insoweit findet sich in Absatz 5 eine echte Neuerung, die einem praktischen Bedürfnis Rechnung trägt. In drei Fällen soll es zu einem Haftungsausschluß bzw. zu einer Haftungsreduzierung kommen, weil der Eintritt der Haftung bzw. der vollen Haftung ungerecht wäre. Die Haftung des Verhaltensstörers entfällt, wenn sie unzumutbar ist. Wann sie unzumutbar ist, ist eine Frage des Vertrauensschutzes. Das Kriterium, anhand dessen sich Vertrauen bilden kann, wird im Vorschlag genannt. Das Vertrauen muß in besonderem Maße schutzwürdig sein. Wann das der Fall ist, kann nicht abstrakt vorhergesagt werden, sondern ist eine Frage des Einzelfalls. Die Norm hat eine Parallele in § 49 Abs. 2 VwVfG. Der Begünstigte eines rechtmäßigen Verwaltungsakts darf das in der Vergangenheit Erlangte behalten; ähnlich soll hier der Zustand gleich bleiben: Sowie im Rahmen von § 49 Abs. 2 VwVfG die Rückgabe entfällt, soll hier die Haftung entfallen.

Die Haftung des Zustandsverantwortlichen entfällt bei Unkenntnis der Bodenbelastung. Sie entfällt ferner, wenn der Zustandsverantwortliche die Bodenbelastung nicht kennen mußte; davon ist z.B. auszugehen, wenn Gutachten von Geologen das Freisein eines Grundstücks von Bodenbelastungen bestätigen. Diese Ausnahme von der Haftung will den "innocent buyer" schützen.

Der dritte Fall ist keine Fall des Haftungsausschlusses, sondern der Haftungsbegrenzung. Der Umfang der Haftung soll gleich bleiben. Damit wird für einen Grundstückskäufer das Haftungsrisiko überschaubar. Er kann es vertraglich auf den Verkäufer abwälzen, ohne daß für ihn eine zusätzliche Haftung entsteht. Damit wird der Grundstücksverkehr erleichtert.

Zu § 304 Auswahlentscheidung

Da gemäß § 303 des Vorschlags mehrere potentiell Haftende existieren, besteht für die Behörde die Aufgabe, dann, wenn die Verpflichteten nicht freiwillig sanieren, einen der Verpflichteten heranzuziehen. Der Vorschlag liefert Kriterien, die die Behörde bei der Auswahlentscheidung zu berücksichtigen hat.

Absatz 1 Satz 1 entspricht geltendem Recht. Es steht im pflichtgemäßen Ermessen der Behörde, welchen Verantwortlichen sie heranzieht. Mit Blick auf die Ausübung des Ermessens haben sich zu beachtende Regeln herausgebildet (siehe Knemeyer, Polizei- und Ordnungsrecht, 4. Aufl., 1991, S.

141). Soweit das Gesetz für die Ermessensausübung Aussagen enthält, gehen diese jenen allgemeinen Regeln vor.

Satz 2 sagt, daß die Behörde mehrere Verantwortliche gleichzeitig für die Beseitigung der Bodensanierung heranziehen kann. Diese Möglichkeit findet sich ebenfalls im hessischen Recht. In welcher Weise die Behörde einzelne heranziehen kann, regelt der Vorschlag: nach Maßgabe der Verantwortlichkeit sowie mit Blick auf das Ziel der Maßnahme. Für die Feststellung des Maßes der Verantwortlichkeit ist geregelt das Recht der Behörde, anhand bestimmter Kriterien zu schätzen sowie die Folge, die sich ergibt, wenn nicht geschätzt werden kann. Demnach kann das Maß der Verantwortlichkeit entsprechend bestimmt werden.

Satz 5 regelt den Fall, daß es untunlich ist, mehrere Verantwortliche heranzuziehen. Das ist insbesondere dann anzunehmen, wenn technische Gründe gegen ein solches Vorgehen sprechen. Die Vorschrift ermöglicht es, einen von mehreren Verantwortlichen allein heranzuziehen. Dieser hat einen Anspruch auf einen Ausgleich in Geld gegen die anderen Verantwortlichen. Die Höhe des Anspruchs berechnet sich nach dem Maß der Verantwortlichkeit.

Satz 6 erlaubt, daß Anteile an Sanierungsmaßnahmen sowie die Höhe des Geldanspruchs entsprechend dem Maß der Verantwortlichkeit auf Antrag von der Behörde verbindlich festgesetzt werden können.

Absatz 2 äußert sich zum Verhältnis von Zustandsstörer zum Handlungsstörer. Er legt fest, daß der Zustandsstörer im Verhältnis zum Handlungsstörer nachrangig haftet. Eine Haftung des Zustandsstörers kommt deshalb regelmäßig ("soll") nur dann in Betracht, wenn die im Vorschlag aufgezählten Fälle vorliegen.

Die in Absatz 2 enthaltene Nachrangigkeitsregelung gilt gemäß Absatz 3 Satz 1 auch im Verhältnis von Verursacher und Rechtsnachfolger. Indes entfällt die Nachrangigkeit, wenn der Rechtsnachfolger die Bodenbelastung kannte oder kennen mußte; von einem "Kennen müssen" ist z.B. auszugehen, wenn eine naheliegende Bodenuntersuchung unterblieben ist und dafür einsichtige Gründe fehlen. Der Rechtsnachfolger hat dann die für die eigenen Dinge notwendige Sorgfalt nicht aufgebracht; deshalb kann das in Satz 1 ausgesprochene Privileg entfallen.

Absatz 4 enthält Rechte der Behörde, die notwendig zur Verfügung gestellt werden müssen, um die wirtschaftliche Leistungsfähigkeit von Betroffenen einzuschätzen. Bundesrecht, insbesondere Grundrechte, stehen den im Vorschlag niedergelegten Handlungsmöglichkeiten nicht entgegen.

Zu § 305 Eigenvornahme

§ 305 legt fest, unter welchen Voraussetzungen die Behörde anstelle von Sanierungspflichtigen selbst tätig werden kann. Der Vorschlag nennt zwei

Fälle: die Unmöglichkeit, die Verpflichteten heranzuziehen, oder die Unmöglichkeit, sie rechtzeitig heranzuziehen; der letzte Fall ist nur denkbar, wenn von der Bodenbelastung eine Gefahr für das Grundwasser oder andere Schutzgüter konkret ausgeht. Die Ausnahme des § 305 Abs. 1 darf nicht zur Erleichterung der Verwaltungstätigkeit mißbraucht werden. Zur Sanierung sind Private verpflichtet; sie sollen entweder selbst oder mit Hilfe von Dritten die Sanierung vornehmen. Erst dann, wenn dieses nicht geschieht oder zu spät zu geschehen droht (z.B., weil ein Verwaltungsprozeß läuft), darf die Eigenvornahme der Behörde an die Stelle privaten Handelns treten.

Absatz 2 beantwortet die Kostenfrage. Gemäß Satz 2 kann die Behörde auf Antrag die Kostenanteile festlegen.

Zu § 306 Entbehrlichkeit anderer Zulassungen

Anordnungen nach § 302 kommt eine beschränkte Konzentrationswirkung zu. Wegen des Entfallens anderer behördlicher Entscheidungen sieht die Vorschrift eine Mitwirkung anderer Behörden vor, es sei denn, Gefahr ist im Verzug. Verfahren der Umweltbewilligung und der Planfeststellung bleiben nach Satz 2 unberührt; Entscheidungen auf Grund dieser Verfahren werden deshalb von der Konzentrationswirkung, die Anordnungen nach § 302 zukommt, nicht erfaßt.

Zum Zweiten Unterabschnitt: Altlasten

Zu § 307 Erfassung von altlastenverdächtigen Flächen

Die Norm versteht sich von selbst. Entsprechende Vorschriften gibt es in allen Altlastengesetzen.

Zu § 308 Feststellen einer Altlast

Eine Altlast im Rechtssinne gibt es nur als Folge einer entsprechenden behördlichen Entscheidung. Diese Entscheidung ist nur möglich, wenn die in der Definition gemäß § 284 Abs. 5 genannten Voraussetzungen erfüllt sind. Die Feststellung ist notwendige Voraussetzung für eine behördliche Anordnung gemäß §§ 310, 302.

Der Vorschlag geht davon aus, daß im Wege der Rechtsverordnung Bewertungskommissionen eingerichtet werden. Deren Vorschläge "soll" die zuständige Behörde ihre Entscheidung über das Vorliegen einer Altlast zugrunde legen; gebunden ist die zuständige Behörde jedoch nicht. Ein Abweichen von der Aussage der Bewertungskommission kommt insbesondere dann in Betracht, wenn diese die gesetzlichen Aussagen unbeachtet gelassen hat.

Mit Blick auf die Einrichtung der Bewertungskommission und die Übertragung von Aufgaben an sie ist die Bundesregierung nicht vollkommen frei. Der Gesetzesvorschlag sieht jedenfalls zwei Aufgaben für sie vor: Die Kommission hat die Aufgabe festzustellen, ob eine Altlast vorliegt; gemäß § 311 Abs. 1 muß sie über die Reihenfolge der Durchführung von Sanierungsmaßnahmen entscheiden. Der Erlaß der Rechtsverordnung ist für die Bundesregierung Rechtspflicht.

Zu § 309 Erweiterte Überwachung

§ 60 enthält eine Vielzahl von Überwachungsmaßnahmen. Von diesen sind einige auch für das Feststellen und die Überwachung von Altlasten bedeutungsvoll. § 63 regelt die überwachungspflichtigen Personen. § 309 erweitert den Kreis der überwachungspflichtigen Personen. Gegen diese kann deshalb z.B. die Einsichtnahme in Unterlagen angeordnet werden.

Zu § 310 Geltung weiterer Vorschriften

§ 310 erklärt das gesamte Bodensanierungsrecht für anwendbar. Das ist konsequent, weil sich das Altlastensanierungsrecht als ein zeitlich begrenzter Unterfall des Bodensanierungsrechts darstellt. Auf die Ausführungen zu den §§ 302 bis 306 kann verwiesen werden. "Altlastenfrei" ist ein Grundstück, wenn bodengefährliche Stoffe nur noch in dem Umfang vorhanden sind, daß von ihnen ein Umweltrisiko nicht mehr ausgeht.

Hervorzuheben ist, daß mit Blick auf die Altlasten Verantwortlicher im Sinne des § 302 auch der Abfallerzeuger ist, ebenso der Ablagerer sowie sonstige Personen, wenn sie im Sinne des Polizeirechts zurechenbar zur Entstehung der Altlast beigetragen haben.

Zu § 311 Altlastensanierungsgesellschaft

Der Vorschlag geht in Übereinstimmung mit der bisherigen Praxis der Altlastensanierung davon aus, daß in bestimmten - aufgezählten - Fällen die private Sanierung entfällt. In diesen Fällen muß die öffentliche Hand die Gefahrenbeseitigung vornehmen. Für diese Aufgabe ist, wie in einigen Bundesländern bereits geschehen, eine Altlastensanierungsgesellschaft zuständig. Soweit eine solche Gesellschaft noch nicht existiert, ist sie zu gründen.

Die Altlastensanierungsgesellschaft kann nur entsprechend der ihr zur Verfügung stehenden Mittel Sanierungen vornehmen. Mittel enthält sie aus dem Landeshaushalt und auf der Basis von Landesgesetzen. Kraft Bundesrecht steht ihr ein Anteil aus dem Aufkommen der Abfallabgabe zu (§ 595 Abs. 1 Nr. 4). Da es sich bei ihr um eine Lenkungsabgabe handelt, deren Aufkommen sich im Laufe der Zeit verringert, haben die Länder sicherzustellen, daß den Altlastensanierungsgesellschaften genügend finanzielle Mittel zur Erfüllung ihrer Aufgabe zur Verfügung stehen.

Neben den in Absatz 1 genannten Fällen regeln die Sätze 2 und 3 weitere Fälle von Handlungsmöglichkeiten. Im Vordergrund steht, daß weitere Umweltschäden, welche durch Verzögerungen bei der Durchführung der Sanierung entstehen können, durch schnelles Arbeiten zu verhindern sind.

Absatz 2 räumt den Ländern bei der Bestimmung des Trägers der Altlastensanierung große Entscheidungsfreiheit ein. Das Gesetz nimmt auf die insoweit vielfältig differenzierte Praxis Rücksicht. Es versteht sich von selbst, daß zum Träger nur derjenige bestimmt werden kann, der bestimmte qualitative Anforderungen erfüllt; § 159 BauGB nennt Voraussetzungen für einen Sanierungsträger, die auch für den Träger der Altlastensanierung gelten könnten. Es fehlt insoweit jedoch ein Vorschlag, weil die Länder im Rahmen der Einsetzung des Trägers überprüfen können, ob er für die Arbeit geeignet ist. Das Prüfungsprogramm, das sich die Länder vorgeben, versteht sich von selbst. Weil sie es selbst vollziehen, besteht eine Differenz zu §§ 157 f. BauGB. Diese Differenz erforderte die Nennung der Kriterien im BauGB und gestattet es, hier Kriterien in das Gesetz aufzunehmen.

Die Altlastensanierungsgesellschaften handeln privatrechtlich. Falls es notwendig sein sollte, Verfügungsberechtigte dazu zu zwingen, die Durchführung der Sanierung zu gestatten, kann eine Duldungsverfügung auf der Grundlage des einschlägigen Landesrechts ergehen.

Es ist selbstverständlich, daß sie zur Erfüllung ihrer Aufgaben Dritte beauftragen können. Sie können ebenso Gesellschaften gründen oder sich an bestehenden Gesellschaften beteiligen. Sie haben ohne weiteres das Recht, die zu sanierenden Grundstücke zu erwerben; eine Aufnahme dieser Aussage in den Gesetzestext erscheint überflüssig.

Zum Vierten Abschnitt: Gemeinsame Vorschriften

Zu § 312 Festsetzung von Risiko- und Gefahrenwerten

Wie oben bereits dargelegt (Vorbemerkungen I 3 b aa), besitzt der Bund die Gesetzgebungskompetenz zum Erlaß eines vollständigen Bodenschutzgesetzes. Deshalb hat der Bund auch das Recht, Risiko- und Gefahrenwerte festzulegen. In der Begründung zum zehnten Kapitel des Allgemeinen Teils war dieses Recht bezweifelt worden (S. 466). Diese Zweifel dürften ausgeräumt sein.

Die Norm enthält die Ermächtigungsgrundlage zum Erlaß einer TA-Boden. Sie hat nach Risiko- und Gefahrenwerten zu differenzieren. Gesicherte Werte sind in einer Rechtsverordnung, ungesicherte in einer Verwaltungsvorschrift festzulegen. Die festzulegenden Werte können differieren nach

Böden unterschiedlicher Art und Nutzung. Die Erkenntnisse von Bodenkundlern haben in diesen Unterscheidungen aufzugehen.

Zu § 313 Ordnungswidrigkeiten

Es fehlt eine Vorschrift, die die Anwendung nicht zugelassener Pflanzenschutzmittel pönalisiert. Eine solche Vorschrift findet sich im Stoffrecht.

Zu Absatz 1 und 2 gibt es im geltenden Recht keine Parallele. Die Absätze fassen die Tatbestände zusammen, die als bußgeldwürdig angesehen werden. Absatz 3 und 4 sind inhaltsgleich den übrigen Ordnungswidrigkeitsvorschriften des Gesetzes (§§ 219, 282, 376, 438, 558 und 597).

Der Bußgeldrahmen ist im UGB einheitlich geregelt. Hinzuweisen ist auf die nach § 17 Abs. 4 OWiG vorhandene Möglichkeit, den wirtschaftlichen Vorteil mit abzuschöpfen, den ein Täter als Folge des Verstoßes gegen einen Ordnungswidrigkeitentatbestand erlangt hat.

Einen Straftatbestand betreffend die Bodenverunreinigung enthält das Gesetz nicht. Ein Straftatbestand soll, wie alle umweltrelevanten Straftatbestände, in das Strafgesetzbuch aufgenommen werden.

Viertes Kapitel: Immissionsschutz

Vorbemerkungen zur Ausgangssituation und zu den Grundlinien des Vorschlages

I. AUSGANGSLAGE

1. Bisherige Rechtslage

a) Regelungen des Bundes-Immissionsschutzgesetzes

Das Bundes-Immissionsschutzgesetz wird durch eine doppelte Zielsetzung geprägt. Es sucht zum einen die durch Immissionen bedingten Probleme zu bewältigen. Es geht also um den Schutz vor Immissionen und damit vor Luftverunreinigungen, vor Lärm, vor Erschütterungen, vor (nicht ionisierenden) Strahlen und ähnlichen Einwirkungen. Insoweit enthält das Gesetz Regelungen für grundsätzlich alle Emissionsquellen, nicht nur für Anlagen. Zudem fallen die Regelungen in diesem Bereich, sofern man die auf das Bundes-Immissionsschutzgesetz gestützten Rechtsverordnungen miteinbezieht, sehr viel konkreter aus, suchen umfassende Regelungen zu treffen (vgl. Amtl. Begr., BT-Drs. 7/179, S. 27; Jarass, Bundes-Immissionsschutzgesetz, 1983, Einl. 4). Auf der anderen Seite übernimmt es das früher in den §§ 16 ff. GewO a.F. geregelte Recht der gefährlichen Anlagen, und zwar auch insoweit, als es dort nicht um den Schutz vor Immissionen ging (vgl. dazu Schmatz/Nöthlichs, Immissionsschutzrecht, 1979 ff., Stand: 1992, § 1 BImSchG Anm. 2). In diesem Teilbereich beschränkt sich das Gesetz auf generalklauselartige Regelungen.

Das Gesetz ist in folgende Teile gegliedert:

1. Allgemeine Vorschriften (§§ 1 bis 3 BImSchG)
2. Errichtung und Betrieb von Anlagen (§§ 4 bis 31a BImSchG)
3. Beschaffenheit von Anlagen, Stoffen, Erzeugnissen, Brennstoffen, Treibstoffen und Schmierstoffen (§§ 32 bis 37 BImSchG)
4. Beschaffenheit und Betrieb von Fahrzeugen, Bau und Änderung von Straßen und Schienenwegen (§§ 38 bis 43 BImSchG)
5. Überwachung der Luftverunreinigung im Bundesgebiet, Luftreinhaltepläne und Lärmminderungspläne (§§ 44 bis 47a BImSchG)
6. Gemeinsame Vorschriften (§§ 48 bis 62 BImSchG)
7. Schlußvorschriften (§§ 66 bis 74 BImSchG)

Der erste Teil des Gesetzes regelt einige Fragen, die für alle Bereiche des Immissionsschutzes von Bedeutung und zudem sachlich von besonderem Gewicht sind. Der mit Abstand wichtigste Teil des Gesetzes ist der zweite Teil, der sich mit der Errichtung und dem Betrieb von Anlagen befaßt (Anlagenbezogener Immissionsschutz). Er regelt in einem ersten Abschnitt die genehmigungsbedürftigen Anlagen und damit das Recht der besonders gefährlichen Anlagen, in einem zweiten Abschnitt die nicht genehmigungsbedürftigen Anlagen und in einem dritten Abschnitt für die genehmigungsbedürftigen wie die nicht genehmigungsbedürftigen Anlagen die Ermittlung von Emissionen und Immissionen, die sicherheitstechnischen Prüfungen, sowie den Technischen Ausschuß für Anlagensicherheit. Im dritten Teil des Gesetzes geht es um Anforderungen an die Herstellung, an das Inverkehrbringen bzw. das Einführen von Erzeugnissen und Stoffen (Stoff- bzw. erzeugnisbezogener Immissionsschutz). Der vierte Teil ist dem verkehrsbezogenen Immissionsschutz, der fünfte Teil dem raumbezogenen Immissionsschutz gewidmet. Die beiden letzten Teile enthalten Regelungen unterschiedlichen Charakters.

b) Sonstiges Immissionsschutzrecht des Bundes

Das Immissionsschutzrecht ist im wesentlichen im Bundes-Immissionsschutzgesetz geregelt. Doch gibt es noch andere förmliche Gesetze des Bundes, die primär dem Schutz vor Immissionen dienen. Das gilt zunächst für das "Gesetz zur Verminderung von Luftverunreinigungen durch Bleiverbindungen in Ottokraftstoffen für Kraftfahrzeugmotore" (Benzinbleigesetz). Dieses Gesetz, das bereits vor Erlaß des Bundes-Immissionsschutzgesetzes geschaffen wurde und heute als eine Rechtsverordnung gemäß § 34 BImSchG ergehen würde (Feldhaus, Bundesimmissionsschutzrecht, 2. Aufl., 1974 ff., Stand: 1992, § 34 BImSchG Anm. 8), begrenzt bzw. verbietet in Ottokraftstoffen den Gehalt von Blei und Metallverbindungen. Dem Immissionsschutz zugerechnet wird nicht selten das ebenfalls vor Schaffung des Bundes-Immissionsschutzgesetzes erlassene "Gesetz zum Schutz gegen Fluglärm". Das Gesetz ermöglicht es insbesondere, um Flughäfen sogenannte Lärmschutzbereiche mit Nutzungsbeschränkungen anzulegen und passive Lärmschutzmaßnahmen zu fördern. Unter dem Strich ist das Gesetz jedoch eher als ein Flugverkehrsförderungsgesetz denn als Umweltschutzgesetz einzustufen, vor allem deshalb, weil es sich auf passive Maßnahmen beschränkt (vgl. unten zweiter Unterabschnitt des dritten Abschnitts II 1 a).

c) Sonstiges Umweltrecht des Bundes

Immissionsschutzrechtliche Regelungen finden sich des weiteren in anderen Materien des Umweltrechts, wenn auch nur am Rande. Das gilt etwa für das Naturschutzrecht, das in § 2 Abs. 1 Nr. 7 BNatSchG die Maßnahmen des Naturschutzes und der Landschaftspflege (auch) auf das Ziel einer Begrenzung von Luftverunreinigungen und Lärmeinwirkungen verpflichtet. Das Abfallrecht ist in mehreren Vorschriften auf den Immissionsschutz ausgerichtet: Gemäß § 2 Abs. 1 S. 2 Nr. 4 AbfG soll die Abfallentsorgung so durchgeführt werden, daß keine schädlichen Umwelteinwirkungen durch Luftverunreinigungen oder Lärm herbeigeführt werden. Gemäß § 4 Abs. 1 S. 2 AbfG kann die Abfallverbrennung unter bestimmten Voraussetzungen auch in immissionsschutzrechtlich genehmigten Anlagen erfolgen. Die gemäß § 14 AbfG möglichen Anforderungen an die Kennzeichnung, die getrennte Entsorgung sowie an die Rückgabe und Rücknahme dienen auch dem Immissionsschutz (vgl. Hösel/v. Lersner, Recht der Abfallbeseitigung, 1972 ff., Stand: Juli 1993, § 14 AbfG Rn. 2). Das Atomrecht verlangt in § 7 Abs. 2 Nr. 6 AtG, daß der Anlage keine überwiegenden Interessen im Hinblick auf die Reinhaltung der Luft entgegenstehen. § 8 AtG regelt das Verhältnis zu den anlagenbezogenen Regelungen des Bundes-Immissionsschutzgesetzes. Das Bundeswaldgesetz sieht in § 12 BWaldG die Möglichkeit vor, Forstflächen zum Schutz gegen schädliche Umwelteinwirkungen im Sinne des Bundes-Immissionsschutzgesetzes zum Schutzwald zu erklären. Im Chemikaliengesetz dient die Ermächtigung des § 17 Abs. 1 ChemG auch dem Immissionsschutz, wie etwa die an die Stelle der 10. Bundes-Immissionsschutzverordnung getretene und auf diese Ermächtigung gestützte Verordnung über das PCB-, PCT- und VC-Verbot vom 18. Juli 1989 (BGBl. I S. 1482) deutlich macht. Immissionsschutzrechtliche Vorschriften finden sich schließlich im Strafgesetzbuch (§§ 325, 327 Abs. 2, 329, 330 StGB).

d) Bundesgesetzliche Regelungen außerhalb des Umweltrechts

Immissionsschutzrechtliche Vorschriften sind auch in zahlreichen Gesetzen des Bundesrechts außerhalb des Umweltrechts enthalten. Das gilt zunächst für das Raumordnungsgesetz, das in § 2 Abs. 1 Nr. 5 ROG die Reinhaltung der Luft und den Schutz vor Lärmbelästigungen zu Grundsätzen der Raumordnung erklärt. Im Bauplanungsrecht ermöglicht § 9 Abs. 1 Nr. 23, 24 BauGB bauplanerische Ausweisungen zum Schutz vor schädlichen Umwelteinwirkungen im Sinne des Bundes-Immissionsschutzgesetzes.

Das Straßenverkehrsgesetz ermächtigt in § 6 Abs. 1 S. 1 Nr. 3 d, 5a, 5b StVG zu Regelungen zum Schutz vor Lärm und Abgasen durch den Kraftfahrzeugverkehr bzw. vor den von Fahrzeugen ausgehenden schädlichen Umwelteinwirkungen im Sinne des Bundes-Immissionsschutzgesetzes sowie zu Beschränkungen des Kraftfahrzeugverkehrs bei austauscharmen Wetterlagen. Im Allgemeinen Eisenbahngesetz ist in § 3 Abs. 1 e AEG eine Ermächtigung zum Erlaß von Vorschriften zum Schutz vor schädlichen Umwelteinwirkungen im Sinne des Bundes-Immissionsschutzgesetzes enthalten. Entsprechendes findet sich im Personenbeförderungsgesetz in § 57 Abs. 1 S. 2 PBefG, im Schiffahrtsrecht in § 3 Abs. 2 Nr. 2 des Gesetzes über die Aufgaben des Bundes auf dem Gebiet der Binnenschiffahrt und in § 3 des Gesetzes über die Aufgaben des Bundes auf dem Gebiet der Seeschiffahrt. Die beiden Schiffahrtsgesetze erklären in § 1 Abs. 1 Nr. 2 bzw. in § 1 Nr. 2, 4 zudem den Schutz vor schädlichen Umwelteinwirkungen im Sinne des Bundes-Immissionsschutzgesetzes ausdrücklich zur Aufgabe der zuständigen Behörden. Das Luftverkehrsgesetz sieht in § 2 Abs. 1 S. 2 Nr. 4 LuftVG vor, daß Luftfahrzeuge nur zugelassen werden, wenn das durch seinen Betrieb entstehende Geräusch das nach dem jeweiligen Stand der Technik unvermeidbare Maß nicht übersteigt. Vor Erteilung einer Flugplatzgenehmigung ist gemäß § 6 Abs. 2 S. 1 LuftVG zu prüfen, ob der Schutz vor Fluglärm angemessen berücksichtigt wurde. § 19a LuftVG verpflichtet zu ständigen Lärmmessungen. Schließlich müssen Flugplatzhalter, Luftfahrzeughalter und -führer gemäß § 29b Abs. 1 LuftVG vermeidbare Geräusche verhindern und unvermeidbare Geräusche auf ein Mindestmaß reduzieren.

In der Gewerbeordnung geht es in § 24 GewO um gefährliche Anlagen und damit um den Schutz vor sonstigen Gefährdungen im Sinne des § 5 Abs. 1 Nr. 1 BImSchG. Weiterhin ist gemäß § 33a Abs. 2 Nr. 3 GewO und § 33 i Abs. 2 Nr. 3 GewO die Erteilung der betreffenden Erlaubnisse zu versagen, wenn schädliche Umwelteinwirkungen im Sinne des Bundes-Immissionsschutzgesetzes zu befürchten sind. Entsprechendes sieht im Gaststättenrecht § 4 Abs. 1 Nr. 3 GastG vor. Zudem sind gegen derartige Umwelteinwirkungen gemäß § 5 Abs. 1 Nr. 3 GastG Auflagen möglich. Im Waffenrecht kann die Erlaubnis für eine Schießstätte gemäß § 44 WaffG mit Auflagen zum Schutz vor schädlichen Umwelteinwirkungen im Sinne des Bundes-Immissionsschutzgesetzes verbunden werden. Das Sprengstoffgesetz überschneidet sich mit dem Immissionsschutzrecht insbesondere dort, wo letzteres im Bereich der genehmigungsbedürftigen Anlagen dem Schutz auch vor sonstigen Beeinträchtigungen dient. Im Schornsteinfegergesetz stellt § 13 Abs. 1 Nr. 10 SchfG den Schornsteinfeger in den Dienst der Ermittlung von Emissionen. Um Immissionen geht es endlich in der Arbeitsschutzverordnung (§§ 14 bis 16).

e) Landesrechtliche Regelungen

Die Bedeutung des förmlichen Landesrechts ist im Bereich des Immissionsschutzes sehr begrenzt. Der Bund hat von seinen Kompetenzen in diesem Bereich in großem Umfang Gebrauch gemacht, mit der Folge, daß für den Landesgesetzgeber nur noch wenige Regelungsspielräume bestehen (Jarass, Bundes-Immissionsschutzgesetz, 1983, Einl. 4 ff.; etwas großzügiger Pudenz, NuR 1991, 359 ff.). Immerhin finden sich in einigen Bundesländern Landes-Immissionsschutzgesetze, die vor allem Regelungen für nicht genehmigungsbedürftige Anlagen sowie für verhaltensbedingte Immissionen enthalten. In diesem Bereich sind auch die in anderen Bundesländern bestehenden Polizeiverordnungen zum Schutz gegen Lärm angesiedelt. Landesgesetze, die ihren Schwerpunkt nicht im Bereich des Immissionsschutzes haben, enthalten in verschiedenen Fällen am Rande immissionsschutzrechtliche Regelungen. Dies gilt für das Bauordnungsrecht (etwa § 39 BauO NW) und das Landesnaturschutzrecht (etwa § 2 Nr. 7 LandschG NW).

2. Rahmenbedingungen

a) EG-Recht

Das Recht der Europäischen Wirtschaftsgemeinschaft enthält eine Vielzahl von Regelungen, die dem Bereich des Immissionsschutzrechts zuzuordnen sind (zum Luftreinhaltegesetz vgl. Koch, in: Behrens/Koch [Hrsg.], Umweltschutz in der Europäischen Gemeinschaft, 1991, S. 75 ff.).

aa) Regelungen für ortsfeste Anlagen grundlegender Art finden sich in der Rahmenrichtlinie des Rates vom 28. Juli 1984 zur Bekämpfung der Luftverunreinigung durch Industrieanlagen (84/360/EWG, ABl. 1984 L 188 vom 16. Juli 1984, S. 20, geändert am 31. Dezember 1991, ABl. L 377, S. 48). Des weiteren ist die Richtlinie des Rates vom 24. November 1988 zur Begrenzung der Schadstoffemissionen von Großfeuerungsanlagen in die Luft (88/609/EWG, ABl. EG Nr. L 366 vom 7. Dezember 1988, S. 1, geändert am 17. Dezember 1990, ABl. EG Nr. L 353, S. 59) zu nennen. Für Störfälle ist die Richtlinie des Rates vom 24. Juni 1982 über die Gefahren schwerer Unfälle bei bestimmten Industrietätigkeiten (82/501/EWG, ABl. EG Nr. L 230 vom 5. August 1982, S. 1, zuletzt geändert am 31. Dezember 1991, ABl. EG Nr. L 377, S. 48) zu beachten. Einen Sonderbereich erfaßt die Richtlinie des Rates vom 19. März 1987 zur Verhütung und Verringerung der Umweltverschmutzung durch Asbest (87/217/EWG, ABl. EG Nr. L 85 vom 28. März 1987, S. 40, zuletzt geändert am 31. Dezember 1991, ABl. EG Nr. L 377, S. 48). Für den Bereich der Abfallverbrennungsanlagen spielen die Richtlinie des Rates vom 8. Juni 1989 über die Verhütung der Luftverunreinigung durch neue Verbrennungsanlagen für Siedlungsmüll (89/369/EWG, ABl. EG Nr. L 163 vom 14. Juni 1989, S. 32) und die Richtlinie des Rates vom 21. Juni 1989 über die Verringerung der Luftverunreinigung durch bestehende Verbrennungsanlagen für Siedlungsmüll (89/429/EWG, ABl. EG Nr. L 203 vom 15. Juli 1989, S. 50) eine Rolle. Dazu kommt die Richtlinie des Rates vom 16. Juni 1975 über die Altölbeseitigung (75/439/EWG, ABl. EG Nr. L 194 vom 25. Juli 1975, S. 31, zuletzt geändert am 31. Dezember 1991, ABl. EG Nr. L 377, S. 48).

bb) Regelungen für bewegliche Anlagen finden sich zunächst in verschiedenen Vorschriften über die Geräusche von Baumaschinen. Dazu gehören die Richtlinie des Rates vom 17. September 1984 zur Angleichung der Rechtsvorschriften der Mitgliedstaaten über den zulässigen Schalleistungspegel von Motorkompressoren (84/533/EWG, ABl. EG Nr. L 300 vom 19. November 1984, S. 123, geändert am 30. August 1985, ABl. EG Nr. L

233, S. 11), die Richtlinie des Rates vom 17. September 1984 zur Angleichung der Rechtsvorschriften der Mitgliedstaaten betreffend den zulässigen Schalleistungspegel von Turmdrehkränen (84/534/EWG, ABl. EG Nr. L 300 vom 19. November 1984, S. 130, geändert am 8. August 1987, ABl. EG Nr. L 220, S. 60), die Richtlinie des Rates vom 17. September 1984 zur Angleichung der Rechtsvorschriften der Mitgliedstaaten über den zulässigen Schalleistungspegel von Schweißstromerzeugern (84/535/EWG, ABl. EG Nr. L 300 vom 19. November 1984, S. 142, geändert am 30. August 1985, ABl. EG Nr. L 233, S. 16), die Richtlinie des Rates vom 17. September 1984 zur Angleichung der Rechtsvorschriften der Mitgliedstaaten über den zulässigen Schalleistungspegel von Kraftstromerzeugern (84/536/EWG, ABl. EG Nr. L 300 vom 19. November 1984, S. 149, geändert am 30. August 1985, ABl. EG Nr. L 233, S. 18), die Richtlinie des Rates vom 17. September 1984 zur Angleichung der Rechtsvorschriften der Mitgliedstaaten über den zulässigen Schalleistungspegel handbedienter Betonbrecher und Abbau-, Aufbruch- und Spatenhämmer (84/537/EWG, ABl. EG Nr. L 300 vom 19. November 1984, S. 156, geändert am 30. August 1985, ABl. EG Nr. L 233, S. 20), die Richtlinie des Rates vom 22. Dezember 1986 zur Begrenzung des Geräuschemissionspegels von Hydraulikbaggern, Seilbaggern, Planiermaschinen, Ladern und Baggerladern (86/662/EWG, ABl. EG Nr. L 384 vom 31. Dezember 1986, S. 1, geändert am 30. August 1989, ABl. EG Nr. L 253, S. 35), die Richtlinie des Rates vom 19. Dezember 1978 zur Angleichung der Rechtsvorschriften der Mitgliedstaaten betreffend die Ermittlung der Geräuschemissionspegel von Baumaschinen und Baugeräten (79/113/EWG, ABl. EG Nr. L 33 vom 8. Februar 1979, S. 15, zuletzt geändert am 30. August 1985, ABl. EG Nr. L 233, S. 9) und die Richtlinie des Rates vom 17. September 1984 zur Angleichung der Rechtsvorschriften der Mitgliedstaaten betreffend Baugeräte und Baumaschinen: Gemeinsame Regelungen (84/532/EWG, ABl. EG Nr. L 300 vom 19. November 1984, S. 111, zuletzt geändert am 31. Dezember 1988, ABl. EG Nr. 382, S. 42).

Weitere Regelungen für bewegliche Anlagen enthalten die Richtlinie des Rates vom 17. September 1984 zur Angleichung der Rechtsvorschriften der Mitgliedstaaten über den Schalleistungspegel von Rasenmähern (84/538/EWG, ABl. EG Nr. L 300 vom 19. November 1984, S. 171, zuletzt geändert am 26. März 1988, ABl. EG Nr. L 81, S. 71) und die Richtlinie des Rates vom 1. Dezember 1986 über Geräuschemissionen von Haushaltsgeräten (86/594/EWG, ABl. EG Nr. L 344 vom 6. Dezember 1986, S. 24).

cc) Stoffbezogene Regelungen finden sich in der Richtlinie des Rates vom 24. November 1975 zur Angleichung der Rechtsvorschriften der Mitgliedstaaten über den Schwefelgehalt bestimmter flüssiger Brennstoffe (75/716/EWG, ABl. EG Nr. L 307 vom 27. November 1975, S. 22, geändert am 23. März 1993, ABl. EG Nr. L 74, S. 81) und in der Richtlinie des Rates vom 20. März 1985 zur Angleichung der Rechtsvorschriften der Mitgliedstaaten über den Bleigehalt des Benzins (85/210/EWG, ABl. EG Nr. L 96 vom 3. April 1985, S. 25, zuletzt geändert am 13. August 1987, ABl. EG Nr. L 225, S. 33). Insbesondere für PCB und PCT von Relevanz ist die Richtlinie des Rates vom 27. Juli 1976 zur Angleichung der Rechtsvorschriften der Mitgliedstaaten für Beschränkungen des Inverkehrbringens und der Verwendung gewisser gefährlicher Stoffe und Zubereitungen (76/769/EWG, ABl. EG Nr. L 262 vom 27. September 1976, S. 201, zuletzt geändert am 24. Juni 1992, ABl. EG Nr. C 157, S. 6). Des weiteren gehören hierher im Schwerpunkt die Verordnung (EWG) Nr. 594/91 des Rates vom 4. März 1991 über Stoffe, die zu einem Abbau der Ozonschicht führen (ABl. EG Nr. L 67 vom 14. März 1991, S. 1) und die Richtlinie 92/72/EWG des Rates vom 21. September 1992 über die Luftverschmutzung durch Ozon (ABl. EG Nr. L 297 vom 13. Oktober 1992, S. 1).

dd) Für Fahrzeuge finden sich Regelungen zur Luftreinhaltung in der Richtlinie des Rates vom 20. März 1970 zur Angleichung der Rechtsvorschriften der Mitgliedstaaten über Maßnahmen gegen die Verunreinigung der Luft durch Abgase von Kraftfahrzeugmotoren mit Fremdzündung (70/220/ EWG, ABl. EG Nr. L 76 vom 6. April 1970, S. 1), zuletzt geändert am 26. Februar 1992 (ABl. EG Nr. L 56, S. 34), in der Richtlinie des Rates vom 2. August 1972 zur Angleichung der Rechtsvorschriften der Mitgliedstaaten über Maßnahmen gegen die Emissionen verunreinigender Stoffe aus Dieselmotoren zum Antrieb von Fahrzeugen (72/306/EWG, ABl. EG Nr. L 190 vom 20. August 1972, S. 1, geändert am 15. August 1989, ABl. EG Nr. L 238, S. 43), in der Richtlinie des Rates vom 3. Dezember 1987 zur Angleichung der Rechtsvorschriften der Mitgliedstaaten über Maßnahmen gegen die Emission gasförmiger Schadstoffe und luftverunreinigender Partikel aus Dieselmotoren zum Antrieb von Kraftfahrzeugen (88/77/EWG, ABl. EG Nr. L 36 vom 9. Februar 1988, S. 33, geändert am 25. Oktober 1991, ABl. EG Nr. L 295, S. 1), in der Richtlinie des Rates vom 28. Juni 1977 zur Angleichung der Rechtsvorschriften der Mitgliedstaaten über Maßnahmen gegen die Emission verunreinigender Stoffe aus Dieselmotoren zum Antrieb von land- oder forstwirtschaftlichen Zugmaschinen auf Rädern (77/537/EWG, ABl. EG Nr. L 220 vom 29. August 1977, S. 38, geändert am 31. Dezember 1982, ABl. EG Nr. L 378, S. 45) und in der Richtlinie des Rates vom 29. Dezember 1976 zur Angleichung der Rechtsvorschriften der Mitgliedstaaten über die technische Überwachung der Kraftfahrzeuge und Kraftfahrzeuganhänger - Auspuffgase (77/143/EWG, ABl. EG Nr. L 47 vom 18. Februar 1977, S. 47, zuletzt geändert am 1. September 1992, ABl. EG Nr. C 225, S. 2).

Regelungen zum Lärmschutz finden sich in der Richtlinie des Rates vom 6. Februar 1970 zur Angleichung der Rechtsvorschriften der Mitgliedstaaten über den zulässigen Geräuschpegel und die Auspuffvorrichtung von Kraftfahrzeugen (70/157/EWG, ABl. EG Nr. L 42 vom 23. Februar 1970, S. 16, zuletzt geändert am 16. Juli 1992, ABl. EG Nr. L 179, S. 10) und in der Richtlinie des Rates vom 23. November 1978 zur Angleichung der Rechtsvorschriften der Mitgliedstaaten über den zulässigen Geräuschpegel und die Auspuffanlage von Krafträdern (78/1015/EWG, ABl. EG Nr. L 349 vom 13. Dezember 1978, S. 21, zuletzt geändert am 11. April 1989, ABl. EG Nr. L 98, S. 1).

ee) Vorgaben zur Luftqualität enthalten die Richtlinie des Rates vom 15. Juli 1980 über Grenzwerte und Leitwerte der Luftqualität für Schwefeldioxid und Schwefelstaub (80/779/EWG, ABl. EG Nr. L 229 vom 30. August 1980, S. 30, zuletzt geändert am 31. Dezember 1991, ABl. EG Nr. 377, S. 48), die Richtlinie des Rates vom 3. Dezember 1982 betreffend einen Grenzwert für den Bleigehalt in der Luft (82/884/EWG, ABl. EG Nr. L 378 vom 31. Dezember 1982, S. 15, geändert am 31. Dezember 1991, ABl. EG Nr. L 377, S. 48) und die Richtlinie des Rates vom 7. März 1985 über Luftqualitätsnormen für Stickstoffdioxid (85/203 /EWG. ABl. EG Nr. L 87 vom 27. März 1985, S. 1, zuletzt geändert am 31. Dezember 1991, ABl. EG Nr. L 377, S. 48). Quellenunabhängig, wie die oben genannten Luftreinhalterichtlinien, aber auf ein bestimmtes Schutzobjekt beschränkt ist die Verordnung (EWG) Nr. 3528/86 des Rates vom 17. November 1986 über den Schutz des Waldes in der Gemeinschaft gegen Luftverschmutzung (ABl. EG Nr. L 326 vom 21. November 1986, S. 2, zuletzt geändert am 31. Juli 1992, ABl. EG Nr. L 217, S. 1).

b) Gesetzgebungskompetenzen

aa) Was den Schutz vor Immissionen angeht, so besitzt der Bund gemäß Art. 74 Nr. 24 GG eine konkurrierende Gesetzgebungskompetenz für die Luftreinhaltung, also für den Schutz vor Luftverunreinigungen und für die Lärmbekämpfung. Die Ermächtigung erfaßt auch nichttechnische Einrichtungen (Engelhardt, NuR 1984, 87 ff.; a.A. VGH Mannheim, VBlBW 1982, 142).

Was den Schutz vor anderen Immissionen, etwa vor Erschütterungen, vor Licht, vor Wärme oder (nicht ionisierenden) Strahlen angeht, besitzt der Bund keine umfassende Regelungskompetenz. Insoweit hat die konkurrierende Gesetzgebungskompetenz für das Recht der Wirtschaft in Art. 74 Nr. 11 GG erhebliche Bedeutung. Dieser Kompetenztitel ist bekanntlich extensiv zu interpretieren (vgl. BVerfGE 8, 143 [148 f.]; 55, 274 [308]; 68, 310 [330]). Er erfaßt nicht nur Regelungen für Unternehmen, die Gewinn anstreben, sondern auch für Unternehmungen ohne Gewinnerzielungsabsicht, sofern sie nach technisch-industriellen Gesichtspunkten geführt werden (BVerfGE 41, 344 [353]). Dementsprechend konnte etwa der Schutz vor den Gefahren von Aufzügen, soweit sie im Rahmen wirtschaftlicher Unternehmungen Verwendung finden, auf Art. 74 Nr. 11 GG gestützt werden (BVerfGE 41, 344 [352 ff.]). Dies erlaubt es, den Schutz vor Immissionen, die durch gewerbliche Anlagen oder durch Anlagen in wirtschaftlichen Unternehmungen verursacht werden, auf Art. 74 Nr. 11 GG zu stützen (Steiger, in: Salzwedel [Hrsg.],

Grundzüge des Umweltrechts, 1982, S. 21 ff., 51). Damit kann der Bund auch in wesentlichen Bereichen des Schutzes vor anderen Immissionen als Luftverunreinigungen und Geräuschen Regelungen treffen.

Für den Bereich des verkehrsbezogenen Immissionsschutzes ist auf die ausschließliche Kompetenz des Bundes für die Bundeseisenbahnen sowie für den Luftverkehr in Art. 73 Nr. 6 GG und auf die konkurrierende Kompetenz für den Straßenverkehr, das Kraftfahrwesen sowie für den Bau und die Unterhaltung von Landstraßen für den Fernverkehr in Art. 74 Nr. 22 GG und auf die konkurrierende Kompetenz für die Schienenbahnen in Art. 74 Nr. 23 GG hinzuweisen.

bb) Soweit das Immissionsschutzrecht im Bereich der genehmigungsbedürftigen Anlagen Anforderungen zum Schutz gegen andere, außerhalb des Immissionsschutzes liegende Gefahren festlegt, gibt es keine umfassende Regelungskompetenz des Bundes. Die wichtigsten Bereiche können aber durch die konkurrierende Kompetenz für das Recht der Wirtschaft in Art. 74 Nr. 11 GG abgedeckt werden. Wie dargelegt (oben aa), können auf Grund dieser Kompetenznorm Regelungen der Gefahrenabwehr nicht nur für gewerbliche Anlagen erlassen werden. Vielmehr gestattet es die Norm, solche Regelungen auch auf nichtgewerbliche Anlagen auszudehnen, sofern die Nutzung unter dem Gesichtspunkt der abzuwehrenden Gefahren der Nutzung der gewerblichen Anlage vergleichbar ist (BVerfGE 41, 344 [355]). Für reststoff- bzw. abfallrechtliche Regelungen kann der Bund auf die konkurrierende Kompetenz zur Abfallbeseitigung in Art. 74 Nr. 24 GG zurückgreifen, die auch Regelungen zur Abfallvermeidung und damit zur Reststoffvermeidung bzw. -verwertung erlaubt (Kunig/Schwermer/Versteyl, Abfallgesetz, 2. Aufl., 1992, Einl. 8).

II. VORSCHLAG

1. Leitvorstellungen

a) Schutzobjekte

Das bisherige Immissionsschutzrecht dient zwar nach der Neufassung des § 1 BImSchG im Jahre 1990 nicht nur dem Schutz von Menschen, Tieren, Pflanzen und Sachen, sondern auch dem Schutz des Bodens, des Wassers und der Atmosphäre. Es geht damit über einen rein anthropozentrischen Umweltschutz hinaus (OVG Lüneburg, NuR 1989, 398 f.; Breuer, in: v. Münch/Schmidt-Aßmann [Hrsg.], Besonderes Verwaltungsrecht, 9. Aufl., 1992, 5. Abschnitt, Rn. 170; a.A. Engelhardt, Bundes-Immissionsschutzgesetz, Bd. 1, 2. Aufl., 1980, § 1 BImSchG Rn. 3). Andererseits werden diese Beeinträchtigungen nur relevant, wenn sie zu Lasten der Allgemeinheit oder

der Nachbarschaft gehen (vgl. § 3 Abs. 1, § 5 Abs. 1 Nr. 1 BImSchG). Bedenkt man, daß mit Allgemeinheit herkömmlich das "Publikum" gemeint war (vgl. Landmann/Rohmer, Gewerbeordnung, 1969, § 18 GewO Rn. 7), dann ergibt sich doch eine gewisse anthropozentrische Orientierung (Jarass, Bundes-Immissionsschutzgesetz, 1983, § 1 BImSchG Rn. 3). Nun hat man zu Recht versucht, den Begriff der Allgemeinheit eher mit dem des Allgemeininteresses in Verbindung zu bringen und damit etwa das Interesse an der Bewahrung der Tier- und Pflanzenwelt zu erfassen (vgl. Jarass, Bundes-Immissionsschutzgesetz, 1983, § 3 BImSchG Rn. 18; zurückhaltend Kutscheidt, in: Landmann/Rohmer, Umweltrecht, Bd. 1, 1977 ff., Stand: März 1993, § 1 BImSchG Rn. 4). Der Regelungsvorschlag zum Immissionsschutzrecht will hier für Klarheit sorgen und verzichtet - ähnlich wie die anderen Kapitel des UGB - vollständig auf die Allgemeinheit und die Nachbarschaft als Träger der Schutzobjekte. Statt dessen werden Menschen, Sachen und die Umwelt generell zum Schutzobjekt erklärt. Ausgeklammert bleibt allerdings, wie bisher, der Arbeitsschutz, also der Schutz der beim Betrieb der Anlage beschäftigten Personen innerhalb von Gebäuden, da man von Emissionen erst sprechen kann, wenn die Schadstoffe Gebäude oder Behältnisse verlassen haben und in das Umweltmedium Luft gelangt sind (Schmatz/Nöthlichs, Immissionsschutzrecht, 1979 ff., Stand: 1992, § 3 BImSchG Anm. 7).

b) Klimaschutz

Der Umstand, daß die Umwelt generell und direkt zum Schutzobjekt des Immissionsschutzrechts gemacht wird (vgl. § 2 Nr. 1), erlaubt es auch, das Immissionsschutzrecht ausreichend zugunsten des Klimaschutzes zu instrumentalisieren. Im einzelnen gilt es bei dem sich erst entwickelnden Recht des Klimaschutzes zu unterscheiden: Der primäre Klimaschutz, der unmittelbar den Schutz des Klimas zum Gegenstand hat, wird vor allem im Gefahrstoffrecht zu behandeln sein. Man denke etwa an Regelungen über den Einsatz von Fluorchlorkohlenwasserstoffen. Anders sieht es bei Regelungen aus, die primär anderen Zwecken dienen, gleichzeitig aber auch den Klimaschutz fördern (sekundärer Klimaschutz). Solche Regelungen sind vor allem im Immissionsschutzrecht anzusiedeln, da die Atmosphäre bzw. die Luft als das vom Immissionsschutzrecht hauptsächlich angesprochene Umweltmedium für das Klima von großer Relevanz ist. Aber auch andere Rechtsgebiete sind im Bereich des sekundären Klimaschutzes von Bedeutung. Zu nennen sind das Wasserrecht und das Naturschutzrecht (und die Landesplanung), da das Klima durch Wasserflächen, Waldflächen und andere nicht besiedelte Flächen beeinflußt wird. Diesem Befund entsprechend enthält das immissionsschutzrechtliche Kapitel keine Normen, die primär bzw. allein dem Klimaschutz dienen. Wohl aber werden zahlreiche Normen des immissionsschutzrechtlichen Kapitels auch zugunsten des Klimaschutzes eingesetzt. Um dies zu unterstreichen, bezieht sich einer der Grundsätze des Kapitels (§ 317 Abs. 1 S. 3) auf den Klimaschutz.

c) Stärkere Betonung des verkehrsbezogenen Immissionsschutzes

Das Immissionsschutzrecht hat im Bereich des anlagenbezogenen Immissionsschutzes gerade in den letzten 10 Jahren zu weitreichenden Fortschritten im Umweltschutz geführt. Im Kontrast zu dieser Entwicklung sind die Erfolge im verkehrsbezogenen Immissionsschutz sehr gering. Durch die Zunahme der Fahrzeuge und das Wachstum der Fahrleistung pro Fahrzeug haben die Emissionen der Straßenverkehrsfahrzeuge trotz der Einführung des Katalysators eher zugenommen. Demgegenüber schrumpfte der Anteil des umweltfreundlichen Schienenverkehrs. Was die Luftfahrzeuge angeht, so steht der Immissionsschutz noch am Anfang, sieht man einmal von gewissen Fortschritten im Bereich des Lärmschutzes ab. Insgesamt hat sich der relative Anteil des Verkehrs an den klassischen Immissionen erheblich erhöht. Darüber hinaus trägt der Verkehr weit überproportional zu den oberflächennahen Ozonrisiken bei, gegen die bislang noch kaum vorgegangen wird. Diese höchst unbefriedigende Situation im Bereich des verkehrsbezogenen Immissionsschutzes hat viele Ursachen. Ein Grund dafür ist die dürftige und bruchstückhafte Regelung des verkehrsbezogenen Immissionsschutzes. Daher ist es ein wichtiges Anliegen, die immissionsschutzrechtlichen Regelungen für den Verkehr auszuweiten und auszubauen. Dies gilt für den fahrzeugbezogenen Immissionsschutz (näher dazu unten erster Unterabschnitt des dritten Abschnitts) wie für den verkehrswegebezogenen Immissionsschutz (näher dazu unten zweiter Unterabschnitt des dritten Abschnitts).

d) Verhältnis zu anderen Regelungen des Umweltrechts

aa) Das immissionsschutzrechtliche Kapitel des UGB soll grundsätzlich alle öffentlich-rechtlichen Vorschriften aufnehmen, die primär dem Immissionsschutz dienen. Daher werden die Regelungen des Gesetzes zum Schutz gegen Fluglärm überwiegend nicht in das immissionsschutzrechtliche Kapitel übernommen, da sie weniger dem Schutz vor Immissionen als der Förderung des Flugverkehrs dienen (näher dazu unten zweiter Unterabschnitt des dritten Abschnitts I 1). Dagegen werden die Vorschriften des Luftverkehrsgesetzes, die bei der Errichtung von Flugplätzen Anforderungen zum Schutz vor Immissionen stellen, in das immissionsschutzrechtliche Kapitel aufgenommen, wie das bislang für die Straßen und Schienenwege bereits geschehen ist. Wie im bisherigen Recht bleibt der rein verhaltensbezogene Immissionsschutz ausgeklammert, also der Schutz vor Immissionen, die allein durch menschliches Verhalten ohne Verwendung von Anlagen erzeugt werden. Die damit verbundenen Fragen sollen wie bislang den Ländern überlassen bleiben. Im übrigen ist dieser Bereich, der vor allem beim Lärmschutz praktische Bedeutung hat, für den Umweltschutz ohne große Relevanz.

Trotz der nicht zu unterschätzenden immissionsschutzrechtlichen Bedeutung der bislang in den §§ 35 ff. BImSchG enthaltenen Vorschriften des stoffbezogenen Immissionsschutzes werden diese aus dem Immissionsschutzrecht herausgenommen und mit den Regelungen des Gefahrstoffrechts verbunden, da sie mit diesem Teilgebiet in einem noch engeren Zusammenhang stehen. In der Praxis ist die Abgrenzung des stoffbezogenen Immissionsschutzes und des Gefahrstoffrechts außerordentlich schwierig; nicht selten werden Ermächtigungen aus beiden Bereichen gleichzeitig genutzt. Eine Zuordnung zum Gefahrstoffrecht ist daher angezeigt. Aus dem gleichen Grunde ist das Benzinbleigesetz dem Gefahrstoffrecht zuzuordnen.

bb) Die privatrechtliche Norm des Immissionsschutzes in § 906 BGB bleibt wegen ihrer engen Verbindung mit allgemeinen Normen des Zivilrechts ausgeklammert. Dafür spricht auch, daß es zwar sinnvoll ist, im Rahmen des privaten Immissionsschutzrechts die detaillierten Vorgaben des öffentlichen Immissionsschutzrechts zu berücksichtigen. Eine vollständige Anbindung des privaten Immissionsschutzrechts würde aber dessen Leistungsfähigkeit beeinträchtigen und zudem eventuell negative Rückwirkungen auf das öffentliche Immissionsschutzrecht haben (näher Jarass, VVDStRL 50 (1991), S. 259, 264 f., 266, 269). Spezielle Immissionsschutzvorschriften, die das Privatrecht betreffen, wie § 14 BImSchG werden dagegen einbezogen. Was das Umwelthaftungsrecht angeht, das auch für den Immissionsschutz nicht ohne Gewicht ist, so wird es im Allgemeinen Teil behandelt.

Ausgeklammert bleiben schließlich alle strafrechtlichen Regelungen, während die Ordnungswidrigkeitentatbestände, soweit sie speziell immissionsschutzrechtlicher Natur sind, miteinbezogen werden. Das immissionsschutzrechtliche Kapitel nimmt auch insoweit den entsprechenden Ansatz des Allgemeinen Teils auf.

cc) Im Hinblick auf die Kompetenzverteilung zwischen Bund und Ländern, ist es das Ziel des Vorschlags, die Kompetenzen des Landesgesetzgebers möglichst nicht einzuschränken. Die Spielräume des Landesgesetzgebers werden ohnehin immer enger, was auch umweltpolitisch fragwürdig ist. Eher gilt es zu überlegen, ob die Spielräume des Landesgesetzgebers nicht erweitert werden können. Mehr als Randkorrekturen werden allerdings nicht möglich sein.

e) Verhältnis zu sonstigen Normen

Das immissionsschutzrechtliche Kapitel des UGB soll alle Vorschriften aufnehmen, die den Immissionsschutz in staatlichen bzw. öffentlichen Einrichtungen und Unternehmen regeln (zum bisherigen Recht vgl. Jarass, Bundes-Immissionsschutzgesetz, 1983, § 2 BImSchG Rn. 9; Schmatz/Nöthlichs,

Immissionsschutzrecht, 1979 ff., Stand: 1992, § 2 BImSchG Anm. 1). In der Sache gilt es an öffentliche Einrichtungen und Unternehmen regelmäßig die gleichen Anforderungen zum Schutz vor Immissionen zu stellen, wie für private Einrichtungen und Unternehmen. Wo das ausnahmsweise anders sein soll, sind präzise und eng gefaßte Ausnahmeklauseln geboten.

Des weiteren sollen Behörden, die für die Errichtung und den Betrieb von Einrichtungen und Anlagen im weitesten Sinne zuständig sind, nicht gleichzeitig für die Durchführung des Immissionsschutzrechts zuständig sein. Ein immissionsschutzrechtliches Zulassungsverfahren für eine Anlage etwa der Bundesbahn, darf nicht von der Bundesbahn selbst durchgeführt werden; desgleichen wäre es nicht sachgerecht, wenn die Entscheidung über eine nachträgliche Anordnung bei der Bundesbahn läge. Eine solche Verbindung von Kontrollinstanz und zu Kontrollierendem impliziert zwangsläufig die Gefahr, daß den Erfordernissen eines leistungsfähigen Immissionsschutzes nicht ausreichend Rechnung getragen wird, da sie institutionell nicht ausreichend von den Betreiberinteressen getrennt sind.

Aus dem gleichen Grunde sollen alle immissionsschutzrechtlichen Regelungen aus den Gesetzen, die primär der Errichtung bzw. dem Betrieb von öffentlichen Einrichtungen oder Anlagen dienen, herausgenommen und in das immissionsschutzrechtliche Kapitel übernommen werden. Im Verhältnis zu (anderen) Regelungen staatlicher Aufsicht über private Einrichtungen und Unternehmen, wie etwa im Verhältnis zum Gaststättenrecht, läßt sich dagegen kein genereller Vorrang der Verankerung im immissionsschutzrechtlichen Kapitel formulieren. Hier dürfte der Schwerpunkt entscheidend sein: Es kommt darauf an, ob der Immissionsschutz im Vordergrund steht oder ob der Immissionsschutz nur einer unter verschiedenen Gesichtspunkten der Aufsicht ist.

f) Förmliches Gesetz und untergesetzliche Vorschriften

Die Aufteilung der Regelungen des Immissionsschutzrechts auf die Ebenen des förmlichen Gesetzes und der untergesetzlichen Normen muß vor allem die Verpflichtung des Art. 80 Abs. 1 S. 2 GG beachten, wonach die Ermächtigung zum Erlaß von Rechtsverordnungen ausreichend bestimmt sein muß. Für die Konkretisierung dieser Anforderung kommt es entscheidend auf zwei verschiedene Gesichtspunkte an: Zum einen spielt die Intensität der möglichen Grundrechtsbeeinträchtigung eine zentrale Rolle: "Greift die Regelung erheblich in die Rechtsstellung des Betroffenen ein, so müssen höhere Anforderungen an den Bestimmtheitsgrad der Ermächtigung gestellt werden, als wenn es sich um einen Regelungsbereich handelt, der die Grundrechtsausübung weniger tangiert" (BVerfGE 58, 257 [278]; Ramsauer, in: Alternativ-Kommentar zum Grundgesetz, 2. Aufl., 1989, Art. 80 GG Rn. 57). Des weiteren kommt es auf die Besonderheiten des jeweiligen Regelungsgegenstandes an. "Geringe Anforderungen sind vor allem bei vielgestaltigen Sachverhalten zu stellen" (BVerfGE 58, 257 [277 f.]; ebenso BVerfGE 11, 234 [237]; 21, 1 [4]; 28, 175 [183]), dann also, wenn die Regelungsmaterie besonders komplex ist und insbesondere technisch so differenziert ausfallen muß, daß ein förmliches Gesetz überfordert wäre (Ramsauer, in: Alternativ-Kommentar zum Grundgesetz, 2. Aufl., 1989, Art. 80 GG Rn. 60; außerdem Stern, Staatsrecht, Bd. 1, 2. Aufl., 1984, S. 818; vgl auch BVerfGE 49, 89 [137]). Darüber hinaus müssen die formalgesetzlichen Vorgaben weniger genau ausfallen, "wenn zu erwarten ist, daß sich die tatsächlichen Verhältnisse alsbald ändern werden" (BVerfGE 58, 257 [278]; ebenso BVerfGE 8, 274 [326]). Aus diesen Gründen können etwa Grenzwerte trotz ihrer Bedeutung regelmäßig nicht auf der Ebene des förmlichen Gesetzes festgelegt werden.

In Anwendung dieser Gesichtspunkte kann es im wesentlichen bei der bisherigen Aufteilung der Regelungen des Immissionsschutzrechts auf die Ebenen des förmlichen Gesetzes und der untergesetzlichen Regelungen bleiben. Nur im Einzelfall sind Verschiebungen notwendig. So werden einige besonders wichtige Aussagen der TA Luft im immissionsschutzrechtlichen Kapitel und damit formell-gesetzlich verankert. Andererseits werden einige weniger gewichtige Aspekte der Ebene der Rechtsverordnung überlassen (etwa im Bereich des Zulassungsverfahrens). Desgleichen empfiehlt es sich, die Regelungen des Benzinbleigesetzes auf der Verordnungsebene anzusiedeln (vgl. Hansmann, in: Landmann/Rohmer, Umweltrecht, Bd. 1, 1977 ff., Stand: März 1993, § 34 BImSchG Rn. 4). Eine entsprechende Verordnung könnte auf § 34 BImSchG bzw. die entsprechende Nachfolgevorschrift des § 466 im gefahrstoffrechtlichen Kapitel (Sechstes Kapitel; vgl. oben b) gestützt werden.

g) Sonstige Aspekte

Hauptaufgabe des Vorschlags ist die innere Harmonisierung des Immissionsschutzrechts, vor allem aber seine systematische Einbindung in das Umweltrecht. Die inhaltliche Novellierung einzelner Regelungen und Institute des Immissionsschutzrechts und seine Anpassung an neue Anforderungen stand dagegen nicht im Vordergrund. Gleichwohl wurden an einer Reihe von Stellen Reformforderungen aufgenommen. Nicht mehr berücksichtigt werden konnten allerdings die durch das Investitionserleichterungs- und Wohnbaulandgesetz vom April 1993 vorgenommenen Änderungen des Bundes-Immissionsschutzgesetzes. Die Arbeiten am Gesetzestext des Entwurfs waren bereits Anfang 1993 abgeschlossen.

Unabhängig von diesen Zielvorstellungen wurden Änderungen des bisherigen Immissionsschutzrechts dort vorgenommen, wo sie wirklich geboten sind. Jede Änderung führt zu Anpassungsproblemen beim Vollzug des ohnehin außerordentlich komplizierten Immissionsschutzrechts und damit - jedenfalls zeitweise - zu Vollzugsdefiziten. Andererseits muß das immissionsschutzrechtliche Kapitel in vollem Umfang an den Allgemeinen Teil angepaßt werden. Das macht zahlreiche Änderungen unvermeidlich.

Schließlich sei bereits hier darauf hingewiesen, daß der für das bisherige Recht äußerst zentrale Begriff der "schädlichen Umwelteinwirkungen" durch den der "schädlichen Immissionen" ersetzt wird, um die mit dem bisherigen Begriff verbundene Möglichkeit von Mißverständnissen zu vermeiden (siehe unten § 315 Abs. 5).

2. Zum Aufbau des den Immissionsschutz betreffenden Kapitels des Besonderen Teils

a) Grundlagen

Für die (horizontale) Aufteilung der Regelungen des Immissionsschutzrechts (auf der Ebene des förmlichen Gesetzes) wird ein Ansatz genutzt, der sich in vielen Gesetzen des Umwelt- und Technikrechts findet: Die Aufteilung erfolgt danach, ob es um Regelungen geht, die für das gesamte Gebiet gelten (allgemeine Regelungen) oder um Regelungen für Teilbereiche. Dabei werden die allgemeinen Regelungen, die für die sachlichen Anforderungen bedeutsam sind, in einem ersten Abschnitt vorangestellt, dann die Regelungen für Teilbereiche getroffen und in einem letzten Abschnitt die sonstigen allgemeine Regelungen aufgeführt. Im letzten Abschnitt finden sich dementsprechend Regelungen zur Durchsetzung der Vorschriften, zur Organisation der Verwaltung sowie zu den Verwaltungsvorschriften.

Im Prinzip folgt auch das Bundes-Immissionsschutzgesetz diesem Ansatz. Doch sind in den Gemeinsamen Vorschriften der §§ 48 bis 63 BImSchG auch die sachlichen Anforderungen betreffende Regelungen enthalten (etwa § 50 BImSchG). Darüber hinaus finden sich Regelungen, die eigentlich nur in einem Teilbereich des Immissionsschutzrechts zur Anwendung kommen, etwa die Vorschriften für den Immissionsschutzbeauftragten und den Störfallbeauftragten, die also allein im Bereich des anlagenbezogenen Immissionsschutzes eine Rolle spielen. Die daraus resultierenden Unstimmigkeiten werden im folgenden beseitigt.

b) Grobgliederung

aa) Entsprechend diesen Überlegungen beginnt das immissionsschutzrechtliche Kapitel mit einem Abschnitt "Allgemeine Vorschriften". Er übernimmt vor allem den Regelungsgehalt der §§ 1 bis 3 BImSchG sowie des § 50 BImSchG. Die Regelung über die Zuordnung von störenden und empfindlichen Flächennutzungen in § 50 BImSchG wird in diesem Abschnitt behandelt, weil sie für alle Bereiche des Immissionsschutzes Bedeutung hat und zudem von besonderem Gewicht ist.

bb) Der zweite Abschnitt ist dem "Anlagenbezogenen Immissionsschutz" gewidmet. In Abweichung vom bisherigen Recht umfaßt er sämtliche Regelungen, die (allein) für Anlagen gelten. Das bisherige Recht hat demgegenüber zahlreiche für Anlagen geltende Vorschriften im sechsten Teil "Gemeinsame Vorschriften" und im siebenten Teil "Schlußvorschriften" behandelt. Das ist verwirrend und birgt die Gefahr, die anlagenbezogenen Regelungen außerhalb das dafür eigentlich vorgesehenen zweiten Teils zu übersehen. Demgegenüber bringt der Vorschlag alle Anlagen betreffenden Regelungen im zweiten Abschnitt unter (zur Regelung der Altanlagen siehe allerdings unten zu § 375). Er gliedert sich in vier Unterabschnitte: Die ersten drei betreffen die Errichtung und den Betrieb von Anlagen, wobei die Vorschriften für zulassungsbedürftige Anlagen sich grundsätzlich im ersten Unterabschnitt und die für nicht zulassungsbedürftige Anlagen grundsätzlich im zweiten Unterabschnitt befinden, während der dritte Unterabschnitt gemeinsam für zulassungsbedürftige und nicht zulassungsbedürftige Anlagen die Überwachung und die Umweltschutzorganisation behandelt. Der vierte Unterabschnitt betrifft demgegenüber das Inverkehrbringen und das Einführen von Anlagen, nutzt also einen anderen Regelungsansatz.

Der mit Abstand wichtigste Unterabschnitt ist der erste, der sich mit der Errichtung und dem Betrieb zulassungsbedürftiger Anlagen befaßt. Er übernimmt den Regelungsgehalt der §§ 4 bis 21 BImSchG. Des weiteren wird hier der Gehalt der Vorschriften des § 49 Abs. 1, 2 BImSchG und des § 67 Abs. 2, 3 BImSchG angesiedelt. Diese Vorschriften enthalten Anforderungen allein für zulassungsbedürftige Anlagen. Der zweite Unterabschnitt betrifft Errichtung und Betrieb von nicht zulassungsbedürftigen Anlagen. Hier findet sich der Regelungsgehalt der §§ 22 bis 25 BImSchG. Der dritte Unterabschnitt befaßt sich mit der Überwachung zulassungsbedürftiger wie nicht zulassungsbedürftiger Anlagen sowie mit der betrieblichen Umweltschutzorganisation. Er nimmt zunächst den Regelungsgehalt der §§ 26 bis 31 BImSchG auf. Dazu kommt der Gehalt des § 51b BImSchG, des § 52 Abs. 2 bis 7 BImSchG und der §§ 53 bis 58d BImSchG; auf die systematische Stellung dieser Regelungen wird noch einzugehen sein (unten dritter Unterabschnitt des zweiten Abschnitts II 1). Der vierte und letzte Unterabschnitt wendet sich, anders als die ersten drei Unterabschnitte, nicht an den Anlagenbetreiber, sondern an denjenigen, der Anlagen bzw. Anlagenteile in Verkehr bringt oder einführt. Hier wird der Gehalt der §§ 32, 33 BImSchG eingeordnet.

cc) Der dritte Abschnitt des immissionsschutzrechtlichen Kapitels befaßt sich mit dem "Verkehrsbezogenen Immissionsschutz". Dabei geht es im ersten Unterabschnitt um die Beschaffenheit und den Betrieb von Fahrzeugen und damit um die bisherigen Regelungen der §§ 38, 39 BImSchG und des § 40 Abs. 2 BImSchG. Der zweite Unterabschnitt betrifft den Bau und die Änderung von Straßen sowie von Schienenwegen. Hier finden sich die Gehalte der §§ 41 bis 43 BImSchG. Der dritte und letzte Unterabschnitt betrifft den Bau und die Änderung von Flughäfen und damit Regelungen, die bisher im Luftverkehrsgesetz und im Gesetz zum Schutz gegen Fluglärm zu finden waren.

dd) Der vierte Abschnitt des immissionsschutzrechtlichen Kapitels ist dem "Gebietsbezogenen Immissionsschutz" gewidmet, der nicht an bestimmten Quellen ansetzt, sondern die mit Emissionen und Immissionen verbundenen Probleme umfassend für ein bestimmtes Gebiet, evtl. auch für eine spezifische Situation in dem Gebiet, zu bewältigen sucht. Hier werden die Regelungen des § 40 Abs. 1 BImSchG, der §§ 44 bis 47 BImSchG und des § 49 Abs. 2 BImSchG eingeordnet. Des weiteren gehört in diesen Abschnitt die Regelung über allgemeine Maßnahmen zum Schutz der Luftqualität, mit der § 48a BImSchG aufgenommen wird. Sie soll insbesondere den EG-rechtlichen Anforderungen, die bislang nur unzureichend umgesetzt waren, Rechnung tragen.

ee) Der fünfte Abschnitt des immissionsschutzrechtlichen Kapitels behandelt unter der Überschrift "Gemeinsame Vorschriften" wiederum Vorschriften von allgemeiner Relevanz. Im einzelnen geht es hier um Fragen der Durchführung des Immissionsschutzrechts, die bislang nur in § 52 Abs. 1 BImSchG angesprochen waren. Weiter geht es um die Verwaltungsorganisation und damit um Fragen, die bisher in den §§ 31a, 51a, 59 BImSchG geregelt waren. Hierher gehören auch die Ermächtigungen zum Erlaß von Verwaltungsvorschriften, die sich bislang in §§ 45, 46 Abs. 1 S. 5, 48 BImSchG fanden. Schließlich werden hier die Vorschriften zum Bericht der Bundesregierung (bisher § 61 BImSchG), zu den Ordnungswidrigkeiten (bisher § 62 BImSchG) sowie Übergangsregelungen (bisher § 67 Abs. 1, 4, 5 und § 67a Abs. 1 bis 3 BImSchG) eingeordnet.

Zum Ersten Abschnitt: Allgemeine Vorschriften

I. AUSGANGSLAGE

1. Gegenstand des Regelungsbereichs

Der erste Abschnitt des immissionsschutzrechtlichen Kapitels enthält Regelungen, die zum einen allgemeiner Natur sind, also Regelungen, die für alle Teilbereiche des Immissionsschutzrechts Bedeutung haben. Zum anderen betreffen die Regelungen des ersten Abschnitts (auch) die sachlichen Anforderungen und haben daher besonderes Gewicht. Die sonstigen Regelungen allgemeiner Natur finden sich im fünften Abschnitt. Im einzelnen handelt es sich um die Bestimmung des Zwecks, der mit den Vorschriften des Immissionsschutzrechts verfolgt wird. Weiter werden zentrale Begriffe des Kapitels definiert und der Anwendungsbereich des Kapitels eingegrenzt. Schließlich werden den folgenden Regelungen wichtige Grundsätze vorangestellt.

2. Bisherige Rechtslage

Das geltende Bundes-Immissionsschutzgesetz kennt ebenfalls einen ersten Teil, der allgemeine Regelungen mit Bedeutung für die sachlichen Anforderungen enthält (Erster Teil. Allgemeine Vorschriften). Dort wird in § 1 BImSchG der Zweck des Gesetzes beschrieben: Das Gesetz dient in allen seinen Teilen dem Schutz vor schädlichen Umwelteinwirkungen, d.h. vor schädlichen Immissionen. Im Bereich der zulassungsbedürftigen Anlagen geht es zudem um den Schutz vor Gefährdungen, die auf andere Weise als durch die Einwirkung von Immissionen herbeigeführt werden. Insoweit dient das Gesetz der Gefahrenabwehr im umfassenden Sinn und nicht nur dem Schutz vor schädlichen Immissionen (vgl. Schmatz/Nöthlichs, Immissionsschutzrecht, 1979, § 5 BImSchG Anm. 4. 2; Sellner, Immissionsschutzrecht und Industrieanlagen, 2. Aufl., 1988, S. 43; zurückhaltender Jarass, Bundes-Immissionsschutzgesetz, 1983, § 5 BImSchG Rn. 19 f.). Dies war bereits unter der Geltung der §§ 16 ff. GewO a.F. anerkannt (vgl. Landmann/Rohmer, Gewerbeordnung, 1969, § 18 GewO Rn. 12 f.). Darüber hinaus spricht § 1 BImSchG die beiden Grundsätze des Schutz- bzw. Abwehrprinzips und des Vorsorgeprinzips an.

§ 2 BImSchG regelt den Geltungsbereich. In Absatz 1 wird der Geltungsbereich positiv umschrieben, indem die Teilgebiete des Immissionsschutzrechts aufgezählt werden: Der anlagenbezogene Immissionsschutz (Nummer 1), der stoff- und erzeugnisbezogene Immissionsschutz (Nummer 2), der fahrzeugbezogene Immissionsschutz (Nummer 3) und der verkehrswegebezogene Immissionsschutz (Nummer 4). In Absatz 2 werden bestimmte Gebiete aus dem Geltungsbereich ausgenommen: Flugplätze sowie Anlagen, Geräte und radioaktive Stoffe, die dem Atomgesetz unterliegen. Zudem enthält Absatz 2 einen (erst jüngst eingefügten) Vorbehalt zugunsten des Wasserrechts, dessen Bedeutung allerdings unklar geblieben ist (vgl. Fluck, NVwZ 1992, 114 ff., 120). Eine weitere Einschränkung des Geltungsbereichs findet sich in der Vorschrift des § 60 BImSchG, die Ausnahmen für Anlagen der Landesverteidigung ermöglicht.

In § 3 BImSchG werden eine Reihe von Begriffsbestimmungen getroffen. Im einzelnen werden folgende Begriffe definiert: "Schädliche Umwelteinwirkungen", "Immissionen", "Emissionen", "Luftverunreinigungen", "Anlagen" und "Stand der Technik". Zudem werden im § 3 Abs. 7 BImSchG dem Herstellen das Behandeln und ähnliche Vorgänge und dem Einführen das sonstige Verbringen in den Geltungsbereich des Gesetzes gleichgestellt.

Was die Grundsätze angeht, so wurde bereits auf die in § 1 BImSchG angesprochenen Prinzipien des Schutzes bzw. der Abwehr sowie der Vorsorge hingewiesen. Darüber hinaus ist in § 50 BImSchG ein wichtiges Planungsprinzip geregelt, die immissionsreduzierende Zuordnung unterschiedlicher Flächennutzungen. Das Prinzip kommt im gesamten Bereich des Immissionsschutzrechts und darüber hinaus zum Tragen.

II. VORSCHLAG

1. Leitvorstellungen und übergreifende Regelungen

a) Die vorgeschlagenen Regelungen des Abschnitts "Allgemeine Vorschriften" enthalten, sieht man von den Grundsätzen ab, gegenüber dem bisherigen Rechtszustand keine großen sachlichen Änderungen. Hauptaufgabe ist gewesen, die bisherigen Regelungen des Bundes-Immissionsschutzgesetzes an die des Allgemeinen Teils des UGB anzupassen. Insoweit ergaben sich besondere Schwierigkeiten aus dem Umstand, daß das Immissionsschutzrecht zwar seinen Schwerpunkt im Umweltschutz hat, darauf aber nicht beschränkt werden kann. Es dient auch dem Schutz von Menschen und Sachen vor unmittelbaren Beeinträchtigungen und damit der Gefahrenabwehr im Sinne des Sicherheitsrechts (vgl. Schmatz/Nöthlichs, Immissionsschutzrecht, 1979 ff., Stand: 1992, § 1 BImSchG Anm. 2). Das gilt im Bereich der Immissionen, wo das Bundes-Immissionsschutzgesetz etwa auch den unmittelbaren Schutz von Menschen vor Lärm und Erschütterungen erfaßt, ebenso wie im Bereich der sonstigen Einwirkungen, wo etwa der Schutz vor Brandgefahren auch den unmittelbaren Schutz von Sachen bezweckt, ohne daß jeweils ein Umweltmedium tangiert sein muß (Schmatz/Nöthlichs, Immissionsschutzrecht, 1979 ff., Stand: 1992, § 1 BImSchG Anm. 2). Dieser Umstand wurde durch eine Aufteilung der Zweckbestimmung (§ 314 Abs. 1 und 2) berücksichtigt. Absatz 1 erfaßt den Schutz der Umwelt vor Immissionen, im Bereich der zulassungsbedürftigen Anlagen auch den Schutz vor anderen Umweltbeeinträchtigungen. Absatz 2 erfaßt den Schutz vor sonstigen Gefährdungen, die nicht die Umwelt betreffen.

Die Ausweitung des Schutzzwecks über den Umweltschutz hinaus führt zu Schwierigkeiten bei der Anwendung von Vorschriften des Allgemeinen Teils, die durchweg auf den Schutz der Umwelt bezogen sind, während das immissionsschutzrechtliche Kapitel auch dem (unmittelbaren) Schutz von Personen und Sachen dient. Daher muß sichergestellt werden, daß die Vorschriften des Allgemeinen Teils auch insoweit (entsprechend) zur Anwendung kommen, als das immissionsschutzrechtliche Kapitel nicht dem Umweltschutz dient. Andernfalls könnte die Entlastungsfunktion des Allgemeinen Teils in diesem Bereich nicht greifen. Alle im Allgemeinen Teil geregelten Aspekte müßten im immissionsschutzrechtlichen Kapitel nochmals geregelt werden, soweit es nicht um den Schutz der Umwelt geht. Um das zu vermeiden, sorgen § 314 Abs. 3 und § 315 Abs. 7 für die notwendige Erstreckung des Allgemeinen Teils.

Weiter konnten einige Regelungen entfallen, da der Allgemeine Teil insoweit bereits ausreichende Regelungen enthält: Dies gilt für die Definition des Standes der Technik in der Vorschrift des § 3 Abs. 6 BImSchG, an deren Stelle § 2 Abs. 11 tritt und die Ausnahme für die Landesverteidigung in der Regelung des § 60 BImSchG, die durch § 169 Abs. 2 ersetzt wird. Allerdings sollte überlegt werden, ob § 169 Abs. 2 nicht auf die Stationierungsstreitkräfte erstreckt und damit der gesamte Regelungsgehalt des § 60 BImSchG abgedeckt wird.

b) Entfallen konnte weiter die Ausklammerung der Flughäfen aus dem Geltungsbereich durch § 2 Abs. 2 BImSchG, da die durch Flughäfen und den Flugverkehr verursachten Umweltprobleme Gegenstand des immissionsschutzrechtlichen Kapitels sein sollen (siehe oben II 1 c), ebenso wie das für die anderen Verkehrsträger bereits nach bisherigem Recht der Fall ist. Desgleichen wurde der erst jüngst in § 2 Abs. 2 BImSchG eingefügte Vorbehalt zugunsten des Wasserrechts nicht übernommen, weil er mißverständlich ist und (im Bereich der zulassungsbedürftigen Anlagen) eine medienübergreifende Betrachtung behindert. Schließlich wurde auf die positive Umschreibung des Geltungsbereichs nach Art des § 2 Abs. 1 BImSchG verzichtet, da sie allein illustrierende Bedeutung hat. Zudem führt sie zu Schwierigkeiten, wenn sie bei Änderungen des Kapitels nicht laufend angepaßt wird, wie die Erfahrungen mit § 2 Abs. 1 BImSchG zeigen.

c) Abweichend vom bisherigen Recht wurde in Anpassung an den ersten Abschnitt der anderen Kapitel des Besonderen Teils eine Vorschrift aufgenommen, die wichtige Grundsätze enthält. Die niedergelegten Grundsätze betreffen allein die Immissionen, nicht die sonstigen Einwirkungen, die im Bereich der zulassungsbedürftigen Anlagen von Interesse sind. In der Sache stellen die Grundsätze, auch soweit sie bisher nicht im Gesetzeswortlaut ihren Niederschlag gefunden haben (etwa § 317 Abs. 2, 4), geltendes Recht dar (vgl. BVerwG, DVBl. 1991, 880 ff., 881; Kutscheidt, in: Landmann/Rohmer, Umweltrecht, Bd. 1, 1977 ff., Stand: März 1993, § 3 BImSchG Rn. 16; Koch, in: Breuer/Kloepfer/Marburger/Schröder [Hrsg.], Jahrbuch des Umwelt und Technikrechts 1989 [UTR 9], 1989, S. 205 ff.). Auch in der Sache neu ist dagegen der Schutz der Atmosphäre bzw. des Klimas. Grundsätze und Ziele, die nur in einem Teilbereich des Immissionsschutzrechts Bedeutung haben, werden im entsprechenden Abschnitt geregelt (siehe etwa die Verpflichtung zur Senkung des Kraftfahrzeugemissionen und zur Erhöhung des Anteils des Schienenverkehrs in § 359 S. 2).

2. Einzelbegründungen

Zu § 314 Zweck

Zu Absatz 1

Die Vorschrift beschreibt den Zweck des immissionsschutzrechtlichen Kapitels, soweit es um Umweltschutz im eigentlichen Sinne geht. Daher verweist die Regelung auf den Zweck des Gesetzes, also auf § 1. Der Umweltbegriff ist der des § 2 Abs. 1, weshalb die Aufzählung der Schutzgüter in § 1 BImSchG nicht mehr erforderlich ist; das Immissionsschutzrecht dient dementsprechend auch dem Schutz des Klimas (§ 2 Nr. 1). Dieser Zweck wird im immissionsschutzrechtlichen Kapitel im Hinblick auf die durch Immissionen bedingten Risiken zu erreichen gesucht. Im Bereich der zulassungsbedürftigen Anlagen kommen alle anderen Umweltrisiken hinzu. Schutz der Umwelt meint, wie das § 317 Abs. 1 voraussetzt, nicht nur Gefahrenabwehr, sondern auch Vorsorge (vgl. Boisseree/Oels/Hansmann, Immissionsschutzrecht, 1966 ff., Stand: Oktober 1992, § 1 BImSchG Anm. 2; Jarass, Bundes-Immissionsschutzgesetz, 1983, § 1 BImSchG Rn. 9). Daraus folgt jedoch nicht, daß jede Regelung des Kapitels neben der Gefahrenabwehr auch der Vorsorge dient.

Geprüft wurde, ob nicht die Pflichten der Reststoffverwertung im Bereich der zulassungsbedürftigen wie der nicht zulassungsbedürftigen Anlagen sowie die Pflicht der Abwärmenutzung eine Ausweitung der Zweckbestimmung erfordern. Davon wurde jedoch abgesehen. Bei der Abwärmenutzung geht es auch um eine Verminderung der Emissionen; sie wird also durch den Zweck der Vorsorge angesprochen. Bezüglich der Reststoffverwertung enthält das immissionsschutzrechtliche Kapitel im wesentlichen nur Verweisungen auf die Vorschriften des abfallrechtlichen und des wasserrechtlichen Kapitels. Einen selbständigen Regelungsgehalt enthält lediglich § 318 Abs. 1 Nr. 3. Da es aber bei den Reststoffen und Abfällen um physische Auswirkungen der Anlagen geht, ist insoweit der Schutz vor sonstigen schädlichen Einwirkungen im Sinne des § 315 Abs. 4 einschlägig.

Zu Absatz 2

Die Regelung verdeutlicht, daß das immissionsschutzrechtliche Kapitel nicht allein dem Umweltschutz dient. Vielmehr sollen Menschen und Sachen auch vor unmittelbaren Beeinträchtigungen durch Immissionen geschützt werden und damit nicht nur vor immissionsbedingten Beeinträchtigungen, die durch die Umweltmedien vermittelt werden (siehe oben II 1 a). Darüber hinaus sollen Menschen und Sachen im Bereich der zulassungsbedürftigen Anlagen vor sonstigen unmittelbaren Einwirkungen geschützt werden. Zur Frage, welche Einwirkungen damit gemeint sind, näher unten § 315 Abs. 4.

Schutz von Menschen und Sachen meint Gefahrenabwehr und Vorsorge; insoweit wird auf die entsprechenden Gesichtspunkte für den Schutz der Umwelt (oben Vorbemerkungen) verwiesen.

Zu Absatz 3

Durch die Vorschrift werden die Regelungen des Allgemeinen Teils entsprechend für anwendbar erklärt, wenn es im immissionsschutzrechtlichen Kapitel um Schutzziele außerhalb des Umweltschutzes geht. Die Entlastungsfunktion des Allgemeinen Teils wird auf diese Weise bei allen Regelungen des immissionsschutzrechtlichen Kapitels genutzt (näher oben II 1 a).

Zu § 315 Begriffsbestimmungen

Zu Absatz 1

Die Vorschrift definiert in Anlehnung an § 2 Abs. 4 und an § 3 Abs. 3 BImSchG den Begriff der Emissionen und beschränkt ihn (im Vergleich zu § 2 Abs. 4) auf Luftverunreinigungen, Geräusche, Erschütterungen, Licht, Wärme, Strahlen und ähnliche Erscheinungen. Der gegenüber dem bisherigen Recht hinzugekommene Hinweis auf den Ort des Austritts wurde aus § 2 Abs. 4 übernommen und hat klarstellende Funktion. Zudem werden, im Unterschied zu § 3 Abs. 3 BImSchG und in Anpassung an § 2 Abs. 4, die Emissionen von Fahrzeugen und Verkehrswegen und zudem von Flugplätzen miterfaßt, da in den darauf bezogenen Regelungen ebenfalls von Emissionen gesprochen wird (vgl. zum bisherigen Recht Jarass, Bundes-Immissionsschutzgesetz, 1983, § 3 BImSchG Rn. 37). Geprüft wurde, ob die Definition nicht stärker an die Formulierung des § 2 Abs. 4 anknüpfen könnte. Sie würde dann etwa lauten: "Emissionen im Sinne dieses Kapitels sind Emissionen im Sinne des § 2 Abs. 4, soweit sie zu Luftverunreinigungen, Geräuschen, Erschütterungen, Licht, Wärme, Strahlen und ähnliche Erscheinungen führen". Die Formulierung wäre aber sehr viel weniger durchsichtig.

Zu Absatz 2

Die Regelung übernimmt wörtlich die Definition des § 3 Abs. 4 BImSchG. Eine Änderung war insoweit nicht veranlaßt.

Zu Absatz 3

Der für das immissionsschutzrechtliche Kapitel zentrale Begriff der Immission wird in dieser Vorschrift definiert. Die Regelung weicht von der Definition des § 2 Abs. 5 notwendig ab. Sie ist zum einen enger, da etwa direkte Einwirkungen auf das Wasser und den Boden nicht erfaßt werden sollen. Immissionen im Sinne des Immissionsschutzrechts müssen über den Luftpfad vermittelt werden; bei einer Nutzung der Umweltmedien Wasser oder Boden sind das wasser- bzw. das bodenschutzrechtliche Kapitel (Zweites bzw. Drittes Kapitel) einschlägig. Andererseits ist der immissionsschutzrechtliche Immissionsbegriff weiter als der Begriff des § 2 Abs. 5, da auch auf andere Güter als die Umwelt einwirkende Immissionen erfaßt werden sollen. Dementsprechend war es sachgerecht, den Immissionsbegriff eigenständig zu definieren. Darüber hinaus sollte geprüft werden, ob nicht auf die Definition der Immissionen in § 2 Abs. 5 verzichtet oder sie an die Definition des Absatzes 3 angepaßt wird. Der dort beschriebene weite Immissionsbegriff wird weder im Allgemeinen Teil noch in einem Abschnitt des Besonderen Teils benutzt. Zudem könnte die Definition zu Mißverständnissen bereits bei der Überschrift dieses Kapitels führen.

Untersucht wurde ob die Definition nicht stärker an der Definition des Allgemeinen Teils anknüpfen könnte, etwa: "Immissionen im Sinne dieses Kapitels sind Immissionen im Sinne des § 2 Abs. 5 sowie unmittelbar auf Menschen und Sachen einwirkende Immissionen, soweit sie durch Emissionen im Sinne des Absatzes 1 hervorgerufen werden". Diese Fassung wäre aber sehr viel weniger durchsichtig und der Gefahr von Mißverständnissen ausgesetzt. Zudem kann es im Hinblick auf Flughäfen zu Unsicherheiten kommen, da diese allenfalls teilweise als Verkehrswege eingestuft werden können und ihre Einstufung als Anlagen im Sinne des § 2 Abs. 7 nicht mit der Anlagendefinition des immissionsschutzrechtlichen Kapitels übereinstimmt. Endlich ist diese Fassung ungeeignet, falls - wie vorgeschlagen - § 2 Abs. 5 gestrichen wird.

Zu Absatz 4

Das Recht der zulassungsbedürftigen Anlagen regelt traditionell neben den Immissionen auch die "sonstigen Einwirkungen". Damit sind alle anderen physischen Wirkungen einer Anlage gemeint, im Zuschnitt der polizeirechtlichen Generalklausel vergleichbar (siehe oben I 2). Um das zu verdeutlichen, wurde die Regelung des Absatzes 4 aufgenommen. Dies war unter der Geltung der §§ 16 ff. GewO im Hinblick auf alle rechtlich geschützten Güter anerkannt, ist aber unter der Geltung des Bundes-Immissionsschutzgesetzes zweifelhaft geworden (siehe oben I 2). In der Sache wird durch die Einbeziehung sonstiger Einwirkungen die für den Umweltschutz wichtige umfassende Problemanalyse und -bewältigung ermöglicht, insbesondere im Hinblick auf die anderen Umweltmedien. Im einzelnen sind Einwirkungen auf Gewässer und den Boden sonstige Einwirkungen, aber auch direkte Einwirkungen auf Menschen und Sachen, die keine Immissionen sind, wie etwa die Emittierung wägbarer Stoffe bei Explosionen. Generell werden alle Störfallauswirkungen erfaßt, die nicht in Immissionen bestehen. Allerdings gilt das, wie bisher, nur für physische Einwirkungen (vgl. Jarass, Bundes-Immissionsschutzgesetz, 1983, § 3 BImSchG Rn. 46). Nicht erfaßt werden etwa immaterielle bzw. optische Einwirkungen, da sie keine physischen Einwirkungen sind.

Zu Absatz 5

Die Vorschrift umschreibt den häufig verwandten Begriff der schädlichen Immission. Er tritt an die Stelle des Begriffs der schädlichen Umwelteinwirkung des § 3 Abs. 1 BImSchG, der sprachlich irreführend ist, sind doch keineswegs alle Umwelteinwirkungen gemeint; nicht erfaßt sind etwa (direkte) Einwirkungen auf ein Gewässer. Der Begriff der Umweltgefahr wird in § 2 Abs. 6 S. 2 definiert. Als Gefahr ist dabei, entsprechend der Definition des § 2 Abs. 6 S. 2, das Risiko einer Beeinträchtigung einzustufen, das unter Berücksichtigung von Eintrittswahrscheinlichkeit und Schadensumfang nicht mehr hinnehmbar ist. Auf eine entsprechende Regelung für den Begriff der sonstigen schädlichen Einwirkung wurde verzichtet, obwohl hier in der Sache nichts anderes gilt.

Geprüft wurde, ob die Schädlichkeit - entsprechend dem bisherigen Recht - nicht nur auf Gefahren, sondern auch auf erhebliche Nachteile und erhebliche Belästigungen erstreckt werden sollte. Für diese Komplizierung besteht aber keine Notwendigkeit, da es unschwer möglich ist, auch erhebliche Belästigungen und Nachteile als eine Gefahr zu begreifen, wenn man diese in dem eben beschriebenen, an § 2 Abs. 6 S. 2 orientierten Sinne versteht. Schon bislang bot das Immissionsschutzrecht wegen dieser Besonderheit im praktischen Ergebnis keinen größeren Schutz als etwa das Polizei- und Ordnungsrecht (Kutscheidt, in: Landmann/Rohmer, Umweltrecht, Bd. 1, 1977 ff., Stand: März 1993, § 3 BImSchG Rn. 9). Schließlich entspricht die hier gewählte Definition den entsprechenden Begriffsbestimmungen in den anderen Teilgebieten des Umweltrechts sowie des Allgemeinen Teils (vgl. etwa § 2 Abs. 6). In der Sache wird der Schutz vor Immissionen wie vor sonstigen Einwirkungen gegenüber dem bisherigen Recht nicht verändert.

Zu Absatz 6

Die Regelung knüpft an den Anlagenbegriff des § 2 Abs. 7 an. Dabei wird davon ausgegangen, daß in § 2 Abs. 7 Nr. 3 nur Grundstücke gemeint sind, von denen "nach ihrer Zweckbestimmung" Umweltbeeinträchtigungen ausgehen können, wie das für § 3 Abs. 5 Nr. 3 BImSchG anerkannt ist (vgl. Henkel, Der Anlagenbegriff des Bundes-Immissionsschutzgesetzes, 1989, S. 77; Jarass, Bundes-Immissionsschutzgesetz, 1983, § 3 BImSchG Rn. 52). Dieser Anlagenbegriff wird einerseits erweitert, indem ortsveränderliche technische Einrichtungen miteinbezogen werden. Die Ausweitung entspricht in vollem Umfang dem bisherigen Recht (vgl. § 3 Abs. 5 Nr. 2 BImSchG).

Andererseits wird der Anlagenbegriff des § 2 Abs. 7 eingeschränkt, indem Fahrzeuge, soweit sie § 357 unterfallen, sowie Verkehrswege und Flugplätze hinsichtlich der durch Fahrzeuge verursachten Immissionen ausgeklammert werden. Dies hat rechtstechnische Funktionen, da die Immissionen von Fahrzeugen sowie die den Verkehrswegen und Flugplätzen zugerechneten Fahrzeugemissionen in einem eigenen Abschnitt des immissionsschutzrechtlichen Kapitels und nicht im Abschnitt über den anlagenbezogenen Immissionsschutz geregelt werden. Abweichend von § 3 Abs. 5 BImSchG werden auch Flugplätze ausgeklammert. Im bisherigen Recht war das nicht erforderlich, weil das Bundes-Immissionsschutzgesetz auf Flugplätze gemäß § 2 Abs. 2 BImSchG von vornherein nicht anwendbar war.

Durch die Erstreckung des immissionsschutzrechtlichen Kapitels auf Flugplätze wird eine Klarstellung der Grenzen des dritten Abschnitts erforderlich, da gerade den Flughäfen nicht nur Emissionen der Luftfahrzeuge, sondern auch zahlreiche andere Emissionen zuzurechnen sind. Nach der hier gewählten Lösung gelten die Regelungen des anlagenbezogenen Immissionsschutzes auch für Flughäfen und für Verkehrswege, soweit es nicht um die Emissionen von Fahrzeugen geht. Es ist kein Grund ersichtlich, warum etwa für die von Wartungseinrichtungen eines Flughafens ausgehenden Emissionen die (strengeren) anlagenbezogenen Regelungen nicht zur Anwendung kommen sollen. Anders sieht es bei den Emissionen von Luftfahrzeugen aus. Solche Emissionen werden von den Flughäfen nur indirekt hervorgerufen, was das mildere Regime der §§ 361 ff. legitimiert. Für Straßen und Schienenwege gilt das ganz entsprechend.

Anders als im bisherigen Recht wird der Abschnitt über den verkehrsbezogenen Immissionsschutz auch auf die privaten, also nicht durch Verwaltungsakt dem öffentlichen Verkehr gewidmeten Straßen angewandt, da sich hier die Problematik der indirekten Hervorrufung von Immissionen nicht anders als bei öffentlichen Straßen darstellt. Bei den Flugplätzen wäre eine Ausklammerung von nicht öffentlichen Flugplätzen, etwa von Militärflughäfen, aus dem Regelungsbereich des dritten Abschnitts noch weniger sachgerecht. Dazu kommt der allgemeine Gesichtspunkt der Gleichbehandlung öffentlicher und privater Immissionen (siehe oben Vorbemerkungen II 1 e; vgl. auch Jarass, Bundes-Immissionsschutzgesetz, 1983, § 2 BImSchG Rn. 9; Schmatz/Nöthlichs, Immissionsschutzrecht, Stand: 1992, § 1 BImSchG Anm. 2).

Zu Absatz 7

Im Bundes-Immissionsschutzgesetz taucht häufig die Formulierung "dieses Gesetzes und der auf dieses Gesetz gestützten Rechtsverordnungen" oder eine ähnliche Formulierung auf (etwa §§ 17 Abs. 1, 52 Abs. 1, 6, 54 Abs. 1, 59 BImSchG). Zur Entlastung des Wortlauts der einschlägigen Vorschriften der Neuregelung (etwa § 323 Abs. 1 Nr. 1, § 334 Abs. 1, § 339 Abs. 1,

§ 353 Abs. 1) wird, abweichend vom bisherigen Recht, der Oberbegriff der "immissionsschutzrechtlichen Vorschriften" eingeführt. Zusätzlich sorgt die Definition für eine ausreichende Einbeziehung der Vorschriften des Allgemeinen Teils bzw. der Vorschriften, die auf Grund von Ermächtigungen des Allgemeinen Teils ergehen. Da im Bereich des immissionsschutzrechtlichen Kapitels solche Vorschriften zum Tragen kommen (siehe oben II 1 a), muß klargestellt werden, daß darunter auch die Vorschriften des Allgemeinen Teils sowie die Vorschriften fallen können, die auf Grund von Ermächtigungen des Allgemeinen Teils erlassen wurden. Zum bisherigen § 3 Abs. 7 BImSchG siehe unten zu § 356.

Zu § 316 Geltungsbereich

Die Regelung des § 2 Abs. 2 Satz 1 BImSchG wurde hinsichtlich der atomrechtlichen Gehalte in § 316 übernommen. Weitere Einschränkungen des Geltungsbereich sind nicht erforderlich (näher dazu oben II 1 b).

Zu § 317 Grundsätze

Abweichend vom bisherigen Recht werden dem immissionsschutzrechtlichen Kapitel eine Reihe von Grundsätzen vorangestellt, die allerdings teilweise nur klarstellenden Charakter haben. Näher zu den Gründen für die Aufnahme von Grundsätzen oben II 1 c.

Absatz 1 Satz 1 enthält das die Gefahrenabwehr betreffende Schutz- bzw. Abwehrprinzip, wie es bislang in allgemeiner Form in § 1 BImSchG enthalten war ("vor schädlichen Umwelteinwirkungen ... zu schützen") und in § 7 (allerdings als Grundpflicht) angesprochen wird. Satz 2 enthält das Vorsorgeprinzip, das bislang in allgemeiner Form ebenfalls in § 1 BImSchG zu finden war ("dem Entstehen schädlicher Umwelteinwirkungen vorzubeugen") und im Allgemeinen Teil in § 4 verankert ist. Abweichend vom bisherigen Recht wird (auf der Grundsatzebene) das Ziel der Minimierung deutlicher angesprochen; bisher war das nur in Nummer 3. 1. 2 der TA Luft geschehen. Satz 3 stellt zum einen in Konkretisierung der Regelung des § 2 Abs. 1 Nr. 1 klar, daß das immissionsschutzrechtliche Kapitel auch dem Schutz empfindlicher Teile des Naturhaushalts, insbesondere empfindlicher Pflanzen und Tiere, dient, wie das bisher in Nummer 2. 2. 1. 2 TA Luft teilweise angesprochen wurde. Darüber hinaus wird der Aufbau und die Zusammensetzung der Atmosphäre in ihrer natürlichen Form geschützt. Damit wird der Klimaschutz zu einem der zentralen Grundsätze des Immissionsschutzes.

Absatz 2 enthält in Satz 1 einen Hinweis darauf, daß für die Beurteilung von Immissionen die Gesamtbelastung und nicht der bestimmten Emissionen zurechenbare Anteil der Gesamtbelastung entscheidend ist (vgl. Schmatz/Nöthlichs, Immissionsschutzrecht, 1979 ff., Stand: 1992, § 3 BImSchG Anm. 2; Jarass, Bundes-Immissionsschutzgesetz, 1983, § 3 BImSchG Rn. 40

f.). Das war schon bisher geltendes Recht, wurde aber auf der Ebene der Rechtsverordnungen und der Verwaltungsvorschriften häufig nicht ausreichend umgesetzt. Aus diesem Grunde ist die Klarstellung bereits im ersten Abschnitt angebracht. Des weiteren wird in Satz 1 die im Immissionsschutzrecht bereits bisher anerkannte, jedoch gesetzlich nicht verankerte differenziert-objektive Betrachtungsweise festgehalten (Kutscheidt, in: Landmann/Rohmer, Umweltrecht, Bd. 1, 1977 ff., Stand: März 1993, § 3 BImSchG Rn. 15; Jarass, Bundes-Immissionsschutzgesetz, 1983, § 3 BImSchG Rn. 29 f.). Danach sind etwa in einem Industriegebiet höhere Belastungen hinzunehmen als in einem Wohngebiet (Feldhaus, Bundesimmissionsschutzrecht, 2. Aufl., 1974 ff., Stand: 1992, § 3 BImSchG Anm. 10). Die in Satz 2 aufgeführten Kriterien der Schutzwürdigkeit eines Gebiets wurden bisher durch eine Interpretation der Erheblichkeit von schädlichen Umwelteinwirkungen gewonnen und waren in Nummer 2. 2. 1. 3 Abs. 4 der TA Luft zu finden. Der Begriff der Hinnehmbarkeit kommt aus § 2 Abs. 6 S. 2 und meint sachlich nichts anderes als der bislang im Immissionsschutzrecht benutzte Begriff der Erheblichkeit bzw. Zumutbarkeit (dazu Kutscheidt, in: Landmann/Rohmer, Umweltrecht, Bd. 1, 1977 ff., Stand: März 1993, § 3 BImSchG Rn. 14 ff.; Jarass, Bundes-Immissionsschutzgesetz, 1983, § 3 BImSchG Rn. 26 ff.). Gesundheitsbeeinträchtigungen brauchen gemäß Satz 3 in keinem Falle hingenommen werden (ebenso Nummer 2. 2. 1. 3 Abs. 4 der TA Luft), wie das schon bisher anerkannt ist (Sellner, Immissionsschutzrecht und Industrieanlagen, 2. Aufl., 1988, S. 27; Jarass, Bundes-Immissionsschutzgesetz, 1983, § 3 BImSchG Rn. 26). Weniger gesichert ist nach bisherigem Recht, daß das auch im Hinblick auf besonders empfindliche Gruppen, wie Kleinkinder und alte Personen, gilt (vgl. Hansmann, in: Landmann/Rohmer, Umweltrecht, Bd. 1, 1977 ff., Stand: März 1993, Nr. 2. 2. 1. 3 TA Luft Rn. 30). Diese Festlegung steht in Parallele zu § 442 Abs. 1 S. 2 im gefahrstoffrechtlichen Kapitel.

Absatz 3 übernimmt wörtlich die Regelung des § 50 BImSchG; lediglich der Begriff der schädlichen Umwelteinwirkung wird durch den der schädlichen Immission ersetzt (vgl. oben § 315 Abs. 5). Die Regelung geht über die Vorschrift des § 28 Abs. 1 hinaus, da sie nicht nur für Planungen, sondern auch für sonstige raumbedeutsame Maßnahmen, wie etwa entsprechende Genehmigungen, gilt. Das ist insbesondere für die immissionsschutzrechtliche Zulassung von Bedeutung.

Absatz 4 zielt auf eine Reduzierung der Immissionen in besonders belasteten Gebieten. Damit erfährt der gebietsbezogene Maßstab der Erheblichkeit eine gewisse Beschränkung, um gerade in besonders belasteten Gebieten den Immissionsschutz voranzutreiben. Andererseits stellt Absatz 4 aber klar, daß dies nicht mit relevanten Verschlechterungen in sonstigen Gebieten erkauft werden darf. Damit wird gleichzeitig deutlich gemacht, daß bloße Verbesserungen der Ableitbedingungen nur sehr hilfsweise zum Einsatz kommen dürfen (vgl. Nummer 2. 2. 2. 1 Abs. 1 S. 4 TA Luft; Jarass, Bundes-

Immissionsschutzgesetz, § 5 BImSchG Rn. 31; OVG Mannheim, GewArch. 1980, 202; Kutscheidt, in: Salzwedel [Hrsg.], Grundzüge des Umweltrechts, 1982, S. 237 ff., 270). Endlich klingt das Verschlechterungsverbot an, das im bisherigen Recht allein für Schwefeldioxid in Nummer 2. 2. 1. 4 Abs. 3 der TA Luft angesprochen wird.

Zum Zweiten Abschnitt: Anlagenbezogener Immissionsschutz

Zum Ersten Unterabschnitt: Errichtung und Betrieb zulassungsbedürftiger Anlagen

I. AUSGANGSLAGE

1. Gegenstand des Regelungsbereichs

Der zweite und mit Abstand gewichtigste Abschnitt des immissionsschutzrechtlichen Kapitels befaßt sich mit dem anlagenbezogenen Immissionsschutz. Dieser Abschnitt enthält drei Unterabschnitte, deren bedeutendster die zulassungsbedürftigen Anlagen behandelt. In diesem Unterabschnitt sind alle Regelungen zusammengefaßt, die (allein) die zulassungsbedürftigen Anlagen betreffen. Die Regelungen, die auf das Recht der gefährlichen Anlagen in der Gewerbeordnung zurückgehen und auf eine über 150-jährige Tradition zurückblicken können, dienen - dieser Wurzel entsprechend - zunächst der Abwehr von Gefahren im umfassenden Sinne. Des weiteren dienen sie der Vorsorge gegenüber Immissionen. Schließlich haben sie reststoff- und abfallrechtliche Zielsetzungen. Im Mittelpunkt der Regelungen des Rechts der gefährlichen Anlagen und damit dieses Unterabschnitts steht traditionell die Frage, welche Anlagen zulassungs- bzw. genehmigungsbedürftig sind und unter welchen Voraussetzungen die Zulassung bzw. Genehmigung erteilt werden kann und muß und wie das Zulassungs- bzw. Genehmigungsverfahren ausgestaltet ist. Daran wird festgehalten. Allerdings wird von "Zulassung", "zulassungsbedürftigen" Anlagen und "Zulassungsverfahren", nicht von "Genehmigung", "genehmigungsbedürftigen" Anlagen und "Genehmigungsverfahren" gesprochen (dazu unten II 1 a). Dazu kommen Maßnahmen gegenüber bestehenden Anlagen. Neueren Charakters sind selbständige Regelungen zu den sachlichen Anforderungen an zulassungsbedürftige Anlagen.

2. Bisherige Rechtslage

a) Dem Recht der zulassungsbedürftigen Anlagen entspricht im bisherigen Recht das Recht der genehmigungsbedürftigen Anlagen. Es enthält zunächst in § 5 BImSchG sogenannte Grundpflichten, d.h. die sachlichen Anforderungen an den Anlagenbetreiber. Diese Anforderungen liefern nicht nur den Maßstab für die Genehmigungserteilung oder für nachträgliche Maßnahmen, sondern binden den Anlagenbetreiber unmittelbar (Jarass, Bundes-Immissionsschutzgesetz, 1983, § 5 BImSchG Rn. 1). Im einzelnen sind zunächst schädliche Umwelteinwirkungen sowie sonstige Gefährdungen zu vermeiden (Schutz- und Abwehrpflicht). Weiter ist Vorsorge gegen schädliche Umwelteinwirkungen geboten (Vorsorgepflicht). Darüber hinaus sind Reststoffe zu vermeiden oder zu verwerten und nur subsidiär als Abfälle ordnungsgemäß zu beseitigen (Reststoff- und Abfallpflichten). Die Pflicht zur Abwärmenutzung kommt nur zum Tragen, soweit eine Rechtsverordnung dazu verpflichtet, was bislang nur im Bereich der Abfallverbrennungsanlagen geschehen ist (§ 8 der 17. BImSchV). Zur Konkretisierung der Grundpflichten des § 5 BImSchG enthält § 7 BImSchG eine Ermächtigung zum Erlaß von Rechtsverordnungen. Dabei sind Sonderregelungen für bestehende Anlagen sowie für Kompensationsfälle vorgesehen. Für schutzbedürftige Gebiete erlaubt § 49 Abs. 1 BImSchG der Landesregierung durch Rechtsverordnung, räumlich begrenzte Anforderungen an genehmigungsbedürftige (wie nicht genehmigungsbedürftige) Anlagen zu stellen. Schließlich bleiben ortsrechtliche Anforderungen gemäß § 49 Abs. 3 BImSchG unberührt.

b) Eine zweite Gruppe von Regelungen befaßt sich mit der Genehmigungspflicht sowie mit verschiedenen Anzeigepflichten. § 4 BImSchG schreibt vor, in welchen Fällen eine Genehmigung für die Errichtung und den Betrieb einer Anlage erforderlich ist. § 15 BImSchG stellt klar, daß dieses Genehmigungserfordernis nicht nur die Ersterrichtung betrifft, sondern auch wesentliche Änderungen einer Anlage. § 15a BImSchG ermöglicht im Bereich der Anlagenänderungen eine vorläufige Anlagenerrichtung auch ohne Genehmigung, soweit die Änderung dem Umweltschutz dient. Bei Anlagen, die zu dem Zeitpunkt, in dem sie genehmigungspflichtig wurden, bereits errichtet waren, tritt an die Stelle der Genehmigung gemäß § 67 Abs. 2 BImSchG eine Anzeige. Eine andersartige Anzeigepflicht findet sich in § 16 Abs. 1 BImSchG. Nach dieser Vorschrift muß jedes Abweichen vom Genehmigungsbescheid bzw. von den Genehmigungsunterlagen angezeigt werden (vgl. Hansmann, in: Landmann/Rohmer, Umweltrecht, Bd. 1, 1977 ff., Stand: März 1993, § 16 BImSchG Rn. 6). Schließlich ist nach der neuen Regelung des § 16 Abs. 2 BImSchG die Absicht der Betriebseinstellung anzeigepflichtig.

Die Genehmigungsvoraussetzungen finden sich in § 6 BImSchG. Danach setzt die Erteilung der Genehmigung nicht nur die Einhaltung der immissionsschutzrechtlichen Vorschriften voraus. Auch alle anderen Vorgaben des öffentlichen Rechts für die Errichtung und den Betrieb der Anlagen müssen beachtet werden. Welche Nebenbestimmungen unter welchen Voraussetzungen zulässig sind, wird in § 12 BImSchG geregelt.

c) Ein dritter Teil des Rechts der genehmigungsbedürftigen Anlagen enthält Regelungen zum Genehmigungsverfahren und zu den Wirkungen der Genehmigung. Das Verfahren ist in den Grundzügen in § 10 BImSchG geregelt. Es entspricht weithin dem Verfahren, das bei einer Planfeststellung zur Anwendung kommt. Insbesondere ist die Öffentlichkeit zu beteiligen. Einwendungen kann allerdings jedermann erheben. Eine weitere Besonderheit ergibt sich daraus, daß derjenige, der keine Einwendungen erhebt, seine subjektiven Rechte im Hinblick auf die Anlage gerichtlich nicht mehr geltend machen kann (materielle Präklusion). Für die neuen Bundesländer enthält § 10a BImSchG eine zeitlich begrenzte Sonderregelung für die Amtshilfe. Ein vereinfachtes Verfahren ohne jede Formalisierung sieht § 19 BImSchG in bestimmten Fällen vor. Eine Stufung des Verfahrens in Form von Vorbescheiden und Teilgenehmigungen ermöglichen die §§ 8, 9 BImSchG.

Die Wirkungen der Genehmigung werden zunächst in § 11 BImSchG angesprochen, wo es um die Präklusion geht, die bei einem Vorbescheid bzw. einer Teilgenehmigung für spätere Teilentscheidungen zum Tragen kommt. Wichtiger ist die weitreichende Konzentrationswirkung, die sich aus § 13 BImSchG ergibt. Der Ausschluß bestimmter Ansprüche des Privatrechts ergibt sich aus § 14 BImSchG. Das Erlöschen der Genehmigung ist in § 18 BImSchG geregelt.

d) Schließlich enthält das Recht der genehmigungsbedürftigen Anlagen Regelungen über nachträgliche Maßnahmen: Für nachträgliche Anordnungen in § 17 BImSchG, für die Betriebsuntersagung u.ä. in § 20 BImSchG und für den Widerruf der Genehmigung in § 21 BImSchG. Nicht geregelt ist die Rücknahme der Genehmigung. Sie richtet sich nach § 48 VwVfG. Die in diesen Regelungen vorgesehenen Grenzen für nachträgliche Maßnahmen konstituieren den Bestandsschutz, der genehmigungsbedürftigen Anlagen zusteht.

II. VORSCHLAG

1. Leitvorstellungen

a) Der Vorschlag nimmt zunächst eine begriffliche Änderung vor. Der Begriff der genehmigungsbedürftigen Anlagen wird durch den der zulassungsbedürftigen Anlagen ersetzt. Der Grund dafür liegt zum einen darin, daß die schon im bisherigen Recht vorhandenen Formen der Genehmigung (Genehmigung mit UVP, sonstige förmliche Genehmigung, vereinfachte Genehmigung) zu den Formen der Umweltbewilligung des Allgemeinen Teils, der Genehmigung und der Erlaubnis weiter entwickelt wurden (näher dazu unten zu § 329). Als Oberbegriff wird dann § 329 entsprechend der Begriff der Zulassung verwandt.

b) Der Vorschlag zum Recht der zulassungsbedürftigen Anlagen wird ganz wesentlich durch das Bemühen geprägt, die Entscheidungen des Allgemeinen Teils aufzunehmen. Insbesondere werden die Regelungen des Allgemeinen Teils über die Umweltbewilligung und die Umweltfolgenprüfung genutzt. Das gestattet es, auf eine Reihe von Regelungen des bisherigen Rechts zu verzichten.

Dies gilt zunächst für die Vorschrift des § 9 BImSchG zum Vorbescheid, da § 53 Abs. 2 bereits eine Regelung für den Vorbescheid enthält. In Abweichung von § 9 BImSchG wird dadurch der Vorbescheid, entsprechend der Entscheidung des Allgemeinen Teils (Begründung zum Allgemeinen Teil, S. 274), auf den Standort beschränkt. Für die Praxis hat das kaum Konsequenzen, da Vorbescheide ohnehin sehr selten sind. Die Präklusionsregelung des § 14 BImSchG wird durch § 55 Abs. 1 ersetzt; eine gewisse Modifikation ergibt sich daraus, daß nunmehr Schutzvorkehrungen nach dem Stand von Wissenschaft und Technik geboten sind, bevor auf Schadensersatzansprüche ausgewichen werden kann. Die Ermächtigung des § 10 Abs. 11 BImSchG zu besonderen Regelungen des Zulassungsverfahrens im Verteidigungsbereich wird durch § 167 Abs. 2 abgedeckt (vgl. allerdings die Anmerkungen oben zum ersten Abschnitt II 1 a). Schließlich tritt an die Stelle der Regelung in § 18 BImSchG zum Erlöschen der Genehmigung die Vorschrift des § 56 Abs. 3. Nicht erfaßt wird der Gehalt des § 18 Abs. 2 BImSchG (Erlöschen bei Aufhebung der Zulassungsbedürftigkeit). Die Regelung des § 18 Abs. 2 BImSchG ist aber ohnehin fragwürdig, da nicht einzusehen ist, warum etwa der Ausschluß privater Rechte wegen der Aufhebung der Zulassungsbedürftigkeit entfallen soll.

An die Stelle Untersagungsermächtigungen des § 20 Abs. 1, 2 BImSchG treten die §§ 74, 75. Die Ermächtigung des § 20 Abs. 1 BImSchG wird durch die Regelungen in § 74 Abs. 1 S. 1 und in § 74 Abs. 1 S. 2 Nr. 2 abgedeckt. Insbesondere stellt jeder Verstoß gegen immissionsschutzrechtliche Vorschriften eine Verletzung von Umweltpflichten im Sinne dieser Norm (wie sie im Immissionsschutzrecht angewandt wird) dar. Daß bei Verletzung von Grundpflichten zunächst eine nachträgliche Anordnung ergehen muß, wie das § 20 Abs. 1 BImSchG ausdrücklich deutlich macht, ergibt sich aus dem Grundsatz der Verhältnismäßigkeit. Der Regelungsgehalt des § 20 Abs. 2 BImSchG wird durch § 74 Abs. 1 S. 2 Nr. 1 aufgenommen; allerdings besteht nach dieser Vorschrift keine Regelverpflichtung für die Untersagung bei einem Betrieb ohne Zulassung. Um insoweit nicht gegenüber dem geltenden Recht zurückzufallen, wurde in § 336 Abs. 1 eine entsprechende Regelverpflichtung statuiert (dazu unten a) zu § 336).

An die Stelle der Regelung des Widerrufs rechtmäßiger Zulassungen in § 21 BImSchG treten die Vorschriften des § 76 Abs. 2 und des § 76 Abs. 3 i.V.m. der Regelung des § 49 VwVfG. Sachlich bedeutet das nur insoweit eine Änderung, als bei schweren Umweltbeeinträchtigungen eine Widerrufspflicht besteht. Zudem wird durch die Regelung des § 56 Abs. 2 die Entschädigungspflicht bei Anlagen, die einer Umweltbewilligung bedürfen, eingeschränkt. Die Rücknahme rechtswidriger Zulassungen wird durch § 76 Abs. 1 geregelt und damit gegenüber dem bisherigen Recht etwas erleichtert (näher Begründung zum Allgemeinen Teil, S. 337 f.). Insgesamt sind die Änderungen gegenüber dem bisherigen Recht vertretbar, auch im Interesse größerer Einheitlichkeit.

Die Ausklammerung der bergrechtlichen Anlagen unter Tage sowie der Tagebaue aus der Zulassungspflicht, wie sie bisher in § 4 Abs. 2 BImSchG enthalten war, wird nicht übernommen. Die Regelung enthält entweder eine unberechtigte Privilegierung des Bergbaus oder ist rechtssystematisch verfehlt. Soweit etwa Tagebaue nicht geeignet sind, schädliche Immissionen zu erzeugen, können sie ohnehin nicht zu einer zulassungsbedürftigen Anlage gemacht werden. Ist aber die Voraussetzung gegeben, ist nicht einzusehen, warum auf jeden Fall das mildere Regime der §§ 22 BImSchG (bzw. künftig der §§ 337 ff.) gelten soll.

Die ohnehin auslaufende Regelung des § 10a BImSchG (Verwaltungshilfe für die neuen Bundesländer) wird nicht übernommen.

c) Die Neuregelung versucht des weiteren, die aus der Umweltfolgenprüfung sich ergebenden Erfordernisse stärker zu berücksichtigen. Daraus resultieren neue Bestimmungen zu den Zulassungsvoraussetzungen in § 323 Abs. 2 und die Betonung der Befristung in § 324 Abs. 1 S. 2.

d) Weiter wird das bisherige Recht der zulassungsbedürftigen Anlagen neu gegliedert. Im ersten Titel werden die sachlichen Anforderungen behandelt, die der Anlagenbetreiber zu beachten hat, und zwar unabhängig von der Zulassung (dazu a) zu § 318); sie werden daher vorangestellt. Der zweite Titel beschreibt, wann eine Zulassung erforderlich ist. Dabei geht es zunächst um das Erfordernis der Erstzulassung (§ 321) sowie die Voraussetzungen der Erteilung (§ 323), wozu auch die Nebenbestimmungen rechnen (§ 324). Dann wird die Zulassungsbedürftigkeit von Änderungen behandelt (§ 325) und die Ausnahme des vorzeitigen Beginns (§ 326). Des weiteren gehören zu diesem Titel Regelungen, die Anzeigepflichten vorsehen: Im einzelnen handelt es sich dabei um die Anzeige von bereits errichteten Anlagen, die zulassungsbedürftig werden (§ 321 Abs. 2), die Anzeige der Abweichungen vom Zulassungsbescheid (§ 327) und die Anzeige der Anlagenstillegung (§ 328). Der dritte Titel befaßt sich mit dem Zulassungsverfahren und den Zulassungswirkungen. Innerhalb des dritten Titels werden, abweichend vom bisherigen Recht, die Vorschriften zum vereinfachten Verfahren mit den Vorschriften über die sonstigen Verfahrensformen verbunden. Der vierte Titel schließlich ist den nachträglichen Maßnahmen gewidmet. Aus dieser Gliederung ergibt sich eine vom bisherigen Recht deutlich abweichende Folge der Vorschriften.

e) Überprüft wurde, ob nicht die Frage des Übergangs der Zulassung beim Wechsel des Anlageninhabers geregelt werden sollte. Im Hinblick auf den Umstand, daß die Zulassungsvoraussetzungen z.T. personenbezogen sind (vgl. § 323 Abs. 2 Nr. 2), hat die Frage erhebliches Gewicht. Es sollte daher geprüft werden, ob die Frage nicht im Allgemeinen Teil eine Regelung erfährt.

2. Einzelbegründungen

Zu § 318 Betriebspflichten

Zu Absatz 1

a) Die Vorschrift enthält die immissionsschutzrechtlichen Grundpflichten, wie sie bisher in § 5 Abs. 1 BImSchG geregelt waren. In der Sache entspricht sie im wesentlichen dem bisherigen Recht, unter Berücksichtigung der terminologischen Änderungen durch die Begriffsbestimmungen des § 315. Die Anforderungen sind, wie im bisherigen Recht, als unmittelbar geltende, dynamische Grundpflichten ausgestaltet, deren Verletzung allerdings weithin sanktionslos ist (vgl. zum bisherigen Recht Jarass, Bundes-Immissionsschutzgesetz, 1983, § 5 BImSchG Rn. 1, 42). Der Ansatz wird beibehalten, obgleich er nicht in allen Kapiteln zum Einsatz kommt, auch weil er im Allgemeinen Teil genutzt wird (vgl. §§ 7 bis 14).

b) Nummer 1 enthält die Abwehrpflicht, häufig (obgleich mißverständlich; vgl. Jarass, Bundes-Immissionsschutzgesetz, 1983, § 5 BImSchG Rn. 4) als Schutzpflicht bezeichnet. Sie wird durch den Begriff der schädlichen Immissionen (dazu oben § 315 Abs. 3 und 5) und den der sonstigen schädlichen Einwirkungen (dazu oben § 315 Abs. 4 und 5) wesentlich bestimmt. Zur traditionellen Einbeziehung der erheblichen Belästigungen und der erheblichen Nachteile siehe oben § 315 Abs. 5. Auf die Nennung der Schutzsubjekte der Allgemeinheit und der Nachbarschaft wurde verzichtet, um die damit verbundene anthropozentrische Orientierung zu vermeiden; vgl. oben Vorbemerkungen II 1 a.

In die Umschreibung der Vorsorgepflicht der Nummer 2 wird, abweichend vom bisherigen Recht, aber in Anknüpfung an die Regelung des § 2 Abs. 6, der Risikobegriff aufgenommen. Des weiteren wird deutlich gemacht, daß die Vorsorge außer durch den Stand der Technik vor allem durch allgemeine Vorgaben in Grenz- oder Richtwerten konkretisiert wird, wie das die Entscheidung des Bundesverwaltungsgerichts zu den Mannheimer Heizkraftwerken klarstellte (BVerwGE 69, 37 [45]; Kutscheidt, in: Landmann/

Rohmer, Umweltrecht, Bd. 1, 1977 ff., Stand: März 1993, § 7 BImSchG Rn. 39 a; Grabitz, WiVerw. 1984, 232 ff., 243; Rehbinder, in: Festschrift für Sendler, 1991, S. 269 ff., 279). Die Konkretisierung kann in Rechtsvorschriften oder in Verwaltungsvorschriften erfolgen (vgl. BVerwGE 69, 37 [45]), auch wenn dies nicht ausdrücklich gesagt wird. Schließlich wurde geprüft, ob die Vorsorgepflicht nicht auf andere Einwirkungen als Immissionen ausgeweitet werden sollte. Davon wurde im Hinblick auf den weiten Anwendungsbereich der sonstigen Einwirkungen (siehe oben erster Abschnitt I 2) abgesehen. Für die Beeinträchtigung anderer Umweltmedien ergeben sich Vorsorgeanforderungen häufig über § 323 Abs. 1 Nr. 2 aus dem sonstigen Umweltrecht.

Bei den reststoffbezogenen Pflichten der Nummer 3 wurde in der Sache an die Regelung des § 5 Abs. 1 Nr. 3 BImSchG angeknüpft. Die grundsätzliche Gleichrangigkeit der Reststoffvermeidung und der Reststoffverwertung wurde jedoch deutlicher herausgestellt, andererseits aber betont, daß die Verwertung umweltschonend erfolgen müsse. Eine umweltschonende Verwertung setzt zunächst eine ordnungsgemäße Verwertung voraus. Zudem dürfen die mit der Verwertung geschaffenen Produkte keine erheblichen Umweltbelastungen einschließen (Schmatz/Nöthlichs, Immissionsschutzrecht, 1979 ff., Stand: 1992, § 5 BImSchG Anm. 6). Die Frage, wann auf eine Vermeidung oder Verwertung verzichtet werden kann, wird in Abs. 2 geregelt. Sind die Voraussetzungen gegeben, ist eine Entsorgung als Abfall möglich, wobei der Abfallbegriff wie im bisherigen Immissionsschutzrecht feste und flüssige Abfälle umfaßt (Sellner, Immissionsschutzrecht und Industrieanlagen, 2. Aufl., 1988, S. 68). Dementsprechend wird für die Konkretisierung der Ordnungsmäßigkeit der Entsorgung auf das wasserrechtliche Kapitel (Zweites Kapitel) und auf das abfallrechtliche Kapitel (Siebentes Kapitel) verwiesen.

Die Abwärmepflicht der Nummer 4 folgt vollständig der Regelung des § 5 Abs. 1 Nr. 4 BImSchG. Ihr Anwendungsbereich wird näher in Abs. 3 geregelt.

c) Zu den materiellen Pflichten des Anlagenbetreibers im Hinblick auf Störfälle enthält das bisherige Recht keine Regelung; die Pflichten wurden unmittelbar § 5 Abs. 1 BImSchG entnommen. Für einen Teilbereich finden sich explizite Regelungen auf Verordnungsebene (§ 3 der 12. BImSchV). Im Hinblick auf die zahlreichen Vorschriften, die der Sicherstellung von Störfallpflichten dienen, wie § 63 (bisher § 31a BImSchG), § 62 (bisher § 51a BImSchG) und §§ 349, 37 (bisher § 58a bis § 58d BImSchG), erscheint das wenig sachgerecht. Gleichwohl konnte auf eine Regelung im immissionsschutzrechtlichen Kapitel verzichtet werden, weil § 7 Abs. 2 die notwendigen Aussagen enthält. Eine Definition des Störfallbegriffs findet sich in § 2 Abs. 9 S. 1.

Zu Absatz 2

Die Vorschrift regelt in der Sache ähnlich wie das in § 5 Abs. 1 Nr. 3 BImSchG geschieht, wann auf die Vermeidung und Verwertung von Reststoffen verzichtet werden kann. Sie lehnt sich in der Formulierung und der Sache an die Regelungen des Siebenten Kapitels zur Abfallvermeidung und Abfallverwertung an. Die Gleichbehandlung von Reststoffen und Abfällen erscheint angesichts der flüssigen Übergänge sinnvoll. Wegen des größeren Umfangs der Regelung wurde ein eigener Absatz erforderlich.

Zu Absatz 3

Die Regelung des Absatzes 3 entspricht im wesentlichen der Vorschrift des § 5 Abs. 2 BImSchG. Die Regelung des § 146 genügt insoweit nicht, da sie die Abwärme nicht erfaßt. Durch den Verweis auf die §§ 153, 154 ergeben sich einige Modifikationen: § 153 betrifft die Begründung des Entwurfs der Rechtsverordnung, § 154 die periodische Überprüfung. § 152 Abs. 2 dürfte nicht zum Tragen kommen, weil sich weder die Störfall-Kommission noch der Technische Ausschuß für Anlagensicherheit mit der Abwärme befassen.

Zu Absatz 4

Die Vorschrift trägt dem Anliegen Rechnung, das bislang in § 49 Abs. 1, Abs. 3 BImSchG angesprochen war. Nach dieser Vorschrift wurden die Landesregierungen ermächtigt, zum Schutz bestimmter Gebiete durch Rechtsverordnung Anforderungen an die Errichtung und den Betrieb von Anlagen zu stellen. Darunter fallen besonders schonungsbedürftige Gebiete, wie Kur- und Erholungsgebiete, sowie Gebiete mit besonders hohen Belastungen (zum bisherigen Recht Hansmann, in: Landmann/Rohmer, Umweltrecht, Bd. 1, 1977 ff., Stand: März 1993, § 49 BImSchG Rn. 13). Des weiteren blieben entsprechende Ermächtigungen zugunsten der Gemeinden unberührt. Der Regelungsvorschlag geht hier mit der Kompetenz des Landesgesetzgebers zurückhaltender um, indem er es ihm überläßt, ob er solche Regelungen selbst trifft oder die Landesregierung bzw. die Gemeinden dazu ermächtigt. Nach dem bisherigen Recht war umstritten, ob die Ermächtigung der Landesregierungen ein entsprechendes Tätigwerden des Landesgesetzgebers ausschließt (dafür Pestalozza, WiVerw. 1984, 245 ff., 261 f.; dagegen OLG Koblenz, GewArch. 1976, 309 f.). Darüber hinaus wird der Vorbehalt auf sonstige schädliche Einwirkungen erstreckt. Eine entsprechende Regelung fehlte bislang, ohne daß deswegen die Rechtslage anders war.

Zu § 319 Nachbetriebspflichten

Die Regelung des Absatzes 1 entspricht im wesentlichen der Vorschrift des § 5 Abs. 3 BImSchG. Sie legt Pflichten fest, die sich auf die Zeit nach der Anlagenstillegung beziehen. Der Begriff der Anlagenstillegung tritt - in Anlehnung an den Sprachgebrauch in anderen Gebieten des Umweltrechts - an die Stelle der Betriebseinstellung, ohne daß damit eine sachliche Änderung beabsichtigt ist. Was die Bedeutung der Begriffe der schädlichen Immissionen und der sonstigen schädlichen Einwirkungen angeht, wird auf § 315 Abs. 3 bis 5 verwiesen. Die Verwertung von Reststoffen muß abweichend vom bisherigen Recht umweltschonend und nicht nur "ordnungsgemäß und schadlos" erfolgen. Darüber hinaus wird die Vorgabe zur Abfallbeseitigung mit den Vorschriften des Siebenten Kapitels abgestimmt, indem auf sie verwiesen wird. Insoweit gelten die diesbezüglichen Ausführungen unter § 318 Abs. 1 ganz entsprechend. Wie im bisherigen Recht wurde kein Vorrang der Reststoffverwertung vor der Abfallentsorgung vorgesehen. Ein gewisser Vorrang ergibt sich jedoch aus der Abfallvermeidungspflicht des § 562 Abs. 1.

Die Regelung des Absatzes 2 ermöglicht es, bei Anlagen, die einer Umweltfolgenprüfung unterliegen, eine finanzielle Vorsorge zur Sicherstellung der Pflichten des Absatzes 1 vorzusehen. Voraussetzung ist jedoch, daß eine Rechtsverordnung gemäß § 128 Abs. 3 die fragliche Anlage zu einer solchen Stillegungsvorsorge verpflichtet. Dies wird nur bei einem Teil der einer Umweltfolgenprüfung unterliegenden Anlagen in Betracht kommen.

Absatz 3 bringt den Vorbehalt der Länder zum Schutz bestimmter Gebiete auch in der Nachbetriebsphase zum Tragen. Die Möglichkeiten des Landesgesetzgebers werden dadurch betont. Was die Einzelheiten angeht, wird auf § 318 Abs. 5 verwiesen.

Zu § 320 Rechtsverordnung zu Betriebs- und Nachbetriebspflichten

Zu Absatz 1

Im Hinblick auf die Regelung des § 146 Abs. 1 kann an sich auf die Übernahme der vergleichbaren Vorschrift des § 7 Abs. 1 BImSchG verzichtet werden. Allerdings ist die Ermächtigung zum Erlaß einer Rechtsverordnung über die sachlichen Anforderungen an zulassungsbedürftige Anlagen von außerordentlicher Bedeutung, wie etwa die Verordnung über Großfeuerungsanlagen illustriert. Aus diesem Grunde wird in Satz 1 die Ermächtigung des § 146 aufgenommen, andererseits aber präzisiert und konkretisiert. Sie gilt nur insoweit, als die Grundpflichten des § 318 zur Betriebsphase und die Grundpflichten des § 319 zur Nachbetriebsphase sichergestellt werden sollen. Andererseits gilt die Ermächtigung des § 146 gemäß § 314 Abs. 3 auch im Hinblick auf den unmittelbaren Schutz von Menschen und Sachen, wird also insoweit ausgeweitet. Eine weitere Ausweitung ergibt sich aus Satz 2, wonach auch die Anforderungen zur Eigenüberwachung, also zur betreibereigenen Überwachung im Sinne der §§ 342 ff. konkretisiert werden können. Auf die Aufführung der Beispiele des § 7 Abs. 1 BImSchG wird dagegen verzichtet; damit würde die Detailliertheit der Regelung zu weit getrieben. Insbesondere ist sie im Hinblick auf Art. 80 Abs. 1 S. 2 GG nicht erforderlich.

Die Anwendung des § 146 führt gegenüber dem gegenwärtigen Recht zu einigen sachgerechten Änderungen. § 146 Abs. 2, 3 sorgt vor allem für eine umfassende Problemsicht und beugt Problemverlagerungen von einem Umweltmedium in ein anderes vor. Die weiter in Bezug genommene Regelung des § 146 Abs. 4 zur Behandlung bestehender Anlagen tritt an die Stelle des § 7 Abs. 2 BImSchG. Als bestehende Anlagen sind entsprechend dem bisherigen Recht alle bereits errichtete Anlagen sowie jene Anlagen einzustufen, die bereits zugelassen wurden. § 146 Abs. 4 fällt allerdings weniger detailliert als die Regelung des § 7 Abs. 3 S. 1, 2 BImSchG aus. Dagegen bestehen jedoch keine durchgreifenden Bedenken, weil die Rechtsverordnung für ausreichende Rechtsklarheit sorgen kann. Darüber hinaus führt die Anwendung des § 146 dazu, daß der Entwurf gemäß § 153 begründet und die erlassenden Verordnungen gemäß § 154 regelmäßig begründet werden müssen. Weitere sachgerechte Modifikationen ergeben sich aus § 151 Abs. 2 (temporäre Eilverordnungen ohne Zustimmung des Bundesrats) und § 152 Abs. 2 (Anhörung von Sachverständigenausschüssen, also der Störfallkommission und des Technischen Ausschusses für Anlagensicherheit).

Zu Absatz 2

Die Vorschrift trägt der Kompensationsregelung des § 7 Abs. 3 BImSchG Rechnung, indem die einschlägigen Regelungen der §§ 88, 89 genutzt werden. Entsprechend der bisherigen Rechtslage und wohl abweichend von der Regelung des Allgemeinen Teils darf die Kompensation jedoch keine Gefahr hervorrufen. Satz 2 macht auch eine grenzübergreifende Kompensation nach dem Muster des § 7 Abs. 3 S. 3 BImSchG möglich. Für entsprechende Maßnahmen im EG-rechtlichen Zusammenhang bildet § 149 die Grundlage. Im übrigen wird auf eine Präzisierung der Kompensationsmöglichkeiten nach dem Muster des § 7 Abs. 3 verzichtet, da die Regelung für eine Ermächtigung zum Erlaß von Rechtsverordnungen ausreichend bestimmt ist (vgl. im Unterschied dazu die sehr viel detailliertere Regelung in § 334 Abs. 3 für den Erlaß nachträglicher Anordnungen).

Zu Absatz 3

Die Regelung, die im bisherigen Immissionsschutzrecht kein Vorbild hat, nutzt die von § 42 Abs. 2 VwGO eingeräumte Möglichkeit, durch Gesetz eine Klage Dritter auch dann zuzulassen, wenn diese nicht in subjektiven Rechten beeinträchtigt sind (BVerwG, NVwZ 1991, 165). Sie knüpft im Ergebnis der Rechtsprechung zum 30-Millirem-Konzept des Strahlenschutzrechts an (vgl. BVerwG, DVBl. 1981, 405 f., 406 "Schadensvorsorge"). Sie soll im Bereich der Luftverunreinigungen, in dem die Gefahrenabwehr besonders fließende Übergänge zur Vorsorge aufweist, für eine wirksame Umsetzung konkreter Vorsorge-Grenzwerte sorgen. Die Gefahr einer Überlastung der Gerichte ist insoweit gering, da die Beurteilung der Frage, ob ein bestimmter Grenzwert eingehalten wird, regelmäßig sehr viel einfacher zu beurteilen ist, als die Einschätzung der diffusen Grenzen der Gefahrenabwehr. Zudem beziehen sich die Vorsorge-Grenzwerte meist auf die Emissionen, die erheblich leichter ermittelt werden können, als die bei der Gefahrenabwehr im Mittelpunkt stehenden Immissionen. Die Regelung nimmt im übrigen nicht zu der Frage Stellung, ob Vorsorgeregelungen, jedenfalls unter bestimmten Voraussetzungen, nicht ohnehin drittschützend sind (vgl. dazu Rehbinder, Festschrift für Sendler, 1991, S. 269 ff., 281 ff.).

Des weiteren wurde geprüft, ob die Regelung auf Störfälle erstreckt werden sollte, um sicherzustellen, daß die Ausweitung der Vorsorgeregelung in § 318 Abs. 1 Nr. 2 auf Störfälle nicht zu einer Einschränkung des Drittschutzes führt, war doch bislang anerkannt, daß sämtliche Störfallregelungen drittschützenden Charakter haben. Darauf wurde jedoch angesichts der Novität der Regelung verzichtet.

Zu Absatz 4

Der Gehalt des § 7 Abs. 5 BImSchG zum Verweis auf die Bekanntmachung sachverständiger Stellen findet sich in der Regelung des Absatzes 4. Verzichtet wurde auf eine Regelung im Sinne des § 7 Abs. 4 BImSchG zur Umsetzung EG-rechtlicher Beschlüsse. An ihre Stelle tritt die Regelung des § 149 und ermöglicht die Umsetzung von EG-rechtlichen Vorgaben.

Zu § 321 Zulassungsbedürftigkeit

Zu Absatz 1

Die Regelung übernimmt im wesentlichen die Vorschrift des § 4 Abs. 1 BImSchG. Neben terminologischen Abweichungen ist auf folgende Veränderungen hinzuweisen: Nach Satz 1 kann die Zulassungsbedürftigkeit auch für Anlagen festgelegt werden, bei denen in besonderem Maße Reststoffe oder Abwärme entstehen. Eine solche Ausweitung ist erforderlich, um die Grundpflichten des Absatzes 1 Nr. 3, 4 gerade bei Anlagen zum Tragen kommen zu lassen, bei denen diese Grundpflichten ganz zentrale Bedeutung haben. Im übrigen sei darauf hingewiesen, daß der Begriff der sonstigen Beeinträchtigung das Zulassungserfordernis, wie schon im bisherigen Recht, erheblich über den Immissionsschutz hinaus ausweitet (vgl. oben § 315 Abs. 4 und 5). Gemäß Satz 2 werden auch nichtwirtschaftliche Anlagen mit hohem Reststoffaufkommen oder hoher Abwärme erfaßt, da ermöglicht werden soll, Anlagen, die besondere Probleme in diesen Bereichen aufweisen, zu zulassungsbedürftigen Anlagen zu erklären. Für ersteres ist die Kompetenz des Bundes für die Abfallbeseitigung, für letzteres die Kompetenz für Luftverunreinigungen einschlägig. Satz 3 kann wegen des Verweises auf die §§ 151 bis 154 knapper formuliert werden. Darüber hinaus wird durch den Verweis verlangt, den Verordnungsentwurf zu begründen (§ 153) und die erlassenen Verordnungen regelmäßig zu überprüfen (§ 154). Weitere sachgerechte Modifikationen ergeben sich aus § 151 Abs. 2 (temporäre Eilverordnungen ohne Zustimmung des Bundesrats) und § 152 Abs. 2 (Anhörung von Sachverständigenausschüssen, also der Störfallkommission und des Technischen Ausschusses für Anlagensicherheit).

Zu Absatz 2

Da der Katalog der 4. Bundes-Immissionsschutzverordnung immer wieder geändert wird, stellt sich in der Praxis fortlaufend die Frage, was mit Anlagen geschehen soll, die bereits errichtet sind oder mit deren Errichtung bereits begonnen wurde, und die nunmehr zulassungspflichtig werden. Dieses Problem wurde bislang durch § 67 Abs. 2, 3 BImSchG gelöst. Wegen der Bedeutung der Frage wurde die Regelung vorgezogen, zumal sie allein für zulassungsbedürftige Anlagen gilt. Sachlich wird in Absatz 2 der Gehalt des § 67 Abs. 2 BImSchG für die Ersterrichtung einer Anlage übernommen (zur Änderungszulassung siehe die Regelung des § 325 Abs. 3). Der Verweis auf die Vorschriften der §§ 16 Abs. 1, 25 GewO a.F. ist wegen § 375 Abs. 1 unnötig; alte Genehmigungen gelten als Zulassungen im Sinne des immissionsschutzrechtlichen Kapitels, weshalb ihre unberechtigte Nichteinholung die gleiche Folge hat wie die Verletzung der Zulassungspflichten des § 321 (bzw. des § 325). Der Anwendungsbereich des Absatzes 2 wird durch die Fiktion des § 375 Abs. 2 auf die unter der Gewerbeordnung a.F. bzw. nach dem Bundes-Immissionsschutzgesetz anzeigepflichtigen Anlagen erstreckt.

Nicht übernommen wurde die Regelung des § 67 Abs. 3 BImSchG, die ortsveränderliche Anlagen, die im vereinfachten Verfahren zuzulassen wären, selbst von der Anzeigepflicht freistellt. Das ist nicht sachgerecht, da es sich um einen zulassungsbedürftige Anlage handelt, mit der gemäß Absatz 1 besondere Umweltrisiken verbunden sind. Die praktische Bedeutung der Vorschrift des § 67 Abs. 3 BImSchG ist ohnehin gering, da sie nur höchst selten zur Anwendung kommt.

Zu § 322 Zulassungsumfang

Die Vorschrift regelt den gegenständlichen Umfang der zuzulassenden Anlage und damit eine Frage von großer Bedeutung (näher dazu Jarass, Umweltverträglichkeitsprüfung bei Industrievorhaben, 1987, S. 24 ff.). Bislang war sie in § 1 Abs. 2 der 4. BImSchV geregelt. Diese Regelung wurde übernommen und sprachlich etwas modifiziert. Zusätzlich wurde in Nummer 1 eine Legaldefinition des Anlagenkerns aufgenommen und in Nummer 2 der Umstand betont, daß die Nebenanlage dem Anlagenkern dienen muß (vgl. BVerwGE 69, 351 [354]; Hansmann, in: Landmann/Rohmer, Umweltrecht, Bd. 1, 1977 ff., Stand: März 1993, § 1 der 4. BImSchV Rn. 15 f.). Aspekte des Zulassungsumfangs werden auch in der Konzentrationsregelung des § 333 Abs. 4 angesprochen; insoweit wird auf die Ausführungen unten § 333 Abs. 4 verwiesen.

Zu § 323 Zulassungsvoraussetzungen

Zu Absatz 1

Die Regelung übernimmt im wesentlichen die Vorschrift des § 6 BImSchG. Damit wird zunächst keine Ermessenszulassung eingeführt, sondern an einer gebundenen Zulassung festgehalten (zur Begründung Jarass, Umweltverträglichkeitsprüfung bei Industrievorhaben, 1987, S. 91 f.), wie das auch der Allgemeine Teil hinsichtlich der Bewilligung tut (vgl. Begründung zum Allgemeinen Teil, S. 273). Was die Regelung im einzelnen angeht, wird nicht nur auf die Grundpflichten und die diese konkretisierenden Rechtsverordnungen verwiesen, wie das in § 6 BImSchG geschieht, sondern auf alle gesetzlichen Anforderungen an den Anlagenbetreiber. Hinsichtlich des Begriffs der immissionsschutzrechtlichen Vorschriften ist § 315 Abs. 7 zu beachten.

Auf einen Verweis auf § 53 Abs. 1 wurde verzichtet, weil diese Vorschrift zum Teil strengere Anforderungen festlegt, als sie für die immissionsschutzrechtliche Zulassung notwendig sind. So sind die Voraussetzungen des § 53 Abs. 1 Nr. 3, 4, 5 (Zuverlässigkeit, fachliche Eignung, Dekkungsvorsorge) im immissionsschutzrechtlichen Bereich nur bei bestimmten Anlagen (näher unten zu Absatz 2 sowie zu § 329 Abs. 1) erforderlich. Andererseits fehlen in der allgemeinen Regelung des § 53 Abs. 1 Vorgaben zur Abwärme. Zudem sind die Aussagen des Allgemeinen Teils zur Reststoffvermeidung zu § 8 S. 2 zu begrenzt; im immissionsschutzrechtlichen Kapitel bedarf es auch einer Regelung zur Reststoffverwertung.

Zu Absatz 2

Die Regelung, die im bisherigen Recht kein Vorbild hat, enthält Zulassungsvoraussetzungen, die allein für Anlagen gelten, die einer Umweltfolgenprüfung unterliegen. Solche Anlagen sollen vollständig den Regelungen des Allgemeinen Teils für Anlagen unterworfen werden, die einer Umweltbewilligung bedürfen. Dazu kommen die spezifischen Bedürfnisse der Umweltfolgenprüfung. Beides hat auch einen gewissen Einfluß auf die Genehmigungsvoraussetzungen.

Die Nummer 1 soll sicherstellen, daß aus einer Umweltfolgenprüfung die notwendigen Konsequenzen gezogen werden können (näher Jarass, Umweltverträglichkeitsprüfung bei Industrievorhaben, 1987, S. 93 ff.). Bedeutung hat das für den Bereich der Wechselwirkungen zwischen verschiedenen Umweltmedien bzw. für die Verschiebung von Umweltproblemen von einem Umweltmedium in ein anderes. Die Nummer 2 übernimmt die entsprechenden Regelungen in § 53 Abs. 1 Nr. 3, 4. Für die Anlagen, die keiner Umweltfolgenprüfung bedürfen, findet sich ein gewisses Pendant zu Nummer 2 in § 336 Abs. 2. Die Nummer 3 trägt § 128 Rechnung, wonach für Anlagen, die einer Umweltfolgenprüfung unterliegen, durch Rechtsverordnung eine Deckungsvorsorge für Schadensersatzverpflichtungen vorgeschrieben werden kann. Darüber hinaus verlangt Nummer 3 den Nachweis der Stillegungsvorsorge gemäß § 319 Abs. 2. Beide Pflichten kommen nur dann zum Tragen, wenn durch Rechtsverordnung gemäß § 128 Abs. 3 eine entsprechende Vorsorge vorgeschrieben wurde.

Zu § 324 Nebenbestimmungen zur Zulassung

Die Vorschrift zu den Nebenbestimmungen verzichtet zunächst auf eine allgemeine Regelung i.S.d. § 12 Abs. 1 BImSchG. Diese Regelung wird zum einen durch § 36 Abs. 1 VwVfG ausreichend abgedeckt. Die grundsätzliche Unzulässigkeit von Bedingung und Widerrufsvorbehalt ergibt sich im Umkehrschluß zu Absatz 1 und Absatz 2. Absatz 1 Satz 1 und Absatz 1 Satz 3 übernehmen die Regelungen des § 12 Abs. 2 BImSchG. Absatz 1 Satz 2 macht deutlich, daß eine Befristung insbesondere dazu dienen kann, überwiegenden Belange im Sinne des § 323 Abs. 2 Rechnung zu tragen. Damit wird die Möglichkeit des Einsatzes befristeter Zulassungen in diesem Bereich akzentuiert; die Interessen des Antragstellers werden dadurch geschützt, daß er mit der Befristung einverstanden sein muß.

Absatz 2 übernimmt wörtlich die Vorschrift des § 12 Abs. 3 BImSchG. Eine Änderung ist nicht erforderlich.

Zu § 325 Änderung zulassungsbedürftiger Anlagen

Absatz 1 Satz 1 übernimmt in unveränderter Form die Regelung des § 15 Abs. 1 S. 1 BImSchG. Eine Änderung war insoweit nicht erforderlich. Satz 2 regelt, über das bisherige Recht hinausgehend, wann eine Änderung wesentlich ist. Das Instrument der immissionsschutzrechtlichen Änderungsgenehmigung kommt danach nur zum Tragen, wenn durch die Änderung die spezifischen immissionsschutzrechtlichen Voraussetzungen des § 318 oder des § 319 betroffen sein können. Eine Änderung etwa, die allein baurechtliche Vorgaben betrifft, wird nicht erfaßt. Insoweit ist eine baurechtliche Genehmigung erforderlich und ausreichend. Mit der Durchführung der Maßnahmen erlischt dann insoweit die immissionsschutzrechtliche Genehmigung gemäß § 56 Abs. 3.

Absatz 2 übernimmt die Regelung des § 15 Abs. 1 S. 2, 3 BImSchG. Änderungen waren nicht notwendig.

Absatz 3 übernimmt die Regelung des § 15 Abs. 2 BImSchG, klammert jedoch die Beschränkung auf die Allgemeinheit und die Nachbarschaft aus, um damit eine anthropozentrische Orientierung zu vermeiden (siehe oben Vorbemerkungen II 1 a).

Absatz 4 nimmt aus der Zulassungspflicht Anlagen aus, die zu dem Zeitpunkt, in dem die Zulassungsbedürftigkeit festgelegt wird, bereits wesentlich geändert sind oder mit deren wesentlicher Änderung bereits begonnen wurde; insoweit kann auf die Ausführungen oben zu § 321 Abs. 2 verwiesen werden. Sie folgt damit § 67 Abs. 2 BImSchG für den Bereich der Änderungen. An die Stelle der Zulassung tritt eine Anzeigepflicht. Dagegen entfällt die Regelung des § 67 Abs. 3 BImSchG auch für die Änderung von Anlagen; zu den Gründen siehe zu § 321 Abs. 2.

Zu § 326 Vorzeitiger Beginn

Die Vorschrift übernimmt die erst jüngst geschaffene Regelung des § 15a BImSchG. Der Begriff der Zulassung wird allerdings durch den der Gestattung ersetzt, weil der Begriff der Zulassung als Oberbegriff verwandt wird (dazu oben I 1). Des weiteren wird die Voraussetzung der Nummer 1 etwas klarer beschrieben. Die bisher in § 15 Abs. 2 S. 1 BImSchG geregelte Widerruflichkeit ergibt sich nunmehr bereits aus Absatz 1. Ziel der Regelung ist es, die Durchführung von Anlagenänderungen, die dem Umweltschutz dienen, zu beschleunigen. Sie ist auf Grund ihrer engen Grenzen sachlich vertretbar. Welche praktische Bedeutung sie entfalten kann, wird sich allerdings noch zeigen müssen.

Zu § 327 Anzeige von Abweichungen vom Zulassungsbescheid

Die Regelung übernimmt den Gehalt des § 16 Abs. 1 BImSchG. Satz 1 und Satz 2 entsprechen vollständig der Regelung des § 16 Abs. 1 S. 1, 2 BImSchG, da insoweit keine Änderungen geboten sind. Satz 3 übernimmt den Gehalt des § 16 Abs. 1 S. 3 BImSchG. Der Verweis auf § 16 Abs. 4 GewO ist im Hinblick auf die Regelung des § 375 Abs. 2 unnötig. Statt auf § 52 Abs. 5 BImSchG wird in Satz 4 auf die vergleichbare Regelung des § 67 Abs. 2 S. 1 verwiesen.

Zu § 328 Anzeige der Anlagenstillegung

Die Regelung übernimmt die Vorschrift des § 16 Abs. 2 BImSchG zur Betriebseinstellung. Sie wird von der Vorschrift des § 16 Abs. 1 BImSchG abgetrennt, weil die Anlagenstillegung, die nichts anderes als die Betriebseinstellung ist (vgl. oben zu § 319), mit der Änderung betriebener Anlagen nichts zu tun hat und auch in deutlich anderer Form geregelt wird. In der Sache erschienen keine Änderungen angezeigt.

Zu § 329 Formen der Zulassung

Bereits im bisherigen Recht wird das Verfahren zur Erteilung genehmigungsbedürftiger Anlagen in drei Stufen der Formalisierung durchgeführt: Das Bundes-Immissionsschutzgesetz kennt den Fall der förmlich zu genehmigenden Anlagen, für die insbesondere § 10 BImSchG gilt, und die Anlagen des vereinfachten Verfahrens, wie sie in § 19 BImSchG angesprochen sind. Darüber hinaus stellt das Gesetz über die Umweltverträglichkeitsprüfung zusätzliche Anforderungen für einen Teil der förmlich zu genehmigenden Anlagen. Dieser Dreiteilung folgt auch der Vorschlag. Gemäß Absatz 1 erfolgt die Zulassung entweder als Umweltbewilligung (im bisherigen Recht förmliche Genehmigung mit Umweltverträglichkeitsprüfung), als Genehmigung (im bisherigen Recht förmliche Genehmigung ohne Umweltverträglichkeitsprüfung) und als Erlaubnis (im bisherigen Recht vereinfachte Genehmigung). Der Begriff der Erlaubnis wird in Anlehnung an andere Gebiete des Umweltrechts für die einfachste Form der Zulassung verwandt.

In welchen Fällen die drei Zulassungsformen zur Anwendung kommen, wird in Absatz 2 und Absatz 3 geregelt. Gemäß Absatz 2 Satz 1 ist eine Umweltbewilligung erforderlich, wenn für die Anlage in der Rechtsverordnung gemäß § 35 S. 2 eine Umweltfolgenprüfung vorgeschrieben ist. In allen anderen Fällen ist eine Genehmigung erforderlich, soweit nicht wegen der geringen Problematik der Anlage eine Erlaubnis ausreichend erscheint. Insoweit wird die Regelung des § 19 Abs. 1 BImSchG übernommen, verbunden mit einigen terminologischen Anpassungen. Die bisherigen Schutzobjekte der Allgemeinheit und der Nachbarschaft wurden jedoch in Anlehnung an

§ 314 Abs. 2, 3 durch die Schutzobjekte "Menschen, Sachen und Umwelt" ersetzt (dazu oben Vorbemerkungen II 1 a).

Die genaue Zuordnung der Anlagen zum Genehmigungsverfahren und zum Erlaubnisverfahren erfolgt gemäß Absatz 3 Satz 1 in der Rechtsverordnung, in der die zulassungsbedürftigen Anlagen aufgelistet sind. Absatz 3 Satz 2 übernimmt den Gehalt des § 19 Abs. 3 BImSchG.

Zu § 330 Anwendbare Vorschriften

Die Vorschrift des § 330 regelt, welche Normen des Allgemeinen Teils im Genehmigungs- und im Erlaubnisverfahren zur Anwendung kommen (näher unten Abs. 2 und 3). Nicht eigens geregelt werden muß, welche Vorschriften auf die Umweltbewilligung anzuwenden sind. Für sie gelten automatisch alle Vorschriften des Allgemeinen Teils für die Umweltbewilligung und für die Umweltfolgenprüfung, soweit es um das Zulassungsverfahren und um die Zulassungswirkungen geht. Im einzelnen handelt es sich dabei um die Vorschriften des § 53 Abs. 2, der §§ 54, 55 und der §§ 36 bis 43. Keine Anwendung auf Grund dieser Klausel findet § 53 Abs. 1, da es insoweit um die Zulassungsvoraussetzungen geht, die in § 323 behandelt werden (dazu § 323 Abs. 1). Die Vorschriften über die Umweltbewilligung decken die Vorgaben des § 10 Abs. 1 bis Abs. 9 BImSchG im wesentlichen ab (näher unten Abs. 2).

Zu Absatz 1

Die Regelung betrifft jene Anlagen, die einerseits im förmlichen Verfahren zu genehmigen sind, andererseits aber keiner Umweltfolgenprüfung bedürfen. Soweit Vorschriften des Allgemeinen Teils zur Anwendung kommen, die sich auch auf die Umweltfolgenprüfung beziehen (etwa § 37 Abs. 1 S. 1, § 39 Abs. 3 S. 1), sind diese Vorschriften ohne den Hinweis auf die Umweltfolgenprüfung zu lesen.

In ihrem sachlichen Gehalt deckt die Regelung die Aussagen des § 10 BImSchG weitgehend ab. Lediglich das Erfordernis des schriftlichen Antrags (§ 10 Abs. 1 S. 1 BImSchG) ist in den in Bezug genommenen Regelungen des Allgemeinen Teils nicht enthalten. Die Frage kann aber auch in der Verordnung gemäß Absatz 3 geregelt werden, sofern sie nicht in die Regelung des § 53 Abs. 1 S. 1 übernommen wird, zumal § 37 Abs. 1 S. 2 auf dieses Erfordernis abstellt. Der Gehalt des § 10 Abs. 1 S. 2 BImSchG (Notwendige Unterlagen) wird durch § 37 Abs. 1 S. 1 abgedeckt, der des § 10 Abs. 1 S. 3 BImSchG (Ergänzung der Unterlagen) durch § 37 Abs. 4. Die Aussagen des § 10 Abs. 2 BImSchG zu den Geschäfts- und Betriebsgeheimnissen finden sich in § 18 Abs. 3 i.V.m. § 37 Abs. 5. Die Regelung des § 10 Abs. 3 BImSchG (Bekanntmachung und Auslegung) ist in § 54 Abs. 2 enthalten; auf die Sonderregelung für die neuen Bundesländer wird verzichtet. Die Aussagen des § 10 Abs. 4 BImSchG zum Inhalt der Bekanntmachung finden sich in § 54 Abs. 2 S. 1 i.V.m. § 73 Abs. 5 VwVfG; auch insoweit wird auf die Sonderregelung für die neuen Bundesländer verzichtet. Hinzu tritt die Betonung des Hinweises auf die Rechtsfolge in § 54 Abs. 3. Die in § 10 Abs. 5 BImSchG enthaltene Verpflichtung, die Stellungnahme der sonstigen beteiligten Behörden einzuholen, wird durch § 38 abgedeckt. Die Vorgaben des § 10 Abs. 6 BImSchG zum Erörterungstermin finden sich in § 39. Die Regelungen des § 10 Abs. 7, 8 BImSchG zum Genehmigungsbescheid und zu dessen Zustellung werden durch § 54 Abs. 5, 6 abgedeckt. Das Gegenstück zu § 10 Abs. 9 BImSchG (Vorbescheidsverfahren) ist in § 54 Abs. 8 enthalten.

Der Verweis auf den Allgemeinen Teil führt auch zu einigen sachlichen Änderungen: Im einzelnen entfällt das Widerspruchsverfahren (§ 54 Abs. 7), weiter wird die Möglichkeit, einen Verfahrensmittler einzuschalten, explizit angesprochen (§ 54 Abs. 4) und schließlich die grenzüberschreitende Beteiligung ausländischer Behörden geregelt (§ 40). Der Katalog der notwendigen Unterlagen wird statt wie bisher in einer Rechtsverordnung direkt im (förmlichen) Gesetz geregelt (§ 37 Abs. 2) und sachlich modifiziert. Zur Frage des Erlöschens der Genehmigung oben II 1 b.

Zu Absatz 2

Die Vorschrift entspricht in der Sache § 19 Abs. 2 BImSchG. Soweit Anlagen in Form einer Erlaubnis zugelassen werden, sind die Vorschriften über die Umweltbewilligung fast ausnahmslos nicht erforderlich. Lediglich die Verpflichtung des § 37 Abs. 1 S. 1, die notwendigen Unterlagen vorzulegen, und die Pflicht des § 38, die beteiligten Behörden anzuhören, gelten auch im vereinfachten Zulassungsverfahren.

Zu Absatz 3 und 4

Die Regelung des Absatzes 3 nimmt den Gehalt des § 10 Abs. 10 BImSchG auf. Sie knüpft an die allgemeine Ermächtigung des § 148 Abs. 2 an, die künftig nicht nur für Grundsätze gelten soll, und weitet sie in Satz 1 auf das Verfahren der Genehmigungs- und der Erlaubniserteilung aus. Satz 2 stellt klar, daß die Ermächtigung auch auf Teilgenehmigungen und Vorbescheide anwendbar ist. Auf die spezifische Ermächtigung des § 10 Abs. 10 S. 2 BImSchG im Hinblick auf die Umweltverträglichkeitsprüfung kann verzichtet werden, da insoweit der Allgemeine Teil einen eigenen Abschnitt enthält.

Absatz 4 sorgt für eine Verbesserung der Form der Bekanntmachung des Zulassungsantrags, um sicherzustellen, daß Dritte tatsächlich über das Projekt informiert sind (vgl. Jarass, Umweltverträglichkeitsprüfung bei Industrievorhaben, 1987, S. 69). Angesichts der weitreichenden Wirkungen der materiellen Präklusion ist eine solche Klarstellung angebracht.

Zu § 331 Teilzulassung

Die Regelung nimmt den Gehalt der Vorschrift des § 8 BImSchG auf, die gemäß § 19 Abs. 2 BImSchG nicht auf Anlagen des vereinfachten Verfahrens anwendbar ist und daher auf die Fälle der Umweltbewilligung und der Genehmigung zu begrenzen war. Die Regelung des § 331 beschränkt allerdings die Möglichkeit, eine Zulassung mehr oder minder beliebig in Teilzulassungen aufzuteilen (vgl. Begründung zum Allgemeinen Teil, S. 274). Das Interesse des Antragstellers ist insbesondere mit dem der Drittbetroffenen abzuwägen. Was die Einzelheiten angeht, kann auf die entsprechenden Ausführungen im atomrechtlichen Kapitel verwiesen werden (vgl. dort Begründung zu § 390). Zum Vorbescheid siehe oben II 1 a.

Zu § 332 Einwendungen Dritter bei Teilzulassung und Vorbescheid

Die Vorschrift enthält eine Sonderregelung für die in § 331 vorgesehene Teilzulassung und für den gemäß § 53 Abs. 3 möglichen Vorbescheid (dazu II 1 b). Sie übernimmt die Regelung des § 11 BImSchG, modifiziert sie jedoch. Es genügt nicht mehr, daß die Einwendungen im vorhergehenden Verfahren hätten vorgebracht werden können. Vielmehr wird als Grenze der Rechtsmißbrauch festgelegt. Damit soll vermieden werden, daß bereits bei der ersten Teilentscheidung praktisch alle Einwendungen vorgetragen werden müssen, um der Gefahr der Präklusion zu entgehen.

Zu § 333 Konzentrationswirkung

Zu Absatz 1 und 2

Die Regelung übernimmt im Grundsatz die Aussagen des § 13 BImSchG. Die Konzentration erfaßt beliebige Zulassungen, auch andere Umweltbewilligungen. Abweichend vom bisherigen Recht (dazu Feldhaus, Bundesimmissionsschutzrecht, 2. Aufl., 1974 ff., Stand: 1992, § 13 BImSchG Anm. 8) werden die wasserrechtlichen Zulassungen von der Zulassung vollständig erfaßt, wie das etwa in der neuen Regelung des § 22 Abs. 1 GenTG geschieht (dazu Hirsch/Schmidt-Didczuhn, Gentechnikgesetz, 1992, § 22 GenTG Rn. 9). Damit soll nicht nur eine umfassende Umweltbewertung sichergestellt werden. Die Einbeziehung dient darüber hinaus (mittel- und langfristig) der Verfahrensbeschleunigung. Aus eben diesem Grunde hat sich die Unabhängige Kommission für Rechts- und Verwaltungsvereinfachung des Bundes für die Einbeziehung der wasserrechtlichen Erlaubnisse und Bewilligungen in die Konzentration des § 13 BImSchG ausgesprochen (vgl. Bundesminister des Innern [Hrsg.], Beschleunigung von Genehmigungsverfahren für Anlagen, 1990, S. 30 ff.; ebenso Jarass, Umweltverträglichkeitsprüfung bei Industrievorhaben, 1987, S. 34). Darüber hinaus wird die Zulassung bergrechtlicher Betriebspläne nicht mehr erwähnt, da der mit einer immissionsschutzrechtlichen Zulassung allenfalls konkurrierende Grundlagenbetriebsplan seit der Änderung des Bundesberggesetzes im Jahre 1990 ohnehin durch Planfeststellung ergeht. Im übrigen leidet ein im Rahmen des Bundesberggesetzes vollzogener Umweltschutz darunter, daß in diesem Gesetz der Schutzzweck durch den Förderzweck begrenzt wird; siehe außerdem die generellen Erwägungen oben Vorbemerkungen II 1 e.

Durch Absatz 1 S. 2 wird generell das Einvernehmen der für die "verdrängte" Zulassung zuständigen Behörde verlangt; im Verhältnis zu den Naturschutzbehörden entspricht das § 182 Abs. 2 im naturschutzrechtlichen Kapitel. Damit sich insoweit keine unzumutbare Verfahrensverzögerung ergibt, ist gemäß Absatz 1 S. 3 innerhalb von drei Monaten zu entscheiden, sofern nicht atypische Umstände vorliegen, die eine längere Frist notwendig machen. Ist die Frist abgelaufen, steht es im Ermessen der Genehmigungsbehörde, ob sie die entsprechenden Genehmigungsvoraussetzungen selbst prüft oder weiter auf die Entscheidung der sonstigen Behörde wartet. Damit soll zum einen ein gewisser zeitlicher Druck auf die sonstige Behörde ausgeübt, andererseits aber eine sachgerechte Entscheidung gewährleistet werden.

Zu Absatz 3

Abweichend vom bisherigen Recht werden auch Anzeigepflichten, soweit sie der Zulassungskontrolle dienen, eingeschlossen. Eine abgeschwächte Form der Zulassungskontrolle besteht bekanntlich darin, daß das Vorhaben vor Errichtung anzuzeigen ist und dann ggf. von der Behörde untersagt werden kann (Kloepfer, Umweltrecht, 1989, § 4 Rn. 35). Diese Form der Zulassungskontrolle soll künftig auch von der Konzentration erfaßt werden. Bedeutung hat dies insbesondere für § 4 EnWiG. Die bisherige Ausnahme für derartige Anzeigepflichten wurde im Interesse einer umfassenden Beurteilung aufgegeben. Die Interessen der Energieaufsicht ebenso wie anderer, für die Anzeige zuständiger Behörden werden dadurch sichergestellt, daß gemäß Absatz 1 ihr Einvernehmen erforderlich ist.

Zu Absatz 4

Die Vorschrift sorgt bei großen Vorhaben für eine bessere Abstimmung paralleler Zulassungsverfahren. Die Konzentrationswirkung, wie sie bislang § 13 BImSchG und künftig die Absätze 1 bis 3 vorsehen, kann nur für die Teile zum Tragen kommen, die Gegenstand der Anlagenzulassung sind. Was gegenständlich zur Anlage gehört, hängt trotz der Definition in § 322 weitgehend von den Formulierungen der 4. Bundes-Immissionsschutzverordnung bzw. deren Nachfolgeregelung ab und kann sehr unterschiedlich ausfallen (Jarass, Umweltverträglichkeitsprüfung bei Industrievorhaben, 1987, S. 37 f.). Wird etwa eine Fabrik zur Herstellung von Kunststoffteilen errichtet, dann ist nur der Teil der Anlage i.S.d. Immissionsschutzrechts, in dem chemische Umwandlungen stattfinden, nicht aber der Teil, in dem die Kunststoffteile gegossen und bearbeitet werden, unabhängig davon, ob beim Gießen und Bearbeiten Luftverunreinigungen oder Lärm erzeugt werden. Eine sachgerechte Beurteilung der Umweltauswirkungen macht es aber erforderlich, auf die Auswirkungen des gesamten Vorhabens einzugehen. Dieses Problem könnte man durch eine gegenständliche Erstreckung der Konzentration des § 333 über die Anlage hinaus auf das gesamte Vorhaben bewältigen. Doch dürfte es sachgerechter sein, sich mit einer bloßen Zuständigkeitszusammenfassung zu begnügen, um die immissionsschutzrechtliche Änderungszulassung nicht zu überlasten (Jarass, Umweltverträglichkeitsprüfung bei Industrievorhaben, 1987, S. 35).

Zu § 334 Nachträgliche Anordnungen

Die Vorschrift knüpft an die Regelung des § 17 BImSchG an und übernimmt sie im wesentlichen. Auf die Übernahme des § 17 Abs. 3 BImSchG wird verzichtet, da die Bedeutung dieser Regelung höchst unklar ist. Sie dürfte "ins Leere" gehen, da die Rechtsverordnungen höchst selten abschließenden Charakter haben und andererseits die Pflichten des Anlagenbetreibers durch eine nachträgliche Anordnung auch ohne die Regelung des § 17 Abs. 3 BImSchG nicht erweitert werden können, wenn und soweit eine Rechtsverordnung abschließenden Charakter hat (näher dazu Jarass, Bundes-Immissionsschutzgesetz, 2. Aufl., 1993, § 17 BImSchG Rn. 33 f.). Zu § 17 Abs. 3 a BImSchG wird auf die Ausführungen unten zu § 335 verwiesen.

Absatz 1 enthält, mit einigen terminologischen Anpassungen, die Aussagen des § 17 Abs. 1 BImSchG. Der Begriff der immissionsschutzrechtlichen Vorschriften wird in § 315 Abs. 7 definiert. Entsprechend dem bisherigen Recht beschränkt sich Absatz 1 nicht auf den Immissionsschutz, wie vor allem die Erstreckung auf sonstige schädliche Einwirkungen in Absatz 1 S. 2 deutlich werden läßt (vgl. § 315 Abs. 4 und 5). Der Hinweis auf § 73 Abs. 2 gestattet es zunächst, ein vom Anlagenbetreiber vorgeschlagenes alternatives, aber gleichwirksames Mittel einzusetzen, wie das bislang auch ohne gesetzliche Regelung anerkannt war (Jarass, Bundes-Immissionsschutzgesetz, 1983, § 17 BImSchG Rn. 18). Darüber hinaus ermöglicht die Vorschrift auch weitergehende Absprachen, ohne die rechtlichen Grenzen für solche Absprachen auszuweiten.

Absatz 2 entspricht weitgehend der Vorschrift des § 17 Abs. 2 BImSchG. Statt auf den Widerruf nach § 21 BImSchG wird auf die Möglichkeiten nach § 76 Abs. 3 verwiesen. Der Widerruf ist nur möglich, wenn die Voraussetzungen des § 76 und damit der §§ 48 ff. VwVfG gegeben sind.

Absatz 3 enthält die Aussagen des § 17 Abs. 4 BImSchG, verlangt also ein Zulassungsverfahren vor Durchführung besonders gewichtiger Anordnungen. Änderungen waren insoweit nicht angezeigt.

Absatz 4 S. 1 betrifft Maßnahmen zur Durchsetzung des § 319 und übernimmt die Regelungen des § 17 Abs. 4 a BImSchG. Terminologisch wurde der Begriff der Betriebseinstellung durch den der Anlagenstillegung ersetzt, ohne daß damit eine Änderung in der Sache beabsichtigt ist (vgl. oben zu § 328). Satz 2 stellt klar, daß parallel zu Anordnungen gemäß § 334 auch Anordnungen auf Grund anderer Rechtsvorschriften, etwa des Zweiten und des Sechsten Kapitels oder auf Grund der ordnungsbehördlichen Generalklausel, möglich sind. Dies gilt auch nach Ablauf der 10-Jahres-Frist.

Absatz 5 entspricht der Vorschrift des § 17 Abs. 5 BImSchG. Der Verweis auf § 16 Abs. 4 der Gewerbeordnung konnte wegen § 375 Abs. 2 entfallen.

Zu § 335 Verzicht auf nachträgliche Anordnung bei Kompensation

Die Regelung übernimmt die Vorschrift des § 17 Abs. 3 a BImSchG und verknüpft sie mit den Vorschriften der §§ 89, 90, die sie konkretisiert. Da die Regelung nur einen Sonderfall betrifft, wurde sie aus der allgemeinen Regelung für die nachträgliche Anordnung herausgelöst und verselbständigt. Damit wird die allgemeine Regelung des § 334 übersichtlicher.

Im einzelnen entspricht Absatz 1 der Regelung des § 17 Abs. 3 a S. 1 bis 3 BImSchG. Allerdings wird verlangt, daß die Emissionsfrachten nicht nur geringer, sondern deutlich geringer ausfallen. Nur dann erscheint der Verfahrensaufwand für eine Kompensation berechtigt. Darüber hinaus wird die Bedeutung des im bisherigen Recht enthaltenen Verweises auf § 1 BImSchG durch die Regelung des Satz 4 ausformuliert.

Absatz 2 übernimmt die Regelung des § 17 Abs. 3 a S. 5 BImSchG. Damit soll vermieden werden, daß zwar auf die nachträgliche Anordnung zugunsten der begünstigten Anlage verzichtet wird, die überobligatorischen Maßnahmen an der belasteten Anlagen dagegen nicht durchgeführt werden.

Absatz 3 nimmt § 17 Abs. 3 a S. 4 BImSchG sowie § 17 Abs. 5 BImSchG auf. Abweichend von § 17 Abs. 3 a S. 4 BImSchG wird nicht mehr auf den Vorbescheid verwiesen, da der Regelungsvorschlag nur noch den Standortvorbescheid kennt (vgl. oben II 1 a).

Zu § 336 Untersagung des Anlagenbetriebs

Die Vorschriften zur Untersagung des Anlagenbetriebs können knapp ausfallen, weil insoweit der Allgemeine Teil die wesentlichen Regelungen enthält. Lediglich eine Regelverpflichtung zur Untersagung für den Fall des Betriebs ohne Zulassung, wie sie bislang in § 20 Abs. 2 BImSchG zu finden war, fehlt. Daher enthält Absatz 1 eine entsprechende Vorschrift. Zur Rücknahme und zum Widerruf der Zulassung oben zu § 334.

Absatz 2 übernimmt die Vorschrift des § 20 Abs. 3 BImSchG, die im Allgemeinen Teil des UGB kein Pendant hat. Für die Anlagen, die einer Umweltfolgenprüfung bedürfen, findet sich in Anlehnung an § 53 Abs. 1 (zusätzlich) eine präventive Regelung in § 323 Abs. 2 Nr. 2. Das schließt eine Anwendung des Absatzes 2 im Bereich dieser Anlagen nicht aus. Der Begriff der Erlaubnis wird durch den der Gestattung ersetzt, weil der Begriff der Erlaubnis für den Fall der einfachsten Zulassungsform verwandt wird (vgl. oben zu § 329).

Zum Zweiten Unterabschnitt: Errichtung und Betrieb nicht zulassungsbedürftiger Anlagen

I. AUSGANGSLAGE

1. Gegenstand des Regelungsbereichs

Der zweite Unterabschnitt des dem anlagenbezogenen Immissionsschutz gewidmeten zweiten Abschnitts befaßt sich mit den Anlagen, die nach diesem Kapitel keiner Zulassung bedürfen und daher als nicht zulassungsbedürftige Anlagen bezeichnet werden. Anders als die Vorschriften über die zulassungsbedürftigen Anlagen dienen sie allein dem Immissionsschutz. Die Vorschriften sollen in Form einer generalklauselartigen Regelung gewährleisten, daß (auch) alle vom ersten Unterabschnitt nicht erfaßten Anlagen den notwendigen Anforderungen zum Schutz vor schädlichen Immissionen gerecht werden. Wegen des außerordentlich umfangreichen Anlagenbegriffs, der auch Geräte und bewegliche technische Gegenstände sowie bestimmte Grundstücke einschließt (vgl. § 2 Abs. 6 und § 2 Abs. 7), haben die Vorschriften einen sehr weiten Anwendungsbereich.

2. Bisherige Rechtslage

Das Recht der nicht zulassungsbedürftigen Anlagen ist gegenwärtig in den §§ 22 bis 25 BImSchG geregelt. Im einzelnen legt § 22 BImSchG als allgemeine Grundpflicht in Form einer Generalklausel die sachlichen Anforderungen fest, beschränkt auf den Bereich der Gefahrenabwehr. Der generalklauselartige Charakter folgt vor allem daraus, daß der Kreis der nicht zulassungsbedürftigen Anlagen außerordentlich weit gespannt ist, von Rasenmähern und Radiogeräten über Kirchenglocken und Kinderspielplätze bis hin zu Handwerksbetrieben und chemischen Reinigungsanlagen, um nur einige Beispiele zu nennen (vgl. die Aufzählungen bei Ule, in: Ule/Laubinger, Bundes-Immissionsschutzgesetz. 1974 ff., Stand: April 1993, § 22 BImSchG Rn. 3; Horn, UPR 1983, 215 ff., 215 f.; Hansmann, in: Landmann/Rohmer, Umweltrecht, Bd. 1, 1977 ff., Stand: März 1993, § 22 BImSchG Rn. 8). Spezielle Regelungen für die jeweilige Anlagenart erlaubt die Rechtsverordnungsermächtigung des § 23 BImSchG, die über § 22 BImSchG hinausgehend auch den Zielen der Vorsorge dient (vgl. Hansmann, in: Landmann/ Rohmer, Umweltrecht, Bd. 1, 1977 ff., Stand: März 1993, § 23 BImSchG Rn. 1; Rid/Hamann, NVwZ 1989, 200 ff., 204). Die Anforderungen des § 22 BImSchG wie der auf Grund des § 23 BImSchG erlassenen Rechtsverordnungen können durch Anordnungen gemäß § 24 BImSchG durchgesetzt werden. Dazu kommt die Möglichkeit, den Betrieb bzw. die Verwendung der Anlagen gemäß § 25 BImSchG zu untersagen.

II. VORSCHLAG

1. Leitvorstellungen

Der Vorschlag zum Recht der nicht zulassungsbedürftigen Anlagen übernimmt das bisherige Konzept, sich im Bereich dieser Anlagen auf generalklauselartige Regelungen zugunsten des Immissionsschutzes zu beschränken. Nähere Spezifizierungen der Anforderungen können sinnvollerweise nur für bestimmte Anlagenarten getroffen werden, was sachgerechterweise durch Rechtsverordnung geschieht. Der bereits bisher beschrittene Weg, etwa für Kleinfeuerungsanlagen, insbesondere für Heizungen, weiter für Sportstätten, für Baumaschinen, für Rasenmäher, für Chemisch-Reinigungsanlagen jeweils spezifische Verordnungen zu erlassen, sollte weitergegangen werden.

Andere Zwecke als solche des Immissionsschutzes werden im Bereich der nicht zulassungsbedürftigen Anlagen nicht verfolgt, ebenso wie in allen anderen, nicht anlagenbezogenen Abschnitten des immissionsschutzrechtlichen Kapitels. Eine gewisse Ausnahme bildet lediglich § 338 Abs. 1 S. 2 (dazu unten § 338 Abs. 1).

2. Einzelbegründungen

Zu § 337 Pflichten der Betreiber nicht zulassungsbedürftiger Anlagen

Zu Absatz 1

Die Vorschrift knüpft an die Regelung des § 22 Abs. 1 BImSchG an. Sie statuiert zunächst in Nummer 1 (in Parallele zu § 318 Abs. 1 Nr. 1) das Erfordernis der Gefahrenabwehr. Ob das bisherige Recht eine volle Gefahrenabwehr verlangt, ist unsicher (vgl. Feldhaus, Bundesimmissionsschutzrecht,

2. Aufl., 1974 ff., Stand: 1992, § 22 BImSchG Anm. 8). Immerhin spricht vieles dafür, daß die Regelung des § 22 Abs. 1 Nr. 1, 2 BImSchG insgesamt die Verhütung aller schädlichen Immissionen fordert (vgl. Jarass, Bundes-Immissionsschutzgesetz, 1983, § 22 BImSchG Rn. 7; Kutscheidt, NVwZ 1983, 65 ff., 67; Murswieck, JZ 1989, 240 ff., 241). Dies soll nunmehr auch in der Formulierung unzweifelhaft zum Ausdruck kommen. Der Begriff der schädlichen Immissionen ist in § 315 Abs. 3, 5 näher definiert. Wegen der Einbeziehung der erheblichen Nachteile und Belästigungen in den Gefahrenbegriff (vgl. § 315 Abs. 5) wird nach dem Vorschlag, in Abweichung vom bisherigen Recht, die Vermeidung erheblicher Nachteile und Belästigungen unbedingt verlangt. Die praktische Bedeutung dieser Ausweitung dürfte jedoch gering sein.

Die Nummer 2 legt, abweichend vom bisherigen Recht, die Beachtung des Vorsorgeprinzips fest. Das ist ein weitreichender Schritt, der aber auf der Linie des § 8 liegt. In ihrer Ausgestaltung folgt die Regelung der des § 318 Abs. 1 Nr. 2; auf die dazu gemachten Ausführungen wird verwiesen.

Verzichtet wurde auf eine § 22 Abs. 1 S. 1 Nr. 3 vergleichbare Regelung zur Abfallbeseitigung. Insoweit genügen die Vorgaben des Siebenten Kapitels über die Abfälle. Gleichzeitig verdeutlicht dies, daß das immissionsschutzrechtliche Kapitel allein im Bereich der zulassungsbedürftigen Anlagen über den Immissionsschutz hinausgeht, im übrigen hingegen sich auf den Schutz vor Immissionen beschränkt.

Zu Absatz 2

Die Regelung übernimmt die Vorschrift des § 22 Abs. 2 BImSchG. Um aber die Schwierigkeiten der Auslegung und Bedeutung dieser Vorschrift (vgl. Hansmann, in: Landmann/Rohmer, Umweltrecht, Bd. 1, 1977 ff., Stand: März 1993, § 22 BImSchG Rn. 31; Henkel, der Anlagenbegriff des Bundes-Immissionsschutzgesetzes, 1988, S. 20 ff.) zu verringern, wird statt von "weiterreichenden" von "strengeren" Anforderungen gesprochen. Damit wird klargestellt, daß der Landesgesetzgeber beliebige Regelungen erlassen kann, sofern sie nur Anforderungen stellen, die weniger Emissionen oder Immissionen als die Grundpflicht des Absatzes 1 zulassen. Wie im bisherigen Recht haben auch strengere Vorschriften des Bundes kraft Spezialität Vorrang vor den immissionsschutzrechtlichen Anforderungen.

Zu § 338 Rechtsverordnung über Anforderungen an Anlagen

Zu Absatz 1

Ähnlich wie § 320 Abs. 1 knüpft die Vorschrift an die allgemeine Ermächtigung des § 146 an, erweitert und konkretisiert sie jedoch in dem Maße, wie das für die Belange des Immissionsschutzes erforderlich ist. Dementsprechend wurden die möglichen Inhalte einer Rechtsverordnung in Absatz 1 näher geregelt. In der Sache geht die Vorschrift soweit wie die bisherige Regelung des § 23 Abs. 1 BImSchG. Zunächst wird für die möglichen Anforderungen in Satz 2 auf die Pflichten des § 337 verwiesen. Diese in Anlehnung an § 320 gewählte Technik entspricht in der Sache § 23 Abs. 1 S. 1 BImSchG, weil die neue Regelung des § 337 auch auf die Vorsorge ausgeweitet wurde (oben zu § 337 Abs. 1). Damit kann auch auf die Nennung der Allgemeinheit und der Nachbarschaft als Schutzsubjekte und die damit verbundene anthropozentrische Ausrichtung (oben Vorbemerkungen II 1 a) verzichtet werden. Endlich wurden die in § 23 Abs. 1 S. 1 BImSchG genannten Beispiele nicht übernommen, wie das im vergleichbaren Zusammenhang des § 320 ebenfalls geschehen ist. Die Beispiele sind nicht erforderlich, um die Vorschriften ausreichend bestimmt zu machen. Darüber hinaus ermöglicht Absatz 1 S. 2 Nr. 2 bei Anlagen, bei denen das sinnvoll erscheint, Anforderungen an die Reststoffvermeidung und die Reststoffverwertung zu stellen. Dies soll ermöglichen, in einer Rechtsverordnung zu den Immissionsproblemen einer bestimmten Anlagenart, ähnlich das wie in § 318 für zulassungsbedürftige Anlagen geschieht, derartige Aspekte mitzuregeln.

Die Anwendung des § 146 führt zu einigen Änderungen. § 146 Abs. 2, 3 sorgt vor allem für eine umfassende Problemsicht und beugt Problemverlagerungen von einem Umweltmedium in ein anderes vor. Die weiter in Bezug genommene Regelung des § 146 Abs. 4 erlaubt mildere Regelungen für bestehende Anlagen, um dem Grundsatz der Verhältnismäßigkeit Rechnung zu tragen. Gemäß § 149 können EG-rechtliche Vorgaben umgesetzt werden. Darüber hinaus führt die Anwendung des § 146 dazu, daß der Entwurf gemäß § 153 begründet und die zu erlassenden Verordnungen gemäß § 154 regelmäßig begründet werden müssen. Weitere sachgerechte Modifikationen ergeben sich aus § 151 Abs. 2 (temporäre Eilverordnungen ohne Zustimmung des Bundesrats) und § 152 Abs. 2 (Anhörung von Sachverständigenausschüssen, also der Störfallkommission und des Technischen Ausschusses für Anlagensicherheit). Der Regelung des § 23 Abs. 1 S. 2 BImSchG wurde durch einen Verweis in Absatz 1 S. 4 auf § 320 Rechnung getragen.

Nicht übernommen wurde die bisherige Regelung des § 23 Abs. 2 BImSchG, die die Landesregierungen zu Rechtsverordnungen im Bereich des § 23 BImSchG ermächtigt, soweit keine bundesrechtlichen Vorschriften bestehen. Aus der Regelung des § 337 Abs. 2 muß man entnehmen, daß das Land ohnehin Regelungsmöglichkeiten besitzt, solange und soweit der Bund von der Ermächtigung des § 338 keinen abschließenden Gebrauch gemacht hat. Ob aber das Landesparlament oder die Landesregierung tätig wird, sollte der Entscheidung des Landes überlassen bleiben.

Zu Absatz 2

Die Vorschrift ermöglicht abweichend vom bisherigen Recht Kompensationen auch im Bereich der nicht zulassungsbedürftigen Anlagen. Sachlich entspricht sie der Regelung des § 320 Abs. 3, beschränkt allerdings auf schädliche Immissionen; die sonstigen schädlichen Einwirkungen sind nur im Bereich der zulassungsbedürftigen Anlagen bedeutsam. Was die Einzelheiten angeht, wird auf die Begründung zu § 320 Abs. 3 verwiesen.

Zu § 339 Anordnungen im Einzelfall

Die Regelung übernimmt die Vorschrift des § 24 S. 1 BImSchG mit einigen, weitgehend sprachlich bedingten Modifikationen. Der Begriff der immissionsschutzrechtlichen Vorschriften ist legaldefiniert in § 315 Abs. 7. Auf den Vorrang der Maßnahmen des Arbeitsschutzes, wie er bisher in § 24 S. 2 BImSchG verankert war, wird verzichtet. Die praktische Bedeutung dieser Regelung ist gering, zumal ein Verstoß gegen sie die Anordnung nicht rechtswidrig macht (Hansmann, in: Landmann/Rohmer, Umweltrecht, Bd. 1, 1977 ff., Stand: März 1993, § 24 BImSchG Rn. 22; Jarass, Bundes-Immissionsschutzgesetz, 1983, § 24 BImSchG Rn. 8).

Zu § 340 Untersagung

In Absatz 1 übernimmt die Regelung die Vorschrift des § 25 Abs. 1 BImSchG in unveränderter Form. Eine Änderung war insoweit nicht veranlaßt.

Absatz 2 übernimmt im wesentlichen den Gehalt des § 25 Abs. 2 BImSchG. Die Regelung wird aber auf die gewichtigen Beeinträchtigungen aller Umweltgüter erstreckt, während die bisherige Regelung allein dem Schutz von Menschen und Sachen diente. Des weiteren ist die Regelung nicht mehr auf die Allgemeinheit und die Nachbarschaft bezogen, um eine zu ausgeprägte anthropozentrische Ausrichtung zu vermeiden (vgl. oben Vorbemerkungen II 1 a). Zum Begriff der schädlichen Immissionen wird auf § 315 Abs. 3 und 5 verwiesen.

Die Regelung des Absatzes 3, die im bisherigen Recht nicht zu finden ist, macht deutlich, daß die Anforderungen des § 337 wie der Rechtsverordnungen auf Grund des § 338 auch im Rahmen anderer Ermächtigungen durchgesetzt werden können. Das ist deshalb von Relevanz, weil für einen Teil der nicht zulassungsbedürftigen Anlagen in anderen Gesetzen behördliche Kontrollen vorgesehen sind, etwa im Baurecht.

Zum Dritten Unterabschnitt: Überwachung und betriebliche Umweltorganisation

I. AUSGANGSLAGE

1. Gegenstand des Regelungsbereichs

Der dritte Unterabschnitt des zweiten Abschnitts betrifft bestimmte Fragen, die mit der Errichtung und dem Betrieb von zulassungsbedürftigen wie von nicht zulassungsbedürftigen Anlagen zusammenhängen. Er steht damit in Parallele zum ersten Unterabschnitt, in dem Errichtung und Betrieb der zulassungsbedürftigen Anlagen behandelt werden, sowie zum zweiten Unterabschnitt, in dem es um die Errichtung und den Betrieb nicht zulassungsbedürftiger Anlagen geht. Die im dritten Unterabschnitt angesprochenen Fragen der Überwachung und der Umweltorganisation werden sinnvollerweise gemeinsam für zulassungsbedürftige und nicht zulassungsbedürftige Anlagen behandelt.

Im einzelnen betrifft der dritte Unterabschnitt betrifft zwei verschiedene Regelungsbereiche: In dem einen geht es um die Überwachung von Anlagen, in dem anderen um die Umweltschutzorganisation in Betrieben, die die fraglichen Anlagen einsetzen. Beiden Bereichen ist gemeinsam, daß sie nicht sachliche Anforderungen an den Anlagenbetreiber festlegen, sondern der Einhaltung dieser Anforderungen dienen. Bei der Überwachung lassen sich zwei Formen unterscheiden (vgl. §§ 57 bis 71): Die behördliche Überwachung und die Eigenüberwachung. Die Durchführung der behördlichen Überwachung liegt in der Verantwortung der zuständigen Behörden, während die Eigenüberwachung, genauer die betreibereigene Überwachung, durch den Anlagenbetreiber selbst bzw. dessen Personal oder durch Dritte geschieht, in jedem Fall aber in der Verantwortung des Anlagenbetreibers (Hansmann, in: Landmann/Rohmer, Umweltrecht, Bd. 1, 1977 ff., Stand: März 1993, Vorb. 1 vor § 53 BImSchG). Im Bereich der betrieblichen Umweltschutzorganisation geht es zunächst um die Institute des Immissionsschutzbeauftragten und des Störfallbeauftragten. Des weiteren rechnen hierher Mitteilungspflichten über organisatorische Maßnahmen des Anlagenbetreibers, die der Sicherstellung der immissionsschutzrechtlichen Pflichten dienen u.ä.

2. Bisherige Rechtslage

Die Vorschriften des Bundes-Immissionsschutzgesetzes zur Überwachung von Anlagen sind gegenwärtig über das gesamte Gesetz verstreut. Die behördliche Überwachung von Anlagen ist in § 52 Abs. 2, 4 bis 7 BImSchG geregelt. Im einzelnen finden sich hier Pflichten des Anlagenbetreibers wie der Eigentümer benachbarter Grundstücke, Überwachungsmaßnahmen zu dulden. In der Regelung des § 52 Abs. 1 BImSchG geht es dagegen um die Überwachung in allen Bereichen des Immissionsschutzrechts, nicht nur für den Bereich des anlagenbezogenen Immissionsschutzes, um den es hier geht. Vorgaben zur betreibereigenen Überwachung finden sich in den §§ 26 bis 31 BImSchG. Danach ist der Betreiber zulassungsbedürftiger Anlagen verpflichtet, Emissionserklärungen abzugeben (§ 27 BImSchG). Weiter kann die Behörde verlangen, daß der Anlagenbetreiber Emissionen und Immissionen durch unabhängige Dritte ermitteln (§§ 26, 28 f. BImSchG) und sicherheitstechnische Prüfungen vornehmen läßt (§ 29a BImSchG). Dazu kommen Hilfsregelungen zu den Kosten und zur Weitergabe der Ermittlungsergebnisse (§§ 30, 31 BImSchG). Keinen direkten Bezug zur Überwachung hat der gegenwärtig in § 31a BImSchG und damit im gleichen Abschnitt geregelte Technische Ausschuß für Anlagensicherheit. Hier geht es eher um Fragen der Verwaltungsorganisation und um den Erlaß von technischen Normen (sicherheitstechnische Regeln).

Zur Umweltschutzorganisation enthält das Bundes-Immissionsschutzgesetz umfangreiche Regelungen zum Immissionsschutzbeauftragten in den §§ 53 bis 58 BImSchG. Dort geht es um dessen Bestellung, um seine Aufgaben, um die Pflichten des Betreibers dem Immissionsschutzbeauftragten gegenüber und um den Schutz des Immissionsschutzbeauftragten vor Benachteiligungen. Vergleichbare Regelungen finden sich in den §§ 58a bis 58d BImSchG für den Störfallbeauftragten. Des weiteren gehört in diesen Bereich die neue Regelung des § 52a BImSchG. Sie verlangt zunächst von als Kapitalgesellschaften organisierten Anlagenbetreibern die Festlegung eines Mitglieds des Vorstands etc. als die für den Immissionsschutz verantwortliche Person. Des weiteren sind gemäß Absatz 2 organisatorische Vorkehrungen zur Sicherstellung der immissionsschutzrechtlichen Pflichten zu treffen und der Behörde mitzuteilen. Schließlich muß gemäß § 51b BImSchG die Zustellung von Schriftstücken sichergestellt sein.

II. VORSCHLAG

1. Leitvorstellungen

a) Der Unterabschnitt zur Überwachung von Anlagen und zur betrieblichen Umweltschutzorganisation wird zunächst, ähnlich wie andere Teile des Vorschlags, wesentlich durch das Bemühen bestimmt, die Regelungen des Allgemeinen Teils zu nutzen bzw. die Regelungen des immissionsschutzrechtlichen Kapitels an die des Allgemeinen Teils anzupassen. Besonders deutlich wird das zunächst bei den Vorschriften zur behördlichen Überwachung, wo die Regelungen der §§ 57 bis 69 die des § 52 Abs. 2 bis 6

BImSchG ersetzen und darüber hinaus die behördliche Überwachung intensivieren. Genannt sei etwa die Verpflichtung der Behörde, in bestimmten Fällen Überwachungsmaßnahmen durchzuführen gemäß § 62 Abs. 1, die Soll-Verpflichtung zur Information Dritter in § 62 Abs. 2, die allgemeine Anzeigepflicht gemäß § 68 und die weitreichende Möglichkeit, Aufzeichnungen gemäß § 69 vorzuschreiben.

In ähnlicher Weise lassen sich die Vorschriften der §§ 53 ff. BImSchG zum Immissionsschutzbeauftragten und der §§ 58a ff. BImSchG zum Störfallbeauftragten weithin durch die Regelungen der §§ 96 bis 102 ersetzen. Auch hier geht der Allgemeine Teil über die Regelungen des Bundes-Immissionsschutzgesetzes teilweise hinaus. Genannt sei die Verpflichtung des Umweltschutzbeauftragten gemäß § 96 Abs. 1 zur Gefahrenabwehr in gravierenden Fällen (näher dazu unten zu § 350). Die Regelungen zur Bestellung des Immissionsschutzbeauftragten in § 55 BImSchG (mit Ausnahme des Absatzes 1a), die gemäß § 58c BImSchG auch für den Störfallbeauftragten gelten, entfallen vollständig. § 55 Abs. 1 BImSchG zur Bestellung des Immissionsschutzbeauftragten wird durch § 97 Abs. 1, 2 ersetzt, § 55 Abs. 2 BImSchG (Fachkunde und Zuverlässigkeit) durch § 97 Abs. 5, § 55 Abs. 3 BImSchG (Koordination mehrerer Beauftragte) durch § 99 Abs. 3 und § 55 Abs. 4 BImSchG (Unterstützungspflicht) durch § 90 Abs. 1. Des weiteren entfällt die Vorschrift des § 56 BImSchG (Stellungnahmen des Beauftragten), an deren Stelle § 99 Abs. 2 tritt. Das in § 57 BImSchG geregelte Vortragsrecht findet sich in § 100 und das in § 58 Abs. 1 BImSchG verankerte Benachteiligungsverbot in § 102. Schließlich wird die Regelung des § 58c Abs. 3 BImSchG zu den Entscheidungsbefugnissen des Störfallbeauftragten durch die generellere Vorschrift des § 96 Abs. 1 ersetzt. Neu gegenüber dem bisherigen Recht sind die Regelungen zur Abberufung des Umweltbeauftragten in § 98 und die Regelung zur fachlichen Unabhängigkeit in § 101; in der Sache dürften sie allerdings bereits dem bisherigen Recht entsprechen.

b) Ein weiteres Ziel des Vorschlags liegt darin, die Systematik zu verbessern, nicht nur im Verhältnis zu anderen Abschnitten (dazu oben Vorbemerkungen II 2 b), sondern auch innerhalb des Unterabschnitts. Er beginnt mit einer Vorschrift zur behördlichen Überwachung (§ 341). Dann folgen Regelungen zur Eigenüberwachung in den §§ 342 bis 348. Diese beginnen ihrerseits mit der bereits kraft Gesetzes geltenden Verpflichtung, eine Emissionserklärung abzugeben (§ 342). Dem folgen Ermächtigungen für die zuständigen Behörden, zeitlich beschränkte Messungen bzw. Ermittlungen vorzuschreiben (§§ 343, 31), kontinuierliche Messungen (§§ 345) und sicherheitstechnische Prüfungen zu verlangen (§ 346). Den Abschluß bilden Regelungen zur Weiterleitung der Ergebnisse und zur Kostentragung (§§ 347, 348).

Die Systematik des zweiten Teils warf im Hinblick auf den Umweltbeauftragten geringere Probleme auf, da die Vorschriften über den Immissionsschutzbeauftragten und den Störfallbeauftragten auf Grund der Entlastungsfunktion des Allgemeinen Teils sehr viel knapper ausfallen konnten. Abweichend vom bisherigen Recht werden allerdings die Regelungen zum Immissionsschutzbeauftragten einerseits und zum Störfallbeauftragten andererseits zusammengefaßt und nicht nacheinander behandelt. Das ist nicht nur wegen der weitreichenden sachlichen Parallelen sinnvoll, sondern entspricht auch dem Konzept des Allgemeinen Teils für ein einheitliches Institut des Umweltbeauftragten. Einen besonderen Charakter hat die Regelung des § 353. Sie ist Teil der erst jüngst im Immissionsschutzrecht ausgebauten Eigenverantwortung des Anlagenbetreibers. Sie betrifft allein zulassungsbedürftige Anlagen, weshalb überlegt wurde, sie im ersten Unterabschnitt unterzubringen. Andererseits geht es aber, ebenso wie beim Umweltbeauftragten, um die umweltschutzsichernde Organisation des Betriebs (vgl. Feldhaus, NVwZ 1991, 928 ff.). Die Regelung wurde daher mit der zum Umweltbeauftragten zusammengefaßt. Die Regelungen des § 51b BImSchG zur Sicherstellung der Zustellung wurden mit der des § 52a BImSchG über die Mitteilungspflichten zur Betriebsorganisation wegen der sachlichen und instrumentellen Parallelen verbunden.

2. Einzelbegründungen

Zu § 341 Behördliche Überwachung

Absatz 1 Satz 1 stellt zunächst klar, daß die ohnehin anwendbaren Vorschriften der §§ 57 bis 69 auch für die behördliche Überwachung im Bereich des Immissionsschutzrechts gelten. Dagegen kommt § 70 nicht zum Tragen, da diese Vorschrift die betreibereigene, nicht die behördliche Überwachung betrifft; Konkretisierungen des § 70 finden sich in den §§ 343 ff. Die Vorschriften der §§ 57 bis 69 treten an die Stelle des § 52 Abs. 2, 4 bis 6 BImSchG. Im einzelnen wird § 52 Abs. 2 BImSchG durch die ausführlicheren Regelungen der §§ 60, 63, 65, 67 Abs. 1 ersetzt. Der Gehalt des § 52 Abs. 5 BImSchG wird durch § 67 Abs. 2 aufgenommen. An die Stelle des § 52 Abs. 6 BImSchG tritt § 65 Abs. 2, 3. Allerdings wird durch Satz 2 die Regelung auf den Bereich der Vorsorge ausgeweitet. Auch in diesem Bereich können Immissionsmessungen notwendig sein. Insbesondere zur Umsetzung der EG-Richtlinien zur Luftqualität muß es möglich sein, zu ermitteln, ob die der Vorsorge dienenden Richtwerte im Einwirkungsbereich der Anlage eingehalten werden.

Absatz 2 übernimmt den Gehalt des § 52 Abs. 4 BImSchG. Die Regelung des § 71 genügt insoweit nicht, da es in § 52 Abs. 4 BImSchG nicht um die Kosten geht, die dem Überwachungspflichtigen entstanden sind, sondern auch um die der Behörde entstandenen Kosten. Die wenig geglückte Regelung des § 52 Abs. 4 BImSchG wird anders aufgebaut, um sie durchsichtiger zu gestalten. In der Sache ergibt sich jedoch keine Änderung.

Absatz 3 übernimmt den Gehalt des § 52 Abs. 6 S. 3, 4 BImSchG zum Schutz der Interessen Dritter bei der Überwachung. Angesichts des Umstands, daß im Falle des § 65 die Überwachung ausnahmsweise nicht zu Lasten des Überwachungspflichtigen, sondern eines unbeteiligten Dritten geht, ist es angemessen, besonders auf die Verpflichtung zur Schonung seiner Interessen hinzuweisen und bei Beeinträchtigung eine verschuldensunabhängige Haftung vorzusehen.

Absatz 4 übernimmt mit einer sprachlichen Modifikation den Gehalt des § 52 Abs. 7 BImSchG. Die Beschränkung der Auskünfte der Finanzbehörden soll Hemmnisse beim Überwachungspflichtigen, die Immissionsschutzbehörden vollständig zu informieren, reduzieren.

Zu § 342 Emissionserklärung

Absatz 1 Satz 1 entspricht wörtlich der Regelung des § 27 Abs. 1 S. 1 BImSchG, Satz 2 der Regelung des § 27 Abs. 1 S. 3 BImSchG. Satz 3 übernimmt zunächst die Regelung des Auskunftsverweigerungsrechts in § 67 Abs. 2 S. 1, die bisher durch den Verweis in § 27 Abs. 1 S. 2 BImSchG auf § 52 Abs. 5 BImSchG geregelt war. Des weiteren übernimmt Satz 3 die Regelung zur Weiterleitung von Kenntnissen und Unterlagen an die Finanzbehörden gemäß § 341 Abs. 4, die bisher inhaltsgleich in § 52 Abs. 2 BImSchG ihre Grundlage fand.

Die Regelung des Absatzes 2 entspricht weitgehend den Gehalt des § 27 Abs. 4 BImSchG. Durch den Verweis auf § 153 wird zusätzlich verlangt, den Entwurf der Rechtsverordnung zu begründen. Weitere sachgerechte Modifikationen ergeben sich aus der Vorschrift des § 152 Abs. 2 zu temporären Eilverordnungen ohne Zustimmung des Bundesrats sowie aus der Regelung des § 152 Abs. 2 zur Anhörung von Sachverständigenausschüssen, also der Störfallkommission und des Technischen Ausschusses für Anlagensicherheit.

Die bisherige Vorschrift des § 27 Abs. 3 BImSchG wird im wesentlichen durch die Regelung des Absatzes 3 Satz 1 abgedeckt. Auf die vorherige Anhörung des Anlagenbetreibers gemäß § 18 Abs. 3 S. 2 wird jedoch verzichtet, weil die entsprechende Pflicht in § 27 Abs. 3 BImSchG durch die Novellierung aus dem Jahre 1990 beseitigt wurde, um eine Veröffentlichung nicht zu sehr zu behindern (BT-Drs. 11/4909, S. 33). Absatz 3 Satz 2 führt zur Anwendung der Regelung des § 342 Absatz 4 über die Weitergabe von Informationen an die Finanzbehörden, wie das § 27 Abs. 2 BImSchG tut.

Zu § 343 Messungen aus besonderem Anlaß

Absatz 1 übernimmt weithin den Gehalt des § 26 Abs. 1 BImSchG. Abweichend, jedenfalls von der Formulierung des § 26 BImSchG, genügt nach Satz 1 der Verdacht auf Verletzung immissionsschutzrechtlicher Vorschriften, um Messungen bzw. Ermittlungen anzuordnen. § 26 BImSchG verlangte einen Verdacht auf schädliche Umwelteinwirkungen. Ob damit auch der Verdacht der Verletzung von Vorsorgevorschriften gemeint ist, blieb offen. Der Vorschlag sorgt insoweit für eine Klarstellung. Satz 3 formuliert, was mit dem etwas unklaren Verweis des § 26 Abs. 1 BImSchG auf § 22 BImSchG gemeint ist.

Absatz 2 übernimmt die Vorschrift des § 26 Abs. 2 BImSchG. Durch den Verweis auf die §§ 151 bis 153 ergeben sich einige sachlich sinnvolle Änderungen; näher dazu zu § 338 Abs. 1.

Zu § 344 Erstmalige und wiederkehrende Messungen

Die Vorschrift übernimmt die Regelung des § 28 BImSchG, wobei Satz 1 und Satz 2 wegen ihres Umfangs jeweils als eigener Absatz ausgestaltet wurden. Sachliche Änderungen erschienen nicht angezeigt.

Zu § 345 Kontinuierliche Messungen

Die Regelung übernimmt die Vorschrift des § 29 BImSchG, wobei Absatz 1 wörtlich übereinstimmt, während Absatz 2 den unklaren Verweis des § 29 Abs. 2 BImSchG auf § 22 BImSchG durch den Verweis auf § 343 Abs. 1 S. 2 ausformuliert.

Zu § 346 Sicherheitstechnische Prüfungen

Absatz 1 S. 1 übernimmt die Regelung des § 29a Abs. 1 S. 1 BImSchG, Absatz 1 S. 2 die des § 29a Abs. 3 BImSchG. Änderungen waren gegenüber dem geltenden Recht nicht erforderlich.

Absatz 2 enthält die Vorschrift des § 29a Abs. 1 S. 2 BImSchG. Auch insoweit kann es beim geltenden Recht verbleiben.

Absatz 3 entspricht der Regelung des § 29a Abs. 1 S. 3 BImSchG. Durch die neue Aufteilung der Regelungen soll die bisher wenig gelungene Vorschrift des § 29a Abs. 1 BImSchG übersichtlicher werden.

Die Regelung des Absatzes 4 übernimmt die Vorschrift des § 29a Abs. 2 BImSchG. Durch den Verweis auf die §§ 151 bis 153 ergeben sich einige sachlich sinnvolle Änderungen; näher dazu zu § 338 Abs. 1. Die Regelung des § 29a Abs. 4 BImSchG wurde in die neue Vorschrift des § 347 Abs. 2 übernommen.

Zu § 347 Weiterleitung der Ergebnisse

Absatz 1 übernimmt die Regelung des § 31 BImSchG. Zusätzlich wird der Betreiber verpflichtet, nicht nur die Aufzeichnungen der Meßgeräte, sondern auch andere, im Rahmen der obligatorischen Eigenüberwachung erstellten Unterlagen fünf Jahre lang aufzubewahren.

Absatz 2 übernimmt die Regelung des § 29a Abs. 4 BImSchG. Die Regelungsgehalte des § 29a Abs. 4 BImSchG und des § 31 BImSchG wurden aus systematischen Gründen zusammengefaßt.

Zu § 348 Kosten

Die Vorschrift übernimmt in der Sache die Regelung des § 30 BImSchG. Auf § 341 Abs. 2 S. 2 wird aus Vereinfachungsgründen verwiesen.

Zu § 349 Erforderlichkeit eines Umweltbeauftragten für Immissionsschutz und für Störfälle

Die Regelung des Absatzes 1 tritt an die Stelle des § 53 Abs. 1 S. 1 BImSchG. Sie stimmt praktisch vollständig mit ihr überein.

In entsprechender Weise übernimmt Absatz 2 die Regelung des § 58a Abs. 1 S. 1 BImSchG.

Absatz 3 faßt die Ermächtigungen zum Erlaß von Rechtsverordnungen in § 53 Abs. 1 S. 2 BImSchG und in § 58a Abs. 1 S. 2 BImSchG zusammen. In Abweichung von § 58a Abs. 1 S. 2 BImSchG wird allerdings der für den Umweltschutz zuständige Bundesminister auch hinsichtlich des Störfallbeauftragten für zuständig erklärt, während nach dem geltenden Recht insoweit die Bundesregierung zuständig ist. Durch den Verweis auf die §§ 151 bis 154 ergeben sich zudem einige sachlich sinnvolle Änderungen; näher dazu oben zu § 321 Abs. 1.

Absatz 4 enthält, wie das bisherige Recht in § 53 Abs. 2 BImSchG und in § 58a Abs. 2 BImSchG, die Möglichkeit, im Einzelfall einen Umweltbeauftragten auch für Anlagen zu verlangen, die nicht zum Kreis der Anlagen zählen, für die bereits nach der Rechtsverordnung des Absatzes 3 ein Umweltbeauftragter zu bestellen ist. Für den Störfallbeauftragten wird die Ermächtigung entsprechend § 58a Abs. 3 BImSchG auf zulassungsbedürftige Anlagen beschränkt.

Zu § 350 Aufgaben der Umweltbeauftragten

Absatz 1 stellt zunächst klar, daß für die Aufgaben des Umweltbeauftragten für Immissionsschutz wie für die des Umweltbeauftragten für Störfälle die Regelung des § 96 gilt. Damit wird zum einen für den Immissionsschutzbeauftragten der Gehalt des § 54 BImSchG und für den Störfallbeauftragten der des § 58b Abs. 1 BImSchG sowie des § 58b Abs. 2 S. 1 BImSchG in der Sache übernommen. Abweichend vom bisherigen Recht führt der Verweis auf § 96 Abs. 1, 2 zu Pflichten des Umweltbeauftragten unmittelbar gegenüber der Behörde (vgl. Begründung zum Allgemeinen Teil, S. 389). Insbesondere hat er der Behörde Auskünfte zu erteilen.

Absatz 2 übernimmt die Vorschrift des § 58b Abs. 2 S. 2, 3 BImSchG. Sachliche Änderungen sind diesbezüglich nicht notwendig.

Zu § 351 Unterrichtung des Betriebsrats

Die Vorschrift übernimmt praktisch unverändert die für den Immissionsschutzbeauftragten geltende Regelung des § 55 Abs. 1 a BImSchG und deren Erstreckung auf den Störfallbeauftragten in § 58c Abs. 1 BImSchG. Die Regelung ist in den Vorgaben des Allgemeinen Teils zum Umweltbeauftragten nicht enthalten, hat sich aber im Immissionsschutzrecht als sinnvoll erwiesen.

Zu § 352 Kündigungsverbot

Die Regelung übernimmt ohne nennenswerte Änderungen die Vorschrift des § 58 Abs. 2 BImSchG, die gemäß § 58d BImSchG auch für den Störfallbeauftragten gilt. Der Kündigungsschutz verbessert die Stellung des Umweltbeauftragten und steigert seine Leistungsfähigkeit (Rebentisch, NVwZ 1991, 314). Jedenfalls im Bereich des Immissionsschutzes ist die Regelung daher erforderlich. Die Übernahme in den Allgemeinen Teil sollte geprüft werden.

Zu § 353 Mitteilungspflichten zur Betriebsorganisation

Absatz 1 übernimmt im wesentlichen die Vorschrift des § 52a Abs. 2 BImSchG. Verzichtet wird auf den ausdrücklichen Hinweis, daß die Mitteilung auch durch ein vertretungsberechtigtes Mitglied des Leitungsorgans bei juristischen Personen erstattet werden kann. Angesichts der Regelung des Absatzes 2 gilt das ohnehin. Des weiteren wird durch die Aufnahme des Schutzguts der Umwelt der eher anthropozentrische Ansatz der bisherigen Regelung vermieden (vgl. dazu oben Vorbemerkungen II 1 a). Auf die Vorschrift des § 52a Abs. 1 BImSchG kann verzichtet werden, da § 94 Abs. 1 insoweit eine weitergehende Regelung enthält, die den Gehalt des § 52a Abs. 1 BImSchG in vollem Umfang abdeckt.

Absatz 2 übernimmt die insbesondere für den Bereich der Umwelthaftung bedeutsame Regelung des § 51b BImSchG mit einigen sprachlichen Veränderungen. Zudem wird klargestellt, welche Angaben der Anlagenbetreiber zu machen hat.

Zum Vierten Unterabschnitt: Inverkehrbringen und Einführen von Anlagen

I. AUSGANGSLAGE

1. Gegenstand des Regelungsbereichs

Der vierte Unterabschnitt befaßt sich mit dem Inverkehrbringen und dem Einführen von Anlagen und Anlagenteilen. Er ist also Teil des anlagenbezogenen Immissionsschutzes. Anders als die drei anderen Unterabschnitte des anlagenbezogenen Immissionsschutzes wenden sich die Regelungen dieses Unterabschnitts nicht an den, der eine Anlage errichtet und betreibt, sondern an denjenigen, der Anlagen oder Anlagenteile in Verkehr bringt oder einführt. Die Regelungen des vierten Unterabschnitts setzen also früher an als die des ersten bis dritten Unterabschnitts. Sie verhindern bereits das Inverkehrbringen und Einführen von Anlagen und Anlagenteilen, die den näher festzulegenden Anforderungen nicht gerecht werden und wirken sich damit unmittelbar auf die Herstellung von Anlagen und Anlagenteilen aus.

2. Bisherige Rechtslage

Das Bundes-Immissionsschutzgesetz enthält in den §§ 32 bis 37 unter dem etwas irreführenden Titel "Beschaffenheit von Anlagen, Stoffen, Erzeugnissen, Brennstoffen und Treibstoffen" Regelungen zur Herstellung, zum Inverkehrbringen und zum Einführen von Anlagen, Erzeugnissen und Stoffen. Die Vorschriften enthalten ausschließlich Ermächtigungen zum Erlaß von Rechtsverordnungen, legen also nicht selbst Anforderungen für das Herstellen, Inverkehrbringen und Einführen fest. Die beiden ersten Regelungen der §§ 32, 33 BImSchG betreffen Anlagen bzw. Teile von Anlagen und erlauben auf der einen Seite, Anforderungen hinsichtlich der Beschaffenheit und der Kennzeichnung solcher Produkte festzulegen, auf der anderen Seite eine Bauartzulassung vorzuschreiben, also eine Typenzulassung für derartige Produkte. Die beiden nächsten Normen (§§ 34, 35 BImSchG) ermächtigen zu Rechtsverordnungen, in denen insbesondere Anforderungen an die Beschaffenheit und Kennzeichnung von Stoffen festgelegt werden. § 36 BImSchG stellt klar, daß Anlagen, Erzeugnisse und Stoffe, die exportiert werden sollen, von den Anforderungen ausgenommen werden können. § 37 BImSchG dient speziell der Umsetzung EG-rechtlicher Beschlüsse. Der Überwachung der auf den Rechtsverordnungen beruhenden Pflichten dient § 52 Abs. 3 BImSchG.

II. VORSCHLAG

1. Leitvorstellungen

a) Auch im Bereich des vierten Unterabschnitts besteht ein wesentliches Ziel des Vorschlags in der Anpassung der Regelungen des Immissionsschutzrechts an die des Allgemeinen Teils. Die Nutzung des Allgemeinen Teils erlaubt es etwa, die Regelung des § 37 BImSchG zur Übernahme EG-rechtlicher Beschlüsse knapper zu fassen. Des weiteren kommt die bereits erörterte Zielvorstellung zum Tragen, alle stoffbezogenen Regelungen im Kapitel über das Gefahrstoffrecht (Sechstes Kapitel) unterzubringen (vgl. oben Vorbemerkungen II 1 d aa). Die Vorschrift des § 34 BImSchG zu den Brenn- und Treibstoffen und die Vorschrift des § 35 BImSchG zu den sonstigen Stoffen wird daher nicht in das immissionsschutzrechtliche Kapitel übernommen. Endlich wurde auch hier Wert auf die Respektierung der Länderkompetenz gelegt (allgemein dazu oben Vorbemerkungen II 1 d cc). Aus diesem Grunde wurde die detaillierte Regelung zu den Kosten einer Bauartzulassung in § 33 Abs. 1 Nr. 4 BImSchG nicht übernommen. Die Regelung dieser Frage soll den Ländern überlassen bleiben, zumal diese bei allen anderen Kostenfragen im Bereich des Immissionsschutzrechts ebenfalls zuständig sind.

Verzichtet wurde auf eine Übernahme der Vorschrift des § 36 BImSchG, die klarstellt, daß Exportprodukte von den Anforderungen der Rechtsverordnungen ausgenommen werden können. Die Vorschrift enthielt ohnehin lediglich eine Klarstellung (Jarass, Bundes-Immissionsschutzgesetz, 1983, § 36 BImSchG Rn. 1; Schmatz/Nöthlichs, Immissionsschutzrecht, 1979 ff., Stand: 1992, § 36 BImSchG Anm. 2), die nicht erforderlich ist. Andererseits könnte sie den Eindruck erwecken, daß der Umweltschutz jenseits der Grenzen generell kein Anliegen des deutschen Umweltschutzrechts ist.

b) Was die Systematik angeht, wurden einige Regelungen, die sowohl die Anforderungen von Anlagen und Anlagenteilen wie die Bauartzulassung betreffen, in der gemeinsamen Vorschrift des § 356 zusammengefaßt. Auf diese Weise konnten die ohnehin umfangreichen Regelungen des § 354 und des § 355 entlastet und damit übersichtlicher gestaltet werden.

2. Einzelbegründungen

Zu § 354 Anforderungen an Anlagen und Anlagenteile

Absatz 1 übernimmt den Gehalt des § 32 Abs. 1 S. 1, 2 BImSchG und den des § 32 Abs. 3 BImSchG, mit einigen sprachlichen Kürzungen. Die Regelungen wurden verbunden, um den Text der Norm knapper gestalten zu können. Nicht übernommen wurde die Beschränkung des § 32 BImSchG auf

Luftverunreinigungen, Geräusche und Erschütterungen. Der Vorschlag erfaßt auch andere Emissionen. Zwar ist einzuräumen, daß die Ermächtigung praktische Bedeutung vor allem bei Luftverunreinigungen, Geräuschen und Erschütterungen haben wird. Doch ist nicht einzusehen, warum bei anderen Emissionen vergleichbare Anforderungen nicht gestellt werden können sollen. Der Hinweis auf die §§ 151 bis 154 führt zu einigen sachgerechten Änderungen; insoweit gelten die entsprechenden Ausführungen zu § 321 Abs. 1.

Absatz 2 übernimmt die Regelungen des § 32 Abs. 1 S. 3, 4 BImSchG. Änderungen waren insoweit nicht angezeigt.

Die Vorschrift des Absatzes 3 hat im bisherigen Recht kein Gegenstück. Sie übernimmt die Entscheidung des Allgemeinen Teils zur Förderung von Kompensationsmaßnahmen auch im Bereich des produktbezogenen Umweltschutzes.

Zu § 355 Bauartzulassung

Der Vorschlag übernimmt weithin die Regelung des § 33 BImSchG. Aus den gleichen Gründen wie bei § 354 gilt sie aber nicht nur für Luftverunreinigungen, Geräusche und Erschütterungen, sondern auch für andere Emissionen (vgl. oben zu § 354). Des weiteren wurde auf die Regelung zu den Kosten der Bauartzulassung verzichtet, um die Kompetenzen der Länder zu schonen (vgl. oben Vorbemerkungen II 1 d cc).

Zu § 356 Gemeinsame Vorschriften

Absatz 1 Satz 1 enthält gegenüber dem bisherigen Recht Abweichungen: Die Regelungen des § 146 Abs. 2 und 3, die für Rechtsverordnungen Rahmenbedingungen zugunsten der Umwelt vorsehen und vor allem die medienübergreifende Beurteilung sicherstellen sollen, sind auch im Bereich der §§ 354, 355 sinnvoll. Satz 2 übernimmt den zweiten Teil der Vorschrift des § 3 Abs. 7 BImSchG. Die Gleichstellung des sonstigen Verbringens mit dem Einführen hat wegen des Fortfalls der stoffbezogenen Immissionsschutzvorschriften nur noch Bedeutung für die Normen des § 354 und des § 355, weshalb die Platzierung der Gleichstellung im Allgemeinen Teil nicht mehr angebracht ist. Auf eine Übernahme des ersten Teils des § 3 Abs. 7 BImSchG (Gleichstellung von Verarbeiten, Bearbeiten und sonstigem Behandeln mit dem Herstellen) konnte verzichtet werden, da die das Herstellen betreffenden Regelungen der §§ 34 und 35 BImSchG im stoffrechtlichen Kapitel (Sechstes Kapitel) behandelt werden.

Die Regelung des Absatzes 2 tritt an die Stelle des § 37 BImSchG. Die entsprechende Ermächtigung des Allgemeinen Teils greift hier nicht, da es um das Inverkehrbringen und Einführen von Anlagen, und nicht der Errichtung und Betrieb geht.

Absatz 3 übernimmt den Gehalt des § 52 Abs. 4 BImSchG, soweit er sich auf § 52 Abs. 3 BImSchG bezieht, und schafft damit eine Regelung im Sinne des § 71. Die Möglichkeit der Überwachung folgt aus den auch in diesem Bereich geltenden Regelungen der §§ 57 bis 69.

Zum Dritten Abschnitt: Verkehrsbezogener Immissionsschutz

Zum Ersten Unterabschnitt: Fahrzeugbezogener Immissionsschutz

I. AUSGANGSLAGE

1. Gegenstand des Regelungsbereichs

Eine wichtige Quelle von Immissionen bilden die Fahrzeuge, insbesondere die Straßenverkehrsfahrzeuge und die Luftfahrzeuge, aber auch die Fahrzeuge des Schienenverkehrs und die Wasserfahrzeuge. Die Fahrzeuge erzeugen nicht nur Lärm, sondern - in unterschiedlichem Umfang - auch Luftverunreinigungen und Erschütterungen. Die Bewältigung der damit verbundenen Probleme ist Aufgabe des fahrzeugbezogenen Immissionsschutzes, zusammen mit dem verkehrswegebezogenen Immissionsschutz (zu letzterem unten zum zweiten Unterabschnitt des dritten Abschnitts). Dabei ergeben sich Abgrenzungsprobleme zum Verkehrsrecht, das Anforderungen an die Zulassung und den Betrieb von Fahrzeugen stellt. In diesem Rahmen werden im Verkehrsrecht auch Anforderungen an den Schutz vor Immissionen gestellt. Allerdings bilden diese Anforderungen naturgemäß nur ein Element unter zahlreichen anderen Anforderungen. Es kann dementsprechend nicht überraschen, daß dem Anliegen des Immissionsschutzes häufig nicht ausreichend Rechnung getragen wird. Die gravierenden Defizite im Bereich des verkehrsbezogenen Immissionsschutzes dürften im übrigen wesentlich durch den Umstand bedingt sein, daß bislang das Verkehrsrecht in diesem Bereich weithin federführend ist. Dies ist deshalb so folgenreich, weil die für das Verkehrsrecht zuständigen Behörden in Bund und Ländern regelmäßig zum Ressort des Verkehrsministers oder des Wirtschaftsministers rechnen, Ressorts, für die der Umweltschutz zwangsläufig einen geringeren Stellenwert besitzt als für einen Umweltminister. Eigenständige Regelungen des Immissionsschutzrechts sind daher von großer Bedeutung, wenn man im Bereich des verkehrsbezogenen Immissionsschutzes Fortschritte erzielen will.

2. Bisherige Rechtslage

Für die Beschaffenheit und den Betrieb von Kraftfahrzeugen, Schienenfahrzeugen, Luftfahrzeugen und Wasserfahrzeugen sowie für Schwimmkörper und schwimmende Anlagen enthält das Bundes-Immissionsschutzgesetz Regelungen in den §§ 38, 39 BImSchG. Die anlagenbezogenen Regelungen des Gesetzes gelten nicht für diese Fahrzeuge, da § 3 Abs. 5 Nr. 2 BImSchG für eine entsprechende Einschränkung des Anlagenbegriffs sorgt. § 38 Abs. 1 BImSchG enthält Grundpflichten zur Beschaffenheit und zum Betrieb von Fahrzeugen. Soweit es dabei um die Beschaffenheit geht, ist umstritten, ob die Grundpflicht auch unmittelbar anwendbar ist (bejahend Feldhaus, Bundesimmissionsschutzrecht, 2. Aufl., 1974 ff., Stand: 1992, § 38 BImSchG Anm. 2; a.A. Hüttenbrink, UPR 1988, 410 ff., 413). Die Anforderungen des § 38 Abs. 1 BImSchG können durch Rechtsverordnungen nach § 38 Abs. 2 BImSchG konkretisiert werden. Eine weitere Rechtsverordnungsermächtigung findet sich für die Erfüllung von zwischenstaatlichen Vereinbarungen und von Beschlüssen der Europäischen Gemeinschaften in § 39 BImSchG. Diese Ermächtigung ist noch etwas breiter als die des § 38 Abs. 2 BImSchG angelegt (Hansmann, in: Landmann/Rohmer, Umweltrecht, Bd. 1, 1977 ff., Stand: März 1993, § 39 BImSchG Rn. 3).

Eher gebietsbezogene Anforderungen an den Straßenverkehr finden sich in § 40 BImSchG: Absatz 1 enthält Regelungen für die durch austauscharme Wetterlagen bedingten Probleme und steht in engem Zusammenhang mit der entsprechenden anlagenbezogenen Regelung des § 49 Abs. 2 BImSchG. Absatz 2 erlaubt demgegenüber Beschränkungen des Kraftfahrzeugverkehrs, sofern die Kraftfahrzeugabgase zu Problemen völlig unabhängig von austauscharmen Wetterlagen führen.

II. VORSCHLÄGE

1. Leitvorstellungen

Der Vorschlag zur Neuregelung wird in diesem Bereich weniger durch die Abstimmung mit dem Allgemeinen Teil geprägt, da insoweit kaum Überschneidungen auftreten. Im Vordergrund stehen zunächst Klarstellungen zum gegenwärtigen Recht. Die insbesondere bei der Auslegung des § 38 Abs. 1 BImSchG bestehenden Streitfragen werden durch genauere Formulierungen einer Klärung zugeführt. Des weiteren wird die Bundesregierung verpflichtet, ein umfassendes Konzept zur Beschränkung von Verkehrsemissionen zu entwickeln und regelmäßig fortzuschreiben. Schließlich wird die Regelung über die Beschränkung des Kraftfahrzeugverkehrs bei austauscharmen Wetterlagen aus dem Abschnitt herausgenommen und zusammen mit der entsprechenden Regelung für Anlagen im Abschnitt über den gebietsbezogenen Immissionsschutz untergebracht. Dies entspricht auch dem Befund, daß die landesrechtlichen Konkretisierungen, die Smog-Verordnungen, fahrzeug- und anlagenbezogene Regelungen zusammenfassen.

Geprüft wurde, ob es nicht sinnvoll wäre, eine Ermächtigung zugunsten der immissionsschutzrechtlichen Behörden vorzusehen, damit die fahrzeugbezogenen Regelungen auch im Einzelfall durchgesetzt werden können. Im Hinblick auf die Ermächtigung in § 74 Abs. 1 S. 2 Nr. 2 konnte darauf verzichtet werden.

2. Einzelbegründungen

Zu § 357 Grundpflichten

Zu Absatz 1

Die Vorschrift übernimmt in Satz 1 die Regelung der Grundpflichten in § 38 Abs. 1 S. 1 BImSchG, die Anforderungen an die Beschaffenheit von Fahrzeugen stellt. Abweichend vom bisherigen Recht wird der Stand der Technik verbindlich vorgegeben (vgl. zum bisherigen Recht Feldhaus, Bundesimmissionsschutzrecht, 2. Aufl., 1974 ff., Stand: 1992, § 38 BImSchG Anm. 4) und damit klargestellt, daß die Vorschrift unmittelbare Geltung hat. Im bisherigen Recht ist die Beachtung der "zum Schutz vor schädlichen Umwelteinwirkungen einzuhaltenden Grenzwerte" vorgeschrieben. Dies wird zum Teil dahingehend verstanden, daß die Verpflichtung erst zum Tragen kommt, wenn derartige Grenzwerte in Rechtsvorschriften festgelegt sind (Hansmann, in: Landmann/Rohmer, Umweltrecht, Bd. 1, 1977 ff., Stand: März 1993, § 38 BImSchG Rn. 17; Feldhaus, Bundesimmissionsschutzrecht, 2. Aufl., 1974 ff., Stand: 1992, § 38 BImSchG Anm. 4). Dies ist aber wenig sachgerecht, weil die Einhaltung von in Rechtsvorschriften festgelegten Grenzwerten sich bereits aus der betreffenden Rechtsvorschrift ergibt, § 38 Abs. 1 S. 1 BImSchG bei dieser Auslegung also keine eigenständige Bedeutung hätte. Des weiteren widerspricht dies dem Umstand, daß mit der Formulierung des § 38 Abs. 1 S. 1 BImSchG über den Regierungsentwurf zu dieser Vorschrift hinausgegangen werden sollte, der die Einhaltung des Standes der Technik vorsah (BT-Drs. 7/179, S. 56, 59). Weiterhin stellt die Regelung klar, wer Adressat der Pflicht ist: Der Hersteller sowie derjenige, der die Fahrzeuge in Verkehr bringt oder einführt. Im bisherigen Recht ist diese Frage nicht behandelt.

Satz 2 stellt klar, daß Absatz 1 Satz 1 dann hinter EG-rechtliche Vorschriften zurücktritt, wenn diese nicht nur Mindestwerte für Fahrzeugemissionen, sondern - wie das meist geschieht - auch (zwingende) Höchstwerte vorsehen. Soweit diese Höchstwerte hinter dem Stand der Technik zurückbleiben, muß es dabei sein Bewenden haben, da EG-Recht Vorrang vor nationalem Recht hat. Satz 3 stellt schließlich klar, daß die Anforderungen des

Standes der Technik bei Exportfahrzeugen unterschritten werden können, da in den Zielländern möglicherweise geringere Anforderungen gestellt werden und Regelungen zum Schutze der Bevölkerung und der Umwelt in den Empfängerländern dem jeweiligen nationalen Recht überlassen werden sollen.

Zu Absatz 2

Die Vorschrift übernimmt in Satz 1 die Regelung des § 38 Abs. 1 S. 2 BImSchG zum Betrieb von Fahrzeugen. Über das bisherige Recht hinaus werden auch hier die Adressaten der Norm genannt, die Fahrer und Halter der Fahrzeuge. Des weiteren wird durch Satz 2 klargestellt, daß die Vorschrift auch für das Halten und die Wartung der Fahrzeuge gilt. Dies entspricht der herrschenden Meinung zum geltenden Recht (Hansmann, in: Landmann/Rohmer, Umweltrecht, Bd. 1, 1977 ff., Stand: März 1993, § 38 BImSchG Rn. 15; Feldhaus, Bundesimmissionsschutzrecht, 2. Aufl., 1974 ff., Stand: 1992, § 38 BImSchG Anm. 4; Jarass, Bundes-Immissionsschutzgesetz, 1983, § 38 BImSchG Rn. 7; a.A. Engelhardt, Bundes-Imissionsschutzgesetz, Bd. 1, 2. Aufl., 1980, § 38 BImSchG Anm. 2).

Zu Absatz 3

Die Vorschrift, die in dieser Form im geltenden Recht nicht enthalten ist, enthält gleichwohl in der Sache keine Abweichung vom geltenden Recht. Sie ist in der Regelung des § 38 Abs. 1 S. 1 BImSchG enthalten, wird aber wegen ihrer Bedeutung und aus Gründen der Klarheit verselbständigt. Satz 1 legt fest, daß die Sonderregelung des § 357 (und damit auch die folgenden Regelungen) nur für die beim Verkehr entstehenden Emissionen gilt. Soweit Fahrzeuge zu anderen Zwecken eingesetzt werden und dabei Emissionen entstehen, etwa beim Einsatz von Hubschraubern zur Verteilung von Schädlingsbekämpfungsmitteln, gelten nicht die §§ 357 ff., sondern nach Absatz 3 S. 2 die anlagenbezogenen Vorschriften. Satz 3 verdeutlicht, daß bewegliche Anlagen, die umgangssprachlich eventuell als Fahrzeuge eingestuft werden, primär aber nicht der Fortbewegung dienen, wie etwa Bagger oder Straßenbaumaschinen, insgesamt den anlagenbezogenen Regelungen unterliegen. Schließlich werden durch Satz 4 Schwimmkörper und schwimmende Anlagen den Wasserfahrzeugen gleichgestellt; das erlaubt es, auf die Nennung dieser Einrichtungen in allen für Fahrzeuge geltenden Normen zu verzichten, wie das im geltenden Recht geschieht (vgl. § 38 Abs. 1 S. 1 BImSchG).

Zu § 358 Rechtsverordnung zur Beschaffenheit und zum Betrieb

Die Vorschrift übernimmt die Regelungen des § 38 Abs. 2, 3 BImSchG. Geändert wurde lediglich die Zuständigkeit: Während nach geltendem Recht der Bundesminister für Verkehr und der Bundesminister für Umwelt, Naturschutz und Reaktorsicherheit zusammen die Rechtsverordnungen erlassen, ist dafür künftig die Bundesregierung zuständig. Angesichts der Bedeutung der Regelungen erscheint das angemessen. Der Verweis auf die §§ 151 bis 154 führt zu einigen sachgerechten Änderungen: Gemäß § 153 muß der Entwurf der Verordnung begründet werden. Gleiches gilt gemäß § 154 für die Verordnung selbst. Weitere Modifikationen ergeben sich aus § 151 Abs. 2 (temporäre Eilverordnungen ohne Zustimmung des Bundesrats) und § 152 Abs. 2 (Anhörung von Sachverständigenausschüssen). Solange es allerdings derartige Ausschüsse nicht gibt, hat die Regelung des § 152 Abs. 2 keinen Anwendungsbereich.

Zu § 359 Programm zur Reduzierung der Verkehrsemissionen

Wie dargelegt, wird die Immissionsbelastung bei verschiedenen Schadstoffen sowie im Lärmbereich in zunehmendem Maße durch Verkehrsemissionen erzeugt (oben I 1). Während bei anderen Quellen in der Vergangenheit erhebliche Fortschritte erzielt wurden, ist das im Verkehrsbereich nicht der Fall. Das liegt sicher auch daran, daß Maßnahmen im Verkehrsbereich besonders schwierig sind und einer systematischen Vorbereitung bedürfen. Dies soll durch die in Satz 1 vorgesehene Verpflichtung der Bundesregierung geschehen, alle vier Jahre ein Programm zur Reduzierung von Verkehrsemissionen zu erstellen. Die Vorschrift hat im geltenden Recht kein Pendant und nimmt die Ermächtigung des § 27 Abs. 2 auf. Satz 2 beschreibt wichtige Schwerpunkte des Programms: Den Abbau von Emissionen im Straßenverkehr sowie im Flugverkehr sowie die Erhöhung des Anteils des Schienenverkehrs am Gesamtverkehrsaufkommen.

Zu § 360 Beschränkungen des Kraftfahrzeugverkehrs

Absatz 1 übernimmt im wesentlichen die Regelung des § 40 Abs. 1 S. 1 BImSchG. Die Zuständigkeit ist allerdings etwas anders geregelt. Während im geltenden Recht die Immissionsschutzbehörde die Beschränkung des Kfz-Verkehrs vorschlägt und die Straßenverkehrsbehörde dann über die Verhängung der Beschränkung entscheidet, soll künftig nach außen die für den Immissionsschutz zuständige Behörde handeln, allerdings im Einvernehmen mit der Straßenverkehrsbehörde. Die Straßenverkehrsbehörden haben sich bei Immissionsschutzmaßnahmen meist als sehr zurückhaltend erwiesen, weshalb es angebracht erscheint, die Stellung der Immissionsschutzbehörden etwas zu stärken (vgl. oben I 1). In die gleiche Richtung zielt, wenn auf die Einschränkung "nach Maßgabe verkehrsrechtlicher Vorschriften" verzichtet wird. Schließlich gilt die Regelung für Luftverunreinigungen und für Lärm, während das bisherige Recht auf Luftverunreinigungen beschränkt ist. Beschränkungen des Kfz-Verkehrs können aber auch aus Gründen des Lärmschutzes sinnvoll sein. Diese Ausweitung ist nicht zuletzt wegen der verfahrensrechtlichen Vorgaben des Absatzes 3 gut vertretbar.

Absatz 2 übernimmt im wesentlichen die Regelung des § 40 Abs. 2 S. 2 BImSchG. Durch den Verweis auf die §§ 151 bis 154 ergeben sich allerdings einige, sachlich berechtigte Änderungen (vgl. oben zu § 321 Abs. 1). Des weiteren wird klargestellt, daß die Rechtsverordnung auch Vorgaben für Art und Umfang der Verkehrsbeschränkungen und -verbote treffen kann.

Absatz 3 hat im geltenden Immissionsschutzrecht kein Pendant. Kommt es nach Absatz 1 zu einer dauerhaften Beschränkung des Kfz-Verkehrs, liegt darin eine erhebliche Beeinträchtigung. Das läßt es geboten erscheinen, in Anlehnung an die Regelung zur Aufhebung der Widmung einer Straße eine entsprechende Bekanntmachung vor Verhängung der Beschränkung bzw. des Verbots vorzuschreiben.

Zum Zweiten Unterabschnitt: Verkehrswegebezogener Immissionsschutz

I. AUSGANGSLAGE

1. Gegenstand des Regelungsbereichs

Wie dargelegt, bilden Fahrzeuge eine wichtige Quelle der Immissionen (oben Vorbemerkungen II 1 c und zum ersten Unterabschnitt des dritten Abschnitts I 1). Anforderungen an Beschaffenheit und Betrieb von Fahrzeugen können die damit verbundenen Probleme nur teilweise bewältigen, vor allem wegen der großen Zahl von Fahrzeugen, die ein Zugreifen auf die einzelnen Fahrzeuge weitgehend ausschließt. Aus diesem Grunde muß zusätzlich beim Bau und beim Betrieb von Verkehrswegen angesetzt werden, die dementsprechend als "indirekte Quellen" eingestuft werden. Mit Verkehrswegen sind dabei Straßen, Schienenwege, Flugplätze und Wasserstraßen gemeint.

2. Bisherige Rechtslage

Für den Bau sowie die wesentliche Änderung von Straßen und Schienenwegen enthält § 41 BImSchG Anforderungen an den aktiven Lärmschutz. § 42 BImSchG verpflichtet dazu, unter bestimmten Voraussetzungen die Kosten für passive Schutzmaßnahmen zu ersetzen. Schließlich erlaubt § 43 BImSchG, durch Rechtsverordnungen die Anforderungen des § 41 BImSchG zu präzisieren und die Voraussetzungen des § 42 BImSchG festzulegen. Alle diese Vorschriften beschränken sich auf den Schutz vor Lärm.

Weitere Regelungen zum Immissionsschutz bei Verkehrswegen finden sich im Fluglärmgesetz. Allerdings dient dieses Gesetz nicht der Reduzierung von Fluglärm, sondern verhindert die Errichtung von empfindlichen Anlagen in der Umgebung von Flugplätzen. Lediglich die Entschädigungsnormen können dem Umweltschutz zugerechnet werden. Hinsichtlich der sonstigen Verkehrswege finden sich vereinzelte, auf Immissionen bezogene Regelungen im Landesrecht. Im übrigen gibt es nur sehr allgemein gefaßte Klauseln in den Vorschriften zur Planfeststellung.

II. VORSCHLÄGE

1. Leitvorstellungen

a) Umfassende Regelung

aa) Der Vorschlag versucht die mit dem Bau und dem Betrieb von Verkehrswegen zusammenhängenden Immissionsschutzprobleme umfassend zu regeln. Dementsprechend werden neben den Straßen und den Schienenwegen auch Flughäfen miteinbezogen. Nicht übernommen werden allerdings die Regelungen des Fluglärmgesetzes. Diese Regelungen führen zu keiner Reduzierung von Fluglärm, sondern beschränken allein empfindliche Nutzungen im Einwirkungsbereich eines Flughafens. Es handelt sich daher weniger um Umweltschutzrecht, sondern eher um ein Recht der Förderung des Flugverkehrs. Aus diesem Grunde wurden die Regelungen des Fluglärmgesetzes, mit Ausnahme der Entschädigungsvorschriften, nicht in das UGB übernommen. Sie können Teil des Luftverkehrsrechts bleiben. Aus Gründen der zutreffenden Begriffsbildung sollte allerdings nicht mehr von Lärmschutzbereichen gesprochen werden (dazu unten zu § 365). Schließlich werden die Regelungen auch auf die Wasserwege ausgedehnt, um alle Verkehrswege in gleicher Weise zu erfassen.

Des weiteren gilt der Unterabschnitt auf Grund der Definition des § 315 Abs. 6 nicht nur für öffentliche Verkehrswege, sondern auch für private Verkehrswege. Das geltenden Recht erstreckt den verkehrswegebezogenen Immissionsschutz nicht auf private Verkehrswege, mit der Folge, daß insoweit der anlagenbezogene Immissionsschutz zum Tragen kommt. Die Anwendung des anlagenbezogenen Immissionsschutzes auf private Verkehrswege, ist aber nicht sachgerecht (oben zu § 315 Abs. 6).

Der umfassende Ansatz zeigt sich weiterhin darin, daß die Regelungen des Vorschlags nicht auf den Bau und die wesentliche Änderung von Verkehrswegen beschränkt sind, wie das im geltenden Recht der Fall ist. Vielmehr werden auch immissionsschutzrechtliche Vorgaben zum Betrieb von Verkehrswegen getroffen.

bb) Was die Emissionen angeht, so zeigt sich der umfassende Ansatz des Neuregelungsvorschlags darin, daß sich die Regelungen nicht auf den Verkehrslärm beschränken, sondern auch auf andere Verkehrsemissionen erstreckt werden, insbesondere auf Verkehrsabgase. Die weitgehende Beschränkung des geltenden Immissionsschutzrechts zu den Verkehrswegen auf den Lärm ist angesichts der riesigen, mit Verkehrsabgasen verbunden Problemen nicht mehr hinnehmbar.

Ähnlich wie im bisherigen Recht regelt der Unterabschnitt nicht alle von Verkehrswegen ausgehenden Emissionen. Vielmehr betrifft der Unterabschnitt nur die durch Fahrzeuge erzeugten Emissionen. Wie § 315 Abs. 6 S. 2 entnommen werden kann, stellen Verkehrswege hinsichtlich anderer Emissionen Anlagen dar, mit der Folge, daß die Vorschriften des anlagenbezogenen Immissionsschutzes zur Anwendung kommen. Wird etwa in einem Flughafen ein Motorprüfstand betrieben, sind die davon ausgehenden Emissionen Anlagenemissionen, unabhängig davon, ob der Prüfstand noch dem Flughafen (als Verkehrsweg) zugerechnet wird oder nicht (vgl. oben zu § 315 Abs. 6).

b) Differenzierung zwischen aktivem und passivem Schutz

Ebenso wie das im geltenden Recht geschieht, wird zwischen aktivem und passivem Schutz gegenüber Verkehrsemissionen unterschieden, also zwischen der Reduzierung der Verkehrsemissionen einerseits und Schutzvorkehrungen an den betroffenen Objekten andererseits (Schmatz/Nöthlichs, Immissionsschutzrecht, 1979 ff., Stand: 1992, zu § 43 BImSchG). Der aktive Schutz steht im Vordergrund des Unterabschnitts und wird in den meisten Regelungen angesprochen. Der passive Schutz kommt allein in § 363 Abs. 1 zum Tragen.

2. Einzelbegründungen

Zu § 361 Bau und Änderung von Verkehrswegen

Die Vorschrift übernimmt weithin den Regelungsgehalt des § 41 BImSchG, weitet ihn aber in mehrfacher Hinsicht aus. Zunächst wird nicht nur auf Verkehrsgeräusche abgestellt, sondern auch auf andere Verkehrsemissionen, insbesondere auf Verkehrsabgase (vgl. oben II 1 a bb). Weiter gilt die Regelung außer für Straßen und Schienenwege auch für Flugplätze und Wasserwege (siehe oben II 1 a aa). Was die Schienenwege angeht, so stellt die Formulierung klar, daß auch Bergbahnen unter § 361 fallen. Endlich erstreckt sich die Regelung nicht nur auf die Ausgestaltung eines Verkehrswegs, wie das wohl bei § 41 BImSchG der Fall ist, sondern auch auf die Entscheidung, ob der Verkehrsweg errichtet bzw. wesentlich geändert wird. Um den Verkehrswegebau jedoch nicht unnötig zu behindern, stellt Satz 2 klar, daß der Bau auch möglich ist, wenn von dem Verkehrsweg schädliche Immissionen ausgehen. Allerdings statuiert Satz 2 insoweit einen relativen Vorrang des Immissionsschutzes: Entgegenstehende Gründe erlauben nur dann ein Zurücktreten des Immissionsschutzes, wenn die Gründe überwiegendes Gewicht besitzen und zudem ihre Erreichung nicht auf umweltschonendere Weise gewährleistet werden kann. Darüber hinaus ist § 29 S. 2 zu beachten.

Was die sachlichen Anforderungen betrifft, so wird auf die in § 41 BImSchG enthaltene Begrenzung durch den Stand der Technik verzichtet. Angesichts der Einschränkung des § 41 Abs. 2 BImSchG, die in § 361 S. 3 übernommen wird, hat die Beschränkung durch den Stand der Technik ohnehin kaum praktische Bedeutung (vgl. Jarass, Bundes-Immissionsschutzgesetz, 1983, § 41 BImSchG Rn. 9) und erschwert nur das Verständnis der Regelung.

Zu § 362 Rechtsverordnung zu den Verkehrsimmissionen

Die Vorschrift übernimmt in Absatz 1 im wesentlichen die Regelung des § 43 Abs. 1 BImSchG, beschränkt allerdings auf die Konkretisierung der Anforderungen zum Bau von Verkehrswegen und damit auf den aktiven Schutz vor Verkehrsemissionen. Auf eine gesonderte Ermächtigung zur Konkretisierung der Entschädigung für passive Schutzmaßnahmen wird verzichtet, da die Entschädigungsregelung künftig an die Konkretisierung der Grundpflicht anknüpft und im übrigen auch Entschädigungen außerhalb des Bereichs des passiven Schutzes gewährt wird (dazu unten zu § 363). Andererseits ist die Ermächtigung nicht auf die Durchführung der Grundpflichtennorm beschränkt, sondern kann auch weitergehende Anforderungen, insbesondere zur Vorsorge festlegen. Die Formulierung "Schutz vor schädlichen Immissionen" erfaßt auch die Vorsorge (dazu oben zu § 314 Abs. 1). Schließlich ergeben sich durch den Verweis auf § 151 bis § 154 einige zusätzliche Anforderungen zum Verfahren, die sachlich berechtigt sind (näher dazu oben zu § 321 Abs. 1).

Die Begünstigung des Schienenverkehrs in § 43 Abs. 1 S. 2 BImSchG wird in Absatz 2 S. 1 übernommen und korrespondiert mit der Regelung des § 359 S. 2. Absatz 2 S. 2 übernimmt die Regelung des § 43 Abs. 2 BImSchG.

Zu § 363 Entschädigung beim Bau und Änderung von Verkehrswegen

Absatz 1 übernimmt zunächst den Regelungsgehalt des § 42 BImSchG und des § 9 FluglärmG. Abweichend von § 42 Abs. 1 S. 1 BImSchG knüpft Absatz 1 S. 1 nicht an die durch Rechtsverordnung festgelegten Entschädigungsgrenzwerte an, sondern an die Konkretisierung der Grundpflicht des § 361 durch Rechtsverordnung. Die im bisherigen Recht bestehende Differenzierung zwischen der Konkretisierung der sachlichen Anforderungen und der Entschädigungsgrenzen ist unnötig kompliziert und in der Sache nicht geboten. Absatz 1 S. 2 übernimmt im wesentlichen die Regelung des § 42 Abs. 1 S. 2 BImSchG. Absatz 1 S. 3 entspricht § 42 Abs. 1 S. 1 BImSchG, letzter Halbsatz. Aus Gründen der sprachlichen Klarheit wurde die Regelung verselbständigt. Auf eine Übernahme von § 41 Abs. 2 BImSchG wurde verzichtet, um die Anwendbarkeit der Entschädigungsverpflichtung nicht an den Erlaß einer Rechtsverordnung zu den passiven Schallschutzmaßnahmen zu binden. Im geltenden Recht ist daher eine derartige Rechtsverordnung niemals erlassen worden.

Während im geltenden Recht Entschädigungsansprüche an passive Schutzmaßnahmen geknüpft werden und im übrigen gemäß § 42 Abs. 2 S. 2 BImSchG andere Entschädigungsvorschriften unberührt bleiben, insbesondere also Ansprüche aus enteignungsgleichem Eingriff, wird nunmehr in Absatz 2 eine Entschädigung für alle Fälle vorgeschrieben, in denen die Grenzen des § 361 S. 1 nicht eingehalten werden und zudem passive Schutzmaßnahmen keine ausreichende Abhilfe bieten. Auf diese Art und Weise soll nicht nur dem Betroffenen eine angemessene Entschädigung gewährt, sondern auch ein Anreiz dafür geboten werden, nicht zu schnell von den Möglichkeiten des § 361 S. 2 und S. 3 Gebrauch zu machen.

Absatz 3 regelt in Anlehnung an das bisherige Recht (insbesondere § 42 Abs. 3 BImSchG), wer Adressat des Entschädigungsanspruchs ist und wie der Anspruch im Streitfalle durchgesetzt wird.

Zu § 364 Beachtung des Immissionsschutzes bei Betriebsmaßnahmen

Die Regelung stellt gegenüber dem bisherigen Recht ein Novum dar. Ziel ist es, sicherzustellen, daß insbesondere bei Entscheidungen zur Verkehrsregelung der Immissionsschutz in ausreichendem Maße zum Tragen kommt. Solche Entscheidungen können die von Verkehrswegen ausgehenden Emissionen erheblich beeinflussen. Die entsprechenden Regelungen etwa des Straßenverkehrsrechts sind nicht zureichend. Sachlich entspricht die Vorschrift der für den Bau von Verkehrswegen vorgeschlagenen Regelung des § 361 S. 2 und konkretisiert wie diese Norm die allgemeine Regelung des § 29. Die Ausführungen zum relativen Vorrang des Immissionsschutzes in § 361 S. 2 gelten auch hier.

Zu § 365 Überwachung

Die Vorschrift enthält, sieht man einmal von Absatz 2 ab, kein Pendant im geltenden Recht. Sie soll in Konkretisierung des § 70 sicherstellen, daß die Immissionsschutzbehörden für eine ausreichende Überwachung der Verkehrswege im Hinblick auf deren Emissionen sorgen können. Aus diesem Grunde werden in Absatz 1 die für Anlagen geltenden Regelungen zur Eigenüberwachung hinsichtlich der Messungen aus besonderem Anlaß, hinsichtlich der wiederkehrenden Messungen sowie hinsichtlich von kontinuierlichen Messungen für entsprechend anwendbar erklärt. Damit wird an einem weiteren Punkt für eine vergleichbare Behandlung von Verkehrswegen und Anlagen gesorgt. Die Überwachung durch die Verkehrsbehörden hat sich als wenig wirksam erwiesen.

Absatz 2 übernimmt die Regelung des § 19a LuftVG, die als Regelung des Umweltschutzes in das UGB gehört. Statt von Lärmschutzbereichen wird zutreffenderweise von Fluglärmbereichen gesprochen (vgl. oben II 1 a).

Absatz 3 stellt sicher, daß die Immissionsschutzbehörden auf die Ergebnisse der Eigenüberwachung zugreifen können, wie das im anlagenbezogenen Immissionsschutzrecht ebenfalls geregelt ist.

Zum Vierten Abschnitt: Gebietsbezogener Immissionsschutz

I. AUSGANGSLAGE

1. Gegenstand des Regelungsbereichs

Das Immissionsschutzrecht setzt traditionell an den Quellen der Immissionen an, also an Anlagen, sowie an Fahrzeugen und Verkehrswegen. Hier liegt ganz eindeutig der Schwerpunkt des deutschen Immissionsschutzrechts. Ergänzt wird dieser Regelungsansatz durch Vorschriften, die nicht bestimmte Quellen behandeln, sondern sich auf bestimmte Gebiete beziehen und für diese Gebiete umfassende Maßnahmen des Immissionsschutzes vorsehen. Im einzelnen geht es dabei zunächst um umfassende Erhebungen zur Emissions- und Immissionslage sowie der Faktoren für die Ausbreitung der Emissionen. Des weiteren sind diesem Bereich Regelungen über die umfassende Planung zuzuordnen. Schließlich gehören hierher die Vorgaben für austauscharme Wetterlagen.

2. Bisherige Rechtslage

Das Bundes-Immissionsschutzgesetz hat die meisten raumbezogenen Regelungen im fünften Teil des Gesetzes zusammengefaßt. Im einzelnen findet sich in § 44 BImSchG eine Regelung für Feststellungen in Untersuchungsgebieten (den früheren Belastungsgebieten), in § 46 BImSchG finden sich Vorgaben zur Aufstellung eines Emissionskatasters und ergänzende Regelungen zum Meßverfahren in § 45 BImSchG. Die Aufstellung und Wirkung von Luftreinhalteplänen ist in § 47 BImSchG geregelt und die Aufstellung und Wirkung von Lärmminderungsplänen in § 47a BImSchG. Vorschriften für austauscharme Wetterlagen finden sich in § 40 Abs. 1 BImSchG sowie in

§ 49 Abs. 2 BImSchG. Schließlich enthält § 48a BImSchG eine Ermächtigung zur Umsetzung EG-rechtlicher Vorgaben zur Luftqualität, die raumbezogener und umfassender Natur ist (vgl. Hansmann, in: Landmann/Rohmer, Umweltrecht, Bd. 1, 1977 ff., Stand: März 1993, § 48a BImSchG Rn. 1).

II. VORSCHLÄGE

1. Leitvorstellungen

Im gegenwärtigen Recht des raumbezogenen Immissionsschutzes steht die Erhebung von Daten ganz im Vordergrund (Schmatz/Nöthlichs, Immissionsschutzrecht, 1979 ff., Stand: 1992, § 44 BImSchG Anm. 1). Maßnahmen zur Verbesserung der Luftqualität treten demgegenüber zurück. Dementsprechend wurde bei der Aufstellung vieler Luftreinhaltepläne viel Energie auf die Erforschung der Situation verwandt. Das Konzipieren und Umsetzen von Maßnahmen spielte demgegenüber eine vergleichsweise geringe Rolle. Dieser Befund bedarf der Korrektur. In den Vorschlägen zum raumbezogenen Immissionsschutz wurden daher die Regelungen zur Erhebung von Daten erheblich eingeschränkt und die Vorgaben für Maßnahmen ausgeweitet.

Eine zweite Leitvorstellung für die Vorschläge zum raumbezogenen Immissionsschutz betreffen die Systematik: Zunächst wurden in den Abschnitt über den raumbezogenen Immissionsschutz auch die gebietsbezogenen Vorschriften aufgenommen, die im bisherigen Recht in anderen Abschnitten untergebracht waren. Zum zweiten wird die Gliederung des Abschnittes selbst klarer gefaßt. Nach der Vorschrift des § 366 über die Erhebung von Daten, deren Gehalt bislang auf verschiedene Vorschriften verstreut war, folgen in den §§ 367, 368 Regelungen für Luftreinhaltepläne und für Lärmminderungspläne. Dem schließen sich in § 369 Vorschriften für austauscharme Wetterlagen sowie für die Ozonbelastung an. Den Abschluß bilden Regelungen des § 370 über Richtwerte zur Luftqualität.

2. Einzelbegründungen

Zu § 366 Untersuchungen in bestimmten Gebieten

Zu Absatz 1 und 2

Die Vorschriften übernehmen im wesentlichen den Regelungsgehalt des § 44 BImSchG. Die Regelungsstruktur weicht allerdings vom geltenden Recht ab. Der Begriff des Untersuchungsgebiets wird auf die in § 44 Abs. 1 S. 2 BImSchG angesprochenen Gebiete erweitert, indem Absatz 2 die Regelung des § 44 Abs. 2 BImSchG entsprechend ausweitet. Damit wird die Regelungsstruktur vereinfacht, ohne daß sich in der Sache wesentliche Änderungen ergeben. Des weiteren wird den Ländern ein größerer Spielraum eingeräumt. Wie sie die Untersuchungsgebiete festsetzen, bleibt ihnen überlassen. Die im geltenden Recht vorgesehene Ausweisung durch Rechtsverordnung wirkt unnötig formalisierend. Die Folge war, daß es förmlich ausgewiesene Untersuchungsgebiete gab sowie Gebiete, die nicht durch Rechtsverordnung ausgewiesen waren, in denen aber gleichwohl entsprechende Feststellungen vorgenommen wurden. Das ist wenig sinnvoll. Auf die Verpflichtung zur Auswertung der Daten in § 44 Abs. 4 BImSchG wurde verzichtet, weil dies selbstverständlich ist.

Zu Absatz 3

Die Vorschrift übernimmt im wesentlichen den Gehalt des § 46 BImSchG. Entsprechend den Leitvorstellungen zur Strukturierung des Abschnitts (oben II 1) wurden die Regelung jedoch erheblich ausgedünnt. So wurde auf die Vorschriften des § 46 Abs. 1 S. 2 BImSchG, des § 46 Abs. 1 S. 4 BImSchG und des § 46 Abs. 2 BImSchG verzichtet. Die Ermächtigung des § 44 Abs. 1 S. 3 BImSchG wurde in etwas knapperer Form in Satz 2 übernommen. Durch die Verkürzung der Regelungen ist keine Änderung gegenüber dem geltenden Recht bezweckt, sieht man einmal von der nicht unerheblichen Änderung in der Akzentsetzung ab. Andererseits werden die Verkehrswege ausdrücklich in die Vorschrift miteinbezogen. Damit wird dem Umstand Rechnung getragen, daß die Fahrzeuge und damit die Verkehrswege einen ständig wachsenden Teil der Immissionen verursachen (siehe oben Vorbemerkungen II 1 c und zum ersten Unterabschnitt des dritten Abschnitts I 1). Auf die Ermächtigung des § 46 Abs. 1 S. 5 BImSchG wurde verzichtet, weil insoweit Art. 84 GG ausreicht.

Zu Absatz 4

Die Vorschrift übernimmt die Regelung des § 47a Abs. 1 BImSchG in fast unveränderter Form. Änderungen waren nicht veranlaßt. Sie wurde in die Vorschrift des § 366 überführt, um auf diese Weise alle Regelungen zur Feststellung von Emissionen und Immissionen in einer Vorschrift zusammenzufassen (dazu oben II 1).

Zu § 367 Luftreinhaltepläne

Zu Absatz 1

Die Vorschrift tritt an die Stelle des § 47 BImSchG, nimmt aber gegenüber dem geltenden Recht eine Reihe von Änderungen vor: Die Aufstellung von Luftreinhalteplänen wird zunächst nicht mehr an die Überschreitung von Grenz- oder Leitwerten geknüpft. Wenn die zuständigen Behörden feststellen, daß ein Luftreinhalteplan geboten ist, können sie einen solchen Plan aufstellen. Es genügt, daß dies zum Schutz vor schädlichen Immissionen erforderlich ist, wobei dies Gründe der Gefahrenabwehr oder der Vorsorge sein können (vgl. Absatz 2 S. 1 sowie zu § 314 Abs. 1). Die Erforderlichkeit ist zu bejahen, wenn schädliche Immissionen durch Einzelfallmaßnahmen nicht ausreichend abgewendet werden können, vielmehr ein planmäßiger Ansatz notwendig ist. Auf differenzierende Vorgaben für Gefahrenabwehr- und Vorsorgepläne, wie sie im geltenden Recht zu finden sind, wird verzichtet, weil damit die Rechtsanwendung nur erschwert wird, läßt sich doch im Stadium der Planung regelmäßig noch nicht eindeutig beurteilen, ob es um Gefahrenabwehr oder um Vorsorge geht. Auch bei den Wirkungen unterscheiden sich Gefahrenabwehr- und Vorsorgepläne nicht. Die im geltenden Recht vorhandene Unterschied beim Entscheidungsspielraum (Soll-Verpflichtung bei Gefahrenabwehrplänen, Ermessen bei Vorsorgeplänen) hat nur geringe praktische Relevanz

Der im bisherigen Recht enthaltene Hinweis auf die Landesplanung und Raumordnung wurde gestrichen, da insoweit die allgemeinen Raumordnungsklauseln genügen. Statt dessen werden die Luftreinhaltepläne an die Umweltpläne angebunden. Auf diese Weise wird sichergestellt, daß die Luftreinhalteplanung sich in die allgemeinen Vorgaben der Umweltleitpläne einfügt. Geprüft wurde, ob die Luftreinhaltepläne nicht vollständig in die Umweltleitpläne integriert werden können und eventuell auf eine eigenständige Regelung verzichtet werden kann. Damit würde jedoch dem besonderen Charakter der Luftreinhaltepläne nicht ausreichend Rechnung getragen, zumal die vorgeschlagenen Regelungen zur Luftreinhalteplanung noch stärker maßnahmebezogen sind als die Vorschriften des geltenden Rechts.

Zu Absatz 2 und 3

Während im bisherigen Recht der Luftreinhalteplan gemäß § 47 Abs. 2 Nr. 1 bis 5 BImSchG im wesentlichen Erhebungen zur Situation enthält und erst in § 47 Abs. 2 Nr. 6 BImSchG die notwendigen Maßnahmen anspricht, wird das in der Neuregelung gerade umgekehrt. Der Inhalt der Luftreinhaltepläne besteht, wie das auch bei anderen Plänen der Fall ist, gemäß Absatz 2 S. 1 allein aus den notwendigen Maßnahmen. Die Feststellungen zur Situation werden durch Absatz 2 S. 2 in die Begründung verwiesen. Auf diese Weise wird sichergestellt, daß den Maßnahmen die notwendige Aufmerksamkeit zukommt. Zudem entspricht dies dem Umstand, daß die rechtlichen Wirkungen des Luftreinhalteplans - wie im geltenden Recht - ganz beträchtlich sind.

Die rechtlichen Wirkungen des Luftreinhalteplans sind in Absatz 3 geregelt. Die Vorschrift übernimmt die Gehalte des § 47 Abs. 3 BImSchG mit einigen kleineren Änderungen, die sprachlicher Natur sind und keine Änderung in der Sache bezwecken.

Zu § 368 Lärmminderungspläne

Die Vorschrift tritt an die Stelle des § 47a Abs. 2 bis 4 BImSchG. § 47a Abs. 1 BImSchG wurde in § 366 Abs. 4 überführt. Die Regelung des Absatzes 1 S. 1 entspricht der des § 47a Abs. 2 S. 1 BImSchG. Auf den Verweis auf die Erfordernisse der Raumordnung und Landesplanung in § 47a Abs. 2 S. 1 BImSchG wurde aus den gleichen Gründen wie bei den Luftreinhalteplänen verzichtet und statt dessen für eine ausreichende Abstimmung mit den Umweltleitplänen gesorgt (dazu oben zu § 367 Absatz 1).

Entsprechend den Änderungen im Bereich der Luftreinhaltepläne sieht Absatz 2 auch für die Lärmminderungspläne vor, daß sie die Maßnahmen der Lärmbekämpfung festlegen. Die Feststellungen zur Situation gehören dann zur Begründung des Lärmminderungsplans (vgl. oben zu § 367 Abs. 2). Was die Wirkungen angeht, wird in Absatz 3 auf die entsprechende Vorschrift für Luftreinhaltepläne verwiesen, wie es auch § 47a Abs. 4 BImSchG tut.

Zu § 369 Maßnahmen bei austauscharmer Wetterlage und bei Ozonbelastung

Zu Absatz 1

Die Vorschrift übernimmt im wesentlichen die Gehalte des § 40 Abs. 1 BImSchG. Abweichend vom geltenden Recht werden aber nicht nur austauscharme Wetterlagen erfaßt. Vielmehr wird die Vorschrift auch auf die durch die Ozonbelastung bedingten Probleme erstreckt. Ob mit den zeitlich begrenzten Maßnahmen, wie sie bei austauscharmen Wetterlagen sinnvoll sind, die Ozonbelastung merklich reduziert werden kann, ist gegenwärtig nicht abschließend geklärt. Andererseits erscheint das unter bestimmten Umständen nicht ausgeschlossen. Darüber hinaus werden die Probleme der Ozonbelastung nur zu bewältigen sein, wenn alle Instrumente zum Einsatz kommen können. Aus diesem Grunde wurde die Ermächtigung entsprechend ausgeweitet.

Auf die Beschränkung der Straßenverkehrsbehörde "nach Maßgabe verkehrsrechtlicher Vorschriften", wie sie in § 40 Abs. 1 BImSchG zu finden ist, wurde verzichtet, um den Vorrang der Immissionsschutzbehörden zu betonen. Bei Maßnahmen mit Außenwirkung wird die Straßenverkehrsbehörde allerdings regelmäßig nur die Instrumente des Verkehrsrechts einsetzen können, deren Reichweite und Zweckbestimmung jedoch durch das Immissionsschutzrecht mitbestimmt werden.

Zu Absatz 2

Die Regelung übernimmt im wesentlichen den Gehalt des § 49 Abs. 2 BImSchG. Entsprechend wie das bei § 369 Abs. 1 für den Verkehrsbereich geschehen ist, wird aber auch hier die Ermächtigung auf die Belastungen durch Ozon ausgeweitet. Insoweit kann auf die Ausführungen oben zu Absatz 1 verwiesen werden. In sprachlicher Hinsicht wurde die Vorschrift besser mit der entsprechenden Regelung für den Verkehrsbereich abgestimmt.

Zu § 370 Richtwerte für die Luftqualität

Zu Absatz 1

Die Vorschrift tritt an die Stelle des § 48a BImSchG. Gegenüber dem geltenden Recht ist die Neuregelung teilweise enger gefaßt. Sie gilt nur für Richtwerte, deren Einhaltung nicht generell verbindlich ist, sondern deren Beachtung anzustreben ist. Nicht erfaßt werden Grenzwerte, für die § 146 eine ausreichende Grundlage bietet. Allerdings sollte dort der Zweck der Information der Bevölkerung zusätzlich aufgeführt werden. Angesichts des Umstands, daß die Richtwerte bloße Zielwerte sind, ist die atypische Beteiligung des Bundestags, wie sie in § 48a Abs. 1 BImSchG vorgesehen ist, nicht erforderlich.

Die Vorschrift erlaubt insbesondere die Umsetzung von Leitwerten der EG-Luftqualitätsrichtlinien. Sie ist aber nicht nur für die Umsetzung von EG-rechtlichen Vorgaben einsetzbar. Angesichts der eher bruchstückhaften Regelungen des EG-Luftqualitätsrechts ist eine solche Ausweitung sachlich geboten.

Auf eine eigenständige Regelung zur Umsetzung der Richtlinie nach dem Muster des § 48a Abs. 2 BImSchG konnte verzichtet werden, da diese Regelung vor allem im Bereich der Grenzwerte Bedeutung entfaltet, auf die sich die Neuregelung gerade nicht erstreckt. Die in Absatz 1 S. 2 enthaltenen Vorgaben, daß alle Behörden im Rahmen ihrer Befugnisse die Einhaltung der Richtlinien anzustreben haben, ist ausreichend.

Zu Absatz 2

Die Vorschrift enthält eine Neuregelung, die im geltenden Recht kein Pendant hat, allenfalls in § 49 Abs. 3 BImSchG. Die Regelung ermächtigt die nach Landesrecht zuständigen Behörden, örtliche bzw. regionale Richtwerte für die Luftqualität festzulegen. Erlassen die Länder keine Vorgaben zur Zuständigkeit, liegt sie bei den Kreisen. Damit tritt neben die regelmäßig bundesweite Festlegung von Richtwerten gemäß Absatz 1 eine örtliche und regionale Bestimmung von Richtwerten. Gerade bei Richtwerten, die regelmäßig der Vorsorge dienen, ist eine solche örtliche Differenzierung sinnvoll. Die näheren Einzelheiten bleiben dem Landesrecht überlassen. Unzumutbare Belastungen können sich daraus schwerlich ergeben, weil die Richtwerte nur anzustreben sind und im übrigen der Grundsatz der Verhältnismäßigkeit zu beachten ist.

Zum Fünften Abschnitt: Gemeinsame Vorschriften

I. AUSGANGSLAGE

1. Gegenstand des Regelungsbereichs

Die allgemeinen Vorschriften des Immissionsschutzrechts mit besonders grundsätzlicher Bedeutung sind im ersten Abschnitt zusammengefaßt. In den folgenden Abschnitten des immissionsschutzrechtlichen Kapitels werden dann die verschiedenen Bereiche des besonderen Immissionsschutzrechts behandelt. Im letzten Abschnitt folgen dann allgemeine Normen mit geringerer Bedeutung oder solche mit sekundärem Charakter, etwa Regelungen zur Durchführung des Immissionsschutzrechts, zum Einsatz von Kommissionen oder Vorschriften über Ordnungswidrigkeiten. Dies entspricht einem allgemeinen Bauprinzip (vgl. oben Vorbemerkungen II 2 a).

2. Bisherige Rechtslage

Das geltende Bundes-Immissionsschutzgesetz enthält in seinem sechsten und in seinem siebenten Teil Normen überwiegend allgemeinen Charakters. Der sechste Teil behandelt "Gemeinsame Vorschriften", der siebente Teil "Schlußvorschriften". Im einzelnen handelt es sich dabei um Regelungen von höchst unterschiedlichem Charakter. Im sechsten Teil finden sich Ermächtigungen zum Erlaß von Verwaltungsvorschriften (§ 48 BImSchG) und Rechtsverordnungen (§ 48a BImSchG), räumlich begrenzte Regelungen (§ 49 BImSchG), Vorschriften zur Planung (§ 50 BImSchG), Regelungen zur Anhörung der beteiligten Kreise (§ 51 BImSchG) sowie zur Einrichtung der Störfall-Kommission (§ 51a BImSchG), Vorschriften zur Überwachung (§ 52 BImSchG), zum Immissionsschutzbeauftragten (§§ 53 bis 58 BImSchG), zum Störfallbeauftragten (§§ 58a bis 58d BImSchG) und anderes mehr. Im siebenten Teil finden sich vor allem, wenn auch nicht ausschließlich, Übergangsregelungen.

II. VORSCHLÄGE

1. Leitvorstellungen

Die vorgeschlagenen Regelungen des letzten Abschnitts werden durch das Bemühen einer größeren Systematik im Immissionsschutzrecht geprägt. Dementsprechend werden alle allein für Anlagen geltenden Regelungen aus diesem Bereich herausgenommen und im Abschnitt über den anlagenbezogenen Immissionsschutz eingebettet. Lediglich eine anlagenbezogene Übergangsregelung (§ 375) wurde in diesem Abschnitt belassen, weil vergleichbare Regelungen in den anderen Kapiteln des UGB ebenfalls im letzten Abschnitt untergebracht werden. Entsprechend wurden die gebietsbezogenen Regelungen des sechsten Teils in den entsprechenden Abschnitt des immissionsschutzrechtlichen Kapitels überführt. Der Planungsgrundsatz des § 50 schließlich ist ein Grundsatz des Immissionsschutzrechts und findet sich daher im ersten Abschnitt. Endlich konnten eine Reihe von Vorschriften im Bereich des Immissionsschutzrechts entfallen, weil der Allgemeine Teil des UGB insoweit ausreichende Regelungen enthält.

Dementsprechend treten an die Stelle der Ermächtigung zum Erlaß von Verwaltungsvorschriften in § 48 BImSchG die Regelungen in den §§ 155 bis 160, ergänzt durch Art. 84 GG. Die Rechtsverordnungsermächtigung des § 48a BImSchG wird durch die Vorschriften des § 146 und des § 370 ersetzt. Die Ermächtigungen bzw. Vorbehalte für regionale und örtliche Regelungen in § 49 Abs. 1, 3 BImSchG werden durch § 318 Abs. 4 und durch § 337 Abs. 2 ersetzt. An die Stelle der anlagenbezogenen Smog-Regelung des § 49 Abs. 2 BImSchG tritt § 369 Abs. 2. Der Gehalt des § 50 BImSchG findet sich in § 317 Abs. 3, der des § 51b BImSchG in § 353 Abs. 2. An die Stelle der Überwachungsvorschrift des § 52 Abs. 2 bis 7 BImSchG treten § 341 und die §§ 57 bis 69. Der Gehalt des § 52a BImSchG findet sich in § 94 Abs. 1 sowie in § 353 Abs. 1. Die Vorschriften der §§ 53 bis 58d BImSchG zum Immissionsschutzbeauftragten und zum Störfallbeauftragten werden durch die Regelungen in §§ 96 bis 102 und in §§ 349 bis 352 ersetzt. An die Stelle von § 59 BImSchG zur Zuständigkeit im Bereich der Landesverteidigung tritt die Regelung in § 163 Abs. 2. Hinsichtlich der Ausnahmevorschrift des § 60 BImSchG wird auf die Begründung zum ersten Abschnitt II 1 a verwiesen. Die Vorschrift des § 61 BImSchG zum Immissionsschutzbericht geht in der Regelung des § 106 auf. Nicht übernommen wurden folgende Regelungen, die jedenfalls im Zeitpunkt des Erlasses eines Umweltgesetzbuches obsolet sein werden: Die Regelung zur Fortgeltung von Vorschriften in § 66 BImSchG, die Ausnahmeregelung zur TA Luft in § 67 Abs. 5 BImSchG, die Übergangsvorschrift für den gentechnischen Bereich in § 67 Abs. 6 BImSchG, die Sonderregelungen aus Anlaß der Herstellung der Einheit Deutschlands in § 67a BImSchG, die Berlin-Klausel in § 73 und die Inkrafttretensregelung in § 74 BImSchG.

2. Einzelbegründungen

Zu § 371 Durchsetzung des Immissionsschutzrechts

Absatz 1 Satz 1 tritt an die Stelle des § 52 Abs. 1 BImSchG, ohne daß eine sachliche Änderung beabsichtigt ist. Neu sind dagegen die Regelungen des Satzes 2 und des Satzes 3: Wie in den allgemeinen Leitvorstellungen bereits dargelegt wurde, ist es sachwidrig, wenn eine Behörde für die Einhaltung des Immissionsschutzrechts bei einer Anlage oder einer anderen Einrichtung sorgen soll, falls sie selbst die Anlage bzw. die Einrichtung betreibt (oben Vorbemerkungen II 1 e). Besonders problematisch ist das im Bereich des Immissionsschutzrechts, da hier im Regelfall wegen der privaten Anlagenträgerschaft eine solche Trennung gewahrt wird und daher in den Sonderfällen die Verbindung um so fragwürdiger ist. Dementsprechend sieht Absatz 1 Satz 2 vor, daß eine Behörde oder eine Einrichtung der öffentlichen Hand (wozu auch die Bundesbahn zählt), nicht über die Zulassung der Anlage oder des Verkehrsweges entscheiden kann, wenn sie die Anlage oder den Verkehrsweg errichten oder betreiben will. Um eine Flucht ins Privatrecht zu vermeiden, sieht Satz 3 entsprechendes im Hinblick auf privatrechtliche Unternehmen vor, die von der öffentlichen Hand beherrscht werden.

Absatz 2 lehnt sich an § 3 BNatSchG an und findet sich in vergleichbarer Form auch in anderen Kapiteln des UGB (etwa in § 214 Abs. 2). Sie soll dafür sorgen, daß dem Anliegen des Immissionsschutzes nicht nur in den Entscheidungen der für den Immissionsschutz zuständigen Behörden Rechnung getragen wird. Besondere Bedeutung hat das für die Behörden, die für das Verkehrswesen zuständig sind (vgl. auch oben Vorbemerkungen II 1 c).

Zu § 372 Vertragliche Vereinbarungen

Die Vorschrift sucht die generelle Entscheidung des § 6 im Bereich des Immissionsschutzrechts umzusetzen. (Förmliche) Verträge sind im Immissionsschutzrecht bislang eher selten, während informelle Vereinbarungen die immissionsschutzrechtliche Praxis geradezu prägen. Das erscheint unter dem Gesichtspunkt der Gleichheit sowie der Leistungsfähigkeit des Immissionsschutzrechts nicht unbedenklich. Aus diesem Grunde erteilt § 342 den zuständigen Behörden den Auftrag, über den Einsatz förmlicher Verträge nachzudenken. Voraussetzung ist, daß der Einsatz solcher Verträge nach den einschlägigen Vorschriften zulässig ist und insbesondere die in § 1 geschützten Interessen Dritter durch das vertragliche Verfahren nicht beeinträchtigt werden.

Zu § 373 Störfall-Kommission

Die Vorschrift übernimmt in der Sache die Regelung des § 51a BImSchG. So entspricht Absatz 1 Satz 1 und Satz 2 der Vorschrift des § 51a Abs. 1 BImSchG. Neu sind dagegen die Regelungen des Absatzes 1 Satz 3 und des Absatzes 1 Satz 4. Das geltende Recht enthält keine derartigen Vorgaben, obwohl sie in der Praxis regelmäßig Beachtung finden (Hansmann, in: Landmann/Rohmer, Umweltrecht, Bd. 1, 1977 ff., Stand: März 1993, § 51a BImSchG Rn. 7). In der Sache sind die Vorgaben zur Ausgewogenheit und zur Unabhängigkeit sicherlich sinnvoll und entsprechen der Regelung des § 152 Absatz 1 Satz 3 zur Ausgewogenheit.

Absatz 2 entspricht weitgehend der Regelung des § 51a Abs. 2 BImSchG. Sachliche Änderungen waren insoweit nicht veranlaßt.

Absatz 3 endlich tritt an die Stelle des § 51a Abs. 3 BImSchG. Abweichend vom geltenden Recht wird die Wahl des Vorsitzenden nicht direkt geregelt, um den Gesetzestext zu entlasten. Die im geltenden Recht vorgesehene Zustimmung des für den Umweltschutz zuständigen Bundesministers zur Wahl des Vorsitzenden kann in der Geschäftsordnung, die ihrerseits der Zustimmung des für den Umweltschutz zuständigen Bundesministers bedarf, festgelegt werden.

Zu § 374 Technischer Ausschuß für Anlagensicherheit

Die Vorschrift tritt an die Stelle der Regelung des § 31a BImSchG und übernimmt sie in der Sache im wesentlichen unverändert. Der Aufbau wurde jedoch an den der Regelung für die Störfall-Kommission angepaßt. Dementsprechend werden die Gehalte des § 31a Abs. 1 S. 1 BImSchG und des § 31a Abs. 2 BImSchG und damit die Vorgaben zur Aufbauorganisation in Absatz 1 zusammengefaßt. Die Aufgabenstellung, die bisher im § 31a Absatz 2, 3 BImSchG geregelt war, findet sich nunmehr in Absatz 2. Zudem wird in diesem Absatz auch die Frage der Veröffentlichung geregelt (bisher § 31a Absatz 4 BImSchG). Was die Geschäftsordnung angeht, wird in Absatz 3 auf § 373 Abs. 3 verwiesen. Es gelten daher die dazu gemachten Ausführungen. Dies gilt auch für die Wahl des Vorsitzenden.

Zu § 375 Altanlagen

Absatz 1 übernimmt zunächst den Gehalt des § 67 Absatz 1 BImSchG zur Überführung gewerberechtlicher Genehmigungen. Da das Umweltgesetzbuch das Bundes-Immissionsschutzgesetz ersetzen wird, sieht Absatz 1 eine vergleichbare Regelung für die Überführung immissionsschutzrechtlicher Genehmigungen vor.

Absatz 2 nutzt die gleiche Technik für den Bereich der Anzeigen, genauer der gewerberechtlichen und immissionsschutzrechtlichen Anzeigen. Im geltenden Recht wurde stattdessen an den fraglichen Stellen immer zusätzlich auf die gewerberechtlichen Anzeigen hingewiesen. Das ist nunmehr nicht mehr nötig. Die Regelung dient also der Vereinfachung des Gesetzestextes.

Zu § 376 Ordnungswidrigkeiten

Die Vorschrift übernimmt im wesentlichen die Regelung des § 62 BImSchG und paßt sie in sprachlicher und systematischer Hinsicht den Ordnungswidrigkeitentatbeständen in den anderen Teilen des UGB an (§§ 219, 282, 313, 438, 558 und 597). Dementsprechend wird auch der Bußgeldrahmen angepaßt. Schließlich wird die Möglichkeit der Einziehung vorgesehen, wie sie in anderen Teilen des geltenden Umweltrechts bereits heute existiert.

Fünftes Kapitel: Kernenergie und Strahlenschutz

Vorbemerkungen zur Ausgangssituation und zu den Grundlinien des Vorschlags

I. AUSGANGSLAGE

1. Gegenstand des Regelungsbereichs

Regelungsgegenstand des Kernenergie- und Strahlenschutzrechts ist die friedliche Nutzung radioaktiver Stoffe und ionisierender Strahlen. Im Vordergrund steht dabei die Gewinnung von Kernenergie in Kernkraftwerken. Daneben wird jedoch auch die ionisierende Strahlung vor allem im medizinischen Bereich zu diagnostischen und therapeutischen Zwecken nutzbar gemacht.

Das Kernenergie- und Strahlenschutzrecht ist in erster Linie Teil des öffentlichen Rechts. Daneben enthält es aber, so im Bereich der atomrechtlichen Haftung, auch Normen des Zivilrechts. Gegenstand des Umweltrechts ist es, weil und soweit es Regelungen zum Schutz von Menschen, Sachen und Umwelt vor den Gefahren der Kernenergie und der schädlichen Wirkung ionisierender Strahlen sowie zur erforderlichen Vorsorge gegen entsprechende Risiken enthält. Dies kommt schon in der Zweckbestimmung dieses Kapitels in § 377 Abs. 1 Nr. 1 zum Ausdruck.

2. Bisherige Rechtslage

Ein im Dezember 1958 dem Bundestag vorgelegter Regierungsentwurf für ein Atomgesetz (BT-Drs. III/759) wurde am 3. Dezember 1959 als Gesetz beschlossen, dieses trat am 1. Januar 1960 in Kraft. Unmittelbar im Zusammenhang damit wurde vom Bundestag am gleichen Tage ein Gesetz zur Ergänzung des Grundgesetzes verabschiedet, das dem Bund das Recht der konkurrierenden Gesetzgebung für "die Erzeugung und Nutzung der Kernenergie zu friedlichen Zwecken, die Errichtung und den Betrieb von Anlagen, die diesen Zwecken dienen, den Schutz gegen Gefahren, die bei Freiwerden von Kernenergie oder durch ionisierende Strahlen entstehen, und die Beseitigung radioaktiver Stoffe" verlieh (Art. 74 Nr. 11 a GG). Es wurde zugleich mit dem Atomgesetz verkündet (BGBl. I S. 813).

a) Rechtslage

Grundlage des Kernenergie- und Strahlenschutzrechts ist neben dem erwähnten Gesetz über die friedliche Verwendung der Kernenergie und den Schutz gegen ihre Gefahren (Atomgesetz) vom 23. Dezember 1959 (BGBl. I S. 814) in der Fassung der Neubekanntmachung vom 15. Juli 1985 (BGBl. I S. 1565) in erster Linie die auf Grund des § 11 Abs. 1 Nr. 2 AtG ergangene Verordnung über den Schutz vor Schäden durch ionisierende Strahlen (Strahlenschutzverordnung) vom 13. Oktober 1976 (BGBl. I S. 2905, ber. 1977, S. 184 und 269). Die Regelungen des Atomgesetzes beziehen sich vornehmlich auf das Kernenergierecht, d.h. die Verwendung von Kernbrennstoffen zur Energiegewinnung, während das Gesetz für die Verwendung sonstiger radioaktiver Stoffe, namentlich ionisierender Strahlen, lediglich Rechtsverordnungsermächtigungen enthält. Dementsprechend trifft die Strahlenschutzverordnung neben ergänzenden Bestimmungen über den Umgang mit Kernbrennstoffen im wesentlichen selbständige Regelungen über den Umgang mit sonstigen radioaktiven Stoffen, d.h. mit solchen Stoffen, die, ohne Kernbrennstoffe zu sein, ionisierende Strahlen spontan aussenden, vgl. § 2 Abs. 1 Nr. 2 AtG g.F. sowie § 378 Abs. 3 des Entwurfs. Die Errichtung und der Betrieb von Röntgeneinrichtungen und sogenannten Störstrahlern (dies sind Anlagen, bei denen Röntgenstrahlen anfallen, die aber nicht zu diesem Zweck betrieben werden) haben in der Verordnung über den Schutz vor Schäden durch Röntgenstrahlen (Röntgenverordnung) vom 8. Januar 1987 (BGBl. I S. 114) eine eigenständige Regelung erfahren. Als reine Durchführungsverordnungen zum Atomgesetz hat die Bundesregierung bzw. der für den Umweltschutz zuständige Bundesminister zahlreiche weitere wichtige Rechtsverordnungen erlassen. Dazu zählen vor allem: die Verordnung über das Verfahren bei der Genehmigung von Anlagen nach § 7 des Atomgesetzes (Atomrechtliche Verfahrensverordnung) in der Fassung der Bekanntmachung vom 31. März 1982 (BGBl. I S. 411); die Verordnung über die Deckungsvorsorge nach dem Atomgesetz (Atomrechtliche Dekkungsvorsorge-Verordnung) vom 25. Januar 1977 (BGBl. I S. 220); die Kostenverordnung zum Atomgesetz vom 17. Dezember 1981 (BGBl. I S. 1457). Eine gesetzliche Regelung zur Überwachung der Radioaktivität und zum Erlaß verschiedener Maßnahmen der Strahlenschutzvorsorge enthält das Gesetz zum vorsorgenden Schutz der Bevölkerung gegen Strahlenbelastung (Strahlenschutzvorsorgegesetz) vom 19. Dezember 1986 (BGBl. I S. 2610).

Auch wenn sie selbst keine Rechtssatzqualität haben, spielen technische Regelwerke auch im Kernenergie- und Strahlenschutzrecht eine bedeutende Rolle. Sie tragen dem Umstand Rechnung, daß das Kernenergie- und Strahlenschutzrecht an einem sich ständig wandelnden Stand von Wissenschaft und Technik ausgerichtet ist und auch sein muß. Als wichtigste Regelwerke sind zu nennen: die Sicherheitskriterien für Kernkraftwerke (SKK), vgl. § 28 Abs. 3 StrlSchV; die Leitlinien der Reaktor-Sicherheitskommission

(RSK) für Druckwasser- und Siedewasserreaktoren; die Empfehlungen der Strahlenschutzkommission (SSK); die Regeln des Kerntechnischen Ausschusses (KTA); die DIN-Normen Kerntechnik, Strahlenschutz und Radiologie. Diese von Behörden, von staatlich eingesetzten, im übrigen aber unabhängigen Sachverständigengremien, oder von Privaten aufgestellten technischen Regelwerke erfüllen faktisch weitgehend die Funktion allgemeiner Verwaltungsvorschriften und dienen insbesondere der Ausfüllung des unbestimmten Gesetzesbegriffs des Standes von Wissenschaft und Technik, was sie für die Auslegung und Anwendung des Kernenergie- und Strahlenschutzrechts schlechthin unverzichtbar macht.

b) Erfahrungen mit dem bisherigen Recht

Obwohl gerade im technischen Sicherheitsrecht wie überhaupt im technisch-naturwissenschaftlichen Bereich Gesetzgebungsvorhaben nicht selten durch Unglücksfälle und Schadensereignisse veranlaßt wurden, die von technischen Anlagen oder technisch-naturwissenschaftlichen Ereignissen ausgingen, läßt sich im Kernenergierecht Entsprechendes nicht ausmachen. Die Reformüberlegungen sind m.a.W. weder durch Schadensfälle noch durch gleichgelagerte Ereignisse veranlaßt worden.

Auch das Ereignis von Harrisburg/USA (1979) und die Reaktorkatastrophe von Tschernobyl/ehemals UdSSR (1986) rechtfertigen keine andere Beurteilung. Die im Zusammenhang hiermit veranlaßten Sicherheitsüberprüfungen und Risikostudien ergaben keine Anhaltspunkte für eine sicherheitskonzeptionelle Neubewertung bundesdeutscher Kernkraftwerke und demgemäß erforderlich werdende Gesetzesänderungen. Sofern besondere Vorkommnisse in hiesigen Anlagen bestimmte Nachrüstungsmaßnahmen notwendig machten, hat sich das geltende Atom- und Strahlenschutzrecht als ausreichend erwiesen, die gebotenen Maßnahmen durchzusetzen. Selbst die Maßnahmen des sogenannten anlageninternen Notfallschutzes, mit denen Ereignissen begegnet werden soll, die den auslegungsüberschreitenden Bereich betreffen und teilweise sogar jenseits der erforderlichen Schadensvorsorge anzusiedeln und damit dem Restrisikobereich zuzuordnen sind, sind z.T. bereits realisiert worden, ohne daß dafür die vorhandenen gesetzlichen Grundlagen hätten verändert oder ergänzt bzw. neue gesetzliche Grundlagen erst hätten geschaffen werden müssen.

c) Reformdiskussion

Auch wenn sich das geltende Atom- und Strahlenschutzrecht als rechtliche Grundlage im großen und ganzen bewährt hat, ist es, von einigen eher punktuellen Änderungen abgesehen, seit nunmehr über fünfzehn Jahren im wesentlichen unverändert geblieben. Vergleicht man dies mit der regen Reformtätigkeit in anderen Bereichen des Umweltrechts, etwa des Immissionsschutzrechts und des Abfallrechts, so ergeben sich deutliche Diskrepanzen. Die geltenden Spezialgesetze des Umweltschutzes entsprechen mithin unterschiedlichen zeitlichen Epochen, sie sind aber auch von disparaten Zielsetzungen getragen, ihre Systematik und Begriffsbildungen sind uneinheitlich. Entsprechendes gilt für die jeweiligen Regelungen der exekutivischen Gestattungen und sonstigen Eröffnungskontrollen. Es gibt überdies Unklarheiten über die jeweiligen Anwendungsbereiche. Ein Harmonisierungs- und Abstimmungsbedarf ist danach unverkennbar. Daß dieser schwierige Prozeß noch am ehesten im Rahmen einer Kodifizierung bewältigt werden kann, eher und besser jedenfalls als bei "bilateraler" Abstimmung der jeweils aufeinanderstoßenden medien-sektoralen Fachgesetze, ist offenkundig.

Die in allgemeiner Form angesprochenen Diskrepanzen im derzeit sektoral normierten Umweltschutz können gerade in bezug auf das Atomrecht verdeutlicht werden. Während etwa das Bundes-Immissionsschutzgesetz allein vom Schutzzweck geleitet ist (§ 1 BImSchG), kennt das geltende Atomgesetz (§ 1 Abs. 1 AtG) - wie übrigens auch das weit modernere Gentechnik-Gesetz (§ 1 Nr. 2 GenTG) - neben dem Schutz- auch den Förderzweck. Das Atomgesetz ist mithin nach Maßgabe seiner normativen Zweckbestimmungen nicht nur Umweltschutz-, sondern zugleich Wirtschafts- und Wissenschaftsförderungsgesetz. Eine derartige Kombination erscheint unsachgemäß, moderne Regelungen über die sichere Anwendung von Technologien sollten von Regelungen staatlicher Förderung freigehalten werden. Darüber sollte - wenn dies politisch gewollt ist - in anderen Zusammenhängen, etwa denen der Haushaltsgesetzgebung, entschieden werden. Mit einer Integration des Atomrechts in ein Umweltgesetzbuch wird eine Unterordnung unter die allgemeine Zweckbestimmung des § 1 des Entwurfs erfolgen; eine einheitliche und ausschließliche Orientierung am Schutzzweck ist damit gesichert (siehe auch Papier, DVBl. 1992, 1133 ff., 1135). Die Aufgabe des im Atomgesetz in § 1 an erster Stelle festgeschriebenen Förderprinzips ist aber auch angesichts des bei der friedlichen Nutzung der Kernenergie inzwischen erreichten hohen wissenschaftlichen und technischen Standes und ihrer praktischen Verbreitung angezeigt.

Durch erhebliche Disharmonien und Diskrepanzen ist vor allem auch das Recht der exekutivischen Gestattungen gekennzeichnet. Das gilt zum einen für die Frage, ob die behördliche Gestattung als gebundene Entscheidung oder als Entscheidung mit einem behördlichen Versagungsermessen ausgestaltet ist. Während beispielsweise die Anlagengenehmigung nach den §§ 4 ff. BImSchG eine gebundene Entscheidung darstellt, der Antragsteller also bei Erfüllung aller normativen Genehmigungsvoraussetzungen einen Rechtsanspruch auf Erteilung der Genehmigung hat, sieht § 7 Abs. 2 AtG für die atomrechtliche Anlagengenehmigung ein sogenanntes Versagungsermessen vor (BVerfGE 49, 89 [144 ff.]). Aufgrund der derzeit geltenden Ermessensermächtigung in § 7 Abs. 2 AtG können allerdings Auflagen zur Entsorgungsvorsorge gemacht werden, die im geltenden Atomrecht keine

Genehmigungsvoraussetzung darstellt. Aus rechtsstaatlichen Gründen der Normbestimmtheit und des Wesentlichkeitsgrundsatzes empfiehlt es sich, die Frage der Entsorgung de lege ferenda zu einer (weiteren) Voraussetzung einer im übrigen gesetzesgebundenen Zulassungsentscheidung zu machen. Eine einheitliche Regelungsstruktur bei den exekutivischen Gestattungen i.S. einer gebundenen Entscheidung dürfte sich daher empfehlen. Eine Beeinträchtigung der Schutzinteressen Dritter steht bei Aufgabe des Versagungsermessens nicht zu befürchten, da die Genehmigungsbehörden auf jeden Fall an den von der gerichtlichen Kontrollkompetenz umfaßten Grundsatz der Gefahrenabwehr sowie der Risikovorsorge gebunden sind und ein weiterer Drittschutz im Ermessensbereich ohnehin nicht in Betracht kommt (Papier, in: Neuntes Deutsches Atomrechts-Symposium, 1991, S. 209 ff., 214).

Höchst unterschiedlich sind die Regelungen in den sektoralen Fachgesetzen auch in bezug auf die Konzentrationswirkung umweltrechtlicher Genehmigungen. Nach § 13 BImSchG schließt die Genehmigung nach diesem Gesetz andere, die Anlage betreffende behördliche Entscheidungen ein, mit Ausnahme von Planfeststellungen, Zulassungen bergrechtlicher Betriebspläne, Zustimmungen sowie von behördlichen Entscheidungen auf Grund atomrechtlicher und wasserrechtlicher Vorschriften. Weitergehend sieht § 22 GenTG eine Konzentrationswirkung allein mit der Ausnahme für Entscheidungen auf Grund atomrechtlicher Vorschriften vor. Ganz umfassend ist die Konzentrationswirkung von Planfeststellungsbeschlüssen nach Maßgabe des § 75 Abs. 1 VwVfG geregelt, während andererseits der atomrechtlichen Genehmigung nach geltendem Recht überhaupt keine Konzentrationswirkung zukommt. Es ist ohne weiteres einsichtig, daß jene Diskrepanzen im geltenden Recht durch nichts zu rechtfertigen sind und in einem Umweltgesetzbuch beseitigt werden müssen. Dabei dürfte sich die Einführung einer umfassenden Entscheidungskonzentration jedenfalls bei denjenigen öffentlich-rechtlichen Gestattungen empfehlen, die der Sache nach eine Anlagengenehmigung beinhalten (siehe aber auch die kritischen Bemerkungen von Breuer, Gutachten B für den 59. Deutschen Juristentag, 1992, S. B 47 f.).

Ohne einleuchtende Gründe sind schließlich die Regelungen über nachträgliche Anordnungen bzw. Auflagen - siehe einerseits § 17 BImSchG, andererseits § 17 AtG - sehr unterschiedlich. Das gilt insbesondere für die Frage der Entschädigungspflicht. § 18 Abs. 3 AtG sieht auch bei nachträglichen Auflagen eine Entschädigungspflicht vor, die im Bundes-Immissionsschutzgesetz nur für den Fall des Widerrufs der Genehmigung bestimmt ist. Im Zuge der Harmonisierung muß die Entschädigungspflicht bei nachträglichen Auflagen bzw. Anordnungen entfallen. Die strikte Wahrung des Verhältnismäßigkeitsgrundsatzes ist als Rechtmäßigkeitsvoraussetzung nachträglicher Auflagen oder Anordnungen vorzusehen, so daß solche gar nicht angeordnet werden dürften, wenn der mit der Erfüllung der Anordnung verbundene Aufwand außer Verhältnis zu dem mit der Anordnung erstrebten Zweck stünde. Die Entschädigungsfrage würde sich dann gar nicht mehr stellen (ebenso Papier, in: Lukes [Hrsg.], Reformüberlegungen zum Atomrecht, 1991, S. 111 ff., 198 f.; ders., in: Neuntes Deutsches Atomrechts-Symposium, 1991, S. 209 ff., 227).

Das in sektoralen Fachgesetzen aufgegliederte Besondere Umweltrecht weist schließlich auch insoweit erhebliche Diskrepanzen auf, als es auf jeweils unterschiedlichen Normierungsebenen anzutreffen ist. Es fehlt eine einheitliche und in sich halbwegs stimmige Gliederung des Normenwerks zwischen den Gesetzes-, Verordnungs- und Richtlinienebenen. Während beispielsweise das Verfahren der immissionsschutzrechtlichen Genehmigung im Gesetz (siehe § 10 BImSchG) geregelt ist, finden sich die entsprechenden Normen für die atomrechtliche Genehmigung in der Rechtsverordnung (siehe §§ 2 ff. AtVfV). Entsprechendes gilt für die Regelung des Rechtsinstituts der Teilgenehmigung (§ 8 BImSchG einerseits, § 18 AtVfV andererseits). Während die den Umgang mit Kernbrennstoffen betreffenden Genehmigungsvorbehalte im Gesetz enthalten sind (siehe §§ 3 ff. AtG), werden die Genehmigungsvorbehalte betreffend den Umgang mit sonstigen radioaktiven Stoffen ausschließlich in der Strahlenschutzverordnung geregelt.

Dies ist keine sachgerechte Zuordnung zu den verschiedenen Regelungsebenen, die Genehmigungsvorbehalte müssen vielmehr im grundsätzlichen einheitlich auf der gesetzlichen Ebene geregelt werden. Denn insoweit geht es um wesentliche Fragen der Abgrenzung von grundrechtlicher Freiheit, Grundrechtsbindung und Erfüllung staatlicher Schutzpflichten, die jedenfalls in grundsätzlicher Hinsicht der förmliche Gesetzgeber zu regeln hat (Papier, DVBl. 1992, 1133 ff., 1136).

Hinzu kommt die umfangreiche Rechtsprechung zum Kernenergie- und Strahlenschutzrecht, die in der Vergangenheit ganz maßgeblich zur Rechtsfortbildung beigetragen hat. Denn das geltende Atomgesetz hat eine Reihe von Fragen offen gelassen oder zumindest nicht mit der hinreichenden Eindeutigkeit beantwortet, so daß die an sich wünschenswerte Rechtssicherheit nicht in dem gebotenen Ausmaß gewährleistet ist. Die Schwerpunkte der auf Grund geänderter Randbedingungen und Verhältnisse angezeigten Reform sollen im folgenden kurz skizziert und unter III. noch einmal thesenartig zusammengefaßt werden.

Auslegung und Anwendung des geltenden Atomgesetzes sind mit einer Reihe von Unsicherheiten belastet. Verbesserungen lassen sich etwa erzielen durch eine klarere Regelung der Bindungswirkung des vorläufigen positiven Gesamturteils im gestuften Bewilligungsverfahren, die Konkretisierung des Anlagenbegriffs sowie des Begriffs der "wesentlichen Änderung". Mit der Einführung einer umfassenden Konzentrationswirkung könnte zudem eine erhebliche Rationalisierung und Beschleunigung der Genehmigungsverfahren erreicht werden.

Von den normativen Grundlagen der Genehmigungserteilung bedarf vor allem der Begriff der "erforderlichen Schadensvorsorge" in § 7 Abs. 2 Nr. 3

AtG g.F. der Konkretisierung. Dieser Begriff gewährleistet zwar eine Offenheit des Atomgesetzes für künftige technische Entwicklungen, so daß es nicht angezeigt erscheint, konkrete konstruktive Detailanforderungen gesetzlich festzuschreiben. Jedoch sollte klargestellt werden, was Schadensvorsorge im Sinne des Gesetzes überhaupt bedeutet, nämlich den Ausschluß von Gefahren und Vorsorge gegen Risiken, letztere allerdings unter dem Vorbehalt der Verhältnismäßigkeit. Dabei sollte zusätzlich die Reichweite des Drittschutzes verbindlich festgelegt werden.

Zur Gewährleistung eines Höchstmaßes an kerntechnischer Sicherheit muß eine gesetzliche Verpflichtung der Betreiber kerntechnischer Anlagen eingeführt werden, ihre Anlagen in bestimmten Zeitabständen auf ihren Sicherheitszustand überprüfen zu lassen. Die periodische Sicherheitsüberprüfung dient dazu, den Nachweis zu erbringen, daß die Anlagen den Anforderungen des Genehmigungsbescheides entsprechen und bisher nicht erkannte Schwachstellen im Zusammenwirken der Anlagenkomponenten zu erkennen.

Im Bereich der Entsorgung ist die "Privatisierung" der bisher dem Staat übertragenen Aufgabe der Errichtung und des Betriebes von Anlagen zur Endlagerung radioaktiver Abfälle vorgesehen. Dadurch wird dem Verursacherprinzip in stärkerem Maße als bisher Rechnung getragen. Der Staat kann und muß seinen Schutzpflichten ebenso wie beim Betrieb von kerntechnischen Anlagen durch präventive Gestattungsvorbehalte und Überwachung nachkommen. Die Privatisierung der Endlagerung erlaubt es im übrigen, den Entsorgungsvorsorgenachweis wie in anderen Rechtsgebieten als Genehmigungsvoraussetzung auszugestalten.

Im Interesse größerer Flexibilität wird schließlich die Einführung einer gleichrangigen Option zwischen Wiederaufarbeitung und direkter Endlagerung vorgeschlagen. Dies bedeutet eine stärkere Öffnung zur direkten Endlagerung hin, die das geltende Recht lediglich eingeschränkt zuläßt.

Bei der Haftung und Deckung geht es in erster Linie darum, die private Deckungsvorsorge entsprechend den erkennbar gestiegenen Kapazitäten des Versicherungsmarktes zu erhöhen. Dabei wird die Höchstgrenze der Dekkungsvorsorge von bisher 500 Millionen DM auf 5 Milliarden DM erhöht. Soweit die von der Genehmigungsbehörde festgesetzte Deckungsvorsorge mit privaten Mitteln, d.h. durch Haftpflichtversicherung oder ähnlichem nicht erbracht werden kann, wird dem Deckungsvorsorgepflichtigen gegen Entgelt durch den Bund Deckungsvorsorge (Bundesdeckung) gewährt. Durch Verzicht auf eine Höchstgrenze der privaten Deckungsvorsorge bleibt die Deckungsvorsorgeregelung offen für künftige Entwicklungen des Versicherungsmarktes. Zugleich wird auch die Höchstgrenze der staatlichen Freistellung von bisher 1 Milliarde DM auf 5 Milliarden DM erhöht. Auf diese Weise ist sichergestellt, daß auch dann 5 Milliarden DM für die Befriedigung etwaiger Schadensersatzansprüche zur Verfügung stehen, wenn die von der Genehmigungsbehörde festgesetzte Deckungsvorsorge die Höchstgrenze nicht erreicht.

3. Rahmenbedingungen

Rahmenbedingungen für die Ausgestaltung des Kernenergie- und Strahlenschutzrechts folgen aus den Vorgaben des Völkervertragsrechts und des Rechts der Europäischen Gemeinschaft sowie aus der grundgesetzlichen Kompetenzordnung.

a) Internationales Recht und EG-Recht

Wichtige Rechtsgrundlagen des Kernenergie- und Strahlenschutzrechts finden sich in zahlreichen bilateralen und multilateralen Verträgen und Abkommen, von denen an erster Stelle der EURATOM-Vertrag (vgl. das Gesetz zu den Verträgen vom 25. März 1957 zur Gründung der Europäischen Wirtschaftsgemeinschaft und der Europäischen Atomgemeinschaft vom 27. Juli 1957, BGBl. II S. 573, 1014, 1675 sowie BGBl. 1958, II S. 1) und das Übereinkommen vom 28. Juli 1960 über die Haftung gegenüber Dritten auf dem Gebiet der Kernenergie in der Fassung vom 5 Februar 1976 (BGBl. II S. 310, 311) und mit dem Protokoll vom 14. November 1982 (BGBl. 1985 II S. 691) - sogenanntes Pariser Übereinkommen - und das Zusatzübereinkommen vom 31. Januar 1963 zum Pariser Übereinkommen in der Fassung vom 5. Februar 1976 (BGBl. II S. 310, 318) und mit dem Protokoll vom 16. November 1982 (BGBl. II S. 698) - sog. Brüsseler Zusatzübereinkommen - genannt werden muß. Hinzu kommen Richtlinien des Rates der Europäischen Gemeinschaft z.B. Richtlinie des Rates vom 15. Juli 1980 zur Änderung der Richtlinien, mit denen die Grundnormen für den Gesundheitsschutz der Bevölkerung und der Arbeitskräfte gegen die Gefahren ionisierender Strahlungen festgelegt wurden (80/836/Euratom, ABl. EG Nr. L 246 vom 17. September 1980, S. 1) und Richtlinie des Rates vom 3. September 1984 zur Festlegung der grundlegenden Maßnahmen für den Strahlenschutz bei ärztlichen Untersuchungen und Behandlungen (84/466/Euratom, ABl. EG Nr. L 265 vom 5. Oktober 1984, S. 1). Insbesondere auf dem Gebiet der radioaktiven Abfallstoffe stellen sich dem Gemeinschaftsrecht zunehmend neue Aufgaben. Eine Reihe von Rechtsakten sind in der Vergangenheit hierzu bereits ergangen, die sich jedoch zumeist auf Forschungs- und programmatische Vorarbeiten beschränken (siehe im einzelnen Kloepfer, Umweltrecht, 1989, § 6 Rn. 42); vgl. nunmehr aber die Richtlinie des Rates der Europäischen Gemeinschaft vom 3. Februar 1992 - 92/3/EURATOM - über die Überwachung und Kontrolle der Verbringung radioaktiver Abfälle. Vgl. im übrigen auch § 149 sowie die Ausführungen zum zweiten Abschnitt.

b) Gesetzgebungskompetenzen

Der gesamte Regelungsbereich des Kernenergie- und Strahlenschutzrechts stützt sich - wie erwähnt - auf die im Wege der Grundgesetzänderung vom 23. Dezember 1959 (BGBl. I S. 813) eingefügte Gesetzgebungskompetenz des Art. 74 Nr. 11 a GG. Auf weitere spezifisch verfassungsrechtliche Fragen ist im Rahmen der Begründung des zweiten Abschnitts, der die Eröffnungskontrollen zum Gegenstand hat, zurückzukommen.

II. VORSCHLAG

1. Zur Konzeption des Kernenergie- und Strahlenschutzrechts im Besonderen Teil

Da das Atomgesetz geltender Fassung seine frühere Vorreiterrolle als fortschrittliches Schutz- und Sicherheitsgesetz angesichts der Entwicklungen in anderen Bereichen des Umweltrechts eingebüßt hat, muß es das Ziel eines Reformvorhabens sein, das Kernenergie- und Strahlenschutzrecht an die Entwicklung der modernen Schutzgesetze im technischen Sicherheitsrecht anzupassen. Die Regelungen im Besonderen Teil und speziell im Fünften Kapitel sind aber in ungleich größerem Maße als die des Allgemeinen Teils geprägt von politischen Willensentscheidungen, Wertungen und Abwägungen. Hier geht es in den zentralen Punkten nicht allein um klare Begriffsfindungen, Systematik und "saubere" dogmatische Strukturierung, sondern um politische Entscheide elementarer bzw. essentieller Art, die voraussetzungsgemäß höchst umstritten und möglicherweise nur über Kompromißlösungen verwässert und verflacht durchsetzbar sein werden. Im Besonderen Teil allgemein und in seinem Fünften Kapitel im besonderen werden - so steht zu befürchten - die politisch durchsetzbaren oder "machbaren", nicht die aus systematisch-dogmatischen Gründen und gemessen an den eigentlichen Intentionen erforderlichen oder optimalen Regelungen im Vordergrund stehen. Die Formulierung des Fünften Kapitels war ohne eine Entscheidung der in unserer Gesellschaft höchst umstrittenen Frage, ob die Regelungen des Atomrechts - nach wie vor - von der prinzipiellen Nutzbarkeit der Kernenergie zu friedlichen Zwecken oder aber von einer "Ausstiegsprärogative" bzw. Ausstiegsoption getragen sein sollen, nicht möglich. Auch galt es zu klären, ob die atomare Wiederaufarbeitung vor oder neben der (unmittelbaren) Endlagerung als Entsorgungsmöglichkeit aufrechterhalten werden, ob die Entsorgung im Ausland gleichwertig neben der im Inland möglich sein und ob die atomare Entsorgung nach wie vor zur unmittelbaren staatlichen Aufgabe erklärt oder aber privatisiert werden soll. Das Fünfte Kapitel des Entwurfs ist weder als Ausstiegs- noch als Fördergesetz für die friedliche Nutzung der Kernenergie konzipiert, es wird vielmehr in erster Linie eine fachliche Verbesserung und eine Anpassung an veränderte normative und technische Entwicklungen angestrebt. Es gilt ferner, im Sinne eines übergreifenden Ansatzes mögliche Disharmonien, Diskrepanzen und Defizite mit dem Ziel der Harmonisierung zu erkennen und zu beseitigen. Dabei ist es erforderlich, an alle Umweltrisiken vergleichbare Maßstäbe anzulegen und vergleichbare Maßnahmen zu ihrem Ausschluß oder zu ihrer Reduzierung vorzusehen. Zugleich muß der Versuch unternommen werden, durch stärkere Konkretisierung unbestimmter Gesetzesbegriffe mehr Rechtsklarheit und Rechtssicherheit zu schaffen.

In Anbetracht der für das geltende Recht charakteristischen, aber wenig übersichtlichen Aufteilung der Genehmigungstatbestände auf verschiedene Regelungsebenen nimmt der Entwurf hier eine deutliche Systematisierung vor. Die bislang von der Strahlenschutzverordnung erfaßten Genehmigungstatbestände werden auf die gesetzliche Ebene "hochgezont", während es lediglich für eventuelle Ausnahmen vom Genehmigungserfordernis im Grundsatz bei der verordnungsrechtlichen Ebene bleibt, wofür das Gesetz die entsprechenden Ermächtigungen bereit hält. Von den Eröffnungskontrolltatbeständen des zweiten Abschnitts bleiben nach der Konzeption des Fünften Kapitels hingegen die Genehmigungstatbestände ausgeklammert, die gegenwärtig in der Röntgenverordnung normiert sind. Dies bedeutet nicht, daß eine Regelung dieser den Betrieb von Röntgeneinrichtungen und Störstrahlern betreffenden Genehmigungen damit überflüssig geworden wäre. Im Gegenteil: Ihre Bedeutung gerade für die Verwendung medizinischer Apparaturen ist unbestritten. Es erscheint jedoch aus Gründen der vergleichsweise geringen Strahlengefahren, die von dem Betrieb dieser Einrichtungen ausgehen, ausreichend, wenn das Gesetz sich in diesem Bereich nach wie vor auf die maßgebliche Verordnungsermächtigung beschränkt (vgl. § 407 Abs. 1 S. 1 Nr. 1). Entsprechendes gilt schließlich für das Verwaltungsverfahren der kernenergie- und strahlenschutzrechtlichen Zulassungen (vgl. § 407 Abs. 2). Im übrigen soll bereits nach dem Entwurf des Allgemeinen Teils selbst das Verfahren der Umweltbewilligungen durch eine Rechtsverordnung normiert werden (siehe § 148 Abs. 2).

2. Zum Aufbau des die Kernenergie und den Strahlenschutz betreffenden Kapitels

Das Fünfte Kapitel umfaßt fünf Abschnitte mit insgesamt 62 Paragraphen, die wie folgt gegliedert werden:

Erster Abschnitt: Allgemeine Vorschriften

Zweck des Kapitels, Begriffsbestimmungen, Strahlenschutzpflichten

Zweiter Abschnitt: Eröffnungskontrollen und Überwachung

Erster Unterabschnitt: Errichtung und Betrieb bewilligungsbedürftiger Anlagen

Errichtung und Betrieb von Anlagen, Aufbewahrung von Kernbrennstoffen in Anlagen, Stillegung von Anlagen.

Zweiter Unterabschnitt: Umgang mit Kernbrennstoffen und sonstigen radioaktiven Stoffen

Umgang außerhalb bewilligungsbedürftiger Anlagen, Ein- und Ausfuhr, Beförderung

Dritter Unterabschnitt: Entsorgung

Verwertung radioaktiver Reststoffe und Beseitigung radioaktiver Abfälle, Ordnung der Entsorgung, Endlagerung radioaktiver Abfälle, Erkundung von Endlagerstandorten.

Vierter Unterabschnitt: Umfang und Wirkungen der Bewilligung

Teilbewilligung, Einwendungen Dritter, Nebenbestimmungen, andere behördliche Entscheidungen, wesentliche Änderungen, Widerruf bei mangelnder Deckungsvorsorge, Rechtsnachfolge.

Fünfter Unterabschnitt: Aufsicht und Überwachung

Aufsicht, Periodische Sicherheitsprüfung, nachträgliche Anordnungen.

Sechster Unterabschnitt: Umweltbeauftragter für Strahlenschutz

Erforderlichkeit eines Umweltbeauftragten für Strahlenschutz, Pflichten des Umweltbeauftragten für Strahlenschutz, Pflichten gegenüber dem Umweltbeauftragten für Strahlenschutz, Anordnung von Schutzmaßnahmen.

Siebenter Unterabschnitt: Zuständigkeiten

Zuständigkeit für Einfuhr- und Ausfuhrgenehmigungen, Überwachung der Einfuhr und Ausfuhr, Zuständigkeit des Bundesamtes für Strahlenschutz, Zuständigkeit der Landesbehörden.

Achter Unterabschnitt: Ermächtigungen

Eröffnungskontrollen, Schutzmaßnahmen.

Dritter Abschnitt: Strahlenschutzvorsorge

Zweck, Aufgaben des Bundes, Informationssystem des Bundes, Bewertung der Daten.

Vierter Abschnitt: Haftungsvorschriften und Deckungsvorsorge

Erster Unterabschnitt: Allgemeine Vorschriften

Begriffsbestimmungen.

Zweiter Unterabschnitt: Haftung

Haftung für Kernanlagen, Haftung für Reaktorschiffe, Haftung in anderen Fällen, mitwirkendes Verschulden des Verletzten, Umfang des Schadensersatzes, Haftungshöchstgrenzen, Verjährung, mehrere Ersatzpflichtige, Freistellungsverpflichtung, Aufteilung der Freistellung zwischen Bund und Ländern, Rückgriff bei der Freistellung, Ausgleich durch den Bund, Ausnahmen von den Leistungen des Bundes und der Länder, ausländische Kernanlagen, Haftungs- und Deckungsfreigrenzen, Entscheidung des Direktionsausschusses.

Dritter Unterabschnitt: Deckungsvorsorge

Deckungsvorsorge, Anwendung des Gesetzes über den Versicherungsvertrag, Rangfolge der Befriedigung aus der Deckungsvorsorge.

Fünfter Abschnitt: Gemeinsame Vorschriften

Überprüfung der Zuverlässigkeit zum Schutz gegen Entwendung oder erhebliche Freisetzung radioaktiver Stoffe, Strahlenschutzregister, Informationsübermittlung, Beratungskommissionen, bestehende Zulassungen, Ordnungswidrigkeiten.

III. SCHWERPUNKTE DER ÄNDERUNGEN IM VERHÄLTNIS ZUM GELTENDEN RECHT

1. Eine besondere Verankerung des Föderprinzips entfällt.
2. Die Bewilligungs- und Genehmigungsvorbehalte sind einheitlich, d.h. nicht mehr getrennt nach Kernbrennstoffen und sonstigen radioaktiven Stoffen, auf der gesetzlichen Ebene zu regeln. Der Entwurf übernimmt das Institut der Umweltbewilligung (§§ 52 ff.) für die Zulassung von Anlagen und die Endlager, deren Stillegung sowie die wesentliche Änderung der Anlagen.
3. Die normativen Voraussetzungen der Bewilligungs- bzw. der Genehmigungserteilung werden stärker systematisiert und präzisiert. Dabei werden auch Aussagen zum Umfang des Drittschutzes im Gesetz vorgesehen.
4. Die Pflicht der Kernkraftswerksbetreiber zu periodischer Sicherheitsüberprüfung soll gesetzlich verankert werden.
5. Bei nachträglichen Auflagen werden staatliche Entschädigungspflichten nicht mehr vorgesehen.
6. Im Bereich der Entsorgung soll die Möglichkeit für eine direkte Endlagerung radioaktiver Abfälle gesetzlich erweitert und das Verursacherprinzip durch Privatisierung der Endlagerung umfassend durchgesetzt

werden. Wiederaufarbeitung und direkte Endlagerung stehen gleichrangig nebeneinander.

7. Die Auftragsverwaltung beim Vollzug des Kernenergie- und Strahlenschutzrechts wird nicht aufrechterhalten. Stattdessen wird die Möglichkeit vorgesehen, den bundeseigenen Vollzug zu erweitern. Ist eine Bundeszuständigkeit nicht gegeben, sollen die Länder das Kernenergie- und Strahlenschutzrecht als eigene Angelegenheit vollziehen.
8. Die private Deckungsvorsorge sowie die Höchstgrenze der staatlichen Freistellung sind entsprechend den erkennbar gestiegenen Kapazitäten des Versicherungsmarktes auf 5 Milliarden DM anzuheben. Soweit die im Einzelfall festgesetzte Deckungsvorsorge den mit privaten Mitteln erreichbaren Betrag überschreitet, gewährt der Bund gegen Entgelt Deckungsvorsorge (Bundesdeckung).
9. Es wird eine gesetzliche Regelung der Stillegungsvorsorge vorgesehen, die sicherstellen soll, daß jederzeit die erforderlichen finanziellen Mittel für die Stillegung und Beseitigung einer Anlage verfügbar sind, insbesondere dann, wenn die Stillegung ungeplant erfolgt.
10. Es wird eine stärkere Harmonisierung des Kernenergie- und Strahlenschutzrechts mit anderen Bereichen des technischen Sicherheits- und des Umweltrechts, wie z.B. des Immissionsschutzrechts, angestrebt.

Zum Ersten Abschnitt: Allgemeine Vorschriften

I. AUSGANGSLAGE

1. Gegenstand des Regelungsbereichs

Gegenstand des ersten Abschnitts sind allgemeine Vorschriften, insbesondere die Zweckbestimmungen sowie die Grundsätze des Strahlenschutzes betreffend. Es handelt sich insoweit um verbindlich festgelegte materielle Kriterien, die bei der Anwendung der einzelnen Steuerungsinstrumente der folgenden Abschnitte Berücksichtigung finden und auch im Interesse einer einheitlichen behördlichen Vollzugspraxis gleichsam "vor die Klammer" gezogen sind.

2. Bisherige Rechtslage

a) Rechtslage

Auch das bisherige Recht sieht einen vergleichbaren Einleitungsabschnitt vor, beschränkt sich allerdings auf die Zweck- und Begriffsbestimmungen, während eine Grundsatznorm, wie sie § 379 des Entwurfs enthält, bisher nur in der Strahlenschutzverordnung, nicht aber im Atomgesetz selbst, anzutreffen ist.

b) Erfahrungen mit dem bisherigen Recht

Die Erfahrungen mit den Zweck- und Grundlagenbestimmungen des bisherigen Rechts haben gezeigt, daß sie ihre Aufgabe als Auslegungsdirektiven im wesentlichen erfüllen konnten. Das in der Bündelung von Zwecksetzungen zum Ausdruck kommende Spannungsverhältnis von Förderungs- und Sicherungskriterien war das Ergebnis der Zulassung und Einführung einer neuartigen Technik, bei der noch nicht erforschte Risiken auf der einen und Förderung technischen und wissenschaftlichen Fortschritts auf der anderen Seite einander gegenüberstanden. Der Schutzzweck des § 1 Nr. 2 AtG g.F. genießt nach der verfassungsrechtlichen Werteordnung Vorrang vor dem Förderungszweck der Nr. 1 (vgl. BVerwG, DVBl. 1972, 678 ff., 680; siehe auch BVerfGE 53, 30 [58]). Dieser anerkannte Vorrang befreit aber nach geltendem Recht nicht vor einer im Einzelfall vorzunehmenden Gesamtbetrachtung. Die isolierte Berücksichtigung etwa nur des Schutzzwecks und damit verbunden die Forderung nach absoluter Sicherheit wären mit der technischen Realität - ebenso wie mit den normativen Grundentscheidungen - unvereinbar: Ein absoluter Schutz der Bürger gegen jegliches Gesundheits- oder Lebensrisiko würde letztlich jede Nutzung der Technik, die solche Risiken birgt, praktisch unmöglich machen. Er wird auch von der Verfassung nicht gefordert.

Die begriffliche Beschränkung des Schutzzwecks des § 1 Nr. 2 AtG g.F. auf den "Gefahren"-Bereich hat in der Vergangenheit bei der Suche nach Antworten auf die Frage "Wie sicher ist sicher genug?" und den entscheidenden Maßstäben im Zusammenhang mit der Bemessung der erforderlichen Schadensvorsorge nicht die gewünschte Klärung bringen können. In Anpassung an die später im Rahmen der einzelnen Eröffnungskontrolltatbestände vorgenommene Konkretisierung des Vorsorgebegriffs bedarf es schon im Hinblick auf den Schutzzweck einer Weiterentwicklung: Der bislang im Atomgesetz an keiner Stelle verwendete Risiko-Begriff ist im Interesse der Rechtsklarheit in die Schutzzweckbestimmung aufzunehmen.

c) Reformdiskussion

Angesichts des in der Kernenergienutzung zwischenzeitlich erreichten technischen und wirtschaftlichen Standes ist eine besondere Verankerung des Förderprinzips entbehrlich geworden. Da die Kernenergie maßgeblichen Anteil an der Stromversorgung in der Bundesrepublik hat, erscheint eine Sonderbehandlung der Betreiber kerntechnischer Anlagen heute nicht mehr gerechtfertigt. Moderne Regelungen über die sichere Anwendung von Technologien sollten - wie bereits erwähnt - von Regelungen staatlicher Förderung freigehalten werden. Darüber sollte - wenn dies politisch gewollt ist - in anderen Zusammenhängen, etwa denen der Haushaltsgesetzgebung, entschieden werden (siehe auch Papier, DVBl. 1992, 1133 ff., 1135). § 1 Nr. 1 AtG g.F. ist somit zu streichen. Anstelle des Förderprinzips sollte die Gewährleistung einer geordneten Beseitigung radioaktiver Abfälle als Gesetzeszweck normiert werden.

3. Rahmenbedingungen

Bei der Festlegung des Zwecks eines Gesetzes kann der Gesetzgeber jedes als solches nicht verfassungswidrige Ziel verfolgen. Bei der Festlegung der Grundsätze und weiteren Zielvorgaben hat er sich dann an diesen Zweckbestimmungen und dem durch diese gesteckten Rahmen zu orientieren. Hinsichtlich der international-rechtlichen und der spezifisch verfassungsrechtlichen, insbesondere der kompetenzrechtlichen Probleme kann auf die Ausführungen zum zweiten Abschnitt I. 3. verwiesen werden.

II. VORSCHLAG

1. Leitvorstellungen

Der vorliegende Entwurf dieses Einleitungsabschnitts orientiert sich weitgehend an der Regelung des geltenden Atomgesetzes. Dort wie hier sollen die grundlegenden gesetzgeberischen Zweckvorstellungen sowie die wichtigsten Begriffsbestimmungen dem Gesetz vorangestellt werden. Neu ist die Einführung einer Grundsatznorm, die bislang im Atomgesetz fehlte.

Die Zweckbestimmung dient dazu, Gegenstand und Zielsetzung des Kapitels zu verdeutlichen. Sie hat darüber hinaus die Funktion, bei der Auslegung der nachfolgenden Vorschriften mitherangezogen zu werden. Sie ist schließlich eine spezialgesetzliche Ausprägung der allgemeinen Zweckbestimmung des § 1.

Im Interesse einer einheitlichen Gesetzesanwendung ist es geboten, bestimmte atomrechtsspezifische Begriffe verbindlich zu definieren, soweit sie nicht bereits im Allgemeinen Teil Berücksichtigung gefunden haben.

Die Grundsätze des Strahlenschutzrechts haben die Aufgabe, dessen Leitgedanken, die in der Zweckbestimmung ihren Niederschlag gefunden haben, zu konkretisieren, um ihrerseits als Auslegungshilfe für die Einzelbestimmungen dieses Kapitels zu dienen. Sie sind zudem unmittelbar an die vom sachlichen Geltungsbereich der folgenden Eröffnungskontrolltatbestände betroffenen Personen adressiert.

2. Zur Regelung im einzelnen

Zu § 377 Zweck

Die Zweckbestimmung in § 377 ist zwar keine unmittelbar vollzugsfähige Norm, wohl aber eine verbindliche Richtlinie für die Auslegung und damit für die Anwendung und rechtsetzende Ausfüllung dieses Kapitels (so auch für § 1 AtG g.F. die Amtliche Begründung, BT-Drs. III/759, S. 18). Dabei soll die Reihenfolge der Aufzählung nicht auf eine bestimmte Rangfolge der einzelnen Zweckbestimmungen hinweisen.

a) In Absatz 1 Nr. 1 und somit an erster Stelle und für die Grundkonzeption dieses Kapitels bezeichnend wird als dessen Zweck das Schutz- und das Vorsorgeprinzip erklärt. Die Bestimmung unterscheidet zwischen den "Gefahren und Risiken der Kernenergie" und der "schädlichen Wirkung ionisierender Strahlen".

Die erste Alternative meint das Risiko der Auslösung einer unkontrollierten oder nicht mehr kontrollierbaren Kettenreaktion, die zu Schäden führen kann. Geht es bei der Zweckbestimmung somit zwar vorrangig um das sogenannte Kritikalitätsrisiko, erscheint eine Ergänzung des in § 1 Nr. 2 AtG g.F. gebrauchten Gefahrenbegriffs um die Kategorie des "Risikos" - wie unter 1. 2. b) dargelegt - aus Gründen der Klarstellung geboten: Bereits an zentraler Stelle des Kapitels sollte deutlich werden, daß es um mehr geht als bloße "Gefahren"(-beherrschung). Der Risiko-Begriff, den das geltende Atomgesetz überhaupt nicht kennt, wird dann folgerichtig auch zum Maßstab des Vorsorgeprinzips erklärt, welches - kraft seiner Bedeutung für die Ausfüllung der die einzelnen Genehmigungs- und Bewilligungstatbestände beherrschenden Voraussetzung der "erforderlichen Vorsorge gegen Schäden" - mit in die Reihe der Zweckbestimmungen des Kapitels aufzunehmen ist.

Der Begriff "ionisierende Strahlen" ist in Anlage I zu § 2 Abs. 1 StrlSchV g.F. definiert als Photonen- oder Teilchenstrahlungen, die in der Lage sind, direkt oder indirekt die Bildung von Ionen zu bewirken. Die "schädliche Wirkung", die von ionisierenden Strahlen ausgeht, besteht in der zwar physisch meist zunächst nicht wahrnehmbaren, aber weiterwirkenden Veränderung, vornehmlich des lebenden Organismus (vgl. auch aus der Begründung zur Strahlenschutzverordnung, BR-Drs. 375/76, S. 8 ff.). In diesem Bereich Sicherheit zu gewährleisten, ist Aufgabe des Strahlenschutzes, der im einzelnen von den zu diesem Kapitel auf der Grundlage des § 408 ergehenden Rechtsverordnungen zu regeln ist, wie dies auch nach geltendem Recht in erster Linie durch die Strahlenschutzverordnung erfolgt.

Die Schutzgüter Menschen, Sachen und Umwelt stehen beispielhaft für den Menschen und seine gesamte Umwelt. Im Mittelpunkt des Strahlenschutzes, gleichsam repräsentativ für die übrige Umwelt, steht der Mensch mit seiner hohen Strahlenempfindlichkeit. Eine Erweiterung der Schutzgüter um bestimmte umweltspezifische Schutzobjekte wie Tiere, Pflanzen, Boden,

Wasser oder Luft würde zwar der Entwicklung in Teilen der neueren Umweltschutzgesetzgebung Rechnung tragen. Da die Ausweitung auf die genannten Schutzobjekte aber schon von dem Schutzgut "Sachen" erfaßt wird - der Terminus meint nicht die Sachen im Sinne des § 90 BGB, wonach etwa das Wasser und die freie Luft nicht erfaßt wären - käme ihr lediglich eine klarstellende Funktion zu, die sich mangels aufgekommener Mißverständnisse in der Vergangenheit nicht zwingend aufdrängt. Auch dem Begriff "Umwelt" liegt ein umfassendes Verständnis zugrunde. Er deckt sich im wesentlichen mit dem in Art. 3 der Richtlinie des Rates vom 27.06.1985 über die Umweltverträglichkeitsprüfung bei bestimmten öffentlichen und privaten Projekten (85/337/EWG) verwendeten weiten Umweltbegriff. Dieser umfaßt hiernach die Faktoren Menschen, Tiere und Pflanzen, Boden, Wasser, Luft, Klima und Landschaft, einschließlich der jeweiligen Wechselwirkungen sowie Kultur- und sonstige Sachgüter.

b) Der Entwurf normiert die Zweckbestimmung des Schadensausgleichs losgelöst von der Schutzzielbestimmung als eigenständiges Element, ohne mit dieser Ausgliederung gegenüber dem bisherigen Rechtszustand eine Aufwertung vorzunehmen. Schutz vor den Gefahren und Risiken der Kernenergie sowie Strahlenschutz auf der einen und Ausgleich von Schäden auf der anderen Seite betreffen zwei verschiedene Funktionen, die eine getrennte Behandlung rechtfertigen. Die materiellen Haftungs- und Entschädigungsgrundsätze enthalten das Pariser Haftungsübereinkommen und ergänzend dazu die in diesem Kapitel und in der auf dessen Grundlage erlassenen Rechtsverordnung vorgesehenen Haftungsbestimmungen.

c) Die gesicherte Entsorgung ist nicht nur eine wichtige Aufgabe der Daseinsvorsorge, sondern vor allem auch eine Maßnahme des Umweltschutzes. Als notwendige Voraussetzung für die Verantwortbarkeit der friedlichen Nutzung der Kernenergie und wegen des unverkennbaren sachlichen Zusammenhangs mit der Schutzzielbestimmung bietet sich die Aufnahme der Entsorgung in den Katalog des § 377 Abs. 1 an. Zudem bedarf es eines Ausgleichs für die Aufgabe staatlicher Handlungspflichten im Hinblick auf die vorgeschlagene Privatisierung im Bereich der Entsorgung. Schließlich eröffnet diese Zielsetzung in geeigneten Fällen die Möglichkeit, die Anordnung der sofortigen Vollziehbarkeit (vgl. § 80 Abs. 2 Nr. 4 VwGO) in bezug auf Zulassungsentscheidungen bei Entsorgungseinrichtungen mit der Bezugnahme auf das Gesetz selbst begründen zu können.

d) Absatz 1 Nr. 4 entspricht inhaltlich vollständig der jetzigen Nummer 3 des § 1 AtG g.F. Ein Novellierungsbedarf besteht hinsichtlich des "Schutzes der inneren und äußeren Sicherheit des Staates" nicht. Die Aufnahme auch einer dem § 1 Nr. 4 AtG entsprechenden Bestimmung betreffend die "Erfüllung der internationalen Verpflichtungen" ist mit Blick auf § 1 Abs. 4 S. 2 entbehrlich. Daß diese Vorschrift wie auch die übrigen Vorschriften des Allgemeinen Teils für den Bereich Kernenergie und Strahlenschutz ebenfalls in der Weise gelten, daß sie dem unmittelbaren Schutz von Menschen und Sachen zu dienen bestimmt sind, stellt Absatz 2 unmißverständlich klar.

Zu § 378 Begriffsbestimmungen

Mit § 378 übernimmt der Entwurf Regelungsvorstellungen, die der Bundesminister für Umwelt, Naturschutz und Reaktorsicherheit in einem internen Entwurf eines Gesetzes zur Änderung atomrechtlicher Vorschriften vom September 1992 entwickelt hat.

§ 378 Abs. 1 und 2 ist im Vergleich zu den entsprechenden Bestimmungen des Atomgesetzes im Interesse einer besseren systematischen Strukturierung weitestgehend neugefaßt. Entgegen der Gesamtkonzeption dieses Kapitels, die strahlenschutzrechtlichen Genehmigungsvorbehalte und Genehmigungsvoraussetzungen von der untergesetzlichen auf die gesetzliche Ebene zu heben, - vergleiche insbesondere die Normierung der Eröffnungskontrollbestände des zweiten Abschnitts - wurde die bisherige Aufteilung der Regelungen auf verschiedene Regelungsebenen für die Begriffsbestimmungen in wesentlichen Punkten beibehalten. Dies ist damit zu rechtfertigen, daß die vorrangig vorgenommene Abgrenzung von Kernbrennstoffen und sonstigen radioaktiven Stoffen mit Blick auf kernbrennstoffhaltige Gemische im wesentlichen naturwissenschaftlich-technische Entscheidungen verlangt, die am zweckdienlichsten in untergesetzlichen Normen aufgehoben sind. Insoweit beschränkt sich der Entwurf auf die Aufnahme einer entsprechenden Rechtsverordnungsermächtigung, während sich das Gesetz unbestimmter Rechtsbegriffe bedient. Desweiteren ist der Kernbrennstoffbegriff flexibler ausgestaltet, indem er auch für bisher unbekannte spaltbare Stoffe offen ist.

§ 378 hat nicht zum Ziel, sämtliche legal zu definierende Begriffe den besonderen Vorschriften des Kapitels voranzustellen. Vorzugswürdig erscheint, Definitionen solcher Begriffe, die nur für bestimmte Abschnitte oder Unterabschnitte dieses Kapitels oder gar nur für einzelne Paragraphen von Bedeutung sind, nach hinten zu verlagern und jeweils an der entscheidenden Stelle anzubringen. Dies gilt etwa für den im Rahmen der Bewilligungstatbestände nach den §§ 380 und 381 maßgeblichen Anlagenbegriff, der in § 380 Abs. 1 S. 2 abschließend definiert wird. Demgemäß wird auch in § 378 auf die Übernahme der Begriffsbestimmungen des § 2 Abs. 3 bis 5 AtG g.F. verzichtet, um die für die Anwendung der Vorschriften über die Haftung und Deckung entscheidenden Begriffe dort zu definieren, wo sie entsprechend relevant werden. Somit bleibt der Bestimmung des § 378 im wesentlichen die Klärung des Begriffspaares Kernbrennstoffe - sonstige radioaktive Stoffe vorbehalten.

Von der Einführung einer detaillierten Regelung, ab wann radioaktive Stoffe nicht mehr als solche im Sinne dieses Kapitels zu behandeln sind, wird abgesehen. Das geltende AtG regelt die Frage, wann ein Stoff nicht mehr als radioaktiver Stoff im Sinne des AtG anzusehen ist, in § 2 Abs. 2 nur für radioaktive Abfälle. Für die Frage, wann ein Stoff weder dem Regime des AtG noch der StrlSchV unterfällt, ist § 4 StrlSchV einschlägig. In dieser Vorschrift ist der genehmigungsfreie Umgang normiert. An dieser Rechtslage, die die Definition der nicht mehr als (sonstige) radioaktive Stoffe anzuerkennenden Stoffe auf die Verordnungsebene verlagert, soll festgehalten werden. In diesem Fall müßte es jedoch als unbefriedigend empfunden werden, wenn es bei einer dem § 2 Abs. 2 AtG g.F. entsprechenden Bestimmung bliebe, die lediglich für radioaktive Abfälle, nicht aber für sonstige radioaktive Stoffe auf der gesetzlichen Ebene definiert, wann diese Stoffe nicht mehr als radioaktive Stoffe im Sinne des Gesetzes anzusehen sind.

Dabei wird nicht verkannt, daß gerade auch die Frage, ab wann Wertstoffe nicht mehr als radioaktive Stoffe in Sinne dieses Kapitels anzusehen sind, von erheblicher Bedeutung für den Anwendungsbereich des Gesetzes ist und mit einer möglichen Übernahme dieser bisher nur auf der Verordnungsebene getroffenen Regelung in das Gesetz daher auch dem Parlamentsvorbehalt besser Rechnung getragen würde. Im Interesse der Einheitlichkeit und wegen der technischen Komplexität der Regelung soll die Frage der Ausgrenzung der nicht mehr dem vorliegenden Kapitel unterfallenden radioaktiven Stoffe und damit der exakten Bestimmung der Bagatellgrenze jedoch insgesamt der verordnungsrechtlichen Ebene übertragen werden. Dies schließt es auch aus, allein an der Bestimmung des geltenden § 2 Abs. 2 AtG im UGB selbst festzuhalten. Für radioaktive Stoffe, deren Aktivität so gering ist, daß für den Umgang mit ihnen auch das gegenwärtige Kernenergie- und Strahlenschutzrecht keine Genehmigung vorschreibt, enthält § 383 Abs. 5 des Entwurfs die erforderliche Verordnungsermächtigung, die die Normierung von Ausnahmetatbeständen ermöglicht, die zugleich konkrete Aktivitätswerte vorsehen können, ab wann jene Ausnahmetatbestände greifen und damit die Zulassungstatbestände des Gesetzes nicht zum Tragen kommen. Eine entsprechende Möglichkeit ist über § 384 Abs. 4 sowie § 385 Abs. 7 Nr. 1 für die Tätigkeiten der Ein- und Ausfuhr bzw. der Beförderung von radioaktiven Stoffen eröffnet.

Zu Absatz 1

Oberbegriff der Definitionen in den nachfolgenden Absätzen ist der der "radioaktiven Stoffe". Dies sind Stoffe natürlichen oder künstlichen Ursprungs, die spontan ionisierende Strahlen aussenden (siehe amtliche Begründung zur Ersten Strahlenschutzverordnung, BR-Drs. 121/60, S. 8 f.). Unter diesem Oberbegriff werden "besondere spaltbare Stoffe" sowie "sonstige radioaktive Stoffe" unterschieden. Die Bestimmungen der Absätze 2 bis 5 verfolgen das Ziel, durch klare und leichter handhabbare Kriterien praktikable Zuordnungen zu den Kategorien "Kernbrennstoffe" und "sonstige radioaktive Stoffe" zu ermöglichen. Zugleich wird der Kernbrennstoffbegriff umfassender als bisher auf der Gesetzesebene geregelt und den international üblichen Abgrenzungen, insbesondere auch denen des EURATOM-Vertrages, angeglichen, was zu einer gerade im grenzüberschreitenden Verkehr nützlichen Harmonisierung beiträgt.

Zu Absatz 2

Kernbrennstoffe sind Stoffe, deren Atomkerne durch Neutronenbeschuß gespalten werden können, und die hierbei Energie freisetzen. Sie bergen in sich das Risiko der "Kritikalität", d.h. der Ingangsetzung sich selbst tragender Kettenreaktionen. Sie werden rechtlich auch dann als Kernbrennstoffe angesehen, wenn sie mengenmäßig nicht zur Verwendung in einem Reaktor ausreichen, oder wenn sie bereits in einem Reaktor bestrahlt und noch nicht zu neuer Verwendung aufgearbeitet sind (vgl. BayVGH, et 1981, 886; 1985, 419; OVG Lüneburg, et 1982, 145; 1983, 54; VG Karlsruhe, et 1984, 637; Fischerhof, Deutsches Atomgesetz und Strahlenschutzrecht, Bd. I, 2. Aufl., 1978, § 2 AtG Rn. 3).

Die Erweiterung der bereits nach geltendem Recht - vgl. § 2 Abs. 1 S. 1 Nr. 1 a und b AtG - im Katalog der Kernbrennstoffe enthaltenen Stoffe "Plutonium 239", "Plutonium 241" und "Uran 233" um das Isotop "Uran 235" ist dadurch gerechtfertigt, daß es sich dabei um einen spaltbaren Bestandteil von angereichertem Uran handelt. Nicht angereichertes - natürliches - Uran enthält 99,3 % Uran des Isotops 238 und nur 0,7 % Uran des Isotops 235. Letzteres dürfte in reiner Form praktisch nicht vorkommen. Natürliches Uran ist demnach grundsätzlich auch vom Begriff der Kernbrennstoffe in § 378 Abs. 2 ausgenommen, wie Satz 1 Nr. 4 nunmehr ausdrücklich klarstellt (hierzu noch später).

Als Kernbrennstoff gilt ferner Uran, das mit den Isotopen 235 oder 233 angereichert ist. Im angereicherten Uran sind - wie Absatz 2 Satz 2, der dem § 2 Abs. 1 S. 2 AtG g.F. voll entspricht, verdeutlicht - die Uranisotope 235 oder 233 oder beide Isotope in einer solchen Menge enthalten, daß ihr Anteil im Verhältnis zum Isotop 238 größer ist als der in der Natur auftretende Verhältnisanteil.

Absatz 2 Satz 1 Nr. 4 enthält den Grundsatz, daß jedes Erzeugnis, in dem ein oder mehrere der in den Nummern 1 und 2 genannten Isotope enthalten sind, Kernbrennstoffe sind. Dies gilt jedenfalls, wenn sie wägbare Mengen dieser Anteile enthalten, die die Ausbeute wirtschaftlich machen (vgl. auch zum Atomgesetz geltender Fassung die amtliche Begründung, BT-Drs. III/759, S. 19). Nach der Klarstellung des Absatzes 2 Satz 1 Nr. 4 muß es sich dabei um Erzeugnisse handeln, die einen Anteil von mindestens 15 Gramm Plutonium 239, Plutonim 241, Uran 233 oder Uran 235 auf 100 Kilogramm Gesamtmasse enthalten. Das massenbezogene Kriterium entspricht größenordnungsmäßig beispielsweise der Kategorisierung von Kernmaterial im Anhang II zum "Übereinkommen über den physischen Schutz von Kernmaterial" (BGBl. 1990 II S. 326, 341). Damit wird abweichend von den Begriffsbestimmungen der Strahlenschutzverordnung nicht auf die spezifische Aktivität, sprich: die Aktivität je Masseneinheit, abgestellt, da Gesichtspunkte des Strahlenschutzes unabhängig von der - naturwissenschaftlich geprägten - Definition des Kernbrennstoffbegriffs sind. Darüber hinaus werden, anders als bisher nach der Strahlenschutzverordnung - siehe dort § 2 Abs. 2 und Anlage I zu § 2 Abs. 1 - Gemische und kernbrennstoffhaltige Abfälle einheitlich behandelt.

Vom Kernbrennstoffbegriff ausgenommen sind schließlich - vorbehaltlich abweichender Regelungen in einer Rechtsverordnung nach Absatz 2 Satz 1 Nr. 5 - Uran mit der natürlichen Isotopenverteilung und abgereichertes Uran; beide weisen hinsichtlich ihrer Eignung zur Anreicherung keine signifikanten Unterschiede auf. Die grundsätzliche Herausnahme von Natururan aus dem Kernbrennstoffbegriff beseitigt vielfache Rechtsunsicherheiten in der Praxis. Das Atomgesetz geltender Fassung bezieht nämlich, wie beschrieben, auch natürliches Uran in den Begriff der Kernbrennstoffe ein, wenn es über die "chemische Reinheit" hinaus "nuklearrein" und damit geeignet ist, im Reaktor zu einer Kettenreaktion zu führen.

Die neue Nummer 5 berücksichtigt, daß es neben den bisher in Absatz 2 genannten Stoffen weitere radioaktive Stoffe gibt, mit deren Hilfe in einer geeigneten Anlage eine kritische Anordnung erzielt werden kann; die in Betracht kommenden Stoffe sind jedoch hinsichtlich ihrer Bedeutung nicht mit den in den Nummern 1 bis 4 genannten Stoffen vergleichbar. Zugleich soll der Kernbrennstoffbegriff des Atomgesetzes für Natururan (siehe oben) offen gehalten werden, wenn es in einer Form, Mischung oder Verbindung vorliegt, in der es als Kernbrennstoff in Kernreaktoren eingesetzt werden kann; hierzu kann in der vorgesehenen Verordnung das Nähere bestimmt werden. Eine vergleichbare Öffnungsklausel enthalten im übrigen auch z.B. die Begriffsbestimmungen des Pariser Übereinkommens und des EURATOM-Vertrages (Art. 197).

Zu Absatz 3

"Sonstige radioaktive Stoffe" sind Erze, Mineralien und sonstige chemische Verbindungen und Legierungen, die Uran oder Thorium enthalten sowie natürliches - nicht-nuklearreines - Uran und abgereichertes Uran. Sie enthalten so viel neutronen-absorbierende Stoffe, daß eine Kettenreaktion nicht in Gang kommen kann (siehe auch amtliche Begründung zum Atomgesetz geltender Fassung, BT-Drs. III/759, S. 19).

Zu Absatz 4

Der im Vergleich zu § 2 AtG g.F. ebenfalls neu eingefügte Absatz 4 dient der Abgrenzung von Kernbrennstoffen und sonstigen radioaktiven Stoffen und führt zu diesem Zweck in Anlehnung an internationale Regelungen (vgl. wiederum Anhang II zum "Übereinkommen über den physischen Schutz von Kernmaterial" - BGBl. 1990 II S. 326) und nationale Vorschriften (vgl. § 12 Abs. 1 StrlSchV g.F.) eine absolute 15 Gramm-Grenze für Uran 233 und Uran 235 ein, unterhalb derer die Zulassungsvorschriften dieses Kapitels insoweit keine Anwendung finden, als sie nur für Kernbrennstoffe gelten. Für Plutonium 239 und Plutonium 241 ist auf Grund der hohen Radiotoxizität des Plutoniums eine niedrigere Massengrenze, nämlich 1 Gramm, vorgesehen. Solche Klein- und Kleinstmengen unterfallen somit den "sonstigen radioaktiven Stoffen".

Zu Absatz 5

Absatz 5 entspricht inhaltlich dem § 2 Abs. 2 AtG g.F., trägt allerdings den geänderten Bestimmungen zur Entsorgung, insbesondere der Ausklammerung der Ablieferungspflicht und der statt dessen aufgenommenen Vorschrift des § 387 über die geordnete Entsorgung Rechnung.

Zu Absatz 6 und 7

Die Absätze 6 und 7 beinhalten Regelungen zur Einschränkung des Geltungsbereichs des Fünften Kapitels. Als kernenergie- und strahlenschutzrechtliche Vorschriften sind gemäß Absatz 6 neben den Bestimmungen dieses Kapitels auch diejenigen Vorschriften des Allgemeinen Teils anzusehen, die vorrangig dem Schutz von Menschen, Sachen und Umwelt vor den Gefahren der Kernenergie und der schädlichen Wirkung ionisierender Strahlen sowie der erforderlichen Vorsorge gegen entsprechende Risiken zu dienen bestimmt sind. Entsprechendes gilt für Bestimmungen, die auf Grund eines dieser beiden Gesetze erlassen werden.

Schließlich legt Absatz 7 fest, daß die Begriffsbestimmungen des § 378 nicht für den Bereich der atomrechtlichen Haftung und Deckungsvorsorge gelten, dem eigene Begrifflichkeiten zugrunde liegen, die wiederum dem betreffenden vierten Abschnitt vorangestellt sind, siehe § 413.

Zu § 379 Strahlenschutzpflichten

Mit der Übernahme der bislang auf der Verordnungsebene normierten Strahlenschutzgrundsätze wird ihrer Bedeutung als "Magna Charta des Strahlenschutzes" Rechnung getragen, zumal sie bei der Auslegung und Anwendung aller Schutzvorschriften zu beachten sind. Die Regelung entspricht der Vorschrift des § 28 Abs. 1 StrlSchV. Sie wendet sich an jedermann, mithin nicht nur an die Strahlenschutzverantwortlichen oder -beauftragten.

a) Nach Nummer 1 ist jede unnötige Strahlenexposition oder Kontamination zu vermeiden. Unnötig ist eine Strahlenbelastung, wenn und soweit sich das gleiche Ziel auch ohne bzw. mit geringerer Strahlenexposition oder Kontamination erreichen läßt. Der Grundsatz der Verhältnismäßigkeit findet Anwendung.

b) Läßt sich eine Strahlenexposition oder Kontamination nicht vermeiden, so sind diese unter den unter Nummer 2 genannten Voraussetzungen so gering wie möglich zu halten. Eine Reduzierung der Strahlenbelastung auf Null wird von dem Sinn und Zweck der Bestimmung nicht gefordert, weil sonst jede Tätigkeit nach den Vorschriften des zweiten Abschnitts dieses Kapitels praktisch gar nicht erst aufgenommen werden dürfte.

Dem Strahlenminimierungsgebot liegt die Annahme zugrunde, daß kein Dosisgrenzwert existiert, bei dessen Unterschreitung keine Strahlenwirkung mehr auftritt. Das Gebot ist Ausdruck des bereits in der Schutzzweckbestimmung des § 377 Abs. 1 Nr. 1 verankerten Vorsorgeprinzips. Der Begriff "möglich" hebt dabei nicht auf die wirtschaftliche, sondern die technische Möglichkeit der Reduzierung der Strahlenbelastung ab (vgl. auch Kramer/Zerlett, Strahlenschutzverordnung, 3. Auflage 1990, § 28 StrlSchV Anm. 7). In der Feststellung "unter Berücksichtigung aller Umstände des Einzelfalls" findet sich schließlich ein Hinweis auf den Grundsatz der Verhältnismäßigkeit.

c) Die Nummer 3 schließlich stellt nunmehr unmißverständlich klar, daß Schadensvorsorge im Sinne der nachfolgenden Eröffnungskontrolltatbestände neben der eigentlichen Gefahrenabwehr in polizeirechtlichem Sinne auch die Risikovorsorge umfaßt, jedenfalls soweit letztere im Einzelfall angemessen und zumutbar ist; der Grundsatz der Verhältnismäßigkeit findet Anwendung. Der vorgesehene Inhalt der Schutzpflicht gibt die auch schon bislang in Rechtsprechung, Literatur und Genehmigungspraxis überwiegend vertretene Zweiteilung der Schadensvorsorge wieder. Vor dem Hintergrund des Schutzzwecks in § 377 Abs. 1 Nr. 1 steht bereits im Vorfeld der besonderen Vorschriften dieses Kapitels fest, daß auch solche Schadensmöglichkeiten einbezogen sind, hinsichtlich derer nur ein Gefahrenverdacht oder ein Besorgnispotential besteht. Jedermann, der von diesem Kapitel erfaßte Tätigkeiten ausübt oder plant, hat danach dafür Sorge zu tragen, daß dadurch Gefahren, aber auch Risiken unterhalb der Gefahrenschwelle nach dem Stand von Wissenschaft und Technik praktisch ausgeschlossen werden.

Zum Zweiten Abschnitt: Eröffnungskontrollen und Überwachung

I. AUSGANGSLAGE

1. Gegenstand des Regelungsbereichs

a) Eröffnungskontrollen im allgemeinen

Eröffnungskontrollen sind Vorgänge präventiver Kontrolle mittels eines Genehmigungsvorbehalts, einer Anzeigepflicht oder sonstiger Zulassungsvorbehalte. Sie sind eine herausgehobene Art behördlicher Maßnahmen des Gesetzesvollzuges, bei der bestimmte Tätigkeiten nicht aufgenommen, geändert oder aufgegeben werden dürfen, ohne der zuständigen Behörde zumindest vorher zur Kenntnis gebracht, vielfach auch darüber hinaus von dieser geprüft und freigegeben worden zu sein. Für den Bereich "Kernenergie und Strahlenschutz" sind grundsätzlich sämtliche vorgesehene Kontrolltatbestände vom weiten Kreis der in § 50 in Bezug genommenen fachgesetzlichen Eröffnungskontrollen erfaßt.

b) Die Umweltbewilligung im besonderen

Für herausgehobene raumbedeutsame Eröffnungskontrollen sehen die §§ 52 ff. einen speziellen und in dieser Form neuen Typus eines Kontrollverfahrens, nämlich die Umweltbewilligung, vor. Nicht festgelegt wird an dieser Stelle, welche Vorhaben im einzelnen diesem Typus der Eröffnungskontrolle unterstellt werden sollen. Der Allgemeine Teil normiert hier nur einen Regelungstypus, der, ähnlich den Planfeststellungsvorschriften der Verwaltungsverfahrensgesetze, nur dort zur Anwendung kommt, wo dies durch einen zusätzlichen Rechtsetzungsakt im Besonderen Teil ausdrücklich bestimmt wird.

Die Umweltbewilligung des Allgemeinen Teils bezieht sich auf bestimmte Arten umweltbeeinträchtigender Handlungen, für die sie ein sachadäquates Regelungsmodell bieten soll. Hierbei ist an raumbezogene Vorhaben gedacht, wie vornehmlich an die Errichtung und den Betrieb baulicher und sonstiger Anlagen sowie deren wesentliche Änderung, die nach den einschlägigen Rechtsvorschriften im Rahmen der Eröffnungskontrolle einer Umweltfolgenprüfung unterliegen (vgl. § 32 Abs. 2). Das sind, mit anderen Worten, Vorhaben, die regelmäßig mit erheblichen Umweltbeeinträchtigungen verbunden und für die besondere materielle und verfahrensmäßige Sicherungen der Umweltbelange erforderlich sind.

Die Umweltbewilligung des in den §§ 52 ff. beschriebenen Typs eignet sich im Bereich des Kernenergie- und Strahlenschutzrechts demnach für solche Vorhaben, die nach geltendem Recht einer förmlichen Genehmigung nach § 7 AtG, also einer "Anlagengenehmigung" und nicht einer bloßen "Umgangsgenehmigung" bedürfen.

2. Bisherige Rechtslage

a) Rechtslage

aa) Arten von Eröffnungskontrollen und Kontrollmaßstäbe nach bisherigem Recht

Das geltende Atom- und Strahlenschutzrecht kennt Eröffnungskontrollen ganz unterschiedlicher Tatbestandsstruktur. Es wählt als Anknüpfungspunkte, die die Notwendigkeit einer Eröffnungskontrolle auslösen, bestimmte Verhaltensweisen, wie z.B. das Befördern, die Ein- und Ausfuhr, die Aufbewahrung sowie die Errichtung, den Betrieb und die Änderung von Anlagen. Die Rechtsmaßstäbe der administrativen Kontrolle finden sich im Atomgesetz und in der Strahlenschutzverordnung, wichtige Konkretisierungen zudem in untergesetzlichen Regelwerken, die aber in den gesetzlichen oder verordnungsrechtlichen Kontrolltatbeständen derzeit nur zum Teil ausdrücklich in Bezug genommen sind.

bb) Genehmigungstatbestände nach bisherigem Recht

Kennzeichnend für das im Atomgesetz und in der Strahlenschutzverordnung umfassend normierte Genehmigungs- und Überwachungssystem ist eine normative Trennung von Regelungen betreffend Kernbrennstoffe (Legaldefinition: § 2 Abs. 1 Nr. 1 AtG), die im Atomgesetz niedergelegt sind, und solche betreffend die sonstigen radioaktiven Stoffe (§ 2 Abs. 1 Nr. 2 AtG), die sich in der auf der Grundlage des § 11 AtG ergangenen Strahlenschutzverordnung finden.

aaa) Ein- und Ausfuhr

§ 3 AtG und §§ 11 und 14 StrlSchV normieren für die Ein- und Ausfuhr von Kernbrennstoffen und sonstigen radioaktiven Stoffen ein präventives Verbot mit Erlaubnisvorbehalt, es besteht m.a.W. bei Vorliegen der gesetzlichen Voraussetzungen ein Rechtsanspruch auf die Erteilung der Genehmigung. Die Genehmigungsvoraussetzungen entsprechen weitgehend einander. Zuständig zur Genehmigungserteilung ist in beiden Fällen das Bundesausfuhramt, § 22 Abs. 1 AtG.

bbb) Beförderung

Auch für die Beförderung von Kernbrennstoffen bzw. Kernmaterialien einerseits und sonstigen radioaktiven Stoffen andererseits bestimmen die §§ 4, 4b AtG und §§ 8 und 10 StrlSchV ein präventives Verbot mit Erlaubnisvorbehalt. Während für die Beförderung von Kernbrennstoffen und sonstigen radioaktiven Stoffen die Genehmigungsvoraussetzungen im wesentlichen denen des § 7 AtG entsprechen, verlangt § 4b AtG für die Beförderung von Kernmaterialien lediglich den Nachweis der erforderlichen Deckungsvorsorge. Genehmigungsbehörde ist im Falle der §§ 4, 4b AtG das Bundesamt für Strahlenschutz, § 23 Abs. 1 Nr. 3 AtG, bei einer Genehmigung gemäß §§ 8 und 10 StrlSchV die Landesbehörde nach § 24 Abs. 1 S. 1 AtG, soweit nicht die sonstigen radioaktiven Stoffe bei der Beförderung zusammen mit Kernbrennstoffen in deren Genehmigung eingeschlossen sind, § 8 Abs. 2 StrlSchV.

ccc) Aufbewahrung

Die Aufbewahrung von Kernbrennstoffen außerhalb der staatlichen Verwahrung (§ 5 AtG) oder genehmigter Anlagen (§ 7 AtG) bzw. genehmigten Umgangs (§§ 4 und 9 AtG) bedarf der Genehmigung nach § 6 AtG. Liegen die Genehmigungsvoraussetzungen des § 6 Abs. 2 Nr. 1 bis 4 AtG vor, die im wesentlichen den Voraussetzungen in § 7 Abs. 2 AtG entsprechen, muß die Genehmigung erteilt werden. Zusätzlich zu den Anforderungen des § 7 AtG ist allerdings nach § 6 Abs. 2 AtG eine Bedürfnisprüfung durchzuführen. Zuständige Genehmigungsbehörde ist wiederum das Bundesamt für Strahlenschutz, § 23 Abs. 1 Nr. 4 AtG.

ddd) Errichtung und Betrieb von Anlagen

Das praktisch wichtigste Genehmigungserfordernis regelt § 7 AtG für die Errichtung und den Betrieb von Anlagen zur Erzeugung, Be- und Verarbeitung oder Spaltung von Kernbrennstoffen oder zur Aufbereitung bestrahlter Kernbrennstoffe. Auch bei Vorliegen der gesetzlichen Voraussetzungen besteht nach h.M. kein Rechtsanspruch auf Erteilung der Genehmigung, sondern ist der Genehmigungsbehörde ein Versagungsermessen eingeräumt. Das Genehmigungsverfahren wird nach § 24 Abs. 1 AtG von den Ländern im Auftrag des Bundes durchgeführt, wobei nach § 24 Abs. 2 AtG die von den Ländern bestimmte oberste Landesbehörde zuständig ist.

eee) Umgang, insbesondere Be- und Verarbeitung und sonstige Verwendung

Genehmigungspflichtig ist einmal die Be- und Verarbeitung und sonstige Verwendung von Kernbrennstoffen außerhalb von Anlagen der in § 7 AtG bezeichneten Art, § 9 Abs. 1 S. 1 AtG, sowie der Umgang mit sonstigen radioaktiven Stoffen gemäß §§ 3 und 6 StrlSchV. § 9 AtG erfaßt als Auffangtatbestand jede Verwendung von Kernbrennstoffen, die nicht unter andere Genehmigungstatbestände des Atomgesetzes fällt. Die Genehmigungsvoraussetzungen in § 9 Abs. 2 AtG, aber auch in § 6 Abs. 1 StrlSchV entsprechen, was das Grundsätzliche betrifft, denen des § 7 Abs. 2 AtG. Auf die Genehmigung nach § 3 StrlSchV besteht jedoch im Unterschied zur Regelung des § 9 AtG, der wiederum ein Versagungsermessen vorsieht, ein Rechtsanspruch. Zuständig für die Genehmigungserteilung nach § 3 StrlSchV sind die Länder, die im Auftrag des Bundes gemäß § 24 Abs. 1 AtG tätig werden, für die Genehmigung nach § 9 AtG die durch die Landesregierung bestimmte oberste Landesbehörde, § 24 Abs. 2 AtG.

fff) Sicherstellung und Endlagerung radioaktiver Abfälle

Nach § 9b AtG ist für die Errichtung und den Betrieb sowie die wesentliche Änderung von Anlagen des Bundes zur Sicherstellung oder zur Endlagerung radioaktiver Abfälle im Sinne des § 9a Abs. 3 AtG ein Planfeststellungsverfahren vorgeschrieben. Im § 9b Abs. 3 AtG sind als Voraussetzungen der Erteilung des Planfeststellungsbeschlusses mit Einschränkungen die Genehmigungsvoraussetzungen des § 7 Abs. 2 AtG übernommen worden. Planfeststellungsbehörde ist die durch die Landesregierung bestimmte oberste Landesbehörde, § 24 Abs. 2 AtG.

ggg) Zwischenlagerung

Schließlich bedürfen nach § 9c AtG die Landessammelstellen für die Zwischenlagerung der im Landesgebiet anfallenden radioaktiven Abfälle im Sinne des § 9a Abs. 3 AtG zwar keiner Planfeststellung, wohl aber der atomrechtlichen Genehmigung nach § 9 AtG bzw. § 3 StrlSchV. Entsprechend dieser Zweiteilung steht der Behörde im ersten Fall (§ 9 AtG) ein Versagungsermessen zu, während im zweiten Fall (§ 3 StrlSchV) gegebenenfalls ein Rechtsanspruch auf die Genehmigung besteht. Zuständig für die Genehmigung nach § 9c i.V.m. § 9 AtG ist die von der Landesregierung gemäß § 24 Abs. 2 AtG bestimmte oberste Landesbehörde, für Genehmigungen nach § 9c AtG i.V.m. § 3 StrlSchV die nach Landesrecht zuständige Behörde.

b) Erfahrungen mit dem bisherigen Recht

Die Regelungsbereiche der Genehmigungstatbestände und deren Aufteilung nach Kernbrennstoffen und sonstigen radioaktiven Stoffen erweisen sich als unübersichtlich und daher harmonisierungsbedürftig. Auch ist es nicht plausibel, die staatliche Verwahrung von jedem Genehmigungsvorbehalt freizustellen (siehe § 5 AtG g.F.). Schließlich muß die Frage gestellt werden, ob die unterschiedlichen Zuständigkeitsregelungen in bezug auf die Zulassungsentscheidungen sowie die Überantwortung wesentlicher Zuständigkeiten an die Bundesauftragsverwaltung der Länder gerechtfertigt sind. Die Ineffizienz der Bundesauftragsverwaltung im Bereich des Atomrechts ist jüngst in zwei Bund-Länder-Streitigkeiten, ausgelöst durch aufsichtliche Weisungen des Bundesumweltministers, offen zu Tage getreten, vgl. BVerfGE 81, 310 (Kalkar) und BVerfG, DVBl. 1991, 534 (Konrad). Zum anderen hat sich das Institut des Versagungsermessens, so in erster Linie bei der Anlagengenehmigung nach § 7 AtG, als Einfallstor rein politischer Forderungen bzw. Dezisionen erwiesen. Hinderlich im Interesse einer anzustrebenden Verfahrensbeschleunigung war und ist nicht zuletzt auch der Umstand, daß nach geltendem Recht mangels einer vorgeschriebenen Verfahrens- und Entscheidungskonzentration neben dem atomrechtlichen Genehmigungsverfahren Entscheidungskompetenzen anderer, parallel zuständiger Genehmigungsbehörden bestehen, die in alleiniger Zuständigkeit eine Reihe weiterer Genehmigungs- und Erlaubnisverfahren durchzuführen haben. Im Bereich der Entsorgung hat sich darüber hinaus der Vorrang der Wiederaufarbeitung vor der Endlagerung abgebrannter Brennelemente als wenig sinnvoll erwiesen, zumal nicht zuletzt unter Sicherheitsaspekten gegen die Wiederaufarbeitung grundsätzliche Einwände vorgebracht werden und überdies die Wiederaufarbeitung mit dem Ziel der Rezyklierung der in ihnen noch enthaltenen Spaltstoffe wesentlich teurer ist als die direkte Endlagerung der nicht wiederaufgearbeiteten konditionierten bestrahlten Brennelemente und die Nachladung der Kernkraftwerke mit jeweils "neuen" Brennelementen aus angereichertem Uran (vgl. Blickle, in: Pelzer [Hrsg.], Kernenergierecht zwischen Ausstiegsforderung und europäischem Binnenmarkt, S. 94 ff., 102). Abschließend sei auf die große Unbestimmtheit der Genehmigungstatbestände verwiesen, die zwar eine "dynamische" Gesetzesanwendung, aber auch erhebliche Rechtsunsicherheit bewirkt. Insoweit fehlt es im geltenden Normensystem an ausreichenden Konkretisierungen auf der untergesetzlichen Ebene; die vorhandenen Konkretisierungen in "Regelwerken" sind zudem nicht in dem erforderlichen Maße mit den Gesetzesregelungen verknüpft, wie dies nicht nur im Interesse der Rechtssicherheit und Rechtsklarheit geboten, sondern auch im Hinblick auf die erforderliche Beschleunigung der Genehmigungsverfahren wünschenswert wäre.

c) Reformdiskussion

aa) Eröffnungskontrolltatbestände und -zuständigkeiten

Das Gesamtsystem der Eröffnungskontrolltatbestände und -zuständigkeiten im geltenden Atom- und Strahlenschutzrecht ist uneinheitlich und wenig übersichtlich. Es ist zu prüfen, ob es in jedem Fall bei der strikten Trennung von Kernbrennstoffen und sonstigen radioaktiven Stoffen bleiben muß oder ob sich nicht vielmehr eine Zusammenfassung einzelner Zulassungstatbestände anbietet. Auch die Differenzierung zwischen gebundenen Entscheidungen und Ermessensentscheidungen im geltenden Normenwerk läßt jede klare Linie und Systematik vermissen. Darüber hinaus bietet sich auch eine stärkere Vereinheitlichung der Zuständigkeiten an. Weiterhin bleibt zu prüfen, ob das Institut der Anlagengenehmigung (derzeit in § 7 AtG vorgesehen - jetzt Umweltbewilligung) in angemessener Weise von den Umgangsgenehmigungen, insbesondere nach § 6 AtG, abgegrenzt ist und ob die staatliche Verwahrung im Sinne des § 5 AtG zum einen weiterhin ohne jeden Genehmigungsvorbehalt bleiben kann und zum anderen, ob es überhaupt bei dem Grundsatz der (ausschließlich) staatlichen Verwahrung bleiben muß. Schließlich ist der Frage nachzugehen, ob die Aufgabe und die Verantwortung für die Entsorgung nicht in einem weitaus stärkeren Umfang auf "Private" übertragen werden können, als es nach geltendem Recht der Fall ist.

aaa) Normative Trennung von Kernbrennstoffen und sonstigen radioaktiven Stoffen

Die normative Trennung von Kernbrennstoffen einerseits und sonstigen radioaktiven Stoffen andererseits sollte im Ergebnis beibehalten werden. Sie resultiert aus dem unterschiedlichen Gefährdungspotential, wobei nicht das Strahlenrisiko als solches im Vordergrund steht, sondern der Umstand, daß allein bei den Kernbrennstoffen die Möglichkeit der Kettenreaktion und das Risiko des Mißbrauchs sowie des Verstoßes gegen die Nichtverbreitungsverbote bestehen. Daher ist eine legislatorische Trennung zwischen dem Umgang mit Kernbrennstoffen einerseits, und dem mit sonstigen radioaktiven Stoffen andererseits sinnvoll und akzeptabel. Damit soll nicht gesagt sein, daß die strahlenschutzrechtlichen Genehmigungsvorbehalte auch künftig in einer untergesetzlichen Rechtsverordnung geregelt bleiben sollten. Es wird im Gegenteil empfohlen, auch die strahlenschutzrechtlichen Genehmigungsvorbehalte und die allgemeinen Genehmigungsvoraussetzungen auf gesetzlicher Ebene zu normieren. Ausnahmen von den einzelnen Genehmigungstatbeständen, aber auch deren Ergänzungen, können gegebenenfalls mittels einer Verordnungsermächtigung der Regelung durch eine Rechtsverordnung vorbehalten werden.

bbb) Aufbewahrung von Kernbrennstoffen

Es widerspricht der rechtspolitischen Zielsetzung einer stärkeren Verwirklichung des Verursacherprinzips, die Verwahrung von Kernbrennstoffen im Grundsatz dem staatlichen Aufgabenbereich vorzubehalten. Wenn, wie es hier vorgeschlagen wird (siehe unten eee (1)), die zur Zeit ebenfalls als staatliche Aufgabe geregelte Endlagerung radioaktiver Abfälle "privatisiert" wird, muß zur Vermeidung eines "Systembruchs" für die Aufbewahrung von Kernbrennstoffen Entsprechendes gelten. Eine "Privatisierung" der bislang staatlichen Verwahrung würde überdies die auch nach dem Atomgesetz geltender Fassung beabsichtigte lückenlose Kontrolle über den Verbleib der in der Bundesrepublik befindlichen Kernbrennstoffe, wie es die Erfüllung des Schutzzwecks (§ 1 AtG sowie § 377 Abs. 1 des Entwurfs) gebietet, nicht in Frage stellen. Eine "Privatisierung" dürfte und würde selbstverständlich niemals bedeuten, daß der Staat sich aus seiner Verantwortung in Fragen der Sicherheit zurückzieht. Zu denken ist immer nur an eine "private" Aufbewahrung unter strenger staatlicher (Eröffnungs-)Kontrolle und Aufsicht.

Das Hauptproblem der Regelung des § 5 AtG g.F. besteht jedoch in der gegenwärtigen Genehmigungsfreiheit der staatlichen Verwahrung. Auch wenn die materiell-sicherheitsrechtlichen Anforderungen denen in den Genehmigungstatbeständen gleichen, so fehlt doch jedes Verfahren präventiver Eröffnungskontrolle. Dies läßt sich jedenfalls für die längerfristige Verwahrung nicht rechtfertigen. Mit dem Schritt zur Privatisierung und einem entsprechenden Wegfall des § 5 AtG g.F. ist diesem Anliegen mit dem dann allein maßgeblichen allgemeinen Genehmigungsvorbehalt für die Aufbewahrung insoweit Genüge getan.

Jedoch bedarf auch die (private) Aufbewahrung von Kernbrennstoffen derzeit nach § 6 AtG lediglich einer schlichten (Umgangs-)Genehmigung und keiner - der Regelung des § 7 AtG vergleichbaren - förmlichen Anlagengenehmigung. Das bedeutet, daß bei Aufbewahrungen die dazu notwendigen (baulichen) Anlagen allein der Baugenehmigung bedürfen, eine atomrechtliche Prüfung der Anlagenerrichtung also ebenso wenig wie eine den förmlichen Genehmigungsverfahren immanente Öffentlichkeitsbeteiligung möglich ist. Dies ist keine angemessene Lösung, weil eine Differenzierung zwischen der (längerfristigen) Aufbewahrung von Kernbrennstoffen und den unter § 7 AtG fallenden Sachverhalten jedenfalls rechtspolitisch nicht zu vertreten ist. Es empfiehlt sich, die längerfristige Aufbewahrung von Kernbrennstoffen außerhalb der staatlichen Verwahrung unter den Vorbehalt einer Anlagengenehmigung (d.h. Umweltbewilligung), die in einem förmlichen Verfahren zu erteilen ist, zu stellen.

Ein solches formalisiertes Eröffnungskontrollverfahren, für das sich - gleich dem § 7 AtG - der besondere Typus der Umweltbewilligung gemäß §§ 52 ff. anbietet, eröffnete die Möglichkeit der Öffentlichkeitsbeteiligung, aber auch der bestandskraftfähigen administrativen Zulassungsentscheidung, die alle der Rechtssicherheit dienenden Vorteile der Konzentration und Präklusion böte. Das Gesetz sollte allerdings ein genehmigungsfreies Recht des Staates auf den "ersten Zugriff" für eine vorübergehende Inverwahrungnahme angefallener Kernbrennstoffe vorsehen. Das kann über die Einräumung entsprechender aufsichtsrechtlicher Befugnisse geschehen. Zugleich sollte das Gesetz den Verordnungsgeber ermächtigen, unter bestimmten Voraussetzungen einer kurzfristigen Aufbewahrung Ausnahmetatbestände vorzusehen, in denen - nach wie vor - eine bloß (nicht-formalisierte) Umgangsgenehmigung ausreicht.

ccc) Umgang

Neben den Umweltbewilligungen in den Bereichen, die derzeit von den §§ 5, 6 und 7 AtG geregelt sind, hat die (schlichte) Umgangsgenehmigung im Sinne des § 9 AtG nach wie vor eine Berechtigung. Sie sollte dann auch die Aufbewahrung mitumfassen, soweit sie außerhalb der Anlagen im Sinne der §§ 380 und 381 n.F. erfolgt.

ddd) Ein- und Ausfuhr sowie Beförderung

Im Hinblick auf eine Abgrenzung zur Anlagengenehmigung in ihrer Ausgestaltung als Umweltbewilligung besteht kein grundlegender Regelungsbedarf bei der Einfuhr- und Ausfuhrgenehmigung sowie der Beförderungsgenehmigung (§§ 3 bis 4b AtG). Unter gemeinschaftsrechtlichen Aspekten ist lediglich zu berücksichtigen, daß die Genehmigungstatbestände bezüglich Ein- und Ausfuhr sowie Beförderung insoweit unanwendbar sind, als sie die Freiheit des Art. 93 EAG-Vertrag einschränken (vgl. im einzelnen Rengeling, in: Lukes [Hrsg.] Reformüberlegungen zum Atomrecht, 1991, S. 215 ff., 318 ff.). Im Hinblick auf den Tatbestand der Beförderungsgenehmigung ist zudem auf einen Vorschlag der Kommission der Europäischen Gemeinschaften vom 1. Dezember 1989 (KOM (89) 559, ABl. 1990 Nr. C 5/7) zur Änderung der Grundnormen für den Gesundheitsschutz hinzuweisen, wonach das bisher einzelstaatlich festzulegende Genehmigungserfordernis durch eine entsprechende gemeinschaftsrechtliche Regelung zu ersetzen ist, und zwar sowohl für Verbringungsvorgänge innerhalb eines Mitgliedstaates wie auch für solche nach und aus Drittstaaten (siehe auch Schröder, in: Pelzer [Hrsg.], Kernenergierecht zwischen Ausstiegsforderung und europäischem Binnenmarkt, S. 133 ff., 140). Im Rahmen eines Entwurfs der Genehmigungstatbestände für ein Umweltgesetzbuch ist somit auch der Vorrang des Gemeinschaftsrechts zu beachten. Ihm wird durch die Angleichungsermächtigung des § 149 Rechnung getragen.

eee) Entsorgung

(1) Endlagerung

Nicht zuletzt im Hinblick auf eine weitergehende Verwirklichung des Verursacherprinzips wird empfohlen, die Endlagerung radioaktiver Abfälle zu "privatisieren", d.h. präziser, auf das "Verwaltungsmonopol" des Staates insoweit zu verzichten. Eine "Privatisierung" der Endlagerung erscheint verfassungsrechtlich zulässig. Die Endlagerung radioaktiver Abfälle ist keine notwendigerweise staatlich zu erfüllende Aufgabe. Der Staat kann seiner Verantwortung für die Endlagerung radioaktiver Abfälle auch dadurch gerecht werden, daß er die privaten Tätigkeiten in diesem Bereich einer strikten staatlichen Kontrolle unterstellt (siehe bereits oben im Zusammenhang mit der Aufbewahrung von Kernbrennstoffen unter bbb). Auch kann der Staat auf diese Weise seiner Verantwortlichkeit gerecht werden, die ihm zum Schutz der Grundrechte durch Organisation und Verfahren obliegt.

Für die Beibehaltung des Verwaltungsmonopols des Bundes bei der Endlagerung radioaktiver Abfälle werden vornehmlich rechtspolitische Gründe angeführt: Da es forschungs- und energiepolitisch sinnvoll sei, die Endlagerung rasch und vorrangig zu verwirklichen, entspreche es dem Gebot der Vernunft, gerade jetzt einen Wechsel in der Trägerschaft der Verantwortung für den Bau und den Betrieb der Endlager nicht eintreten zu lassen. Die Diskussion um den Wechsel und die praktische Durchführung dieses Wechsels sowie die zweifellos damit verbundenen organisatorisch-technischen Schwierigkeiten würden die Erfüllung der Entsorgungsaufgabe verzögern. Zudem handele es sich bei der derzeitigen Gesetzeslage um die psychologisch günstigere Lösung, da das Vertrauen der Öffentlichkeit und der Bürger in den Bund als Bürge der Sicherheit jedenfalls in der subjektiven Einschätzung größer sei als das gegenüber privaten Betreibern. Schließlich sei es auch eine Frage der Sicherheitskultur, ob sich der Staat in einer wichtigen und vordringlichen Frage aus einer langjährig anerkannten Verantwortung ohne weiteres verabschieden dürfe. Denn es müsse der Eindruck vermieden werden, daß hier ein Widerspruch zu eigenem früheren Verhalten vorliege, der in einer zentralen Frage der Umweltpolitik und Zukunftssicherung die Glaubwürdigkeit langjähriger staatlicher Aussagen unnötig untergrabe (vgl. Wagner, NVwZ 1993, 513 ff., 516).

Dem ist entgegen zu halten, daß diese eher auf psychologischem Gebiet liegenden Nachteile dadurch vermeidbar sind, daß sich der Staat zar nicht als Anlagenbetreiber, wohl aber kraft eines strikten Zulassungs- und Aufsichtsrechts uneingeschränkt zu seiner Verantwortung in jener zentralen Sicherheitsfrage bekennt.

Maßgebendes Motiv für die Einführung des staatlichen Monopols war ausweislich der Begründung der 4. Novelle zum Atomgesetz im Jahre 1976 (vgl. BT-Drs. 101/76, S. 8 f.) die Überlegung, aus Sicherheits- und Strahlenschutzgründen Endlager für radioaktive Abfälle zentral an einer oder nur an wenigen Stellen in der Bundesrepublik zu errichten. Aber auch daran muß sich bei einer "Privatisierung" nichts ändern, da aus rechtlichen und tatsächlichen Gründen auch Endlagerstätten in "privater Hand" nur an wenigen Stellen und äußerst "zentralisiert" errichtet und betrieben werden würden.

Die Verantwortung für die Durchführung liegt aufgrund der Regelung des § 9a Abs. 3 S. 2 AtG g.F. schon jetzt praktisch zu einem erheblich Teil bereits in privater Hand, nämlich in der Verantwortung der Deutschen Gesellschaft zum Bau und zum Betrieb von Endlagern für Abfallstoffe (DBE). Die Einbeziehung privater Dritter ließe sich nach geltendem Recht wohl sogar noch verstärken. Darüber hinaus ist das Verursacherprinzip zu einem gewissen Teil auch insoweit bereits verwirklicht, als die §§ 21a und 21b AtG i.V.m. der Endlagervorausleistungsverordnung vom 28. April 1982 (BGBl. I S. 562), jedenfalls die (Finanzierungs-)Verantwortung bereits jetzt zu Lasten der Abfallbesitzer festlegen. Die hier vorgeschlagene Neugestaltung der Zuständigkeit für die Endlagerung würde dem Verursacherprinzip noch weitaus stärker als bisher Rechnung tragen können.

Zwar ist gegen die ausschließliche staatliche Zuständigkeit für die Endlagerung unter dem Gesichtspunkt der Eigenaufsicht des Staates und der Identität zwischen Antragsteller und Aufsichtsbehörde rechtlich nichts einzuwenden. Auch in anderen Bereichen ist eine solche Doppelrolle des Staates vorgesehen. Dennoch läßt sich für eine "Privatisierung" eine bessere und klarere Abgrenzung der Verantwortlichkeiten zwischen Betreiber einerseits und staatlichen Kontrollinstanzen andererseits anführen. Darüber hinaus lassen sich auch sonstige zur Zeit bestehende erhebliche Schwierigkeiten vermeiden, wie etwa Probleme der Aufgabenverteilung oder der Aufsicht (vgl. im einzelnen Rengeling, in: Lukes [Hrsg.], Reformüberlegungen zum Atomrecht, 1991, S. 215, 261).

Schließlich sprechen auch rechtspolitische Erwägungen für eine "Privatisierung". Auf die unmittelbare Verwirklichung des Verursacherprinzips wurde bereits hingewiesen. Desweiteren können die Verantwortlichkeiten zwischen Betreiber und staatlichen Kontrollinstanzen besser gegeneinander abgegrenzt werden. Auch sonstige zur Zeit bestehende erhebliche praktische Schwierigkeiten (vgl. im einzelnen Rengeling, in: Lukes [Hrsg.], Reformüberlegungen zum Atomrecht, 1991, S. 215 ff., 261) werden vermieden.

Was die verfahrensrechtliche Ausgestaltung der Eröffnungskontrolle bei der Endlagerung radioaktiver Abfälle anbetrifft, mag die Beibehaltung eines Planfeststellungsverfahrens für ein so komplexes Verfahren wie die Errichtung und den Betrieb eines Endlagers für radioaktive Abfälle sachangemessen erscheinen, weil insbesondere die Konzentrationswirkung in formeller wie in materieller Hinsicht den Besonderheiten des Verfahrensgegenstandes am besten entspricht (siehe dazu Rengeling, Planfeststellung für die Endlagerung radioaktiver Abfälle, 1984, S. 36 ff.). Mit dem (neuartigen) Institut der Umweltbewilligung (vgl. §§ 52 ff.) werden jedoch vergleichbare Wirkungen erzielt, so daß sich im Interesse einer stärkeren Vereinheitlichung der Eröffnungskontrollinstitute auch für die Endlagerstätten die Umweltbewilligung anbietet.

(2) Zwischenlagerung

(a) Interne Zwischenlagerung

Die Zwischenlagerung bestrahlter (abgebrannter) Brennelemente in den Abklingbecken der Kernkraftwerke, gegebenenfalls in Kompaktlagern, ist Teil des genehmigungsbedürftigen Betriebs und somit von der Genehmigung nach § 7 AtG g.F. bzw. der Anlagen-Umweltbewilligung im Sinne des Entwurfs erfaßt. Auch die Lager für abgebrannte Brennelemente, die sich auf dem Gelände eines Kernkraftwerkes befinden, sind nach § 7 AtG genehmigungsbedürftig (Haedrich, Atomgesetz, 1986, § 9a AtG Rn. 17) und werden daher auch vom Bewilligungserfordernis für die Errichtung und den Betrieb von Anlagen i.S. des Entwurfs erfaßt.

(b) Externe Zwischenlagerung

Für die längerfristige Zwischenlagerung sind de lege lata die externen, überwiegend privaten Zwischenlager vorgesehen, deren Genehmigung sich nach § 6 AtG g.F. bestimmt (siehe Haedrich, Atomgesetz, 1986, § 6 AtG Rn. 9). Dies galt auch vor Einfügung des Absatzes 3 in § 6 AtG g.F. nach überwiegender Auffassung (vgl. nur Haedrich, Atomgesetz, 1986, § 6 AtG Rn. 5 m.w.N.) jedenfalls für solche bestrahlten Brennelemente, deren Wiederaufarbeitung möglich und wirtschaftlich vertretbar ist. Für die Zwischenlagerung auch solcher abgebrannter Brennelemente, die nicht wiederaufgearbeitet werden sollen, stellt der später eingefügte § 6 Abs. 3 AtG klar, daß auch diese unter den Genehmigungstatbestand des § 6 AtG fallen. Mit der Novellierung der Strahlenschutzverordnung ist zudem eine deutliche Grenze zwischen der Genehmigung nach § 6 AtG und der nach § 3 StrlSchV, die die Lagerung kernbrennstoffhaltiger Abfälle mitumfaßt, gezogen. Nach der Neufassung der Anlage 1 zur Strahlenschutzverordnung kommt eine Genehmigung nach § 3 Abs. 1 StrlSchV nur noch in Betracht für kernbrennstoffhaltige Abfälle, deren Kernbrennstoffgehalt 3 g pro 100 kg Abfälle nicht überschreitet.

Der Entwurf sieht für die externe Zwischenlagerung von Kernbrennstoffen anstelle der bisherigen schlichten Umgangsgenehmigung nach § 6 AtG g.F. eine förmliche Anlagenbewilligung vor (siehe § 381). Für die Zwischenlagerung sonstiger radioaktiver Stoffe bedarf es hingegen lediglich der schlichten Umgangsgenehmigung nach § 383 Abs. 1 S. 2. Beide Fälle können jedoch - sofern es sich um eine betriebsbedingte Lagerung auf dem Gelände einer kerntechnischen Anlage handelt - auch bereits von der Bewilligung zum Betrieb der Anlage nach § 380 erfaßt sein.

Demgegenüber ist gemäß § 9c AtG g.F. der Betrieb von Landessammelstellen im Sinne von § 9a Abs. 3 AtG für die Zwischenlagerung der im jeweiligen Bundesland anfallenden radioaktiven Abfälle eine staatliche Aufgabe in Ergänzung zur privaten Zwischenlagerung gemäß § 6 AtG. Mit der "Privatisierung" der wesentlich größer dimensionierten Endlagerung ist die Beibehaltung der Landessammelstellen in staatlicher Hand nicht mehr konsequent, da sie im Widerspruch zu dem hier vorgeschlagenen Regelungssystem steht. Schließlich ergab sich schon de lege lata angesichts der Regelung des § 86 StrlSchV, wo eine Verpflichtung zur privaten Zwischenlagerung normiert ist, ein Vorrang der privaten Zwischenlagerung vor einer Zwischenlagerung in Landessammelstellen oder auch einer Zwischenlagerung nach § 5 AtG g.F. Unmittelbare staatliche Aufgabenwahrnehmungen sind jedoch auch insoweit angesichts der anzustrebenden umfassenden Realisierung des Verursacherprinzips im Bereich der Entsorgung nicht mehr zu befürworten (im Ergebnis a.A. Rengeling, in: Lukes [Hrsg.], Reformüberlegungen zum Atomrecht, 1991, S. 215 ff., 334, der es bei der Ablieferungspflicht an Landessammelstellen belassen will, unter vorrangiger Inanspruchnahme privater Zwischenlager).

(3) Sicherstellung

Bezüglich der Sicherstellung im Sinne von § 9a Abs. 3 S. 1 AtG g.F. stellt sich vorrangig die Frage, ob diese Regelung überhaupt weiterhin erforderlich ist. Zunächst ist es nicht unbedenklich, die Sicherstellung begrifflich als Zwischenlagerung anzusehen, weil sich aus § 82 StrlSchV ergibt, daß die Landessammelstelle die bei ihr zwischengelagerten radioaktiven Abfälle an eine Anlage des Bundes zur Sicherstellung (und zur Endlagerung) abliefert. In Anbetracht der damit zutage tretenden Überschneidungs- und Abgrenzungsschwierigkeiten im Hinblick auf die Vorschriften über die Zwischenlagerung sollten die Regelungen über die Sicherstellung, denen wiederum nur eine Auffangfunktion zukommt, ganz gestrichen werden, zumal die notwendigen Entsorgungsschritte von den Tatbeständen der Zwischenlagerung bzw. Endlagerung erfaßt werden (im Ergebnis ebenso: Rengeling, in: Lukes [Hrsg.], Reformüberlegungen zum Atomrecht, 1991, S. 215 ff., 268 f.).

(4) Wiederaufarbeitung

De lege lata ist die Endlagerung radioaktiver Abfälle nur dann zulässig, wenn zuvor die schadlose Verwertung, sprich: Wiederaufarbeitung, wirtschaftlich nicht vertretbar ist. Wenn es auch mittlerweile einhellige Meinung ist, daß für die Frage der wirtschaftlichen Vertretbarkeit neben betriebswirtschaftlichen auch volkswirtschaftliche Aspekte maßgeblich sind (vgl. nur Haedrich, Atomgesetz, 1986, § 9a AtG Rn. 12 ff.), bereitet die Auslegung des Begriffs erhebliche Probleme, so daß de lege ferenda schon aus Gründen der Bestimmtheit des Gesetzes und damit letztlich der Rechtssicherheit und -klarheit eine gleichrangige Option für die Wiederaufarbeitung einerseits und die direkte Endlagerung andererseits eingeführt werden sollte. Diese Option ist auch insoweit angemessen, als es der Politik die Entscheidung offenhält, die Kernenergie (auf lange Sicht) als eine bloße "Übergangsenergie" zu betrachten oder aber sie beizubehalten. Je nach Ausfall dieser Entscheidung könnte entweder der Wiederaufarbeitung oder der Endlagerung der Vorrang eingeräumt werden. Die Regelung einer gleichrangigen Option ist daher in jedem Fall sinnvoll.

(5) Entsorgung im Ausland

Bereits das geltende Recht läßt eine Wiederaufarbeitung im Ausland zu. Dies wird insbesondere nicht durch den Grundsatz der "schadlosen Verwertung" im Sinne des § 9a Abs. 1 Nr. 1 AtG g.F. in Frage gestellt, wenn etwa in anderen EG-Mitgliedstaaten geringere Sicherheitsanforderungen an die Wiederaufarbeitung gestellt werden als nach deutschem Atom- und Strahlenschutzrecht. Anforderungen deutschen Rechts können sich auf Grund des Territorialitätsprinzips nur auf das Gebiet der Bundesrepublik und die dort vorgenommenen Tätigkeiten beziehen (vgl. auch Blickle, in: Pelzer [Hrsg.], Kernenergie zwischen Ausstiegsforderung und europäischem Binnenmarkt, S. 94 ff., 101).

Im Hinblick auf die Endlagerung im Ausland könnte sich wegen der bestehenden Ablieferungspflicht gemäß § 9a Abs. 2 S. 1 AtG hingegen ein Widerspruch zum europäischen Gemeinschaftsrecht ergeben. Dem ließe sich entgegenhalten, der grenzüberschreitende Vorgang selbst werde von § 9a Abs. 2 AtG nicht unmittelbar erfaßt (vgl. Rengeling, in: Reformüberlegungen zum Atomrecht, 1991, S. 215 ff., 305), vielmehr regele die Vorschrift lediglich einen "innerstaatlichen Sachverhalt". Jedoch wäre zumindest die Statuierung einer absoluten Ablieferungspflicht im Inland, die einen grenzüberschreitenden Verkehr gar nicht erst ermöglichte und praktisch einer Ausfuhrbeschränkung gleich käme, als eine das Errichten und Funktionieren eines gemeinsamen Marktes beeinträchtigende und damit gegen Art. 93 EAGV verstoßende Regelung anzusehen. Insoweit ist zu berücksichtigen, daß § 9a Abs. 2 S. 2 AtG ausdrücklich Ausnahmen von der Ablieferungspflicht nach Satz 1 der Bestimmung vorsieht. § 83 StrlSchV bestimmt, daß eine solche Ausnahme u.a. dann gegeben ist, wenn die Beseitigung nicht genehmigungsbedürftig ist oder wenn eine anderweitige Beseitigung oder Abgabe angeordnet ist. Somit unterliegen jedenfalls radioaktive Abfälle mit geringerem Gefährdungspotential schon nach geltendem Recht nicht der Ablieferungspflicht des § 9a Abs. 2 AtG. Alles in allem kann unter Beachtung der gemeinschaftsrechtlichen Vorgaben schon de lege ferenda ein ausschließlicher Vorrang der Inlandsentsorgung nicht festgestellt werden. Es empfiehlt sich allerdings, der Klarheit halber die grundsätzliche Möglichkeit der Entsorgung im Ausland ausdrücklich im Gesetz vorzusehen.

(6) Übergangsregelungen

Im Falle der "Privatisierung" der Entsorgung werden Übergangsregelungen erforderlich, insbesondere im Hinblick auf bereits erteilte Genehmigungen und den dabei erbrachten Entsorgungsvorsorgenachweis. Die sich vor allem bei einer Verschärfung des Entsorgungsvorsorgenachweises ergebenden Übergangsprobleme können jedoch im Wege nachträglicher Anordnungen gelöst werden (so auch Rengeling, in: Lukes [Hrsg.], Reformüberlegungen zum Atomrecht, 1991, S. 215 ff., 339). Siehe im übrigen § 437 des Entwurfs.

fff) Zuständigkeitsfragen

Die derzeitige Aufsplitterung der Zuständigkeiten erweist sich weder als verfassungsrechtlich geboten noch als sinnvoll. So ist es insbesondere nicht einsichtig, die Anlagengenehmigungen nach § 7 AtG sowie die Planfeststellungen nach § 9b AtG uneingeschränkt dem Zuständigkeitsbereich der Länder (Bundesauftragsverwaltung, § 24 AtG), die Anlagengenehmigungen ("Umweltbewilligungen") nach dem zu novellierenden § 6 AtG dagegen dem des Bundes (vgl. für die derzeitigen Genehmigungen nach § 6 den § 23 Abs. 1 Nr. 4 AtG) zuzuordnen. Vielmehr empfiehlt es sich, die Möglichkeit vorzusehen, die Zuständigkeiten für die (Anlagen-)Genehmigungen ("Umweltbewilligungen"), jedenfalls soweit die Anlagen erhebliche Auswirkungen haben können, die über das Gebiet eines Landes hinausgehen, ebenso wie die für die Beförderungsgenehmigungen für Kernbrennstoffe und die Umweltbewilligungen für die Endlagerstätten - auf der verfassungsrechtlichen Grundlage des Art. 87 Abs. 3 GG - dem Bund, d.h. in concreto: dem Bundesamt für Strahlenschutz, zuzuweisen. Dafür spricht auch der Umstand, daß die hier zur Diskussion stehenden Anlagenbewilligungen nicht nur "bundesweite" bzw. sogar internationale Auswirkungen haben (können), sondern wegen ihrer komplexen naturwissenschaftlich-technischen und juristischen Bedingtheiten auch eine aufwendige Administration voraussetzen, was die meisten Bundesländer überfordert. Die bundeseigene Verwaltung, die auch das Grundgesetz in Art. 87c ("können") ausdrücklich offen hält, vermeidet die vielfältigen Schwächen der Bundesauftragsverwaltung. Ob selbst umfassende Weisungsbefugnisse des zuständigen Bundesministers gegenüber den das Atomgesetz ausführenden Ländern, wie sie das Bundesverfassungsgericht in der "Kalkar-" (BVerfGE 81, 310) und der "Schacht-Konrad-Entscheidung" (BVerfGE 84, 25) zuletzt unmißverständlich bestätigt hat, auf Dauer die energiepolitischen Konflikte zwischen Bundes- und Landesregierungen lösen können, muß ernsthaft bezweifelt werden. Dieser Grundintention und diesem Mißtrauen gegenüber der Effizienz der Bundesauftragsverwaltung entspräche es, in den übrigen, dem Bund nicht zugewiesenen Bereichen des Vollzugs des Atom- und Strahlenschutzrechts den Landesvollzug als eigene Angelegenheit zu eröffnen.

bb) Gesetzesbindung und Ermessen

Eine Aufrechterhaltung der Differenzierung von gebundenen Genehmigungsentscheidungen und Entscheidungen mit Versagungsermessen wird nicht empfohlen. Eine verfassungskonforme Interpretation der jetzigen Anlagengenehmigungsvorschrift des § 7 AtG ergibt, daß für ein Versagungsermessen ohnehin wenig Raum bleibt. Es gibt überdies keine sachlich einleuchtenden Gründe, die atomrechtlichen Genehmigungsvorschriften teils als präventive (formelle) Verbote mit dem Vorbehalt gesetzesgebundener Erlaubnis und teils als repressive (materielle) Verbote mit ermessensspezifischem Befreiungsvorbehalt auszugestalten. Auch der Unterschied zwischen (förmlichen) Anlagengenehmigungen ("Umweltbewilligungen") und "schlichten" Umgangsgenehmigungen rechtfertigt eine Differenzierung bei der Gesetzesbindung der Exekutive nicht.

cc) Normierung von Betreiberpflichten?

Denkbar wäre, den verschiedenen Bewilligungs- und Genehmigungsvorschriften die Normierung von Betreiberpflichten voranzustellen, wie das in vergleichbarer Weise in § 5 BImSchG für die genehmigungsbedürftigen Anlagen des Immissionsschutzrechts und ansatzweise in § 6 Gentechnikgesetz (GenTG) geschehen ist. Die jeweiligen Umweltbewilligungen bzw. Genehmigungen wären dann zu erteilen, wenn sichergestellt ist, daß jene Grundpflichten erfüllt werden - gegebenenfalls: und wenn andere öffentlich-rechtliche Vorschriften nicht entgegenstehen (vgl. § 6 Nr. 1 und 2 BImSchG). Zu jenen Betreiberpflichten müßte zum einen die Pflicht zählen, die Anlage so zu errichten und zu betreiben, daß keine Gefahren entstehen, zum anderen gehörte dazu vor allem die Pflicht zur Risikovorsorge und zur Entsorgungsvorsorge.

Auf der anderen Seite ist zu berücksichtigen, daß diese Anforderungen genauso gewährleistet bzw. gesichert werden können, wenn sie als Bewilligungs- bzw. Genehmigungsvoraussetzungen bzw. ihre Nichterfüllung als Voraussetzungen nachträglicher Anordnungen oder des Widerrufs normiert würden. Diese letztere Gesetzgebungstechnik entspräche nicht nur dem klassischen deutschen Verwaltungsrecht, sie vermittelte auch größere Rechtssicherheit, weil ein Verwaltungsakt die Ge- und Verbote voraussetzungsgemäß präziser formulieren kann als eine generell-abstrakte Pflichtennorm. Es ist geradezu der Sinn gesetzesvollziehender oder gesetzesakzessorischer Verwaltungsakte, dem Begünstigten ebenso wie Drittbetroffenen in rechtlich verbindlicher und abschließender Weise zu sagen, was rechtens ist und was nicht. Ein "Durchgriff" auf gesetzliche Betreiberpflichten am gesetzeskonkretisierenden Verwaltungsakt vorbei oder zu seiner stillschweigenden Einschränkung stellte eine Verkennung der ureigensten Funktionen des Verwaltungsaktes, nämlich der Gesetzeskonkretisierung im Einzelfall, dar. Außerdem sind die Auswirkungen solcher normativen Betreiberpflichten auf Vorschriften des Straf- und Zivilrechts in einer den Rechtssicherheitsbelangen höchst abträglichen Weise unüberschaubar.

Daher sollte - zur Vermeidung jener Spannungslagen im Verhältnis zum Bewilligungs- oder Genehmigungsbescheid - auf die Normierung von Betreiberpflichten verzichtet und die für notwendig erachteten Anforderungen an die Errichtung und an den Betrieb von Anlagen vorrangig als zwingende Bewilligungs- oder Genehmigungsvoraussetzungen bzw. deren Nichterfüllung als Voraussetzungen nachträglicher Anordnungen oder eines Widerrufs formuliert werden.

dd) Eröffnungskontrollen und andere behördliche Entscheidungen; Fragen einer Konzentrationswirkung

Es wäre zu erwägen, ob bundesrechtlich die einschlägigen Zuständigkeiten der sonstigen Genehmigungsbehörden auf die atomrechtliche Bewilligungsbehörde im Sinne einer Entscheidungskonzentration konzentriert werden sollten. Einer solchen Entscheidungskonzentration ginge eine Zuständigkeits- und Verfahrenskonzentration voraus, so daß letztlich nur ein Bewilligungsverfahren vor einer Behörde stattfände, an dem die anderen Fachbehörden lediglich verwaltungsintern nach Maßgabe der für sie einschlägigen fachgesetzlichen Normen beteiligt wären. Die Aufnahme einer dem § 13 BImSchG sowie § 22 Abs. 1 GenTG entsprechenden Vorschrift in das Fünfte Kapitel verhinderte beispielsweise, daß nebeneinander verschiedene Bekanntmachungsverfahren und Erörterungstermine für ein und dasselbe Vorhaben durchgeführt werden müßten. Es sind keine Gründe ersichtlich, die der Einführung einer Konzentrationswirkung atomrechtlicher Bewilligungen analog § 13 BImSchG, § 22 Abs. 1 GenTG entgegenstehen könnten. Die Entscheidungskonzentration der atomrechtlichen Umweltbewilligung reichte hiernach sogar weiter als diejenigen des § 13 BImSchG. Nach dieser Vorschrift bleibt nämlich für die anlagenbedingte Gewässerbenutzung noch eine gesonderte wasserrechtliche Erlaubnis erforderlich. Demgegenüber schlösse die atomrechtliche Umweltbewilligung auch die wasserrechtliche Erlaubnis mit ein. Eine solche Entscheidungskonzentration muß allerdings mit einer entsprechenden Erweiterung der materiellen Bewilligungsvoraussetzungen korrespondieren. Die Einhaltung anderer öffentlich-rechtlicher Vorschriften muß dann eine zusätzliche Voraussetzung für die atomrechtliche Umweltbewilligung werden.

Die Regelung der Konzentrationswirkung ist schließlich nicht im Hinblick auf die Bestimmung des § 55 Abs. 2 entbehrlich. Für die Probleme der Konzentrationswirkung ist an dieser Stelle nur eine Teilregelung erfolgt, wonach der Landesgesetzgeber für Umweltbewilligungen die Rechtswirkungen der Konzentration auch gegenüber nach Bundesrecht notwendigen Entscheidungen beanspruchen kann. Nicht geregelt ist in § 55 Abs. 2 hingegen, inwieweit die Umweltbewilligung in der Sache andere Zulassungsentscheidungen umfassen soll. Die Regelung der Konzentrationswirkung von Umweltbewilligungen ist daher dem Besonderen Teil vorbehalten.

ee) Einführung eines Planfeststellungsverfahrens?

Der mit der Einführung eines Planfeststellungsverfahrens notwendigerweiser einhergehende Verzicht auf eine Verfahrensstufung (Vorbescheid,

Teilbewilligung), der gerade den Betreibern und Antragstellern wegen der Komplexität der hier zur Diskussion stehenden Vorhaben nicht zuzumuten sein dürfte, spricht im Ergebnis gegen die Einführung jenes Instituts als Instrument der Eröffnungskontrolle im Atomrecht.

Im Ergebnis dürfte sich auch die Einführung eines Standortplanfeststellungsverfahrens nicht empfehlen. Es wäre, wie beim Standortvorbescheidsverfahren, infolge der zu erwartenden Verdoppelung der Verfahren eher mit einer Verzögerung zu rechnen, da Standortentscheidungen nicht ohne Kenntnis des Anlagenkonzepts getroffen werden können.

ff) Gestuftes Umweltbewilligungsverfahren

aaa) Entlastung des Verfahrens?

Die Rationalisierung der mehrstufigen Bewilligungsverfahren verlangt in erster Linie organisatorisch-administrative Maßnahmen, d.h. Maßnahmen der Behörden, aber auch der Antragsteller. Eine sachliche Änderung der geltenden Rechtslage erscheint zur Beschleunigung der Verfahren weniger geeignet bzw. dringlich, jedenfalls bei entsprechend konsequenter Handhabung des gestuften Verfahrens. Zu vermeiden sind insbesondere unsinnige und undurchsichtige Stufungen, bei denen die erteilte Bewilligung durch Nachträge und Nachträge zu den Nachträgen (!) ergänzt und modifiziert wird.

bbb) Vorbescheid und Teilbewilligung

(1) Vorbescheid

Im Unterschied zur Teilgenehmigung erlangte das Institut des Vorbescheids in der bisherigen Praxis keine besondere Bedeutung und hat sich nach weitgehend vertretener Auffassung auch nicht bewährt. Die Schwäche des Vorbescheids liegt in seiner praktischen Anwendung, das heißt darin, daß die Genehmigungsbehörden bereits im Vorbescheidsverfahren so detaillierte Angaben verlangen, daß mit ihnen auch das eigentliche Genehmigungsverfahren nach § 7 AtG g.F. durchgeführt werden könnte (vgl. Kuhnt, atw 1977, 410 ff., 411). Gründe der Verfahrensökonomie sprechen insgesamt gegen dieses Rechtsinstitut. Diese Gründe resultieren aber vorrangig aus der praktischen Handhabung und weniger aus der institutionellen Grundkonzeption des Vorbescheides. Seine generelle gesetzliche Abschaffung erscheint daher - zumal der Vorbescheid auch anderen Rechtsgebieten geläufig ist - nicht angezeigt.

(2) Teilbewilligung

Der Allgemeine Teil sieht neben der Vollbewilligung als Regelform nur noch den Standortvorbescheid vor (§ 53 Abs. 2), da sich für ihn mittlerweile eine hinreichend verläßlich strukturierte Inhaltsbestimmung herausgebildet habe (vgl. Begründung zum Allgemeinen Teil zu § 53, S. 274). Damit wird jedoch ausdrücklich das praktische Bedürfnis für eine phasenspezifische Abschichtung komplexer Bewilligungsvorgänge anerkannt und nicht ausgeschlossen, daß die Bewilligungsbehörde im Rahmen ihres verfahrensgestaltenden Ermessens auch auf andere Elemente des gestuften Verfahrens zurückgreifen kann. Auch wenn die Verfasser des Allgemeinen Teils einer gesetzlichen Vertypung Einhalt gebieten wollen, bedeutet dies demnach nicht, daß das Institut der Teilbewilligung einer Regelung im Besonderen Teil nicht zugänglich wäre. Schließlich haben die Entwurfsverfasser des Allgemeinen Teils im Rahmen des § 44 betreffend die Umweltfolgenprüfung die Notwendigkeit gesehen, dem Regelungsgehalt von Vorbescheid und Teilgenehmigung Rechnung zu tragen, um der Ausgestaltung von Eröffnungskontrollen im Besonderen Teil nicht vorzugreifen (siehe Begründung zum Allgemeinen Teil zu § 44, S. 247).

Mit Rücksicht auf das berechtigte Interesse des Antragstellers an einer bestimmten (Verfahrens-)Stufung sollte das Institut der Teilbewilligung beibehalten werden und die Bestimmung der Anzahl und des Umfangs der Teilbewilligungsschritte auch grundsätzlich diesem überlassen bleiben. Dabei sollte die Bewilligungsbehörde jedoch darauf hinwirken, daß wenigstens der erste Teilbewilligungsschritt auf Grund des darin enthaltenen vorläufigen positiven Gesamturteils nicht zu eng oder schmal ausfällt. Der erwähnten Gefahr der unsinnigen Stufungen kann vor allem durch eine strikte Handhabung des auch im Verwaltungsverfahren anwendbaren, zwar nicht ausdrücklich im VwVfG geregelten, aber als Ausdruck eines allgemeinen Rechtsgrundsatzes geltenden Erfordernisses eines Rechtsschutzinteresses des Antragstellers entgegengewirkt werden. Hiernach ist auch im behördlichen Antragsverfahren ein Antrag nur zulässig, wenn der Antragsteller ein schutzwürdiges Interesse an der von ihm beantragten Amtshandlung und Bescheidung hat, insbesondere die Verwaltung nicht mißbräuchlich in Anspruch nimmt (vgl. Kopp, Verwaltungsverfahrensgesetz, 4. Aufl., 1986, § 22 VwVfG Rn. 31). § 18 Abs. 1 AtVfV hat diesen allgemeinen Grundsatz des Verwaltungsverfahrensrechts aufgegriffen und setzt für den Erlaß einer Teilgenehmigung ein "berechtigtes Interesse" des Antragstellers voraus.

Der zu genehmigende Anlagenteil darf insbesondere nach Art und Umfang nicht außer Verhältnis zur Tragweite des vorläufigen positiven Gesamturteils stehen und die Teilbewilligung vom Antragsteller nicht zweckentfremdet werden. Der Dispositionsrahmen des Antragstellers findet dort seine Grenze, wo mit dem betreffenden (ersten) Teilbewilligungsschritt Anlagenteile von nur untergeordneter Bedeutung genehmigt werden sollen, während es dem Antragsteller erkennbar ausschließlich oder in erster Linie um den exekutivischen Ausspruch des vorläufigen positiven Gesamturteils geht.

ccc) Vorläufiges positives Gesamturteil

Ergeht eine Teilerrichtungsbewilligung, so werden Standort bzw. Konzept der Anlage nur hinsichtlich der bereits genehmigten Anlagenteile definitiv gebilligt, während es bezüglich des noch nicht genehmigten Restes bei dem verbleibt, was im Rahmen einer Teilbewilligung als vorläufiges positives Gesamturteil zu prüfen und zu entscheiden ist (vgl. BVerwGE 78, 177 [178]). Regelungsgehalt und Bindungswirkung einer Teilbewilligung werden maßgeblich bestimmt durch das jeder Teilbewilligung immanente vorläufige positive Gesamturteil, vgl. § 18 Abs. 1 AtVfV. Dieses rechnet nach der neueren Rechtsprechung des Bundesverwaltungsgerichts (vgl. BVerwGE 72, 300 [308]) zum Regelungsgehalt einer jeden Teilentscheidung im gestuften Verfahren mit weitreichender und drittschützender Bindungswirkung. Es ist nicht bloße Verfahrens- oder Zulässigkeitsvoraussetzung bzw. Begründungselement der Regelung, das als behördeninterne Feststellung die Annahme einer Verbindlichkeit ausschließen würde.

Das Institut der Teilbewilligung als solches sowie ihre Voraussetzungen und ihre Wirkungen sollten im Gesetz selbst (und nicht in der Verordnung) geregelt werden. Das angesprochene Bescheidungsinteresse des Antragstellers könnte weiterhin als das "berechtigte Interesse" zur ausdrücklichen Zulässigkeitsvoraussetzung erklärt werden. Allerdings muß dabei klar sein, daß es insoweit nur um eine Ausprägung des allgemeinen "Rechtsschutz-" oder "Bescheidungsinteresses" geht, das dem Antragsteller nach den allgemeinen Lehren des Verfahrensrechts nur in Ausnahmefällen abgesprochen werden und keinesfalls mit einem allgemeinen exekutivischen Versagungsermessen speziell für Teilbewilligungen gleichgesetzt werden kann.

Angesichts des vorläufigen Charakters des Gesamturteils, das auf vorläufigen Angaben des Antragstellers beruhen und sich im Laufe des Verfahrens durch neue Angaben oder neue Erkenntnisse ändern kann, entfällt die Bindungswirkung zum einen, wenn infolge einer Änderung der Sach- oder Rechtslage an die noch nicht genehmigten Anlagenteile nunmehr neue Anforderungen gestellt werden müssen. Die Bindungswirkung entfällt ferner dann, wenn an noch nicht genehmigte Anlagenteile auf Grund der späteren Detailprüfung neue Anforderungen gestellt werden müssen.

Die Frage der Bindungswirkung von Teilbewilligungen sollte auf Grund ihrer großen praktischen Bedeutung auf jeden Fall im Gesetz klarer geregelt werden. Anstelle der bisherigen, eher auf eine bloße formelle Genehmigungsvoraussetzung hinweisenden Formulierung in § 18 Abs. 1 AtVfV sollte das Gesetz klar zum Ausdruck bringen, daß mit jeder Teilbewilligung eine "grundsätzliche", in gewisser Hinsicht aber "vorläufige" Gesetzmäßigkeitsfeststellung in bezug auf die Gesamtanlage verbunden ist bzw. verbunden sein muß und daß (nur) unter bestimmten näher formulierten Voraussetzungen ("Situationsvorbehalt" - siehe dazu oben) diese bindende Feststellungswirkung entfällt. Dabei versteht es sich von selbst, daß das Institut der atomrechtlichen Teilbewilligung - wie bereits oben vorgeschlagen - im Gesetz selbst und nicht in der Verordnung geregelt werden sollte. Da der Entwurf des Allgemeinen Teils keine diesbezüglichen Regelungen enthält, werden sie in den Besonderen Teil aufgenommen. Die Fragen der Zulässigkeit, der Voraussetzungen und des Inhalts von Teilbewilligungen stellen sich indes für alle Teile des Besonderen Teils gleichermaßen, so daß sich eine Regelung im Allgemeinen Teil empfiehlt. Geschieht dies, erübrigten sich diesbezügliche Normierungen im Besonderen Teil.

gg) Nebenbestimmungen zur Atomanlagenbewilligung und sonstigen Zulassungen

§ 17 Abs. 1 S. 2 bis 4 AtG g.F. regeln einheitlich die Arten von Nebenbestimmungen für sämtliche rechtsgewährende Verwaltungsakte des Atomgesetzes. Die Aufzählung hat angesichts der Besonderheit der Materie die Bedeutung einer abschließenden Regelung (vgl. Fischerhof, Deutsches Atomgesetz und Strahlenschutzrecht, Bd. 1, 2. Aufl., 1978, § 17 AtG Rn. 4). Insbesondere verbieten sich hiernach Bedingungen, da Unklarheiten über deren Eintritt eine Unsicherheit herbeiführen würden, die mit Rücksicht auf die potentiellen Risiken der Kernenergienutzung nicht erträglich wären (siehe Amtliche Begründung, BT-Drs. III/759, S. 30). Bei der Genehmigung nach § 7 AtG sind nach dem Wortlaut des § 17 Abs. 1 S. 4 AtG auch Befristungen, weil sie die Geltung der Anlagengenehmigung zeitlich einschränken (vgl. § 36 Abs. 2 Nr. 1 VwVfG), wegen des hohen Investitionsrisikos nicht zulässig. Dagegen dürften de lege lata auch ohne ausdrückliche Nennung Auflagenvorbehalte und Widerrufsvorbehalte grundsätzlich zulässig sein.

Es ist die Frage, ob es bei der strikten Bedingungsfeindlichkeit der Atomanlagenbewilligung bleiben sollte. Die Abgrenzung von Bedingung und Auflage erweist sich nicht selten als schwierig. Mit der Anerkennung sogenannter "modifizierender Auflagen" wird demgemäß zum Beispiel in der immissionsschutzrechtlichen Genehmigungspraxis bereits zunehmend auf die Unterscheidung zwischen Bedingung und Auflage im Genehmigungsbescheid verzichtet (vgl. Sellner, Immissionsschutzrecht und Industrieanlagen, 2. Aufl., 1988, Rn. 222). Nicht zuletzt wegen der aus der Sicht des Antragstellers häufig weitgehend vergleichbaren Interessenlage dürfte sich eine dem § 12 BImSchG und damit auch dem allgemeinen Verwaltungsrecht (siehe § 36 Abs. 1 VwVfG) entsprechende Regelung, die ausdrücklich auch die Bedingung als zulässige Nebenbestimmung vorsieht, für das Atom- und Strahlenschutzrecht anbieten. Auch eine Sonderregelung im Hinblick auf die Befristung, wie sie derzeit in § 17 Abs. 1 S. 4 AtG für die Genehmigungen nach § 7 AtG im Sinne eines strikten Befristungsverbots vorgesehen ist, ist entbehrlich. Das gilt jedenfalls dann, wenn die Bewilligung - wie vorgeschlagen - als gebundene Entscheidung ausgestaltet wird. Eine Befristung ist dann grundsätzlich ohnehin nur zulässig, wenn sie entweder beantragt wird oder wenn sie geeignet und erforderlich ist, ein gesetzliches Bewilligungshemmnis auszuräumen. Wegen des hohen Entwicklungspotentials bei den hier zur Diskussion stehenden Technologien dürfte sich andererseits empfehlen, eine generelle Befristung von Betriebsbewilligungen ex lege (30 Jahre) vorzusehen.

3. Rahmenbedingungen

Der Rahmen, in den Normvorschläge zum Bereich der Eröffnungskontrollen einzupassen sind, ergibt sich aus der Sicht des Rechts der Europäischen Gemeinschaften und des nationalen Verfassungsrechts im wesentlichen aus den - auch objektiv-rechtlichen - Grundrechtsnormen, aus denen Schutzaufträge an den staatlichen Gesetzgeber hergeleitet werden, so etwa aus Art. 2 Abs. 2 S. 1 GG die Pflicht, das Leben und die körperliche Unversehrtheit des einzelnen gegen Eingriffe Dritter angemessen zu schützen. Daß die Grundrechte nicht nur subjektive Abwehrrechte sind, sondern zugleich eine objektiv-rechtliche Grund- oder Werteordnung begründen, ist in der staatsrechtlichen Dogmatik und Rechtsprechung inzwischen anerkannt (vgl. nur BVerfGE 39, 1 [41 f.]; 49, 89 [142]; 53, 30 [57]).

Nach der Rechtsprechung des Bundesverfassungsgerichts werden grundrechtliche Schutzpflichten des Staates verletzt, wenn trotz nachweislicher Rechtsgutsverletzungen oder evidenter und schwerwiegender Rechtsgutsgefährdungen durch Dritte der Staat seinen Schutzauftrag nachhaltig und in jeder Hinsicht ignoriert oder ihm mit eindeutig und unstreitig absolut untauglichen Mitteln nachzukommen sucht (siehe etwa BVerfG, NJW 1983, 2931, 2932). Angesichts der bestehenden atomgesetzlichen Schutzinstrumentarien, auf die schon in der Kalkar-Entscheidung des Bundesverfassungsgerichts (E 49, 89, 140) hingewiesen wurde, sowie ihrer administrativen Umsetzungen in den konkreten Genehmigungsentscheidungen kann schon de lege lata von einer nachhaltigen und völligen Ignorierung jener grundrechtlichen Schutzpflichten keine Rede sein. Mit der hier vorgeschlagenen Änderung der Vorschriften über die Eröffnungskontrollen würde sich daran nichts ändern.

Darüber hinaus folgert das Bundesverfassungsgericht für den Bereich des Atomrechts aus den staatlichen Genehmigungen eine "eigene Mitverantwortung" des Staates für die Gefährdungen der Schutzgüter Dritter (vgl. BVerfGE 53, 30 [58]), ohne sich allerdings bislang eindeutig zwischen einer Schutzpflichtwahrnehmung und einem Grundrechtseingriff entschieden zu haben. In diesem Zusammenhang muß jedoch betont werden, daß die Beurteilung des Atomgesetzes als Eingriffsgesetz nicht unproblematisch wäre. Denn der staatliche Gesetzgeber trifft hier nicht nur auf Grundrechte Dritter, sondern auch auf Grundrechte der Betreiber, Antragsteller und Genehmigungsempfänger. Diese Grundrechtspositionen, vornehmlich aus Art. 14 Abs. 1 GG, würden ignoriert, wenn man einseitig auf die bipolare Eingriffsbeziehung zwischen staatlichem Gesetzgeber und Drittbetroffenen abstellte (siehe Papier, in: Achtes Deutsches Atomrechts-Syposium, 1989, S. 173 ff., 177). Dabei ist allerdings zu berücksichtigen, daß der Staat und sonstige juristische Personen des öffentlichen Rechts trotz des Art. 19 Abs. 3 GG grundsätzlich nicht Träger von Grundrechten sein können (BVerfGE 21, 362 [369 ff.]; 68, 193 [206]) und daß dies ebenfalls für juristische Personen des Privatrechts gilt, sofern deren Mitglieder oder Träger ausschließlich (BVerfGE 45, 63 [80]) oder auch nur zu überwiegenden Teilen (BVerfG, JZ 1990, 335) die öffentliche Hand ist.

Das Bundesverfassungsgericht hat für die Genehmigungsvorschriften des Atomgesetzes jedenfalls im Ergebnis dieselben strengeren oder stringenteren verfassungsrechtlichen Anforderungen aufgestellt, wie sie für Grundrechtseingriffe allgemein gelten. Ausgehend von der Annahme einer eingriffsgleichen Wirkung der Eröffnungskontrolltatbestände, sind in erster Linie die allgemeinen rechtsstaatlichen Eingriffsschranken, die das Übermaßverbot begründet, zu beachten. Die atomgesetzlich bewirkten oder zugelassenen Eingriffe in die Grundrechte Dritter aus Art. 2 Abs. 2 GG dürfen also vor allem nicht zu Grundrechtsbeeinträchtigungen bzw. Grundrechtsgefährdungen führen, die zu dem eingetretenen oder zu erwartenden Nutzen für das Gemeinwohl außer Verhältnis stehen.

Dem grundgesetzlichen Sicherheitsstandard würde es nicht genügen, wenn für eine bloße Gefahrenabwehr im engeren Sinne Vorkehrungen getroffen wären. Eine Gefahr im Sinne des klassischen Polizeirechts liegt nur vor, wenn ein Schadenseintritt möglich und hinreichend wahrscheinlich ist. Die eigentliche Gefahrenabwehr kann also immer nur einen begrenzten Schutz vor Schäden bewirken. In Anbetracht des beträchtlichen Gefährdungspotentials, das den kerntechnischen Anlagen immanent ist, muß die Gefahrenabwehr durch eine darüber hinausgehende Risikovorsorge ergänzt werden. Es müssen auch der hinreichend begründete Gefahrenverdacht, ferner die Risiken unterhalb der eigentlichen Gefahrenschwelle und - wegen des implizierten Vorsorgegrundsatzes - auch unterhalb der Schädlichkeitsschwelle in den gesetzlichen Schutz aufgenommen werden. In bezug auf das verbleibende Restrisiko "in Gestalt einer künftigen Grundrechtsgefährdung" ist in den Worten des Bundesverfassungsgerichts eine Genehmigung dann zulässig, "wenn es nach dem Stand von Wissenschaft und Technik praktisch ausgeschlossen ist, daß solche Schadensereignisse eintreten" (BVerfGE 49, 89 [140 ff.]; 53, 30 [59]; siehe ferner Breuer, DVBl. 1978, 829 ff., 835 f.; Papier, in: Achtes Deutsches Atomrechts-Syposium, 1989, 173 ff., 183). Wollte man auch dieses Restrisiko ausschließen und die absolute Sicherheit verlangen, so müßte man in aller Konsequenz einen Verzicht auf die betreffende Technik fordern. In bezug auf die Atomtechnik ist dies aber vom Grundgesetz nicht gefordert. Ausweislich seiner kompetenzrechtlichen Vorschriften (Art. 74 Nr. 11 a, Art. 87c GG) geht es vielmehr von der Kernenergienutzung zu friedlichen Zwecken aus. Vorgänge moderner Technologie können und müssen durch technische, organisatorisch-betriebliche und administrative Vorkehrungen sicherer gemacht werden, aber ein gewisses Restrisiko ist unvermeidbar, seine Auferlegung durch die staatliche Gesetzgebung verfassungsrechtlich nicht zu beanstanden.

a) EG-Recht

Von den zahlreichen bilateralen und multilateralen Verträgen und Abkommen ist vor allem der EURATOM-Vertrag (EAGV) vom 25. März 1957 (BGBl. II S. 1014, ber. S. 1678, zuletzt geänd. durch Beschl. des Rates vom 11. Juni 1985 - BGBl. II S. 1249, ABl. L 302/26 -, in Kraft seit 1. Januar 1986 - Bek. vom 15. Januar 1986, BGBl. II S. 422) mit relativ weitreichenden Vorschriften und teilweise unmittelbaren innerstaatlichen Rechtswirkungen zu beachten. Die Europäische Atomgemeinschaft hat die Aufgabe, Kernforschung und Kernindustrie in den vertragsschließenden Ländern zu fördern, zu koordinieren und zu kontrollieren. In Ausfüllung des Schutzzwecks hat die Gemeinschaft gemäß Art. 2b EAGV einheitliche Sicherheitsnormen für den Gesundheitsschutz der Bevölkerung und der Arbeitskräfte aufzustellen und für ihre Anwendung zu sorgen. Besondere Erwähnung verdienen dabei die auf der Grundlage der Art. 30 ff. EAGV festgelegten Grundnormen für den Gesundheitsschutz der Bevölkerung und der Arbeitskräfte gegen die Gefahren ionisierender Strahlen, welche jeweils Grenzwerte enthalten und faktisch weitgehend auf Empfehlungen der Internationalen Kommission für Strahlenschutz (ICRP) beruhen, vgl.

- Richtlinien zur Festlegung der Grundnormen für den Gesundheitsschutz der Bevölkerung und der Arbeitskräfte gegen die Gefahren ionisierender Strahlen (ABl. L 11 vom 20. Februar 1959, S. 221 - Änderung ABl. L 57 vom 9. Juli 1962, S. 1633);
- Richtlinie 76/579/EURATOM des Rates vom 1. Juni 1976 zur Festlegung der überarbeiteten Grundnormen für den Gesundheitsschutz der Bevölkerung und der Arbeitskräfte gegen die Gefahren ionisierender Strahlungen (ABl. L 187 vom 12. Juli 1976, S. 1 - Änderung ABl. L 246 vom 17. September 1980, S. 1);
- Richtlinie 80/836/EURATOM des Rates vom 15. Juli 1980 zur Änderung der Richtlinien, mit denen die Grundnormen für den Gesundheitsschutz der Bevölkerung und der Arbeitskräfte gegen die Gefahren ionisierender Strahlen festgelegt wurden (ABl. L 246 vom 17. September 1980, S. 1 - Änderung ABl. L 265 vom 15. Oktober 1984, S. 4).

Im Bereich der Rechtsetzung stellen sich dem Gemeinschaftsrecht zunehmend Aufgaben im Zusammenhang mit der Entsorgung der radioaktiven Abfallstoffe. Die hier ergangenen Rechtsakte der Europäischen Gemeinschaft beschränken sich, soweit es um die Bewirtschaftung und Lagerung radioaktiver Abfälle geht, insoweit noch auf mehr programmatische Vorarbeiten. Etwas anderes gilt für die Überwachung und Kontrolle der Verbringung radioaktiver Abfälle von einem Mitgliedsstaat in einen anderen, in die Gemeinschaft und aus der Gemeinschaft. Eine diesbezügliche Richtlinie hat der Rat der Europäischen Gemeinschaft mit Wirkung vom 3. Februar 1992 erlassen, 92/3/EURATOM. Insoweit können Abweichungen von den Genehmigungsvoraussetzungen des § 384 Abs. 2 und 3 für ein Verbringen von radioaktiven Abfällen normiert werden, insbesondere über die Voraussetzungen, bei deren Vorliegen eine Genehmigung i.S. von Art. 7 Abs. 1, 10 Abs. 1 und 12 Abs. 2 der genannten Richtlinie die Genehmigung zur Ein- und Ausfuhr nach § 384 Abs. 1 ersetzt.

In diesem Zusammenhang ist § 149 zu beachten, der eine Ermächtigungsgrundlage für die Umsetzung von Rechtsakten der Europäischen Gemeinschaft in innerstaatliches Recht bereit hält. Sie ermöglicht eine schnelle und flexible Umsetzung von Rechtsakten der Europäischen Gemeinschaft im Bereich der Umweltpolitik, insbesondere auf Grund von Art. 130 r bis 130 t EWGV, sowie der umweltrelevanten Rechtsangleichung, vornehmlich nach Art. 100, 100a und 100b EWGV.

Die Richtlinien gelten zwar nicht unmittelbar für und gegen Einzelpersonen, sie sind aber von den Mitgliedsstaaten hinsichtlich des angegebenen Ziels als verbindlich zu beachten und umzusetzen.

b) Gesetzgebungskompetenzen

Die Erzeugung und die Nutzung der Kernenergie zu friedlichen Zwecken und der Schutz vor ihren Gefahren fällt gemäß Art. 74 Nr. 11 a GG in die (konkurrierende) Gesetzgebungskompetenz des Bundes. Kompetenzrechtliche Hinderungsgründe für eine umfassende und abschließende bundesrechtliche Regelung des materiellen Atom- und Strahlenschutzrechts bestehen danach nicht. Demgemäß kann der Bundesgesetzgeber auch auf Grund des Art. 87 Abs. 3 GG einer Bundesoberbehörde - insbesondere dem Bundesamt für Strahlenschutz - Verwaltungszuständigkeiten, etwa für die Erteilung von Umweltbewilligungen, einräumen. Die Vorschrift des Art. 87c GG begründet keine Verpflichtung zur Einführung einer Bundesauftragsverwaltung. Der Bundesgesetzgeber kann daher statt der bisherigen Auftragsverwaltung teils einen unmittelbaren Bundesvollzug (Art. 87 Abs. 3), teils einen Landesvollzug als eigene Angelegenheit der Länder (vgl. Art. 83, 84 GG) vorsehen.

II. VORSCHLAG

1. Leitvorstellungen

a) Eröffnungskontrollen im allgemeinen

Das Kapitel "Kernenergie und Strahlenschutz" soll, wie der Besondere Teil insgesamt, auf den Regelungen des Allgemeinen Teils aufbauen und bereichsspezifische Besonderheiten unter Beachtung der Vorgaben des Allgemeinen Teils regeln. Die Umsetzung dieses Vorhabens in bezug auf die Eröffnungskontrollen im allgemeinen macht es mit Blick auf § 51 erforderlich, die einzelnen Tatbestandsvoraussetzungen der jeweiligen Zulassungsvorbehalte abschließend zu normieren, da die genannte Bestimmung lediglich allgemeine materielle Maßstäbe aufführt, die bei der Anwendung der Eröffnungskontrolltatbestände zu beachten sind. Diese Notwendigkeit folgt bereits daraus, daß sich - auch nach den Leitvorstellungen des Allgemeinen Teils - eine Vereinheitlichung aller speziell umweltrechtlichen Gesetzestatbestände, die Eröffnungskontrollen enthalten, verbietet, weil kein einheitlicher Typus erkennbar ist. Wenn aber die verschiedenen Kontrollmaßstäbe in ihren Sachstrukturen so weit voneinander abweichen, daß ein allumfassendes Einheitsmodell mit den Anforderungen einer rechtsstaatlichen Tatbestandsgestaltung nicht vereinbar und daher nicht möglich erscheint, müssen die spezifischen Regelungen über Eröffnungskontrollen den Regelungen des Besonderen Teils überlassen bleiben. Das schließt es allerdings nicht aus, in bestimmten Fällen, sofern sich das anbietet und insbesondere dem rechtsstaatlichen Bestimmtheitsgebot nicht abträglich ist, mehr oder weniger "allgemeingültige" Tatbestandsvoraussetzungen durch Verweis auf einschlägige Bestimmungen des Algemeinen Teils textlich zu straffen.

b) Die Umweltbewilligung im besonderen

Eine Besonderheit besteht für die Normierung jenes auch nach der Konzeption des Allgemeinen Teils herausgehobenen Typus der Eröffnungskontrollen, der Umweltbewilligung. Hier bieten sich wegen der in § 53 Abs. 1 normierten Bewilligungsvoraussetzungen im Unterschied zu dem eingangs angesprochenen Aufbau für die übrigen Eingriffskontrolltatbestände grundsätzlich zwei verschiedene Lösungsmodelle an: Die erste Lösung geht dahin, sich im wesentlichen auf einen mehr oder weniger globalen Verweis auf die entsprechenden Bestimmungen des § 53 Abs. 1 zu beschränken. Der zweite Weg ist der bereits im Zusammenhang mit den übrigen Eröffnungskontrollen vorgeschlagene, nämlich der der abschließenden Normierung der einzelnen Voraussetzungen des jeweiligen Bewilligungstatbestandes, und zwar auch unter Rückgriff bzw. Wiederholung der in § 53 Abs. 1 genannten Bewilligungsvoraussetzungen.

Für den ersten Lösungsweg spricht, daß die Umweltbewilligung einen beispielhaften Sektor der Harmonisierung von Zulassungsregelungen darstellen kann und soll. Auf der anderen Seite bestehen gegen jene Verweisungstechnik folgende Bedenken: Da die atomrechtsspezifischen Voraussetzungen von dem allgemeinen Tatbestand des § 53 Abs. 1 voraussetzungsgemäß nicht erfaßt sein können, ist der Gesetzgeber des Besonderen Teils in jedem Fall gehalten, für die fraglichen Bewilligungstatbestände zusätzliche Voraussetzungen zu schaffen, die den atomrechtlichen Besonderheiten Rechnung tragen und die den insoweit unvollständigen Bewilligungstatbestand des § 53 Abs. 1 ergänzen. Als atomrechts-spezifische Voraussetzungen seien beispielhaft nur das für das Atomrecht besonders geprägte Vorsorgegebot, das Erfordernis der Erfüllung internationaler Verpflichtungen der Bundesrepublik Deutschland auf dem Gebiet der Kernenergie und des Strahlenschutzes oder der zu verlangende Nachweis der Entsorgungsvorsorge genannt. Beließe man es im Rahmen des Besonderen Teils jeweils bei der Normierung der atomrechtsspezifischen Voraussetzungen und verwiese im übrigen auf den Allgemeinen Teil, so würden im Besonderen Teil nur unvollständig durchnormierte Bewilligungstatbestände und damit letztlich in beiden Teilen nur "Stückwerk" entstehen. Daß ein solcher "Torso" geeignet ist, Rechtsunsicherheit zu erzeugen, liegt auf der Hand, zumal Auslegungs- und Abgrenzungsprobleme vorprogrammiert sind.

Alles in allem sprechen nicht zuletzt im Interesse der gebotenen Rechtssicherheit und Rechtsklarheit die besseren Argumente für das zweite der eben vorgestellten Lösungsmodelle, also für eine abschließende und vollständige Normierung der objektiven Tatbestandsvoraussetzungen, gegebenenfalls auch unter partieller Wiederaufgreifung "allgemein-gültiger" Voraussetzungen des § 53. Das gilt allerdings nur für die objektiven Bewilligungsanforderungen. Nur diese müssen jeweils fachspezifisch formuliert werden. Vergleichbares gilt in bezug auf die subjektiven Anforderungen der Zuverlässigkeit, der Eignung und der Fachkenntnisse (siehe § 53 Abs. 1 Nr. 3 und 4) nicht. Insoweit kann im Besondern Teil auf die Regelung des Allgemeinen Teils verwiesen werden.

Was das atomrechtliche Bewilligungsverfahren anbelangt, so ergeben sich die Verfahrensgrundsätze und -voraussetzungen zunächst aus § 54. Wegen der weiteren Einzelheiten sieht zudem bereits § 148 Abs. 2 eine Regelung durch eine Rechtsverordnung vor.

c) Gesetzgeberische Lösungen zur Konkretisierung

Während in den anderen Gebieten des technischen Sicherheitsrechts die nicht rechtssatzförmigen sicherheitstechnischen Detailregelungen vielfach durch Verweisungen auf legislativer oder administrativer Ebene in die rechtliche Gesamtregelung einbezogen sind (vgl. im einzelnen Marburger, Die Regeln der Technik im Recht, 1979, passim), fehlt im geltenden Atom- und

Strahlenschutzrecht eine solche Verbindung. Die Ebenen der Rechtsnormen und der technischen Regeln stehen unverknüpft nebeneinander, was zur Folge hat, daß die Sicherheitsanforderungen des Atomgesetzes erst durch die behördliche, unter Umständen sogar erst durch die gerichtliche Entscheidung rechtsverbindlich konkretisiert werden.

Die in die Zukunft hin offene gesetzliche Regelung der Zulassungsvoraussetzungen der einzelnen Eröffnungskontrolltatbestände gewährleistet zwar einerseits einen dynamischen, jeweils bestmöglichen Schutz. Andererseits resultiert daraus aber auch eine erhebliche Rechtsunsicherheit. Zur Überwindung dieses normativen Regelungsdefizits, das auf der Grundlage des geltenen Rechts auch nicht mit der dogmatisch recht zweifelhaften Einordnung eines Teils der vorhandenen technischen Regelwerke als antizipierte Sachverständigengutachten überwunden werden kann, werden verschiedene gesetzgeberische Lösungen diskutiert:

aa) Exekutivische Beurteilungsermächtigungen generell-abstrakter Natur

Zu erwägen wäre etwa die gesetzliche Einräumung von exekutivischen Beurteilungsermächtigungen generell-abstrakter Natur, etwa zum Erlaß normkonkretisierender, der judikativen Kontrolle in gewissem Grade entzogener, "außenwirksamer" Verwaltungsvorschriften. Deren spezifische Bindungswirkung wird überwiegend damit begründet, daß solche Verwaltungsvorschriften durch die oberste Stelle der Exekutive erlassen und dabei ein formalisiertes Verfahren eingehalten würde (vgl. auch Sellner, NVwZ 1986, 616 ff., 619).

Dieser Weg wird zu einem gewissen Teil vom Entwurf des Allgemeinen Teils beschritten, indem § 156 bestimmt, daß bei Verwaltungsvorschriften nach § 155, die technische Anforderungen enthalten, vermutet wird, daß sie die allgemein anerkannten Regeln der Technik, den Stand der Technik oder den Stand von Wissenschaft und Technik zutreffend wiedergeben.

bb) Exekutivische Beurteilungsermächtigungen konkret-individueller Natur

Darüber hinaus ist die gesetzliche Einräumung von exekutivischen Beurteilungsermächtigungen konkret-individueller Natur, also für die Einzelfallentscheidung, denkbar. Statt materiell-objektiver Zulassungsvoraussetzungen kann der Gesetzber "Unbedenklichkeitsatteste" von Fachbehörden bzw. -gremien zur Zulassungsvoraussetzung oder Rechtmäßigkeitsbedingung erheben. Die behördliche Zulassung hängt dann nicht von der objektiven Beurteilung einer bestimmten Sachfrage durch die zweite und dann letztverbindlich durch die dritte Gewalt ab, sondern von einer subjektiven - in gewissen Grenzen "gerichtsfreien" - Bewertung dieser Sachfrage durch ein Fachgremium oder eine Fachbehörde (Papier, in: Bitburger Gespräche, Jahrbuch 1981, S. 81 ff., 97). Damit wäre nicht die Genehmigungsentscheidung selbst, wohl aber die technisch-naturwissenschaftliche Bewertung einzelner Entscheidungselemente aus dem "normalen" behördlichen Genehmigungsverfahren ausgegliedert und z.B. einem der Exekutive zugeordneten, aber dennoch unabhängigen Sachverständigengremium übertragen. In einem solchen Fall müßte der Gesetzgeber Bildung, Zusammensetzung und Verfahren jenes Gremiums regeln (Papier, a.a.O.).

Eine derartige Strukturierung der gesetzlichen Bewilligungsvoraussetzungen würde allerdings eine völlig abweichende Formulierung der gesetzlichen Genehmigungstatbestände bedingen, die wegen der erkennbaren Reduktion der richterlichen Kontrollkompetenzen rechtspolitisch derzeit ohnehin nicht durchsetzbar sein dürfte.

cc) Offenheit des Gesetzes

Es muß daher - was die gesetzlichen Bewilligungsvoraussetzungen anbelangt - grundsätzlich bei der "Offenheit" des Gesetzes und der Verwendung unbestimmter Rechtsbegriffe wie "Schadensvorsorge" und "Stand von Wissenschaft und Technik" verbleiben. Das Gesetz sollte allerdings die gesetzlichen Sicherheitsziele etwas genauer normieren, indem übergreifende Planungsgrundsätze für die Auslegung von Atomanlagen vorgegeben werden (vgl. Ossenbühl, DÖV 1982, 833 ff., 837 f.). Dabei ist an eine Präzisierung des Rechtsbegriffs der Schadensvorsorge, seine Aufgliederung in "Gefahrenabwehr" und "Risikovorsorge", seine Ergänzung durch die "Entsorgungsvorsorge" sowie an die Normierung von Grundsätzen wie das Strahlenminimierungsgebot und einiger der in den Sicherheitskriterien für Kernkraftwerke enthaltenen Prinzipien zu denken. Letzteres kann der Verordnungsgebung durch entsprechende Gesetzesermächtigungen überantwortet werden.

dd) Gesetzliche Verordnungsermächtigungen

In den gesetzlichen Verordnungsermächtigungen und den darauf gestützten Rechtsverordnungen liegt primär der Schlüssel zur Konkretisierung der unbestimmten Gesetzesbegriffe, mit dem das gesetzliche Defizit überwunden werden könnte. Dabei sollten die bei der Auslegung eines Kernkraftwerks zu berücksichtigenden Störfälle enumerativ in der Verordnung aufgeführt und diesen Ereignissen jeweils, sofern die Ergebnisse probabilistischer Sicherheitsanalysen von hinreichender Aussagesicherheit sind, aus diesen Berechnungen abgeleitete Risikogrenzwerte normativ zugeordnet werden. Es könnte mit anderen Worten geregelt werden, in welchem Risikobereich für welche zu berücksichtigenden Störfälle mit welchen sicherheitstechnischen Maßnahmen die Einhaltung der Grenzwerte gewährleistet werden soll. In Ergänzung zu den Dosisgrenzwerten der Strahlenschutzverordnung, die in erster Linie das Schadensausmaß betreffen, bezögen sich derartige Risikogrenzwerte primär auf die Eintrittswahrscheinlichkeit der in Betracht gezogenen Schadens- oder Störfallereignisse. Eine Einbeziehung solcher Risikogrenzwerte auf der verordnungsrechtlichen Ebene wertet die Rechtsverordnung als Instrument zur Schaffung größerer Rechtssicherheit und bundeseinheitlichen Gesetzesvollzuges deutlich auf.

Dieser Grundtendenz folgt schon der Allgemeine Teil. Er geht von einem Vorrang der Normkonkretisierung durch Rechtsverordnungen vor denjenigen durch Verwaltungsvorschriften aus, indem er in § 155 Abs. 1 die Konkretisierung durch Verwaltungsvorschriften nur zuläßt, wenn dies erforderlich ist, weil der Stand der wissenschaftlichen Erkenntnisse und der technischen Entwicklung noch nicht hinreichend gesichert erscheint.

2. Zur Regelung im einzelnen

Zu § 380 Errichtung und Betrieb von Anlagen

a) Rechtsanspruch auf Erteilung der Anlagenbewilligung

aa) Verfassungsrechtliche Überlegungen

Der Gesetzgeber ist verpflichtet, die der staatlichen Eingriffsmöglichkeit offenliegende Rechtssphäre selbst abzugrenzen. Er darf das nicht dem unlimitierten Ermessen der Verwaltungsbehörden überlassen. Dem Bürger, dessen Grundrechte durch einen Genehmigungsvorbehalt berührt werden, muß danach grundsätzlich ein Rechtsanspruch auf Genehmigungserteilung eingeräumt werden, wenn ein gesetzlicher Versagungsgrund nicht vorliegt. So hält auch das Bundesverfassungsgericht in der Kalkar-Entscheidung vom 8. August 1978 allein wegen der spezifischen Unsicherheitskomponenten beim Erlaß des Atomgesetzes es für rechtsstaatskonform, wenn der Exekutive über das Versagungsermessen die Möglichkeit eingeräumt sei, "eine an sich zu erteilende Genehmigung abzulehnen, falls besondere und unvorhergesehene Umstände es einmal notwendig machen" (BVerfGE 49, 89 [146 f.]).

bb) Versagungsermessen aus Sicherheitsgründen?

Es kommt hinzu, daß schon de lege lata die gesetzlichen Genehmigungsvoraussetzungen des § 7 Abs. 2 AtG g.F., insbesondere der Nummer 3, nach neuerem Verständnis so weit über den Bereich der eigentlichen Gefahrenabwehr in den der Schadens- und Risikovorsorge hineinragen, daß für eine den verfassungsrechtlichen Verhältnismäßigkeitsgrundsatz wahrende Ausübung des Versagungsermessens aus Sicherheitsgründen regelmäßig ohnehin kein Raum bleibt. Auch dieser Umstand führt - abgesehen von den eben erwähnten verfassungsrechtlichen Aspekten - zu der Erwägung, einen gesetzlich festgelegten Rechtsanspruch an die Stelle jenes Rechtsinstituts treten zu lassen, da die Umstände, die letztlich die Ausübung des atomrechtlichen Versagungsermessens noch rechtfertigen könnten, das Festhalten an diesem Institut keineswegs mehr zwingend gebieten. Das Institut des Versagungsermessens in dem vom historischen Gesetzgeber konzipierten Sinn kann durchaus als überholt angesehen werden, da der hiermit vom Gesetzgeber bei der Schaffung des Atomgesetzes intendierte Zweck insoweit weitestgehend entfallen ist. Angesichts der strikten normativen Bewilligungsvoraussetzungen kann gegen eine Aufgabe des Versagungsermessens auch nicht eingewandt werden, damit würde ein weitgehender Anspruch auf Umweltbelastung begründet (so die Presseerklärung des BUND vom 25. Juli 1991).

cc) Andere umweltrechtliche Genehmigungsvorbehalte

Die vorgeschlagene Gesetzesänderung entspräche im übrigen auch der bereits bislang existierenden Regelungsstruktur in anderen vergleichbaren umweltrechtlichen Genehmigungsvorbehalten, wie zum Beispiel dem der §§ 4 ff. BImSchG sowie der bestehenden Rechtslage in wichtigen Teilbereichen des Atom- und Strahlenschutzrechts selbst (siehe den Überblick oben unter I. 2. a aa). Hinzuweisen ist in diesem Zusammenhang ferner noch auf die §§ 13 Abs. 1 und 16 Abs. 1 des Gesetzes zur Regelung von Fragen der Gentechnik vom 20. Juni 1990 (BGBl. I S. 1080), in denen die Genehmigung gleichfalls als gebundene Entscheidung ausgestaltet ist.

dd) Versagungsermessen aus Drittschutzinteressen?

Eine Beeinträchtigung der Schutzinteressen Dritter steht bei Aufgabe des Versagungsermessens nicht zu befürchten, da die Bewilligungsbehörden auf jeden Fall an den von der gerichtlichen Kontrollkompetenz umfaßten Grundsatz der bestmöglichen Gefahrenabwehr und Risikovorsorge gebunden sind (vgl. auch Wagner, NVwZ 1989, 1105 ff., 1112) und ein weitergehender Drittschutz im Ermessensbereich ohnehin nicht in Betracht kommt.

ee) Versagungsermessen, Entsorgungsvorsorge und Einhaltung der internationalen Verpflichtungen

Aufgrund der derzeit geltenden Ermessensermächtigung in § 7 AtG können allerdings Auflagen zur Entsorgungsvorsorge gemacht werden, welche im geltenden Recht keine Genehmigungsvoraussetzung darstellt. Es empfiehlt sich auch insoweit aus rechtsstaatlichen Gründen der Normbestimmtheit und des Wesentlichkeitsgrundsatzes, die Frage der Entsorgung zu einer (weiteren) Voraussetzung einer im übrigen gesetzesgebundenen Bewilligungsentscheidung zu machen.

Die in diesem Zusammenhang geäußerte Befürchtung, mit der inhaltlichen Ausgestaltung der Entsorgungsvorsorge als Bewilligungsvoraussetzung werde, gewissermaßen auf kaltem Wege, eine substantielle Verschärfung in der Sache selbst erfolgen (in diesem Sinne Kuhnt, et 1991, 406 ff., 409) erscheint nach der hier vorgeschlagenen Fassung des § 380 des Entwurfs unbegründet. An die Entsorgungsvorsorge und ihren Nachweis sind keine höheren Anforderungen zu stellen, als dies schon derzeit nach den "Grundsätzen der Entsorgungsvorsorge" der Fall ist. Es macht im Ergebnis keinen Unterschied, ob die Behörde in rechtlich nicht zu beanstandender Weise eine Bewilligung mangels hinreichender Entsorgungsvorsorge aus Ermessensgründen verweigert oder deshalb, weil die Bewilligungsvoraussetzung der Entsorgungsvorsorge nicht vorliegt.

Es kann auch dahingestellt bleiben, ob für die vorherrschende Versagung eines Drittschutzes der Entsorgungsvorsorge tatsächlich maßgebend beigetragen hat, daß die Entsorgungsvorsorgeverpflichtung gerade nicht dem Katalog der Genehmigungsvoraussetzungen in § 7 Abs. 2 AtG g.F. zu entnehmen ist. Denn es ist nicht zu erwarten, daß die Frage des Drittschutzes im Falle einer Ausgestaltung der Entsorgungsvorsorge als Bewilligungsvoraussetzung von der Rechtsprechung künftig anders entschieden werden würde als bislang (so aber Kuhnt, et 1991, 406 ff., 409). Da sich aus der Vorschrift des § 380 des Entwurfs nichts Gegenteiliges ergibt, bestimmt sich die Frage der Drittgerichtetheit des § 380 Abs. 2 S. 1 Nr. 3 des Entwurfs nach allgemeinen Grundsätzen. Insoweit begründet die besagte Bewilligungsvoraussetzung keine Zweifel daran, daß sie nicht im Interesse der Wahrung individueller Rechte, sondern ausschließlich im Allgemeininteresse besteht und daher keinen Drittschutz einräumt.

Der Grundentscheidung für eine rechtlich-qualitative Aufwertung der Entsorgungsvorsorge entspricht es zudem, daß die Verpflichtung zur Entsorgung radioaktiver Abfälle nicht mehr gemäß § 9a Abs. 3 AtG als staatliche Aufgabe vorgesehen ist, sondern den Abfallerzeugern selbst auferlegt wird. Es erschiene sinnwidrig, die Bewilligungserteilung zwingend von einer Voraussetzung abhängig zu machen, deren Erfüllung nicht im Einflußbereich des Antragstellers liegt. Bei einer "Privatisierung" der Entsorgung muß der Verzicht auf das Versagungsermessen durch die entsprechende Ausweitung des gesetzlichen Bewilligungstatbestandes kompensiert werden.

Im Ergebnis entsprechendes gilt für die Erfüllung internationaler Verpflichtungen der Bundesrepublik Deutschland auf dem Gebiet der Kernenergie und des Strahlenschutzes, welche nach geltendem Recht lediglich im Rahmen der Ermessensermächtigung i.V.m. der Zweckbestimmung des § 1 Nr. 4 AtG Berücksichtigung findet.

ff) Versagungsermessen und Schutzzweck des Gesetzes

Würde der hier vertretenen Auffassung zur gesetzgeberischen Aufgabe des Versagungsermessens nicht gefolgt, so könnte ein fortbestehendes Ermessen rechtsstaatskonform ohnehin nur bei einer strikten Ausrichtung auf den gesetzlichen Schutzzweck ausgeübt werden. In einem Umweltgesetzbuch als einem modernen Gesetz der technischen Sicherheit sind die Gesetzeszwecke präzise zu formulieren und auf den Schutz des einzelnen und der Allgemeinheit unter Aufgabe des bisherigen Förderungszwecks (siehe § 1 Nr. 1 AtG) zu begrenzen. Nur bei strikter Orientierung an diesem legislatorischen Schutzzweck könnte eine ermessensfehlerfreie Versagung oder Einschränkung der Bewilligung angenommen werden. Eine Orientierung an anderen öffentlichen Belangen (allgemein-wirtschaftliche, energiewirtschaftliche, planerische Gründe) stellte eine nicht am Gesetzeszweck orientierte Ermessensausübung dar, die nach den Regeln des allgemeinen Verwaltungsrechts (vgl. § 40 VwVfG, § 114 VwGO) als Ermessensmißbrauch zu werten wäre.

b) Tatbestandsvoraussetzungen der Anlagenbewilligung

aa) Anlagenbegriff

Bei der Festlegung des sachlichen Regelungsbereichs des Bewilligungstatbestandes kommt es maßgeblich auf den Begriff der Anlage im Sinne des § 380 an. Zur Gewährleistung einer einheitlichen Bewilligungs- und Aufsichtspraxis sind eine gesetzliche Konkretisierung und eindeutige Klärung des atomrechtlichen Anlagenbegriffs notwendig. Es wird von einem weiten Anlagenbegriff ausgegangen, wobei eine Anlehnung an die Fassung des § 1 Abs. 2 4. BImSchV erfolgt, so daß das Bewilligungserfordernis ausdrücklich ausgedehnt ist auf alle Anlagenteile, die zum Betrieb notwendig sind, sowie Nebeneinrichtungen, die mit den Anlagenteilen in einem räumlichen und betriebstechnischen Zusammenhang stehen und die erforderlich sind, um eine unzulässige radioaktive Strahlung auszuschließen oder den gefahrlosen Betrieb der Kernanlage überhaupt erst zu ermöglichen.

Absatz 1 Satz 2 dient mit seiner weiten Fixierung des Anlagenbegriffs neben den Interessen der Antragsteller auch den Interessen Drittbetroffener. Sowohl Antragsteller als auch Drittbetroffene haben aus Gründen eines effektiven Rechtsschutzes ein Interesse daran, daß über die Bewilligungsfähigkeit eines Vorhabens an dem gewählten Standort in einem möglichst frühen Stadium des Verwaltungsverfahrens im Ganzen, nämlich unter Einbeziehung sämtlicher umweltrelevanter Teilanlagen entschieden wird. Dadurch setzt auch der Rechtsschutz früh und nicht erst in einem fortgeschrittenen Stadium der verwaltungsmäßigen Abwicklung und der baulichen Verwirklichung des Vorhabens ein. Denn je enger der Anlagenbegriff ist, desto weiter geht die

Aufspaltung der Prüfung und verbindlichen Beurteilung der für ein Vorhaben geltenden Zulassungsvoraussetzungen in verschiedene Parallelverfahren. Für den Betreiber erhöht sich damit das Risiko von Fehlinvestionen, während aus der Sicht betroffener Dritter Unsicherheit darüber entsteht, welche der Zulassungen sie anfechten müssen (vgl. auch BVerwGE 80, 21 [28]).

Mit der Konkretisierung des Anlagenbegriffs korrespondiert zudem die Einführung einer umfassenden Konzentrationswirkung, siehe § 393. Diese kann ihren Zweck nämlich nur dann erfüllen, wenn ein weiter Anlagenbegriff zugrundegelegt wird. Von der Konzentrationswirkung erfaßt werden nach anderen Fachgesetzen erforderliche Genehmigungen und Zulassungen, die für die Anlage im Sinne des Absatzes 1 Satz 2 erforderlich sind. Wird ein Anlagenteil oder eine Nebeneinrichtung nicht vom Anlagenbegriff des Absatzes 1 Satz 2 erfaßt, unterliegen sie also nicht dem Bewilligungserfordernis nach dieser Vorschrift, können für diesen Anlagenteil oder diese Nebeneinrichtung nach anderen Fachgesetzen erforderliche Genehmigungen und Zulassungen auch nicht von der Bewilligung nach § 380 ersetzt werden.

Absatz 1 Satz 2 Nr. 1 sieht zunächst vor, daß alle Anlagenteile Gegenstand des Bewilligungserfordernisses sind, die zur Erreichung des in § 377 Abs. 1 Nr. 1 bezeichneten Zweckes sowie des Betriebszweckes erforderlich sind. Die Differenzierung hinsichtlich der in Bezug genommenen Zwecke trägt dem Umstand Rechnung, daß es Anlagenteile geben kann, die, ohne für den Betrieb erforderlich zu sein, der Sicherheit der Anlage dienen und insofern nicht als Nebeneinrichtungen betrachtet werden können. Dies gilt beispielsweise für das Reaktorschutzsystem.

Absatz 1 Satz 2 Nr. 2 stellt sicher, daß - wie auch im Immissionsschutzrecht - nicht nur der Anlagenkern, sondern auch Nebeneinrichtungen in die Bewilligungspflicht einbezogen werden. Maßgebliches Kriterium neben dem räumlichen und betriebstechnischen Zusammenhang mit der Hauptanlage ist die mögliche Bedeutung der Nebeneinrichtung für den gefahr- bzw. risikolosen Betrieb der Hauptanlage in Übereinstimmung mit der Zweckbestimmung des § 377 Abs. 1 Nr. 1. Das Bewilligungserfordernis wird jedoch auch begründet durch die mögliche Bedeutung der Nebeneinrichtung für die Entstehung oder Vermeidung sonstiger, d.h. nicht nuklearspezifischer Umweltauswirkungen.

Damit ist zunächst in Übereinstimmung mit dem in der Verwaltungspraxis und Rechtsprechung vorherrschenden weiten Anlagenbegriff sichergestellt, daß das Bewilligungserfordernis Nebeneinrichtungen erfaßt, die ein nuklearspezifisches Gefahrenpotential in sich bergen, darüber hinaus aber auch solche Teile erfaßt sind, die selbst zwar kein nuklearspezifisches Gefahrenpotential in sich bergen, sicherheitstechnich aber notwendig sind, um die Hauptanlage in Übereinstimmung mit den in § 377 Abs. 1 Nr. 1 genannten Zwecken betreiben zu können.

Absatz 2 Satz 2 Nr. 2 gewährleistet darüber hinaus, daß auch solche mit der Hauptanlage in einem räumlichen und betrieblichen Zusammenhang stehende Einrichtungen vom Anlagenbegriff erfaßt werden, die zwar für den Schutz vor den Gefahren der Kernenergie oder der schädlichen Wirkung ionisierender Strahlen ohne Bedeutung sind, dafür aber für die Entstehung und Vermeidung sonstiger schädlicher Umweltauswirkungen Bedeutung erlangen können. Gleichgültig ist dabei, ob die Nebeneinrichtung der Vermeidung derartiger von der Hauptanlage ausgehender nicht nuklearspezifischer Umweltauswirkungen dienen soll oder ob solche Auswirkungen von der Nebeneinrichtung selbst herrühren. Auf diese Weise sind beispielsweise Kühltürme in jedem Falle vom Anlagenbegriff erfaßt.

Der erforderliche räumliche und betriebliche Zusammenhang zwischen einer Nebeneinrichtung und der Hauptanlage ist entsprechend der immissionsschutzrechtlichen Regelung in § 1 Abs. 3 S. 2 4. BImSchV gegeben, wenn die Anlagen auf demselben Betriebsgelände liegen, mit gemeinsamen Betriebseinrichtungen verbunden sind und einem gemeinsamen technischen Zweck dienen.

Es ist vorgesehen, der Bundesregierung auf Grund einer entsprechenden Ermächtigung die Möglichkeit einzuräumen, durch Aufzählung der einzelnen genehmigungsbedürftigen Anlagenteile und Nebeneinrichtungen die gesetzliche Begriffsbestimmung im Verordnungswege näher zu konkretisieren. Eine solche Verordnungsermächtigung ist in § 407 Abs. 1 S. 1 Nr. 5 geregelt.

bb) Kernvereinigungsanlagen

Absatz 1 Satz 1 bezieht Anlagen zur Kernvereinigung (Kernfusion), das heißt zur kontrollierten thermonuklearen Verschmelzung bestimmter Wasserstoffisotope, in die zentrale Anlagenbewilligungsvorschrift des § 380 ein. Damit wird der unbefriedigende Zustand beendet, daß für Anlagen zur Kernfusion - die es, von gegenständlich begrenzten Experimentiereinrichtungen abgesehen, in Deutschland noch nicht gibt - bislang kein exakt passender Genehmigungstatbestand existierte. Im Falle ihrer wirtschaftlichen und technischen Realisierung - entsprechende Forschungen laufen seit den 50er Jahren - ist die Kernfusion wegen der universellen Verfügbarkeit von Wasserstoff eine praktisch unerschöpfliche Energiequelle.

Der Vorschlag der Erweiterung von § 380 um die Kernfusion ist allerdings unter dem Vorbehalt zu sehen, daß die annähernde Vergleichbarkeit der Risiken der Kernvereinigung mit denen der Kernspaltung hier nicht abschließend beurteilt werden kann. Soweit ersichtlich, sind die Risikopotentiale der Kernfusion

- die Radioaktivität des Wasserstoffisotops Tritium;
- die Radioaktivität der von Neutronen bestrahlten und aktivierten Gefäßwände des Fusionsreaktors;

- die Entsorgung radioaktiver Abfälle;
- das Freiwerden ungeheurer magnetischer Kräfte;
- die hohen Temperaturen von 100 bis 200 Millionen Grad Celsius für den Fusionsbrennstoff, die materialtechnische Schwierigkeiten bedingen.

Die Einbeziehung der Kernvereinigung in § 380 ermöglicht es aber jedenfalls, die bewährten und strengen Anforderungen, welche seit jeher unter anderem für Kernspaltungsanlagen (Kernkraftwerke) gelten, auch für Kernvereinigungsanlagen anzuwenden. Wegen der Neuartigkeit jener Technologie und ihrer Risiken wird aber - ähnlich der Situation bei Erlaß des Atomgesetzes (§ 7 g.F.) und der (erstmaligen) Zulassung von Anlagen zur Kernspaltung - ein exekutivisches Versagungsermessen eingeräumt, die Umweltbewilligung insoweit also nicht als gebundene Entscheidung ausgestaltet.

Zu Absatz 2 Nr. 1 i.V.m. Absatz 3

Was die Bewilligungsvoraussetzungen des § 380 im einzelnen anbelangt, so wird auch in Zukunft die größte praktische Bedeutung dem Merkmal der Schadensvorsorge zukommen. Nicht zuletzt deshalb ist es von der dritten an die erste Stelle der Bewilligungsvoraussetzungen aufgerückt und hat im Abs. 3 zur Schaffung größerer Rechtssicherheit eine klarstellende Konkretisierung erfahren.

aaa) Inhalt der Schadensvorsorge

Das Bundesverwaltungsgericht (siehe BVerwGE 72, 300 [315]) ist im Ergebnis auf der Grundlage des geltenden Rechts zu einer eigenständigen, vom herkömmlichen sicherheitsrechtlichen Gefahrenbegriff abzugrenzenden Sicht nuklearspezifischer Sicherheitsanforderungen gelangt. In Anbetracht des beträchtlichen Gefährdungspotentials, das den kerntechnischen Anlagen immanent ist, kann die erforderliche Schadensvorsorge in der Tat nicht auf die nach dem Stand von Wissenschaft und Technik bloß notwendigen Schutzvorkehrungen beschränkt bleiben (so aber z.B. die Formulierung der Genehmigungsvoraussetzung in § 13 Abs. 1 Nr. 4 GenTG). Vielmehr ist dem Schutzzweck des Gesetzes nur dann Genüge getan, wenn die Schwelle zur gebotenen Schadensvorsorge entsprechend niedriger angesetzt wird: Sowohl der durch tatsächliche Anhaltspunkte begründete Gefahrenverdacht als auch die Risiken unterhalb der Gefahrenschwelle, die dann vorliegen, wenn nach derzeitiger menschlicher Erkenntnis zwar die Möglichkeit eines Schadenseintritts feststeht, die Eintrittswahrscheinlichkeit zur Annahme einer "Gefahr" im klassischen polizeirechtlichen Sinne aber nicht ausreicht, müssen in den gesetzlichen Schutz einbezogen sein. Es ist zu gewährleisten, daß - über das nach dem Stand von Wissenschaft und Technik Notwendige (mit dieser Beschränkung ausdrücklich § 13 Abs. 1 Nr. 4 GenTG) hinaus - auch die bestmöglichen Vorkehrungen getroffen sind, um schädliche Einwirkungen auf die gesetzlich geschützten Rechtsgüter auszuschließen. Bei strikter Verfolgung des Schutzzwecks des Atomrechts erscheint es nicht sinnvoll, das atomrechtliche Gebot der von der eigentlichen Gefahrenabwehr verschiedenen und über diese hinausgehenden Vorsorge nicht als Bewilligungsvoraussetzung, sondern als bloße Ermessensmaxime und Abwägungsfaktor beim Versagungsermessen zu normieren (so aber das Verständnis in der Genehmigungspraxis de lege lata bis zum Wyhl-Urteil des Bundesverwaltungsgerichts im Jahr 1985, vgl. Hohlefelder, et 1983, 392 ff.).

Die Bereiche des Gefahrenverdachts und der Risiken unterhalb der Gefahrenschwelle, die sich unter dem Begriff "Risikovorsorge" zusammenfassen lassen, sind insoweit als normstrukturelle Einheit mit der Gefahrenabwehr zu begreifen. Sie sind in gleicher Weise als die nach dem Stand von Wissenschaft und Technik notwendige und bestmögliche Schadensvorsorge als Bewilligungsvoraussetzung normiert. Die "Schadensvorsorge" bildet als Bewilligungsvoraussetzung mithin den Oberbegriff für die Gefahrenabwehr wie für die Risikovorsorge.

Während das zur Gefahrenabwehr Notwendige absolut und kategorisch geboten ist, steht das im Rahmen der Vorsorge zu treffende Bestmögliche an Vorkehrungen unter dem Vorbehalt der Verhältnismäßigkeit von Nutzen und Aufwand, wobei den Gesichtspunkten der technischen Realisierbarkeit und der wirtschaftlichen Vertretbarkeit erhebliches Gewicht zukommen kann.

Das Wort "gebotene" in Absatz 2 Nr. 1 verdeutlicht im Kontext mit der Regelung des Absatzes 3, daß die Grenze der tatbestandlichen Schadensvorsorge durch das Verhältnismäßigkeitsprinzip gebildet wird, was nach bisherigem Rechtszustand (vgl. § 7 Abs. 2 Nr. 3 AtG g.F.) nur unvollkommen, nämlich beschränkt auf das Gebot des mildesten Mittels, ausgedrückt war. Mit der vorgeschlagenen Regelung wird allgemein auf die Schranke der Verhältnismäßigkeit verwiesen. Bezogen auf den angestrebten sicherheitstechnischen Gewinn muß die behördlich verlangte Maßnahme geeignet, das heißt zwecktauglich, erforderlich, also das zur Erreichung mildeste Mittel, und insgesamt angemessen, mithin bei einer Gesamtabwägung zumutbar sein.

Der Entwurf hat den Begriff der Schadensvorsorge als Bewilligungsvoraussetzung ausdrücklich aufgegriffen und in dem beschriebenen dualistischen Sinne konkretisiert. Es empfiehlt sich eine ausdrückliche Regelung, wonach die Gefahrenabwehr zwingend geboten ist, während die davon verschiedene Risikovorsorge unter dem Vorbehalt der technischen Realisierbarkeit und der Verhältnismäßigkeit von Aufwand und Sicherheitsgewinn steht. Eine solche Regelung gibt dem Atomrecht eine Anlehnung an das und eine Vergleichbarkeit mit dem derzeit geltenden BImSchG (vgl. § 5 Abs. 1 Nr. 1 und 2, § 6 Nr. 1).

Eine Vorsorge (noch) unterhalb jener Schwelle praktischer Vorstellbarkeit eines theoretisch möglichen Schadenseintritts kann zwar möglich sein, wenn zusätzliche risikomindernde Schutzvorkehrungen technisch machbar und wirtschaftlich nicht unangemessen sind. Solche Maßnahmen betreffen jedoch nach der hier vorgenommenen Aufteilung der Risikobereiche den nicht mehr zu den Bewilligungsvoraussetzungen zu zählenden und daher "vorsorgefreien Restrisikobereich". Diese weitergehende Reduzierung eines praktisch auszuschließenden und als rechtlich vertretbar hinzunehmenden Restrisikos konnte die Exekutive allenfalls über ein ihr eingeräumtes Versagungsermessen verlangen. Mit der - hier vorgeschlagenen - Aufgabe des Versagungsermessens entfällt diese Möglichkeit in jedem Fall.

bbb) Rechtsschutz Drittbetroffener

Eine weitergehende Minimierung des grundsätzlich hinzunehmenden Restrisikos entspräche danach nicht einmal dem objektiven Recht, daher kann es auch diesbezügliche subjektive Rechte Dritte nicht geben. Auf der anderen Seite hat der Drittbetroffene einen Rechtsanspruch darauf, daß das zur eigentlichen Gefahrenabwehr Notwendige getroffen wird. Demgegenüber ist de lege lata die Existenz subjektiver Rechte Dritter im Vorsorgebereich, der als Risikovorsorge noch zu den Genehmigungsvoraussetzungen gerechnet wird, nicht eindeutig. Dieser Zustand muß insgesamt als unbefriedigend angesehen und de lege ferenda einer Revision unterzogen werden. Dabei ist von folgenden grundsätzlichen Überlegungen auszugehen: Es ist in erster Linie die materielle Gesetzgebung, die darüber entscheidet, ob den objektivrechtlichen Ermächtigungen oder Verpflichtungen der öffentlichen Gewalt subjektive öffentliche Rechte Dritter korrespondieren. Die Rechtsschutzgewährleistung des Art. 19 Abs. 4 GG setzt voraus, daß von der Gesetzgebung eingeräumte subjektive Rechte des Bürgers durch die öffentliche Gewalt verletzt werden. Diese Verfassungsbestimmung begründet weder subjektive Rechte noch verlangt sie deren gesetzgeberische Einräumung. Damit ist auch für die sogenannten "mehrpoligen Verwaltungsrechtsverhältnisse" der Gesetzgeber des materiellen Verwaltungsrechts aufgefordert, über das Bestehen, den Inhalt und die Grenzen subjektiver Rechte Dritter eindeutige Aussagen zu treffen. Hier liegen also verfassungsrechtlich unbedenkliche Ansätze einer maßvollen Reduktion des verwaltungsgerichtlichen Kontrollumfangs und der Schaffung größerer Rechtssicherheit.

Auf dieser Basis kann ausdrücklich bestimmt werden, daß die über die Gefahrenabwehrpflichten hinausreichenden Strahlenminimierungs- bzw. -reduzierungsgebote für den bestimmungsgemäßen Betrieb bzw. in bezug auf Störfälle ausschließlich im Allgemeininteresse bestehen und damit keinen subjektiv-rechtlichen Drittschutz vermitteln. Eine solche im Absatz 3 Satz 4 vorgeschlagene Gesetzesregelung kommt der eben formulierten Grundforderung nach, auf Grund derer es vorrangig Sache der materiellen Gesetzgebung ist, den Schutzzweck einer bestimmten Normierung zu bestimmen und über die Einräumung einer individualisierten Rechtsmacht Dritter, ihren Inhalt und Umfang zu entscheiden. Gemäß Absatz 3 Satz 4 dient die Risikovorsorge im Grundsatz dem Kollektivschutz. Sie dient darüber hinaus auch dem Individualschutz, soweit Grenzwerte vorhanden sind. In einem solchen Fall ist das rechtlich Gebotene hinreichend konkretisiert, so daß die Anfechtungslegitimation Dritter keine untragbaren und für den Bewilligungsempfänger unzumutbaren Beeinträchtigungen von Rechtssicherheitsbelangen erwarten läßt.

Die weitere Konkretisierung der gebotenen Schadensvorsorge soll wegen des grundgesetzlich gebotenen dynamischen Grundrechtsschutzes und der damit verbundenen Entwicklungsoffenheit des Atomrechts unterhalb der Ebene des förmlichen Gesetzes erfolgen. In diesem Zusammenhang ist vor allem an den Erlaß einer Anlagensicherheitsverordnung zu denken, welche die normative Regelungsdichte in bezug auf die gebotene Schadensvorsorge erhöhen kann. Die dazu erforderliche Verordnungsermächtigung ergibt sich aus § 408 Abs. 1 Nr. 1.

ccc) Exekutivische Beurteilungsermächtigung

Nach Auffassung des Bundesverwaltungsgerichts (BVerwGE 72, 300 [316]; 78, 177 [180]) trage die Verantwortung für die Risikoermittlung und -bewertung nach der Normstruktur des § 7 Abs. 2 Nr. 3 AtG g.F. - und dementsprechend auch des § 380 Abs. 2 S. 1 Nr. 1 des Entwurfs - die Exekutive, die hierbei die Wissenschaft zu Rate zu ziehen habe. Demzufolge kann es nicht Sache der nachträglichen verwaltungsgerichtlichen Kontrolle sein, die der Exekutive zugewiesene Wertung wissenschaftlicher Streitfragen einschließlich der daraus folgenden Risikoabschätzung durch eine eigene Bewertung zu ersetzen. Die Exekutive verfügt nicht nur gegenüber der Legislative, sondern auch im Verhältnis zu den Verwaltungsgerichten über rechtliche Handlungsformen, die sie für die Verwirklichung des Grundsatzes bestmöglicher Gefahrenabwehr und Risikovorsorge sehr viel besser ausrüsten. Die Verwaltungsgerichte haben deshalb die von der Bewilligungsbehörde auf Grund willkürfreier Ermittlungen vorgenommenen Bewertungen nur auf ihre Rechtmäßigkeit zu überprüfen, nicht aber ihre eigenen Bewertungen an deren Stelle zu setzen.

Zu Absatz 2 Nr. 2

Nach Abs. 2 Nr. 2 dürfen keine anderen öffentlich-rechtlichen Vorschriften sowie überwiegende Umweltbelange der Errichtung und dem Betrieb der Anlage entgegenstehen.

Die Bestimmung bezieht zum einen sonstige öffentlich-rechtliche Vorschriften in die Bewilligungsvoraussetzungen ein. Ohne eine solche Verweisungsklausel kann die Regelung der Zulassungsvoraussetzungen nicht auskommen. Sie ist vor allem deshalb notwendig, weil der Umweltbewilligung gemäß der besonderen Bestimmung des § 393 eine umfassende Konzentrationswirkung zukommt. Die Regelung erstreckt sich auf alle durch die Standortwahl berührten öffentlichen Interessen nuklearspezifischer sowie nicht nuklearspezifischer Art, soweit sie nicht unter den Gesichtspunkt der nuklearen Sicherheit fallen, der mittelbar bereits von § 380 Abs. 2 Nr. 1 und 3 bis 7 erfaßt wird (so bereits für § 7 Abs. 2 Nr. 6 AtG g.F. Haedrich, Atomgesetz, 1986, § 7 AtG Rn. 119).

Absatz 2 Nr. 2 gewährleistet des weiteren mit der Einführung eines umfassenden umweltbezogenen Versagungsgrundes im atomrechtlichen Anlagenbewilligungsverfahren eine Befassung mit sämtlichen Umweltauswirkungen, wie dies auch von Art. 8 der EG-Richtlinie über die Umweltverträglichkeitsprüfung (85/337/EWG, ABl. EG Nr. L 175 vom 5. Juli 1985, S. 40) vorgeschrieben ist. Der Ausdruck "Umweltfolgenprüfung" wird aus dem Allgemeinen Teil (§§ 31 ff.) übernommen. Er verdient anstelle des im bisherigen Recht verwandten Begriffs "Umweltverträglichkeitsprüfung" den Vorzug, weil er nicht die Fehlvorstellung suggeriert, allein durch die Prüfung der Umweltauswirkungen einer Maßnahme könne deren Umweltverträglichkeit gewährleistet werden (vgl. hierzu und zum Folgenden auch die Begründung zum Allgemeinen Teil zu §§ 31 ff., S. 223 ff.).

Die Umweltfolgenprüfung ist ein Instrument der Entscheidungsvorbereitung, das Entscheidungen über staatliche Maßnahmen einer systematischen Prüfung mit bestimmten verfahrensrechtlichen und inhaltlichen Mindestanforderungen unterwirft. Die Umweltauswirkungen dieser Entscheidungen werden umfassend unter Beteiligung betroffener Behörden und der Öffentlichkeit ermittelt, beschrieben und bewertet. Die Umweltfolgenprüfung ist dementsprechend ein Instrument der Vorsorge; sie soll dazu beitragen, daß schädliche Umweltauswirkungen einer Maßnahme vermieden, vermindert oder doch ausgeglichen werden. "Überwiegend" sind diese Umweltbelange, wenn sie Vorrang genießen gegenüber dem Interesse des Antragstellers an der Anlagenbewilligung.

Bereits von der UVP-Richtlinie und dementsprechend auch vom bisherigen Recht ist der gesamthafte medienübergreifende (integrative) Ansatz der Umweltfolgenprüfung vorgegeben. Durch die Umweltfolgenprüfung sollen nicht nur die Einzelauswirkungen einer Maßnahme auf einen bestimmten Umweltsektor, sondern auch mögliche Belastungsverlagerungen von einem Umweltsektor auf einen anderen und die Gesamtbelastung ermittelt, beschrieben und bewertet werden. Dieses integrative Konzept der Umweltfolgenprüfung muß folgerichtig auch für deren Berücksichtigung in der Entscheidung gelten. Die Berücksichtigung darf daher nicht "mosaikartig" im Rahmen bestehender sektoraler Verfahren erfolgen. Mit der Regelung des Absatzes 2 Nr. 2 ist dafür Sorge getragen, daß auch in dem horizontal aufgespaltenen Verfahren der Anlagenbewilligung mit gebundener Entscheidung eine zumindest vorläufige Gesamtprüfung erfolgen kann, als deren Ergebnis dem Vorhaben wegen sektorübergreifender Wirkungen oder der Gesamtbelastung die Zulassung versagt oder diese nur mit Auflagen erteilt werden kann. Die Auffangklausel des Absatzes 2 Nr. 2 ermächtigt die zuständige Behörde, entsprechend zu entscheiden, wenn die Anlage oder deren Betrieb auf Grund der Ergebnisse der Umweltfolgenprüfung geeignet ist, (andere) schädliche Umwelteinwirkungen zu verursachen, und hierdurch das Wohl der Allgemeinheit beeinträchtigt wird (vgl. auch Hoppe/Püschel, DVBl. 1988, 1 ff., 5 f., 9; Jarass, Umweltverträglichkeitsprüfung bei Industrieanlagen, 1987, S. 95). Die entsprechende Kompetenz der atomrechtlichen Bewilligungsbehörde ist mithin dahin begrenzt, daß eine Verweigerung der atomrechtlichen Anlagenbewilligung nur auf eine Gesamtbetrachtung, nicht dagegen allein auf einen bestimmten Fachbereich gestützt werden kann.

Ohne die Einführung einer Konzentrationswirkung im Sinne einer Verfahrens- und Entscheidungskonzentration wäre die Beurteilung der Umweltbelange allerdings beschränkt auf eine bloße Prüfungskompetenz hinsichtlich der von Absatz 2 Nr. 2 erfaßten Belange. Diese müßten von den jeweils zuständigen Trägern öffentlicher Belange in das Verfahren eingebracht werden (siehe § 7 Abs. 4 AtG g.F.) und bildeten dann die Grundlage für eine von der atomrechtlichen Genehmigungsbehörde vorzunehmende Interessenabwägung. Mit dem nach § 393 eingeführten Konzentrationsgrundsatz dergestalt, daß die atomrechtliche Bewilligung die in anderen öffentlich-rechtlichen Vorschriften geregelten Erlaubnisse, Genehmigungen, Bewilligungen etc. im Sinne einer Verfahrens- und Entscheidungskonzentration einschließt, ergibt sich zwangsläufig eine entsprechende Ausdehnung der Konzentrationswirkung auch auf die Bewilligungsvoraussetzung des § 380 Abs. 2 Nr. 2 im Hinblick auf die Umweltbelange.

Zu Absatz 2 Nr. 3

Mit der Aufnahme des Absatzes 2 Nr. 3 ist die Entsorgungsvorsorge eine Bewilligungsvoraussetzung geworden. Die Entsorgungsvorsorge ist Ausdruck des umweltspezifischen Verursacherprinzips, wonach auch die Verantwortung für die Entsorgung von Abfällen von den Verursachern zu tragen ist, sofern sich der Staat die Aufgabe nicht im einzelnen vorbehalten hat. Zur Zeit wird die langfristige Entsorgung (Endlagerung) dadurch gewährleistet, daß dem Bund gemäß § 9a Abs. 3 AtG die Verpflichtung zur Schaffung von Endlagern obliegt. Es ist jedoch anzunehmen, daß von privaten Unternehmern die Lösung der anstehenden Fragen eher erwartet werden kann (siehe auch Rengeling, in: Lukes [Hrsg.], Reformüberlegungen zum Atomrecht, 1991, S. 215 ff., 330).

Durch die sogenannte Privatisierung der Endlagerung, vgl. §§ 386 ff., ist eine entsprechende Weichenstellung für die Ausgestaltung der Entsorgungsvorsorgegrundsätze des § 380 Abs. 2 Nr. 3 vorgegeben. Vorbild dieser Tatbestandsvoraussetzung ist die Regelung des § 5 Abs. 1 Nr. 3 BImSchG. Dabei hat auch dessen Gesichtspunkt der Vermeidung von Reststoffen in Absatz 2 Nr. 3 seinen Niederschlag gefunden.

Mit der Überantwortung der Endlagerung in den Verantwortungsbereich der Betreiber geht - mit Blick auf die verschiedenen Entsorgungsschritte - auch eine Gewichtsverlagerung von der (letztlich umweltpolitisch nicht befriedigenden) Zwischenlagerung (auf längere Zeit) hin zur Endlagerung einher. Diese Lösung entspricht nicht nur in unmittelbarer Weise dem Verursacherprinzip, sondern wirkt somit auch einer unbegrenzten räumlichen und zeitlichen Ausweitung der Zwischenlagerkapazitäten entgegen.

Entsprechend der Bestimmung des § 386 des Entwurfs, der die gleichrangige Option für die Wiederaufarbeitung einerseits und die direkte Endlagerung andererseits vorsieht, hat dies in der Weise Auswirkungen für die Ausgestaltung der Entsorgungsvorsorgegrundsätze des § 380 Abs. 2 Nr. 3, als für die radioaktiven Reststoffe in Form von bestrahlten Kernbrennstoffen der prinzipielle Vorrang der Verwertung, vgl. § 9a Abs. 1 AtG g.F., entfällt. Aus § 386 Abs. 1 S. 6 folgt, daß Wiederaufarbeitung und Endlagerung im Ausland, namentlich in anderen EG-Mitgliedstaaten, möglich sind.

Zu Absatz 2 Nr. 4

Nach Absatz 2 Nr. 4 muß der erforderliche Schutz gegen Störmaßnahmen oder sonstige Einwirkungen Dritter gewährleistet sein. Aus der Formulierung ergibt sich, daß die Einwirkungen den Oberbegriff bilden, wobei die Störmaßnahmen gewissermaßen nur beispielhaft erwähnt werden. Der Begriff der "Einwirkungen" ist sehr weitgehend. Hierunter sind alle Handlungen und Ereignisse zu verstehen, die zu einer Gefährdung durch ionisierende Strahlen führen können.

Absatz 2 Nr. 4 ermächtigt die Bewilligungsbehörde, vom Betreiber der Anlage Maßnahmen auch zum Schutz vor Gefahren zu verlangen, die nicht durch den Zustand oder den Betrieb der Anlage an sich hervorgerufen werden - hierfür ist Absatz 2 Nr. 1 einschlägig -, sondern dadurch, daß Dritte unbefugt auf die Anlage einwirken können. Absatz 2 Nr. 4 verpflichtet den Betreiber nicht nur zu baulich-technischen, sondern auch zu organisatorischen Maßnahmen zur Sicherung der Anlage gegen Störmaßnahmen. Damit die Funktion und Funktionsfähigkeit von Absperrungen, Warnanlagen, Abschaltvorrichtungen usw. gewährleistet bleiben, bedarf es auch z.B. der Sicherheitskontrolle des Besucherverkehrs und des Materialeingangs und -ausgangs sowie der Überwachung des Werksgeländes, der Zugangswege zu den Anlagen und Einrichtungen und der Anlagen und Einrichtungen selbst (BVerwG, NVwZ 1989, 864 f.).

Die Anforderungen sind an den objektiven Möglichkeiten des Betreibers auszurichten und können und dürfen nicht dazu führen, den Staat von seinen Aufgaben zur Aufrechterhaltung der öffentlichen Sicherheit zu entlasten (siehe Fischerhof, Deutsches Atomgesetz und Strahlenschutzrecht, Bd. I, 2. Aufl., 1978, § 7 AtG Rn. 19). Der Unterschied zwischen Werkschutz als Eigensicherung des Betreibers und polizeilicher Aufgabenstellung liegt darin, daß es sich im ersten Fall um eine im privatrechtlichen Dispositionsbereich des Anlagenbetreibers eingerichtete Schutzorganisation handelt, deren Angehörige im Rahmen der allgemeinen Rechtsvorschriften (vgl. §§ 227 ff. BGB) handeln, während die Polizei - weitergehende - hoheitliche Befugnisse wahrnimmt, insbesondere nicht darauf beschränkt ist, erst bei einem gegenwärtigen Angriff Gewalt ausüben zu dürfen (Lukes, et 1975, 23 ff.). Absatz 2 Nr. 4 bietet keine Grundlage für die Übertragung hoheitlicher Befugnisse auf den Werkschutz. Das bedeutet indes nicht, daß zur Abwehr einer von Kriminellen ausgehenden Gefahr rechtlich nur der Polizeieinsatz und nicht auch - wie gegenüber sonstigen kriminellen Akten allgemein - Maßnahmen in Betracht kämen, die von privaten, insbesondere von potentiellen Opfern solcher Anschläge zu treffen sind. Darüber hinaus geht es hier nur darum, den Schutz der Anlage außer durch baulich-technische Vorkehrungen auch durch organisatorische Maßnahmen bis zum Eintreffen der Polizei zu gewährleisten (BVerwG, NVwZ 1989, 865). Es steht im Ermessen des Gesetzgebers, ob er die Objektsicherung auf dem Betriebsgelände gefährdeter und gefährlicher Anlagen zu einer öffentlichen Aufgabe macht oder sie für eine Übergangszeit bis zum Eintreffen der alarmierten Polizei dem "Hausrecht" des Betreibers überläßt (BVerwG, NVwZ 1989, 865).

In bezug auf die entsprechende Vorschrift des geltenden Rechts (§ 7 Abs. 2 Nr. 5 AtG) ist strittig, ob auch Schutz vor Störmaßnahmen und sonstigen Einwirkungen des Bau- oder Betriebspersonals zu gewährleisten ist, da das Gesetz nur von Einwirkungen "Dritter" spricht. Dagegen wird vorgebracht, daß vom Antragsteller schwerlich in jener Hinsicht eine "Gewährleistung" für das Personal abverlangt werden könne, so daß es insoweit mit dem Nachweis der Zuverlässigkeit sein Bewenden haben müsse (Fischerhof, Deutsches Atomgesetz und Strahlenschutzrecht, Bd. I, 2. Aufl., 1978, § 7 AtG Rn. 19). Dritte wären hiernach nur diejenigen Personen, deren Zuverlässigkeit nicht Voraussetzung für die Bewilligungserteilung ist. Hiergegen ist jedoch einzuwenden, daß nur eine weite Auslegung dem Interesse des in § 380 verfolgten Schutzzieles entsprechen kann. Auch die in den Bewilligungsvoraussetzungen des Absatzes 2 Nr. 5 genannten Personen sind mithin Dritte im Sinne der Nummer 4.

Wie bei Absatz 2 Nr. 1 steht der Bewilligungsbehörde auch bei Anwendung der Nummer 4 ein gewisser Beurteilungsspielraum zu. Die Frage, ob der erforderliche Schutz im Sinne der Nr. 4 gewährleistet ist, basiert auf prognostischen Einschätzungen über künftige Entwicklungen und Geschehensabläufe. Ob die Bewilligungsbehörde den ihr zustehenden Beurteilungsspielraum rechtmäßig ausgefüllt hat, beantwortet sich nach dem Maßstab, ob die Bewertung auf Grund willkürfreier Annahmen und ausreichender Ermittlungen zustandegekommen ist. Dieser Maßstab entspricht der Rechtsprechung des Bundesverwaltungsgerichts (BVerwGE 72, 300 [317]; NVwZ 1989, 864, 866) und des Bundesverfassungsgerichts (BVerfGE 61, 82 [114 f.]).

Zu Absatz 2 Nr. 5

Absatz 2 Nr. 5 normiert als subjektive Zulassungsvoraussetzung den Zuverlässigkeits- und Fachkundenachweis unter Verweisung auf die entsprechenden Vorschriften des Allgemeinen Teils (§ 53 Abs. 1 Nr. 3 und 4). Die Bewilligung darf zum einen nur erteilt werden, wenn keine Tatsachen vorliegen, aus denen sich Bedenken gegen die Zuverlässigkeit des Antragstellers oder der für die Leitung des Betriebes der Anlage verantwortlichen Person ergeben, und die für die Leitung des Betriebs der Anlage verantwortlichen Personen die hierfür erforderliche Fachkunde besitzen (§ 53 Abs. 1 Nr. 3).

Im Hinblick auf den Antragsteller muß bei juristischen Personen die Zuverlässigkeit der gesetzlichen Vertreter maßgebend sein. Es wird die Auffassung vertreten, den Begriff der Zuverlässigkeit auf die Gesamtwürdigung des Unternehmens auszudehnen (in diesem Sinne Fischerhof, Deutsches Atomgesetz und Strahlenschutzrecht, Bd. I, 2. Aufl., 1978, § 3 AtG Rn. 4). In der Regel werden aber Bedenken gegen das Unternehmen auch Bedenken gegen dessen gesetzliche Vertreter auslösen (so auch Haedrich, Atomgesetz, 1986, § 7 AtG Rn. 52).

Welcher Personenkreis zum Leitungspersonal gehört, muß für jede Anlage nach den Umständen des Einzelfalls bestimmt werden und wird zweckmäßigerweise jeweils von der Bewilligungsbehörde festgelegt. Bei Kernkraftwerken kommen der Leiter, der Fach- bzw. Teilbereichsleiter der Anlage, der Schichtleiter und Schichtleitervertreter, der Reaktorfahrer und Strahlenschutzbeauftragte in Betracht.

Die Bewilligungsvoraussetzung des Absatzes 2 Nr. 5 ist ausgerichtet an den Zwecksetzungen in § 377. Dementsprechend ist unter dem Begriff der Zuverlässigkeit die mit Rücksicht auf den Zweck des Gesetzes rechtlich relevante Zuverlässigkeit zu verstehen (vgl. Schriftlicher Bericht des zuständigen Bundestagsausschusses zum Gesetzentwurf AtG, zu § 3, S. 2). Die Zuverlässigkeit ist eine Charaktereigenschaft, die nach dem Eindruck der Gesamtpersönlichkeit zu beurteilen ist (vgl. BVerwGE 9, 222). In diesem Zusammenhang bedeutet Zuverlässigkeit auch ausreichende wirtschaftliche Leistungsfähigkeit im Sinne von Vertrauenswürdigkeit. Aufgrund des entsprechenden Grundgedankens können die Gesichtspunkte herangezogen werden, die im Schrifttum und in der Rechtsprechung zu den Bestimmungen des allgemeinen und besonderen Gewerberechts über die Zuverlässigkeit entwickelt worden sind (siehe Fischerhof, Deutsches Atomgesetz und Strahlenschutzrecht, Bd. I, 2. Aufl., 1978, § 3 AtG Rn. 4). Dabei soll zwar im allgemeinen bis zum Beweis des Gegenteils von der Zuverlässigkeit ausgegangen werden, jedoch ist im Falle des Atomrechts in Anbetracht der gesteigerten Verantwortung gegenüber dem Einzelnen und der Allgemeinheit eine angemessene Prüfung unerläßlich. Es müssen für die Annahme der Unzuverlässigkeit entsprechende Tatsachen festgestellt sein, während allgemeine Bedenken, Gerüchte oder Vermutungen nicht genügen. Entgegen den entsprechenden Bestimmungen im Gewerberecht ist die Bewilligung aber bereits dann zu versagen, wenn Tatsachen vorliegen, aus denen sich Bedenken gegen die Zuverlässigkeit ergeben. Als Tatsache, aus der sich Bedenken gegen die Zuverlässigkeit ergeben, können eine bestimmte politische Überzeugung und das Bekenntnis zu ihr nicht gewertet werden, es sei denn, daß begründeter Verdacht für eine Bedrohung oder Gefährdung der verfassungsmäßigen Ordnung besteht (vgl. Schriftliche Begründung zum Gesetzentwurf AtG, zu § 7, S. 23).

Der Begriff der "Zuverlässigkeit" unterliegt, ebenso wie die nachfolgenden Begriffe "erforderliche Fachkunde", "erforderliche Eignung" und "notwendigen Kenntnisse", als unbestimmter Rechtsbegriff der vollen verwaltungsgerichtlichen Nachprüfung, ein exekutivischer Bewertungsspielraum besteht insoweit nicht.

Des weiteren müssen die für die Leitung des Betriebs der Anlage verantwortlichen Personen die hierfür erforderliche Fachkunde besitzen (§ 53 Abs. 1 Nr. 3, 2. Alt.). Die Anforderungen an die Fachkunde werden nach dem Grad der Verantwortlichkeit und nach den Gefahren in dem Verantwortungsbereich verschieden sein. Bei kerntechnischen Anlagen im Sinne des § 380 wird stets eine kerntechnische Spezialausbildung oder -unterrichtung zu fordern sein.

Schließlich muß gewährleistet sein, daß die bei dem Betrieb der Anlage tätigen Personen die erforderliche Eignung, die notwendigen Kenntnisse über einen sicheren Betrieb, die möglichen Gefahren und die anzuwendenden Schutzmaßnahmen besitzen (§ 53 Abs. 1 Nr. 4). Vom nachgeordneten Personal wird keine abgerundete Fachkunde verlangt, wohl aber muß gewährleistet sein, daß diese Personen die jeweils nach ihrer Verwendung "notwendigen Kenntnisse" über einen sicheren Betrieb der Anlage, die möglichen Gefahren und die anzuwendenden Schutzmaßnahmen besitzen.

Die Anforderungen, deren Nachweis sowie die Art und Weise der Prüfung der Zuverlässigkeit, der Fachkunde, der erforderlichen Eignung und der notwendigen Kenntnisse können nach § 408 Abs. 1 Nr. 12 durch Rechtsverordnung im einzelnen festgelegt werden.

Zu Absatz 2 Nr. 6

Absatz 2 Nr. 6 verlangt zunächst die erforderliche Vorsorge für die Erfüllung gesetzlicher Schadensersatzverpflichtungen, die aus der Errichtung und dem Betrieb der Anlage resultieren können. Gesetzliche Schadensersatzverpflichtungen im Sinne dieses Kapitels sind gemäß § 430 Abs. 1 S. 2 und 3 die auf gesetzlichen Haftpflichtbestimmungen privatrechtlichen Inhalts beruhenden Schadensersatzverpflichtungen. Für das Haftungsrecht gilt der besondere, im Pariser Haftungsübereinkommen entwickelte Begriff der "Kernanlage", der bei der Übernahme des Pariser Übereinkommens in das deutsche Recht durch das Dritte Änderungsgesetz zum Atomgesetz in § 2 Abs. 3 AtG in Verbindung mit Anlage 1 Nr. 2 AtG aufgenommen worden ist, vgl. § 413 Nr. 2 des Entwurfs. Die erforderliche Vorsorge ("Deckungsvorsorge") für die Erfüllung gesetzlicher Schadensersatzverpflichtungen ist im einzelnen geregelt in Art. 10 des Pariser Übereinkommens sowie in § 430 des Entwurfs. Art, Umfang und Höhe der Deckungsvorsorge werden in einer auf der Grundlage des § 430 Abs. 3 zu erlassenden Rechtsverordnung näher konkretisiert. Der Nachweis der erforderlichen Deckungsvorsorge wird in der Regel durch den Nachweis einer Haftpflichtversicherung erbracht werden. Zu decken sind die gesetzlichen Schadensersatzverpflichtungen aus dem Pariser Übereinkommen in Verbindung mit § 414.

Die Deckungsvorsorge ist vor Erteilung der ersten Betriebsbewilligung von der Bewilligungsbehörde festzusetzen und vom Antragsteller nachzuweisen (vgl. hierzu VG Düsseldorf, et 1974, 145, 150; VG Koblenz, et 1975, 537, 538; OVG Koblenz, et 1976, 550). Die Festsetzung erfolgt in der Regel in einem getrennten Feststellungsverfahren ("Zwischenverfahren") durch einen selbständigen Feststellungsbescheid (vgl. § 430 Abs. 2 des Entwurfs). Gegen die Festsetzung kann gegebenenfalls gesondert Anfechtungsklage erhoben werden. Einzelheiten regelt wiederum die auf Grund von § 430 Abs. 3 erlassene Rechtsverordnung.

Zum anderen muß gemäß Absatz 2 Nr. 6 die erforderliche Stillegungsvorsorge getroffen sein. Diese beinhaltet nach § 382 Abs. 2 und 3 die Sicherstellung, daß die Anlage, soweit sie nicht zu anderen Zwecken weiterverwendet wird, in angemessener Zeit nach der endgültigen Betriebseinstellung ordnungsgemäß und schadlos abgebaut wird und die für die Stillegung der Anlage erforderlichen finanziellen Mittel in voller Höhe für diesen Zweck verfügbar sind. § 430 des Entwurfs gilt sinngemäß. Zu den Einzelheiten im Zusammenhang mit der Stillegungsvorsorge siehe unten Begründung zu § 382.

Zu Absatz 2 Nr. 7

Der Schwerpunkt der zu beachtenden gemeinschaftsrechtlichen und internationalen Verpflichtungen liegt in den zahlreichen speziellen Atomabkommen, denen die Bundesrepublik Deutschland als Partner beigetreten ist. Darüber hinaus sind auch sonstige internationale Verträge zu berücksichtigen, soweit sie auf Sachverhalte, die in den Anwendungsbereich dieses Kapitels fallen, anwendbar sind.

Internationale Verpflichtungen werden darüber hinaus durch die nach dem jeweiligen Vertrag zulässigen Maßnahmen von Organen der internationalen Organisationen festgelegt. Besonders sind hier die Rechtsakte der Europäischen Gemeinschaften, die Beschlüsse der OECD sowie Verbindlichkeiten gegenüber der IAEO zu nennen. Herausragende Bedeutung kommt all denjenigen Verträgen zu, die materielle Rechtsfragen regeln. Hierzu rechnen u.a. die internationalen Atomhaftungsübereinkommen

- Übereinkommen über die Haftung gegenüber Dritten auf dem Gebiet der Kernenergie vom 29. Juli 1960 in der Fassung des Zusatzprotokolls vom 28. Januar 1964 (BGBl. 1975 II S. 959, 1007; 1976 II S. 311 - konsolidierte Fassung), sog. Pariser Atomhaftungsübereinkommen; Änderungsprotokoll vom 16. November 1982, ratifiziert durch Gesetz vom 21. Mai 1985 (BGBl. II S. 690);
- Übereinkommen über die Haftung der Inhaber von Reaktorschiffen vom 25. Mai 1962 (BGBl. 1975 II S. 977), sog. Brüsseler Reaktorschiff-Übereinkommen;
- Zusatzübereinkommen zum Pariser Übereinkommen vom 29. Juli 1960 über die Haftung gegenüber Dritten auf dem Gebiet der Kernenergie vom 31. Januar 1963 in der Fassung des Zusatzprotokolls vom 28. Januar 1964 (BGBl. 1975 II S. 992, 1021; 1976 II S. 318 - konsolidierte Fassung), sog. Brüsseler Zusatzübereinkommen; Änderungsprotokoll vom 16. November 1982 (BGBl. 1985 II S. 970);
- Übereinkommen über die zivilrechtliche Haftung bei der Beförderung von Kernmaterial auf See vom 17. Dezember 1971 (BGBl. 1975 II S. 1026), sog. Brüsseler Kernmaterial-Seetransport-Übereinkommen;

sowie die Strahlenschutzregelungen der Europäischen Gemeinschaft

- Richtlinien zur Festlegung der Grundnormen für den Gesundheitsschutz der Bevölkerung und der Arbeitskräfte gegen die Gefahren ionisierender Strahlungen (ABl. L 11 vom 20. Februar 1959, S. 221; Änderung ABl. L 57 vom 9.7 Juli 1962, S. 1633);
- Richtlinie 76/579 EURATOM des Rates vom 1. Juni 1976 zur Festlegung der überarbeiteten Grundnormen für den Gesundheitsschutz der Bevölkerung und der Arbeitskräfte gegen die Gefahren ionisierender Strahlungen (ABl. L 187 vom 12. Juli 1976, S. 1; Änderung ABl. L 246 vom 17. September 1980 S. 1);
- Richtlinie 80/836/EURATOM des Rates vom 15. Juli 1980 zur Änderung der Richtlinien, mit denen die Grundnormen für den Gesundheitsschutz der Bevölkerung und der Arbeitskräfte gegen die Gefahren ionisierender Strahlungen festgelegt wurden (ABl. L 246 vom 17. September 1980, S. 1; Änderung ABl. L 265 vom 5. Oktober 1984, S. 4);
- Richtlinie 84/466/EURATOM des Rates vom 3. September 1984 zur Festlegung der grundlegenden Maßnahmen für den Strahlenschutz bei

ärztlichen Untersuchungen und Behandlungen (ABl. L 265 vom 5. Oktober 1984, S. 1);

und die Strahlenschutzregelungen der OECD

- OECD-Ratsbeschluß über die Annahme von Grundnormen für den Strahlenschutz vom 18. Dezember 1962, neu gefaßt am 25. April 1968 (BGBl. 1964 II S. 858; 1970 II S. 209);
- OECD-Ratsbeschluß über die Annahme von Strahlenschutznormen für Uhren mit radioaktiven Leuchtfarben vom 19. Juli 1969 (BGBl. II S. 1311).

Hierzu gehören ferner der Euratom-Vertrag vom 25. März 1957 (BGBl. II S. 1014, ber. S. 1675) und die sonstigen auf Grund des Vertrages ergangenen Rechtsakte. Zu nennen ist schließlich der Nichtverbreitungsvertrag (Atomwaffensperrvertrag) vom 1. Juli 1968 (BGBl. 1974, II S. 786) mit dem Verifikationsabkommen vom 5. April 1973 (BGBl. 1974, II S. 795).

c) Zuständigkeit

Zuständig für die Erteilung der Anlagenbewilligung nach Absatz 1 ist unter den Voraussetzungen des § 405 Abs. 2 das Bundesamt für Strahlenschutz. Nach dieser Bestimmung kann die Bundesregierung mit Zustimmung des Bundesrates durch Rechtsverordnung bestimmen, daß u.a. für die Umweltbewilligungen nach § 380 das Bundesamt für Strahlenschutz zuständig ist. Voraussetzung für einen solchen Bundesvollzug ist allerdings, daß die Anlagen erhebliche Auswirkungen haben können, die über das Gebiet eines Landes hinausgehen. Dies wird bei Anlagen i.S. des § 380 des Entwurfs, soweit es um Kernkraftwerke geht, in der Regel der Fall sein, so daß insoweit eine generelle Zuständigkeitsverlagerung auf den Bund zulässig sein dürfte. Etwas anderes kann für mögliche Änderungsgenehmigungen gelten. Ohne eine verordnungsrechtliche Zuständigkeitsverlagerung liegt die Vollzugszuständigkeit bei den Ländern, die sie gemäß § 406 des Entwurfs als eigene Angelegenheit (Art. 83, 84 GG) wahrnehmen. Von einer Beibehaltung der Auftragsverwaltung wurde abgesehen, weil sich diese nicht bewährt hat.

d) Zu Absatz 4

Gemäß Absatz 4 gelten die Absätze 1 und 2 für ortsveränderliche Anlagen entsprechend, wobei die Standortproblematik der ortsfesten Anlagen weitgehend entfällt. Nach dem derzeitigen Stand der Technik kommen solche mobilen Anlagen an Bord von Schiffen für den Antrieb oder zur sonstigen Energieversorgung in Betracht, an Bord von Satelliten sowie als mobile Kleinreaktoren (vgl. Bianchi/Pelzer, atw 1968, 324 ff.; Bischof, et 1978, 129 ff.). Jedoch können nach Absatz 4 Satz 2 wesentliche Vereinfachungen des Bewilligungsverfahrens durch Rechtsverordnung vorgesehen werden, in der Weise etwa, daß von einer Bekanntmachung des Vorhabens und einer Auslegung der Unterlagen abgesehen werden kann und daß insoweit eine Auslegung der Unterlagen unterbleibt, vgl. auch § 7 Abs. 5 S. 2 AtG g.F. Dies gilt vor allem beim Besuch ausländischer Reaktorschiffe in Hoheitsgewässern oder Häfen, wobei in der Praxis jeweils besondere Besuchs- bzw. Hafenanlaufvereinbarungen die Genehmigung der Reaktoren nach innerdeutschem Recht ersetzt haben (vgl. etwa die deutsch-amerikanische Vereinbarung zum amerikanischen Reaktorschiff Savannah vom 29. November 1962, UNTS 460, S. 171). Internationale Sicherheitsregeln für Reaktorschiffe sind in dem "Internationalen Übereinkommen von 1974 zum Schutz des menschlichen Lebens auf See (SOLAS) vom 1. November 1974 enthalten (vgl. die Verordnung vom 11. Januar 1979, BGBl. II S. 141 mit dem Anlagenband 1979, II Nr. 8; die Verordnung vom 26 März 1980, BGBl. II S. 525, zum Prot. vom 17. Februar 1978; die Bekanntmachung vom 30. April 1980, BGBl. II S. 717, über das Inkrafttreten für die Bundesrepublik Deutschland zum 25. Mai 1980).

Zu § 381 Aufbewahrung von Kernbrennstoffen in Anlagen

Zu Absatz 1

Das Atomgesetz geltender Fassung sieht neben den Genehmigungspflichten hinsichtlich jeglichen Besitzes von Kernbrennstoffen darüber hinaus die staatliche Verwahrung vor, die zum Ziel hat, Sicherheitserfordernissen Rechnung zu tragen, soweit ein genehmigter Besitz nicht gegeben ist (vgl. BT-Drs. III/759, S. 21). Mittlerweile besteht nach über 30 Jahren intensiver und umfangreicher Aufsichtspraxis der Länder für eine besondere staatliche Verwahrung durch den Bund kein Erfordernis mehr. Sowohl das aufsichtsrechtliche Instrumentarium nach § 19 Abs. 3 AtG g.F. bzw. § 397 Abs. 1 dieses Kapitels, das die Sicherheitserfordernisse gemäß den Zweckbestimmungen des § 377 zu gewährleisten vermag, als auch die Anzeigepflichten bei Erlangung der tatsächlichen Gewalt über radioaktive Stoffe (vgl. § 80 StrlSchV g.F.) in Verbindung mit den Befugnissen der Aufsichtsbehörde (siehe § 397 Abs. 3 dieses Kapitels) gewährleisten, daß der Verbleib radioaktiver Stoffe auch in besonderen Fällen überwacht werden kann.

Aus der Gegenüberstellung von Absatz 1 und 3 wird deutlich, daß die Aufbewahrungsbewilligung nach Absatz 1 sich an den Fällen der längerfristigen Aufbewahrung von Kernbrennstoffen orientiert. Für die Aufbewahrung sonstiger radioaktiver Stoffe gilt § 383 Abs. 1 S. 2. In Abgrenzung zu § 380 ist zu beachten, daß die betriebsbedingte Lagerung von Kernbrennstoffen auf dem Gelände einer kerntechnischen Anlage - vor dem Einsatz im Betrieb oder vor dem Transport zu anderen Anlagen - in der Regel durch die Betriebsbewilligung nach § 380 gedeckt ist. Jede darüber hinausgehende Lagerung auf dem Betriebsgelände einer kerntechnischen Anlage oder außerhalb davon fällt unter die Bewilligungspflicht nach § 381.

Bestrahlte Kernbrennstoffe sind nach der Entladung aus dem Reaktorkern "radioaktive Reststoffe" im Sinne von § 386 Abs. 1 S. 3, die entweder schadlos verwertet oder geordnet zu beseitigen sind. Die Zwischenlagerung im Hinblick auf beide Varianten der Entsorgung wird von § 381 Abs. 1 erfaßt und ist nach dieser Bestimmung bewilligungsfähig und -bedürftig. Dabei sind bestrahlte Kernbrennstoffe nach der Entladung aus dem Reaktorkern allerdings zunächst in der Reaktoranlage selbst zwischenzulagern, was entweder im Abklingbecken - auch in Kompaktlagergestellen - oder in besonderen Lagereinrichtungen auf dem Anlagengelände erfolgen und - wie dargelegt - als betriebszugehörig zusammen mit dem Anlagenbetrieb gemäß § 380 bewilligt werden kann. Erfolgt der Einbau von Kompaktlagergestellen oder der Zubau gesonderter Lagereinrichtungen dagegen nachträglich, bedarf es einer Änderungsbewilligung nach § 394 (so auch für die geltende Rechtslage OVG Lüneburg, et 1978, 34, 42; BayVGH, DVBl. 1982, 35; DÖV 1985, 882; Fischerhof, et 1980, 499 ff.; Pelzer, NJW 1980, 1505 ff. und 2795; Knüppel, DÖV 1981, 19 ff.; Straßburg, in: Siebtes Deutsches Atomrechtssymposium, 1983, S. 125; Wagner, DVBl. 1983, 574 ff.). Daß sich die Bewilligung zur Zwischenlagerung in der Reaktoranlage nach § 380 und nicht nach § 381 bestimmt, ergibt sich aus dem Erfordernis der einheitlichen atomrechtlichen Entscheidung über alle Elemente der Reaktoranlage und ihrer Sicherheit. Das Hauptanwendungsfeld des § 381 stellt mithin die externe Zwischenlagerung dar, d.h. die längerfristige Aufbewahrung der bestrahlten Kernbrennstoffe im Anschluß an die betriebszugehörige Lagerung. Es ist eine Abklingzeit der Radioaktivität von mindestens 6 Monaten zu veranschlagen, bis die bestrahlten Kernbrennstoffe transportfähig werden (vgl. Haedrich, Atomgesetz, 1986, § 6 AtG Rn. 5).

Mit Hilfe der Neuregelung des § 381 wird anstelle der bisherigen schlichten Umgangsgenehmigung nach § 6 AtG g.F. eine förmliche Anlagenbewilligung entsprechend § 380 eingeführt. Dies bewirkt im Zusammenspiel mit der in § 393 normierten umfassenden Konzentrationswirkung, daß im Gegensatz zur bisherigen Rechtslage sämtliche eine Anlage im Sinne des § 381 betreffende behördliche Entscheidungen von der Anlagenbewilligung ersetzt werden. Absatz 1 berücksichtigt insoweit die Anregungen des Bundesverwaltungsgerichts im Falle des Brennelementezwischenlagers Ahaus (vgl. BVerwGE 82, 61) zum geltenden § 6 AtG. Nach dieser Vorschrift sind Prüfung und verbindliche Beurteilung der für eine einheitliche Anlage geltenden Genehmigungsvoraussetzungen in Verfahren der Baugenehmigung einerseits und der atomrechtlichen Aufbewahrungsgenehmigung andererseits aufgespalten.

Diese Lösung wird dem Gefährdungspotential von Aufbewahrungsanlagen für Kernbrennstoffe und ihrer Vergleichbarkeit mit Anlagen i.S. des

§ 380 nicht mehr gerecht. Die Einführung einer Anlagenbewilligung mit umfassender Konzentrationswirkung dient aber auch den Interessen der Betreiber und Drittbetroffener. Zum einen wird der Antragsteller von dem Risiko erheblicher Fehlinvestitionen entlastet, zum anderen brauchen Drittbetroffene nur noch gegen eine Bewilligung vorzugehen, so daß die Aufspaltung des Rechtsschutzes auf mehrere Verfahren entfällt.

Der Verweis in Absatz 1 Satz 2 auf die entsprechende Anwendung des § 380 Abs. 1 S. 2 macht deutlich, daß die Definitionen zum Anlagenbegriff insoweit anwendbar sind, als sie auf eine Anlage zur Aufbewahrung von Kernbrennstoffen übertragbar sind.

Zu Absatz 2

Die Übernahme der Bewilligungsvoraussetzungen des § 380 Abs. 2 und deren entsprechende Anwendbarkeit ist eine notwendige Folge der Einführung der Anlagenbewilligung nach Absatz 1. Vor allem hinsichtlich der Schutzanforderungen vor den nuklearspezifischen Gefahren und Risiken bei der Aufbewahrung von Kernbrennstoffen unterscheidet sich die Aufbewahrungsbewilligung nicht von der Anlagenbewilligung nach § 380.

Nicht übernommen wird die Bedürfnisprüfung nach geltendem Recht, die für die private Aufbewahrung von Kernbrennstoffen gemäß § 6 Abs. 2 AtG g.F. erforderlich ist. Mit der Voraussetzung, daß ein Bedürfnis für eine außerstaatliche Aufbewahrung bestehen muß, wollte der Gesetzgeber des Atomgesetzes die Anlegung von privaten Aufbewahrungsstellen aus Gründen der Sicherheit und Kontrolle möglichst einschränken (vgl. Fischerhof, Deutsches Atomgesetz und Strahlenschutzrecht, Bd. 1, 2. Aufl., 1978, § 6 AtG Rn. 3). Das Erfordernis eines besonderen Bedürfnisses hat mit der Aufgabe der staatlichen Verwahrung seine Rechtfertigung verloren. Dem Schutzzweck des Gesetzes wird durch die normativen Bewilligungsanforderungen, ihrer strikten exekutivischen Umsetzung und Überwachung hinreichend Rechnung getragen. Eine "Bedürfnisprüfung" läßt sich auch nicht mehr mit der generellen Qualifikation der Umweltbewilligung als gebundener Entscheidung vereinbaren.

Zu Absatz 3

Absatz 3 ermächtigt den Verordnungsgeber, für die Fälle einer kurzfristigen Aufbewahrung Ausnahmetatbestände vorzusehen, in denen eine nichtformalisierte, schlichte Umgangsgenehmigung ausreicht. Für die Einzelheiten kann auf die Begründung zu § 383 verwiesen werden.

Zuständigkeit

Zuständig für die Erteilung der Anlagenbewilligung nach Absatz 1 ist unter den Voraussetzungen des § 405 Abs. 2 das Bundesamt für Strahlenschutz. Ohne eine verordnungsrechtliche Zuständigkeitsverlagerung auf den Bund nach Maßgabe dieser Vorschrift sind die Länder zuständig, die diese Aufgabe als eigene Angelegenheit wahrnehmen (siehe § 406 des Entwurfs).

Zu § 382 Stillegung von Anlagen

Zu Absatz 1

Weil auch eine stillgelegte Anlage wegen des noch vorhandenen Bestandes an Kernbrennstoffen und aktivierten sowie kontaminierten Anlagenteilen eine Gefährdung für Leib, Leben und Sachgüter Dritter oder die Allgemeinheit bedeuten kann, besteht ein Bedürfnis für eine (präventive) behördliche Kontrolle. Absatz 1 nimmt die bisherige Vorschrift des § 7 Abs. 3 AtG g.F. in zum Teil veränderter Form auf. Dabei werden der Stillegung im engeren Sinne als der endgültigen Betriebseinstellung der sichere Einschluß und der Abbau der Anlage oder von Anlagenteilen als weitere "Varianten" einer Stillegung im weiteren Sinne an die Seite gestellt (Absatz 1 Satz 1).

Die Stillegung i.e.S. wird als endgültige Betriebseinstellung definiert, wobei mit Blick auf Absatz 1 Satz 3 deutlich wird, daß nicht jede Maßnahme, die auf die endgültige Betriebseinstellung zielt, einer Stillegungsbewilligung bedarf. Vielmehr ist dies nur dann der Fall, wenn von der Errichtungs- bzw. Betriebsbewilligung oder einer nachträglichen Anordnung nicht umfaßte Maßnahmen technischer, organisatorischer oder personeller Art geplant werden, die auf eine Stillegung abzielen.

Absatz 1 Satz 2 erklärt die Bewilligungsvoraussetzungen des § 380 Abs. 2 für entsprechend anwendbar. Dies entspricht der gegenwärtigen Rechtslage im Atomrecht (vgl. § 7 Abs. 3 S. 2 AtG).

Absatz 1 Satz 3 stellt klar, daß eine Stillegungsbewilligung insoweit entbehrlich ist, als die beabsichtigten Maßnahmen bereits im Rahmen der Errichtungs- oder Betriebsbewilligung nach § 380 Abs. 1 berücksichtigt worden oder aber Gegenstand einer nachträglichen Anordnung im Sinne von § 399 des Entwurfs gewesen sind. Das Privileg des § 394 Abs. 1 für unwesentliche Änderungen der Anlage gilt auch für unwesentliche Stillegungsmaßnahmen. Dies findet seine Rechtfertigung darin, daß die Stillegungsbewilligung dogmatisch gesehen ein Unterfall der Änderungsbewilligung ist.

Zu Absatz 2

Wie § 7 Abs. 3 AtG g.F. sieht Absatz 1 kein Stufenverhältnis zwischen den Stillegungsvarianten vor. Absatz 2 führt aber nunmehr eine gesetzliche Abbauverpflichtung ein. Diese Abbauverpflichtung besteht nicht, wenn und soweit Teile der Anlage einer anderen Verwendung zugeführt werden. Aus Absatz 2 folgt, daß der Betreiber die Möglichkeit hat, Anlagenteile einer anderweitigen nuklearen oder konventionellen Verwendung zuzuführen. Die Abbauverpflichtung ist mithin in der Weise eingeschränkt, daß eine sinnvolle Alternativnutzung einzelner Anlagenteile durch sie nicht ausgeschlossen ist. Im Rahmen der Pflichtenstellung des Anlageninhabers zum Abbau der Anlage verdeutlicht die Formulierung "in angemessener Zeit", daß der Abbau der Anlage unter Umständen zeitlich erst erheblich nach der Stillegung i.e.S. unter Herstellung des sicheren Einschlusses möglich ist. Zwischen der endgültigen Betriebseinstellung und dem Abbau der Anlage wird mit anderen Worten in der Regel ein angemessener Zeitraum, die sogenannte Abklingphase, liegen.

Zu Absatz 3

Absatz 3 Satz 1 sieht die Verpflichtung des Anlageninhabers vor, für alle Stillegungsvarianten finanzielle Vorsorge zu betreiben. Diese sogenannte Stillegungsvorsorge muß so beschaffen sein, daß sie jederzeit, d.h. auch bei ungeplanter Stillegung und auch im Insolvenzfall, in voller Höhe und nur für den Zweck der Stillegung zur Verfügung steht. Dabei ist die Vorschrift hinreichend flexibel, um der betroffenen Wirtschaft die Gelegenheit zu geben, Vorschläge für die Erbringung einer den genannten Kriterien genügenden Vorsorge zu machen. Absatz 3 Satz 1 i.V.m. § 430 stellt insoweit die gesetzliche Brücke zu privatwirtschaftlichen Lösungen dar, die einerseits den betroffenen Betreibern die Form der Finanzierung grundsätzlich überläßt, andererseits der Verwaltungsbehörde eine Überprüfung der angebotenen Sicherheit ermöglicht. Um einer Ungewißheit über die später tatsächlich anfallenden Kosten der Stillegung zum Zeitpunkt der Bewilligungsentscheidung hinreichend Rechnung tragen zu können, eröffnet Absatz 3 Satz 2 der zuständigen Behörde die Möglichkeit, sich in der Umweltbewilligung die Erhöhung der Sicherheitsleistung zu einem späteren Zeitpunkt vorzubehalten.

Zu Absatz 4

Absatz 4 ermöglicht der Bewilligungsbehörde, die Pflichten nach den Absätzen 2 und 3 - unabhängig von den allgemeinen Voraussetzungen des § 36 VwVfG bzw. 399 Abs. 1 des Entwurfs - durch Auflagen bzw. nachträgliche Anordnungen zu konkretisieren. Das Instrument der nachträglichen Anordnung findet bei bereits bewilligten Anlagen Anwendung, für die die Pflichten der Absätze 2 und 3 gleichermaßen wie für neue Anlagen gelten. Im übrigen bleiben auch die aufsichtsbehördlichen Befugnisse nach § 397 Abs. 1 dieses Kapitels sowie §§ 57 ff. unberührt.

Sonstige Rechtsprobleme im Zusammenhang mit der Stillegung

aa) Pflicht zur Stillegung

Fraglich könnte sein, ob die Erteilung einer Stillegungsbewilligung auch zur Stillegung der Anlage zwingt oder ob der Betreiber nicht vielmehr ein Recht zum Nichtgebrauchmachen von der Stillegungsbewilligung hat und sich dabei auf die Weitergeltung der noch bestehenden ursprünglichen Betriebsbewilligung berufen kann. Faßt man die Stillegungsbewilligung nach richtigem Verständnis als eine Art Änderungsbewilligung in bezug auf die vorangegangenen Errichtungs- und Betriebsbewilligungen auf, werden letztere durch die Stillegungsbewilligung modifiziert; von einer (unveränderten) Fortgeltung der Errichtungs- und Betriebsbewilligung kann damit keine Rede sein. Daher ist der Betreiber kraft des Stillegungsbewilligungsbescheides letztlich verpflichtet, den alten Zustand zugunsten des nunmehr genehmigten zu verändern und entsprechend anzupassen. Ein Recht des Betreibers zum Nichtgebrauchmachen von der Stillegungsbewilligung ist somit im Ergebnis abzulehnen. Die Aufsichtsbehörde hat nach § 397 Abs. 1 S. 2 die Möglichkeit, durch aufsichtsrechtliche Anordnung die Beseitigung des bestehenden Zustandes, der den Bestimmungen des Stillegungsbewilligungsbescheides zuwiderläuft, also die Einstellung des Betriebes und - je nach Inhalt des Bescheides - weitere Stillegungsmaßnahmen zu verlangen.

Entsprechendes gilt im übrigen für die faktische Stillegung einer Anlage; dazu zählen in erster Linie die Fälle des einseitigen "Verzichts" des Betreibers auf das (weitere) Gebrauchmachen von der Betriebsbewilligung. Dies allein führt noch nicht zum Erlöschen bzw. teilweisen Erlöschen der Betriebsbewilligung. Der "Verzicht" kann, z.B. aus wirtschaftlichen Gründen, vorübergehend bedingt sein; der Betreiber muß die Möglichkeit einer späteren (Wieder-)Inbetriebnahme der Anlage haben. Würde die durch bloßen "Verzicht" bedingte Stillegung das Erlöschen der Bewilligung zur Folge haben, liefe der Betreiber im Falle der Wiederaufnahme des Betriebes Gefahr, sich gemäß § 327 StGB strafbar zu machen. Insoweit bleibt auch für die Fälle der faktischen Stillegung zunächst der Weg über eine aufsichtsrechtliche Anordnung nach § 397 Abs. 1, den Betreiber zu veranlassen, entweder von der bestehenden Betriebsbewilligung Gebrauch zu machen oder aber die Bewilligung für die Stillegung der Anlage zu beantragen.

Im übrigen ist die Bestimmung des § 56 Abs. 3 S. 1 Nr. 2 zu beachten, wonach eine Umweltbewilligung grundsätzlich erlischt, wenn die Anlage während eines Zeitraums von mehr als drei Jahren nicht mehr betrieben wird. Nur aus wichtigem Grund und nur auf Antrag des Betreibers ist diese Frist verlängerbar (§ 56 Abs. 3 S. 2).

Der Vollständigkeit halber sei noch auf § 56 Abs. 3 S. 1 Nr. 1 hingewiesen. Im Gegensatz zu der zuvor erörterten Fallgestaltung des Nichtmehrgebrauchmachens von einer erteilten Betriebsbewilligung ist die zuletzt genannte Vorschrift auf die Fälle beschränkt, in denen die Anlage überhaupt noch nicht voll betrieben worden ist. Die Behörde hat die Möglichkeit, eine angemessene Frist zu setzen, innerhalb derer mit der Ausführung des Vorhabens zu beginnen ist. Geschieht dies wiederum nicht, erlischt die Bewilligung, es sei denn, die Frist ist auf Grund der bereits erwähnten Vorschrift des § 56 Abs. 3 S. 2 verlängert worden.

bb) Stillegung noch nicht fertig gestellter Anlagen

Demgegenüber ist in Fällen, in denen die Anlage noch nicht fertig gestellt ist, eine Bewilligung nicht erforderlich. Anknüpfend an das soeben zu § 397 Abs. 1 Ausgeführte betrifft die Stillegung im Sinne des § 382 nur die Fälle, in denen die Anlage bereits betrieben worden ist, so daß bei der Stillegung nicht fertig gestellter Anlagen grundsätzlich von deren Bewilligungsfreiheit auszugehen ist. Hierfür spricht nicht zuletzt auch der Gesichtspunkt des Schutzzwecks des Gesetzes, der angesichts des fehlenden radioaktiven Inventars nicht beeinträchtigt ist.

Zu § 383 Bearbeitung, Verarbeitung, sonstige Verwendung, Aufbewahrung und Beseitigung außerhalb bewilligungsbedürftiger Anlagen

Zu Absatz 1 Satz 1

Die schlichte Umgangsgenehmigung nach Absatz 1 Satz 1 erfaßt als Auffangtatbestand jede Verwendung von Kernbrennstoffen, die nicht unter andere Zulassungstatbestände dieses Kapitels fällt. Sie betrifft im Unterschied zu den Anlagenbewilligungen nach den §§ 380 und 381 nur den einfachen Umgang mit Kernbrennstoffen. Dieser Vorgang kann auch in Anlagen durchgeführt werden, die anderen Fertigungsprozessen dienen oder dienen können, so daß hier die Anlage selbst keiner Zulassung nach diesem Kapitel bedarf (vgl. auch Fischerhof, Deutsches Atomgesetz und Strahlenschutzrecht, Bd. I, 2. Aufl., 1978, § 9 AtG Rn. 2). Da die Brennelementefabriken wegen ihres Gefahrenpotentials und des speziellen Anlagecharakters dem Bewilligungserfordernis gemäß § 380 unterfallen, unterliegt der schlichten Genehmigung nach § 383 in erster Linie der weniger gefährliche, vor allem labormäßige Umgang mit Kernbrennstoffen, auch zur experimentellen Wiederaufarbeitung von bestrahlten Kernbrennstoffen und zu Forschungszwecken. Dies entspricht seit 1975 auch geltendem Recht, nachdem die Brennelementefabriken durch das Dritte Änderungsgesetz dem § 7 AtG unterstellt worden sind. Im Unterschied zu § 9 AtG g.F. unterfällt der Umgangsgenehmigung im Sinne von § 383 Abs. 1 S. 1 des Entwurfs auch die Aufbewahrung der Kernbrennstoffe, soweit sie außerhalb der Anlagen der §§ 380 und 381 erfolgt und nicht als betriebs- und tätigkeitsbedingte Lagerung von der Anlagenbewilligung mitumfaßt ist. In diesem Zusammenhang bleibt § 381 Abs. 3 zu beachten, wonach die Fälle kurzfristiger Aufbewahrung von Kernbrennstoffen ebenfalls lediglich dem Genehmigungserfordernis des § 383 Abs. 1 S. 1 unterfallen können.

Da die Genehmigung nach § 383 Abs. 1 S. 1 - wie ausgeführt - nur den schlichten Umgang mit Kernbrennstoffen betrifft, unterliegen die Errichtung und der Betrieb etwaiger dazugehöriger Anlagen den nach Spezialgesetzen (z.B. Baurecht, Gewerberecht, Wasserrecht, Immissionsschutzrecht etc.) erforderlichen Genehmigungen. Der Konzentrationsgrundsatz des § 393 Abs. 1, der auf die Umweltbewilligungen nach den §§ 380 und 381 beschränkt ist, findet im Rahmen der schlichten Umgangsgenehmigung nach § 383 Abs. 1 S. 1 keine Anwendung.

Zu Absatz 1 Satz 2

Nach Absatz 1 Satz 2 bedarf auch jeder, der mit sonstigen radioaktiven Stoffen umgeht, einer Genehmigung. Der Begriff des Umgangs umfaßt neben den in Satz 1 erwähnten Tätigkeiten der Bearbeitung, Verarbeitung, sonstigen Verwendung, Aufbewahrung und Beseitigung auch den Erwerb und die Abgabe sonstiger radioaktiver Stoffe. Die Definition stimmt im wesentlichen überein mit der gegenwärtigen Begriffsbestimmung in § 1 Abs. 1 Nr. 1 StrlSchV. Ausgenommen sind die Tätigkeiten der Beförderung sowie der Ein- und Ausfuhr, die nunmehr auch für sonstige radioaktive Stoffe in den §§ 384 und 385 eine Sonderregelung erfahren haben.

Im Unterschied zu den genehmigungspflichtigen Tätigkeiten nach Absatz 1 Satz 1 bezieht sich der Umgang nach Satz 2 nicht auf Kernbrennstoffe, sondern lediglich auf sonstige radioaktive Stoffe. Sonstige radioaktive Stoffe sind nach § 378 Abs. 3 Stoffe, die, ohne Kernbrennstoffe zu sein, ionisierende Strahlen spontan aussenden. Eine weitere Präzisierung der sonstigen radioaktiven Stoffe ist § 378 Abs. 4 zu entnehmen.

Allerdings ist der Umgang mit sonstigen radioaktiven Stoffen nicht in jedem Fall von einer Genehmigung abhängig. Bei entsprechend geringerem Gefahrenpotential können gemäß Absatz 5 auf der Verordnungsebene Ausnahmen vom Genehmigungserfordernis nach Absatz 1 Satz 2 vorgesehen werden.

Zu Absatz 2

Absatz 2 erklärt die Tatbestandsvoraussetzungen der Umweltbewilligung gemäß § 380 Abs. 2 für entsprechend anwendbar. Inhaltlich ist mithin dem Gegenstand entsprechend zu differenzieren. So ist etwa bei der Festsetzung der Deckungsvorsorge für die Erfüllung gesetzlicher Schadensersatzverpflichtungen gemäß § 380 Abs. 2 Nr. 6 zu berücksichtigen, daß die Haftung nach dem Pariser Haftungsübereinkommen nur für Kernbrennstoffe gilt, die sich in einer Kernanlage befinden oder die aus einer Kernanlage stammen. Es ist daher bei dem schlichten Umgang mit Kernbrennstoffen lediglich in dem nach den Umständen gebotenen Ausmaß Vorsorge zu treffen, § 430 i.V.m. § 416 (vgl. auch für die gegenwärtige Rechtslage § 13 Abs. 2 Nr. 2 AtG).

Absatz 2 ist auf beide Genehmigungstatbestände des Absatzes 1, also bezogen auf den Umgang mit Kernbrennstoffen ebenso wie auch mit sonstigen radioaktiven Stoffen, anzuwenden.

Die Genehmigung ist in der Regel vom Inhaber des Betriebes zu beantragen, in dem mit den radioaktiven Stoffen umgegangen wird. Antragsteller kann aber auch ein Dritter sein, der die Verwendung in der Betriebsstätte vornimmt. Auf jeden Fall bedarf der unmittelbare Besitzer der radioaktiven Stoffe der Genehmigung.

Zu Absatz 3

Um aus Gründen der Verfahrensvereinfachung doppelte Genehmigungen und Zuständigkeiten zu vermeiden, bestimmt Absatz 3, daß sich die Genehmigungspflicht nicht auf Tatbestände erstreckt, die hinsichtlich der Kernbrennstoffe bereits einer Bewilligungs- oder Genehmigungspflicht nach anderen Vorschriften dieses Kapitels, insbesondere der §§ 380, 381 oder 383 Abs. 1 S. 1, unterworfen sind. Die Bewilligungen nach den §§ 380 und 381 und die Genehmigung des Umgangs mit Kernbrennstoffen gemäß § 383 Abs. 1 S. 1 können sich mit anderen Worten auch auf den Umgang mit sonstigen radioaktiven Stoffen erstrecken.

Zu Absatz 4

Absatz 4 hält an dem Grundsatz fest, daß der Umgang mit radioaktiven Bodenschätzen nicht nach diesem Gesetz genehmigungspflichtig ist, wenn auf den entsprechenden Tatbestand die Vorschriften des Bundesberggesetzes Anwendung finden. Dies gilt auch für mit dem Aufsuchen, Gewinnen oder Aufarbeiten verbundene Tätigkeiten, wie z.B. die Beförderung oder Lagerung der radioaktiven Bodenschätze (vgl. auch die amtliche Begründung zur Änderung des § 3 StrlSchV, abgedruckt bei Kramer/Zerlett, Strahlenschutzverordnung, Bd. 1, 3. Aufl., 1990, S. 25). Für radioaktive Bodenschätze nicht ausgeschlossen sind dagegen die auf der Grundlage des § 408 in einer Rechtsverordnung normierten, allgemein und für alle Tätigkeiten im Zusammenhang mit radioaktiven Stoffen geltenden Schutzvorschriften.

Zu Absatz 5

Auf die Bedeutung des Absatzes 5 im Rahmen der Umgangsgenehmigung nach Absatz 1 Satz 2 ist bereits bei der Erläuterung dieser Bestimmung hingewiesen worden (siehe oben b). Neben der Möglichkeit der Schaffung von Ausnahmetatbeständen vom Genehmigungserfordernis beim Umgang mit sonstigen radioaktiven Stoffen enthält § 407 Abs. 2 eine Verordnungsermächtigung zur Regelung der Einzelheiten des Genehmigungsverfahrens. Genehmigungsverfahren meint in diesem Zusammenhang sowohl dasjenige nach Absatz 1 Satz 1 als auch jenes nach Absatz 1 Satz 2.

Zuständigkeit

Zuständig für die Genehmigungserteilung nach § 383 Abs. 1 S. 1 und S. 2 sind gemäß § 406 die Länder, die diese Aufgabe als eigene Angelegenheit (Art. 83, 84 GG) ausführen.

Zu § 384 Ein- und Ausfuhr

Die Begriffe Einfuhr und Ausfuhr sind dem § 4 des Außenwirtschaftsgesetzes (AWG vom 28. April 1961, BGBl. I S. 481) entlehnt. Sie bedeuten das Verbringen von Sachen und Elektrizität aus einem fremden bzw. in ein fremdes Wirtschaftsgebiet. Durch Absatz 6 ist auch jede "sonstige Verbringung" in den Geltungsbereich oder aus dem Geltungsbereich des Gesetzes erfaßt, etwa auf Grund von Wiederaufarbeitungsaufträgen, wissenschaftlichen Forschungsaufträgen und dergleichen. Insofern behält eine dem § 3 Abs. 5 AtG bzw. § 11 Abs. 4 StrlSchV entsprechende Regelung ihre Berechtigung, wenn jenen Vorschriften auch vornehmlich klarstellende Funktion im Hinblick auf das Verbringen radioaktiver Stoffe aus der bzw. in die DDR zukam, weil diese kein fremdes Wirtschaftsgebiet i.S. des AWG war.

Nach Absatz 4 können durch Rechtsverordnung Ausnahmen von dem Erfordernis der Genehmigung nach Absatz 1 zugelassen und stattdessen lediglich Anzeigepflichten oder gar Genehmigungs- und Anzeigefreiheit in Fällen geringer Risiken vorgesehen werden.

Zulassungen für Umgang und Transport von radioaktiven Stoffen oder zur Errichtung und zum Betrieb von Anlagen (§§ 383 und 385 sowie 380, 381 und 388) sind nicht Voraussetzung der Einfuhrgenehmigung nach Absatz 2, stehen aber in der Regel in der Weise in Wechselwirkung zu ihr, daß zur Ein-, aber auch zur Ausfuhrgenehmigung mindestens eine Genehmigung zur Beförderung nach § 385 hinzutreten muß. Denn die Genehmigung nach

§ 384 bezieht sich nur auf den Tatbestand der Einfuhr oder Ausfuhr im Rechtssinne und berechtigt für sich allein nicht zum unmittelbaren Besitz von radioaktiven Stoffen. Jedoch kann der Beförderer ein anderer als der Einführer oder Ausführer sein (so auch Fischerhof, Deutsches Atomgesetz und Strahlenschutzrecht, Bd. I, 2. Aufl., 1978, § 3 AtG Rn. 2).

Die Genehmigung ist grundsätzlich eine Einzelgenehmigung, jedoch sind Dauer- oder Sammelgenehmigungen, z.B. für bestellte laufende Lieferungen, möglich (vgl. Karr, AWD 1960, 288 ff., 289).

Mit der Einbeziehung auch der sonstigen radioaktiven Stoffe in den gesetzlichen Genehmigungstatbestand ist die derzeit geltende Erstreckungsregelung des § 11 Abs. 2 StrlSchV entbehrlich geworden. Das heißt nicht, daß die normative Trennung von Kernbrennstoffen einerseits und sonstigen radioaktiven Stoffen andererseits aufgegeben wäre. Der wesentliche Unterschied besteht nach wie vor darin, daß es beim Einfuhrtatbestand für sonstige radioaktive Stoffe im Unterschied zur Einfuhr von Kernbrennstoffen nicht auf die weitere ordnungsgemäße Verwendung der sonstigen radioaktiven Stoffe im Bundesgebiet, sondern bloß darauf ankommt, daß diese Stoffe erstmals nur von Personen erworben werden, die die für den Umgang erforderliche Genehmigung besitzen (vgl. Absatz 2 Nr. 3).

Die Nr. 1 der Absätze 2 und 3 enthält als subjektive Genehmigungsvoraussetzung die Anforderungen an den Einführer bzw. Ausführer der radioaktiven Stoffe. Bei diesen Personen muß die erforderliche Zuverlässigkeit gegeben sein. Der Begriff der Zuverlässigkeit ist mit dem in § 380 Abs. 2 Nr. 5 enthaltenen identisch, so daß auf die Ausführungen oben zu § 380 Abs. 2 Nr. 5 verwiesen werden kann.

Daneben müssen objektive Gründe vorliegen, die eine Verwendung der radioaktiven Stoffe nach den Vorschriften des innerstaatlichen Rechts sowie des für die Bundesrepublik Deutschland verbindlichen internationalen Rechts gewährleisten. Für die Erteilung sowohl einer Einfuhr- als auch einer Ausfuhrgenehmigung ist erforderlich, daß der Antragsteller genaue Nachweise über Herkunft, Zweckbestimmung und Empfänger der radioaktiven Stoffe erbringt, ebenso über die Beschaffenheit derselben. Die Voraussetzungen der Nr. 2 der Absätze 2 und 3 müssen "gewährleistet" sein, so daß ein besonders strenger Maßstab anzulegen ist. Dabei ist wesentlich, ob z.B. auch eine Beförderungs- oder Aufbewahrungsgenehmigung (§§ 383 oder 385) dem Einführer bzw. Ausführer oder einem Dritten erteilt oder ob sie beantragt ist (siehe Winters, Atom- und Strahlenschutzrecht, 1978, S. 36 f.).

An internationalen Verpflichtungen sind vor allem zu beachten (vgl. im einzelnen Haedrich, Atomgesetz, 1986, § 3 AtG Rn. 4):

- Die Bestimmungen des Euratom-Vertrages, insbesondere Kapitel VI des Vertrages über die Versorgung mit Erzen, Ausgangsstoffen und besonderen spaltbaren Stoffen (Art. 52 ff.) sowie die Vorschriften über die Sicherheitskontrolle (Art. 77 ff.);

- der Nichtverbreitungs-Vertrag;
- die Verfahrensrichtlinien der IAEO für die Ausfuhr von Kernstoffen;
- die Richtlinien der Gruppe der Nuklear-Lieferländer;
- die einschlägigen Embargo-Beschlüsse des COCOM;
- Verpflichtungen aus bilaterialen Atomverträgen.

Gemäß Absatz 5 bleiben andere Rechtsvorschriften über die Einfuhr und Ausfuhr unberührt. Hierzu rechnen die allgemeinen und besonderen Vorschriften über die Ein- und Ausfuhr, die im AWG und in den auf Grund des AWG ergehenden Durchführungsbestimmungen enthalten sind. Zu beachten sind ferner etwa die zollrechtlichen Bestimmungen auf Grund des Zollgesetzes und der zu seiner Durchführung erlassenen Rechtsverordnungen.

Auf die Erteilung der Genehmigung besteht ein Rechtsanspruch, wenn der Antragsteller die gesetzlich normierten Voraussetzungen erfüllt. Ein exekutivisches Versagungsermessen besteht auch hier nicht.

Zuständig für die Erteilung von Ein- und Ausfuhrgenehmigungen ist nach § 404 Abs. 1 das Bundesausfuhramt. Zuständig für Genehmigungsanträge nach dem AWG ist ebenfalls das Bundesausfuhramt, bei dem die Anträge intern koordiniert mit den Anträgen nach § 384 bearbeitet werden.

Zu § 385 Beförderung

Zu Absatz 1

Sinn und Zweck des Genehmigungstatbestandes ist es, neben der Sicherheit des Transports auch die lückenlose Kontrolle der in der Bundesrepublik befindlichen radioaktiven Stoffe und ihrer Ortsveränderlichkeit sicherzustellen. Die durch § 8 Abs. 2 StrlSchV vorgenommene Erweiterung des Genehmigungsvorbehalts auf sonstige radioaktive Stoffe ist ebenso wie die entsprechende verordnungsrechtliche Vorschrift im Zusammenhang mit der Ein- und Ausfuhr (vgl. Begründung zu § 384) in das Gesetz übernommen worden, das insoweit den Genehmigungsvorbehalt von vornherein auch auf sonstige radioaktive Stoffe erstreckt.

Der Begriff der Beförderung ist enger als der des § 2 Abs. 1 des Gesetzes über die Beförderung gefährlicher Güter vom 6. August 1975 (BGBl. I S. 2121), der neben dem Vorgang der Ortsveränderung auch die Übernahme und die Ablieferung des Gutes sowie zeitweilige Aufenthalte im Verlauf der Beförderung und Vorbereitungs- und Abschlußhandlungen umfaßt, unabhängig davon, ob diese vom Beförderer ausgeführt werden oder nicht. Beförderung ist demnach vorliegend grundsätzlich jede Herbeiführung einer Ortsveränderung, die nicht auf öffentliche Verkehrswege beschränkt ist. Als Verkehrswege kommen insbesondere Wege des Eisenbahn-, Straßen-, Binnenschiffahrts-, Seeschiffahrts-, Luft- und Postverkehrs in Betracht. Genehmigungsbedürftig ist die Beförderung "außerhalb eines abgeschlossenen Betriebsgeländes", auf dem eine nach den §§ 380, 381, 383 oder 388 bewilligte bzw. genehmigte Tätigkeit ausgeübt wird. Innerhalb eines solchen Geländes gelten bereits entsprechende Schutzvorschriften. "Abgeschlossen" ist ein Gelände, wenn es durch bauliche oder natürliche Hindernisse gegen unbefugtes Betreten geschützt ist.

Die Beförderungsgenehmigung ersetzt nicht Zulassungen, die nach anderen gesetzlichen Vorschriften erforderlich sind. So muß etwa bei grenzüberschreitender Beförderung zusätzlich die Ein- bzw. Ausfuhrgenehmigung nach § 384 eingeholt werden oder kann bei Zwischenlagerungen während des Transports eine besondere Genehmigung nach § 383 erforderlich sein.

Zu Absatz 4, 5 und 7

Die Genehmigung ist grundsätzlich "für den einzelnen Beförderungsvorgang" zu erteilen (Absatz 4 Satz 2). Sofern jedoch die Erfüllung der in § 377 Abs. 1 bezeichneten Zwecke gewährleistet erscheint, kann dem Antragsteller auch allgemein, also ohne nähere Festlegung des einzelnen Beförderungsvorgangs, auf längstens 3 Jahre eine Dauer- oder Sammelgenehmigung erteilt werden. Ebenfalls ist es grundsätzlich zulässig, Genehmigungen auszustellen, bei denen nicht nur das Verkehrsmittel, sondern auch die Person des Beförderers wechselt. In der Genehmigung müssen dann aber sämtliche Beförderer genannt und auf ihre Eignung geprüft sein. Die Einzelheiten sind durch Rechtsverordnung zu bestimmen (Absatz 7 Nr. 2). Diesem Erfordernis trägt auch Absatz 5 Rechnung, wonach auch derjenige, der nicht selbst Inhaber der Genehmigung ist, bei der Ausführung derselben die Bestimmungen des Genehmigungsbescheides beachten muß.

Absatz 7 Satz 1 bestimmt, daß in Ausnahmefällen vom Genehmigungserfordernis nach Absatz 1 abgesehen werden kann, wobei die Einzelheiten wiederum einer Regelung durch Rechtsverordnung vorbehalten bleiben.

Mit der Regelung in Absatz 4 Satz 1 ist der Personenkreis der potentiellen Genehmigungsinhaber so weit wie möglich gefaßt. "Absender" ist derjenige, der den Beförderer beauftragt. "Beförderer" ist, wer die Beförderung im eigenen Namen übernimmt, das heißt die das Transportunternehmen tragende Rechtspersönlichkeit, nicht jedoch die intern weisungsgebundene Person, die den Transport tatsächlich ausführt. Schließlich bedarf auch derjenige der Genehmigung, "der es übernimmt, die Versendung oder Beförderung zu besorgen".

Zu Absatz 2 und 3

Die Genehmigungsvoraussetzungen, die in Absatz 2 abschließend aufgeführt sind, entsprechen weitgehend denen des § 380. Liegen sie vor, besteht ein Rechtsanspruch auf die Genehmigung; ein exekutivisches Versagungsermessen ist nicht eingeräumt.

Die in Absatz 2 Nr. 1 geforderte Zuverlässigkeit ist wiederum in Beziehung zu den gesetzlichen Schutzzwecken in § 377 zu setzen. Über den Begriff der Zuverlässigkeit und seine Interpretation siehe die Begründung zu § 380 unter Abs. 2 Nr. 5. Besonderheiten bestehen im Rahmen des § 385 insoweit, als der Antragsteller auch Unterlagen dafür erbringen muß, daß die den Transport ausführenden Personen zuverlässig sind, so daß die Prüfung der Zuverlässigkeit des Beförderers selbst nicht ausreicht. Dem Erfordernis kann mit der Abgabe von Erklärungen und Personalbeschreibungen durch den Beförderer entsprochen werden. Nicht einer Zuverlässigkeitsprüfung unterzogen werden müssen aber ausgesprochene Hilfspersonen. Eine Prüfung ist jedenfalls dann entbehrlich, wenn die Beförderung unter ausreichender Aufsicht durch - überprüft - zuverlässige Personen stattfindet.

Die in Nr. 2 geforderte Fachkunde über Strahlengefährdung und Schutzmaßnahmen erfordert lediglich die notwendigen Kenntnisse für den konkreten Beförderungsvorgang und das Maß der Beteiligung daran (so bereits für § 4 Abs. 2 Nr. 2 AtG g.F. Haedrich, Atomgesetz, 1986, § 4 AtG Rn. 2 b). Damit soll sichergestellt werden, daß auch das nachgeordnete Personal in der Lage ist, Schutzmaßnahmen bei der Beförderung zu überprüfen, selbst zu treffen oder zu veranlassen. Nachzuweisen ist die erforderliche Fachkunde z.B. durch Zeugnisse über die Teilnahme an Kursen oder durch Bestätigung praktischer Erfahrungen oder der Schulung durch den Antragsteller selbst (vgl. Fischerhof, Deutsches Atomgesetz und Strahlenschutzrecht, Bd. I, 2. Aufl., 1978, § 4 AtG Rn. 7).

Die nach Absatz 2 Nr. 3 zu gewährleistende Vorsorge gegen Schäden bemißt sich nach den für den jeweiligen Verkehrsträger geltenden Rechtsvorschriften über die Beförderung gefährlicher Güter, die gemäß Absatz 6 grundsätzlich unberührt bleiben. Für den jeweiligen "Verkehrsträger" geltende Rechtsvorschriften sind auch solche, die für bestimmte Verkehrsmittel erlassen sind und nicht nur solche, die für die öffentlichen Verkehrsträger maßgebend sind. Vom Beförderer bzw. von den ausführenden Personen muß die Kenntnis dieser Rechtsvorschriften versichert oder nachgewiesen werden. Auch ist das Vorhandensein der vorschriftsmäßigen Einrichtungen, Verpackungs- und Beförderungsmittel für den Transport nachzuweisen.

Soweit Rechtsvorschriften über die Beförderung gefährlicher Güter lükkenhaft sind oder ganz fehlen, muß gewährleistet sein, daß auf andere Weise die nach dem Stand von Wissenschaft und Technik erforderliche Vorsorge gegen Schäden durch die Beförderung der radioaktiven Stoffe getroffen ist (Absatz 2 Nr. 3, 2. Alt). Diese Generalklausel wird ausgefüllt durch allgemeine Beförderungsregeln, die nicht staatliche Rechtsvorschriften sind, vor allem durch die national wie international zu beachtenden Empfehlungen der IAEO. Hiermit kann beim Fehlen einschlägiger Vorschriften die Verantwortung weitgehend dem Antragsteller aufgebürdet werden. Der Begriff "Stand von Wissenschaft und Technik" ist mit dem in § 380 Abs. 2 Nr. 1 identisch und bedeutet auch hier den Entwicklungsstand derjenigen fortschrittlichen Verfahren, Einrichtungen oder Betriebsweisen, der nach den anerkannten Ergebnissen wissenschaftlicher Forschung zum Schutze der Umwelt erforderlich ist (vgl. § 2 Abs. 12).

Die in Absatz 2 Nr. 4 geforderte Vorsorge für die Erfüllung gesetzlicher Schadensersatzverpflichtungen bezieht sich, soweit Kernbrennstoffe betroffen sind, in der Regel auf den Inhaber der Kernanlage, von oder zu der die Kernbrennstoffe befördert werden, vgl. Art. 4 des Pariser Haftungsübereinkommens. Die Deckungsvorsorge ist dabei so festzusetzen, daß aus ihr die Ansprüche gemäß dem Pariser Übereinkommen erfüllt werden können. Gemäß Absatz 3 bedarf es für die Beförderung von Kernbrennstoffen einer Deckungsvorsorge nach Absatz 2 Nr. 4 nicht, wenn dies wegen des geringen Ausmaßes der mit dem Beförderungsvorgang verbundenen Gefahren gerechtfertigt ist. Wann dies im einzelnen der Fall ist, regelt § 428, der der Freigrenzenregelung entspricht, die das geltende Atomrecht in Anlage 2 zum AtG getroffen hat. Siehe auch die Erläuterungen zu § 380 Abs. 2 Nr. 6, 1. Halbs.

Für radioaktive Stoffe, die nicht Kernbrennstoffe sind, muß die Erfüllung gesetzlicher Schadensersatzverpflichtungen in dem nach den Umständen gebotenen Ausmaß sichergestellt sein, siehe die Auffangregelung in § 416. Voraussetzung für die Erfüllung des Absatzes 2 Nr. 4 ist in beiden Fällen, also sowohl bei Kernbrennstoffen als auch bei sonstigen radioaktiven Stoffen, daß es sich um solche radioaktiven Stoffe handelt, die auch Kernmaterialien sind. Das sind Kernbrennstoffe (ausgenommen natürliches und abgereichertes Uran) sowie radioaktive Erzeugnisse und Abfälle, vgl. die Begriffsbestimmung in § 413 Nr. 5 und die entsprechende Anlage 1 Abs. 1 Nr. 5 AtG g.F. Hier besteht nach geltendem Recht, vgl. § 25 Abs. 2 AtG, § 10 Abs. 2 StrlSchV sowie § 414 Abs. 2 des Entwurfs, die Besonderheit, daß für die Beförderung einschließlich der damit zusammenhängenden Lagerung der Beförderer durch Vertrag die Haftung anstelle des Inhabers einer im Geltungsbereich des Gesetzes gelegenen Kernanlage übernehmen kann. In diesem Fall gilt nach Art. 4 des Pariser Übereinkommens der Beförderer hinsichtlich nuklearer Ereignisse, die im Verlauf der Beförderung von Kernmaterialien eintreten, vom Zeitpunkt der Haftungsübernahme an als Inhaber einer Kernanlage im Sinne dieses Übereinkommens. Sofern es sich um sonstige radioaktive Stoffe handelt, kommen als Kernmaterialien nur solche sonstigen radioaktiven Stoffe in Betracht, die auch radioaktive Erzeugnisse oder Abfälle sind. Hier ist dann von besonderen Freigrenzen auszugehen, die von denen der übrigen Kernmaterialien abweichen. An dieser Rechtslage soll auch im Entwurf festgehalten werden. Die entsprechende Regelung soll allerdings aus dem Genehmigungstatbestand der Beförderung ausgeklammert und später im Zusammenhang mit den Haftungsvorschriften aufgegriffen werden, vgl. § 414 Abs. 2 des Entwurfs. Entsprechendes gilt für die den Deckungsvorsorgetatbestand modifizierenden §§ 4a und 4b AtG g.F., die nach dem Entwurf nunmehr allerdings durch eine Rechtsverordnung geregelt werden sollen (§ 430 Abs. 6).

Nachzuweisen ist vom Antragsteller desweiteren gemäß Absatz 2 Nr. 5 der erforderliche Schutz gegen Störmaßnahmen oder sonstige Einwirkungen Dritter. "Störmaßnahmen" sind böswillige Einwirkungen wie Transport- und Verkehrsgefährdung, Diebstahl, Brandstiftung oder dergleichen, etwa aus Gründen einer Sabotage. "Sonstige Einwirkungen Dritter" können auch Handlungen Neugieriger oder gutgemeinte Handlungen Unbefugter, aber auch Zusammenstöße im Verkehr sein. Die Einwirkungen weisen jedenfalls die Merkmale objektiver Rechtswidrigkeit auf. Der Schutz wird durch Verschließung, ausreichende Bewachung, ggfs. Polizeischutz, Absperrung usw. aufzubieten sein (siehe Fischerhof, Deutsches Atomgesetz und Strahlenschutzrecht, Bd. I, 2. Aufl., 1978, § 4 AtG Rn. 11). Entsprechend der Regelung in § 380 Abs. 2 Nr. 4 (siehe im übrigen die Ausführungen oben zu § 380 Abs. 2 Nr. 4, ist die Abwehr von Gefahren bzw. die Beseitigung eingetretener Störungen bei kriminellen Akten Aufgabe der Polizei, der die Atombehörden Amtshilfe zu leisten haben (vgl. Haedrich, Atomgesetz, 1986, § 4 AtG Rn. 2 f).

Als Einwirkungen "Dritter" können auch solche durch eigenes Personal des Antragstellers in Betracht kommen, da die Bestimmungen in Absatz 2 Nr. 1 und 2 insoweit nicht lex specialis zu Absatz 2 Nr. 5 sind, sondern nur die Auswahl des Personals nach Zuverlässigkeit und Sachkunde betreffen. Gemäß Absatz 2 Nr. 5 können mithin zusätzlich zur Prüfung der Zuverlässigkeit etwa geeignete Sicherungen erforderlich sein, um von außen erzwungenen Störmaßnahmen durch Bedienstete entgegenzuwirken.

Die Berücksichtigung überwiegender öffentlicher Belange in Absatz 2 Nr. 6 steht in Ergänzung und Wechselwirkung zu Absatz 2 Nr. 3. Angestrebt wird eine erhöhte Sicherheit für die Allgemeinheit, allerdings begrenzt auf Gesichtspunkte der Wahl, der Art, der Zeit und des Weges der Beförderung. Ein praktischer Risikoausschluß kann z.B. durch Vermeidung von Hauptverkehrszeiten, bestimmten Wegen oder Verkehrsmitteln erzielt werden.

Absatz 2 Nr. 6 ist eine Abwägungsnorm, die im Unterschied zur Nr. 3, deren Ziel auch der Individualschutz ist, ausschließlich im öffentlichen Interesse erlassen wird und die demgemäß keinen Drittschutz, also keine Klagebefugnis Drittbetroffener, vermitteln kann.

Zuständigkeit

Zuständig für die Erteilung von Beförderungsgenehmigungen ist, soweit es um Kernbrennstoffe und Großquellen geht, nach § 405 Abs. 1 Nr. 1 das

Bundesamt für Strahlenschutz. Großquellen im Sinne dieser Vorschrift sind radioaktive Stoffe, deren Aktivität je Beförderungs- oder Versandstück die Werte der Randnummer 2450 Bem. 5 der Anlage A zu dem Europäischen Übereinkommen vom 30. September 1957 über die internationale Beförderung gefährlicher Güter auf der Straße - ADR - (BGBl. 1969 II S. 1491) übersteigt, siehe § 405 Abs. 3 dieses Kapitels sowie § 23 Abs. 2 AtG g.F. Für sonstige radioaktive Stoffe verbleibt es gemäß § 406 bei der Zuständigkeit der Landesbehörden.

Zu § 386 Verwertung radioaktiver Reststoffe und Beseitigung radioaktiver Abfälle

Zu Absatz 1

§ 386 Abs. 1 Sätze 1 bis 3 stellt zunächst klar, daß die Pflicht, Vorsorge zur Entsorgung radioaktiver Abfälle zu treffen, entsprechend dem Schutzzweck des § 377 Abs. 1 Nr. 3 zum Schutz der Allgemeinheit und in Anwendung des Verursacherprinzips jeden trifft, der eine zulassungspflichtige Anlage betreibt oder zulassungs- oder anzeigepflichtige Tätigkeiten ausübt. Zugleich werden damit die nicht drittschützenden Bewilligungs- bzw. Genehmigungsvoraussetzungen zur Entsorgungsvorsorge in den §§ 380, 381 und 383 konkretisiert; bei den übrigen Tätigkeiten bleibt es bei der bisherigen Regelung einer Verpflichtung des Abfallverursachers. Eine konkrete Ausgestaltung, wie die Entsorgungsvorsorge zu erbringen und nachzuweisen ist, kann in einer Rechtsverordnung geregelt werden. Hierfür ist die Rechtsgrundlage in § 408 Abs. 1 Nr. 9 (§ 12 Abs. 1 S. 1 Nr. 9 AtG g.F.) neugefaßt und erweitert worden.

Die von § 386 Abs. 1 verwandten Begriffe entsprechen denen der gegenwärtigen Rechtslage, vgl. § 9a Abs. 1 AtG g.F. Der Begriff der "Anlage(nteile)" geht über den Anlagenbegriff des § 380 Abs. 1 S. 2 hinaus; er bezieht auch die Örtlichkeiten ein, an denen mit Kernbrennstoffen - etwa nach § 383 - umgegangen wird (siehe BT-Drs. 7/4794, S. 8 und 10; Dauk, Das System der atomaren Entsorgungsregelung, 1984, S. 21 f.).

Der Begriff "radioaktive Reststoffe" bildet den Oberbegriff für solche radioaktiven Stoffe, die beim Betrieb kerntechnischer Anlagen, beim sonstigen Umgang mit radioaktiven Stoffen und bei der Erzeugung ionisierender Strahlen anfallen und die entweder schadlos zu verwerten oder aber geordnet zu beseitigen sind. Letztere werden legal als "radioaktive Abfälle" definiert (Absatz 1 Satz 2). Den radioaktiven Reststoffen werden ausgebaute und abgebaute radioaktive Anlagenteile gleichgesetzt. Schließlich fallen auch "bestrahlte Kernbrennstoffe" unter den Begriff der radioaktiven Reststoffe i.w.S., gleichgültig, ob deren schadlose Verwertung möglich ist oder nicht (vgl. Absatz 1 Satz 3).

Zusammenfassend ist festzuhalten, daß Absatz 1 die gesetzliche Klarstellung bringen soll, daß radioaktive Reststoffe i.e.S. die verwertbaren oder anderweitig verwendbaren Materialien darstellen, radioaktive Abfälle hingegen die hierfür nicht in Frage kommenden Materialien.

Die Formulierung in den Sätzen 1 bis 3 des Absatzes 1, daß die radioaktiven Reststoffe zu vermeiden, zu verwerten bzw. zu beseitigen "sind", begründet eine Rechtspflicht, die die Dispositionsfreiheit der Betroffenen im Sinne der Zielsetzungen des § 1 in gleicher Weise einschränkt wie die gegenwärtige Formulierung in § 9a Abs. 1 AtG g.F. ("dafür zu sorgen" haben).

§ 386 Absatz 1 Satz 1 konkretisiert nunmehr in Ergänzung zu § 9a Abs. 1 AtG g.F. die Pflicht des Abfallverursachers vor allem dahingehend, daß der Anfall radioaktiver Reststoffe soweit wie möglich vermieden, d.h. gänzlich verhindert oder jedenfalls vermindert werden soll. Absatz 1 Satz 2 normiert für verwertbare radioaktive Reststoffe den bereits im geltenden Recht verankerten Grundsatz des Vorrangs der schadlosen Verwertung vor der Beseitigung (vgl. § 9a Abs. 1 AtG g.F.). Schließlich sieht Absatz 1 Satz 3 abweichend vom Verwertungsgrundsatz vor, daß bestrahlte Kernbrennstoffe geordnet beseitigt werden können, selbst wenn sie schadlos verwertet werden könnten. Den Betreibern von Kernkraftwerken soll damit eine größere Flexibilität bei der Entsorgung bestrahlter Kernbrennstoffe eingeräumt werden. Einzelheiten der Anforderungen für den einen oder anderen Entsorgungsweg können in einer Rechtsverordnung auf der Grundlage des neu gefaßten § 408 Abs. 1 Nr. 7 und 8 (§ 12 Abs. 1 S. 1 Nr. 9 AtG g.F.) geregelt werden.

Die weiteren Bestimmungen des Absatzes 1 tragen dem Verursacherprinzip stärker als die bisherigen Regelungen Rechnung. Die Normierung einer dem § 9a Abs. 2 AtG g.F. entsprechenden Regelung der Ablieferungspflicht ist mit der Einführung der "privaten" Entsorgung und wegen des durch § 387 Abs. 1 für die Entsorgung und damit auch für die Endlagerung eingeführten Anlagenbenutzungszwangs entbehrlich geworden. Der Besitzer radioaktiver Reststoffe oder ausgebauter oder abgebauter radioaktiver Anlagenteile hat vielmehr, sofern er selbst zur Wiederaufarbeitung oder Beseitigung nicht imstande ist, die radioaktiven Reststoffe bzw. Anlagenteile Dritten zuzuführen, die über entsprechende Entsorgungseinrichtungen verfügen (Absatz 1 Satz 4). In diesen Fällen ist der Besitzer, will er das Gebot des Satzes 1 nicht unterlaufen, zur Ablieferung an Dritte verpflichtet. Eines ausdrücklichen Hinweises bedurfte es insoweit nicht. "Dritter" im Sinne des Satzes 4 kann dabei jede rechtsfähige Person privaten oder öffentlichen Rechts sein, nicht aber der Besitzer der radioaktiven Reststoffe oder Anlagenteile selbst. Gemäß Absatz 1 Satz 5 und 6 steht dem Betroffenen auch der Weg der Auslandsentsorgung offen.

Als die Entsorgungsvorschriften des geltenden Rechts im Jahre 1976 in das Atomgesetz eingefügt wurden, war es mangels Vorarbeiten für die Endlagerung gerechtfertigt, die Einrichtung von Anlagen zur Sicherstellung und Endlagerung radioaktiver Abfälle dem Staat zu übertragen und ihm vorzubehalten. Die zwischenzeitlich im wissenschaftlich-technischen Bereich weltweit erzielten Klärungen sowie der Stand der Verfahren für vorgesehene Anlagen zur Endlagerung radioaktiver Abfälle erfordern nicht mehr eine Aufgabenwahrnehmung durch den Staat im Wege eines Verwaltungsmonopols. Über die den Abfallverursachern bereits bisher nach den §§ 21a und 21b AtG g.F. obliegende Finanzierungslast hinaus ist es nunmehr angezeigt, auch die Beseitigung selbst den Abfallverursachern aufzuerlegen. Die hierfür erforderlichen Anlagen sind vor allem solche zur Endlagerung radioaktiver Abfälle, weil nach dem derzeitigen Erkenntnisstand die Endlagerung die sicherste Methode der geordneten Beseitigung radioaktiver Abfälle darstellt. Auf die Sicherstellung im Sinne des § 9a Abs. 3 AtG, deren Funktion im einzelnen aus dem Gesetz nicht eindeutig hervorgeht, kann verzichtet werden (siehe dazu bereits ausführlich oben unter I. 2. c aa eee). Anlagen zur Endlagerung radioaktiver Abfälle können von mehreren Abfallverursachern gemeinsam oder durch Dritte errichtet und betrieben werden.

Zu Absatz 2

Absatz 2 i.V.m. § 93 sieht vor, daß der Inhaber einer Anlage zur Endlagerung radioaktiver Abfälle angehalten werden kann, die Mitbenutzung zu gestatten. Dies gilt auch für die Zwischenlagerung der radioaktiven Abfälle. Diese Gestattung der Mitbenutzung ist zweckmäßig, da nur wenige Anlagen zur Endlagerung radioaktiver Abfälle errichtet und betrieben werden können und sollen. Die Mitbenutzung ist entgeltpflichtig.

Zu § 387 Ordnung der Entsorgung

Zu Absatz 1

§ 387 ergänzt als Regelung über die Entsorgungsordnung die in § 386 enthaltenen Bestimmungen über die Verpflichtung zur Entsorgung. Die Vorschrift ist dem § 4 AbfG entlehnt. Aus § 387 Abs. 1 läßt sich der Begriff der Reststoffentsorgungsanlage erschließen, ohne daß die Bestimmung eine Legaldefinition unmittelbar vorgibt. Reststoffentsorgungsanlagen sind Anlagen, in denen mindestens eine der drei im geltenden § 4 Abs. 1 AbfG genannten Entsorgungsphasen vorgenommen wird, also radioaktive Reststoffe behandelt, gelagert oder abgelagert werden. Absatz 1 erhebt des weiteren die Zulassung zum Begriffsmerkmal. Reststoffentsorgungsanlagen im Sinne von § 387 Abs. 1 sind hiernach auch nur solche Anlagen, die für den Zweck des Behandelns, Lagerns und Ablagerns zugelassen sind. Die Zulassung muß sich gerade auf die Nutzung zu Zwecken der Reststoffentsorgung beziehen, kann also nur eine Zulassung entweder nach § 388 Abs. 1 für die Fälle des Ablagerns oder aber nach § 380 Abs. 1 bzw. § 383 Abs. 1 S. 2 für die Behandlung oder nach § 381 Abs. 1 bzw. § 383 Abs. 1 S. 2 für die (Zwischen-)Lagerung sein; radioaktive Reststoffe gemäß § 387 Abs. 1 sind radioaktive Stoffe und fallen somit zweifelsfrei unter einen der genannten Zulassungstatbestände. Zulassungsfähig im Sinne von § 387 Abs. 1 dürften überdies ausschließlich ortsfeste Anlagen sein, auch wenn sich dies nicht unmittelbar aus dem Wortlaut der Bestimmung ergibt, wohl aber aus dem Umstand, daß die beschriebenen Tätigkeiten - im Unterschied zur Abfallentsorgung nach dem Siebenten Kapitel, wo mobile Entsorgungsanlagen in der Praxis eine nicht unbedeutende Rolle spielen - die Ortsfestigkeit der Anlagen sachnotwendig voraussetzen.

§ 387 Abs. 1 begründet einen prinzipiellen Anlagenbenutzungszwang, wird damit aber noch nicht zur Ermächtigungsgrundlage für das behördliche Einschreiten gegen rechtswidrige Entsorgungsvorgänge. Rechtsgrundlage für Verwaltungsakte, die einen Umgang mit radioaktiven Reststoffen untersagen, der außerhalb einer dafür zugelassenen Reststoffentsorgungsanlage erfolgt und sich als Behandlung, Lagerung oder Ablagerung darstellt, ist vielmehr § 397 Abs. 1, der die Aufsichtsbehörden ermächtigt, anzuordnen, daß der Umgang mit radioaktiven Stoffen nach § 383 oder der Betrieb von Endlagern nach § 388 endgültig eingestellt wird, wenn die erforderlichen Zulassungen nicht erteilt worden sind. Derartige aufsichtsrechtliche Anordnungen fallen gemäß § 406 Abs. 1 in den Zuständigkeitsbereich der Landesbehörden.

Zu Absatz 2

Die zuständige Behörde kann durch Verwaltungsakt widerrufliche Ausnahmen von der Verpflichtung zulassen, radioaktive Reststoffe nur in Reststoffentsorgungsanlagen zu behandeln, zu lagern oder abzulagern, wenn dadurch die Schutzzwecke des § 377 Abs. 1 nicht beeinträchtigt werden. Durch eine solche Ausnahmeentscheidung im Einzelfall wird eine entsprechend genutzte Anlage nicht zu einer zugelassenen Reststoffentsorgungsanlage, da Absatz 2 keine weitere Zulassungsform begründet.

Eine Ausnahmeentscheidung ist nur widerruflich zulässig. Fehlt ein Widerrufsvorbehalt in dem Zulassungsbescheid, so ist der Widerruf kraft Gesetzes zulässig, vgl. § 76 Abs. 3 i.V.m. § 49 Abs. 2 S. 1 Nr. 1 VwVfG.

Die Entscheidung über die Ausnahme ist eine Ermessensentscheidung. Die Vorschrift des § 387 Abs. 2 darf nicht zur Umgehung des grundsätzlich erforderlichen Zulassungsverfahrens für die Anlagen im Sinne des Absatzes 1 eingesetzt werden. Sie muß stets eine Einzelfallentscheidung bleiben. Die Behörde hat hierbei zu prüfen, ob für die in Rede stehenden Reststoffe Reststoffentsorgungsanlagen verfügbar sind und ob deren Benutzung zum einen dem Anlageninhaber gemäß § 386 Abs. 2 i.V.m. § 93 S. 1 und zum anderen auch dem Reststoffbesitzer zumutbar ist. Bei der Beurteilung der Zumutbarkeit für den Reststoffbesitzer ist die individuelle Situation des Antragstellers in Rechnung zu stellen. Die Ausnahmeentscheidung kann mit Auflagen verbunden werden.

Zu § 388 Endlagerung radioaktiver Abfälle

Zu Absatz 1 und 2

Zur Wahrung der Einheitlichkeit der Struktur der Eröffnungskontrolltatbestände sieht auch § 388 in Abweichung von § 9b AtG g.F. eine gebundene Bewilligungsentscheidung in Anlehnung an die §§ 380 und 381 dieses Kapitels anstatt eines Planfeststellungsverfahrens vor. Damit erübrigt sich auch die ausdrückliche Aufführung von Versagungsgründen, wie dies § 9b AtG g.F. bei Ausgestaltung als Planungsermessensvorschrift vorsieht. Mit Verweis auf die Bewilligungsvoraussetzungen des § 380 Abs. 2 sind diese als Voraussetzungen für die Erteilung der Endlagerbewilligung übernommen worden (§ 388 Abs. 2). Im Gegensatz zu § 9b AtG g.F. ist der Nachweis der Deckungsvorsorge nicht verzichtbar, der sich unter der Geltung des Atomgesetzes nur angesichts der Finanzkraft des Bundes erübrigt hat, ein Gesichtspunkt, der mit der Einführung der privaten Entsorgung nicht mehr zum Tragen kommt.

Auch der Endlagerbewilligung kommt - wie den Umweltbewilligungen nach den §§ 380 und 381 - über § 393 eine umfassende Konzentrationswirkung zu. Damit ist sichergestellt, daß auch im Rahmen der Zulassung von Anlagen zur Endlagerung radioaktiver Abfälle nach außen nur die atomrechtliche Bewilligungsbehörde entscheidet. Dies ist im Falle der Endlagerbewilligung vor allem bedeutsam für die nach den Vorschriften des Berg- und Tiefspeicherrechts notwendig werdenden Anzeigen, Genehmigungen und allgemeinen Zulassungen.

Zuständigkeit

Zuständig für die Erteilung der Bewilligung ist nach § 405 Abs. 1 Nr. 2 das Bundesamt für Strahlenschutz.

Zu Absatz 3

Die Stillegung von Endlagern ist bisher in § 9b AtG g.F. nicht ausdrücklich geregelt. Im Hinblick darauf, daß die Stillegung einer Anlage zur Endlagerung radioaktiver Abfälle etwa durch Verschluß eines Bergwerks erst nach mehreren Jahrzehnten durchgeführt wird und während dieses Zeitraums der Stand von Wissenschaft und Technik für diese Teilausführung fortgeschritten sein dürfte, erscheint es zweckmäßig, die Stillegung gesondert zu regeln. Dabei hat die Beurteilung, daß die zur Endlagerung gehörende Stillegung eines Bergwerks grundsätzlich für realisierbar gehalten wird, über § 388 Abs. 3 i.V.m. §§ 382 Abs. 1 S. 2, 380 Abs. 2 analog bereits im Bewilligungsverfahren zu erfolgen. Die Stillegung im Sinne von § 388 Abs. 3 meint den dauerhaften Abschluß der radioaktiven Abfälle von der Biosphäre; eine oberirdische Endlagerung kommt daher nicht in Frage. Im übrigen kann systematisch auf die Grundsätze der Stillegung nach § 382 zurückgegriffen werden. Soweit die Stillegung ordnungsgemäß abgeschlossen ist, also in dem Zeitpunkt nach der Stillegung, sind nur noch Maßnahmen der allgemeinen Umgebungsüberwachung durchzuführen.

Zu § 389 Erkundung von Endlagerstandorten

Zu Absatz 1 und 2

Entsprechend der im Siebenten Kapitel (Abfallwirtschaft und Abfallentsorgung) vorgesehenen Bestimmung und in enger Anlehnung an die neueren Landesabfallgesetze (vgl. z.B. § 15 HAbfAG) enthält § 389 die Ermächtigung gegenüber Eigentümern und Nutzungsberechtigten an Grundstücken, im Hinblick auf Endlagerstätten, etwa Salzstöcken, die erforderlichen Erkundungen vorzunehmen. Die Berechtigung schließt das Betreten der Grundstücke ein. Die Berechtigten sind von den beabsichtigten Maßnahmen allerdings rechtzeitig vorher in Kenntnis zu setzen (Absatz 1 Satz 2). Absatz 2 regelt die Pflicht zur Wiederherstellung des Zustandes, der vor Durchführung der Erkundungsmaßnahmen bestanden hat. Erkundungseinrichtungen sind auf Verlangen der Behörde aufrechtzuerhalten. Die Einzelheiten sind den Sätzen 2 und 3 zu entnehmen.

Zu Absatz 3

Absatz 3 normiert einen Entschädigungsanspruch der Betroffenen für die nach den Absätzen 1 und 2 erforderlichen Erkundungsmaßnahmen. Aufgrund dieser Entschädigungsregelung erweisen sich die Regelungen des § 389 als zulässige Inhalts- und Schrankenbestimmungen des Eigentums im Sinne von Art. 14 Abs. 1 S. 2 GG. Die in der dem Grundstückseigentümer auferlegten Duldungspflicht zum Ausdruck kommende Sozialbindung des Eigentums ist verhältnismäßig und daher verfassungskonform, da sie nach § 389 Abs. 3 durch eine Entschädigungsleistung kompensiert wird. Daß auch im Regelungsbereich des Art. 14 Abs. 1 S. 2 und Abs. 2 GG - also jenseits der eigentlichen Enteignung im Sinne des Art. 14 Abs. 3 GG - Entschädigungsleistungen verfassungsrechtlich geboten sein können, entspricht der neueren Rechtsprechung des Bundesverfassungsgerichts (vgl. BVerfGE

58, 137 [145 ff.]; 79, 174 [192]) und des Bundesverwaltungsgerichts (vgl. DVBl. 1990, 585 ff., 587). Dabei ist die Bestimmung des § 389 Abs. 3 so zu verstehen, daß bei rechtswidrigen und schuldhaften Erkundungsmaßnahmen weitergehende Schadensersatzansprüche nicht ausgeschlossen sein sollen.

Zu § 390 Teilbewilligung

Zu Absatz 1

Die Teilbewilligung ist eine echte Bewilligung. Von der Vollbewilligung unterscheidet sie sich nur in der Beschränkung ihres Wirkungsbereichs. Gemäß Absatz 1 Nr. 1 kann sich eine Teilbewilligung auf die Errichtung einer Anlage oder eines Teils einer Anlage beziehen. "Teil einer Anlage" meint sowohl den realen Teil der Anlage, etwa ein bestimmtes Gebäude, als auch eine Stufe der Anlagenerrichtung, z.B. Bauaushub. Weiter kann sich die Teilbewilligung gemäß Absatz 1 Nr. 2 auf Errichtung und Betrieb eines Anlagenteils beziehen. Darunter ist auch die (bloße) Betriebsbewilligung für einen Anlagenteil zu verstehen, sofern die Errichtung bereits nach Nummer 1 bewilligt wurde (vgl. Kutscheidt, in: Landmann/Rohmer, Gewerbeordnung, Bd. III, 1987, § 8 BImSchG, Rn. 29). Eine Bewilligung des Betriebs der gesamten Anlage ist in Absatz 1 nicht genannt, weil die letzte Bewilligungsstufe vom Gesetz nicht als Teilbewilligung, sondern als Bewilligung bezeichnet wird. Die "Schlußbewilligung" nimmt die vorangegangenen Teilbewilligungen in sich auf und enthält nur noch hinsichtlich der letzten Bewilligungsstufe eine inhaltliche Prüfung (so auch Feldhaus/Vallendar, Bundesimmissionsschutzrecht, Bd. 1 A, 2. Aufl., 1990, § 8 BImSchG Anm. 3).

Da die Teilbewilligung für ihren jeweiligen Regelungsbereich eine Vollbewilligung ist, müssen hinsichtlich des beantragten Anlagenteils alle Voraussetzungen des § 380 vorliegen oder durch Nebenbestimmungen sichergestellt sein. Weitere Voraussetzungen nach Absatz 1 sind ein gerade auf die Teilbewilligung gerichteter Antrag und ein berechtigtes Interesse des Antragstellers. Ein solches Interesse ist in aller Regel anzunehmen, wenn aus wirtschaftlichen Gründen möglichst frühzeitig mit der Ausführung der Anlage begonnen werden soll, jedoch die Vorlage und die Detailprüfung aller Unterlagen zu Verzögerungen führen würden (siehe Sellner, Immissionsschutzrecht und Industrieanlagen, 2. Aufl., 1988, Rn. 255).

Ob eine Teilbewilligung erteilt oder die Verfahrensstufung abgelehnt wird, steht im pflichtgemäßen Ermessen der Bewilligungsbehörde. Eine strikte Verpflichtung, die Teilbewilligung zu erteilen, besteht auch dann nicht, wenn die sachlichen Voraussetzungen des § 380 für ihre Erteilung gegeben sind. Allerdings muß bei Berücksichtigung des "berechtigten Interesses" klar sein, daß es insoweit nur um eine Ausprägung des allgemeinen "Rechtsschutz-"oder "Bescheidungsinteresses" geht, das dem Antragsteller nach den allgemeinen Lehren des Verfahrensrechts nur in Ausnahmefällen abgesprochen werden und keinesfalls mit einem allgemeinen exekutivischen Versagungsermessen speziell für Teilbewilligungen gleichgesetzt werden kann. Daher wird nur selten ein sachlicher Grund für die Ablehnung des Teilbewilligungsantrags vorliegen. Als mögliche Ablehnungsgründe kommen in Betracht, daß erkennbar wird, daß tatsächlich nur eine "Kapazitätserweiterung auf Raten" vorgenommen werden soll oder aber der Ausbau der Gesamtanlage wegen ungesicherter Finanzierung ernsthaft in Frage gestellt ist (vgl. Feldhaus/Vallendar, Bundesimmissionsschutzrecht, Bd. 1 A, 2. Aufl., 1990, § 8 BImSchG Anm. 8).

Schließlich muß eine vorläufige Prüfung ergeben, daß im Hinblick auf die Errichtung und den Betrieb der gesamten Anlage die Bewilligungsvoraussetzungen nach § 380 insgesamt erfüllt sein werden, sogenanntes "vorläufiges positives Gesamturteil". Der Begriff der "vorläufigen Prüfung" ist ein unbestimmter Rechtsbegriff, der der vollen gerichtlichen Nachprüfung unterliegt. Die Bewilligungsbehörde muß sich mit anderen Worten hinreichende Klarheit darüber verschafft haben, daß eine Teilbewilligung nicht den Anforderungen zuwiderläuft, die an das Gesamtprojekt im Hinblick auf die Bewilligungsvoraussetzungen gestellt werden müssen (BVerwGE 72, 300 [307 f.]).

Zu Absatz 2

In diesem Zusammenhang war die Frage nach den präjudiziellen Wirkungen der Teilbewilligungen für das weitere Bewilligungsverfahren zu klären. Es gilt zunächst der allgemeine verwaltungsrechtliche Grundsatz, daß sich die Behörde zu einem Verwaltungsakt, solange er formellen Bestand hat, nicht in Widerspruch setzen darf (Wolff/Bachof, Verwaltungsrecht I, 9. Aufl., 1974, § 52 I b). Das bedeutet im Grundsatz, daß auch eine Änderung der Sach- und Rechtslage oder des Standes von Wissenschaft und Technik keine Automatik auslöst, welche die Selbstbindung für das weitere Verfahren beseitigt. Diese Gesichtspunkte können nämlich im Rahmen des § 399 oder des § 76 Abs. 2 und 3 berücksichtigt werden und ggfs. nachträgliche Anordnungen oder den Widerruf der Bewilligung rechtfertigen. Wenn sich die Behörde im Rahmen der Erteilung einer Anschlußbewilligung zum Regelungsgehalt einer vorangehenden Teilbewilligung in Widerspruch setzt und damit die Selbstbindung mißachtet, muß hierin eine konkludente Aufhebung der vorangehenden Genehmigung gesehen werden, die gleichzeitig die Vorwegbewilligung der abweichenden, nach Behördenauffassung nunmehr erforderlichen Gestattung beinhaltet (siehe allgemein Stelkens, in: Stelkens/Bonk/Leonhardt, Verwaltungsverfahrensgesetz, 3. Aufl., 1990, § 48 VwVfG Rn. 170).

Bei der Frage, wieweit die die Bewilligungsbehörde treffende Bindungswirkung hinsichtlich der noch ausstehenden Folgebewilligungen reicht, ist zwischen den Elementen zu trennen, über die die Behörde endgültig entschieden hat und jenen, die nur Gegenstand einer vorläufigen Prüfung waren. Maßgebend ist mithin die Intensität oder der regelnde Gehalt der jeweiligen Entscheidung (Schmidt-Aßmann, in: Festschrift 25 Jahre BVerwG, 1978, S. 569 ff., 578). Die endgültigen Elemente der Entscheidung, also die konkret zur Prüfung gestellten Sachfragen, entfalten uneingeschränkte Bindungswirkung.

Ergeht eine Teilerrichtungsbewilligung, so werden Standort bzw. Konzept der Anlage nur hinsichtlich der bereits genehmigten Anlagenteile definitiv gebilligt, während es bezüglich des noch nicht bewilligten Restes bei dem verbleibt, was im Rahmen einer Teilbewilligung als vorläufiges positives Gesamturteil zu prüfen und zu entscheiden ist (BVerwGE 78, 177 [178]). Regelungsgehalt und Bindungswirkung einer Teilbewilligung werden maßgeblich bestimmt durch das jeder Teilbewilligung immanente vorläufige positive Gesamturteil, vgl. zum geltenden Rechtszustand § 18 Abs. 1 AtVfV.

Maßgebend für den Umfang der Bindungswirkung ist die dogmatische Einordnung des vorläufigen positiven Gesamturteils entweder als Teil des Regelungsgehalts der Teilbewilligung, das heißt als Entscheidungselement mit weitreichender und drittschützender Bindungswirkung, oder aber als bloße Verfahrens- oder Zulässigkeitsvoraussetzung bzw. Begründungselement der Regelung, das als behördeninterne Feststellung die Annahme einer Verbindlichkeit ausschließt. Nach in Rechtsprechung und Literatur schon zum geltenden Recht wohl überwiegend vertretener Auffassung rechnet das vorläufige positive Gesamturteil zum Regelungsgehalt einer jeden Teilentscheidung im gestuften Verfahren. Weil bei Nichtvorliegen des vorläufigen positiven Gesamturteils die Teilbewilligung nicht erteilt werden darf, muß dem vorläufigen Gesamturteil auch eine Außenwirkung zukommen. Denn ein nur behördeninternes Prüfungsergebnis kann keine tragfähige Grundlage für die Versagung einer Teilbewilligung sein (vgl. VG Koblenz, et 1980, 427). Sowohl der Investitions- und Dispositionsschutz zugunsten des Unternehmers wie auch der Rechtsschutz Dritter werden verbessert, denn nur bei Anerkennung des vorläufigen positiven Gesamturteils als Regelungsgehalt wird eine Prüfung der Betriebsgefahren bereits im Rahmen einer ersten Teilerrichtungsbewilligung gewährleistet. Auch sind - so die vom Bundesverwaltungsgericht allerdings zurückgewiesene Argumentation von Ossenbühl - Sachprüfungsumfang und Regelungsgehalt eines Verwaltungsakts notwendig kongruent (Ossenbühl, NJW 1980, 1353 ff., 1354). Schließlich steht die atomrechtliche Teilbewilligung hinsichtlich ihrer gestattenden Wirkung einer Vollbewilligung gleich. Denn ein Anlagenteil wird nur im Hinblick auf die gesamte Anlage zur Bewilligung gestellt und ist auch nur aus diesem Grunde bewilligungsfähig. Das vorläufige positive Gesamturteil stellt diese zwischen Anlageteil und Gesamtanlage von der Struktur des Bewilligungsgegenstandes her bestehende Verklammerung sicher (Schmidt-Aßmann, in: Festschrift 25 Jahre BVerwG, 1978, S. 569 ff., 578).

Mit dem Bundesverwaltungsgericht läßt sich schließlich für eine erweiterte Regelungswirkung anführen, daß ohne Anerkennung des Regelungscharakters des vorläufigen positiven Gesamturteils die Anlage als Ganzes zu keinem Zeitpunkt Bewilligungsgegenstand gewesen ist. Denn die Summe aller Teilbewilligungen steht der Vollbewilligung nur deshalb gleich, weil der feststellende Teil einer Teilbewilligung über die in ihr enthaltene Gestattung hinausreicht (BVerwGE 72, 300 [309]; a.A. Klante, BayVBl. 1987, 5 ff., 9 f.). Der Entwurf folgt daher der schon zum geltenden Recht vertretenen herrschenden Auffassung. Aus Gründen der Rechtsklarheit sollen die Bindungswirkung und die Grenzen aber nunmehr explizit im Gesetz geregelt werden.

Wird die Zuordnung des vorläufigen positiven Gesamturteils zum feststellenden Teil einer Teilbewilligung und damit zu deren Regelungsgehalt bejaht, ist die Annahme einer weitgehenden, nur unter einem "Situationsvorbehalt" stehenden Bindungswirkung folgerichtig. Denn die Bindungswirkung eines Verwaltungsaktes orientiert sich immer an dessen Regelungs- und Entscheidungsgehalt. Die demgemäß nach Maßgabe seiner Vorläufigkeit eingeschränkte Bindungswirkung des vorläufigen positiven Gesamturteils entfällt einmal, wenn infolge einer Änderung der Sach- oder Rechtslage oder neuer Erkenntnisse an die noch nicht bewilligten Anlagenteile nunmehr neue Anforderungen gestellt werden müssen (Absatz 2 Satz 2). Sie entfällt weiter, wenn die spätere Detailprüfung eines noch zu bewilligenden Anlagenteils ergibt, daß dieser so, wie ursprünglich geplant, nicht ausgeführt werden kann (Absatz 2 Satz 3). Nur neue Umstände der angeführten Art berechtigen also, liegt einmal ein positives vorläufiges Gesamturteil vor, zur Ablehnung der weiteren Teilbewilligungen.

Hinsichtlich des vorläufigen positiven Gesamturteils sollten Modifizierungen und Änderungen allerdings nur insoweit möglich sein, als diese die ursprüngliche Anlagenkonzeption nicht in Frage stellen. Sobald die im vorläufigen positiven Gesamturteil zum Ausdruck gekommene Grundsatzbewilligung tangiert wird, sollte ein "Situationsvorbehalt" nicht anerkannt werden (so auch Ossenbühl, NJW 1980, 1353 ff., 1358).

Außerhalb der Reichweite des "Situationsvorbehalts" können zusätzliche, über den Inhalt des vorläufigen positiven Gesamturteils hinausgehende Anforderungen (ohne Zustimmung des Bewilligungsinhabers) nur nach vorheriger, vollständiger oder partieller Beseitigung der Bindungswirkung des Gesamturteils durch nachträgliche Anordnungen oder durch Widerruf der entsprechenden Teilbewilligung durchgesetzt werden.

Abgrenzung zum Vorbescheid

Der Allgemeine Teil sieht in § 53 Abs. 2 ausdrücklich die Möglichkeit vor, bei der Umweltbewilligung vorab durch Vorbescheid zu entscheiden.

Es wird explizit aber nur der Standortvorbescheid zur Verfügung gestellt. Aus der Begründung wird allerdings deutlich, daß damit andere "Formen gestuften Entscheidens", aber auch Vorbescheide anderen Inhalts, nicht ausgeschlossen sein sollen. Sie sollen auch nach dem Allgemeinen Teil im Rahmen des "verfahrensgestaltenden Ermessens" der Bewilligungsbehörde zulässig sein (siehe Begründung zum Allgemeinen Teil, S. 274).

Sinn und Zweck des Instituts des Vorbescheids ist vor allem, wichtige Vorfragen vorab zu klären, um unnötige Detailplanungen zu vermeiden. Der Umstand, daß der Entwurf ihm keine eigene Bestimmung widmet, folgt daraus, daß sich der Vorbescheid in der Praxis des Atomrechts bis heute nicht bewährt und nicht durchgesetzt hat (siehe ausführlich die Darlegungen zu den Erfahrungen mit dem bisherigen Recht unter I. 2. b ff bbb (1)). Das gilt auch und vor allem für den Standortvorbescheid; ein Konzeptvorbescheid hingegen könnte durchaus größere praktische Relevanz erlangen. Daher wird an dem Institut des Vorbescheides insgesamt festgehalten, wie auch die ausdrückliche Erwähnung des Vorbescheids im Zusammenhang mit der Präklusionswirkung von Teilentscheidungen in § 391 belegt.

Der Vorbescheid unterscheidet sich nach Bedeutung und Inhalt grundlegend von der Teilbewilligung. Im Gegensatz zur Teilbewilligung, die dem Betreiber die Errichtung und/oder den Betrieb der Anlage teilweise gestattet, enthält der Vorbescheid nur eine Entscheidung über einzelne Bewilligungsvoraussetzungen. Er ist daher keine Bewilligung, trifft jedoch hinsichtlich seines Regelungsgegenstandes eine verbindliche Feststellung, an die die Behörde in späteren Bewilligungsverfahren gebunden ist. Dabei regelt der Vorbescheid definitiv einen Ausschnitt aus dem feststellenden (nicht aus dem gestattenden) Teil der Anlagenbewilligung. Die durch Vorbescheid entschiedenen Fragen sind praktisch aus dem Bewilligungsverfahren im übrigen ausgeklammert. Über diese Fragen braucht nicht erneut in weiteren Teilbewilligungen befunden zu werden. Jedoch ist den späteren Teilbewilligungen die Grundlage entzogen, sollten die Definitivregelungen des Vorbescheids zum Beispiel durch Gerichtsurteil aufgehoben werden (so auch Sellner, Immissionsschutzrecht und Industrieanlagen, 2. Aufl., 1988, Rn. 264 unter Bezugnahme auf BVerwG, NVwZ 1982, 624, 625).

Mit der Teilbewilligung gemeinsam hat der Vorbescheid jedoch, daß er nur auf Antrag ergeht und daß im Hinblick auf die einzelnen Bewilligungsvoraussetzungen, die mit dem Vorbescheid abschließend beurteilt werden sollen, alle Voraussetzungen des § 380 abschließend geklärt oder im Wege von Nebenbestimmungen sichergestellt sind.

Weiterhin ist erforderlich, daß die Auswirkungen der geplanten Anlage insgesamt ausreichend beurteilt werden können. Insoweit besteht kein Unterschied zu dem bei der Teilbewilligung erforderlichen vorläufigen positiven Gesamturteil im Hinblick auf die Bewilligungsfähigkeit des Gesamtvorhabens. Deshalb kann auf die Ausführungen zur Teilbewilligung (siehe oben Begründung zu § 390) insoweit Bezug genommen werden.

Ein berechtigtes Interesse an der Erteilung eines Vorbescheides liegt dann vor, wenn die konkrete Absicht besteht, eine Bewilligung für eine geplante Anlage zu beantragen und die Verwirklichung dieser Absicht jedenfalls nicht von vornherein ausgeschlossen ist. In der Regel werden das hohe Investitionsrisiko und das Interesse an einer Bindung der Behörde hinsichtlich des Standortes als ausreichend angesehen werden können (vgl. Sellner, Immissionsschutzrecht und Industrieanlagen, 2. Aufl., 1988, Rn. 269, sowie BVerwGE 24, 23).

Der abschließend geregelte Gegenstand bezieht sich entweder auf einzelne Bewilligungsvoraussetzungen, den Standort der Anlage oder das standortunabhängige Konzept. Als Gegenstand des Vorbescheids kommt grundsätzlich jede beliebige Vorfrage der Bewilligung in Betracht, sofern sie bereits jetzt abschließend beurteilt werden kann.

Eine mögliche praktische Bedeutung, die dem Vorbescheid im Kernenergierecht zukommen könnte, liegt - wie eingangs hervorgehoben - in seiner Eigenschaft als standortunabhängige Konzeptbilligung. Kernaussage einer behördlichen Konzeptbilligung ist die Feststellung, daß die konzeptionelle Anlagenplanung keinen rechtlichen Bedenken begegnet. In Anlehnung an § 3 Abs. 1 Nr. 1 AtVfV dürfte der Konzeptbegriff mit dem Begriff der grundlegenden Auslegungsmerkmale übereinstimmen. Maßgebend für das Anlagenkonzept ist nach der erwähnten Bestimmung der Sicherheitsbericht. Er beinhaltet Ausführungen zur sicherheitstechnischen Auslegung des geplanten Kernkraftwerkes und damit auch das "sicherheitstechnische Konzept" in Anlehnung an die Maßstäbe der Sicherheitskriterien des BMU (siehe auch Hawickhorst/Stubbe, et 1982, 508 ff., 514).

Im Interesse der gebotenen Rechtsklarheit, und weil der Behörde ansonsten eine Entscheidung untergeschoben würde, die sie möglicherweise weder gewollt noch tatsächlich getroffen hat, verlangt auch die regelnde Konzeptbilligung als definitive, verbindliche Feststellung, um Wirksamkeit zu erlangen, die ausdrückliche Tenorierung im verfügenden Teil der Verwaltungsentscheidung, also im Bescheidstenor. Dabei ist diese Konzeptbilligung formalrechtlich nicht bloß Gegenstand einer Teilbewilligung, sondern hat eben in der Form eines Vorbescheids zu ergehen.

Daraus folgt, daß zum notwendigen Entscheidungsinhalt einer ersten Teilerrichtungsbewilligung weder eine sogenannte Standort-, noch eine sogenannte Konzeptbewilligung gehören. Eine diesbezügliche verbindliche Vorabentscheidung muß vielmehr in einem Standort- oder Konzeptvorbescheid getroffen werden. Weder Standortvorbescheid noch Konzeptvorbescheid sind notwendiger Gegenstand einer (ersten) Teilerrichtungsgenehmigung (vgl. BVerwGE 72, 300 [305] für Konzept und BVerwGE 78, 177 [178] für Standort).

Die Entscheidung, ob überhaupt ein Vorbescheid erteilt oder der Antragsteller auf das Bewilligungsverfahren verwiesen wird, steht - wie im Falle der Teilbewilligung - im Ermessen der Behörde. Dagegen ist die Entscheidung über die einzelnen Voraussetzungen des Vorbescheids eine gebundene Vorentscheidung.

Durch den Vorbescheid wird der Rahmen für alle weiteren, nachgeschalteten Teilbewilligungen festgelegt. Soweit mit dem Vorbescheid einzelne Bewilligungsvoraussetzungen, die Standortfrage oder das Anlagenkonzept abschließend beurteilt worden sind, ist die Behörde im späteren Bewilligungsverfahren daran gebunden. Diese Bindung ist gegebenenfalls eingeschränkt durch wirksame Vorbehalte, nicht jedoch durch eine Änderung der Sach- oder Rechtslage. Die Bewilligungsbehörde kann den Vorbescheid vielmehr nur - abgesehen von dem Fall des Zeitablaufs, § 56 Abs. 3 S. 3 - nach § 76 Abs. 2 und 3 widerrufen, wenn sie die Bindungswirkung durchbrechen will und ein Vorbehalt im Vorbescheid allein dessen nachträgliche Einschränkung nicht trägt (so auch Jarass, Bundes-Immissionsschutzgesetz, 1983, § 9 BImSchG Rn. 15).

Darüber hinaus entfaltet der Vorbescheid Bindungswirkung im nachfolgenden Bewilligungsverfahren auch insoweit, als er ein vorläufiges positives Gesamturteil enthält. Doch kann diesbezüglich die Bindungswirkung auch bei einem Vorbescheid nicht weiter gehen, als das vorläufige Gesamturteil seinem Charakter nach reicht. Die daraus folgenden Beschränkungen der Bindungswirkung sind diejenigen, die auch im Rahmen der Teilbewilligung zu berücksichtigen sind. Somit steht das vorläufige Gesamturteil auch hier vor allem unter dem Vorbehalt einer späteren Änderung der Sach- oder Rechtslage. Unter erstere fallen auch neue Erkenntnisse der Wissenschaft und Technik. Andererseits läßt wiederum nicht jede Änderung der Sach- oder Rechtslage das vorläufige Gesamturteil hinfällig werden. Die Änderung muß so gewichtig sein, daß sie das vorläufige Urteil tatsächlich in Frage stellt, wie dies auch bei der Teilbewilligung gilt. Keine Bindungswirkung entfaltet schließlich die Ablehnung des Vorbescheids.

Die Bindungswirkung entfällt naturgemäß mit der Aufhebung des Vorbescheids. Zudem verliert ein Vorbescheid gemäß § 56 Abs. 3 S. 3 zwei Jahre nach Eintritt der Unanfechtbarkeit des Vorbescheids seine Wirkung, sofern nicht ein Antrag auf Bewilligung bzw. Teilbewilligung gestellt wird. Dabei ist ausreichend, wenn neben dem Antragsteller die Personen den Vorbescheid nicht mehr anfechten können, denen er mit seinem Erlaß zugestellt wurde. Würde man darauf abstellen, ob noch irgend jemand den Vorbescheid anfechten kann, würde der Vorbescheid nie seine Wirkung verlieren, zumal eine eindeutige Abgrenzung der Betroffenen selten möglich ist (vgl. Feldhaus/Vallendar, Bundesimmissionsschutzrecht, Bd. 1 A, 2. Aufl., 1990, § 9 BImSchG Anm. 9; Jarass, Bundes-Imissionsschutzgesetz, 1983, § 9 BImSchG Rn. 17). Die Gegenauffassung (Kutscheidt, in: Landmann/Rohmer, Gewerbeordnung Bd. 3, 1987, § 9 BImSchG Rn. 19) übersieht, daß ansonsten jede Regelung über Bindungsfristen praktisch keine Bedeutung erlangte.

Zu § 391 Einwendungen Dritter

Die in § 391 normierte Präklusionswirkung regelt, in welchem Umfang die Behörde Dritten gegenüber verpflichtet ist, einzelne, in früheren Teilentscheidungen bereits behandelte Fragen im Rahmen späterer Teilentscheidungen nochmals aufzugreifen (siehe Büdenbender/Mutschler, Bindungs- und Präklusionswirkung von Teilentscheidungen nach BImSchG und AtG, 1979, Rn. 44). Diese Präklusionswirkung ist von der im Rahmen des § 390 vorstehend erörterten Bindungswirkung zu unterscheiden, die das Recht und die objektive Pflicht der Behörden begrenzt, bestimmte Fragen im Rahmen späterer Teilentscheidungen nochmals aufzugreifen. Auch die Bestimmung des § 391 des Entwurfs findet ihre Entsprechung im geltenden Recht (siehe § 7b AtG, § 11 BImSchG).

Das Problem mehrfacher Prüfung bestimmter Einwendungen, das § 391 lösen soll, kann sich nur dort stellen, wo sich die Regelungsgegenstände überschneiden. Was die Teilbewilligungen gemäß § 390 angeht, ist eine solche Überschneidung nur hinsichtlich des vorläufigen positiven Gesamturteils möglich. Die abschließenden Regelungsteile werden durch spätere Teilbewilligungen nicht mehr berührt (ebenso BVerwGE 61, 256 [273 f.]). Was den Vorbescheid anbelangt, ist die Ausgangslage insofern anders, als der abschließende Regelungsgehalt des Vorbescheides sich lediglich auf eine Vorfrage bezieht, die naturgemäß im nachfolgenden Bewilligungsverfahren wieder aufgegriffen wird. Jedoch beschränkt § 391 die Präklusion auf vorgebrachte bzw. vorbringbare Einwendungen und sieht demnach keine Präklusion für solche Umstände vor, die erst später aufgetreten sind. Da der abschließende Regelungsgehalt des Vorbescheids nicht unter dem Vorbehalt einer Änderung der Sach- oder Rechtslage steht (siehe die Erläuterungen oben im Rahmen der Begründung zu § 390 unter Abgrenzung zum Vorbescheid), hat die Vorschrift des § 391 daher auch beim Vorbescheid praktische Bedeutung ausschließlich hinsichtlich des vorläufigen Gesamturteils (ebenso für § 11 BImSchG Jarass, Bundes-Immissionsschutzgesetz, 1983, § 11 BImSchG Rn. 6).

Eine Einwendung ist ausgeschlossen, wenn sie im Verfahren einer früheren Teilentscheidung (Teilgenehmigung oder Vorbescheid) tatsächlich vorgebracht wurde oder vorgebracht werden konnte. Nicht präkludiert nach § 391 werden hingegen Einwendungen, die sich auf Änderungen der Sach- und Rechtslage beziehen oder aus den neu vorgelegten Unterlagen hervorgehen.

Weiterhin wird die Präklusionswirkung durch den Regelungsgehalt der vorhergehenden Teilentscheidung beschränkt. Auch wenn sich dies nicht unmittelbar aus dem Wortlaut des § 391 entnehmen läßt, kann die Präklusionswirkung nur insoweit eingreifen, als die betreffende Frage in dem vorhergehenden Genehmigungsteil entschieden worden ist. § 391 des Entwurfs soll insoweit keine Abweichung von § 7b AtG g.F. beinhalten, der noch ausdrücklich bestimmt, daß die Einwendungen Dritter zumindest in einer Genehmigungsstufe behandelt worden sein müssen. Infolgedessen kann die Präklusionswirkung des § 391 auch insoweit nicht greifen, als die frühere Teilentscheidung aufgehoben oder das Projekt geändert wurde (siehe Feldhaus/Vallendar, Bundesimmissionsschutzrecht, Bd. 1 A, § 11 BImSchG Anm. 4).

"Unanfechtbarkeit" im Sinne von § 391 bedeutet relative Unanfechtbarkeit. Die Teilentscheidung darf also für den von § 391 betroffenen Dritten nicht mehr anfechtbar sein (Büdenbender/Mutschler, Bindungs- und Präklusionswirkung von Teilentscheidungen nach BImSchG und AtG, 1979, Rn. 303). Das bedeutet, daß die Präklusionswirkung für verschiedene Drittbetroffene zu unterschiedlichen Zeitpunkten eingreift oder eingreifen kann.

Zu § 392 Nebenbestimmungen

Allgemeines

Die Vorschrift bezieht sich ausschließlich auf die in diesem Kapitel normierten Bewilligungstatbestände, nicht aber auf die dort gleichfalls geregelten Genehmigungen und andere Zulassungsentscheidungen. Für jene gelten die Regelungen des allgemeinen Verwaltungsrechts (§ 36 VwVfG) uneingeschränkt. Auch § 392 bringt nur einzelne Modifikationen des im übrigen auch für die Bewilligungen maßgeblichen allgemeinen Rechts der Nebenbestimmungen. § 392 nennt mit der Befristung sowie dem Widerrufs- und dem Auflagenvorbehalt nur drei Arten von Nebenbestimmungen. Dabei unterscheidet sich die Bestimmung von der geltenden Rechtslage (§ 17 Abs. 1 AtG) jedoch insoweit, als ihr der Charakter einer abschließenden Regelung nicht zukommt. Gemäß der Zielsetzung, das Kernenergie- und Strahlenschutzrecht an die Entwicklungen im technischen Sicherheitsrecht anzupassen, werden Befristungen ausdrücklich, darüber hinaus aber auch die übrigen von § 36 VwVfG vorgesehenen Nebenbestimmungen zugelassen. Dies gilt namentlich für die Bedingung (§ 36 Abs. 2 Nr. 2 VwVfG), die von § 17 Abs. 1 AtG g.F. noch bewußt ausgespart wird. Eine Bedingung liegt nur dann vor, wenn die Wirksamkeit der Zulassung erkennbar von dem Eintritt bzw. Nichteintritt des Ereignisses abhängen soll. Die Bezeichnung im Bescheid ist lediglich ein Indiz. Echte Bedingungen dürften in der Praxis selten sein. Demgegenüber können Auflagen i.S. von § 36 Abs. 2 Nr. 4 VwVfG insbesondere im gestuften Bewilligungsverfahren die Errichtungsschritte der Anlage frühzeitig mit den Anforderungen des Sicherheitskonzepts der Bewilligungsbehörde in Einklang bringen sowie für den Betrieb die Überwachung regeln und erleichtern (siehe auch Haedrich, Atomgesetz, 1986, § 17 AtG Rn. 7 c).

Eine nicht minder bedeutende Rolle dürften in der Praxis die von den Auflagen i.e.S. zu unterscheidenden inhaltlichen Beschränkungen spielen, wie sie insbesondere auch als nachträgliche Anordnungen vorkommen (siehe hierzu Begründung zu § 399 unter Allgemeines. Durch inhaltliche Beschränkungen lassen sich Umfang und Reichweite einer Regelung bestimmen. Im Hinblick auf den Zulassungsumfang dürfen mittels inhaltlicher Beschränkungen der Antrag bzw. das Antragserfordernis nicht durch Modifikationen unterlaufen werden. Die Grenze zur Unzulässigkeit ist jedenfalls dann überschritten, wenn die Behörde mittels inhaltlicher Beschränkungen dem Antragsteller ein völlig anderes Vorhaben aufdrängt. Weil dann die gesamte Anlage nicht mehr vom Antrag erfaßt wäre, würde nicht nur das formalisierte Bewilligungsverfahren leerlaufen; es bestünde darüber hinaus erhebliche Rechtsunsicherheit, weil für die vom ursprünglichen Antrag abweichende Bewilligungsentscheidung gar kein Antrag vorläge, der dann zumindest konkludent - etwa mit Beginn der Bauarbeiten - nachgeholt werden müßte, vgl. § 45 Abs. 1 Nr. 1 VwVfG.

Zu Absatz 1

Satz 1

Eine Befristung ist eine Nebenbestimmung, die die Zulassung nach Ablauf einer bestimmten Frist unwirksam werden läßt, und zwar ohne weiteres Zutun der Behörde, vgl. § 36 Abs. 2 Nr. 1 VwVfG. Die Befristung ist bei allen Bewilligungen zulässig, wenn der Inhaber der Zulassung sie beantragt (Absatz 1 Satz 1). Dies gilt auch - abweichend vom geltenden Recht (§ 17 Abs. 1 a.E. AtG) - für die Anlagenbewilligungen i.S. des § 380. Das Antragserfordernis gilt, in Anlehnung an das geltende Immissionsschutzrecht (siehe § 12 Abs. 3 BImSchG), nicht bei Teilbewilligungen (§ 392 Abs. 2).

Für die Fristberechnung gilt § 31 VwVfG. Eine Verlängerung der Frist gemäß § 31 Abs. 7 VwVfG ist grundsätzlich nur im Wege einer Neu- oder Änderungsbewilligung möglich, da nur so die Interessen Dritter ausreichend geschützt werden (so auch für das Immissionschutzrecht: Jarass, Bundes-Immissionsschutzgesetz, 1983, § 12 BImSchG Rn. 8).

Satz 2

Mit Absatz 1 Satz 2 wird das bisher in § 17 S. 4 AtG g.F. verankerte Befristungsverbot für die Anlagengenehmigungen nach § 7 AtG aufgehoben. Soweit nicht besondere Umstände des Einzelfalls entgegenstehen, sind diese Anlagenbewilligungen auf dreißig Betriebsjahre, beginnend mit der ersten, auch probeweise genehmigten Inbetriebnahme einschließlich etwaiger Stillstandszeiten, zu befristen. Eine solche Befristung, die auch für bereits bestehende Anlagen zulässig ist, ist zum einen auf Grund des ständigen Fortschreitens der Sicherheitstechnik, zum anderen dadurch gerechtfertigt, daß auch der Betreiber von vornherein von einer begrenzten Lebensdauer seiner Anlage ausgehen und seine Investitionsplanungen darauf abstellen muß.

Zu Absatz 2

Die Regelung übernimmt inhaltlich für Teilbewilligungen die Vorschrift § 12 Abs. 3 BImSchG g.F. Im Unterschied zur Regelung des Absatzes 1 Satz 1, der die Zulässigkeit der Befristung bei Bewilligungen vom Antrag des Betroffenen abhängig macht, ist bei Teilbewilligungen im Sinne von § 390 eine Befristung auch ohne Antrag des Anlagenbetreibers zulässig. Bei Teilbewilligungen sind zudem der Widerrufsvorbehalt sowie der Auflagenvorbehalt im Sinne von § 36 Abs. 2 Nr. 5 VwVfG uneingeschränkt zulässig. Bei (Voll-)Bewilligungen sind solche Nebenbestimmungen nur nach Maßgabe des § 36 Abs. 1 VwVfG zulässig, also wenn sie sicherstellen sollen, daß die gesetzlichen Bewilligungsvoraussetzungen erfüllt werden.

Zu § 393 Andere behördliche Entscheidungen

§ 393 übernimmt den oben im Rahmen der Reformdiskussion getroffenen Vorschlag zur Einführung einer umfassenden Entscheidungskonzentration. Auf die Ausführungen dort (siehe oben unter I. 2. c dd wird zur Ergänzung der Einzelbegründung verwiesen. Die Regelung, die auf die Anlagenbewilligung beschränkt ist, schließt eine Zuständigkeits- und Verfahrenskonzentration ein. Die von der atomrechtlichen Bewilligung umfaßten anderen behördlichen Entscheidungen werden nicht gesondert erteilt, sondern sind Teil der Bewilligung nach den §§ 380, 381 oder 388. Dabei normiert § 393 keine Ausnahmen von der Konzentrationswirkung und geht damit z.B. über § 13 BImSchG hinaus. Es ergeht also in jedem Fall nur eine Anlagenbewilligung, in der über die verschiedenen rechtlichen Aspekte des Vorhabens einheitlich entschieden wird. Daß die betroffenen Fachbehörden allerdings nach Maßgabe der für sie einschlägigen Fachgesetze jedenfalls verwaltungsintern zu beteiligen sind, wird durch § 393 Halbs. 2 noch ausdrücklich bestimmt. Diese Beteiligung wird in der stärksten Form eines Einvernehmensvorbehalts ausgestaltet, so daß die Bewilligung ohne (interne) Zustimmung der jeweiligen Drittbehörden nicht ergehen darf.

Zu § 394 Wesentliche Änderungen

Zu Absatz 1

Schon nach geltendem Recht (§ 7 Abs. 1 AtG) bedarf die "wesentliche" Änderung der Anlage oder ihres Betriebes einer Änderungsgenehmigung. § 394 Abs. 1 soll an diesem Rechtszustand nichts ändern, sieht aber ergänzend im Satz 2 eine nähere Bestimmung dessen vor, was als "unwesentlich" zu verstehen ist. Die Wesentlichkeit von Änderungen wird davon abhängen, ob die Änderung nach Art und Umfang zu einer erneuten Prüfung der Bewilligungsvoraussetzungen Anlaß gibt. Dies ist bereits dann der Fall, wenn die Änderung mehr als nur offensichtlich unerhebliche Auswirkungen auf das Sicherheitsniveau der Anlage haben kann, weil dann die gesetzlichen Bewilligungsvoraussetzungen neu zu prüfen sind. Ob die Änderung tatsächlich Einfluß auf die Bewilligungsvoraussetzungen hat, das heißt, ob sie sich sicherheitsmindernd oder sicherheitserhöhend auswirkt, ist gerade im Bewilligungsverfahren zu untersuchen (vgl. auch BVerfG, DVBl. 1980, 356, 359). Dem Absatz 1 Satz 2 liegt dieses weite Verständnis der Bewilligungsbedürftigkeit zugrunde.

Nachrüstungsmaßnahmen an kerntechnischen Anlagen dürften in der Mehrzahl der Fälle zugleich wesentliche Änderungen der Anlage beinhalten und daher eine Bewilligung erforderlich machen. Problematisch sind die Auswirkungen von Änderungsbewilligungen auf den (Rest-)Bestand der (bestandskräftigen) Alt-Bewilligungen, weil auf Grund der bewilligten Änderungen neue, aber von der Altanlage ausgehende Risiken geschaffen oder bestehende Risiken erhöht werden können. Dies kann bei der Beurteilung der Bewilligungsvoraussetzungen für eine Anlagenänderung nicht völlig unberücksichtigt bleiben. In den Fällen, in denen die Änderungsbewilligung auf der Grundlage einer nachträglichen Anordnung erteilt werden soll, ist dieser Aspekt indes schon beim Erlaß der nachträglichen Anordnung zu berücksichtigen.

Zu Absatz 2

Die Vorschrift ist den Sätzen 2 und 3 des § 15 Abs. 1 BImSchG nachgebildet. Hiernach ist über den Antrag auf Erlaß einer Änderungsbewilligung innerhalb einer Frist von sechs Monaten zu entscheiden. Die Behörde ist allerdings befugt, die genannte Frist um jeweils drei Monate zu verlängern, wenn dies unter Berücksichtigung der ihr zur Verfügung stehenden sachlichen und personellen Mittel wegen der Schwierigkeit der anzustellenden Prüfung erforderlich ist. Eine wiederholte Fristverlängerung ist möglich, was jedoch einer anzustrebenden Verfahrensbeschleunigung nicht förderlich sein dürfte.

Zu Absatz 3

Während es für die Frage der "Wesentlichkeit" der Änderung grundsätzlich nicht darauf ankommen kann, ob die beabsichtigte bzw. nachträglich angeordnete Maßnahme zu einer Verschlechterung oder Verbesserung der Risikolage führen wird - in beiden Fällen besteht eine Bewilligungspflicht -, kann dieser Unterschied aber für die Frage Bedeutung haben, ob die Öffentlichkeit zu beteiligen ist.

Von einer erneuten Öffentlichkeitsbeteiligung kann regelmäßig abgesehen werden, wenn durch die Realisierung der vorgesehenen bzw. angeordneten sicherheitstechnischen Verbesserungen nachteilige Auswirkungen für Dritte nicht zu besorgen sind. Nach dem Sinn und Zweck der Verfahrensbeteiligung Dritter darf die Behörde nur dann befugt sein, von einer erneuten Öffentlichkeitsbeteiligung abzusehen, wenn die wesentliche Änderung mit Gewißheit keine Nachteile für die atomrechtlichen Schutzgüter zur Folge haben kann. Insoweit verlangt ein wirksamer Grundrechtsschutz Drittbetroffener verfahrensrechtliche Absicherungen und verbietet es, auf eine Öffentlichkeitsbeteiligung schon dann zu verzichten, wenn sich bei "Saldierung" der sicherheitstechnischen Vor- und Nachteile ein eindeutiges Ergebnis im Hinblick auf das nachteilige Betroffensein Dritter nicht erzielen läßt (vgl. aus der atomrechtlichen Rechtsprechung etwa OVG Lüneburg, DVBl. 1984, 229, 232 und VG Karlsruhe, et 1984, 456 ff., 458). Die Regelung in § 4 Abs. 2 S. 2, 2. Alt. AtVfV kann daher in der Sache nicht aufrechterhalten werden.

§ 394 Abs. 3 entspricht dem Inhalte nach dem § 15 Abs. 2 BImSchG. Im geltenden Atomrecht ist die Frage der Öffentlichkeitsbeteiligung nicht im Gesetz, sondern auf der Verordnungsebene geregelt (§ 4 Abs. 2 AtVfV). Der Entwurf verlagert diese Regelung wegen ihrer Bedeutung auf die Gesetzesebene und bringt überdies inhaltliche Restriktionen.

Zu Absatz 4

Absatz 4 entspricht dem § 9 Abs. 1 S. 2 AtG g.F. und ist aus systematischen Gründen nicht mehr in den § 383 dieses Kapitels aufgenommen worden, auch wenn er inhaltlich auf die schlichte Umgangsgenehmigung beschränkt ist. Die "wesentliche" Änderung ist auf die Gegenstände bezogen, auf die sich die Umgangsgenehmigung erstreckt. Das sind - wie sich dies ausdrücklich aus dem Wortlaut ergibt - das Verwendungsverfahren sowie die Betriebsstätte.

Zu § 395 Widerruf bei mangelnder Deckungsvorsorge

a) Allgemeines

§ 395 ist die einzige Bestimmung über die Aufhebung von Zulassungen im Rahmen des Fünften Kapitels. Die Rücknahme rechtswidriger Zulassungen wird durch § 76 Abs. 1 und 3 i.V.m. § 48 VwVfG abschließend geregelt. Insoweit tritt auch § 76 Abs. 1 S. 1 an die Stelle des § 17 Abs. 2 AtG g.F., lediglich modifiziert auf der Rechtsfolgenseite der Norm durch die Ausgestaltung als Sollvorschrift (§ 76 Abs. 1 S. 1) bzw. als Muß-Vorschrift (§ 76 Abs. 1 S. 2). Auch die geltenden Widerrufsvorschriften des § 17 Abs. 3 und 5 AtG werden durch die allgemeinen Vorschriften des § 76 Abs. 2 und 3 sowie des § 49 VwVfG abgelöst. Für das Fünfte Kapitel ergibt sich ein Regelungsbedarf hinsichtlich der Aufhebung von Zulassungen nur insoweit, als es um den Widerruf wegen mangelnder Deckungsvorsorge geht, der im allgemeinen Recht (§ 76 Abs. 3 i.V.m. § 49 VwVfG) nicht geregelt ist, aus dem geltenden Atomrecht (§ 17 Abs. 4 AtG) aber übernommen werden soll.

b) Mangelnde Deckungsvorsorge

Folgerichtig greift § 395 die genannte Regelung des § 17 Abs. 4 AtG auf, die er wortgetreu übernimmt. Geregelt wird der obligatorische Widerruf für den Fall, daß die Deckungsvorsorge für Atomschäden nicht der behördlichen Festsetzung gemäß § 430 entspricht und auch nicht innerhalb einer von der Behörde zu setzenden Frist nachgewiesen wird. Die Pflicht zum Nachweis der Deckungsvorsorge ist näher geregelt in der auf Grund des § 430 Abs. 3 S. 1 zu erlassenden Rechtsverordnung.

Zu § 396 Rechtsnachfolge

§ 396 regelt die Rechtsnachfolge in verwaltungsrechtliche Rechte und Pflichten des Anlageninhabers. Als Nachfolgetatbestand, d.h. als Rechtsgrund für den Eintritt eines Rechtsnachfolgers kommt vorrangig der Fall der Einzelrechtsnachfolge in Betracht. Erfaßt sind aber auch Vorgänge der Gesamtrechtsnachfolge, etwa infolge von Erbschaft oder Fusionen. In bezug auf die Anlagenbewilligungen als - zumindest auch - sachbezogene Regelungen bietet sich eine Rechtsnachfolge kraft Dinglichkeit an. Hinsichtlich der Nachfolgefähigkeit kommt es allgemein darauf an, ob und inwieweit die in Rede stehende Berechtigung oder Verpflichtung höchstpersönlichen Charakter besitzt. In dem Ausmaß, in dem die Anlagenbewilligung personengebunden ist, müßte ihre Übertragung auf einen Nachfolger ausgeschlossen sein. Um die in der Praxis immer wieder auftretenden Zweifelsfragen auszuschließen, sieht § 396 in Übereinstimmung mit den anderen Kapiteln, die sich mit dem Recht der Anlagenbewilligung befassen, eine ausdrückliche Regelung vor. § 396 bestimmt, daß die personenbezogenen Bewilligungsvoraussetzungen der §§ 380, 381 und 388 auch in der Person des Rechtsnachfolgers erfüllt sein müssen, was die zuständige Bewilligungsbehörde nach Satz 2 verbindlich zu entscheiden hat. Hier geht es um den Zuverlässigkeits- und Fachkundenachweis, aber auch um den Nachweis der Deckungs- und Stillegungsvorsorge. Solange diese Entscheidung nicht getroffen ist, darf die Behörde gegenüber dem neuen Anlageninhaber lediglich vorläufige Maßnahmen anordnen (Satz 4). Der frühere Inhaber oder sein Nachfolger sind gehalten, den Übergang unverzüglich, d.h. ohne schuldhaftes Zögern, der zuständigen Behörde anzuzeigen. Geschieht dies spätestens zwei Monate vor Eintritt der Rechtsnachfolge, so ist der Nachfolger befugt, den Betrieb der Anlage weiterzuführen. Dies soll gemäß Satz 3, 2. Halbsatz auch dann gelten, wenn dem bisherigen oder dem künftigen Inhaber die Anzeige des Übergangs der Inhaberschaft unmöglich war, diese aber unverzüglich nachgeholt wird.

Zu § 397 Aufsicht

Zu Absatz 1

Die Befugnisse der Aufsichtsbehörden, die sich von denen der Zulassungsbehörden deutlich abgrenzen, sind nach geltendem Recht in § 19 AtG normiert. Diese Regelung wird vollständig vom Allgemeinen Teil abgedeckt. Er enthält in den §§ 57 bis 76 eine umfassende und abschließende Regelung der behördlichen Überwachung und Eingriffsbefugnisse. Somit stellt § 397 Abs. 1 S. 1 des Entwurfs klar, daß die - ohnehin anwendbaren - Vorschriften der §§ 57 bis 69 auch für die aufsichtsbehördliche Überwachung im Bereich des Kernenergie- und Strahlenschutzrechts gelten. Hingegen kommen die §§ 70 und 71 nicht zur Anwendung. Konkretisierungen dieser Bestimmungen (Verpflichtung zur Eigenüberwachung) finden sich in § 398 (periodische Sicherheitsüberprüfung), siehe hierzu nachfolgend Begründung zu § 392. Im übrigen ergeben sich die Verpflichtungen des Anlagenbetreibers im Atomrecht traditionsgemäß aus den jeweiligen Zulassungsbescheiden.

§ 397 Abs. 1 S. 2 regelt die Möglichkeit zu eingreifenden Maßnahmen gleichfalls durch eine allgemeine Inbezugnahme der Vorschriften des Allgemeinen Teils. Die Vorschriften der §§ 72 bis 76, die Satz 2 in Bezug nimmt, treten mit Ausnahme der Vorschrift über nachträgliche Auflagen, die in § 399 gesondert normiert ist, an die Stelle des § 19 AtG.

Zu Absatz 2

Die in Absatz 2 normierte Anzeigepflicht für nicht wesentliche nuklearspezifische Veränderungen (vgl. § 394 Abs. 1 S. 2) soll es der Aufsichtsbehörde erleichtern, die vom Anlagenbetreiber vorgenommene Bewertung einer Veränderung als wesentlich bzw. unwesentlich zu überprüfen, bevor mit der Durchführung des Vorhabens vollendete Tatsachen geschaffen werden. Dies erweist sich vor dem Hintergrund der Strafdrohung des § 327 StGB auch für den Betreiber als sinnvoll. Deshalb ist die geplante Veränderung spätestens einen Monat vor ihrer Durchführung anzuzeigen. Die Anzeige ist unverzüglich nachzuholen, wenn sie aus unabweisbaren Gründen nicht rechtzeitig möglich ist (Absatz 2, 2. Halbsatz).

Zu Absatz 3

Absatz 3 regelt die sogenannte Nachsorge, die diejenigen Maßnahmen umfaßt, die erforderlich sind, um Gefahren durch die Wirkung ionisierender Strahlen abzuwenden, die durch Fund, Verlust oder Mißbrauch radioaktiver Stoffe entstehen können. Das Atomgesetz in seiner geltenden Fassung weist den Aufsichtsbehörden keine ausdrücklichen nachsorgespezifischen Befugnisse zu. Insoweit trägt Absatz 3 dem spezifischen Fachwissen jener Behörden Rechnung. Sie sind eher als die allgemeinen Ordnungsbehörden in der Lage, verlorengegangene radioaktive Stoffe aufzufinden bzw. aufgefundene radioaktive Stoffe zu analysieren, ihre Herkunft zu bestimmen und die für ihre Beförderung, Aufbewahrung und Entsorgung geeigneten Maßnahmen zu treffen. Die Bestimmung überläßt es der Aufsichtsbehörde, die jeweils erforderlichen Maßnahmen selbst zu ergreifen oder Dritte nach den Grundsätzen des allgemeinen Sicherheits- und Ordnungsrechts in Anspruch zu nehmen. Geht es hingegen nicht ausschließlich um die Erreichung der in § 377 Abs. 1 bezeichneten Zwecke, sondern ist darüber hinaus die öffentliche Sicherheit und Ordnung betroffen, so beläßt es Absatz 3 bei der Zuständigkeit der allgemeinen Ordnungsbehörden. Ausgeschlossen von der Nachsorgezuständigkeit der atomrechtlichen Aufsichtsbehörden sind ferner die Fälle, in denen es um die Verhinderung oder Verfolgung einer Straftat geht.

Zu Absatz 4

Absatz 4 bestimmt, daß die Aufsichtsbefugnisse nach anderen Rechtsvorschriften und die sich aus den landesrechtlichen Vorschriften ergebenden allgemeinen Befugnisse unberührt bleiben. In Betracht kommen vor allem Aufsichtsbefugnisse aus den bei der Ausführung dieses Kapitels zu berücksichtigenden sonstigen Sachbereichen, ferner Aufsichtsbefugnisse nach dem allgemeinen Polizei- und Ordnungsrecht. Daneben kommen auch Befugnisse nicht-staatlicher Organe, z.B. technischer Berufsgenossenschaften, in Betracht, vgl. Mattern/Raisch, Atomgesetz, Kommentar, 1961, S. 202.

Zu § 398 Periodische Sicherheitsüberprüfung

Zu Absatz 1

§ 398 sieht als Ergänzung zur ständigen Überprüfung der Anlagen i.S. der §§ 380 und 381 eine periodische Sicherheitsüberprüfung vor. Dieses zusätzliche Instrument im Rahmen der staatlichen Aufsicht hat sich bereits im Ausland bewährt. In Deutschland wurden solche Sicherheitsüberprüfungen in der Vergangenheit im wesentlichen auf freiwilliger Basis durchgeführt. Die periodische Sicherheitsüberprüfung verfolgt zum einen das Ziel, festzustellen, ob die Anlage noch den Anforderungen des Zulassungsbescheids entspricht. Ferner lassen sich auf diese Weise ggfs. bisher nicht erkannte Schwachstellen der Anlage und ihrer Komponenten erkennen. Schließlich wird der Aufsichtsbehörde die Möglichkeit eröffnet, neue technische Entwicklungen sowie Betriebserfahrungen bei der Anordnung entsprechender nachträglicher Maßnahmen zur sicherheitstechnischen Verbesserung ausreichend zu berücksichtigen.

Absatz 1 Satz 1 schreibt eine Zehn-Jahres-Frist, gerechnet vom Zeitpunkt der Erteilung der ersten Betriebsbewilligung, für die Durchführung der periodischen Sicherheitsüberprüfung vor. In Anwendung des Verursacherprinzips wird dem Anlagenbetreiber aufgegeben, rechtzeitig von sich aus der Aufsichtsbehörde eine prüffähige Darstellung und Bewertung des Sicherheits-, wie auch des Sicherungszustandes der Anlage vorzulegen. Allerdings stellt Absatz 1 für den Betreiber bzw. den Inhaber der Bewilligung keine "Freizeichnungsklausel" dar. Gemäß Absatz 1 Satz 4 beginnt die Zehn-Jahres-Frist nach jeder periodischen Sicherheitsüberprüfung erneut zu laufen.

Die Umsetzung der Ergebnisse der Sicherheitsüberprüfung richtet sich nach den §§ 394, 397 Abs. 1 und 399 sowie § 76 Abs. 2 und 3. Insofern gelangt also im Falle von Sicherheits- oder Sicherungsdefiziten das klassische Instrumentarium von Änderungsbewilligungen, Aufsichtsmaßnahmen, nachträglichen Anordnungen und Aufhebungen der Bewillungen zur Anwendung.

Zu Absatz 2

Der Verordnungsgeber kann Ausnahmen von dem Erfordernis des Absatzes 1 bestimmen, insbesondere diejenigen Anlagen festlegen, die von vornherein keiner periodischen Sicherheitsüberprüfung unterfallen. Darüber hinaus bleiben einer Regelung durch Rechtsverordnung die Einzelheiten, insbesondere die Inhalte und Methoden der Sicherheitsüberprüfung vorbehalten.

Zu § 399 Nachträgliche Anordnungen

Allgemeines

Die Vorschrift, die auf Anlagenbewilligungen nach den §§ 380, 381 und 388 beschränkt ist, knüpft an die bisherige Regelung in § 17 Abs. 1 S. 3 AtG g.F. an und erweitert und konkretisiert sie in erheblichem Umfang. Dies gilt schon für die Terminologie, indem der de lege lata verwendete enge Begriff der "Auflage" durch den der "Anordnung" ersetzt wird. Die Einordnung von nachträglichen Maßnahmen als Auflagen i.e.S. und damit als Nebenbestimmungen gemäß § 36 VwVfG erweist sich nämlich für den Fall als problematisch, in dem es sich um eine nachträgliche inhaltliche Beschränkung der Bewilligung handelt. Diese sind, vergleichbar den sogenannten "modifizierenden Auflagen", keine Nebenbestimmungen im Sinn des § 36 VwVfG. Die Grenze zwischen "Auflagen" und "Inhaltsbeschränkungen" wird in der Praxis nicht immer genau auszumachen sein, es spricht aber viel dafür, daß es sich bei den als "nachträgliche Auflagen" verfügten Maßnahmen rechtstechnisch in Wirklichkeit - so wohl auch bei einem Teil der Nachrüstungsfälle - vielfach gar nicht um "Auflagen" im eigentlichen Sinne handelt. Es erscheint daher im Interesse der Rechtsklarheit sinnvoll, den Begriff der "nachträglichen Auflagen" durch den der "nachträglichen Anordnungen" - gemeint sind also nachträgliche inhaltliche Beschränkungen und Auflagen - zu ersetzen, so wie er auch in § 17 BImSchG anzutreffen ist.

Zu Absatz 1

Die Bezugnahme in Satz 1 auf die Anforderungen dieses Kapitels verdeutlicht, daß § 399 nur eine Regelung für nuklearspezifische nachträgliche Anordnungen enthält. Dies ist im Grundsatz nach der geltenden Fassung des § 17 Abs. 1 S. 3 AtG nicht anders, jedoch sind nachträgliche Auflagen hiernach auf die in § 1 Nr. 2 und 3 AtG genannten Sicherheitszwecke beschränkt. Durch die Inbezugnahme des § 73 Abs. 1 wird deutlich, daß nachträgliche Anordnungen sowohl aus Gründen der Gefahrenabwehr als auch der Risikovorsorge ergehen können. Nachträgliche Anordnungen sind rechtlich unproblematisch, soweit sie gewährleisten sollen, daß die nach dem neuesten Stand der Wissenschaft und Technik notwendigen Vorkehrungen getroffen werden, um schädliche Einwirkungen auf die gesetzlich geschützten Rechtsgüter zu verhindern. Wie bei den Bewilligungsvoraussetzungen nach den §§ 380, 381 und 388 gilt auch im Falle nachträglich verfügter Maßnahmen, daß diese absolut und kategorisch sowie grundsätzlich ohne jede Einschränkung zulässig sind, wenn es um die Abwehr echter Gefahren geht. Das Gebot, bei der Nutzung konkreter Eigentumspositionen Gefahren für die Allgemeinheit und für Dritte zu vermeiden, ist eine zulässige Inhalts-

und Schrankenbestimmung des Eigentums im Sinne des Art. 14 Abs. 1 S. 2, Abs. 2 GG.

Die Ermächtigung in Absatz 1 Satz 2, die sich insoweit auf die Gefahrenabwehr bezieht, ist sogar als "Soll-Vorschrift" ausgestaltet, d.h. die Behörde ist im Regelfall zum Einschreiten verpflichtet, kann aber in Ausnahmefällen, in atypischen Situationen, davon absehen. Die Richtung der Ermessensbetätigung ist mithin bereits durch das Gesetz vorgezeichnet, so daß es - wenn die Behörde der gesetzlichen Intention folgt - keine Abwägung des Für und Wider und daher auch keiner weiteren Begründung bedarf (siehe auch die neuere Rechtsprechung des Bundesverwaltungsgerichts zum sogenannten "intendierten Ermessen", BVerwGE 72, 1 [6]).

Des weiteren können - auch wenn sich dies nicht unmittelbar aus Absatz 1 Satz 2 ergibt, wohl aber aus Absatz 1 Satz 1 und Absatz 2 Satz 2 - Nachrüstungsmaßnahmen im Bereich der von der eigentlichen Gefahrenabwehr verschiedenen Risikovorsorge im Wege der nachträglichen Anordnung verlangt und durchgesetzt werden. Denn zur Erfüllung der Anforderungen, die sich aus diesem Kapitel ergeben, zählt auch die Gewährleistung, daß die nach dem neuesten Stand von Wissenschaft und Technik bestmöglichen Vorkehrungen getroffen werden, um schädliche Einwirkungen auf die gesetzlichen Schutzgüter (Menschen, Sachen und Umwelt) auszuschließen. Die diese Zielsetzung verfolgenden nachträglichen Anordnungen im reinen Vorsorgebereich sind grundsätzlich ebenfalls noch Ausdruck der Sozialpflichtigkeit des Eigentums und damit verfassungsrechtlich möglicher Inhalts- und Schrankenbestimmungen im Sinne des Art. 14 Abs. 1 S. 2, Abs. 2 GG. Als solche unterliegen sie jedoch im Unterschied zu den nachträglichen Anordnungen im Bereich der echten Gefahrenabwehr einer weitaus strikteren, einzelfallbezogenen Verhältnismäßigkeitsprüfung nach Absatz 2.

Eine Minimierung des als sozialadäquat hinzunehmenden Restrisikos kann über die Anordnung nachträglicher Anordnungen indes nicht verlangt werden. Zur Minimierung des Restrisikos mag die Genehmigungsbehörde bei der Erteilung von Genehmigungen nach geltendem Recht auf Grund eines ihr eingeräumten Versagungsermessens (siehe § 7 Abs. 2 AtG) grundsätzlich zusätzliche Maßnahmen anordnen dürfen, diese Möglichkeit besteht indes im Bereich der nachträglichen Anordnungen schon de lege lata nicht; sie wird auch de lege ferenda nicht empfohlen. Die nachträglichen Anordnungen sind infolge des Bestandsschutzes der Anlage auf jeden Fall nur zulässig zum Erhalt oder zur Wiederherstellung der durch die Bewilligung selbst festgelegten Vorsorge.

Zu Absatz 2

Das Erfordernis einer strikten Verhältnismäßigkeitsprüfung ist, wie dies auch in § 17 Abs. 2 BImSchG und dementsprechend in § 334 Abs. 2 des Vierten Kapitels für die nachträglichen Anordnungen des Immissionsschutzrechts geschehen ist, nunmehr auch für das Kernenergie- und Strahlenschutzrecht im Gesetz ausdrücklich verankert. Die zuständige Behörde darf folglich Nachrüstungsmaßnahmen nicht mehr anordnen, wenn etwa der mit der Erfüllung der nachträglichen Anordnung verbundene Aufwand außer Verhältnis zu dem mit der Anordnung angestrebten Sicherheitsgewinn steht, wobei auch hier die Gesichtspunkte der technischen Realisierbarkeit und der wirtschaftlichen Vertretbarkeit eine erhebliche Rolle spielen (vgl. Absatz 2 Satz 1 und 2).

Darf eine nachträgliche Anordnung nach Absatz 2 Satz 1 und 2 nicht getroffen werden, so soll die zuständige Behörde gemäß Absatz 2 Satz 3 die Bewilligung unter den Voraussetzungen des § 76 Abs. 3 ganz oder teilweise widerrufen. Auch hier steht der zuständigen Behörde also wie schon im Falle des Absatzes 1 Satz 2 (siehe oben b) noch eine Ermessensentscheidung zu, doch ist diese - wie bei der nachträglichen Anordnung im Falle der Gefahrenabwehr - durch das sich aus dem Gesetzeswortlaut ergebende Regel-Ausnahmeverhältnis ("soll") stark eingeschränkt. Ebenso wie im Rahmen des § 76 Abs. 3 i.V.m. § 49 Abs. 2 VwVfG hat die zuständige Behörde auch in diesem Zusammenhang zu prüfen, in welchem Umfang ein Widerruf der Bewilligung erforderlich ist, um die in § 399 Abs. 1 genannten Schädigungen für die Zukunft zu verhindern ("ganz oder teilweise").

Zu Absatz 3

Nach einer vorangegangenen nachträglichen Anordnung ist aus Gründen der Verfahrensvereinfachung eine Änderungsbewilligung nicht erforderlich, wenn die nachträgliche Anordnung die wesentlichen Änderungen abschließend bestimmt. Voraussetzung für diesen der Regelung des § 17 Abs. 4 BImSchG entlehnten Grundsatz ist jedoch, daß die zuständige Bewilligungsbehörde die von ihr als erforderlich angesehenen Maßnahmen so konkret bezeichnen kann, daß dem Betreiber kein Entscheidungsspielraum verbleibt. Der Behörde werden allerdings zumeist in tatsächlicher Hinsicht Grenzen gesetzt sein, weil häufig nur der Betreiber selbst überblicken kann, wie eine geeignete Maßnahme im Detail auszusehen hat (vgl. auch Vallendar, in: Feldhaus, Bundesimmissionsschutzrecht, Bd. 1 A, 2. Aufl., 1990, § 17 BImSchG, S. 33). Die Erteilung einer Änderungsbewilligung bleibt stets erforderlich, wenn entgegen § 394 Abs. 3 (siehe dazu oben) eine Öffentlichkeitsbeteiligung geboten ist, weil nur auf diese Weise die mit der Öffentlichkeitsbeteiligung verbundene Möglichkeit vorverlagerten Rechtsschutzes, wie sie das Bundesverfassungsgericht (siehe etwa BVerfGE 53, 30 [65 f.]) für grundrechtlich geboten hält, gewährt werden kann (vgl. Richter, Nachrüstung von Kernkraftwerken, 1985, S. 119) und die vorgeschriebene Öffentlichkeitsbeteiligung nicht durch eine in die Einzelheiten gehende nachträgliche Anordnung umgangen werden darf. In diesen Fällen muß ein Bewilligungsverfahren auch dann durchgeführt werden, wenn die wesentliche Änderung sowie die Art und Weise ihrer Durchführung zuvor in einer nachträglichen Anordnung angeordnet worden sind.

Nachrüstungsmaßnahmen an kerntechnischen Anlagen dürften in der Mehrzahl der Fälle zugleich wesentliche Änderungen der Anlage beinhalten und daher eine Bewilligung erforderlich machen. Problematisch sind die Auswirkungen von Änderungsbewilligungen auf den (Rest-)Bestand der (bestandskräftigen) Alt-Bewilligungen, weil auf Grund der bewilligten Änderungen neue, auch von der Altanlage ausgehende Risiken geschaffen oder bestehende Risiken erhöht werden können. Dies kann bei der Beurteilung der Bewilligungsvoraussetzungen für eine Anlagenänderung nicht völlig unberücksichtigt bleiben. In den Fällen, in denen die Änderungsbewilligung auf der Grundlage einer nachträglichen Anordnung erteilt werden soll, ist dieser Aspekt indes schon beim Erlaß der nachträglichen Anordnung zu berücksichtigen. Nachträgliche Anordnungen haben, wie vorstehend unter b) dargelegt, jedenfalls soweit sie Maßnahmen fordern, die über das zur eigentlichen Gefahrenabwehr Notwendige hinausgehen, strikt den Grundsatz der Verhältnismäßigkeit zu wahren. Hiernach ist eine Maßnahme zur Risikovorsorge ungeeignet, die sie verfügende nachträgliche Anordnung also unverhältnismäßig, wenn sie zwar einzelne Risiken vermindert, dafür aber andere Risiken in solchem Maße schafft oder potenziert, daß das Gesamtrisiko der kerntechnischen Anlage gleichbleibt oder sich sogar vergrößert. Diese Erwägung ist eine Ausprägung des Prinzips der Ausgewogenheit, eines allgemeinen Maßstabes für die Sicherheitsanalyse (vgl. Smidt, in: Sechtes Deutsches Atomrechtssymposium, 1980, S. 39 ff., 44), der auch bei der Forderung nach weiteren, nachträglichen Schutzvorkehrungen beachtet werden muß und der verhindern soll, daß auf Grund dieser Schutzvorkehrungen die Gesamtsicherheit der Anlage sich möglicherweise sogar verschlechtert (siehe auch Papier, in: Bitburger Gespräche, Jahrbuch 1981, 1981, S. 81 ff., 86). Die Frage, ob und inwieweit der Altbestand der Anlage bei der Erteilung von Änderungsbewilligungen ausgeklammert oder miteinbezogen werden muß, ist daher in der Praxis vielfach bereits eine Stufe zuvor, nämlich bei der die Änderungsbewilligung erst auslösenden nachträglichen Anordnung selbst, in dem oben beschriebenen Sinne der Verhältnismäßigkeit und Ausgewogenheit zu lösen.

Zu Absatz 4

Satz 1 übernimmt die Regelungen des § 17 Abs. 4 a BImSchG, lediglich der Zeitraum, währenddessen nach der Stillegung der gesamten Anlage Anordnungen nach Absatz 1 noch getroffen werden dürfen, beträgt zwanzig statt zehn Jahre. Diese Ausweitung des Zeitraums erfolgt mit Rücksicht auf den bei kerntechnischen Anlagen auch nach endgültiger Betriebseinstellung noch vorhandenen Bestand an Kernbrennstoffen und aktivierten sowie kontaminierten Anlagenteilen, die über eine erhebliche Zeitspanne eine Gefährdung für Menschen, Sachen und Umwelt bedeuten kann.

In diesem Zusammenhang bleiben Anordnungen nach anderen Vorschriften von der zeitlichen Beschränkung ausgenommen, was Absatz 4 Satz 2 ausdrücklich klarstellt.

Zu § 400 Erforderlichkeit eines Umweltbeauftragten für Strahlenschutz

Allgemeines

Berufung, Stellung sowie Rechte und Pflichten des Umweltbeauftragten für Strahlenschutz sind im geltenden Recht in den §§ 29 ff. StrlSchV ("Strahlenschutzbeauftragter") normiert. Der Entwurf lehnt sich eng an diese Bestimmungen an, wobei ergänzend die §§ 94 ff. heranzuziehen sind. Sinn und Zweck der Regelung ist es, die Verantwortlichen zur Eigenkontrolle ihrer Tätigkeiten und zu freiwilligen Schutzmaßnahmen zu veranlassen. § 400 Abs. 1 S. 2 enthält im wesentlichen eine Legaldefinition des Strahlenschutzverpflichteten. Letzterer ist mit dem sogenannten Strahlenschutzverantwortlichen des geltenden Strahlenschutzrechts identisch. Darüber hinaus regelt § 400 Abs. 1 S. 1 die Voraussetzungen für die Bestellung von Umweltbeauftragten für Strahlenschutz durch den Strahlenschutzverpflichteten. In bezug auf die Funktion und Stellung unterscheidet sich der Umweltbeauftragte für Strahlenschutz - wie im übrigen auch der Strahlenschutzbeauftragte nach der Strahlenschutzverordnung - in einigen wesentlichen Punkten von den sonstigen Betriebsbeauftragten für Umweltschutz, etwa dem Betriebsbeauftragten für Immissionsschutz (§§ 53 ff. BImSchG) oder dem für Abfall (§§ 11a ff. AbfG), während die Kompetenzen des Umweltbeauftragten, wie sie vom Allgemeinen Teil zugrundegelegt werden, denen des Strahlenschutzbeauftragten nach den §§ 29 ff. StrlSchV und damit letztlich auch den §§ 400 ff. dieses Kapitels bereits sehr stark angeglichen sind. Hierauf ist im Rahmen der Begründung zu § 401, der die Pflichten des Umweltbeauftragten für Strahlenschutz im einzelnen aufführt, zurückzukommen.

Zu Absatz 1 und 2

Gemäß Absatz 1 Satz 2 ist Strahlenschutzverpflichteter, wer in folgenden Fällen einer Zulassungs- oder Anzeigepflicht unterliegt:

- Für die Errichtung, den Betrieb oder die sonstige Innehabung von ortsfesten oder ortsveränderlichen Anlagen zur Erzeugung, zur Bearbeitung, zur Verarbeitung oder zur Spaltung von Kernbrennstoffen oder zur Kernvereinigung oder zur Aufarbeitung bestrahlter Kernbrennstoffe (§ 380),

- für die Errichtung, den Betrieb oder die sonstige Innehabung von ortsfesten Anlagen zur Aufbewahrung von Kernbrennstoffen (§ 381),
- für die Stillegung, den sicheren Einschluß und den Abbau einer Anlage nach § 380 Abs. 1 oder von Anlagenteilen (§ 382),
- für die Errichtung, den Betrieb und die Stillegung von Anlagen zur Endlagerung radioaktiver Abfälle (§ 388),
- für die wesentliche Änderung der Lage, der Beschaffenheit oder des Betriebs einer Anlage i.S. der §§ 380, 381 und 388 (§ 394),
- für den Umgang, insbesondere die Aufsuchung, die Bearbeitung, die Verarbeitung, die sonstige Verwendung, die Aufbewahrung, die Abgabe und die Beseitigung von radioaktiven Stoffen außerhalb von Anlagen i.S. der §§ 380 und 381 (§ 383 Abs. 1 Sätze 1 und 2 und Abs. 5),
- für die Errichtung oder den Betrieb von Anlagen zur Erzeugung ionisierender Strahlen (gemäß einer auf Grund des § 407 Abs. 1 S. 1 Nr. 1 zu erlassenden Rechtsverordnung).

Darüber hinaus ist Strahlenschutzverpflichteter, wer radioaktive Bodenschätze aufsucht, gewinnt oder aufbereitet, wenn hierauf die Vorschriften des Bundesberggesetzes Anwendung finden (§ 383 Abs. 4).

Allein entscheidend für die Eigenschaft als Strahlenschutzverpflichteter ist, daß jemand einer Zulassung der bezeichneten Art bedarf oder eine der erwähnten Anzeigen zu erstatten hat. Damit ist sichergestellt, daß auch in den Fällen die Schutzvorschriften zu beachten sind, in denen jemand nicht Inhaber einer solchen Zulassung ist oder eine solche Anzeige tatsächlich nicht erstattet hat.

Die Schutzvorschriften der §§ 400 ff. gelten dagegen nicht für die Genehmigungstatbestände der Ein- und Ausfuhr sowie der Beförderung von radioaktiven Stoffen (§§ 384 und 385), die in § 400 Abs. 1 S. 2 keine Erwähnung finden.

Die Pflicht des Strahlenschutzverpflichteten zur Bestellung eines Umweltbeauftragten für Strahlenschutz bestimmt sich gemäß § 400 Abs. 1 S. 1 danach, ob dies für eine sichere Ausführung der mit Strahlengefahren verbundenen Tätigkeit erforderlich ist. Zur Konkretisierung des Gesetzes bestimmt gemäß § 400 Abs. 2 der für den Umweltschutz zuständige Bundesminister durch Rechtsverordnung die Anlagen und Tätigkeiten, bei denen ein Umweltbeauftragter für Strahlenschutz zu bestellen ist. Wer Umweltbeauftragter für Strahlenschutz ist, ist davon abhängig, wen der Strahlenschutzverpflichtete hierzu bestimmt hat. Dabei stehen der Behörde, der die Bestellung gemäß § 97 Abs. 3 lediglich unverzüglich anzuzeigen ist, keinerlei Mitwirkungsbefugnisse zu. § 97 Abs. 1 schreibt ausdrücklich vor, daß die Bestellung schriftlich zu erfolgen hat.

Der Umweltbeauftragte für Strahlenschutz wird für die Leitung oder Beaufsichtigung der in § 400 Abs. 1 S. 2 genannten und die durch Rechtsverordnung nach Absatz 2 noch zu konkretisierenden Anlagen und Tätigkeiten bestellt. Durch die Bestellung von Umweltbeauftragten für Strahlenschutz wird die Verantwortlichkeit des Strahlenschutzverpflichteten nicht eingeschränkt. Dies folgt bereits aus § 96 Abs. 1 S. 2, der dem § 29 Abs. 2 S. 4 StrlSchV entspricht. Soweit die Sorge für die Einhaltung der Schutzvorschriften auf Umweltbeauftragte für Strahlenschutz übertragen wird, verbleiben beim Strahlenschutzverpflichteten entsprechende Organisations- und Aufsichtspflichten (so bereits Winters, DVBl. 1977, 331 ff., 337 zum geltenden Recht).

Zu Absatz 3

Absatz 3 enthält die Möglichkeit, im Einzelfall von Seiten der Behörde einen Umweltbeauftragten für Strahlenschutz auch für Anlagen und Tätigkeiten zu verlangen, die nicht zum Kreis derjenigen Anlagen und Tätigkeiten zählen, für die bereits nach der Rechtsverordnung des Absatzes 2 ein Umweltbeauftragter zu bestellen ist. Die Vorschrift orientiert sich an § 58a Abs. 2 BImSchG bzw. § 349 Abs. 4 des Vierten Kapitels, die allerdings auf genehmigungsbedürftige Anlagen beschränkt sind. Absatz 3 ist insoweit wesentlich umfassender.

Zu Absatz 4

Diese Regelung übernimmt den bisherigen Rechtszustand, wie er sich aus § 29 Abs. 6 StlSchV ergibt.

Zu § 401 Pflichten des Umweltbeauftragten für Strahlenschutz

Zu Absatz 1

Einleitend ist auf Absatz 1 Satz 3 hinzuweisen, wonach für die Aufgaben und Pflichten des Umweltbeauftragten für Strahlenschutz ergänzend die Regelung des § 96 gilt. Bereits nach geltendem Recht ist der Strahlenschutzbeauftragte unmittelbar für die Einhaltung bestimmter verwaltungsrechtlicher Pflichten gegenüber der Behörde neben dem Betreiber verantwortlich, d.h. es müssen ihm eigene Entscheidungsbefugnisse übertragen werden. Im Gegensatz zu den sonstigen Betriebsbeauftragten des geltenden Rechts hat der Strahlenschutzbeauftragte schon bisher nicht nur die Funktion eines Beraters des Unternehmers, ist also nicht reines "Binnenorgan". Dabei ist der Strahlenschutzbeauftragte Teil des (technischen) Linienmanagements, der selbst die überwachungspflichtigen Tätigkeiten leitet, beaufsichtigt oder ausübt. In Übereinstimmung mit dem bisherigen Recht führt der Verweis auf § 96 zu öffentlich-rechtlichen Pflichten des Umweltbeauftragten unmittelbar gegenüber der Behörde, diese Pflichten sind aber auf Grund des Satzes 1 inhaltlich weitergehend als die aus § 96 folgenden.

Aufgabe des Umweltbeauftragten für Strahlenschutz ist vorrangig - wie sich nunmehr aus § 96 Abs. 1 S. 1 ergibt (vgl. auch § 31 Abs. 3 StrlSchV) - die Überwachung von Tätigkeiten, die mit Strahlengefahren verbunden sind. Während aber § 96 die Entscheidungsbefugnisse des Umweltbeauftragten auf Notmaßnahmen beschränkt, geht § 401 Abs. 1 S. 1 darüber hinaus, indem der Umweltbeauftragte für Strahlenschutz u.a. "dafür zu sorgen" hat, daß die Strahlenschutzvorschriften sowie die behördlichen Anordnungen eingehalten werden. Dies entspricht der gegenwärtigen Rechtslage, wie sie in § 31 Abs. 2 S. 1 StrlSchV zum Ausdruck kommt. Daraus ergibt sich, daß der Umweltbeauftragte für Strahlenschutz zum Kontakt mit den zuständigen Behörden berechtigt und verpflichtet ist und auch unmittelbar Adressat verwaltungsrechtlicher Anordnungen sein kann.

Die Pflichten beschränken sich allerdings auf einen dem Umweltbeauftragten für Strahlenschutz zu übertragenden innerbetrieblichen Entscheidungsbereich. Dieser Entscheidungsbereich ist im übrigen, wie § 97 Abs. 2 S. 2 ausdrücklich vorschreibt, schriftlich festzulegen, was der Klarstellung dient, in welchem Umfang dem Umweltbeauftragten für Strahlenschutz die Durchführung und Erfüllung von Schutzvorschriften möglich ist. Die Übertragung eines eigenen innerbetrieblichen Entscheidungsbereichs bedeutet allerdings nicht, daß der Umweltbeauftragte für Strahlenschutz eine gesetzliche Letztentscheidungsbefugnis in dem Sinne besitzt, daß er außerhalb der Betriebshierarchie steht. Aus § 96 Abs. 1 S. 3 (vgl. auch § 30 Abs. 1 StrlSchV) ergibt sich vielmehr, daß bei Meinungsverschiedenheiten letztlich der Betreiber als Strahlenschutzverpflichteter das Recht zur Entscheidung besitzt.

Zur Funktion und spezifischen Stellung des Umweltbeauftragten für Strahlenschutz gehört, daß er im Hinblick auf die zulassungs- und anzeigepflichtigen Tätigkeiten den sonst in diesem Bereich tätigen Personen gegenüber weisungsbefugt ist. Dies ist bereits dem eindeutigen Wortlaut des § 400 Abs. 1 S. 1 zu entnehmen, der bestimmt, daß der Umweltbeauftragte für Strahlenschutz "für die Leitung oder Beaufsichtigung" der in § 400 Abs. 1 genannten und durch Rechtsverordnung nach § 400 Abs. 2 zu präzisierenden Tätigkeiten zu bestellen ist.

Zu Absatz 2

Die Bestimmung knüpft an die vorstehend unter a) bereits erwähnte Vorschrift des § 96 Abs. 1 S. 3 an. Sie betrifft den Fall, daß sich der Umweltbeauftragte für Strahlenschutz über eine von ihm vorgeschlagene Strahlenschutzmaßnahme oder Strahlenschutzeinrichtung mit dem Strahlenschutzverpflichteten nicht einigen kann. Die Regelung des § 401 Abs. 2 zwingt den Strahlenschutzverpflichteten, die Gründe für seine Ablehnung der vorgeschlagenen Maßnahmen nicht nur dem Strahlenschutzbeauftragten, sondern auch dem Personalrat oder Betriebsrat und der zuständigen Behörde gegenüber darzulegen. Insoweit geht § 401 Abs. 2 über die Bestimmung des § 100 S. 2 hinaus. Er entspricht in der Sache dem geltenden Rechtszustand, wie er in § 30 Abs. 1 S. 3 StrlSchV geregelt ist. Damit wird den Erfordernissen des Strahlenschutzes Rechnung getragen, ohne den Betriebsfrieden zu belasten. Denn der Umweltbeauftragte für Strahlenschutz selbst wird nicht gezwungen, die Weigerung seines Arbeitgebers oder Dienstherrn gegen vorgeschlagene Strahlenschutzmaßnahmen der zuständigen Behörde anzuzeigen (vgl. auch Kramer/Zerlett, Strahlenschutzverordnung, 3. Aufl., 1990, § 30 Anm. 4).

Zu § 402 Pflichten gegenüber dem Umweltbeauftragten für Strahlenschutz

Satz 2 stellt zunächst klar, daß für die Pflichten des Strahlenschutzverpflichteten gegenüber dem Umweltbeauftragten für Strahlenschutz die Regelung des § 99 maßgebend ist. Satz 1 entspricht der Vorschrift des § 30 Abs. 2 StrlSchV g.F. Der Begriff des Verwaltungsakts ist mit dem in § 35 VwVfG identisch. Soweit es sich um den Umweltbeauftragten für Strahlenschutz betreffende Maßnahmen handelt, ist über diese unverzüglich, d.h. ohne schuldhaftes Zögern, zu informieren, unabhängig davon, ob es sich um behördliche Maßnahmen oder solche des Strahlenschutzverpflichteten handelt.

Zu § 403 Anordnung von Schutzmaßnahmen

Die Bestimmung übernimmt in der Sache die Regelung des § 32 Abs. 3 StrlSchV. Behördliche Anordnungen von Schutzmaßnahmen sind grundsätzlich an den Strahlenschutzverpflichteten zu richten. Lediglich in dringenden Fällen kann die Anordnung auch an den Umweltbeauftragten für Strahlenschutz gerichtet werden. Ein dringender Fall ist vor allem anzunehmen, wenn die Ausführung der Anordnung keinen Aufschub duldet. Sofern nämlich die Anordnung an den Strahlenschutzverpflichteten ergeht, tritt eine zeitliche Verzögerung schon dadurch ein, daß der Strahlenschutzverpflichtete die Anordnung erst dem oder den Umweltbeauftragten für Strahlenschutz bekanntgeben muß. Ist die Anordnung an den oder die Umweltbeauftragten für Strahlenschutz gerichtet, sind diese nicht lediglich Zustellungsempfänger, sondern Adressaten der Anordnung und der in ihr enthaltenen öffentlich-rechtlichen Verpflichtung. Der Strahlenschutzverpflichtete ist in diesen Fällen lediglich unverzüglich von dem oder den Umweltbeauftragten für Strahlenschutz zu unterrichten (Satz 2).

Zu § 404 Zuständigkeit für Einfuhr- und Ausfuhrgenehmigungen, Überwachung der Einfuhr und Ausfuhr

§ 404 Abs. 1 übernimmt im wesentlichen die Bestimmung des § 22 Abs. 1 AtG und legt für die Genehmigung der Ein- und Ausfuhr von Kernbrennstoffen und sonstigen radioaktiven Stoffen nach § 384 im Interesse des Schutzes der gesamtstaatlichen inneren und äußeren Sicherheit sowie der Erfüllung internationaler Verpflichtungen die Zuständigkeit des Bundes fest. Atomrechtliche Genehmigungsbehörde für Ein- und Ausfuhren (§ 384 des Entwurfs) ist das Bundesausfuhramt (Absatz 1), das zugleich für die Ein- und Ausfuhrgenehmigungen nach dem AWG zuständig ist (vgl. bereits oben die Erläuterungen zu § 384 a.E.). Das Bundesausfuhramt, das dem BMWi untersteht, ist in seinem Zuständigkeitsbereich an die Weisungen des für den Umweltschutz zuständigen Bundesministers gebunden (Absatz 3).

In bezug auf die Überwachung der Ein- und Ausfuhr trifft der Entwurf im Absatz 2 eine vom bisherigen Recht abweichende Regelung. Während in § 22 Abs. 2 AtG eine alleinige Zuständigkeit des Bundes (Bundesminister für Finanzen und die von ihm bestimmten Zolldienststellen; Ausnahme: Freihafen Hamburg) vorgesehen ist, geht der Entwurf für die Überwachung zunächst von der allgemeinen Zuständigkeit der Länder gemäß § 406 aus, sieht allerdings in § 404 Abs. 2 ausdrücklich eine Mitwirkung des Bundesministers der Finanzen und der von ihm bestimmten Zollbehörden nach näherer Maßgabe einer Rechtsverordnung vor. Die Einzelheiten der Mitwirkung des BMF sind mithin einer Regelung durch Rechtsverordnung vorbehalten, die der BMF im Einvernehmen mit dem für den Umweltschutz zuständigen Bundesminister ohne Zustimmung des Bundesrates erläßt. Die Zollstellen, bei denen die radioaktiven Stoffe abgefertigt werden, werden im Bundesanzeiger bekanntgegeben.

Zu § 405 Zuständigkeit des Bundesamtes für Strahlenschutz

In der Zuständigkeitsfrage trifft der Entwurf die Grundsatzentscheidung, daß an der durch § 24 AtG auf der verfassungsrechtlichen Grundlage des Art. 87c GG eingeführten Auftragsverwaltung der Länder beim Vollzug des Atomgesetzes nicht festgehalten werden soll. Die Auftragsverwaltung hat sich jedenfalls im Bereich des Kernenergierechts eindeutig nicht bewährt, wie die weisungsrechtlichen Streitigkeiten im Bund-Länder-Verhältnis gerade der jüngsten Zeit beweisen. Daher wird zur verfassungsrechtlichen "Regelform" des Vollzuges von Bundesgesetzen (Art. 83, 84 GG) zurückgekehrt, wonach die Länder das Bundesrecht als eigene Angelegenheit ausführen (§ 406 des Entwurfs), soweit nicht gemäß §§ 404 und 405 des Entwurfs der Bund zuständig ist.

Durch § 405 Abs. 1 werden dem Bundesamt für Strahlenschutz unmittelbar Zuständigkeiten zugewiesen, während nach Absatz 2 dieser Vorschrift die Bundesregierung ermächtigt wird, im Wege der Rechtsverordnung mit Zustimmung des Bundesrates weitere Kompetenzen des Bundesamtes, nämlich für die Erteilung von Anlagenbewilligungen über den Fall des § 388 hinaus, zu begründen. Verfassungsrechtliche Grundlage für § 405 des Entwurfs ist die Kompetenzregelung des Art. 87 Abs. 3 S. 1 GG, die vorsieht, daß durch Bundesgesetz für Angelegenheiten, für die dem Bund die Gesetzgebung zusteht, u.a. selbständige Bundesoberbehörden errichtet werden können. Die Vorschrift bezieht sich auch auf die Übertragung neuer Aufgaben auf bereits bestehende Behörden (siehe Jarass/Pieroth, Grundgesetz, 2. Aufl., 1992, Art. 87 GG Rn. 12). In den Möglichkeiten zur Begründung bundeseigener Verwaltung geht § 405 des Entwurfs weit über die Bestimmung des geltenden Rechts in § 23 AtG hinaus, indem auf seiner Grundlage die Zuständigkeiten für die Anlagenbewilligungen auf das Bundesamt für Strahlenschutz übertragen werden können, soweit die Anlagen erhebliche Auswirkungen haben können, die über das Gebiet eines Landes hinausgehen. Dies steht gemäß Absatz 1 Nr. 4 i.V.m. Absatz 2 allerdings unter dem Vorbehalt der ausdrücklichen Kompetenzzuweisung durch eine Rechtsverordnung der Bundesregierung, die an die Zustimmung des Bundesrates geknüpft ist. Gerade dieses letzte Erfordernis könnte in der Praxis der Ausweitung der bundeseigenen Verwaltung entgegenstehen. Auf der anderen Seite sind im Falle einer Zustimmung des Bundesrates die Belange der Länder als hinreichend berücksichtigt anzusehen. Der Ausweitung der Bundeskompetenzen kann dann auch nicht mit dem rechtspolitischen Argument begegnet werden, die Verwaltung müsse ortsnah sein, denn die in § 405 in Bezug genommenen Umweltbewilligungen betreffen in der Regel Großvorhaben, die überregionale oder gar bundesweite und bundesübergreifende Auswirkungen haben oder haben können. Zu den Argumenten für eine Übertragung der Zuständigkeiten bei den Anlagenbewilligungen auf das Bundesamt für Strahlenschutz siehe auch oben die Reformdiskussion I. 2. c).

Für die Beförderung radioaktiver Großquellen - zur Definition des Begriffs vgl. Absatz 3, der dem § 23 Abs. 2 AtG voll entspricht - bleibt es gemäß Absatz 1 Satz 1 Nr. 1 bei der Zuständigkeit des Bundesamtes für Strahlenschutz als Genehmigungsbehörde. Das Bundesamt wird - insoweit abweichend von der geltenden Rechtslage - auch unmittelbar zuständig für die Umweltbewilligungen bei Endlagerstätten nach § 388 des Entwurfs, was wegen der überregionalen Bedeutung solcher Anlagen gerechtfertigt ist. Dagegen entfallen wegen der "Privatisierung" der Endlagerung und der Aufgabe eines staatlichen "Verwahrungsmonopols" die bisherigen Zuständigkeiten des Bundesamtes nach § 23 Abs. 1 S. 1 Nr. 1 und 2 AtG.

Gemäß § 405 Abs. 1 S. 2 umfaßt die Zuständigkeit des Bundesamtes für Strahlenschutz als Bewilligungs- und Genehmigungsbehörde auch die Zuständigkeit für die Rücknahme oder den Widerruf der erteilten Zulassungen.

Zu § 406 Zuständigkeit der Landesbehörden

Im übrigen bleibt es mit § 406 als Auffangregelung bei der Zuständigkeit der Länder für die Durchführung der Vorschriften dieses Kapitels und der auf Grund dieses Kapitels ergehenden Rechtsverordnungen. Da eine gesetzliche Zuweisung zum Bereich der Auftragsverwaltung nach Maßgabe des Art. 87c GG unterbleibt, nehmen die Länder diese Vollzugsaufgaben als eigene Angelegenheit i.S. der Art. 83, 84 GG wahr. Die Bestimmung der zuständigen Landesbehörde liegt dabei in der Organisationsgewalt der einzelnen Länder, Art. 84 Abs. 1 GG.

Vorbemerkungen zu den §§ 407 und 408

Im Interesse der Anpassungsfähigkeit des Fünften Kapitels an die Entwicklung der Kernenergienutzung, d.h. der wissenschaftlichen Erkenntnisse und der praktischen Notwendigkeiten (vgl. amtliche Begründung zum AtG g.F., BT-Drs. III/759, S. 25), wird ein Teil der Zulassungs- und Überwachungsvorschriften - wie schon nach geltendem Recht - der Regelung durch Rechtsverordnungen überantwortet. Rahmen und Gegenstand der Rechtsverordnungen sind dadurch vorgegeben, daß sie "zur Erreichung der in § 377 Abs. 1 bezeichneten Zwecke" dienen müssen. Bei den zu erlassenden Rechtsverordnungen handelt es sich teils um bloße Durchführungs- sowie das Verfahren betreffende Bestimmungen, teils um gesetzesergänzende Rechtsverordnungen, die spezielle Bereiche auch materiell mehr oder weniger eigenständig regeln (vgl. auch Fischerhof, Deutsches Atomgesetz und Strahlenschutzrecht, Bd. 1, 2. Aufl., 1978, §§ 11, 12 AtG Rn. 1). Die Ermächtigungen hierfür sind teils in den §§ 407 und 408 des Entwurfs zusammengefaßt. Daneben enthalten aber auch die Bestimmungen der vorangehenden Abschnitte Ermächtigungen zum Erlaß von Rechtsverordnungen, die im jeweiligen Sachzusammenhang geregelt sind. Dies gilt vornehmlich für die Normierung von Ausnahmetatbeständen zu den im zweiten Abschnitt geregelten Eröffnungskontrolltatbeständen, z.B. in den §§ 381 Abs. 3 oder 383 Abs. 5.

Gegenüber gesetzlichen Vorschriften in anderen Rechtsbereichen haben die Rechtsverordnungen nach diesem Kapitel den Charakter der spezielleren Regelung. Soweit das Fünfte Kapitel eine besondere Regelung hinsichtlich radioaktiver Stoffe, einschließlich Kernbrennstoffe, und in bezug auf Anlagen zur Erzeugung ionisierender Strahlen getroffen hat, schließen sie eine anderweitige Regelung in den Rechtsverordnungen aus. Im anderen Fall gelten sie zusätzlich.

Die im geltenden Recht gewählte Aufteilung der Genehmigungs- und Überwachungsvorschriften zwischen dem Atomgesetz und den Rechtsverordnungen ist - wie bereits in anderem Zusammenhang konstatiert, siehe oben zweiter Abschnitt I. 3. c) - wenig systematisch und wohl nur aus der historischen Entwicklung heraus zu erklären. Sie ist auch in der Literatur zunehmend kritisiert worden (vgl. Hae-drich, Atomgesetz, 1986, vor §§ 11, 12 AtG Rn. 3 m.w.N.). Der Entwurf nimmt demgemäß eine strukturelle Neuordnung der jeweiligen Regelungsebenen vor. Regelungsbedarf im Hinblick auf eine weitere inhaltliche Präzisierung der Voraussetzungen für den Erlaß von Rechtsverordnungen besteht demgegenüber nicht, da die Verordnungsermächtigungen des geltenden Atomgesetzes relativ präzise und detailliert sind. Es sind lediglich im Einzelfall Ergänzungen vorzunehmen, so bei neu eingeführten Rechtsinstituten, die das geltende Atomrecht bislang nicht kennt.

Die Übertragung von Entscheidungen über die anzustrebende Sicherheit bei der Zulassung des Umgangs mit radioaktiven Stoffen sowie die Anforderungen an Anlagen an die Exekutive ist unter dem Gesichtspunkt der Delegationsbestimmtheit (Art. 80 Abs. 1 S. 2 GG) verfassungsrechtlich zulässig, da durch die allgemeine Bestimmung des Schutzzwecks, der Intensität des Schutzes und der Art der Anforderungen die wesentlichen und grundsätzlichen Fragen gesetzlich geregelt sind, und durch die Möglichkeit einer dynamischen Anpassung an neue Gefahrenlagen, geänderte wissenschaftliche Erkenntnisse und die technische Entwicklung dem Schutzzweck des Gesetzes am besten Rechnung getragen werden kann (BVerfGE 49, 89 [126 ff., 130 ff.]; BVerwGE 72, 300 [316 ff.]).

Die vorgeschlagenen Regelungen lassen sich in zwei Kategorien aufteilen: Zum einen sind Ermächtigungen für den Erlaß von Verordnungen vorgesehen, die im systematischen und inhaltlichen Zusammenhang mit den speziellen Vorschriften in den anderen Abschnitten stehen und entsprechend dort geregelt sind. Insbesondere bei den Zulassungstatbeständen, und hier speziell für den Umgang mit sonstigen radioaktiven Stoffen, ist eine stärkere Verlagerung auf die gesetzliche Ebene erfolgt, während lediglich die Normierung von Ausnahmen vom Zulassungserfordernis einer Regelung durch Rechtsverordnung offen steht. Zu dieser Kategorie von Verordnungsermächtigungen ist jeweils bei den einzelnen Vorschriften das Nötige ausgeführt worden. Infolge dieser jeweils im Sachzusammenhang geregelten Ermächtigungen wird die geltende Delegationsnorm des § 11 Abs. 1 Nr. 1 AtG überflüssig, die zu Regelungen für die Aufsuchung, den Umgang, die Beseitigung, die Lagerung und Sicherung, die Abgabe, die Beförderung und die Ein- und Ausfuhr radioaktiver Stoffe ermächtigt, was nunmehr vollständig von den §§ 383 ff. dieses Kapitels erfaßt wird.

Im vorliegenden Zusammenhang geht es nur um die zweite Kategorie von Ermächtigungen, die von speziellen Regelungsbereichen getrennt im achten Unterabschnitt des zweiten Abschnitts zusammengefaßt werden. Dabei werden die Regelungen der §§ 145 bis 154, die Materien auch des Fünften Kapitels betreffen, berücksichtigt.

Zu § 407 Eröffnungskontrollen

Zu Absatz 1 Satz 1

Die Vorschrift ermächtigt zum Erlaß von Rechtsverordnungen hinsichtlich Genehmigungen, Anzeigen und allgemeinen Zulassungen für bestimmte, abgegrenzte Bereiche.

Zu Nummer 1

Absatz 1 Satz 1 Nr. 1 entspricht dem § 11 Abs. 1 Nr. 2 AtG. Regelungen zur Errichtung und zum Betrieb von Anlagen zur Erzeugung ionisierender Strahlen enthalten die Strahlenschutzverordnung insbesondere in den §§ 15 bis 19 sowie die Röntgenverordnung. Ionisierende Strahlen sind gemäß der Anlage I zur Strahlenschutzverordnung Photonen- oder Teilchenstrahlungen, die in der Lage sind, direkt oder indirekt die Bildung von Ionen zu bewirken. Damit sind auch Neutronenquellen erfaßt, da sie ionisierende Strahlungen hervorrufen können.

Zu Nummer 2

Die vorgeschlagene Regelung ist dem § 11 Abs. 1 Nr. 3 AtG nachgebildet. Regelungen hierzu finden sich in den §§ 22 bis 27 StrlSchV und in den §§ 7 bis 10 RöV. Sie sollen in erster Linie die Verwendung von Meßinstrumenten und medizinischen Apparaturen erleichtern.

Zu Nummer 3

Absatz 1 Satz 1 Nr. 3, der dem § 11 Abs. 1 Nr. 4 AtG entspricht, soll zur Standardisierung von Leistungsreaktoren und zur Beschleunigung der Genehmigungsverfahren beitragen. § 11 Abs. 1 Nr. 4 AtG ist erst 1976 in das geltende Atomgesetz eingefügt worden.

Zu Nummer 4

Diese Regelung - sie entspricht dem § 11 Abs. 1 Nr. 5 AtG g.F. - berücksichtigt den Ratsbeschluß der OECD vom 19. Juli 1966 über die Annahme von Strahlenschutznormen für Uhren mit radioaktiven Leuchtfarben, kann aber auch für die Umsetzung anderer internationaler Vorschriften in innerstaatliches Recht genutzt werden.

Zu Nummer 5

Absatz 1 Satz 1 Nr. 5 stellt eine Erweiterung des Katalogs der geltenden Gesetzesermächtigungen in § 11 Abs. 1 AtG dar. Die Ermächtigung eröffnet die Möglichkeit, durch Aufzählung einzelner zulassungsbedürftiger Anlagenteile und Nebeneinrichtungen die gesetzliche Begriffsbestimmung in § 380 Abs. 1 S. 2 durch Rechtsverordnung näher zu konkretisieren.

Zu Absatz 1 Satz 2

In Absatz 1 Satz 2 kommt zum Ausdruck, daß sich die Rechtsverordnungen nach diesem Absatz auch auf die Regelungen des Verfahrens bei Genehmigungen und Bauartzulassungen erstrecken können. Entsprechendes gilt für die Festlegung persönlicher und sachlicher Voraussetzungen, die für jene auf der Grundlage des Absatzes 1 Satz 1 normierten Genehmigungen und Bauartzulassungen gelten sollen.

Zu Absatz 2

Absatz 2 regelt die Ermächtigung zum Erlaß einer Verfahrensverordnung bezogen auf die schlichten Genehmigungen und sonstigen Zulassungen nach diesem Kapitel. Für das Verfahren der Umweltbewilligung enthält § 148 Abs. 2 die maßgebliche Rechtsverordnungsermächtigung.

Zu § 408 Schutzmaßnahmen

Zu Absatz 1

Die Bestimmung enthält Ermächtigungen zum Erlaß von Rechtsverordnungen zur Regelung von Strahlenschutzvorschriften, d.h. insbesondere von Schutzmaßnahmen und Maßnahmen zum Schutz der inneren und äußeren Sicherheit. Voraussetzungen und Grenzen der verordnungrechtlichen Regelung ergeben sich hier des weiteren aus den überwiegend zwingenden Vorschriften des EURATOM-Rechts (siehe etwa Art. 33 ff. und 77 ff. des EURATOM-Vertrages) sowie aus Empfehlungen internationaler Organisationen und aus internationalen Vereinbarungen. Die Vorschrift ist - abgesehen von gewissen Modifizierungen und Ergänzungen - eng an § 12 AtG g.F. angelehnt. Kein Regelungsbedarf besteht mehr für die Ermächtigung in § 12 Abs. 1 S. 1 Nr. 2 AtG zur Festsetzung bestimmter Strahlengrenzwerte, die in § 145 enthalten ist. Entbehrlich ist darüber hinaus eine dem § 12 Abs. 1 S. 1 Nr. 8 AtG entsprechende Bestimmung, da die dort vorausgesetzte Ablieferungspflicht nicht mehr Gegenstand der Entsorgungsregelung der §§ 386 ff. dieses Kapitels ist.

Zu Nummer 1

§ 12 Abs. 1 S. 1 Nr. 1 AtG g.F. findet seine Entsprechung in § 146 insoweit, als es um die Normierung von Anforderungen an Anlagen und Betriebsweisen geht. Nicht erfaßt werden von § 146 allerdings zum einen die Anforderungen an nicht anlagenbezogene Tätigkeiten sowie zum anderen die Anforderungen an Überwachungsmaßnahmen. Insoweit muß im Besonderen Teil eine dem § 12 Abs. 1 S. 1 Nr. 1 AtG entsprechende Regelung enthalten sein. Mit der Erweiterung der Ermächtigungsgrundlage um die Rekultivierung oder Folgenutzung durch radioaktive Stoffe verunreinigter Flächen wird die Möglichkeit geschaffen, Schutzvorschriften insbesondere für die Sanierung von Flächen des Uranbergbaus in den neuen Ländern zu erlassen. Es werden die Voraussetzungen geschaffen, derzeit nach dem Einigungsvertrag in den neuen Ländern fortgeltende Strahlenschutzregelungen der DDR durch Regelungen abzulösen, die für das ganze Bundesgebiet gelten.

§ 146 Abs. 1 S. 3, der mit der Beschränkung anlagenbezogener Anforderungen für den außerwirtschaftlichen Bereich auf Luftverunreinigungen, Geräusche und Reststoffe der Begrenzung der Gesetzgebungskompetenz des Bundes Rechnung trägt, findet gemäß § 408 Abs. 1 Nr. 1, 2. Halbs. keine Anwendung auf Anlagen nach diesem Kapitel, in denen mit radioaktiven Stoffen umgegangen wird. Insoweit besitzt der Bund nach Art. 74 Nr. 11 a GG eine umfassende Grundgesetzkompetenz.

Zu Nummer 2

Regelungen im Sinne von Absatz 1 Nr. 2 finden sich im geltenden Recht in den §§ 62 bis 66 und 67 bis 71 StrlSchV sowie in der Röntgenverordnung. Für notwendige Grundrechtseingriffe ist die Vorschrift des Absatzes 2 vorgesehen.

Zu Nummer 3

Absatz 1 Nr. 3 - er entspricht § 12 Abs. 1 S. 1 Nr. 5 AtG g.F. - betrifft Buchführungs- und Meldepflichten im Interesse des Gesundheitsschutzes, der inneren und äußeren Sicherheit und der hierzu übernommenen internationalen Verpflichtungen. Die Begriffe Dosis und Dosisleistungen sind gegenwärtig in der Anlage I zur Strahlenschutzverordnung definiert. Regelungen im Sinne von Absatz 1 Nr. 3 finden sich im geltenden Recht sowohl in der Röntgenverordnung als auch in den §§ 48, 61 und 77 bis 80 StrlSchV.

Zu Nummer 4 und 5

Absatz 1 Nr. 4 und 5 dienen der Verbesserung der Aufsichtsmöglichkeiten. Die Ermächtigungen sind im geltenden Recht in § 12 Abs. 1 S. 1 Nr. 6 und 7 AtG normiert, wobei die Nr. 7 allerdings durch die Nr. 5 dieses Entwurfs in zwei Punkten erweitert worden ist. Zum einen gilt die Meldepflicht von sicherheitstechnisch bedeutsamen Abweichungen auch für den

Betrieb von Anlagen zur Erzeugung ionisierender Strahlen. Zum anderen ist die Beschränkung der Veröffentlichungsbefugnis nur noch auf Einzelangaben über persönliche Verhältnisse bezogen. Der Wegfall der Beschränkung hinsichtlich der Angaben über sachliche Verhältnisse trägt dem Umstand Rechnung, daß die Berücksichtigung der beim Betrieb der Anlagen und beim Umgang mit radioaktiven Stoffen gewonnenen Erfahrungen beim Betrieb anderer Anlagen oder bei anderen Umgangsformen auch die Weitergabe von Informationen voraussetzt, bei denen im Einzelfall zweifelhaft sein kann, ob es sich um Einzelangaben über sachliche Verhältnisse i.S. der geltenden Fassung des § 12 Abs. 1 S. 1 Nr. 7 AtG handelt.

Nach geltendem Recht sind in den §§ 27 und 36 StrlSchV sowie in der RöV Regelungen getroffen worden.

Zu Nummer 6

Aufgrund der Richtlinie des Rates vom 27. November 1989 (89/618/ EURATOM) sind die Mitgliedsstaaten der Europäischen Atomgemeinschaft verpflichtet, die erforderlichen Maßnahmen über eine Unterrichtung der Bevölkerung über die bei einer radiologischen Notstandssituation geltenden Verhaltensmaßregeln und den zu ergreifenden Gesundheitsschutzmaßnahmen zu treffen. Mit der im bisherigen Ermächtigungskatalog nicht enthaltenen Vorschrift des Absatzes 1 Nr. 6 wird neben den Regelungen zur Strahlenschutzvorsorge eine weitere Grundlage für spezifische Regelungen zur Umsetzung der genannten Richtlinie geschaffen.

Zu Nummer 7, 8 und 9

Die Bestimmungen orientieren sich am § 12 Abs. 1 S. 1 Nr. 9 AtG und eröffnen die Möglichkeit zur näheren Regelung der Entsorgung im Anschluß an die im wesentlichen neu konzipierten §§ 386 ff. dieses Kapitels. Dabei ist zunächst mit dem Wegfall des Entsorgungsschrittes der "Zwischenlagerung" sowie der Nichtübernahme der Verpflichtung zur Ablieferung radioaktiver Abfälle eine diesbezügliche Ermächtigung zur Konkretisierung durch eine Rechtsverordnung nicht mehr angezeigt. Dagegen enthält Absatz 1 Nr. 9 die Klarstellung, daß neben den in § 386 Abs. 1 normierten Pflichten Vorschriften über die Entsorgungsvorsorge und den Verwertungsnachweis getroffen werden können. Auf diese Weise können die Maßnahmen der Verursacher der radioaktiven Reststoffe und Abfälle besser überwacht werden.

Zu Nummer 10

Absatz 1 Nr. 10, der dem § 12 Abs. 1 S. 1 Nr. 10 AtG entspricht, betrifft den Schutz von Anlagen und Stoffen gegen Störmaßnahmen Dritter.

Regelungen sind gegenwärtig in der Strahlenschutzverordnung getroffen worden.

Zu Nummer 11

Die Vorschrift enthält zunächst eine Ermächtigung für die Regelung der Zuziehung von Sachverständigen im atomrechtlichen Verwaltungsverfahren. Diese Frage ist bislang im Atomgesetz selbst, siehe dort § 20, geregelt, jedoch erscheint es unter keinem rechtlichen Gesichtspunkt geboten, die Erforderlichkeit der Einschaltung von Sachverständigen im Gesetz selbst und nicht auf der verordnungsrechtlichen Ebene zu regeln. Entsprechendes gilt für die nach geltendem Recht durch § 12 Abs. 1 S. 1 Nr. 11 AtG und § 408 Abs. 1 Nr. 11 dieses Kapitels zu regelnden Anforderungen an die persönlichen und sachlichen Voraussetzungen der Sachverständigen. Insoweit erstreckt sich Absatz 1 Nr. 11 entgegen der entsprechenden Ermächtigung im Atomgesetz auch auf diejenigen Sachverständigen, die in Verfahren tätig werden, die in einer auf Grund dieses Kapitels erlassenen Rechtsverordnung geregelt sind.

Zu Nummer 12

Absatz 1 Nr. 12, der sich an die Vorschrift des § 12 Abs. 1 S. 1 Nr. 12 AtG anlehnt, ist neu gefaßt und erweitert worden. Die Erweiterung berücksichtigt, daß das Vorliegen der erforderlichen Fachkunde verantwortlicher Personen bzw. der erforderlichen Kenntnisse des sonstigen Personals nicht nur Voraussetzung für die Erteilung von Bewilligungen nach § 380, sondern auch für die Erteilung von Zulassungen nach sonstigen Zulassungstatbeständen des Kernenergie- und Strahlenschutzrechts ist. Im übrigen soll die Bestimmung, wie ihr Vorbild im geltenden Recht, im Hinblick auf die möglichen Auswirkungen auf die Freiheit der Berufsausübung des Bedienungspersonals eine dem Art. 12 Abs. 1 S. 2 GG genügende Regelung ermöglichen (vgl. die amtliche Begründung zum AtG, BR-Drs. 101/76).

Zu Absatz 2

Nach Maßgabe der in Absatz 1 Nr. 2 erteilten Regelungsermächtigung für Untersuchungen und ärztliche Behandlungen kann das Grundrecht auf körperliche Unversehrtheit aus Art. 2 Abs. 2 S. 1 GG eingeschränkt werden. Mit dem Absatz 2 trägt das Gesetz den verfassungsrechtlichen Anforderungen des Zitiergebots des Art. 19 Abs. 1 S. 2 GG Rechnung. Die demnach zulässigen Eingriffe nach § 408 Abs. 1 Nr. 2 sind allerdings insoweit eingegrenzt, als eine Verpflichtung zur ärztlicher Behandlung nur besteht, wenn dies zum Schutz anderer Personen oder der Allgemeinheit erforderlich ist.

Zum Dritten Abschnitt: Strahlenschutzvorsorge

I. AUSGANGSLAGE

1. Gegenstand des Regelungsbereichs

Der dritte Abschnitt des Fünften Kapitels ist - wie sein Vorbild: das Gesetz zum vorsorgenden Schutz der Bevölkerung gegen Strahlenbelastung (Strahlenschutzvorsorgesetz - StrVG) vom 19. Dezember 1986, BGBl. I S. 2610 - eine Reaktion auf die Reaktorkatastrophe von Tschernobyl im Frühjahr 1986. Er beseitigt ein unmittelbar nach dem Unfall zutage getretenes Regelungsdefizit und soll verhindern, daß im Falle eines derartigen Ereignisses in Bund und Ländern widersprüchliche Empfehlungen abgegeben und einander widersprechende Grenzwertfestsetzungen getroffen werden, die zu einer erheblichen Verunsicherung der Bevölkerung führen können und infolge der Tschernobyl-Katastrophe auch tatsachlich geführt haben (vgl. Rengeling DVBl. 1987, 204, 207). Ziel der Strahlenschutzvorsorgebestimmungen ist es demnach, die rechtlichen Grundlagen für ein effektives und koordiniertes Vorgehen aller beteiligten Dienststellen in Bund und Ländern zu schaffen (vgl. dazu BT-Drs. 10/6082). Das Ziel soll erreicht werden durch (vgl. auch BT-Drs. 10/6639, S. 1):

- Sicherstellung einer bundesweiten Erhebung und Auswertung von Daten durch Bund und Länder über die radioaktive Belastung der Umwelt,
- bundeseinheitliche Festlegung der Meßmethoden und Sicherstellung einer zentralen Sammlung und Aufbereitung aller Meßdaten in Bund und Ländern und einer einheitlichen Bewertung durch den Bund,
- Schaffung der Voraussetzungen für die Festlegung von Dosisgrenzwerten und Kontaminationswerten im Falle von Ereignissen mit möglichen nicht unerheblichen Auswirkungen und darauf begründete Maßnahmen und Empfehlungen zum Schutz der Bevölkerung.

2. Bisherige Rechtslage

a) Rechtslage

Zweck des Strahlenschutzvorsorgegesetzes ist nach § 1 der Schutz der Bevölkerung. Dieser soll durch folgende Verpflichtungen der staatlichen Stellen erreicht werden (vgl. § 1 StrVG): Zum einen ist die Radioaktivität der Umwelt zu überwachen. Zum anderen ist die Strahlenexposition und die radioaktive Kontamination der Umwelt im Falle von Ereignissen mit möglichen nicht unerheblichen radiologischen Auswirkungen so gering wie möglich zu halten.

Dem Bund obliegt die großräumige Ermittlung der Radioaktivität in der Luft und den Niederschlägen, die Entwicklung und Festlegung von Probenahmen-, Analyse-, Meß- und Berechnungsverfahren, die Durchführung von Vergleichsmessungen und Vergleichsanalysen, § 2 Abs. 1 StrVG. Die Länder ermitteln gemäß § 3 Abs. 1 StrVG die Radioaktivität insbesondere in Lebensmitteln, Tabakerzeugnissen und Bedarfsgegenständen, in Futtermitteln und im Trinkwasser. Die ermittelten Daten werden vom BMU in einem Informationssystem "Radioaktivität in der Umwelt" zusammengefaßt, § 4 Abs. 1 S. 1 StrVG. Der Bund verfügt über das Monopol der Bewertung der Daten. Danach bewertet der BMU die Daten der Radioaktivität.

Des weiteren enthält das Strahlenschutzvorsorgegesetz Ermächtigungen einzelner Bundesminister zum Erlaß von Rechtsverordnungen, mit denen einheitliche Dosis- und Kontaminationswerte festgesetzt werden können. Auf der Grundlage dieser Dosis- und Kontaminationswerte können durch Rechtsverordnung schließlich Verbote und Beschränkungen, insbesondere für Lebens- und Futtermittel, ausgesprochen werden.

Zur Erreichung des in § 1 StrVG genannten Zwecks kann der BMU gemäß § 9 StrVG der Bevölkerung bestimmte Verhaltensweisen empfehlen.

b) Erfahrungen mit dem bisherigen Recht

Das geltende Strahlenschutzvorsorgerecht, wie es in dem betreffenden Gesetz vom 19. Dezember 1986 seine normative Grundlage gefunden hat, läßt strahlenschutzrechtsspezifische Defizite nicht erkennen, so daß ein Bedarf an sachlicher Änderung dieses noch ganz jungen Regelungsbereiches nicht festzustellen ist.

c) Reformdiskussion

Im Gesetzgebungsverfahren zum Strahlenschutzvorsorgegesetz war der Einwand erhoben worden, die Vorschrift des § 6 StrVG, die eine Ermächtigung an den BMU zur Bestimmung von Dosiswerten und Kontaminationswerten enthält, sei nicht hinreichend bestimmt genug und werde deshalb den verfassungsrechtlichen Anforderungen des Art. 80 Abs. 1 S. 2 GG nicht gerecht. Diese Bedenken konnten jedoch nach einhelliger Auffassung im Hinblick auf die ausdrückliche Inbezugnahme der als solche eindeutigen Zweckbestimmung des Gesetzes, die eine willkürliche Grenzwertfestsetzung ausschließt, entkräftet werden (vgl. zum Problem Rengeling, DVBl. 1987, 204, 205 f.; Czajka, NVwZ 1987, 556, 557). Des weiteren ist sowohl gegen die Ermächtigung zur Festsetzung bestimmter Werte als auch gegen die Ermächtigung zum Erlaß von Verkehrsverboten (§ 7 StrVG) vorgebracht worden, diese Art der Delegation, die die Exekutive zum Handeln ermächtige, nicht aber verpflichte, sei mit der staatlichen Pflicht zum Grundrechtsschutz unvereinbar, d.h. der Pflicht, durch vorbeugendes Handeln wegen der Irreparabilität der Folgen vor diesen zu schützen (siehe Peine, NuR 1988, 115, 118 f.). Dem ließe sich wiederum entgegenhalten, die "Ermächtigung" sei jeweils in der Weise verfassungskonform auszulegen, daß eine Verordnungsgebungspflicht bestehe, wenn das Gesetz ansonsten nicht praktikabel sei (so auch BVerfGE 13, 248 [254]).

Beide aufgeworfenen Fragen können im vorliegenden Zusammenhang letztlich dahingestellt bleiben. Denn der Entwurf ermächtigt in den §§ 409 ff. ausdrücklich weder zur Festsetzung von Werten noch normiert er potentielle Schutzmaßnahmen zugunsten der Bevölkerung, wie sie im Strahlenschutzvorsorgegesetz in den §§ 6 ff. vorgesehen sind. Vielmehr ist das Gesetz in diesem Abschnitt insoweit ein reines Informationsbeschaffungs- und Informationsverarbeitungsgesetz (vgl. noch nachfolgend II. 1. zu den Leitvorstellungen).

3. Rahmenbedingungen

a) EG-Recht

Auch auf internationaler Ebene hat man das Problem der Strahlenschutzvorsorge erkannt und entsprechend reagiert. Neben zwei Verordnungen, die unmittelbar als Reaktion auf die spezifischen Folgen des Unfalls von Tschernobyl ergangen und dementsprechend bereits außer Kraft getreten sind, verdient zum einen die Verordnung (EURATOM) Nr. 3954/87 des Rates vom 22. Dezember 1987 zur Festlegung von Höchstwerten an Radioaktivität in Nahrungsmitteln und Futtermitteln im Falle eines nuklearen Unfalls oder einer anderen radiologischen Notstandssituation Erwähnung (ABl. EG Nr. L 371 vom 30. Dezember 1987, S. 11). Mit der Verordnung sind Referenzwerte festgesetzt worden, die zur Festlegung von Höchstwerten an Radioaktivät herangezogen werden können. Um den jeweiligen besonderen Bedingungen Rechnung zu tragen, enthält die Verordnung ein Verfahren, das die rasche Anpassung dieser im voraus festgesetzten Schwellen für Höchstwerte ermöglicht. Zum anderen sei auf das IAEO-Übereinkommen vom 26. September 1986 über die frühzeitige Benachrichtigung bei nuklearen Unfällen sowie über Hilfeleistung bei nuklearen Unfällen oder radiologischen Notfällen hingewiesen. Die beiden Übereinkommen verfolgen das Ziel, die internationale Zusammenarbeit im Falle nuklearer Unfälle oder radiologischer Notfälle mit möglichen grenzüberschreitenden Auswirkungen durch die Errichtung eines Informationssystems und die Schaffung eines rechtlichen Rahmens für Hilfeleistungen zu verbessern (bezüglich der Einzelheiten vgl. Kramer/Zerlett, Strahlenschutzvorsorgegesetz, 3. Aufl., 1990, S. 360 ff.).

b) Gesetzgebungskompetenzen

Die Gesetzgebungskompetenz des Bundes ergibt sich aus Art. 74 Nr. 11 a GG, der dem Bund die konkurrierende Gesetzgebung auch im Bereich des Schutzes gegen Gefahren zuweist, die bei Freiwerden von Kernenergie oder durch ionisierende Strahlen entstehen.

II. VORSCHLAG

1. Leitvorstellungen

Die Strahlenschutzvorsorgebestimmungen des dritten Abschnitts beschränken sich - wie bereits dargelegt, siehe oben I. 2. c) - auf die Regelungen der Informationsbeschaffung und der Informationsverarbeitung. Ungeachtet der Tatsache, daß die ermittelten und bewerteten Informationen dazu dienen sollen, die Daten zu liefern, die Voraussetzung für die Feststellung sind, wann Schutzmaßnahmen zugunsten der Bevölkerung zu ergreifen sind, verzichtet der Entwurf bewußt auf die selbständige Normierung solcher potentieller Maßnahmen. Er weicht in diesem Punkt somit vom Strahlenschutzvorsorgegesetz g.F. ab, das in seinem dritten Abschnitt eine Reihe von möglichen Schutzmaßnahmen regelt. Auch § 410 Abs. 1 S. 2 des Entwurfs enthält lediglich eine Ermächtigung zu weitergehenden Ermittlungen, während etwa Rechtsverordnungen mit Verboten und Beschränkungen bei Lebensmitteln, Futtermitteln, Arzneimitteln und sonstigen Stoffen nicht auf das UGB gestützt werden können, vgl. demgegenüber § 7 StrVG. Allgemeiner Teil und Besonderer Teil sehen nur Maßnahmen bzw. die entsprechenden Ermächtigungen zum Schutz des einzelnen und der Allgemeinheit gegen Umweltbeeinträchtigungen, nicht aber Verkehrs-, sprich: Folgeregelungen für beeinträchtigte Produkte, Gegenstände oder Stoffe vor. Derartige Regelungen sind in den betreffenden stoffrechtlichen Zusammenhängen zu treffen.

Eine Ermächtigung, zum Zwecke der Geringhaltung der Strahlenexposition der Bevölkerung, dieser bestimmte Verhaltensweisen, etwa bezogen auf den Verzehr von Lebensmitteln oder Trinkwasser, zu empfehlen, vgl. § 9 StrVG, hält bereits § 107 bereit.

Der Entwurf knüpft an die §§ 103 ff. an, die die staatliche Informationstätigkeit ("Umweltinformation") regeln und ergänzt diese allgemeinen Bestimmungen. Er beschränkt sich auf eine Rahmenregelung, die überwiegend nur eine Aufgabenzuweisung und die Umschreibung von Zielsetzung und Gegenstand der Überwachungstätigkeit enthält. Im allgemeinen bedarf es, da es sich grundsätzlich um Ministerialverwaltung handelt, zur Ausführung nur noch einer Regelung der Zuständigkeiten der einzelnen Ressorts, Behörden und Einrichtungen, nicht aber konkreter inhaltlicher Vorschriften. Nähere

Regelungen des Verfahrens zur Ermittlung der erforderlichen Daten sowie über deren Bewertung und Übermittlung werden auf Grund der Ermächtigung in § 410 Abs. 2 im Verordnungswege getroffen.

2. Zur Regelung im einzelnen

Zu § 409 Zweck

Gemäß der allgemeinen Zweckbestimmung eines vorsorgenden Schutzes der Bevölkerung gegen Strahlenbelastungen (§ 377 Abs. 1 Nr. 1) sieht der dritte Abschnitt eine Umweltbeobachtung und -überwachung vor, die der Vermeidung von Gesundheitsgefährdungen dienen soll. Während nach Nr. 1 die Radioaktivität in der Umwelt zu überwachen ist, gilt dies gemäß Nr. 2 zusätzlich im Falle von Ereignissen mit möglichen, nicht unerheblichen radiologischen Auswirkungen mit dem Ziel, diese so gering wie möglich zu halten.

Mit "Ereignis" sind alle denkbaren Fälle erfaßt, zu denen kerntechnische Unfälle sowohl aus dem friedlichen als auch aus dem militärischen Bereich rechnen (BR-Drs. 428/86 [Beschluß]), und zwar gleichgültig, ob es sich um einen inländischen oder ausländischen Vorfall handelt. Die Nr. 2 bezieht sich schließlich auch auf solche radiologischen Ereignisse, die nicht aus dem kerntechnischen Bereich stammen (so auch Kramer/Zerlett, Strahlenschutzvorsorgegesetz, 3. Aufl., 1990, § 1 Anm. 3).

Zu § 410 Aufgaben des Bundes

Zu Absatz 1

§ 410 regelt die Aufgaben des Bundes im Rahmen der für die Radioaktivitätsüberwachung erforderlichen Informationsbeschaffung und -verarbeitung. Die in Absatz 1 Satz 1 aufgezählten Aufgaben haben ihre Entsprechung in § 2 Abs. 1 Nr. 1 StrVG. Weitere Aufgaben können neben dem Bund auch den Ländern durch Rechtsverordnung übertragen werden. Absatz 1 Satz 2 hält hierzu die erforderliche Ermächtigung bereit, wobei die zu erlassende Rechtsverordnung der Zustimmung des Bundesrates bedarf.

Zu Absatz 2

Durch Rechtsverordnung festzulegen ist zudem das Verfahren der Informationsbeschaffung und -verarbeitung. Dieses erfaßt neben der Ermittlung und Bewertung auch die Übermittlung der erhobenen Daten. Die von der Bundesregierung zu erlassende Verfahrensverordnung ist wiederum an die Zustimmung des Bundesrates geknüpft.

Zu § 411 Informationssystem des Bundes

Zu Absatz 1

Absatz 1 faßt die Überwachungsaktivitäten des Bundes und der Länder, die notwendig über zahlreiche Dienststellen in verschiedenen Geschäftsbereichen verteilt sind, zu einem effektiven, bundesweiten und alle Umweltmedien umfassenden Informationssystem zusammen, das von dem für den Umweltschutz zuständigen Bundesminister beim Bundesamt für Strahlenschutz bereit zu halten ist. Dies entspricht in vollem Umfang der geltenden Rechtslage. Bei der von § 4 Abs. 1 StrVG genannten Zentralstelle des Bundes für die Überwachung der Umweltradioaktivität handelt es sich gemäß § 11 Abs. 6 StrVG ebenfalls um das Bundesamt für Strahlenschutz.

Zu Absatz 2

Gemäß Absatz 2 müssen die zuständigen Behörden des Bundes und der Länder die nach § 410 ermittelten Daten an das Bundesamt für Strahlenschutz übermitteln. Diese Verpflichtung folgt nach geltendem Recht aus den §§ 3 Abs. 2 und 4 Abs. 2 StrVG.

Zu Absatz 3

Absatz 3 trägt dem Umstand Rechnung, daß auch die Länder jederzeit einen unmittelbaren Zugriff auf die in ihrem Gebiete gemessenen Einzelwerte haben müssen. Ein entsprechender Absatz 3 des § 4 StrVG g.F. war seinerzeit auf Drängen des Bundesrates auch in das Strahlenschutzvorsorgegesetz eingefügt worden, vgl. Nr. 14 BR-Drs. 428/86 (Beschluß). § 411 Abs. 3 des Entwurfs ermöglicht den Ländern den jederzeitigen und unmittelbaren Zugriff auf die im Informationssystem des Bundes erfaßten Daten.

Zu § 412 Bewertung der Daten

§ 412 überträgt dem für den Umweltschutz zuständigen Bundesminister die Zuständigkeit für die Bewertung der Radioaktivitätsdaten, die ihm von den Bundes- und Landesbehörden übermittelt worden sind. Dabei wird der Bundesminister vom Bundesamt für Strahlenschutz unterstützt.

Problematisch ist allerdings, ob der für den Umweltschutz zuständige Bundesminister zur Bewertung der Radioaktivitätsdaten nach der föderalen Kompetenzverteilung des Grundgesetzes zuständig sein kann. Gemäß Art. 30, 83 ff. GG liegt die Verwaltungszuständigkeit grundsätzlich bei den Ländern. Nur insoweit, als das Grundgesetz etwas anderes bestimmt oder zuläßt, ist der Bund befugt, administrativ tätig zu werden. Eine derartige Ausnahmeregelung erscheint auf den ersten Blick für den hier fraglichen Bereich nicht ersichtlich und kann vor allem nicht mit der Überlegung begründet werden, die Kompetenz der Bundesregierung erstrecke sich zumindest auf die Gebiete, für die dem Bund die Gesetzgebungszuständigkeit zustehe (so aber das Bundesverwaltungsgericht in anderem Zusammenhang in der "Glykolwein-Entscheidung", BVerwGE 87, 37 [51]). Auch der in der Begründung zum Entwurf des Strahlenschutzvorsorgegesetzes geltender Fassung erfolgte Hinweis auf Art. 87c GG (vgl. BT-Drs. 10/6082, S. 7) vermag die Bundeskompetenz für die Ausführung jener Bestimmungen gerade nicht zu belegen.

Jedoch ist mit der höchstrichterlichen Rechtsprechung davon auszugehen, daß das Grundgesetz der Bundesregierung Aufgaben und Befugnisse auf dem Gebiet der Staatsleitung und Krisenbewältigung einräumt. Hiernach gehört die Befugnis zur verantwortlichen Leitung des Staates zu den in der Verfassung verankerten Aufgaben der Bundesregierung (vgl. BVerwGE 82, 76 [80 f.]; 87, 37 [46 f.]; vgl. auch BVerfGE 44, 125 [147 f.]; 63, 230 [243]). Dies beinhaltet auch eine positive Aussage zur Bundeskompetenz bei der Wahrnehmung jener Aufgaben und Befugnisse. Die Vorschriften des dritten Abschnitts regeln vorrangig jene Aufgabenwahrnehmungen durch die Bundesregierung bzw. (Organ-)Teile der Bundesregierung.

Zum Vierten Abschnitt: Haftungsvorschriften und Deckungsvorsorge

I. AUSGANGSLAGE

1. Gegenstand des Regelungsbereichs

Der vierte Abschnitt des Fünften Kapitels trägt dem Umstand Rechnung, daß es unbeschadet aller Sicherheitsvorkehrungen zu Schäden durch radioaktive Stoffe oder Kernanlagen kommen kann. Demgemäß ist vor allem wegen des potentiellen Ausmaßes solcher Schäden deren rechtliche Regelung eine wesentliche Voraussetzung der Zulassung der Kerntechnik zu friedlichen Zwecken überhaupt. Neben der engen internationalen Verflechtung bei der technischen und wirtschaftlichen Entwicklung der Kernenergienutzung erfordert gerade die Möglichkeit grenzüberschreitender Wirkungen potentieller Schadensereignisse für das Haftungsrecht einen internationalen Lösungsansatz. Das deutsche Atomhaftungsrecht findet damit seine rechtliche Grundlage nach wie vor zugleich in den Pariser und Brüsseler Atomhaftungsabkommen nebst Zusatzvereinbarungen.

Das Pariser Übereinkommen regelt die Haftung des Inhabers einer Kernanlage für Schäden auf Grund eines nuklearen Ereignisses. Das Brüsseler

Zusatzabkommen trifft ergänzende Bestimmungen über zusätzliche staatliche Ersatzleistungen des Genehmigungsstaates und der Gesamtheit der Vertragsstaaten. Die materiellen Haftungsvorschriften sind ausnahmslos im Pariser Übereinkommen enthalten, dessen Regelungen in der Bundesrepublik unmittelbar geltendes Recht sind (Ratifizierungsgesetz vom 8. Juli 1975, BGBl. II S. 957; Bekanntmachung vom 5. Februar 1976, BGBl. II S. 308).

2. Bisherige Rechtslage

a) Rechtslage

Im deutschen Haftungsrecht sind grundsätzlich drei Haftungstatbestände zu unterscheiden:

- Beruht der Schaden auf einem von einer Kernanlage ausgehenden nuklearen Ereignis, dann haftet der Inhaber der Kernanlage gemäß § 25 AtG i.V.m. dem Pariser Atomhaftungsübereinkommen.
- Beruht der Schaden auf einem von einem Reaktorschiff ausgehenden Ereignis, dann regelt sich die Haftung nach § 25a AtG i.V.m. dem Brüsseler Reaktorschiffsabkommen.
- Für alle sonstigen Strahlenschäden sieht § 26 AtG einen Auffangtatbestand vor.

Der bedeutendste Tatbestand ist der des § 25 AtG, der als reine Gefährdungshaftung ausgestaltet ist. Diese Haftungsregelung, wie sie seit der Haftungsrechtsnovelle vom 22. Mai 1985 aus Anlaß der innerstaatlichen Übernahme des Inhalts des Pariser Änderungsprotokolls vom 16. November 1982 in der Bundesrepublik Deutschland geltendes Recht ist, ist durch den sogenannten Grundsatz der rechtlichen Kanalisierung gekennzeichnet. Danach haftet ausschließlich der Anlageninhaber und nicht der Hersteller. Die Haftung ist summenmäßig unbegrenzt, § 31 Abs. 1 S. 1 AtG. Jedoch sind die im Rahmen der Deckungsvorsorge nach § 13 AtG jeweils behördlich festzusetzenden Deckungssummen auf eine Summe von 500 Millionen DM begrenzt (§ 13 Abs. 3 S. 2 AtG), so daß die Erfüllung der summenmäßig unbegrenzten Haftungsansprüche nicht voll gesichert ist. Deshalb besteht für den Differenzbetrag eine Freistellungsverpflichtung des Staates gegenüber dem Anlageninhaber, § 34 AtG. Schließlich tritt der Bund bei grenzüberschreitenden Schädigungen gemäß § 38 AtG, bei denen der Geschädigte aus bestimmten Gründen keinen Ersatz verlangen kann, als eine Art Ausfallbürge ein, soweit sich der Schaden in einem Vertragsstaat des Pariser Übereinkommens ereignet hat. Aufgrund dieser Regelung hat die Bundesrepublik auch Schäden ausgeglichen, die durch den Reaktorunglücksfall in Tschernobyl verursacht worden sind (vgl. zur Rechtsnatur des Ausgleichsanspruchs die Entscheidungen des VG Köln, NWVBL 1988, 205 und 211).

b) Erfahrungen mit dem bisherigen Recht

Insbesondere seit Einführung der summenmäßig unbegrenzten Inhaberhaftung bildet das geltende Atomhaftungsrecht der Bundesrepublik Deutschland im Grundsatz ein modernes und risikoadäquates System der Entschädigung für nukleare Schäden. Die Interessen möglicher Opfer eines nuklearen Ereignisses werden durch die Regelungen des Haftungsrechts in angemessener Weise gesichert, ohne dem Ersatzpflichtigen unzumutbare Härten aufzuerlegen. Ein gewisser Reformbedarf besteht allerdings in bezug auf die Dekkungsvorsorge und die staatliche Freistellung (siehe dazu unter c). Nachteile des Systems des Pariser Übereinkommens, in welches das Haftungsrecht eingebunden ist, sind durch günstigere nationale Haftungsregelungen ausgeglichen oder gemildert worden, soweit dies völkerrechtlich zulässig war. Die Mehrzahl der vergleichbaren Industriestaaten hat die Haftung des Inhabers oft auf sehr niedrigem Niveau summenmäßig begrenzt, sieht kürzere zeitliche Begrenzungen bei der Geltendmachung von Ersatzansprüchen vor, legt territoriale Beschränkungen des Anwendungsbereichs der speziellen Atomhaftungsvorschriften zugrunde und begünstigt die Inhaber von Kernanlagen durch eine Reihe von Haftungsausschlüssen, die dazu führen, daß Geschädigte in diesen Fällen ohne Ersatz bleiben (vgl. Art. 2, 8 und 9 des Pariser Übereinkommens, welche die Bundesrepublik Deutschland abgeändert oder überhaupt nicht übernommen hat). Demnach nimmt das deutsche Atomhaftungsrecht auch im internationalen Vergleich durchaus eine Spitzenstellung ein, vgl. auch Pelzer, in: Lukes [Hrsg.], Reformüberlegungen zum Atomrecht, 1991, S. 455 ff., 461.

c) Reformdiskussion

Den Schwerpunkt der Diskussion um eine Novellierung des geltenden Atomhaftungs- und Deckungsvorsorgerechts bildet die Aufbringung der Deckung für die Haftung. Dabei ist davon auszugehen, daß bei nationalen oder gar internationalen Katastrophen die Haftung notgedrungen immer auch den Staat trifft. Dies folgt in rechtlicher Hinsicht aus den grundrechtlichen Schutzpflichten (vgl. auch Herzog, Keynote Address, in: OECD/NEA/IAEA [Hrsg.], Nuclear Third Party Liability and Insurance, 1985, S. 13 ff.). Allerdings muß der Gesetzgeber gerade auch Vorsorge für Ereignisse unter der Schwelle von Katastrophen nationalen oder internationalen Ausmaßes treffen. Wie erwähnt (siehe I. 2. a), ist die Pflicht zur Deckungsvorsorge nach geltendem Recht für den Inhaber eines Kernkraftwerks derzeit auf 500 Millionen DM begrenzt. Hinzu kommen weitere 500 Millionen DM aus staatlicher Freistellung sowie noch etwa 280 Millionen DM öffentliche Mittel auf der Grundlage des Brüsseler Zusatzübereinkommens. Alles in allem besteht also eine finanzielle Vorsorge in Höhe von ungefähr 1,3 Milliarden DM.

Während im sonstigen Haftungsrecht grundsätzlich in Kauf genommen wird, daß es jenseits gewisser Beträge Deckungslücken gibt, ist dies auf das Kernenergierisiko, welches kaum als normales Zivilisationsrisiko empfunden wird, nicht ohne weiteres übertragbar. Daraus folgt zum einen, daß der Staat allein aus politischen Gründen, auch ohne ausdrückliche Rechtspflicht, stets entschädigen wird, wenn die finanziellen Mittel des Anlageninhabers nicht ausreichen, so daß die Höhe der erforderlichen Deckung nicht ausschließlich durch das Kriterium des Opferschutzes zu bestimmen ist. Der Charakter der atomrechtlichen Deckungsvorsorge wird zum anderen von Art. 10 des Pariser Übereinkommens beeinflußt, der die grundsätzliche Kongruenz von Haftung und Deckung vorschreibt, die selbstverständlich bei unbegrenzter Haftung nicht realisierbar ist. Bei der Festsetzung der Höhe der Deckungsvorsorge kann daher bis an die Grenze des wirtschaftlich Zumutbaren gegangen werden. Dabei sollte sich die Grenze der zumutbaren Höhe der Deckung an den Möglichkeiten und der Leistungskraft der Gesamtheit der haftpflichtigen Betreiber orientieren. Für das Verhältnis Staat-Betreiber schließlich könnte das Subsidiaritätsprinzip als Abgrenzungskriterium dienen. Hiernach tritt der Staat ein, sobald die Finanzkraft der Betreiber erschöpft ist (so auch der Vorschlag von Pelzer, in: Lukes [Hrsg.], Reformüberlegungen zum Atomrecht, 1991, S. 455 ff., 475).

Gleichwohl dürfte eine substantielle Ausweitung des Deckungsrahmens nur über eine gleichzeitige Erhöhung des Betrages der staatlichen Freistellung zu erreichen sein. In diesem Zusammenhang ist daran zu denken, in Anbetracht der Streichung des Förderprinzips die bisher kostenlose staatliche Freistellungsverpflichtung nach § 34 AtG gebührenpflichtig zu machen. Es ist heute nur noch schwer vermittelbar, wieso der Staat den Inhaber einer Kernanlage im Schadensfall kostenlos von Schadensersatzverpflichtungen freistellt, und sei es auch nur ab und bis zu einer bestimmten Grenze. Eine Änderung ist hier nicht nur interessengerecht, mit dem Wegfall des Förderzwecks entfällt auch die Rechtfertigungsgrundlage für die derzeitige Regelung, die daher nicht länger haltbar ist (Hohlefelder, et 1991, 401 ff., 405). Demgegenüber läßt sich auch nicht einwenden, mit der Aufstockung der staatlichen Freistellung und ihrer Kostenpflichtigkeit werde fälschlicherweise suggeriert, daß die unterstellte Katastrophe als größer und wahrscheinlicher einzuschätzen sei (so aber Kuhnt, et 1991, 406 ff., 410). Denn - wie dargelegt - geht es bei der Bestimmung der konkreten Höhe der Deckungsvorsorge vorrangig um eine Orientierung an Schadensfällen unterhalb der nationalen und der internationalen Katastrophe.

Als Alternative zur kostenpflichtigen Freistellung von der Haftung bietet sich die Einführung einer entgeltpflichtigen Bundesdeckung an, die stets dann zum Tragen kommen könnte, sobald die von der Genehmigungsbehörde festgesetzte Deckungsvorsorge durch eine Haftpflichtversicherung oder in sonstiger Weise mit privaten Mitteln nicht erbracht werden kann. Der Entwurf hat mit der Regelung des § 430 Abs. 4 schließlich diesen Weg gewählt. Zur Rechtfertigung wird auf die Begründung zu dieser Vorschrift verwiesen.

3. Rahmenbedingungen

a) Internationale Abkommen

An internationalen Vereinbarungen ist für den Bereich des Haftungsrechts zu verweisen auf

- das Pariser Atomhaftungs-Übereinkommen vom 29. Juli 1960 über die Haftung gegenüber Dritten auf dem Gebiet der Kernenergie (in der Fassung des Zusatzprotokolls vom 28. Januar 1964 und des Protokolls vom 16. November 1982) in der Fassung der Bekanntmachung vom 15. Juli 1985 (BGBl. II S.963),
- das Brüsseler Zusatzübereinkommen zum Pariser Übereinkommen vom 31. Januar 1963 (in der Fassung des Zusatzprotokolls vom 1. Oktober 1975, BGBl. II S. 957) in der Fassung der Bekanntmachung vom 4. Februar 1976, BGBl. II S. 308,
- das Brüsseler Kernmaterial-Seetransport-Übereinkommen vom 15. Juli 1975, für die Bundesrepublik Deutschland am 30. Dezember 1975 in Kraft getreten (Ratifizierungsgesetz vom 8. Juli 1975, BGBl. II S. 957; Bekanntmachung vom 4. Februar 1976, BGBl. II S. 307; Text des Übereinkommens mit deutscher Übersetzung in BGBl. 1975 II S. 1026),
- das Brüsseler-Reaktorschiff-Übereinkommen vom 25. Mai 1962 in der Fassung der Bekanntmachung vom 12. Juli 1975 (BGBl. II S. 977).

b) Gesetzgebungskompetenzen

Spezifische verfassungsrechtliche, insbesondere kompetenzrechtliche Probleme wirft die Ausgestaltung des vorliegenden Abschnitts nicht auf.

II. VORSCHLAG

1. Leitvorstellungen

Für den Bereich der Haftungsvorschriften und der Deckungsvorsorge werden die Grundstrukturen des geltenden Rechts beibehalten. Es wird allerdings angestrebt, die betreffenden Vorschriften, die bislang teilweise über das gesamte Atomgesetz bis in seine Anhänge verstreut anzutreffen sind, besser zu systematisieren. In diesem Sinne sind zunächst die für die Anwendung der Vorschriften dieses Abschnitts geltenden Begriffsbestimmungen im ersten Unterabschnitt zusammengefaßt und den sachlichen Regelungen vorangestellt worden. Der umfassende Komplex der Haftungsbestimmungen, der sich an die Begriffserläuterungen anschließt, gibt im wesentlichen die derzeit geltenden §§ 25 ff. AtG wieder. Lediglich kleinere Ergänzungen, die in erster Linie aus der Erweiterung der Deckungsvorsorge resultieren, werden hier vorgenommen. Auf eine eigene Regelung zum Umfang des Schadensersatzes wird verzichtet und stattdessen weitgehend auf die insoweit entsprechend anwendbaren Vorschriften des Bürgerlichen Gesetzbuches verwiesen. Die Erläuterungen dieses die Haftung betreffenden Unterabschnitts können sich daher häufig auf eine knappe Inhaltswiedergabe des jeweiligen Paragraphen und eine Darstellung der Neuerungen beschränken.

Was die Deckungsvorsorge anbelangt, so sind die vorstehend unter I. 2. c) diskutierten Reformüberlegungen in Anlehnung an die vom BMU entwikkelten Vorstellungen umgesetzt worden, wie sie dem bereits in anderem Zusammenhang erwähnten internen Entwurf eines Gesetzes zur Änderung atomrechtlicher Vorschriften vom September 1992 zugrunde liegen. Darüber hinaus ist der spezielle Bereich der Deckungsvorsorge in den besonderen Fällen der Beförderung dem Verordnungsgeber zur Regelung übertragen worden, was den §§ 4a und 4b AtG g.F. entsprechende Bestimmungen entbehrlich macht.

2. Zur Regelung im einzelnen

Zu § 413 Begriffsbestimmungen

§ 413 stellt die für beide Teilbereiche des vierten Abschnitts maßgeblichen Begriffsbestimmungen einleitend voran. Dabei entsprechen die Nummern 1 bis 5 wörtlich den Nummern 1 bis 5 des Absatzes 1 der Anlage 1 zum Atomgesetz. Eine Definition des "Inhabers einer Kernanlage" i.S. des Atomhaftungsrechts (vgl. Anlage 1 Abs. 1 Nr. 6 AtG) erscheint entbehrlich, da dieser i.d.R. aus dem Genehmigungsbescheid hervorgeht. Ist eine Bezeichnung des Inhabers durch die Behörde unterblieben, so ist Inhaber im haftungsrechtlichen Sinne derjenige, den die Behörde als solchen ansieht. Da die Regelung des § 31 Abs. 2 AtG durch § 419 Abs. 2 des Entwurfs neu gefaßt wird und keine konkreten Haftungsgrenzen mehr enthält, finden auch die Sonderziehungsrechte des internationalen Währungsfonds keine Erwähnung mehr. Sie bedürfen daher auch keiner Definition mehr (vgl. noch Anlage 1 Abs. 2 zum Atomgesetz g.F.). Hinzugekommen ist die Begriffserläuterung des Brüsseler Reaktorschiff-Übereinkommens, die bislang in § 25a Abs. 1 Nr. 1 AtG erfolgt ist.

Zu § 414 Haftung für Kernanlagen

§ 414 regelt mit der Haftung für Kernanlagen den wichtigsten Bereich des Atomhaftungsrechts, wobei der § 25 AtG als Vorbild dient. Lediglich dessen Absatz 1 Satz 2 wird nicht übernommen, da diese Regelung nunmehr entbehrlich ist. § 414 i.V.m. dem Pariser Übereinkommen statuiert für den Inhaber einer Kernanlage eine Gefährdungshaftung, was im Hinblick auf das Gefahrenpotential der Kernenergienutzung unbestritten die einzig angemessene Lösung ist.

Gemäß Absatz 2 kann unter den dort genannten Voraussetzungen der Beförderer von Kernmaterialien anstelle des Inhabers der Kernanlage haften, siehe hierzu oben im Rahmen der Begründung zu § 385 Absatz 2 und 3). In der Praxis wird beim Transport von Kernbrennstoffen überwiegend von dieser Möglichkeit Gebrauch gemacht (vgl. Timm, et 1985, 260 ff., 265).

Die Absätze 2 bis 5 entsprechen geltendem Recht.

Zu § 415 Haftung für Reaktorschiffe

Die Haftung für Reaktorschiffe, die im Grundsatz der Haftung für Kernanlagen entspricht und gegenwärtig in § 25a AtG geregelt wird, ist z.Zt. praktisch bedeutungslos. Es gelten gemäß § 415 sachlich in Übereinstimmung mit dem bisherigen Recht die Vorschriften des zweiten Unterabschnitts des vierten Abschnitts mit der Maßgabe, daß an die Stelle der entsprechenden Bestimmungen des Pariser Übereinkommens die des Brüsseler Reaktorschiff-Übereinkommens treten. Vor allem der Grundsatz der Haftung ohne Verschulden gilt uneingeschränkt auch hier. § 25a Abs. 1 Nr. 1 S. 2 AtG g.F. wird, wie zuvor § 25 Abs. 1 S. 2 AtG, nicht übernommen, siehe oben zu § 414. Die übrigen Absätze 3 bis 7 sind deckungsgleich mit den Regelungen in § 25a Abs. 1 und 2 AtG g.F.

Zu § 416 Haftung in anderen Fällen

Abweichend von den Tatbeständen der §§ 414 und 415 begründet § 416 in weitgehender Übereinstimmung mit § 26 AtG eine Gefährdungshaftung mit einer Exkulpationsmöglichkeit für jene Fälle, in denen durch die Wirkung eines Kernspaltungs- oder Kernvereinigungsvorgangs (siehe Absatz 1 Satz 2) oder durch ionisierende Strahlen ein Schaden verursacht wird, auf die aber das Pariser Übereinkommen und das Brüsseler-Reaktorschiff-Übereinkommen nicht anwendbar sind. § 416 ist somit eine Auffangvorschrift, die in erster Linie Stoffe, Vorgänge und Anlagen mit geringerem Risikopotential erfassen soll (vgl. Haedrich, Atomgesetz, 1986, § 26 AtG Rn. 1 und 2). Für diese Fallgruppen erscheint es gerechtfertigt, die Gefährdungshaftung dadurch zu modifizieren, daß man einen Entlastungsbeweis des Haftpflichtigen ermöglicht (Absatz 2 Satz 1). Die Ersatzpflicht tritt nämlich grundsätzlich nicht ein, wenn der Besitzer des den Schaden verursachenden radioaktiven Stoffes oder die für ihn tätigen Personen auch bei Anwendung jeder nach den Umständen gebotenen Sorgfalt das Schadensereignis nicht vermeiden konnten und das Ereignis weder auf einem Fehler in der Beschaffenheit der Schutzeinrichtungen noch auf einem Versagen ihrer Vorrichtungen beruht.

Tatsächlich findet § 416 aber nicht nur Anwendung auf Fälle mit geringem Risikopotential. Vornehmlich in Fällen der Beförderung von Kernmaterial über deutsches Gebiet, in denen weder der Ausgangsstaat noch der Zielstaat Vertragsstaat des Pariser Übereinkommens ist, ist das Risikopotential nach Art und Höhe mit dem Risikopotential der im Pariser Übereinkommen geregelten Fälle vergleichbar. Da die Aufrechterhaltung einer Entlastungsmöglichkeit nach § 416 Abs. 1 S. 1 in solchen Fällen daher unangemessen und für die potentiell Geschädigten auch unzumutbar ist, sieht Absatz 2 Satz 2 hier nunmehr den Ausschluß der Exkulpationsmöglichkeit vor.

Die modifizierte Gefährdungshaftung nach den Absätzen 1 bis 3 gilt nicht, wenn zwischen dem Besitzer des radioaktiven Stoffes und dem Verletzten ein Rechtsverhältnis besteht, auf Grund dessen der Verletzte freiwillig und in Kenntnis der Gefahrenlage die Gefahr in Kauf genommen hat. Absatz 4 Nr. 2 des Entwurfs bezieht in Erweiterung des § 26 Abs. 4 Nr. 2 AtG g.F. ausdrücklich auch den Einsatz von Beschleunigern mit ein. Entsprechendes gilt für Absatz 5, der Sonderregelungen hinsichtlich der Entlastungsmöglichkeiten des Absatzes 2 Satz 1 bzw. des Haftungsausschlusses i.S. des Absatzes 4 Nr. 2 in der medizinischen Forschung vorsieht. Auch für diese Fälle ist der Tatbestand der Anwendung radioaktiver Stoffe um den des Einsatzes von Beschleunigern ergänzt worden.

Zu § 417 Mitwirkendes Verschulden des Verletzten

Nach § 417 ist ein mitwirkendes Verschulden des Verletzten in allen Fällen der Haftung für Atomschäden bei der Bemessung des Schadensersatzes nach Maßgabe des § 254 BGB zu berücksichtigen. Die Regelung entspricht dem geltenden Recht (§ 27 AtG). Das gilt auch in bezug auf die ergänzende Regelung bei Beschädigung einer Sache.

Zu § 418 Umfang des Schadensersatzes

Bereits nach den §§ 28 bis 30 AtG, die zu den Regelungen über Art, Form und Umfang des Schadensersatzes gehören, die in Art. 11 des Pariser Übereinkommens dem innerstaatlichen Recht überlassen worden sind, gelten weitgehend die Grundsätze des allgemeinen Schadensersatzrechts. Daher begnügt sich der Entwurf mit dem Hinweis auf die entsprechend anwendbaren Vorschriften der §§ 842 bis 844, 846 und 847 Abs. 1 BGB. Zusätzlich ist allerdings eine Übernahme der Bestimmung des § 30 Abs. 3 AtG geboten, da eine entsprechende Regelung in dem in Bezug genommenen allgemeinen Schadensersatzrecht fehlt.

Zu § 419 Haftungshöchstgrenzen

Zu Absatz 1

Die Haftung des Inhabers einer Kernanlage nach dem Pariser Übereinkommen ist gemäß § 419 Abs. 1 S. 1 - in Übernahme des geltenden Rechts (§ 31 Abs. 1 S. 1 AtG) - summenmäßig unbegrenzt. In bestimmten Fällen höherer Gewalt (vgl. § 414 Abs. 3) ist jedoch gemäß § 419 Abs. 1 S. 2 die Haftung auf 5 Milliarden DM begrenzt; dies ist der Höchstbetrag der staatlichen Freistellungsverpflichtung.

Zu Absatz 2

Absatz 2 ist gegenüber § 31 Abs. 2 AtG g.F. neu gefaßt und straffer formuliert. Die Vorschrift gewährleistet, daß der deutsche Anlageninhaber bei Auslandsschäden nur dann unbegrenzt haftet, wenn auch in dem Staat, in dem der Schaden eingetreten ist, im Verhältnis zur Bundesrepublik Deutschland eine unbegrenzte Haftung vorgesehen ist. Die Gegenseitigkeit ist darüber hinaus auch bei Haftungsbegrenzungen des Auslands vorgesehen (Absatz 2 Satz 2). Absatz 2 Satz 2 sieht demnach Gegenseitigkeit auch bei Staaten vor, die ihrerseits gegenüber Geschädigten in der Bundesrepublik Deutschland summenmäßig begrenzt Ersatz leisten. Hier wird die Haftung des Inhabers einer Kernanlage auf den Betrag begrenzt, den der andere Staat für die Entschädigung von Opfern in Deutschland vorsieht, unabhängig davon, ob es sich dabei um eine Inhaberhaftung oder um eine staatliche Zusatzentschädigung handelt. Diese neue Regelung bedeutet zugleich, daß im Verhältnis zu Staaten, die ihrerseits im Verhältnis zur Bundesrepublik Deutschland keine Entschädigung vorsehen, ebenfalls keine Entschädigung auf Grund des Fünften Kapitels zu leisten ist.

Satz 3 normiert eine Regelung für sogenannte Nicht-Nuklearstaaten. Von diesen Staaten kann im Regelfall nicht erwartet werden, daß sie eine spezielle Atomhaftungsgesetzgebung besitzen, anhand derer sich die Gegenseitigkeit ermitteln läßt. Es ist daher angemessen, diese Staaten ebenso zu behandeln wie die Vertragspartner der Bundesrepublik Deutschland im Brüsseler Zusatzübereinkommen.

Zu Absatz 3

Absatz 3, der Einschränkungen für den Ersatz von Sachschäden enthält, gilt für den Bereich des Pariser Übereinkommens sowie des § 416. Er entspricht dem § 31 Abs. 3 AtG. Für Sachschäden haftet der Ersatzpflichtige nur bis zur Höhe des "gemeinen Wertes" der beschädigten Sache, zuzüglich der Sicherungskosten für die von ihr ausgehenden Strahlengefahren. Ersatz für Schäden am Beförderungsmittel wird nur geleistet, wenn die Befriedigung der sonstigen Schadensersatzansprüche aus dem Höchstbetrag der staatlichen Freistellungsverpflichtung, bei Schäden in einem anderen Staat aus der Haftungshöchstsumme i.S. des Absatzes 2 sichergestellt ist (Absatz 3 Satz 2).

Zu § 420 Verjährung

Die Regelung der Verjährung in § 420 ist mit § 32 AtG identisch. Absatz 1 setzt für alle Schadensersatzansprüche des zweiten Unterabschnitts des vierten Abschnitts eine Verjährungsfrist von drei Jahren fest. Diese beginnt mit dem Zeitpunkt, zu dem der Ersatzberechtigte von dem Schaden und der Person des Ersatzpflichtigen Kenntnis hatte oder hätte haben müssen. Ohne Rücksicht hierauf läuft eine Verjährungsfrist von dreißig Jahren von dem schädigenden Ereignis an. Für Beginn, Hemmung und Unterbrechung der Verjährungsfrist gelten i.ü. die Absätze 2 bis 4, nach Absatz 5 finden ergänzend auch die Verjährungsvorschriften des BGB Anwendung.

Zu § 421 Mehrere Ersatzpflichtige

§ 421 regelt die gesamtschuldnerische Haftung und den internen Ausgleich in Fällen der Mitwirkung mehrerer Ersatzpflichtiger an einem Schaden. Auch diese Bestimmung enthält keine Veränderungen gegenüber dem bisherigen Recht, vgl. § 33 AtG.

Zu § 422 Freistellungsverpflichtung

Zu Absatz 1

Die Freistellung ist begrenzt auf gesetzliche Schadensersatzverpflichtungen (§ 430 Abs. 1 S. 2) des Inhabers einer im Geltungsbereich dieses Gesetzes gelegenen Kernanlage nach den Bestimmungen des Pariser Übereinkommens i.V.m. § 414 Abs. 1 bis 4 oder auf Grund des auf den Schadensfall anwendbaren Rechts eines fremden Staates. Zur Regelung für Reaktorschiffe vgl. § 415 Abs. 4. Für sonstige nukleare Schäden (§ 416) ist keine Freistellung vorgesehen. Die Ergänzung in § 422 Abs. 1 S. 1 um die Fälle des § 416 Abs. 2 S. 2 ist eine Folgeänderung der Einfügung dieser Bestimmung.

Die staatliche Freistellung greift im Verhältnis zum Geschädigten auch unterhalb der staatlich festgesetzten Grenze der privaten Deckungsvorsorge ein, falls diese aus irgendwelchen Gründen ganz oder teilweise ausfällt, gleichgültig ob der Deckungsvorsorgepflichtige oder dessen Versicherung hierfür verantwortlich ist. Im Innenverhältnis zwischen dem Deckungsvorsorgepflichtigen und dem Staat greift die staatliche Freistellung erst oberhalb der festgesetzten privaten Deckungsvorsorgesumme ein (vgl. Fischerhof, Deutsches Atomgesetz und Strahlenschutzrecht, Bd. I, § 34 AtG Rn. 7).

Bereits nach § 34 Abs. 1 S. 2 AtG stehen auf Grund der staatlichen Freistellungsverpflichtung unabhängig von der vom Betreiber zu erbringenden Deckungsvorsorge ohne die Leistungen aus dem Brüsseler Zusatzübereinkommen Entschädigungsmittel in Höhe von 1 Milliarde DM zur Verfügung. Im Interesse eines möglichst weitgehenden Opferschutzes sollen auch nach dem UGB, das sich insoweit den Novellierungsvorstellungen des BMU anschließt, unabhängig von der vom Betreiber zu erbringenden Deckungsvorsorge vom Staat weitere Mittel für die Befriedigung von Schadensersatzverpflichtungen auf Grund nuklearer Ereignisse bereit gestellt werden. Angesichts des Umstandes, daß durch die staatliche Freistellungsverpflichtung auch solche Schadensersatzansprüche gedeckt werden sollen, die aus der vom Betreiber zu erbringenden Deckungsvorsorge beispielsweise wegen eines Haftungsausschlusses oder wegen eines Mangels des Versicherungsvertrages nicht gedeckt werden können, ist eine Anpassung der Höchstgrenze der staatlichen Freistellungsverpflichtung an die Höchstgrenze der Deckungsvorsorge nach § 430 Abs. 3 S. 2 erforderlich.

Die Freistellung wird nach dem Substraktionsprinzip berechnet: Haftung des Staates - bis zum Höchstbetrag der Freistellungsverpflichtung - abzüglich der tatsächlich zur Verfügung stehenden privaten Deckungsvorsorge.

Zu Absatz 2 und 3

Die Absätze 2 und 3 entsprechen geltendem Recht, siehe § 34 Abs. 2 und 3 AtG g.F. Absatz 2 legt die Pflichten des Anlageninhabers nach dem Eintritt eines schädigenden Ereignisses fest. Die Auswechselung des Begriffs "nuklearen" durch das Wort "schädigenden" Ereignisses trägt der Einfügung des § 416 Abs. 2 S. 2 Rechnung. Im Außenverhältnis zwischen dem Staat und dem Geschädigten sind die gesetzlichen Rahmenbedingungen der Haftung und Entschädigung maßgebend, wie sie in den von § 422 Abs. 3 in Bezug genommenen Vorschriften des Gesetzes über den Versicherungsvertrag vom 30. Mai 1908 (RGBl. S. 263) - VVG - normiert sind.

Zu Absatz 4

Soweit sie nicht an Landesbehörden gerichtet sind, finden die Absätze 2 und 3 gemäß Absatz 4 Anwendung auf die Bundesdeckung nach § 430 Abs. 4.

Zu § 423 Aufteilung der Freistellung zwischen Bund und Ländern

a) Wegfall des § 35 AtG g.F.

§ 35 AtG, der im geltenden Recht das Verteilungsverfahren für den Fall regelt, daß die zur Erfüllung der Schadensersatzverpflichtungen zur Verfügung stehenden Mittel nicht ausreichen, kann nach der vorliegenden Konzeption des Fünften Kapitels entfallen. In Anbetracht der vorgeschlagenen Erhöhung der Deckungsvorsorge und der Regelung der Freistellungsverpflichtung dürfte sich das Problem einer vorrangigen Befriedigung oder einer Quotelung von Ansprüchen praktisch nicht mehr stellen. Insoweit ist ferner zu berücksichtigen, daß neben der Deckung über die Deckungsvorsorge und die staatliche Freistellung auch Leistungen aus dem Brüsseler Zusatzübereinkommen sowie das sonstige private Vermögen des Anlageninhabers verfügbar wären. Hinzu kommt, daß bei Schadensgrößen jenseits der vorgesehenen Höchstgrenze der Deckungsvorsorge der Staat ohnehin auf Grund seiner verfassungsrechtlichen Schutzpflicht Ausgleich zu leisten hätte. Nach alledem besteht kein Bedarf (mehr), die Verteilung der über die Deckungsvorsorge bzw. die staatliche Freistellungsverpflichtung bereit gestellten Mittel zu regeln. Die Befriedigung von Schadensersatzansprüchen erfolgt in der Reihenfolge, in der sie geltend gemacht werden.

Der Wegfall des § 35 AtG führt schließlich zu einer zügigeren Erbringung von Entschädigungsleistungen für potentielle Opfer. Die Regelung des § 35 AtG würde im Schadensfall die Haftpflichtversicherer dem Risiko aussetzen, daß sie nicht mit befreiender Wirkung leisten, wenn damit zu rechnen ist, daß die in § 35 AtG vorgesehene Verteilungsordnung erlassen wird.

b) § 423

Im Innenverhältnis wird die Freistellungsverpflichtung (§ 422) zwischen dem Bund und dem jeweils beteiligten Land in Übereinstimmung mit dem geltenden Recht (§ 36 AtG) aufgeteilt.

Zu § 424 Rückgriff bei der Freistellung

§ 424 soll verhindern, daß die staatliche Freistellung auch dem pflichtwidrig Handelnden zugute kommt; er soll darüber hinaus zur Entlastung der öffentlichen Finanzen beitragen und den Anlageninhaber zur Erfüllung seiner Pflichten zur Deckungsvorsorge, zur Schadensverhinderung, zur Schadensmeldung und bei der Schadensabwicklung anhalten (vgl. Haedrich, Atomgesetz, 1986, § 37 AtG Rn. 2).

Die Entscheidung, ob im Einzelfall gegen den freigestellten Anlageninhaber Rückgriff genommen werden soll, ist in das Ermessen der öffentlichen Hand gestellt. Die Rückgriffsrechte sind in den Nummern 1 bis 4 abschließend aufgeführt. Es wird vorgeschlagen, die von § 37 Nr. 1 bis 3 AtG g.F. erfaßten Rückgriffsmöglichkeiten gegenüber dem Inhaber der Kernanlage in der Weise zu erweitern, daß auch dann Rückgriff in Höhe der erbrachten Leistungen genommen werden kann, wenn der Inhaber der Kernanlage kein Deutscher ist und seinen Sitz, Wohnsitz oder ständigen Aufenthalt im Hoheitsgebiet eines Staates hat, der weder Mitgliedstaat der Europäischen Gemeinschaft ist noch dem Pariser Übereinkommen oder einem sonstigen Übereinkommen mit der Bundesrepublik Deutschland über die Haftung für Nuklearschäden angehört (Nummer 4). In diesem Fall ist es angemessen, die geleisteten Freistellungsbeträge vom Begünstigten zurückzuverlangen, weil hier eine Freistellung ausschließlich im Interesse des Schutzes des Geschädigten erfolgt und ein erkennbarer Anknüpfungspunkt zwischen dem Anlageninhaber und der Bundesrepublik Deutschland nicht besteht. Praktische Bedeutung kann die neue Nummer 4 überwiegend wohl nur in den Fällen erlangen, in denen während eines Transittransportes durch die Bundesrepublik ein Schaden entsteht.

Zu § 425 Ausgleich durch den Bund

Zu Absatz 1 und 2

Wird bei einem nuklearen Unfall im Ausland ein Schaden innerhalb der Bundesrepublik Deutschland verursacht, zahlt der Bund einen Ausgleich bis zur Höhe von 5 Milliarden DM, wenn der Geschädigte aus bestimmten Gründen keinen Ersatz verlangen kann (§ 425 Abs. 1) oder wenn das ausländische Recht oder die Bestimmungen eines völkerrechtlichen Vertrages dem Verletzten Ansprüche gewähren, die nach Art, Ausmaß und Umfang des Ersatzes wesentlich hinter dem Schadensersatz zurückbleiben, der dem Geschädigten bei Anwendung des zweiten Unterabschnitts des vierten Abschnitts zugesprochen worden wäre (§ 425 Abs. 2, 1. Alt.). Dies entspricht dem geltenden Recht, vgl. § 38 Abs. 1 und 2 AtG.

Darüber hinaus stellt die Ergänzung des § 425 Abs. 2, 2. Alt. des Entwurfs klar, daß ein Ausgleichsanspruch auch dann in Betracht kommt, wenn erkennbar ist, daß die Rechtsverfolgung im Ausland aussichtslos ist. Der Anspruch setzt nicht in jedem Fall die Erschöpfung des ausländischen Rechtsweges voraus. Dies ist lediglich dann Voraussetzung für die Geltendmachung des Ausgleichsanspruchs, wenn die Rechtsverfolgung zumutbar ist. Ist dieser Weg unzumutbar, weil er mit großen Schwierigkeiten verbunden oder aussichtslos ist, kann der Ausgleichsanspruch unmittelbar geltend gemacht werden.

Zu Absatz 3

Der Ausgleich wird grundsätzlich unabhängig von Nationalität, Wohnsitz oder gewöhnlichem Aufenthalt des Geschädigten gewährt, Ausländern, die ihren gewöhnlichen Aufenthalt nicht im Geltungsbereich dieses Gesetzes haben, jedoch nur unter der Voraussetzung der Gegenseitigkeit.

Zu Absatz 4

Die Ausgleichsansprüche sind nach Absatz 4 beim Bundesverwaltungsamt geltend zu machen. Im Streitfall steht der Rechtsweg zu den ordentlichen Gerichten offen, denn der Anspruch ist eingebunden in die zivilrechtliche Regelung des vierten Abschnitts dieses Kapitels (siehe auch Fischerhof, Deutsches Atomgesetz und Strahlenschutzrecht, Bd. I, 2. Aufl., 1978, § 38 AtG Rn. 1; Haedrich, Atomgesetz, 1986, § 38 AtG Rn. 3). Demgegenüber sollen die Schadensausgleichsansprüche nach der zu § 38 Abs. 2 AtG g.F. ergangenen Ausgleichsrichtlinien, wie sie seinerzeit als Reaktion auf die Reaktorkatastrophe in Tschernobyl erlassen worden sind, vor den Verwaltungsgerichten einzuklagen sein (VG Köln, Urteil vom 28. Januar 1988 - 1 K 5333/86 -, NWVBL 1988, 211).

Zu § 426 Ausnahmen von den Leistungen des Bundes und der Länder

Die Bestimmung des § 426, die dem geltenden Recht entspricht (siehe § 39 AtG), schließt die gemäß § 432 aus der Deckungsvorsorge nur nachrangig zu befriedigenden Forderungen Geschädigter, die mit dem haftenden Kernanlageninhaber im Konzernverbund stehen oder die bewußt die Nähe zur Kernanlage gesucht haben, um daraus wirtschaftliche Vorteile zu ziehen, von den staatlichen Leistungen aus der Freistellungsverpflichtung des § 422 wie aus der Ausgleichsverpflichtung des § 425 ganz aus. Nach Absatz 2 ist Schmerzensgeld (§ 418 Abs. 1 i.V.m. § 847 Abs. 1 BGB) bei der Freistellung (§ 422) und beim Ausgleich (§ 425) nur einzubeziehen, wenn das wegen der besonderen Schwere der Verletzung zur Vermeidung einer groben Unbilligkeit erforderlich ist.

Zu § 427 Ausländische Kernanlagen

§ 427 entspricht wörtlich dem § 40 AtG g.F. Absatz 1 bestätigt den Grundsatz, daß die Gerichte des Vertragsstaates zuständig sind, in dessen Hoheitsgebiet das nukleare Ereignis stattgefunden hat (vgl. Haedrich, Atomgesetz, 1986, § 40 AtG Rn. 1). Soweit das Pariser Übereinkommen keine Sonderregelung enthält, ist auf alle materiell- und verfahrensrechtlichen Fragen das innerstaatliche Recht bzw. die innerstaatliche Gesetzgebung des zuständigen Gerichts anzuwenden. Absatz 2 führt demgegenüber die Gegenstände bzw. Sachfragen auf, bei denen nach der Regelung des Pariser Übereinkommens stets die Anknüpfung an das Recht des Anlagenstaates zu erfolgen hat.

Zu § 428 Haftungs- und Deckungsfreigrenzen

Nach Art. 1 (b) des Pariser Übereinkommens können von dessen Anwendung durch den Direktionsausschuß für Kernenergie der OECD/NEA Kernanlagen, Kernbrennstoffe und Kernmaterialien ausgeschlossen werden, wenn das geringe Ausmaß der hiermit verbundenen Gefahr dies rechtfertigt. Nach § 429 sind diese Entscheidungen innerstaatlich durch eine Rechtsverordnung der Bundesregierung mit Zustimmung des Bundesrates in Kraft zu setzen, sofern dies zur Erfüllung der in § 377 Abs. 1 bezeichneten Zwecke erforderlich ist.

Die Bundesrepublik Deutschland hat nach Übernahme des Pariser Übereinkommens in das deutsche Recht innerstaatlich mit der Anlage 2 zum Atomgesetz (§ 428 des Entwurfs) den Ausschluß kleiner Mengen von Kernbrennstoffen und Kernmaterialien von der Haftung nach dem Pariser Übereinkommen i.V.m. § 25 AtG (§ 414 Abs. 5 des Entwurfs) geregelt. Inzwischen hat der Direktionsausschuß für Kernenergie in zwei Beschlüssen vom 27. Oktober 1977 die Ausnahmeregelung neu festgelegt. Die Beschlüsse sind zwischen den Vertragsparteien am 18. Januar 1978 in Kraft getreten. Zur Frage ihrer innerstaatlichen Inkraftsetzung siehe die Begründung zu § 429.

Zu § 429 Entscheidungen des Direktionsausschusses

Soweit ersichtlich, ist von der Ermächtigung des § 12a AtG g.F., die von § 429 des Entwurfs übernommen wird, bislang kein Gebrauch gemacht worden. Die Vorschrift bezieht sich auf die Haftung für Atomschäden nach dem Pariser Übereinkommen, welches in das deutsche Recht umgesetzt worden ist. Die Definitionsnormen des Pariser Übereinkommens für Kernanlagen und für Kernbrennstoffe können zur Anpassung an den wissenschaftlich-technischen Erkenntnis- und Entwicklungsstand durch den Direktionsausschuß der OECD/NEA erweitert werden, in dem alle Vertragsparteien vertreten sind (Art. 1 [a] [ii] und [iii] des Übereinkommens). Außerdem kann der Direktionsausschuß bestimmte Kernanlagen, Kernbrennstoffe und Kernmaterialien von der Anwendung des Übereinkommens ausschließen, wenn er das wegen des geringen Ausmaßes der damit verbundenen Gefahren für gerechtfertigt erachtet (Art. 1 [b] des Übereinkommens).

Die in der Vergangenheit vom Direktionsausschuß gefaßten Beschlüsse, zu erwähnen sind die vom 10. April 1984 und 27. Oktober 1977 (vgl. Haedrich, Atomgesetz, 1986, § 12a AtG Rn. 5 ff.), sind von der Bundesregierung nicht umgesetzt worden. Insbesondere die Beibehaltung der Freigrenzenregelung in Anlage II zum Atomgesetz - § 428 dieses Kapitels -, die von den weniger strengen Beschlüssen des Direktionsausschusses für Kernenergie der OECD/NEA vom 27. Oktober 1977 - was zulässig ist - abweicht, läßt darauf schließen, daß die Umsetzung auch dieses Beschlusses nicht beabsichtigt ist.

Zu § 430 Deckungsvorsorge

Zu Absatz 1

Bereits nach geltendem Recht besteht in bezug auf alle genehmigungspflichtigen Anlagen und Tätigkeiten die Verpflichtung, Vorsorge für die Erfüllung gesetzlicher Schadensersatzverpflichtungen zu treffen, unabhängig vom Vorliegen einer Genehmigung (vgl. § 13 AtG). Der neu eingefügte Absatz 1 Satz 1 stellt klar, daß Deckungsvorsorge auch bei Fehlen einer Zulassung, unabhängig davon, ob sie noch erteilt wird oder bereits weggefallen ist, geboten sein kann.

Nach den Sätzen 2 und 3 ist die Deckungsvorsorgeregelung beschränkt auf gesetzliche Schadensersatzverpflichtungen privatrechtlichen Inhalts, vgl. § 13 Abs. 5 AtG g.F., der lediglich sprachlich modifiziert worden ist. Vertragliche Verpflichtungen werden mithin nicht erfaßt.

Zu Absatz 2

Absatz 2 Satz 1 entspricht dem bisherigen Absatz 1 Satz 1 des § 13 AtG g.F.

Nach geltendem Recht ist die Zulassungsbehörde verpflichtet, die Deckungsvorsorge im Abstand von jeweils zwei Jahren sowie bei erheblicher Änderung der Verhältnisse nicht nur zu überprüfen, sondern auch erneut festzusetzen. Dies gilt unabhängig davon, ob sich seit der letzten Festsetzung der Deckungsvorsorge Genehmigungsgegenstand und -inhalt verändert haben. Die von den tatsächlichen Verhältnissen bzw. vom Ergebnis der Überprüfung der Deckungsvorsorge unabhängige obligatorische Neufestsetzung der Deckungsvorsorge führt in der Praxis zu unverhältnismäßigem Verwaltungsaufwand und verursacht unnötige Kosten, da sie in den meisten Fällen zu keiner Veränderung der Deckungssummen führt. Die vorgesehene Änderung vereinfacht das Verwaltungsverfahren ohne Einbußen im Hinblick auf die Gewährleistung der erforderlichen Deckungsvorsorge. Der neugefaßte Absatz 2 Satz 2 verpflichtet die Zulassungsbehörde, die festgesetzte Deckungsvorsorge im Abstand von jeweils zwei Jahren sowie bei erheblicher Änderung der Verhältnisse zu überprüfen und nur "gegebenenfalls" neu festzusetzen. Führt die Überprüfung zu dem Ergebnis, daß eine Änderung nicht erforderlich ist, bedarf es demnach keiner Neufestsetzung.

Absatz 2 Satz 3 bestimmt, daß die Aufsichtsbehörde in den Fällen des Fehlens einer Zulassung die Deckungsvorsorge festsetzt.

Zu Absatz 3

Mit der Haftungsnovelle zum Atomgesetz vom 22. Mai 1985 (BGBl. I S. 781), die innerstaatlich die Haftungsbegrenzung aufgehoben und die summenmäßig unbegrenzte Haftung eingeführt hat, wurde die bis dahin durch Haftungsbegrenzungen privilegierte friedliche Nutzung der Kernenergie in die Normalität des deliktischen Schadenshaftungsrechts übergeleitet. Dies hat zu einer grundsätzlichen Verbesserung des Opferschutzes geführt: Für die durch ein nukleares Ereignis Geschädigten gilt seither uneingeschränkt das Prinzip des vollen Schadensausgleichs (§ 249 BGB). Dieser Grundsatz läuft allerdings leer, wenn nicht auch eine risikoadäquate Deckung sichergestellt ist. Nach geltendem Recht beträgt die vom Inhaber eines Kernkraftwerks aus privaten Mitteln aufzubringende finanzielle Sicherheit derzeit 500 Millionen DM. Dieser Betrag wird ergänzt durch eine staatliche Freistellung bis zum Betrag von einer Milliarde DM abzüglich der 500 Millionen Eigendeckung. Demgemäß beträgt die obligatorische Deckung der unbegrenzten Inhaberhaftung - wie erwähnt, siehe oben I. 2. c) - zur Zeit in Deutschland 1 Milliarde DM.

Demnach dürfte die nach geltendem Recht gegebene Deckung im Falle eines größeren Unfalls unzureichend sein. Angesichts gewachsener Kapazitäten des Versicherungsmarktes erscheint eine deutliche Erhöhung der Dekkungsvorsorge nicht nur erforderlich, sondern tatsächlich und zu wirtschaftlich zumutbaren Bedingungen auch erreichbar. Der Betrag sollte sich bei 5 Milliarden DM bewegen. Während die Festlegung der erforderlichen Mindesthöhe der Deckungsvorsorge über Absatz 3 Satz 1 einer verordnungsrechtlichen Regelung vorbehalten ist, erfolgt die Bestimmung der Höchstgrenze jedoch im Gesetz selbst (Absatz 3 Satz 2). Eine weitere Anhebung der Höchstgrenze der Deckungsvorsorge ist weder sinnvoll noch möglich. Der vorgesehene Höchstbetrag der Deckungsvorsorge von 5 Milliarden DM wird dem Grundsatz des vollen Schadensausgleichs prinzipiell gerecht. Das zivilrechtliche Schadensersatzrecht bei Schadensgrößen stößt jenseits der vorgesehenen Höchstgrenze der Deckungsvorsorge an seine Grenzen. Im Falle einer solchen Katastrophe nationalen oder gar internationalen Ausmaßes würden sich aus der verfassungsrechtlichen Schutzpflicht des Staates unmittelbare staatliche Eintrittspflichten ergeben. Es wäre unverhältnismäßig und im übrigen unrealistisch, den Inhabern von Kernanlagen eine Verpflichtung zur finanziellen Deckungsvorsorge auch für diese Fälle aufzuerlegen. Mit der vorgesehenen Anhebung der Höchstgrenze der Deckungsvorsorge auf 5 Milliarden DM wird im internationalen Vergleich ein Stand erreicht, mit dem lediglich die Regelungen der USA und der Niederlande vergleichbar sind.

Um Minderungen des realen Wertes der Deckungshöchstgrenze entgegenzuwirken, ist in Absatz 3 Satz 3 die Überprüfung in Fünfjahresabständen mit dem Ziel der Erhaltung des realen Wertes vorgeschrieben. Die Beurteilungsgrundsätze hierfür sind ebenfalls in die auf der Grundlage des Absatzes 3 Satz 1 ergehende Rechtsverordnung einzuarbeiten. Für die Überprüfungen der Festsetzungen im Einzelfall gilt Absatz 2 Satz 2.

Zu Absatz 4

Trotz erheblich gewachsener Kapazitäten des Versicherungsmarktes ist eine Deckungsvorsorge in Höhe der hier vorgeschlagenen (Höchst-)Grenzen weder auf dem deutschen noch auf dem internationalen Versicherungsmarkt erhältlich. Auch mit sonstigen privaten Mitteln dürfte Deckungsvorsorge in dieser Höhe kaum zu erreichen sein. Soweit die geforderte Deckungsvorsorge daher den mit privaten Mitteln erreichbaren Betrag überschreitet, gewährt der Bund Deckungsvorsorge (Absatz 4 Satz 1). Diese Bundesdeckung wird aber nur dann geleistet und ist auch nur dann in Anspruch zu nehmen, wenn die jeweils festgesetzte Deckungsvorsorge mit privaten Mitteln, d.h. auf dem Versicherungsmarkt oder in anderer Weise tatsächlich nicht erreicht werden kann. Der zur Deckungsvorsorge Verpflichtete ist daher berechtigt und verpflichtet, die Kapazitäten des Versicherungsmarktes in vollem Umfang auszuschöpfen. Der Entwurf trägt somit dem Subsidiaritätsprinzip Rechnung. Zugleich ist er offen für künftige Entwicklungen des Versicherungsmarktes.

Die Bundesdeckung ist gemäß Absatz 4 Sätze 2 und 3 entgeltpflichtig. Damit wird dem Umstand Rechnung getragen, daß mit der Bundesdeckung staatliche Leistungen zum Nachweis der Deckungsvorsorge in Anspruch genommen werden. Die Erhebung eines Entgelts für diese staatliche Leistung, die ihrem Charakter nach einer Haftpflichtversicherung entspricht, ist unter Zugrundelegung des Verursacherprinzips angemessen und geboten. Zugleich wird dem möglichen Einwand begegnet, eine kostenlose Bundesdeckung sei eine nach den Bestimmungen des Vertrages über die Europäische Wirtschaftsgemeinschaft unzulässige Beihilfe (Art. 92 ff. EWG-Vertrag). Die Erhebung eines Entgelts entspricht im übrigen den Regelungen in anderen Staaten, wie z.B. in der Schweiz, in den Niederlanden und in Japan.

Die Grundsätze für die Berechnung des Entgelts werden durch Rechtsverordnung der Bundesregierung mit Zustimmung des Bundesrates geregelt. Für die Bemessung des Entgelts dienen die Prämien, die auf dem privaten Versicherungsmarkt geleistet werden, als Orientierungsmaßstab.

Zu Absatz 5

Nach Absatz 5, der mit § 13 Abs. 4 AtG identisch ist, sind auf Grund ihrer Finanzkraft der Bund - ausgenommen die Bundesbahn bei Beförderung im öffentlichen Verkehr - sowie die Länder nicht zur Deckungsvorsorge verpflichtet. Treten sie als Anlageninhaber auf, findet oberhalb des Bereichs der von ihnen zu tragenden Haftung - bei einem Land oberhalb der nach Absatz 5 Satz 2 von der zuständigen Behörde festzusetzenden "Einstandspflicht" -

die gemeinsame Freistellung durch Bund und Länder nach den §§ 422 und 423 in der üblichen Weise statt (vgl. zum geltenden Recht auch Haedrich, Atomgesetz, 1986, § 13 AtG Rn. 25).

Zu Absatz 6

Absatz 6 verlagert die im geltenden Recht in den §§ 4a und 4b AtG geregelten Materien auf die Ebene der Rechtsverordnung, während das Gesetz sich auf die Normierung entsprechender Ermächtigungen beschränkt. Nr. 1 betrifft die grenzüberschreitende Beförderung von Kernbrennstoffen, während Nr. 2 die Fälle erfaßt, in denen wegen der mit der Beförderung verbundenen geringen Gefährlichkeit eine Genehmigung nicht erforderlich ist, was in einer auf Grund des § 385 Abs. 7 Nr. 1 durch die Bundesregierung zu erlassenden Rechtsverordnung bestimmt werden kann.

Zu § 431 Anwendung des Gesetzes über den Versicherungsvertrag

Die Haftpflichtversicherung ist zwar der Regelfall der atomrechtlichen Deckungsvorsorge, jedoch kann an deren Stelle auch die Freistellungs- oder Gewährleistungsverpflichtung eines Dritten treten, vgl. nach geltendem Recht gegenwärtig § 1 Nr. 2 AtDeckV. Im Interesse der Sicherstellung der Entschädigung erklärt § 431 den größten Teil der Bestimmungen des VVG über die Pflichtversicherung, nämlich die §§ 158c bis 158h, für sinngemäß anwendbar auf die Haftpflichtverträge (Absatz 1) und auf die Freistellungs- und Gewährleistungsverpflichtungen Dritter (Absatz 2). Dies gilt allerdings nur im Bereich der Haftung nach dem Pariser Übereinkommen i.V.m. § 414 Abs. 1 bis 4, sowie nach § 415 (Reaktorschiffe) bzw. den dort genannten internationalen Verträgen über die Haftung für Reaktorschiffe, nicht jedoch für die Haftung in anderen Fällen gemäß der Auffangvorschrift des § 416.

Die vorgeschlagene Ergänzung des Absatzes 1 Satz 1 um die radioaktiven Stoffe, die gemäß § 416 Abs. 2 S. 2 den Kernmaterialien gleichgestellt sind, ist eine Folgeänderung zur Änderung des Regelungsgehalts des § 416. Nach § 158c Abs. 2 VVG wirkt ein Umstand, der das Nichtbestehen eines Versicherungsverhältnisses oder die Beendigung eines Versicherungsverhältnisses zur Folge hat, gegenüber dem geschädigten Dritten erst nach dem Ablauf eines Monats nach der Anzeige dieses Umstandes durch den Versicherer bei der zuständigen Stelle. Die Einmonatsfrist in § 158c Abs. 2 VVG ist in § 431 Abs. 1 des Entwurfs - wie bereits nach § 14 Abs. 1 AtG g.F. - auf zwei Monate verlängert worden, um dem Versicherungsnehmer ausreichend Zeit zur Beschaffung einer neuen Haftpflichtversicherung einzuräumen (siehe die amtliche Begründung zum Dritten Änderungsgesetz zum Atomgesetz, BT-Drs. 7/2183, S. 20). Die Frist des § 158c Abs. 2 VVG ist auch für die Dauer der Beförderung von radioaktiven Stoffen, auf die die Merkmale des neuen § 416 Abs. 2 S. 2 anzuwenden sind, gehemmt.

Zu § 432 Rangfolge der Befriedigung aus der Deckungsvorsorge

§ 432 entspricht wörtlich dem § 15 AtG. Die Regelung dient im Falle nuklearer Schäden dem Interesse der Umgebungsbevölkerung bei der Befriedigung aus den Deckungsvorsorgemitteln. Sie erklärt die Ersatzansprüche Geschädigter als nachrangig

- die zum ersatzpflichtigen Anlageninhaber in einem Konzernverhältnis i.S. des § 18 des Aktiengesetzes stehen (Absatz 1) oder
- denen als Industrieunternehmen ihr Standort in der Nähe der Kernanlage des haftenden Inhabers dazu dient, die aus der Kernanlage stammende Energie für Produktionszwecke zu nutzen (Absatz 2).

Die Regelung berührt lediglich die Rangfolge der Befriedigung aus der Deckungsvorsorge im Verhältnis zu sonstigen Geschädigten, nicht jedoch den Bestand des Schadensersatzanspruchs gegen den Anlageninhaber.

Absatz 3 sieht eine gleichrangige Befriedigung der nach den Absätzen 1 und 2 nachrangigen Ansprüche untereinander vor, weil allenfalls ein Vorrang für die benachbarten Industrieschäden gegenüber den Konzernunternehmen im Hinblick auf den Gedanken des wirtschaftlichen Eigenschadens in Betracht gekommen wäre. Da aber die Nachrangigkeit nach Absatz 1 nicht nur hundertprozentige Beteiligungen erfaßt, erscheint insoweit eine Gleichbehandlung sachgerechter (siehe auch die amtliche Begründung des Regierungsentwurfs zum Atomgesetz, BT-Drs. III/759).

Zum Fünften Abschnitt: Gemeinsame Vorschriften

Gegenstand der das Kapitel beschließenden "gemeinsamen Vorschriften" sind zunächst datenschutzrechtliche Regelungen (§§ 433 bis 435) sowie eine Bestimmung, die die bereits existierenden Beratungskommissionen RSK, SSK und KTA gesetzlich verankert (§ 436). Darüber hinaus enthält der fünfte Abschnitt - üblicher Gesetzgebungstechnik entsprechend - mit den Übergangsregelungen (§ 437) und den Ordnungswidrigkeitstatbeständen die gängigen Schlußvorschriften.

Zu § 433 Überprüfung der Zuverlässigkeit zum Schutz gegen Entwendung oder erhebliche Freisetzung radioaktiver Stoffe

§ 433 deckt sich mit § 12b AtG g.F., der durch Gesetz vom 9. Oktober 1989 (BGBl. I S. 1830) eingefügt worden ist. Die Vorschrift dient in erster Linie dem Schutz gegen unbefugte Handlungen, die zu einer Entwendung oder einer erheblichen Freisetzung radioaktiver Stoffe führen können. Sie bezweckt darüber hinaus, die betreffenden Personen, die beim Umgang oder bei der Beförderung von radioaktiven Stoffen sowie bei der Errichtung und dem Betrieb von Anlagen tätig sind, davor zu schützen, daß sie durch den Umgang mit ihren personenbezogenen Daten in ihrem Persönlichkeitsrecht beeinträchtigt werden.

Soweit zum Schutz gegen die erwähnten unbefugten Handlungen eine Überprüfung der erforderlichen Zuverlässigkeit jenes Personenkreises vorgenommen werden soll, ist gemäß Absatz 1 Satz 1 das Einverständnis des Betroffenen einzuholen. Die Sätze 2 und 3 tragen dem Umstand Rechnung, daß die Verarbeitung personenbezogener Daten nach § 4 Abs. 1 des Gesetzes zur Fortentwicklung der Datenverarbeitung und des Datenschutzes vom 20. Dezember 1990 (BGBl. I S. 2954) - BDSG - einer gesetzlichen Grundlage bedarf, sofern eine Einwilligung des Betroffenen nicht vorliegt. Absatz 1 Satz 2 ermächtigt die zuständigen Behörden, bei den Polizei- und Verfassungsschutzbehörden Auskünfte einzuholen. Ergeben die Ermittlungen Zweifel an der Zuverlässigkeit des Betroffenen, so ist dieser anzuhören. Absatz 1 Satz 3 ist Ausfluß des verfahrensrechtlichen Grundsatzes der Anhörungspflicht, wie er in § 28 der Verwaltungsverfahrensgesetze des Bundes und der Länder normiert ist.

Absatz 2 enthält die Ermächtigung an die Bundesregierung, die Einzelheiten der Überprüfung durch Rechtsverordnung zu regeln.

Zu § 434 Strahlenschutzregister

§ 434 regelt die Erfassung und Verwendung der auf Grund einer Verordnung nach § 408 Abs. 1 Nr. 2 erhobenen Daten. § 12c AtG g.F., der dem § 434 als Vorbild dient, ist durch das Gesetz über die Errichtung des Bundesamtes für Strahlenschutz vom 9. Oktober 1989 (BGBl. I S. 1830) in das Atomgesetz aufgenommen worden. Auch § 434 ist wie § 433 eine Reaktion auf die mit dem Gesetz zur Fortentwicklung der Datenverarbeitung und des Datenschutzes einhergehende Verschärfung der Anforderungen, die insbesondere an das Speichern und Übermitteln personenperzogener Daten zu stellen sind. Die erhobenen Daten über die Strahlenexposition strahlenexponierter Personen werden beim Bundesamt für Strahlenschutz gespeichert. Der Betroffene ist hierüber zu unterrichten (Absatz 1 Satz 2). Gemäß Absatz 2 dürfen im jeweils erforderlichen Umfang sowohl an die zuständigen Behörden wie auch an die Strahlenschutzverpflichteten gespeicherte Daten übermittelt werden. Absatz 3 trifft Regelungen für die Übermittlung personenbezogener Daten für Zwecke der wissenschaftlichen Forschung. Die Bestimmung des Verfahrens der Erteilung von Auskünften aus dem Strahlenschutzregister sowie der Übermittlung personenbezogener Daten bleibt einer verordnungsrechtlichen Regelung vorbehalten (Absatz 4 Satz 2).

Zu § 435 Informationsübermittlung

Mit § 435 enthält der fünfte Abschnitt eine weitere Bestimmung, die die Möglichkeit der Verwendung von Daten, hier in Form der Übermittlung, eröffnet und hierfür die vom Bundesdatenschutzgesetz geforderte gesetzliche Grundlage bereit hält. Beide Absätze des § 435 finden ihre Entsprechung im geltenden Recht. Die entsprechenden Regelungen sind in das Atomgesetz durch das Gesetz zur Verbesserung der Überwachung des Außenwirtschaftsverkehrs und zum Verbot von Atomwaffen, biologischen und chemischen Waffen vom 5. November 1990 (BGBl. I S. 2428) in das Atomgesetz aufgenommen worden. Absatz 1 des Entwurfs ist dem § 19 Abs. 1 S. 4 AtG entnommen, der im Interesse der Verfolgung von Straftaten im Außenwirtschaftsverkehr den zuständigen Behörden die Befugnis einräumt, Informationen an den BMI weiterzuleiten, die auf entsprechende Verstöße im Zusammenhang mit der Ein- und Ausfuhr radioaktiver Stoffe hindeuten. Absatz 2, der dem § 24a AtG entspricht, enthält die Ermächtigung des für den Umweltschutz zuständigen Bundesministers, den für den Außenwirtschaftsverkehr zuständigen obersten Bundesbehörden die sich aus den atomrechtlichen Zulassungen ergebenden Informationen zur Erfüllung ihrer Aufgaben bei Genehmigungen oder der Überwachung des Außenwirtschaftsverkehrs zu übermitteln.

§ 15 Abs. 3 S. 1 BDSG schreibt vor, daß der Empfänger der übermittelten Daten diese nur für den Zweck verarbeiten oder nutzen darf, zu dessen Erfüllung sie ihm übermittelt worden sind. Diese Vorgabe berücksichtigt § 435 Abs. 2 S. 2 des Entwurfs, der für die Regelung des Absatzes 1 entsprechend gilt.

Zu § 436 Beratungskommissionen

Zu Absatz 1

Durch die auch inhaltlich neue Regelung des § 436 werden die seit langem bestehenden und für den Vollzug des Kernenergie- und Strahlenschutzrechts unentbehrlichen Gremien Reaktor-Sicherheitskommission (RSK), Strahlenschutzkommission (SSK) und Kerntechnischer Ausschuß (KTA) im Gesetz verankert. Damit wird ihrer großen Bedeutung bei der untergesetzlichen Ausfüllung der in diesem Kapitel enthaltenen Umweltstandards Rechnung getragen.

Absatz 1 Satz 2 sieht vor, daß den in Satz 1 genannten Gremien - je nach fachlicher Zuständigkeit - Vertreter der beteiligten Kreise angehören müssen. Damit ergibt sich das Modell einer im Vergleich zum geltenden Recht zwar stärker rechtlich verfaßten, aber insgesamt weiterhin informalen Beteiligung. Diese Beteiligungsform ist der weitgehend politischen Natur des Verfahrens des Erlasses von Empfehlungen, Stellungnahmen und Regeln angemessen (vgl. für den Erlaß von Rechtsverordnungen Rittstieg, Die Konkretisierung technischer Standards im Anlagenrecht, 1982, S. 441 ff.; Salzwedel, NVwZ 1987, 276, 277 ff.; Brohm, in: Isensee/Kirchhof [Hrsg.], Handbuch des Staatsrechts, Bd. II, 1987, S. 207, 236 ff.).

Die Beteiligungsregelung soll zum einen die Objektivität und Neutralität der zu erlassenden Regelungen durch Ermöglichung breiter Interessenrepräsentation und Einbringung von Sachverstand verfahrensrechtlich gewährleisten. Zum anderen ist auf diese Weise eine wesentliche Bedingung dafür erfüllt, daß die so aufgestellten Regeln, in die entsprechender Sachverstand eingeflossen ist, auf Grund der damit verbundenen hohen Richtigkeitsgewähr die in § 161 vorgesehene Vermutungswirkung erhalten können. Daher werden nach Absatz 1 Satz 3 auch Anforderungen an die Zusammensetzung der Kommissionen geregelt, die eine Ausgewogenheit sicherstellen sollen. Die Forderung nach ausgewogener Zusammensetzung kann auch zu einer Verbesserung der Akzeptanz der Empfehlungen, Stellungnahmen und Regeln, insbesondere hinsichtlich ihrer wissenschaftlichen Grundlagen, beitragen. Absatz 1 Satz 4 schreibt überdies ausdrücklich vor, daß die Kommissionsmitglieder dieser Gremien unabhängig und frei von Weisungen sind.

Zu Absatz 2

Absatz 2 Satz 1 spricht die beratende Funktion von RSK und SSK an. Die Beratungsergebnisse äußern sich in konkreten, d.h. einzelfallbezogenen oder allgemeinen Stellungnahmen bzw. Empfehlungen.

Absatz 2 Satz 2 regelt die Aufgabe des KTA, die darin besteht, kerntechnische Regeln, die dem Stand von Wissenschaft und Technik entsprechen, aufzustellen und ihre Anwendung zu unterstützen.

Zu Absatz 3

Absatz 3 verweist hinsichtlich der näheren Einzelheiten auf eine Geschäftsordnung, die sich die Gremien jeweils mit Zustimmung des Bundesministers geben. Die Geschäftsordnungen müssen insbesondere im einzelnen festlegen, welche Anforderungen an die Fachkunde der Mitglieder und ihre Bestellung zu stellen sind, sowie das Verfahren und die Modalitäten der Veröffentlichung von Beratungsergebnissen regeln.

Zu § 437 Bestehende Zulassungen

Die Vorschrift trifft Übergangsregelungen für vor Inkrafttreten des UGB erteilte Genehmigungen oder Planfeststellungen nach dem Atomgesetz (Absatz 1) sowie für Anzeigen, die nach einer auf Grund des § 11 AtG erlassenen Rechtsverordnung erstattet worden sind (Absatz 2). § 437 ordnet die Fortgeltung der Genehmigungen, Planfeststellungen und Anzeigen an.

Zu § 438 Ordnungswidrigkeiten

Die Absätze 1 und 2 fassen abschließend die Tatbestände zusammen, die als bußgeldwürdig angesehen werden (vgl. die übrigen Ordnungswidrigkeitentatbestände §§ 219, 282, 313, 376, 558 und 597). Sie gehen über die in § 46 Abs. 1 AtG g.F. aufgeführten Ordnungswidrigkeiten hinaus. Die Tatbestände sind von unterschiedlichem Gewicht, wie Absatz 3 bestätigt, der bei der Festlegung der Höhe der Geldbuße im Höchstmaß unterscheidet. Keine Differenzierung im Höchstmaß nimmt § 438 allerdings zwischen vorsätzlichem und bloß fahrlässigem Handeln vor. Nach § 17 Abs. 2 OWiG kann fahrlässiges Handeln höchstens mit der Hälfte des angedrohten Höchstbetrages der Geldbuße geahndet werden.

Voraussetzungen, Verfahren und Wirkungen der Einziehung der durch die Ordnungswidrigkeit hervorgebrachten oder zu ihrer Begehung gebrauchten bzw. bestimmten Gegenstände sind geregelt in § 23 OWiG, den Absatz 4 für entsprechend anwendbar erklärt. Eine Regelung eines Abschöpfungsvorbehalts hält § 438 nicht ausdrücklich bereit. Insoweit bleibt es ebenfalls bei den Grundsätzen des allgemeinen Ordnungswidrigkeitenrechts, wie sie in diesem Punkt in § 17 Abs. 4 OWiG ihren Niederschlag gefunden haben.

Sechstes Kapitel: Gefährliche Stoffe

Vorbemerkungen zur Ausgangssituation und zu den Grundlinien des Vorschlages

Das Sechste Kapitel enthält eine - bis auf die lebensmittel-, futtermittel- und arzneimittelrechtlichen Spezialmaterien - umfassende Regelung des Rechts der gefährlichen Stoffe, die nicht nur die bisher im ChemG geregelten Materien, sondern insbesondere auch Pflanzenschutzmittel, Düngemittel, Waschmittel sowie die Beförderung gefährlicher Güter einschließt. Auch die stoffbezogenen Aspekte des Abfall- und des Immissionsschutzrechts werden einbezogen.

Der Vorschlag behält die grundsätzliche Gliederung des ChemG bei. Die einbezogenen Spezialmaterien, die größtenteils besonderer Regelungen bedürfen, schließen sich an. Auch die Grundstrukturen und die zentralen Regelungen des ChemG sowie des PflSchG werden übernommen, jedoch insbesondere durch Grundsätze der Chemiepolitik, Verhaltenspflichten und eine Erweiterung der Mitteilungspflichten und der Verordnungsermächtigungen für Verbote und Beschränkungen angereichert.

Das Recht der gefährlichen Stoffe wird in besonderem Maße durch Vorgaben des europäischen Gemeinschaftsrechts geprägt, die den Spielraum des nationalen Gesetzgebers stark einengen. Die Anmeldung und - künftig bei Pflanzenschutzmitteln - die Zulassung gefährlicher Stoffe, ein Großteil der Mitteilungspflichten nach den §§ 16 bis 16e ChemG und die Verpackung und Kennzeichnung sind durch Gemeinschaftsrecht geregelt. Nationale Spielräume bestehen insbesondere hinsichtlich der eigentlichen Chemiepolitik, insbesondere soweit sie in Verboten und Beschränkungen zum Ausdruck kommt; insoweit beschränkt sich die Gemeinschaft bisher auf punktuelle Regelungen. Aus alledem ergibt sich, daß die Hauptaufgabe des Entwurfs die innere Harmonisierung des Stoffrechts, insbesondere im Hinblick auf die Ausnahmestoffe nach § 2 ChemG, besondere Stoffgesetze und Stoffregelungen in medienbezogenen Umweltgesetzen sein muß. Die Grundstrukturen und zentrale Regelungen des ChemG werden übernommen. Daneben werden die notwendigen Konsequenzen aus Regelungen gezogen, die bereits im Allgemeinen Teil enthalten sind. Dies gilt insbesondere für die Verhaltenspflichten. Schließlich versucht der Vorschlag auch einem inhaltlichen Reformbedarf Rechnung zu tragen, den er insbesondere im Bereich der Verrechtlichung der Chemiepolitik sieht. In diesem Sinne werden Grundsätze der Chemiepolitik vorgeschlagen, die insbesondere für die Bewertung von

Stoffen und Entscheidungen über Verbote und Beschränkungen maßgeblich sind.

Zum Ersten Abschnitt: Allgemeine Vorschriften

I. AUSGANGSLAGE

1. Gegenstand des Regelungsbereichs

Im ersten Abschnitt werden in Anlehnung an die Regelungen des ChemG der Zweck der Regelung, Begriffsbestimmungen und der Anwendungsbereich des Kapitels geregelt. Hinzukommen als Neuerung Grundsätze der Chemiepolitik, die insbesondere die Bewertung und Entscheidungen über Verbote und Beschränkungen betreffen, sowie Eingriffsermächtigungen zur Durchsetzung der im Allgemeinen Teil geregelten Verhaltenspflichten, soweit sie für gefährliche Stoffe von Bedeutung sind.

In § 439 wird in Anlehnung an die frühere Fassung des § 1 ChemG der Zweck des Sechsten Kapitels niedergelegt. § 440 enthält die für das Kapitel maßgeblichen allgemeinen Definitionen, wobei die Vorschrift im Hinblick auf die Begriffsbestimmungen im Allgemeinen Teil entlastet werden konnte.

§ 441 trifft Regelungen über den Geltungsbereich des Sechsten Kapitels. Damit soll einmal eine Abgrenzung der Regelung des UGB über gefährliche Stoffe von stoffrechtlichen Regelungen erreicht werden, die außerhalb des UGB verbleiben; zum anderen werden die Regelungen des Sechsten Kapitels von denen anderer Kapitel, insbesondere im Bereich des Abfall-, Wasser- und Strahlenschutzrechts abgegrenzt. Das Verhältnis zwischen der Grundregelung der gefährlichen Stoffe zu den ebenfalls im Sechsten Kapitel enthaltenen Sonderregelungen über Pflanzenschutzmittel und Biozide sowie die Beförderung gefährlicher Güter wird dagegen in den betreffenden Abschnitten geregelt. In § 442 werden Grundsätze der Chemiepolitik niedergelegt. § 443 regelt selbständige, auf den Umgang mit gefährlichen Stoffen bezügliche Verhaltenspflichten. Besondere Verhaltenspflichten in bezug auf Pflanzenschutzmittel, Biozide, Düngemittel und Waschmittel finden sich in den diese betreffenden Abschnitten.

2. Bisherige Rechtslage

a) Bisheriges Recht

Sowohl das ChemG als auch die meisten anderen Stoffgesetze enthalten in ihren Eingangsbestimmungen Zweckbestimmungen (§ 1 ChemG, § 1 PflSchG) oder bringen ihren Zweck in Anwendungsgeneralklauseln zum

Ausdruck (§ 1a DMG, § 1 WRMG); lediglich das Gesetz über die Beförderung gefährlicher Güter verzichtet auf derartige Regelungen. Eine Besonderheit gilt für das Pflanzenschutzrecht insofern, als neben dem Schutzzweck auch der Förderzweck - Pflanzenschutz - genannt und durch die Stellung in der Zweckbestimmung besonders hervorgehoben wird. Die inhaltlichen Aussagen zum Zweck der jeweiligen Regelungen divergieren insofern, als lediglich § 1 ChemG nach der Novellierung eindeutig zu entnehmen ist, daß das Gesetz nicht nur der Abwehr von Gefahren, sondern auch der Vorsorge dient.

Sämtliche Stoffgesetze enthalten zum Teil umfangreiche Begriffsbestimmungen, die unter anderem auch für den Anwendungsbereich der jeweiligen Gesetze von Bedeutung sind. Die Novelle zum ChemG hat die Begriffsbestimmung des gefährlichen Stoffs verselbständigt (§ 3a ChemG). Diese Begriffsbestimmungen sind teilweise auf die Besonderheiten der betreffenden Regelungsmaterie zugeschnitten, teilweise werden aber auch die gleichen Begriffe, wie z.B. Inverkehrbringen und Verwenden, definiert.

Komplexe Regelungen finden sich hinsichtlich des Anwendungsbereichs insbesondere im ChemG. Dieses Gesetz regelt die Herstellung, das Inverkehrbringen und die Verwendung von Stoffen, Zubereitungen und Erzeugnissen, die Stoffe oder Zubereitungen enthalten. Es stellt mit seinen Vorschriften über die Anmeldung, die Einstufung, Verpackung und Kennzeichnung, den Mitteilungspflichten und den Ermächtigungen zu Verboten und Beschränkungen jedoch keine umfassende Regelung für den Schutz vor Chemikalien dar. Einmal geht es vom grundsätzlichen Vorrang der bestehenden Stoffgesetze, insbesondere in bezug auf Lebensmittel, Futtermittel, Arzneimittel und Pflanzenschutzmittel aus. Zum anderen haben auch die Stoffregelungen in den allgemeinen medien- und anlagenbezogenen Gesetzen als Spezialgesetze vor dem ChemG grundsätzlich Vorrang. Insbesondere die Bereiche Emissionen, Einleitungen und Entsorgung von Chemikalien sowie Störfälle durch Chemikalien sind nicht erfaßt. Primäre Aufgabe des ChemG ist es insoweit, Daten über die Gesundheits- und Umweltgefahren neuer Stoffe, unter bestimmten Voraussetzungen auch alter Stoffe (vgl. § 16c ChemG), zu entwickeln, die dann die Grundlage für Regelungen sein können, die in erster Linie nach den medien- und anlagenbezogenen Umweltgesetzen zu treffen sind (vgl. BVerwG, UPR 1992, 382 ff.; Rehbinder/Kayser/Klein, Chemikaliengesetz, 1985, § 2 ChemG Rn. 2).

Die Abgrenzung zwischen dem ChemG und anderen Stoffgesetzen sowie stoffbezogenen Regelungen in medialen und anlagenbezogenen Umweltgesetzen wird durch § 2 ChemG getroffen, der durch die Novelle zum Gesetz von 1990 erheblich umgestaltet worden ist. Der Vorschrift liegt der Gedanke zugrunde, daß Stoffe, Zubereitungen und Erzeugnisse insoweit vom Anwendungsbereich der zentralen Vorschriften des ChemG, insbesondere vom Anmeldungsverfahren und den Vorschriften über Einstufung, Verpackung und

Kennzeichnung, ausgenommen werden sollen, als bereits gleichwertige Regelungen zum Schutz von Mensch und Umwelt bestehen. Das ChemG behält aber eine Ergänzungsfunktion, die in bezug auf die einzelnen in Betracht kommenden Regelungen unterschiedlich ausgestaltet ist.

Für Tabakerzeugnisse, kosmetische Mittel, zulassungs- und registrierungspflichtige (sowie bestimmte zulassungsfreie) Arzneimittel, Abfälle und abfallähnliche Stoffe, radioaktive Abfälle und Abwasser finden die Vorschriften über das Anmeldeverfahren und über Einstufung, Verpackung und Kennzeichnung keine Anwendung. Die Mitteilungspflichten sind zum Teil ausgeschlossen; anwendbar sind die §§ 16b Abs. 1 S. 1 Nr. 1, 16c und 16d (Zwischenprodukte, alte Stoffe und gefährliche Zubereitungen). Die Ermächtigungen für Verbote und Beschränkungen gelten bis auf § 17 Abs. 1 Nr. 2 a und b. Einschränkungen dieser letzteren Regelungen können sich jedoch aus dem allgemeinen Grundsatz des Vorrangs spezieller Ermächtigungen in den betreffenden Gesetzen ergeben.

Für Lebensmittel und Futtermittel einschließlich Vorprodukten und Zusatzstoffen gilt eine grundsätzlich entsprechende Regelung, jedoch geht der Ausschluß der Mitteilungspflichten noch weiter. Soweit es sich um Vorprodukte und Zusatzstoffe handelt, sind jedoch das Kennzeichnungsrecht des ChemG und die Mitteilungspflichten nach den §§ 16b Abs. 1 S. 1 Nr. 1 und 16e (Zwischenprodukte, Vergiftungszentralen) anwendbar.

Auch Arzneigrundstoffe und zulassungspflichtige Pflanzenschutzmittel unterliegen nicht dem Anmeldeverfahren und den Mitteilungspflichten (außer §§ 16b und 16e - Zwischen- und Exportprodukte, Vergiftungszentralen), jedoch ist das Kennzeichnungsrecht des ChemG in vollem Umfang anwendbar. Die Ermächtigungen für Verbote und Beschränkungen gelten grundsätzlich; entsprechende Ermächtigungen des Pflanzenschutzrechts gehen vor, soweit auf ihrer Grundlage Regelungen getroffen werden können.

Hinsichtlich der Beförderung gefährlicher Güter ist das ChemG nur hinsichtlich der Vorschriften über die Gute-Laborpraxis anwendbar, die einheitlich für alle Chemikalien im ChemG geregelt ist.

Das Verhältnis des ChemG zu anderen Stoffgesetzen wie dem DMG, WRMG, BzBlG sowie stoffbezogenen Regelungen in medialen und anlagenbezogenen Umweltgesetzen, wie insbesondere dem BImSchG, ist nicht ausdrücklich geregelt und muß anhand allgemeiner Grundsätze, insbesondere des Grundsatzes der Spezialität, bestimmt werden. Hieraus ergibt sich eine Reihe von Zweifelsfragen (vgl. Rehbinder/Kayser/Klein, Chemikaliengesetz, 1985, § 2 ChemG Rn. 71 ff., 98 ff.; Kloepfer, in: Gesellschaft für Rechtspolitik [Hrsg.], Chemikalienrecht, 1986, S. 1 ff.)

Neben der Abgrenzung des Anwendungsbereichs des ChemG zu anderen Stoffgesetzen und stoffbezogenen Regelungen in medialen und anlagenbezogenen Umweltgesetzen enthält das Gesetz auch eine inhaltliche Einschränkung aus Gründen der bundesstaatlichen Gesetzgebungskompetenz. § 2 Abs.

4 ChemG bestimmt für Stoffe und Zubereitungen mit den Gefährlichkeitsmerkmalen nach § 3a Abs. 1 Nr. 2 bis 5 und 16 ChemG (entzündliche und umweltgefährliche Stoffe), daß das Kennzeichnungsrecht, ein Teil der Mitteilungspflichten (§§ 16c, 16d ChemG - Altstoffe, gefährliche Zubereitungen) sowie die Eingriffsermächtigungen nach den §§ 17, 23 ChemG grundsätzlich nur insoweit gelten, als das Herstellen, Inverkehrbringen oder Verwenden gewerbsmäßig, im Rahmen wirtschaftlicher Unternehmen oder unter Beschäftigung von Arbeitnehmern erfolgt. Eine Rückausnahme ist für Regelungen oder Anordnungen auf Grund der Vorschriften über den Verkehr mit Bedarfsgegenständen, die Abfallbeseitigung und Luftreinhaltung sowie bei umweltgefährlichen Stoffen zum Schutz der menschlichen Gesundheit vorgesehen. Der Anwendungsbereich der anderen Stoffgesetze ergibt sich regelmäßig aus der Begriffsbestimmung der unter sie fallenden Stoffe. Außerdem enthalten diese Gesetze hinsichtlich ihres Anwendungsbereichs zum Teil Unberührtheitsklauseln (§ 41 PflSchG, § 1 Abs. 4 WRMG).

Grundsätze zur Chemiepolitik ergeben sich aus den bisherigen Regelungen nicht. Dagegen enthalten das PflSchG, das DMG und das WRMG Anwendungsgeneralklauseln, die einen sorgfältigen Umgang mit Pflanzenschutzmitteln, Düngemitteln und Waschmitteln unter Schonung der potentiell beeinträchtigten Umweltgüter sicherstellen sollen (§ 6 PflSchG, § 1a DMG, § 1 WRMG). Dabei handelt es sich überwiegend um leges imperfectae; allein in § 6 PflSchG ist eine Ermächtigung zur Konkretisierung des Verhaltensgebots durch Anordnung der zuständigen Behörde vorgesehen. Im zentralen Stoffgesetz, dem ChemG, fehlen derartige Regelungen, jedoch findet sich eine begrenzte Verhaltensgeneralklausel in § 8 Abs. 1 FCKW-Halon-VerbotsV.

b) Erfahrungen mit dem bisherigen Recht und Reformvorschläge

Mit der Novellierung der Zweckbestimmung des § 1 ChemG im Sinne einer Anreicherung durch die Risikovorsorge hat der Gesetzgeber die Konsequenz aus der Erfahrung gezogen, daß eine Beschränkung von Stoffgesetzen auf die bloße Gefahrenabwehr, auch wenn man diesen Begriff weit definiert, eine wirksame Kontrolle von Chemikalienrisiken nicht gestattet. Eine Vorverlagerung des Schutzes in den Vorsorgebereich unter Einbeziehung von Stoffen, die lediglich als für den Gesundheits- oder Umweltschutz bedenklich angesehen werden können, erschien dem Gesetzgeber erforderlich. In den anderen Stoffgesetzen stellt sich die Problematik der Einbeziehung der Vorsorge in die Zweckbestimmung insofern anders, als hier die materiellen Zulassungsvoraussetzungen entscheidend sind, die man jedenfalls im Pflanzenschutzrecht im Sinne von Vorsorge auslegen kann (vgl. BVerwGE 81, 12 [17]; Rehbinder, NuR 1987, 68 ff., 69; Treidler/Winter, in: Rehbinder [Hrsg.], Bremer Kolloquium über Pflanzenschutz, 1991, S. 158 ff., 160 f., 162 ff.).

Demgegenüber ist im Pflanzenschutzrecht die Hervorhebung des Förderzwecks seit langem umstritten, und es wird zum Teil gefordert, hierauf ganz zu verzichten und die Bedürfnisse des Pflanzenschutzes als bloßen Rechtfertigungsgrund für die Zulassung von Pflanzenschutzmitteln und deren Anwendung zu begreifen.

Die Begriffsbestimmungen der jeweiligen Gesetze haben sich im großen und ganzen bewährt und bedürfen allenfalls einer gewissen inneren Harmonisierung in technischer Hinsicht.

Die ursprüngliche Fassung des § 2 ChemG war im Hinblick auf die starke Ausdifferenzierung der Regelung und die daraus folgende Unübersichtlichkeit, die fehlende oder doch zweifelhafte Gleichwertigkeit mancher vorrangiger Stoffgesetze, die Lücken im Bereich des allgemeinen Gesundheits- und Umweltschutzes bei den Ermächtigungen zum Erlaß von Schutzverordnungen und die fehlenden Regelungen hinsichtlich des Verhältnisses zu einzelnen Stoffgesetzen und Stoffregelungen in medialen und anlagenbezogenen Umweltgesetzen kritisiert worden (vgl. Begründung zum RegEntw. der Novelle, BT-Drs. 11/4550, S. 34 f.; Kloepfer, in: Gesellschaft für Rechtspolitik [Hrsg.], Chemikalienrecht, 1986, S. 1 ff., 11 ff.; Rehbinder/Kayser/Klein, Chemikaliengesetz, 1985, § 2 ChemG Rn. 13 ff., 19). Auch wurde die fehlende Integration der Stoffgesetze und -regelungen in das ChemG bemängelt. Die Novelle hält weiterhin am Grundsatz des Vorrangs gleichwertiger Stoffgesetze und Stoffregelungen in den medien- und anlagenbezogenen Umweltgesetzen fest und verzichtet damit auf eine geschlossene Stoffregelung im ChemG, hat jedoch durch Ausdehnung des Anwendungsbereichs des ChemG insbesondere hinsichtlich des Kennzeichnungsrechts und der Ermächtigungen zu Schutzverordnungen versucht, die Ergänzungsfunktion des ChemG zu verstärken und die vollständigen Voraussetzungen für ein bundeseinheitliches Giftrecht zu schaffen. Hinzu kommt, daß durch die zwischenzeitliche Novellierung des PflSchG, des DMG und des SprengG das Schutzgefälle zwischen diesen Regelungen und dem ChemG weitgehend abgebaut worden ist. Andererseits hat die Novelle weitere Ausdifferenzierungen im Bereich des Kennzeichnungsrechts und einzelner Mitteilungspflichten geschaffen, die neue Rechtsanwendungsprobleme aufwerfen.

In der Diskussion zur Novellierung zum ChemG ist vor allem die Forderung nach einer umfassenden Regelung für alle gefährlichen Stoffe in einem einheitlichen oder doch integrierten Regelungswerk erhoben worden; es wurde geltend gemacht, daß das Nebeneinander von anlagen-, medien- und stoffbezogenen Regelungen von Chemikalien einer einheitlichen Chemiepolitik entgegenstehe (vgl. Ausschußbericht, BT-Drs. 11/6227, S. 68, 70).

Das Fehlen von Grundsätzen der Chemiepolitik ist bisher überwiegend nicht als rechtspolitisches, sondern als allgemein-politisches Problem diskutiert worden, wobei die Frage nach den Inhalten einer solchen Politik äußerst umstritten ist. Von Randkorrekturen der gegenwärtigen Chemiepolitik durch eine verschärfte "Sicherheitsphilosophie" bei grundsätzlicher Akzeptanz der gegenwärtigen Strukturen von Chemieproduktion und -anwendung über die Einschränkung der Stoffflüsse und Einrichtung geschlossener Kreisläufe bis hin zu einer "anderen" Chemie ("sanfte" Chemie) reicht die Palette der politischen Forderungen (siehe insbesondere Held [Hrsg.], Chemiepolitik, 1989; ders. [Hrsg.], Leitbilder der Chemiepolitik, 1991; vgl. auch BT-Drs. 12/1951). Die rechtswissenschaftliche Diskussion beschränkt sich bisher überwiegend darauf, den Risikobegriff des ChemG und des PflSchG einschließlich der bei Entscheidungen über Zulassung, Verbote und Beschränkungen anzustellenden Abwägungen zu problematisieren. Die dabei erhobenen Forderungen verstehen sich mehr als Beiträge zur Auslegung des geltenden Rechts und weniger als Forderungen nach Gesetzesänderungen (vgl. Micklitz und Treidler/Winter, in: Rehbinder [Hrsg.], Bremer Kolloqium über Pflanzenschutz, 1991, S. 146 ff. und 158 ff.). Dementsprechend gibt es auch keine konkreten Vorstellungen über die Wirkungsweise und Nachteile verrechtlichter Grundsätze der Chemiepolitik (vgl. aber Ausschußbericht, BT-Drs. 11/6227, S. 71).

Das ChemG hat auf die Einfügung von Verhaltensgeneralklauseln verzichtet, obwohl sich solche Regelungen in vielen der besonderen Stoffgesetze finden. Gleichwohl kann hieraus nicht der Schluß gezogen werden, daß Herstellung, Inverkehrbringen und Verwendung von ordnungsgemäß angemeldeten neuen Stoffen sowie von alten Stoffen nach bisherigem Recht keinerlei rechtlichen Anforderungen unterliegen. Maßgeblich sind insoweit die zivilrechtlichen Verkehrssicherungspflichten des Herstellers und Verwenders (vgl. Begründung zum Allgemeinen Teil, S. 177, 179). Einen Nachteil dieses Ansatzes kann man jedoch darin sehen, daß sich die Verkehrspflichten auf das Verhältnis zwischen Privaten beschränken und die Behörden nicht befugt sind, von sich aus die Verhaltenspflichten zu konkretisieren und zu erzwingen. In der Diskussion zur Novellierung des ChemG ist zum Teil gefordert worden, allgemeine Verhaltenspflichten in die Allgemeinen Vorschriften des Gesetzes aufzunehmen (vgl. Ausschußbericht, BT-Drs. 11/6227, S. 71). Der Gesetzgeber hat dies abgelehnt. Im Hinblick auf die gegenteilige Entscheidung im Allgemeinen Teil (§§ 7 ff.) kann es vorliegend freilich nur noch um die Form der Konkretisierung derartiger Verhaltenspflichten gehen.

3. Rahmenbedingungen

Einen einheitlichen Kompetenztitel für die Regelung gefährlicher Stoffe in dem umfassenden Sinn sämtlicher Gefährlichkeitsmerkmale nach § 3a ChemG enthält das Grundgesetz nicht. Der Bund besitzt jedoch auf Grund des Art. 74 Nr. 4 a, 11, 12, 19, 20 und 24 GG eine zwar nicht flächendeckende, jedoch recht umfassende Gesetzgebungszuständigkeit für stoffrechtliche Regelungen. Lediglich für Stoffe, Zubereitungen und Erzeugnisse, die in die Gefahrenkategorien nach §§ 3a Abs. 1 Nr. 2 bis 5 und 16 ChemG (entzündlich und umweltgefährlich) einzustufen sind, fehlt dem Bund eine umfassende Gesetzgebungskompetenz. Hier sind nur Regelungen möglich, die sich auf die wirtschaftsrechtlichen und arbeitsschutzrechtlichen Kompetenztitel (Art. 74 Nr. 11, 12 GG) stützen, sowie solche Regelungen, die durch die Gesetzgebungszuständigkeit für Bedarfsgegenstände, Pflanzenschutz, Immissionsschutz und Abfallbeseitigung (Art. 74 Nr. 20, 24 GG) sowie für den Schutz gegen gemeingefährliche Krankheiten (Art. 74 Nr. 19 GG) gedeckt sind. § 2 Abs. 4 ChemG trägt diesen Beschränkungen Rechnung.

Die Gefahrstoffrichtlinie der Europäischen Gemeinschaft (6. Änderungsrichtlinie zur Richtlinie von 1967 über gefährliche Stoffe, 79/831/EWG, ABl. EG Nr. L 259 vom 15. Oktober 1979, S. 10) und die Zubereitungsrichtlinie (Richtlinie des Rates vom 7. Juni 1988 zur Angleichung der Rechts- und Verwaltungsvorschriften der Mitgliedstaaten für die Einstufung, Verpackung und Kennzeichnung gefährlicher Zubereitungen, 88/379/EWG, ABl. EG Nr. L 187 vom 16. Juli 1988, S. 14) bestimmen in erheblichem Umfang den gesetzgeberischen Spielraum einer gesetzlichen Regelung für gefährliche Stoffe. Zu beachten sind für die Zukunft die EG-Richtlinie 92/32/EWG vom 30. April 1992 zur Änderung der Gefahrstoffrichtlinie (7. Änderungsrichtlinie, ABl. EG Nr. L 154 vom 5. Juni 1992, S. 1) sowie die Verordnung (EWG) Nr. 793/93 des Rates vom 23. März 1993 zur Bewertung und Kontrolle der Umweltrisiken chemischer Altstoffe (Altstoffverordnung; ABl. EG Nr. L 84 vom 5. April 1993, S. 1). Diese Regelungen erfordern gewisse, aber keine grundlegenden Änderungen des deutschen Gefahrstoffrechts. Da es grundsätzlich nicht Aufgabe der Verfasser des Besonderen Teils sein kann, Vorarbeiten für die Durchführung von Rechtsakten der Europäischen Gemeinschaft zu leisten und zudem bei der 7. Änderungsrichtlinie die Anpassungsfrist erst am 31. Oktober 1993 abläuft, die EG-Altstoffverordnung erst am 5. Juni 1993 in Kraft tritt, bestand keine Veranlassung, diese beiden Rechtsakte schon zu berücksichtigen (zum abweichenden Vorgehen im Pflanzenschutzrecht siehe Begründung zum achten Abschnitt I 3).

Die Gefahrstoffrichtlinie regelt die Anmeldung, Mitteilung und Prüfung neuer Stoffe und Zubereitungen und die Einstufung, Verpackung und Kennzeichnung neuer und alter Stoffe und Zubereitungen. Insoweit bestehen grundsätzlich keine nationalen Spielräume mehr. Insbesondere wäre es im Hinblick auf die Sperrwirkung der Richtlinie unzulässig, dem Hersteller oder Einführer weitergehende, mit Sanktionen bewehrte Ermittlungspflichten (z.B. im Sinne einer umfassenden Umweltbelastungsanalyse) aufzuerlegen, da nach der Richtlinie die Zulässigkeit des erstmaligen Inverkehrbringens nur von der Anmeldung und Vornahme der Grundprüfung abhängt und nach dem erstmaligen Inverkehrbringen die Mitteilungspflichten und ggf. die Pflicht zur Durchführung der Stufenprüfung die Grenze der Herstellerpflichten zur Beschaffung von Stoffdaten markieren (Breuer, in: Gesellschaft für Rechtspolitik [Hrsg.], Chemikalienrecht, 1986, S. 155 ff., 192, 196, 202 f.). Weitergehende Regelungen in der Novelle zum ChemG sind als Vorgriff auf die zwischenzeitlich verabschiedete 7. Änderungsrichtlinie zu verstehen.

Dagegen enthält die Richtlinie keine Beschränkungen der nationalen Regelungsbefugnisse für Verbote und Beschränkungen, soweit sich nicht aus Spezialrichtlinien, insbesondere der sogenannten PCB-Richtlinie, Abweichendes ergibt. Dementsprechend steht auch grundsätzlich nichts im Wege, dem Hersteller und Verwender verwendungsbezogene Verhaltenspflichten aufzuerlegen. Insbesondere haben die Mitgliedstaaten der Gemeinschaft grundsätzlich die Befugnis zur Formulierung ihrer eigenen Chemiepolitik behalten, die sich in der Bewertung von Stoffen (abgesehen von den gemeinschaftsrechtlich geregelten Gefährlichkeitsmerkmalen) und in Verboten und Beschränkungen ausdrückt (vgl. Breuer, in: Gesellschaft für Rechtspolitik [Hrsg.], Chemikalienrecht, 1986, S. 155 ff., 188 ff.). Hier mögen sich im Einzelfall gemeinschaftsrechtliche Anforderungen aus dem Verbot einer übermäßigen Behinderung des Warenverkehrs in der Gemeinschaft (Art. 30, 36 EWG-Vertrag) ergeben. Dies läßt sich nur im Einzelfall entscheiden. Allgemein ist festzuhalten, daß der Europäische Gerichtshof den Mitgliedstaaten grundsätzlich das Recht zugesteht, ihre eigene Risikopolitik gegenüber gefährlichen Stoffen zu definieren und durchzusetzen (Rs. 53/80, Nisin, Slg. 1981, 409; Rs. 174/82, Sandoz, Slg. 1983, 2445; Rs. 54/85, Mirepoix, Slg. 1986, 1067). Schließlich ist darauf hinzuweisen, daß die Gefahrstoffrichtlinie nur Stoffe und Zubereitungen, nicht dagegen Produkte regelt. Die aus dieser Beschränkung des Gemeinschaftsrechts folgenden weitergehenden Spielräume des nationalen Gesetzgebers lassen sich jedoch deshalb nicht voll ausschöpfen, weil vielfach nicht der Hersteller des Produkts, sondern der Hersteller von Rohchemikalien über die weitestgehenden Ermittlungs- und Einwirkungsmöglichkeiten hinsichtlich des Stoffs verfügt und deshalb eine gegenüber der gemeinschaftsrechtlichen Stoffregelung deutlich schärfere nationale Produktregelung einer besonderen Rechtfertigung bedarf.

Die Gefahrstoffrichtlinie ist auch für die Bestimmung des Anwendungsbereichs des Rechts der gefährlichen Stoffe von erheblicher Bedeutung. Die Richtlinie nimmt Arzneimittel, Betäubungsmittel und radioaktive Stoffe, die Beförderung gefährlicher Stoffe, Lebensmittel, Futtermittel und Abfälle gänzlich aus. Die Ausnahmeregelung für Abfälle dürfte sich auch auf Altöl erstrecken; Abwasser ist wohl nicht Gegenstand der Gefahrstoffrichtlinie. Druckgase und Sprengstoffe sind nur vom Kennzeichnungsrecht der Richtlinien befreit. Schädlingsbekämpfungs- und Düngemittel, die gleichwertigen gemeinschaftsrechtlichen oder nationalen Zulassungs- und Anmeldeverfahren, sowie andere Stoffe, die gleichwertigen gemeinschaftsrechtlichen Zulassungs- oder Anmeldeverfahren unterliegen, sind vom Anmelde- und Prüfverfahren ausgenommen. In der 7. Änderungsrichtlinie wird die Ausnahmeregelung nur geringfügig verändert. Völlig ausgenommen sind für den Verbraucher bestimmte Arzneimittel, kosmetische Mittel, Lebensmittel, Futtermittel, Schädlingsbekämpfungsmittel sowie radioaktive Stoffe, Abfälle und die Beförderung gefährlicher Stoffe; ferner ggf. Stoffe, für die gleichwertige gemeinschaftsrechtliche Zulassungsverfahren bestehen (Art. 1 Abs. 2). Für Vorprodukte für Futtermittel, Lebensmittel und Arzneimittel und ggf. Vorprodukte für andere Stoffe, die gleichwertigen gemeinschaftsrechtlichen Zulassungsverfahren unterliegen, gilt nur das Kennzeichnungsrecht der Richtlinie (Art. 13 Abs. 1).

Die Zubereitungsrichtlinie nimmt von ihrem Kennzeichnungsrecht kosmetische Mittel, Arzneimittel, Schädlingsbekämpfungsmittel sowie verbrauchsfertige Lebens- und Futtermittel aus. Hieraus folgt, daß Vorprodukte zu Lebensmitteln und Futtermitteln dem Kennzeichnungsrecht der Richtlinie unterliegen.

Aus der Bindung an die Regelungen der genannten Richtlinien ergibt sich, daß diese in nationales Recht umzusetzen sind. Die Umsetzungspflicht ist jedoch nicht gleichbedeutend mit einer Verpflichtung zu einer systematisch einheitlichen Regelung im nationalen Recht, die die systematische Struktur des Gemeinschaftsrechts widerspiegelt. Ein Mitgliedstaat kann seiner Umsetzungspflicht grundsätzlich auch dadurch nachkommen, daß er systematisch unterschiedliche, aber gleichlautende Regelungen für verschiedene von der Gefahrstoff- oder Zubereitungsrichtlinie erfaßte Stoffe schafft. Insbesondere wäre es möglich, in einem besonderen Stoffgesetz auf Regelungen im Sechsten Kapitel zu verweisen, das insoweit als "Stammgesetz" fungieren würde. Andererseits spricht unter dem Gesichtspunkt des Vollzugs vieles für einheitliche Regelungen, da hierdurch regelmäßig eine einheitliche Behördenzuständigkeit begründet und einer Auseinanderentwicklung der verschiedenen Materien in der Rechtsanwendung entgegengewirkt wird. - Umgekehrt hindern die Ausnahmeregelungen der EG-Richtlinien einen Mitgliedstaat grundsätzlich nicht daran, die Regelung der jeweiligen Richtlinie kraft nationalen Rechts auf den Ausnahmebereich zu erstrecken, sofern nicht die Gemeinschaft eine eigene Sonderregelung getroffen hat - wie dies nunmehr für Pflanzenschutzmittel der Fall ist - oder die Anforderungen nach Art. 30, 36 EWG-Vertrag entgegenstehen.

II. VORSCHLAG

1. Leitvorstellungen

Entsprechend dem Vorgehen in den anderen Kapiteln des Besonderen Teils wird den Einzelregelungen eine Vorschrift vorangestellt, die den besonderen Zweck des Rechts der gefährlichen Stoffe im Rahmen des allgemeinen, in § 1 formulierten Gesetzeszwecks angibt.

Die Begriffsbestimmungen sind im wesentlichen aus den §§ 3 und 3a ChemG zu übernehmen, soweit sie nicht bereits in § 2 enthalten sind. Diese

Begriffsbestimmungen gelten nicht nur für das allgemeine Recht der gefährlichen Stoffe, sondern grundsätzlich auch für die speziellen Stoffregelungen im achten bis elften Abschnitt. Jedoch bleiben besondere, nur für die jeweiligen Stoffgruppen erhebliche Begriffsbestimmungen erforderlich, die im betreffenden Abschnitt niederzulegen sind.

Einen Schwerpunkt der Regelung der allgemeinen Bestimmungen des Stoffrechts bilden die Vorschriften des § 441 über den Geltungsbereich des Gesetzes. Abgrenzungsprobleme stellen sich bei jeder stoffrechtlichen Regelung zum einen im Hinblick auf spezialgesetzlich geregelte gefährliche Stoffe, Zubereitungen und Erzeugnisse, die gefährliche Stoffe oder Zubereitungen enthalten oder solche freisetzen können. Dabei geht es um unterschiedliche Typen spezialgesetzlicher Regelungen. Die Vorschriften über Lebensmittel, Tabak und Futtermittel betreffen im Kern Erzeugnisse, die keine (gefährlichen) Stoffe oder Zubereitungen im Sinne des § 3 Nr. 1 ChemG darstellen und deren Übernahme in das Sechste Kapitel daher systemfremd wäre. Allerdings werden diese Erzeugnisse bei der Herstellung vielfach mit Chemikalien behandelt, oder es werden ihnen Chemikalien zugesetzt (Zusatzstoffe). Auch können sie durch Rückstände von Pflanzenschutzmitteln oder sonstwie aus der Umwelt mit gefährlichen Stoffen belastet sein. Die Frage geht hier dahin, ob Regelungen oder Ermächtigungen, die sich auf derartige Stoffe beziehen, wie z.B. § 9 Abs. 4, §§ 11, 12, 14 LMBG, im Interesse einer einheitlichen Chemiepolitik in das UGB übernommen werden sollten. Bei anderen "Ausnahmestoffen", insbesondere kosmetischen Mitteln, vielen Bedarfsgegenständen im Sinne des LMBG (z.B. Zahnpasta, Reinigungsmitteln, häuslichen Insektiziden), Arzneimitteln, Düngemitteln, Pflanzenschutzmitteln, Bioziden, Waschmitteln und Sprengstoffen, sind Gegenstand der spezialgesetzlichen Regelungen Stoffe und Zubereitungen, die an sich ohne weiteres im Sechsten Kapitel geregelt werden könnten. Sie sind jedoch durch - im einzelnen unterschiedliche - Besonderheiten gekennzeichnet, insbesondere vorrangige Ausrichtung am Verbraucherschutz oder sonstigen spezifischen Schutzzielen, Bestehen eines spezialgesetzlichen Zulassungsverfahrens oder regelungstechnische Verknüpfung mit anderen Produktregelungen, die eine Überführung in das allgemeine Stoffrecht problematisch erscheinen lassen.

Das bisherige Recht geht von einem Vorrang gleichwertiger Spezialgesetze des Stoffrechts aus, bringt jedoch die Regelungen des ChemG immer dann und insoweit zur Geltung, als nach Einschätzung des Gesetzgebers diese Gleichwertigkeit fehlt oder die Interessen des Arbeitsschutzes oder die Erfassung durch die Zubereitungsrichtlinie für eine einheitliche Regelung im ChemG sprechen. Dadurch ist eine schwer überschaubare Gemengelage zwischen Chemikaliengesetz und Spezialgesetzen entstanden, die in dieser Form nicht bestehen bleiben sollte, zumal die Möglichkeit besteht, einzelne Spezialmaterien auch unter weitgehender Bewahrung ihrer Eigenständigkeit in das UGB zu überführen.

Der Vorschlag läßt sich von dem Gedanken leiten, daß Materien, in denen der Verbraucherschutz vor Gesundheitsgefahren im Vordergrund der Regelung steht, nicht in das UGB übernommen werden sollten. Insbesondere das Lebensmittel- und Bedarfsgegenständerecht und das Futtermittelrecht können im Hinblick auf ihre traditionelle Entwicklung und überwiegend auch ihre Regelungsgegenstände systematisch nicht im UGB geregelt werden; andererseits ist eine geschlossene Regelung außerhalb des UGB systematisch und unter dem Gesichtspunkt des einheitlichen Vollzugs sinnvoll. Hieraus folgt, daß notwendige Verzahnungen mit dem Chemikalienrecht grundsätzlich nicht dadurch herzustellen sind, daß dieses in seiner Ergänzungsfunktion anwendbar ist, sondern dadurch, daß das LMBG und FutMG ausdrücklich auf das Chemikalienrecht verweisen, soweit dies angemessen erscheint. Ein Modell einer derartigen Verweisungstechnik findet sich gegenwärtig in § 20 PflSchG. Dieses Regelungsmodell ist auch für kosmetische Mittel und wohl auch für Bedarfsgegenstände angemessen, die gegenwärtig trotz "formaler" Regelung im LMBG überwiegend den Regelungen des ChemG unterstehen.

Der Gesetzgeber wird anläßlich der Diskussion über das UGB zu überlegen haben, ob er ein besonderes spezialgesetzliches Zulassungsverfahren für diese Produkte schafft oder sich mit einer Verweisung begnügt. In bezug auf Verbote und Beschränkungen erscheint eine schutzzielspezifische Differenzierung sinnvoll: die spezifischen Verbraucherschutzziele des LMBG und FutMG sollten ausschließlich dem Spezialgesetz überlassen bleiben, während Regelungen im Interesse des allgemeinen Gesundheits-, des Arbeits- und des Umweltschutzes auf Grund des Gefahrstoffrechts möglich sein sollten.

Das Arzneimittelrecht, obwohl es ausschließlich gefährliche Stoffe und Zubereitungen betrifft, ist eine ausgesprochene Spezialmaterie, die im Hinblick auf die Ausrichtung am Verbraucherschutz, die Regelungstradition des Rechtsgebiets und die gemeinschaftsrechtlichen Vorgaben nicht in das UGB integriert werden sollte. Soweit für einzelne Arzneimittel wie Diagnostika und Grobdesinfektionsmittel ein gleichwertiges Zulassungsverfahren fehlt, sollte wiederum arzneimittelrechtlich, z.B. im Wege einer Verweisung, entschieden werden, wie diese Schutzlücke zu schließen ist.

Hinsichtlich des Sprengstoffrechts sollte es wie im bisherigen Recht grundsätzlich bei einer doppelten Zuordnung verbleiben. Das SprengG (§ 5) kennt keine dem Gefahrstoffrecht gleichwertige Zulassungsregelungen, Kennzeichnungsrechte und Eingriffsermächtigungen, weil es nur Sprengstoffe als Erzeugnisse erfaßt, sich auf Explosionsgefahren konzentriert und toxische und ökotoxische Eigenschaften von Sprengstoffen nicht oder nur unzulänglich berücksichtigt. Das Anmelde- und Mitteilungsverfahren für Stoffe und Zubereitungen, die (ausschießlich) zur Herstellung von Sprengstoffen verwendet werden, sollte daher weiterhin im Gefahrstoffrecht verbleiben. Hinsichtlich des Kennzeichnungsrechts und der Eingriffsermächtigungen in bezug auf Sprengstoffe (als Erzeugnisse) ist dagegen eine Anreicherung des Gesetzes im Hinblick auf Umweltgefahren zu empfehlen, obwohl das Gesetz nicht nur dem Schutz Dritter vor Unfällen durch Explosionen, sondern in einem umfassenderen Sinne der öffentlichen Sicherheit und Ordnung dient und insoweit kein eigentliches Stoffgesetz ist. Diese Anreicherung könnte durch eine Verweisung auf das Gefahrstoffrecht erfolgen.

Anders ist in bezug auf Pflanzenschutzmittel, Biozide, Düngemittel und Waschmittel zu entscheiden. Bei diesen Stoffen steht der allgemeine Gesundheitsschutz und der Umweltschutz im Vordergrund; sie sind daher in das UGB zu übernehmen. Allerdings kann und muß den gewachsenen und durch die Art der Gefahren und Risiken bedingten Besonderheiten dieser Stoffe durch bestimmte Sonderregelungen innerhalb des Sechsten Kapitels Rechnung getragen werden; insbesondere ist das pflanzenschutzrechtliche Zulassungsverfahren aufrecht zu erhalten (und an die neue EG-Richtlinie anzupassen).

BzBlG und DDT-Gesetz sind in das UGB zu übernehmen und "herabzustufen"; die Gesetzesform ist historisch bedingt und von der Sache her nicht geboten.

Die Beförderung gefährlicher Güter beschränkt sich nicht auf Stoffe, Zubereitungen und Erzeugnisse, die im Sinne des § 3a ChemG gefährlich sind; vielmehr unterliegen dem GBefGG auch Güter, die lediglich durch ihre "Natur" oder ihren "Zustand", z.B. ihre Form, ihr Gewicht oder die Möglichkeit des Verrutschens, gefährlich sind. Jedoch stehen gefährliche Stoffe im Sinne des § 3a ChemG eindeutig im Vordergrund der Regelung. Die internationalen Bezüge des Gefahrgutbeförderungsrechts sprechen zwar gegen eine Regelung im Rahmen des allgemeinen Gefahrstoffrechts; dies zeigt sich z.B. an dem von § 3a ChemG abweichenden System der Klassifizierung der Gefährlichkeitsmerkmale. Es erscheint jedoch sinnvoll, die Beförderung gefährlicher Güter in einem besonderen Abschnitt des Sechsten Kapitels zu regeln. Hiervon könnten auch Impulse für eine stärkere Berücksichtigung von Umweltgefahren im Recht der Gefahrgutbeförderung ausgehen, die bisher vernachlässigt sind, insbesondere bei der Festlegung des Schutzzwecks des Gesetzes (§§ 2 Abs. 1, 3 Abs. 1 GBefGG) und im Klassifikationssystem nicht besonders genannt werden.

Ein weiteres Abgrenzungsproblem besteht im Verhältnis zu den medien- und anlagenbezogenen Regelungen des Atom-, Abfall-, Wasser- und Immissionsschutzrechts. Diese Regelungen betreffen - bezogen auf ihren jeweiligen Anwendungsbereich in einem großen Umfang, wenngleich nicht ausschließlich - gefährliche Stoffe, Zubereitungen und Erzeugnisse im Sinne des § 3a ChemG. Die während der Beratungen über das ChemG und die Novelle zu diesem Gesetz erhobene Forderung nach einer einheitlichen Regelung des Gesamtbereichs der Chemikalienkontrolle kann sich auf die Überlegung stützen, daß die Aufspaltung des Chemikalienrechts im materiellen Sinne zu

Wertungswidersprüchen und Rechtsanwendungskonflikten führen, durch Unübersichtlichkeit der Materie die Rechtsanwendung erschweren und eine Problemverlagerung von einem auf das andere Medium begünstigen kann. Andererseits läuft eine einheitliche, vom Stoff und nicht vom betroffenen Medium und der Anlage ausgehende Regelung Gefahr, hinsichtlich des Schutz- oder Vorsorgeniveaus unabhängig von den Besonderheiten der betroffenen Medien zu nivellieren, aus den geschlossenen Regelungskomplexen des Atom-, Abfall-, Wasser- und Immissionsschutzrechts integrale Teile herauszubrechen und einen einheitlichen Vollzug zu behindern. Eine rigorose Entscheidung in die eine oder andere Richtung ist daher nicht sinnvoll, zumal die Probleme durch Vereinigung aller Regelungsmaterien unter dem Dach des UGB entschärft werden.

Die grundlegenden Ermächtigungen in den §§ 146 und 147 gehen von einem Dualismus zwischen Stoffrecht und medien- und anlagenbezogenem Recht aus. Es sprechen die besseren Argumente dafür, auch künftig Regelungen, die sich auf die Abfallentsorgung, die Einleitung und die Emission sowie auf die Beschaffenheit von Anlagen und von Betriebsweisen zur Kontrolle von schädlichen Umwelteinwirkungen und Störfällen beziehen, soweit sie nicht schon nach § 146 getroffen werden können, in den bisherigen medien- und anlagenbezogenen Vorschriften zu belassen. Dem Anliegen, einer Problemverlagerung entgegenzuwirken, ist bereits durch § 146 Abs. 3 S. 3 Rechnung getragen. Dagegen sollten stoffbezogene Vorschriften sowie Verbote von Herstellungs- und Verwendungsverfahren zur Vermeidung des Anfalls als Abprodukt sowie von Störfällen in Ergänzung von § 147 im Sechsten Kapitel und damit auf stoffrechtlicher Grundlage erlassen werden können. Dies bedingt z.B. eine Überführung von Ermächtigungen wie § 14 AbfG und §§ 34 ff. BImSchG in das Sechste Kapitel. Nur im Bereich des Strahlenschutzes verdient eine geschlossene Regelung im Fünften Kapitel (Strahlenschutz) den Vorzug, da dieses Rechtsgebiet bereits medienübergreifend angelegt ist.

Einen weiteren Schwerpunkt der Regelung des ersten Abschnitts bilden die Grundsätze des Rechts der gefährlichen Stoffe (§ 442). Es wird der Versuch unternommen, die "Risikopolitik" des Gesetzes festzuschreiben und damit die Entwicklung der Chemiepolitik in mit den Anforderungen der Vorsorge verträgliche Bahnen zu lenken. Im Gegensatz zur bisherigen Diskussion über die Sicherheitspolitik für Chemikalien handelt es sich nicht nur um politische Grundsätze, die zur Disposition von Regierung und Verwaltung stehen. Vielmehr sind die Grundsätze rechtlich erhebliche Leitlinien für die Ausfüllung staatlicher Entscheidungsspielräume, insbesondere bei der Bewertung und bei Entscheidungen über Verbote und Beschränkungen, sowie für die Auslegung des Gesetzes. Kernpunkte der Regelung sind die Rücksichtnahme auf vulnerable Gruppen, das Gebot der Verringerung der Gesamtbelastung durch gefährliche Stoffe unter Beachtung des Grundsatzes der Erforderlichkeit und der Substitution gefährlicher Stoffe durch solche mit geringerem Gefährdungspotential sowie die Verpflichtung zur Aufarbeitung alter Stoffe und das Gebot zur fortlaufenden Überprüfung von Stoffbewertungen und der auf ihrer Grundlage getroffenen Entscheidungen.

In Konkretisierung der bereits im Allgemeinen Teil geregelten allgemeinen Verhaltenspflichten zur Gefahrenabwehr und zur Vorsorge (§§ 7 und 8 Abs. 1) werden für das Recht der gefährlichen Stoffe besondere Verhaltenspflichten im Bereich der Herstellung, des Inverkehrbringens und der Verwendung gefährlicher Stoffe formuliert. Ergänzend kommt für bestimmte Stoffe oder Stoffgruppen auch eine Konkretisierung nach dem Muster des § 8 Abs. 1 FCKW-Halon-VerbotsV durch eine Schutzverordnung nach § 147 in Betracht.

Die übrigen im Allgemeinen Teil niedergelegten Umweltpflichten, insbesondere die §§ 8 Abs. 2, 10 bis 13 eignen sich nicht zur Konkretisierung durch besondere Verhaltenspflichten. Für § 8 Abs. 2 erfolgt die Konkretisierung durch Verordnung nach § 465. § 10 Abs. 1 wird durch die Vorschriften über die Anmeldung, Mitteilung und Prüfung von Stoffen und die Ermächtigung und zur Anordnung von Umweltbelastungsanalysen konkretisiert. Die §§ 10 Abs. 3 und 12 werden durch das Kennzeichnungsrecht und die Mitteilungspflichten ausgestaltet.

2. Zur Regelung im einzelnen

Zu § 439 Zweck

Die Vorschrift beschreibt im Rahmen des allgemeinen Zwecks des Gesetzes (§ 1) die besonderen Zwecke des Rechts der gefährlichen Stoffe. Absatz 2 verdeutlicht, daß Zweck des Rechts der gefährlichen Stoffe auch der unmittelbare Gesundheitsschutz und der Arbeitsschutz ist. In der gesetzlichen Zweckbestimmung des Allgemeinen Teils wird der Gesundheitsschutz als integraler Teil des Umweltschutzes begriffen. Hieraus könnte abgeleitet werden, daß es nur um den Schutz der Gesundheit gegen Gefahren und Risiken gehen könnte, die über die Beeinträchtigung von Umweltmedien vermittelt sind. Bei gefährlichen Stoffen spielt aber auch die unmittelbare Einwirkung des Stoffes auf den Menschen eine Rolle. Dies legt eine ausdrückliche Klarstellung nahe, daß das Sechste Kapitel auch dem unmittelbaren Gesundheitsschutz dient. Entsprechendes gilt für die Vorschriften des Allgemeinen Teils, soweit sie im Stoffrecht anwendbar sind (Absatz 3). Ein Vorrang für den Gesundheitsschutz ist damit, wie sich aus den Grundsätzen nach § 442 Abs. 1 ergibt, nicht beabsichtigt.

In bezug auf Stoffe mit bestimmten gefährlichen Eigenschaften (§ 440 Abs. 2 Nr. 1 bis 5) ist im Stoffrecht auch der Schutz von Sachen vor Beschädigung oder Zerstörung durch Explosionen oder Brände erheblich. Da dieser Schutz parallel zu dem von Leben und Gesundheit des Menschen erfolgt, stellen Absatz 2 Satz 2 und Absatz 3 klar, daß der Zweck des Kapitels auch den unmittelbaren Schutz von Sachen umfaßt.

Zu § 440 Begriffsbestimmungen

§ 440 enthält die bisher in den §§ 3 und 3a ChemG enthaltenen zentralen Begriffsbestimmungen des Gesetzes. Sie werden unverändert aus dem ChemG übernommen, soweit sie nicht bereits im Allgemeinen Teil enthalten sind (Definition des Stoffs, der Zubereitung, des Produkts und des Verwendens).

Absatz 1 Nr. 8 bestimmt den Begriff der stoffrechtlichen Vorschriften. Eine derartige Definition ist zweckmäßig, weil auch bestimmte Vorschriften des Allgemeinen Teils für die Regelung gefährlicher Stoffe eingesetzt werden können und müssen.

In Absatz 2 bis 5 werden die gemeinschaftsrechtlich vorgegebenen Gefährlichkeitsmerkmale nach § 3a ChemG übernommen. Die Definition für "umweltgefährlich" aus § 3a Abs. 2 ChemG wird im Ansatzpunkt beibehalten, weil die Definition in § 2 Abs. 8 S. 4 gesundheits- und umweltrelevante Eigenschaften zusammenfaßt, dies aber dem Regelungssystem des Stoffrechts und der Gefahrstoffrichtlinie widerspricht. Allerdings ergibt sich eine EG-konforme Definition des Begriffs der Umwelt bereits aus § 2 Abs. 2, so daß Absatz 3 gestrafft werden kann. Eine ausdrückliche Ausnahme für ionisierende Strahlen ist nicht erforderlich, da § 441 Abs. 3 Nr. 1 radioaktive Stoffe insgesamt vom Anwendungsbereich des Sechsten Kapitels ausnimmt.

Zu § 441 Geltungsbereich

Zu Absatz 1

Die Vorschrift enthält Ausnahmeregelungen für Lebensmittel, Tabakerzeugnisse, kosmetische Mittel, Bedarfsgegenstände, Futtermittel sowie Arzneimittel und Arzneimittelvorprodukte. Sie geht davon aus, daß diese Stoffe grundsätzlich außerhalb des UGB verbleiben und künftig geschlossen im LMBG, FutMG und AMG geregelt werden sollten. Schutzlücken dieser Gesetze, wie sie im Hinblick auf den Gesundheitsschutz des Verbrauchers für kosmetische Mittel und Bedarfsgegenstände bestehen, bei denen es an einer dem Chemikalienrecht gleichwertigen Zulassungskontrolle fehlt, sollten im Rahmen einer Novellierung der betreffenden Gesetze geschlossen werden. Dies ist auch, wie Satz 1 zum Ausdruck bringt, dadurch möglich, daß z.B. das LMBG auf das Gefahrstoffrecht verweist. Eine derartige Verweisung kann insbesondere sinnvoll sein, um eine einheitliche Umsetzung der Zubereitungsrichtlinie zu gewährleisten. Denkbar ist aber auch, z.B. für kosmetische Mittel ein Zulassungsverfahren einzuführen, das sich dem für Arzneimittel annähert. Soweit die Ausnahmestoffe allerdings nicht nur für den Gesundheitsschutz des Verbrauchers, sondern auch für den allgemeinen Gesundheitsschutz und den Umweltschutz von Bedeutung sind, wie dies insbesondere bei Bioziden (z.B. Insektizide, Holzschutzmittel) der Fall ist, sollten diese Stoffe künftig aus dem LMBG herausgelöst und einem Zulassungsverfahren ähnlich dem für Pflanzenschutzmittel unterworfen und im UGB geregelt werden.

Satz 1 erklärt für die genannten Ausnahmestoffe lediglich die Vorschriften des fünften Abschnitts über Verbote und Beschränkungen für anwendbar. Die Vorschriften über das Anmeldeverfahren, Einstufung, Verpackung und Kennzeichnung, die Mitteilungspflichten, die Gute Laborpraxis und die ergänzenden Vorschriften sind ausgeschlossen. Der Ausschluß des Gefahrstoffrechts bezieht sich aus systematischen Gründen auch auf die Gute Laborpraxis. Allerdings liegt es insoweit besonders nahe, dem Interesse an einem einheitlichen Vollzug der Grundsätze über die Gute Laborpraxis durch eine Verweisung auf das Gefahrstoffrecht Rechnung zu tragen.

Satz 2 enthält eine weitere Einschränkung des Gefahrstoffrechts. Die Vorschrift grenzt für die betreffenden Ausnahmestoffe den Anwendungsbereich des Gefahrstoffrechts und der Spezialgesetze hinsichtlich der Eingriffsmöglichkeiten schutzzielspezifisch ab. Regelungen ausschließlich zum Schutz des Verbrauchers sollen künftig in jedem Fall auf Grund der Spezialgesetze getroffen werden, die ggf. entsprechend zu erweitern sind. Insoweit entfällt die nach bisherigem Recht gegebene Ergänzungsfunktion des Gefahrstoffrechts. Dagegen sollen Regelungen im Interesse des allgemeinen Gesundheitsschutzes, des Arbeitsschutzes und des Umweltschutzes nach dem Sechsten Kapitel erfolgen können. Das Gefahrstoffrecht behält eine gewisse Ergänzungsfunktion, weil es auch dann maßgeblich ist, wenn einheitliche Regelungen unter allen Schutzaspekten getroffen werden sollten; dies wird durch den Hinweis auf eine Regelung "ausschließlich" zum Schutz des Verbrauchers zum Ausdruck gebracht.

Die Ausnahmeregelung nach Satz 1 und 2 ist jedoch begrenzt. Nach Satz 3 sind auf Vorprodukte und Zusatzstoffe für die Ausnahmeprodukte die Grundsätze und Verhaltenspflichten, das Kennzeichnungsrecht und bestimmte Mitteilungspflichten des Gefahrstoffrechts anwendbar. Damit soll eine einheitliche Anwendung der Zubereitungsrichtlinie und der 7. Änderungsrichtlinie, die für einen Teil bzw. sämtliche genannten Vorprodukte gilt, ermöglicht und der Arbeitsschutz bei der Herstellung der Ausnahmestoffe sichergestellt werden. Die Regelung entspricht in der Sache weitgehend dem bisherigen Recht; in bezug auf kosmetische Mittel und Bedarfsgegenstände bleibt sie aus den bereits genannten Gründen allerdings hinter dem bisherigen Recht zurück.

Zu Absatz 2

Die Vorschrift grenzt den Geltungsbereich des Gefahrstoffrechts im Verhältnis zum Sprengstoffrecht ab. Insoweit bleibt es aus den genannten Gründen bei einer doppelten Zuordnung der Materie zu beiden Rechtsgebieten. Allerdings geht die Vorschrift mit dem Verweis auf vorrangige Regelungsmöglichkeiten nach Sprengstoffrecht davon aus, daß hinsichtlich des Kennzeichnungsrechts und der Eingriffsbefugnisse eine Anreicherung des Sprengstoffrechts auf Umweltgefahren erfolgen wird.

Zu Absatz 3

In Absatz 3 wird die Abgrenzung des Stoffrechts des UGB im Verhältnis zu den medien- und anlagenbezogenen Regelungen getroffen. Die Vorschrift hält grundsätzlich das gegliederte Regelungssystem des bisherigen Rechts aufrecht, verlagert die Gewichte jedoch stärker zum Stoffrecht und versucht, den medienübergreifenden Gesichtspunkten, insbesondere im Hinblick auf Präventivregelungen, besser Rechnung zu tragen. Dieses Grundmodell der Arbeitsteilung zwischen Stoffrecht und medien- und anlagenbezogenen Regelungen ist bereits in den §§ 146, 147 angelegt; es wird in Absatz 3 im Hinblick auf die diese Ermächtigungen ergänzende Regelungen des Besonderen Teils ausgebaut. Absatz 3 nimmt dementsprechend radioaktive Stoffe, Abfälle, Altöle und abfallähnliche Stoffe, Abwasser und Immissionen grundsätzlich von den Regelungen des Gefahrstoffrechts aus. Diese Ausnahme hat insofern nur eine begrenzte Bedeutung, als es bei dem allgemeinen Grundsatz des Gefahrstoffrechts bleibt, daß alle neuen Stoffe und Zubereitungen unabhängig von ihrem späteren Verwendungszweck und ihrem Schicksal nach Beendigung des Gebrauchs vor ihrem Inverkehrbringen angemeldet und geprüft werden müssen; dabei erfolgt eine Überprüfung auch im Hinblick auf Gefahren, die Gegenstand der medien- und anlagenbezogenen Regelungen sind (BVerwG, UPR 1992, 382 ff.; Rehbinder, UPR 1988, 201 ff., 203). Entsprechend gelten die Mitteilungspflichten für alte Stoffe. Insoweit sind auch die Vorschriften über die Gute Laborpraxis anwendbar, ohne daß es hierfür eines ausdrücklichen Hinweises bedarf. Diese Zuordnung wird in der Formulierung des Absatzes 3 wie im bisherigen Recht dadurch zum Ausdruck gebracht, daß nicht auf bestimmte Stoffe und Zubereitungen, sondern auf Abprodukte oder Störfälle abgestellt wird, die Gegenstand der medien- und anlagenbezogenen Regelungen sind. Nur in bezug auf radioaktive Stoffe sieht Absatz 3 Nr. 1 einen umfassenden Ausschluß des Gefahrstoffrechts vor, weil das Strahlenschutzrecht bereits eine integrierte, Stoffrecht und medien- und anlagenbezogenes Recht umfassende Regelung enthält; insoweit sollte auch der Arbeitsschutz ganz aus dem Gefahrstoffrecht ausgegliedert werden.

Absatz 3 Satz 2 stellt klar, daß unabhängig von der Frage, ob es sich insoweit systematisch noch um Stoffregelungen oder um Regelungen über Abfälle, Abwasser oder Immissionen handelt, Präventivregelungen nach § 147 Abs. 1 Nr. 1 bis 3 und § 465 Abs. 1 Nr. 1 und 2 und arbeitsschutzrechtliche Regelungen nach den §§ 465 und 471 auch gegenüber den genannten Abprodukten getroffen werden können. Eine derartige Aufteilung der jeweiligen Regelungsbereiche des Stoffrechts und des medien- und anlagenbezogenen Rechts hat den Vorteil, daß die Frage, ob ein gefährlicher Stoff oder ein Verfahren, bei dem ein gefährlicher Stoff anfällt, in den Produktions-, Konsum- und Abproduktentsorgungskreislauf eingeführt werden kann, nach übergeordneten einheitlichen Gesichtspunkten entschieden wird. Dagegen bleiben differenzierte Regelungen und behördliche Zugriffsmöglichkeiten hinsichtlich der Art und Weise von Produktion, Konsum und Abproduktentsorgung grundsätzlich erhalten. Im Bereich des Arbeitsschutzes ist dagegen auch ein stoffrechtlicher Ansatz geboten, da das Risiko am Arbeitsplatz oder im Gefahrenbereich von Arbeitsplätzen nicht von der Art des Abprodukts abhängt. Hieraus ergibt sich, wie im bisherigen Recht (§ 19 Abs. 1 S. 2 ChemG), ein Nebeneinander von umweltrechtlichen Regelungen, die insbesondere nach Immissionsschutzrecht getroffen sind, und stoffrechtlichen Regelungen im Bereich des Arbeitsschutzes; dies gilt insbesondere für Störfälle. Nach dem Grundsatz der Spezialität werden umweltrechtliche Regelungen insoweit vorrangig sein.

Zu Absatz 4

Die Vorschrift enthält aus Gründen der Gesetzgebungszuständigkeit des Bundes eine sachliche Einschränkung von Regelungen in bezug auf entzündliche und umweltgefährliche Stoffe im Sinne des § 440 Abs. 2 Nr. 2 bis 5 und 16. Sie entspricht dem bisherigen Recht, mit der durch § 441 Abs. 1 Nr. 1 bedingten Ausnahme, daß Regelungen über den Verkehr mit Bedarfsgegenständen nicht mehr genannt sind (vgl. I 3).

Zu § 442 Grundsätze

§ 442 stellt eine zentrale Neuerung des Rechts der gefährlichen Stoffe dar. In der Vorschrift werden Grundsätze der Sicherheitspolitik für Chemikalien niedergelegt, die als Leitlinien für staatliches Handeln, insbesondere die Bewertung von Stoffen und Zubereitungen und Entscheidungen über Verbote und Beschränkungen, etwa nach den §§ 465 und 471, aber auch nach § 451 Abs. 2, dienen sollen. Mit diesen Grundsätzen wird ein Ausgleich dafür geschaffen, daß das allgemeine Recht der gefährlichen Stoffe sich weitgehend als eine Art Rahmenrecht darstellt und zentrale Entscheidungen nicht im Gesetz, sondern in Verordnungen nach den §§ 465 und 471 getroffen werden. Die Grundsätze sollen die Ausübung des Regelungsermessens hinsichtlich Regelungsanlaß und Art und Weise der Regelung steuern. Daneben sind die Grundsätze auch bei der Auslegung unbestimmter Rechtsbegriffe des Stoffrechts zu beachten. Schließlich können sie allgemein umweltpolitische Aktivitäten wie die staatliche Umweltinformation und Umweltforschung beeinflussen.

Zu Absatz 1

Absatz 1 betont die Bedeutung einer wirksamen Vorsorge. An sich ergibt sich der doppelte Schutzzweck des Stoffrechts - Gefahrenabwehr und Vorsorge - bereits aus der Zweckbestimmung des Allgemeinen Teils. Im Hinblick darauf, daß fehlende oder jedenfalls unzureichende Kenntnisse über die Eigenschaften und Umweltauswirkungen von Stoffen im Gefahrstoffrecht von besonderer Bedeutung sind, erscheint jedoch eine Hervorhebung des Vorsorgegrundsatzes sinnvoll. Damit wird die Möglichkeit betont, auch gegen Stoffe vorzugehen, die unter dem Gesichtspunkt des Gesundheits- oder Umweltschutzes lediglich bedenklich sind.

Satz 2 liegt der Gedanke zugrunde, daß bei der Bewertung von Stoffen und bei staatlichen Entscheidungen über Verbote und Beschränkungen im Bereich des Gesundheitsschutzes kein abstrahierender Maßstab angewandt werden darf, der auf ein Durchschnittsindividuum als Repräsentant der Gesamtbevölkerung abstellt. Soweit die Abwehr von Gefahren und die Risikovorsorge im Graubereich zwischen Gefahrenabwehr und Vorsorge betroffen ist, folgt dies aus der Wertordnung des Grundgesetzes sowie der Grundentscheidung des § 15. Die Grenzen einer Orientierung am Individuum ergeben sich jedoch aus den Grenzen der wissenschaftlichen Erkenntnismöglichkeiten sowie dem allgemeinen Lebensrisiko. Diese Einschränkung gestattet es, in Satz 2 als Bezugsobjekt für die Bewertung und staatliche Eingriffe auf spezielle Gruppen ("vulnerable" Gruppen), wie z.B. Kinder und alte Menschen abzustellen, einer übermäßigen Empfindlichkeit bestimmter Individuen dagegen nicht Rechnung zu tragen (vgl. VGH Mannheim, ESVGH 32, 161 [215 f.]). Dieser Grundsatz wird durch Satz 3 in abgeschwächter Form, d.h. in Form eines bloßen Berücksichtigungsgebots, auf den Umweltschutz i.e.S. übertragen. Diese Einschränkung erscheint angemessen, weil Schutzobjekt des Umweltschutzes nicht die einzelne Art, sondern Umweltmedien sowie Tiere und Organismen allgemein sind. Es muß daher nicht jede nachteilige Veränderung der Umwelt durch gefährliche Stoffe vermieden werden, sondern nur eine solche Veränderung, die ein gewisses qualitatives oder quantitatives Ausmaß, insbesondere im Hinblick auf die Leistungsfähigkeit des Naturhaushalts und die Regelungsfunktionen von Umweltmedien, überschreitet. Ein absoluter Schutz jeder Art in ihrem gegenwärtigen sachlichen und örtlichen Bestand wird daher nicht gefordert, wohl aber wird mit dem Gebot der Rücksichtnahme die Daseinsberechtigung auch besonders empfindlicher Arten anerkannt.

Zu Absatz 2

Absatz 2 gibt im Rahmen des Absatzes 1 genauere Richtlinien für die staatliche Sicherheitspolitik für Chemikalien, die sich an dem Gedanken orientieren, daß ein fortschreitender Anstieg der Zahl und Menge von Chemikalien in der Lebenswelt und der Umwelt grundsätzlich unerwünscht ist. Satz 1 gebietet dementsprechend eine Reduzierung der Gesamtbelastung durch gefährliche Stoffe, Zubereitungen und Produkte. Dieser Grundsatz entspricht Forderungen, die ansatzweise auch in den Leitlinien der Bundesregierung zur Umweltvorsorge von 1989 erhoben werden, wird in Satz 1 jedoch nicht als rein politischer Grundsatz, sondern als rechtlich erhebliche Leitlinie für staatliches Handeln, insbesondere die Bewertung von Stoffen und staatliche Entscheidungen über Verbote und Beschränkungen, verstanden. Der Grundsatz besagt, daß die Flüsse gefährlicher Stoffe in der Umwelt möglichst niedrig zu halten und fortlaufend zu verringern sind. Dies bedingt eine Einschränkung von Herstellung und Verwendung gefährlicher Stoffe einschließlich der Transporte, die sich allerdings nach allgemeinen Grundsätzen Abwägungen mit gegenläufigen Belangen gefallen lassen muß; dies wird durch den Vorbehalt des Möglichen in Satz 1 besonders hervorgehoben.

Die Sätze 2 und 3 konkretisieren den in Satz 1 enthaltenen Grundsatz für wichtige Anwendungsfälle. Satz 2 schreibt den Verzicht auf unnötige gefährliche Stoffe vor. Die Vorschrift beschränkt sich jedoch auf besonders gefährliche Stoffe, da eine allgemeine, jeden gefährlichen Stoff erfassende Leitlinie dieser Art zu unverhältnismäßigen Eingriffen in die Freiheit der wirtschaftlichen Betätigung führen würde. In Betracht kommen insbesondere Stoffe nach § 440 Abs. 2 Nr. 6, 12 bis 14. Auf alle gefährlichen Stoffe bezieht sich dagegen Satz 3. Diese Vorschrift gebietet eine Minderung des Stoffrisikos durch Einsatz von Substituten, die mit geringerem Risiko für den Menschen, die Umwelt oder Sachen verbunden sind. Dieser Grundsatz ist im Zusammenhang mit der Forschungsverpflichtung nach § 10 Abs. 2 (neu) und der Ermächtigung nach § 465 Abs. 2 zu sehen. Für das Pflanzenschutzrecht ist er auch von der Rechtsprechung anerkannt worden (BVerwGE 81, 12 - Paraquat).

Die vorstehenden Grundsätze gelten nicht nur für gefährliche Stoffe, sondern auch für gefährliche Zubereitungen und Produkte sowie für Herstellungs- und Verwendungsverfahren, bei denen gefährliche Stoffe anfallen.

Zu Absatz 3

Absatz 3 gebietet eine fortlaufende Überprüfung abgeschlossener Sachverhalte. Dies bezieht sich einmal auf die Bewertung sowie staatliche Verbote und Beschränkungen (Satz 1). Eine derartige Überprüfung erweist sich insbesondere im Hinblick auf die rasche Veränderung der wissenschaftlichen

Erkenntnisse über Gefahren und Risiken von Chemikalien als unabdingbar. Zum anderen wird dem Staat aufgegeben, alte Stoffe, Zubereitungen und Produkte umfassend zu überprüfen (Satz 2). Dies erscheint im Hinblick darauf geboten, daß das Gefährdungspotential alter, nicht überprüfter Chemikalien gegenwärtig weitaus größer ist als das neuer Stoffe. § 461 stellt eine Konkretisierung dieses Grundsatzes dar. Anstelle staatlicher Regelungen ist vorrangig zu prüfen, ob die Überprüfung alter Stoffe nicht nach dem Kooperationsprinzip (§ 6 Abs. 3) durch die betroffene Wirtschaft erfolgen kann.

Zu § 443 Verhaltenspflichten

§ 443 regelt in Konkretisierung der allgemeinen Umweltpflichten nach §§ 7, 8 Abs. 1 besondere stoffrechtliche Grundpflichten für die Herstellung, das Inverkehrbringen und die Verwendung von Chemikalien. Herstellung, Inverkehrbringen und Verwendung haben grundsätzlich zu unterbleiben, wenn mit Gefahren für den Menschen, die Umwelt oder Sachen zu rechnen ist (Absatz 1). Dies schließt nicht aus, daß den Gefahren auch mit bloßen Warnungen begegnet werden kann, wenn die Gefahren dadurch ausgeschlossen werden können. Es sind jedoch besonders strenge Anforderungen an die Deutlichkeit der Warnung zu stellen, wenn die Verwendung eines Produkts mit erheblichen Gefahren für die menschliche Gesundheit verbunden ist (vgl. BGHZ 116, 60 - Kindertee). Für die einzelnen Arten des Umgangs werden im übrigen jeweils Verhaltensstandards aufgestellt, die den unterschiedlichen Gegebenheiten und dem bisherigen Sprachgebrauch Rechnung tragen sollen. Während die Herstellung nach dem Stand der wissenschaftlichen Erkenntnisse und Technik erfolgen soll, gilt für die Verwendung der Standard der guten fachlichen Praxis. Zur Konkretisierung dieser Maßstäbe werden private Regelwerke sowie Aussagen der Haftpflichtrechtsprechung herangezogen werden können.

Zum Zweiten Abschnitt: Anmeldung neuer Stoffe

I. AUSGANGSLAGE

1. Gegenstand des Regelungsbereichs

In den §§ 444 bis 452 wird das Anmeldeverfahren für neue Stoffe und Zubereitungen einschließlich der Grundzüge der Bewertung geregelt. Die Regelung erfolgt weitgehend durch Übernahme des bisherigen Rechts. Die Eingriffsbefugnisse der Anmeldebehörde werden durch eine Ermächtigung zu vorläufigen Beschränkungen erweitert. Weiterhin werden die Grundzüge der Bewertung geregelt.

2. Bisherige Rechtslage

a) Bisheriges Recht

Die §§ 4 bis 12 ChemG regeln das Anmelde-, Mitteilungs- und Prüfverfahren für neue Stoffe und Zubereitungen. Das Gesetz sieht ein bloßes Anmeldeverfahren und keine eigentliche Stoffzulassung vor. Die vor dem Inverkehrbringen vom Hersteller oder Einführer durchzuführende Prüfung des Stoffs beruht auf dem System der Stufenprüfung nach Maßgabe von Mengenschwellen, die allerdings durch eine solche nach Maßgabe einer Gefährdungsabschätzung ergänzt wird. Die Anmeldestelle ist - neben der Befugnis zur Zurückweisung nicht ordnungsgemäßer Anmeldungen (§§ 8, 20 Abs. 2 ChemG) und Untersagungsbefugnissen bei nicht fristgerechter Befolgung eines Prüfungsverlangens im Rahmen der Stufenprüfung (§ 11 Abs. 3 ChemG) - ermächtigt, für das Inverkehrbringen angemeldeter Stoffe zeitlich befristete Bedingungen und Auflagen anzuordnen, wenn dies zur Vermeidung von Gefahren für Mensch oder Umwelt erforderlich ist (§ 11 Abs. 2 ChemG). Darüber hinausgehende Verbote und Beschränkungen müssen nach dem Gesetz durch Rechtsverordnung erlassen werden. Nach § 12 Abs. 2 ChemG wird die Bewertung durch die Bundesregierung geregelt.

b) Erfahrungen mit dem bisherigen Recht und Reformvorschläge

Das Anmeldeverfahren hat sich bewährt (vgl. Begründung zur ChemG-Novelle, BT-Drs. 11/4550, S. 29). Grundsätzliche Kritik an diesem Verfahren und Forderungen nach Einführung eines Zulassungsverfahrens hat es bei der Diskussion des Entwurfs des ChemG gegeben. In der Folgezeit hat man sich jedoch, vor allem im Hinblick auf die zwingenden Vorgaben der Gefahrstoffrichtlinie, mit dem Verfahren abgefunden. Unzulänglichkeiten des - im Grundsatz ebenfalls von der Gefahrstoffrichtlinie vorgegebenen - Systems der Stufenprüfung nach Maßgabe von Mengenschwellen ("Tonnen-Ideologie") hat die Novelle zum ChemG durch eine Absenkung der Eingriffserfordernisse bei der Anordnung von Stufenprüfungen auf Grund einer konkreten Gefährdungsabschätzung (§§ 9 Abs. 1, 2, 9a, 11 Abs. 1 Nr. 1 und 2 ChemG) zu einem erheblichen Teil ausgeglichen. In der gegenwärtigen Form dürfte das Anmeldeverfahren auch unabhängig von den Vorgaben der Gefahrstoffrichtlinie einen angemessenen Kompromiß zwischen den administrativen und wirtschaftlichen Möglichkeiten und den gesundheits- und umweltpolitischen Desideraten darstellen.

Nach dem System des Gesetzes können Verbote und Beschränkungen grundsätzlich nur durch Rechtsverordnung erlassen werden. Die hieraus folgende Beschränkung der Befugnisse der Anmeldestelle auf die Durchführung des Anmeldeverfahrens einschließlich der Stufenprüfung ist von Anfang an kritisiert worden (vgl. Rat von Sachverständigen für Umweltfragen, Stellungnahme zum Entwurf eines Chemikaliengesetzes, Umweltbrief Nr. 19 vom 17. September 1979, S. 29 f., 36 f., 71 ff.). Dabei geht es nicht nur um die Frage der Schnelligkeit des Zugriffs. Wichtiger ist, daß das Verordnungsverfahren ein politisches Verfahren darstellt, das für mannigfaltige Abwägungen und Rücksichtnahmen auf Kosten des Gesundheits- und Umweltschutzes offen ist, während man von einem Verwaltungsverfahren vor einer oberen Bundesbehörde in erster Linie an den Schutzzielen des Gesetzes orientierte Entscheidungen erwarten kann. Die Novelle zum ChemG hält am Verordnungsverfahren fest, jedoch hat sie die Befugnisse der Anmeldestelle zur Anordnung von Auflagen und Bedingungen gegenüber angemeldeten Stoffen durch Absenkung der Eingriffsschwelle geringfügig erweitert.

Die gesetzliche Regelung hinsichtlich der Bewertung ist wegen des Fehlens einer Definition der Bewertung, von Bewertungskriterien sowie insbesondere eines transparenten und partizipatorischen Verfahrens kritisiert worden (vgl. Ausschußbericht, BT-Drs. 11/6227, S. 69, 70, 72). In der Praxis hat sich die von der Bundesregierung durch Verwaltungsvorschrift geregelte Bewertung in den Grenzen eines rein behördeninternen - genauer: zwischenbehördlichen - Verfahrens eingespielt und bewährt.

3. Rahmenbedingungen

Aus der Gefahrstoffrichtlinie ergeben sich zwingende Vorgaben für das Anmeldeverfahren, die den Spielraum des nationalen Gesetzgebers stark begrenzen (vgl. Begründung zum ersten Abschnitt I 3). Insbesondere sind die Mengenschwellen im Rahmen der Stufenprüfung durch Anhang VII der Richtlinie vorgegeben. Zur Disposition stehen in gewissem Umfang das Verhältnis zwischen der Stufenprüfung nach Maßgabe von Mengenschwellen und der auf Grund einer Gefährdungsabschätzung, weiterhin die Befugnisse der Anmeldestelle zu materiellen Eingriffen und die Regelung der Bewertung. Bei dieser Sachlage erscheint die grundsätzliche Übernahme des bisherigen Rechts die einzig sinnvolle Lösung. Anpassungsbedarf, der sich aus der 7. Änderungsrichtlinie ergibt, wurde noch nicht berücksichtigt (vgl. Begründung zum ersten Abschnitt I 3).

II. VORSCHLAG

1. Leitvorstellungen

Der Vorschlag übernimmt im wesentlichen das bisherige Recht (§§ 4 bis 12 ChemG). Insbesondere ist nicht vorgesehen, das Verhältnis zwischen der Stufenprüfung nach Maßgabe von Mengenschwellen und der nach Maßgabe einer Gefährdungsabschätzung neu zu bestimmen. Durch die Novelle zum ChemG ist ein ausgewogenes Verhältnis zwischen beiden Typen der Stufenprüfung hergestellt worden. Die mangelnde Tiefe der Grundprüfung beruht auf Vorgaben der Gefahrstoffrichtlinie und kann nicht dadurch ausgeglichen werden, daß die von der Gefahrstoffrichtlinie vorgesehene Regelprüfung auf Grund von Mengenschwellen praktisch von einer Prüfung nach Maßgabe einer Gefährdungsschätzung abgelöst wird.

Dagegen erweitert der Vorschlag - unter Respektierung der Grundentscheidung des ChemG für die Verordnungslösung - die Befugnisse der Anmeldestelle für Eilmaßnahmen gegenüber angemeldeten Stoffen. Auf Grund ihrer Sachnähe und der Eilbedürftigkeit ist ein verwaltungsbehördliches Verfahren dem schwerfälligeren Verordnungsverfahren, selbst wenn dieses nach § 151 Abs. 2 durchgeführt wird, vorzuziehen.

Außerdem werden der Gegenstand der Bewertung und die Bewertungsgrundsätze im Gesetz festgeschrieben.

2. Zur Regelung im einzelnen

Zu §§ 444 bis 450

Diese Vorschriften werden aus den unter I 2 b, II 1 genannten Gründen unverändert aus den §§ 4 bis 9a ChemG übernommen. § 445 Abs. 3 (§ 5 Abs. 3 ChemG) wird redaktionell an die auch sonst verwendete Terminologie angepaßt.

Zu § 451 Befugnisse der Anmeldestelle

Die Vorschrift wird in den Absätzen 1, 3 und 4 im wesentlichen unverändert aus § 11 Abs. 1, 3 und 4 ChemG übernommen. In Absatz 1 - und entsprechend: Absatz 2 - wird jedoch als Eingriffsschwelle ein begründeter Verdacht anstelle des Kriteriums der "Anhaltspunkte" für Gefährlichkeit oder Gefahr gewählt. In der Sache bedeutet dies keine Abweichung gegenüber dem bisherigen Recht. Der im bisherigen Recht hervorgehobene Gesichtspunkt des nach dem Stand der wissenschaftlichen Erkenntnisse begründeten Verdachts ist nur ein, wenngleich wichtiger, Anwendungsfall, der im Gesetzestext nicht besonders betont werden muß. Daneben kommt insbesondere ein Verdacht auf Grund der Ergebnisse der Grundprüfung oder auf Grund von Schadensfällen in Betracht.

Absatz 2 erweitert die Befugnisse der Anmeldestelle für Eilmaßnahmen gegenüber bereits angemeldeten Stoffen. Während nach bisherigem Recht die Anmeldestelle das Inverkehrbringen solcher Stoffe nur von Bedingungen und Auflagen abhängig machen kann, ist nunmehr vorgesehen, daß auch weitergehende Beschränkungen des Inverkehrbringens oder der Verwendung angeordnet werden können, wenn ein begründeter Verdacht einer Gefahr für Mensch oder Umwelt vorliegt. Die Eingriffsschwelle wird gegenüber § 11

Abs. 2 ChemG sowie § 47 Abs. 1 S. 3 im Einklang mit § 11 Abs. 1 und 23 Abs. 2 ChemG auf den bloßen Gefahrenverdacht erweitert. Eine unterschiedliche Wertung gegenüber den letzteren Vorschriften erscheint nicht vertretbar. Die fehlenden Kenntnisse über die Risiken neuer Stoffe, die sich aus der Enge der Grundprüfung ergeben, erfordern die Anknüpfung an einen bloßen begründeten Verdacht. Art und Intensität des Gefahrenverdachts bzw. der Gefahr kann durch Abstufung der Beschränkungsmaßnahmen Rechnung getragen werden. Bei den Beschränkungen kann es sich z.B. um Anforderungen an die Beschaffenheit, den Verwendungszweck oder die Verwendungsart handeln. Verbote sind Schutzverordnungen nach § 465 vorbehalten.

Die Regelung gilt in Erweiterung des bisherigen Rechts nicht nur für Stoffe als solche und als Bestandteile von und in Zubereitungen, sondern auch für Produkte, die solche Stoffe und Zubereitungen enthalten oder sie freisetzen können. Eine Beschränkung auf Stoffe und Zubereitungen mag zwar systemgerechter erscheinen, weil sich das Anmeldeverfahren auf Stoffe und Zubereitungen beschränkt, jedoch spricht der Sachzusammenhang und die Parallele zu § 465 dafür, auch Produkte einzubeziehen.

Der Vorrang von Verordnungen nach § 465 wird durch die Bestimmung gewährleistet, daß die Eilanordnung durch Erlaß einer Verordnung nach dieser Vorschrift außer Kraft tritt. Die Befugnisse der Landesbehörden nach § 479 bleiben unberührt (vgl. zu § 479).

Zu § 452 Bewertung

In § 452 werden der Gegenstand der Bewertung und die Bewertungskriterien neu geregelt. Vorschriften über die Ausgestaltung des Bewertungsverfahrens sowie die Bestimmung der Anmeldestelle und der Bewertungsstellen sind im siebenten Abschnitt niedergelegt.

Absatz 1 versteht den Gegenstand der Bewertung in einem weiten Sinn. Bewertung ist danach nicht nur die Bewertung des stoffimmanenten Gefährdungspotentials im Sinne der Gefährlichkeitsmerkmale nach § 440 Abs. 2 zum Zwecke der Einstufung, sondern auch des wirkungsbezogenen Gefährdungspotentials und die Entscheidung über die Vertretbarkeit von Umweltgefahren und Umweltrisiken in Vorbereitung von Eingriffen etwa im Rahmen der Stufenprüfung, nach den §§ 465 und 471 sowie nach § 451 Abs. 2. Dieser weite Bewertungsbegriff entspricht der bisherigen Praxis auf Grund der Allgemeinen Verwaltungsvorschrift zur Regelung der Bewertung (GMBl. 1990 S. 425). Er ist sachgerecht, weil die Anwendung des Rechts der gefährlichen Stoffe mit vielfältigen, auf Stoffe bezogenen Wertungen verbunden ist, die sich zwar hinsichtlich ihres Gegenstandes (ihres Umfangs), nicht jedoch qualitativ unterscheiden. Bei der Bewertung nach Absatz 1 Nr. 2 - wirkungsbezogenes Gefährdungspotential - werden die wesentlichen Gesichtspunkte, die für die Bestimmung von Gefahr oder Risiko maßgeblich sind (Stoffeigenschaften, Ausbreitung in der Umwelt und Exposition), angegeben.

Die Bewertungskriterien ergeben sich aus dem jeweiligen Gegenstand der Bewertung. Bei Bewertungen nach Absatz 1 Nr. 1 kommt es allein auf die Gefährlichkeitsmerkmale an. Bewertungen des wirkungsbezogenen Gefährdungspotentials und insbesondere der Vertretbarkeit solcher Gefahren und Risiken sind dagegen komplexer. Hierbei sind die Grundsätze der Chemiepolitik nach § 442 besonders zu beachten. Künftig werden hinsichtlich der Feststellung der Gefährlichkeitsmerkmale die Bewertungsgrundsätze nach Art. 3 Abs. 2 der 7. Änderungsrichtlinie zu beachten sein, während im übrigen grundsätzlich autonomes deutsches Recht maßgeblich bleibt.

Absatz 2 ermächtigt die Bundesregierung, die Durchführung der Bewertung durch Verwaltungsvorschrift zu regeln.

Zum Dritten Abschnitt: Einstufung, Verpackung und Kennzeichnung von gefährlichen Stoffen, Zubereitungen und Produkten

I. AUSGANGSLAGE

1. Gegenstand des Regelungsbereichs

Im dritten Abschnitt werden in enger Anlehnung an das bisherige Recht (§§ 13 bis 15 ChemG) die Einstufung, Verpackung und Kennzeichnung von gefährlichen Stoffen, Zubereitungen und Produkten geregelt. Die Grundpflichten nach § 13 ChemG werden durch Hereinnahme von Anforderungen, die bisher in der Gefahrstoffverordnung enthalten sind, materiell angereichert. Außerdem werden in §§ 454 und 457 besondere Regelungen über Sicherheitsdatenblätter sowie die Verpackung und Kennzeichnung gefährlicher Stoffe, Zubereitungen und Produkte bei der Ausfuhr getroffen.

2. Bisherige Rechtslage

a) Bisheriges Recht

Die §§ 13 bis 15 ChemG enthalten eine geschlossene, weitgehend auf den Vorgaben der Gefahrstoff- und der Zubereitungsrichtlinie beruhende Regelung der Einstufung, Verpackung und Kennzeichnung gefährlicher Stoffe, von Zubereitungen und - auf Grund der Novelle - von Produkten. Ausgangspunkt der Regelung des § 13 ChemG sind die Legaleinstufung von Stoffen durch Rechtsverordnung und sich hieran knüpfende gesetzliche Pflichten zur Verpackung und Kennzeichnung. Fehlt es (noch) an einer Legaleinstufung, so hat der Hersteller den Stoff eigenverantwortlich auf Grund der Prüfung nach den §§ 7, 9 oder 9a einzustufen, zu verpacken und zu kennzeichnen. In bezug auf Zubereitungen gilt ebenfalls das Prinzip der Legaleinstufung bzw. der Einstufung auf Grund einer Berechnung nach Maßgabe einer Rechtsverordnung. Eine eigenverantwortliche Einstufung ist nicht vorgeschrieben, kann vom Hersteller aber durchgeführt werden und geht insoweit der Einstufung auf Grund von Berechnungsverfahren vor. Für Produkte besteht eine Verpflichtung zur Verpackung und Kennzeichnung nur in dem Maße, wie dies durch Rechtsverordnung vorgesehen ist. - Das Gesetz enthält ferner eine umfangreiche Verordnungsermächtigung für Einstufungs-, Verpackungs- und Kennzeichnungsvorschriften, die den in § 13 abgesteckten Rahmen ausfüllen (§ 14), sowie eine Regelung hinsichtlich der Anforderungen bei erneutem Inverkehrbringen (§ 15).

Nach bisherigem Recht besteht für den Export keine allgemeine Regelung, so daß der Hersteller grundsätzlich nur die Anforderungen des Empfängerlandes beachten muß. Die §§ 13 und 14 ChemG gelten, soweit die Ware zunächst an einen inländischen Exporteur geliefert wird. Dieser ist beim Export aber nicht an § 15 ChemG gebunden. Für Pflanzenschutzmittel, die für den Export bestimmt sind, sehen die §§ 20 Abs. 3, 23 Abs. 1 PflSchG eine Sonderkennzeichnung unter Berücksichtigung internationaler Vereinbarungen vor.

b) Erfahrungen mit dem bisherigen Recht und Reformvorschläge

Die Novelle zum ChemG hat Lücken des Gesetzes hinsichtlich der Verpackung und Kennzeichnung von Produkten sowie allgemein hinsichtlich der Möglichkeit einer Positivkennzeichnung geschlossen. Nach dieser Gesetzesänderung erscheint der Reformbedarf gering. Nicht berücksichtigt in der Novelle wurde allerdings die Forderung, einen Hinweis auf eine noch nicht erfolgte (vollständige) Prüfung (§ 13 Abs. 1 S. 3 ChemG) auch für Altstoffe vorzuschreiben (vgl. BT-Drs. 11/6227, S. 69).

3. Rahmenbedingungen

Die Vorschriften über die Einstufung, Verpackung und Kennzeichnungen von gefährlichen Stoffen und Zubereitungen sind im wesentlichen durch die Gefahrstoff- und die Zubereitungsrichtlinie der Gemeinschaft vorgegeben. Die nationalen Regelungsbefugnisse beschränken sich auf die regelungstechnische Ausgestaltung des gemeinschaftsrechtlichen Rahmens. Grundsätzliche Dispositionsfreiheit besteht nur hinsichtlich gefährlicher Produkte. Bei dieser Sachlage erscheint eine weitgehende Übernahme des bisherigen Rechts sinnvoll.

II. VORSCHLAG

1. Leitvorstellungen

Der Vorschlag übernimmt im wesentlichen das bisherige Recht, reichert es jedoch durch materielle Anforderungen an die Art und Weise der Verpackung und Kennzeichnung einschließlich einer Verpflichtung zur Lieferung eines Sicherheitsdatenblatts an und bezieht auch Regelungen des Abfallrechts ein. Hierdurch werden die inhaltlichen Anforderungen an die Verpackung und Kennzeichnung aussagekräftiger, und es werden ausreichende Leitlinien für die Ausübung des Verordnungsermessens nach § 455 gegeben. Weiterhin wird eine Regelung für die Ausfuhr geschaffen, die auf dem Grundsatz der Nichtdiskriminierung als Mindeststandard beruht und darüber hinaus den besonderen Gegebenheiten im Empfängerland Rechnung zu tragen sucht.

2. Zur Regelung im einzelnen

Zu § 453 Einstufungs-, Verpackungs- und Kennzeichnungspflicht

§ 453 wird im wesentlichen unverändert aus § 13 ChemG übernommen. In Absatz 1 wird als neuer Satz 3 eine inhaltliche Regelung der Verpackungs- und Kennzeichnungspflicht eingefügt, die aus der alten, besser geglückten Fassung des ChemG (§ 14 Abs. 1 S. 1) entnommen ist. Danach muß durch die Verpackung und Kennzeichnung vermieden werden, daß der Stoff bei seiner bestimmungsgemäßen Verwendung zu Gefahren für Mensch oder Umwelt führt. Satz 4 nimmt die Regelung des bisherigen § 13 Abs. 1 S. 3 auf, erweitert aber die Pflicht zur Angabe, daß der Stoff noch nicht (vollständig) geprüft ist, auch auf Altstoffe, da das Informationsbedürfnis des Verwenders bei Altstoffen sich nicht von dem bei anmeldefreien neuen Stoffen unterscheidet.

Absatz 3 schafft in Anlehnung an die Grundregelung in Absatz 1 Satz 1 eine besondere Vorschrift für die Verpackung und Kennzeichnung von Produkten, die durch eine konstitutive Verordnung nach § 455 Abs. 1 Nr. 3 zu regeln ist. Darüber hinaus können sich Anforderungen an die Verpackung und Kennzeichnung von Produkten im Hinblick auf die Abfallentsorgung auch aus einer Verordnung nach § 468 Nr. 1 ergeben. Es erscheint sinnvoll, auch auf diese Vorschrift Bezug zu nehmen und die Materie nicht in der Unberührtheitsklausel des Absatzes 4 zu verstecken.

Die Unberührtheitsklausel soll insbesondere die Anwendbarkeit des Kennzeichnungs- und Verpackungsrechts für den Arbeitsschutz (§ 471 Abs. 3 Nr. 4) und Gefahrguttransporte (§ 558 Abs. 1 Nr. 5) sicherstellen.

Zu § 454 Sicherheitsdatenblatt

Die Vorschrift wird im Vorgriff auf die 7. Änderungsrichtlinie geschaffen. Das Sicherheitsdatenblatt enthält in zusammenfassender Weise alle für den Schutz von Mensch oder Umwelt erforderlichen Angaben. Es soll dem Erwerber die Möglichkeit geben, eigene Maßnahmen zur Gefahrenabwehr beim Umgang mit dem Stoff zu planen und durchzuführen.

Zu §§ 455 und 456 Ermächtigung zu Einstufungs-, Verpackungs- und Kennzeichnungsvorschriften / Erneutes Inverkehrbringen

Die §§ 455 und 456 werden im wesentlichen unverändert aus den §§ 14 und 15 ChemG übernommen. Diese Regelungen haben sich bewährt. Ein grundlegender Veränderungsbedarf ist nicht ersichtlich. Allerdings wird die Verordnungsermächtigung im Hinblick auf die Neuregelung des § 454 auch auf Regelungen über Sicherheitsdatenblätter erstreckt.

Zu § 457 Ausfuhr

§ 457 trifft eine Regelung über die Verpackung und Kennzeichnung von gefährlichen Stoffen, Zubereitungen und Produkten, die nicht im Inland in den Verkehr gebracht werden, sondern für die Ausfuhr bestimmt sind. Diese Regelung beruht im Gegensatz zum bisherigen Recht auf dem Grundsatz der Nichtdiskriminierung unter Berücksichtigung der lokalen Gegebenheiten. Für diesen Grundsatz haben sich die FAO und das Umweltprogramm der Vereinten Nationen ausgesprochen (vgl. Rehbinder, in: Breuer/Kloepfer/Marburger/Schröder [Hrsg.], Jahrbuch des Umwelt- und Technikrechts 1988 [UTR 5], 1988, S. 337 ff.; Bothe, in: Handl [Hrsg.], Transferring Hazardous Technologies and Substances, 1989; Micklitz, International Legal Instruments for the Regulation and Control of the Production and Use of Chemicals and Pesticides, EUI Working Papers in Law No. 91/18, 1991; ders., International Regulation on the export and import of banned and severely restricted chemicals and pesticides, Milieu en Recht 1992, 207). Für bestimmte gefährliche Stoffe ist der Grundsatz in der EG-Verordnung 1734/88, geändert durch Verordnung Nr. 2455/92 niedergelegt (vgl. Pallemaerts, Envt'l Policy and Law 1988, 62). Im Hinblick auf die oft völlig unzureichenden Regelungen in den Empfängerländern, insbesondere Entwicklungsländern, ist das Absehen von einer Regelung des Exports nicht angemessen. Grundsätzlich sollte der Hersteller oder Exporteur die deutschen Anforderungen an Verpackung und Kennzeichnung beachten, soweit dies mit dem Recht des Empfängerlandes vereinbar ist.

Allerdings empfiehlt es sich, diesen Grundsatz auf qualifiziert gefährliche Stoffe zu beschränken und seine Anwendbarkeit von einer Bestimmung der betreffenden Stoffe durch Rechtsverordnung abhängig zu machen (Absatz 2). Dadurch wird es ermöglicht, die Ausdehnung des deutschen Kennzeichnungsrechts auf Stoffe zu konzentrieren, die im Export eine besondere Rolle spielen und gesundheits- und umweltpolitisch von besonderer Bedeutung sind.

In der Rechtsverordnung nach Absatz 2 sind die Einzelheiten der Anwendung des Grundsatzes der Nichtdiskriminierung zu regeln. Dies ist sinnvoll, weil die örtlichen Gegebenheiten berücksichtigt werden müssen. Der näheren Ausformung dieses Gedankens dient auch die Ermächtigung in Absatz 2 Satz 2, Zusatzkennzeichnungen, die Angabe von inländischen Verboten oder Beschränkungen und die Beifügung von zusätzlichen Gebrauchsanleitungen und Warnhinweisen vorzuschreiben, z.B. um andersartigen klimatischen Gegebenheiten oder mangelnder Schulbildung der Händler und Anwender Rechnung zu tragen. Schließlich verlangt Absatz 2 Satz 3 die Beachtung internationaler Vereinbarungen, auch wenn es sich dabei um Vereinbarungen mit Empfehlungscharakter handelt. Damit soll es ermöglicht werden, derartige Vereinbarungen, die von Deutschland abgeschlossen sind, umzusetzen, soweit dem nicht überwiegende Belange entgegenstehen.

Zum Vierten Abschnitt: Mitteilungspflichten

I. AUSGANGSLAGE

1. Gegenstand des Regelungsbereichs

In den §§ 458 bis 464 werden Mitteilungspflichten geregelt. Dabei geht es zunächst um Pflichten der Hersteller anmeldepflichtiger Stoffe zur Mitteilung wesentlicher Änderungen (§ 458). Weiterhin sind Mitteilungs- und Prüfpflichten der Hersteller verschiedenartiger anmeldefreier Stoffe, Zubereitungen und Produkte (anmeldefreie neue Stoffe, alte Stoffe, Zubereitungen und Produkte) vorgesehen, die auf eine "kleine Anmeldung" hinauslaufen (§§ 459 bis 462). Ferner enthält die Regelung Mitteilungspflichten der Hersteller von Zubereitungen zugunsten von Behandlungszentralen (§ 463). Schließlich wird eine Ermächtigungsgrundlage für die Anordnung von umfassenden Umweltbelastungsanalysen geschaffen (§ 464).

2. Bisherige Rechtslage

a) Bisheriges Recht

Die Novelle zum ChemG hat den Kreis der Mitteilungspflichten stark ausgedehnt und damit das Regime anmeldepflichtiger neuer Stoffe einerseits, anmeldefreier neuer Stoffe, alter Stoffe und Zubereitungen andererseits stark angenähert. Neben der Mitteilungspflicht nach § 16, die Veränderungen wesentlicher Angaben der Anmeldung betrifft, sind nunmehr auch für anmeldefreie neue Stoffe im Sinne des § 5, für Zwischenprodukte und Exportstoffe, für Altstoffe und für Zubereitungen Mitteilungspflichten vorgesehen (§§ 16a bis 16e). Die Mitteilungspflichten beschränken sich nicht notwendig auf die Mitteilung von Umständen, die dem Hersteller bekannt oder zugänglich sind, und von Angaben, die der Verbraucher üblicherweise erwarten darf, sondern erfordern zum Teil auch die Durchführung von Prüfungen seitens des Herstellers (§ 16a Abs. 2, 5, § 16b Abs. 2, 3, § 16c). Insofern kann man von einer "kleinen Anmeldung" sprechen, die allerdings nicht mit einer Hemmung der Zulässigkeit des Inverkehrbringens verbunden ist.

b) Erfahrungen mit dem bisherigen Recht und Reformvorschläge

Inwieweit sich die Neuregelung bewährt hat, läßt sich im Hinblick auf die kurze Zeit seit Inkrafttreten der Novelle nicht beurteilen. Hinzuweisen ist nur darauf, daß in der Diskussion über die Novelle inhaltlich weitergehende Mitteilungspflichten in bezug auf die erfaßten Stoffe bzw. Mengenschwellen, eine Ausdehnung auch auf Produkte und die Schaffung einer Rechtsgrundlage für die Durchführung von Umweltbelastungsanalysen (Produktlinienanalysen) gefordert worden sind (vgl. Ausschußbericht, BT-Drs. 11/6227, S. 69, 71, 72; Grießhammer/Schmincke, Öko-Mitteilungen 4/90, 16).

3. Rahmenbedingungen

Der Regelungsbereich der Mitteilungspflichten wird zu einem Teil (§§ 458, 459 und 463) von der Gefahrstoff- sowie der Zubereitungsrichtlinie erfaßt. Die nationalen Spielräume sind insoweit gering. Einige Regelungen der Novelle zum ChemG verstoßen gegen das bisherige Gemeinschaftsrecht und lassen sich lediglich als Vorgriff auf die zwischenzeitlich verabschiedete 7. Änderungsrichtlinie verstehen. Die Sperrwirkung des Gemeinschaftsrechts bezieht sich dagegen bislang grundsätzlich nicht auf Export- und Zwischenstoffe, alte Stoffe, Zubereitungen als solche sowie auf Produkte. Zu beachten ist aber, daß die Einführung eines Anmeldeverfahrens für alte Stoffe, soweit es mit einer Hemmung der Zulässigkeit des Inverkehrbringens verbunden ist, gegen die Gefahrstoffrichtlinie verstößt, die von einem grundsätzlich freien Inverkehrbringen alter Stoffe ausgeht (EuGH, Rs. 302/86, Kommission gegen Dänemark, Slg. 1989, 4069, 4087). Bloße Mitteilungspflichten sind aber zulässig.

Durch die EG-Altstoffverordnung (Verordnung 793/93 vom 23. März 1993) wird der nationale Spielraum weiter verengt. Mitteilungen, die keine neuen Versuche voraussetzen, können zwar von den Mitgliedstaaten parallel zu den der Kommission zu machenden Mitteilungen über bestimmte gesundheits- und umweltbezogene Stoffeigenschaften (Art. 3 der Verordnung) verlangt werden, müssen sich aber an den vorgegebenen Rahmen halten (Art. 6 Abs. 3 der Verordnung). Ein grundlegender Veränderungsbedarf im Verhältnis zum bisherigen Recht (§ 16c Abs. 1 ChemG) ist insoweit nicht ersichtlich. Testverpflichtungen können dagegen künftig nur noch für prioritäre Stoffe (Art. 8 der Verordnung) auferlegt werden, soweit Deutschland im Rahmen des EG-weiten Kooperationsverfahrens Berichterstatter ist; diese Verpflichtungen erfassen dann auch Hersteller und Einführer aus anderen Mitgliedstaaten (Art. 9 der Verordnung). § 16c Abs. 2 ChemG bedarf daher einer grundlegenden Veränderung. Im Rahmen dieses Vorschlags wird davon abgesehen, die EG-Altstoffverordnung bereits einzuarbeiten (vgl. Begründung zum ersten Abschnitt I 3).

Zweifelhaft ist die Frage, ob der nationale Gesetzgeber über die §§ 444 bis 452, 459 hinaus gegenüber neuen - und künftig auch alten - Stoffen als solchen und in Zubereitungen umfassende Umweltbelastungsanalysen vorschreiben kann, die die Gesamtauswirkungen eines Stoffs von der Produktion bis zur Entsorgung als Bestandteil eines zum Abfall gewordenen Produkts erfassen. Man wird hierin eine im Hinblick auf die Sperrwirkung der Gefahrstoffrichtlinie unzulässige Verschärfung der Pflichten des Herstellers zu sehen haben, weil sich dessen Informationsrisiko nach der Richtlinie auf die Ermittlung eines abgegrenzten Kreises umweltrelevanter Daten in bezug auf den Stoff bezieht (vgl. Breuer, in: Gesellschaft für Rechtspolitik [Hrsg.], Chemikalienrecht, 1986, S. 155 ff., 192, 196, 202 f.). Dies legt Zurückhaltung nahe. In bezug auf Zubereitungen als solche und Produkte bestehen die genannten EG-rechtlichen Bedenken nicht.

II. VORSCHLAG

1. Leitvorstellungen

Die in den §§ 16 bis 16e ChemG geregelten Mitteilungspflichten werden unverändert übernommen. Insbesondere besteht kein Anlaß, die Mengenschwelle für Mitteilungspflichten bei Altstoffen auf eine Jahrestonne abzusenken, da die Fülle der dann mitteilungspflichtigen Altstoffe administrativ nicht zu bewältigen wäre (vgl. Begründung. zur ChemG-Novelle, BT-Drs. 11/4550, S. 52). Aus den Grundsätzen nach § 442 kann sich zum Teil eine materielle Anreicherung der Mitteilungspflichten ergeben. Dies gilt insbesondere für die Altstoffregelung des § 461. Nach § 442 Abs. 3 ist eine systematische Aufarbeitung von Altstoffen geboten. Sie kann auf Grund des Kooperationsprinzips (§ 6), wie gegenwärtig im Rahmen des Beratergremiums umweltrelevante Altstoffe, durch die betroffene Wirtschaft erfolgen.

Erweist sich dieser Weg jedoch als ungenügend, ist die Bundesregierung gehalten, von der Verordnungsermächtigung des § 461 Gebrauch zu machen.

Abgesehen von der Übernahme des bisherigen Rechts wird eine Ausweitung der Mitteilungspflichten auch auf gefährliche Produkte sowie insbesondere eine Ermächtigung für die Durchführung von umfassenden Umweltbelastungsanalysen vorgeschlagen. Damit sollen einmal im Einklang mit der Pflichtengeneralklausel nach § 10 Lücken der bisher geregelten Mitteilungspflichten geschlossen werden. Ferner wird eine Rechtsgrundlage für eine umfassende Überprüfung der Umweltauswirkungen von Stoffen, Zubereitungen und Produkten geschaffen, die den ganzen "Produktlebenszyklus" von der Produktion bis zur Beseitigung als Abfall umfaßt. Eine derartige Analyse ist insbesondere sinnvoll, um Verordnungen nach § 465 angemessen vorzubereiten. Sie muß sich allerdings im Hinblick auf das Fehlen eines entwickelten methodischen Instrumentariums und mögliche Kollisionen mit dem europäischen Gemeinschaftsrecht auf eine Verordnungsermächtigung beschränken.

2. Zur Regelung im einzelnen

Zu §§ 458, 461, 463

Diese Vorschriften werden im wesentlichen sachlich unverändert aus dem ChemG übernommen, da sie z.T. durch EG-Recht vorgegeben sind (§§ 458, 459 und 463), im übrigen sachlich angemessen erscheinen. Um die gesetzliche Regelung von technischen Details zu entlasten, werden allerdings einige Mitteilungspflichten, die bisher als gesetzliche Pflichten ausgestaltet waren (§§ 16b, 16c Abs. 1, 16e), in Verordnungsermächtigungen überführt, und es wird auch im übrigen die Regelungsdichte zurückgenommen. Damit soll auf eine Harmonisierung des Stoffrechts mit den anderen umweltrechtlichen Regelungen hinsichtlich des Regelungsstils hingewirkt werden, soweit dem nicht Gründe der rechtsstaatlichen und Parlamentsbestimmtheit entgegenstehen.

Die Voraussetzungen für den Erlaß einer Rechtsverordnung nach den §§ 461 Abs. 2 Nr. 1, 462 Abs. 1 Nr. 1 werden auf einen "begründeten Verdacht" umgestellt. Diese Veränderung gegenüber dem bisherigen Recht entspricht § 451 Abs. 1 (siehe Begründung zu § 451). Ferner wird in den §§ 462 Abs. 1, 463 Abs. 1 S. 3 der Begriff der "schädlichen Einwirkungen" durch den der Gefahr ersetzt. Eine sachliche Änderung gegenüber dem bisherigen Recht ist damit nicht verbunden.

Die 7. Änderungsrichtlinie und die EG-Altstoffverordnung (793/93) sind noch nicht eingearbeitet (vgl. I 3).

Zu § 462 Zubereitungen und Produkte

Die Vorschrift erstreckt die Mitteilungspflicht des § 16d ChemG über Stoffe und Zubereitungen hinaus auch auf Produkte, die gefährliche Stoffe oder Zubereitungen mit bestimmten Gefährlichkeitsmerkmalen enthalten. Eine derartige Regelung entspricht dem Mandat des § 10. Sie erscheint erforderlich, weil Art und Umfang der Exposition von Mensch und Umwelt vielfach nicht von gefährlichen Stoffen oder gefährlichen Zubereitungen als solchen, sondern von den Produkten bestimmt werden. Die Hersteller von Stoffen und Zubereitungen besitzen vielfach keine volle Kenntnis über die Vielfalt und Eigenart von Produkten, die aus den Stoffen oder Zubereitungen hergestellt werden, und über das produktspezifische Gefährdungspotential und können - auch aus gemeinschaftsrechtlichen Gründen - auch nicht ohne weiteres zur Beschaffung verpflichtet werden. Die Gefahrstoffrichtlinie beschränkt die Pflichten des Herstellers eines neuen Stoffs auf die Angaben von Verwendungsarten und Verwendungsbereichen. Damit können Ermittlungen hinsichtlich einzelner Produkte nicht gefordert werden. Soweit der Stoff oder die Zubereitung nicht als solche, sondern von vornherein als Bestandteil eines Produkts in Verkehr gebracht werden, wäre auch an die Ausweitung der Mitteilungspflicht nach § 460 zu denken; damit würde jedoch nur eine Teillösung erreicht.

Zu § 464 Umweltbelastungsanalysen

Mit der Regelung über die Durchführung von Umweltbelastungsanalysen wird Neuland betreten. Ausgangspunkt der Regelung ist die Überlegung, daß eine bei den Stoffeigenschaften ansetzende und in gewissem Umfang auch das Wirkungspotential des Stoffes einbeziehende Regelung, selbst wenn sie durch Mitteilungspflichten für Zubereitungen und Produkte angereichert ist, nur einen Ausschnitt des Gefährdungspotentials eines Stoffs erfaßt. Die Umweltbelastungsanalyse (Produktlinienanalyse) soll sämtliche potentiellen Umweltauswirkungen von Stoffen, Zubereitungen und Produkten "von der Wiege bis zur Bahre", das heißt von der Produktion einschließlich der Gewinnung von Rohstoffen und des Energieeinsatzes bis hin zur Entsorgung als Abfall erfassen. Nur derartige umfassende Kenntnisse setzen Wirtschaft und Staat in die Lage, umweltpolitisch verantwortbare Entscheidungen über die Zulässigkeit des Einsatzes bestimmter Stoffe, Zubereitungen und Produkte und über Substitute zu treffen. Ein reiner Produktvergleich greift zu kurz. Allerdings sind die Anforderungen, die mit der Durchführung einer Umweltbelastungsanalyse an den oder die Hersteller gestellt werden, erheblich; eine ausgereifte Methodik steht noch nicht zur Verfügung, vielmehr befindet sich die Umweltbelastungsanalyse noch im Stadium der Erprobung und Entwicklung (vgl. Rat von Sachverständigen für Umweltfragen, Abfallwirtschaft, 1990, Tz. 62 ff.; Grießhammer/Schmincke,

Öko-Mitteilungen 4/90, 16). Deshalb kommt nur eine Verordnungsermächtigung in Betracht. Im Vorfeld kann die Bundesregierung auch indikativ mit Zielvorgaben arbeiten, indem sie Gruppen von Zubereitungen oder Produkten bezeichnet, deren Hersteller oder Einführer Umweltbelastungsanalysen durchführen sollen, ohne hierzu verpflichtet zu sein. Dies braucht im Gesetz aber nicht geregelt zu werden.

Satz 1 enthält eine an einschränkende Voraussetzungen geknüpfte, personell und sachlich beschränkte Ermächtigung zur Auferlegung von Umweltbelastungsanalysen. Eine derartige Verpflichtung ist von der Klärungsbedürftigkeit erheblicher Umweltrisiken im Hinblick auf die mögliche Exposition abhängig; dabei kommt es aber wie nach § 462 Abs. 1 nicht auf die Feststellung des stoffbezogenen Gefährdungspotentials, sondern der wirkungsbezogenen Umweltrisiken an. Die Analyse muß also zur umfassenden Ermittlung der betreffenden Umweltrisiken dringend erforderlich sein. Eine derartige Einschränkung auf Fälle des gesteigerten Informationsbedarfs erscheint im Hinblick auf die bisher fehlende methodische Ausreifung der Umweltbelastungsanalyse als Informationsinstrument und die dadurch bedingten Risiken des Verpflichteten erforderlich.

Außerdem kann die Verpflichtung nur Herstellern oder Einführern von Zubereitungen und Produkten, die an Letztverbraucher abgegeben werden, auferlegt werden. Damit wird einmal die Ermächtigung auf die Fälle konzentriert, in denen auf Grund eines möglicherweise mehrstufigen Produktionsvorgangs und der Verbreitung gefährlicher Stoffe in der Umwelt am ehesten mit erheblichen Umweltrisiken zu rechnen ist. Zum anderen ist eine derartige Vorgehensweise auch gemeinschaftsrechtlich geboten, weil die Gefahrstoffrichtlinie die Ermittlungspflichten des Herstellers in bezug auf die Umweltauswirkungen von Stoffen abschließend festlegt.

Der Inhalt der Umweltbelastungsanalyse ergibt sich in seinen Grundzügen aus § 10 Abs. 1. Entsprechend der Entwicklung der Methodik der Umweltbelastungsanalyse wird eine spätere Konkretisierung durch Verwaltungsvorschrift möglich sein. Statt einer umfassenden kann auch eine Umweltbelastungsanalyse gefordert werden, die sich auf bestimmte Umweltbeeinträchtigungen beschränkt. Satz 2 hebt hier die Entsorgung besonders hervor.

In der Verordnung werden auch die Personen zu bezeichnen sein, die die Umweltbelastungsanalysen durchführen sollen. Genannt werden die Hersteller von Zubereitungen und Produkten. Die Zielfestlegung kann diesen Kreis, z.B. nach sachlichen Gesichtspunkten oder nach Größenkriterien, näher begrenzen. Dabei wird sich die Verordnung an § 474 Abs. 5 orientieren können, ohne daß dies besonders ausgesprochen werden müßte. Es ist zu erwarten, daß sich die Betroffenen im eigenen Interesse über die gemeinsame Durchführung der Umweltbelastungsanalyse einigen oder deren Kosten gemeinsam tragen werden.

Zum Fünften Abschnitt: Ermächtigungen zu Verboten und Beschränkungen sowie zu Maßnahmen zum Schutz von Beschäftigten

I. AUSGANGSLAGE

1. Gegenstand des Regelungsbereichs

Die §§ 465 bis 469 enthalten Ermächtigungen zum Erlaß von Rechtsverordnungen, in denen die Herstellung, das Inverkehrbringen und die Verwendung gefährlicher oder vermutet gefährlicher Stoffe - auch unter dem Gesichtspunkt der Luftreinhaltung und der Abfallentsorgung - verboten oder beschränkt werden kann. § 470 ermächtigt zu Verboten und Beschränkungen für giftige Tiere und Pflanzen. § 471 enthält in Ergänzung von § 465 besondere arbeitsschutzrechtliche Regelungsbefugnisse.

2. Bisherige Rechtslage

a) Bisheriges Recht

Nach dem System des ChemG dient das Anmelde- und Prüfverfahren für neue Stoffe nur dem Zweck, den Hersteller zur Ermittlung der Stoffeigenschaften zu veranlassen. Die Anmeldestelle ist grundsätzlich nicht dazu befugt, Verbote und Beschränkungen auszusprechen. Diese werden vielmehr durch Verordnung nach § 17 ChemG erlassen. § 17 ChemG enthält eine weite Verordnungsermächtigung, die es gestattet, gegenüber wohl allen Umweltrisiken gefährlicher Stoffe, Zubereitungen und Produkte auf Grund Herstellung, Inverkehrbringens und Verwendung vorzugehen. Auch alte gefährliche Stoffe, Zubereitungen und Produkte, gefährliche Umwandlungsprodukte, Gefahrstoffe im Sinne der arbeitsschutzrechtlichen Regelungen sowie Stoffe, Zubereitungen und Produkte, hinsichtlich derer nur ein Gefährlichkeitsverdacht besteht, sind erfaßt. Nach der Novellierung des Gesetzes bezieht sich die Ermächtigung nicht nur auf Gefahren, sondern auch auf bloße Risiken für Mensch oder Umwelt. § 17 ChemG wird für den Bereich des Arbeitsschutzes durch § 19 ChemG ergänzt. Diese Vorschrift enthält eine Verordnungsermächtigung für eine Fülle von Regelungen im Bereich der Herstellung und Verwendung von Gefahrstoffen zum Schutz von Leben und Gesundheit des Menschen einschließlich des Schutzes der menschlichen Arbeitskraft und der menschenwürdigen Gestaltung der Arbeit sowie bei Tätigkeit in deren Gefahrenbereich. Sachlich geht es dabei nur um eine Konkretisierung des § 17 Abs. 1 ChemG in bezug auf die Herstellung und Verwendung am Arbeitsplatz, jedoch erweitert § 19 ChemG den Schutzzweck des

Gesetzes durch Einbeziehung der menschengerechten Gestaltung der Arbeit und dessen Schutzgegenstand durch Ausdehnung auf alle Gefahrstoffe im arbeitsschutzrechtlichen Sinne. § 18 ChemG enthält besondere Eingriffsermächtigungen für giftige Tiere und Pflanzen, die, obwohl sie an sich systemfremd sind, wegen ihres giftrechtlichen Gehalts in das Gesetz aufgenommen worden sind.

Außerhalb des ChemG finden sich - abgesehen von den in späterem Zusammenhang (achter bis zwölfter Abschnitt) zu behandelnden Pflanzenschutzmitteln, Bioziden, Düngemitteln, Waschmitteln und gefährlichen Transportgütern - stoffrechtliche Eingriffsbefugnisse vor allem in den §§ 34 bis 36 BImSchG und § 14 AbfG. Danach können unter dem Gesichtspunkt der Luftreinhaltung Regelungen über die Beschaffenheit von Brennstoffen, Treibstoffen und Schmierstoffen und über andere Stoffe oder Erzeugnisse erlassen werden, die bei der Herstellung, der Einfuhr und dem Inverkehrbringen zu beachten sind. Zur Verringerung der Abfallmengen oder schädlicher Stoffe in Abfällen oder zu ihrer umweltgerechten Entsorgung können Kennzeichnungspflichten, Pflichten zur getrennten Entsorgung und Rücknahme- und Pfandpflichten auferlegt sowie Verbote und sonstige Beschränkungen ausgesprochen werden.

b) Erfahrungen mit dem bisherigen Recht und Reformvorschläge

Seit Inkrafttreten des § 17 ChemG ist von den dort niedergelegten Ermächtigungen zunächst verhältnismäßig wenig Gebrauch gemacht worden. Die Gefahrstoffverordnung enthält überwiegend Vorschriften über den Umgang mit Gefahrstoffen am Arbeitsplatz, allerdings in den §§ 9 bis 13 auch einige Verbote des Inverkehrbringens sowie Regelungen über Erlaubnis- und Anzeigepflichten, die Abgabe und den Nachweis der Sachkunde. Einige spezielle Verbotsverordnungen wie die PCB-Verbotsverordnung kommen hinzu. Diese Zurückhaltung des Verordnungsgebers wird zum Teil darauf zurückgeführt, daß in der alten Fassung des § 17 ChemG die Eingriffsschwelle sehr hoch angesetzt war. Die Novelle zum ChemG hat daher durch Einbeziehung auch der Vorsorge gegen Umweltrisiken die Eingriffsschwelle abgesenkt und gestattet nunmehr Eingriffe auch gegenüber unter dem Gesichtspunkt des Gesundheits- und Umweltschutzes bedenklichen Stoffen. Auf Grund der Neuregelung sind die FCKW-Halon-VerbotsV, die 1. Chloraliphatenverordnung und die Teerölverordnung erlassen worden. Weitere Erfahrungen mit der neuen Regelung liegen noch nicht vor. Bei der Bewertung des § 17 ChemG ist zu berücksichtigen, daß die verfahrensrechtlichen (EG-Informationsrichtlinie von 1990) und materiellrechtlichen (Art. 30, 36 EWG-Vertrag) Anforderungen des Gemeinschaftsrechts nationale "Alleingänge" erschweren. In der Diskussion zur Novelle des § 17 ChemG wurde zum Teil die Umformung dieser Ermächtigung in einen Handlungsauftrag gefordert (vgl. Ausschußbericht, BT-Drs. 11/6227, S. 70).

Die Regelungen der §§ 34 bis 36 BImSchG haben sich im wesentlichen bewährt. Unklar ist insoweit das Verhältnis zu der allgemeinen Regelung nach § 17 ChemG geblieben (vgl. Kloepfer, in: Gesellschaft für Rechtspolitik [Hrsg.], Chemikalienrecht, 1986, S. 1 ff., 5, 61 f.; Rehbinder/Kayser/Klein, Chemikaliengesetz, 1985, § 2 ChemG Rn. 98). § 14 Abs. 1 AbfG ist in jüngster Zeit durch die Verordnung über die Entsorgung gebrauchter halogenierter Lösemittel und zum Teil auch die Altölverordnung konkretisiert worden. Weitere Regelungen (z.B. hinsichtlich Elektronikschrott) sind in Vorbereitung.

Die Verordnungsermächtigung des § 14 AbfG wird unter unterschiedlichen Gesichtspunkten - einerseits wegen der mangelnden Bestimmheit der zu erheblichen Eingriffen in das Wettbewerbsgeschehen führenden Ermächtigungen, andererseits wegen der Enge bestimmter Regelungen (Beschränkung auf Produkte oder Abfälle mit besonderem Schadstoffgehalt) und der mangelnden Einwirkung bereits auf die Produkt- und Verfahrensinnovation - kritisiert (vgl. Atzpodien, NVwZ 1989, 415 ff.; Rat von Sachverständigen für Umweltfragen, Abfallwirtschaft, 1990, Tz. 168 ff.). Der jüngste Novellierungsvorschlag des Bundesrats (BT-Drs. 12/631) sieht - abgesehen von einer Randkorrektur - keinerlei Veranlassung zu einer Änderung des § 14 AbfG.

3. Rahmenbedingungen

Das europäische Gemeinschaftsrecht spielt im Bereich von Verbots- und Beschränkungsregelungen eine vergleichsweise geringe Rolle. Die Verbote und Beschränkungen der sogenannten PCB-Richtlinie (Richtlinie des Rates vom 27. Juli 1976 zur Angleichung der Rechts- und Verwaltungsvorschriften der Mitgliedstaaten für Beschränkungen des Inverkehrbringens und der Verwendung gewisser gefährlicher Stoffe und Zubereitungen [76/769/EWG], ABl. EG Nr. L 262 vom 27. September 1976, S. 201) sind durch die GefStoffV umgesetzt worden. Darüber hinaus sind die Mitgliedstaaten grundsätzlich frei, Verbote und Beschränkungen gefährlicher Stoffe, Zubereitungen und Produkte zu erlassen. Im Einzelfall sind die Anforderungen der Rechtsprechung des EuGH zu Art. 30 und 36 EWG-Vertrag zu beachten (vgl. EuGH, Rs. 302/86 - Kommission gegen Dänemark - [Pfandflaschen], Slg. 1989, 4069, 4087).

Die Weite der Verordnungsermächtigungen nach § 17 ChemG sowie nach § 14 AbfG wird unter dem Gesichtspunkt des Parlamentsvorbehalts und des Bestimmtheitsgebots kritisiert. Wie bereits zu § 147 dargelegt, ist dieser Kritik im Ergebnis nicht zu folgen. Die Eigenart und große Spannweite des Chemikaliensektors bedingt weite Verordnungsermächtigungen. Hinsichtlich der abfallrechtlichen Ermächtigungen sind Zweifel daran, ob z.B. flächendeckende Rücknahmepflichten angeordnet werden können, dadurch behoben, daß § 8 Abs. 2 eine generelle Rücknahmepflicht vorsieht, die durch die Verordnung nur konkretisiert wird. Einschränkungen ergeben sich insoweit nur aus dem Übermaßverbot, insbesondere dem Grundsatz der Geeignetheit und der Verhältnismäßigkeit. Die mit Eingriffen in die Produktgestaltung und den Vertrieb von Produkten bzw. Produktgruppen verbundenen Auswirkungen auf den Wettbewerb sind als Abwägungsfaktoren bei der Entscheidung über die Art des Vorgehens zu berücksichtigen.

II. VORSCHLAG

1. Leitvorstellungen

Mit den Regelungen in den §§ 465 bis 468 wird der Versuch unternommen, in Konkretisierung von § 147 die stoffbezogenen Regelungsermächtigungen - unter Beachtung der Besonderheiten einzelner Umweltrisiken - systematisch geschlossen zu regeln.

Ausgangspunkt des Vorschlags bildet die bereits bestehende Grundregelung für gefährliche Stoffe, Zubereitungen und Produkte nach § 147. Diese Grundregelung wird unter Bestimmtheitsgesichtspunkten in § 465 Abs. 1 durch Übernahme der in § 147 nicht ausdrücklich genannten Regelungsbefugnisse konkretisiert; auch die in § 17 Abs. 2 bis 5 ChemG enthaltenen Regelungen werden übernommen. Zusätzlich wird - wenngleich unter einschränkenden Voraussetzungen - auch eine Ermächtigungsgrundlage für das Vorgehen gegen Gruppen von gefährlichen Stoffen oder Zubereitungen und Produkte geschaffen. Dies entspricht einem praktischen Bedürfnis.

Die §§ 34 und 35 BImSchG werden als § 466 und 467 in der Sache unverändert, aber redaktionell gestrafft übernommen. Schließlich wird § 14 AbfG in einer die Eingriffsmöglichkeiten erweiternden Fassung als § 468 in den Vorschlag aufgenommen; insbesondere wird auf Qualifizierungen wie die Anknüpfung an einen besonderen Schadstoffgehalt und an bestimmte Produkte verzichtet, um alle Abfälle sowie auch Produktgruppen erfassen zu können. § 469 enthält eine allgemeine Regelung für die Ausfuhr, die sich an § 23 Abs. 3 PflSchG anlehnt. Die §§ 33 und 34 ChemG werden unverändert übernommen.

2. Zur Regelung im einzelnen

Zu § 465 Schutz des Menschen, der Umwelt oder von Sachen

§ 465 enthält die zentrale Verordnungsermächtigung für Verbote und Beschränkungen. Sie ist als Ergänzung der Ermächtigung nach § 147 zu verstehen. An sich reicht diese Ermächtigung zu einer umfassenden stoffbezogenen Regelung von Herstellung, Inverkehrbringen, Verwendung und Entsorgung gefährlicher Stoffe, Zubereitungen und Produkte weitgehend aus. Unter dem Gesichtspunkt der Bestimmtheit erscheint es jedoch angemessen, die im bisherigen Recht enthaltenen Ausformungen der Regelungsbefugnisse aufrechtzuerhalten. Dementsprechend werden in § 465 Abs. 1 S. 1 - und entsprechend im Satz 2 für vermutet gefährliche Stoffe - diejenigen Regelungsbefugnisse aufgezählt, die in § 147 nicht ausdrücklich enthalten sind (Abgabebeschränkungen, Anzeigepflichten, Anforderungen an die Zuverlässigkeit und Sachkunde).

Absatz 2 erlaubt ein Vorgehen nach § 147 oder nach Absatz 1 auch gegenüber Gruppen gefährlicher Stoffe oder Zubereitungen und gegenüber Produkten, die solche Stoffe oder Zubereitungen enthalten oder sie freisetzen können. Damit wird es möglich, Schutzverordnungen in bezug auf ganze Stoffgruppen und auf durch generelle Kriterien individualisierte Zubereitungen oder Produkte zu erlassen. Dies entspricht einem praktischen Bedürfnis insbesondere bei Zubereitungen und Produkten. Es ist nach bisherigem Recht zweifelhaft, ob das Erfordernis der Bestimmtheit derartige Regelungen gestattet (vgl. Rehbinder/Kayser/Klein, Chemikaliengesetz, 1985, § 17 ChemG Rn. 25 f., 28). Voraussetzung für ein Vorgehen nach Absatz 2 ist allerdings, daß die gefährlichen Eigenschaften und die zu erwartenden Risiken wenigstens vergleichbar sind; nur in diesem Fall erscheint eine einheitliche Regelung für Gruppen von Stoffen, Zubereitungen oder Produkte sachlich angemessen.

Absatz 3 Satz 1 übernimmt die bisher in § 17 Abs. 2 ChemG enthaltene Regelung hinsichtlich umweltfreundlicher Substitute. Das Problem dieser Regelung liegt freilich darin, daß man darauf vertraut, daß Stoffe, Zubereitungen, Produkte und Verfahren, die mit geringeren Umweltrisiken verbunden sind, sozusagen naturwüchsig auf Grund des durch den Wettbewerb angetriebenen Innovationsprozesses entwickelt werden und der Staat daher ohne weiteres in der Lage ist, bei seinen Regelungen die Verfügbarkeit umweltfreundlicher Substitute zu berücksichtigen. Ein derartiges Vertrauen in den Markt für Innovationen ist aber nach den bisherigen Erfahrungen nur bedingt berechtigt, weil der Markt nur solche Innovationen belohnt, die eine höhere Produktivität gewährleisten oder auf Grund bereits bestehender staatlicher Umweltschutzvorschriften erforderlich sind. Deshalb erscheint ein gewisses "Innovationsmanagement" seitens des Staates unabdingbar (vgl. Ladeur, NuR 1989, 66 ff.). Es können sich daher im Einzelfall bloße indikative Regelungen in Form von Zielvorgaben für die Forschung und Entwicklung umweltfreundlicher Substitute empfehlen, die der Wirtschaft die Richtung angeben, in der künftig Neuentwicklungen erforderlich erscheinen und die ggf. durch Fördermaßnahmen im Rahmen der staatlichen Umweltforschung (§ 103) unterstützt werden kann. Dies sollte jedoch der politischen Praxis überlassen bleiben (vgl. zu § 468).

Absatz 4 und 5 übernehmen § 17 Abs. 3 und 5 ChemG. § 17 Abs. 4 ChemG ist in Absatz 1 Satz 2 überführt worden.

Zu §§ 466 und 467

In diesen Vorschriften werden die §§ 34 und 35 BImSchG inhaltlich im wesentlichen unverändert, allerdings mit redaktioneller Straffung übernommen. Die Regelungsermächtigungen werden auch auf die Befugnis zum Erlaß von Verboten ausgedehnt, um eine geschlossene Regelung zu schaffen und Konkurrenzprobleme im Verhältnis zu § 465 zu vermeiden. Eine besondere Kennzeichnungsregelung (§§ 34 Abs. 2 Nr. 6, 35 Abs. 3 BImSchG) war entbehrlich, da das allgemeine Kennzeichnungsrecht ausreicht.

Zu § 468 Vermeidung und umweltgerechte Entsorgung von Abfällen

§ 468 übernimmt mit einigen Änderungen die stoff- und produktbezogenen Ermächtigungen zur Vermeidung von Abfallmengen und von gefährlichen Abfällen und zu deren umweltverträglicher Entsorgung, die bisher in § 14 AbfG enthalten sind. Dabei werden die auf die Vermeidung und Entsorgung von Abfallmengen und gefährliche Abfälle bezüglichen Regelungen zusammengefaßt, da eine kategorische Unterscheidung nicht ausreichend dem Umstand Rechnung trägt, daß auch Haushaltsabfälle umweltgefährlich sein können.

Die Einschränkungen des § 14 Abs. 1 AbfG in bezug auf "besondere" Schadstoffgehalte und "bestimmte" Produkte werden zugunsten einer weiteren Ermächtigung aufgegeben. Sie haben sich nicht bewährt, weil Art und Intensität der von gefährlichen Stoffen in Produktabfällen ausgehenden Umweltrisiken bei der Entsorgung zweckmäßigerweise nur bei der Abwägung, ob und welche Maßnahmen zu treffen sind, berücksichtigt werden und es auch möglich sein muß, Regelungen für Gruppen von Produkten zu treffen (vgl. Bundesrat, BT-Drs. 12/631, Art. 1 Nr. 6 zu § 14 Abs. 2). In Nummer 3 und 4 sind Rücknahme- und Rückgabepflichten besonders ausformuliert. Insbesondere werden im Interesse rechtsstaatlicher Bestimmtheit die Voraussetzungen der gesetzlichen Ermächtigung konkretisiert (Überlegenheit der Entsorgung durch den Hersteller oder Verursachung schwerwiegender Umweltbeeinträchtigungen). Eine nach geltendem Recht theoretisch zulässige Auferlegung von Rücknahmepflichten für sämtliche Produkte erscheint umweltpolitisch nicht sinnvoll und soll daher ausgeschlossen werden. Hinsichtlich der Erfüllung der dem Hersteller oder Vertreiber nach Nummer 3 obliegenden Entsorgungspflicht ist § 567 zu beachten.

Auf eine § 14 Abs. 2 AbfG nachgebildete Ermächtigung zur Festlegung von Zielvorgaben zur Orientierung der Wirtschaft über zentrale Weichenstellungen der Abfallwirtschaftspolitik wird verzichtet. Die Erfahrungen im Bereich der Steuerung der Abfallmengen nach § 14 Abs. 2 AbfG zeigen, daß in einer Wettbewerbswirtschaft Selbstbeschränkungen der Unternehmen bei bereits bestehender Produktion nicht ohne weiteres zu erwarten sind (vgl. Bundesrat, BT-Drs. 12/631, S. 9). Mag auch der Einsatz indikativer Instrumente im Vorfeld staatlicher Eingriffe als Signal für die Produktinnovation im Einzelfall sinnvoll sein, so muß die Entscheidung hierüber doch der politischen Praxis überlassen bleiben. Eine gesetzliche Regelung, die auf eine Subsidiarität imperativer Regelungen hindeutet, ist daher nicht zu empfehlen.

Zu § 469 Ausfuhr

§ 469 Abs. 1 enthält eine umfassende Ermächtigung zu Verboten oder Beschränkungen der Ausfuhr gefährlicher Stoffe, Zubereitungen und Produkte, die neben die - nur für inländische Schutzgüter erhebliche - Mitteilungspflicht für Exportstoffe nach § 460 Abs. 1 sowie die Kennzeichnungsvorschrift des § 457 tritt. Die Vorschrift ist § 23 Abs. 3 PflSchG nachgebildet. Sie geht davon aus, daß eine automatische Übertragung von Inlandsbeschränkungen des Inverkehrbringens und der Verwendung gefährlicher Stoffe, Zubereitungen und Produkte auf ausländische Empfängerstaaten im Hinblick auf deren abweichende Präferenzen, wirtschaftliche und Umweltsituation und Verwendungsbedingungen nicht sinnvoll ist. Soweit der Verordnungsgeber einen Stoff für so gefährlich hält, daß er völlig eliminiert werden muß, kann er ohne weiteres auch die Herstellung im Inland verbieten und damit mittelbar den Export ausschließen (vgl. § 2 PCB-Verbotsverordnung, § 2 PCP-Verbotsverordnung, § 3 TeerölV). Ein Mindestschutz ausländischer Empfänger wird durch § 457, insbesondere Absatz 1 S. 2, sichergestellt. Darüber hinaus sollte im Einzelfall entschieden werden, ob die Ausfuhr verboten oder beschränkt werden soll.

Eine derartige Regelung ist an die Voraussetzung geknüpft, daß dies zur Abwehr erheblicher, auf andere Weise nicht zu behebender Gefahren für den Menschen, die Umwelt oder Sachen, insbesondere außerhalb des Geltungsbereichs dieses Gesetzes, erforderlich ist. Damit wird zum Ausdruck gebracht, daß es grundsätzlich Sache des Empfängerstaates ist, in Abwägung von Gesundheits- und Umweltschutz und gegenläufigen Belangen zu entscheiden, ob ein gefährlicher Stoff eingeführt werden soll. Dies gilt jedenfalls im Verhältnis zu Industriestaaten. Im Verhältnis zu Entwicklungsstaaten kann es jedoch im Hinblick auf die dortigen politischen Verhältnisse, den Mangel an Verwaltungskapazität oder fehlende apparative Ausrüstung geboten sein, anstelle des Empfängerlandes einen aktiven Beitrag zum Schutz von Gesundheit und Umwelt in diesem Land zu leisten, indem inländische Verbote und Beschränkungen auf die Ausfuhr erstreckt werden. Insoweit läßt sich sicherlich nicht von einem "Ökoimperialismus" sprechen (vgl. Rehbinder, in: Breuer/Kloepfer/Marburger/Schröder [Hrsg.], Jahrbuch des Umwelt- und Technikrechts 1988 [UTR 5], 1988, S. 337 ff., 346 ff; Micklitz, International Legal Instruments für the Regulating and Control of the Production and Use of Chemicals and Pesticides, EUI Working Papers in Law No. 91/18, 1991, S. 53 ff.). Das Erheblichkeitskriterium soll dabei eine Konzentration auf wesentliche Gesundheits- und Umweltbelange bewirken.

Neben dem Schutz der Gesundheit, der Umwelt oder von Sachen im Ausland kann die Ermächtigung in Ausnahmefällen auch eingesetzt werden, um Rückwirkungen auf die Volksgesundheit oder die Umwelt im Inland, z.B. durch gefährliche Stoffe in importierten Produkten, auszuschließen. Vorrangig sind insoweit aber lebens- und bedarfsmittelrechtliche Maßnahmen.

Schließlich soll § 469 auch dazu dienen, internationale Vereinbarungen über die zwischenstaatliche Kooperation beim Export gefährlicher Stoffe, Zubereitungen und Produkte durchzuführen. Da diese Ermächtigung an einschränkende inhaltliche Voraussetzungen geknüpft ist, die den für autonome nationale Regelungen geltenden Voraussetzungen ähneln - die internationale Vereinbarung muß den Schutz erheblicher, anderweitig nicht behebbarer Gefahren im Importstaat bezwecken -, lassen sich gegen eine derartige Verordnungsermächtigung keine begründeten Bedenken unter dem Gesichtspunkt der Bestimmtheit geltend machen. Der Tatsache, daß im internationalen Umweltschutz zunehmend anstelle völkerrechtlicher Vereinbarungen bloße Verhaltensrichtlinien vereinbart werden, um einen möglichst großen Teilnehmerkreis sicherzustellen und das langwierige Ratifikationsverfahren zu vermeiden (vgl. Heusel, Weiches Völkerrecht, 1991), muß auf innerstaatlicher Ebene angemessen Rechnung getragen werden. Durch Satz 2 wird die Ermächtigung auf Regelungen des zwischenstaatlichen Informationsaustauschs ausgedehnt, wie sie z.B. in den London Guidelines for the Exchange of Information on Chemicals in International Trade in der Fassung von 1989 (siehe Begründung zu § 457) niedergelegt sind. Diese Regelung ist durch die unmittelbar anwendbare EG-Verordnung über den Export und Import bestimmter gefährlicher Stoffe von 1992 (Nr. 2455/92) in der Europäischen Gemeinschaft umgesetzt worden. Noch etwa notwendige Ausführungsregelungen könnten an sich ohne weiteres nach § 149 getroffen werden. Jedoch erscheint die Ermächtigung sinnvoll, um unabhängig von gemeinschaftsrechtlichen Regelungen internationale Vereinbarungen im Bereich des Chemikalienrechts innerstaatlich durchführen zu können.

Absatz 2 erstreckt die Ermächtigung auch auf die Ausfuhr von Anlagen und sonstigen Einrichtungen und den Abschluß von Übertragungs- und Lizenzverträgen über Verfahren, wenn bei deren Betrieb oder Anwendung gefährliche Stoffe anfallen. Eine derartige Ermächtigung erscheint in Parallele zu Verboten nach § 147 Abs. 1 Nr. 2 sinnvoll, um ggf. einer Verlagerung gefährlicher Produktionen in das Ausland entgegenwirken zu können (vgl. Bothe, in: Handl (Hrsg.), Transferring Hazardous Technologies and Substances, 1989).

Zu §§ 470 und 471

Diese Vorschriften werden unverändert aus dem ChemG übernommen, da ein Veränderungsbedarf nicht ersichtlich ist. § 471 Abs. 3 ist jedoch im Vergleich zu § 19 Abs. 3 ChemG redaktionell gestrafft worden.

Zum Sechsten Abschnitt: Gute Laborpraxis

Die §§ 19a bis 19d ChemG über die Gute Laborpraxis (GLP) werden in § 472 nur in den Grundzügen übernommen. Die überaus detaillierte Regelung des bisherigen Rechts eignet sich besser für eine Verordnung, die in § 472 Abs. 2 vorgesehen ist. Dementsprechend begnügt sich § 472 Abs. 1 mit grundsätzlichen Anforderungen, zu denen allerdings auch die im bisherigen Recht nur im Anhang 1 Abschnitt 1.1 zum ChemG enthaltene Definition der Guten Laborpraxis gehört (§ 472 Abs. 1 S. 2).

Der Systematik des UGB-AT entsprechend beschränkt sich die Regelung auf den Anwendungsbereich dieses Kapitels. Soweit in Gesetzen außerhalb des UGB Prüfungen nach den Grundsätzen der Guten Laborpraxis durchzuführen sind, kann ohne weiteres auf das UGB verwiesen werden. Besonderheiten, wie z.B. die Bindung von Bundesbehörden, die selbst Prüfungen durchführen, an die GLP (vgl. § 19a Abs. 3 ChemG), können in diesen Gesetzen geregelt werden.

Zum Siebenten Abschnitt: Verfahren und Organisation

I. AUSGANGSLAGE

1. Gegenstand des Regelungsbereichs

In den §§ 473 bis 479 werden die Regelungen des Sechsten Kapitels über das Verfahren und die Behördenorganisation zusammengefaßt. Es werden weitgehend die Vorschriften des ChemG übernommen. Sie werden allerdings zum Teil anders gruppiert. Einige Regelungen des bisherigen Rechts entfallen, da sie sich bereits im Allgemeinen Teil befinden.

2. Bisherige Rechtslage

a) Bisheriges Recht

Die §§ 20 bis 25a ChemG enthalten allgemeine Regelungen über das Verfahren und über die Behördenorganisation. Weitere Vorschriften dieser Art finden sich in § 12 Abs. 1 (Anmeldestelle) und § 8 Abs. 1 ChemG. Im einzelnen werden geregelt allgemeine Anforderungen an die Prüfnachweise, die Verwendung von Prüfnachweisen Dritter, Zuständigkeiten von zu bildenden Ausschüssen, die Überwachung, Informationspflichten der Anmeldestelle, Ermächtigungen zu behördlichen Anordnungen, der Vollzug im Bereich der Bundeswehr, eine Verordnungsermächtigung zur Angleichung an Gemeinschaftsrecht und eine Ermächtigung zur Erhebung von Gebühren.

b) Erfahrungen mit dem bisherigen Recht und Reformvorschläge

Die Verfahrens- und Organisationsregelungen des ChemG haben sich im wesentlichen bewährt. Durch die Novelle ist eine systematisch weitgehend geschlossene Regelung getroffen worden, und es sind gewisse Lücken und Unzulänglichkeiten im Bereich des Vollzugs von Gemeinschaftsverordnungen sowie hinsichtlich der Nachanmelderproblematik beseitigt worden. Eine grundsätzliche Kritik betrifft den Mangel an Partizipationsmöglichkeiten. Die Novelle hat durch § 17 Abs. 5 ChemG eine Anhörung der beteiligten Kreise bei Schutzverordnungen nach § 17 ChemG eingeführt und sieht in § 20b ChemG die Bildung von Ausschüssen vor, die die Bundesregierung in näher bezeichneten allgemeinen Fragen beraten soll. Damit wird in gewissem Umfang dem Vorwurf der Partizipationsfeindlichkeit des ChemG entgegengewirkt. Es bleibt jedoch dabei, daß eine organisierte Beteiligung der Allgemeinheit insoweit nicht vorgesehen ist; insbesondere die Bewertung stellt auch nach der Novellierung des Gesetzes ein rein behördeninternes - genauer: zwischenbehördliches - Verfahren dar. Demgegenüber wird vielfach eine stärkere Beteiligung von Sachverständigen sowie der allgemeinen Öffentlichkeit gefordert (vgl. Rat von Sachverständigen für Umweltfragen, Stellungnahme zum Chemikaliengesetz, Umweltbrief Nr. 19 vom 17.9.1979, S. 37 f., 70 f.; Rehbinder, in: Umwelt und Chemie, Aktuell: Umwelt-Forum '79, S. 47, 102; Ausschußbericht, BT-Drs. 11/6227, S. 69).

3. Rahmenbedingungen

Die Gefahrstoffrichtlinie regelt die Grundzüge der allgemeinen Anforderungen an Prüfnachweise, die Verwendung von Prüfnachweisen eines Dritten, die Informationspflichten der Anmeldestelle gegenüber der Kommission und den übrigen Mitgliedstaaten sowie die Grundzüge des Geheimnisschutzes. § 20a ChemG weicht von der Richtlinie ab und ist als Vorgriff auf eine Neuregelung der Nachanmelderproblematik in der 7. Änderungsrichtlinie zu verstehen. Die durch die Novelle neu eingefügte Ermächtigung zum Vollzug von stoffrechtlichen EG-Verordnungen ist ebenfalls durch das Gemeinschaftsrecht geboten. Im übrigen besitzen die Mitgliedstaaten grundsätzlich Freiheit in der Regelung von Organisation und Verfahren.

Bei der Ausgestaltung sind die Art. 83 bis 87 GG zu beachten. Danach ist es zulässig, als Anmeldestelle eine obere Bundesbehörde zu bestimmen.

II. VORSCHLAG

1. Leitvorstellungen

Ein wesentlicher Änderungsbedarf hinsichtlich der Regelungen des ChemG über das Verfahren und die Behördenorganisation ist nicht ersichtlich. Größtenteils werden daher die Regelungen des bisherigen Rechts übernommen. Sie werden allerdings zum Teil anders gruppiert, um eine systematisch konsistente Regelung zu schaffen. § 21 ChemG (Überwachung) wird im Hinblick auf die Regelungen des Allgemeinen Teils (§§ 57 ff.) stark verändert, die §§ 24 und 25 ChemG entfallen zugunsten entsprechender Regelungen im Allgemeinen Teil (§§ 149, 169). Eine wesentliche Neuerung stellen die Erstreckung der Beteiligung von Ausschüssen auch auf die Bewertung sowie Mindestvorschriften für die Besetzung der Ausschüsse dar, die den Vorgaben des § 152 folgen. Damit soll das partizipatorische Element bei Entscheidungen über allgemeine Fragen des Rechts der gefährlichen Stoffe und insbesondere bei der Bewertung einzelner Stoffe verstärkt werden.

2. Zur Regelung im einzelnen

Zu §§ 473 bis 475

Diese Vorschriften werden unverändert aus dem ChemG (§§ 20 und 20a sowie § 12 Abs. 1) übernommen.

Zu § 476 Informationspflichten der Anmeldestelle und der Bewertungsstellen

Die Vorschrift regelt Informationspflichten der Anmeldestelle und der Bewertungsstellen in weitgehend wörtlicher Übernahme des § 22 sowie des § 21 Abs. 7 ChemG. Beide Regelungen werden zusammengefaßt, da auch § 21 Abs. 7 ChemG sachlich eine Regelung der Informationstätigkeit der betreffenden Behörden darstellt und mit der in § 21 ChemG geregelten Überwachung nur soviel gemein hat, als ein Teil der dort erfaßten Daten aus der Überwachung stammen kann.

Absatz 2 übernimmt in der Sache - unter Anpassung an die §§ 18, 139 - die Regelung des § 22 Abs. 3 ChemG, während § 22 Abs. 2 ChemG im Hinblick auf den Allgemeinen Teil entfällt. Absatz 3 entspricht § 22 Abs. 4 ChemG. Der Katalog der öffentlichkeitsgewidmeten Daten wird auf Grund der 7. Änderungsrichtlinie zu erweitern sein. Absatz 4 übernimmt die bisherige Vorschrift des § 21 Abs. 7 ChemG über die Weitergabe von Daten durch die Anmeldestelle und die Bewertungsstellen. Zu beachten ist, daß die Allgemeinheit grundsätzlich Zugang zu den Anmelde- und Bewertungsunterlagen nach den §§ 134 bis 144 hat.

Zu § 477 Ausschüsse

Die Vorschrift übernimmt in wesentlichen Teilen die Regelung des bisherigen § 20b ChemG über die Beteiligung von Ausschüssen bei der Beratung der Bundesregierung über die Entwicklung von Methoden für Prüfnachweise, die Vorbereitung von Verordnungen, die Weiterentwicklung der Guten Laborpraxis und einige andere allgemeine Fragen im Zusammenhang mit dem Vollzug des ChemG. In Absatz 1 wird als neuer Buchstabe c die Bewertung von Stoffen nach § 452 als Gegenstand der Beratung durch Ausschüsse hinzugefügt. Diese Änderung geht von der Überlegung aus, daß es sich bei der Bewertung von Stoffen um eine zentrale Frage des Vollzugs des Gefahrstoffrechts von allgemeiner Bedeutung handelt, die nicht einem rein behördeninternen Verfahren überlassen werden sollte. Andererseits empfiehlt sich im Hinblick auf den zu einem erheblichen Teil - wenngleich nicht ausschließlich - naturwissenschaftlich-medizinischen Charakter der Bewertung die Beteiligung der Allgemeinheit nicht. Die vorgeschlagene Regelung einer Ausschußbeteiligung bei gleichzeitiger Grundregelung über die Zusammensetzung des Ausschusses, wie sie in Absatz 2 getroffen ist, stellt einen Ausgleich zwischen dem Interesse an einer sachgerechten Entscheidung und an Partizipation dar.

Absatz 2 gibt in Anlehnung an § 152 Richtlinien für die Zusammensetzung der Ausschüsse. Ihnen müssen Vertreter der beteiligten Kreise angehören; auf eine ausgewogene Zusammensetzung ist zu achten. Damit soll eine pluralistische Zusammensetzung erreicht werden, um verschiedenen wissenschaftlichen Richtungen ein Mitspracherecht bei den Beratungsgegenständen nach Absatz 1 einzuräumen. Gleichwohl bedeutet diese Regelung nicht, daß in die Ausschüsse Verbandsvertreter anstelle von Sachverständigen berufen werden. Es soll nur verhindert werden, daß der Sachverstand einseitig rekrutiert wird.

Zu § 478 Überwachung

§ 478 übernimmt im wesentlichen die Überwachungsregelung nach § 21 ChemG ohne die Absätze 3 bis 5, die im Hinblick auf die §§ 57 ff., insbesondere §§ 65 bis 67, entbehrlich sind, und Absatz 7, der in § 476 überführt wird.

Zu § 479 Behördliche Anordnungen

Die Vorschrift übernimmt in der Sache unverändert die Regelung des § 23 ChemG, beschränkt sie jedoch auf Regelungsbefugnisse, die nicht bereits im Allgemeinen Teil (§§ 72, 74) enthalten sind.

Im Hinblick auf die Neuregelung des § 451 Abs. 2, die die Anmeldestelle in weitergehendem Umfang als nach bisherigem Recht zu Eilmaßnahmen ermächtigt, kann es zu einer Konkurrenz zwischen Anmeldestelle und Landesbehörden kommen. Diese Konkurrenz sollte - trotz gewisser Bedenken unter dem Gesichtspunkt unzulässiger Mischverwaltung - um der Wirksamkeit des Vollzugs willen nicht durch einen Kompetenzvorrang der Anmeldestelle in bezug auf angemeldete Stoffe aufgehoben werden, vielmehr sollten parallele Zuständigkeiten erhalten bleiben. In Eilfällen sind parallele Vollzugsbefugnisse verfassungsrechtlich zulässig. Auch nach bisherigem Recht stehen die Eilbefugnisse der Anmeldestelle zur Erteilung von Auflagen nach § 13 Abs. 2 ChemG und die weitergehenden Befugnisse der Landesbehörden nach § 23 ChemG nebeneinander.

Zum Achten Abschnitt: Pflanzenschutzmittel

I. AUSGANGSLAGE

1. Gegenstand des Regelungsbereichs

Der achte Abschnitt enthält eine geschlossene Regelung für Pflanzenschutzmittel, die insbesondere Vorschriften über das Zulassungsverfahren, das Inverkehrbringen und die Anwendung von Pflanzenschutzmitteln sowie Maßnahmen des Pflanzenschutzes vorsieht. Das allgemeine Stoffrecht ist hierdurch weitgehend ausgeschlossen.

2. Bisherige Rechtslage

a) Bisheriges Recht

Im Gegensatz zum allgemeinen Recht der gefährlichen Stoffe sieht das Pflanzenschutzgesetz (PflSchG) von 1986 für Pflanzenschutzmittel (Definition: § 2 PflSchG) ein Zulassungsverfahren vor, in dem sowohl die Wirksamkeit des Mittels als auch dessen mögliche Auswirkungen auf die Gesundheit von Mensch und Tier und auf die Umwelt überprüft werden (§§ 11, 15 PflSchG). Dabei nimmt das Gesetz eine Abstufung in "absolute" und "relative" Schutzgüter vor. Das Mittel darf keine schädlichen Auswirkungen auf die Gesundheit von Mensch und Tier und auf Grundwasser haben. Sonstige Auswirkungen, insbesondere auf den Naturhaushalt, schließen die Zulassung dagegen nur aus, wenn sie nach dem Stand der wissenschaftlichen Erkenntnis nicht vertretbar sind. Nach der Rechtsprechung ist insoweit auf der Grundlage einer Feststellung der möglichen Auswirkungen auf den Naturhaushalt im Wege der Risiko-Nutzen-Abwägung zu beurteilen, ob diese möglichen Auswirkungen vertretbar sind (BVerwGE 81, 12 [17]; vgl. Treidler/Winter, in: Rehbinder [Hrsg.], Bremer Kolloquium über Pflanzenschutz, 1991, S. 158 ff., 163).

Der Antragsteller trägt grundsätzlich die Beweislast für das Vorliegen der Zulassungsvoraussetzungen (BVerwGE 81, 12 [15 f.]). Zum Nachweis der Zulassungsvoraussetzungen muß der Antragsteller die in § 12 PflSchG sowie § 1 PflSchMV vorgeschriebenen Angaben und Prüfnachweise vorlegen. Im Gegensatz zum ChemG findet von vornherein eine umfassende Prüfung unabhängig von der in den Verkehr gebrachten Menge des Pflanzenschutzmittels statt. Unter bestimmten Voraussetzungen sind nach Zulassung Prüfungsnachforderungen zulässig (§ 15 Abs. 5 PflSchG).

Die Zulassung ergeht auf einen Zeitraum von 10 Jahren, kann aber verlängert werden (§ 16 PflSchG). Die Zulassung kann mit Auflagen zum Schutz der Gesundheit oder der Umwelt verbunden werden, insbesondere hinsichtlich der Gebrauchsanleitung. Diese Auflagen sind für den Anwender aber nur bindend und sanktionsbewehrt, wenn sie ausdrücklich als bindende Anwendungsbestimmungen festgelegt sind (§ 15 Abs. 3 PflSchG). Aus dieser Regelung in Verbindung mit § 21 sowie § 7 Abs. 3 PflSchG ergibt sich die Möglichkeit der sogenannten Lückenindikation. An sich erfolgt die Zulassung für ein bestimmtes Anwendungsgebiet (§ 12 Abs. 3 S. 1 Nr. 4 PflSchG). Jedoch ist der Anwender beim Fehlen einer bindenden Anwendungsbestimmung im Rahmen des § 6 PflSchG grundsätzlich frei, das Mittel für andere Pflanzen zu verwenden (vgl. Meinert, Gesunde Pflanzen 1991, 238 ff., 239; Petzold, Gesunde Pflanzen 1991, 350 ff., 352). Die Biologische Bundesanstalt kann allerdings durch eine nachträgliche bindende Anwendungsbestimmung die Verwendung des Pflanzenschutzmittels auf Lükkenindikation verhindert und so den Hersteller zu einem neuen Zulassungsverfahren zwingen.

Für die Verpackung und Kennzeichnung gelten grundsätzlich die Regelungen des ChemG, jedoch sieht das PflSchG - auch soweit es sich nicht um Stoffe oder Zubereitungen im Sinne dieses Gesetzes handelt - zusätzliche Kennzeichnungen vor (§ 20).

Beschränkungen hinsichtlich der Anwendung von zugelassenen Pflanzenschutzmitteln ergeben sich einmal aus der Anwendungsgeneralklausel des § 6 PflSchG. Unterstützend gelten Anforderungen an die Zuverlässigkeit und Fachkunde gewerblicher Anwender (§ 10 PflSchG). Zum anderen kann die Anwendung von Pflanzenschutzmitteln zum Schutz von Gesundheit und Umwelt durch Rechtsverordnung verboten, beschränkt oder von einer Genehmigung abhängig gemacht werden (§ 7 PflSchG). Weitergehende Vorschriften, insbesondere solche, die auf das Naturschutzrecht gestützt sind, können durch die Länder erlassen werden (§ 8 Nr. 1 PflSchG), wobei unklar ist, wie weit diese Ermächtigung reicht (vgl. das Baden-Württembergische Gesetz über die Einschränkung der Anwendung von Pflanzenschutzmitteln von 1991, das ein grundsätzliches Verbot des Herbizideinsatzes in Gärten, Park- und Sportanlagen und Friedhöfen vorsieht). Auf Grund der Ermächtigung des § 7 PflSchG ist die Pflanzenschutz-Anwendungsverordnung erlassen worden, die insbesondere Pflanzenschutzmittel mit bestimmten Wirkstoffen ganz verbietet und für Pflanzenschutzmittel mit bestimmten anderen Wirkstoffen die Anwendung - in unterschiedlicher Regelungstechnik - beschränkt.

§ 22 PflSchG enthält weiterhin Abgabebeschränkungen für den Einzelhandel.

Das PflSchG regelt im übrigen das Inverkehrbringen von Pflanzenschutzgeräten (§§ 24 bis 30), das Inverkehrbringen von Pflanzenstärkungsmitteln (§ 25) und - als Ausdruck des "Förderungszwecks" des Gesetzes - die Durchführung von Pflanzenschutzmaßnahmen (§§ 2 bis 5; Änderungsvorschläge BR-Drs. 91/93).

b) Erfahrungen mit dem bisherigen Recht und Reformvorschläge

Im Rahmen der Diskussion über die Neuregelung des Pflanzenschutzrechts in der ersten Hälfte der achtziger Jahre sowie auf Grund der Erfahrungen mit der Praxis des neuen Rechts ist eine Reihe von Kritikpunkten vorgetragen worden, die sich zu einem Teil allerdings auf die untergesetzliche Ausgestaltung des Prüfungsverfahrens beziehen (wie insbesondere unzureichende Prüfung der Toxizität und des Mobilitätsverhaltens von Metaboliten, im Hinblick auf Wissenslücken unzulängliche Prüfung ökologischer Kumulations-, synergischer und indirekter Langzeitwirkungen). Soweit die Regelungen des Gesetzes selbst betroffen sind, kritisiert man insbesondere die

Beschränkung der Prüfung auf den bestimmungsgemäßen Gebrauch, die fehlende ausdrückliche Verankerung einer Erforderlichkeitsprüfung im Hinblick auch auf Alternativen zum konventionellen Pflanzenschutz, die Zulässigkeit der Lückenindikation, die starre und zu lange Dauer der Zulassung sowie das Fehlen einer klaren Priorität für den integrierten Pflanzenschutz bei der Anwendung von Pflanzenschutzmitteln (vgl. Rat von Sachverständigen für Umweltfragen, Umweltprobleme der Landwirtschaft, 1985, Tz. 1292 ff.; Rehbinder, NuR 1983, 249 ff.; Grimme u.a.; Weidemann/Mathes, Schmitz, Spickschen, alle in: Rehbinder [Hrsg.], Bremer Kolloquium über Pflanzenschutz, 1991, S. 71 ff., 81 f.; S. 85 ff., 91 f.; S. 93, 100 und S. 129, 136 ff.).

Der Verwirklichung der sich aus dieser Kritik ergebenden Forderungen steht aber nunmehr - abgesehen von der Lückenindikation - weitgehend die neue EG-Richtlinie des Rates vom 15. Juli 1991 über das Inverkehrbringen von Pflanzenschutzmitteln (91/414/EWG, ABl. EG Nr. L 230 vom 19. August 1991, S. 1) entgegen. Darüber hinaus ist darauf hinzuweisen, daß auch die Autonomie der deutschen Behörden durch die Richtlinie (siehe zu 3.) beschränkt wird. Die im Rahmen des mitgliedstaatlichen Zulassungsverfahrens anwendbaren einheitlichen Grundsätze der Bewertung gemäß Art. 18 der Richtlinie werden mit qualifizierter Mehrheit festgelegt; auch die Anerkennung einer ausländischen Zulassung, die wegen nicht vergleichbarer inländischer Bedingungen verweigert worden ist, kann mit qualifizierter Mehrheit der Gemeinschaftsorgane ersetzt werden. Es läßt sich daher nicht ausschließen, daß Pflanzenschutzmittel, die in Deutschland verboten sind, wieder zugelassen werden müssen.

3. Rahmenbedingungen

Der Bund besitzt für die Regelung des Pflanzenschutzrechts die konkurrierende Gesetzgebungszuständigkeit (Art. 74 Nr. 20 GG).

Materielle Bindungen ergeben sich insbesondere aus der EG-Richtlinie über das Inverkehrbingen von Pflanzenschutzmitteln (91/414/EWG), die bis zum 15. Juli 1993 umgesetzt werden muß, sowie aus verschiedenen Richtlinien auf dem Gebiet des Pflanzenschutzes (vgl. BR-Drs. 91/93, S. 24).

Im Hinblick auf die grundlegenden Veränderungen, die die Richtlinie im deutschen Recht erfordert, sowie die Nähe des Umsetzungstermins erschien es nicht sinnvoll, bei den Vorschlägen zum Pflanzenschutzrecht die Richtlinien einfach zu ignorieren und eine Regelung vorzuschlagen, die allein den umweltpolitischen Vorstellungen der Verfasser über ein wünschenswertes Pflanzenschutzrecht entspricht. Eine derartige Regelung wäre in Kürze völlig überholt. Auf Grund der Richtlinien ist der nationale Gestaltungsspielraum nicht mehr allzu groß. Vielmehr sind gegenüber dem geltenden Pflanzenschutzgesetz erhebliche Anpassungen, insbesondere der systematischen

Struktur, erforderlich, ohne daß man allerdings von einer Verschlechterung der Schutzstandards sprechen könnte (vgl. Petzold, Gesunde Pflanzen 1991, 380).

Die Richtlinie sieht grundsätzlich ein zweistufiges Zulassungsverfahren vor: Wirkstoffe werden durch Aufnahme in den Anhang I der Richtlinie durch die Gemeinschaftsorgane zugelassen (Positivliste), Pflanzenschutzmittel werden durch die Mitgliedstaaten mit Wirkung für die gesamte Gemeinschaft zugelassen; sie müssen grundsätzlich aus zugelassenen Wirkstoffen bestehen. Für die Aufnahme eines Wirkstoffs in die Liste und die Zulassung des Mittels sind in den Art. 5 und 4 weitgehend parallele Voraussetzungen formuliert worden, die im großen und ganzen den Anforderungen des geltenden deutschen Rechts entsprechen, hinsichtlich der Umweltauswirkungen eher strenger erscheinen. Die Anforderungen an die jeweiligen Antragsunterlagen sind in den Anhängen II bzw. III detailliert festgelegt.

Nationale Zulassungen sind grundsätzlich in der gesamten Gemeinschaft anzuerkennen, außer wenn die für die Anwendung des Pflanzenschutzmittels relevanten Bedingungen in bezug auf Landwirtschaft, Pflanzenschutz und Umwelt nicht vergleichbar sind; die Zulassung kann mit Auflagen zum Verbraucherschutz versehen werden (Art. 10 Abs. 1).

Vorläufige Zulassungen sind auch für Pflanzenschutzmittel möglich, die noch nicht zugelassene Wirkstoffe enthalten (Art. 8 Abs. 1). Während eines Zeitraums von 12 Jahren (ab 26. Juli 1991) können auch Pflanzenschutzmittel mit alten, nicht in den Anhang aufgenommenen Wirkstoffen zugelassen werden, wobei allerdings ein Programm zur Überprüfung dieser Wirkstoffe durch die Gemeinschaft vorgesehen ist (Art. 8 Abs. 2, 3). Diese letzteren nationalen Zulassungen müssen von den anderen Mitgliedstaaten nicht anerkannt werden.

Eine Erforderlichkeitsprüfung ist in den Bestimmungen der EG-Richtlinie zur Zulassung von Pflanzenschutzmitteln und ihren Wirkstoffen nicht vorgesehen. Man könnte sie jedoch, wie im deutschen Recht, in die bei der Bewertung der Auswirkungen auf die Umwelt erforderliche Abwägung hineinnehmen; Art. 4 Abs. 1 a, v und Art. 5 Abs. 1 a, b fordern, daß ein Pflanzenschutzmittel bzw. ein Wirkstoff oder seine Rückstände "... keine unannehmbaren Auswirkungen auf die Umwelt" haben dürfen. Zur Beantwortung der Frage, was "annehmbar" ist, dürfte eine Abwägung unter Berücksichtigung von Nutzen und Risiken einschließlich der Verfügbarkeit alternativer Mittel erforderlich sein. Ob die Gemeinschaftspraxis dieser Auslegung folgen wird, läßt sich erst ermessen, wenn die einheitlichen Bewertungsgrundsätze gemäß Art. 18, Anlage VI erlassen sind.

Die EG-Richtlinie führt eine Indikationszulassung ein, also eine inhaltliche Beschränkung der Zulassung auf die geprüften Anwendungsgebiete (Art. 3 Abs. 3 S. 2, Art. 4 Abs. 2; vgl. Petzold, Gesunde Pflanzen 1991, 350 ff., 352). Die Kennzeichnung muß nach Art. 16 u.a. Sicherheitshinweise für den

Schutz von Mensch, Tier oder Umwelt sowie Anwendungszwecke, besondere Anwendungsbedingungen, Gebrauchsanweisung und Aufwandmengen umfassen. Die Richtlinie enthält allerdings in Art. 9 Regelungen, die das Prinzip der Indikationszulassung relativieren. Danach kann die Indikation eines Pflanzenschutzmittels erweitert werden, ohne daß sämtliche nach Art. 4 für eine Erstzulassung erforderlichen Voraussetzungen geprüft werden.

Die Regelungen der Richtlinie zur Anwendung von Pflanzenschutzmitteln sind recht allgemein gehalten. Art. 3 Abs. 3 enthält nur Grundregeln zur Anwendung von Pflanzenschutzmitteln, die durch die Mitgliedstaaten auszugestalten sind. Die Anwendung muß "sachgemäß" sein. Das umfaßt die Einhaltung der in der Zulassung gemäß Art. 4 festgelegten und in der Kennzeichnung gem. Art. 16 angegebenen Bedingungen, der Grundsätze der guten Pflanzenschutzpraxis und, "wann immer möglich", des integrierten Pflanzenschutzes.

Anwendungsbedingungen können im Zulassungsverfahren für Pflanzenschutzmittel, im Zulassungsverfahren für Wirkstoffe und in beschränktem Umfang auch im Anerkennungsverfahren festgelegt werden (Art. 4 Abs. 2, Art. 5 Abs. 4, Art. 10 Abs. 1 Unterabs. 2 bis 4). Anwendungsbedingungen nach Art. 4 Abs. 2 sind für den Anwender verbindlich (Art. 3 Abs. 3 S. 2). Die im Zulassungsverfahren für Wirkstoffe festgelegten Anwendungsbedingungen können über Art. 4 Abs. 2 für den Anwender verbindlich gemacht werden. Mit diesen Regelungen kann bei nationaler Zulassung den Besonderheiten bestimmter Pflanzenschutzmittel Rechnung getragen werden (z.B. Auflagen über Wartezeiten, Fruchtfolgen, Mittelrotation etc.). Besondere Schwierigkeiten sind aber in bezug auf in einem anderen Mitgliedstaat zugelassene Mittel zu erwarten, weil der Auflagenvorbehalt nach Art. 10 Abs. 1 Unterabs. 2 bis 4 recht eng ist, insbesondere Auflagen im Hinblick auf nicht vergleichbare Bedingungen das Einverständnis des Antragstellers voraussetzen.

Generelle nationale Anwendungsbeschränkungen oder -verbote, wie sie etwa im deutschen Recht § 6 Abs. 2 PflSchG und die PflSchAnwV enthalten, sind in der Richtlinie nicht vorgesehen. Da die Mitgliedstaaten aber die Kompetenz zur Ausgestaltung der Anforderungen nach Art. 3 Abs. 3 behalten haben, dürften generelle, anfängliche Anwendungsbeschränkungen nach dem Muster des § 6 Abs. 1 PflSchG weiterhin möglich sein (vgl. Petzold, Gesunde Pflanzen 1991, 380). Dagegen müßten die mit der PflSchAnwV verfolgten Schutzzwecke primär über Zulassungsbeschränkungen nach Art. 4 Abs. 2 bzw. Art. 10 Abs. 1 Unterabs. 2-4 durchgesetzt werden. Dabei hindert der Umstand, daß auch im Rahmen des Zulassungsverfahrens für Wirkstoffe gemäß Art. 5 Abs. 4 Anwendungsbeschränkungen möglich sind, die Mitgliedstaaten nicht, darüber hinausgehende Anwendungsbeschränkungen auch auf die Gefährlichkeit von Wirkstoffen zu stützen, da sich das nationale

Prüfungsrecht nach Art. 4 Abs. 1 b) auf die Auswirkungen des Pflanzenschutzmittels insgesamt bezieht.

Nachträgliche Änderungen sind gegenüber zugelassenen Pflanzenschutzmitteln möglich, wenn nach den neuesten wissenschaftlichen und technischen Erkenntnissen die Art der Anwendung und die verwendeten Mengen geändert werden können (Art. 4 Abs. 6 c).

Ein veröffentlichter Entwurf über die Umsetzung der EG-Richtlinie in das deutsche Recht liegt noch nicht vor.

Die EG-Richtlinien im Bereich des Pflanzenschutzes dienen dem Ziel, die Ausbreitung von Schadorganismen in der gesamten Gemeinschaft zu verhindern und einheitliche Anforderungen an die Gesundheit und Qualität von Pflanzen und Pflanzenerzeugnissen zu schaffen.

II. VORSCHLAG

Der Vorschlag sieht im Einklang mit dem bisherigen Recht und der Richtlinie 91/414/EWG ein Zulassungsverfahren für Pflanzenschutzmittel, Regelungen über das Inverkehrbringen und die Anwendung von Pflanzenschutzmitteln sowie Vorschriften über Pflanzenschutzgeräte vor. Ferner ist entsprechend dem bisherigen Recht auch der Pflanzenschutz (Förderungszweck) in die Regelung aufgenommen. Dies ist von der Sache her nicht zwingend geboten; auch die Richtlinie 91/414/EWG beschränkt sich auf den Schutz gegen Pflanzenschutzmittel, während andere EG-Richtlinien Maßnahmen des Pflanzenschutzes regeln. Wegen des Sachzusammenhangs zwischen der Regelung der Pflanzenschutzmittel und den Pflanzenschutzmaßnahmen, wie er insbesondere im Zulassungserfordernis der Wirksamkeit (§ 487 Abs. 1 Nr. 3 a, der erleichterten Erweiterung der Zulassung (§ 489) und den Anwendungsvorschriften zum Ausdruck kommt, gibt es jedoch gute Gründe für die Beibehaltung der Regelungstradition des Pflanzenschutzrechts.

Im wesentlichen beschränkt sich der Vorschlag auf die Umsetzung der Richtlinie 91/414/EWG. Dies ist deshalb geboten, weil die Richtlinie den Mitgliedstaaten nur relativ geringe Spielräume beläßt. Dies gilt insbesondere für die Zweispurigkeit des Zulassungsverfahrens (EG-Zulassung der Wirkstoffe, nationale Zulassung der Präparate), die Zulassungsvoraussetzungen, die Wirkung der Zulassung (Indikationszulassung) sowie die Regelungen über das Inverkehrbringen (Kennzeichnung und Verpackung) und die Anwendung (Schwergewicht auf Anwendungsbestimmungen in der Zulassungsentscheidung, nicht, wie im bisherigen Recht in Rechtsverordnungen).

Im übrigen sieht der Vorschlag in systematischer Hinsicht eine Umstrukturierung des bisherigen Rechts in der Weise vor, daß nach den allgemeinen Vorschriften zunächst das Zulassungsverfahren geregelt wird, dann Vorschriften über das Inverkehrbringen von Pflanzenschutzmitteln folgen und sich die Regelungen über die Anwendung von Pflanzenschutzmitteln sowie Pflanzenschutzmaßnahmen anschließen. Schließlich ist vielfach eine Straffung der Rechtsmaterie durch "Herabzonung" bisher im Gesetz enthaltener, allzu detaillierter Vorschriften in eine Verordnung erfolgt. Inhaltlich soll hierdurch eine Änderung nicht erfolgen. Es wird davon ausgegangen, daß die bisherigen Regelungen in die jeweilige Rechtsverordnung übernommen werden. Dagegen wird davon abgesehen, das Pflanzenschutzrecht - und parallel: das Waschmittel-, Düngemittel- und Gefahrgutbeförderungsrecht - entgegen der bisherigen Regelungstradition überwiegend durch Rechtsverordnung zu regeln. Dies trüge der umweltpolitischen und wirtschaftlichen Bedeutung der Materie, der Komplexität der berührten Interessen und den vielfältigen Regelungsproblemen nicht ausreichend Rechnung.

Zum Ersten Unterabschnitt: Allgemeine Vorschriften

Der erste Unterabschnitt enthält Regelungen über den Zweck des Abschnitts, Begriffsbestimmungen, den Geltungsbereich und Grundsätze.

Zu § 480 Zweck

Entsprechend der Vorgehensweise in anderen Kapiteln wird in § 480 der Zweck des Pflanzenschutzrechts umschrieben. Zweck der Regelungen über Pflanzenschutzmittel ist nicht nur die Gefahrenabwehr, sondern auch die Vorsorge. Neben dem umweltbezogenen Schutzzweck wird auch der Förderzweck (Pflanzenschutz) ausdrücklich genannt, da in den §§ 504 bis 506 Maßnahmen des Pflanzenschutzes miteinbezogen sind (vgl. II 1).

Zu § 481 Begriffsbestimmungen

Die Regelung über Begriffsbestimmungen übernimmt im wesentlichen die Regelungen der Richtlinie 91/414/EWG (Art. 2). Soweit dies mit der Richtlinie vereinbar ist, lehnt sie sich an das bisherige Recht (§ 2 PflSchG) an. Dabei wird vielfach eine Straffung vorgenommen, und es werden unnötige Fiktionen - wie z.B. in bezug auf Herbizide (vgl. § 481 Nr. 8 c gegenüber § 2 Abs. 1 Nr. 9 a.E. PflSchG) - durch weitere Fassung des Begriffs des Pflanzenschutzmittels beseitigt.

Der Begriff des Pflanzenschutzes ist durch die Richtlinie vorgegeben. Es muß daher in Kauf genommen werden, daß der Begriff im Naturschutzrecht eher im Sinne von Artenschutz verstanden wird.

Zu § 482 Geltungsbereich

Bei der Regelung des Geltungsbereichs geht es einmal um die Frage des Verhältnisses des Pflanzenschutzrechts zu dem im ersten bis siebenten Abschnitt geregelten allgemeinen Stoffrecht. Zum anderen war das Verhältnis zu einigen anderen speziellen Stoffgesetzen sowie - in bezug auf Pflanzenschutzgeräte - zum Gerätesicherheitsgesetz zu bestimmen.

Da es sich beim Pflanzenschutzgesetz um eine geschlossene Spezialmaterie handelt, die überdies weitgehend durch die Richtlinie 91/414/EWG geprägt ist, sieht § 482 Abs. 1 die grundsätzliche Unanwendbarkeit des allgemeinen Stoffrechts vor. Dies gilt insbesondere für die Regelungen über das Anmeldeverfahren, das Kennzeichnungsrecht, die Mitteilungspflichten und die Verfahrensregelungen. Allerdings sind einige Vorschriften (Verpackungsvorschriften, Mitteilungspflichten für Vergiftungszentralen) anwendbar; eine Sonderregelung im achten Abschnitt würde zu einer unnötigen Doppelregelung führen. Die Vorschriften über Verbote und Beschränkungen und Eilmaßnahmen sind dagegen ergänzend anwendbar, um mögliche Lükken des Pflanzenschutzrechts zu schließen.

Für Wirkstoffe gelten darüber hinaus auch die Vorschriften über Einstufung, Verpackung und Kennzeichnung. Dies beruht darauf, daß Art. 1 Abs. 2 der Richtlinie 91/414/EWG ausdrücklich vorsieht, daß das Kennzeichnungsrecht der Gefahrstoffrichtlinie anwendbar ist. Im übrigen gelten für Wirkstoffe, soweit sie ausschließlich zur Herstellung von Pflanzenschutzmitteln in den Verkehr gebracht werden, grundsätzlich nur die auf Pflanzenschutzmittel anwendbaren Vorschriften. Dies folgt daraus, daß Wirkstoffe voll dem pflanzenschutzrechtlichen Regime unterliegen (vgl. §§ 487 Abs 1 Nr. 2, Abs. 2, § 492 Abs. 4, § 514). Da im Zulassungsverfahren die Stoffeigenschaften umfassend geprüft werden, bedarf es insbesondere auch nicht der Anwendung des vierten Abschnitts über Mitteilungspflichten (mit Ausnahme des § 463).

Absatz 2 erklärt das LMBG, das FutMG, das GenTG und das GerätesicherheitsG für unberührt. Diese Regelung hat unterschiedliche Auswirkungen. Der Vorbehalt zugunsten der beiden ersteren Gesetze bedeutet, daß Grenzwerte für höchstzulässige Schadstoffkonzentrationen von Pflanzenschutzmitteln in Lebens- und Futtermitteln, die ausschließlich oder in erster Linie dem Verbraucherschutz dienen, nicht auf Grund des Pflanzenschutzrechts, sondern auf Grund des Lebens- und Futtermittelrechts zu treffen sind, da diese Gesetze eine größere Sachnähe zur Materie aufweisen. Die Anwendbarkeit des GenTG betrifft Pflanzenschutzmittel, die aus gentechnisch veränderten Organismen bestehen oder solche enthalten. Hier gilt das Pflanzenschutzrecht neben dem GenTG. Aus § 484 Abs. 2 ergibt sich, daß eine pflanzenschutzrechtliche Zulassung erst erfolgen kann, wenn die Freisetzung nach dem GenTG zugelassen ist. Dieses Nebeneinander beider Regelungen beruht darauf, daß sie unterschiedliche Arten von Gefahren und Risiken betreffen (vgl. zu § 22 GenTG Ott, NuR 1992, 459 ff.).Das GerätesicherheitsG ist neben den §§ 500 bis 502 auf Pflanzenschutzgeräte anwendbar, da die pflanzenschutzrechtlichen Regelungen sich auf die Schutzgüter dieses Abschnitts beschränken.

Zu § 483 Grundsätze

§ 483 stellt für die Zulassung und Anwendung von Pflanzenschutzmitteln allgemeine Grundsätze auf, die für die Anwendung in § 496 konkretisiert werden. Es sollen möglichst nur Pflanzenschutzmittel zugelassen und angewandt werden, wenn die Aufwandsmenge und Gefährlichkeit möglichst gering gehalten wird, Umweltrisiken vermieden werden und vorrangig Maßnahmen des integrierten Pflanzenschutzes getroffen werden. Für die Zulassung von Pflanzenschutzmitteln haben diese Grundsätze insbesondere im Rahmen der Prüfung auf Vertretbarkeit der Umweltauswirkungen und der Festlegung von Anwendungsbestimmungen (§ 487 Abs. 1 Nr. 3 b und e, Abs. 6) Bedeutung, allerdings nur, soweit sie mit den Gemeinsamen Bewertungsgrundsätzen nach § 487 Abs. 3 vereinbar sind. Trotz dieser Einschränkung erscheint die ausdrückliche Einbeziehung auch der Zulassung sinnvoll, da die Bewertungsgrundsätze den Mitgliedstaaten gewisse Spielräume belassen werden.

Zum Zweiten Unterabschnitt: Zulassung von Pflanzenschutzmitteln

Der zweite Unterabschnitt enthält die Regelungen über das Zulassungsverfahren für Pflanzenschutzmittel. Im Hinblick auf die detaillierten Vorgaben der Richtlinie 91/414/EWG beschränkt er sich im wesentlichen auf die Umsetzung der Richtlinie. Eigenständige Vorschläge werden zum Teil hinsichtlich der Verwendung von Unterlagen anderer Antragsteller (sogenannte Zweitanmelderproblematik) sowie einiger Folgeregelungen gemacht.

Zu § 484 Zulassungsbedürftigkeit

Absatz 1 bestimmt die grundsätzliche Zulassungsbedürftigkeit von Pflanzenschutzmitteln. Entsprechend dem System der Indikationszulassung (§ 487 Abs. 5) gilt das präventive Verbot mit Zulassungsvorbehalt auch für die Anwendung von Pflanzenschutzmitteln. Die Ausnahmeregelung des Satzes 2 steht in Übereinstimmung mit dem bisherigen Recht und der Richtlinie 91/414/EWG (§ 11 Abs. 1 Nr. 1 bis 3 PflSchG, Art. 2 Nr. 6 und 10 der Richtlinie).

Absatz 2 sieht vor, daß Pflanzenschutzmittel, die aus gentechnisch veränderten Organismen bestehen oder solche enthalten, nur zulassungsfähig sind, wenn sie zuvor die umweltbezogenen Freisetzungskontrollen nach dem GenTG passiert haben (vgl. zu § 482).

Absatz 3 und 4 entsprechen im wesentlichen dem bisherigen Recht (§ 11 Abs. 2 und 3 PflSchG). Ein Änderungsbedarf ist nicht ersichtlich.

Zu § 485 Zulassungsantrag

Die Regelung über den Zulassungsantrag nimmt in den Absätzen 1 und 2 das bisherige Recht auf (§ 12 Abs. 1 und 2 PflSchG), verzichtet aber in Absatz 3 auf eine nähere Regelung des Inhalts des Zulassungsantrags, um das Gesetz von Detailregelungen zu entlasten. Der Inhalt des Antrags ist durch die Zulassungsvoraussetzungen normativ vorgeprägt und kann daher einer Rechtsverordnung überlassen werden. Aus Absatz 3 ergibt sich aber, daß der Antragsteller den Stoff selbst prüfen muß und daß er hinsichtlich der Zulassungsvoraussetzungen beweispflichtig ist (vgl. zu letzterem BVerwGE 81, 12 [15 f.]; Micklitz, in: Rehbinder [Hrsg.], Bremer Kolloquium über Pflanzenschutz, 1991, S. 146 ff.).

Zu § 486 Verwendung von Unterlagen anderer Antragsteller oder Zulassungsinhaber

§ 486 trifft eine Regelung der sogenannten Zweitanmelderproblematik, die sich im bisherigen Recht in den §§ 13, 14 PflSchG findet, im Hinblick auf Art. 13 Abs. 2 bis 7 der Richtlinie 91/414/EWG aber nicht unerheblich verändert werden mußte. Die Regelung gilt nur für Zulassungen nach § 487 Abs. 1, setzt aber voraus, daß der Wirkstoff im Zeitpunkt der zweiten Zulassung bereits in den Anhang I der Richtlinie 91/414/EWG aufgenommen ist.

Grundlegend ist zunächst die Unterscheidung zwischen den im Zulassungsverfahren vorzulegenden Unterlagen über den Wirkstoff (Wirkstoffunterlagen, Anhang II) und über das Pflanzenschutzmittel als Präparat (Pflanzenschutzmittelunterlagen, Anhang III). Absatz 1 trifft für beide Arten von Unterlagen eine gemeinsame Regelung, die vom Einvernehmensprinzip ausgeht. Eine Bezugnahme ist mit Zustimmung des Vorantragstellers möglich, wenn sich zwischen den jeweiligen Wirkstoffen oder Pflanzenschutzmitteln keine erheblichen Unterschiede im Reinheitsgrad oder in der Zusammensetzung ergeben. Absatz 2 stellt für Pflanzenschutzmittel und Wirkstoffe die Regel auf, daß eine Vorlage auch dann nicht erforderlich ist, wenn die Zulassungsstelle ausreichende Kenntnisse besitzt. Diese Regel wird aber durch die folgenden Absätze dahin modifiziert, daß dies grundsätzlich nur gilt, wenn bestimmte - in der Richtlinie vorgegebene - Schutzfristen zugunsten des Erstantragstellers abgelaufen sind, die diesem seinen Innovationsvorsprung sichern sollen. Dabei wird hinsichtlich der Schutzfristen zwischen Unterlagen unterschieden, die keine Wirbeltierversuche voraussetzen, und solchen, die Versuche an Wirbeltieren erfordern. Im letzteren Fall entfallen die Schutzfristen. Vielmehr wird entsprechend der Ermächtigung der Richtlinie, eine Kompensationsregelung einzuführen, die den Vorantragsteller für den Verlust des Innovationsvorsprungs entschädigt (Art. 13 Abs. 7), im wesentlichen auf die allgemeine stoffrechtliche Regelung des § 474 Bezug genommen.

Absatz 3 regelt die Modalitäten der Bezugnahme in bezug auf Pflanzenschutzmittelunterlagen. Dabei werden die Zehnjahresschutzfristen, die die Richtlinie zuläßt oder vorgibt (Art. 13 Abs. 4), bei Wirkstoffen, die seinerzeit noch nicht in den Anhang I der Richtlinie aufgenommen waren, ab Zulassung des Pflanzenschutzmittels, im übrigen ab Zulassung in irgendeinem Mitgliedstaat der Europäischen Gemeinschaft bestimmt. Satz 2 erklärt für geschützte Unterlagen, die Wirbeltierversuche voraussetzen, zur Vermeidung von Tierversuchen die Kompensationsregelung des § 474 Abs. 2 bis 4 für entsprechend anwendbar. Satz 3 trifft Sonderregelungen für nachgeforderte Unterlagen (gleichgestellt: Unterlagen, die der Vorantragsteller zur Verlängerung der Zulassung erstmals vorgelegt hat). Auf Grund der Regelung der Richtlinie (Art. 13 Abs. 4) entfällt insoweit ein Schutz überhaupt. Diese Regelung ist im Hinblick auf den Eigentumsschutz, den Schutz der Berufsfreiheit (gewerbliche Chancengleichheit) und den Grundsatz der Verhältnismäßigkeit in der Verfassungsordnung der Europäischen Gemeinschaft (EuGH, Rs. 44/79, Hauer, Slg. 1979, 3737; Rs. 41/79, Testa, Slg. 1980, 1979; Rs. 234/85, Keller, Slg. 1986, 2897; Rs. C-177/90, Kühn, EuZW 1992, 155 ff.; vgl. zum Vorrang der EG-Grundrechtsordnung BVerfG, NJW 1987, 577; 1990, 974) problematisch, da das Schutzbedürfnis des Vorantragstellers nicht davon abhängt, ob es sich um Erstunterlagen oder nachgeforderte Unterlagen handelt. Auch ein Verstoß gegen den Gleichheitssatz (EuGH, Rs. 222/84, Johnston, Slg. 1986, 1651; Rs. 215/85, Raiffeisen, Slg. 1987, 1279; Rs. 5/88, Wachauf, Slg. 1989, 2609) kommt in Betracht, da die Richtlinie den Schutz in bezug auf Wirkstoffunterlagen abweichend regelt, ohne daß dafür ein sachlicher Grund ersichtlich wäre. Da es nicht Aufgabe dieses Vorschlags sein kann, die diffizilen Probleme der Bindung des nationalen Gesetzgebers an Richtlinien, die gegen gemeinschaftsrechtliche Grundrechte verstoßen, zu klären, wird von der Umsetzungspflicht ausgegangen.

Absatz 4 enthält die entsprechende Regelung für Wirkstoffunterlagen. Satz 1 Nr. 1 und 2 sieht in Ausübung einer entsprechenden Ermächtigung durch die Richtlinie - Altwirkstoffe - oder in Übernahme der Richtlinie - Anhang I - Stoffe - Zehnjahresschutzfristen für Erstunterlagen vor, Satz 1 Nr. 3 legt entsprechend der Richtlinie für nachgeforderte und gleichgestellte Unterlagen eine Fünfjahresschutzfrist fest (vgl. Art. 13 Abs. 3 der Richtlinie). Für Unterlagen, die Wirbeltierversuche erfordern, wird in Ausübung der den Mitgliedstaaten erteilten Ermächtigung durch Verweisung auf Absatz 3 Satz 2 die Kompensationslösung des § 474 Abs. 2 bis 5 eingeführt.

Nach Absatz 5 ist eine Bezugnahme nicht zulässig, wenn die Zulassung nach § 487 Abs. 2 für einen noch nicht in den Anhang I aufgenommenen neuen Wirkstoff erfolgt. Dies beruht darauf, daß dieser Wirkstoff noch nicht abschließend entsprechend den gemeinschaftsrechtlichen Kautelen geprüft ist (vgl. Art. 13 Abs. 2, 6 i.V.m. Art. 8 Abs. 1, Art. 4 Abs. 1 a der Richtlinie). Entsprechendes gilt für Zulassungen nach § 488 Abs. 1, da in diesem Verfahren keine umfassende Überprüfung des Pflanzenschutzmittels vorgenommen wird, vielmehr nur der Nachweis zu erbringen ist, daß ein in einem EG-Mitgliedstaat zugelassenes Pflanzenschutzmittel den Anforderungen der Vergleichbarkeit entspricht.

Soweit Pflanzenschutzmittel nach der Übergangsregelung des § 514 zugelassen werden, besteht auf Grund der Ermächtigung des Art. 13 Abs. 6 für die Zwecke dieses speziellen Zulassungsverfahrens eine besondere Regelung über die Verwertung von Unterlagen des Erstantragstellers.

Zu § 487 Zulassung

§ 487 enthält die Zulassungsvoraussetzungen einschließlich der Bedingungen, unter denen die Zulassung zu erteilen ist. Absatz 1 betrifft die Regelzulassung für Pflanzenschutzmittel, die einen bereits in den Anhang I der Richtlinie 91/414/EWG aufgenommenen Wirkstoff enthalten. Die Zulassungsvoraussetzungen im einzelnen ergeben sich aus Art. 4 der Richtlinie; ein nationaler Spielraum für Abweichungen besteht nicht. Sprachlich wird allerdings anstelle des Ausdrucks "annehmbar" (Art. 4 Abs. 1 b, ii und v) der Ausdruck "vertretbar" gewählt. Im Schutzniveau ergeben sich gegenüber dem bisherigen Recht keine erheblichen Abweichungen. Hinsichtlich der Umweltauswirkungen erscheint die EG-Regelung sogar genauer.

Absatz 2 regelt entsprechend Art. 8 Abs. 1 der Richtlinie 91/414/EWG die Zulassung für Pflanzenschutzmittel, die einen neuen, noch nicht in den Anhang I aufgenommenen Wirkstoff enthalten; diese Zulassung ist auf drei Jahre begrenzt. Die Zulassungsvoraussetzungen sind gesondert in bezug auf den Wirkstoff (Nummer 1) und das Präparat (Nummer 2) geregelt.

Absatz 3 schreibt die Beachtung der nach Art. 18 der Richtlinie 91/414/EWG festgelegten gemeinsamen Bewertungsgrundsätze im Zulassungsverfahren vor. Soweit diese Grundsätze Spielräume lassen, sind auch die Grundsätze des § 483 zu beachten.

Absatz 4 enthält entsprechend dem bisherigen Recht eine Einvernehmensregelung, wonach Bundesgesundheitsamt und Umweltbundesamt entsprechend ihrer Fachkompetenz im Zulassungsverfahren zu beteiligen sind.

Absatz 5 legt auf Grund der Vorgaben der Art. 4 Abs. 2, 9 Abs. 1 der Richtlinie 91/414/EWG, aber im Gegensatz zum bisherigen Recht den

Grundsatz der Indikationszulassung fest. Die Zulassung gilt immer nur für das Anwendungsgebiet, für das die Zulassungsvoraussetzungen nachgewiesen sind. Dieser Grundsatz gilt für das Inverkehrbringen und die Anwendung und muß durch bindende Anwendungsbestimmungen sichergestellt werden. Neben diesen Anwendungsbestimmungen kommen Anwendungsbeschränkungen durch Rechtsverordnung nicht mehr in Frage (§ 497 Abs. 3). Die Möglichkeit einer Erweiterung des Anwendungsgebiets ist in § 489 geregelt.

Neben Anwendungsbestimmungen kann die Zulassungsstelle auch Auflagen festsetzen, die in die Gebrauchsanleitung zu übernehmen sind. Diese Auflagen betreffen nicht das Anwendungsgebiet, sondern den Schutz von Gesundheit und Umwelt bei Anwendung innerhalb des zugelassenen Anwendungsgebiets, insbesondere die bestimmungsgemäße und sachgerechte Anwendung, mögliche schädliche Auswirkungen, Vorsichtsmaßnahmen und Anforderungen an die sachgerechte Lagerung und Entsorgung. Um die Regelung von übermäßigem Detail zu entlasten, ist hierfür eine Verordnungsermächtigung vorgesehen, ohne daß damit der Inhalt des bisherigen Rechts (§ 15 Abs. 3 PflSchG) verändert werden soll. Die Auflagen können auch als bindende Anwendungsbestimmungen ausgestaltet werden.

Zu § 488 Zulassung von Pflanzenschutzmitteln, die in einem anderen Mitgliedstaat der Europäischen Gemeinschaft zugelassen sind

§ 488 regelt in Durchführung von Art. 10 der Richtlinie 91/414/EWG die Anerkennung von Zulassungen sowie von Versuchen, die in einem anderen EG-Mitgliedstaat ausgesprochen oder durchgeführt worden sind.

Die Abs. 1 bis 3 enthalten die Regelungen für die Anerkennung ausländischer Zulassungen. Voraussetzung für die Pflicht zur Anerkennung ist zunächst, daß dieses Mittel nur Wirkstoffe des Anhangs I enthält und gemäß der Richtlinie in einem gleichwertigen Verfahren zugelassen worden ist. Darüber hinaus müssen aber auch die für die Anwendung des Pflanzenschutzmittels erheblichen Bedingungen der Landwirtschaft, des Pflanzenschutzes und der Umwelt vergleichbar sein. Soweit die Vergleichbarkeit in bezug auf einen Teil des Inlands gegeben ist, kommt auch eine gebietlich beschränkte Zulassung in Betracht. Die Zulassungsvoraussetzung der Vergleichbarkeit muß der ausländische Zulassungsinhaber nachweisen (Art. 10 Abs. 1 der Richtlinie 91/414/EWG).

Diese Regelung trägt dem Umstand Rechnung, daß die Formulierung von Pflanzenschutzmitteln, ggf. auch schon die Auswahl von Wirkstoffen, regelmäßig auf bestimmte Anbaumethoden, Art und Umfang des Auftretens von Schadorganismen und Witterungsbedingungen abgestimmt ist. Unter anderen Bedingungen mag sich das Pflanzenschutzmittel als weniger wirksam erweisen oder mit schädlichen Auswirkungen auf die Umwelt verbunden sein.

Anwendungsbestimmungen oder Auflagen sind bei der Anerkennung nur in begrenztem Umfang zulässig (Art. 10 Abs. 1 der Richtlinie). Ein Ausgleich der fehlenden Vergleichbarkeit kann nur auf Antrag erfolgen (Absatz 1 Nr. 2). Darüber hinaus sind Anwendungsbestimmungen oder Auflagen nur im Interesse des Arbeitsschutzes oder des Verbraucherschutzes zulässig (Absatz 2) Soweit die ausländische Behörde bindende Anwendungsbestimmungen erlassen hat, sind diese Teil der ausländischen Zulassung und im Rahmen der Anerkennung ohne weiteres zu übernehmen.

Absatz 3 regelt das Verfahren, wenn die Organe der Europäischen Gemeinschaft entgegen einer Ablehnung des Zulassungsantrags durch die deutsche Zulassungsstelle nach Art. 10 Abs. 3, 19 der Richtlinie 91/414/EWG die Vergleichbarkeit bejahen.

Liegt die Vergleichbarkeit in bezug auf das Pflanzenschutzmittel nicht vor, so muß die Zulassungsstelle nach Absatz 4 doch diejenigen Versuche und Analysen, die im Zusammenhang mit der Zulassung in einem anderen Mitgliedstaat der Gemeinschaft durchgeführt worden sind, anerkennen, wenn insoweit die Vergleichbarkeit gegeben ist.

Absatz 5 sieht eine Eilkompetenz der Zulassungsstelle für vorläufige Verbote oder Beschränkungen bei einem begründeten Gefahrenverdacht vor. Die endgültige Entscheidung wird nach Art. 11, 19 der Richtlinie durch die Gemeinschaftsorgane getroffen.

Zu § 489 Erweiterung des Anwendungsgebiets

§ 489 ist eine Regelung, die dem neuen gesetzlichen Modell der Indikationszulassung zugeordnet ist. Im Hinblick auf die mit der Entwicklung und Prüfung von Pflanzenschutzmitteln verbundenen Kosten ist damit zu rechnen, daß sich die Hersteller auf einige wenige Massenkulturen beschränken, bei denen die Chance besteht, die Entwicklungskosten über den Preis wieder hereinzuholen (vgl. Meinert, Gesunde Pflanzen 1991, 238 ff.; Woche im Bundestag 2/93, S. 21). Es besteht daher die Gefahr, daß für spezielle Kulturen keine neuen Pflanzenschutzmittel entwickelt werden. Bisher wurde dieses Problem dadurch bewältigt, daß ein an sich nur für ein bestimmtes Anwendungsgebiet zugelassenes Pflanzenschutzmittel auch in anderen Gebieten angewandt wurde, auch wenn der Hersteller es nicht ausdrücklich für diesen Zweck in den Verkehr bringen dürfte (§ 21). Im System der Indikationszulassung besteht im Interesse des Pflanzenschutzes bei speziellen Kulturen die Notwendigkeit, eine kostengünstige Erweiterung des Anwendungsgebiets zu ermöglichen. Art. 9 Abs. 1 Unterabs. 2 und 3 der Richtlinie 91/414/EWG gibt hierfür die gemeinschaftsrechtlichen Vorgaben, die mit der Regelung des § 489 umgesetzt werden. Dabei sind zwei Situationen zu unterscheiden. Nach Absatz 1 können den Antrag andere Hersteller oder Vertriebsunternehmen als der Zulassungsinhaber - dieser muß bei einer Erweiterung des Anwendungsgebiets den Weg nach § 487 gehen -, gewerbliche Anwender, landwirtschaftliche Berufsverbände und bestimmte Behörden stellen. Ferner ist eine Erweiterung der Zulassung von Amtswegen durch die Zulassungsstelle selbst möglich (Absatz 2).

Voraussetzung für die Zulassung im Antragsverfahren (Absatz 1) ist einmal, daß der Antragsteller die Erweiterung begründet, z.B. im Hinblick auf das Fehlen von ausreichenden Pflanzenschutzmitteln für die betreffende Kultur, daß es sich um ein Anwendungsgebiet geringen Umfangs handelt und der Antragsteller die Wirksamkeit des Mittels für das neue Anwendungsgebiet nachweist. Zum anderen müssen die wesentlichen Zulassungsvoraussetzungen in bezug auf den Gesundheits- und Umweltschutz nach § 487 Abs. 1 Nr. 3 vorliegen. Diese müssen aber nur dann vom Antragsteller nachgewiesen werden, wenn keine ausreichenden Erkenntnisse vorliegen. Soweit ein Nachweis erforderlich ist, können die Unterlagen auch von Dritten, z.B. von Unternehmen der Lebensmittelverarbeitung, erstellt und finanziert werden. Werden keine ausreichenden Unterlagen vorgelegt, ist die Einleitung eines Offizialverfahrens nach Absatz 2 zu prüfen.

Im Offizialverfahren (Absatz 2) gelten grundsätzlich die gleichen Voraussetzungen für die Erweiterung der Zulassung, nur kann die Zulassungsstelle, wenn keine ausreichenden Erkenntnisse über die gesundheitlichen und Umweltauswirkungen des Pflanzenschutzmittels im neuen Anwendungsgebiet vorliegen, die erforderlichen Untersuchungen und Analysen selbst erstellen oder durch Dritte erstellen lassen. Bei einem öffentlichen Interesse, das bei einem unabweisbaren Bedürfnis des Pflanzenschutzes bezüglich einer bestimmten Kultur (z.B. Fehlen eines brauchbaren Pflanzenschutzmittels überhaupt) anzunehmen sein wird, ist die Zulassungsstelle sogar verpflichtet, die Erweiterung von Amtswegen auszusprechen (vgl. Art. 9 Abs. 1, Unterabs. 3 der Richtlinie).

Bei der erleichterten Erweiterung des Anwendungsgebiets können - neben erhöhten Gefahren der Resistenzbildung sowie Belastung des Grundwassers, die die Richtlinie in Kauf nimmt - Probleme der Produkthaftung entstehen. Es mag sachlich nicht gerechtfertigt erscheinen, daß der Inhaber der Erstzulassung auf Grund einer Erweiterung des Anwendungsgebiets, die er nicht beantragt hat, ja sogar ablehnt, im Fall von Schäden durch das Pflanzenschutzmittel der Produkthaftung unterliegen soll. Eine ausdrückliche Regelung - die ggf. auch im Hinblick auf die Produkthaftungsrichtlinie (Richtlinie des Rates vom 25. Juli 1985 zur Angleichung der Rechts- und Verwaltungsvorschriften der Mitgliedstaaten über die Haftung für fehlerhafte Produkte [85/374/EWG] ABl. EG Nr. L 210 vom 7. August 1985, S. 29) problematisch sein könnte - erübrigt sich jedoch, weil in Fällen, in denen der Inhaber der Erstzulassung das Pflanzenschutzmittel auch für das neue Anwendungsgebiet in den Verkehr bringt, eine Produkthaftung gerechtfertigt erscheint; will er die Haftung vermeiden, kann er den von ihm vorgesehenen bestimmungsgemäßen Gebrauch durch die Gebrauchsanleitung entsprechend beschränken.

Zu § 490 Dauer der Zulassung

§ 490 entspricht im wesentlichen dem bisherigen Recht (§ 16 PflSchG), modifiziert im Hinblick auf Art. 4 Abs. 6 der Richtlinie 91/414/EWG aber die Voraussetzungen des Widerrufs der Zulassung oder der Änderung der Zulassung oder einer Anwendungsbestimmung oder Auflage. Der Widerruf ist zwingend, wenn sich nachträglich herausstellt, daß die Zulassungsvoraussetzungen nicht mehr erfüllt sind (Absatz 2 Satz 1). Entsprechend muß eine Änderung der Zulassung oder einer Anwendungsbestimmung oder Auflage erfolgen, wenn nach dem Stand der Erkenntnisse die Art der Anwendung oder die aufzubringenden Mengen geändert werden können.

Zu § 491 Mitteilungspflichten und Nachforderungen von Angaben, Unterlagen und Proben

Die Regelung faßt im wesentlichen die Regelungen der § 15 Abs. 4, 5 und § 19 PflSchG zusammen, da sie sachlich zusammengehören. Absatz 1 betrifft Änderungsmitteilungen gegenüber den Angaben und Unterlagen, die der Zulassung zugrunde gelegen haben. Die Regelung ist durch Art. 7 der Richtlinie 91/414/EWG geboten. Absatz 2 betrifft Meldepflichten hinsichtlich der Wirkstoffe, die an Empfänger im Inland abgegeben und die exportiert werden. Die Regelung soll der Zulassungsstelle einen Überblick über Daten verschaffen, die für die Abschätzung der Exposition gegenüber Wirkstoffen von Bedeutung sind. In bezug auf Exporte sollen Informationen zur Verfügung gestellt werden, die für Exportregelungen nach § 469 erheblich sein können; im Unterschied zum bisherigen Recht wird daher eine Aufschlüsselung je nach Exportland verlangt. Absatz 3 regelt entsprechend Art. 4 Abs. 5 der Richtlinie 91/414/EWG, § 15 Abs. 5 PflSchG die Nachforderungen von Angaben, Unterlagen und Proben zum Zweck der Überprüfung der Zulassung.

Zu § 492 Einzelheiten des Verfahrens

§ 492 enthält Regelungen, überwiegend in der Form der Verordnungsermächtigung, über das Verfahren bei der Zulassung von Pflanzenschutzmitteln, Meldungen nach § 491 Abs. 2, der Bekanntmachung der Zulassung und der Vorbereitung der Aufnahme eines Wirkstoffs in den Anhang I der Richtlinie 91/414/EWG.

Die Verordnungsermächtigung nach Absatz 1 hinsichtlich des Zulassungsverfahrens betrifft in erster Linie Art und Umfang der Unterlagen und Proben. Diese Frage kann ohne weiteres einer Rechtsverordnung überlassen werden, da sich, worauf in Satz 2 ausdrücklich hingewiesen wird, das normative Programm der Regelung aus der Richtlinie 91/414/EWG ergibt.

Die Verordnungsermächtigung nach Absatz 4 ist erforderlich, da nach Art. 6 der Richtlinie 91/414/EWG die Mitgliedstaaten die Aufnahme von Wirkstoffen in den Anhang I der Richtlinie vorzubereiten haben. Dabei ist auch eine Regelung über den Schutz von Antragsunterlagen eines Vorantragstellers zu treffen (vgl. Art. 13 Abs. 7, Unterabs. 3, 4 der Richtlinie). Die Regelung in Satz 2, wonach das Inverkehrbringen eines neuen Wirkstoffs die vorherige Vorlage der Unterlagen nach Art. 6 der Richtlinie voraussetzt, ist durch Art. 3 Abs. 4 der Richtlinie vorgeschrieben.

Zum Dritten Unterabschnitt: Inverkehrbringen von Pflanzenschutzmitteln

Der dritte Unterabschnitt enthält Vorschriften insbesondere über die Verpackung und Kennzeichnung sowie die Abgabe von Pflanzenschutzmitteln. Da die Richtlinie 91/414/EWG im Unterschied zum bisherigen Recht die Kennzeichnung von Pflanzenschutzmitteln besonders regelt, konnte die bisherige Systematik einer grundsätzlichen Anwendung des allgemeinen Stoffrechts mit Regelung lediglich einer Sonderkennzeichnung (vgl. § 20 PflSchG) nicht mehr aufrecht erhalten werden. Dieses Regelungssystem gilt nurmehr für die Verpackung (§ 482 Abs. 1).

Zu § 493 Verpackung und Kennzeichnung

Die Regelung setzt voraus, daß bezüglich der Verpackung von Pflanzenschutzmitteln grundsätzlich die Vorschriften des allgemeinen Stoffrechts gelten; für die Kennzeichnung gilt das nur noch für die Pflicht zur erneuten Kennzeichnung (§ 482 Abs. 1). Auf dieser Grundlage werden in § 493 Abs. 1 Sonderregelungen über die Verpackung von Pflanzenschutzmitteln getroffen, die keine Stoffe oder Zubereitungen im Sinne des allgemeinen Stoffrechts sind oder die von Vertriebsunternehmen in den Verkehr gebracht werden; hier soll das allgemeine Stoffrecht entsprechend Anwendung finden.

Die Abs. 2 und 3 enthalten eine Sonderregelung über die Kennzeichnung von Pflanzenschutzmitteln. Da sich die Anforderungen weitgehend aus Art. 16 der Richtlinie 91/414/EWG ergeben, genügt es, eine Rechtsverordnungsermächtigung vorzusehen, um die gesetzliche Regelung von allzuviel Details zu entlasten. Zu den in die Kennzeichnungsverordnung ggf. aufzunehmenden Regelungen gehört insbesondere auch die Angabe von Anwendungsbeschränkungen nach § 497. Im übrigen können allgemeine Vorschriften über die mitzuliefernde Gebrauchsanleitung nach Absatz 3 Nr. 2 auch regeln, daß neben bindenden Anwendungsbestimmungen (vgl. § 487 Abs. 5 S. 3) Auflagen in die Gebrauchsanleitung aufgenommen werden müssen.

Absatz 4 erklärt entsprechend der in § 457 getroffenen Regelung des allgemeinen Stoffrechts das für Pflanzenschutzmittel geltende Kennzeichnungsrecht grundsätzlich auch für Exportprodukte für anwendbar und ermächtigt die Bundesregierung zur näheren Ausgestaltung.

Absatz 5 entspricht § 20 Abs. 4 Nr. 2 PflSchG.

Zu § 494 Verbotene Angaben

§ 494 enthält ein Verbot bestimmter Angaben beim Inverkehrbringen und in der Werbung, das sicherstellen soll, daß ein Pflanzenschutzmittel sachgerecht angewandt wird. Sachlich wird der Bereich bindender Anwendungsbestimmungen und bloßer Auflagen abgedeckt.

Zu § 495 Abgabe im Einzelhandel

§ 495 trifft entsprechend dem bisherigen Recht (§ 22 PflSchG) eine zur Sicherstellung sachgerechter Anwendung von Pflanzenschutzmitteln erforderliche Regelung über Abgabebeschränkungen im Einzelhandel (Verbot der Selbstbedienung, Anforderungen an die Sachkunde des Verkaufspersonals).

Zum Vierten Unterabschnitt: Anwendung von Pflanzenschutzmitteln

Im vierten Unterabschnitt wird - abgesehen von den auf die Anwendung bezüglichen Regelungen des Zulassungsverfahrens und des Kennzeichnungsrechts - die Anwendung von Pflanzenschutzmitteln in Form einer Grundsatznorm, von Verordnungsermächtigungen und einer gesetzlichen Anzeigepflicht geregelt. Durch das neu eingeführte System der Indikationszulassung ist die Bedeutung von Anwendungsbeschränkungen geringer geworden, da bei neuen Pflanzenschutzmitteln das Anwendungsgebiet zwingend festgelegt werden muß. Es bleiben aber weiterhin Bereiche, in denen selbständige Anwendungsvorschriften sinnvoll sind; im übrigen müssen die Anwendungsbestimmungen der Zulassungsentscheidung mit der Anwendungspraxis verknüpft werden.

Zu § 496 Grundsätze der Anwendung

§ 496 enthält eine an § 6 PflSchG angelehnte stoffbezogene Grundsatznorm für die Anwendung von Pflanzenschutzmitteln, die die Grundsatznorm des § 483 konkretisiert. Die zentrale Anforderung ist die der Anwendung nach guter fachlicher Praxis (Absatz 1 Satz 1), die durch Rechtsverordnung näher bestimmt werden kann (Absatz 2). Die Grundsätze der guten fachlichen Praxis werden in Abs. 1 Satz 2 und 3 näher ausgeformt.

Die gute fachliche Praxis erfordert danach zunächst die Beachtung der Anwendungsbestimmungen nach § 487 Abs. 5 und Auflagen nach § 487 Abs. 6 sowie allgemein eine sachgerechte Anwendung. Darüber hinaus wird aber auch die Beachtung der Grundsätze des integrierten Pflanzenschutzes (§ 481 Nr. 2) zum Inhalt der guten fachlichen Praxis erklärt. Gegenüber dem bisherigen Recht (§ 6 Abs. 1 S. 2 PflSchG), das eine bloße Berücksichtigung der Grundsätze des integrierten Pflanzenschutzes verlangt, erfolgt mit der strikten Beachtenspflicht eine gewisse Verschärfung. Dies erscheint umweltpolitisch angemessen, weil bei nur geringfügigen Ernteausfällen die Belange der Vorsorge gegen Umweltrisiken durch den Einsatz von Pflanzenschutzmitteln vorrangig sind.

Weiterhin muß die Anwendung umweltverträglich erfolgen. Hierbei sind die medienbezogenen Grundsätze der Anwendung von Pflanzenschutzmitteln zu beachten, die nicht im Stoffrecht, sondern im medienbezogenen Umweltrecht (§§ 175 Abs. 2 S. 3, 227 und 291) niedergelegt sind. Entsprechend dieser systematischen Aufteilung enthält das Stoffrecht keine Vorschriften mehr, die die Regelungsgehalte der §§ 6 Abs. 2 und 8 Nr. 1 PflSchG aufnehmen.

Zu § 497 Anwendungsverbote

Die Verordnungsermächtigung über Anwendungsverbote und -beschränkungen entspricht - mit den durch das Zulassungsregime der Richtlinie 91/414/EWG, insbesondere das System der Indikationszulassung bedingten Veränderungen - im wesentlichen dem bisherigen Recht (§ 7 PflSchG), das sich bewährt hat. Auch im Rahmen der Richtlinie sind Anwendungsverbote und -beschränkungen durch Verordnung sinnvoll, insbesondere im Hinblick auf Pflanzenschutzmittel mit alten Wirkstoffen. Für Pflanzenschutzmittel, die nach den §§ 487 bis 489 (Regelzulassung, vorläufige Zulassung, Anerkennung ausländischer Zulassungen, Erweiterung des Anwendungsgebiets) zugelassen sind, können Anwendungsbeschränkungen dagegen grundsätzlich nicht mehr durch Verordnung, sondern müssen durch Änderung der Anwendungsbestimmungen und Auflagen, also durch Verwaltungsakt der Zulassungsstelle, erfolgen. Dies wird durch den Ausschluß der Verordnungsermächtigung in Absatz 3 ausdrücklich ausgesprochen.

Absatz 5 enthält den bisher in einer gesonderten Vorschrift (§ 8 Nr. 2 und 3 PflSchG) enthaltenen Vorbehalt zugunsten weitergehender Ländervorschriften (§ 8 Nr. 1 PflSchG siehe zu § 496). Die Regelung ist sinnvoll, weil in den einzelnen Ländern besondere Gegebenheiten der Landwirtschaft, des Pflanzenschutzes oder der Umwelt vorliegen können, denen diese am besten durch eigene Regelungen Rechnung tragen können. Auch diese Vorschrift gilt nur im Rahmen des Absatzes 3.

Zu § 498 Anzeige und zu § 499 Persönliche Anforderungen

Die §§ 498 und 499 entsprechen weitgehend dem bisherigen Recht (§§ 9 und 10 PflSchG). Der Begriff der Landwirtschaft in § 499 Abs. 1 Nr. 1 umfaßt auch den Gartenbau (§ 171 Abs. 2). Die Sachkundeanforderungen sollen über das bisherige Recht hinaus auch für die Anwendung von Pflanzenschutzmitteln durch die öffentliche Verwaltung gelten.

Zum Fünften Unterabschnitt: Pflanzenschutzgeräte

Im fünften Unterabschnitt werden die Regelungen der §§ 24 bis 30 PflSchG über Pflanzenschutzgeräte sachlich übernommen, aber durch Beschränkung auf Grundsatznormen und Ermächtigung zur Regelung in einer Rechtsverordnung in systematischer Hinsicht stark verändert. Vorschriften über Pflanzenschutzgeräte sind zur Sicherstellung einer sachgerechten Anwendung von Pflanzenschutzmitteln von wesentlicher Bedeutung (z.B. hinsichtlich Dosierung oder Verhinderung des Abdriftens). Um das Gesetz von allzuviel technischen Details zu entlasten, erscheint eine bloße Rechtsverordnungsermächtigung jedoch sinnvoll und im Hinblick auf das Bestimmtheitsgebot (Art. 80 Abs. 1 S. 2 GG) auch vertretbar, da sich das normative Programm hinreichend aus der Grundsatznorm des § 500 ergibt. Eine sachliche Änderung ist mit der Neuregelung nicht beabsichtigt.

Zu § 500 Inverkehrbringen

§ 500 enthält in seinem Absatz 1 eine Grundsatznorm über die Beschaffenheit von Pflanzenschutzgeräten, die dem bisherigen Recht (§ 24 PflSchG) entspricht. Die Geräte müssen zur Vermeidung von Gesundheits- und Umweltrisiken dem Stand der Technik entsprechen. Zusätzlich gelten für solche Geräte die nicht spezifisch auf das Ausbringen von Pflanzenschutzmitteln bezogenen Anforderungen des GerätesicherheitsG (§ 482 Abs. 2).

Absatz 2 bestimmt entsprechend § 29 S. 1 PflSchG, daß beim Inverkehrbringen eine Gebrauchsanleitung mitzuliefern ist. Die Anforderungen an die Gebrauchsanleitung sind durch Rechtsverordnung nach § 501 Nr. 1 zu regeln.

Zu § 501 Anforderungen an Pflanzenschutzgeräte

Die in § 501 getroffene Regelung wandelt die bisher im Gesetz enthaltenen Regelungen der §§ 25 bis 29 in Rechtsverordnungsermächtigungen um und bezieht hierbei die Ermächtigung nach § 30 PflSchG ein. Es können Anforderungen an die Geräte und die Gebrauchsanleitung, Konformitätserklärungen, das Prüfverfahren für Geräte, Verwendungsverbote, Prüfungspflichten für Besitzer von alten Geräten und die Pflanzenschutzgeräteliste geregelt werden.

Zu § 502 Prüfung alter Pflanzenschutzgeräte

§ 502 enthält den bisher in § 30 Abs. 2 PflSchG vorgesehenen Ländervorbehalt für die Prüfung alter Geräte. Dieser Vorbehalt ist zur Entlastung der Zulassungsstelle sinnvoll.

Zum Sechsten Unterabschnitt: Pflanzenstärkungsmittel

Zu § 503 Inverkehrbringen

§ 503 bestimmt entsprechend § 31 Abs. 1 PflSchG eine Anmeldepflicht für Pflanzenstärkungsmittel (§ 481 Nr. 11) mit der Ermächtgung der Zulassungsstelle, das Mittel zu prüfen. Ferner enthält die Vorschrift Abgabebeschränkungen (Verbot des Verkaufs in Selbstbedienung). Mit diesen Regelungen soll sichergestellt werden, daß Pflanzenstärkungsmittel keine Gefahren und Risiken für Gesundheit und Umwelt im Sinne des § 480 hervorrufen.

Zum Siebenten Unterabschnitt: Ermächtigung zum Pflanzenschutz

Systematisch anders plaziert, aber in der Sache weitgehend dem bisherigen Recht (unter Berücksichtigung des Entwurfs der Novelle zum PflSchG von 1993, BR-Drs. 91/93) entsprechend, sind den §§ 504 bis 506 Ermächtigungen für den Erlaß von Rechtsverordnungen und zu Anordnungen im Einzelfall zum Pflanzenschutz vorgesehen. Diese Regelungen sind Ausdruck des Förderzwecks des Pflanzenschutzrechts (§ 480 S. 2), der wegen seines Sachzusammenhangs mit dem Schutzzweck in die Regelung des Pflanzenschutzrechts aufgenommen ist (vgl. Begründung zu § 491).

Zu § 504 Pflanzenschutzmaßnahmen

§ 494 enthält sachlich § 3 PflSchG entsprechende, aber textlich durch Zusammenfassung gestraffte Ermächtigungen zum Erlaß von Rechtsverordnungen für den Pflanzenschutz. Absatz 1 erteilt die Verordnungsermächtigung an die Bundesregierung, jedoch können nach Absatz 2 Nr. 1 auch die Landesregierungen tätig werden, soweit die Bundesregierung von der Ermächtigung keinen Gebrauch macht. Damit soll den Ländern insbesondere eine Regelungsmöglichkeit in Fällen gegeben werden, in denen die Regionalität des Problems bundesrechtliche Verordnungen nicht erfordert. Der Gesichtspunkt der größeren Sachnähe ist auch maßgeblich für die Verordnungsermächtigungen an die Länder nach Absatz 2 Nr. 2 und 3 (Anbaubeschränkungen, Bekämpfung der Reblaus).

Zu § 505 Pflanzenbeschau

§ 505 sieht sachlich entsprechend § 4 PflSchG und dem Entwurf der Novelle von 1993, aber textlich durch allgemeinere Formulierung gestrafft, Verordnungsermächtigungen zur Regelung der Pflanzenbeschau vor. Diese Regelungen haben sich bewährt; die übernommenen Neuregelungen der Novelle sind auf Grund neuerer Richtlinien der Europäischen Gemeinschaft im Bereich des Pflanzenschutzes (vgl. BR-Drs. 91/93, S. 24) erforderlich.

Zu § 506 Eilmaßnahmen

§ 506 entspricht sachlich § 5 PflSchG und Art. 1 Nr. 5 des Entwurfs der Novelle von 1993. Eilverordnungen und Eilbefugnisse zu Einzelanordnungen sind im Hinblick auf den oft plötzlich auftretenden Befall von Kulturen mit Schadorganismen notwendig. Das bisherige Recht hat sich bewährt; soweit die Novelle in § 5 PflSchG auch eine Ermächtigung zu Eilverordnungen zur Durchführung von Regelungen der Europäischen Gemeinschaft aufnehmen will, ist dies im Hinblick auf die genannten EG-Richtlinien erforderlich.

Zum Achten Unterabschnitt: Gemeinsame Vorschriften

In den §§ 507 bis 514 werden Regelungen über die Behördenzuständigkeit, das Verfahren und die Entschädigung für Maßnahmen des Pflanzenschutzes sowie - als Übergangsregelung - über die Zulassung von Pflanzenschutzmitteln mit alten Wirkstoffen getroffen.

Zu § 507 Biologische Bundesanstalt

§ 507 trifft eine Regelung über die Errichtung und Zuständigkeit der Biologischen Bundesanstalt. Diese Regelung ist nicht im Allgemeinen Teil getroffen worden, weil die Biologische Bundesanstalt eine selbständige Bundesoberbehörde ist, die nicht dem Geschäftsbereich des für den Umweltschutz zuständigen Ministers, sondern dem des Landwirtschaftsministers angehört.

Die Biologische Bundesanstalt ist Zulassungsstelle im Sinne des Pflanzenschutzrechts (Absatz 2 Satz 1). Sie hat darüber hinaus nach Absatz 2 Satz 2 eine Reihe weiterer Zuständigkeiten, die im wesentlichen denen des bisherigen Rechts (§ 33 Abs. 3 und 3 PflSchG) entsprechen. Im Hinblick auf die Richtlinie 91/414/EWG sowie die EG-Richtlinien im Bereich des Pflanzenschutzes begründet Absatz 2 Nr. 3 auch die Zuständigkeit der Biologischen Bundesanstalt für die Zusammenarbeit mit der EG-Kommission sowie den Mitgliedstaaten der Gemeinschaft im Rahmen des in den Richtlinien geregelten Informationsaustauschverfahrens. § 509 Abs. 1 ermächtigt die Biologische Bundesanstalt darüber hinaus ausdrücklich zur Übermittlung von Daten, die beim Vollzug von Pflanzenschutzmaßnahmen gewonnen worden sind. Die Landesbehörden können für den Verkehr mit den Organen der Europäischen Gemeinschaft anstelle der Biologischen Bundesanstalt auf Grund einer Verordnung nach § 511 Abs. 5 zuständig sein.

Zu § 508 Beschreibende Pflanzenschutzliste

Die Regelung über die beschreibende Liste der zugelassenen Pflanzenschutzmittel und der in die Pflanzenschutzgeräteliste (Verordnungsermächtigung: § 501 Nr. 6) eingetragenen Pflanzenschutzgeräte entspricht dem bisherigen Recht (§ 33 Abs. 4 PflSchG). Sie dient der Information der Anwender, insbesondere auch der Beratung im Bereich des Pflanzenschutzes.

Zu § 509 Übermittlung von Daten

§ 509 schafft im Absatz 1 zunächst eine besondere Ermächtigung zur Weiterleitung von Daten, die bei der Durchführung des Gesetzes im Bereich des Pflanzenschutzes gewonnen wurden (vgl. Art. 1 Nr. 13 des Entwurfs der Novelle zum PflSchG). Diese Regelung stellt eine Ergänzung der Aufgabenzuweisung nach § 507 Abs. 2 Nr. 3 dar, die nach der Natur der Sache auch eine Ermächtigung zur Datenübermittlung enthält.

In Absatz 2 und 3 werden Sonderregelungen zur allgemeinen stoffrechtlichen Regelung über die Öffentlichkeitswidmung von Daten (§ 476 Abs. 2) getroffen, die im Hinblick auf Art. 14 der Richtlinie 91/414/EWG erforderlich sind. Nach der Richtlinie ist der Kreis der öffentlichkeitsgewidmeten Daten größer als im allgemeinen Stoffrecht. Dem tragen die vorgeschlagenen Formulierungen Rechnung. Absatz 2 Satz 2 stellt über den Wortlaut der Richtlinie hinaus klar, daß auch die Bewertung von Pflanzenschutzmitteln oder Wirkstoffen nicht unter den Begriff des Betriebs- oder Geschäftsgeheimnisses fällt.

Zu § 510 Sachverständigenausschuß für Pflanzenschutzmittel

§ 510 entspricht im wesentlichen § 33 Abs. 5 und 6 PflSchG, wird allerdings entsprechend der Vorgehensweise in anderen Regelungen des Besonderen Teils durch Vorschriften über die Ausgewogenheit der Zusammensetzung und die Weisungsunabhängigkeit der Mitglieder angereichert. Die Anhörung des Sachverständigenausschusses vor Entscheidungen über die Zulassung sowie deren Rücknahme, Widerruf oder Änderung hat sich bewährt. Sie ist ein wichtiges Element des Zulassungsverfahrens, das das Fehlen einer Öffentlichkeitsbeteiligung annähernd ausgleicht.

Zu § 511 Durchführung in den Ländern

§ 511 übernimmt im wesentlichen die Vollzugsregelung des § 34 PflSchG. § 38 PflSchG (Auskunfts- und Betretungsrecht) ist sachlich bereits im Allgemeinen Teil (§§ 65 und 67) geregelt und konnte daher entfallen; die Sonderregelung des Art. 1 Nr. 12 des Entwurfs der Novelle zum PflSchG, die eine Teilnahme von Sachverständigen der EG-Kommission bei Überwachungsmaßnahmen sicherstellen soll, ist als Absatz 4 in § 511 übernommen.

Absatz 1 spricht zunächst den Grundsatz aus, daß der Vollzug dieses Abschnitts in den Ländern den nach Landesrecht zuständigen Behörden obliegt. Absatz 2 modifiziert diesen Grundsatz durch Anordnung der Einrichtung eines besonderen Pflanzenschutzdienstes. Die Zuständigkeit der Landesbehörden wird im übrigen durch die Zuständigkeit der Biologischen Bundesanstalt nach § 507 begrenzt. Absatz 2 sieht vor, daß die Länder einen besonderen Pflanzenschutzdienst einrichten, Absatz 3, daß sie einen besonderen Rebschutzdienst einrichten können. Die Einrichtung einer besonderen Fachbehörde ist im Hinblick auf die Besonderheiten der Aufgaben des Pflanzenschutzes sinnvoll, wobei die Länder die Organisationsgewalt hinsichtlich der Ausgestaltung im einzelnen und Zuordnung zu den verschiedenen Verwaltungsebenen behalten. Der Pflanzenschutzdienst hat mindestens die in den Nrn. 1 bis 6 genannten Aufgaben im Bereich des Pflanzenschutzes, aber auch der Prüfung von Pflanzenschutzmitteln, Pflanzenschutzgeräten und Verfahren des Pflanzenschutzes; insoweit überschneiden sich die Aufgaben der Biologischen Bundesanstalt und des Pflanzenschutzdienstes. Andere Aufgaben zur Durchführung dieses Abschnitts können entsprechend der allgemeinen Regelung des Absatzes 1 anderen Landesbehörden übertragen werden.

Absatz 5 enthält eine besondere Rechtsverordnungsermächtigung zur Übertragung von Aufgaben des Verkehrs mit den zuständigen Behörden anderer Mitgliedstaaten und der Kommission der Europäischen Gemeinschaft, der regelmäßig der Biologischen Bundesanstalt obliegt (§ 507 Abs. 2 Nr. 3), an die Länder. Eine solche Delegation ist sinnvoll, soweit es sich um Angelegenheiten handelt, bei denen die Vollzugserfahrungen der Landesbehörden eine besondere Rolle spielen (vgl. Art. 1 Nr. 13 des Entwurfs der Novelle zum PflSchG).

Zu § 512 Mitwirkung von Zollstellen

§ 512 enthält eine Regelung über die Mitwirkung von Zollstellen sowie die Festlegung von Einlaßstellen für die Ein- und Ausfuhr von Schadorganismen und Befallsgegenständen, die in der Sache dem bisherigen Recht (§§ 35, 36 PflSchG) entspricht. Zur Entlastung des Gesetzes von technischen Details wird die Materie aber in eine Rechtsverordnungsermächtigung überführt.

Zu § 513 Entschädigung

§ 513 entspricht § 32 Abs. 1 bis 3 PflSchG. § 32 Abs. 4 PflSchG ist im Hinblick darauf nicht übernommen worden, daß auch bei anderen Regelungen über Aufopferungsentschädigung und Härteausgleich eine Rechtswegregelung nicht getroffen worden ist.

Zu § 514 Übergangsvorschriften für Pflanzenschutzmittel mit alten Wirkstoffen

§ 514 trifft auf Grund der Ermächtigung nach Art. 8 Abs. 2 der Richtlinie 91/414/EWG eine auf 10 Jahre befristete Übergangsregelung für die Zulassung von Pflanzenschutzmitteln, die alte Wirkstoffe enthalten, d.h. solche, die am 26. Juli 1993 bereits in den Verkehr gebracht waren und noch nicht in den Anhang I der Richtlinie aufgenommen worden sind. Für diese Pflanzenschutzmittel wird die Zulassung erteilt, wenn lediglich die Zulassungsvoraussetzungen nach § 487 Abs. 1 Nr. 3 (Wirksamkeit, keine schädlichen Auswirkungen auf Gesundheit und die Umwelt) vorliegen. Im Zulassungsverfahren wird die Zweitanmelderregelung der §§ 13, 14 PflSchG weiterhin angewandt.

Absatz 2 enthält eine Anpassungsregelung für den Fall, daß die Aufnahme des Wirkstoffs in den Anhang I der Richtlinie später abgelehnt oder nur mit bestimmten Maßgaben beschlossen wird.

Zum Neunten Abschnitt: Biozide

I. AUSGANGSLAGE

1. Gegenstand des Regelungsbereichs

Im neunten Abschnitt wird eine Sonderregelung für Biozide für den Einsatz außerhalb der Land- und Forstwirtschaft getroffen. Im Gegensatz zum bisherigen Recht werden Biozide einem Zulassungsverfahren unterworfen, das dem Zulassungsverfahren für Pflanzenschutzmittel nachgebildet ist.

2. Bisherige Rechtsslage

a) Bisheriges Recht

Im bisherigen Recht fehlt eine geschlossene Regelung des Inverkehrbringens und der Verwendung von Bioziden im nicht agrarischen Bereich (Mittel zur Bekämpfung tierischer Schädlinge wie Parasiten, Nager, Fliegen, Mükken und Motten, Holzschutzmittel, Antifoulingfarben, Konservierungsmittel für Lebensmittel, Arzneimittel, Kosmetika, Textilien und Lederwaren und Desinfektionsmittel). Soweit es sich um neue Wirkstoffe handelt, unterliegen diese als solche dem Anmeldeverfahren des ChemG; alte Wirkstoffe, die den Großteil der eingesetzten Mittel ausmachen, können nur durch Verordnung einer Mitteilungspflicht nach § 16c ChemG unterworfen werden. Ein umfassendes Zulassungsverfahren für die Präparate, das insbesondere auch deren Umweltauswirkungen erfaßt, besteht jedoch bisher nicht.

Für Schädlingsbekämpfungsmittel, die der Durchführung öffentlicher Maßnahmen zur Entwesung oder Entrattung dienen, sieht § 10c BSeuchG ein zulassungsähnliches Verfahren vor, in dem unter dem Gesichtspunkt der "Brauchbarkeit" auch die gesundheitlichen Auswirkungen - nicht die Umweltauswirkungen - des Mittels überprüft werden; die Regelung kann nach Maßgabe des Landesrechts ggf. auf Private ausgedehnt werden (§ 13 Abs. 2, 3 BSeuchG). Für Schädlingsbekämpfungsmittel gegen Parasiten, die am Körper von Mensch oder Tier verwendet werden (§ 2 Abs. 1 Nr. 4 AMG), gilt das auf Gesundheitsgefahren beschränkte arzneimittelrechtliche Zulassungsverfahren (§ 21 AMG). Werden die Mittel nicht am Körper angewandt, besteht nur eine Anmeldepflicht (§§ 2 Abs. 2 Nr. 4, 67 Abs. 2 AMG). Schädlingsbekämpfungsmittel gegen Insekten in Räumen sind Bedarfsgegenstände im Sinne von § 5 Abs. 1 Nr. 9 LMBG, die lediglich der Verbotsgeneralklausel des § 50 LMBG unterliegen. Mittel zur Bekämpfung nicht insektizider Hygieneschädlinge sowie Insektizide, die außerhalb von Räumen angewandt werden, unterliegen ausschließlich dem ChemG; z.T. bestehen Verbote und Beschränkungen nach der GefStoffV. Für Holzschutzmittel besteht eine

Prüfzeichenpflicht nach den Bauordnungen der Länder. Auf Grund der Bauproduktenrichtlinie (Richtlinie des Rates vom 21. Dezember 1988 zur Angleichung der Rechts- und Verwaltungsvorschriften der Mitgliedstaaten über Bauprodukte [89/106/EWG] ABl. EG Nr. L 40 vom 11. Februar 1989, S. 12) und des Bauproduktengesetzes bedarf es künftig einer technischen Zulassung, die aber keine umfassende Bewertung der Gesundheits- und Umweltrisiken vorsieht. PCP und Teeröl sind durch die auf Grund § 17 ChemG erlassene PCP- und Teeröl-Verbotsverordnung verboten. Für Unterwasseranstriche gilt ausschließlich das ChemG. Die Verwendung einiger Anstriche ist durch die GefStoffV verboten oder beschränkt. Desinfektionsmittel sind überwiegend Arzneimittel (§ 2 Abs. 1 Nr. 4, Abs. 2 Nr. 4 AMG), die entweder einem Zulassungsverfahren oder nur einer Anzeigepflicht mit Verbots- oder Beschränkungsmöglichkeit unterliegen (§§ 6, 67 Abs. 2 AMG). Sie können aber auch Bedarfsgegenstände nach § 5 Abs. 1 Nr. 9 LMBG sein. Konservierungsstoffe für Arzneimittel unterliegen dem für das jeweilige Arzneimittel geltenden Zulassungsregime. Konservierungsstoffe für Lebensmittel unterliegen dem gesundheitsbezogenen Zusatzstoffverbot nach § 11 LMBG und bedürfen daher einer Zulassung durch Verordnung nach § 12 LMBG. Für andere Konservierungsstoffe bestehen Verbotsgeneralklauseln zum Schutz der Gesundheit und können Verbote und Beschränkungen durch Verordnung erlassen werden (z.B. für Konservierungsmittel für Textilien und ggf. auch Leder nach §§ 30 Nr. 1, 32 LMBG, für Konservierungsmittel für Kosmetika nach den §§ 24, 26 Abs. 1 Nr. 3 LMBG). Im übrigen greift § 17 ChemG ein, von dem im Bereich der Biozide zum Teil Gebrauch gemacht worden ist (vgl. § 9 Abs. 9 bis 11, §§ 10, 25 GefStoffV).

b) Erfahrungen mit dem bisherigen Recht und Reformvorschläge

Die gesetzliche Regelung für Biozide gilt im Hinblick auf ihre Zersplitterung und die unzureichende staatliche Kontrolle allgemein als reformbedürftig. In einer Reihe von Fällen (z.B. bei Holzschutzmitteln) ist es in der Vergangenheit zu erheblichen Gesundheitsschäden gekommen. Die Umweltauswirkungen der Biozide können durchaus erheblich sein, spielen aber nach bisherigem Recht in den bestehenden Zulassungsverfahren oder Verbotsermächtigungen keine Rolle. Da Biozide zur Abtötung von Schadorganismen in die Umwelt eingebracht werden und über die beabsichtigten Wirkungen hinaus schädliche Auswirkungen auf andere Organismen oder Lebensvorgänge haben können, wird in Parallele zum Pflanzenschutzrecht überwiegend die Einführung eines Zulassungsverfahrens gefordert (vgl. BR-Drs. 644/91 - Beschluß; BMU [Hrsg.], Erstes Biozid-Symposion - Dokumentation, 1991, S. 54 f., 64 ff.; abw. offenbar Rat von Sachverständigen für Umweltfragen, Luftverunreinigungen in Innenräumen, 1987, Tz. 211 ff., 237 ff.). Die EG-Kommission hat einen Vorschlag für eine gemeinschaftsrechtliche Regelung, die sich systematisch an die EG-Pflanzenschutzrichtlinie anlehnt, fertiggestellt (vgl. Wiedemann, Biozidsymposion, 1991, S. 39 ff.). Auf Grund des "Subsidiaritätsbeschlusses" auf der Gipfelkonferenz in Birmingham am 16. Oktober 1992 wird allerdings gegenwärtig überpfügt, ob überhaupt eine EG-Regelung vorgeschlagen werden soll.

3. Rahmenbedingungen

Der Bund besitzt eine konkurrierende Gesetzgebungszuständigkeit zur Regelung des Inverkehrbringens und der Anwendung von Bioziden (Art. 74 Nr. 19 und 20 GG). Gemeinschaftsrechtliche Bindungen ergeben sich hinsichtlich der Wirkstoffe von Bioziden insbesondere aus der Gefahrstoffrichtlinie (Richtlinie des Rates vom 27. Juni 1967 zur Angleichung der Rechts- und Verwaltungsvorschriften für die Einstufung, Verpackung und Kennzeichnung gefährlicher Stoffe [67/548/EWG] ABl. EG Nr. 196 vom 16. August 1967, S. 1, geändert insbesondere durch die Richtlinien 79/831/EWG und 92/32/EWG) sowie hinsichtlich der Zubereitungen aus der Richtlinie über die Einstufung, Verpackung und Kennzeichnung von Schädlingsbekämpfungsmitteln (Richtlinie des Rates vom 26. Juni 1978 zur Angleichung der Rechtsvorschriften der Mitgliedstaaten für die Einstufung, Verpackung und Kennzeichnung gefährlicher Zubereitungen [78/631/EWG] ABl. EG Nr. L 206 vom 29. Juli 1978, S. 13, zuletzt geändert durch Richtlinie 92/32/EWG). Für Bauprodukte, die u.a. mit Holzschutzmitteln behandelt sind, trifft die Bauproduktenrichtlinie (89/106/EWG) eine nicht abschließende Regelung, die stoffbezogene Anforderungen an solche Produkte zum Schutz von Gesundheit oder Umwelt weiterhin zuläßt (vgl. Krieger, UPR 1992, 401 ff., 402 f.; Molkenbur, DVBl. 1991, 745 ff., 749, 751). Denn die Regelung geht von einer Anerkennung unterschiedlicher nationaler Sicherheitsniveaus aus (vgl. Präambel, Art. 3 Abs. 1, 2, Anhang I Nr. 3); die Einhaltung europäischer Normen begründet nur eine Vermutung für die Brauchbarkeit des Produkts (Art. 4 Abs. 2 a). Dementsprechend sieht das Bauproduktengesetz vom 10. August 1992 in § 5 Abs. 4 vor, daß das Inverkehrbringen von Bauprodukten verboten oder beschränkt werden kann, wenn dies dem allgemeinen Gesundheitsschutz, dem Arbeitsschutz oder dem Umweltschutz dient; auch stoffbezogene Verwendungsbeschränkungen bleiben möglich (§ 1 S. 2 BauPG). Das Stoffrecht wird also durch das Bauproduktrecht nicht verdrängt. Daher dürften Zulassungsverfahren für Holzschutzmittel weiterhin zulässig sein.

II. VORSCHLAG

1. Leitvorstellungen

Der Einsatz von Bioziden ist mit erheblichen Risiken für die Gesundheit von Mensch und Tier, aber, soweit die Mittel im Freien angewandt oder behandelte Gegenstände im Freien verwendet werden, auch der Umwelt verbunden (vgl. Biozidsymposion, 1991, S. 87 ff.; Umweltbundesamt, ebda, S. 279 ff.). Da Biozide ähnlich wie Pflanzenschutzmittel zur Abtötung von Schadorganismen in die Umwelt eingebracht werden und ähnlich wie diese schädliche Auswirkungen auf andere als die Zielorganismen haben können - sei es direkt auf Nichtzielorganismen, sei es indirekt über Schadstoffabgaben der behandelten Gegenstände - liegt die Einführung eines Zulassungsverfahrens für Biozide nahe.

Der Vorschlag macht sich diese in der rechtspolitischen Diskussion überwiegend, wenngleich nicht einhellig, erhobene Forderung zu eigen. Die - jedenfalls für einen Teil der betreffenden Biozide vorgeschlagene - Alternative eines bloßen Anmeldeverfahrens (vgl. BMU [Hrsg.], Erstes Biozid-Symposion, 1991, S. 65 ff.) trägt den Risiken, die mit allen Bioziden verbunden sind, nicht ausreichend Rechnung und beläßt es bei dem Wertungswiderspruch, daß trotz annähernd gleicher Risiken für Gesundheit und Umwelt Pflanzenschutzmittel einem umfassenden Zulassungsverfahren unterliegen, Biozide dagegen überwiegend frei in den Verkehr gebracht werden können.

Andererseits ist im Hinblick auf die Besonderheiten der einzelnen Biozidkategorien, die unterschiedliche Schadstoffkonzentrationen aufweisen und bei denen schwerpunktmäßig unterschiedliche Schutzgüter betroffen sind, eine flexible Ausgestaltung des Zulassungsverfahrens umweltpolitisch vertretbar und, da es sich vielfach um recht kleine Märkte handelt, auch wirtschaftlich geboten. Dem trägt der Vorschlag dadurch Rechnung, daß zwar grundsätzlich eine umfassende Überprüfung der Gesundheitsauswirkungen von Bioziden stattfinden muß, die Bundesregierung jedoch ermächtigt wird, einzelne zusätzliche Prüfungen in Abhängigkeit vom Ergebnis der "Grundprüfung" und eigenen Erkenntnissen erst nach dem Inverkehrbringen zu verlangen (§ 519 Abs. 6 Nr. 2); insoweit kann also eine Art Stufenprüfung nach Maßgabe einer Risikoabschätzung (vgl. Rehbinder/Kayser/Klein, Chemikaliengesetz, 1985, Einf. Rn. 65 f.) stattfinden. Bei Konservierungs- und Desinfektionsmitteln, bei denen die gesundheitlichen Auswirkungen eindeutig im Vordergrund stehen, wird zusätzlich die Möglichkeit eingeräumt, daß bestimmte Prüfungen auf Umweltauswirkungen erst nach Erreichen einer bestimmten Mengenschwelle durchgeführt werden müssen (vgl. BMU [Hrsg.], Erstes Biozid-Symposion, 1991, S. 54, 73).

Das Zulassungsverfahren beschränkt sich nicht auf die Wirkstoffe, sondern bezieht sich auf die Zubereitung im ganzen, auch mit Verunreinigungen und Hilfsstoffen. Dies ist erforderlich, weil sich aus der gleichzeitigen Einwirkung mehrerer Stoffe synergische Wirkungen ergeben können. Eine Trennung von Wirkstoff- und Präparatzulassung ist nicht erforderlich. Allerdings würde die Struktur des vorgeschlagenen Zulassungsverfahrens grundlegend verändert werden müssen, wenn die Europäische Gemeinschaft eine Biozidrichtlinie mit der absehbaren Aufspaltung der Zulassung in eine Wirkstoff- und eine Präparatzulassung verabschieden würde.

Der Vorschlag verzichtet darauf, alle Biozide dem Zulassungsverfahren nach dem neunten Abschnitt zu unterwerfen. Ausgenommen werden Schädlingsbekämpfungsmittel, die dem Arzneimittelrecht unterliegen, sowie Konservierungsmittel für Lebensmittel, kosmetische Mittel, Arzneimittel und Futtermittel (§ 517). Diese Regelung entspricht der im allgemeinen Stoffrecht (§ 441 Abs. 1) sowie im Strahlenschutzrecht (§§ 409 ff.) getroffenen Entscheidung, zur Vermeidung einer Zerreißung von Sachzusammenhängen die Kontrolle gefährlicher Stoffe in Lebensmitteln, kosmetischen Mitteln, Futtermitteln und Arzneimitteln den speziellen Stoffgesetzen zu überlassen. Gesundheitspolitisch ist dies vertretbar, da regelmäßig gleichwertige Zulassungsverfahren bestehen. Soweit die speziellen Stoffgesetze Defizite im Bereich der Kontrolle von Umweltauswirkungen haben, sollte ggf. eine Anpassung dieser Gesetze erfolgen.

Ähnlich wie die Regelung des Pflanzenschutzrechts geht der Vorschlag von einer Indikationszulassung aus (vgl. BMU [Hrsg.], Erstes Biozid-Symposion, 1991, S. 67 ff.). Biozide dürfen nur für das zugelassene Anwendungsgebiet in den Verkehr gebracht und in diesem Gebiet angewandt werden. Diese Beschränkung rechtfertigt sich durch die Überlegung, daß die gesundheitlichen und Umweltauswirkungen jeweils nur für das betreffende Anwendungsgebiet geprüft worden sind und eine Anwendung außerhalb dieses Gebiets daher mit erheblichen Risiken verbunden sein kann. Eine im Hinblick auf die wirtschaftlichen Gegebenheiten - geringer Anreiz für die Entwicklung spezieller Indikationen auf kleinen Märkten - erwünschte Erweiterungszulassung kann durch Rechtsverordnung eingeführt werden.

Neben den Vorschriften über das Zulassungsverfahren enthält der Vorschlag Regelungen über das Inverkehrbringen von Bioziden (Verpackung und Kennzeichnung, Abgabe an Dritte), über die Anwendung von Bioziden (Anwendungsbeschränkungen, Sachkundeerfordernis) und über das Inverkehrbringen von Geräten zum Ausbringen von Bioziden (§§ 520 und 521).

Im Hinblick auf den Modellcharakter der Regelung über Pflanzenschutzmittel begnügt sich der Vorschlag vielfach mit Verordnungsermächtigungen sowie unmittelbar anwendbaren Bestimmungen, die auf Vorschriften des achten Abschnitts verweisen.

2. Zur Regelung im einzelnen

Zu § 515 Zweck

§ 515 bestimmt entsprechend der Vorgehensweise im allgemeinen Stoffrecht und im Pflanzenschutzrecht den Zweck dieses Abschnitts. Die Regelung über Biozide dient danach nicht nur dem Schutz gegen Gefahren, sondern auch der Vorsorge. Im Gegensatz zu § 480 S. 2 wird der Förderzweck nicht genannt, obwohl er auch bei Bioziden eine Rolle spielt. Dies hängt damit zusammen, daß für staatliche Maßnahmen der Bekämpfung von Schädlingen entsprechende Rechtsgrundlagen im Bundesseuchengesetz bestehen.

Zu § 516 Begriffsbestimmungen

Die Regelung über Begriffsbestimmungen ist so ausgestaltet, daß in Absatz 1 zunächst eine allgemeine Definition gegeben und diese in Absatz 2 durch einen nicht abschließenden Katalog der wichtigsten Biozide erläutert wird. Biozide dienen dem Schutz und der Vorbeugung gegen Schadorganismen im nichtagrarischen Bereich. Wie der Beispielskatalog zeigt, besteht im einzelnen eine große Spannweite der Anwendungsmöglichkeiten, insbesondere bei den Schädlingsbekämpfungsmitteln, die z.B. gegen Hygieneschädlinge und für Materialschutz eingesetzt werden können, und bei den Konservierungsmitteln gegen biologische Materialzerstörung. Zu beachten ist, daß bestimmte durch die Definition erfaßte Biozide durch § 517 Abs. 3 vom Geltungsbereich dieses Abschnitts ausgeschlossen werden.

Zu § 517 Geltungsbereich

§ 517 regelt den Geltungsbereich des neunten Abschnitts im Hinblick auf das allgemeine Stoffrecht sowie stoffrechtliche Spezialregelungen im Lebensmittel-, Futtermittel- und Arzneimittelrecht, die nicht in das UGB aufgenommen worden sind.

Nach Absatz 1 sind die allgemeinen Vorschriften über das Anmelde- und Mitteilungsverfahren sowie den Vollzug grundsätzlich ausgeschlossen, da es sich bei dem vorgeschlagenen Zulassungsverfahren um eine eingriffsintensivere Regelung handelt. § 463 - Mitteilungen an die Vergiftungszentralen - ist aber anwendbar. Die Vorschriften über Kennzeichnung und Verpackung sind grundsätzlich anwendbar, können aber durch Sonderkennzeichnung nach § 520 ergänzt werden. Wie im Pflanzenschutzrecht sind die allgemeinen Ermächtigungen für Verbote und Beschränkungen ergänzend heranzuziehen, um einen lückenlosen Schutz gegen Gefahren und Risiken von Bioziden unter allen Schutzaspekten sicherzustellen.

Absatz 2 bestimmt im Einklang mit der 7. Änderungsrichtlinie (Art. 1 Abs. 2 f), daß das allgemeine Stoffrecht für die Wirkstoffe gilt. Dies setzt allerdings voraus, daß die Wirkstoffe als solche in den Verkehr gebracht werden.

Absatz 3 regelt den Vorrang spezieller Stoffgesetze mit gleichwertigen Zulassungs- oder zulassungsähnlichen Verfahren im Bereich des Arzneimittel-, Lebensmittel- und Futtermittelrechts. Diese Regelung erscheint sinnvoll, um sachliche Zusammenhänge nicht zu zerreißen, und gesundheits- und umweltpolitisch vertretbar, weil die speziellen Stoffgesetze grundsätzlich gleichwertige Kontrollen vorsehen. Gewisse, in der Praxis freilich nicht allzu gravierende Lücken mag es im Bereich der Umweltauswirkungen geben; hier empfiehlt sich jedoch eher eine Anreicherung der speziellen Stoffgesetze.

Der Ausschluß vom Geltungsbereich gilt einmal für Schädlingsbekämpfungsmittel gegen Parasiten, die Arzneimittel im Sinne von § 2 Abs. 1 Nr. 4, Abs. 2 Nr. 4 AMG sind, zum anderen für Konservierungsstoffe für Lebensmittel, kosmetische Mittel und Arzneimittel, die dem für die jeweiligen Produkte geltenden Regime unterliegen (vgl. I 2). Zu beachten ist, daß Konservierungsmittel für Bedarfsgegenstände dagegen dem Zulassungsverfahren für Biozide unterliegen sollen, weil sie zu besonderen Gefahren für die menschliche Gesundheit und die Umwelt führen können und das Lebensmittelrecht keine ausreichenden Regelungen bereithält.

Zu § 518 Grundsätze

Die Grundsätze des Umgangs mit Bioziden sind entsprechend denen des Pflanzenschutzrechts (§ 483) ausgestaltet. Es gilt ein Minimierungsgebot (Absatz 1) und ein Gebot, absehbare Risiken für Gesundheit oder Umwelt durch Verzicht auf die Anwendung des betreffenden Biozids zu vermeiden (Absatz 2). Darüber hinaus spricht Absatz 3 den Grundsatz aus, daß vorrangig nichtbiozide Mittel und Methoden des Schutzes und der Vorbeugung gegen Schadorganismen verwendet werden sollen. Dieses gegenüber dem Pflanzenschutzrecht verschärfte Gebot der Vermeidung unnötiger Biozidanwendung ist dadurch gerechtfertigt, daß die wirtschaftlichen Verluste oder sonstigen Beeinträchtigungen durch die Schadorganismen, die mit Bioziden bekämpft werden, oft nur gering sind.

Zu § 519 Zulassung von Bioziden

§ 519 enthält eine knappe, durch entsprechende Anwendung von Parallelregelungen des Pflanzenschutzrechts ergänzte und im übrigen durch Rechtsverordnung nach Absatz 6 auszugestaltende Regelung des Zulassungsverfahrens für Biozide. Die Einführung eines solchen Verfahrens ist unter dem Gesichtspunkt des Gesundheits- und des Umweltschutzes geboten (siehe zu II 1).

Absatz 1 legt die grundsätzliche Zulassungspflicht für Biozide fest, Absatz 2 regelt die Antragstellung. Die vorgeschriebenen Angaben, Unterlagen und Proben sind durch Rechtsverordnung nach Absatz 6 Nr. 2 und 3 zu regeln.

Absatz 3 bestimmt in Anlehnung an § 487 die Zulassungsvoraussetzungen. Im wesentlichen kommt es sowohl auf die Wirksamkeit wie die Ungefährlichkeit des Mittels an. Dabei wird auf die bestimmungsgemäße und sachgerechte Anwendung abgestellt. Ein bestimmungswidriger Gebrauch ist im Zulassungsverfahren nicht als solcher bewertbar; ihm kann und muß durch Anwendungsregelungen entgegengewirkt werden. In der Diskussion zur Biozidproblematik ist darüber hinaus zum Teil gefordert worden, auch Aspekte der Produktion, der Lagerung, Beförderung und der Abfallentsorgung in das Zulassungsverfahren einzubeziehen (vgl. BMU [Hrsg.], Erstes Biozid-Symposion 1991, S. 75; Emde/Nissanga, ebda. S. 365, 366). Die Produktion von Bioziden unterliegt den Regelungen des Immissionsschutz- und allgemeinen Stoffrechts; eine Sonderregelung erscheint nicht sinnvoll. Gefahren bei der Beförderung sind durch die Regelungen des zwölften Abschnitts über die Beförderung gefährlicher Stoffe erfaßt. Hinsichtlich der Lagerung und Abfallentsorgung muß die Verordnung nach Absatz 6 Nr. 2 Angaben vorsehen, und es können Auflagen nach Absatz 5 i.V.m. § 487 Abs. 6 erfolgen; als Zulassungsvoraussetzung sind derartige Gefahren und Risiken nicht geeignet.

Im Unterschied zum Pflanzenschutzrecht wird in Absatz 3 Satz 1 Nr. 2 ausdrücklich vorgesehen, daß besonders gefährliche Stoffe nicht als Wirkstoffe für Biozide verwendet werden dürfen. Diese Regelung verallgemeinert Vorschriften, die sich zum Teil bereits in der GefStoffV finden (vgl. § 9 Abs. 3, 4, 11 bis 13), geht aber über das bisherige Recht hinaus (vgl. § 10 GefStoffV).

Nummer 3 b verlangt, daß die Anwendung des Biozids keine unvertretbaren Auswirkungen auf die Gegenstände haben darf, die mit dem Biozid behandelt werden. Hierdurch sollen schädliche Auswirkungen erfaßt werden, die sich für die Gebrauchsfähigkeit der behandelten Materialien selbst ergeben. Im übrigen wird in Nummer 3 die aus dem Pflanzenschutzrecht geläufige Unterscheidung in "absolute" (Gesundheit, Grundwasser) und "relative" Schutzgüter (Umwelt) zugrunde gelegt. Eine Relativierung des Schutzes der Umwelt anhand des Merkmals der Vertretbarkeit ist unverzichtbar, weil sonst ein Einsatz von Bioziden im Freien praktisch ausgeschlossen wäre. Zu bewerten sind nicht nur unmittelbare, sondern auch mittelbare Auswirkungen auf die Umwelt, die sich zum Beispiel daraus ergeben können, daß die behandelten Materialien Biozide an die Umwelt abgeben oder nach Gebrauch als Abfälle entsorgt werden müssen.

Eine Neuerung gegenüber dem Pflanzenschutzrecht stellt die Regelung in Absatz 3 Satz 2 dar, die eine Risiko-Nutzen-Abwägung ausdrücklich in die Zulassungsentscheidung einbaut. Biozide dürfen nicht zugelassen werden, wenn ihr Einsatz im Hinblick auf die geringe Bedeutung des angestrebten Rechtsgüterschutzes nicht vertretbar ist oder wenn - in Anlehnung an § 465 Abs. 3 - Mittel oder Verfahren mit deutlich geringerem Risiko verfügbar sind; dies können auch Mittel und Methoden nichtbiozider Art sein (vgl. § 518 Abs. 3). Eine derartige Regelung erscheint angemessen, weil der Einsatz von Bioziden vielfach nicht durch besonders gewichtige Interessen gerechtfertigt ist, sondern mehr der Annehmlichkeit dient, und vielfach umweltverträglichere Alternativen zur Verfügung stehen. Daher besitzen die mit Bioziden verbundenen Risiken ein besonderes Gewicht bei der Frage, ob eine Zulassung erfolgen soll. In der Sache ist diese Risiko-Nutzen-Abwägung im bisherigen Pflanzenschutzrecht bereits angelegt (BVerwGE 81, 12), konnte aber in § 487 Abs. 1 Nr. 3 nicht ausdrücklich verankert werden, weil dem der Wortlaut der Richtlinie 91/414/EWG entgegensteht.

Absatz 4 bestimmt, daß die Zulassung auf die Indikation beschränkt ist, für die die Zulassungsvoraussetzungen nachgewiesen sind. Das ist wegen der Begrenzung der Prüfung der Wirksamkeit und der Auswirkungen auf Gesundheit und Umwelt auf eine bestimmte Indikation angemessen (vgl. II 1). Eine erleichterte Ausdehnung des Anwendungsgebiets kann allerdings auf Grund einer Rechtsverordnung nach Absatz 6 Nr. 4 erfolgen.

Absatz 5 erklärt die Vorschriften des Pflanzenschutzrechts über bindende Anwendungsbestimmungen (insbesondere zur Festlegung der zugelassenen Indikation), über Auflagen, die Anerkennung von Versuchen und Analysen, die in einem Mitgliedstaat der Europäischen Gemeinschaft gemacht worden sind, die Dauer der Zulassung sowie Mitteilungspflichten und Prüfungsnachforderungen für entsprechend anwendbar. Auf Grund der vergleichbaren Struktur der beiden Zulassungsverfahren ist eine derartige Verweisung sachgerecht.

Nach Absatz 6 ist die Bundesregierung zur Ausgestaltung des Zulassungsverfahrens durch Rechtsverordnung ermächtigt. Dabei wird sie sich weitgehend an den gesetzlichen Regelungen des Pflanzenschutzrechts orientieren können; in geeigneten Fällen ist dies als Programm ausdrücklich vorgegeben (Absatz 6 Nr. 4 und 5). Daher ist die Weite der Verordnungsermächtigung verfassungsrechtlich unbedenklich.

Von besonderer Bedeutung sind die Regelungen nach Nummer 2 und 3, die eine auf die Besonderheiten der einzelnen Biozidkategorien abstellende, ggf. auch stufenweise erfolgende Prüfung ermöglichen sollen. Eine umfassende Prüfung soll grundsätzlich hinsichtlich der gesundheitlichen Auswirkungen von Bioziden erfolgen. Insoweit ist nur die Möglichkeit eröffnet, die Durchführung bestimmter intensiver Prüfungen von einer vorherigen Risikobewertung abhängig zu machen, die die Ergebnisse von

Screening-Tests sowie vorhandene Kenntnisse über den Stoff berücksichtigt. Bei Konservierungsmitteln und Desinfektionsmitteln, bei denen die Gesundheitsauswirkungen im Vordergrund stehen, kann hinsichtlich bestimmter Prüfungen auf Umweltauswirkungen auch eine Stufenprüfung nach Maßgabe von Mengenschwellen eingeführt werden. Mit diesen Regelungen wird ein Kompromiß zwischen den Erfordernissen des Gesundheits- und Umweltschutzes und dem im Hinblick auf die kleinen Märkte für Biozide wirtschaftlich Vertretbaren angestrebt (vgl. BMU [Hrsg.], Erstes Biozid-Symposion, 1991, S. 54, 73).

Absatz 6 Nr. 4 ermächtigt zu einer Regelung, die in Anlehnung an § 489 die Erweiterung der Zulassung auf eine neue Indikation ermöglicht; Nummer 5 ermöglicht eine den §§ 474 und 486 entsprechende Regelung der Zweitanmelderproblematik.

Nach Absatz 6 Nr. 6 können Übergangsregelungen getroffen werden, deren Programm in der Ermächtigung im einzelnen niedergelegt ist (Anmeldepflicht, volle Zulassungspflicht nach 5 Jahren, Möglichkeit des Verlangens bestimmter Prüfnachweise bei begründetem Gefahrenverdacht).

Zu § 520 Inverkehrbringen von Bioziden

§ 520 enthält Vorschriften über das Inverkehrbringen von Bioziden, insbesondere über die Verpackung und Kennzeichnung. Grundsätzlich soll das Kennzeichnungsrecht des dritten Abschnitts auch für Biozide gelten; es wird auf Vertriebsunternehmer ausgedehnt (Absatz 1). Darüber hinaus ist die Bundesregierung ermächtigt, eine Zusatzkennzeichnung vorzuschreiben, die den Besonderheiten von Bioziden Rechnung trägt (Absatz 2). Die Regelung entspricht im wesentlichen der für Pflanzenschutzmittel vorgesehenen Ermächtigung des § 493 Abs. 3 und 4.

Absatz 3 erklärt die pflanzenschutzrechtlichen Vorschriften über verbotene Angaben (§ 494) und über Beschränkungen der Abgabe von Präparaten im Einzelhandel (§ 495) für entsprechend anwendbar.

Zu § 521 Anwendung von Bioziden und Anforderungen an Geräte zum Ausbringen von Bioziden

Die grundlegenden Anforderungen an die Anwendung von Bioziden finden sich im allgemeinen Stoffrecht (§ 443), in der biozidrechtlichen Grundsatznorm des § 518 sowie in den der Zulassung beigefügten Anwendungsbestimmungen nach § 519 Abs. 5 i.V.m. § 487 Abs. 6. Daher genügt es, ergänzende Verordnungsermächtigungen für Anwendungsbeschränkungen und Anforderungen an die Sachkunde und Zuverlässigkeit von Anwendern vorzusehen.

Die Ermächtigung nach Absatz 1 und 2 für Anwendungsverbote und -beschränkungen ist § 497 Abs. 1 und 2 nachgebildet. Sie hat vor allem Bedeutung für alte Biozide, die noch nicht in das Zulassungsverfahren einbezogen sind. Im übrigen folgt aus dem System der Indikationszulassung, daß bei neuen Bioziden die Zulassungsentscheidung einschließlich der ihr beigefügten Anwendungsbestimmungen Vorrang hat; dies gilt auch für Widerruf und Rücknahme (§ 519 Abs. 5 i.V.m. § 487).

Absatz 2 ermächtigt zu Regelungen über die Sachkunde und Zuverlässigkeit von Anwendern. In der Praxis bestehen in diesem Bereich bisher erhebliche Defizite (vgl. BMU [Hrsg.], Erstes Biozid-Symposion, 1991, S. 82 ff.; Umweltbundesamt, ebda, S. 270 ff.). Daß praktisch jede Person Biozide gewerblich anwenden kann, steht in einem Mißverhältnis zu den Gefahren und Risiken, die mit der Anwendung von Bioziden verbunden sind. Bei der Regelung wird sich die Bundesregierung an den für Pflanzenschutzmittel geltenden Vorschriften (§ 499) orientieren können.

Schließlich wird in Absatz 3 durch Verweisung auf die §§ 500 bis 502 eine Regelung über Geräte zum Ausbringen von Bioziden getroffen.

Zu § 522 Behörden und Verfahren

§ 522 trifft Regelungen über die Zuständigkeit der Behörden, die Bildung einer Sachverständigenkommission sowie über die Überwachung. Zulassungsstelle ist das Bundesgesundheitsamt. Dies ist dadurch gerechtfertigt, daß bei den meisten Bioziden der Gesundheitsschutz im Vordergrund steht. Zur Sicherstellung einer angemessenen Berücksichtigung der Umweltbelange bedarf das Bundesgesundheitsamt im Zulassungsverfahren hinsichtlich der Bewertung der Umweltauswirkungen von Bioziden des Einvernehmens des Umweltbundesamts.

Die Regelung über die Einrichtung einer Sachverständigenkommission entspricht § 510, so daß im wesentlichen auf diese Vorschrift verwiesen werden kann.

Hinsichtlich der Überwachung gelten in erster Linie die Regelungen des § 519 Abs. 5 i.V.m. § 491 sowie des Allgemeinen Teils (§§ 57 ff.). Ergänzend wird hinsichtlich des Geheimnisschutzes auf § 509 und der Mitwirkung von Zollstellen auf § 512 verwiesen.

Zum Zehnten Abschnitt: Wasch- und Reinigungsmittel

I. AUSGANGSLAGE

1. Gegenstand de Regelungsbereichs

Im zehnten Abschnitt werden besondere Regelungen für Zubereitungen und Produkte getroffen, die als Wasch- und Reinigungsmittel verwendet werden. Diese Regelungen dienen dem Zweck, den Wasserhaushalt gegen Gefahren und Risiken durch die Verwendung von Wasch- und Reinigungsmitteln zu schützen. Daneben bleiben die allgemeinen Vorschriften des ersten bis siebenten Abschnitts anwendbar. Dies hat besondere Bedeutung für die Entwicklung neuer Inhaltsstoffe von Wasch- und Reinigungsmitteln. Hier sind in vollem Umfang die Regelungen über das Anmeldeverfahren (§§ 444 ff.) anwendbar.

2. Bisherige Rechtslage

a) Bisheriges Recht

Das Gesetz über die Umweltverträglichkeit von Wasch- und Reinigungsmitteln (Wasch- und Reinigungsmittelgesetz - WRMG) in der novellierten Fassung von 1987 enthält Grundpflichten des Herstellers und Verwenders im Hinblick auf den Gewässerschutz (§ 1). Es sieht ferner in seinen §§ 3 und 4 vor, daß Wasch- und Reinigungsmittel nur in den Verkehr gebracht werden dürfen, wenn sie den Anforderungen einer Rechtsverordnung hinsichtlich der in ihm enthaltenen grenzflächenaktiven und anderen organischen Stoffe sowie Phosphate entsprechen. Hiervon hat die Bundesregierung in der Tensidverordnung und der Phosphatverordnung Gebrauch gemacht. Für andere Inhaltsstoffe besteht eine weitergehende Verordnungsermächtigung für Verbote oder Beschränkungen (§ 5). Regelungen über Dosierempfehlungen und die Angabe von Wasserhärtebereichen (§§ 7, 8) sollen einen gewässerschonenden Umgang mit Wasch- und Reinigungsmitteln durch den Verbraucher sicherstellen. Schließlich ist der Hersteller verpflichtet, vor dem Inverkehrbringen dem Umweltbundesamt bestimmte Angaben zur Umweltverträglichkeit des Wasch- und Reinigungsmittels, z.B. zu den Einsatzgebieten, den Produktions- und Vertriebsmengen, der biologischen Abbaubarkeit und Giftigkeit gegenüber Wasserorganismen, zu machen (§ 9).

b) Erfahrungen mit dem bisherigen Recht und Reformvorschläge

Das Gesetz hat sich im wesentlichen bewährt. Zu Zweifeln Anlaß gibt allerdings die im Gesetz zum Ausdruck gelangte Tendenz, Phosphate möglichst durch andere Inhaltsstoffe zu ersetzen, ohne entsprechend strenge Anforderungen an die Überprüfung der Umweltverträglichkeit dieser Stoffe zu stellen; die Formulierung in § 4 Abs. 2 WRMG, wonach die Begrenzung des Gehalts an Phosphaten lediglich an das Vorhandensein "geeigneter Ersatzstoffe" geknüpft ist, ist zwar im Hinblick auf den generellen Schutzzweck des Gesetzes (§ 1 Abs. 1 und 2 WRMG) nicht zwingend in diesem Sinne zu verstehen, begünstigt aber die einseitige Ausrichtung auf die Eliminierung von Phosphaten ohne Rücksicht darauf, ob Ersatzstoffe umweltverträglicher und in Kläranlagen leichter zu behandeln sind.

c) Rahmenbedingungen

Der Bund hat nach Art. 74 Nr. 11 GG die Gesetzgebungszuständigkeit für den Verkehr mit Wasch- und Reinigungsmitteln. Inhaltlich ist die - mehrfach geänderte - Detergentienrichtlinie zu beachten (Richtlinie des Rates vom 22. November 1973 zur Angleichung der Rechtsvorschriften der Mitgliedstaaten über Detergentien [73/404/EWG] ABl. EG Nr. L 347 vom 17. Dezember 1973, S. 51), die aber nur grenzflächenaktive Stoffe betrifft. Da die Gefahrstoffrichtlinie keine Ausnahme für Wasch- und Reinigungsmittel enthält, ist sie für das Inverkehrbringen neuer Stoffe, die zur Herstellung von Wasch- und Reinigungsmitteln verwendet werden, in vollem Umfang maßgeblich.

II. VORSCHLAG

1. Leitvorstellungen

Der Entwurf übernimmt im wesentlichen das bisherige Recht, verdeutlicht jedoch den Schutzzweck der Regelungen, paßt sie der Systematik des UGB-AT, insbesondere den allgemeinen Vorschriften des Sechsten Kapitels, an und unternimmt den Versuch, rein technische Regelungen des bisherigen Rechts durch entsprechende Fassung der Verordnungsermächtigungen in Rechtsverordnungen zu überführen. Auf besondere Vorschriften über die Anhörung der beteiligten Kreise (§ 5 WRMG) und die Überwachung (§ 10 WRMG) konnte im Hinblick auf entsprechende Regelungen im Allgemeinen Teil sowie in § 479 verzichtet werden.

2. Zur Regelung im einzelnen

Zu § 523 Zweck

Entsprechend dem allgemeinen Vorgehen im Besonderen Teil wird zwischen dem Schutzzweck des Abschnitts (§ 523) und den Grundsätzen des Gewässerschutzes bei Herstellung und Verwendung von Wasch- und Reinigungsmitteln (§ 526) unterschieden. Schutzzweck der Regelung ist die Vorsorge gegen Beeinträchtigungen des Wasserhaushalts, einschließlich des Schutzes des Betriebs von Abwasseranlagen. Die Regelung entspricht im wesentlichen § 1 Abs. 1 WRMG.

Zu § 524 Begriffsbestimmungen

§ 524 definiert in enger Anlehnung an § 2 Abs. 1 WRMG, aber in einer übersichtlicheren Form und unter Vermeidung von Fiktionen und Gleichstellungen, den Begriff des Wasch- und Reinigungsmittels. Hervorgehoben wird, daß es sich um Zubereitungen oder Produkte handeln kann.

Auf die in § 2 Abs. 2 WRMG enthaltene Definition des Inverkehrbringens konnte im Hinblick auf § 440 Nr. 7 verzichtet werden.

Zu § 525 Geltungsbereich

Die Vorschrift enthält eine knappe Regelung über den Geltungsbereich dieses Abschnitts. Zur Vermeidung von Mißverständnissen wird klargestellt, daß die allgemeinen Vorschriften des Sechsten Kapitels grundsätzlich neben den Sondervorschriften des zehnten Abschnitts gelten. Dies ist deshalb geboten, weil der Zweck der Regelungen über Wasch- und Reinigungsmittel sich auf den Schutz des Wasserhaushalts beschränkt und insbesondere den Gesundheitsschutz nicht umfaßt, andererseits eine generelle Aufspaltung des allgemeinen Rechts der gefährlichen Stoffe nach Schutzzwecken nicht sachgerecht wäre. Die Anwendbarkeit des allgemeinen Gefahrstoffrechts hat besondere Bedeutung für neue Inhaltsstoffe von Wasch- und Reinigungsmitteln, die das Anmeldeverfahren durchlaufen müssen, ehe sie zur Herstellung von Wasch- und Reinigungsmitteln in Verkehr gebracht werden können. Gefährliche Inhaltsstoffe von Wasch- und Reinigungsmitteln sind ggf. zusätzlich zu den Regelungen nach § 530 gemäß den §§ 453 bis 456 zu kennzeichnen. Hinsichtlich der Verordnungsermächtigungen für Verbote und Beschränkungen erscheint es dagegen sachgerecht, den Vorrang der spezielleren Regelungen des Waschmittelrechts ausdrücklich vorzusehen (vgl. Kloepfer, in: Gesellschaft für Rechtspolitik [Hrsg.], Chemikalienrecht, 1986, S. 1 ff., 52 f.). Allerdings kann das nur insoweit gelten, als gleichwertige Regelungen nach Waschmittelrecht getroffen werden können. § 465 behält daher eine lückenfüllende Funktion.

Absatz 2 sieht in Übernahme von § 2 Abs. 3 WRMG eine Ausnahme für Versuchsstoffe vor.

Zu § 526 Grundsätze

§ 526 enthält Grundsätze für die Herstellung, das Inverkehrbringen und die Verwendung von Wasch- und Reinigungsmitteln sowie für die Herstellung von Reinigungsgeräten, die eine größtmögliche Schonung des Wasserhaushalts sicherstellen sollen. Absatz 1 entspricht dem bisherigen § 1 Abs. 1 WRMG. Diese Regelung wird aber dahin konkretisiert, daß Wasch- und Reinigungsmittel möglichst weitgehend biologisch abbaubar sein und keine sonstigen Inhaltsstoffe enthalten sollen, die die Beschaffenheit der Gewässer beeinträchtigen können. Absatz 2 und 3 entsprechen dem bisherigen Recht (§ 1 Abs. 2 und 3 WRMG).

Zu §§ 527 bis 529

Die §§ 527 bis 529 sind dem bisherigen Recht (§§ 3 bis 5 WRMG) nachgebildet. In der auf Phosphate bezüglichen Verordnungsermächtigung des § 528 Abs. 2 wird aber ausdrücklich hervorgehoben, daß Ersatzmöglichkeiten nicht nur geeignet, sondern auch mit einem geringeren Risiko für die Umwelt verbunden sein müssen. Damit wird vor Erlaß einer Regelung über den Höchstgehalt von Phosphaten eine eingehende Überprüfung der produktbezogenen Umweltverträglichkeit von Ersatzstoffen vorgeschrieben.

Zu § 530 Verpackung, Dosierempfehlungen und Angabe von Wasserhärtebereichen

Die Neuregelung enthält in gestraffter und zum Teil veränderter Form die Vorschriften des bisherigen Rechts (§§ 7 und 8 WRMG) über Verpackung und Dosierungsvorrichtungen sowie zur Angabe von Wasserhärtebereichen. Auf die Aufnahme technischer Details in die gesetzliche Regelung wird zugunsten einer Verordnungsermächtigung verzichtet. Absatz 1 enthält die Grundpflicht zu bestimmten Mindestangaben für den Verbraucher, die diesen in die Lage versetzen sollen, mit Wasch- und Reinigungsmitteln wasserschonend umzugehen. Die Einzelheiten sind durch Rechtsverordnung zu regeln. Dies gilt insbesondere für Umfang und Inhalt der Angaben über Wirkstoffgruppen und Inhaltsstoffe, über abgestufte Dosierungsempfehlungen entsprechend dem Härtebereich des Wassers und über die Trockenwäscheeigenschaften des Wasch- und Reinigungsmittels. Zu dem in § 523 genannten Zweck können entsprechend dem bisherigen Recht (§ 7 Abs. 3 Nr. 3 WRMG) auch weitergehende Vorschriften erlassen werden. Umgekehrt sind

Ausnahmeregelungen möglich; dadurch kann die komplizierte, im Hinblick auf das Europäische Gemeinschaftsrecht getroffene gesetzliche Ausnahmeregelung nach § 7 Abs. 2 WRMG in eine Rechtsverordnung überführt werden.

Weitergehende Verpackungs- und Kennzeichnungsvorschriften können sich für Wasch- und Reinigungsmittel mit gefährlichen Inhaltsstoffen i.S. von § 440 Abs. 2 aus den §§ 15 bis 18 ChemG ergeben. Diese Vorschriften werden durch den zehnten Abschnitt nicht verdrängt (§ 525 Abs. 1).

Die Regelung zur Angabe von Wasserhärtebereichen wird ebenfalls in eine Verordnungsermächtigung überführt.

Zu § 531 Mitteilungen zur Umweltverträglichkeit

§ 531 entspricht im wesentlichen dem bisherigen Recht (§ 9 WRMG). Allerdings wird die technische gesetzliche Regelung über die Anmeldenummer (§ 9 Abs. 1 S. 2 WRMG) in eine Verordnungsermächtigung überführt. Auch die in § 9 Abs. 5 WRMG vorgesehenen gesetzlichen Ausnahmen sollen nunmehr auf Grund Absatz 2 Satz 3 durch Rechtverordnung geregelt werden.

Zum Elften Abschnitt: Düngemittel

I. AUSGANGSLAGE

1. Gegenstand des Regelungsbereichs

Der elfte Abschnitt enthält in Übernahme des bisherigen Rechts eine Sonderregelung für Düngemittel und gleichgestellte Stoffe, insbesondere in Form eines Typenzulassungsverfahrens und von Ermächtigungen für Regelungen über die Kennzeichnung und Verpackung von Düngemitteln. Diese Vorschriften dienen der Erhaltung und Förderung der Bodenfruchtbarkeit sowie der Abwehr von Gefahren und der Vorsorge gegen Risiken für die Gesundheit von Menschen und Haustieren und für den Naturhaushalt, die durch Inverkehrbringen und Anwendung von Düngemitteln entstehen können. Abgesehen von dem bezeichneten Schutzzweck hat der elfte Abschnitt auch einen agrarökonomischen Förderzweck. Die betreffenden Regelungen dienen auch der Förderung der landwirtschaftlichen Erzeugung und der Versorgung der Bevölkerung mit qualitativ hochwertigen Produkten durch Standardisierung von Düngemitteln.

2. Bisherige Rechtslage

a) Bisheriges Recht

Das Düngemittelgesetz (DMG) von 1977, hauptsächlich geändert im Jahre 1989, regelt die Anwendung und das Inverkehrbringen von Düngemitteln und gleichgestellten Stoffen wie Bodenhilfsstoffen, Kultursubstraten und Pflanzenhilfsmitteln (vgl. Schmitz, RdL 1978, 197 ff., 254 ff.). Hinsichtlich der Anwendung von Düngemitteln enthält das Gesetz seit der Novelle von 1989 eine Pflichtengeneralklausel, die Anwendung nach guter fachlicher Praxis vorschreibt, und eine Rechtsverordnungsermächtigung zur Konkretisierung dieser allgemeinen Anforderungen (§ 1a). Das Inverkehrbringen von Düngemitteln (außer Wirtschaftsdünger) wird durch ein besonders ausgestaltetes Zulassungsverfahren in Form einer Typenzulassung durch Verordnung (§ 2) und von Vorschriften über Verpackung und Kennzeichnung (§§ 3, 4) geregelt. Schließlich bestehen Regelungsermächtigungen für Verkehrsbeschränkungen für Düngemittel, die keinem Zulassungserfordernis unterliegen, sowie für gleichgestellte Stoffe (§ 5). In allen Regelungen über das Inverkehrbringen kann neben dem Schutz der Bodenfruchtbarkeit und dem Gesundheitsschutz auch der Schutz des Naturhaushalts die Grundlage für staatliches Eingreifen sein. Die Bundesregierung hat von diesen Verordnungsermächtigungen in der mehrfach novellierten DüngeMV Gebrauch gemacht, in der u.a. Höchstgehalte für bestimmte Schwermetalle und Cyanid sowie Verwendungsbeschränkungen für Rohphosphate, die bestimmte Schwermetalle enthalten, vorgeschrieben sind.

b) Erfahrungen mit dem bisherigen Recht und Reformvorschläge

Die Regelungen über das Inverkehrbringen von Düngemitteln haben sich im wesentlichen bewährt. Durch die Novelle von 1989 sind Lücken des Gesetzes im Bereich der Anwendung beseitigt worden. Als einen gewissen Mangel kann man es hinsichtlich des Inverkehrbringens allenfalls ansehen, daß in der Verordnungsermächtigung des § 2 Abs. 2 DüngeMV die Voraussetzungen für die Versagung der Zulassung nicht ausreichend zum Ausdruck kommen und das Problem, daß die in manchen Düngemitteln recht hohen Gehalte an Schwermetallen Anlaß zu Beschränkungen geben können, in der "blassen" Regelung des § 2 Abs. 2 Nr. 7 versteckt wird. Dies ist jedoch, wie die Praxis zeigt, von eher theoretischer Bedeutung. Das eigentliche Problem liegt in der Anwendung von Düngemitteln. Hier beschränkt sich das Düngemittelrecht auf eine Anwendungsgeneralklausel mit Konkretisierungsermächtigung sowie eine weitere, allgemein gehaltene Verordnungsermächtigung (§ 2 Abs. 2 Nr. 8: andere für die Wirkung oder Anwendung wichtige Erfordernisse) und setzt im übrigen darauf, daß im Hinblick auf die örtlichen Verhältnisse notwendige Beschränkungen nach Wasserrecht (§§ 3 Abs. 2 Nr. 2, 19 Abs. 2 Nr. 1 WHG) und nach Abfallrecht (§ 15 Abs. 2, 3

AbfG) ergehen. Reformvorschläge zielen zum Teil auf eine Anreicherung des Stoffrechts, z.B. durch eine Düngemittel-Anwendungsverordnung, zum Teil auf eine Intensivierung der medien- und ursprungsbezogenen Regelung der Anwendung von Düngemitteln.

3. Rahmenbedingungen

Der Bund besitzt nach Art. 74 Nr. 11 GG die Gesetzgebungszuständigkeit für den Verkehr mit Düngemitteln, kann aber als Teilaspekt der Förderung der landwirtschaftlichen Erzeugung und der Sicherung der Ernährung auch die Anwendung von Düngemitteln regeln. Inhaltlich sind bei der Regelung die EG-Richtlinien über Düngemittel (Richtlinie des Rates vom 18. Dezember 1975 zur Angleichung der Rechtsvorschriften der Mitgliedstaaten für Düngemittel [76/116/EWG] ABl. EG Nr. L 24 vom 30. Januar 1976, S. 21, geändert insbesondere durch Richtlinie 89/530/EWG, ABl. EG Nr. L 281 vom 30. September 1989, S. 116) sowie ggf. die Nitratrichtlinie (Richtlinie des Rates vom 12. Dezember 1991 zum Schutz der Gewässer vor Verunreinigung durch Nitrat aus landwirtschaftlichen Quellen [91/676/EWG] ABl. EG Nr. L 375 vom 31. Dezember 1991, S. 1) zu beachten.

II. VORSCHLAG

1. Leitvorstellungen

Der Entwurf konzentriert sich auf die Regelung des Inverkehrbringens von Düngemitteln und gleichgestellten Stoffen. Diese Regelung erfolgt in weitgehender Übernahme des bisherigen Rechts. Insbesondere werden das Typenzulassungsverfahren und die Verpackungs- und Kennzeichnungsregelungen beibehalten. Nicht übernommen werden Vorschriften wie § 3 Abs. 3, §§ 8 und 9a DMG, die bereits im Allgemeinen Teil oder in den allgemeinen Vorschriften des Sechsten Kapitels enthalten sind. Im Gegensatz zum Inverkehrbringen wird die Anwendung von Düngemitteln nur in allgemeiner Form im Stoffrecht geregelt und im übrigen dem Bodenschutz- bzw. dem Wasserrecht überlassen; beide Regelungen werden aber systematisch verknüpft.

2. Zur Regelung im einzelnen

Zu § 532 Zweck

§ 532 enthält entsprechend dem allgemeinen Vorgehen im Besonderen Teil eine besondere Bestimmung des Schutzzwecks dieses Abschnitts, der sich im bisherigen Recht nur implizit aus den Grundsätzen und Verordnungsermächtigungen des Düngemittelgesetzes ergibt. Die Regelung entspricht sachlich dem bisherigen Recht, bringt aber deutlicher zum Ausdruck, daß das Düngemittelrecht nicht nur dem Gesundheits- und Umweltschutz dient, sondern auch einen agrarökonomischen Förderzweck hat. Beide Zwecke lassen sich nicht sinnvoll trennen, so daß es nicht möglich ist, das Düngemittelrecht in jeweils getrennte umwelt- und wirtschaftsrechtliche Regelungen aufzuspalten. Im Unterschied zum bisherigen Recht wird ausdrücklich ausgesprochen, daß sich der Schutzzweck des Düngemittelrechts nicht auf die Gefahrenabwehr beschränkt, sondern auch die Vorsorge umfaßt.

Zu § 533 Begriffsbestimmungen

§ 533 enthält in Übernahme des bisherigen Rechts (§ 2 Abs. 1 Nr. 1 bis 5 DMG) die Definition des Düngemittels und verwandter Stoffe. Die Regelung des § 1 Abs. 1 Nr. 7 DMG, wonach der Vertrieb von Düngemitteln in Genossenschaften dem Begriff des gewerblichen Inverkehrbringens unterfällt, wird nicht übernommen, da sich dies bereits im Wege der Auslegung (vgl. § 1 Abs. 1 GenTG) ergibt.

Zu § 534 Geltungsbereich

Die Vorschrift schließt die Anwendbarkeit der Vorschriften über das Anmeldeverfahren für Stoffe aus, die ausschließlich zur Herstellung von Düngemitteln in den Verkehr gebracht werden. Das Zulassungsverfahren für Düngemittel ist an den Besonderheiten der Düngemittel ausgerichtet, inhaltlich dem Anmeldeverfahren aber gleichwertig (vgl. Kloepfer, in: Gesellschaft für Rechtspolitik [Hrsg.], Chemikalienrecht, 1986, S. 1 ff., 55 f.). Art. 1 Abs. 2 der Gefahrstoffrichtlinie in der Fassung der 7. Änderungsrichtlinie enthält zwar keine ausdrückliche Ausnahme für Düngemittel mehr, jedoch gehören Düngemittel zu den anderen Stoffen und Zubereitungen i.S. von Art. 1 Abs. 2 h, für die gleichwertige Genehmigungsverfahren gelten. Implizit wird durch § 534 klargestellt, daß neben der Sonderregelung des elften Abschnitts grundsätzlich die allgemeinen Vorschriften des Chemikalienrechts auf Düngemittel Anwendung finden. § 465 ist ausgeschlossen, soweit Regelungen nach Düngemittelrecht getroffen werden können, behält aber eine Ergänzungsfunktion.

Entsprechend dem bisherigen Recht (§ 2 Abs. 2 DMG) werden Abfälle wie Abwasser, Klärschlamm, Fäkalien und ähnliche Stoffe, für die abfallrechtliche Regelungen gelten (§ 290), von der Anwendbarkeit des elften Abschnitts ausgenommen. Dagegen unterfällt Wirtschaftsdünger (§ 533 Abs. 1 Nr. 2) der stoffrechtlichen Sonderregelung über Düngemittel (vgl. § 537 Abs. 2 Nr. 2, § 539).

Zu § 535 Grundsätze der Anwendung

§ 535 enthält allgemeine stoffbezogene Grundsätze der Anwendung von Düngemitteln, die den Verhaltensmaßstab der guten fachlichen Praxis zugrunde legen und weitgehend § 1a DMG entsprechen. Eine Parallelregelung findet sich in § 496 (vgl. Begründung zu § 496). Im Unterschied zum bisherigen Recht wird die gute fachliche Praxis jedoch durch das Erfordernis der Umweltverträglichkeit qualifiziert; dabei sind die in anderen Kapiteln niedergelegten naturschutz-, bodenschutz- und gewässerschutzrechtlichen Grundsätze zu beachten.

Zu § 536 Zulassung von Düngemitteltypen

§ 536 behält die Regelung des bisherigen Rechts über die Zulassung von Düngemitteltypen durch Rechtsverordnung bei. Die Rechtsform der Rechtsverordnung ist sachgerecht, weil es sich bei der düngemittelrechtlichen Typenzulassung um eine solche ohne einen Bezug zu einem bestimmten Hersteller handelt (vgl. Dörschuk, Typen- und Tarifgenehmigungen im Verwaltungsrecht, 1988, S. 3 f., 21 f.; Heinze, Allgemeine Zulassung von Fabrikaten, 1971, S. 34).

In inhaltlicher Hinsicht werden die Zulassungsvoraussetzungen dahin verdeutlicht, daß die Zulassung zu versagen ist, wenn die Unbedenklichkeit hinsichtlich der Schutzgüter des Düngemittelrechts nicht nachgewiesen werden kann (in der Sache ebenso schon für das bisherige Recht: Begründung, BT-Drs. 8/319, S. 7). Ggf. sind vor der Zulassung Versuche durchzuführen (Begründung, a.a.O.). Weiterhin wird ausdrücklich geregelt, daß zu den in der Entscheidung über die Zulassung regelbaren Gehalten an Nebenbestandteilen auch Höchstgehalte an gefährlichen Stoffen gehören können, die sich in bestimmten Düngemitteln befinden.

Zu § 537 Verpackung und Kennzeichnung

Die Vorschrift enthält in Übernahme des bisherigen Rechts (§ 3 DMG), wenngleich in leicht gestraffter Form, eine besondere Verordnungsermächtigung für die Regelung der Verpackung und Kennzeichnung von Düngemitteln. Beim Zweck der Verordnungsermächtigung wird unmittelbar auf den Zweck dieses Abschnitts Bezug genommen, um besser, als dies mit der Bezugnahme auf die Ordnung des Verkehrs mit Düngemitteln und den Schutz des Anwenders nach bisherigem Recht möglich war, die Regelungen über Verpackung und Kennzeichnung auch für den Schutz des Naturhaushalts einsetzen zu können. Dementsprechend wird in § 537 Abs. 2 Nr. 1 d ausdrücklich auf die Möglichkeit hingewiesen, Kennzeichnungen auch für gefährliche Stoffe als Nebenbestandteile einzuführen. Diese Regelung steht neben den Kennzeichnungsvorschriften nach den §§ 453 bis 456, die unabhängig von der spezifischen Verwendungssituation eingreifen und eine Grundkennzeichnung für alle gefährlichen Stoffe vorschreiben.

Zu §§ 539 bis 541

Die Regelungen über Toleranzen, Verkehrsbeschränkungen, Probenahmeverfahren und die Einrichtung eines Sachverständigenausschusses für Düngemittelfragen entsprechen dem bisherigen Recht. Die Ermächtigung zur Errichtung des Sachverständigenausschusses wurde an die sonst für Ausschüsse getroffenen Regelungen angepaßt.

Zum Zwölften Abschnitt: Beförderung gefährlicher Güter

I. AUSGANGSLAGE

1. Gegenstand des Regelungsbereichs

Im zwölften Abschnitt wird eine Sonderregelung für die Beförderung gefährlicher Güter getroffen, die weitgehend das bisherige Recht übernimmt, dieses jedoch durch zentrale materielle Regelungen anreichert. Das allgemeine Gefahrstoffrecht ist daneben grundsätzlich unanwendbar.

2. Bisherige Rechtslage

a) Bisheriges Recht

Die Beförderung gefährlicher Güter ist im wesentlichen im Gesetz über die Beförderung gefährlicher Güter von 1975 (GBefGG) und in den auf Grund dieses Gesetzes erlassenen Verordnungen über die Beförderung durch die einzelnen Transportmittel (Straße, Schiene, Binnenschiffahrt, Seeschifffahrt, Luft) sowie eine Reihe internationaler Übereinkommen geregelt. Das Gesetz über die Beförderung gefährlicher Güter enthält im wesentlichen nur die Begriffsbestimmung der gefährlichen Güter, weitgefaßte Ermächtigungen zur Regelung des Gefahrguttransportrechts einschließlich der Regelung von Ausnahmen und Sofortmaßnahmen zur Gefahrenabwehr, Vorschriften über Zuständigkeiten, Ermächtigungen zu Einzeleingriffen, Überwachungsregelungen und Ordnungswidrigkeiten. Es ist weitgehend ein Rahmengesetz, das der Ausfüllung durch Verordnung bedarf; insbesondere die Verordnungsermächtigung des § 3 GBefGG, daneben auch die der §§ 6 und 7 Abs. 1 S. 2 GBefGG bilden das Kernstück des Gefahrgutbeförderungsrechts (vgl. Ridder, Gefahrguthandbuch, 2. Aufl., 1984 ff., Stand: April 1993, Teil A-II, S. 76; Dorias, Gefährliche Güter, 1984, S. 59).

Die - auf Grund der Harmonisierungsklausel des § 3 Abs. 4 GBefGG (nur) zum Teil aufeinander abgestimmten - transportrechtlichen Verordnungen (Gefahrgutverordnung Straße, Eisenbahn, Binnenschiffahrt und See sowie §§ 76 bis 78 LuftVZO) regeln neben der innerstaatlichen Beförderung auch die grenzüberschreitende Beförderung, insoweit überwiegend durch Bezugnahme auf die beigefügten internationalen Übereinkommen. Die Verordnungen enthalten zunächst Verkehrssicherungspflichten der an einer Beförderungskette Beteiligten. Weiterhin wird die Zulassung zur Beförderung, überwiegend nach einem Klassifizierungsverfahren, geregelt. Durch das Klassifizierungsverfahren wird festgestellt, ob ein gefährliches Gut überhaupt und unter welchen Bedingungen es befördert werden darf; zum Teil werden hierdurch auch die zulässigen Transportmittel geregelt (vgl. Ridder, Gefahrguthandbuch, 2. Aufl., 1984 ff., Stand: April 1993, Teil A-II, S. 5 ff.; Dorias, Gefährliche Güter, 1984, S. 83 ff.). Weiterhin enthalten die Verordnungen zum Teil Vorschriften über die Typenzulassung (Baumusterzulassung) von Fahrzeugen und Beförderungsbehältnissen. Eingehend geregelt werden Anforderungen an Verpackungen, Großpackmittel und Beförderungseinheiten und deren Kennzeichnung sowie das Zusammenpacken und Zusammenschütten. In einer besonderen Verordnung werden die Pflicht zur Bestellung eines Gefahrgutbeauftragten, die fachlichen Anforderungen an diesen, seine Rechte und Pflichten und die Pflichten des Unternehmers geregelt.

b) Erfahrungen mit dem bisherigen Recht und Reformüberlegungen

Das Gefahrgutbeförderungsrecht hat sich im großen und ganzen bewährt, weist aber auch manche Mängel auf. Inhaltlich umfaßt der weitreichende, auf die Abwehr polizei- und ordnungsrechtlicher Gefahren bezogene Schutzzweck neben der Sicherheit von Personen, Tieren und Sachen zwar auch den Schutz der Umwelt, im Gesetz ist dies jedoch nicht deutlich zum Ausdruck gekommen; auch die Gefahrenklassen berücksichtigen den Umweltschutz noch nicht. Die Folge ist eine gewisse Vernachlässigung umweltgefährlicher Stoffe bei den transportrechtlichen Anforderungen. Im übrigen liegen Mängel des bisherigen Rechts in seiner Unübersichtlichkeit und einem zu großem Verlaß auf technische Sicherheitsanforderungen anstelle der Zuordnung der Beförderung bestimmter besonders gefährlicher Güter zu weniger gefährlichen Transportmitteln (vgl. Hole/Busch, TranspR 1986, 401 ff.; Eilenberger, TranspR 1987, 174 ff.). Diese Mängel können allerdings nur begrenzt durch Regelungen im Gesetz behoben werden; dieses kann nur gewisse Richtlinien für die Verordnungsgebung aufstellen. Auch die Internationalität des Transportwesens setzt einseitigen Verschärfungen zum Teil rechtliche, jedenfalls faktische Grenzen. Im übrigen ist allgemein anerkannt, daß ein gewisses Restrisiko auch bei weiterer Verschärfung des Rechts der Gefahrgutbeförderung unvermeidbar ist.

Strukturell wird am Gefahrgutbeförderungsrecht kritisiert, daß die gesetzliche Regelung praktisch nur Rahmencharakter habe und die transportrechtlichen Verordnungen das Kernstück der Regelung bildeten. Auch wenn man dies im Hinblick auf die Technizität, Dynamik und Internationalität der Materie für verfassungsrechtlich noch hinnehmbar ansieht (vgl. BVerfGE 49, 89 [133 ff.]; Kloepfer, Umweltrecht, 1989, § 13 Rn. 156), dürfte es sich doch empfehlen, den Versuch zu unternehmen, zentrale Regelungen, die in den transportrechtlichen Verordnungen gleich oder gleichartig oder in einzelnen Verordnungen verallgemeinerungsfähig niedergelegt sind, in das Gesetz zu überführen und so dessen zentrale normative Gehalte zu verdeutlichen.

3. Rahmenbedingungen

Der Bund besitzt nach Art. 73 Nr. 6, 74 Nr. 21 bis 23 GG die Gesetzgebungszuständigkeit für die Regelung der Umweltauswirkungen der Beförderung gefährlicher Güter.

Internationalrechtliche Bindungen ergeben sich bisher weniger aus dem europäischen Gemeinschaftsrecht, das sich der Sicherheit des Verkehrswesens in Europa bisher nicht angenommen hat, als aus zahlreichen internationalen Übereinkommen für den grenzüberschreitenden Verkehr, insbesondere im Bereich der Beförderung auf der Straße, mit der Eisenbahn und auf bestimmten Bundeswasserstraßen (vgl. Geysen, Der multimodale Transport gefährlicher Güter und seine Probleme in Belgien, in Breuer/Kloepfer/Marburger/Schröder [Hrsg.], Jahrbuch des Umwelt- und Technikrechts 1987 [UTR 3], 1987, S. 297 ff.; Ridder, Gefahrguthandbuch, 2. Aufl., 1984 ff., Stand: 62. Lfg. April 1993, Teil A-I-2 S. 9 ff; Dorias, Gefährliche Güter, 1984, S. 83 ff.). Darüber hinaus sind Verhaltensempfehlungen, die im Rahmen der Vereinten Nationen erarbeitet worden sind, im Hinblick auf die erwünschte Einheitlichkeit der transportrechtlichen Anforderungen auch für den innerstaatlichen Verkehr von Bedeutung.

II. VORSCHLAG

1. Leitvorstellungen

Der Vorschlag übernimmt weitgehend die Regelungen des Gesetzes über die Beförderung gefährlicher Güter, unternimmt jedoch den Versuch, den rechtsstaatlich und demokratietheoretisch bedenklichen Rahmencharakter des Gesetzes durch Anreicherung mit materiellen Pflichten zu überwinden, die aus den einzelnen transportrechtlichen Verordnungen entnommen werden. Die Technizität des Gefahrgutbeförderungsrechts, die Dynamik der Fortentwicklung der Transporttechnik und die Einbindung Deutschlands als Transitland in internationale Bezüge mit dem daraus folgenden Anpassungsbedarf an internationale Standards schließen es zwar aus, auf weitreichende Verordnungsermächtigungen zu verzichten. Die Übernahme von Pflichten aus den transportrechtlichen Verordnungen in die gesetzliche Regelung führt jedoch dazu, daß die zentralen materiellen Gehalte des Gefahrgutbeförderungsrechts nunmehr aus dem Gesetz ersichtlich sind. Damit wird verfassungsrechtlichen, zumindest verfassungspolitischen Anforderungen an die Gesetzesbestimmtheit entsprochen. Daher werden im zwölften Abschnitt neben Begriffsbestimmungen, Vorschriften über den Anwendungsbereich und Eingriffsbefugnissen, die bereits im Gesetz über die Beförderung gefährlicher Güter enthalten sind, Grundsätze, allgemeine Sicherheitspflichten, Zulassungserfordernisse, Verpackungs- und Kennzeichnungspflichten und Anforderungen an Beförderungspapiere geregelt.

2. Zum Vorschlag im einzelnen

Zu § 542 Zweck

Entsprechend dem allgemeinen Vorgehen im Besonderen Teil wird in § 542 der besondere Zweck des Gefahrgutbeförderungsrechts verdeutlicht, der sich im bisherigen Recht nur mittelbar aus den Begriffsbestimmungen und Verordnungsermächtigungen (§ 2 Abs. 1, 3 Abs. 1 GBefGG) ergibt. Terminologisch wird die Zweckbestimmung an die sonstigen Regelungen des Besonderen Teils angeglichen. Es besteht kein Grund, das Gefahrgutbeförderungsrecht im Unterschied zu anderen Gebieten des Umweltrechts allgemein auf die Abwehr von Gefahren für die öffentliche Sicherheit oder Ordnung auszurichten. Von Bedeutung sind insoweit nur Gefahren für den Menschen, Tiere, Sachen oder die Umwelt. Entgegen den Regelungen des bisherigen Rechts (vgl. aber § 1 Abs. 2 Gefahrgutbeauftragtenverordnung - GbV) wird die Umwelt ausdrücklich in die Zweckbestimmung aufgenommen; dadurch kann jedenfalls auf längere Sicht das ökologische Defizit des Gefahrgutbeförderungsrechts ausgeglichen werden. Neben der Gefahrenabwehr sollte im Gesetz wie allgemein in den Regelungen des Besonderen Teils, die der Verhütung von Unfällen oder Störfällen dienen, auch die Risikovorsorge verankert werden. Dementsprechend wird nicht nur die Zweckbestimmung des Abschnitts, sondern werden auch die Begriffsbestimmungen, die materiellen Pflichten und Verordnungsermächtigungen auf die Risikovorsorge erweitert. Schließlich ist entsprechend der Tradition des Gefahrgutbeförderungsrechts auch die Verhütung von erheblichen Belästigungen Schutzzweck des zwölften Abschnitts.

Zu § 543 Begriffsbestimmungen

Die Regelung über die Begriffsbestimmungen wird im wesentlichen aus dem bisherigen Recht (§ 2 GBefGG) entnommen, aber an die Terminologie des Gefahrstoffrechts und die Erweiterung des Schutzzwecks in § 542 angepaßt. In § 543 Abs. 1 S. 2 wird zur Abgrenzung der gefährlichen Güter auf die Einteilung in Gefahrenklassen auf Grund einer Verordnung nach § 553 Nr. 1 besonders hingewiesen. Damit wird ein unmittelbarer Rückgriff auf die Definition aber nicht ausgeschlossen. Absatz 2 Satz 2 ist eine an sich nicht erforderliche (vgl. § 2 Abs. 2 Nr. 6), aber der Klarstellung dienende Regelung; danach gelten innerbetriebliche Beförderungsvorgänge nicht als Beförderung. Insoweit verbleibt es bei der Anwendbarkeit der allgemeinen gefahrstoffrechtlichen Vorschriften.

Zu § 544 Geltungsbereich

Aus Absatz 1 ergibt sich zunächst, daß das Recht der Beförderung gefährlicher Güter im zwölften Abschnitt geschlossen geregelt wird. Die allgemeinen Regelungen des Gefahrstoffrechts finden nach Absatz 3 bis auf die Vorschriften über die Gute Laborpraxis keine Anwendung.

Satz 2 enthält Ausnahmen von der Anwendbarkeit der Regelung auf bestimmte Beförderungsvorgänge. Auf eine § 1 Abs. 1 S. 2 Nr. 2 GBefGG entsprechende Ausnahme zugunsten der Deutschen Bundespost wurde verzichtet. Sofern es sich nicht um innerbetriebliches Befördern handelt, sollte das allgemeine Recht Anwendung finden.

Die wichtigste Ausnahmeregelung ist § 544 Abs. 1 S. 2 Nr. 2, wonach der zwölfte Abschnitt für den grenzüberschreitenden Verkehr nicht gilt, wenn und soweit auf den betreffenden Beförderungsvorgang gemeinschafts- oder internationalrechtliche Regelungen Anwendung finden. Im Hinblick auf die Internationalität des Transports gefährlicher Güter und die erhebliche Regelungsdichte internationaler Vereinbarungen vermag der zwölfte Abschnitt damit nur einen Ausschnitt des Gefahrgutbeförderungsrechts zu regeln. Dies schließt nicht aus, die Regelungen in den transportrechtlichen Verordnungen wieder zusammenzuführen, soweit die anwendbaren internationalen Regelungen dies gestatten.

Absatz 2 enthält drei verschiedenartige Unberührtheitsklauseln. Nummer 1 erklärt Rechtsvorschriften über gefährliche Güter, die aus anderen Gründen als solchen der Sicherheit der Beförderung erlassen sind, für neben dem zwölften Abschnitt anwendbar. Dies gilt z.B. für Regelungen, die eine behördliche Kontrolle über die Beförderung im Hinblick auf die Umweltauswirkungen des Umgangs mit diesen Gütern nach der Beförderung vorschreiben, wie insbesondere das Abfallrecht. Gefahrgutbeförderungs- und Abfallrecht sind wegen ihrer unterschiedlichen Schutzzwecke nebeneinander anwendbar. Zu einer Verschränkung zwischen Gefahrgutbeförderungsrecht einerseits und Atom- und Sprengstoffrecht andererseits bei identischem Schutzzweck kommt es auf Grund § 544 Abs. 2 Nr. 2, wonach die atomrechtlichen Vorschriften über die Beförderung und die auch für die Beförderung geltenden sprengstoffrechtlichen Vorschriften unberührt bleiben. § 385 Abs. 2 Nr. 3 ordnet eine solche Verknüpfung von Atom- und Gefahrgutbeförderungsrecht ausdrücklich an. Danach sind bei der - atomrechtlich genehmigungspflichtigen - Beförderung radioaktiver Stoffe grundsätzlich die Vorschriften des Gefahrgutbeförderungsrechts zu beachten. Die Regelung des § 544 Abs. 2 Nr. 2 erscheint sinnvoll, um nicht den Eindruck zu erwecken, daß der zwölfte Abschnitt das Atomrecht ausschließt. Die sprengstoffrechtlichen Regelungen beziehen sich auch auf die Sicherheit des Umgangs mit Sprengstoffen bei der Beförderung, ohne das Gefahrgutbeförderungsrecht ausschließen zu wollen. Deshalb ist auch insoweit eine Klarstellung zum Verhältnis beider Regelungen erforderlich. Absatz 2 Nr. 3 ermöglicht Sicherheitsanforderungen im Hinblick auf die örtlichen Verhältnisse, insbesondere nach Straßenverkehrsrecht (vgl. Kloepfer, Umweltrecht, 1989, § 13 Rn. 183).

Zu § 545 Grundsätze

§ 545 stellt entsprechend dem allgemeinen Vorgehen im Besonderen Teil bestimmte Grundsätze hinsichtlich der Beförderung gefährlicher Güter auf, die insbesondere die Ausübung der Verordnungsermächtigungen nach § 553 und sonstiger Eingriffsbefugnisse steuern sollen. Die Beförderung soll hinsichtlich Verkehrsmittel und Transportweg mit dem geringstmöglichen Risiko durchgeführt werden. Unnötige Transporte sollen vermieden und Transporte besonders gefährlicher Güter möglichst eingeschränkt werden. Ansatzweise sind einzelne dieser Grundsätze bereits in einigen transportrechtlichen Verordnungen, insbesondere §§ 7 und 7a GGVS, konkretisiert worden, in denen ein grundsätzlicher Vorrang der Beförderung bestimmter gefährlicher Güter mit der Schiene oder auf dem Wasserweg bestimmt ist. Zur Einschränkung von Transporten besonders gefährlicher Güter wird insbesondere darauf hinzuwirken sein, daß solche Güter möglichst am oder in der Nähe des Einsatzortes hergestellt werden. Insoweit enthält § 545 Abs. 1 S. 2 auch ein Programm für die allgemeine Sicherheitspolitik gegenüber Chemikalien.

Zu § 546 Pflichten bei der Beförderung

§ 546 regelt die materiellen Sicherheitspflichten aller an einer Beförderung gefährlicher Güter Beteiligten. Die Regelung ist wegen ihrer grundsätzlichen Bedeutung aus den transportrechtlichen Verordnungen (§ 4 Abs. 1 GGVS, § 4 Abs. 1 GGVE, § 3 GGVSee) in die gesetzliche Regelung überführt worden. Über die genannten Regelungen hinaus wird als maßgeblicher

Sicherheitsstandard der Stand von Wissenschaft und Technik ausdrücklich genannt. § 546 legt nur allgemeine Pflichten nieder, die nicht unmittelbar sanktionsbewehrt sind. Eine Konkretisierung der Sicherheitspflichten kann durch Verordnung nach § 553 Nr. 1, 5 und 12 erfolgen. Auch die Person des Pflichtadressaten wird durch § 546 nur allgemein abgegrenzt und muß durch Verordnung konkretisiert werden. Dies ist geboten, weil bei den einzelnen Transportmitteln der Kreis der Beteiligten unterschiedlich ist.

Zu § 547 Zulassungspflicht für die Beförderung gefährlicher Güter

§ 547 spricht in Anlehnung an die entsprechenden Vorschriften in den meisten transportrechtlichen Verordnungen (§ 3 GGVS, § 3 GGVE, § 3 GGVSee) ausdrücklich aus, daß die Beförderung gefährlicher Güter einer Zulassung bedarf. Diese Zulassung erfolgt im Gefahrgutbeförderungsrecht grundsätzlich nicht durch Verwaltungsakt, sondern durch eine der Typenzulassung entsprechende Regelung in einer Rechtsverordnung nach einem Klassifizierungsverfahren.

Zu § 548 Fahrzeuge und Beförderungsbehältnisse

Nach § 548, der den Grundgehalt der entsprechenden Regelungen in den transportrechtlichen Verordnungen in das Gesetz übernimmt, müssen die bei der Beförderung verwendeten Fahrzeuge und Beförderungsbehältnisse den Anforderungen einer Rechtsverordnung nach § 553 Nr. 4 entsprechen.

Zu § 549 Verpackung und Kennzeichnung

Die Regelungen über Verpackung und Kennzeichnung gehören zu den zentralen Regelungsmaterien des Gefahrgutbeförderungsrechts. Deshalb sollten sie in ihren Grundaussagen aus den transportrechtlichen Verordnungen (vgl. z.B. § 4 Abs. 3 bis 6 GGVS, § 4 Abs. 2 GGVE, §§ 5 bis 7 GGVSee) in das Gesetz übernommen werden.

Absatz 1 enthält die Anforderungen an die Verpackung, wobei entsprechend der Praxis neben Verpackungen (wie Fässer, Kanister, Säcke) auch Großpackungen (Container) und Beförderungseinheiten (z.B. Tanks, Tankfahrzeuge, Aufsetztanks, Kesselwagen und Tankschiffe) ausdrücklich genannt werden. Grundpflicht der Beteiligten ist die Verwendung einer Verpackung, die den zu erwartenden Beanspruchungen während der Beförderung gewachsen ist und keine Umweltrisiken erwarten läßt. Satz 2 konkretisiert diese Pflicht dahin, daß keine beschädigten Verpackungen verwendet werden dürfen. Satz 3 bindet die Beteiligten an die Anforderungen einer Verordnung nach § 553 Nr. 2, die nicht nur die Art der Verpackung regeln, sondern auch Anforderungen über das Zusammenpacken und Zusammenladen enthalten kann.

Absatz 2 regelt die Einstufung und Kennzeichnung. Die Einstufung hat grundsätzlich nach den durch Verordnung festgesetzten Gefahrklassen zu erfolgen. Die Kennzeichnungspflicht ergibt sich entsprechend den Anforderungen einer Verordnung nach § 553 Nr. 3. Eine verordnungsunabhängige Kennzeichnungspflicht erscheint dagegen nicht praktikabel.

Neben Absatz 1 und 2 sind die Verpackungs- und Kennzeichnungspflichten des allgemeinen Gefahrstoffrechts faktisch anwendbar, da sie beim Inverkehrbringen ansetzen und daher spätestens bei der Ablieferung des Guts zu beachten sind.

Zu §§ 550 bis 552 Umweltbeauftragte für Gefahrgut

Die §§ 550 bis 552 übernehmen einige wichtige Regelungen der Verordnung über Gefahrgutbeauftragte (GbV) in das Gesetz. Weitergehende gesetzliche Regelungen sind nicht erforderlich, weil der Gefahrgutbeauftragte eine Abart des Umweltbeauftragten darstellt. Grundsätzlich erscheint es möglich, die Regelungen des Allgemeinen Teils auch auf den Gefahrgutbeauftragten anzuwenden, wenn Besonderheiten des Gefahrgutbeförderungsrechts durch Sonderregelungen Rechnung getragen wird.

§ 550 regelt die Pflicht zur Bestellung eines Umweltbeauftragten für Gefahrgut entsprechend § 1 GbV, aber mit einigen redaktionellen Straffungen.

§ 551 regelt die Rechte und Pflichten des Gefahrgutbeauftragten, soweit sie von den Regelungen des § 96 abweichen. Danach beziehen sich die Überwachungs- und Innovationsaufgaben des Umweltbeauftragten im Bereich des Gefahrgutbeförderungsrechts vor allem auf die Einhaltung der gesetzlichen Anforderungen und die Verbesserung der Sicherheit bei Beförderungen durch beauftragte Personen und sonstige verantwortliche Personen.

§ 552 bestimmt in Abwandlung des § 99 Abs. 2, daß der Umweltbeauftragte für Gefahrgut zu vorgesehenen Anträgen auf Abweichungen von den Gefahrgutvorschriften Stellung nehmen kann.

Zu § 553 Ermächtigungen

§ 553 enthält in Übernahme von § 3 sowie §§ 6 und 7 GBefGG unabdingbare Verordnungsermächtigungen zur Regelung des Gefahrgutbeförderungsrechts. Bei Ausübung der Ermächtigungen sind die Grundsätze nach § 545 zu beachten. Außerdem ist der Grundsatz der möglichst einheitlichen Regelung der Beförderung mit allen Verkehrsmitteln und der Grundsatz der Berücksichtigung internationaler Standards zu beachten. Diese letzteren Grundsätze sollen eine einheitliche Regelung der innerstaatlichen und grenzüberschreitenden Beförderung sicherstellen (Absatz 2). Obwohl in den §§ 546 bis 549 die grundlegenden Anforderungen an die Beförderung gefährlicher Güter in Form des Gesetzes niedergelegt sind, bedarf es im Hinblick auf die Technizität des Gefahrgutbeförderungsrechts, die dynamische Fortentwicklung des Transportwesens und die internationalen Bezüge einer weitgefaßten Verordnungsermächtigung.

Dem Katalog des bisherigen Rechts wurde die Ermächtigung zur Regelung der Beteiligung von Sachverständigen an der Vorbereitung der betreffenden Rechtsverordnungen hinzugefügt. Die entsprechende Regelung des bisherigen Rechts in § 4 GBefGG eignet sich auf Grund ihres Detaillierungsgrades nicht für die Aufnahme in das Gesetz.

Absatz 3 (Deckungsvorsorge) ist im Zusammenhang mit § 116 zu verstehen, der für Gefahrguttransporte eine allgemeine Gefährdungshaftung einführt.

In Absatz 4 und 5 werden die Verordnungsermächtigungen der §§ 6 und 7, in Absatz 6 wird § 10 Abs. 2 S. 2 GBefGG übernommen.

Zu §§ 554 bis 556

In den §§ 554 bis 556 werden die Regelungen der §§ 5 GBefGG im wesentlichen übernommen. Hinsichtlich § 7 gilt das allerdings nur, soweit Einzelanordnungen in Frage stehen. Ferner wurde darauf verzichtet, eine besondere Verordnungsermächtigung für den Verteidigungsbereich und den Bundesgrenzschutz vorzusehen, da Regelungen schon auf Grund von § 554 Abs. 2 getroffen werden können.

§ 554 Abs. 4 und 5 ist aus § 10 Abs. 5 und 6 GBefGG übernommen, da es sich sachlich um Zuständigkeitsregelungen handelt.

Zu § 557 Überwachung

Im Hinblick auf die Regelungen des Allgemeinen Teils über die Überwachung sind in § 557 nur einige Sonderregelungen vorgesehen. Absatz 1 stellt klar, daß nicht nur die Beförderung gefährlicher Güter, sondern auch die Fertigung von Verpackungen, Behältern und Fahrzeugen, die nach Baumustern hergestellt werden, der Überwachung unterliegt.

Absatz 2 bezeichnet die nach den §§ 63, 67 zur Auskunft Verpflichteten.

Zum Dreizehnten Abschnitt: Ordnungswidrigkeiten

I. AUSGANGSLAGE

1. Gegenstand des Regelungsbereichs

Der dreizehnte Abschnitt enthält die Ordnungswidrigkeitentatbestände bei Verstößen gegen das allgemeine Gefahrstoffrecht (erster bis siebenter Abschnitt) sowie gegen die Sonderregelungen für Pflanzenschutzmittel, Biozide, Waschmittel, Düngemittel und Gefahrgutbeförderung.

2. Bisherige Rechtslage

a) Bisheriges Recht

In den §§ 26 ChemG, 40 PflSchG, 11 WRMG, 9 DMG und 10 GBefGG sind Bußgeldtatbestände geregelt, die grundsätzlich sämtliche Verstöße gegen die betreffenden Gesetze sowie Verordnungen oder Verwaltungsakte auf Grund dieser Gesetze von einigem Gewicht mit einer Geldbuße ahnden. Darüber hinaus enthalten die §§ 27 und 27a ChemG Straftatbestände bei besonders gewichtigen Verstößen gegen Schutzverordnungen oder Schutzverfügungen, anderen Verstößen, die aber mit einer konkreten Gefährdung von Leben, Gesundheit oder Sachen von bedeutendem Wert verbunden sind, sowie bestimmten Urkundsdelikten im Bereich der Guten Laborpraxis.

b) Erfahrungen mit dem bisherigen Recht und Reformvorschläge

Die Regelungen über Ordnungswidrigkeiten haben sich im wesentlichen bewährt. Kritik wird allerdings daran geübt, daß die Straftatbestände des ChemG nicht in das StGB überführt worden sind (vgl. Trifterer, Umweltstrafrecht, 1980, S. 80 f.).

II. VORSCHLAG

1. Leitvorstellungen

Der Vorschlag übernimmt im wesentlichen die Bußgeldtatbestände des bisherigen Rechts, allerdings mit den Abweichungen, die durch die teilweise veränderten materiellen Regelungen notwendig geworden sind. Dagegen werden die Straftatbestände der §§ 27 und 27a ChemG nicht übernommen. Es ist kein Grund ersichtlich, diese Tatbestände nicht wie alle sonstigen Umweltstraftaten (ausgenommen gegenwärtig nur §§ 30a BNatSchG, 39 GenTG) im StGB zu regeln. Die Gründe, die für eine zusammenfassende

Regelung im StGB allgemein geltend gemacht werden, treffen auch für das Chemikalienstrafrecht zu; insbesondere ist die Abhängigkeit von verwaltungsrechtlichen Vorgaben des Stoffrechts nicht stärker als in den meisten anderen Umweltschutzbereichen (vgl. insbesondere die Regelung des § 325 StGB). Der Verlust an rechtsstaatlicher Bestimmtheit durch weniger genaue Bezugnahme auf einzelne stoffrechtliche Pflichten wird durch den Gewinn an potentieller Bewußtmachung des Unrechtsgehalts von Verstößen und damit an Präventivwirkung wettgemacht. Diese Gesichtspunkte treffen auch für die Straftatbestände nach § 27 Abs. 2 ChemG zu, in denen bestimmte Verstöße, die an sich Ordnungswidrigkeiten darstellen, bei konkreter Gefährdung von Leben, Gesundheit oder Sachen von bedeutendem Werte als Straftaten ausgestaltet sind.

2. Zur Regelung im einzelnen

Zu § 558 Ordnungswidrigkeiten

§ 558 übernimmt im wesentlichen die Bußgeldtatbestände des bisherigen Rechts, allerdings mit den durch geänderte materiellrechtliche Regelungen bedingten Abweichungen. Hinzugefügt werden Ordnungswidrigkeiten bei Verstößen gegen das Recht der Biozide, die weitgehend an die Ausgestaltung der Ordnungswidrigkeiten im Bereich des Pflanzenschutzrechts angeglichen werden (Absatz 1 Nr. 19 bis 25, Absatz 2 Nr. 10 bis 12). Die Ausgliederung der Straftatbestände des allgemeinen Stoffrechts aus dem Sechsten Kapitel bedingt, daß in Absatz 1 Nr. 1 bis 11 nur vergleichsweise weniger gewichtige Verstöße als Ordnungswidrigkeiten aufgeführt sind. Die Regelung ist stets, wie auch in anderen Umweltschutzbereichen, im Zusammenhang mit den entsprechenden Straftatbeständen des StGB zu sehen.

In Absatz 1 und 2 werden die Einzeltatbestände je nach dem Gewicht der entsprechenden Verstöße gruppiert. Bei Verstößen nach Absatz 1 ist eine Geldbuße bis zu 100.000 Deutsche Mark, bei Verstößen nach Absatz 2 ist eine Geldbuße bis zu 20.000 Deutsche Mark vorgesehen (Absatz 3). Auf eine Regelung über die Gewinnabschöpfung wird verzichtet, da insoweit § 17 Abs. 4 OWiG ausreicht.

Absatz 4 enthält eine Regelung über die Einziehung.

Siebentes Kapitel: Abfallwirtschaft und Abfallentsorgung

Vorbemerkungen zur Ausgangssituation und zu den Grundlinien des Vorschlages

Das Siebente Kapitel betrifft denjenigen Sachbereich, der bisher bundesrechtlich vornehmlich in dem Gesetz über die Vermeidung und Entsorgung von Abfällen vom 27. August 1986 (AbfG) und den auf Grund dieses Gesetzes erlassenen Rechtsverordnungen geregelt ist.

Das Abfallrecht ist in jüngster Zeit in besonderem Maße in Bewegung geraten, zunächst landes-, dann auch bundesrechtlich. So zeichnete sich im Jahre 1992 die Absicht zunächst von Teilen der Bundesregierung ab, das AbfG durch ein "Kreislaufwirtschaftsgesetz" zu ersetzen. Es erschien zum für die Berücksichtigungsfähigkeit laufender Gesetzesvorbereitungen im Rahmen der Arbeiten am Entwurf eines Umweltgesetzbuches maßgeblichen Zeitpunkt, dem 1. Februar 1993 noch fraglich, ob und welchen Inhalts dieses Vorhaben verwirklicht werden würde. Unabhängig davon war mit dem Erlaß eines breit ansetzenden Investitionserleichterungs- und Wohnbaulandgesetzes zu rechnen, das in das bisherige abfallrechtliche Anlagenzulassungsrecht eingreift; dadurch soll die Zulassung von Anlagen, welche der Behandlung oder Lagerung von Abfällen dienen, dem immissionsschutzrechtlichen Zulassungsregime unterstehen, so daß der abfallrechtlichen Zulassung lediglich der Bereich der Deponien verbleibt (nunmehr Art. 6 des Investitionserleichterungs- und Wohnbaulandgesetzes vom 22. April 1993, BGBl. I S. 466; unter den ersten Würdigungen siehe etwa Eberhardt, ZAU 1993, 105 ff.). Die Einführung einer bundesrechtlichen Abfallabgabe stand demgegenüber seit längerer Zeit in Streit.

Völkerrechtliche Entwicklungen (der Entwurf eines Zustimmungsgesetzes zur Baseler Konvention vom 22. März 1989 über die Kontrolle der grenzüberschreitenden Verbringung gefährlicher Abfälle und ihrer Entsorgung wurde mittlerweile, im April 1993, von der Bundesregierung verabschiedet) betreffen die innerstaatliche Ausgestaltung, insbesondere des abfallrechtlichen Transportrechts. Europarechtliche Entwicklungen betreffen ebenfalls diesen Bereich, darüber hinaus in besonderem Maße etwa auch die Begrifflichkeit des Abfallrechts. Durch den Erlaß der Richtlinie des Rates vom 18. März 1991 zur Änderung der Richtlinie 75/442/EWG über Abfälle (91/156/EWG; ABl. EG Nr. L 78 vom 26 März 1991, S. 32) und nunmehr insbesondere der Verordnung (EWG) Nr. 259/93 des Rates vom 1. Februar 1993

(ABl. EG Nr. L 30 vom 6. Februar 1993, S. 1; innerstaatlich gültig ab dem 9. Mai 1994) zur Überwachung und Kontrolle der Verbringung von Abfällen in der, in die und aus der Europäischen Gemeinschaft mag insoweit eine gewisse Konsolidierung eintreten. Andererseits dürfte der Europäische Gerichtshof Gelegenheit erhalten, grundsätzlich zu mehreren Streitfragen der Vereinbarkeit des deutschen mit dem europäischen Abfallrecht Stellung zu nehmen.

Schließlich ist hinzuweisen auf den zunehmenden Erlaß bundesrechtlicher Rechtsverordnungen und Verwaltungsvorschriften sowie landesgesetzlicher Innovationsbemühungen um das Abfallrecht im Rahmen des vom Bundesrecht gelassenen Spielraums. Das wirft auch die Frage nach einer weiteren Hochzonung gewisser Regelungsansätze auf die Ebene des Bundesrechts auf.

Angesichts diesen Befundes strebt der vorliegende Entwurf nicht an, den jeweils aktuellen rechtspolitischen Konjunkturen in allen Einzelheiten nachzuspüren bzw. solche Richtungen zu suchen, die jeweils eine gewisse Aussicht auf baldige rechtspolitische Durchsetzung haben. Der Entwurf ist freilich gehalten, bindende international-rechtliche Rahmenbedingungen zu berücksichtigen. Das geschah, wie auch einleitend vermerkt worden ist, im Blick auf solches Recht, das bis zum 1. Februar 1993 in Kraft getreten war. Innerhalb dieses Rahmens - wie auch der verfassungsrechtlichen Kompetenzordnung - ist der Entwurf bemüht, auf dem Fundament des Entwurfs des Allgemeinen Teils und in Binnenharmonisierung mit den weiteren Kapiteln des Besonderen Teils Unstimmigkeiten, Regelungslücken und - unter Umweltschutz- wie unter Praktikabilitäts- und Beschleunigungsgesichtspunkten - derzeit feststellbare Defizite des Abfallrechts zu beseitigen; dabei werden Anregungen aus der rechtspolitischen Diskussion wie auch aus der Landesgesetzgebung teilweise aufgenommen.

Im Blick auf den Allgemeinen Teil ergibt sich, daß insbesondere die abfallrechtlichen Vorschriften über die Entsorgungsplanung, die Anlagenzulassung und die Überwachung entlastet werden konnten.

Im Blick auf weitere Kapitel des Besonderen Teils wurden insbesondere die folgenden konzeptionellen Entscheidungen getroffen:

- Der Bereich des Stoffflusses, insbesondere auch die bisher abfallrechtlich ausgestalteten Rücknahmeverpflichtungen, soll schwerpunktmäßig im stoffrechtlichen Kapitel (Sechstes Kapitel) ressortieren, was die Einzelheiten anlangt; eine Initiierung von Stoffflüssen im Grundsätzlichen ist allerdings durch die Grundsatzbestimmungen des abfallrechtlichen Kapitels anzustreben.
- Fragen des Umgangs mit Altlasten wie auch der landwirtschaftlichen Bodennutzung (vgl. § 15 AbfG) sollen im bodenschutzrechtlichen Kapitel (Drittes Kapitel) geregelt werden.

- Der Bereich Reststoffe wird zwar im vorliegenden Kapitel definitorisch geklärt, unterliegt aber auch einer - hieran anknüpfenden - immissionsschutzrechtlichen Regelung.
- Das abfallrechtliche Regime soll im übrigen umfassend (und lückenschließend) ansetzen, sich jedoch Nachrang gegenüber bereichsspezifischen Regelungen geben.

Im Vergleich mit dem geltenden Abfallrecht wird eine Anreicherung vor allem durch Zweck- und Grundsatzbestimmungen, eine Verstärkung der Vermeidungsmechanismen, eine eingehendere Regelung des Transportrechts und die Einführung der Abfallabgabe auf bundesrechtlicher Ebene vorgesehen.

Insgesamt versucht das Siebente Kapitel dem Kodifikationsziel "Abbau von Normenflut" in besonderem Maße Rechnung zu tragen. Der Entwurf weist zwar eine größere Anzahl an Vorschriften auf als das geltende Abfallgesetz des Bundes, doch verhält er sich - anders als dieses - auch zu Grundsatznormen und zu im geltenden Recht offenbleibenden Fragen etwa des Anlagenrechts; er sieht ferner die Einführung einer Abfallabgabe vor. Anders als in anderen, von legislatorischer Tradition und bewährten Strukturen geprägten Teilbereichen des Umweltrechts mögen die Chancen für Normenabbau durch Kodifikation im Abfallrecht besonders günstig sein.

Zum Ersten Abschnitt: Allgemeine Vorschriften

I. AUSGANGSLAGE

1. Gegenstand des Regelungsbereichs

Gegenstände der Eingangsbestimmungen des Siebenten Kapitels sollen eine Zweckbestimmung, begriffliche Klärungen und Grundsatznormen sein.

Eine besondere, also bereichsspezifische Zweckbestimmung hat zum einen die Funktion, dem Gesetzesanwender und dem Bürger Gegenstand und Zielsetzung der nachfolgenden Vorschriften überschriftartig vor Augen zu führen; sie soll zum anderen als Auslegungshilfe für weitere Normen in Anspruch genommen werden können, sofern sie durch solche Normen mittelbar oder ausdrücklich in bezug genommen wird. Zu einer solchen Bezugnahme soll sie geeignet sein, um den weiteren Gesetzestext zu entlasten. Sie soll schließlich auch eine - bereichsspezifisch zugeschnittene - Anbindung an die allgemeine Zweckbestimmung des § 1 leisten.

Die Begriffsbestimmungen dienen dazu, solche in den weiteren Vorschriften verwendeten Rechtsbegriffe verbindlich zu definieren, die der Gesetzesvorschlag abfallrechtsspezifisch verwendet und die nicht an anderer

Stelle im UGB bzw. auch in anderen Gesetzeswerken ihrerseits definiert sind bzw. als Begriffe der allgemeinen Rechtssprache keiner Definition bedürfen. Aus den begrifflichen Festlegungen ergibt sich zugleich der sachliche Geltungsbereich des Gesetzes, was aber eine Feinsteuerung durch Ausgrenzung einzelner Bereiche erforderlich macht (vgl. derzeit § 1 Abs. 3 AbfG).

"Grundsätze" des Abfallrechts werden dem Gesetz vorangestellt, um über dessen konzeptionelle Grundgedanken zu informieren, erneut (wie die Zweckbestimmung und im Verbund mit ihr) die Auslegung anzuleiten, im übrigen auch zu umweltschutzbezogenem Handeln außerhalb der planerisch und direkt oder indirekt steuernden Verwaltung anzuhalten, schließlich auch: den Bürger unmittelbar anzusprechen, und sei es durch Bestimmungen, deren Nichtbeachtung rechtlich folgenlos bleibt. Insbesondere das Sondergutachten Abfallwirtschaft vom September 1990 hat die Notwendigkeit des - auf diesem Wege mit anzuregenden - Bewußtseinswandel in bezug auf die Gesamtproblematik des Themas Abfallpolitik mit einleuchtenden Belegen vor Augen geführt.

Die Leitlinien schließlich sind an die Träger öffentlicher Gewalt gerichtet und sollen konkretisieren, wie diese Träger die abfallrechtlichen Grundsatznormen in der Breite des Verwaltungshandelns, also nicht nur im Zuge der Rechtsanwendung umzusetzen haben.

2. Bisherige Rechtslage

a) Rechtslage

aa) Gesetzeszweck und Grundsätze

Das AbfG erfaßt die vorstehend beschriebenen Gegenstände partiell in den §§ 1, 1a und 2 AbfG. Anders als andere modernen Umweltschutzgesetze - wie z.B. das BImSchG - setzt das AbfG nicht mit einer Zweckbestimmung ein und verzichtet auch im weiteren auf die explizite Ausformulierung von Zwecken. Die Ziele des Gesetzes können deshalb nur aus seinen Einzelnormen, insbesondere aus den von ihm selbst sogenannten "Grundsätzen" erschlossen werden. Deshalb sollen die Aspekte "Zweck" und "Grundsätze" im vorliegenden Zusammenhang zunächst gemeinsam behandelt werden.

Das AbfG bringt die von ihm verfolgten Ziele indirekt zunächst dadurch zum Ausdruck, daß es in einer Vielzahl von Normen auf das "Wohl der Allgemeinheit" verweist, dessen Inhalte im einzelnen (aber nicht abschließend) in § 2 Abs. 1 S. 2 AbfG als eines ausdrücklich sogenannten "Grundsatzes" genannt sind. Die Orientierung auf das Wohl der Allgemeinheit machte auch den Kern des ursprünglichen AbfG von 1972 aus: Es ging um "Beseitigung" und geht um "Entsorgung" von Abfällen unter Schonung des Wohls der Allgemeinheit, dabei vornehmlich und im Kern um dem Ziel "Umweltschutz" zuzuordnende Gemeinwohlpartikel, aber nicht nur um solche. Das Wohl der

Allgemeinheit kann etwa auch unmittelbar die Errichtung einer Deponie erfordern oder für die Erteilung einer Ausfuhrerlaubnis streiten; es öffnet sich etwa auch wettbewerblichen Gesichtspunkten. Es beinhaltet einen Katalog potentiell auch gegenläufiger Interessen und Gesichtspunkte, programmiert also Entscheidungen nicht eigentlich. In der Grundsatznorm des § 2 Abs. 1 S. 2 AbfG ist von der "Beeinträchtigung" des Wohls der Allgemeinheit die Rede, was man im Sinne klassischer Vorstellungen über die Gefahrenabwehr in der Variante der konkreten Gefahr verstehen könnte. Dieses Verständnis wäre aber unzulänglich, vielmehr gibt die Struktur der Norm insgesamt durchaus die Handhabe, auch Vorsorgegesichtspunkte miteinzubeziehen - wie jüngst das Bundesverwaltungsgericht bekräftigt hat (BVerwG, JZ 1993, 409 ff., 411 m. Anm. Kunig; siehe auch BVerwG, DVBl. 1983, 351 ff., 352 und die Hinweise bei Kunig/Schwermer/Versteyl, Abfallgesetz, 1988, § 2 AbfG Rn. 11).

Seit die erwähnte Ersetzung des Begriffs der Beseitigung durch denjenigen der Entsorgung vorgenommen worden ist, geht über die Grundsatznorm des § 2 Abs. 1 S. 2 AbfG auch der Gesichtspunkt der Abfallverwertung (in § 1 Abs. 2 AbfG legal definiert als "das Gewinnen von Stoffen oder Energie aus Abfall") in die Beurteilung des Gesamtvorganges ein, der so ausgestaltet werden soll, daß er das Wohl der Allgemeinheit nicht beeinträchtigt.

Der Verwertungsgesichtspunkt taucht darüber hinaus - ebenfalls seit 1986 - in § 1a Abs. 2 AbfG auf, dies im Sinne einer "Maßgabe"-Norm: Eine Verwertung hat "nach Maßgabe" des in der Bestimmung über die Entsorgungsverpflichtung näher Beschriebenen den Vorrang vor anderweitigen Entsorgungsmaßnahmen; bei Vorbereitungsmaßnahmen (nämlich beim Einsammeln, Befördern, Behandeln und Lagern von Abfällen) sind "Möglichkeiten" zur Abfallverwertung zu nutzen. Des weiteren statuiert § 1a Abs. 2 AbfG das Verwertungsgebot lediglich im Sinne eines Hinweises auf zu erlassende Rechtsverordnungen nach § 14 Abs. 1, 2 AbfG.

Der letzteren Regelungstechnik bedient sich in Ansehung der Abfallvermeidung auch § 1a Abs. 1 S. 1 AbfG, der gleichfalls auf die Ermächtigungen zum Erlaß von Rechtsverordnungen in § 14 Abs. 1, 2 AbfG verweist, damit die durch (derzeitige und künftige) Verordnungen errichteten Rechtspflichten aufnehmend und wiederholend. Damit werden solche Pflichten programmatisch verheißen. Die Norm kann allerdings auch so verstanden werden, als bestehe die Pflicht zur Vermeidung (und Verwertung) lediglich soweit es die in bezug genommenen Vorschriften verlangen.

Schließlich berührt noch eine weitere Bestimmung das "Ziel" der Vermeidung und Verwertung von Abfall, nämlich § 1a Abs. 1 S. 2 AbfG, die Unberührtheitsklausel bezüglich der immissionsschutzrechtlichen Grundpflicht nach § 5 Abs. 1 Nr. 3 BImSchG; der Sache nach stellt dies eine problemspezifische Festschreibung des sachlichen Geltungsbereichs des Gesetzes dar, der im übrigen und allgemein in § 1 Abs. 3 AbfG eingegrenzt ist.

Als weiteren Grundsatz nennt das AbfG - seit 1985 - den Grundsatz der Inlandsentsorgung, der mit dieser (weithin üblichen) plakativen Formulierung allerdings nur unzureichend beschrieben ist, jedenfalls soweit er als Rechtsgrundsatz angesprochen werden kann. Konturen gewinnt dieser Grundsatz nämlich erst durch seinen Verweis auf § 13 AbfG (und damit der Sache nach zugleich auf § 13c AbfG), wo des näheren geregelt ist, unter welchen Voraussetzungen eine "Auslandsentsorgung" zulässig ist bzw. erlaubt werden kann (evtl. auch - und gegen den Wortlaut - zu erlauben ist). Der Vorrang der Inlandsentsorgung bedeutet somit zunächst nur den Zwang zur Inlandsentsorgung, wenn nichts anderes erlaubt ist.

Die weiteren als "Grundsätze" unter die Überschrift des § 2 AbfG gestellten Aussagen beinhalten zum einen die rechtspolitische Selbstverständlichkeit, daß die Anforderungen an die Zulässigkeit von Entsorgungsmaßnahmen auch in Relation zur jeweiligen Beschaffenheit eines Abfalls festzulegen sind, dies verbunden mit einer Verordnungsermächtigung zur Bestimmung und Klassifizierung von Abfallarten zu dem vorgenannten Zweck (§ 2 Abs. 2 S. 1 und 2 AbfG). Dem folgen in § 2 Abs. 3 AbfG Bestimmungen für Reststoffe, denen kein "Grundsatz" im engeren Sinne zu entnehmen ist, allerdings die Aussage, daß Reststoffe ähnlich gefährlich sein können wie Abfälle und demgemäß auch an den Umgang mit ihnen strenge Anforderungen zu richten sind. Das macht zugleich - und wie § 1a Abs. 1 S. 2 AbfG - indirekt klar, daß - begrifflich - Reststoffe von Abfällen zu unterscheiden sind.

Festzuhalten ist: Bundesrechtlich ist keine ausdrückliche Zweckbestimmung für das Abfallgesetz festgelegt. Aus seinen Einzelbestimmungen, insbesondere den Begriffsbestimmungen und der Grundsatznorm kann eine objektive Zweckbestimmung aber erschlossen werden. Sie verlangt die Beachtung bestimmter Rechtsgüter und Interessen, genauer: Sie erfordert, die Abfallentsorgung gemeinwohlverträglich zu gestalten und damit auch Umweltschutzinteressen zu wahren. Sie spricht ferner die Abfallvermeidung und die Abfallverwertung an, verleiht beiden - implizit und tendenziell - den Vorrang vor der Ablagerung, bringt sie untereinander aber nicht in eine klare Rangfolge. Prinziphaft hervorgehoben ist auch die Erschwernis der Abfallausfuhr. Die einschlägigen Vorschriften befinden sich nicht in einem übersichtlichen Verhältnis zueinander, was sich auch daraus erklärt, daß das AbfG mehrfacher Novellierung unterlag.

Die Landesabfallgesetze widmen sich dem Komplex "Zweckbestimmung/Grundsätze" eingehender, soweit sie jüngeren Datums sind; sie reflektieren auch teilweise neuere abfallpolitische Diskussionen. Dies wird im folgenden getrennt nach den Aspekten "Abfallvermeidung" (bzw. "-minimierung"), "Abfallverwertung" und schließlich "Lokalitätsprinzip" angesprochen (letzteres also als landesrechtliche Parallele zum "Vorrang der Inlandsentsorgung"). Auch auf landesrechtlicher Ebene sind die genannten Grundgedanken nicht einheitlich als "Zweck-" oder "Prinzip"-Bestimmungen gefaßt; die Gesetze bedienen sich unterschiedlicher Systematiken und Terminologien.

Nicht näher einzugehen ist im Rahmen dieser Bestandsaufnahme auf die vielfach umstrittenen Fragen bezüglich der kompetenzrechtlichen Zulässigkeit landesrechtlicher Ziel- und Prinzipbestimmungen, etwa soweit sie ein Vorrangverhältnis errichten, das auf bundesrechtlicher Ebene so keine Entsprechung findet (Problem der thermischen Verwertung). Die hier anzutreffende Rechtsunsicherheit bzw. jedenfalls die Bezweifelbarkeit der landesrechtlichen Zulässigkeit von Regelungen hat zum einen zum Hintergrund, daß Art. 74 Nr. 24 GG - entsprechend dem Erkenntnisstand zum Zeitpunkt der Einfügung dieses Kompetenztitels in das Grundgesetz (1972) - lediglich von Abfall-"Beseitigung" spricht, zum anderen die Enthaltsamkeit und Zurückhaltung des Bundesgesetzgebers, welche zweifeln läßt, in welchem Ausmaß den Ländern Spielräume nach Art. 72 Abs. 1 GG belassen sind (vgl. dazu noch unten 3). Selbst wenn insofern aber einiges Landesrecht bundesstaatswidrig sein sollte, können aus ihm doch rechtspolitische Anregungen für künftiges Bundesrecht gewonnen werden. Fragen bezüglich der Konkurrenz von Bundes- und Landesgesetzgebern sind im folgenden deshalb nur aus "umgekehrter" Perspektive, also im Blick auf die Zulässigkeit des vorzuschlagenden Bundesrechts und daran anknüpfend auf die danach den Ländern verbleibenden Spielräume von Interesse.

Im einzelnen, aber ohne Anspruch auf Vollständigkeit, sondern zur Veranschaulichung der Regelungsvielfalt, insbesondere der Unterschiede in der Regelungsintensität, sei erwähnt:

- *Abfallvermeidung und Abfallminimierung*

Nach baden-württembergischen Abfallrecht besteht die Pflicht zur Vermeidung von Abfällen als Jedermannspflicht. Sie ist ausdifferenziert in eine Pflicht zur Vermeidung der Entstehung von Abfällen und eine Pflicht zur Mengenverminderung, schließlich zur Minimierung des Schadstoffgehalts im Abfall. Das Vermeidungsprinzip wird gestützt durch spezifische Zielsetzungen und Pflichten verschiedener Adressaten. So haben die entsorgungspflichtigen Körperschaften auf die Minimierung des Abfallaufkommens hinzuwirken, sie können Gebührenanreizsysteme vorsehen, haben die Abfallerzeuger zu beraten und schreiben Maßnahmen zur Vermeidung im Abfallwirtschaftskonzept fest. Gewerbliche Erzeuger können zu Darstellungen über die Einhaltung ihrer bundesrechtlichen Vermeidungspflichten angehalten und mit den Kosten von Gutachten über die Vermeidbarkeit angefallener Abfälle belastet werden. Die Behörden haben Vermeidungsaspekte im Beschaffungswesen zu beachten.

Nach bayerischem Landesabfallrecht besteht ein auf die Minimierung des Abfallanfalls und die Schadstoffminimierung bezogenes Vermeidungsgebot, zu dessen Erreichung jedermann beitragen soll. Die adressatenbezogenen

Vermeidungspflichten (der Freistaat selbst sowie sonstige öffentlich-rechtliche Körperschaften) sind deutlicher programmatisch ausgestaltet als im baden-württembergischen Recht. Konkrete Ausgestaltungen finden sich für das Beschaffungswesen, die Vermeidungsberatung und die Entsorgungsplanung. Von besonderem Interesse ist Art. 14 BayAbfALG, wonach ein Antragsteller für die Planfeststellung oder die Genehmigung einer Entsorgungsanlage auch Darstellungen zur Vermeidung von Abfällen im Einzugsbereich der Anlage einzureichen hat. Die Gebührensysteme sind nach bayerischem Recht vermeidungsanreizend auszugestalten.

Im bremischen Recht ist die Vermeidung nur im Zusammenhang mit der Abfallberatung angesprochen.

Im hessischen Recht findet sich keine auf Vermeidung und Minimierung bezogene Programmatik; allerdings ist die Vermeidung in die Abfallberatungspflicht und das Beschaffungswesen der öffentlichen Hand einbezogen.

In Niedersachsen findet sich das Vermeidungsverbot als Zielfestlegung und ist auf Mengenminimierung und Schadstoffminimierung gerichtet. Das Land hat die Aufgabe, auf abfallarme Produktion hinzuwirken.

Nach nordrhein-westfälischem Recht besteht ebenfalls das Vermeidungsziel; es ist mengen- und schadstoffbezogen, der Vermeidung von Abfällen ist ausdrücklich der Vorrang vor der Verwertung eingeräumt. Konkretisiert ist dies durch Beratungspflichten und durch Vorgaben für Abfallwirtschaftskonzepte.

Im rheinland-pfälzischen Abfallrecht besteht ein allgemein formuliertes Vermeidungsziel.

Das saarländische Recht beschränkt sich auf eine Wiederholung der bundesrechtlichen Aussagen in §§ 1a, 3 AbfG.

Auch das sächsische, das thüringische und das sachsen-anhaltinische Abfallrecht geben das Ziel der Abfallvermeidung vor und integrieren es in ihre gesetzlich ausformulierten abfallwirtschaftlichen Zielkonzepte.

- *Verwertung von Abfällen*

In Baden-Württemberg hat jedermann die Verpflichtung, zur stofflichen Verwertung beizutragen. Dies ist besonders auf den überlassungspflichtigen Abfallbesitzer bezogen. Die konkretisierenden Regelungen sind weitgehend deckungsgleich mit denjenigen zur Vermeidungspflicht; ausdrücklich statuiert ist eine Ermächtigung zum Erlaß von Rechtsverordnungen zur getrennten Sammlung von Abfällen.

Auch Bayern kennt das allgemeine Gebot zur stofflichen Verwertung und untersetzt es - wie das Vermeidungsgebot - durch programmatische Normen, aber auch konkretere Verpflichtungen. Kriterium für den Ausschluß von Abfällen von der Entsorgungspflicht der entsorgungspflichtigen Körperschaft ist auch die Möglichkeit zur stofflichen Verwertung. Durch kommunale

Satzungen sind Abfallbesitzer zur getrennten Überlassung zu verpflichten. Im Zuge der Entsorgungsplanung sind Verwertungsziele und Verwertungsquoten aufzustellen. In der alljährlich zu erstellenden Abfallbilanz muß begründet werden, warum Abfälle nicht (stofflich oder thermisch) verwertet wurden. Von der entsorgungspflichtigen Körperschaft beabsichtigte Verwertungsmaßnahmen sind in einem Entsorgungsvorsorgenachweis für die nächsten vier Jahre aufzuführen. Die stoffliche Verwertung im Einzugsbereich der Anlage ist auch in den Antragsunterlagen zur Planfeststellung darzustellen.

In Bremen findet sich keine einschlägige Programmatik, erneut nur die Beratungspflicht der Stadtgemeinden. Deren Befugnis, Abfallbesitzern die Getrennthaltung von Abfällen aufzugeben, ist nicht ausdrücklich verwertungsbezogen, sondern bezieht sich allgemein auf die Zuführung zu spezialisierten Entsorgungsanlagen.

In Hessen wird die Verwertungspflicht des Bundesrechts wiederholt und unterstützt durch eine Verpflichtung zum Anbieten entsprechender Getrenntsammelsysteme, ferner durch eine Begründungspflicht in der Abfallmengenbilanz, durch die Abfallberatung und durch auf das Beschaffungswesen der öffentlichen Hand bezogene Regelungen. Vorgaben zur Verwertung sind in die Entsorgungsplanung aufzunehmen, durch Verwaltungsvorschriften können Zielvorgaben für die stoffliche Verwertung gesetzt werden.

Das niedersächsische Landesabfallrecht kennt eine Zielfestlegung zugunsten der Verwertung, ohne dabei stoffliche und thermisch-energetische Verwertung zu unterscheiden. Sie gilt auch für das Beschaffungswesen. Pflichten zur getrennten Bereithaltung und Überlassung können durch Satzung festgeschrieben werden; planerische Vorgaben finden sich nicht.

Das nordrhein-westfälische Recht setzt seine allgemeine Verwertungspflicht in Beratungspflichten und Vorgaben für das Beschaffungswesen um. In den Anforderungen an Abfallwirtschaftskonzepte wird neben der Entsorgung nur die künftige thermische Nutzung von Abfall erwähnt. Verwertungsaspekte können auch in die Gestaltung des Lizenzentgeltes einfließen.

Die Abfallgesetze von Sachsen, Sachsen-Anhalt und Thüringen akzentuieren das Verwertungsanliegen ebenfalls.

In Rheinland-Pfalz besteht kein eigenständiges Verwertungsgebot, jedoch eine Pflicht des überlassungspflichtigen Abfallbesitzers, die Verwertung zu erleichtern. In der Abfallmengenbilanz muß begründet werden, warum deponierte Abfälle nicht verwertet (also offenbar auch: nicht verbrannt) wurden. Anforderungen an entsorgungsplanerische Festlegungen behandeln stoffliche und thermische Verwertungen gleich, wobei das Gebot besteht, erforderlichenfalls die getrennte stoffliche Erfassung planerisch anzugehen.

- *"Inlandsprinzip"*

Hierzu ist Landesrecht weniger ergiebig.

In Hessen ist die Zulässigkeit der Verbringung von Abfällen, die in anderen Ländern angefallen sind, auf das Gebiet des Landes Hessen von den Festlegungen des Einzugsbereichs von Entsorgungsanlagen im Abfallentsorgungsplan abhängig. Es besteht insoweit eine Genehmigungspflicht für die "Einfuhr". Diesem Modell folgt auch Niedersachsen, wo von der Genehmigungspflicht gemäß einer Rechtsverordnung Ausnahmen gemacht werden. Dem ist auch die Rechtslage in Nordrhein-Westfalen und Rheinland-Pfalz vergleichbar, wo aber nicht auf die Festlegung von Einzugsbereichen abgestellt wird, sondern auf allgemeine planerische Ziele und Erfordernisse sowie auf das Wohl der Allgemeinheit.

bb) Begriffsbestimmungen

Eine Legaldefinition zum Abfallbegriff enthält nur das Bundesrecht; den Ländern ist damit der Raum zur eigenständigen Festlegung von Abfallbegriffen genommen. Das Bundesrecht legt ferner abschließend fest, was unter der Abfallentsorgung und Abfallverwertung sowie unter Abfallentsorgungsanlagen zu verstehen ist; auch insoweit kann Landesrecht lediglich an bundesrechtliche Definitionen anknüpfen.

Ausdrücklich und äußerlich erkennbar als "Begriffsbestimmung" spricht § 1 AbfG den Abfallbegriff an (Absatz 1), ferner den Begriff der Abfallentsorgung (Absatz 2); innerhalb der letzteren Bestimmung wird durch Klammerzusatz auch zum Ausdruck gebracht, was unter Abfallverwertung zu verstehen ist. Der Anlagenbegriff wird dann - gleichfalls durch Klammerzusatz - im Rahmen der Errichtung des grundsätzlichen Anlagenzwangs (§ 4 Abs. 1 S. 1 AbfG) definiert. § 1 AbfG verknüpft seine Begriffsbestimmungen - schon an der Überschrift der Norm erkennbar - mit Festlegungen zum sachlichen Geltungsbereich des Gesetzes (dies im Wege negativer Ausgrenzung einzelner Abfälle, Absatz 3). Diese bleiben begrifflich dennoch Abfall, was ermöglicht, sie jedenfalls teilweise dem Regime des Abfallrechts zu unterwerfen (siehe § 1 Abs. 3 Nr. 3, 6 und 7 AbfG).

Die Abfalleigenschaft kann nur beweglichen Sachen zukommen (dazu - m.w.N. der Diskussion zur Einordnung verunreinigten Bodens - Beckmann, NVwZ 1993, 305 ff., 306 f.). Diese erlangen die Eigenschaft als Abfall aus zwei Gründen, nämlich entweder durch den Entledigungswillen ihres Besitzers (subjektiver Abfallbegriff) oder weil ihre geordnete Entsorgung aus Gemeinwohlgründen, insbesondere zum Umweltschutz, geboten ist (objektiver Abfallbegriff, § 1 Abs. 1 S. 1 AbfG). Eine Sache kann danach die Abfalleigenschaft auch wieder verlieren, wenn die Voraussetzung wegfällt, um derentwillen sie die Abfalleigenschaft aufgewiesen hatte (vgl. BVerwG, ZfW 1984, 240 f.; BGH, UPR 1990, 297 ff., 299). Auch deshalb bestimmt § 1

Abs. 1 S. 2 AbfG, daß der entsorgungspflichtigen Körperschaft (oder einem von ihr beauftragten Dritten) überlassene Abfälle trotz unternommener Verwertungsmaßnahmen der Abfalleigenschaft nicht verlustig gehen, "bis" sie selbst oder die aus ihr gewonnenen Stoffe oder erzeugten Energien dem Wirtschaftskreislauf "zugeführt" worden sind.

"Abfallentsorgung" beinhaltet nach der Legaldefinition des § 1 Abs. 2 AbfG die Verwertung von Abfällen und deren Ablagerung (im Sinne von Deponierung) sowie die Vorbereitungsmaßnahmen des Einsammelns, Beförderns, Behandelns und (Zwischen-)Lagerns.

"Abfallverwertung" meint die Gewinnung von Stoffen oder Energien aus dem Abfall (§ 1 Abs. 2 AbfG).

"Abfallentsorgungsanlagen" schließlich sind "dafür" (scil. für die Behandlung - einschließlich der Verwertung -, Lagerung oder Ablagerung) zugelassene Anlagen oder Einrichtungen. Es gibt also - so gesehen - keine "unzulässigen Abfallentsorgungsanlagen". Da nur ortsfeste Entsorgungsanlagen zugelassen werden können (vgl. § 7 Abs. 1 AbfG) scheint es danach auch keine mobilen Entsorgungsanlagen zu geben. Entsorgungsanlagen sind ferner nicht alle Anlagen, die der Abfallentsorgung im Sinne der hierfür vom Gesetz gegebenen Definition dienen, nämlich nicht solche, die der Einsammlung oder Beförderung dienen.

Die vorgenannten Aussagen bedürfen der Relativierung: Trotz der Fassung von § 4 Abs. 1 S. 1 AbfG haben sich Spruch- und Verwaltungspraxis längst angewöhnt, auch von unzulässigen Abfallentsorgungsanlagen zu sprechen. Es bestehen ferner Möglichkeiten, auch mobile Anlagen rechtmäßig zu betreiben (dazu Kunig/Schwermer/Versteyl, Abfallgesetz, 2. Aufl., 1992, § 4 AbfG Rn. 17).

b) Erfahrungen mit dem bisherigen Recht und Reformdiskussion

aa) Gesetzeszweck und Grundsätze

"Erfahrungen" mit einer Rechtslage werden im administrativen Vollzug und in der Spruchpraxis gemacht, darüber hinaus ist insoweit die rechtspolitische Wirksamkeit in bezug auf die durch die Normsetzung verfolgten Ziele von Bedeutung. Von letzterem ist vor allem aus dem Blickwinkel der Reformdiskussion zu handeln, weil diese sich auf empirische Beobachtungen stützt. Was die beiden ersten Aspekte anlangt, so können hinsichtlich der prinziphaften Gehalte des geltenden Rechts allerdings eher wenig Erfahrungen berichtet werden, weil diese insbesondere nur dann Gegenstand von Gerichtsentscheidungen sind, soweit sie sich in konkreten, unmittelbar vollzugsfähigen Einzelnormen ausdrücken. Das gilt in besonderem Maße für die vermeidungs- und verwertungsbezogenen Ansätze des AbfG, etwa im Hinblick auf § 3 Abs. 2 S. 3 AbfG als Konkretisierung von § 1a Abs. 2 AbfG.

Grundsätzlich kann freilich gesagt werden, daß der rechtspolitische Sinn einer auf Vermeidung und Verwertung gerichteten Abfallpolitik wohl nirgends bestritten wird und daß beide Grundsätze einen Vorrang vor der Deponierung besitzen, ohne diese aber einstweilen und auf weiteres überflüssig machen zu können. Ebenso deutlich ist auch, daß die insoweit im geltenden Recht anzutreffenden Aussagen hinter dem Erforderlichen zurückbleiben. Damit ist jedenfalls deutlich, daß explizite Aussagen hierzu im künftigen Recht auf der Grundsatzebene getroffen werden müssen; weitere Fragen, etwa das Verhältnis der einzelnen Ansätze zueinander bzw. seine Umsetzung im Instrumentenbereich, sind im Zusammenhang mit den diesbezüglichen Normvorschlägen zu erörtern.

Nicht eigentlich eigenständig fungiert auch § 2 Abs. 1 S. 2 AbfG (Grundsatz der Wahrung des Wohls der Allgemeinheit), weil die Norm Ausfüllungsprogramm ist für alle diejenigen abfallrechtlichen Bestimmungen, welche den unbestimmten Rechtsbegriff Wohl der Allgemeinheit ihrerseits verwenden. Insofern erscheint aber dennoch eine vor die Klammer gezogene Beurteilung hier möglich, weil - im Gegensatz zur Situation bezüglich der Vermeidung und Verwertung - die normativen Details bereits in der Grundsatznorm und nicht erst in der konkretisierenden Norm enthalten sind. In diesem Sinne kann zu § 2 Abs. 1 S. 2 AbfG auf eine reichhaltige Rechtsprechung sowohl im grundsätzlichen wie auch zu den einzelnen dort aufgeführten Regelbeispielen verwiesen werden.

In Würdigung dieser Rechtsprechung ist festzuhalten:

- Das Vokabular des § 2 Abs. 1 S. 2 AbfG ist uneinheitlich, was zu Begriffsverwirrungen führt; ohne sogleich einleuchtenden Sinn wird unterschieden zwischen Gefährdungen, Beeinträchtigungen, schädlicher Beeinflussung, schädlicher Einwirkung, Störung (siehe dazu Kunig/Schwermer/Versteyl, Abfallgesetz, 2. Aufl., 1992, § 2 AbfG Rn. 9 ff.).
- In welchem Verhältnis die Pflicht, die Ziele und Erfordernisse der Raumordnung und der Landesplanung "zu beachten" - sie ist ausdrücklich außerhalb der Regelbeispiele gestellt - zu den Schutzgütern steht, bleibt offen, wobei hieraus allerdings kaum Streitigkeiten erwachsen sind (siehe Hösel/v. Lersner, Recht der Abfallbeseitigung, 1972 ff., Stand: 44. Lfg. Juli 1993, § 2 AbfG Rn. 27; OVG Bremen, NuR 1988, 351 ff., 352).
- Unklar ist, ob die Rangfolge der genannten Schutzgüter und Interessen in Teilen oder gänzlich auch eine Differenzierung der Schutzwürdigkeit indizieren soll. Das wird z.B. aus der Voranstellung des Gesundheitsschutzes geschlossen (vgl. etwa Franßen, in: Salzwedel [Hrsg.], Grundzüge des Umweltrechts, 1982, S. 399 ff., 424).
- Die Verwendung des unbestimmten Rechtsbegriffs Wohl der Allgemeinheit als Bezugspunkt von Einzelnormen mit ganz unterschiedlichen Strukturen (Ordnungsrecht, Planungsrecht, Erlaß von Verwaltungsvorschriften) verdeckt die je unterschiedliche gerichtliche Kontrolldichte (dazu

Kunig/Schwermer/Versteyl, Abfallgesetz, 2. Aufl., 1992, § 2 AbfG Rn. 14 ff., 19).

- Es fehlt an einer klaren Umweltschutzorientierung der Grundsatznorm.
- Die Bezugnahmen auf den Gewässerschutz, den Immissionsschutz, den Naturschutz machen das Verhältnis zu diesen Rechtsmaterien insgesamt noch nicht deutlich, importieren zwar dortige Maßstäbe, klären aber nicht die Frage, inwieweit sich diese Maßstäbe in abfallrechtlichem Kontext unterschiedlich darstellen.
- Wenn von der Wahrung der Belange (z.B.) des Städtebaus die Rede ist, schließt das - an der Norm nicht sogleich ersichtlich - nicht aus, daß städtebauliche Belange den Belangen der Abfallentsorgung regelmäßig vorgehen. Nicht deutlich ist auch, daß eine Abfallentsorgungsanlage (abfall-)planungsrechtlich unbedenklich ist, wenn sie den Anforderungen des Bau-Planungsrechts genügt (vgl. BVerwGE 70, 242, [244]; VGH Mannheim, NVwZ 1990, 487 ff., 489).

Diese Beobachtungen sprechen insgesamt dafür, die Grundsatznorm nicht mit notwendigerweise Abgrenzungsschwierigkeiten aufgebenden Details zu überfrachten, sondern auch in diesem Teil des Besonderen Teils eine grundsätzliche Ausrichtung auf die Zwecke des UGB insgesamt zu erstreben. Das vereinheitlicht die Ausrichtung des Gesetzes insgesamt, rückt den Umweltschutz angemessen in den Vordergrund und entlastet auch den Binnenbereich des Abfallrechts selbst, weil ein und dieselbe Grundsatznorm nicht - kontextunabhängig - je unterschiedlich ausgelegt werden muß.

Was den Grundsatz des Vorrangs der Inlandsentsorgung angeht, so entfaltet er sich - wie ausgeführt - vor allem im Ausfuhrrecht, allerdings auch im Planungsrecht (dazu David, DÖV 1992, 697 ff.).

Anders als bezüglich der Grundsätze aus Vermeidung und Verwertung von Abfällen läßt der Stand der Diskussion, insbesondere wegen seiner europarechtlichen Implikationen, nicht sogleich den Schluß zu, daß unzweifelhaft ein Grundsatz des Vorrangs der Inlandsentsorgung zum Bestandteil der Eingangsbestimmungen des abfallrechtlichen Kapitels gemacht werden müßte. Als Alternative ergibt sich auch die Möglichkeit, erst im Zuge der Einzelbestimmungen die berechtigten Anliegen dieses Grundsatzes (Vermeidung langer Transportwege, Verhinderung des Fließens der Abfälle zur Talsohle des niedrigsten Entsorgungsniveaus) durchzusetzen, also planungsrechtlich und innerhalb des Programms für die diesbezüglichen Kontrollerlaubnisse.

bb) Begriffe

Daß der Begriff der Abfallentsorgungsanlage, den § 4 Abs. 1 S. 1 AbfG vorgibt, schon aus systematischen Gründen wenig befriedigt und Probleme insbesondere bezüglich der Zulässigkeit ortsveränderlicher Anlagen herbeiführt, wurde schon oben angesprochen. Dieser Begriff hat in der gegenwärtigen Form keine eigentlichen Konturen und nötigte die Rechtsprechung zur Herausarbeitung verschiedener, einander überschneidender Beurteilungskriterien, die das Gesetz selbst nicht enthält, so daß die Anwendung des Gesetzes insoweit durch ungeschriebene Tatbestandsmerkmale gesteuert wird. So soll die "Prägung" eines Grundstücks entscheidend sein (vgl. BVerwGE 66, 301 [303]; BVerwG, BayVBl. 1990, 568 ff.). Es komme darauf an, ob es der Abfallentsorgung "dient" (z.B. OVG Lüneburg, OVGE 38, 493 [494]; diesen Begriff verwendet § 5 Abs. 1 AbfG, allerdings nur für Autowracks), ob es ihr "gewidmet" ist. Entscheidend sei die "Funktion" des Grundstücks, seine ihm von den Berechtigten gegebene "Zweckbestimmung" (siehe Franßen, in: Salzwedel [Hrsg.], Grundzüge des Umweltrechts, 1982, S. 399 ff., 425 f.) - was eine gewisse "Stetigkeit" der Nutzung erfordere (siehe VGH Kassel., GewArch. 1987, 170 ff., 171). Die Problematik ist hier nicht weiter auszuführen, zumal § 2 Abs. 7 bereits einen eigenen Anlagenbegriff vorsieht, an den angeknüpft werden kann.

Der Begriff der Abfallentsorgung (§ 1 Abs. 2 AbfG) kann als inhaltlich bewährt gelten, sofern man an dem Ansatz festhält, insbesondere die Deponierung und die Verwertung von Abfällen im Zusammenhang zu regeln. Es fragt sich allerdings, ob die Definition sämtliche Arten des Umgangs mit Abfällen aufführen muß, umgekehrt: Ob ein solcher Begriff weniger additiv und damit übersichtlicher ausgestaltet werden kann.

Die Fassung des Abfallbegriffs, wie sie das geltende Recht enthält, hat der Rechtspraxis unter zahlreichen Aspekten Schwierigkeiten bereitet (vgl. zuletzt Bickel, NuR 1992, 361 ff. m. zahlr. Nachw.). Das Nebeneinander des subjektiven und des objektiven Abfallbegriffs gibt aber zu grundsätzlicher Kritik keinen Anlaß. Für den objektiven Abfallbegriff als denjenigen, nach welchem zu entscheiden ist, ob eine Sache aus Gründen ihrer (auch: abstrakten) Gefährlichkeit Entsorgungsmaßnahmen zuzuführen ist, versteht sich das von selbst. Am subjektiven Abfallbegriff ist die Kritik geäußert worden, er sei "der Abfallbegriff der Wegwerfgesellschaft" (wohl zuerst Franßen, in: Salzwedel [Hrsg.], Grundzüge des Umweltrechts, 1982, S. 399 ff., 410). Richtig ist, daß das Ausmaß, in dem Abfallvermeidung erreicht werden kann, von vornherein deutlich begrenzt ist, wenn der Besitzer einer Sache diese durch eine subjektive Entscheidung in die Entsorgung verweisen darf. Ein allgemeines und umfassendes Verbot der Entledigung von Gegenständen, die nicht schon aus Umweltschutzgründen entsorgt werden müssen, ist aber im Hinblick auf die Grundrechtsordnung nicht statuierbar und wohl in keinem modernen Wirtschaftssystem denkbar (vgl. dazu Kunig/Schwermer/Versteyl, Abfallgesetz, 2. Aufl., 1992, § 1 AbfG Rn. 12 m.w.N.). Außerdem hat der subjektive Abfallbegriff die positiv zu bewertende Funktion, den Besitzer einer Sache, derer er sich entledigen will, und den früheren Besitzer einer Sache, derer er sich entledigt hat, in die Pflicht zu nehmen (siehe Altenmüller, DÖV 1978, 27 ff., 31). Wenn Abfallentsorgung nicht nur Abfallbeseitigung, sondern eben auch Verwertung ist, relativiert sich die Kritik am subjektiven Abfallbegriff ohnehin. Die Verwertung erscheint dann im Hinblick auf ihre Umweltrelevanz zunächst als ein neutraler Vorgang, als Variante neben anderen Formen der Weitergabe einer Sache, an deren Besitz kein Interesse mehr besteht. Wie eine solche Neutralität gesichert werden kann, ist Gegenstand der Vorschriften über die Entsorgungspflichtigkeit und die Verwertung; ob und wie die Freiheit, einen Abfall durch individuelle Entscheidung zur Entstehung zu bringen, schon begrifflich und also nicht erst im Zusammenhang mit den Vorschriften über die Ordnung der Entsorgung, eingeschränkt werden kann, ist allerdings zu bedenken.

Daß nur "Sachen" Abfall sein können, erscheint nicht kritikwürdig. Das Gesetz bringt allerdings nicht unmittelbar zum Ausdruck, daß hierunter nur körperliche Sachen (vgl. § 90 BGB) fallen, also im Raum abgrenzbare Gegenstände jeglichen Aggregatzustandes, und schon deshalb nicht gasförmige Stoffe, die "nicht gefaßt" sind (vgl. aber den - bei zutreffender Auslegung überflüssigen [BayObLG, NVwZ 1986, 511] - § 1 Abs. 3 Nr. 4 AbfG).

Daß § 95 BGB, wonach Scheinbestandteile von Grundstücken sonderrechtsfähig sind, für die Abgrenzung beweglicher und unbeweglicher Sachen im Hinblick auf ihre Abfalleigenschaft keine Bedeutung hat (Hösel/v. Lersner, Recht der Abfallbeseitigung, 1972 ff., Stand: 44. Lfg. Juli 1993, § 1 AbfG Rn. 5; Kunig/Schwermer/Versteyl, Abfallgesetz, 2. Aufl., 1992, § 1 AbfG Rn. 5; siehe aber auch Schwachheim, NVwZ 1989, 128 ff.), gibt § 1 Abs. 1 S. 1 AbfG nicht zu erkennen. Es besteht auch Streit über die Abfalleigenschaft verseuchten Erdreichs (siehe dazu VGH Mannheim, NVwZ 1990, 781 ff.; Paetow, NVwZ 1990, 510 ff.).

Zweifelhaft ist, ob § 93 BGB, wonach wesentliche Bestandteile beweglicher Sachen keine selbständigen Sachen sind, auf das Abfallrecht paßt, denkt man z.B. an das Abbrennen der Ummantelung von Kabeln (vgl. etwa OLG Koblenz, GewArch. 1983, 349 f., 350; BayObLG, UPR 1986, 226).

cc) Sachlicher Geltungsbereich

Wie dargestellt steuert § 1 AbfG die Anwendungsbreite des abfallrechtlichen Regimes nicht lediglich begrifflich, sondern grenzt einzelne Problemfelder negativ (teilweise auch: partiell) aus. Umgekehrt erweitern §§ 5, 5a und 15 AbfG das Anwendungsfeld einzelner abfallrechtlicher Normen. Dies begegnet Bedenken im Hinblick auf die Systematik und die Übersichtlichkeit. Davon abgesehen ist zu fragen, inwieweit die Regelungen sachlich als bewährt gelten können.

- *Autowracks*

§ 5 Abs. 1 AbfG erscheint möglicherweise schon unter geltendem Recht als überflüssig, weil Autowracks regelmäßig dem objektiven Abfallbegriff unterfallen werden. Ist dies nicht der Fall, so erscheint ihre Entsorgung auch nicht als geboten. Auch die auf Altreifen bezogene Abfallfiktion ist (1986) gestrichen worden, weil kein Regelungsbedarf mehr gesehen wurde (dazu Kunig/Schwermer/Versteyl, Abfallgesetz, 2. Aufl., 1992, § 5 AbfG Rn. 6). Hieraus ergibt sich, daß an Hand einer Neuformulierung des objektiven Abfallbegriffs über die Notwendigkeit einer gesonderten Bestimmung für Autowracks zu entscheiden sein wird.

- *Kennzeichenlose Kraftfahrzeuge und Anhänger*

Kennzeichenlose Kraftfahrzeuge und Anhänger werden in der Regel von ihrem Halter aufgegeben, weil sie nicht mehr verwendbar sind, nicht lediglich, weil er sie nicht mehr verwenden will. Sie erfüllen dann den objektiven oder den subjektiven Abfallbegriff. Ordnungsrechtliche Eingriffsgrundlagen bieten im übrigen vor allem das Wegerecht, das Polizei- und Ordnungsrecht und § 32 StVO, so daß es auf einen Verstoß gegen den von § 4 Abs. 1 S. 1 AbfG errichteten Anlagenzwang gegründeter Verwaltungsakte eigentlich nicht bedarf. Die Ausnahmeregel des § 5 Abs. 2 AbfG soll der Behörde Beweisprobleme ersparen; das dürften aber auch die allgemeinen Regeln in hinreichendem Ausmaß leisten.

- *Altöl*

Grundsätzliche Bedenken gegen die Weichenstellung des § 5a Abs. 1 S. 1 AbfG bestehen nicht.

- *Dungstoffe*

Daß § 15 AbfG insbesondere eine Ausrichtung des Düngemittelwesens am Gemeinwohl bewirkt und Überwachungsbefugnisse der Behörde begründet (§ 11 AbfG), scheint gewiß sinnvoll, doch geht es nicht eigentlich um eine geordnete Entsorgung/Beseitigung bestimmter Stoffe, sondern um die Bewahrung des Bodens vor Überdüngung. Deshalb ist § 15 AbfG inhaltlich Bodenschutzrecht; sein Regelungsprogramm ist im dortigen Zusammenhang zu bedenken.

- *Tierkörperbeseitigung (§ 1 Abs. 3 Nr. 1 AbfG)*

Das Tierkörperbeseitigungsgesetz enthält weitgehend Parallelregelungen zum AbfG (so § 3 Abs. 1 TKBG im Blick auf § 2 Abs. 1 S. 2 AbfG; § 4 TKBG im Blick auf § 3 Abs. 2 AbfG; § 15 TKBG im Hinblick auf § 6 AbfG). Daß die Einbeziehung von Tierkörpern Auswirkungen auf den vorzuschlagenden Abfallbegriff hätte, ist nicht ersichtlich. Insbesondere handelt es sich bei den Gegenständen der §§ 1 bis 3 TKBG nicht um "Wirtschaftsgüter" (nicht zum menschlichen Genuß verwendbares Fleisch). Der Normenbestand des TKBG würde also erheblich reduziert werden können.

- *Fleischbeschaugesetz (§ 1 Abs. 3 Nr. 1 AbfG)*

Dieses Gesetz enthält keine Entsorgungsvorschriften, es geht um Fleischhygiene. Insofern erscheint die Aufführung im AbfG als überflüssig.

- *Tierseuchengesetz (§ 1 Abs. 3 Nr. 1 AbfG)*

Diese Ausklammerung erscheint bewährt. Das Abfallrecht kann kein spezielles gesundheitspolitisches Instrumentarium zur Verfügung stellen, auch wenn es - insofern wie das Fleischbeschaugesetz - auf Seuchenhygiene zielt, dies allerdings nur in dem Sinne, daß eine unzureichende Entsorgung, insbesondere unsachgemäße Lagerung oder Ablagerung von Abfällen Seuchen hervorbringen kann.

- *Pflanzenschutzgesetz (§ 1 Abs. 3 Nr. 1 AbfG)*

§ 1 Abs. 3 Nr. 6 PflSchG regelt die Vernichtung von Befallsgegenständen (Pflanzen oder Pflanzenerzeugnissen, die Träger von Schadorganismen sein können). Biologische Aspekte (Vorbeugung vor dem Übergreifen von Pflanzen und Krankheiten) stehen im Vordergrund. Das hat einen eigenständigen Sinn neben dem abfallrechtlichen Instrumentarium. Bei der Ausklammerung sollte es bleiben, zumal sich auch Probleme im Hinblick auf den Abfallbegriff ergeben würden. Auch sind die Abfallbehörden wohl mit diesem Bereich nicht sinnvoll zu befassen. Die Beseitigung von Pflanzenschutzmitteln unterfällt ohnehin schon bisher und unbeschadet von § 1 Abs. 3 Nr. 1 dem Abfallrecht. Das übrige Pflanzenschutzrecht ist im stoffrechtlichen Kapitel (Sechstes Kapitel, §§ 480 ff.) zu regeln.

- *Kernbrennstoffe, radioaktive Stoffe i.S. des AtG (§ 1 Abs. 3 Nr. 2 AbfG)*

Die Bestimmung erscheint als bewährt und sollte beibehalten werden, soweit es um Kernbrennstoffe und sonstige radioaktive Stoffe (§ 2 Abs. 1 Nr. 1, 2 AtG) geht. Was den Umgang mit radioaktiv kontaminierten Sachen anlangt, so sollte die Regelung gleichfalls dem atomrechtlichen Kapitel (Fünftes Kapitel) vorbehalten sein (vgl. auch § 7 Abs. 3 Nr. 2 des Strahlenschutzvorsorgegesetzes). Radioaktive Abfälle und Reststoffe sind in der Regel selbst Kernbrennstoffe oder senden ionisierende Strahlen aus, so daß sie gemäß § 9a AtG zu recht außerhalb des Atomrechts geregelt sind.

Das atomrechtliche Regime gilt allerdings gemäß § 2 Abs. 2 AtG nicht für Stoffe mit nur geringfügiger Radioaktivität (vgl. § 4 Abs. 4 S. 1 Nr. 2 e StrlSchV). Sie sind dann nicht von § 1 Abs. 3 erfaßt, so daß Abfallrecht gilt. Hiergegen kann man systematische Bedenken haben, doch erscheint die Geltung des Abfallrechts als angebracht (leicht radioaktiv kann schon eine defekte Armbanduhr sein).

- *Bergwerksabfälle (§ 1 Abs. 3 Nr. 3 AbfG)*

§ 55 Abs. 1 Nr. 6 BBergG spricht die ordnungsgemäße Beseitigung von Bergwerksabfällen an, ohne eine nähere Regelung vorzusehen.

Es erscheint fraglich, ob die Privilegierung des Bergbaus noch als angebracht erscheint. Sie mag darauf beruhen, daß der Bergbau früher eine ungleich gewichtigere Bedeutung für die Wirtschaft hatte; heute ist er hingegen nur noch ein Wirtschaftszweig unter anderen. Es erscheint daher rechtspolitisch naheliegend, zu einer prinzipiellen Einbeziehung von Bergwerksabfällen in das Regime des Abfallrechts zu gelangen. Etwa im Kontext der Abfallabgabe ist für die Möglichkeit einer Feinsteuerung Vorsorge zu schaffen.

- *Gase (§ 1 Abs. 3 Nr. 4)*

Es wurde schon darauf hingewiesen, daß die Vorschrift keinen Sinn gibt, weil nicht gefaßte Gase keine beweglichen Sachen sind, sie unterfallen dem Immissionsschutzrecht.

- *Stoffe, die in Gewässern (Abwasseranlagen) eingebracht werden (§ 1 Abs. 3 Nr. 5 AbfG)*

Die Regelung erscheint als angebracht, liegt letztlich in der Konsequenz einer Beschränkung des Abfallbegriffs auf Sachen. Auch wenn es hier um Stoffe geht, die eine Sacheigenschaft aufweisen, so werden sie doch durch die Einleitung oder Einbringung ungreifbar. Es kommt also das Wasserrecht zum Einsatz, jedenfalls soweit es inländische Gewässer schützt.

- *Gemeinnützige bzw. gewerbliche Sammlungen (§ 1 Abs. 3 Nr. 6 und 7 AbfG)*

Sachlich erscheinen die Normen als bewährt, zweifelhaft - auch vor gemeinschaftsrechtlichem Hintergrund - ist, ob ihr Gehalt systematisch sinnvoll bei der Abgrenzung des sachlichen Geltungsbereichs plaziert ist.

- *Kampfmittel (§ 1 Abs. 3 Nr. 8 AbfG)*

Die Kampfmittelbeseitigung gehört der Sache nach zum Kriegswaffenrecht. Es ist angemessen, sie dem allgemeinen Abfallrecht zu entziehen (vgl. auch § 29a AbfG). Es ist im übrigen bereits im Allgemeinen Teil eine Regelung vorgesehen worden (§ 169 Abs. 2), welche es ermöglicht, Sondervorschriften (auch) für Abfallrecht im Verordnungswege zu erlassen, um besonderen Gegebenheiten im Bereich der Verteidigung Rechnung zu tragen.

3. Rahmenbedingungen

Ungeachtet des Wortlauts von Art. 74 Nr. 24 GG, der von "Abfallbeseitigung" spricht, dürfte heute im Ergebnis Einigkeit bestehen, daß auch der - weitere - Bereich der Abfallentsorgung bundesrechtlicher Regelung zugänglich ist. Problematisch ist dies allerdings für den Bereich der Abfallvermeidung, denn der Wortsinn des verfassungsrechtlich verwendeten Begriffs "Beseitigung" deutet darauf, daß hier das vorherige Entstehen von Abfall vorausgesetzt ist. Es wird deshalb die Auffassung vertreten, der Bund sei lediglich auf Grund des Kompetenztitels aus Art. 74 Nr. 11 GG ("Recht der Wirtschaft") zum Erlaß vermeidungsbezogener Vorschriften ermächtigt (vgl. Bothe, NVwZ 1987, 938 ff., 939; Haaß, Handlungsspielräume gemeindlicher Umweltpolitik am Beispiel des Abfallrechts, 1992, S. 129 ff.; siehe auch BayVerfGH, BayVBl. 1990, 367 ff., 368 f.). Es wäre dem Bund dann verwehrt, Vermeidungsvorschriften zu schaffen, die sich nicht lediglich an die gewerbliche Wirtschaft richten, sondern außerhalb dessen den Bürger unmittelbar betreffen. Mit der wohl überwiegenden Auffassung wird demgegenüber hier davon ausgegangen, daß der enge Zusammenhang insbesondere zwischen der Vermeidung und der Verwertung von Abfällen jedenfalls eine Annexkompetenz des Bundes rechtfertigt (vgl. dazu Klages, Vermeidungs- und Verwertungsgebote als Prinzipien des Abfallrechts, 1991, S. 26 f.; Tettinger, GewArch. 1988, 41 ff., 42; Salzwedel, NVwZ 1989, 820 ff., 821 f.).

Auch die grundrechtlichen Grenzen für eine Umgestaltung des Abfallrechts sollen hier nicht allgemein dargestellt werden. Solche Grenzen betreffen vor allem die Verpflichtungen, die Abfallbesitzern auferlegt werden können, und das Anlagenzulassungsrecht, hier auch rücksichts des Drittschutzes. Für den Bereich der Eingangsbestimmungen sind die Grundrechte im übrigen nicht relevant, sieht man davon ab (dies wurde schon angesprochen), daß sie einem pauschalen Verzicht auf den subjektiven Abfallbegriff entgegenstehen dürften.

Europäisches Gemeinschaftsrecht als Primärrecht setzt Rahmenbedingungen für die Ausgestaltung des abfallrechtlichen Instrumentariums im einzelnen, während das Sekundärrecht unmittelbar auch die Fragen von Anwendungsbereich/Begriffsbestimmungen, aber auch die abfallrechtlichen Prinzipien erfaßt.

Zum Prinzipienbereich ist einstweilen - und über die im Rahmen der "rechtspolitischen Erfahrungen" angesprochene Problematik des Vorrangs der Inlandsentsorgung hinaus - festzuhalten: Schon seit dem Zweiten Aktionsprogramm der EG vom 13. Juni 1977 prägen die Ziele Abfallvermeidung und -verwertung die Abfallpolitik der Gemeinschaft. Das wurde im 3. Aktionsprogramm vom 17. Februar 1983 besonders akzentuiert und im 4. Aktionsprogramm vom 7. Dezember 1987 bestätigt. Seit 1975 werden in Richtlinien Vermeidungs- und Verwertungsgebote postuliert (Ausgangspunkt: Art. 3 der Rahmenrichtlinie von 1975). Vermeidungs- und Verwertungsgebote sind umgesetzt etwa in der Altölrichtlinie, in der Richtlinie über gefährliche Abfälle, in der Titandioxid-Richtlinie und der Verpackungsrichtlinie.

Sekundärrecht gibt ferner den Rahmen für die Formulierung des Abfallbegriffs (dazu Kersting, DVBl. 1992, 343 ff.; Dieckmann, NuR 1992, 407 ff.) bzw. dafür, welche Stoffe wegen ihrer Gefährlichkeit Entsorgungsmaßnahmen unterworfen werden müssen. Die Urteile des EuGH vom 28. März 1990 zum Abfallbegriff (EuGH, NVwZ 1991, 660; DVBl. 1991, 375 f.; siehe auch BGH, NJW 1990, 2477 ff.) verlangen, daß Stoffe nicht schon deshalb von vornherein aus dem abfallrechtlichen Regime ausgeschlossen bleiben dürfen, weil ihr Besitzer sie zu verwerten beabsichtigt. Der europarechtliche Abfallbegriff setzt andererseits nicht voraus, daß der Besitzer die Wiederverwendung ausschließen will oder daß sie objektiv unmöglich ist. Auch sogenannte Wirtschaftsgüter sind grundsätzlich dem Abfallbegriff zuzuordnen. Daraus ergibt sich noch keine positive Eingrenzung des Abfallbegriffs im Unterschied zur Weitergabe wertvoller Güter. Das neue EG-Abfallrecht arbeitet zur Konkretisierung des objektiven Abfallbegriffs mit einem umfassenden Katalog von Gründen für eine Beseitigung bzw. Verwertung. Ein gesondertes Reststoffregime ist jedenfalls dann nicht ausgeschlossen, wenn die diesbezüglich anwendbaren Rechtsvorschriften ein gleiches Schutzniveau erreichen (vgl. zum Ganzen Birn, NVwZ 1992, 419 ff.).

II. VORSCHLAG

1. Leitvorstellungen

Der Vorschlag geht davon aus, daß (auch) das Abfallrecht einer ausdrücklichen Zweckorientierung sowie ausformulierter "Grundsätze" bedarf, daß es ferner "Leitlinien" zur Orientierung der Träger öffentlicher Gewalt enthalten sollte.

Die Reichweite des abfallrechtlichen Regimes soll durch begriffliche Festlegungen und eine Spezifizierung des Geltungsbereichs bestimmt werden. Außerdem sind all diejenigen Begriffe zu definieren, welche für die Vorschriften des Siebenten Kapitels zentrale Bedeutung haben. Im Zuge dieser Definition sollen begriffliche Probleme, die das geltende Recht aufwirft, nach Möglichkeit beseitigt werden.

Hervorzuheben ist:

- Die blasse Orientierung des geltenden Rechts am Schutzgut "Wohl der Allgemeinheit" (vgl. § 2 Abs. 1 S. 2 AbfG) soll aufgegeben werden.
- Die Abfallvermeidung soll in den Vordergrund rücken. Im Rahmen der Entsorgungsmaßnahmen soll die Verwertung Vorrang haben - ohne daß dabei aber der Versuch unternommen werden dürfte, die Notwendigkeit auch der Beseitigung von Abfällen, also eine Einwirkung ohne jeglichen Verwertungsertrag, durch die Begriffsbildung zu verdecken. Ein geschlossener Stoffkreislauf erscheint nicht erreichbar. Er kann deshalb

auch nicht rechtlich vorgeschrieben, höchstens angestrebt werden. Soweit er erreichbar ist, sollte jedoch das rechtliche Instrumentarium bereitliegen, das ihn erzwingbar macht. Die Aufgabe kommt wesentlich dem Stoffrecht zu.

- Auch das Verhältnis der stofflichen zur thermischen Verwertung bedarf der Präzisierung.
- Das Nebeneinander von objektivem und subjektivem Abfallbegiff soll - allerdings in veränderter Begrifflichkeit - beibehalten werden. Die unscharfen Randzonen dieser Begriffe im geltenden Recht (etwa: Problematik der Abgrenzung zum sogenannten Wirtschaftsgut) sollen beseitigt werden.
- Der Abfallbegriff und der Reststoffbegriff (insbesondere des Immissionsschutzrechts) bedürfen der Koordinierung.
- Das Verhältnis zu materiellen Entsorgungsvorschriften des Strahlenschutz- und des Stoffrechts wie auch zu Vermeidungs- und Verwertungsvorschriften des Immissionsschutzrechts bedürfen der Regelung. Dabei soll das Abfallrecht immer dann in den Hintergrund treten, wenn und soweit die betreffenden anderen Kapitel einschlägige Vorschriften enthalten.
- Die Erstreckung des Abfallrechts auch auf die Altölentsorgung soll beibehalten werden.
- Bei den abfallrechtlichen Grundsätzen bedarf es eines Gegengewichts gegenüber der von dem subjektiven Abfallbegriff vorausgesetzten Dispositionsbefugnis des an einer Sache Berechtigten.
- Der bisherige Vorrang der Inlandsentsorgung soll eingebunden werden in ein allgemeines, bei der Transportvermeidung ansetzendes "Lokalitätsprinzip".
- "Leitlinien" sollen jedes abfallrelevante Verhalten öffentlicher Hände auf die abfallrechtlichen Grundsätze des Gesetzes verpflichten.

2. Zur Regelung im einzelnen

Zu § 559 Zweck

Jedes Kapitel des Besonderen Teils erhält eine eigenständige Zweckbestimmung und spezifiziert damit § 559, ohne ihn zu verdrängen. Für das Abfallrecht soll der Vorrang der Vermeidung gleich eingangs betont werden, ohne daß die Notwendigkeit verdeckt werden dürfte, weiterhin Entsorgung zu betreiben. Solche Entsorgung ist - wie der zweite Teilsatz verdeutlicht - den Zielen der Umweltschonung und der Wiedergewinnung von Stoffen verpflichtet.

§ 559 "informiert" über die Grundkonzeption des Siebenten Kapitels und soll die Auslegung aller seiner Vorschriften prägen.

Zu § 560 Begriffsbestimmungen

Die Begriffsbestimmungen stecken die Reichweite des Abfallrechts ab. Sie bedeuten dabei freilich nur eine von mehreren denkbaren Techniken zur Festlegung des sachlichen Geltungsbereichs. Die Einbeziehung in das bzw. der Ausschluß aus dem abfallrechtlichen Regime können insgesamt durch einen Ausgangsbegriff, daneben aber auch durch die Erstreckung des Gesetzes auf Nichtabfälle, die Ausklammerung einzelner Abfälle sowie auch noch durch Differenzierungen im Instrumentenbereich geleistet werden. Insoweit bestehen als Vorgaben insbesondere: die angesprochenen EG-rechtlichen Hintergründe, die Erfahrungen mit dem geltenden Recht, die Notwendigkeit der Abgrenzung mit den Kapiteln zu den Gefährlichen Stoffen (Sechstes Kapitel) und zum Immissionsschutzrecht (Viertes Kapitel). Danach ressortieren etwa die Abfalltransporte weiterhin im Abfallrecht. Auch der Bereich der Reststoffe soll nicht zum Stoffrecht gehören, zum Immissionsschutzrecht nur, soweit es um genehmigungspflichtige Anlagen geht (bleibt), insoweit also im Einklang mit dem geltenden Recht. Andererseits ist es geboten, die Aufbringung im Rahmen der Landwirtschaft bodenschutzrechtlich anzugehen.

Diese Ausgangspunkte sind begrifflich zu berücksichtigen. Sie machen es erforderlich, einen weiten Abfallbegriff zu verwenden, der also - "zunächst" - auch den Bereich der Reststoffe mitumfaßt, durchaus auch "Wirtschaftsgüter", wenn ihre Entsorgung aus Umweltschutzgründen geboten ist. Wenn zur Entsorgung auch die Verwertung gehört, entsteht daraus kein Problem, sofern dem Abfallbesitzer jedenfalls hinreichende Spielräume im Hinblick auf die Art der Verwertung eingeräumt werden. Soweit die Verwertung - im verbleibenden Bereich außerhalb des Rechts immissionsschutzrechtlich genehmigungsbedürftiger Anlagen - anderer Regeln bedarf als die Beseitigung, kann und muß im Instrumentenbereich darauf reagiert werden.

Zu Absatz 1

Die Vorschrift verbindet die gegenwärtige Definition der Abfallentsorgung (§ 1 Abs. 2 AbfG) mit derjenigen des Beseitigungsbegriffs aus § 1 Abs. 2 AbfG 1972 und bemüht sich um eine sprachliche Vereinfachung insofern, als die einzelnen Entsorgungsphasen (Einsammeln, Befördern, Behandeln und Lagern) nicht mehr gesondert aufgeführt, sondern unter dem Oberbegriff der Beseitigung zusammengefaßt werden. Das wird klargestellt durch die Wendung "hierauf bezogene vorbereitende Maßnahmen". Dies unterwirft also auch Maßnahmen im Vorfeld der Verwertung dem abfallrechtlichen Regime, wenn nichts anderes bestimmt ist. Es bleibt möglich, im Instrumententeil lediglich einzelne Entsorgungsphasen gesondert anzusprechen.

Allgemein erscheint es sinnvoll, den 1986 aus dem AbfG getilgten Begriff der Abfallbeseitigung wiederzuverwenden; er hat die Rechtssprache und die umweltpolitische Diskussion ohnehin nie verlassen. Es ist auch problemverdeutlichend, wenn dieser Begriff markant dem Begriff der Verwertung gegenübergestellt wird.

Zu Absatz 2 und 3

Beide in § 560 Abs. 1 verwendeten Zentralbegriffe sind im folgenden zu definieren. Es wird vorgeschlagen, die Definition der Abfallverwertung gegenüber dem geltenden Recht zu erweitern ("oder ihre Nutzung zu Zwecken, die nicht vorrangig der Abfallbeseitigung dienen und mit diesem Gesetz vereinbar sind"). Angesprochen sind also zunächst die herkömmlichen thermischen Verfahren der Energiegewinnung und zur Rohstoffrückgewinnung. Es mag aber auch anderweitige Bearbeitungsarten geben oder künftig geben, die sich nicht als Gewinnung von Stoffen, sondern eher als Umgestaltung von Produkten darstellen und dadurch die Gefährlichkeit des Ausgangsstoffes beseitigen. Bei "Nutzung" ist etwa an die Verfüllung von Tagebauen mit Produktionsrückständen gedacht, die sich - wie es auch für das geltende Recht von der Rechtsprechung teilweise angenommen worden ist - als Verwertung darstellen kann; derartiges dient zweifellos auch der "Beseitigung", aber nicht notwendigerweise "vorrangig".

Die Vereinbarkeitsklausel soll sicherstellen, daß die Zwecke des UGB im allgemeinen bzw. seine abfallrechtlichen Bestimmungen im besonderen gewahrt bleiben, wenn eine Nutzungsart außerhalb der Rückgewinnung von Stoffen oder der Gewinnung von Energie gewählt wird; die Nutzungsart als solche muß also bereits prinzipiell mit Umweltschutzinteressen vereinbar sein, dies über die noch vorzuschlagenden Regelungen über die Zulässigkeit von Verwertungsmaßnahmen hinaus.

Abfallbeseitigungsmaßnahmen sind nach § 560 Abs. 3 Maßnahmen, die sich nicht als Verwertung von Abfällen oder als verwertungsbezogene Maßnahme darstellen, wobei die denkbaren Varianten der Vernichtung, Verschließung, Ablagerung genannt werden. Vernichtung ist etwa auch die Verbrennung, die nicht zur Energiegewinnung erfolgt.

Zu Absatz 4, 5 und 6

Der Vorschlag hält an dem Nebeneinander eines objektiven und eines subjektiven Abfallbegriffs fest. Diese Begriffe sollen die plastischeren Bezeichnungen "Zwangsabfall" und "gewillkürter Abfall" erhalten. Sie sind in ihrer Reihenfolge vertauscht im Hinblick auf die unterschiedliche umweltpolitische Bedeutsamkeit. Anstelle der durchaus eingebürgerten aber doch abstrakten und wenig anschaulichen Predizierung mit "subjektiv" und "objektiv" sollen also Begriffe treten, die schon im bisherigen juristischen Sprachgebrauch gelegentlich (etwa in der Rechtsprechung des BGH) verwendet werden. Durch die begriffliche Unterscheidung von zwei Varianten des Abfallbegriffs werden konkretere Einzeldefinitionen möglich.

Klargestellt werden soll, daß nur körperliche Sachen Abfall sein können, wie es auch dem geltenden Recht entspricht. Nach diesem sind allerdings wesentliche Bestandteile keine selbständigen Sachen (§ 93 BGB) und mithin auch nicht als Abfall qualifizierbar. Das hat, wie die Rechtsprechung zeigt, zu gewissen Regelungslücken geführt, etwa beim Abbrennen der Ummantelung von Kabeln, beim Ausbrennen von Waggons und Kraftfahrzeugen. Deshalb wird vorgeschlagen, daß wesentliche Bestandteile einer Sache sich als Abfall darstellen, wenn der Gesetzeszweck dies erfordert (§ 560 Abs. 4 S. 2).

Der objektive Abfallbegriff wird nicht mehr auf das "Wohl der Allgemeinheit" und damit mittelbar auf die Regelbeispiele des § 2 Abs. 1 S. 2 AbfG bezogen (ob die Ergänzung "insbesondere des Schutzes der Umwelt", die dort eingefügt worden war, eine Erweiterung bzw. Veränderung gebracht hat, scheint als unklar), sondern auf den Begriff der Umweltgefahr, wie ihn der Entwurf des Allgemeinen Teils vorgibt. Damit soll deutlich gemacht werden, daß eine Sache dann Abfall ist, wenn sie der Entsorgung bedarf. In dieser Fassung ist zur Auslegung des Merkmals "geboten", kein Raum mehr für eine Abwägung mit den (etwa finanziellen) Interessen des Besitzers solcher Sachen. Diesen Interessen soll im Instrumententeil Rechnung getragen werden, soweit dort die Option der Verwertung eröffnet oder vorgeschrieben wird.

Der Vorschlag erscheint vorzugswürdig gegenüber einer enumerativen Aufzählung einzelner Abfallarten, mag diese auch anschaulicher sein. Eine derartige enumerative Lösung zur Regelung des objektiven Abfallbegriffs ist nicht ratsam. Sie könnte ohnehin nicht abschließend ausgestaltet werden, bedürfte also in jedem Fall einer Ergänzungsklausel, die dann wiederum ähnlich ausfallen müßte wie der vorgeschlagene § 560 Abs. 5 S. 1. Zu berücksichtigen ist auch, daß eine Aufzählung und Differenzierung einzelner Zwangsabfälle ohnehin im Zuge der Festlegung der "gefährlichen" Abfälle (Sonderabfälle) nach § 560 Abs. 7 im Verordnungswege erfolgt. In bezug auf den Streit über die Angemessenheit einer Generalklausel oder einer Enumeration (vgl. dazu Hösel/v. Lersner, Recht der Abfallbeseitigung, 1972 ff., Stand: 44. Lfg. Juli 1993, § 1 AbfG Rn. 3; Kloepfer, Umweltrecht, 1989, § 12 Rn. 29 ff.) wird also eine mittlere Linie vertreten (vgl. dazu auch Franßen, in: Salzwedel [Hrsg.], Grundzüge des Umweltrechts, 1982, S. 399 ff., 410).

Vorgeschlagen wird, auch Produkte, die verbotswidrig hergestellt worden sind, dem abfallrechtlichen Regime zu unterwerfen (vgl. dazu Rat von Sachverständigen für Umweltfragen, Abfallwirtschaft, 1990, Tz. 101).

Die weite Fassung des Begriffs Zwangsabfall relativiert die Notwendigkeit der Gleichstellung bestimmter Sachen mit Abfall, wie es bisher für Altöl, Autowracks, Klärschlamm und Wirtschaftsdünger vorgesehen ist, weil dort die Abgrenzung zwischen Abfall und Wirtschaftsgut besondere Schwierigkeiten aufgeworfen hat. Solche Gegenstände unterfallen nunmehr sogleich ausnahmslos dem Abfallbegriff, was höchstens für Altöl im Einzelfall zweifelhaft sein kann (daher Regelung zum "Geltungsbereich", § 561 Abs. 2).

Die vorgeschlagene Vorschrift entläßt zu verwertende Zwangsabfälle aus dem abfallrechtlichen Regime erst mit der Zuführung der aus ihnen gewonnenen Stoffe oder Energie zum Wirtschaftskreislauf, wobei die Subsidiarität des Abfallrechts auch hier zu beachten ist: Soweit die Verwertung in Anlagen erfolgt, welche einem anderen Kontrollregime als demjenigen nach den Vorschriften des Siebenten Kapitels unterworfen sind, bedarf es der Koordinierung im Abschnitt über die Ordnung der Entsorgung (zweiter Abschnitt).

In Absatz 6 folgt der subjektive Abfallbegriff in terminologischer Veränderung und mit einer Klarstellung zur Maßgeblichkeit der Willensbetätigung des jeweiligen Besitzers. Dem Begriff wird das Tatbestandsmerkmal (Entledigung) "mit dem Ziel der Entsorgung" beigegeben, das nach dem geltenden Recht durch Auslegung gewonnen werden mußte. Vorgeschlagen wird die Regelung, daß die Übergabe verwendbarer oder verwertbarer Sachen an einen Sammler diese noch nicht zu gewillkürtem Abfall macht, was aber einer etwaigen objektiven Abfalleigenschaft nicht entgegensteht. Damit ist im vorliegenden Bereich - anders als nach § 1 Abs. 3 Nr. 6 und 7 AbfG - das abfallrechtliche Regime nicht von vornherein unanwendbar.

Die Einschränkung unter Bezugnahme auf die Begründung von Umweltrisiken soll eine Handhabe bieten, Bagatellabfälle auszuschließen, was nach geltendem Recht nur über eine teleologische Reduktion geleistet werden konnte.

Zu Absatz 7 und 8

Die Begriffe "gefährliche Abfälle" (bisheriger Sprachgebrauch meist: "Sonderabfälle") und "Siedlungsabfälle" werden geprägt, um entsprechende Differenzierungen in anderen Bestimmungen des Gesetzes oder auch in Rechtsverordnungen vornehmen zu können. Die Bestimmung der gefährlichen Abfälle durch eine Rechtsverordnung, zu deren Erlaß die Bundesregierung verpflichtet wird, soll zugleich zur Rechtssicherheit bei der Anwendung des objektiven Abfallbegriffs beitragen, dessen Weite es wiederum überflüssig macht, auf der begrifflichen Ebene zwischen gefährlichen Abfällen und gefährlichen Reststoffen zu unterscheiden.

Zu Absatz 9

Die Abgrenzung von Reststoff und Abfall bereitet nach geltendem Recht erhebliche systematische und praktische Schwierigkeiten (siehe etwa Hansmann, NVwZ 1990, 409 ff.). § 2 Abs. 3 AbfG geht davon aus, daß Reststoffe keine Abfälle "sind", § 5 Abs. 1 Nr. 3 BImSchG demgegenüber davon, daß Reststoffe "als" Abfall zu behandeln sein können. Der vorgelegte Vorschlag will ausschließen, daß einer Sache die Eigenschaft als Abfall abgesprochen wird, weil sie sich als Reststoff darstelle. Die Qualifizierung als Abfall bleibt von der Art des Entsorgungsvorgangs unabhängig. Daß Abfälle, die sich als Reststoff darstellen, gesonderter Behandlung unterworfen werden, bleibt möglich. Der Reststoffbegriff hat somit die Funktion, insbesondere im immissionsschutzrechtlichen Zusammenhang eine Anknüpfung für Sonderregelungen zu bieten. Dementsprechend wird der Geltungsbereich des Siebenten Kapitels in § 561 Abs. 1 S. 2 eingeschränkt. Auch der Abschnitt über die Ordnung der Entsorgung hat auf diesen Umstand zu reagieren. Greifen reststoffbezogene Sonderregelungen nicht ein, gilt aber Abfallrecht, wenn der betreffende Reststoff die Anforderungen des Abfallbegriffs erfüllt. Inhaltlich folgt die Definition dem im bisherigen Recht nicht von einer Legaldefinition erfaßten immissionsschutzrechtlichen Reststoffbegriff (vgl. z.B. Jarass, Bundes-Immissionsschutzgesetz, 1983, § 5 BImSchG Rn. 38; Kutscheidt, NVwZ 1986, 622 ff., 623; Rehbinder, DVBl. 1989, 496 ff., 497).

Zu Absatz 10

Die Vorschrift ist erforderlich, um eine Harmonisierung mit § 2 Abs. 7 herbeizuführen. Der Anlagenbegriff ist weit gefaßt, um keine Lücken bezüglich solcher Anlagen zu lassen, die anderen Kontrollerlaubnissen nicht unterliegen. Im Zuge der Regelungen über den Anlagenzwang und die Anlagenzulassung ist feinzusteuern, welche Abfallentsorgungsanlagen gerade der spezifisch abfallrechtlichen Zulassung zu unterwerfen sind.

Zu § 561 Geltungsbereich

Die Vorschrift begrenzt in Absatz 1 und erweitert in Absatz 2 den Geltungsbereich des Siebenten Kapitels. Das Abfallrecht soll wie bisher keine Anwendung finden, soweit das Strahlenschutzrecht den Umgang mit Abfällen regelt. Die Bezugnahme auf das stoffrechtliche Kapitel ist wegen der dortigen pflanzenschutzrechtlichen Bestimmungen geboten. Auch die Verweisung auf das Tierseuchengesetz entspricht dem geltenden Recht. Zur Reststoffvermeidung bzw. -verwertung siehe schon oben.

Verzichtet wird auf eine Aufführung des Tierkörperbeseitigungsgesetzes und des Fleischbeschaugesetzes. Das erstere enthält zwar materielles Abfallrecht, doch wird sein Regelungsziel durch die vorgeschlagenen Vorschriften bereits erreicht. Der Hinweis auf das Fleischbeschaugesetz war schon nach geltendem Recht überflüssig.

Entfallen soll ferner die bisherige Privilegierung des Bergbaus, ebenso ein Sonderrecht für die Kampfmittelentsorgung.

Die im bisherigen Recht enthaltene Ausblendung des Sammlungswesens ist schon im Zuge der Begriffsbestimmung geleistet worden.

Die Erweiterung des Geltungsbereichs auf die Altölentsorgung folgt dem geltenden Recht.

Zu § 562 Grundsätze und zu § 563 Leitlinien

Die "Grundsätze" (§ 562) geben Vorgaben für die Abfallwirtschaft und Abfallpolitik, die staatliches Handeln anleiten können, bei Ermessensentscheidungen zu beachten sind und weiteren Vorschriften des Gesetzes als Bezugspunkt für Verweisungen dienen können. Des weiteren richten sich die Grundsätze auch an den Bürger, wobei sie wegen ihres Sollenscharakters grundsätzlich nicht für den Vollzug geeignet sind und ihre Nichtbefolgung als solche keine Sanktionen auslöst. Es handelt sich insoweit aber um appellative Normen, wie sie auch der Allgemeine Teil kennt (vgl. z.B. § 7).

Erwägenswert wäre, auf die Grundsatznorm des § 562 noch eine ausdrückliche "Verpflichtung auf die Grundsätze" folgen zu lassen, um auch an dieser Stelle des Gesetzes die gemeinsame Verantwortlichkeit von Staat und Bürger für die Umwelt - hier hinsichtlich des Problems der Vermeidung von und des Umgangs mit Abfällen - hervorzuheben (vgl. § 6 Abs. 1 S. 1: "Der Schutz der Umwelt ist Staat und Bürgern anvertraut."). Dem stehen jedoch inhaltliche wie systematische Bedenken entgegen, es ist der Eindruck einer gleichförmigen Bindung von Staat und Bürgern zu vermeiden. Eine nähere programmatische Ausformung bezüglich der Umsetzung der Grundsätze des § 562 durch die Träger öffentlicher Gewalt erscheint aber sinnvoll; derartige Programmatik findet sich auch in der neueren Landesgesetzgebung. Der Normvorschlag versucht eine Zusammenfassung verschiedener in der Landesgesetzgebung und in rechtspolitischen Vorschlägen anzutreffender Elemente.

Die Auflistung der Grundsätze beginnt mit dem Vermeidungsvorrang, der auf die Menge und die Schädlichkeit bezogen ist. Es schließt sich ein Weiterverwendungsgebot an, das nicht sanktionierbar ist.

Der Vorrang der Verwertung vor der Beseitigung wird unter den Vorbehalt technischer Möglichkeit und wirtschaftlicher Zumutbarkeit gestellt, wobei das Erfordernis hinzugefügt ist, daß die ökologischen Vorteile der Beseitigung gegenüber den Nachteilen nicht überwiegen dürfen. Es soll also kein Verwertungsvorrang ungeachtet der ökologischen Folgen geben. Die Abfallbeseitigung ist unter das Gebot größtmöglicher Umweltschonung gestellt.

Auch im Verhältnis von stofflicher zu thermischer Verwertung wird kein absoluter Vorrang der ersteren festgelegt. Entscheidend ist der Stand von Wissenschaft und Technik, aus dem sich jeweils ergeben kann, daß eine thermische Verwertung dem Gesetzeszweck besser dient.

In § 562 Abs. 4 ist ein Transportvermeidungsgebot vorgesehen. Es wird verbunden mit dem Verbot der Entsorgung durch Einleitung oder Einbringung von Abfällen in die Hohe See. Hinzugefügt ist eine Ausnahmeklausel für bei der Seeschiffahrt anfallende Abfälle, was angesichts der Sonderregelungen auf Grund völkerrechtlicher Verpflichtungen geboten ist. Verboten ist also nur die seeseitige Entsorgung von Abfällen, wenn diese mit dem Ziel der Entsorgung dorthin transportiert worden sind. Das bisherige Gebot des Vorrangs der Inlandsentsorgung (dessen Anliegen bei den Normvorschlägen zum Transportrecht berücksichtigt werden) findet noch einen Nachhall in § 562 Abs. 4 S. 3, wonach grundsätzlich keine Ausfuhr von Abfällen in Staaten erfolgen soll, welche nicht Mitgliedsstaaten der Europäischen Gemeinschaften sind.

§ 563 richtet sich ausschließlich an die Träger öffentlicher Gewalt und gibt ihnen vor, in welcher Weise sie den Grundsätzen des § 562 Rechnung zu tragen haben. Dabei wird auch eine Verpflichtung der Tarif- und Preisgestaltung von seiten der Träger öffentlicher Einrichtungen auf die Grundsätze des § 562 vorgeschlagen (vgl. dazu Dahmen, KStZ 1992, 123 ff.; Lindemann/Wiebe, NuR 1991, 171 ff.). Das erscheint kompetenziell zulässig und stellt sich landesgesetzlichen Regelungen, welche die abfallrechtliche Gebührengestaltung allein an Äquivalenz und Kostendeckung (denen Verfassungsrang nicht zukommt, siehe BVerfGE 50, 217 [225 ff.]) in den Weg. Die Vorschrift bedeutet eine Konkretisierung von § 91, die auch in Anbetracht dieser Bestimmung inhaltlich veranlaßt scheint, um durch die Verweisung auf § 562 eine konkretere Maßgabe zu setzen als sie in dem allgemeinen Hinweis des § 91 auf einen "schonenden Umgang mit den Naturgütern" zum Ausdruck kommt.

Zum Zweiten Abschnitt: Entsorgungspflicht und Entsorgungsordnung

I. AUSGANGSLAGE

1. Gegenstand des Regelungsbereichs

Der Abschnitt verteilt die Entsorgungspflichten zwischen Staat und Bürger, regelt die Pflicht zur Überlassung von Abfällen, soweit ihr jeweiliger

Besitzer nicht selbst entsorgungspflichtig ist, bestimmt, wie Entsorgungspflichten zu erfüllen sind und errichtet den sogenannten Anlagenzwang.

2. Bisherige Rechtslage

a) Rechtslage

Der vorliegende Gegenstand ist im geltenden Recht, insbesondere in den §§ 3 und 4 AbfG geregelt. Danach hat der Abfallbesitzer Abfälle dem sogenannten Entsorgungspflichtigen zu überlassen. Dieser wird durch Landesrecht bestimmt. Die danach zuständigen Körperschaften des öffentlichen Rechts, regelmäßig die Kreise können zur Erfüllung ihrer Entsorgungspflicht Dritte einschalten. In diesem Zusammenhang, nämlich in § 3 Abs. 2 S. 3 und 4 enthält das geltende Recht eine Bestimmung über den Vorrang der Abfallverwertung. Den entsorgungspflichtigen Körperschaften ist weiterhin die Möglichkeit eingeräumt, mit Zustimmung der zuständigen Behörde Abfälle von der Entsorgung auszuschließen, soweit es sich um sogenannten nichtmitbeseitigbaren Abfall handelt (damit ist nicht der "Sonderabfallbegriff" des § 2 Abs. 2 AbfG gemeint). Im Falle des Ausschlusses trifft die Entsorgungspflicht den jeweiligen Abfallbesitzer selbst.

§ 3 AbfG enthält weiterhin Bestimmungen, nach denen der Inhaber einer Abfallentsorgungsanlage verpflichtet werden kann, einem Entsorgungspflichtigen die Mitbenutzung zu gestatten (Absatz 5), bzw. den Inhaber einer Abfallentsorgungsanlage die Entsorgung dieser Abfälle zu übertragen (Absatz 6); schließlich enthält § 3 Abs. 7 AbfG eine Ermächtigungsgrundlage, auf Grund derer Eigentümer, Besitzer oder in sonstiger Weise Verfügungsberechtigte an einem zur Generalgewinnung genutzten Grundstücks bzw. weitere Mineralgewinnungsbetreiber verpflichtet werden können, in freigelegten Bauen oder innerhalb des Grundstücks die Entsorgung von Abfällen zu dulden.

§ 4 AbfG enthält in Abs. 1 S. 1 den sogenannten Anlagenzwang, wonach Abfälle nur in dafür zugelassenen Anlagen oder Einrichtungen behandelt, gelagert und abgelagert werden dürfen, also solchen, die einer Zulassung nach den §§ 7 ff. AbfG unterliegen. Im Jahre 1990 ist dem ein Satz 2 hinzugefügt worden, wonach die Verwertung oder Behandlung von Abfällen auch in Anlagen zulässig ist, die allein einer emissionsschutzrechtlichen Zulassung unterliegen, aber überwiegend einem anderen Zweck als der Abfallentsorgung dienen.

§ 4 AbfG kennt zwei Ausnahmen: Anlagenzwang, nämlich zum einen die Einzelfallausnahme nach § 4 Abs. 2, welche an das Erfordernis gebunden ist, daß "dadurch das Wohl der Allgemeinheit nicht beeinträchtigt wird", darüber hinaus in Absatz 4 eine Ermächtigung an die Landesregierungen zum Erlaß von Rechtsverordnungen, die die Entsorgung gewisser Abfälle oder gewisser Abfallmengen außerhalb von Entsorgungsanlagen zulassen; es betrifft dies Abfälle, die beim Gartenbau und in der Land- und Forstwirtschaft anfallen.

§ 4 Abs. 3 AbfG bestimmt, daß Sonderabfälle i.S. des § 2 Abs. 2 AbfG nur einer Person übergeben werden dürfen, die zur Beförderung nach § 12 AbfG befugt ist.

§ 4 Abs. 5 AbfG sieht vor, daß die Bundesregierung allgemeine Verwaltungsvorschriften über Entsorgungsanforderungen nach dem Stand der Technik erläßt. Es ist dies die Grundlage u.a. der TA Abfall.

Schließlich sieht § 4a AbfG vor, daß die zuständigen Behörden den Entsorgungspflichtigen auf Anfrage Auskunft über vorhandene geeignete Abfallentsorgungsanlagen zu erteilen haben.

§ 5 AbfG erstreckt das auf Abfallentsorgungsanlagen Anwendung findende Recht auf Anlagen, welche der Lagerung oder Behandlung von Autowracks dienen (Absatz 1), und beinhaltet in Absatz 2 eine Fiktion für die Abfalleigenschaft nicht bestimmungsgemäß genutzter Kraftfahrzeuge.

b) Erfahrungen mit dem bisherigen Recht und Reformüberlegungen

Daß Entsorgungspflichten zwischen Abfallbesitzern und Trägern öffentlicher Gewalt zu verteilen sind, sie nicht etwa den ersteren oder den letzteren zur Gänze aufgebürdet werden können, steht außer Streit. Ein völliger Rückzug des Staates aus der Entsorgungsverantwortlichkeit wäre abzulehnen und dürfte überdies mit dem Gebot der staatlichen Letztverantwortlichkeit auch für den Zustand der Umwelt unvereinbar sein. Auf grundsätzlicher Ebene und also abgesehen von Detailkritik an einzelnen geltenden Regelungen, die die Entsorgungspflicht und die Entsorgungsordnung betreffen, sind zwei Diskussionslinien auszumachen. Zum einen wird gefordert, den Zwang zur Benutzung von hierfür speziell zugelassenen Abfallentsorgungsanlagen zu lockern, dies vor dem Hintergrund der Knappheit solcher Anlagen, der zunehmenden Erschöpfung der Deponieräume und der Langwierigkeit und Schwierigkeit der Zulassung neuer Anlagen gerade auch im Hinblick auf die Anforderungen des Planungsrechts und die gewachsene Neigung zur Inanspruchnahme von Rechtsschutz. Ausdruck dieser Tendenz ist § 4 Abs. 1 S. 2 AbfG; unmittelbar ansetzend im Anlagenzulassungsrecht setzt sich das fort durch die Bestrebung, das herkömmliche Planfeststellungsverfahren nur noch für Deponien, nicht mehr also für sonstige Abfallentsorgungsanlagen vorzusehen (Investitionserleichterung- und Wohnbaulandgesetz). Eine weitere Tendenz zielt darauf ab, die Entsorgungslasten in erheblichem Maße den Erzeugern von Produkten, welche späterhin das Schicksal erleiden, sich als Opfer darzustellen, aufzubürden. Dies hat zwar bisher die §§ 3 und 4 AbfG unberührt gelassen, ist aber im Zusammenhang mit ihrer Ausgestaltung zu sehen. Die Produkterzeugerverantwortlichkeit ist bisher umgesetzt worden über Rechtsverordnungen, welche nach § 14 AbfG erlassen worden sind.

Die Kritik an den §§ 3 und 4 AbfG setzt des weiteren systematisch an. Beide Bestimmungen sind in ihrem Aufbau wenig überzeugend. Auch ihr Zusammenspiel ist nicht sogleich erkennbar. So befreit etwa eine Ausnahme nach § 4 Abs. 2 AbfG nicht nur von § 4 Abs. 1 AbfG, sondern auch von der Überlassungspflicht nach § 3 Abs. 1 AbfG, ohne daß dies im Gesetz zum Ausdruck käme.

3. Rahmenbedingungen

Spezifische verfassungsrechtliche oder international-rechtliche Probleme wirft die Ausgestaltung des vorliegenden Abschnitts nicht auf.

II. VORSCHLAG

1. Leitvorstellungen

Für den Bereich der Entsorgungspflicht und der Entsorgungsordnung sollte die Grundstruktur des geltenden Rechts erhalten bleiben. Es geht vor allem darum, die vorzuschlagenden Vorschriften an die Begrifflichkeit des ersten Abschnitts anzupassen, überflüssige oder nicht unmittelbar in den vorliegenden Kontext gehörende Regelungsgehalte der §§ 3 und 4 AbfG auszuscheiden sowie klarstellend auf Detailprobleme zu reagieren, welche bisher durch Auslegung gelöst werden mußten.

Die Entlastungsfunktion des Allgemeinen Teils kann vorliegend nur für die Frage der Mitbenutzung fremder Entsorgungsanlagen gelöst werden.

Die nach wie vor rechtspolitisch umstrittene Regelung des § 4 Abs. 1 S. 2 AbfG (Verwertung oder Behandlung immissionsschutzrechtlich zugelassenen Anlagen) wird nicht grundsätzlich verworfen, soll jedoch modifiziert werden.

2. Zur Regelung im einzelnen

Zu § 564 Entsorgungspflichtigkeit

Die Vorschrift verteilt die Entsorgungspflichtigkeit. Grundsätzlich sind Körperschaften des öffentlichen Rechts, die durch das Landesrecht bestimmt werden, entsorgungspflichtig. Jede anderweitige Entsorgungspflicht muß sich also als gesetzlich vorgesehene oder jedenfalls zugelassene Ausnahme von dieser Regel darstellen.

Solche Ausnahmen beinhaltet § 564 Abs. 2 bis 4. Danach bewendet es zum einen bei der Möglichkeit der entsorgungspflichtigen Körperschaft - mit behördlicher Zustimmung -, Abfälle von der Entsorgung auszuschließen. Das bisherige Recht knüpft dies an die Voraussetzung, daß die betreffende Körperschaft bestimmte Abfälle nach ihrer Art oder Menge nicht mit den in Haushaltungen anfallenden Abfällen entsorgen kann. Der vorgeschlagene § 564 Abs. 2 S. 1 stellt von vornherein klar, daß die bereits in § 560 Abs. 8 definierten Siedlungsabfälle niemals von der Entsorgungspflicht der Körperschaft ausgeschlossen werden können. Die Abnahme von Siedlungsabfällen stellt sich als klassische Aufgabe der Daseinsvorsorge dar. Andere Abfälle können ausgeschlossen werden, wenn sie nach Art oder Menge nicht gemeinsam mit Siedlungsabfällen entsorgt werden können und - darüber hinaus - der Zweck des Gesetzes nicht gefährdet wird. Damit soll die staatliche bzw. kommunale Verantwortlichkeit verstärkt werden und auf eine materielle Schranke stoßen. Vorgeschlagen wird weiterhin eine Klausel, die es den Landesgesetzgebern ermöglicht, die Befugnis zum Ausschluß noch weiter einzuschränken. Die Möglichkeiten öffentlicher Hände zur Selbstbefreiung von der Entsorgungspflicht sollen damit zurückgebunden werden. Keine Regelung wird zur Rechtsform des Ausschlusses vorgeschlagen. Nach bisherigem Recht kommen also weiterhin der Ausschluß durch Verwaltungsakt wie auch der Ausschluß durch Satzung in Betracht. Das Landesrecht mag auch hierzu Festlegungen treffen.

Für den Fall des zulässigen Ausschlusses entsteht gemäß § 564 Abs. 2 S. 3 die Entsorgungspflicht des Abfallbesitzers, dies erneut nur, wenn nicht anderes bestimmt ist.

§ 564 Abs. 3 ordnet die Entsorgungspflicht desjenigen an, der gemäß einer Rechtsverordnung zur Rücknahme von Abfällen verpflichtet ist; seine Entsorgungspflicht tritt ein, sobald er Abfallbesitzer geworden ist. Diese Regelung ist an der vorliegenden Stelle veranlaßt, obwohl es stoffrechtlicher Regelung vorbehalten bleibt, welche Produkte, Stoffe oder Zubereitungen zurückgenommen werden müssen, wenn sie sich als Abfälle darstellen.

Systematisch in den Zusammenhang der Festlegung der Entsorgungspflichtigkeit gehört auch die Regelung über die Entsorgungspflicht des Bundes für Abfälle aus dem Bereich der Bundeswehr (§ 564 Abs. 4; vgl. bisher § 29a Abs. 1 AbfG).

Zu § 565 Überlassungspflicht

Die Vorschrift regelt die Überlassungspflicht des Abfallbesitzers und enthält für Zwangsabfälle (also im Unterschied zum geltenden Recht alle Abfälle im objektiven Sinne, nicht lediglich sogenannte Sonderabfälle) nähere Maßgaben, die inhaltlich § 4 Abs. 3 AbfG weitgehend entsprechen.

In Satz 3 der vorgeschlagenen Vorschrift wird klargestellt, daß landesrechtlich Näheres über die Art und Weise der Überlassung, insbesondere auch die Vorbereitung durch das getrennte Sammeln von Abfällen, geregelt werden kann. Es erscheint sachgerecht, diesen Bereich nicht schon einer bundesrechtlichen Regelung zu unterwerfen, um regionalen Besonderheiten, aber auch landespolitischen Präferenzen Raum zu lassen.

Zu § 566 Auskunftsanspruch des Entsorgungspflichtigen

§ 566 entspricht § 4a AbfG. Der Auskunftsanspruch bezüglich geeigneter Entsorgungsanlagen könnte angesichts von § 25 S. 2 VwVfG und gleichlautendem Landesrecht als überflüssig erscheinen. Demgemäß ist § 4a AbfG oft als "selbstverständlich" bezeichnet worden. Die ausdrückliche Aufnahme dürfte dennoch sinnvoll sein, um das Kooperationsprinzip auch hier zu betonen. Andererseits empfiehlt es sich nicht, die Norm noch zu spezifizieren, etwa im Sinne einer Verpflichtung zu vollständiger oder nicht wettbewerbsverzerrender Auskunft. Ohnehin wird die Behörde den Entsorgungspflichtigen zumeist auf die zahlreichen einschlägigen Informationsvorschriften über Entsorgungsmöglichkeiten hinweisen (und kann es dabei regelmäßig bewenden lassen).

Zu § 567 Erfüllung der Entsorgungspflicht

§ 567 regelt die verbleibenden Inhalte des § 3 AbfG, also diejenigen Bereiche, die nicht schon von §§ 564, 565 abgedeckt sind. Sie betreffen sämtlich die Erfüllung der Entsorgungspflicht. Diese ist an die Grundsätze des § 562 zu binden, wobei hier der systematisch richtige Ort für die Bezugnahme auf die TA Abfall liegt (vgl. § 4 Abs. 5 AbfG). Diese tritt subsidiär zu gesetzlichen oder durch Rechtsverordnung bestimmten Anforderungen in den Abschnitten über das Anlagenrecht und das Transportrecht. Es wird eine Rechtspflicht zum Erlaß der Verwaltungsvorschrift vorgesehen. Diese hat an der Vermutungswirkung des § 156 teil.

§ 567 Abs. 2 betrifft die Einschaltung Dritter (§ 3 Abs. 2 S. 2 AbfG). Eine Regelung zur Übertragung der Entsorgung auf Dritte (vgl. § 3 Abs. 6 AbfG) erscheint demgegenüber nicht erforderlich. In der Praxis spielt dieser Weg keine beachtliche Rolle (vgl. Hösel/v. Lersner, Recht der Abfallbeseitigung, 1972 ff., Stand: 44. Lfg. Juli 1993, § 3 AbfG Rn. 53; näher: Kunig/Schwermer/Versteyl, Abfallgesetz, 2. Aufl., 1992, § 3 AbfG Rn. 59). Die Verantwortung sollte bei dem Entsorgungspflichtigen verbleiben, auch wenn es sich um eine Körperschaft handelt. Die Erfüllung der Pflicht wird übertragen, nicht die Pflicht selbst. Die Verkehrssicherungspflicht (als Auswahl- und, in Grenzen, auch Überwachungspflicht) bleibt bestehen. Der Vertrag erscheint als das gegenüber dem am Verwaltungsakt orientierten Regelungsmodell (des bisherigen § 3 Abs. 6 AbfG) vorzugswürdige Regelungsinstrument zur Festlegung der Einzelheiten eines angemessenen Interessenausgleichs im Rahmen des "Bedienens".

§ 567 Abs. 3 ist veranlaßt durch § 93, der die "Gestattung der Mitbenutzung" für die Inhaber von Entsorgungsanlagen regelt, dies im Abschnitt über die "Nutzung öffentlicher Einrichtungen". Dort ist der Bereich des § 3 Abs. 5 AbfG nicht bereits abgedeckt.

Von einer Bestimmung in Parallele zu dem bisherigen § 3 Abs. 7 AbfG (Nutzung von zur Mineralölgewinnung genutzter Bauen als Deponiekapazität) wurde abgesehen. Die Vorschrift ist verfassungsrechtlich nicht unbedenklich, auch in Ansehung der Kostenregelung. Ob entsprechende Bauen für die Abfallbeseitigung benutzt werden, kann man - im Rahmen des rechtlich Zulässigen - wohl auch dem Markt überlassen. Der Verzicht auf eine entsprechende Bestimmung erscheint auch systemgerecht im Hinblick auf die von dem Gesetz insgesamt verfolgte Reduzierung der Beseitigung. Schließlich werden die Abbauberechtigten ohnehin regelmäßig auf Grund anderer Bestimmungen zur Verfüllung verpflichtet sein. Zu den Regelungen des Bergrechts, Landschaftspflegerechts bzw.- sofern der Bau zur Entsorgungsanlage wird - abfallrechtlichen Zulassungsrechts muß nicht notwendig noch eine Ermächtigung nach Art des § 3 Abs. 7 AbfG hinzutreten.

Zu § 568 Ordnung der Entsorgung

§ 568 regelt den sogenannten Anlagenzwang (Bereich des § 4 AbfG), dies in gegenüber dem geltenden Recht etwas geänderter systematischer Abfolge. Der grundsätzliche Anlagenzwang wird vorangestellt (§ 568 Abs. 1). In Absatz 2 folgt eine Regelung zum Bereich des rechtspolitisch bei der Einführung 1990 aber auch nach wie vor umstrittenen § 4 Abs. 1 S. 2 AbfG (Entsorgung in immissionsschutzrechtlich zugelassenen Anlagen). Gesicherte Erkenntnisse über die Auswirkungen dieser Novelle liegen noch nicht vor (vgl. dazu etwa Buch, in: MURL [Hrsg.], Neuere Entwicklungen im Immissionsschutzrecht, Umweltrechtstage 1991, 1991, S. 83 ff.). Grundsätzlich und einstweilen sollte an der Regelung festgehalten werden, doch soll die hinzugefügte Verordnungsermächtigung es ermöglichen (in der vorgeschlagenen Formulierung: gegebenenfalls erzwingen), flexibel auf Erfahrungen zu reagieren, um dann bestimmte Abfälle von einer Entsorgung in derartigen Anlagen ausschließen zu können.

§ 568 Abs. 2 S. 3 entspricht der bisherigen Erstreckung der auf die Planung, Überwachung und den Verkehr bezogenen abfallrechtlichen Bestimmungen auf die Entsorgung in immissionsschutzrechtlich zugelassenen Anlagen.

§ 568 Abs. 3 ist den bisherigen § 4 Abs. 2 und 4 vergleichbar, reduziert aber die Möglichkeit der Ausnahmezulassung, um zu vermeiden, daß auf diesem Weg das Anlagenzulassungsrecht bzw. die verordnungsrechtlichen Ausnahmen (§ 10 Abs. 3 S. 1) umgangen werden (vgl. OVG Lüneburg,

DÖV 1986, 386; vgl. dazu auch BVerwG, JZ 1993, 409 ff. m. Anm. Kunig).

Zum Dritten Abschnitt: Abfallentsorgungsplanung

I. AUSGANGSLAGE

1. Gegenstand des Regelungsbereichs

Der Abschnitt betrifft die Aufstellung von Plänen zur Abfallentsorgung. Dieses Instrument beruht auf der Erkenntnis, daß in der Organisation der Abfallentsorgung großräumige Lösungen anzustreben sind. Es wurde in Deutschland erstmals 1972 in Reaktion auf vom Gesetzgeber vorgefundene Fehlentwicklungen (Zersplitterung der Abfallbeseitigung auf etwa 50.000 sogenannte Müllkippen; siehe BT-Drs. VI/2491, S. 7)) eingeführt.

2. Bisherige Rechtslage

a) Rechtslage

Die Abfallentsorgungsplanung ist in § 6 AbfG geregelt. Danach stellen die Länder für ihren Bereich Pläne zur Abfallentsorgung nach überörtlichen Gesichtspunkten auf, in denen sie geeignete Standorte für Abfallentsorgungsanlagen festzulegen haben. Sonderabfälle sind dabei besonders zu berücksichtigen. Die Pläne können auch bestimmen, welcher Träger für die Entsorgung vorgesehen ist und welcher Abfallentsorgungsanlage sich die Entsorgungspflichtigen zu bedienen haben.

b) Erfahrungen mit dem bisherigen Recht und Reformüberlegungen

Die Regelung des § 6 AbfG gilt vielen als ein Torso (vgl. zu den Hintergründen Hösel/v. Lersner, Recht der Abfallbeseitigung, 1972 ff., Stand: 44. Lfg. Juli 1993, § 6 AbfG Rn. 1). Die Regelung gibt lediglich einen Rahmen für die Entsorgungsplanung vor, der in erheblichem Umfange durch die Länder ausfüllungsbedürftig ist (siehe dazu Salzwedel, ZfW 1977, 144 ff.). Es mag sogar fraglich sein, ob § 6 seinem Inhalt nach sich lediglich als eine Norm mit Rahmencharakter, wie sie nach Art. 75 GG zu erlassen wäre, darstellt (vgl. VGH München, NuR 1987, 369 ff., 370 f.).

In der Praxis ist die Abfallentsorgungsplanung von erheblichen Vollzugsdefiziten betroffen, die in jüngerer Zeit allerdings zunehmend ausgeglichen werden. Vorliegende Pläne haben teilweise bestandsaufnehmenden Charakter oder bedürfen bereits wieder der Fortschreibung. Insofern wird insbesondere für den Bereich des Sonderabfalls davon ausgegangen, daß § 6 AbfG die von ihm erwarteten Impulse für den Aufbau einer leistungsfähigen Entsorgungswirtschaft nicht vermittelt habe (siehe dazu Appold/Beckmann, VerwArch. 81 [1990], 307 ff., 312 f.).

3. Rahmenbedingungen

Es dürfte keinem Zweifel unterliegen, daß der Bundesgesetzgeber kompetenziell befugt ist, intensivere Regelungen zur Abfallentsorgungsplanung vorzugeben, als sie § 6 AbfG enthält. Er kann insoweit die Rechtsnatur und die Rechtswirkungen von Entsorgungsplänen, wohl auch das Verfahren zu ihrer Aufstellung regeln (vgl. Salzwedel, ZfW 1977, 144 ff.).

Europarechtlich sind die Mitgliedsstaaten zur Planung im Bereich der Abfallbeseitigung verpflichtet (vgl. Art. 7 der Richtlinie 75/442/EWG vom 15. Juli 1975 in der Fassung der Änderungsrichtlinie vom 18. März 1991 sowie Art. 12 der Richtlinie 78/319/EWG über giftige und gefährliche Abfälle vom 20. März 1978). Die Änderungsrichtlinie verpflichtet - über Pläne zu Art und Menge der zu beseitigenden Abfälle, die Beseitigungstechnik und geeignete Deponiestandorte hinaus - zu weitergehenden Aussagen im Sinne von "Abfallbewirtschaftungsplänen".

II. VORSCHLAG

1. Leitvorstellungen

Im Rahmen des Gesamtkonzepts zum UGB ist bereits auf der Ebene des Allgemeinen Teils unternommen worden, die bisherigen Planungen zur Abfallentsorgung (§ 6 AbfG), zur Abwasserbeseitigung (§ 18a Abs. 3 WHG) und der Tierkörperbeseitigung (§ 15 Abs. 2 TKBG) unter dem einheitlichen Begriff der "Entsorgungsplanung" zusammenzuführen (§ 26). Dabei wurden Elemente spezieller Standortplanung mit Elementen der Planung von Entsorgungsstrukturen und der Aufgabenplanung verbunden, und zwar außerhalb der raumbezogenen Umweltleitplanung.

Inhaltlich wurde dort vorgesehen, das Verfahren der Planaufstellung den Ländern zu überlassen, und Entsorgungspläne mit verbindlichen Vorentscheidungen der Umweltfolgenprüfung (§ 49) zu unterwerfen sowie eine länderübergreifende Kooperation sicherzustellen.

Für den dritten Abschnitt des Siebenten Kapitels verbleiben insoweit im wesentlichen nur noch Ergänzungen, die bereits das geltende Recht vorsieht bzw. die vom europäischen Recht gefordert sind.

2. Zur Regelung im einzelnen

Zu § 569 Inhalt

Die Vorschrift stellt zunächst die Verbindung zwischen der grundsätzlichen Einrichtung einer Abfallentsorgungsplanung (§ 26) und dem für das Siebente Kapitel maßgeblichen Grundsätzen des § 562 her. Sie erweitert die Regelung des Allgemeinen Teils dadurch, daß sie zur Darstellung des Abfallaufkommens und zur Berücksichtigung sämtlicher Anlagen verpflichtet, in denen zulässigerweise Abfälle entsorgt werden, also einschließlich der immissionsschutzrechtlich zugelassenen Anlagen i.S. von § 568 Abs. 2 des Vorschlags (bzw. § 4 Abs. 1 S. 2 AbfG).

Im Einklang mit dem Gemeinschaftsrecht wird eine besondere Berücksichtigung der gefährlichen Abfälle i.S. des § 560 Abs. 7 verlangt.

Zu § 570 Verfahren

Die Vorschriften des Allgemeinen Teils verlangen für die Abfallentsorgungsplanung nur eine teilweise Öffentlichkeitsbeteiligung. § 570 Abs. 1 S. 2 zielt darauf, weiterhin insoweit landesrechtliche Erweiterungen zu ermöglichen. Eine Vereinheitlichung des Verfahrens zur Aufstellung der Pläne durch Bundesrecht bietet sich nicht an, unabhängig davon, daß ihr der Allgemeine Teil entgegensteht. Die derzeitigen Regelungen sind höchst unterschiedlich. Bereits die Unterschiede zwischen Flächenstaaten und Stadtstaaten stehen einer Harmonisierung entgegen.

Die Bestimmung des § 570 Abs. 2 sucht neueren Tendenzen des völkerrechtlichen Nachbarrechts (siehe dazu Kunig, in: Umweltschutz im Völker und Kollisionsrecht [Berichte der Deutschen Gesellschaft für Völkerrecht 32], 1992, S. 9 ff.) Rechnung zu tragen, die freilich nicht allein den Bereich des Abfallrechts betreffen; sie steht daher unter dem Vorbehalt ihrer Hochzonung in den Allgemeinen Teil.

Zum Vierten Abschnitt: Zulassung und Stillegung von Abfallentsorgungsanlagen

I. AUSGANGSLAGE

1. Gegenstand des Regelungsbereichs

Die Zulassung und Stillegung von Abfallentsorgungsanlagen betrifft - aus der systematischen Sicht des Allgemeinen Teils - die "direkte Steuerung", und dies durch Eröffnungskontrolle. Es geht auch um Vorschriften, welche das weitere Schicksal einer zugelassenen Betätigung betreffen, also modifizierende nachträgliche Eingriffe, aber auch um die Zulässigkeit der Einstellung des Anlagenbetriebs.

Es handelt sich um einen Regelungsbereich, der im Allgemeinen Teil auf recht hoher Abstraktionsebene ausgestaltet werden mußte, um bereichsspezifischen Besonderheiten den Raum nicht zu nehmen. Das Vereinheitlichungsziel ist deshalb im Besonderen Teil herausgehoben zu beachten; nur hier kann insoweit letztlich über das Ausmaß der erreichbaren Vereinheitlichung entschieden werden.

2. Bisherige Rechtslage

a) Rechtslage

Abfallentsorgungsanlagen sind im geltenden Recht in § 4 Abs. 1 S. 1 AbfG ansatzweise definiert. Ihre Zulassung, die Ergreifung von Maßnahmen gegenüber bei Inkrafttreten des Gesetzes bestehenden Abfallentsorgungsanlagen und die Rechtslage im Fall der beabsichtigten Stillegung sind (ergänzt durch einigungsbedingte Modifizierungen) in den §§ 7 bis 10a AbfG geregelt.

Danach bedarf es für die Zulassung einer Abfallentsorgungsanlage sowie ihrer wesentlichen Änderung regelhaft der Durchführung eines Planfeststellungsverfahrens; bei der Planfeststellung ist eine Umweltverträglichkeitsprüfung durchzuführen (§ 7 Abs. 1 AbfG). Unter bestimmten Voraussetzungen, bei deren Vorliegen der Gesetzgeber ein geringeres Umweltgefährdungspotential bzw. geringere Konfliktträchtigkeit unterstellt (die Entscheidung über das Vorliegen dieser Voraussetzungen aber der Behörde überantwortet), kann es bei der sogenannten Plangenehmigung bewenden (§ 7 Abs. 2 AbfG). Für Abfallentsorgungsanlagen, die zugleich Anlagen i.S. des § 4 BImSchG sind, ist eine besondere Zuständigkeit eröffnet (§ 7 Abs. 3 AbfG).

Seit 1990 ist die abfallrechtliche Planfeststellung oder Plangenehmigung entbehrlich, wenn Abfälle in den von § 4 Abs. 1 S. 2 AbfG erfaßten Anlagen verwertet oder behandelt werden; die genannte Vorschrift bewirkt dies dadurch, daß sie insoweit eine Freistellung vom grundsätzlich bestehenden sogenannten (Abfallentsorgungs-)Anlagenzwang zuläßt.

Das materielle Entscheidungsprogramm für Planfeststellung und Plangenehmigung ergibt sich vor allem aus § 8 Abs. 3 AbfG, dies in "negativer" Regelungstechnik: Die Vorschrift führt einzelne Versagungsgründe auf. Der wichtige Versagungsgrund des § 8 Abs. 3 Nr. 2 AbfG (nicht zu verhütende oder ausgleichbare nachteilige Einwirkungen auf Rechte anderer) wird gemäß § 8 Abs. 4 S. 1 AbfG überwunden, wenn das Vorhaben "dem Wohl der Allgemeinheit dient"; es besteht in solchen Fällen ein Ausgleichsanspruch

(§ 8 Abs. 4 S. 2 AbfG), um diese Inhalts- und Schrankenbestimmung verhältnismäßig erscheinen zu lassen.

Für bestehende Abfallentsorgungsanlagen ermöglicht § 9 AbfG die Anordnung von Verwaltungsakten zur Minderung von Gemeinwohlrisiken, nötigenfalls die teilweise oder gänzliche Untersagung.

Die Stillegung von Abfallentsorgungsanlagen unterliegt einer Anzeigepflicht (§ 10 Abs. 1 AbfG). Auf Grund der Anzeige "soll" die zuständige Behörde den Inhaber, insbesondere zur Rekultivierung verpflichten (§ 10 Abs. 2 AbfG).

Alle genannten Vorschriften beziehen sich ausschließlich auf ortsfeste Abfallentsorgungsanlagen. Um angesichts der ausdrücklich auf die "Zulassung" abstellenden Vorschrift über den Anlagenzwang (§ 4 Abs. 1 S. 1 AbfG) - die Zulassung nicht ortsfester Abfallentsorgungsanlagen ist im AbfG nicht geregelt - dennoch die Benutzung auch mobiler Anlagen zu ermöglichen, werden unterschiedliche Wege gegangen. Seit 1991 unterliegen solche Anlagen teilweise dem immissionsschutzrechtlichen Genehmigungsverfahren infolge einer Ergänzung der 4. BImSchV.

Landesabfallrecht ergänzt das bundesrechtliche Bild teilweise und vor allem durch Verfahrensvorschriften, etwa auch zur Standortsuche und durch Duldungspflichten für Grundstückseigentümer.

b) Erfahrungen mit dem geltenden Recht und Reformdiskussion

Zu unterscheiden sind Erfahrungen, die aus der Wahl des Kontrollerlaubnisinstruments resultieren (regelmäßig Planfeststellung, nicht Genehmigung) von solchen, die sich aus Einzelheiten der Ausgestaltung ergeben.

Unbestritten ist, daß die abfallrechtliche Anlagenzulassung unzuträglich lange Zeiträume beansprucht (etwa: Tettinger, in: Festschrift für Fabricius, 1989, S. 307 ff., 313), wobei unterschiedlich gesehen wird, ob dies unmittelbar aus der grundsätzlichen Entscheidung für die Planfeststellung resultiert (ob also insbesondere ihre Ersetzung durch ein Genehmigungserfordernis Abhilfe schaffen würde) oder innerhalb des Planfeststellungsverfahrens abgebaut werden könnte (siehe Kleinschnittger, Die abfallrechtliche Planfeststellung, 1992, S. 222 ff.). Politisch unterschiedlich gesehen wird, ob und welchen Umfangs durch die Komplexität der Zulassung bewirkte Zeitaufwände wegen der Gefahrenträchtigkeit der Abfallentsorgung hingenommen werden sollten. Unterschiedlich beurteilt wird schließlich, ob über die Zulassung von Abfallentsorgungsanlagen sachangemessen nur in einem von planerischer Abwägung charakterisierten Verfahren entschieden werden sollte (eingehend Paetow, in: Festschrift für Sendler, 1991, S. 425 ff.).

Auf Vereinfachung und Beschleunigung zielt schon bisher die erwähnte Durchbrechung des Anlagenzwangs (die aber die materiellen Anforderungen an die Umweltsicherheit wohl nicht geändert hat, insbesondere, weil für bestehende immissionsschutzrechtlich zugelassene Anlagen häufig das Erfordernis der Änderungsgenehmigung, §§ 15, 10 BImSchG, eingreifen wird), ferner - seit je - die praktisch wenig bedeutsamen Absätze 2 und 4 des § 4 AbfG. § 4 Abs. 2 AbfG tritt auch wegen der erwähnten Überführung mobiler Abfallentsorgungsanlagen unter das immissionsschutzrechtliche Zulassungsregime zunehmend in den Hintergrund.

Der Vereinfachung dienen auch die Zulassungserleichterung für Versuchsanlagen (§ 7 Abs. 2 S. 2 AbfG), die aber nicht von der Durchführung eines förmlichen Genehmigungsverfahrens nach dem BImSchG entheben.

Die schon 1976 in Anlehnung an § 9a WHG eingeführte und 1986 veränderte Vorschrift über die Zulassung des vorzeitigen Beginns (§ 7a AbfG) ist das Hauptinstrument zur Milderung nachteiliger Folgen von Verfahrenslänglichkeit, kann aber auch zum faktischen Aufschub des Planfeststellungsverfahrens eingesetzt werden.

Schließlich ist § 74 Abs. 3 VwVfG zu erwähnen, der es erlaubt, den Planfeststellungsbeschluß unter den Vorbehalt einer abschließenden Entscheidung zu stellen. Mit der Vorschrift sind Streitfragen verbunden (vgl. in abfallrechtlichem Zusammenhang Kleinschnittger, Die abfallrechtliche Planfeststellung, 1992, S. 215 ff.).

Vorbescheid und Teilgenehmigung kennt das geltende abfallrechtliche Anlagenzulassungsrecht nicht, sie werden mitunter vermißt (siehe etwa Große Hündfeld, DVBl. 1989, 385 ff.).

Was die Einzelheiten der Ausgestaltung anlangt, so erscheint - jedenfalls aus der Sicht des seinerzeitigen Gesetzgebers - als defizitär die durch fehlende oder zurückhaltende Abfallentsorgungsplanung der Länder bewirkte Steuerungsschwäche der von § 8 Abs. 3 S. 1 AbfG vorgesehenen Anbindung der Planfeststellung an die Entsorgungsplanung.

Zu vermerken ist ferner, wie auch in anderen Teilbereichen des Abfallrechts, die durch die Verweisung auf den Grundsatz des § 2 Abs. 1 S. 2 AbfG eintretende Offenheit des Entscheidungsprogramms, was die parlamentsgesetzliche Ebene anlangt: Das Gesetz beläßt es bei der (unvollständigen) Aufzählung potentiell konfligierender, in eine Abwägung einzustellender allgemein formulierter Gemeinwohlbelange und überantwortet so - entgegen der Idee einer Wesentlichkeitstheorie - das Wesentliche der exekutivischen Rechtsetzung, hier aber nicht der Rechtsverordnung, sondern in nach § 4 Abs. 5 AbfG zu erlassenden Verwaltungsvorschriften getroffenen Festlegungen.

Unklarheiten zeigen sich zu Fragen des Drittschutzes, bezüglich der Unterscheidbarkeit privatnütziger oder gemeinnütziger Planfeststellungen (die das Bundesverwaltungsgericht hier - und also anders als im Wasserrecht - für nicht sinnvoll hält, BVerwGE 85, 44), schließlich wegen der Dominanz von Nebenbestimmungen, die dazu führt, daß regelhaft erst auf diesem

Wege und im Ermessen der Behörde entschieden wird, in welcher Weise das Vorhaben überhaupt als zulassungsfähig erscheinen kann. Dabei fällt es nicht leicht, eine Unterscheidung zwischen isoliert anfechtbaren Auflagen und solchen zu treffen, welche unmittelbar entscheidend sind für die Ausgewogenheit der planerischen Abwägung.

II. VORSCHLAG

1. Leitvorstellungen

Wegen des besonders ausgeprägten Angebotscharakters der Vorschriften des Allgemeinen Teils über die Eröffnungskontrollen gewinnt das Harmonisierungsziel in diesem Abschnitt besonderes Gewicht. Anlagenzulassungsrechtliche Harmonisierung ist im Ergebnis nur im Besonderen Teil zu verwirklichen, was den Blick nicht nur auf die vorgeschlagenen Vorschriften des Allgemeinen Teils, sondern vor allem auf Parallelvorschriften, also anlagenzulassungsrechtliche Vorschriften in anderen Kapiteln lenkt, hier also auf das Atomrecht, das Wasserrecht und das Immissionsschutzrecht.

Der Allgemeine Teil definiert "Eröffnungskontrolle" und zählt ihre Arten auf (§ 50). Er wirkt ferner über § 51 unmittelbar in Kontrollerlaubnisvorschriften des Besonderen Teils hinein, indem er allgemeine Maßstäbe vorgibt. Das ist bei der Ausgestaltung der Vorschriften des Besonderen Teils zu beachten.

Der Allgemeine Teil stellt ferner - neu - das Institut der Umweltbewilligung vor (§§ 52 bis 56), die zu der Fülle vorhandener Erlaubnisverfahren hinzutritt; der Besondere Teil hat die Auswahl zu treffen (§ 52) und kann erst dadurch die Anwendbarkeit der §§ 53 ff. herbeiführen; er kann diese Vorschriften dann wiederum modifizieren.

Für die Auswahlentscheidung sind zunächst aber die weiteren Vorschriften des Siebenten Kapitels zu berücksichtigen, also diejenigen, die wegen ihres Anlagenbezuges das Anlagenzulassungsrecht bereits vorprägen.

§ 560 Abs. 10 definiert die Abfallentsorgungsanlage in Verschränkung mit § 2 Abs. 7. Damit ist unter anderem bereits klargestellt, daß die Zulassungsvorschriften auch auf ortsveränderliche Abfallentsorgungsanlagen Anwendung finden, soweit im dritten Abschnitt des Siebenten Kapitels nichts anderes bestimmt werden sollte. Der Zulassungsumfang bleibt aber offen, so daß es einer näheren Regelung bedarf.

§ 561 Abs. 1 S. 1 bewirkt, daß Entsorgungsvorgänge, derer sich das Atomrecht oder das Stoffrecht annehmen, abfallrechtlich nicht (zusätzlich) erfaßt sind.

§ 561 Abs. 1 S. 2 hat zur Folge, daß Anlagen, die der Verwertung von Reststoffen (i.S. von § 560 Abs. 9, also ungeachtet von deren Abfalleigenschaft) dienen, nicht Gegenstand abfallrechtlicher Zulassung sind, soweit sie in oder auf Grund des immissionsschutzrechtlichen Kapitels erfaßt sind.

§ 568 Abs. 2 S. 1 klammert schließlich die Verwertung oder Behandlung von Abfällen in leicht modifizierender Fortführung von § 4 Abs. 1 S. 2 AbfG aus dem abfallrechtlichen Anlagenbenutzungszwang aus.

§ 569 behält i.V.m. § 26 die Abfallentsorgungsplanung bei, was es erforderlich macht, hieran in zulassungsrechtlichen Vorschriften anzuknüpfen.

Aus den vorstehend geschilderten Vorschriften ergibt sich, daß dem dritten Abschnitt des Siebenten Kapitels die Zulassung folgender Anlagen (als Betriebsstätten oder sonstige Einrichtungen, als ortsveränderliche technische Einrichtungen, als Grundstücke, von denen Umweltbeeinträchtigungen ausgehen können, § 2 Abs. 7 S. 1 Nrn. 1 bis 3) vorbehalten sind:

- Abfallbeseitigungsanlagen, also Anlagen, in denen Abfälle vernichtet, verschlossen oder abgelagert werden, wenn sich solche Vorgänge nicht als Abfallverwertung darstellen (§ 560 Abs. 2, Abs. 3), also vor allem: Deponien, reine Verbrennungsanlagen,
- Abfallverwertungsanlagen, soweit es nicht um die Verwertung von Reststoffen i.S. von § 560 Abs. 9 geht (§ 561 Abs. 1 S. 2) und es sich auch nicht um eine Anlage handelt, die § 568 Abs. 2 unterfällt. Soweit Anlagen ausschließlich der Vorbereitung der Entsorgung oder Verwertung dienen sollten, gilt entsprechendes (vgl. § 560 Abs. 1).

Der oft erhobenen Forderung nach einer Vereinheitlichung des Anlagenzulassungsrechts (vgl. Rat von Sachverständigen für Umweltfragen, Abfallwirtschaft, 1990, Tz. 236) ist durch diese Weichenstellungen also bereits Rechnung getragen: Soweit das Immissionsschutzrecht sich auf die Regelung von Reststoffverwertungsvorgängen erstreckt bzw. soweit immissionsschutzrechtliche Zulassungen für Anlagen vorhanden sind (bzw. durch Änderungsgenehmigung eine Rechtslage herbeigeführt werden kann, die eine Abfallentsorgung zuläßt), die überwiegend anderen Zwecken als solchen der Abfallentsorgung dienen, tritt das Abfallrecht zurück.

Einer weiteren Forderung, nämlich nach Reduzierung des abfallrechtlichen Zulassungsregimes allein auf Deponien (siehe Rat von Sachverständigen für Umweltfragen, Abfallwirtschaft, 1990, Tz. 364) ist so freilich nicht Rechnung getragen. Davon ist auch abzusehen, denn es wäre nicht sichergestellt, daß ein Instrumentarium für alle Anlagen, in denen sich Entsorgungsvorgänge vollziehen, bereit steht; es könnten "negative Kompetenzkonflikte" auftreten.

Alle oben genannten Anlagen sind sowohl in öffentlicher Hand wie in Händen privater Betreiber vorstellbar.

Für die Entscheidung über die Auswahl des Instruments der Eröffnungskontrolle sind Darlegungslasten - erstens - gegenüber dem Allgemeinen Teil und - zweitens - (wie begründet: mit besonderem Gewicht) gegenüber den anderen Kapiteln zu erfüllen. Beides steht in engem Zusammenhang.

Der Allgemeine Teil bietet die Umweltbewilligung, wie aus seiner Begründung hervorgeht, vor allem für raumbedeutsame Eröffnungskontrollen an (Begründung zum Allgemeinen Teil zu § 52, S. 271); ausdrücklich wird die privatnützige Planfeststellung genannt (a.a.O. S. 272). Deponien sind immer raumbedeutsam, andere dem Abfallrecht verbleibende Anlagen regelmäßig weniger raumbedeutsam. Der Allgemeine Teil will und kann nicht ausschließen, daß raumbedeutsame Vorhaben auch anderen Verfahren unterworfen werden. Von den in § 50 Abs. 2 aufgeführten Arten von Eröffnungskontrollen kann, jedenfalls für die Anlagenzulassung, nicht für die Stillegung, lediglich die Genehmigung oder die Planfeststellung in Betracht kommen. Die Nichtannahme des Angebots der Umweltbewilligung bedürfte des Nachweises, daß im abfallrechtlichen Anlagenzulassungsrecht die Wahl der Bewilligung infragestellen würde, daß die Zwecke des Gesetzes und auch des § 51 Abs. 1 adäquat umgesetzt werden könnten.

Das Vierte und das Fünfte Kapitel kommen - teilweise - zu dem Ergebnis, im Anlagenzulassungsrecht die Umweltbewilligung einzusetzen, das Zweite Kapitel ebenso, trotz Fortbestandes wasserrechtlicher Planfeststellungsverfahren. Wie im Abfallrecht zu entscheiden ist, hängt von materiellen Erwägungen und von den erwünschten Anforderungen an die Verfahrensgestaltung ab.

Es kann wohl Einigkeit bestehen, daß Verfahrensanforderungen, insbesondere solche der Öffentlichkeitsbeteiligung und allgemein die Transparenz im Umweltbewilligungsverfahren ebenso erreichbar sind wie im Planfeststellungsverfahren. Auch die gebotene Umweltfolgenprüfung kann im Bewilligungsverfahren ebenso durchgeführt werden wie im Planfeststellungsverfahren.

Den entscheidenden Unterschied zwischen Umweltbewilligung und Planfeststellung macht die Abwägungsstruktur der letzteren aus, insbesondere die Einräumung planerischer Gestaltungsfreiheit und - hiermit verbunden - die Vermeidung eines Anspruchs des Vorhabenträgers auf antragsgemäße Entscheidung. Sie kommt - allenfalls - in Konstellationen der Reduzierung der planerischen Gestaltungsfreiheit "auf Null" in Betracht (offen: BVerwG, DVBl. 1989, 512 ff., 514; w. Nachw.: Kunig/Schwermer/Versteyl, Abfallgesetz, 2. Aufl., 1992, § 8 AbfG Rn. 10).

Wegen dieser Umstände ist das abfallrechtliche Planfeststellungsverfahren kritisiert worden, und dies unter unterschiedlichen Gesichtspunkten (Überblick: Paetow, in: Festschrift für Sendler, 1991, S. 425 ff.). So wird darauf hingewiesen, daß es unzuträglich sei, wenn - anders als in anderen Planungsbereichen - statt einer eigenen planerisch gestaltenden Entscheidung von seiten der Planfeststellungsbehörde diese lediglich die Planung des Vorhabenträgers abwägend nachvollzieht. Andererseits ist betont worden, daß es des durch planerisches Ermessen eröffneten Freiraums gerade bedürfe, um entgegenstehende Belange ggf. überwinden und enteignungsrechtliche Vorwirkungen erzielen zu können, dies ungeachtet des Ausmaßes je vorhandener privater oder öffentlicher Nützlichkeit des Vorhabens. Letzteres kann einen tragfähigen Abgrenzungsgesichtspunkt nicht bieten: Auch wenn es richtig ist, daß die Errichtung und der Betrieb jeder Abfallentsorgungsanlage auch einen Bezug zum öffentlichen Interesse hat, sie aber - auch - aus Gemeinwohlgründen zugelassen werden, kann das nicht zwingend dafür sprechen, das Planfeststellungsverfahren einzusetzen. Vergleichbares läßt sich nämlich auch für manche immissionsschutzrechtlich zuzulassende Anlage sagen. Außerdem wäre nicht erklärbar, wieso durch Immissionsschutzrecht die Abfallentsorgung kontrolliert werden darf (§ 4 Abs. 1 S. 2 AbfG).

Es dient im übrigen der Rechtssicherheit wie der Einzelfallgerechtigkeit, wenn der Vorhabenträger über einen Zulassungsanspruch verfügt, sofern alle Voraussetzungen der Zulassung vorliegen. Damit wird nicht einer Ausblendung von Umweltschutzinteressen das Wort geredet; es sind erst die Tatbestandsvoraussetzungen der Zulassungsnormen, welche über einen etwaigen Anspruch befinden. Entscheidungsspielräume können auch über den tatbestandlichen Zuschnitt vermittelt werden und setzen nicht notwendig die Einräumung planerischen Ermessens voraus. Insofern gilt für Abfallentsorgungsanlagen, die der abfallrechtlichen Zulassung vorbehalten sind, nichts anderes, als für immissionsschutzrechtlich zuzulassende Anlagen oder gar kerntechnische Anlagen, zumal beide Rechtsgebiete, das Immissionsschutzrecht zunehmend, teilweise auch materielles Abfallrecht beinhalten und weiterhin beinhalten sollen. Es erscheint danach sinnvoll und möglich, für umweltgefährliche Anlagen ein im Kern einheitliches Zulassungsrecht vorzusehen. Die Abfallentsorgungsanlage, auch die Deponie, steht der emittierenden Industrieanlage und dem Reaktor näher als der Straße oder der Bahnlinie.

Im Hinblick auf die einschlägigen Vorschriften des Allgemeinen Teils erscheint es als entbehrlich, vorliegend Vorschriften für folgende Probleme vorzusehen:

- Störfallvorsorge (§ 7 Abs. 2)
- Eigenüberwachung (§ 11)
- Unterrichtung des Betreibers über den Stand von Wissenschaft und Technik (§ 13)
- Zuverlässigkeit des Betreibers, Eignung des Personals, Deckungsvorsorge für Schadensersatz im allgemeinen (§ 53 Abs. 1)
- Zulässigkeit von Standortvorbescheiden (§ 54 Abs. 2; nur solche Vorbescheide kommen wohl im Abfallrecht ernsthaft in Betracht)
- Privatrechtsgestaltende Wirkung (§ 55 Abs. 1)
- Erhöhung der Anforderungen an die Umweltverträglichkeit (§ 56 Abs. 1 bzw. § 73)

2. Zur Regelung im einzelnen

Zu § 571 Standortsuche

Entsprechende Vorschriften leiten die anlagenbezogenen Vorschriften der neueren Landesabfallgesetze ein. Eine Hochzonung auf das Bundesrecht erscheint sinnvoll, zumal regionalen Besonderheiten hier nicht Rechnung getragen werden muß.

Zu § 572 Bewilligungsbedürftigkeit

Die Vorschrift hat entsprechend der oben gegebenen Begründung die dem Abfallrecht verbleibenden Entsorgungsanlagen zu erfassen und sieht für den Regelfall die Bewilligung für solche Anlagen vor, die einer Umweltfolgenprüfung gemäß der nach § 35 S. 2 zu erlassenden Rechtsverordnung bedürfen.

Zu § 573 Bewilligungsumfang, Konzentrationswirkung

Entsprechend den im atomrechtlichen und im immissionsschutzrechtlichen Kapitel vorgesehenen Bestimmungen und in enger Anlehnung hieran wird näher beschrieben, worauf sich die Bewilligung erstreckt.

§ 573 Abs. 2 setzt § 55 Abs. 2 um und bedient sich dafür der Begriffsbestimmung des § 50 Abs. 2.

Zu § 574 Voraussetzungen der Bewilligung

Die Vorschrift versucht eine Kombination der im bisherigen Planfeststellungsrecht enthaltenen Anforderungen mit solchen, wie sie aus immissionsschutzrechtlichen Zulassungsentscheidungen bekannt sind, und gibt einen Bewilligungsanspruch unter strengen Voraussetzungen (Absatz 1). Sie versucht, ein gefahrenabwehr- und vorsorgeorientiertes, näher umrissenes Entscheidungsprogramm an die Stelle schwach gesteuerter Abwägungen zu setzen.

Nach Absatz 2 ist die Bewilligungserteilung möglich, wenn die Minima von Abs. 1 Nr. 1 bis 4 erfüllt sind und das Vorhaben zur Sicherstellung einer geordneten Entsorgung erforderlich ist (nicht wie bisher schon allgemein im öffentlichen Interesse, vgl. § 8 Abs. 4 AbfG).

Absatz 3 folgt der Tendenz des Allgemeinen Teils, die Rechtsverordnung gegenüber der Verwaltungsvorschrift in den Vordergrund zu schieben; gemäß § 155 bleiben Verwaltungsvorschriften möglich.

§ 574 Abs. 4 und Abs. 5 entsprechen im wesentlichen dem geltenden Recht, wobei Abs. 5 S. 2 - Möglichkeit der nachträglichen Erhöhung der Sicherheitsleistung, sofern die Kosten zum Entscheidungszeitpunkt nicht absehbar sind - einen Neuvorschlag bedeutet (siehe dazu VGH München, BayVBl. 1990, 723 f. und Kunig/Schwermer/Versteyl, Abfallgesetz, 2. Aufl., 1992, § 8 AbfG Rn. 35, 36).

Zu § 575 Änderung bewilligungsbedürftiger Anlagen

Die Vorschrift betrifft die Änderung bewilligungsbedürftiger Anlagen und unterwirft auch diese grundsätzlich einem Bewilligungserfordernis. Eine bloße Erlaubnis reicht aus, wenn der Zweck der Änderung auf eine Verbesserung des Umweltschutzes gerichtet ist (vgl. § 576 Abs. 2).

Die übrigen Inhalte des § 575 dienen der Verfahrensbeschleunigung und sind in Übereinstimmung mit den vergleichbaren Vorschriften anderer Kapitel ausgestaltet.

Zu § 576 Erlaubnis von Abfallentsorgungsanlagen

Die Abgrenzung von Bewilligung und Erlaubnis (vergleichbar der Plangenehmigung nach § 7 Abs. 2 AbfG) soll abhängig sein von dem Erfordernis einer Umweltfolgenprüfung. § 576 Abs. 2 erleichtert die Zulassung wesentlicher Änderungen, wenn diese zu Zwecken des Umweltschutzes erfolgt.

Abs. 3 sieht vor, daß das materielle Entscheidungsprogramm demjenigen der Bewilligung entspricht, wie es auch im geltenden Recht geregelt ist. Ebenfalls in Übereinstimmung mit dem geltenden Recht wird für die Anlagenerlaubnis auf die Konzentrationswirkung verzichtet.

Zu § 577 Teilbewilligung

Die Vorschrift gestaltet das Institut der Teilbewilligung in Übereinstimmung mit den vergleichbaren Vorschriften der anderen Kapitel aus.

Zu § 578 Vorzeitiger Beginn

Die Anforderungen sind gegenüber dem § 7a AbfG deutlich verschärft (siehe insbesondere § 578 Abs. 1 Nr. 2), um zu vermeiden, daß das Instrument zur Aushebelung der Zulassungserfordernisse eingesetzt wird. § 578 Abs. 1 Nr. 3 ist dem geltenden Recht nachempfunden; es soll also bei dem Erfordernis der Übernahme durch öffentlich-rechtlichen Vertrag bleiben (siehe dazu Wernicke, ZfW 1977, 76 ff., 78 f.).

Zu § 579 Rechtsnachfolge

Die Vorschrift regelt die Rechtsnachfolge in Zulassungsentscheidungen und versucht, dem Mischcharakter der abfallrechtlichen Zulassungsentscheidungen, die auch ein personales Element aufweisen, Rechnung zu tragen.

Weiterführungsinteressen neuer Inhaber und behördliche Rechtsinteressen sind in Einklang zu bringen. Die "Unmöglichkeits"-Regel soll der Situation gesetzlicher Rechtsnachfolge Rechnung tragen. Ein automatisches Erlöschen erschiene nicht sachgerecht.

Zu § 580 Stillegung

Die Vorschrift führt im wesentlichen § 10 AbfG fort und sucht in Abs. 2 S. 2 dem Umstand Rechnung zu tragen, daß die Kostenhöhe im Zeitpunkt der Stillegung häufig nicht absehbar ist.

Zum Fünften Abschnitt: Überwachung und Betriebsbeauftragte

I. AUSGANGSLAGE

1. Gegenstand des Regelungsbereichs

Dieser Abschnitt betrifft die klassische, gewerberechtlichen Vorbildern folgende Überwachung der Einhaltung der Vorschriften des Siebenten Kapitels sowie die spezielle Form der Eigenüberwachung durch die Bestellung eines Betriebsbeauftragten mit Verantwortlichkeit für den Entsorgungssektor.

2. Bisherige Rechtslage

a) Rechtslage

Der Bereich der Überwachung ist bundesrechtlich bisher in § 11 AbfG, insbesondere mit der Abfall- und Reststoffüberwachung-Verordnung geregelt und unterliegt vielfacher landesrechtlicher Konkretisierung und Erweiterung (vgl. für einen Überblick Kunig/Schwermer/Versteyl, Abfallgesetz, 2. Aufl., 1992, § 11 AbfG Rn. 6). Der Betriebsbeauftragte für Abfall ist in den §§ 11a bis f AbfG i.V.m. der Verordnung über Betriebsbeauftragte für Abfall geregelt.

b) Erfahrungen mit dem bisherigen Recht und Reformüberlegungen

Abfallrechtsspezifische Defizite sind nicht zu vermerken, so daß auf die entsprechende Beschreibung im Zusammenhang mit dem zweiten Abschnitt des Fünften Kapitels bzw. dem fünften Abschnitt des Sechsten Kapitels des Allgemeinen Teils verwiesen werden kann.

Speziell § 11 AbfG ist allerdings von einer gewissen Umständlichkeit geprägt, die Anlässe zu einer Straffung gibt.

3. Rahmenbedingungen

Spezifische Probleme stellen sich hier nicht.

II. VORSCHLAG

Leitvorstellungen und Einzelbegründung

Dieser Abschnitt ist weitgehend entlastet durch die entsprechenden Bestimmungen des Allgemeinen Teiles. Nur soweit diese nicht unmittelbar Anwendung finden, sondern der Bezugnahme aus dem Besonderen Teil heraus bedürfen, sind Regelungen zu treffen. Die Notwendigkeit solcher Bezugnahme besteht nur, wenn Bestimmungen des Allgemeinen Teils sie ausdrücklich verlangen; im Zweifel ist von unmittelbarer Anwendbarkeit auszugehen. Diese Rechtslage ermöglicht bereits auch eine Abkehr von dem umständlichen bisherigen § 11 AbfG.

Nach bisheriger Rechtslage befinden sich die bereichsspezifischen Einzelheiten des Überwachungsgeschehens, die eher technischer Art sind, in einer von den Inhalten her wie auch systematisch gesehen nicht immer überzeugenden Verteilung teils im Gesetz, teils in Verordnungen. Gerade im Abfallrecht trifft das Gesetz (§ 11 AbfG) vor allem Regelungen, die nunmehr der Allgemeine Teil vorsieht, ergänzt insbesondere um den Bereich Nachweispflichten und Nachweisbücher, aber ohne den Verordnungsbereich dadurch wesentlich entlasten zu können. Das führt notwendigerweise zu Redundanzen, weil anderenfalls die Verordnungen aus sich heraus nicht hinreichend verständlich wären. Dieser Befund spricht dafür, im wesentlichen ein Zusammenspiel zwischen Allgemeinem Teil und Verordnungen vorzusehen und im - systematisch "dazwischen" angelegten - Besonderen Teil zum einen die notwendigen (weil von dem Allgemeinen Teil insoweit vorausgesetzten) Ermächtigungen zum Erlaß von Rechtsverordnungen vorzusehen, zum anderen in Ansehung des Allgemeinen Teils verbleibende Lücken zu schließen.

Im einzelnen ergibt sich der folgende Befund:

Die Regelungen in den §§ 57 ff. gelten überwiegend unmittelbar. Das betrifft zunächst die Zuweisung der Überwachungsaufgabe zum Staat, mit der Maßgabe, daß eine gesetzliche Auferlegung eigener Überwachungspflichten insbesondere an die Betreiber möglich ist.

Ferner werden die einzelnen Überwachungsmaßnahmen geregelt, die Auswahl ist am Verhältnismäßigkeitsgrundsatz orientiert. Auch der Kreis der überwachungspflichtigen Personen wird festgelegt (§ 63). Die Betretensrechte, das Recht zur Probennahme, die Auskunftspflicht, die Anzeigepflicht, die Aufzeichnungspflicht sind geregelt und bedürften einer Regelung auch im Abschnitt über das Abfallrecht nur, wenn es Anlaß zu Abweichungen, Modifizierungen oder Konkretisierungen gäbe.

Eine nähere gesetzliche Regelung ist nur von § 70, der die Möglichkeit betrifft, überwachungspflichtigen Personen die Durchführung von Messungen und Untersuchungen aufzugeben, vorausgesetzt: Ohne eine solche gesetzliche Regelung besteht diese Pflicht nicht. Desweiteren ist § 71 (Kostentragung) zu erwähnen, der eine Erstattung von Kosten, die sich für den Überwachungspflichtigen aus der Durchführung von Überwachungsmaßnahmen ergeben, nur vorsieht, wenn dies gesetzlich vorgesehen (oder aber vertraglich vereinbart) ist.

Die vorgenannten Bestimmungen decken den gegenwärtigen Regelungsinhalt von § 11 AbfG weitgehend ab. So ist § 11 Abs. 1 S. 1 AbfG von § 57 abgedeckt. Für § 11 Abs. 4 gilt dies (mit noch anzusprechenden Ausnahmen) im Blick auf §§ 65, 67. Der Gehalt des § 11 Abs. 5 AbfG ist in § 67 Abs. 2 enthalten. Um das Zusammenspiel der Maßnahmenormen des Allgemeinen Teils mit dem Institut der Überwachungspflichtigkeit zu verdeutlichen, sei als Beispiel genannt: Die Auskunftspflicht des Abfallbesitzers (§ 11 Abs. 4 S. 1 Nr. 1 AbfG) ergibt sich aus § 63 Abs. 1 i.V.m. § 67.

Aus dem Vorstehenden folgt: Im vorliegenden Kapitel sind Überwachungsvorschriften soweit veranlaßt, als es Anpassungen im Hinblick auf die Handlungsmodalitäten der Behörde bzw. den Kreis der der Überwachung unterworfenen Personen und Handlungen geben sollte. Im übrigen bewendet es bei einer allgemeinen Bezugnahme (vorgeschlagener § 581 Abs. 1) auf die überwachungsrechtlichen Vorschriften des Allgemeinen Teils; zur Klarstellung ist es erforderlich, die Überwachung auf sogenannten Uraltanlagen und auf stillgelegte Anlagen zu erstrecken (S. 2 der Vorschrift). Ergänzend wird eine Vorschrift zur Verwendung im Zuge von Überwachungsmaßnahmen erlangter Erkenntnisse im Steuerverfahren aufgenommen, die auch im Allgemeinen Teil plaziert werden könnte.

Als sinnvoll erscheint es ferner, in den Kreis der Auskunftspflichtigen auch die früheren Betreiber bzw. Nutzer solcher Anlagen und Flächen einzubeziehen. Diese sind nämlich nicht notwendigerweise bereits von § 63 Abs. 1 dem Kreis der überwachungspflichtigen Personen zugeordnet. Eine entsprechende Regelung enthält auch das geltende Recht (§ 11 Abs. 4 S. 1 AbfG). Vgl. hierzu § 581 Abs. 3.

Das geltende Abfallrecht kennt intensive und differenziert geregelte Nachweispflichten für Anlagenbetreiber und Beförderer von Abfällen. Die Einzelheiten sind in der Abfall- und Reststoffüberwachungsverordnung vom 3. April 1990 geregelt. Der Allgemeine Teil spricht zwar in § 69 von einer Aufzeichnungspflicht für überwachungspflichtige Personen i.S. von § 63 Abs. 1, doch dies in einer zu allgemeinen Form, um den Bedürfnissen des

Abfallrechts zu genügen. Die Nachweispflichten sind dabei insofern allgemeiner Natur, da sie nicht nur das Anlagenrecht betreffen, sondern auch den Abfalltransport. Es müssen deshalb in der Bestimmung über die abfallrechtliche Überwachung jedenfalls die Grundzüge des Kreises der nachweisverpflichteten Personen geregelt werden. Ferner ist eine Verordnungsermächtigung für eine nähere Ausgestaltung der Anforderungen etwa an den Entsorgungsnachweis und die Begleitscheine veranlaßt. Der vorgeschlagene § 581 Abs. 2 sucht dem Rechnung zu tragen. Er paßt die Terminologie dem UGB an, bildet aber im übrigen den wesentlichen Inhalt von § 11 Abs. 2 und 3 AbfG ab, ist allerdings straffer formuliert.

§ 581 Abs. 5 folgt dem Vorbild neuerer Landesabfallgesetze (vgl. z.B. § 17 Abs. 3 NAbfG), wobei eine Ausdehnung zur Ermächtigung von Überwachungsmaßnahmen zu Versorgezwecken erfolgt (S. 2 der Vorschrift).

Abstimmung mit dem Allgemeinen Teil sowie innere Harmonie zwischen den einzelnen Kapiteln des Gesetzes ist ebenfalls Leitidee für die Regelungen über die Umweltbeauftragten. Angesichts von § 95 besteht die Notwendigkeit, die Bestellungspflicht zu regeln (vorgeschlagener § 582), während sich das Weitere bereits aus den §§ 96 bis 102 ergibt. Die Auflistung der einzelnen Anlagen sollte einer Rechtsverordnung vorbehalten bleiben, wie es dem geltenden Recht entspricht. Die Anknüpfung an lediglich den fünften Abschnitt des Sechsten Kapitels des Allgemeinen Teils (Indirekte Steuerung) bedeutet entsprechend der Systematik von Allgemeinem Teil und Besonderem Teil nicht, daß im Bereich der Abfallwirtschaft andere Instrumente indirekter Steuerung nicht zum Tragen kommen könnten. Insoweit fehlt es lediglich an der Notwendigkeit bereichsspezifischer Ergänzung; beispielsweise die §§ 82 ff. (Umweltsubventionen) finden unmittelbare und unveränderte Anwendung.

Der vorgeschlagene § 582 Abs. 1 nennt die beiden Bereiche, die in Betracht kommen, also Abfallentsorgungsanlagen sowie solche Anlagen, welche regelmäßig gefährliche Abfälle zur Entstehung bringen. Es wird im Normtext erwähnt, daß auch mehrere Betriebsbeauftragte erforderlich sein können. Die Einzelheiten sind bereits in § 97 Abs. 4 geregelt.

Neu ist § 582 Abs. 1 S. 2, der die abfallpolitischen Grundintentionen des Entwurfs aufnimmt. Es soll dies eine bereichsspezifische Ergänzung zu § 96 sein.

Des weiteren wird vorgeschlagen, die Möglichkeit der Befreiung von der Bestellungspflicht an dieser Stelle zu regeln (§ 582 Abs. 2) und also nicht - wie bisher - in der Verordnung über Betriebsbeauftragte für Abfall vom 26. Oktober 1977. Die Ausgestaltung im Sinne einer gebundenen Entscheidung entspricht § 6 der genannten Verordnung.

Ebenfalls bisher in der Verordnung näher geregelt ist die Problematik des gemeinsamen Betriebsbeauftragten bzw. der nicht betriebsangehörigen Betriebsbeauftragten und des Betriebsbeauftragten für Abfall in einem Konzern.

Alle drei Vorschriften (die §§ 3 bis 5 der Verordnung) stellen für Ausnahmeentscheidungen darauf ab, ob eine "sachgemäße Erfüllung" der Aufgaben des Betriebsbeauftragten beeinträchtigt ist. Dem entspricht § 582 Abs. 3.

Eine bereichsspezifische Regelung durch Rechtsverordnung sieht § 97 Abs. 5 S. 2 für die Entpflichtung der Umweltbeauftragten vor. Hiervon wird vorliegend nicht Gebrauch gemacht.

Eine ausdrückliche Regelung über die Bestellung eines Umweltschutzdirektors erscheint entbehrlich, weil das Institut akzessorisch zur Verpflichtung zur Bestellung eines Umweltbeauftragten ist. Anlagenbetreiber, die von der Verordnung nach § 582 Abs. 1 erfaßt sind und die Voraussetzungen des § 94 erfüllen, sind also ipso lege auch zur Bestellung eines Umweltschutzdirektors verpflichtet, ohne daß dieser im vorliegenden Abschnitt erneut erscheinen müßte.

Zum Sechsten Abschnitt: Abfalltransporte

I. AUSGANGSLAGE

1. Gegenstand des Regelungsbereichs

Der vorliegende Abschnitt betrifft die Beförderung von Abfällen im Inland sowie deren Einfuhr, Durchfuhr und Ausfuhr.

2. Bisherige Rechtslage

a) Rechtslage

Die Materie ist bisher geregelt in den §§ 12, 13, 13a, 13b und 13c AbfG. Sie ist geprägt von der Unterscheidung zwischen der Einsammlungs- und Beförderungsgenehmigung nach § 12 AbfG als gebundener Erlaubnis einerseits und der Sonderregelung in § 13 AbfG für den grenzüberschreitenden Verkehr andererseits; hier besteht Negativermessen. Das erfordert aus EG-rechtlichen Gründen eine Gegenausnahme, die im geltenden Recht durch § 13c AbfG bewirkt wird. Hierbei handelt es sich um eine Ermächtigung zum Erlaß von Rechtsverordnungen zur Umsetzung von Rechtsakten der Gemeinschaften. Von dieser Ermächtigung wurde zuletzt durch die Abfallverbringungs-Verordnung vom 18. November 1988 Gebrauch gemacht.

Die §§ 13a, b AbfG betreffen die Mitwirkung anderer Behörden und die Kennzeichnung von Fahrzeugen.

b) Erfahrungen mit dem bisherigen Recht, Reformüberlegungen und Rahmenbedingungen

Systematisch ist das derzeitige normative Bild unbefriedigend. Inhaltlich ist streitig, ob die Umsetzung des Gemeinschaftsrechts hinreichend erfolgt ist bzw. ob und wie mit europarechtskonformer Auslegung geholfen werden kann (einführend Peine, in: Blaurock [Hrsg.] Verantwortlichkeit für Abfall in Deutschland und Frankreich, 1992, S. 79 ff., 106 ff.; siehe ferner Grabitz, in: Festschrift für Sendler, 1991, S. 443 ff.; eingehend: v. Wilmowsky, Abfallwirtschaft im Binnenmarkt, 1990). Ferner ist die Rechtslage bezüglich der grenzüberschreitenden Verbringungsvorgänge nach wie vor im Fluß. Die Verordnung (EWG) des Rates Nr. 259/93 des Rates zur Überwachung und Kontrolle der Verbringung von Abfällen in der, in die und aus der Gemeinschaft vom 1. Februar 1993 (ABl. EG Nr. L 30 vom 6. Februar 1993, S. 1; Überblick bei Dieckmann, ZUR 1993, 109 ff.) soll das geltende einschlägige EG-Recht u.a. an die Baseler Konvention vom März 1989 (dazu Rublack, VRÜ 1989, 360 ff.) anpassen. Die innerstaatliche Umsetzung der Baseler Konvention steht bevor.

Die EG-Organe sind sich seit längerem einig, daß die Grundsätze von Autarkie und Nähe der Verwertung bzw. Entsorgung zum Ort der Abfallentstehung bewahrt werden sollen. Die Abfallausfuhr soll erheblich eingeschränkt werden, soweit es um Exporte in Staaten außerhalb der Gemeinschaft geht.

Eine gewisse Unübersichtlichkeit der diesbezüglichen Rechtslage wird durch diese Rechtsakte hoffentlich überwunden werden können. Eine eingehende Darstellung der europarechtlichen und völkerrechtlichen Rahmenbedingungen kann an dieser Stelle zum Zeitpunkt des Projektabschlusses nicht sinnvoll erfolgen (vgl. die Vorbemerkung zu Beginn der Begründung zum Siebenten Kapitel).

Die Vorschläge versuchen aber, den geltenden bzw. sich abzeichnenden Bestimmungen des Gemeinschaftsrechts und des Völkerrechts bereits soweit wie möglich Rechnung zu tragen.

II. VORSCHLAG

1. Leitvorstellungen

Was die Systematik anlangt, so soll von der etwas beliebigen Abfolge der §§ 12 ff. AbfG abgewichen werden. Vorangestellt soll eine allgemeine Vorschrift werden, die den Gegenstand des fünften Abschnitts beschreibt und zwischen der inländischen Abfallentsorgung einerseits, der Einfuhr, Ausfuhr und Durchfuhr von Abfällen andererseits schon begrifflich unterscheidet.

Bei sämtlichen Genehmigungen für die Beförderung von Abfällen soll es sich um gebundene Erlaubnistatbestände handeln.

Für alle vorgeschlagenen Erlaubnistatbestände soll auf eine Ausgestaltung mit drittschützender Wirkung verzichtet werden, was - zutreffender Ansicht nach - keine Abweichung vom geltenden Recht bedeutet. Für die "rückwirkende Ausfuhr" (§ 13 Abs. 1 S. 2 Nr. 4b AbfG) ist anderer Ansicht das OVG Lüneburg (DVBl. 1986, 418 ff.; ebenso OVG Hamburg, DÖV 1988, 308 f.; zutreffend dagegen VGH Mannheim, NVwZ 1990, 484 ff.) - das Schrifttum ist uneinheitlich (Nachw. bei Kunig/Schwermer/Versteyl, Abfallgesetz, 2. Aufl., 1992, § 13 AbfG Rn. 29). Allerdings ist die Kontroverse im Kern verfassungsrechtlicher Art; es geht darum, ob Grundrechte (oder auch Art. 28 Abs. 2 GG) erkennbar nicht drittschützendes einfaches Recht insoweit umzuprägen vermögen. Diese Argumentation ist durch den vorliegenden Entwurf nicht abgeschnitten. In der Sache selbst erscheint der Drittschutz gegenüber der Beförderungsgenehmigung entbehrlich. Der von "Rückwirkungen" betroffene Bürger (oder eine Gemeinde) mag den Anlagenbetrieb unmittelbar angreifen, soweit ausländisches Recht dazu die Möglichkeit gibt. Jedenfalls die künftige Rechtsentwicklung - und nicht nur gemeinschaftsrechtlich, sondern auch auf völkerrechtlicher Ebene - wird dazu wohl verstärkt Handhabe geben.

Die teilweise erheblichen Verschärfungen der Zulassungsvoraussetzungen für die Abfallausfuhr in Nichtmitgliedstaaten der Gemeinschaft wiegt den vorgeschlagenen Verzicht auf eine Ermessensgenehmigung auf. Auf alle transportrechtlichen Genehmigungen soll nunmehr bei Vorliegen der gesetzlichen Voraussetzungen ein Anspruch bestehen.

Vor die Klammer wird noch die Klarstellung gezogen, daß das Gefahrgutrecht unberührt bleibt (bisher § 12 Abs. 4 AbfG), dazu eine zusammengefaßte Ermächtigung zum Erlaß von Rechtsverordnungen; bisher war das auf die Einzelnormen verteilt.

Dieser allgemeinen Bestimmung folgt die Regelung der inländischen Abfallentsorgung, sodann der Bereich der Verbringungen innerhalb der EG und der Bereich der Verbringungen unter Beteiligung von Staaten, die nicht Mitgliedstaaten der EG sind.

Den Schluß des Abschnittes bilden eine Vorschrift über die Überwachung und eine solche über die Rückführung; beides bezieht sich nur auf die zuvor geregelten grenzüberschreitenden Verbringungen.

Zum Inhaltlichen ist vorab zu bemerken, daß einzelne Gegenstände, die sich bisher in den §§ 12 ff. AbfG geregelt finden, in dem fünften Abschnitt keine Entsprechung mehr finden sollen.

Das gilt zunächst für § 13 Abs. 2 AbfG, der sich auf die Entsorgung auf Hoher See bezieht. Solche Entsorgung ist gemäß § 4 Abs. 4 S. 2 bereits durch einen "Grundsatz" verboten, mit der Ausnahme der bei dem Betrieb von Schiffen anfallenden Abfälle.

Auch auf § 13 Abs. 4 AbfG (Probenentnahme, Probenuntersuchung, diesbezügliche Kostenregelung) wird verzichtet. Die Überwachung der Vorschriften des abfallrechtlichen Kapitels ist im vierten Abschnitt unter enger Verzahnung mit dem Allgemeinen Teil geregelt.

Verzichtbar erscheint auch die Regelung des § 13a Abs. 2 AbfG (Sonderregelung für das Gebiet des Freihafens Hamburg). Eine derartige Modifizierung mag auch ohne gesetzliche Ermächtigung ermöglicht werden.

Die detaillierte Regelung des § 13b AbfG (Kennzeichnung der Fahrzeuge, Größe von Warntafeln und deren Anbringung in einer bestimmten Höhe) sollte nicht erneut in das Gesetz aufgenommen werden. Die entsprechende Ermächtigung zum Erlaß einer Rechtsverordnung reicht aus.

2. Zur Regelung im einzelnen

Zu § 583 Allgemeines

Differenziert wird - wie erwähnt - zwischen den einzelnen Verbringungsvorgängen (Beförderung im Inland, Einfuhr, Ausfuhr, Durchfuhr). § 583 Abs. 1 S. 1 soll damit zur Übersichtlichkeit des fünften Abschnitts beitragen. Der Begriff der Eröffnungskontrolle (und nicht z.B. ausschließlich derjenige der Genehmigung oder Erlaubnis) wird im Einklang mit § 50 verwendet, weil der fünfte Abschnitt nicht nur Erlaubnispflichten enthält, sondern für die Durchfuhr von einem Mitgliedsstaat der EG in einen anderen, die durch das Bundesgebiet erfolgt, die Erfüllung einer Anzeigepflicht ausreichen läßt, wie es gemeinschaftsrechtlich vorgegeben ist.

Nicht festgehalten wurde an dem Nebeneinander von Einsammeln und Befördern. Das geltende Recht verwendet diese Begriffe - außer in § 12 AbfG - schon in § 1 II AbfG, also bei der Aufsplitterung des Begriffs "Abfallentsorgung" in die einzelnen Entsorgungsphasen. Der vorliegende Entwurf (§ 560 Abs. 1) folgt dem insoweit nicht, sondern kennt nur auf die Verwertung oder Entsorgung bezogene "vorbereitende Maßnahmen". Die im geltenden Recht undefinierten Begriffe "Einsammeln" und "Befördern" bereiten Schwierigkeiten in der Abgrenzung. Deutlich ist, daß nicht jedes Sammeln ein Einsammeln ist, insbesondere nicht ein Zusammensuchen von Gegenständen in Vorbereitung des Bereitstellens, also als Vorphase, die zur Erfüllung der Überlassungspflicht nötig ist (vgl. nur BVerwG, DVBl. 1984, 225 ff., 227). "Beförderung" soll sein, was sich an die Phase des Einsammelns anschließt, aber z.B. nicht der Transport zu einer Sammelstelle des Entsorgungspflichtigen, also nicht jede gewillkürte Ortsveränderung von Abfällen (Beispiele bei Kunig/Schwermer/Versteyl, Abfallgesetz, 2. Aufl., 1992, § 1 AbfG Rn. 46). Angesichts dessen ist nicht erkennbar, unter welchen Voraussetzungen ein Vorgang des Einsammelns, der der Erlaubnispflicht unterfallen sollte, sich nicht zugleich auch als "Beförderung" darstellen sollte.

Alle Erlaubnisse sind als gebundene Erlaubnisse ausgestaltet. Für die einzelnen Erlaubnistatbestände kommt es mithin darauf an, ob die jeweiligen gesetzlichen Voraussetzungen erfüllt sind.

Alle Vorschriften des fünften Abschnitts betrifft ferner der Vorbehalt des Gefahrgutrechts (vgl. § 583 Abs. 2). Es wird darauf verzichtet, das Nebeneinander von Abfalltransportrecht und Gefahrgutrecht abzubauen. Beide Anforderungen miteinander zu vernetzen oder in die Hand einer Behörde zu geben, erscheint nicht sachdienlich (vgl. zu der Problematik eingehend Semtner, Die Beförderung gefährlicher Abfälle nach Abfallrecht und Gefahrgutbeförderungsrecht- Kontrollerlaubnisse und Überwachung, Diss. Berlin, 1992).

Schon im Zusammenhang mit den Hinweisen zur Systematik wurde § 583 Abs. 3 erwähnt, der den Versuch unternimmt, die verstreuten Verordnungsermächtigungen zusammenzufassen.

Zu § 584 Inländische Abfallbeförderung

Die Vorschrift regelt die inländische Abfallentsorgung. Da im Gegensatz zum grenzüberschreitenden Verkehr mit Abfällen nicht alle rein inländischen Beförderungstatbestände einer Kontrollerlaubnis unterliegen, erschien § 584 S. 1 letzter Halbs. erforderlich. "Nichts anderes bestimmt" bezieht sich auf § 584 Abs. 2, "zugelassen" auf die Zulassung durch Rechtsverordnung (§ 584 Abs. 3) oder Einzelakt bzw. Allgemeinverfügung (§ 584 Abs. 4).

In den Formulierungen knüpft § 584 Abs. 1 an § 12 Abs. 1 AbfG an. Die Unterscheidung zwischen "gewerbsmäßig" und "im Rahmen wirtschaftlicher Unternehmen" wird beibehalten, weil sie zwei verschiedene Fälle betrifft. Einerseits geht es um gewerbsmäßige Durchführung von Abfalltransporten, andererseits um Transporte im Rahmen eines Unternehmens, in dem Abfälle anfallen (siehe Kunig/Schwermer/Versteyl, Abfallgesetz, 2. Aufl., 1992, § 12 AbfG Rn. 8 m.w.N.).

Dem geltenden Recht (§ 12 Abs. 1 S. 2 Nr. 1 AbfG) entspricht § 584 Abs. 2 in Anpassung an die Vorschriften des Gesetzesvorschlags zur Entsorgungspflicht der Körperschaften bzw. zu ihrer Möglichkeit, sich zur Erfüllung der Entsorgungspflicht Dritter zu bedienen. Die Ausklammerung von Zwangsabfällen im Sinne von § 560 Abs. 7 ist neu, erscheint aber geboten, um deren besonderem Gefahrenpotential Rechnung zu tragen. Die Beschränkung auf eine Beförderung innerhalb des Zuständigkeitsbereichs der Körperschaft wurde dem geltenden Recht bisher durch Auslegung entnommen (vgl. Kunig/Schwermer/Versteyl, Abfallgesetz, 2. Aufl., 1992, § 12 AbfG Rn. 9). Das sollte gesetzlich klargestellt werden.

Das geltende Recht (§ 12 Abs. 1 S. 2 Nr. 3 AbfG) klammert Erdaushub, Straßenaufbruch und Bauschutt soweit sie nicht durch Schadstoffe verunreinigt sind, ferner Autowracks und Altreifen von der Genehmigungspflichtigkeit aus. Daran wird nicht festgehalten, weil die 1982 eingeführte Regelung wegen ihrer Schadstoffklausel als "Ausnahme von der Ausnahme" in der Praxis Abgrenzungsprobleme aufgeworfen hat. Eine gewisse Schadstoffverunreinigung dürfte z.B. in jedem Bauschutt (z.B. Kleber), auch in jedem Straßenaushub (Ölkomponenten im Teer) enthalten sein. Es erscheint sachgerechter, den Bereich durch Rechtsverordnung zu regeln, weil dort bezüglich einzelner Stoffe, Verunreinigungsgrade, Vermischungen etc. genauer differenziert werden kann.

§ 584 Abs. 4 entspricht § 12 Abs. 1 S. 2 Nr. 3 AbfG. Wie im geltenden Recht, wird darauf verzichtet, klarzustellen, daß der Freistellungsentscheidung Nebenbestimmungen beigegeben werden können. Die Zulässigkeit dessen ergibt sich daraus, daß kein Anspruch auf eine solche Freistellung besteht.

§ 584 Abs. 5 enthält das materielle Entscheidungsprogramm. Im Mittelpunkt steht die Zuverlässigkeitsprüfung, wie sie dem geltenden Recht entspricht (§ 12 Abs. 1 S. 3 AbfG in seiner 1. Alternative). Das Erfordernis einer Vereinbarkeit mit für verbindlich erklärten Abfallentsorgungsplänen soll in solchen Plänen vorgesehene Bestimmungen über die Notwendigkeit, sich einer bestimmten Abfallentsorgungsanlage zu bedienen, flankierend sichern. Dies nimmt also Bezug auf § 26 bzw. § 569 des vorliegenden Kapitels. Die vorgeschlagene Regelung wurde dem bisherigen Recht durch Auslegung entnommen und an dem Erfordernis, daß "die geordnete Entsorgung im übrigen sichergestellt" sein müsse (§ 12 Abs. 1 S. 3 AbfG in seiner letzten Alternative), festgemacht (vgl. Kunig/Schwermer/Versteyl, Abfallgesetz, 2. Aufl., 1992, § 6 AbfG Rn. 56 m.w.N.). Auf die geordnete Entsorgung stellt im übrigen nun § 584 Abs. 5 Nr. 3 in Anlehnung an die §§ 567, 568 des Gesetzentwurfs ab. Das macht es möglich, auf die Zwischenlagerregelung des § 12 Abs. 1 S. 4 AbfG zu verzichten. Sie war eingeführt worden, um in Zwischenlagern eine Vertauschung verschiedener Abfälle zu verhindern, also letztlich in Konkretisierung von § 1a AbfG. Das soll nunmehr durch die Bezugnahme auf § 567 (hier: Abs. 1 S. 1 i.V.m. § 562 Abs. 1 S. 1) erreicht werden. § 584 Abs. 5 Nr. 4 soll - angesichts des Charakters der Entscheidung als gebundene Erlaubnis - Flexibilität sichern bzgl. solcher Interessen, die abstrakt-normativ nicht näher erfaßbar erscheinen, aber vom Einzelfall her der Erlaubniserteilung zwingend entgegenstehen können, etwa wegen der Tageszeit eines Transports, in Krisenzeiten, wegen der Überlastung von Straßen etc.

§ 584 Abs. 6 entspricht § 12 Abs. 2 AbfG unter Hinzufügung einer Kooperationsvorgabe mit dem Land, in das die Abfälle letztlich verbracht werden. Es erscheint nicht erforderlich, eine Benehmens- oder Einvernehmensregelung vorzusehen. Der Grundsatz der Landestreue sollte in diesem Bereich nicht weiter verrechtlicht werden.

Verzichtet wird auf eine Sonderregelung für rücknahmepflichtige Abfälle (so bisher § 12 Abs. 2 S. 2 AbfG - Zuständigkeit der Behörde des Landes, in dem das Unternehmen seine Hauptniederlassung hat). Die Zuständigkeitsregelung sollte sich gesellschaftsrechtlicher Beliebigkeit verschließen. Das Lokalitätsprinzip verdient den Vorrang gegenüber dem Entbürokratisierungsinteresse, das zur Einführung des § 12 Abs. 2 S. 2 AbfG geführt hatte. Das macht zwar gegebenenfalls mehrere Genehmigungen nötig, doch kann die Rechtsverordnung nach § 583 Abs. 3 Erleichterungen vorsehen ("Form der Genehmigung").

Zu § 585 Grenzüberschreitende Verbringung im Gebiet der Europäischen Gemeinschaft

Die Vorschrift widmet sich den grenzüberschreitenden Verbringungen innerhalb des Bereichs der Europäischen Gemeinschaften.

Vorangestellt wird in Absatz 1 die Regelung über die Durchfuhr, weil es hier, im Einklang mit dem EG-Recht, bei einer Anzeige bewendet. Die Untersagungsregelung kann entlastend auf den Allgemeinen Teil (§ 74 Abs. 1, 2) Bezug nehmen.

Die weiteren Absätze betreffen die Einfuhr (Absatz 2), die Ausfuhr (Absatz 3) und sodann für beide Bereiche die Frage der Notifizierung (Absatz 4) und schließlich die behördliche Zuständigkeit (Absatz 5).

Die Zulässigkeitsvoraussetzungen für die Einfuhrgenehmigung sind teilweise identisch mit denjenigen für die Erteilung einer Erlaubnis zur inländischen Abfallbeförderung, nämlich bezogen auf das Zuverlässigkeitserfordernis und die Ordnungsmäßigkeit der inländischen Entsorgung; deshalb verweist § 585 Abs. 2 Nr. 4 insoweit auf § 584. In Ansehung der Abfallentsorgungsplanung besteht ein Unterschied: Während bei der inländischen Beförderung ausreicht, daß die vorgesehene Entsorgung verbindlichen Plänen nicht widerspricht, setzt die Zulässigkeit der Einfuhr voraus, daß "Feststellungen eines Abfallentsorgungsplans nicht entgegenstehen". Solche Pläne müssen also nicht für verbindlich erklärt sein (vgl. § 585 Abs. 2 Nr. 3).

Die weiteren Zulässigkeitsvoraussetzungen (Erfordernis der Notifizierung und "keine Einwände" des Herkunftsstaates sowie etwaiger Durchfuhrstaaten; § 585 Abs. 2 Nr. 1 und 2) bilden EG-rechtliche Vorgaben ab.

Bis auf die Bezugnahme auf Einwände des Herkunftsstaates sind die Voraussetzungen für die Erteilung einer Erlaubnis zur Ausfuhr von Abfällen in einen Mitgliedsstaat (§ 585 Abs. 3) identisch mit denjenigen für die Einfuhr, hinzuzufügen ist aber das Erfordernis des § 27 Abs. 3 Nr. 2: Wenn die zuständige Behörde Tatsachen kennt, die auf Umweltgefahren schließen lassen, so fehlt es an einer Erlaubnisvoraussetzung. Die Erlaubnis darf dann nicht erteilt werden, zumal das Gesetz nach § 1 Abs. 4 auch den Belangen des Umweltschutzes außerhalb seines Geltungsbereichs "dient".

Die Notifizierungsbestimmung des § 585 Abs. 4 entspricht dem EG-Recht. Die Zuständigkeitsregelung entspricht - in Anpassung an die Neuregelung zur Durchfuhr - dem geltenden § 13 Abs. 3 AbfG.

Zu § 586 Grenzüberschreitende Verbringung unter Beteiligung von Nichtmitgliedstaaten

§ 586 regelt die grenzüberschreitende Verbringung unter Beteiligung von Nichtmitgliedsstaaten und trennt die Durchfuhr (Absatz 1) von der Einfuhr (Absatz 2) und Ausfuhr (Absatz 3). Die Zuständigkeitsregelung des § 586 Abs. 3 kann schlicht auf § 585 Abs. 5 verweisen.

Zum Siebenten Abschnitt: Abfallabgabe

I. AUSGANGSLAGE

1. Gegenstand des Regelungsbereichs

Der Abschnitt enthält Bestimmungen über die Erhebung und Verwendung einer Abfallabgabe als flankierendes "indirektes" Umweltschutzinstrument zur Verringerung der Abfallvolumina.

2. Bisherige Rechtslage

a) Rechtslage

Das geltende Bundesrecht kennt bisher - trotz eingehender rechtspolitischer Diskussion (vgl. dazu die Hinweise unten c) - keine Abfallabgabe.

Drei Bundesländer haben Abfallabgabengesetze erlassen (vgl. Landesabfallabgabengesetz Baden-Württemberg vom 11. März 1991, GBl. 133; Niedersächsisches Abfallabgabengesetz vom 17. Dezember 1991, GVBl. 373; Hessisches Sonderabfallabgabengesetz vom 26. Juni 1991, GVBl. 218), jeweils im Sinne einer sogenannten Sonderabfallabgabe. Zu erwähnen ist in diesem Zusammenhang ferner das im nordrhein-westfälischen Abfallrecht vorgesehene Lizenzentgelt (dazu Kloepfer/Follmann, DÖV 1988, 573 ff.; Peine, NWVBL 1988, 193 ff.).

b) Erfahrungen mit dem bisherigen Recht

Abschließende Bewertungen ermöglichende Erfahrungen über die Geeignetheit landesrechtlich erhobener Abfallabgaben zur Erreichung des Lenkungsziels dürften noch nicht vorliegen.

c) Reformdiskussion

Die Reformdiskussion über die Sinnhaftigkeit einer Abfallabgabe verläuft nach den grundsätzlichen Linien der Diskussion über Umweltabgaben im engeren Sinne, wie sie insbesondere auch im Zusammenhang mit der Abwasserabgabe geführt worden ist. Darauf kann hier verwiesen werden (vgl. die Begründung zum neunten Abschnitt des Dritten Kapitels). In Streit steht ferner, ob eine derartige Abgabe sich als eine Vermeidungsabgabe für besonders überwachungsbedürftige Abfälle bzw. als eine solche für Massen- und Industrieabfälle und/oder als Deponieabgabe darstellen soll. Unterschiedliche Auffassungen werden auch zu denkbaren Verwendungszwecken vertreten, ebenso - selbstverständlich - zur angemessenen Abgabenhöhe (vgl. dazu beispielhaft Faber/Stephan/Michaelis, Umdenken in der Abfallwirtschaft, 2. Aufl., 1989, insbesonders S. 126; Benkert/Bunde/Hansjürgens, Umweltpolitik mit Ökosteuern, 1990, S. 129 ff., 136). Schließlich werden insbesondere Gesichtspunkte der Praktikabilität erörtert, wobei die Frage im Mittelpunkt steht, wer Abgabeschuldner sein soll.

Die vorgenannten Fragen werden überwiegend im Blick auch auf das System des Finanzverfassungsrechts, insbesondere auf Kompetenzfragen im Bundesstaat diskutiert (vgl. einführend etwa Köck, IUR 1991, 186 ff.; siehe auch Dienes, et 1991, 796 ff.; eingehend Trzaskalik, StuW 1992, 135 ff.; am Beispiel des baden-württembergischen Landesabfallgesetzes Kühner, VBlBW 1991, 201 ff.).

3. Rahmenbedingungen

Der Einführung einer bundesrechtlichen Abfallabgabe steht europäisches Gemeinschaftsrecht nicht entgegen (siehe Kloepfer/Schulte, UPR 1992, 201, 211).

Der verfassungsrechtliche Rahmen kann hier nicht abstrakt skizziert werden. Die verfassungsrechtliche Würdigung eines konkreten Abgabenmodells hängt von der Rechtsnatur des Instruments ab. Eine Qualifizierung als Gebühr scheidet dabei aus, da die Abgabe nicht in einen Gegenleistungszusammenhang eingebunden ist. Auch als Steuern können Vermeidungs- und Deponieabgaben angesichts des geltenden Art. 106 GG nicht ausgestaltet werden. Sind sie mithin nur als Sonderabgaben zulässig, müssen sie den durch die Rechtsprechung des Bundesverfassungsgerichts entwickelten Kriterien für diese Abgabeart folgen (vgl. dazu etwa Jarass, DÖV 1989, 1013 ff.; Arndt, BB 1992, Beil. 8, 8 ff.).

II. VORSCHLAG

1. Leitvorstellung

Der Entwurf entscheidet sich für die Abfallabgabe als "Erzeuger"-Abgabe und nimmt damit alle diejenigen in die Pflicht, die durch ihre Handlungen Abfälle zur Entstehung bringen, sei es durch den Anfall von Abfall im Rahmen gewerblicher oder wirtschaftlicher Betätigung, sei es im privaten Bereich. Es soll also im Ausgangspunkt breit angesetzt werden und eine Feinsteuerung nach der Subtraktionsmethode erfolgen. Abgabengerechtigkeit wie auch Rechtssicherheit erfordern es, daß der Normgeber eine klare Entscheidung über einzubeziehende Abfälle trifft.

Den Abgabesatz will der Entwurf nicht vorgeben, sondern dem künftigen Gesetzgeber überlassen. Es handelt sich insoweit um eine rein politische Entscheidung.

Die vorgeschlagene Abgabenregelung stellt sich als Lenkungssonderabgabe dar, denn sie soll ihr Ziel nicht - wie eine Finanzierungsabgabe - primär erst durch die Verwendung des Abgabeaufkommens erreichen, sondern bereits durch Einwirkung auf das Verhalten der Abgabepflichtigen. Deswegen muß das Ertragsvolumen durch die Lenkungsfunktion vorgegeben werden. Dementsprechend ist der Kreis der Abgabepflichtigen wie auch der Maßstab durch den Lenkungszweck, nicht durch den Finanzierungszweck zu bestimmen. Dem Erfordernis der Gruppenhomogenität ist Rechnung zu tragen, auch die Erfordernisse der Gruppenverantwortlichkeit und der Gruppennützigkeit sind, wenn auch eingeschränkten Sinnes, zu berücksichtigen.

2. Zur Regelung im einzelnen

Zu § 590 Grundsatz

Die Grundsatznorm knüpft an § 77 Abs. 1 des Allgemeinen Teils an und enthält eine Legaldefinition des Tatbestandes "Erzeuger von Abfällen". Dies sind Betreiber von Unternehmen oder öffentlichen Einrichtungen, in denen Abfälle anfallen, darüber hinaus Abfallbesitzer, bei denen ein Abfall erstmalig anfällt; ihnen stehen Personen gleich, die Abfälle in das Inland verbracht haben.

Zu § 591 Abfälle, die der Abgabepflicht unterliegen

Die Vorschrift grenzt diejenigen Abfälle ein, welche die Abgabepflicht auslösen. Abgestellt wird auf die Notwendigkeit der Abfallvermeidung bzw. Abfallverringerung, dies in Ausrichtung an den Grundsatznormen des Siebenten Kapitels unter Verwendung der Begriffe des Allgemeinen Teils. Die Bundesregierung wird in die Pflicht genommen, die betreffenden Abfälle durch Rechtsverordnung zu bestimmen. Die Rechtsverordnung kann eine Mengenschwelle vorsehen.

Bereits kraft Gesetzes (§ 591 Abs. 3) sollen vier Gruppen von Abfällen ausgeklammert werden. Damit soll zum einen verhindert werden, daß die Abgabepflicht ihrerseits eine sachgerechte Abfallentsorgung behindert; andererseits soll die Erzeugung von Siedlungsabfällen (§ 560 Abs. 2) der Abgabepflicht nicht unterliegen. Auf die Vermeidung und Verringerung von Siedlungsabfällen wirken insbesondere bereits §§ 562, 563 sowie - potentiell - das Gebührenrecht hinreichend hin. Zu berücksichtigen sind auch Gesichtspunkte administrativer Praktikabilität: Die Ausklammerung der Kleinmengenerzeuger reduziert den zum Vollzug des Gesetzes erforderlichen Verwaltungsaufwand erheblich.

Zu § 592 Entstehung der Abgabepflicht

Die Vorschrift läßt die Abgabepflicht mit Erfüllung der Überlassungspflicht bzw. der Durchführung zulässiger Maßnahmen der Eigenentsorgung entstehen, um einen eindeutigen Zeitpunkt für die Begründung der Abgabeschuld festzulegen.

Zu § 593 Abgabesatz

Der Entwurf verzichtet auf den Vorschlag eines Abgabebetrages, möchte aber dem unterschiedlichen Gefahren- und Risikopotential verschiedener Abfälle durch Kategorienbildung Rechnung tragen (siehe schon § 591 Abs. 1 S. 3). § 593 Abs. 2 dynamisiert den Abgabesatz.

Zu § 594 Abgabeerklärung, Festsetzung

Die Vorschrift betrifft das Verfahren der Abgabeerklärung bzw. Festsetzung unter Verwendung der Vorgaben des Allgemeinen Teils.

Zu § 595 Verwendung

Die Verwendungsregelung ist an der Zweckbestimmung und der Grundsatznorm des Siebenten Kapitels ausgerichtet, möchte das Instrument der Umweltsubvention, das der Allgemeine Teil bereit hält, aufnehmen und nimmt schließlich Bezug auf die im bodenrechtlichen Kapitel eingerichtete Altlastensanierungsgesellschaft.

§ 595 Abs. 2 möchte die Länder anregen, die Grundlagen für die Beiziehung im gesellschaftlichen Raum vorhandenen Sachverstandes bei Entscheidungen über die Verwendung des Abgabeaufkommens zu schaffen.

Zum Achten Abschnitt: Gemeinsame Vorschriften

I. AUSGANGSLAGE

1. Gegenstand des Regelungsbereichs

Der Achte Abschnitt enthält eine Übergangsregelung sowie eine Vorschrift über Ordnungswidrigkeiten.

2. Bisherige Rechtslage

Übergangsvorschriften ordnet das bisherige Recht einzelnen Regelungen zu (vgl. § 9 AbfG für bestehende Abfallentsorgungsanlagen, § 11 Abs. 1 AbfG für die Überwachung). Die Ordnungswidrigkeiten sind bisher in §§ 18, 18a AbfG geregelt.

II. VORSCHLAG

Zur Regelung im einzelnen

Zu § 596 Altanlagen

Absatz 1 der Vorschrift - Weitergeltung der §§ 9 und 10 AbfG für ortsfeste Abfallentsorgungsanlagen, die vor dem 11. Juni 1972 betrieben oder mit der Errichtung begonnen war - ist verfassungsrechtlich geboten.

§ 596 Abs. 2 liegt in der Konsequenz der Umstellung des Instrumentenansatzes für die anlagenbezogenen Kontrollerlaubnisse: Planfeststellungen gelten als Bewilligungen, Plangenehmigungen als Erlaubnisse fort.

Zu § 597 Ordnungswidrigkeiten

Die Vorschrift folgt den Weichenstellungen des § 18 AbfG. Entsprechend dem auch in den weiteren vorgeschlagenen Kapiteln gewählten Konzept

(§§ 219, 282, 313, 376, 438, 558) wird zwischen zwei Gruppen von Ordnungswidrigkeiten unterschieden (vgl. § 597 Abs. 3).

Achtes Kapitel: Schlußvorschriften

Dieses Kapitel soll Inkrafttretensregelungen sowie - über die Anpassungsregeln in den einzelnen Kapiteln hinaus - etwa notwendige übergreifende Übergangs- und Anpassungsregelungen aufnehmen. Bis auf eine Regelung der (hinsichtlich des Datums noch offenen) Inkrafttretensregelung hat die Arbeitsgruppe aber davon abgesehen, definierte Einzelbestimmungen vorzusehen, weil derzeit der Zeitpunkt der erfolgreichen Beendigung des Kodifikationsvorhabens noch offen ist und die dann bestehende normative und politische Gesamtsituation noch nicht hinreichend prognostizierbar ist. Die Formulierung detaillierter Schlußvorschriften wird also im wesentlichen eine Aufgabe der gesetzesvorbereitenden Ministerialbürokratie bleiben. Von ihr sind auch Regelungen zur Einpassung des UGB im Hinblick auf die nicht umweltrechtsspezifischen Teile der Rechtsordnung zu erarbeiten.

Prinzipiell hält die Arbeitsgruppe jedenfalls eine geschlossene gesetzgeberische Behandlung und Verabschiedung für sinnvoll, weil das UGB ein geschlossenes gesetzgeberisches Vorhaben darstellt. Daraus folgt auch das Leitziel eines geschlossenen Inkrafttretens des UGB, soweit nicht in Einzelfällen längere Anpassungsfristen zwingend erforderlich sind. Auf jeden Fall sollte das Verfahren einer gestuften gesetzgeberischen Behandlung und Verabschiedung mit dem zeitlich stark versetzten Inkrafttreten einzelner Teile - wie etwa im Falle des SGB - vermieden werden.

D. Anhang

D. Anhang

EMPFEHLUNGEN ZUM ALLGEMEINEN TEIL

Die Arbeiten während der Erstellung des vorliegenden Besonderen Teils eines Umweltgesetzbuches haben ergeben, daß der bereits 1990 veröffentlichte wissenschaftliche Entwurf des Allgemeinen Teils eines Umweltgesetzbuchs eine funktionsgerechte Ausgangsbasis zur Vereinheitlichung der einzelnen Sachgebiete des Umweltrechts darstellt. Zugleich zeigte sich aber auch, daß einzelne Ergänzungen und Modifizierungen bei der Zusammenfügung des Allgemeinen Teils mit dem Besonderen Teil zu einer Gesamtkodifikation notwendig sein werden. Dies könnte nach Erarbeitung eines Allgemeinen Teils sowie nach Fertigstellung eines Besonderen Teils gewissermaßen in einem "Dritten Durchgang" der wechselseitigen Feinanpassung beider Teile des UGB erfolgen. Hierzu sind von der Arbeitsgruppe des Besonderen Teils eine Reihe von Anregungen und Anmerkungen erarbeitet worden. Die folgende Liste enthält die wesentlichen, von der Arbeitsgruppe UGB-BT als anpassungsbedürftig oder doch erörterungswürdig eingestuften Ergänzungen und Modifizierungen des Allgemeinen Teils.

1. Der AT sollte um eine Regelung ergänzt werden, die Mitteilungspflichten der Bundesländer hinsichtlich der Erfüllung EG-rechtlicher und internationaler Verpflichtungen beinhaltet.

2. Überlegenswert erscheint eine Ergänzung des AT um eine Klimaschutzklausel bezüglich nicht umweltrechtlicher Regelungsbereiche.

3. § 1 Abs. 3, der ein allgemeines Abwägungsgebot enthält, sollte folgenden Wortlaut erhalten:

"*Der Schutz der Umwelt erfolgt unter Berücksichtigung seiner besonderen Bedeutung unter Abwägung mit anderen Rechtsgütern im Rahmen der Rechtsordnung.*"

4. In § 1 Abs. 4, der kenntlich machen soll, daß die Regelungen des UGB auch dem Umweltschutz außerhalb des Geltungsbereiches des UGB zu dienen haben, sollte folgender neuer Satz 2 angefügt werden:

"[2]*Es dient der Erfüllung gemeinschaftsrechtlicher und internationaler Verpflichtungen der Bundesrepublik Deutschland insbesondere auf dem Gebiet des Umweltschutzes.*"

5. Es ist zu überprüfen, ob der Begriff "Ausfuhr" in den Definitionsteil des AT (§ 2) übernommen werden kann. Die gleiche Überlegung besteht hinsichtlich der sich in den einzelnen Kapiteln des Besonderen Teils befindlichen Legaldefinitionen der Begriffe "Einfuhr", "Landwirtschaft" und "Reststoffe".

6. § 6 , der das Kooperationsprinzip regelt, sollte um den nachfolgenden Absatz 5 ergänzt werden:

"*Die Länder stellen sicher, daß für die nach Absatz 4 übertragenen Aufgaben im Falle einer nicht ordnungsgemäßen Erfüllung durch den nichtstaatlichen Träger eine Rückübertragung auf die zuständige Behörde erfolgen kann.*"

7. Es ist zu prüfen, ob die nahezu gleichlautenden Vorschriften der §§ 215, 268 und 372 in den AT zu § 6, der eine Regelung des Kooperationsprinzips enthält, übernommen werden können. Die Vorschriften, die eine vertragliche Regelung des Umweltschutzes vorsehen, lauten:

"*Bei Maßnahmen zur Durchführung dieses Kapitels und der im Rahmen oder aufgrund dieses Kapitels erlassenen Rechtsvorschriften sollen die zuständigen Behörden prüfen, ob der Zweck des § 1 dieses Kapitels auch durch vertragliche Vereinbarungen erreicht werden kann.*"

8. In § 8 (Vorsorge) sollte ein neuer Absatz 2 eingefügt werden:

"*Der Hersteller und der Vertreiber eines Produkts, das wegen seines Gehalts an gefährlichen Stoffen schwerwiegende Umweltbeeinträchtigungen verursacht, sind zur Rücknahme des Produkts nach dessen Gebrauch verpflichtet.*"

9. In § 10 Abs. 1 und 2 sollten neben Produkten auch Stoffe und Zubereitungen genannt werden.

10. Das Instrument einer umweltrechtlichen Durchgriffshaftung bedarf noch einer Erörterung. Dabei ist zu erwägen, ob die traditionellen gesell-

schaftsrechtlichen Haftungsbegrenzungen bei Umweltschäden akzeptabel sind.

11. Die Regelungen über Teilbewilligung (§§ 331, 390 und 577) und Vorbescheid stehen unter dem Vorbehalt einer Übernahme in den AT. Die entsprechenden Vorschriften in den einzelnen Kapiteln sind im Wege einer Binnenharmonisierung einander angeglichen worden.

12. Es ist zu überprüfen, ob eine Regelung des vorzeitigen Beginns einer Anlage etc. in den AT übernommen werden kann (§§ 233, 326 und 578).

13. § 329 Abs. 2 sollte an dieser Stelle gestrichen werden und in folgender Fassung an anderer Stelle in den AT übernommen werden. Die Standortfrage ist offen geblieben.

"*Wird die Anlage im Rahmen eines größeren Vorhabens errichtet, werden im Genehmigungsverfahren auch alle anderen, für das Vorhaben notwendigen behördlichen Zulassungen im Einvernehmen mit den dafür zuständigen Behörden erteilt.*"

In die Begründung dieser AT-Regelung ist aufzunehmen, daß hierdurch das unter Umständen erforderliche Einvernehmen der Gemeinde nicht erfaßt wird.

14. Die Regelungen über Nebenbestimmungen (§§ 324, 392 und 574 Abs. 4) sind bisher nicht in den AT übernommen worden, sondern verbleiben in bereichsspezifischer Ausgestaltung in jedem Kapitel. Es ist zu überprüfen, ob es dabei bleiben soll.

15. Eine Verschärfung des § 38, der die Beteiligung anderer Behörden im Rahmen der Umweltfolgenprüfung regelt, ist zur Abgleichung mit § 393 Abs. 1 Satz 3 und 4 sowie mit § 573 Abs. 2 Satz 3 und 4 in Betracht zu ziehen.

16. Es ist zu prüfen, ob im Kapitel Planung eine Vorschrift in den AT aufzunehmen ist, welche für den Fall, daß eine grenzüberschreitende Planung naheliegt, bestimmt, daß eine Abstimmung mit den zuständigen Stellen des Nachbarstaates zu "suchen" ist. Weitergehende Verpflichtungen aufgrund internationaler Verpflichtungen bleiben hierdurch unberührt. Eine Harmonisierung mit § 40 (grenzüberschreitende Beteiligung bei der UFP) ist dabei anzustreben.

§ 570 Abs. 2 des Siebenten Kapitels, der eine entsprechende Regelung vorsieht, lautet:

"[1]*An den Grenzen des Bundesgebiets gelegene Länder sollen bei der Abfallentsorgungsplanung die Abstimmung mit den zuständigen Stellen des Nachbarstaates suchen, wenn nach den natürlichen oder wirtschaftlichen Gegebenheiten eine die Staatsgrenzen überschreitende Planung naheliegt.* [2]*Weitergehende Verpflichtungen aufgrund internationaler Vereinbarungen bleiben unberührt.*"

17. Im AT fehlt eine Aussage, wann Abgabelösungen eingesetzt werden sollen. Von einer Grundsatzdiskussion über den flächendeckenden Einsatz von Umweltabgaben wurde abgesehen. Im BT sollte der pragmatische Versuch vorgenommen werden, nur die Regelungen der Abwasserabgabe und der Abfallabgabe vorzusehen. Diese Beschränkung könnte Auswirkungen auf die Regelung über Umweltabgaben im AT (§§ 77 ff.) haben.

18. Es sollte überlegt werden, ob der Regelungsgehalt der Vorschrift des § 351, welche die Unterrichtung des Betriebsrates vor der Bestellung eines Umweltbeauftragten regelt, in den AT übernommen werden soll (§§ 95 ff.).

§ 351 lautet:

"[1]*Der Anlagenbetreiber hat den Betriebs- oder Personalrat vor der Bestellung des Umweltbeauftragten unter Bezeichnung der ihm obliegenden Aufgaben zu unterrichten.* [2]*Entsprechendes gilt bei Veränderungen im Aufgabenbereich des Umweltbeauftragten und bei dessen Abberufung.*"

19. Ebenfalls soll untersucht werden, ob § 352 in den AT übernommen werden soll (§§ 95 ff.).

§ 352 lautet:

"*(1) Ist der Umweltbeauftragte Arbeitnehmer des zur Bestellung verpflichteten Betreibers, so ist die Kündigung des Arbeitsverhältnisses unzulässig, es sei denn, daß Tatsachen vorliegen, die den Betreiber zur Kündigung aus wichtigem Grund ohne Einhaltung einer Kündigungsfrist berechtigen.*

(2) Nach der Abberufung als Umweltbeauftragter ist die Kündigung innerhalb eines Jahres, vom Zeitpunkt der Beendigung der Bestellung an gerechnet, unzulässig, es sei denn, daß Tatsachen vorliegen, die den Betreiber zur Kündigung aus wichtigem Grund ohne Einhaltung einer Kündigungsfrist berechtigen."

20. § 353 Abs. 2 des Vierten Kapitels (Mitteilungspflichten zur Betriebsorganisation) steht unter dem Vorbehalt einer Aufnahme in den AT:

"[1]*Der Betreiber einer zulassungsbedürftigen Anlage hat sicherzustellen, daß für ihn bestimmte Schriftstücke im Inland zugestellt werden können.* [2]*Soweit notwendig, ist ein Bevollmächtigter zu bestellen.* [3]*Der Betreiber hat Namen und Adresse des Zustellungsbevollmächtigten im Inland der zuständigen Behörde zu benennen.*"

21. § 582 steht unter dem Vorbehalt einer Aufnahme in den AT, wobei der Regelungsgehalt verallgemeinert (d.h. eine Beschränkung auf den Abfall aufgehoben) werden soll.

§ 582 Abs. 1 Satz 2 lautet:

"[2]*Der Umweltbeauftragte für Abfälle hat im Rahmen des § 96 auch die Aufgabe, auf die Verwirklichung der Grundsätze des § 4 im Betrieb hinzuwirken.*"

22. §§ 341 Abs. 4 Satz 1, 265 Abs. 2 sowie § 581 Abs. 2 stehen unter dem Vorbehalt einer Aufnahme in den AT.

"*Auf die durch die Überwachung erlangten Kenntnisse und Unterlagen sind die §§ 93, 97, 105 Abs. 1, § 111 Abs. 5 in Verbindung mit § 105 Abs. 1 sowie § 116 Abs. 1 der Abgabenordnung nur anzuwenden, soweit die Finanzbehörden die Kenntnisse für die Durchführung eines Verfahrens wegen einer Steuerstraftat sowie eines damit zusammenhängenden Besteuerungsverfahrens benötigen, an deren Verfolgung ein zwingendes öffentliches Interesse besteht, oder soweit es sich um vorsätzlich falsche Angaben des Auskunftspflichtigen oder der für ihn tätigen Personen handelt.*"

23. Es ist zu überprüfen, ob bzgl. der Regelungen der Deckungsvorsorge eine Anpassungsklausel in den AT zu übernehmen ist. Als Vorbild könnte § 430 Abs. 2 Satz 2 dienen:

"[2]*Die Festsetzung ist im Abstand von jeweils zwei Jahren sowie bei erheblicher Änderung der Verhältnisse zu überprüfen und gegebenenfalls erneut vorzunehmen; bei einer Neufestsetzung hat die für die Zulassung zuständige Behörde dem zur Deckungsvorsorge Verpflichteten eine angemessene Frist zu bestimmen, binnen derer die Deckungsvorsorge nachgewiesen werden muß.*"

24. Es soll geprüft werden, inwieweit im AT eine allgemeine Ermächtigung für die Länder aufgenommen werden soll, über die Anforderungen des

UGB hinaus verschärfte Anforderungen zugunsten des Umweltschutzes stellen zu können.

25. § 320 Abs. 4 steht unter dem Vorbehalt einer Aufnahme in den AT:

"*Rechtsverordnungen gemäß Absatz 1 können auf jedermann zugängliche Bekanntmachungen sachverständiger Stellen verweisen. Hierbei ist das Datum der Bekanntmachung anzugeben und die Bezugsquelle zu bezeichnen; des weiteren ist die Bekanntmachung bei dem Deutschen Patentamt archivmäßig gesichert niederzulegen und in der Rechtsverordnung darauf hinzuweisen.*"

26. Gegebenenfalls sollte folgende Regelung in das Zehnte Kapitel des AT aufgenommen werden:

"*Solange und soweit die Bundesregierung von einer Rechtsverordnungsermächtigung nach diesem Gesetz keinen Gebrauch macht, können die Länder entsprechende Regelungen treffen, wenn der Bundesgesetzgeber keine abweichende Regelung trifft.*"

27. § 538 des Sechsten Kapitels steht unter dem Vorbehalt einer Aufnahme in den Allgemeinen Teil:

"*(1) Die Bundesregierung wird ermächtigt, durch Rechtsverordnung nach § 147 duldbare Abweichungen (Toleranzen) der Gehalte, deren Angabe durch Rechtsverordnung nach § 537 vorgeschrieben oder im Rahmen der vorgeschriebenen Kennzeichnung zulässig ist, von den bei der Überwachung festgestellten Gehalten festzusetzen, um unvermeidbare Unsicherheiten bei der Herstellung, der Probenahme und der Analyse aufzufangen.*

(2) Die Toleranzen dürfen nicht planmäßig ausgenutzt werden."

28. Die Ermächtigung zum Erlaß von Rechtsverordnungen in § 146 erscheint hinsichtlich ihrer Bezugnahmen als zu eng. Hier besteht ein Harmonisierungsbedarf, insbesondere im Hinblick auf das Kapitel Naturschutz und Landschaftspflege.

29. Die Regelung des § 146 sollte um den Begriff der "Abwärme" erweitert werden.

30. § 408 Abs. 1 Nr. 1 letzter Halbsatz des Fünften Kapitels steht unter dem Vorbehalt der Aufnahme in den Allgemeinen Teil. Die Regelung lautet:

"für die Ermächtigungen des § 146 gilt die Einschränkung nach § 146 Abs. 1 Satz 3 nicht, soweit es sich um Anlagen handelt, in denen mit radioaktiven Stoffen umgegangen wird."

31. § 148 Abs. 2 sollte in seiner neuen Fassung lauten:

"Durch Rechtsverordnung kann das Verfahren zur Erteilung von Umweltbewilligungen näher geregelt werden."

32. § 149 sollte um eine Ermächtigungsklausel hinsichtlich internationaler Abkommen ergänzt werden. Es ist zu überprüfen, ob eine entsprechende Rechtsverordnungsermächtigung verfassungsrechtlichen Anforderungen standhält.

Der Formulierungsvorschlag lautet (Einfügung vor die Worte "können Rechtsverordnungen"):

"sowie zur Umsetzung von Anpassungen völkerrechtlicher Verträge in einem dort vorgesehenen Anpassungsverfahren (soweit dazu der Gesetzgeber ermächtigt hat)"

33. Es ist eine Erweiterung des § 154 im Hinblick auf das Fünfte Kapitel des BT zu erwägen.

34. In § 163 soll in einem neu hinzuzufügenden Absatz 4 der Regelungsgehalt der bisherigen Sätze 2 und 3 von § 371 Abs. 1 übernommen werden für den Bereich von Bundesbehörden, die namentlich genannt werden sollen. Diese für den Bund vorgesehene Regelung soll eine Vorbildfunktion für die Länder besitzen.

35. In § 169 Abs. 2 sollte eine Regelung zur sogenannten Zivilschutzproblematik aufgenommen werden.

36. Es sollen u.U. zur Sanktionierung der unmittelbaren Pflichten des AT Ordnungswidrigkeitenvorschriften vorgesehen werden. Die Standortfrage für diese Regelungen bedarf einer näheren Beratung. Als Standort könnte sowohl ein neu zu statuierendes Schlußkapitel im AT als auch das Schlußkapitel (als Achtes Kapitel: Schlußvorschriften) im BT in Frage kommen.